Springer-Lehrbuch

Lothar Schmidt-Atzert
Manfred Amelang

Psychologische Diagnostik

5., vollständig überarbeitete und erweiterte Auflage

Unter Mitarbeit von
Thomas Fydrich und Helfried Moosbrugger

Mitbegründet von Werner Zielinski

Mit 118 Abbildungen und 82 Tabellen

Lothar Schmidt-Atzert
Philipps-Universität Marburg
Marburg, Deutschland

Manfred Amelang
Universität Heidelberg
Heidelberg, Deutschland

Thomas Fydrich
Humboldt-Universität zu Berlin
Berlin, Deutschland

Helfried Moosbrugger
Goethe-Universität Frankfurt am Main
Frankfurt am Main, Deutschland

Werner Zielinski
Dossenheim, Deutschland

Zusätzliches Material zu diesem Buch finden Sie auf http://www.lehrbuchpsychologie.springer.com

ISSN 0937-7433 ISSN 2512-5214 (electronic)
Springer-Lehrbuch
ISBN 978-3-642-17000-3 (Hardcover) ISBN 978-3-642-17001-0 (eBook)
ISBN 978-3-662-58054-7 (Softcover)
https://doi.org/10.1007/978-3-642-17001-0

Die Deutsche Nationalbibliothek verzeichnet diese Publikation in der Deutschen Nationalbibliografie; detaillierte bibliografische Daten sind im Internet über http://dnb.d-nb.de abrufbar.

© Springer-Verlag GmbH Deutschland, ein Teil von Springer Nature 1994, 1997, 2002, 2006, 2012, Softcover 2018
Das Werk einschließlich aller seiner Teile ist urheberrechtlich geschützt. Jede Verwertung, die nicht ausdrücklich vom Urheberrechtsgesetz zugelassen ist, bedarf der vorherigen Zustimmung des Verlags. Das gilt insbesondere für Vervielfältigungen, Bearbeitungen, Übersetzungen, Mikroverfilmungen und die Einspeicherung und Verarbeitung in elektronischen Systemen.
Die Wiedergabe von Gebrauchsnamen, Handelsnamen, Warenbezeichnungen usw. in diesem Werk berechtigt auch ohne besondere Kennzeichnung nicht zu der Annahme, dass solche Namen im Sinne der Warenzeichen- und Markenschutz-Gesetzgebung als frei zu betrachten wären und daher von jedermann benutzt werden dürften.
Der Verlag, die Autoren und die Herausgeber gehen davon aus, dass die Angaben und Informationen in diesem Werk zum Zeitpunkt der Veröffentlichung vollständig und korrekt sind. Weder der Verlag noch die Autoren oder die Herausgeber übernehmen, ausdrücklich oder implizit, Gewähr für den Inhalt des Werkes, etwaige Fehler oder Äußerungen. Der Verlag bleibt im Hinblick auf geografische Zuordnungen und Gebietsbezeichnungen in veröffentlichten Karten und Institutionsadressen neutral.

Einbandabbildung: © Orla/shutterstock.com
Planung: Joachim Coch
Lektorat: Dr. Marion Sonnenmoser, Landau
Layout und Umschlaggestaltung: deblik Berlin

Springer ist ein Imprint der eingetragenen Gesellschaft Springer-Verlag GmbH, DE und ist ein Teil von Springer Nature
Die Anschrift der Gesellschaft ist: Heidelberger Platz 3, 14197 Berlin, Germany

Das Buch ist Eia und Margret Amelang gewidmet, die beide kurz nacheinander in der Schlussphase der Fertigstellung verstorben sind.

Vorwort zur 5. Auflage

Mit der 5. Auflage hat sich der Buchtitel geändert: Die »Intervention« ist weggefallen. Aufmerksame Leserinnen und Leser der 4. Auflage werden bemerkt haben, dass das Thema »Intervention« bereits 2004 eher am Rande behandelt worden ist. In alten Diplom-Studienordnungen existierte oft ein Fach »Psychologische Diagnostik und Intervention«, und einige wenige Professuren tragen vielleicht noch heute diese Bezeichnung. Schon seit geraumer Zeit ist die Intervention jedoch nicht mehr Gegenstand von Lehrveranstaltungen zu Grundlagen oder Methoden der Psychologie; sie ist heute in den Anwendungsfächern beheimatet. Psychologische Diagnostik dient häufig der Auswahl geeigneter Interventionsverfahren. Die entsprechenden Interventionsmethoden sind jedoch hoch fachspezifisch und reichen von psychotherapeutischen Behandlungsmethoden über Personalentwicklungsmaßnahmen bis hin zu Nachschulungen von verkehrsauffälligen Klienten. Die längst etablierte Arbeitsteilung im Studium wird nun auch in diesem Lehrbuch nachvollzogen

Bei der grundlegenden Überarbeitung eines etablierten Werkes liegt eine große Herausforderung darin, zwei aus Platzgründen manchmal schwer vereinbare Ziele gegeneinander abzuwägen: Bewahrung von Bewährtem und Erweiterung um Neues. Konkret stellt sich in der Zusammenarbeit der Autoren die manchmal schwer entscheidbare Frage: »Was ist bewährt, heute noch gültig und relevant oder gar zeitlos – und wie viel Neues verträgt ein Buch, ohne die in vier Auflagen gewachsene Tradition zu verletzen?« Eine Strategie bestand darin, alle Quellen, die vor 2000 datieren, einer kritischen Prüfung zu unterziehen. Klassische Arbeiten sollten unbedingt beibehalten werden, ebenso jene Arbeiten, die schwer durch bessere neue zu ersetzen sind. Wir hoffen, dass es uns letztendlich gelungen ist, Tradition mit Aktualität auf eine Weise zu verknüpfen, die bei den Leserinnen und Lesern Gefallen findet.

Zielgruppe und Verwendung des Lehrbuchs im Studium
Angestrebt war nicht nur eine Aktualisierung, sondern auch eine Ausrichtung auf die neue Adressatengruppe der Studierenden im Bachelor-Studiengang Psychologie. Der neuen Zielgruppe soll nicht etwa durch eine Absenkung des Niveaus Rechnung getragen werden, sondern durch die veränderte didaktische Aufbereitung des Lehrstoffes. Damit erreicht das Buch voraussichtlich nun auch mehr Studierende, die Psychologie als Nebenfach belegen. Studierende im Master-Studiengang Psychologie und in der Praxis tätige Psychologinnen und Psychologen müssen jedoch nicht befürchten, dass die bisherigen hohen Ansprüche verloren gehen.

Das Fach Psychologische Diagnostik hat einen hohen Stellenwert im Psychologiestudium. Noch ist nicht ganz abzusehen, welche Konsequenzen die Umstellung vom Diplomstudium auf Bachelor- und insbesondere Masterstudiengänge in der Lehre hat. Sofern sich die Institute und Fachbereiche in ihren Studien- und Prüfungsordnungen an den Empfehlungen der Deutschen Gesellschaft für Psychologie (DGPs) zur Einrichtung von Bachelor- und Masterstudiengängen (www.dgps.de/meldungen/detail.php?id=177) orientieren, können zur Verwendung dieses Lehrbuchs folgende konkrete Hinweise nützlich sein:

Im **Bachelorstudium** werden die »Grundlagen der Diagnostik« meist in Vorlesungen vermittelt. Die Dozentinnen und Dozenten werden für eine Diagnostik-Vorlesung insbesondere in den Kapiteln 1 bis 7 nützliche Informationen finden, wobei die Test- und Fragebogenverfahren in Kapitel 3 sicherlich nur exemplarisch heranzuziehen sind und Teile von Kapitel 2 eher Gegenstand einer eigenen Vorlesung »Testkonstruktion« bzw. »Testtheorie und Testkonstruktion« sein werden. In den Anwendungskapiteln 8 bis 11 finden sich viele Beispiele für die Umsetzung von theoretischen Grundlagen in die Praxis. Sie können gezielt genutzt werden, um den Anwendungsbezug zu verdeutlichen. Für ein Modul »Diagnostische Verfahren« ist Kapitel 3 relevant, und zwar sowohl für Testverfahren/Fragebögen als auch für Interview und Verhaltensbeobachtung. In der Lehre zu einzelnen Anwendungsfächern kann aus den jeweiligen Anwendungskapiteln (8 bis 11) die Diagnostik integriert werden.

In einem **Masterstudiengang** Psychologie sind den Empfehlungen (s. o.) zufolge »Testen und Entscheiden« sowie »Vertiefung Testtheorie und Testkonstruktion« vorzusehen. Für das erste Modul sind besonders Kapitel 5 bis 7 relevant, während jene Teile von Kapitel 2, die im Bachelorstudiengang ausgespart wurden, Gegenstand der Lehre sein können.

Dank für vielfältige Unterstützung

Ein wichtiges Anliegen war uns, die Benutzerfreundlichkeit zu erhöhen. Bevor auch nur ein einziger Satz überarbeitet oder neu geschrieben wurde, erhielten wir zahlreiche Hinweise auf Verbesserungsmöglichkeiten, aber auch auf Stärken der 4. Auflage, die möglichst beibehalten werden sollten. Der studentische Beirat des Springer-Verlags gab uns eine differenzierte Rückmeldung zum Text der vorigen Auflage und meldete Wünsche für eine neue Auflage an. Mit einer Reihe von Kolleginnen und Kollegen konnte der Erstautor ein ausführliches strukturiertes Telefoninterview führen: Kurt Hahlweg, Martin Kersting, Thorsten Meiser, Kristin Mitte, Jochen Musch, Hans Christian Nürk, Gerhard E. Ortner, Stefan Schmuckle, Wolfgang Schulz, Heinz-Martin Süß, Hannelore Weber und Matthias Ziegler. Alle Befragten gaben bereitwillig Auskunft u. a. darüber, für welche Veranstaltungen sie das Buch verwenden, welche Stärken und Schwächen sie sehen – auch im Vergleich zu anderen Diagnostik-Lehrbüchern – und welche Änderungen sie sich als Dozenten wünschen. Weitere Kollegen gaben uns nach Erscheinen der 4. Auflage spontane Rückmeldungen, die neben anerkennenden Worten auch berechtigte Kritik enthielten: Werner Wittmann bemängelte, dass das Brunswick'sche Linsenmodell mit seinen Implikationen für die diagnostische Urteilsbildung, der Streit um die klinische versus statistische Urteilsbildung à la Paul Meehl und dessen Folgen fehlen. Markus Bühner wies uns auf Stärken und Schwächen einzelner Kapitel hin. Fritz Ostendorf und Heinz-Martin Süß machten uns auf kleinere Fehler aufmerksam. Einige (ehemalige) Studierende wandten sich an den Verlag oder an uns Autoren, wenn ihnen Fehler oder Unklarheiten bei der Arbeit mit der 4. Auflage aufgefallen waren: Michael Gomolinsky, Konrad Groß, Dipl.-Psych. Martin Ostapczuk, Verena Pappenberger und Rayk Schleebusch. In einer Buchrezension (Zeitschrift für Personalpsychologie, 2007, 6, S. 94–95) monierte Dr. Uwe Peter Kanning zu Recht, dass die in Kapitel 8 (ABO-Bereich) verwendete Literatur von wenigen Ausnahmen abgesehen zu alt ist und einzelne Themen nicht hinreichend differenziert behandelt werden. Wir danken den genannten Personen ganz herzlich für ihre Rückmeldungen. Sie waren uns ein Ansporn, das Buch zu verbessern und benutzerfreundlicher zu gestalten.

Bei der Überarbeitung der Kapitel haben uns Studierende und Mitarbeiterinnen und Mitarbeiter auf unterschiedliche Weise unterstützt, denen wir Dank schulden: Dipl.-Psych. Christian Floss wirkte an einigen Kapiteln mit, indem er Literaturrecherchen durchführte, Passagen identifizierte, die einer Aktualisierungen bedürfen, Abbildungen erstellte und überarbeitete Texte auf Verständlichkeit und Stringenz prüfte. Dipl.-Psych. Anna Nitsche und Dr. Dirk Lubbe halfen mit ihrem Rat bei der Lösung von Detailfragen. Besonderen Dank verdienen cand.psych. Charleen Henn und cand.psych. Fiona Rohowski. Sie haben uns auf schwer verständliche Passagen in der vorigen Auflage hingewiesen und alle Kapitel, die daraufhin stark überarbeitet wurden, kritisch gelesen und mit Rückmeldungen, teils sogar mit Formulierungsvorschlägen versehen. Durch ihre Mitarbeit haben beide wesentlich dazu beigetragen, dass das Buch gegenüber der vorigen Auflage leserfreundlicher geworden ist.

Beim Korrekturlesen unterstützten uns neben Charleen Henn und Fiona Rohowski auch Gundula Hähling und Helga Bauer. Wir sind sehr froh, dass wir mit Dr. Marion Sonnenmoser als Lektorin zusammenarbeiten konnten. Sie hat die Texte sehr umsichtig geprüft und Unklarheiten sowie kleinere Fehler wie fehlende Literaturangaben entdeckt. Bei ihr bedanken wir uns für die oft mühevolle, aber stets gründliche Arbeit. Für verbleibende Unzulänglichkeiten übernehmen wir selbstverständlich allein die Verantwortung.

Seitens des Verlags haben wir anfangs durch Dr. Svenja Wahl und dann durch Dipl.-Psych. Joachim Coch eine sehr gute Unterstützung erfahren. Michael Barton begleitete uns über die gesamte Zeit. Ihnen danken wir ganz herzlich für die gute Zusammenarbeit und Herrn Coch sowie Herrn Barton auch für ihre Geduld, denn die Fertigstellung des Manuskripts zog sich deutlich länger hin als geplant.

Leserinnen und Leser bitten wir um Verständnis dafür, dass wir im Text einer flüssigeren Sprache zuliebe darauf verzichtet haben, stets die weibliche und männliche Form zu verwenden. Wo möglich, haben wir geschlechtsneutrale Formulierungen wie »Studierende« genutzt, ansonsten aber die männliche Form, bei der jedoch immer die weibliche mit gedacht ist.

Marburg und Heidelberg im September 2011
Lothar Schmidt-Atzert und Manfred Amelang

Vorwort zur 1. Auflage

Die neue Rahmenprüfungsordnung für das Fach Psychologie sowie die daran ansetzenden hochschulspezifischen Prüfungsordnungen und Studienpläne sehen eine Verklammerung von Psychologischer Diagnostik und Intervention vor. Damit soll deutlich gemacht werden, daß sich Psychologische Diagnostik nicht in der Beschreibung bestimmter Gegebenheiten erschöpfen darf, sondern stets im Hinblick auf konkrete Fragestellungen erfolgt und deshalb starke Handlungs- oder Interventionsimplikationen aufweist.

Für diese Verknüpfung von Psychologischer Diagnostik und Intervention fehlt es unseres Erachtens an kompakten Darstellungen – ungeachtet der zahlreichen und z. T. qualitativ exzeptionellen Behandlungen von jedem einzelnen der beiden Teilgebiete in der Literatur.

Der hiermit vorgelegte Text richtet sich ausdrücklich und primär an Studierende des Faches Psychologie. Unsere Konzeption ging dahin, den Umfang auf das für ein Prüfungsfach Zentrale und wirklich unabdingbar Notwendige zu beschränken.

Inhaltlich sollte der Stoff eine nach Möglichkeit optimale Mischung aus methodischen Prinzipien, instrumentellen Fakten und Informationen über Anwendungen bzw. Interventionsbereiche darstellen. Die Menge des Stoffes sollte so bemessen sein, daß sie im Zuge der Vorbereitung auf eine Prüfung auch wirklich bewältigt und die Materie angemessen verarbeitet werden kann.

Das bedeutete in didaktischer Hinsicht unter anderem, daß die Darstellung nicht durch mögliche »Ziselierungen«, also Quer- und Tiefenverweise sowie Belege jeder einzelnen Feststellung mit Zitaten anderer Autoren usw., belastet werden durfte. Solche Zusatzinformationen sind zwar für wissenschaftliches Arbeiten unerläßlich, würden jedoch den eher linearen Duktus eines Lehrbuches etwas beeinträchtigen und damit die Lektüre erschweren.

Um die Rezeption weiter zu erleichtern, haben wir Merksätze, Randbemerkungen und Übungsfragen vorgesehen.

Obwohl die Planungen für das Buchprojekt längere Zeit zurückreichen, erfolgte seine Realisierung dann doch für einen von uns (M.A.) unter erheblichem Zeitdruck und erschwert durch den Umstand, simultan auch anderweitigen Dienstverpflichtungen entsprechen zu müssen.

Um so dankbarer sind wir deshalb für die tatkräftige und umsichtige Unterstützung, die wir von seiten unserer Mitarbeiterinnen und Mitarbeiter sowie Hilfskräfte, insbesondere in der Endphase der Fertigstellung, auf ganz verschiedene Weise erfahren haben: Karin Holthausen und – mehr noch – Dorothea Benz besorgten die Schreibarbeiten, Heiner Rindermann, Jörg Müller und Nicole Petrow setzten die Formeln, Abbildungen und Tabellen, Claudia Schmidt-Rathjens und Jochen Czemmel arbeiteten die Rechenbeispiele für die Gütekriterien aus, Margarete Edelmann und Gerhard Rothmann halfen mit Literaturexzerpten und Übersichten aus dem ABO-Bereich, Viktor Oubaid erstellte einen großen Teil der Randbemerkungen und Übungsfragen, Sabine Pöhlitz war für das Literaturverzeichnis und dessen Kongruenz zum laufenden Text verantwortlich, Claudia Müller für die Grundstruktur des Stichwortverzeichnisses - und die Koordination für all das sowie dessen Endredaktion lag in den Händen von Claudia Krüger.

Ihnen allen danken wir auch an dieser Stelle ganz herzlich und fügen hinzu, daß für verbleibende Unzulänglichkeiten selbstverständlich wir allein die Verantwortung tragen.

Ohne das nachhaltige Interesse des Verlages in Gestalt von Heike Berger und den von ihr ausgehenden Anregungen und zeitlichen Vorstellungen wäre das Projekt weder in der nun vorliegenden Form noch zum jetzigen Zeitpunkt erschienen. Auch ihr danken wir sowie der Lektorin Dr. Regine Körkel-Hinkfoth für ihre vorzügliche Korrekturarbeit.

Heidelberg, im September 1994
Manfred Amelang
Werner Zielinski

Inhaltsverzeichnis

1	**Einleitung**	1
1.1	Definition	2
1.2	Anwendungsgebiete und Fragestellungen	5
1.2.1	Beispiele für diagnostische Fragestellungen	6
1.3	Verhältnis zu anderen Disziplinen der Psychologie	9
1.4	Modellannahmen: Eigenschafts- und Verhaltensdiagnostik	11
1.4.1	Eigenschaften als Erklärung für Verhalten	11
1.4.2	Verhalten ohne Eigenschaften	14
1.4.3	Bedeutung von Situation und Eigenschaften	16
1.5	Ziele der Psychologischen Diagnostik	16
1.5.1	Zeitliche Einordnung: Erklären, Beschreiben, Vorhersagen	16
1.5.2	Status- vs. Veränderungsdiagnostik	18
1.5.3	Selektion oder Modifikation	19
1.6	Gesellschaftliche Relevanz der Psychologischen Diagnostik	20
1.7	Meilensteine in der Geschichte der Psychologischen Diagnostik	22
1.8	Gesetzliche Rahmenbedingungen und ethische Richtlinien	27
1.8.1	Geheimnisse und Schweigepflicht	29
1.8.2	Offenbarungspflicht	30
2	**Grundlagen diagnostischer Verfahren**	35
2.1	Voraussetzungen und theoretische Basis psychometrischer Tests	36
2.1.1	Anforderungen an einen Test	36
2.1.2	Die klassische Testtheorie (KTT)	40
2.1.3	Item-Response-Theorie (IRT) *H. Moosbrugger*	62
2.1.4	Grundlagen kriteriumsorientierter Tests	84
2.2	Konstruktionsprinzipien psychometrischer Tests	89
2.2.1	Grundlegende Entscheidungen vor der Testkonstruktion	89
2.2.2	Itemgewinnung	97
2.2.3	Testentwurf	112
2.2.4	Grundzüge von Itemanalysen	113
2.3	Gütekriterien diagnostischer Verfahren	129
2.3.1	Qualitätsstandards	129
2.3.2	Objektivität	133
2.3.3	Reliabilität	137
2.3.4	Validität	142
2.3.5	Normierung	164
2.3.6	Weitere Gütekriterien	168
3	**Diagnostische Verfahren**	175
3.1	Einleitung	176
3.2	Leistungstests	181
3.2.1	Allgemeines zu Leistungstests	183
3.2.2	Aufmerksamkeits- und Konzentrationstests	185
3.2.3	Intelligenztests	202
3.2.4	Spezielle Fähigkeitstests	227
3.2.5	Entwicklungstests	230
3.2.6	Schultests	235
3.3	Persönlichkeitsfragebögen	239
3.3.1	Persönlichkeit und ihre Messung	239

3.3.2	Allgemeines zu Persönlichkeitsfragebögen	240
3.3.3	Persönlichkeitstestsysteme	250
3.3.4	Verfahren zur Erfassung aktueller Zustände	277
3.3.5	Verfahren zur Erfassung von Interessen	282
3.3.6	Verfahren zur Erfassung der Motivation	285
3.4	**Nichtsprachliche und objektive Persönlichkeitstests**	**289**
3.4.1	Nichtsprachliche Persönlichkeitstests	289
3.4.2	Objektive Persönlichkeitstests	291
3.5	**Projektive Verfahren**	**299**
3.6	**Verhaltensbeobachtung und -beurteilung**	**309**
3.6.1	Arten der Verhaltensbeobachtung	310
3.6.2	Systematische Verhaltensbeobachtung	314
3.6.3	Verhaltensbeurteilung	317
3.6.4	Gütekriterien von Beobachtungs- und Beurteilungsverfahren	319
3.7	**Diagnostisches Interview**	**323**
3.7.1	Standardisierte Interviews	326
3.7.2	Interviews selbst konstruieren	335
3.7.3	Techniken der Gesprächsführung	339
3.8	**Gruppendiagnostik (Interaktionsdiagnostik)**	**343**
3.8.1	Paardiagnostik	344
3.8.2	Familiendiagnostik	349
3.8.3	Teamdiagnostik	354
4	**Durchführung einer diagnostischen Untersuchung**	**359**
4.1	**Personelle Voraussetzungen und ethisch verantwortliches Vorgehen**	**360**
4.2	**Auswahl der Verfahren**	**362**
4.3	**Gestaltung der Untersuchungssituation**	**366**
4.4	**Durchführung und Auswertung diagnostischer Verfahren**	**371**
4.4.1	Aufklärung	371
4.4.2	Gute Arbeitsbedingungen	371
4.4.3	Standardisierung der Untersuchungsbedingung	372
4.4.4	Testauswertung	373
4.4.5	Darstellung der Ergebnisse	374
4.5	**Mehrfachmessung**	**376**
5	**Der diagnostische Prozess**	**385**
5.1	**Modellvorstellungen**	**386**
5.2	**Das diagnostische Urteil**	**390**
5.3	**Das diagnostische Gutachten**	**397**
6	**Zuordnungs- und Klassifikationsstrategien**	**409**
6.1	**Arten diagnostischer Entscheidungen**	**410**
6.2	**Kompensatorische und konjunktive Entscheidungsstrategien**	**411**
6.3	**Einstufige vs. mehrstufige Entscheidungsstrategien**	**415**
6.4	**Entscheidungsfehler**	**417**
6.5	**Festsetzung von Testtrennwerten**	**421**
6.6	**Nutzenerwägungen**	**423**
6.7	**Abschließende Bemerkungen**	**428**
7	**Probleme und Differenzierungen von Prognosen**	**429**
7.1	**Kontextuale Faktoren und technische Verbesserungen**	**430**
7.1.1	Verhaltensvariabilität	430
7.1.2	Aktuelle Selbstaufmerksamkeit	433

7.1.3	Aggregation von Maßen	434
7.1.4	Validität ohne Stabilität	435
7.2	Moderation: Identifikation von Personengruppen mit einer besonders hohen Vorhersagbarkeit	436
7.3	Bindung von kriteriumsirrelevanter Prädiktorenvarianz: Suppression	441

8 Diagnostik und Intervention in der Arbeits-, Betriebs- und Organisations-(ABO-)Psychologie ... 447

8.1	Organisationsdiagnostik	448
8.2	Eignungsbeurteilung	450
8.2.1	Eignungsdiagnostische Verfahren	457
8.2.2	Exkurs: Assessment Center	462
8.3	Leistungsbeurteilung	473
8.4	Tätigkeitsbezogene Diagnostik: Arbeits- und Anforderungsanalyse	477
8.4.1	Verfahren der Arbeitsanalyse	477
8.4.2	Verfahren der Anforderungsanalyse	481

9 Diagnostik in der Pädagogischen Psychologie ... 485

9.1	Diagnostik zur Schullaufbahnberatung	486
9.1.1	Schuleingangsdiagnostik	486
9.1.2	Diagnostik zur Feststellung von Sonderschulbedürftigkeit	488
9.1.3	Diagnostik beim Übertritt in den tertiären Bildungsbereich	491
9.2	Diagnostik bei Schulschwierigkeiten	492
9.2.1	Diagnostik bei Lernschwierigkeiten	492
9.2.2	Diagnostik von Teilleistungsstörungen	493
9.3	Hochbegabtendiagnostik	495

10 Diagnostik in der Klinischen Psychologie Th. Fydrich ... 503

10.1	Aufgaben der klinisch-psychologischen Diagnostik	504
10.1.1	Rahmenbedingungen für klinisch-psychologische Diagnostik und Intervention	506
10.1.2	Das diagnostische Gespräch	507
10.2	Psychische Störungen und ihre Klassifikation	509
10.2.1	Klassifikation psychischer Störungen	510
10.3	Psychometrische Verfahren	516
10.3.1	Verhaltenstheoretisch und kognitiv orientierte Fragebogenverfahren	516
10.3.2	Beobachtungsmethoden	517
10.3.3	Problem-, Verhaltens- und Plananalyse als Ansatz der kognitiv-verhaltenstherapeutischen Diagnostik	521
10.3.4	Persönlichkeitstests in der Klinischen Psychologie und Psychotherapie	524
10.3.5	Verfahren und Ansätze auf klientenzentrierter, psychodynamischer, systemischer und interpersoneller Grundlage	525
10.4	Verbindung von Diagnostik und Intervention: Die Indikation	528
10.5	Erfolgskontrolle als Teil der Qualitätssicherung	530
10.5.1	Kriterium der klinisch bedeutsamen Verbesserung	531

11 Diagnostik und Intervention in weiteren Anwendungsfeldern ... 537

11.1	Neuropsychologische Diagnostik	538
11.2	Rechtspsychologische Diagnostik	549
11.3	Verkehrspsychologische Diagnostik	562
11.3.1	Spezielle Probleme der verkehrspsychologischen Diagnostik	570

Anhang 575
Varianzanalytische Bestimmung der Konsistenz 576
Ableitungen 577
Axiome der KTT und Reliabilität 577
Standardmessfehler 579
Minderungskorrekturen und Reliabilitätsindex 579
Reliabilität und Testverlängerung 580

Literaturverzeichnis 583

Quellenverzeichnis 613

Stichwortverzeichnis 619

Schmidt-Atzert, Amelang: Psychologische Diagnostik, 5. Auflage: Der Wegweiser zu diesem Lehrbuch

Leitsystem: zur schnellen Orientierung

Kapitelinhaltsverzeichnis: für den ersten Überblick

Merksätze: besonders wichtig

Marginalien: Stichworte für die Orientierung

Beispiel: So wird das Gelernte anschaulich

Kapitel 2 · Grundlagen diagnostischer Verfahren

2.1 Voraussetzungen und theoretische Basis psychometrischer Tests

2.1.1 Anforderungen an einen Test – 36
 2.1.1.1 Was versteht man unter einem »Test«? – 36
 2.1.1.2 Arten von Tests – 39
 2.1.1.3 Grundvoraussetzungen für die Konstruktion eines Tests – 39
2.1.2 Die klassische Testtheorie (KTT) – 40
 2.1.2.1 Annahmen der KTT – 40
 2.1.2.2 Ableitungen aus den Grundannahmen der KTT – 45
 2.1.2.3 Grenzen der KTT – 58
 2.1.2.4 Das Verhältnis gruppenstatistischer Daten zum Einzelfall – 60
2.1.3 Item-Response-Theorie (IRT) *Helfrich Moosbrugger* – 62
 2.1.3.1 Grundüberlegungen der Item-Response-Theorie – 62
 2.1.3.2 Latent-Trait-Modelle mit dichotomem Antwortmodus – 66
 2.1.3.3 Weitere Modelle der IRT – 79
2.1.4 Grundlagen kriteriumsorientierter Tests – 84

Gründlichkeitshalber sei angemerkt, dass die Erfüllung der Bedingung der lokalen stochastischen Unabhängigkeit keineswegs trivial ist. Hätte man die Stichprobe nicht nach dem Merkmal »Emotionalität« geteilt, sondern z. B. nach »Extraversion«, so wären in jeder der beiden Teilstichproben ähnliche Korrelationen wie in der ungeteilten Stichprobe verblieben.

> Testitems, welche die Bedingung der lokalen stochastischen Unabhängigkeit erfüllen, bezeichnet man auch als **Indikatoren** der latenten Variablen.

Beispiel

Ein Beispiel möge den Gedankengang verdeutlichen: Gegeben seien zwei Testitems i und j mit dichotomem Beantwortungsmodus »stimmt (+)« bzw. »stimmt nicht (–)«, z. B. das Item 49 »Termindruck und Hektik lösen bei mir körperliche Beschwerden aus« und das Item 106 »Es gibt Zeiten, in denen ich ganz traurig und niedergedrückt bin« aus der revidierten Fassung des Freiburger Persönlichkeitsinventars FPI-R (Fahrenberg et al., 2001). Die Zustimmungs-, Ablehnungs- und Verbundwahrscheinlichkeiten für diese beiden Items sind in ◘ Tabelle 2.1 wiedergegeben:

Betrachtet man zunächst im oberen Teil von ◘ Tabelle 2.1 die Randwahrscheinlichkeiten der beiden Items, so erkennt man, dass das Item i das leichtere Item ist (Zustimmungswahrscheinlichkeit $p(i+) = .60$), das Item j hingegen das schwierigere (Zustimmungswahrscheinlichkeit $p(j+) = .40$) (vgl. ▶ Abschn. 2.2.4.1: Bei Persönlichkeitsfragebögen bezieht sich die »Itemschwierigkeit« nicht auf eine »richtige« Antwort, sondern auf den Anteil der Probanden, die im Sinne einer »höheren« Merkmalsausprägung geantwortet haben.) Die Anwendung des Multiplikationstheorems für unabhängige Ereignisse auf eine beliebige Zelle des Vierfelderschemas, z. B. auf $p(i+) \cdot p(j+) = .60 \cdot .40 = .24$, und der Vergleich mit der Verbundwahrscheinlichkeit derselben Zelle, hier $p(i+, j+) = .33$, machen deutlich, dass die Zustimmung zu Item j von der Zustimmung zu Item i *nicht* unabhängig ist, da bei Unabhängigkeit die Bedingung $p(i+) \cdot p(j+) = p(i+, j+)$ hätte erfüllt sein müssen; vielmehr führt die Analyse aller Antworten auf die beiden Items zu einer deutlichen Korrelation von $r_{ij} = 0.375$ (Phi-Koeffizient) (ausführlicher und mit Berechnung s. Moosbrugger, 2011, Kap. 10.2).

Indikatoren der latenten Variablen

2.1 · Voraussetzungen und theoretische Basis psychometrischer Tests

― Definition ―
»Mathematische Wahrscheinlichkeitsaussagen beziehen sich (...) per definitionem nicht auf Einzelfälle, sondern auf Klassen von Elementen mit bestimmtem Umfang« (Holzkamp, 1966, S. 28).

Um in der immer größer werdenden Menge von IRT-Modellen zu einer übersichtlicheren Einteilung zu gelangen, wurden von verschiedenen Autoren durchaus verschiedene Einteilungsgesichtspunkte gewählt: So gehen etwa Weiss und Davison (1981) von der Anzahl der Modellparameter aus, Moosbrugger (1984) von der Art der itemcharakteristischen Funktion, Rost (2004) von der Variablenart der manifesten und latenten Variablen und Müller (1999) von der Separierbarkeit der Modellpa-

Einteilungsgesichtspunkte von IRT-Modellen

― Σ Fazit ―
Die klassische Testtheorie wird heute mehr und mehr von der Item-Response-Theorie abgelöst. Konnte die klassische Testtheorie als Messfehlertheorie im Wesentlichen Antworten zur Reliabilität von Messungen liefern, so stellt die IRT die explizite Beziehung zwischen dem Antwortverhalten von Personen und den dahinterliegenden latenten Merkmalen her. Die Separierbarkeit von Item- und Personenparametern ermöglicht die empirische Überprüfung der Skalierbarkeit, der Eindimensionalität sowie der Item- und der Personenhomogenität. Insbesondere das Konzept der spezifischen Objektivität der Vergleiche sensu Rasch trägt wesentlich zum Verständnis psychodiagnostischer Messungen bei. IRT-konforme Tests liefern die Basis für Large Scale Assessments wie PISA und TIMMS und ermöglichen auch die Definition von Kompetenzniveaus zur kriteriumsorientierten Testwertinterpretation. Die IRT liefert darüber hinaus die methodische Grundlage für das Adaptive Testen, welches vor allem in computerbasierter Form auch experimentelle Psychodiagnostik ermöglicht. Durch die besondere Eignung zur Veränderungsmessung wie auch durch den linear-logistischen Modellansatz stellen moderne IRT-Modelle schließlich einen Brückenschlag von der Diagnostischen Psychologie zur Allgemeinen Psychologie her. Auch differentielle Aspekte der Psychodiagnostik können mithilfe von Mixed-Rasch-Modellen untersucht werden.

― Weiterführende Literatur ―
Zur **Klassischen Testtheorie** gilt das Buch von Lord und Novick (1968) noch immer als Klassiker. Als deutschsprachige Darstellung kann der Enzyklopädiebeitrag von Krauth (1996) empfohlen werden. Eine stark formalisierte Auseinandersetzung mit der KTT haben Steyer und Eid (2001) vorgelegt. Für kurze Darstellungen sei auf die Buchkapitel von Moosbrugger (2007) sowie von Tent und Stelzl (1993, Kap. 2) verwiesen.

Die testtheoretischen Grundlagen von **IRT-Modellen** sind ausführlich bei Fischer (1974, 1983 und 1996) sowie Rost (1988, 2004, 2006) abgehandelt. Prozessuale Aspekte stehen bei Scheiblechner (1996) im Vordergrund. Die Verbindung zur Messtheorie wird insbesondere von Steyer und Eid (2001) hergestellt. Ein Handbuch zur IRT haben van der Linden und Hambleton (1996) herausgegeben. Über die Weiterentwicklung von IRT-Modellen für diskrete und kontinuierliche Rating-Skalen informiert Müller (1999).

? Übungsfragen
Kap. 2.1.1
1. Was versteht man unter einem Test?
2. Nennen Sie mögliche Kriterien zur systematischen Zuordnung von Tests zu Testarten!
3. Nennen Sie zwei wichtige Voraussetzungen für die Konstruktion eines Tests!

Sagen Sie uns die Meinung!

Liebe Leserin und lieber Leser,

Sie wollen gute Lehrbücher lesen, wir wollen gute Lehrbücher machen: dabei können Sie uns helfen!

Lob und Kritik, Verbesserungsvorschläge und neue Ideen können Sie auf unserem Feedback-Fragebogen unter **www.lehrbuch-psychologie.de** gleich online loswerden.

Als Dankeschön verlosen wir jedes Jahr Buchgutscheine für unsere Lehrbücher im Gesamtwert von 500 Euro.

Wir sind gespannt auf Ihre Antworten!
Ihr Lektorat Lehrbuch Psychologie

Einleitung

1.1 Definition – 2

1.2 Anwendungsgebiete und Fragestellungen – 5
1.2.1 Beispiele für diagnostische Fragestellungen – 6

1.3 Verhältnis zu anderen Disziplinen der Psychologie – 9

1.4 Modellannahmen: Eigenschafts- und Verhaltensdiagnostik – 11
1.4.1 Eigenschaften als Erklärung für Verhalten – 11
1.4.2 Verhalten ohne Eigenschaften – 14
1.4.3 Bedeutung von Situation und Eigenschaften – 16

1.5 Ziele der Psychologischen Diagnostik – 16
1.5.1 Zeitliche Einordnung: Erklären, Beschreiben, Vorhersagen – 16
1.5.2 Status- vs. Veränderungsdiagnostik – 18
1.5.3 Selektion oder Modifikation – 19

1.6 Gesellschaftliche Relevanz der Psychologischen Diagnostik – 20

1.7 Meilensteine in der Geschichte der Psychologischen Diagnostik – 22

1.8 Gesetzliche Rahmenbedingungen und ethische Richtlinien – 27
1.8.1 Geheimnisse und Schweigepflicht – 29
1.8.2 Offenbarungspflicht – 30

© Springer-Verlag GmbH Deutschland 2012
L. Schmidt-Atzert (et al.), *Psychologische Diagnostik*, Springer-Lehrbuch,
https://doi.org/10.1007/978-3-642-17001-0_1

Psychologische Diagnostik

ausgewählte Definitionselemente

1.1 Definition

Wie viele andere Begriffe in der Psychologie haben auch diejenigen von Diagnose und Diagnostik ihre Wurzeln im Griechischen, wo das Verb »diagignoskein« eine kognitive Funktion mit den Bedeutungen »gründlich kennen lernen«, »entscheiden« und »beschließen« bezeichnet.

Sieht man sich in der **wissenschaftlichen** Literatur nach Definitionen um, so findet man in neueren Lehrbüchern, die explizit eine Definition aufführen, unterschiedliche Vorschläge. Im Folgenden werden diese Definitionen in einzelne Elemente zerlegt, die sich mit dem Gegenstand und der Aufgabe von Psychologischer Diagnostik (kurz: Diagnostik) sowie mit dem Vorgehen beim Diagnostizieren befassen:

Gegenstand der Diagnostik

»Soweit Menschen die Merkmalsträger sind ... interindividuelle Unterschiede im Verhalten und Erleben sowie intraindividuelle Merkmale und Veränderungen einschließlich ihrer jeweils relevanten Bedingungen« (Amelang & Schmidt-Atzert, 2006, S. 3).

»Informationen, die für das Verständnis menschlichen Verhaltens und Erlebens bedeutsam sind« (Eid & Petermann, 2006, S. 16).

»Psychische Merkmale von einem (oder mehreren) Menschen« (Kubinger, 2009, S. 7).

Aufgabe der Diagnostik

Merkmale und Veränderungen so erfassen, dass »hinlänglich präzise Vorhersagen künftigen Verhaltens und Erlebens sowie deren evtl. Veränderungen in definierten Situationen möglich werden« (Amelang & Schmidt-Atzert, 2006, S. 3).

»Regelgeleitete Sammlung und Verarbeitung von gezielt erhobenen Informationen« (Eid & Petermann, 2006, S. 16).

»Psychologisches Wissen und psychologische Techniken bereit[zu]stellen, die dazu beitragen, (in Einzelfällen) praktische Probleme zu lösen« (Fisseni, 2004, S. 4).

»Unter Zuhilfenahme besonderer Verfahren zielgerichtete Informationen über die psychischen Merkmale von einem (oder mehreren) Menschen gewinnen« (Kubinger, 2009, S. 7).

»Erhebung von Differenzen zwischen Merkmalsträgern... Im Falle einer personenbezogenen Diagnostik wird angestrebt, solche interindividuellen Differenzen und/oder intraindividuellen Charakteristika und Veränderungen zu erfassen, die einer Prognose zukünftigen Verhaltens und Erlebens und/oder einer angestrebten Verhaltensmodifikation dienen« (Pospeschill & Spinath, 2009, S. 14).

Vorgehen beim Diagnostizieren

»Fragestellungen eines Auftraggebers bearbeiten und Entscheidungen treffen. Fragestellungen können betreffen: Beschreibung und Klassifikation, Erklärung, Vorhersage und Evaluation von Zuständen oder Verläufen« (Eid & Petermann, 2006, S. 16).

»Klärung der Fragestellung; Auswahl, Anwendung und Auswertung von Verfahren; Interpretation und Gutachtenerstellung; Festsetzen der Intervention (des Maßnahmenvorschlags)« (Kubinger, 2009, S. 7).

»Die Prinzipien der Entscheidungsfindung müssen wissenschaftlichen Kriterien entsprechen« (Eid & Petermann, 2006, S. 16).

1.1 · Definition

Definitionselemente Nun sollen diese Definitionselemente diskutiert werden, um eine konsensfähige Definition vorzuschlagen. **Gegenstand der Psychologischen Diagnostik sind Menschen**, und zwar sowohl einzelne als auch mehrere Personen (denkbar sind etwa Paare, Familien, Teams). Die Einschränkung in der Definition von Amelang und Schmidt-Atzert (2006) »soweit Menschen die Merkmalsträger sind« rührte daher, dass die Definition aus einem älteren Lehrbuch zitiert wurde, der zufolge auch Institutionen, Situationen und Gegenstände als Merkmalsträger infrage kommen. Gegen diese Ausweitung spricht, dass damit auch eine Ausweitung des Methodeninventars einhergehen müsste. Zudem scheint sie nicht konsensfähig zu sein; andere Autoren verzichten in ihren Definitionen auf entsprechende Formulierungen. Menschen sind jedoch Merkmalsträger, wenn gemessen wird, wie sie sich in bestimmten Umwelten verhalten oder wie sie diese erleben. So ist nicht der Betrieb, sondern der Mensch Merkmalsträger, wenn das Betriebsklima erfasst wird. Wenn man sich mit Menschen befasst, liegt es nahe, je nach Fragestellung auch Lebensumstände wie die Wohn- und Einkommensverhältnisse, Erkrankungen oder soziale Beziehungen mit zu untersuchen.

menschliches Verhalten und Erleben als Gegenstand

Die **Beachtung von situativen Faktoren** des menschlichen Verhaltens und Erlebens wird durch die Formulierung »einschließlich ihrer jeweils relevanten Bedingungen« in der Definition von Amelang und Schmidt-Atzert (2006) zum Ausdruck gebracht. Der Mensch bleibt aber der eigentliche Gegenstand der Diagnostik. Die Spezifizierung »**menschliches Verhalten und Erleben**« ist angebracht, weil konkretem Verhalten und Erleben nicht unbedingt eine Eigenschaft zugrunde liegen muss. Wenn sich etwa ein Mensch sozial zurückzieht und starke Angst erlebt, kann dies auf ein traumatisches Ereignis zurückzuführen sein und nicht auf seine Persönlichkeitsmerkmale. Die Formulierung »menschliches Verhalten und Erleben« lässt also offen, ob situative Faktoren oder »psychische Merkmale« (Eigenschaften) verantwortlich sind.

situative Bedingungen beachten

Die **Aufgabe der Diagnostik** wird aus zwei Perspektiven gesehen. Die meisten Definitionen betrachten das diagnostische Handeln in der Praxis (z. B. »zielgerichtete Informationen über … Menschen gewinnen« (Kubinger, 2009, S. 7). Dagegen sieht Fisseni (2004, S. 4) die Diagnostik aus der Perspektive der Wissenschaft, die für dieses Handeln »psychologisches Wissen und psychologische Techniken« bereitstellt. Dieser zweite Aspekt wird unter »Vorgehen« aufgegriffen. Betrachtet man das diagnostische Handeln, so werden zwei Aspekte thematisiert: das Erheben oder **Sammeln von Informationen** und deren **Verwertung**. Damit wird zwischen »reinen« Fakten (die zunächst zu sammeln sind) und deren Interpretation (Verwertung) unterschieden.

Informationen sammeln und verwerten

Das Vorgehen beim Diagnostizieren ist Gegenstand zweier Definitionen. Die diagnostische Tätigkeit beginnt mit der Übernahme einer Fragestellung und endet nach der Erhebung und Interpretation von Informationen mit der Beantwortung der Fragestellung. Dabei kann es sich um eine Beschreibung oder Klassifikation, eine Erklärung, eine Vorhersage oder um den Vorschlag oder die Evaluation einer Maßnahme handeln. Einfach einen Test durchzuführen ist demnach noch keine Diagnostik. Diagnostik wird nicht etwa um ihrer selbst willen betrieben, sondern um eine konkrete Fragestellung zu beantworten. Das Beantworten einer Fragestellung setzt einen diagnostischen Prozess in Gang, der mit einem konkreten Ergebnis endet. Das Handeln muss von psychologischem Wissen geleitet sein und unter Verwendung wissenschaftlicher Methoden erfolgen, wie Fisseni (2004) sowie Eid und Petermann (2006) betonen. Würde beim diagnostischen Prozess nur das konkrete Handeln thematisiert, gelänge die Abgrenzung zur Laiendiagnostik nicht. Beim psychologischen Wissen kann es sich z. B. um die Kenntnis von Symptomen handeln, die charakteristisch für eine bestimmte psychische Störung sind, oder um das Wissen, wie hoch der Zusammenhang zwischen Intelligenz und Schulerfolg ist.

psychologisches Wissen nutzen

wissenschaftliche Methoden anwenden

Zur Beschreibung menschlichen Verhaltens und Erlebens stehen Methoden wie Leistungstests, Befindensfragebögen oder gut geplante diagnostische Interviews zur Verfügung, die wissenschaftlichen Standards genügen. Sollten Methoden wie die Vermessung der Schädelform oder die charakterliche Deutung von Gesichtszügen oder der Handschrift eingesetzt werden, so genügen diese *nicht* heutigen wissenschaftlichen Standards.

Als Fazit wird eine neue Definition vorgeschlagen, die viele, aber nicht alle Aspekte der analysierten Definitionen einschließt:

Definitionsvorschlag

> **Definition**
>
> **Psychologische Diagnostik** ist eine Teildisziplin der Psychologie. Sie dient der Beantwortung von Fragestellungen, die sich auf die Beschreibung, Klassifikation, Erklärung oder Vorhersage menschlichen Verhaltens und Erlebens beziehen. Sie schließt die gezielte Erhebung von Informationen über das Verhalten und Erleben eines oder mehrerer Menschen sowie deren relevanter Bedingungen ein. Die erhobenen Informationen werden für die Beantwortung der Fragestellung interpretiert. Das diagnostische Handeln wird von psychologischem Wissen geleitet. Zur Erhebung von Informationen werden Methoden verwendet, die wissenschaftlichen Standards genügen.

Erläuterung einzelner Definitionselemente

Erläuterungen zur Definition Einige Definitionselemente sollen kurz erläutert werden:

- **»Beantwortung von Fragestellungen«:** Psychologische Diagnostik erfolgt nicht zum Selbstzweck, sondern wird durch einen Auftrag (Übernahme einer Fragestellung) in Gang gesetzt. Der Auftragsübernahme folgen weitere Schritte, die als diagnostischer Prozess beschrieben werden können.
- **»Menschliches Verhalten und Erleben«:** Psychologische Diagnostik ist nicht zwingend eigenschaftsorientiert, sondern kann sich auch mit situativ bedingtem Verhalten und Erleben befassen.
- **»Eines oder mehrerer Menschen«:** Psychologische Diagnostik befasst sich explizit mit Menschen, und zwar mit einzelnen Personen oder mit mehreren Personen, die meist miteinander in Beziehung stehen (Paare, Familien, Teams etc.).
- **»Deren relevanter Bedingungen«:** Wenn es für die Beantwortung der Fragestellung nützlich ist, können auch Informationen über situative Bedingungen, denen die untersuchte(n) Person(en) ausgesetzt ist (sind), erhoben werden.
- **»Gezielte Erhebung von Informationen«:** Informationen werden nicht schematisch oder wahllos erhoben. Aus den vielen verfügbaren Informationen werden nur diejenigen erhoben, die zur Beantwortung der Fragestellung beitragen.
- **»Informationen und deren Interpretation«:** Damit wird die Trennung von Fakten und deren Bewertung betont. Manchmal können Fakten unterschiedlich interpretiert werden. Die Interpretation erfolgt mit dem Ziel, die Fragestellung zu beantworten.
- **»Von psychologischem Wissen geleitet«** und **»Methoden, die wissenschaftlichen Standards genügen«:** Damit erfolgt die Abgrenzung zur Laiendiagnostik. Zur Bearbeitung der Fragestellung und zur Interpretation von vorliegenden Informationen, die einander auch scheinbar widersprechen können, ist Fachwissen nötig. Die Verfahren sollen anhand wissenschaftlicher Standards (Gütekriterien) bewertbar sein. Da in der Regel verschiedene Verfahren zur Auswahl stehen, soll die Auswahl nach den Gütekriterien erfolgen.

Abgrenzung Die nun definierte Psychologische Diagnostik kann vom Testen, von medizinischer Diagnostik und von Evaluation abgegrenzt werden.

- **Testen:** Der Begriff »Test« bezieht sich nur auf *eine* Methode der Datenerhebung. Im Rahmen von Psychologischer Diagnostik werden auch andere Methoden wie etwa das Interview oder die Verhaltensbeobachtung eingesetzt. Hinzu kommt, dass mit der Anwendung verschiedener Methoden notwendigerweise auch die Integration von Ergebnissen einhergeht, also eine Interpretation.
- **Medizinische Diagnostik:** Der Mensch ist auch Gegenstand der medizinischen Diagnostik. Hier stehen allerdings *körperliche Merkmale* im Fokus und nicht – oder zumindest seltener – Verhalten und Erleben. Die Diagnostik psychischer Störungen stellt einen Überlappungsbereich dar, mit dem sich psychologische und medizinische Diagnostik befassen können.
- **Evaluation:** Evaluiert werden *Maßnahmen* wie etwa ein Training oder ein Therapieprogramm. Unter Umständen benötigt man dazu keine psychologisch-diagnostischen Verfahren. Dienen die Maßnahmen dazu, psychische Merkmale von Menschen (Beispiel: Depressivität) oder deren Verhalten (Beispiel: Zwangsverhalten) zu verändern, können diese Veränderungen mithilfe psychologisch-diagnostischer Methoden (Tests, Fragebögen, Interview etc.) erfasst werden. Diagnostik ist also ein Mittel zum Zweck der Evaluation.

1.2 Anwendungsgebiete und Fragestellungen

Diagnostikanteile in der Praxis Die in der Definition genannten »konkreten Fragestellungen« fallen in unterschiedlichen Anwendungsfeldern an. Wie groß ist überhaupt der Anteil diagnostischer Tätigkeiten an der gesamten Arbeitszeit, und wie viel Diagnostik fällt in einzelnen Berufsfeldern an? Roth und Herzberg (2008) haben dazu rund 400 praktisch tätige Psychologen postalisch befragt. Im Durchschnitt gaben die Befragten an, dass 27 Prozent ihrer Arbeitszeit auf Psychodiagnostik entfällt. Dabei traten deutliche Unterschiede zwischen den einzelnen Anwendungsfeldern hervor (◘ Tab. 1.1). Demnach ist der Anteil der Psychologischen Diagnostik an der Gesamttätigkeit in der Forensischen und der Verkehrspsychologie am größten und in der Klinischen Psychologie am kleinsten. Die Streuung ist in allen Bereichen groß (SD = 24 bis 31). Das bedeutet, dass es in jedem der genannten Bereiche Psychologen gibt, die deutlich mehr oder deutlich weniger diagnostizieren als die Mittelwerte vermuten lassen. Im Einzelfall ist es also möglich, dass ein klinisch tätiger Psychologe einen höheren Diagnostikanteil an seiner Arbeit hat als ein Verkehrspsychologe.

Befragung von Praktikern

◘ **Tab. 1.1** Durchschnittlicher Anteil von Psychologischer Diagnostik in einzelnen Arbeitsfeldern

Arbeitsfeld	Anteil an Gesamttätigkeit
Klinische Psychologie	24 %
Gesundheitspsychologie	26 %
Pädagogische Psychologie	29 %
Arbeits- und Organisationspsychologie	30 %
Forensische Psychologie	44 %
Verkehrspsychologie	44 %
andere Bereiche	31 %
Nach Roth und Herzberg (2008), Tabelle 1. N = 398.	

1.2.1 Beispiele für diagnostische Fragestellungen

Für jeden Anwendungsbereich lassen sich typische Fragestellungen nennen. Im Folgenden werden Beispiele aufgeführt, die auch deutlich machen, dass die einzelnen Fragestellungen den Einsatz unterschiedlicher diagnostischer Verfahren verlangen. Ausführliche Informationen zur Diagnostik in wichtigen Anwendungsfeldern finden sich in den Kapiteln 8 bis 11.

psychische Störungen diagnostizieren

In der **Klinischen Psychologie** stellt sich oft die Frage, ob ein Klient, der über bestimmte Symptome wie Antriebslosigkeit oder Konzentrationsstörungen klagt, eine psychische Störung aufweist oder nicht. Liegt eine psychische Störung vor, so wird diese qualitativ näher bestimmt. Diesen Vorgang bezeichnet man als »kategoriale Diagnostik«, da es gilt, aufgrund der vorhandenen Symptome die dazu passende Störungskategorie zu finden. Gebräuchliche Kategoriensysteme zur Einordnung von psychischen Störungen sind die »Internationale Klassifikation psychischer Störungen ICD-10« (Weltgesundheitsorganisation et al., 2006) und das »Diagnostische und Statistische Manual Psychischer Störungen DSM-IV« der Amerikanischen Psychiatervereinigung (Saß et al., 2003). Entscheidend für die Diagnose einer psychischen Störung wie Depression oder Schizophrenie (wobei hier jeweils verschiedene Unterformen unterschieden werden) ist, dass eine bestimmte Anzahl genau definierter Symptome vorliegt. Die notwendigen Informationen über das Vorliegen solcher Symptome werden meist mit einem diagnostischen Interview gewonnen. Gerne werden dabei bis ins Detail ausgearbeitete standardisierte Interviews wie das »Strukturierte Klinische Interview für DSM-IV« (Wittchen et al., 1997) eingesetzt.

therapiebegleitende Diagnostik

Häufig folgt auf die Diagnose hin eine Therapie. Idealerweise wird die Schwere der Störung vor, während und nach der Therapie quantitativ beschrieben. Dafür eignen sich besonders gut Fragebögen zu einzelnen psychischen Störungen wie etwa das »Beck-Depressions-Inventar« (Hautzinger et al., 2006). So können der Verlauf und der Erfolg einer Therapie evaluiert werden. Da die subjektive Sichtweise verzerrt sein kann, finden auch Fremdbeurteilungsverfahren und Verhaltensbeobachtung Verwendung.

Stress- und Krankheitsbewältigung erfassen

Die **Gesundheitspsychologie** versteht unter Gesundheit mehr als nur das Fehlen von Krankheit. Sie befasst sich mit einer Vielzahl von Themen, darunter Stress- und Krankheitsbewältigung und Prävention. Fragebögen zum Gesundheitsverhalten, zur Stress- und Krankheitsbewältigung etc. spielen eine große Rolle. Aber auch diagnostische Interviews, Verhaltensbeobachtung und -beurteilung kommen zum Einsatz.

Leistungsstand messen

Die **Pädagogische Psychologie** befasst sich mit Erziehung, Bildung und Weiterbildung. Psychologische Diagnostik betrifft häufig den Leistungsstand und die Leistungsfähigkeit, was den Einsatz von Leistungstests nahelegt. Beispielsweise stellt sich manchmal bei der Einschulung die Frage, ob ein Kind den Anforderungen der Schule schon gewachsen ist. Für diese Fragestellung stehen spezielle Schulreifetests zur Verfügung. Bei der Einschulung, manchmal aber auch erst in den ersten Schuljahren, kann sich die Frage stellen, ob spezielle Fördermaßnahmen einschließlich einer Beschulung in einer speziellen Förderschule angemessen sind. Während der Schulzeit treten manchmal Leistungsprobleme auf, deren Ursache es zu erkennen gilt. In diesem Fall können Intelligenz- und Konzentrationstests helfen, die kognitive Leistungsfähigkeit bzw. die Konzentrationsfähigkeit einzuschätzen. Mit Schulleistungstests kann der Leistungsstand in einem Schulfach so ermittelt werden, dass ein objektiver Vergleich mit Schülern der gleichen Klassenstufe möglich ist.

Teilleistungsstörungen und Verhaltensprobleme erkennen

Beim Verdacht auf eine Teilleistungsstörung sind Leistungstests indiziert, die Auskunft über die Lese-, Rechen- und Rechtschreibfertigkeit geben. Da schulische Leistungen auch von der Motivation, den Interessen, Schulangst, der Förderung durch Eltern und weiteren Bedingungen abhängen, wird man häufig auch entsprechende Fragebögen einsetzen und diagnostische Interviews mit den Schülern, sowie deren

1.2 · Anwendungsgebiete und Fragestellungen

Eltern und Lehrkräften führen. Bei Verhaltensproblemen liegt es nahe, auch das Verhalten im Unterricht zu beobachten. Die Pädagogische Psychologie befasst sich nicht nur mit Defiziten und Problemen, sondern auch mit Potenzialen, etwa im Rahmen von Schullaufbahnberatung oder Hochbegabungsdiagnostik. Die Ergebnisse von Leistungstests (insbesondere Intelligenztests) werden oft durch diagnostische Interviews und eventuell Fragebögen zu Interessen oder Motivation ergänzt.

In der **Arbeits- und Organisationspsychologie** kommt die Psychologische Diagnostik bei der Beratung von Jugendlichen, die Hilfe bei der Berufswahl benötigen, und bei der Auswahl von Auszubildenden oder Stellenbewerbern (vom Arbeiter bis zu Führungskräften) zum Einsatz. Beratung findet meist durch die Bundesagentur für Arbeit statt, die viele Psychologen beschäftigt, welche eng mit Berufsberatern zusammenarbeiten. Auch wenn Leistungstests einen hohen Stellenwert haben, so werden doch auch berufsrelevante Interessen, Persönlichkeitsmerkmale wie Belastbarkeit oder Leistungsorientierung und in Einzelfällen auch mögliche psychische Störungen diagnostisch erfasst. Für Interessen, Persönlichkeitsmerkmale und Hinweise auf psychische Störungen stehen Fragebögen zur Verfügung. Ein diagnostisches Interview wird die Test- und Fragebogenergebnisse fast immer ergänzen.

Hilfe bei der Berufswahl

Bei der Personalauswahl, die in Unternehmen stattfindet oder durch Beratungsfirmen im Auftrag der Unternehmen durchgeführt wird, variieren die diagnostischen Verfahren stark mit dem Untersuchungsanlass (Schuler et al., 2007). Intelligenz- und andere Leistungstests finden trotz ihrer hohen Validität überwiegend nur bei der Auswahl von Auszubildenden Verwendung. Fast immer wird ein mehr oder weniger stark strukturiertes Interview durchgeführt. Wenn bereits bei der Einstellung erwartet wird, dass ein Bewerber über die notwendigen Fertigkeiten verfügt, bietet sich eine Arbeitsprobe an. Dazu lässt man den Bewerber typische Arbeitstätigkeiten verrichten und beobachtet ihn dabei. Häufig sind die beruflichen Anforderungen so komplex, dass man notgedrungen mit Simulationen arbeiten muss. In einem Assessment Center werden Situationen simuliert, die denen im Arbeitsleben ähnlich sind. In dieser Situation werden die Teilnehmer beobachtet und beurteilt.

Personalauswahl

Bei der Personalentwicklung ist die Zielsetzung eine andere. Das Unternehmen will die Potenziale seiner Mitarbeiter erkennen und durch eine Karriereplanung fördern. Defizite sollen erkannt werden, um geeignete Schulungsmaßnahmen einzuleiten. Für die Personalentwicklung werden häufig Assessment Center konzipiert, die auf die speziellen Bedürfnisse des Unternehmens abgestimmt sind. Auch der Einsatz von Persönlichkeitsfragebögen kann sinnvoll sein.

Potenzialanalyse

Die **Forensische Psychologie** ist ein weites Feld mit vielen Fragestellungen, die sich durch die unterschiedlichen Zielsetzungen in Gerichtsverfahren ergeben. In Strafverfahren kann die Glaubwürdigkeit von Zeugen bzw. deren Aussagen zu beurteilen sein. Je nach Grund für Zweifel an der Glaubwürdigkeit wird die kognitive Leistungsfähigkeit eines Zeugen beispielsweise mit einem Intelligenztest untersucht oder seine mögliche Motivation für eine Falschaussage durch ein diagnostisches Interview erkundet. Die Aussagen selbst werden inhaltsanalytisch auf Anzeichen für Echtheit analysiert.

Glaubwürdigkeit von Zeugen

Bei den Tätern kann sich die Frage ergeben, ob sie strafrechtlich verantwortlich sind. Gründe für Schuldunfähigkeit sind nach § 20 des Strafgesetzbuches eine krankhafte seelische Störung, eine tief greifende Bewusstseinsstörung, Schwachsinn und eine schwere andere seelische Abartigkeit. Unter »Schwachsinn« wird eine geistige Behinderung verstanden, die man mit einem Intelligenztest diagnostizieren kann. Die anderen Begriffe verweisen in die Diagnostik klinischer Störungen (s.o.).

Schuldfähigkeit von Tätern

In einem Sorgerechtsverfahren, meist im Gefolge einer Scheidung, will der Familienrichter herausfinden, welche Regelungen am besten dem »Kindeswohl« gerecht werden. Ein von ihm als Sachverständiger hinzugezogener Psychologe wird, je nach Anhaltspunkten aus den Akten, versuchen festzustellen, wie stark zum Beispiel die

Sorgerecht für Kinder nach Scheidung

Bindung des Kindes an ein Elternteil ist, ob die Erziehungsfähigkeit eines Elternteils eingeschränkt ist oder welche Betreuungs- und Versorgungsmöglichkeiten gegeben sind. Ein diagnostisches Interview mit beiden Elternteilen und den betroffenen minderjährigen Kindern ist unverzichtbar. Das Verhalten des Kindes im Umgang mit Vater und Mutter kann beobachtet werden, und in manchen Fällen werden auch Tests eingesetzt, die etwa den Entwicklungsstand eines Kindes oder dessen Bindung an beide Elternteile messen sollen.

Rückfallprognose bei Straftätern

Schließlich ergeben sich forensische Fragestellungen auch im Strafvollzug. Wenn eine vorzeitige Entlassung zur Diskussion steht, kann eine Kriminalprognose erstellt werden. Es gilt, das Rückfallrisiko einzuschätzen und eventuell die Notwendigkeit von Maßnahmen festzustellen, die das Rückfallrisiko bei der Entlassung mindern. Einerseits kann man empirisch untersuchte Zusammenhänge zwischen biografischen Merkmalen und Rückfallhäufigkeiten nutzen, um das individuelle Rückfallrisiko einzuschätzen. Andererseits ist es möglich, aus dem früheren Deliktverhalten, der Entwicklung während der Haft bzw. des Maßregelvollzugs, der aktuellen Persönlichkeit und den sozialen und beruflichen Bedingungen nach der Entlassung ein individuelles Bild der Person zu zeichnen, das eine Prognose erlaubt. Dabei kommen neben Aktenanalysen auch diagnostische Interviews mit dem Delinquenten sowie dessen Bezugspersonen, Persönlichkeitstests, Checklisten zu Risikofaktoren etc. zum Einsatz.

Fahreignung nach Entzug der Fahrerlaubnis überprüfen

In der **Verkehrspsychologie** stellt der Entzug der Fahrerlaubnis einen häufigen Untersuchungsanlass dar. Die Fahrerlaubnis wird entzogen, wenn Bedenken gegen die Eignung zum Führen eines Kraftfahrzeuges bestehen. Alkoholisiertes Fahren, Verkehrsauffälligkeit aufgrund einer Suchtproblematik und wiederholte Verkehrsdelikte sind die häufigsten Gründe für diese Bedenken. Betroffen sind in Deutschland jährlich etwa 100.000 Personen. Die Behörde, welche die Fahrerlaubnis wiedererteilt, verlangt ein medizinisch-psychologisches Gutachten. Diese Gutachten dürfen nur von amtlich anerkannten Medizinisch-psychologischen Untersuchungsstellen angefertigt werden.

Fahreignung von Bus- und Taxifahrern begutachten

Auch Kraftfahrer, die eine Fahrerlaubnis zur Beförderung von Fahrgästen erhalten wollen (Bus- und Taxifahrer), müssen sich einer Fahreignungsbegutachtung unterziehen. In diesem Fall steht die psychische Leistungsfähigkeit im Vordergrund. Daher werden bei diesem Untersuchungsanlass Leistungstests zur Messung der Konzentrations- und Reaktionsfähigkeit, Aufmerksamkeit, Belastbarkeit und Orientierungsleistung eingesetzt. Nach Entzug einer Fahrerlaubnis werden Leistungstests nur dann benötigt, wenn Hinweise auf entsprechende Defizite vorliegen. Dagegen kommt dem diagnostischen Interview eine herausragende Bedeutung zu. Im Volksmund wird die Untersuchung »Idiotentest« genannt, obwohl die Intelligenz nur in sehr speziellen Fällen, etwa bei extrem desorientiertem Fahrverhalten, geprüft wird. Für das diagnostische Vorgehen existiert mit der Fahrerlaubnisverordnung (FeV) ein gesetzlicher Rahmen. In Anlage 15 der FeV werden die Grundsätze für die Durchführung der Untersuchungen und die Erstellung der Gutachten aufgeführt. Dazu wiederum liegen Begutachtungsleitlinien vor (Schubert et al., 2005), an denen sich Psychologen in den Medizinisch-psychologischen Untersuchungsstellen orientieren können.

Entwicklungsstand feststellen

An anderen Bereichen, in denen Psychologen diagnostisch tätig sind, seien exemplarisch die **Entwicklungsdiagnostik,** die **Gerontopsychologie** und die **Neuropsychologie** genannt. In Erziehungsberatungsstellen, Sozialpädiatrischen oder Sozialpädagogischen Zentren und beispielsweise Frühförderstellen wird Diagnostik bei Kindern und Jugendlichen durchgeführt, die in ihrer psychischen oder geistigen Entwicklung auffällig geworden sind. Dieses Arbeitsgebiet tangiert die Pädagogische und die Klinische Psychologie. Je nach Fragestellung wird mit Entwicklungstests ein »breites« Bild der Entwicklung erstellt, oder es wird gezielt in einzelnen Funktionsbereichen wie der Motorik, der Sprache, der Intelligenz oder im Bereich des Sozialverhaltens mit Leistungstests und Verhaltensbeobachtung geprüft, ob eine altersgerechte Entwicklung vorliegt. Weitere Instrumente sind das diagnostische Interview und manchmal auch Fragebögen. Mit dem anderen Ende der Entwicklungsspanne befasst sich die Gerontopsychologie. Oftmals stellt sich die Frage, ob vermeintliche Leistungsdefizite objektivierbar sind. Dazu dienen Leistungstests zur Prüfung des Gedächtnisses, der Intelligenz oder etwa der Konzentrationsfähigkeit.

Der klinische Bereich wird berührt, wenn interessiert, ob beobachtete Leistungsdefizite oder andere Symptome auf eine psychische Störung wie beispielsweise eine Depression oder eine Demenz zurückzuführen sind. Die Neuropsychologie betrifft die ganze Entwicklungsspanne – aber nur, wenn eine hirnorganische Ursache oder Beteiligung an einem Störungsbild vermutet wird. Vor allem in Neurologischen Kliniken und in Rehabilitationseinrichtungen werden Menschen behandelt, die durch einen Hirntumor, eine Schädel-Hirn-Verletzung, einen Schlaganfall oder bestimmte organische Erkrankungen Defizite hauptsächlich im Leistungsbereich aufweisen. Einzelne Funktionsbereiche können oftmals durch gezieltes Training wieder stark verbessert werden. In anderen Fällen wird nach Stärken gesucht, die zur Kompensation von Defiziten nutzbar sind. Dementsprechend kommt den Leistungstests in der neuropsychologischen Diagnostik eine besondere Bedeutung zu.

Leistungsfähigkeit nach Hirnschädigung messen

1.3 Verhältnis zu anderen Disziplinen der Psychologie

Psychologische Diagnostik ist ohne bestimmte Konstrukte, Theorien und Forschungsergebnisse aus anderen Bereichen der Psychologie, und zwar aus Grundlagenfächern wie auch aus Anwendungsfeldern, undenkbar. Der Wissenstransfer ist keineswegs einseitig; Erkenntnisse aus der Diagnostik bereichern umgekehrt auch die anderen Fachgebiete.

Wissensaustausch mit anderen Fachgebieten

Beispiel Intelligenz Am Beispiel der Intelligenz lässt sich dieses Zusammenspiel gut erläutern. Zur Messung der Intelligenz werden bekanntlich Intelligenztests verwendet. Um einen solchen Test zu entwickeln, muss man wissen, was Intelligenz ist. Die Differentielle Psychologie befasst sich ausführlich mit Strukturmodellen der Intelligenz. Mit dem Wissen über die Struktur der Intelligenz lässt sich zu Beginn einer Testentwicklung festlegen, ob man einen Test zur Allgemeinen Intelligenz, zu einer Intelligenzkomponente wie etwa dem räumlichen oder dem schlussfolgernden Denken, einen Intelligenzstrukturtest oder etwa einen Test zur möglichst sprach- und kulturunabhängigen Messung der Intelligenz konstruieren will. Die Forschung zu Intelligenzmodellen zeigt dem Testentwickler, welche Aufgabentypen für sein Vorhaben geeignet sind. Auch Anwender eines Intelligenztests sind auf dieses Grundlagenwissen angewiesen. Bereits bei der Auswahl eines Tests sollte ihnen bewusst sein, dass es »die« Intelligenz nicht gibt, sondern nur bestimmte Modelle oder »Arten« der Intelligenz. Schließlich können sie ein Testergebnis nur angemessen interpretieren, wenn sie den von ihnen eingesetzten Test konzeptionell richtig einordnen.

Testentwicklung profitiert von Grundlagenforschung – und umgekehrt

Bei der Entscheidung, die Intelligenz zu messen, sollte zuvor bedacht worden sein, ob und wie die Kenntnis des Testergebnisses zur Klärung der Fragestellung beitragen kann. Je nach Anwendungsbereich kann der Zusammenhang zwischen Intelligenz und Schulerfolg, Ausbildungserfolg oder etwa von Berufserfolg relevant sein. Wie eng dieser Zusammenhang ist, wird in der Pädagogischen Psychologie bzw. der Arbeits- und Organisationspsychologie erforscht. Unter Umständen muss man wissen, welche Rolle die Intelligenz bei der Definition von geistiger Behinderung, Lernbehinderung oder Hochbegabung spielt oder bei welchen Arten der Demenz die Intelligenz bzw. bestimmte Intelligenzkomponenten betroffen sind (Klinische Psychologie und Neuropsychologie). Ein Täter ist eventuell nicht schuldfähig, weil er aufgrund seiner Intelligenz an »Schwachsinn« leidet (Forensische Psychologie).

Die Feststellung der Intelligenz ist in vielen Anwendungsfächern relevant

Tab. 1.2 Bedeutung der Grundlagenfächer für die Diagnostik

Fachgebiet	Konstrukt/Begriff	Forschungsergebnis	Implikation für Diagnostik
Klinische Psychologie	Depression	Depressive zeigen schlechtere kognitive Leistungen als Gesunde.	Bei Demenzdiagnostik auch damit rechnen, dass Leistungsdefizite eventuell auf eine Depression zurückzuführen sind.
Pädagogische Psychologie	Over- und Underachiever	Schulleistungen entsprechen nicht immer dem Potenzial (Intelligenz).	Bei Begutachtungen im schulpsychologischen Bereich Diskrepanzen zwischen Schulleistungen und Intelligenz beachten und zu erklären versuchen.
Arbeits- und Organisationspsychologie	Berufserfolg	Berufserfolg hängt eng mit Intelligenz zusammen (Schmidt & Hunter, 2004).	Intelligenztests zur Personalauswahl einsetzen.

Tab. 1.3 Bedeutung von Erkenntnissen aus verschiedenen Fachgebieten für die Diagnostik

Fach	Konstrukt	Theorie/Modell/Forschungsergebnis	Relevanz für Diagnostik
Differentielle Psychologie	Persönlichkeitsmerkmal	Big Five Modell der Persönlichkeit	Strukturmodell als Grundlage für Fragebogenentwicklungen; Big Five Verfahren gut als Kriterium zur Validierung von Persönlichkeitsfragebögen geeignet.
Entwicklungspsychologie	Denken	Piagets Stufenmodell der Denkentwicklung	Kann als Grundlage für Entwicklungstests zum Denken verwendet werden.
Sozialpsychologie	Soziale Erwünschtheit	Unterscheidung »self- and other-deception«	Sollte bei der Entwicklung von Kontrollskalen in Fragebögen beachtet werden.
Biologische Psychologie	Stress	Kardiovaskuläre Regulationsmechanismen	Validierung von Stressfragebögen an psychophysiologischen Maßen.
Methodenlehre	Korrelation	Unterschiedliche Korrelationskoeffizienten je nach Skalenniveau	Korrelation wird durch Varianzeinschränkung und unterschiedliche Verteilungsformen gemindert – relevant für Beurteilung von Validitätskoeffizienten.

Tests sind Messinstrumente für die Forschung

Die meisten Forschungsergebnisse zur Intelligenz wären nicht zustande gekommen, wenn zur Messung der Intelligenz keine guten Tests zur Verfügung gestanden hätten. Mit der Entwicklung von Intelligenztests werden der Grundlagenlagenforschung wie auch der angewandten Forschung wichtige Forschungsinstrumente zur Verfügung gestellt. Bei der Validierung der Tests fallen oftmals Forschungsergebnisse an, die für andere Disziplinen relevant sind.

Grundlagenfächer sind für die Diagnostik wichtig

Beziehung zu Grundlagenfächern der Psychologie In ◘ Tabelle 1.2 werden wichtige Anknüpfungspunkte der Psychologischen Diagnostik in Grundlagenfächern der Psychologie aufgeführt. Die Aufstellung hat nur exemplarischen Charakter.

Psychologische Diagnostik wird zur Beantwortung konkreter Fragestellungen in unterschiedlichen Anwendungsfeldern durchgeführt. Deshalb ist es unerlässlich, auch deren Forschungsergebnisse zu beachten und zu nutzen. ◘ Tabelle 1.3 zeigt einige Beispiele für solche Forschungsergebnisse und deren Relevanz für die Diagnostik.

Insgesamt sollte deutlich geworden sein, dass die Psychologische Diagnostik fest mit vielen anderen psychologischen Teildisziplinen verbunden ist. Wenn Begriffe wie Motivation, Intelligenz, Depression oder Stress verwendet werden, ist damit das Gleiche gemeint wie in den entsprechenden Grundlagen- und Anwendungsfächern. Theorien, Modelle und Forschungsergebnisse aus diesen Bereichen fließen in die Entwicklung diagnostischer Verfahren ein und werden bei der Beantwortung konkreter Fragestellungen herangezogen.

wichtige Erkenntnisse aus den Anwendungsfächern

1.4 Modellannahmen: Eigenschafts- und Verhaltensdiagnostik

1.4.1 Eigenschaften als Erklärung für Verhalten

Fragt man Laien, warum Menschen sich so verhalten, wie sie es tun, lautet eine gängige Antwort: Das liegt an ihrem Charakter. Damit ist auch eine wissenschaftliche Position treffend beschrieben. Die grundlegende Annahme **eigenschaftstheoretischer Konzepte** besteht darin, dass sich das Erleben und Verhalten von Menschen in Form von Eigenschaften (»traits«) beschreiben lässt. Diese werden aufgefasst als »relativ breite und zeitlich stabile Dispositionen zu bestimmten Verhaltensweisen, die konsistent in verschiedenen Situationen auftreten« (Stemmler et al., 2010, S. 51).

Eigenschaften sind nicht direkt beobachtbar. Sie stellen hypothetische, gedankliche, konstruierte Gebilde dar, somit Konstrukte, die aus direkt beobachtbaren Verhaltensäußerungen nur erschlossen werden.

Eigenschaften sind hypothetische Konstrukte

Wenn wir beispielsweise beobachten, wie ein Kind
- einem Huhn die Federn ausreißt,
- sein Spielzeug zerstört,
- einen Kameraden schlägt und
- einer erwachsenen Person Schimpfworte nachruft

(alles konkrete Verhaltensweisen!), dann »denken« wir wahrscheinlich an die nicht direkt beobachtbare Eigenschaft »Aggressivität«. Mit anderen Worten: Wir ordnen sehr verschiedene Verhaltensweisen, die vom Ablauf und den beteiligten Körperteilen nur wenig miteinander zu tun haben mögen, nach bestimmten Gesichtspunkten zu Kategorien oder Klassen, welche nach unserem Dafürhalten etwas gemeinsam haben. Wir bezeichnen die so gebildeten Kategorien mit Eigenschaftsnamen wie Ängstlichkeit, Geselligkeit, Belastbarkeit, Intelligenz oder Aufmerksamkeit. Des Weiteren nehmen wir innerhalb der Kategorien eine mehr oder weniger explizite Skalierung nach Häufigkeits- und Intensitätsgesichtspunkten vor: Wer viele der fraglichen Verhaltensweisen und/oder diese in größerer Intensität zeigt, »hat« eine stärkere Ausprägung auf der »dahinterstehenden«, von uns nur gedachten Eigenschaftsdimension. So beschreiben wir eine Person als »völlig ungesellig«, eine andere als »wenig gesellig« und eine dritte vielleicht als »sehr gesellig«.

Schluss vom Verhalten auf Eigenschaften

Die Zusammenfassung der jeweiligen Verhaltensweisen in den besagten Kategorien erfolgt aus Gründen der Ökonomie: Um jemanden zu charakterisieren, bedarf es nicht mehr des Auflistens zahlreicher einzelner Verhaltensweisen, sondern es genügt die Nennung des betreffenden Attributes. Wenn wir hören, jemand sei »sehr ängstlich«, denken wir an eine Reihe von typischen Verhaltensweisen, die diese Person vermutlich auszeichnen.

viele Verhaltensweisen – eine Eigenschaft

Die Verhaltensweisen haben für die Eigenschaften die Funktion von **Indikatoren**, d. h., sie stehen dazu in einem Verhältnis wie Zeichen zu Bezeichnetem. Die guten Leistungen in der Schule und die elaborierte sprachliche Ausdrucksweise »zeigen« uns, dass der Schüler »sehr intelligent« ist.

Verhaltensindikatoren für eine Eigenschaft

Vorhersage von Verhalten

Nach der eigenschaftstheoretischen Konzeption von Persönlichkeit besteht der zweckmäßigste Weg zur Vorhersage des künftigen Verhaltens von Personen darin, deren Eigenschaften mit geeigneten diagnostischen Verfahren genau zu erfassen. Dabei wird angenommen, dass sich die Person auch in anderen Situationen gemäß ihrer Eigenschaftsausprägungen verhält. Situative Einflüsse auf das Verhalten werden zwar grundsätzlich anerkannt, aber deren Beitrag zur Erklärung des Verhaltens tritt hinter den Beitrag der Eigenschaft zurück. Ein relativ hoher Punktwert in einem Ängstlichkeitstest spräche dafür, dass der betreffende Proband die Eigenschaft aufweist, ängstlich zu sein. Aus diesem Ergebnis lässt sich prognostizieren, dass er auch unter anderen, im Test nicht notwendigerweise erfassten Umständen »ängstlich« reagieren wird. Er wird also z. B. keine fremde Katze streicheln und auch nicht von einem 10-Meter-Turm ins Schwimmbecken springen.

Ausprägung einer Eigenschaft feststellbar

Die zur Messung der jeweiligen Eigenschaft herangezogenen Aufgaben bzw. die in ihnen thematisierten Verhaltenstrends oder **Verhaltensgewohnheiten** (z. B. »Gehen Sie gern auf Parties?« oder »Übernehmen Sie bei gemeinsamen Aktionen gern die Führung?« in einem Persönlichkeitsfragebogen) müssen **repräsentativ** für die interessierende Eigenschaft sein. Ist dies nicht der Fall, wird die Validität des Verfahrens (▶ Abschn. 2.3.4) darunter leiden. Die **Ausprägung** einer Eigenschaft wird durch einen Vergleich mit anderen Menschen festgestellt. Dazu dienen bei Leistungstests und Persönlichkeitsfragebögen **Normen**.

Zustände sind zeitlich nicht stabil und stark situationsabhängig

Zustände Bestimmte Verhaltensweisen verändern sich offensichtlich sehr stark über die Zeit und sind stark situationsabhängig. Für diese Klasse von Verhaltensweisen wurde der Begriff »**Zustand**« (»state«) geprägt. Typische Beispiele für Zustände sind Emotionen (Angst, Freude, Traurigkeit, Ärger etc.), mentale Zustände wie Müdigkeit, Wachheit oder Konzentration sowie Erregungszustände (Erregtheit, Ruhe). Das Eigenschaftsmodell schließt Zustände explizit aus. Zustände können für bestimmte Fragestellungen diagnostisch relevant sein. Beispielsweise kann die Angst vor einer Prüfung so stark ausgeprägt sein, dass die betroffene Person therapeutische Hilfe in Anspruch nimmt. Der Erfolg der Therapie kann danach bemessen werden, wie stark die Angst vor einer Prüfung im Verlauf der Behandlung abnimmt. Zur Messung von Zuständen stehen u. a. Fragebögen zum emotionalen Befinden zur Verfügung. Jedenfalls stellt die Annahme von Zuständen das Eigenschaftsmodell nicht infrage; »traits« sind konzeptuell etwas anderes als »states«.

»Breite« Eigenschaften erklären spezifisches Verhalten schlecht

Situationsspezifisches Verhalten Der Eigenschaftsansatz wird durch eine andere Argumentation infrage gestellt (Mischel, 2004): Eigenschaften werden oft so breit definiert, dass sie eine zu geringe Vorhersagekraft für Verhalten in konkreten Situationen haben. Stellen wir uns dazu zwei Kinder vor, deren Aggressivität (als »breite« Eigenschaft verstanden) gleich stark ausgeprägt ist. Das eine Kind reagiert extrem aggressiv, wenn andere mit ihm spielen wollen; wenn es von Erwachsenen geschimpft wird, ist es friedlich. Bei einem anderen Kind verhält sich dies genau umgekehrt. Es ist aggressiv, wenn es von Erwachsenen getadelt wird und friedlich, wenn andere Kinder mit ihm spielen möchten. Als Konsequenz müsste die Aggressivität sehr viel spezifischer gemessen werden, um gute Verhaltensvorhersagen zu erreichen. An Stelle breiter Eigenschaften, bei denen Verhalten über viele Situationen gemittelt wird, sind situationsspezifische Verhaltensdispositionen zu fordern. Die höchsten Zusammenhänge zwischen einer Vorhersagevariablen (Prädiktor) und einem Kriterium sind dann zu erwarten, wenn beide ähnlich spezifisch bzw. generell sind. Soll Verhalten in einer spezifischen Situation vorhergesagt werden, ist dazu ein spezifisches Instrument besser geeignet als ein globales. Die Angst vor Hunden lässt sich mit einem Hundeangstfragebogen (wenn es ihn gäbe) besser vorhersagen als mit einem allgemeinen Angstfragebogen. Der Hundeangstfragebogen ist dagegen ziemlich unbrauchbar, wenn sich

1.4 · Modellannahmen: Eigenschafts- und Verhaltensdiagnostik

die Vorhersage auf die Angst im Alltagsleben beziehen soll. Dazu wäre ein allgemeiner Angstfragebogen prädestiniert. Die Symmetrie zwischen Prädiktor und Kriterium wird in ▶ Kapitel 2.3.4 ausführlicher behandelt.

Argumente für das Eigenschaftsmodell Die Angemessenheit des Eigenschaftsmodells kann anhand empirischer Befunde beurteilt werden. Das Big Five Modell der Persönlichkeit und das Konzept der Allgemeinen Intelligenz stehen für den Eigenschaftsansatz. Folgende Fakten sind durch viele Forschungsarbeiten gesichert, die inzwischen in Metaanalysen zusammengefasst wurden:

Forschungsergebnisse stützen das Eigenschaftsmodell

Persönlichkeitseigenschaften korrelieren mit Verhaltensberichten Fleeson und Gallagher (2009) berichten über 15 Studien, in denen Versuchspersonen im Alltag mithilfe von Taschencomputern immer wieder gefragt wurden, was sie gerade tun. Die Fragen waren so formuliert, dass sie Persönlichkeitseigenschaften zugeordnet werden konnten (z. B. »Wie hart haben Sie in der letzten halben Stunde gearbeitet?«). Diese Zustandsmessungen wurden mit den Angaben in klassischen Persönlichkeitsfragebögen korreliert. Erwartungsgemäß waren die Zusammenhänge niedrig, wenn nur eine einzige Zustandsmessung herangezogen wurde. Die Korrelationen variierten zwischen $r = .18$ (Extraversion) und $r = .37$ (Offenheit für Erfahrung). Wurden Mittelwerte über viele Situationen herangezogen, korrelierten die gleichen Persönlichkeitsmerkmale deutlich höher mit den Verhaltensmaßen ($r = .42$ und $.56$). (Die Korrelationen für Neurotizismus, Verträglichkeit und Gewissenhaftigkeit lagen zwischen diesen Extremen.)

Aggregierte Verhaltensmaße korrelieren höher mit Eigenschaften

Persönlichkeitsmerkmale sind stabil In einer Metaanalyse (Roberts & DelVecchio, 2000) wurden Längsschnittuntersuchungen zu Persönlichkeitsmerkmalen ausgewertet. Zwischen der ersten und zweiten Messung lagen im Durchschnitt 6,5 Jahre. Die Unterschiede zwischen den fünf großen Persönlichkeitsmerkmalen waren eher gering; deshalb werden hier nur Mittelwerte über alle Persönlichkeitseigenschaften berichtet. Im Erwachsenenalter lagen die für die Population geschätzten Korrelationen zwischen $r = .54$ (Alter 18–22 Jahre bei der ersten Messung) und $.74$ (50–59 Jahre). Übrigens waren die Stabilitätskoeffizienten für Selbst- und Fremdbeurteilungen nahezu identisch. Eine neue deutsche Studie mit 344 Erwachsenen, die einen Persönlichkeitsfragebogen nach zehn Jahren erneut bearbeiteten (Bleidorn et al., 2009), unterstützt die Aussage, dass Persönlichkeitseigenschaften stabil sind. Die Korrelationen lagen zwischen $r = .67$ (Gewissenhaftigkeit) und $.77$ (Extraversion).

Selbst- und Fremdbeurteilungen sind zeitlich stabil

Intelligenz korreliert mit Leistungen im Leben Anhand der Intelligenz lässt sich der sozioökonomische Erfolg eines Menschen vorhersagen. Ein »harter« Test dieser Annahme besteht darin, die Intelligenz zu messen, bevor der Erfolg im Leben schon sichtbar ist und zusätzlich den Erfolg viele Jahre später zu überprüfen. In einer Metaanalyse (Strenze, 2007) wurden Studien zusammengestellt, in denen die Probanden maximal 18 Jahre alt waren, als sie an einem Intelligenztest teilnahmen. Der Erfolg wurde frühestens mit 30 Jahren erfasst. Die Intelligenz sagte den akademischen Erfolg (Studienleistungen), den erreichten beruflichen Status und das Einkommen voraus ($r = .56$, $.45$ bzw. $.23$).

Intelligenz sagt Erfolg in 30 Jahren vorher

Intelligenz ist stabil Erstaunlicherweise liegen keine Metaanalysen zur Stabilität der Intelligenz vor. Charter (2003) hat überwiegend in Testbeschreibungen nach Reliabilitätskoeffizienten gesucht und 22 Retest-Reliabilitäten für Intelligenztests gefunden. Der Mittelwert lag bei $.80$. In einer Studie mit über 10.000 Schülern konnte Strand (2004) eine Korrelation von $r = .89$ zwischen zwei Messungen im Alter von zehn und 13 Jahren ermitteln.

Der IQ ändert sich wenig

1.4.2 Verhalten ohne Eigenschaften

Ein Verhaltenstheoretiker braucht keine Eigenschaften

»Persönlichkeitseigenschaften braucht man nicht – diagnostisch relevant ist alleine das Verhalten, das jemand zeigt.« So könnte man pointiert den verhaltenstheoretischen Ansatz vom eigenschaftsorientierten abgrenzen. Die unterschiedlichen Sichtweisen beider Ansätze werden treffend mit den Begriffen **»signs«** und **»sample«** gekennzeichnet. Eigenschaftstheoretiker sehen im Verhalten Indikatoren, Anzeichen (»signs«) für dahinterliegende Eigenschaften. Zum Beispiel schlägt ein Jugendlicher einen anderen Jugendlichen zusammen. Dieses Verhalten weist auf die Charaktereigenschaft »Aggressivität« hin. Der Verhaltenstheoretiker fragt nicht nach dem Dahinter. Er sieht in dem Verhalten ein Beispiel oder eine Stichprobe (»sample«) ähnlicher Verhaltensweisen. Auch er hat eine Erklärung für das Verhalten parat: Das Verhalten ist eine Funktion der Situation und von bereits früher erfahrenen Konsequenzen auf ähnliche Verhaltensweisen. Der Jugendliche wurde von seinem Opfer provoziert, oder er hat gelernt, dass er mit solchen Verhaltensweisen Lob und Anerkennung seiner Freunde erntet.

Die Reliabilität ist wichtig, nicht die Validität

Die Bedeutung, welche Verhalten beigemessen wird, ist in beiden Ansätzen also deutlich verschieden. Suen und Rsaza (2004) haben daraus die Schlussfolgerung gezogen, dass im verhaltenstheoretischen Ansatz das Gütekriterium der Reliabilität von zentraler Bedeutung ist. Es genügt, das Verhalten genau zu messen. Der eigenschaftstheoretische Ansatz verlangt dagegen auch eine Klärung der Validität (»In welchem Zusammenhang steht die Eigenschaft mit dem gemessenen Verhalten?«).

Nur direkt Beobachtbares interessiert

Behaviorismus und Verhaltenstheorie Die Forderung, Verhalten zu erforschen und damit auch zu messen, ist eng mit dem Behaviorismus verbunden. Diese Forschungstradition hat sich konsequent mit dem beobachtbaren Verhalten und den ebenfalls beobachtbaren situativen Bedingungen des Verhaltens (Auslöser und Konsequenzen) befasst. Alles, was nicht der direkten Beobachtung zugänglich ist, also was nicht mit den Sinnen erfahrbar ist (technische Hilfsmittel sind selbstverständlich erlaubt), soll nicht Gegenstand der Forschung sein. Damit wurden etwa geistige Prozesse und Gefühle von der Forschung ausgeschlossen. Aber auch Konstrukte (und damit Persönlichkeitseigenschaften), die per Definition nicht der Beobachtung zugänglich sind, wurden als nutzlos angesehen.

Die Blütezeit der Verhaltenstheorie ist vorbei

Die Verhaltenstheorie als Kind des Behaviorismus erlebte in den späten 60er und frühen 70er Jahren des 20. Jahrhunderts einen großen Aufschwung (Ollendick et al., 2004). Im Jahr 1978 wurde sogar eine Zeitschrift gegründet, die sich explizit mit der Diagnostik von Verhalten befasste: *Behavioral Assessment*. Anfangs beschränkte sich die Messung von Verhalten auf gut beobachtbare motorische Reaktionen. Mit dem Aufkommen von kognitiven Ansätzen in der Verhaltenstherapie erweiterte sich der Messgegenstand bald auf Gedanken und Gefühle. Während anfangs nur physikalisch gut definierte, situative Reize berücksichtigt wurden, fand später eine Ausweitung auf weniger präzise messbare Bedingungen von Verhalten statt, etwa familiäre oder schulische Einflüsse oder Arbeitsplatzbedingungen. Damit mussten auch die Messinstrumente um Selbst- und Fremdberichte erweitert werden. Gleichzeitig ging das Interesse an Beobachtungsmethoden zurück. Im Zeitraum 1980–90 erschienen dazu pro Jahr etwa 50 Artikel. Diese Zahl ging bis 1997 praktisch auf Null zurück. Gleichzeitig nahm die Anzahl an Publikationen zu, die sich auf Selbstberichte als Methode bezogen. Die Zeitschrift *Behavioral Assessment* wurde 1992 eingestellt.

Die direkte Verhaltensbeobachtung war einst der Königsweg

Der verhaltenstheoretische Ansatz darf nicht auf eine Vorliebe für bestimmte Methoden reduziert werden. Auch Eigenschaftstheoretiker verschließen sich nicht der Verhaltensbeobachtung als Methode. Heute werden weiterhin Methoden zur Erfassung von Verhalten eingesetzt. Während in der Blütezeit der Verhaltenstheorie die direkte Verhaltensbeobachtung als Königsweg galt, sind heute auch Methoden wie

1.4 · Modellannahmen: Eigenschafts- und Verhaltensdiagnostik

Selbstbeobachtung, Beurteilungsskalen und Fragebögen zu bestimmten Aspekten des Verhaltens, Tagebücher und Protokolle sowie verhaltensbezogene Interviews »zulässig«. Als ein klassisches Beispiel für ein Verfahren, das ganz der verhaltenstheoretischen Tradition verpflichtet ist, sei die *Fear Survey Schedule* genannt. Das Verfahren wird weiterhin eingesetzt. Die Diagnostik im Rahmen der Verhaltenstherapie umfasst heute auch Merkmale, die nur entfernt mit Verhalten in Beziehung stehen, so etwa körperliche und psychische Symptome, erlebte Belastungen, angstbezogene Kognitionen, Einstellungen zur Krankheit oder Zufriedenheit (Hoyer et al., 2009).

> **Beispiel**
>
> **Fear Survey Schedule (FSS)**
> »Die Stichworte in diesem Fragebogen beziehen sich auf Dinge und Erfahrungen, die Angst oder unangenehme Gefühle hervorrufen können. Machen Sie bitte für alle Stichworte jeweils an der Stelle der Punkteskala ein Kreuz, die am besten den Grad Ihrer zurzeit bestehenden Angst beschreibt.«
>
> | | gar nicht | ein wenig | deutlich | stark | sehr stark |
> |---|---|---|---|---|---|
> | Würmer | ☐ | ☐ | ☐ | ☐ | ☐ |
> | Tote Tiere | ☐ | ☐ | ☐ | ☐ | ☐ |
> | Leute mit Missbildungen | ☐ | ☐ | ☐ | ☐ | ☐ |
> | Eine Straße überqueren | ☐ | ☐ | ☐ | ☐ | ☐ |
> | Weite offene Räume | ☐ | ☐ | ☐ | ☐ | ☐ |
> | Laute Stimmen | ☐ | ☐ | ☐ | ☐ | ☐ |
> | Einem Kampf zusehen | ☐ | ☐ | ☐ | ☐ | ☐ |
> | Menschliches Blut | ☐ | ☐ | ☐ | ☐ | ☐ |
> | Bei einer Operation zusehen | ☐ | ☐ | ☐ | ☐ | ☐ |
>
> (Aus Schulte, 1976, S. 256)

Das wichtigste Instrument der Verhaltenstheoretiker ist die **funktionale Verhaltensanalyse** (s. Tuschen-Caffier & Gemmeren, 2009). Das Problemverhalten wird mithilfe der S-O-R-K-C-Verhaltensgleichung zu erklären versucht (◘ Tab. 1.4).

funktionale Verhaltensanalyse zur Erklärung von Problemverhalten

◘ Tab. 1.4 Die S-O-R-K-C-Verhaltensgleichung

S	Stimulus	Reiz, der auf die Person einwirkt; Beispiel: Mitschüler hänseln das Kind.
O	Organismus	Körperliche und psychische (!) Merkmale der Person; Beispiel: körperlich unterlegen, geringes Selbstvertrauen.
R	Reaktion	Das zu erklärende Problemverhalten; Beispiel: zieht sich von anderen Kindern zurück.
K	Kontingenz	Regelmäßigkeit, mit der die Konsequenzen eintreten; Beispiel: gelegentlich.
C	Konsequenz	Reaktionen auf das Problemverhalten; positive oder negative Verstärkung; Beispiel: Mutter »tröstet« das Kind mit starker Zuwendung und Süßigkeiten.

1.4.3 Bedeutung von Situation und Eigenschaften

Situation und Eigenschaft beeinflussen Verhalten

Verhaltenstheoretiker wollen Verhalten primär als Funktion der Situation erklären. In die Organismusvariable ihrer Verhaltensgleichung sind aber bereits Eigenschaften eingedrungen. Eigenschaftstheoretiker dagegen ignorieren die Situation eher und betonen die Bedeutung von stabilen Eigenschaften in der Person. Beide Ansätze ergänzen einander! Verhalten wird durch Situationen beeinflusst. Genauso richtig ist aber auch, dass sich Menschen in ein und derselben Situation unterschiedlich verhalten, was wir mit ihren Persönlichkeitseigenschaften erklären. Endler und Magnusson (1976) hatten in einer damals viel beachteten Publikation argumentiert, dass weder eine situative Erklärung noch eine eigenschaftstheoretische Erklärung dem Phänomen gerecht wird, dass sich Menschen unterschiedlich verhalten. Sie hatten deshalb eine interaktionistische Betrachtung vorgeschlagen: Situation und Persönlichkeitseigenschaften bestimmen das Verhalten gemeinsam. Der **Interaktionismus** hat sich auf Dauer nicht durchgesetzt. Zumindest ist er heute nicht einflussreich. Verhalten wird durch zwei Faktoren beeinflusst: Situation und Eigenschaft.

Der Interaktionismus betont die Interaktion beider Faktoren, ignoriert aber die **Haupteffekte**. Manchmal ist der pure Einfluss der Situation übermächtig, manchmal geht von der Situation kaum ein Einfluss aus, und fast alle Variation im Verhalten ist auf Eigenschaften zurückzuführen. Wenn Menschen durch einen Flugzeugabsturz in eine weit abgelegene Gegend verschlagen werden und keine Hilfe naht, können sie zu Kannibalen werden, um ihr Überleben zu sichern. Wenn das Flugzeug einen Kilometer hinter der Landebahn eine Bruchlandung macht, ist dieses Verhalten nicht zu beobachten. Fällt in einem Raum, in dem sich viele Menschen aufhalten, das Licht aus, bleiben viele Menschen ganz ruhig, während einige Panik entwickeln. Die gleichen Menschen würde aber auch Panik entwickeln, wenn sie in einem Aufzug stecken bleiben.

1.5 Ziele der Psychologischen Diagnostik

Beantwortung konkreter Fragestellungen

Psychologische Diagnostik wird nicht zum Selbstzweck betrieben, sondern dient immer der Beantwortung von vorgegebenen Fragestellungen. Diese Fragestellungen können nach Inhaltsbereichen (klinische, forensische, eignungsdiagnostische etc. Fragestellungen), aber auch nach abstrakten Zielen unterteilt werden, die unabhängig von den inhaltlichen Themen verfolgt werden.

1.5.1 Zeitliche Einordnung: Erklären, Beschreiben, Vorhersagen

Statusdiagnostik schließt Verhalten und Eigenschaften ein

Beschreiben und Klassifizieren Wenn sich Diagnostik auf die Beschreibung des momentanen Zustandes bezieht, wird sie auch als **Statusdiagnostik** bezeichnet. Dabei spielt es keine Rolle, ob sich die Beschreibung auf Eigenschaften oder Verhalten bezieht (▶ Abschn. 1.4). Häufig ergänzen beide Arten der Beschreibung einander. Nehmen wir an, ein Schüler wird diagnostisch untersucht, weil die Eltern berichten, er habe große Angst vor der Schule. Bevor Ursachen erkundet und Interventionen geplant werden, ist eine exakte Beschreibung der Schulangst nötig. Eine Verhaltensbeobachtung im Unterricht und auf dem Pausenhof sowie ein diagnostisches Interview mit den Eltern und dem Klassenlehrer helfen, das Problemverhalten zu beschreiben. Das Verhalten kann qualitativ und quantitativ näher bestimmt werden: Welche einschlägigen Verhaltensweisen (Vermeidung von Kontakt zu Mitschülern, Nichtbeteiligung am Unterricht etc.) treten auf? Wie häufig kommen diese Verhaltensweisen vor und wie intensiv sind sie? Eine eigenschaftsbezogene Betrachtung des Problems wirft

1.5 · Ziele der Psychologischen Diagnostik

die Frage nach der Ängstlichkeit (»trait«) des Schülers auf. Aber auch die aktuelle Befindlichkeit (»state«) kann bei der Beschreibung des Problems einbezogen werden. Wie groß ist seine Angst, wenn er sich auf den Weg zur Schule begibt, wenn er sich im Klassenraum befindet, wenn er sich im Pausenhof aufhält?

Ein Spezialfall der Beschreibung ist die **Klassifikation**. In der Klinischen Psychologie und der Psychiatrie sind Klassifikationssysteme (DSM-IV, ICD-10; ▶ Abschn. 10.2) gebräuchlich. Sie dienen dazu, psychische Störungen anhand von Symptomen zu diagnostizieren. In unserem Beispiel könnte die Frage aufkommen: Hat der Schüler eine psychische Störung, etwa eine soziale Phobie (F40.1)? Ist er noch im Kindesalter, könnte eine Emotionale Störung mit Trennungsangst des Kindesalters (F93.0) oder etwa eine Phobische Störung des Kindesalters (F93.1) diagnostiziert werden. Die Nummer in Klammern dient der exakten Klassifikation; es geht nicht um eine irgendwie geartete Form der Angst vor Menschen, sondern um eine Störung, die nach ICD-10 durch ganz bestimmte Symptome definiert ist. Eine Klassifikation setzt also immer genau definierte und voneinander abgegrenzte Klassen voraus. Die Klassifikationssysteme DSM-IV und ICD-10 erfüllen diese Voraussetzung. Aber auch in anderen Bereichen wird klassifiziert. Von einer Klassifikation wird man auch sprechen, wenn Bewerber nach einer Eignungsuntersuchung in die Kategorien »ungeeignet«, »bedingt geeignet« oder »geeignet« eingeteilt werden. Kritische Leser werden vielleicht einwenden, der Grad der Eignung sei doch eine Dimension. Dieser Einwand ist berechtigt. Man kann jedoch eine Dimension in Klassen einteilen. Dies geschieht meist aus pragmatischen Gründen (im Beispiel würde man den »Ungeeigneten« eine Absage erteilen, den »Geeigneten« ein Stellenangebot machen und die »bedingt Geeigneten« als Reserve betrachten für den Fall, dass nicht alle Geeigneten das Stellenangebot annehmen).

Die meisten Klassen sind übrigens künstliche Klassen, also von Menschen für diagnostische Zwecke gebildete. Dazu gehören auch die psychischen Störungen. Dies mag verwundern, denkt man doch, dass Krankheiten zur Natur gehören wie die Statur oder die Haarfarbe eines Menschen. Dass es sich um künstliche Klassen handelt, erkennt man daran, dass selbst die verbreiteten Klassifikationssysteme DSM-IV und ICD-10 sich bei einer Reihe von Störungen unterscheiden. Ferner ist bekannt, dass sich diese Diagnosesysteme weiterentwickeln; Störungen (z. B. Homosexualität) verschwinden und neue kommen hinzu. Natürliche Klassen sind beispielsweise Geschlecht, Beruf, Schulart.

Erklären Sucht man Erklärungen für eine herausragende Leistung, eine psychische Störung oder ein Problemverhalten, so liegt es auf der Hand, dass dem zu erklärenden Phänomen eine Ursache vorausgegangen sein muss. Die Schulangst des Kindes hat sich wahrscheinlich langsam entwickelt, wobei bestimmte Ereignisse eine Rolle gespielt haben. Bei einigen Störungen wird sogar per Definition angenommen, dass ein früheres Ereignis zu den aktuell vorhandenen Symptomen geführt hat. So wird bei der Posttraumatischen Belastungsstörung (F43.1) festgelegt, dass ein Trauma (schwerer Unfall, Vergewaltigung, Kriegsereignisse etc.) vorliegen muss. Diagnostik, die zum Zweck der Erklärung durchgeführt wird, wird sich daher stark auf die Vorgeschichte beispielsweise einer Störung beziehen. Ein diagnostisches Interview oder die Analyse von vorhandenen Akten sind in diesem Fall geeignete Erhebungsinstrumente.

Oftmals bestehen die Ursachen fort, und die Diagnostik kann sich auf die Gegenwart beziehen. So wird etwa nach Bedingungen gesucht, die ein Fehlverhalten aufrechterhalten. Auch die Eigenschaftsdiagnostik kann Erklärungen beisteuern, da Eigenschaften relativ stabil sind. In unserem Schulangstbeispiel könnte eine ausgeprägte Ängstlichkeit diagnostiziert werden. Man darf annehmen, dass diese Ängstlichkeit schon länger besteht und mit für die akuten Probleme verantwortlich ist. Erklärungen sind mehr oder weniger plausibel. Beweise, dass ein Ereignis tatsächlich die Ursache für ein Problemverhalten ist, können nur durch experimentelle Variation von Bedin-

Zuordnung von Menschen zu »Klassen«

psychische Störungen als künstliche Klassen

Ereignisse und Eigenschaften als »Ursache«

Bedingungen für Aufrechterhaltung eines Fehlverhaltens

gungen erbracht werden. In der verhaltensanalytischen Diagnostik kann manchmal ein vermeintlicher Verstärker eines Problemverhaltens ausgesetzt werden, und man registriert, ob sich Häufigkeit oder Intensität des Problemverhaltens vermindern und bei Wiedereinführung des Verstärkers wieder zunehmen. Beispielsweise vermutet ein Psychologe, dass ein Lehrer durch die Zuwendung (und sei es in Form von Tadel), die er einem Kind gibt, für dessen Störverhalten im Unterricht verantwortlich ist. Er fordert den Lehrer nun auf, das Störverhalten für eine Weile zu ignorieren und beobachtet dabei das Verhalten des Kindes.

Verhalten ist nur zum Teil vorhersagbar

Vorhersagen In vielen Fällen wird vom Diagnostiker erwartet, dass er eine Prognose abgibt. Vorhersagen können sich auf Schul- oder Berufserfolg oder etwa auf den Verlauf einer psychischen Störung beziehen. Die Antwort kann immer nur eine Wahrscheinlichkeitsaussage sein (»sehr wahrscheinlich wird Herr Schmitt den Anforderungen des Berufs gewachsen sein«). Erstens zeigt die Forschung, dass zum Teil enge Zusammenhänge zwischen Prädiktoren wie Intelligenz und Kriterien wie Berufserfolg bestehen (▶ Abschn. 8.2), dass aber die Variation des Kriteriums nie vollständig aufgeklärt werden kann (realistisch sind Varianzaufklärungen von maximal 25 % durch einen Prädiktor). Zweitens sagt uns die Erfahrung, aber auch die einschlägige Forschung, dass der Erfolg in der Schule, im Studium oder im Beruf von vielen Faktoren abhängt. Einige dieser Faktoren, etwa die Motivation oder die Gewissenhaftigkeit, kann man messen und bei der Vorhersage berücksichtigen. Die Vorhersage verbessert sich dadurch, vielleicht können weitere zehn Prozent der Varianz aufgeklärt werden. Von einer perfekten Vorhersage sind wir aber weit entfernt. Einige Faktoren, von denen wir begründet annehmen, dass sie relevant sind, können überhaupt nicht oder nur sehr unzuverlässig erfasst werden. Viele Ereignisse, beispielsweise der Verlust eines Angehörigen durch Krankheit, Unfall oder ein Verbrechen, treten ohne Vorankündigung auf. Sie erschweren jede Vorhersage. Ein Sexualstraftäter, der aufgrund eines positiven Gutachtens vorzeitig entlassen wurde, kann unvorhergesehen in eine Situation gelangen, in der er wieder rückfällig wird. Faktoren wie sexuelle Deprivation, Alkoholkonsum, eine Person, die scheinbar sexuelles Interesse zeigt, und Unbeobachtetsein können durch Zufall zusammentreffen und mit dazu führen, dass es wieder zu einem Sexualdelikt kommt.

Eine begrenzte Varianzaufklärung ist besser als keine

> **Σ Fazit**
> Prognosen sind in vielen Anwendungsfeldern der Diagnostik bedingt möglich. Forschungsergebnisse belegen einen Zusammenhang zwischen den Bedingungen, die wir momentan messen können (z. B. der Intelligenz, der Motivation, der Berufserfahrung) und dem vorherzusagenden Kriterium (z. B. dem Berufserfolg). Dieses Wissen erlaubt Prognosen, die aber aufgrund der begrenzten Varianzaufklärung nie exakt sein können. Welche Alternativen gibt es zu den Wahrscheinlichkeitsaussagen? Alternativen wie »es dem Zufall überlassen« oder »andere fragen, die noch weniger Expertise haben« führen häufiger zu falschen Vorhersagen – mit fatalen persönlichen oder ökonomischen Konsequenzen.

1.5.2 Status- vs. Veränderungsdiagnostik

Diagnostik vor, während und nach einer Intervention

Diagnostik wird häufig durchgeführt, um zu prüfen, ob eine Intervention erforderlich ist. Da sie notwendigerweise vor der Intervention stattfindet, spricht man auch von einer **Eingangsdiagnostik**. Auf jeden Fall wird der aktuelle Stand erfasst; deshalb handelt es sich eine Statusdiagnostik. Bei der Intervention kann es sich beispielsweise um eine Personalentwicklungsmaßnahme (z. B. Training von Verhandlungstaktik),

1.5 · Ziele der Psychologischen Diagnostik

eine pädagogische (z. B. Einzelunterricht zur Verbesserung des Leseverständnisses) oder eine klinische Maßnahme (z. B. Verhaltenstherapie zum Abbau von Zwängen) handeln. Die Statusdiagnostik dient dazu, festzustellen, ob bestimmte Maßnahmen indiziert sind. Es handelt sich dabei in der Regel um eine einmalige Messung. Im Idealfall findet eine Evaluation der Maßnahme statt. Diese Evaluation kann als **Erfolgskontrolle** konzipiert sein oder als begleitende **Prozessdiagnostik**.

Mit einer Messung nach Beendigung einer Intervention (**Erfolgskontrolle**) versucht man festzustellen, ob das angestrebte Ziel erreicht wurde. Dieses Ziel wurde aufgrund der Messung vor der Intervention (Eingangsdiagnostik) festgelegt. Verfügt Herr Meier nun über so viel Verhandlungsgeschick, dass er die für ihn vorgesehene Position im Einkauf einnehmen kann? Hat sich das Leseverständnis des Kindes so weit verbessert, dass es wieder dem regulären Unterricht folgen kann? Hat sich die Symptomatik des Patienten so weit gebessert, dass er nicht weiter im Alltags- und Berufsleben eingeschränkt ist? Die Erfolgskontrolle ist im Sinne des Klienten, denn sie dient dazu, festzustellen, ob noch weitere Maßnahmen nötig sind oder nicht. Sie ist auch im Sinne des Auftraggebers, der nun erfährt, ob sich die Investition gelohnt hat.

Zielerreichung überprüfen

Bei einer Erfolgskontrolle durch Veränderungsmessung sind zwei besondere Probleme zu beachten: Erstens kann die beobachtete Verbesserung oder auch Verschlechterung gegenüber dem Ausgangszustand auch auf Faktoren zurückzuführen sein, die nichts mit der Intervention zu tun haben. So könnten die Eltern des Kindes erkannt haben, dass auch sie etwas zur Verbesserung des Leseverständnisses beitragen können und nun regelmäßig am Abend gemeinsam in einem Kinderbuch lesen. Zweitens ist bekannt, dass bei Leistungstests alleine durch ihre Wiederholung Übungsgewinne auftreten (Hausknecht et al., 2007). Besonders große Übungseffekte sind bei Konzentrationstests festgestellt worden (Westhoff & Dewald, 1990). In wissenschaftlichen Untersuchungen lassen sich unspezifische Trainings- oder Therapieeffekte sowie Übungsgewinne durch ein Kontrollgruppendesign ausgrenzen. Im Einzelfall sollte zumindest auf mögliche Mitverursachungsfaktoren geachtet und diagnostische Verfahren, die stark übungsanfällig sind, sollten im Rahmen von Veränderungsmessungen gemieden werden.

»Veränderung« kann ein Übungseffekt sein

Mit einer Erfolgskontrolle kann man nur am Ende feststellen, ob die Intervention den gewünschten Effekt hatte oder nicht. Bei einer **Verlaufs- oder Prozessdiagnostik** werden die zu verändernden Merkmale kontinuierlich erfasst. So ist es möglich, die Intervention gegebenenfalls an die Veränderungen anzupassen. Wenn sich schnell Fortschritte zeigen, kann ein Training intensiviert werden. Eine Unterforderung wird so vermieden. Umgekehrt ist auch eine Verlangsamung möglich, wenn eine Überforderung droht. Denkbar ist auch eine vorzeitige Beendigung der Maßnahme, wenn Zwischenziele nicht erreicht werden oder ein Erfolg am Ende nicht zu erwarten ist.

Interventionsmaßnahmen sind abhängig vom Verlauf

1.5.3 Selektion oder Modifikation

Selektion Bei vielen diagnostischen Fragestellungen wird nach einer Passung zwischen Personen und Bedingungen gesucht. Ist dieser Schüler am besten auf einer Schule für Lernbehinderte aufgehoben? Ist dieser Bewerber für die ausgeschriebene Stelle geeignet? Wird dieser Patient von dem Therapieverfahren profitieren? Dies sind Beispiele, in denen Bedingungen (das Förderangebot einer Schule für Lernbehinderte, die mit der Stelle verbundenen Anforderungen, die Besonderheiten des Therapieverfahrens) zu den Merkmalen der Person (genauer Förderbedarf, Ausprägung der Anforderungsmerkmale, personelle Voraussetzungen für das Therapieverfahren) in Beziehung zu setzen sind.

Passung zu Anforderungen überprüfen

Bei einer **Selektion von Personen** steht zuvor eine Bedingung fest, und es werden Personen ausgewählt, welche die größte Passung mit dieser Bedingung aufweisen. Ein

Personen auswählen

typisches Beispiel ist die Auswahl von Bewerbern für eine Stelle. Die Bedingung, beispielsweise ein Ausbildungsgang, wurde zuvor analysiert, um die relevanten Anforderungen an die Auszubildenden wie Rechenfertigkeiten, Teamfähigkeit und dergleichen in Erfahrung zu bringen (zur Anforderungsanalyse 7 Abschn. 8.4). Die Ergebnisse einer Eignungsuntersuchung verwendet man dazu, die Bewerber auszuwählen, die diesen Anforderungen am besten entsprechen, die »am besten passen«. Alle übrigen Bewerber sind nicht mehr von Interesse; ihnen wird eine Absage erteilt.

Bedingungen auswählen

Einer dieser Bewerber hätte auch eine Berufsberatungsstelle aufsuchen können und wäre dort vielleicht an einen Psychologen weitergeleitet worden. Nun ist die Fragestellung eine andere: Ziel ist die **Selektion von Bedingungen**, hier: einer passenden Berufsausbildung. Dazu muss die Person untersucht werden, um ihre Fähigkeiten, Kenntnisse und Interessen in Erfahrung zu bringen. Die Aufgabe des Berufsberaters besteht nun darin, (mit Unterstützung durch den Psychologen) eine Berufsausbildung zu finden, die den Eignungsmerkmalen der ratsuchenden Person am besten entspricht.

keine Passung von Personen und Bedingungen

Modifikation Manchmal wird keine gute Passung zwischen Person und Bedingung vorliegen. In diesem Fall ergibt sich eine neue Fragestellung: Welche Merkmale der Person oder der Bedingung sind zu ändern, damit eine Passung hergestellt wird? Man beachte, dass dazu die gleichen Untersuchungsergebnisse verwendbar sind wie bei der (zuvor gescheiterten) Selektionsfragestellung. Eine solche Situation tritt etwa ein, wenn in der Personalauswahl nicht genügend Bewerber gefunden werden, die alle Anforderungsmerkmale erfüllen. Unternehmen und Behörden, die sich für eine interne Personalauswahl entschieden haben (offene Stellen also betriebsintern ausschreiben), stehen oft vor diesem Problem.

Personen oder Bedingungen verändern

Grundsätzlich bestehen nun zwei Möglichkeiten: **Modifikation der Person oder der Bedingung**. Scheinbar ungeeignete Bewerber können mit Personalentwicklungsmaßnahmen (Schulungen, Trainings, Praktika etc.) so verändert werden, dass sie zu einem Ausbildungs- oder Arbeitsplatz passen. Welche Anforderungsmerkmale zu verändern sind, hat die Eignungsuntersuchung gezeigt. Zusätzlich kann die Frage gestellt werden, ob die nötigen Voraussetzungen für eine erfolgreiche Intervention vorliegen. Je nach geplanter Maßnahme können die Lernfähigkeit, die Motivation oder die Belastbarkeit relevant sein. Die Passung kann aber auch hergestellt werden, indem die Bedingung, also der Arbeitsplatz, an die Person angepasst wird. In diesem Fall ist keine weitere Diagnostik nötig. Mangelnde Belastbarkeit der Person kann etwa durch eine Reduktion der Aufgaben oder durch eine bessere Arbeitszeit- oder Pausenregelung kompensiert werden. Es versteht sich fast von selbst, dass der Erfolg der Intervention (egal, ob sie sich auf die Person oder die Bedingung bezieht), evaluiert werden sollte (s. »Erfolgskontrolle« oben). ◘ Abbildung 1.1 fasst die im Text genannten Bedingungen noch einmal schematisch zusammen.

1.6 Gesellschaftliche Relevanz der Psychologischen Diagnostik

Alternativen zur Psychologischen Diagnostik?

Wem nutzt die Psychologische Diagnostik? Und wenn sie Individuen und Institutionen nutzt, wie groß ist dieser Nutzen und woran lässt er sich bemessen? Provozierend könnte man behaupten, die Psychologische Diagnostik sei verzichtbar. Hier ein paar – nicht ernst gemeinte – Lösungsvorschläge:

- Wer psychische Probleme hat, lässt sich von seinem Hausarzt Psychopharmaka verschreiben oder sucht einen Psychotherapeuten auf, der ihm helfen kann. Ist nicht jeder Mensch selbst hinreichend kompetent, um festzustellen, ob er professionelle Hilfe benötigt oder nicht? Eine eventuell verbleibende Unsicherheit können der Arzt oder der Psychotherapeut aufgrund ihrer großen Erfahrung reduzie-

1.6 · Gesellschaftliche Relevanz der Psychologischen Diagnostik

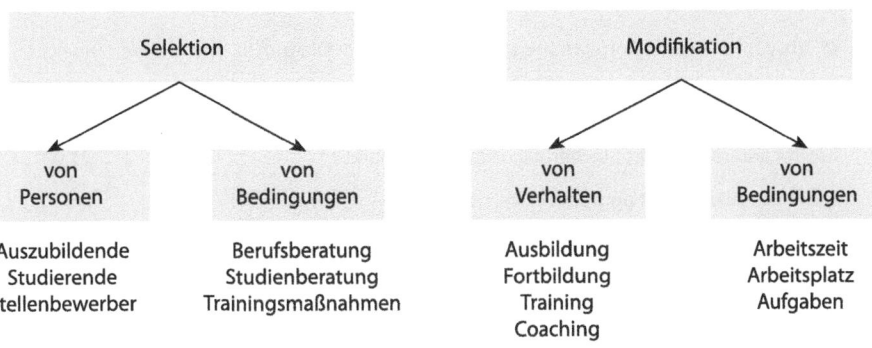

◘ Abb.1.1 Selektion (Zuordnung) und Modifikation am Beispiel Berufsbereich

ren. Die Therapie wird so lange fortgesetzt, bis sich der Patient wieder gesund fühlt oder die Krankenkasse die Zahlungen einstellt.
- In Unternehmen führen nichtpsychologische Mitarbeiter der Personalabteilung die »Vorstellungsgespräche«; erfahrene Personaler geben an, dass sie schon auf den ersten Blick sehen, wer in das Unternehmen passt und wer nicht. Notfalls wird eine Fehlentscheidung noch in der Probezeit durch Entlassung korrigiert.
- Im schulischen Bereich überlassen wir den Lehrern, die schließlich die Schüler am besten kennen, die Beratung von Schülern und deren Eltern. Wenn eine Maßnahme nicht den gewünschten Erfolg zeigt, wird die nächste ausprobiert. Manchmal muss ein Kinder- und Jugendpsychotherapeut oder ein Kinderpsychiater hinzugezogen werden, der schnell sieht, wo das Problem liegt.

Für Psychologische Diagnostik wird kaum Werbung betrieben, um ihre Vorteile herauszustellen. Viele Laien, aber auch manche Psychologen glauben daher, dass Psychologische Diagnostik eher wenig effektiv sei. Ist beispielsweise der Zusammenhang zwischen dem Ergebnis in einem Studierfähigkeitstest und Studienerfolg hoch oder niedrig? Die Korrelation ist bekannt (r = .39; ohne Korrektur für die Reliabilität des Kriteriums r = .37) – aber sie ist schwer zu beurteilen. Viele machen den Fehler und beurteilen Korrelationen an dem maximal möglichen Wert von 1.0. Quadriert man den Korrelationskoeffizienten, so sieht man, wie viel Varianz aufgeklärt wird. Der Erkenntnisgewinn scheint zu schrumpfen – der Abstand zur magischen Zahl 1.0 wird nämlich größer. Die besagte Korrelation von r = .39 besagt, dass 15 Prozent der Varianz der Studienleistungen mit dem Test aufgeklärt werden. Skeptiker heben hervor, dass man den Studienerfolg nur zu einem kleinen Teil erklären oder vorhersagen kann, der größte Teil bleibt somit im Dunkeln und kann durch einen Test nicht aufgeklärt werden.

Die Varianzaufklärung durch diagnostische Verfahren ist oft klein

Ein Vergleich mit Korrelationen aus anderen Disziplinen ist sehr aufschlussreich. Meyer et al. (2001) haben Korrelationen und Effektstärken (die sie zur Vergleichbarkeit in Korrelationen umgerechnet haben) aus anderen Disziplinen gesichtet und sie Korrelationen aus dem Bereich der Psychologischen Diagnostik gegenübergestellt. Sie konnten sich dabei meist auf große Metaanalysen beziehen. Die Ergebnisse sind zum Teil verblüffend. Beispielsweise nehmen Millionen von Menschen Aspirintabletten, um ihr Blut zu verdünnen und damit einem Herzinfarkt vorzubeugen. Das Risiko, an einem Herzinfarkt zu sterben, wird durch Aspirin nur wenig gemindert; die Korrelation beträgt gerade einmal .02. Alkohol macht aggressiv – stimmt. Der Effekt entspricht aber nur einer Korrelation von .23. Gemessen an diesen und weiteren Korrelationen kann sich die Psychologische Diagnostik sehen lassen. Ausgewählte Ergebnisse dieser Studie sind in ◘ Tabelle 1.5 aufgeführt. Die Korrelationen sind nach ihrer Größe geordnet; Ergebnisse aus der Psychologischen Diagnostik wurden optisch hervorgehoben. Es ist unschwer zu erkennen, dass sich scheinbar niedrige Korrelationskoeffizienten im Vergleich mit anderen als beachtliche Größen entpuppen.

in anderen Bereichen oft geringere Zusammenhänge

Tab. 1.5 Höhe von Korrelationen in Psychologischer Diagnostik und anderen Bereichen

Untersuchungen/Metaanalysen	r	N (k)
Aspirin und reduziertes Sterberisiko durch Herzinfarkt	.02	22.071
Effekt von Alkohol auf aggressives Verhalten	.23	k = 47
Wert in Hare Psychopathie Checklist und Rückfall bei entlassenen Straftätern	.28	1.605
Schlaftabletten (Benzodiazepine oder Zolpidem) und kurzzeitige Verbesserung des Schlafs bei chronischen Schlafstörungen	.30	680
Viagra und verbesserte sexuelle Funktion bei Männern	.38	779
Ergebnis in Studierfähigkeitstest und spätere Noten im College[a]	.39	16.648
Köpergröße und Gewicht bei Erwachsenen in den USA	.44	16.948
Intelligenztestleistung und Berufserfolg [b]	.51	32.000
MRI-Befunde und Differenzierung zwischen Demenzpatienten und Kontrollprobanden	.57	374
Nähe zum Äquator und Tagestemperatur in den USA	.60	k = 19.724
Geschlecht und Körpergröße bei Erwachsenen in den USA (Männer sind größer als Frauen)	.67	16.962
Neuropsychologische Tests und Differenzierung zwischen Demenzpatienten und Kontrollprobanden	.68	k = 94
Immunglobulin-g Test und Entdecken von rheumatoider Arthritis	.68	2.541
MMPI-Validitätsskalen und Entdecken der Simulation von Psychopathologie	.74	11.204

Anmerkungen. Quelle (soweit nicht anders vermerkt): Meyer et al. (2001). N = Anzahl der untersuchten Personen, k = Anzahl der Korrelationskoeffizienten, die gemittelt wurden. Weitere Quellen: a) Robbins et al. (2004), b) Schmidt & Hunter (1998).

wirtschaftlicher Nutzen durch valide diagnostische Verfahren

Nun darf man Effektstärken oder Korrelationen nicht mit Nutzen gleichsetzen. Wenn man durch Aspirin ein Menschenleben retten kann, ist dies höher zu bewerten als wenn man 100 Bewerber entdecken kann, die ein Studium mit guten Noten abschließen. Der Nutzen Psychologischer Diagnostik lässt sich manchmal in Geldeinheiten messen. Durch Einsatz eines validen Verfahrens gegenüber dem üblichen Standard kann ein großes Unternehmen einen wirtschaftlichen Nutzen in Höhe von mehreren Millionen Euro erzielen (▶ Abschn. 6.6). In anderen Fällen, etwa wenn es gelingt, gefährliche Straftäter zu erkennen und damit eine vorzeitige Entlassung zu verhindern, müssen ähnliche Maßstäbe angelegt werden wie beim Erkennen von schweren behandelbaren Krankheiten oder der Verminderung von Sterblichkeitsraten. Exemplarisch wird in ◘ Tabelle 1.6 aufgezeigt, wie Psychologische Diagnostik in verschiedenen Anwendungsfeldern zum Wohle der Gesellschaft eingesetzt werden kann.

1.7 Meilensteine in der Geschichte der Psychologischen Diagnostik

Wilhelm Wundt als Begründer der wissenschaftlichen Psychologie

Der Beginn der wissenschaftlichen Psychologie wird üblicherweise auf das Ende des 19. Jahrhunderts datiert. Ein Meilenstein war die Gründung des ersten Labors zur Erforschung psychologischer Phänomene im Jahre 1879 durch Wilhelm Wundt an der Universität Leipzig (eine gute Einführung bietet Wikipedia unter ▶ http://de.wikipedia.

1.7 · Meilensteine in der Geschichte der Psychologischen Diagnostik

Tab. 1.6 Nutzen Psychologischer Diagnostik anhand von Beispielen

Bereich	Zweck Psychologischer Diagnostik	gesellschaftlicher Nutzen
Pädagogische Psychologie	Schullaufbahnberatung (Schule, Schulform oder Klasse finden, in denen ein Schüler mit seinen Fähigkeiten, Interessen und Persönlichkeitsmerkmalen einen guten Abschluss erreichen wird)	Höhere Lebenszufriedenheit der richtig platzierten Schüler, eventuell später bessere Berufschancen, effizienter Einsatz der Ressource Schule.
Klinische Psychologie	Erkennen und genaue Bestimmung von psychischen Störungen	Patienten werden dadurch einer Therapie zugeführt, die ihre Lebenszufriedenheit und eventuell ihre berufliche Leistungsfähigkeit verbessert und eventuell ihre Suizidgefährdung reduziert.
Forensische Psychologie	Straftäter erkennen, die ein hohes Risiko aufweisen, nach ihrer Entlassung wieder schwere Straftaten zu begehen	Gesellschaft wird vor schweren Straftaten geschützt; Straftäter erfährt eventuell weitere Behandlung, die ihm später ein straffreies Leben ermöglicht.
Personalpsychologie	Potenzialanalyse (Stärken und Schwächen von Mitarbeitern erkennen)	Gezielte Förderung der Mitarbeiter durch Einsatz, der ihren Fähigkeiten gerecht wird; Personalentwicklungsmaßnahmen zur Behebung von »Schwächen«.
Verkehrspsychologie	Verkehrseignung von Personen überprüfen, die wegen Trunkenheit am Steuer oder anderer Delikte ihren Führerschein verloren haben	Gesellschaft wird vor gefährlichen Verkehrsteilnehmern geschützt; Betroffenen wird eventuell ein Weg aufgezeigt, wie sie an sich arbeiten können, um wieder eine Fahrerlaubnis zu erhalten.

org/wiki/Geschichte_der_Psychologie). Zuvor hatten sich Philosophen und Naturforscher bereits mit Fragen befasst, die im Prinzip auch heute noch die psychologische Forschung beschäftigen. Auch die Psychologische Diagnostik hat ihre Wurzeln in der frühen Vorgeschichte, und erste wissenschaftlich bedeutsame Ereignisse sind seit Ende des 19. Jahrhunderts zu vermelden.

Tests wurden bereits vor rund 3.000 Jahren in China entwickelt und eingesetzt. Ein richtiges Prüfungssystem zur Auswahl von Beamten wurde in der Sui Dynastie (581–618) entwickelt und in der Tang Dynastie (618–907) perfektioniert. Es bestand aus drei Teilen: einer gewöhnlichen Prüfung, in der u.a. Kenntnisse über klassische Schriften erfasst wurden, einer Prüfung durch eine Kommission vor dem Kaiser sowie einer Prüfung kriegerischer Fertigkeiten (Bogenschießen, Reiten etc.). Die Kommission setzte u. a. Interviews ein, um die Fähigkeit zum Planen und Verwalten zu erfassen. Aus heutiger Perspektive würden wir von einem multimethodalen Ansatz sprechen, also dem Einsatz unterschiedlicher Methoden, um (hier) die Eignung eines Bewerbers festzustellen. Dieses Prüfungssystem bestand hunderte von Jahren und beeinflusst noch heute die Praxis der Personalauswahl und von Prüfungen in China (Wang, 1993).

erste Tests vor 3.000 Jahren in China

Für die heutige Diagnostik prägend sind Ereignisse und Entwicklungen, die in **Tabelle 1.7** aufgelistet sind (für weitere Informationen s. Gregory, 2004). Der Fokus liegt bei dieser Betrachtung auf Tests. Erst bei späteren Testentwicklungen waren Theorien zur Struktur der Intelligenz oder der Persönlichkeit bedeutsam. Für die in **Ta-

Tab. 1.7 Wichtige Ereignisse in der Geschichte der Psychologischen Diagnostik

Jahr	Ereignis	Kommentar
1884	Sir Francis Galton stellt auf der internationalen Gesundheitsausstellung in London ein psychometrisches Labor vor, das auch kognitive Tests umfasst.	Dies ist vermutlich der erste systematische Versuch in der Neuzeit, interindividuelle Unterschiede in geistigen Fähigkeiten zu messen. Bereits ein Jahr zuvor hatte Galton in einer Publikation dargelegt, dass sich Menschen in ihren kognitiven Fähigkeiten unterscheiden. Mit klug ausgedachten Tests zur Reaktionszeit, Tonhöhenwahrnehmung, etc. versuchte er, biologische Grundlagen geistiger Fähigkeiten zu messen.
1901	Clark Wissler führt die erste systematische Validierungsstudie zu kognitiven Tests durch.	Wissler führte mit über 300 Studenten kognitive Tests der Art, wie sie Galton propagiert hatte, durch und korrelierte die Testleistungen mit Studiennoten. Die Korrelationen waren so niedrig (die höchste betrug $r = .16$), dass der Versuch, mit solchen Tests geistige Fähigkeiten zu messen, als gescheitert galt.
1905	Alfred Binet und Theodore Simon veröffentlichen den ersten Intelligenztest.	Der Test war völlig anders konzipiert als die Tests Galtons; er entsprach eher heutigen Intelligenztests. Entwickelt wurde er im Auftrag des französischen Unterrichtsministeriums mit dem Ziel, geistig zurückgebliebene Kinder zu entdecken, um sie angemessen zu beschulen. Der Test wurde bald in anderen Ländern adaptiert (1916 als amerikanische Version der Stanford-Binet Test von Lewis M. Terman) und verbreitete sich schnell. Die Aufgaben dienten zudem als Vorbild für andere Tests. Noch heute ist ein Nachfolgetest in Gebrauch!
1912	William Stern schlägt den Begriff »Intelligenzquotient« vor und gibt eine Formel dafür an.	Bei den ersten Intelligenztests wurde lediglich das »Intelligenzalter« bestimmt, das angibt, welchen Entwicklungsstand ein Kind erreicht hat. Stern schlug folgende Formel vor: Intelligenzquotient = 100 × (Intelligenzalter/Lebensalter). Ein Beispiel: Intelligenzalter = 6, Lebensalter = 8 Jahre; IQ = 100 × (6/8) = 75. Heute wird der IQ über die Abweichung vom Populationsmittelwert bestimmt (▶ Abschn. 2.3.5).
1917/18	Entwicklung und Einsatz des ersten Gruppentests (Army Alpha & Beta Examination).	1917 waren die USA in den Ersten Weltkrieg eingetreten. Die beiden Tests wurden von einer Arbeitsgruppe unter Leitung von Robert M. Yerkes entwickelt, um Rekruten zu untersuchen (geistig inkompetente aussondern und bei den anderen die Platzierung optimieren). Der Alpha-Test bestand aus acht Subtests (z. B. rechnerisches Denken, Synonyme-Antonyme, Analogien). Der Beta-Test bestand aus weitgehend sprachfreien Aufgaben für den Einsatz bei wenig sprachkompetenten Rekruten. Mitarbeiter, die an der Entwicklung der Army-Tests beteiligt waren, konstruierten später Intelligenztests für den Bildungsbereich oder die Wirtschaft. Die Army-Tests dienten auch vielen anderen Testautoren als Vorbild.
1917/18	Entwicklung des ersten modernen Persönlichkeitstests (Personal Data Sheet).	Der harmlos als »Personal Data Sheet« etikettierte Fragebogen diente ebenfalls zur Beurteilung von Rekruten, die von den USA in den Ersten Weltkrieg geschickt wurden. Er bestand aus 116 nach empirischen Kennwerten ausgewählten Fragen, die mit »ja« oder »nein« zu beantworten waren (Beispiel: »Gehen Ihnen Gedanken durch den Kopf, so dass Sie nicht schlafen können?«). Damit sollten neurotische Rekruten entdeckt werden, um sie dann gründlich psychiatrisch zu untersuchen. Der Fragebogen war Vorbild für andere Persönlichkeitsinventare.
1921	Der Rorschachtest wird publiziert.	Der Schweizer Psychiater Hermann Rorschach veröffentlichte den ersten projektiven Test, der später nach ihm benannt wurde. Jede der zehn Tafeln zeigt Gebilde, die aus schwarzen oder farbigen Tintenklecksen bestehen. Die Testperson soll angeben, was das sein könnte. Damit wurde ein völlig anderes Testkonzept verfolgt als mit den Persönlichkeitsfragebogen in den USA. Der Rorschachtest wird noch heute eingesetzt, und es liegen tausende von Publikationen dazu vor.

1.7 · Meilensteine in der Geschichte der Psychologischen Diagnostik

Tab. 1.7 (Fortsetzung)

Jahr	Ereignis	Kommentar
1939	Der erste Wechsler-Test erscheint.	David Wechsler, ein Psychologe am Bellevue Hospital in New York, publiziert nach mehreren Jahren Vorarbeit die »Wechsler-Bellevue Intelligence Scales«. Er hatte nicht die Absicht, einen völlig neuen Test zu entwickeln. Die Items sind teilweise stark angelehnt an die Binet und Army-Alpha- und Beta-Tests. Neu war Wechslers Formel zur Berechnung des Intelligenzquotienten, in der er den Testwert des Probanden in Relation zum Mittelwert der Altersgruppe setzte. Der Test wurde 1955 zur bekannten Erwachsenenversion »Wechsler Adult Intelligence Scale« (WAIS) weiterentwickelt. Für Kinder und schließlich auch für Vorschulkinder kamen ähnlich aufgebaute Tests auf den Markt. Die Tests wurden von Wechslers Nachfolgern kontinuierlich weiterentwickelt und in viele Sprachen übersetzt.
1943	Das MMPI wird publiziert.	Mit dem Minnesota Multiphasic Personality Inventory bringen der Psychologe Starke R. Hathaway und der Psychiater J. Charnley McKinley einen neuartigen Persönlichkeitsfragebogen auf den Markt. Wie beim Personal Data Sheet wurden die Items durch Vergleich von psychiatrischen und normalen Personen gewonnen. Das MMPI hat jedoch viele Skalen und – das war neu – Validitätsskalen, die verschiedene Formen der Verfälschung erfassen. Das Verfahren ist nach einer Überarbeitung (MMPI-2) heute noch weit verbreitet und wurde in tausenden von Untersuchungen intensiv beforscht.

belle 1.7 aufgeführten Klassiker waren jedoch pragmatische Überlegungen und nicht Theorien und Modelle der Intelligenz bzw. Persönlichkeit ausschlaggebend.

Beim Lesen der Tabelle kann man den Eindruck gewinnen, dass die apparative Diagnostik, wie sie von Galton angestoßen wurde, später keine Rolle mehr gespielt hat. Dem ist nicht so. Zu Beginn des 19. Jahrhunderts bis zum Zweiten Weltkrieg blühte die **Psychotechnik**. Der deutschstämmige Psychologe Hugo Münsterberg (1863–1916), der später an der Harvard-Universität arbeitete, gilt als deren Begründer (Drunen, 1993). Münsterberg sah das Verhältnis von Psychologie zur diagnostischen Anwendung ähnlich wie das Verhältnis der Naturwissenschaften zur Technik. Diagnostiker hatten in diesem Denken eine ähnliche Funktion wie die Ingenieure im Bereich der Technik. Man entwickelte mit großem Einfallsreichtum technische Geräte. Die apparative Messung von Eigenschaften versprach eine hohe Genauigkeit. Psychotechnische Geräte kamen u. a. beim Militär, der Eisenbahn, der Straßenbahn, in der Sport- und in der Arbeitspsychologie zum Einsatz (s. Lück & Miller, 1993). Zwei Beispiele (aus Drunen, 1993) mögen die Methoden der Psychotechnik illustrieren:

Blütezeit der Psychotechnik

> **Beispiel**
>
> **Beispiele für Methoden der Psychotechnik**
> »Kerzentest« zur Messung von überlegtem Handeln
> In Augenhöhe waren acht elektrische Kerzen nebeneinander angeordnet. Von jeder Kerze führte ein Schlauch zu einem Gummiball in Handhöhe. Der Weg der Schläuche war verschlungen. Wenn der Versuchsleiter eine Kerze anschaltete, musste der Proband so schnell wie möglich den richtigen Gummiball drücken (was zum Erlöschen der Kerze führte; Abb. 1.2).
> ▼

Abb. 1.2 Kerzentest. (Drunen, 1993, S. 256)

Untersuchung zur Stabilität des Nervensystems
In Frankreich wurde im Ersten Weltkrieg ein »Kymograph« zur Auswahl von Piloten eingesetzt; mittels einer rußgeschwärzten, sich drehenden Walze wurden Herzschlag, Atmung und Handdruck registriert. Der Test bestand darin, dass der Untersuchungsleiter unerwartet hinter der Testperson eine Pistole abfeuerte.

Untersuchung der geistigen Leistungsfähigkeit in einem Rhönrad
In Deutschland führte die Wehrmacht im Zweiten Weltkrieg mit angehenden Piloten Tests durch. Die Probanden wurden in einem Rhönrad fixiert. Durch Drehung des Rads änderte sich ihre Körperlage. Dabei mussten sie verschiedene Aufgaben lösen, beispielsweise Rechenaufgaben (Abb. 1.3).

Abb. 1.3 Rhönrad. (Lück & Miller, 1993, S. 281)

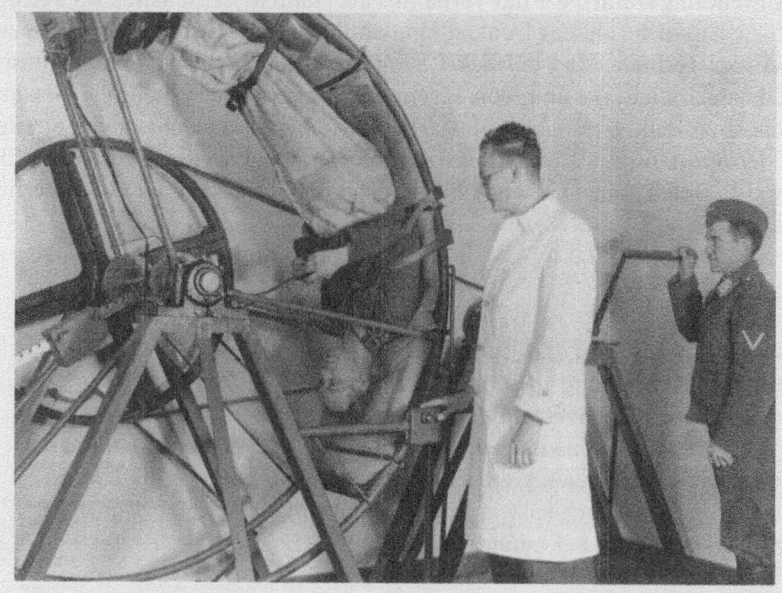

Nach dem Zweiten Weltkrieg war die Psychologische Diagnostik in der Bundesrepublik Deutschland durch die Entwicklung von Papier-und-Bleistift-Tests geprägt. Ein Pionier war Gustav A. Lienert (◘ Abb. 1.4). Sein Buch *Testaufbau und Testanalyse* erschien 1961 und erlebte mehrere Neuauflagen. Generationen von Psychologiestudenten lernten mit diesem Buch, wie man auf der Grundlage der Klassischen Testtheorie Tests konstruiert. Das Buch gehört immer noch zum Handwerkszeug von Testentwicklern. Lienert konstruierte mehrere Tests, die noch heute (teilweise in revidierter Form) angewandt werden. Als Beispiele seien genannt:

- **Mechanisch-Technischer Verständnistest** (Lienert, 1958): Mit dem Test wird ein Teilbereich der Intelligenz, physikalisches und technisches Denken, erfasst. Das Verfahren ist vor allem zur beruflichen Eignungsdiagnostik geeignet.
- **Drahtbiegeprobe** (Lienert, 1961). Die Aufgabe besteht darin, einen Draht nach einer Vorlage zu biegen. Damit sollen psychomotorische Fähigkeiten erfasst werden, die für die Eignung für bestimmte Berufe wichtig sind.
- **Konzentrations-Leistungs-Test** (Düker & Lienert, 1965). Der Proband muss fortlaufend einfache Rechenaufgaben durchführen, sich Zwischenergebnisse merken und Entscheidungen treffen. Damit soll die Konzentrationsfähigkeit gemessen werden.

◘ **Abb. 1.4** Prof. Dr. med. Dr. phil. Dres. h.c. Gustav A. Lienert. (Pawlik, 2006, S. 25)

Gustav A. Lienert (geb. 1920 in Michelsdorf, heute CSR, gest. 2001 in Marburg) studierte Medizin (Dr. med. 1950 in Wien) und Psychologie (Dr. phil. 1952 in Wien). Er habilitierte sich 1961 an der Universität Marburg und war danach Professor an den Universitäten Hamburg (1961–1964), Düsseldorf (1964–1974) und Erlangen-Nürnberg (1974–1986). »Sein Buch *Testaufbau und Testanalyse* wurde zu einem Standardwerk, ebenso wie zahlreiche von ihm entwickelte Testverfahren« (aus dem Nachruf der Deutschen Gesellschaft für Psychologie; ► www.dgps.de/meldungen/detail.php?id=18). Mit seinem wissenschaftlichen Werk, insbesondere zur Diagnostik, Medizinischen Psychologie, Pharmakopsychologie und Statistik, hat er die Psychologie im deutschsprachigen Raum nachhaltig und richtungweisend beeinflusst. Gustav Lienert wurde vielfach geehrt durch Ehrendoktorwürden (Colgate University/Hamilton, Graz, Leipzig, Wien), Honorarprofessuren (Wien, Würzburg), Ehrenmitgliedschaften und Auszeichnungen.

Papier-und-Bleistift-Tests nach dem Zweiten Weltkrieg

Lienert als Pionier der Testkonstruktion

1.8 Gesetzliche Rahmenbedingungen und ethische Richtlinien

Wie die meisten Bereiche des öffentlichen und beruflichen Lebens unterliegt auch die Psychologische Diagnostik rechtlichen Bestimmungen. Diese rechtlichen Rahmenbedingungen folgen einer Systematik. Joussen (2004) spricht von einer »Normenpyramide«. Ein Recht, das in der Pyramide über einem anderen steht, hat immer Vorrang. Besteht ein Widerspruch zwischen zwei Hierarchieebenen, so ist immer das ranghöchste Gesetz entscheidend. Notwendigerweise ist ein ranghohes Gesetz allgemeiner formuliert als ein rangniedriges. So zeichnet sich das Grundgesetz durch allgemeine und abstrakte Formulierungen aus. Im Strafgesetzbuch oder im Betriebsverfassungsgesetz finden sich dagegen sehr konkrete Regelungen.

An oberster Stelle steht das **Recht der Europäischen Gemeinschaft**, gefolgt vom deutschen **Grundgesetz**. Eine Ebene tiefer stehen die **einfachen Gesetze**, die in Deutschland unter Beachtung des höheren Rechtes vom Parlament beschlossen werden. In diese Kategorie fallen etwa das **Strafgesetzbuch** oder das **Bürgerliche Gesetzbuch. Rechtsverordnungen** sind rangniedriger und werden von Ministerien und ihnen nachgeordneten Behörden erlassen. In der Pyramide ganz unten stehen **weitere Rechtsnormen**. Dazu gehören beispielsweise Satzungen von Organisationen und Richtlinien.

Im **Recht der Europäischen Gemeinschaft** ist Artikel 8 (1) der Europäischen Menschenrechtskonvention für die Psychologische Diagnostik relevant.

»Normpyramide«

Europäisches Recht steht oben

> Europäische Menschenrechtskonvention, Artikel 8 (1):
> »Jede Person hat das Recht auf Achtung ihres Privat- und Familienlebens, ihrer Wohnung und ihrer Korrespondenz.«

Im **Grundgesetz** sind zwei Werte genannt, die für die Psychologische Diagnostik unmittelbar relevant sind: der Schutz der Menschenwürde und das Recht auf freie Entfaltung der Persönlichkeit.

> Artikel 1 (1) des Grundgesetzes:
> »Die Würde des Menschen ist unantastbar. Sie zu achten und zu schützen ist Verpflichtung aller staatlichen Gewalt …«
> Artikel 2:
> »(1) Jeder hat das Recht auf die freie Entfaltung seiner Persönlichkeit, soweit er nicht die Rechte anderer verletzt und nicht gegen die verfassungsmäßige Ordnung oder das Sittengesetz verstößt.
> (2) Jeder hat das Recht auf Leben und körperliche Unversehrtheit. Die Freiheit der Person ist unverletzlich. In diese Rechte darf nur auf Grund eines Gesetzes eingegriffen werden.«

Konsequenzen für die Diagnostik aus dem Grundgesetz

Artikel 1 (1) gebietet etwa, in einem Gutachten keine herabsetzenden Formulierungen über die untersuchte Person zu machen. Der Sachverhalt kann stattdessen mit neutralen Formulierungen beschrieben werden. Also: »Die Intelligenz Herrn Müllers ist im Vergleich zu anderen Erwachsenen seines Alters weit unterdurchschnittlich ausgeprägt« und nicht: »Herr Müller ist ein Idiot.« Der Begriff »Idiot« war übrigens früher ein anerkannter Fachbegriff, ist heute aber eine herabsetzende Bezeichnung. Aus Artikel 2 (1) wurde das Recht auf **informationelle Selbstbestimmung** hergeleitet. In Artikel 8 (1) der Europäischen Menschenrechtskonvention wird explizit das Privat- und Familienleben geschützt. Mit bestimmten diagnostischen Verfahren kann man Informationen erlangen, die der Betroffene nicht preisgeben möchte. Man denke an verdeckte Videoaufnahmen im Rahmen einer Verhaltensbeobachtung oder an projektive Verfahren. Auch die Weitergabe von persönlichen Informationen an andere kann problematisch sein (s. auch unten Strafgesetzbuch). Psychologen wirken u. U. durch diagnostische Untersuchungen daran mit, dass die in Artikel 2 (2) garantierte Freiheit der Person eingeschränkt wird. Dies ist etwa der Fall, wenn über eine Sicherheitsverwahrung oder über eine Zwangseinweisung entschieden wird. Hier ist besonders darauf zu achten, dass dieser Eingriff aufgrund entsprechender Gesetze zulässig ist.

Im **Strafgesetzbuch** sind speziell die Paragrafen zum Geheimnisverrat und zur Offenbarungspflicht für die Tätigkeit von Psychologen bedeutsam. Informationen, die man entweder verschweigen oder offenbaren muss, können insbesondere im Rahmen von Psychotherapie und von diagnostischen Untersuchungen bekannt werden.

1.8 · Gesetzliche Rahmenbedingungen und ethische Richtlinien

> Strafgesetzbuch, § 203 (Verletzung von Privatgeheimnissen):
> »(1) Wer unbefugt ein fremdes Geheimnis, namentlich ein zum persönlichen Lebensbereich gehörendes Geheimnis oder ein Betriebs- oder Geschäftsgeheimnis, offenbart, das ihm als …
> (2) Berufspsychologen mit staatlich anerkannter wissenschaftlicher Abschlussprüfung
> [weitere Berufsgruppen werden genannt]
> anvertraut worden oder sonst bekanntgeworden ist, wird mit Freiheitsstrafe bis zu einem Jahr oder mit Geldstrafe bestraft.«

Die **Verletzung von Privatgeheimnissen** ist also alles andere als ein Bagatelldelikt. Im Extremfall kann man für ein Jahr ins Gefängnis geschickt werden, wenn man persönliche Informationen, die man etwa im Interview oder durch eine Testuntersuchung gewonnen hat, unbefugt weitergibt. Die Einschätzung, »das ist doch kein Geheimnis, was ich weitergegeben habe«, hilft u. U. wenig. Unter einem Geheimnis »ist jede Information zu verstehen, die nur einer beschränkten Anzahl Personen bekannt ist und an deren Geheimhaltung der Betroffene ein persönliches oder wirtschaftliches Interesse hat« (Joussen, 2004, S. 87). Wenn durch die Weitergabe ein Schaden entsteht, beispielsweise wenn jemand deshalb seine Anstellung verliert, können zivilrechtliche Forderungen folgen.

Verletzung von Privatgeheimnissen

1.8.1 Geheimnisse und Schweigepflicht

Bei der Einhaltung der **Schweigepflicht** sind einige Details zu beachten (ausführlich: Joussen, 2004).

- Nicht geschützt sind Geheimnisse, die einem Berufspsychologen im privaten Bereich anvertraut werden. Die Schweigepflicht bezieht sich auf die Ausübung der Berufstätigkeit.
- »Offenbaren« bedeutet, dass eine Identifizierung der betroffenen Person möglich ist. Wer also Daten in anonymisierter Form weitergibt, offenbart kein Geheimnis.
- Die Schweigepflicht gilt auch gegenüber Personen, die selbst der Schweigepflicht unterliegen (Kollegen, Ärzte, Anwälte etc.).
- Zulässig ist die Weitergabe persönlicher Informationen, wenn der Betroffene dem zustimmt. Es genügt die mündliche oder sogar die stillschweigende Einwilligung. Angesichts der Konsequenzen, die bei einer Klage drohen, kann eine schriftliche Erklärung sinnvoll sein.
- Auch Kinder werden durch die Schweigepflicht geschützt. Da die Eltern auch ein Informationsrecht haben, sind im Einzelfall Schweigepflicht und Informationsrecht gegeneinander abzuwägen.
- Vor Gericht besteht in zivilrechtlichen Prozessen ein Zeugnisverweigerungsrecht. Berufspsychologen haben das Recht, Aussagen über ihnen anvertraute Geheimnisse zu verweigern. In Strafprozessen besteht dieses Schweigerecht nur für psychologische Psychotherapeuten und Kinder- und Jugendlichenpsychotherapeuten und bei ihnen auch nur für Informationen, die sie im Rahmen einer Untersuchung oder Heilbehandlung erfahren haben.

Geheimnisse und Schweigepflicht

1.8.2 Offenbarungspflicht

Offenbarungspflicht

Der richtige Umgang mit der Schweigepflicht stellt sich noch komplizierter dar als nach den obigen Ausführungen zu erwarten ist. Unter bestimmten Bedingungen besteht sogar eine **Offenbarungspflicht**. Wer von bestimmten Straftaten erfährt, die geplant sind oder gerade ausgeführt werden, kann mit bis zu fünf Jahren Haft bestraft werden, wenn er diese Kenntnisse nicht offenbart. Dieses Gesetz betrifft übrigens nicht nur Berufspsychologen, sondern ist generell gültig.

> Strafgesetzbuch, § 138 (Nichtanzeige geplanter Straftaten):
> »(1) Wer von dem Vorhaben oder der Ausführung
> 1. einer Vorbereitung eines Angriffskrieges …,
> 2. eines Hochverrats …,
> 3. eines Landesverrats oder einer Gefährdung der äußeren Sicherheit …,
> 4. einer Geld- oder Wertpapierfälschung … oder einer Fälschung von Zahlungskarten mit Garantiefunktion und Vordrucken für Euroschecks …,
> 5. eines Mordes … oder Totschlags … oder eines Völkermordes … oder eines Verbrechens gegen die Menschlichkeit … oder eines Kriegsverbrechens …,
> 6. einer Straftat gegen die persönliche Freiheit … soweit es sich um Verbrechen handelt …,
> 7. eines Raubes oder einer räuberischen Erpressung … oder
> 8. einer gemeingefährlichen Straftat …
> zu einer Zeit, zu der die Ausführung oder der Erfolg noch abgewendet werden kann, glaubhaft erfährt und es unterlässt, der Behörde oder dem Bedrohten rechtzeitig Anzeige zu machen, wird mit Freiheitsstrafe bis zu fünf Jahren oder mit Geldstrafe bestraft.
> (2) Ebenso wird bestraft, wer
> 1. von der Ausführung einer Straftat nach § 89a [Vorbereitung einer schweren staatsgefährdenden Gewalttat] oder
> 2. von dem Vorhaben oder der Ausführung einer Straftat nach § 129a [Bildung terroristischer Vereinigungen] …
> zu einer Zeit, zu der die Ausführung noch abgewendet werden kann, glaubhaft erfährt und es unterlässt, der Behörde unverzüglich Anzeige zu erstatten. …
> (3) Wer die Anzeige leichtfertig unterlässt, obwohl er von dem Vorhaben oder der Ausführung der rechtswidrigen Tat glaubhaft erfahren hat, wird mit Freiheitsstrafe bis zu einem Jahr oder mit Geldstrafe bestraft.«

Eine Straftat muss noch abzuwenden sein

Entscheidend bei der Offenbarungspflicht ist, dass die Straftat, von der man erfährt, noch abgewendet werden kann. Berichtet beispielsweise ein Klient, dass er gerade jemanden im Affekt umgebracht hat, so besteht keine Offenbarungspflicht.

Zu den vom Parlament erlassenen Gesetzen gehört auch das **Betriebsverfassungsgesetz**. Darin werden diagnostische Verfahren und allgemeine Beurteilungsgrundsätze direkt angesprochen:

> § 94 BetrVG – Personalfragebogen, Beurteilungsgrundsätze
> »(1) Personalfragebogen bedürfen der Zustimmung des Betriebsrats. …
> (2) Absatz 1 gilt entsprechend … für die Aufstellung allgemeiner Beurteilungsgrundsätze.«

1.8 · Gesetzliche Rahmenbedingungen und ethische Richtlinien

Unter einem **Personalfragebogen** ist keineswegs ein Persönlichkeitstest zu verstehen, sondern Fragen zur Person, die etwa den Familienstand, das bisherige Einkommen, Krankheiten etc. betreffen. In der Rechtsprechung ist im Einzelnen geklärt, welche Fragen dabei überhaupt zulässig sind und dass Bewerber unzulässige Fragen (auch solche im Einstellungsgespräch) nicht wahrheitsgemäß beantworten müssen. Unzulässig ist beispielsweise die Frage nach dem Vorliegen einer Schwangerschaft oder einer Gewerkschaftsmitgliedschaft. Persönlichkeitsfragebogen sind zulässige Verfahren, soweit sie helfen, die Eignung eines Bewerbers festzustellen und ihn nicht unangemessen ausforschen. Entscheidend ist, dass der Arbeitgeber nicht erfährt, wie ein Bewerber die einzelnen Fragen beantwortet. Wenn ein Psychologe die Auswertung vornimmt und dem Arbeitgeber nur das Ergebnis mitteilt, handelt es sich definitiv nicht um einen Personalfragebogen (Hoyningen-Huene, 1997).

Personalfragebogen

Beurteilungsgrundsätze sind allgemeine Grundsätze, nach denen alle Bewerber oder auch bereits eingestellte Arbeitnehmer in fachlicher oder persönlicher Hinsicht beurteilt werden. Beispielsweise könnte festgelegt werden, dass die Belastbarkeit der Bewerber zu beurteilen ist.

Beurteilungsgrundsätze

Unter **Auswahlrichtlinien** versteht man üblicherweise abstrakt formulierte Regeln. Darin wird festgelegt, welche Voraussetzungen bei einem Bewerber vorliegen müssen oder nicht vorliegen dürfen. Dabei kommen fachliche, persönliche und soziale Kriterien infrage. Beispielsweise könnte in einer Auswahlrichtlinie festgelegt sein, dass Bewerber nur eingestellt werden, wenn sie mindestens einen IQ von 100 aufweisen. Dies wäre mitbestimmungspflichtig – nicht aber die Entscheidung, wie die Intelligenz gemessen wird (Hoyningen-Huene, 1997). Ein Unternehmen oder eine Behörde könnten aber auch entscheiden, die Norm DIN 33430 (▶ Abschn. 8.2) zur berufsbezogenen Eignungsbeurteilung zur Auswahlrichtlinie zu erklären (Reimann, 2010).

Kriterien und Regeln zur Auswahl von Bewerbern

> § 95 Auswahlrichtlinien:
> »(1) Richtlinien über die personelle Auswahl bei Einstellungen, Versetzungen, Umgruppierungen und Kündigungen bedürfen der Zustimmung des Betriebsrats. ...
> (2) In Betrieben mit mehr als 500 Arbeitnehmern kann der Betriebsrat die Aufstellung von Richtlinien über die bei Maßnahmen des Absatzes 1 Satz 1 zu beachtenden fachlichen und persönlichen Voraussetzungen und sozialen Gesichtspunkte verlangen. ...«

Ethische Richtlinien haben die Deutsche Gesellschaft für Psychologie e.V. (DGPs) und der Berufsverband Deutscher Psychologinnen und Psychologen e.V. (BDP) herausgegeben. Für den BDP dienen sie auch als Berufsordnung. Diese Richtlinien sollen verbindliche Regeln für das professionelle Verhalten von Psychologen vorgeben. Sie können unter ▶ www.dgps.de/dgps/aufgaben/003.php eingesehen werden. Hier wird nur auf die Passagen Bezug genommen, die für die Diagnostik besonders relevant sind.

ethische Richtlinien der deutschen Psychologenverbände

Unter der Überschrift »Umgang mit Daten« finden sich mit Verweis auf § 203 des Strafgesetzbuches (s.o.) Hinweise auf die Einhaltung der Schweigepflicht sowie zum Umgang mit Daten. Ein eigener Abschnitt befasst sich mit Gutachten und Untersuchungsberichten.

Bei der Erstellung von Gutachten und Untersuchungsberichten ist zu beachten:
- **Sorgfaltspflicht:** Sachliche und wissenschaftliche Fundiertheit sowie Sorgfalt und Gewissenhaftigkeit.
- **Transparenz für Adressaten:** Für den Adressaten inhaltlich nachvollziehbar.
- **Einsichtnahme gewähren:** Einsichtnahme durch den Klienten ermöglichen bzw. darauf hinwirken. Wenn keine Einsichtnahme möglich, vorab darüber informieren.

ethische Richtlinien der deutschen Psychologenverbände

- **Keine Gefälligkeitsgutachten:** Nicht zulässig, ebenso Gutachten, die ohne eigene Mitwirkung zustande gekommen sind.
- **Stellungnahmen zu Gutachten von Kollegen zulässig:** Dabei soll jedoch kollegiales Verhalten gezeigt werden (z. B. keine unsachliche Kritik).

besondere Verantwortung gegenüber den eigenen Klienten

Psychologen haben eine besondere Verantwortung gegenüber ihren Klienten/Patienten. Konkret werden in diesem Zusammenhang verlangt:
- **Vertrauensverhältnis:** Wenn das Vertrauensverhältnis gestört ist, können Psychologen einen Auftrag ablehnen oder beenden. Ist der Klient nicht selbst Auftraggeber (beispielsweise bei forensischen Fragestellungen), besteht eine besondere Verpflichtung, im wohlverstandenen Interesse aller Beteiligten zu handeln.
- **Aufklärung und Einwilligung:** Klienten/Patienten über alle wesentlichen Maßnahmen unterrichten und Einwilligung dazu einholen.

Ehrengericht

Bei Verstößen gegen die Ethischen Richtlinien kann das Ehrengericht einer der beiden Berufsverbände eingeschaltet werden. Dieses kann im Extremfall den Ausschluss aus dem Berufsverband beschließen (die Mitgliedschaft im Berufsverband ist freiwillig, daher führt ein Ausschluss nicht zu einem Berufsverbot o. ä.).

APA-Richtlinien sind strenger und detaillierter.

Die gemeinsamen Ethischen Richtlinien der DGPs und des BDP sind zum Teil an denen des großen amerikanischen Berufsverbandes American Psychological Association APA (▶ www.apa.org/ethics/code/index.aspx) angelehnt. Diese Richtlinien sind detaillierter und enthalten auch weitergehende Forderungen wie etwa die nach Beachtung der eigenen Kompetenzen beim Anbieten von Dienstleistungen, Aufrechterhaltung und Weiterentwicklung dieser Kompetenzen oder Minimierung des Eindringens in die Privatsphäre.

»Internationale Richtlinien für die Testanwendung«

Für die Psychologische Diagnostik hoch relevant sind ferner die »Internationalen Richtlinien für die Testanwendung« der International Test Commission. Eine deutsche Fassung entstand in Zusammenarbeit mit dem BDP (▶ www.zpid.de/index.php?wahl=products&uwahl=printed&uuwahl=guidelines). Darin finden sich u.a. Forderungen nach Sicherstellen der eigenen Fachkompetenz (Kenntnisse über den Test etc.) oder nach Verantwortung für die Testanwendung (Testauswahl, Transparenz). Auf diese Richtlinie wird in ▶ Kapitel 4 näher eingegangen.

Weiterführende Literatur

Zur Geschichte der Psychologischen Diagnostik (eigentlich nur der Verwendung von Tests) kann das Buch von Gregory (2004) und dort besonders Kapitel 1 empfohlen werden. Das von Lück und Miller (1993) herausgegebene Buch zur Geschichte der Psychologie enthält mehrere kurze und reich bebilderte Kapitel zur Entwicklung der Diagnostik in verschiedenen Anwendungsfeldern. Auch in dem von Lamberti (2006) herausgegebenen Buch finden sich bebilderte Abhandlungen zur historischen Entwicklung einzelner Anwendungsfelder der Diagnostik. Zur weiteren Vertiefung in das Thema »Rechtsfragen psychologischer Diagnostik« eignen sich besonders die Bücher von Joussen (2004) und Zier (2002).

1.8 · Gesetzliche Rahmenbedingungen und ethische Richtlinien

? Übungsfragen

Abschn. 1.1
1. Nennen und erläutern Sie Elemente der Definition Psychologischer Diagnostik!

Abschn. 1.2
2. Nennen Sie Praxisfelder, in denen Psychologische Diagnostik angewandt wird!

Abschn. 1.3
3. Mit welchen anderen Fachgebieten der Psychologie steht die Psychologische Diagnostik im Fall der Intelligenzdiagnostik in ständigem Wissensaustausch?

Abschn. 1.4
4. Was sind die Grundannahmen der Eigenschaftsdiagnostik?
5. Nennen Sie einige Beispiele für Zustände (»states«)!
6. Nennen Sie empirische Belege für den Eigenschaftsansatz in der Persönlichkeits- und Intelligenzforschung!
7. Was kennzeichnen die Begriffe »signs« und »sample« in Bezug zum eigenschafts- bzw. verhaltenstheoretischen Ansatz?
8. Erklären Sie, aus welchen Komponenten die S-O-R-K-C-Verhaltensgleichung besteht!

Abschn. 1.5
9. Wozu dient eine Erfolgskontrolle?
10. Welche zwei besonderen Probleme sind zu beachten, wenn diagnostische Verfahren zur Erfolgskontrolle bei Interventionen eingesetzt werden?
11. In welchem Zusammenhang wird Psychologische Diagnostik zur Selektion und zur Modifikation eingesetzt? Erklären Sie dies anhand von Beispielen!

Abschn. 1.7
12. Wer veröffentlichte wann den ersten Intelligenztest?
13. Wie definierte William Stern und wie David Wechsler den IQ?

Abschn. 1.8
14. Welche im Grundgesetz verankerten Werte sind für die Psychologische Diagnostik unmittelbar relevant?
15. Wie ist die Schweigepflicht gesetzlich verankert und welche Details sind im Umgang damit zu beachten?
16. Was versteht man unter der Offenbarungspflicht?
17. Nennen Sie aus den Ethischen Richtlinien der Deutschen Gesellschaft für Psychologie einzelne Forderungen zur Erstellung von Gutachten!

Übungsfragen

Abschn. 1.1
1. Nennen und erläutern Sie Elemente der (klinischen) Psychologischen Diagnostik.

Abschn. 1.2
2. Nennen Sie Praxisfelder, in denen Psychologische Diagnostik angewendet wird.

Abschn. 1.3
3. Mit welchen anderen Fachgebieten der Psychologie steht die Psychologische Diagnostik im Fall der Zielstellung der Prognose in ständigem Wissensaustausch?

Abschn. 1.4
4. Was sind die Grundannahmen der Eigenschaftsdiagnostik?
5. Diskutieren Sie einige Beispiele für Zustände bzw. States.
6. Nennen Sie empirische Belege für den Eigenschaftsansatz in der Persönlichkeits- und Intelligenzforschung.
7. Was kennzeichnen die Begriffe sensu lato und sensu stricto in Bezug auf eigenschafts- bzw. verhaltenstheoretische Ansätze?
8. Erläutern Sie, aus welchen Komponenten die S-O-R-K-V-Verhaltensanalyse aufgebaut ist.

Abschn. 1.5
9. Wozu dient eine Erfolgskontrolle?
10. Welche zwei besonderen Probleme sind zu beachten, wenn diagnostische Verfahren zur Erfolgskontrolle bei Interventionen eingesetzt werden?
11. In welchem Zusammenhang wird psychologische Diagnostik zur Selektion und zur Modifikation eingesetzt? Erläutern Sie jeweils anhand von Beispielen.

Abschn. 1.6
12. Wer veröffentlichte wann den ersten Intelligenztest?
13. Wie definierte William Stern damals den Intelligenzquotienten (IQ)?

Abschn. 1.7
14. Was bedeutet gegenstandsbezogene Theorie und für die psychologische Diagnostik methodische Theorie?
15. Wie ist das Strukturgebilde IQ gegenständlich verankert und welche Details sind im Umgang damit zu beachten?
16. Was versteht man unter der Validitätsproblematik?
17. Welche Folgen entstehen im klinischen Bereich, wenn die unterschiedliche Wertigkeit für Eigenschaften und Verhalten unzulänglich zur Darstellung von Daten ist?

Grundlagen diagnostischer Verfahren

2.1 Voraussetzungen und theoretische Basis psychometrischer Tests – 36

2.1.1 Anforderungen an einen Test – 36
2.1.2 Die klassische Testtheorie (KTT) – 40
2.1.3 Item-Response-Theorie (IRT) *Helfrich Moosbrugger* – 62
2.1.4 Grundlagen kriteriumsorientierter Tests – 84

2.2 Konstruktionsprinzipien psychometrischer Tests – 89

2.2.1 Grundlegende Entscheidungen vor der Testkonstruktion – 89
2.2.2 Itemgewinnung – 97
2.2.3 Testentwurf – 112
2.2.4 Grundzüge von Itemanalysen – 113

2.3 Gütekriterien diagnostischer Verfahren – 129

2.3.1 Qualitätsstandards – 129
2.3.2 Objektivität – 133
2.3.3 Reliabilität – 137
2.3.4 Validität – 142
2.3.5 Normierung – 164
2.3.6 Weitere Gütekriterien – 168

© Springer-Verlag GmbH Deutschland 2012
L. Schmidt-Atzert (et al.), *Psychologische Diagnostik*, Springer-Lehrbuch,
https://doi.org/10.1007/978-3-642-17001-0_2

2.1 Voraussetzungen und theoretische Basis psychometrischer Tests

2.1.1 Anforderungen an einen Test – 36
  2.1.1.1 Was versteht man unter einem »Test«? – 36
  2.1.1.2 Arten von Tests – 39
  2.1.1.3 Grundvoraussetzungen für die Konstruktion eines Tests – 39
2.1.2 Die klassische Testtheorie (KTT) – 40
  2.1.2.1 Annahmen der KTT – 40
  2.1.2.2 Ableitungen aus den Grundannahmen der KTT – 45
  2.1.2.3 Grenzen der KTT – 58
  2.1.2.4 Das Verhältnis gruppenstatistischer Daten zum Einzelfall – 60
2.1.3 Item-Response-Theorie (IRT) *Helfrich Moosbrugger* – 62
  2.1.3.1 Grundüberlegungen der Item-Response-Theorie – 62
  2.1.3.2 Latent-Trait-Modelle mit dichotomem Antwortmodus – 66
  2.1.3.3 Weitere Modelle der IRT – 79
2.1.4 Grundlagen kriteriumsorientierter Tests – 84

2.1.1 Anforderungen an einen Test

2.1.1.1 Was versteht man unter einem »Test«?

Testbegriff

Der Begriff »Test« ist schon lange in unsere Alltagssprache und unser Alltagsleben eingedrungen. Bevor wir einen neuen Staubsauger, ein Auto, ein Fernsehgerät oder vielleicht auch nur ein Haarwaschmittel kaufen, suchen wir nach einem Testbericht über dieses Produkt. Einige Zeitschriften befassen sich allgemein mit Verbrauchertests (*Test, Ökotest, Finanztest*), andere wie Auto-, Computer- oder Fotozeitschriften berichten immer wieder über einschlägige Tests. Banken werden einem »Stresstest« unterzogen, um ihre Funktionsfähigkeit unter widrigen Randbedingungen abzuschätzen. In der Apotheke kann man Tests kaufen, die eine Schwangerschaft, hohe Blutzuckerwerte oder Eiweiß im Urin erkennen. Und dann gibt es auch Tests, die meist von Psychologen entwickelt wurden. Sie dienen dazu, die Eignung für ein Studium, Persönlichkeitseigenschaften oder etwa die Intelligenz zu messen. Im Internet findet man psychologische »Tests«, die vielleicht nicht einmal diesen Namen verdienen. Deshalb ist es sinnvoll, erst einmal zu definieren, was man unter einem Test versteht. Anschließend lässt sich beurteilen, ob ein Produkt den Namen »Test« verdient. Wir werden auch feststellen, dass es diagnostische Verfahren gibt, die nicht als Test bezeichnet werden und dennoch die Definitionskriterien erfüllen.

In der Fachliteratur finden sich zahlreiche Definitionen, die auf den ersten Blick uneinheitlich erscheinen. Zunächst wird eine Auswahl von Definitionen vorgestellt, aus der dann wesentliche gemeinsame Definitionsmerkmale herausgearbeitet werden.

2.1 · Voraussetzungen und theoretische Basis psychometrischer Tests

Testdefinitionen in der Fachliteratur

Definitionen von »Test«

- »A **test** is a standardized procedure for sampling behavior and describing it with categories or scores. In addition, most tests have norms or standards by which the results can be used to predict other, more important behaviors« (Gregory, 2004, S. 30).
- »A test may be defined simply as a measuring device or procedure. … the term **psychological test** refers to a device or procedure designed to measure variables related to psychology (for example, intelligence, personality, …) … A psychological test almost always involves analysis of a sample of behaviour. The behaviour sample could range from responses to a pencil-and-paper questionnaire to oral responses to questions to performance of same task. The behaviour sample could be elicited by the stimulus of the test itself, or it could be naturally occurring behaviour (under observation)« (Cohen & Swerdlik, 2010, S. 5).
- »Ein [psychologischer] Test ist ein wissenschaftliches Routineverfahren zur Erfassung eines oder mehrerer empirisch abgrenzbarer psychologischer Merkmale mit dem Ziel einer möglichst genauen quantitativen Aussage über den Grad der individuellen Merkmalsausprägung« (Moosbrugger & Kelava, 2007, S. 2).
- »Ein psychometrischer Test ist ein wissenschaftliches Routineverfahren zur Untersuchung eines oder mehrerer empirisch abgrenzbarer Persönlichkeitsmerkmale mit dem Ziel einer möglichst quantitativen Aussage über den relativen Grad der individuellen Merkmalsausprägung. Rost (2004) erweitert diese Definition mit dem Hinweis, dass es nicht immer um eine quantitative Aussage geht, sondern das Ziel eines Tests auch eine qualitative Aussage sein kann (z. B. Zuordnung von Personen zu bestimmten Kategorien)« (Bühner, 2006, S. 21). Der erste Teil der Definition erfolgt mit Verweis auf eine Definition im Lehrbuch von Lienert und Raatz (1998).
- »Ein *psychologisch-diagnostisches Verfahren* (vereinfacht oft »*Test*« genannt) erhebt unter standardisierten Bedingungen eine Informationsstichprobe über einen (oder mehrere) Menschen, indem systematisch erstellte Fragen/Aufgaben interessierende Verhaltensweisen oder psychische Vorgänge auslösen; Ziel ist es, die fragliche Merkmalsausprägung zu bestimmen« (Kubinger, 2009, S. 10).

Einige Definitionsmerkmale kristallisieren sich heraus, die mehrfach erwähnt werden und denen in den übrigen Definitionen meist nicht explizit oder implizit widersprochen wird. Diese können zu einer Definition zusammengeführt werden.

Definitionsmerkmale eines Tests

Definition

Bei einem **psychologischen Test**
(a) handelt es sich um eine Messmethode,
(b) mit der ein psychologisches Merkmal (oder auch mehrere Merkmale) erfasst werden soll(en).
(c) Das Vorgehen ist standardisiert
(d) und schließt die Erhebung einer Verhaltensstichprobe ein.
(e) Das Verhalten wird durch die spezifischen im Test realisierten Bedingungen hervorgerufen.
(f) Seine Variation soll weitgehend auf die Variation des zu messenden Merkmals zurückzuführen sein.
(g) Ziel ist eine quantitative (Ausprägung des Merkmals)
(h) und/oder eine qualitative Aussage (Vorhandensein oder Art des Merkmals) über das Merkmal.

Messgegenstand

Ad b. Der **Messgegenstand** wird pauschal als psychologisches Merkmal bezeichnet. Eine Einengung auf Persönlichkeitsmerkmale (einschließlich Intelligenz, Interessen, Motivation etc.) ist nicht zwingend. Auch wenn solche Eigenschaften häufig Gegenstand von Tests sind, kann ein Test auch emotionales Erleben (Emotionen, Gefühle etc.), Beziehungen zwischen Menschen (etwa die Qualität einer Paarbeziehung) oder situative Merkmale (z. B. belastende Faktoren am Arbeitsplatz) erfassen.

standardisiertes Vorgehen

Ad c. Das **standardisierte Vorgehen** ist ein wesentliches Merkmal aller Messmethoden. Die Bedingungen für die Durchführung müssen genau spezifiziert sein, ebenso die Auswertung und Interpretation der Antworten bzw. Ergebnisse (s. dazu die Ausführungen zur Objektivität ▶ Abschn. 2.3).

Verhaltensstichprobe

Ad d. Die Erhebung einer **Verhaltensstichprobe** impliziert, dass der Test Verhaltensweisen erfasst (z. B. Antworten auf Fragen). Da es sich um eine Stichprobe von Verhaltensweisen handelt, sind Prinzipien der Stichprobenziehung zu beachten (repräsentative, systematische oder auch zufällige Auswahl aus einem Universum von Verhaltensweisen).

Das Verhalten wird durch den Test hervorgerufen

Ad e. Das **Verhalten wird durch den Test hervorgerufen** (vgl. Definition 5). Damit wird gewährleistet, dass nicht unkontrollierbare situative Bedingungen das Verhalten determinieren. In der Regel wird das Verhalten durch eine präzise Instruktion (z. B. »Kreuzen Sie an, ob die Aussage auf Sie zutrifft oder nicht«; Zusatz »zügig arbeiten«, »ehrlich antworten«, »nicht zu lange nachdenken«) und zusätzliche Fragen bzw. Feststellungen (z. B. »Ich bin nicht so leicht aus der Ruhe zu bringen« – »stimmt« oder »stimmt nicht«) oder Aufgaben (z. B. »Streichen Sie alle d's mit zwei Strichen durch«) hervorgerufen. Eine systematische Beobachtung von Alltagsverhalten oder die Beurteilung von Merkmalen wie »Durchsetzungsfähigkeit« im Rollenspiel eines Assessment Centers sind demnach nicht als Test anzusehen. Selbst wenn in einem Assessment Center die Rollen der Teilnehmer durch Instruktionen genau festgelegt sind, werden die einzelnen Personen ihre Anweisungen unterschiedlich umsetzen, und sie werden zudem auf das Verhalten der anderen Teilnehmer reagieren. Diese Eigendynamik führt dazu, dass die situativen Bedingungen des Verhaltens eines Teilnehmers nicht die gleichen sind wie die bei einem anderen Teilnehmer. In einem hoch strukturierten Interview werden eventuell nur Fragen vorgelesen und die Antworten wörtlich protokolliert. Hier können alle Merkmale eines Tests erfüllt sein. Es ist dennoch nicht üblich, ein Interview als einen Test zu bezeichnen. Eine systematische Verhaltensbeobachtung in genau definierten Mini-Situationen (z. B. eine Spinne in einem verschlossenen Glas einen Meter vor den Patienten stellen, tote Spinne auf die Hand des Patienten legen – bei standardisiertem »Testmaterial«) kann ebenfalls als Test gelten. Man könnte hier von einem »Verhaltenstest« sprechen. Solche Verfahren kann man wie einen Test im engeren Sinne konstruieren, analysieren und auch bewerten.

Testverhalten

Ad f. Das **Testverhalten** soll die Ausprägung oder das Vorhandensein eines Merkmals anzeigen. Unter Verhalten im Test verstehen wir die Antworten, die ein Proband auf Fragen gibt, seine Reaktionszeit auf Reize oder etwa seine Lösung einer Aufgabe. Die auf Kurt Lewin zurückgehende Verhaltensgleichung »Verhalten ist eine Funktion von Person und Umwelt« macht deutlich, dass das Verhalten im Test nur dann als Indikator eines Personenmerkmals interpretiert werden darf, wenn die Situation (Umwelt) während der Testdurchführung konstant gehalten wird.

Quantifizierung

Ad g. Die **Quantifizierung** eines Merkmals bedeutet, dass die Ausprägung üblicherweise durch einen Normwert, zumindest aber durch einen Rohwert (also immer durch eine Zahl) ausgedrückt wird. Dass die Ausprägung zwecks Interpretation auch in Kategorien wie »durchschnittlich« oder »hochbegabt« übersetzt werden kann, schränkt die Forderung nach zahlenmäßiger Abbildung nicht ein.

qualitative Aussage

Ad h. Eine **qualitative Aussage** wird in den Definitionen 1 und 4 explizit vorgesehen. Manchmal wird nur ermittelt, ob jemand einer bestimmten Klasse oder Kategorie von Menschen zugerechnet werden kann. In der klinischen Diagnostik gelten genaue

2.1 · Voraussetzungen und theoretische Basis psychometrischer Tests

Regeln, wann eine bestimmte psychische Störung zu diagnostizieren ist. Beispielsweise kann verlangt werden, dass Symptom A, B und C voll ausgeprägt vorliegen müssen und darüber hinaus noch zwei weitere von fünf Symptomen. Auf einen Zahlenwert zur Merkmalsausprägung wird verzichtet. Aus dem Gebot der Standardisierung folgt, dass solche Regeln eindeutig festgelegt sein müssen.

2.1.1.2 Arten von Tests

Alleine im deutschsprachigen Raum gibt es hunderte von psychologischen Tests. Um ein konkretes Testverfahren einordnen zu können und um gezielt Alternativen aufzufinden, ist eine Systematik der Tests hilfreich. Das wichtigste Kriterium für eine Einteilung von Tests ist der **Messgegenstand** (welches Merkmal soll erfasst werden?). Die Merkmale lassen sich nach Bereichen unterteilen, wobei sich eine hierarchische Ordnung anbietet, da sich **Leistungs- und Persönlichkeitsbereich** jeweils weiter untergliedern lassen. Beispielsweise bietet sich für den Persönlichkeitsbereich eine Differenzierung in allgemeine Persönlichkeitsmerkmale (Beispiel: Extraversion), klinisch relevante Persönlichkeitsmerkmale (Beispiel: Depressivität), Motive und Interessen an.

Messgegenstand als Einteilungskriterium

Die Frage, wie die Verhaltensstichproben für einen Test gewonnen werden, führt zu den **Konstruktionsprinzipien** »induktiv«, »deduktiv«, und »external« (▶ Abschn. 2.2.2). Die Annahmen, wie und warum das Testverhalten Schlussfolgerungen auf das zu messende Merkmal zulässt, können unter dem Begriff »**theoretische Modellannahmen über die Entstehung von Testantworten**« eingeordnet werden. Bei Fragebögen wird meist angenommen, dass Menschen in der Lage sind, angemessene Selbstbeschreibungen abzugeben. Dazu gehört die Fähigkeit, sich selbst zu beobachten und das Beobachtete schließlich in die richtigen Worte zu fassen bzw. festzustellen, ob eine Aussage zur Selbstbeobachtung passt. Projektiven Verfahren liegt die Annahme zugrunde, dass mehrdeutiges Material in Abhängigkeit von Persönlichkeitsmerkmalen unterschiedlich interpretiert wird; Introspektionsfähigkeit und Selbstbeurteilung spielen keine Rolle.

Konstruktionsprinzipien

Viele Tests wurden für bestimmte **Anwendungsbereiche** entwickelt. Wichtige Anwendungsfelder, in denen Tests häufig eingesetzt werden, sind Berufseignungsdiagnostik, Klinische Psychologie, Neuropsychologie und Schul- und Erziehungsberatung. Für Anwender stellt oft die **Zielgruppe**, für die ein Test aufgrund seiner Aufgaben und seiner Normen geeignet ist, ein wichtiges Auswahlkriterium dar. Es liegen Tests für Kinder, Jugendliche und Erwachsene vor, wobei oftmals der Altersbereich noch genauer festgelegt bzw. eingeschränkt ist.

Anwendungsbereiche und Zielgruppen

Aus pragmatischer Sicht stellt sich manchmal die Frage, ob ein Test im **Einzelversuch** durchgeführt werden muss, oder ob auch **Gruppenuntersuchungen** möglich sind. Letzteres ist bei der Untersuchung vieler Probanden äußerst ökonomisch.

Einzel- oder Gruppenuntersuchung

Anwender haben manchmal eine Präferenz für **Papier-und-Bleistift-Tests** oder **computergestützte Tests**. Letztere haben den Vorteil, dass die Auswertung automatisch erfolgt. Sie setzen aber die Verfügbarkeit von Computerarbeitsplätzen und teilweise die Anschaffung von Basissoftware für ein Testsystem voraus. Weiterführende Informationen zu den unterschiedlichen Arten von Tests finden sich in ▶ Kapitel 3.

Papier-und-Bleistift-Tests vs. computergestützte Tests

2.1.1.3 Grundvoraussetzungen für die Konstruktion eines Tests

Merkmal ist hinreichend klar definiert und erforscht Nicht für alle Merkmale liegen Tests vor. Neben mangelnder Nachfrage kann dafür auch eine unbefriedigende Forschungslage verantwortlich sein: Was man messen möchte, ist konzeptuell noch nicht hinreichend präzisiert worden, und oft mangelt es an empirischer Forschung, die ein theoretisches Modell auch stützt. Solche Bedenken werden manchmal beiseite geschoben. Verschärft könnte man daher auch behaupten, dass es Tests gibt, die etwas messen (sollen), über das man kaum etwas weiß. Eine stark zugespitzte Bemerkung dazu lautet: »Sie wissen nicht, was es ist – aber messen können sie es.« Zur Entlastung von

Merkmal ist klar definiert

Testautoren, die etwas nebulöse Merkmale per Test erfassen wollen, muss man einräumen, dass die Konstruktion und der gezielte Einsatz von Tests auch dazu beitragen können, ein Konstrukt zu präzisieren. Solche Tests sind vorerst ausschließlich für die Forschung geeignet!

Verhalten im Test indiziert das Merkmal Wie kommt man zu der Annahme, dass jemand, der weiß, in welcher Himmelsrichtung die Sonne aufgeht, intelligenter ist als andere? Oder warum soll jemand, der einen kurzen englischen Text liest und Fragen zum Inhalt richtig beantwortet, für ein Psychologiestudium geeignet sein? Oder warum soll jemand depressiv sein, der angibt, dass er unter Appetitmangel leidet? Sämtliche Beispiele stammen aus aktuellen diagnostischen Verfahren.

Testverhalten indiziert Merkmal

Man könnte argumentieren, dass es völlig genügt, empirisch einen Zusammenhang zwischen der Antwort im Test und dem Merkmal nachzuweisen. Tatsächlich begegnen wir dieser Argumentation bei external konstruierten Tests (▶ Abschn. 2.2.2.2). Meist liegen einem Test aber bestimmte Annahmen oder Modelle zugrunde. Anhand der drei oben genannten Itembeispiele soll dies erläutert werden.

Intelligenzmodell von Cattell

Ein Intelligenzmodell, das auf den amerikanischen Chemiker und Psychologieprofessor Cattell zurückgeht, besagt folgendes: Menschen haben eine unterschiedlich stark ausgeprägte Fähigkeit, gut (schnell und richtig) zu denken. Diese **fluide Intelligenz** genannte Fähigkeit führt dazu, dass man sich in der Schule – und generell im Leben – effizient Wissen aneignen kann, sofern hinreichend Lernmöglichkeiten bestehen. Als Resultat entsteht **kristalline Intelligenz**, was nichts anderes als Wissen bedeutet. Folglich ist es angebracht, Wissensfragen (z. B. »In welcher Himmelsrichtung geht die Sonne auf?«) zu stellen, um die kristalline Intelligenz zu messen. Da die kristalline Intelligenz eine wichtige Komponente der allgemeinen Intelligenz ist (Carroll, 1996), kann man solche Fragen (in Kombination mit anderen) auch einsetzen, um die allgemeine Intelligenz zu messen.

Anforderungsanalyse

Will man die Eignung für ein bestimmtes Studium messen, beginnt man mit einer **Anforderungsanalyse**. Man versucht also herauszufinden, welche Voraussetzungen jemand beispielsweise für ein Psychologiestudium mitbringen sollte. Da an den meisten Universitäten englischsprachige Literatur zu lesen ist, sollen die Studierenden diese Texte sinnverstehend lesen können. Deshalb ist eine Aufgabe, die sinnverstehendes Lesen an einem Text prüft, grundsätzlich für einen Studierfähigkeitstest im Fach Psychologie geeignet.

Symptome kennzeichnend für Störung

Dem dritten Beispiel liegt eine Konvention zugrunde. Experten haben sich darauf geeinigt, welche und wie viele Symptome vorliegen müssen, damit man von einer bestimmten Störung sprechen kann (z. B. ICD-10; Weltgesundheitsorganisation et al., 2006). Testautoren greifen deshalb oft genau die Symptome auf, die als kennzeichnend für eine Störung gelten. Ein Depressionsfragebogen kann daher Fragen enthalten, die das Vorliegen von trauriger Stimmung, Pessimismus, mangelndem Appetit oder etwa Schuldgefühlen prüfen sollen.

An das Formulieren von Items (Aufgaben, Fragen) werden also weitaus höhere Anforderungen gestellt als nur Einfallsreichtum. Viele Nichtpsychologen trauen sich zu, einen Fragebogen zu »machen«. Wie gezeigt wurde, braucht man jedoch fundiertes Wissen über die Merkmale, die man erfassen will – und einiges mehr: Das Thema Itemkonstruktion wird in ▶ Abschnitt 2.2 vertieft.

2.1.2 Die klassische Testtheorie (KTT)

2.1.2.1 Annahmen der KTT

Von wenigen Ausnahmen abgesehen sind die heute gebräuchlichen Tests nach den Regeln der sog. klassischen Testtheorie (KTT) konzipiert worden. Gulliksen (1950)

2.1 · Voraussetzungen und theoretische Basis psychometrischer Tests

hat frühere Forschungsarbeiten, darunter auch Arbeiten von Spearman aus den Jahren 1904 bis 1913, zusammengefasst und aufgearbeitet. Eine mathematisch fundierte Fassung haben Lord und Novick (1968) vorgelegt. Dieses Buch gilt als Grundlage der KTT (vgl. Krauth, 1996).

Die KTT ist eine Reliabilitätstheorie, liefert also eine theoretische Begründung der Reliabilität (Messgenauigkeit) eines Tests. Eine grundlegende Annahme ist, dass Testwerte, also die Ergebnisse, die uns Persönlichkeitsfragebögen, Intelligenztests, Konzentrationstests etc. liefern, fehlerbehaftet sind.

Annahme: Testwerte sind fehlerbehaftet

Wenn jemand in einem Intelligenztest einen IQ von 131 erreicht, muss er nicht unbedingt hochbegabt sein; Hochbegabung ist definiert als IQ über 130. Der IQ von 131 ist nur der **beobachtete Wert**, der **wahre Wert** der Person kann tatsächlich niedriger, aber auch noch höher sein. Diese Abweichung kommt durch **Messfehler** zustande. Wir stellen uns vor, dass der Intelligenztest wiederholt würde, ohne dass Erinnerungs- und Übungseffekte auftreten. Der beobachtete IQ wäre nun 125. Da sich die Intelligenz der Person nicht verändert hat (ihr wahrer Wert ist gleich geblieben), muss der Messfehler jedes Mal unterschiedlich groß gewesen sein. Damit sind auch schon die zentralen Begriffe »beobachteter Wert«, »wahrer Wert« und »Messfehler« eingeführt.

beobachteter Wert, wahrer Wert und Messfehler

Auch eine wichtige Annahme über das Wesen des Messfehlers wurde angedeutet: Der Messfehler variiert von Messung zu Messung. Akzeptiert man bestimmte Grundannahmen, lassen sich Formeln zur Schätzung der Messgenauigkeit (Reliabilität) eines Tests herleiten. Wir können damit die Reliabilität eines Tests berechnen und den Bereich bestimmen, in dem der wahre Wert einer Person (mit einer frei wählbaren Sicherheitswahrscheinlichkeit) liegt. Schon diese kurzen Vorbemerkungen weisen darauf hin, dass die KTT ein sehr nützliches Handwerkszeug darstellt.

Annahme: Der Messfehler variiert von Messung zu Messung

Die KTT beginnt mit einigen wenigen Grundannahmen (Axiomen). Diese werden a priori angenommen und nicht etwa empirisch durch Untersuchungen begründet. Sie stellen die Grundlage für mathematische Ableitungen dar, die schließlich zu Formeln führen, mit denen wir beispielsweise die Messgenauigkeit eines Tests berechnen. Die Auffassungen, welche Aussagen grundlegende Definitionen, welche Zusatzannahmen und welche bereits Ableitungen darstellen, gehen in der Sekundärliteratur auseinander. Steyer und Eid (2001), denen sich Bühner (2010) anschließt, gehen von nur zwei Grundannahmen aus. Für das Verständnis der KTT, wie sie im Folgenden dargestellt wird, sind diese Unterscheidungen jedoch von nachrangiger Bedeutung.

Grundannahmen der klassischen Testtheorie (KTT)

Erläuterung zu den Symbolen und Abkürzungen

Für Kennwerte der Population werden in der Statistik griechische und für Kennwerte der Stichprobe lateinische Buchstaben verwendet. Einer besseren Lesbarkeit zuliebe bleiben wir bei den vertrauten lateinischen Buchstaben. Im Folgenden eine Übersicht über die Bedeutung der im Text verwendeten Abkürzungen:

Zeichen	Bedeutung	Anmerkung
T	True score = wahrer Wert	Äquivalent mit τ (tau, griech. Buchstabe für t)
E	Error score = Messfehler	Äquivalent mit ε (epsilon, griech. Buchstabe für e)
X	beobachteter Wert	

▼

Zeichen	Bedeutung	Anmerkung
Rel	Reliabilität	r_{tt} wird manchmal allgemein für Reliabilität benutzt, manchmal auch nur für Retest-Reliabilität.
Corr	Correlation = Korrelation	r wird häufig verwendet, indiziert aber streng genommen nur die Produkt-Moment-Korrelation. Für die Korrelation in der Population wird ρ (Rho, gesprochen Roh) verwendet.
Cov	Kovarianz	Gemeinsame Varianz zweier Variablen. Werden die beiden Variablen z. B. durch z-Transformation standardisiert, entspricht deren Kovarianz der Korrelation.
E(x)	Erwartungswert einer Variablen	Stochastischer Begriff; arithmetisches Mittel einer Variablen, das sich bei unendlich vielen Wiederholungen theoretisch ergibt.

Grundvoraussetzung

Eine Grundvoraussetzung für alle weiteren Schritte ist, dass die Testwerte angemessen variieren; die Varianz darf nicht null betragen, und sie darf nicht unendlich groß sein. Diese Voraussetzung dürfte normalerweise erfüllt sein (Krauth, 1996). Die Überlegungen, die nun über Tests und die Werte von Personen in diesen Tests angestellt werden, gelten nicht nur für »komplette« Tests. Sie sind auch gültig, wenn man einen Test in zwei Hälften aufteilt und einen halben, verkürzten Test betrachtet. Man kann sogar noch einen Schritt weiter gehen: Sie gelten auch für ein einzelnes Item.

Verhältnis wahrer Wert, beobachteter Wert, Messfehler

Jeder beobachtete Wert X_i einer Person i in einem Test setzt sich zusammen aus einem wahren Wert T_i dieser Person i und einem Fehlerwert E_i:

$$X_i = T_i + E_i$$

Fehlerwert oder Messfehler

Der Fehlerwert oder Messfehler wird somit als eine Größe angesehen, die sich beim Vorgang des Messens über den »eigentlichen« oder wahren Wert legt. Das Pluszeichen bedeutet *nicht*, dass der beobachtete Wert immer größer ist als der wahre Wert. Man muss sich lediglich vorstellen, dass der Messfehler positive und negative Werte annehmen kann. Dadurch weicht der beobachtete, durch die Testanwendung erhaltene Wert mehr oder weniger stark nach oben oder unten vom wahren Wert ab. Das Ergebnis in einem Test (der beobachtete Wert) darf also nicht als absolut *genaue* Messung angesehen werden.

wahrer Wert

Der wahre Wert einer Person im Test ist unveränderlich; er ist bei jeder Durchführung des Tests gleich groß – so die Annahme. Der Begriff »wahr« ist übrigens missverständlich. Damit ist nicht die wahre Ausprägung eines Merkmals gemeint, sondern nur die Ausprägung des Merkmals, wie sie mit diesem Test gemessen wird. Man stelle sich vor, für Forschungszwecke würden zwei Forschergruppen je einen Intelligenztest entwickeln, der eine extrem hohe Messgenauigkeit erreichen soll (was übrigens technisch möglich ist). Nun untersucht man eine Person mit diesen Tests und ist erstaunt, dass der eine Test einen IQ von 120 und der andere einen von 130 ergibt! Um ganz sicher zu sein, untersucht man nun 100 Personen. Die beiden Tests, so stellt man fest, korrelieren r = .60 miteinander (Intelligenztests korrelieren in dieser Größenordnung untereinander). Die Erklärung für dieses Phänomen ist einfach: Jeder Test liefert ein anderes Ergebnis, misst also eine etwas andere Art der Intelligenz. Die wahre Intelligenz einer Person wird man nie herausfinden, da es sie nicht gibt. Intelligenz ist ein Konstrukt, und ein Konstrukt kann man auf vielfältige Weise operationalisieren (mes-

2.1 · Voraussetzungen und theoretische Basis psychometrischer Tests

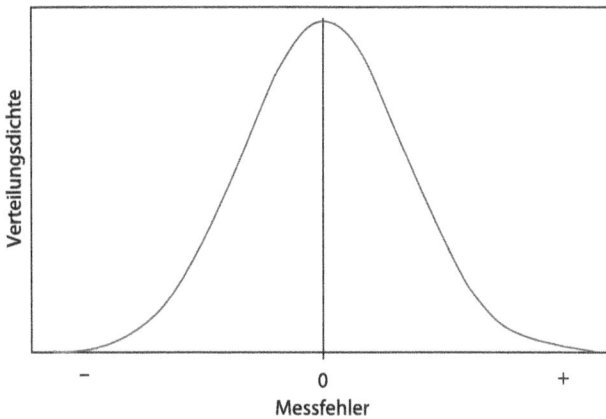

Abb. 2.1 Verteilung der Messfehler

sen). Der Zusammenhang zwischen unseren beiden Intelligenztests ist eine Frage der Validität dieser Tests!

Für jede Person existiert in einem Test ein wahrer Wert Der wahre Wert einer Person ist konstant – zumindest über einen bestimmten Zeitraum. Er könnte theoretisch ermittelt werden, indem man den Test extrem (genau genommen unendlich) oft durchführt und dabei sicherstellt, dass keine Erinnerungs- und Übungseffekte auftreten. Der Mittelwert oder Erwartungswert aller Messergebnisse (also aller beobachteter Werte) wäre dann der wahre Wert:

wahrer Wert als Erwartungswert aller Messergebnisse

$$T_i = E(X_i)$$

Der Erwartungswert des Messfehlers ist null Für jede Testperson i stellt der Messfehler E_i eine Zufallsvariable mit dem Erwartungswert (Mittelwert bei unendlich vielen Messungen) null dar (◘ Abb. 2.1):

Der Erwartungswert des Messfehlers ist null

$$E(E_i) = 0$$

Theoretisch ergibt die Summe der Fehlerwerte einer Person bei unendlich häufiger Messwiederholung unter identischen Bedingungen null. Inhaltlich umfasst das Konzept des Messfehlers die Gesamtheit aller unsystematischen Einflussgrößen, die auf das Messergebnis einwirken können. *Unsystematisch* bedeutet, dass man nicht weiß, welche Fehlerquellen im konkreten Fall wie stark wirken und in welche Richtung. Die unten aufgelisteten Messfehler und viele andere mehr sind potenziell bei jeder Messung wirksam. Sie führen dazu, dass es bei einer Messung vielleicht zu einer leichten Abweichung vom wahren Wert nach unten kommt, bei einer anderen Messung zu einer starken Abweichung nach oben. Über unendlich viele Messungen hinweg gleichen sich die Messfehler aus, addieren sich zu null. Würde man (unendlich) viele Messungen an einer Person durchführen, könnte man die Messfehler völlig ignorieren. Der Mittelwert aller Messungen wäre identisch mit dem wahren Wert der Person in diesem Test.

Messfehler als Gesamtheit aller unsystematischen Einflussgrößen

Wie entstehen Messfehler? Grundsätzlich sind die Quellen der Fehlervarianz bekannt. Die Messfehler entstehen durch Fehler
- bei der Testkonstruktion,
- bei der Durchführung und
- bei der Auswertung des Tests.

Bei der **Testkonstruktion** besteht die Gefahr, Items aufzunehmen, die mehrdeutig sind, also von unterschiedlichen Testpersonen unterschiedlich interpretiert werden.

Fehler bei der Testkonstruktion

Ein Item wie »Ich ärgere mich gelegentlich über mich selbst« bietet gleich mehrfach die Gelegenheit für Interpretationen. Was bedeutet »sich ärgern«? Die Spanne reicht von leichter Verärgerung bis Wut. Wie oft muss man sich am Tag oder in der Woche ärgern, um von »gelegentlich« zu sprechen? Worauf soll sich der Ärger beziehen? Auf die ganze Person, auf ein Verhalten, auf Körperteile, auf die Kleidung etc.? Auch die Instruktion kann missverständlich sein. »Streichen Sie alle d's mit zwei Strichen durch« wird normalerweise so verstanden, dass alle d's, die mit zwei Strichen versehen sind (egal, ob oben oder unten), durchzustreichen sind. Es ist aber schon vorgekommen, dass eine Testperson alle d's doppelt, also mit zwei Strichen, durchgestrichen hat.

Fehler bei der Durchführung

Bei der **Durchführung** eines Tests kann die *Testsituation* variieren: Lichtverhältnisse, Geräusche, Luftqualität, Raumtemperatur, Sitzkomfort, Art und Anzahl der anderen Testteilnehmer etc. sind nicht immer identisch, wenn der Test durchgeführt wird. Auch die *Testperson* selbst ist eine Quelle von Fehlervarianz: Die Motivation, ein gutes Ergebnis zu erzielen, die momentane geistige (Wachheit etc.) und emotionale Verfassung (Angst etc.) oder etwa pharmakologische Einflüsse (Einnahme von Medikamenten, Koffeingenuss etc.) können sich auf die Testleistung auswirken. Der *Testleiter* ist ebenfalls keine Konstante; Aussehen, Geschlecht, Alter, Kleidung, der Tonfall beim Vorlesen einer Instruktion, Gestik und Mimik etc. variieren und können einen Einfluss auf das Testergebnis haben.

Fehler bei der Auswertung

Die **Auswertung** kann bei Tests, die freie Antworten verlangen (dies ist etwa bei vielen projektiven Tests der Fall), nicht völlig standardisiert werden. Selbst beim Auflegen von Schablonen und dem Auszählen von Punkten sind Fehler möglich. Wenn anschließend in der Normtabelle für den Rohpunktwert der richtige Standardwert abgelesen wird, kann die falsche Tabelle aufgeschlagen oder beim Ablesen der Zahlen ein Fehler passieren.

Entstehung des Messfehlers

Diese Auflistung möglicher Fehler ist nicht vollständig. In ihrer Gesamtheit ergeben sie den Messfehler im Sinne der KTT. Die Auflistung macht plausibel, dass die Annahme von Messfehlern begründet ist. Sie hilft auch zu verstehen, warum manche Tests eine hohe und andere eine niedrige Messgenauigkeit aufweisen (je größer der Einfluss von Messfehlern auf das Testergebnis ist, desto geringer ist die Messgenauigkeit des Tests).

Die Messfehler sind unabhängig vom wahren Wert Die Fehlerwerte E_i sind unabhängig von den wahren Werten T_i der Person i im Test:

$$\text{Corr}(E_i, T_i) = 0$$

Der Messfehler ist unabhängig vom wahren Wert

Dass die Fehlerwerte unabhängig von den wahren Werten sind, bedeutet nichts anderes, als dass ein Test im unteren Bereich (niedrige Fähigkeit) ebenso genau misst wie im mittleren oder im oberen Bereich.

Die Messfehler zweier Tests A und B sind unkorreliert Die Messfehler in einem Test korrelieren nicht mit den Messfehlern in einem anderen Test. Zwischen den Fehlerwerten zweier Tests besteht eine Nullkorrelation:

$$\text{Corr}(E_A, E_B) = 0$$

Messfehler sind unkorreliert

Dieser Grundgedanke ist auch auf Testteile, bis hin zu den Items, übertragbar. Wenn die Fehlerwerte zweier Tests unkorreliert sind, wie hier angenommen wird, muss die Korrelation der beiden Testwerte alleine auf den wahren Zusammenhang der Merkmale zurückzuführen sein. Es sei daran erinnert, dass Messfehler *unsystematische* Fehler sind. Selbstverständlich kann die Korrelation zweier Tests durch systematische

2.1 · Voraussetzungen und theoretische Basis psychometrischer Tests

Fehler künstlich erhöht sein. Ein solcher systematischer Fehler könnte etwa die Antworttendenz der Probanden sein. Einige kreuzen im Zweifelsfall eher »ja«, andere eher »nein« an – und das bei allen Tests. Dadurch würde sich die Korrelation der Tests erhöhen, und der wahre Zusammenhang der beiden Tests würde überschätzt.

Die Messfehler in einem Test A sind unabhängig von den wahren Werten in Test B Die Messfehler eines Tests korrelieren nicht mit den wahren Werten der Personen in einem anderen Test:

$$\mathrm{Corr}\,(E_A, T_B) = 0$$

Auch wenn eine Person in einem anderen Merkmal eine hohe oder niedrige Ausprägung aufweist, hat dies demnach keinen Effekt auf den Messfehler und damit auf die Genauigkeit der Messung. So ist etwa die Messgenauigkeit eines Intelligenztests nicht davon abhängig, ob die Testpersonen hoch oder niedrig depressiv sind.

> **Messfehler sind unabhängig vom wahren Wert in anderen Tests**

2.1.2.2 Ableitungen aus den Grundannahmen der KTT

Ableitung der Reliabilität Aus den oben aufgeführten Axiomen lässt sich mathematisch eine Aussage über die Reliabilität (Messgenauigkeit) eines Tests ableiten (▶ Abschn. 2.3.3 u. Anhang). Diese Formel stellt die wichtigste Ableitung aus den Annahmen der klassischen Testtheorie dar:

$$\mathrm{Rel} = \frac{\mathrm{Var}(T)}{\mathrm{Var}(X)}$$

> **Reliabilität**

Definition

Die **Reliabilität** eines Tests ist der Anteil der Varianz der wahren Werte (T) an der Varianz der beobachteten Werte (X).

Ein Reliabilitätskoeffizient von beispielsweise .80 bedeutet demzufolge, dass die beobachtete Varianz der Testwerte zu 80 Prozent auf Unterschiede zwischen den wahren Werten der Testpersonen zurückzuführen ist und zu 20 Prozent auf Fehlervarianz beruht. Die Formel ist hilfreich, um die inhaltliche Bedeutung der Reliabilität zu begreifen.

Noch können wir die Reliabilität eines Tests nicht empirisch bestimmen. Wir kennen immer nur die Varianz der beobachteten Werte, wissen also, wie stark die vorliegenden Messwerte streuen. Wahre Werte und deren Varianz entziehen sich der Beobachtung.

Schätzung der Reliabilität eines Tests Die Reliabilität wurde als das Verhältnis der Varianz der wahren Werte zur Varianz der beobachteten Werte bestimmt. Um die Reliabilität anhand empirischer Daten bestimmen zu können, müssen wir die Varianz der wahren Testwerte schätzen. Das gelingt so: Der Test t wird erneut unter identischen Bedingungen mit den gleichen Personen durchgeführt. Diesen zweiten (identischen) Test kennzeichnen wir in der Formel mit t'. Nun bestimmen wir die Kovarianz dieser beiden Tests.

> **Schätzung der Varianz der wahren Werte**

Die beobachteten Werte setzen sich additiv aus wahren Werten und Fehlerwerten zusammen (X = T + E). Die Kovarianz zwischen additiv zusammengesetzten Variablen lässt sich in verschiedene Kovarianzanteile zerlegen. Für die Kovarianz Cov $(X_t, X_{t'})$ der Testwerte X_t und $X_{t'}$ aus Tests t und t' können wir daher auch schreiben Cov $(T_t + E_t)$ bzw. Cov $(T_{t'} + E_{t'})$. Die Kovarianz lässt sich wie folgt in vier Anteile zerlegen:

$$\mathrm{Cov}(X_t, X_{t'}) = \mathrm{Cov}(T_t, T_{t'}) + \mathrm{Cov}(T_t, E_{t'}) + \mathrm{Cov}(T_{t'}, E_t) + \mathrm{Cov}(E_t, E_{t'})$$

Zerlegung der Kovarianz zweier identischer Tests

Die Fehlerwerte zweier Tests (hier t und t′) sind unkorreliert. Die Fehlerwerte eines Tests (E_t bzw. $E_{t'}$) korrelieren auch nicht mit den wahren Werten eines anderen Tests (T_t bzw. $T_{t'}$). Damit werden alle Kovarianzanteile, in denen E_t oder $E_{t'}$ enthalten sind, null. Die Gleichung reduziert sich auf die Aussage, dass die Kovarianz der beobachteten Werte gleich der Kovarianz der wahren Werte ist:

$$\text{Cov}(X_t, X_{t'}) = \text{Cov}(T_t, T_{t'})$$

Die Varianz der wahren Werte entspricht der Kovarianz der beobachteten Werte

Oben hatten wir gesagt, dass der Test t′ lediglich eine Wiederholung von Test t darstellt. Wir nehmen daher an, dass die wahren Werte T_t und $T_{t'}$ der beiden Tests in einer festen Beziehung zueinander stehen. Wir nehmen an, dass sie entweder völlig identisch sind (tau-äquivalent; $T_t = T_{t'}$) oder sich nur um einen konstanten Wert unterscheiden (essenziell tau-äquivalent; $T_t = T_{t'} +$ Konstante). Damit ist die Kovarianz Cov (T_t, $T_{t'}$) identisch mit der Varianz der wahren Werte Var (T_t):

$$\text{Cov}(T_t, T_{t'}) = \text{Var}(T_t)$$

Formel zur Berechnung der Reliabilität

Fazit ist, dass die Varianz der wahren Werte eines Tests nun geschätzt werden kann, nämlich als Kovarianz der beobachteten Werte Cov (X_t, $X_{t'}$), die bei Wiederholung des Tests unter identischen Bedingungen anfallen. In der Formel für die Reliabilität (Rel = Var (T) / Var (X)) können wir nun Var (T) durch Cov (X_t, $X_{t'}$) ersetzen und Var (X) durch das Produkt der Standardabweichungen SD von X_t und $X_{t'}$:

$$\text{Rel} = \frac{\text{Cov}(X_t, X_{t'})}{\text{SD}(X_t) \cdot \text{SD}(X_{t'})} = \text{Corr}(X_t, X_{t'})$$

Die große Unbekannte »wahrer Wert« taucht jetzt nicht mehr auf: Wir können die Reliabilität eines Tests über die Korrelation des Tests mit sich selbst (zweiter Wert durch Testwiederholung gewonnen) schätzen. Diese Variante der Reliabilitätsschätzung wird als Retest-Reliabilität bezeichnet. Für die Praxis lassen sich insgesamt vier bedeutsame Methoden der Reliabilitätsschätzung aus den Axiomen der KTT ableiten:
- Retest-Reliabilität
- Paralleltest-Reliabilität
- Split-Half-Reliabilität
- Interne Konsistenz

Retest-Reliabilität

Ad1: Retest-Reliabilität (Testwiederholung) Ein und derselbe Test wird ein und derselben Stichprobe von Probanden zweimal dargeboten. Die Korrelation zwischen den Ergebnissen der beiden Messungen ist identisch mit der Retest- oder Testwiederholungsreliabilität. Diese wird mit dem Symbol r_{tt} gekennzeichnet, weil hier ein Test mit sich selbst korreliert wird. Häufig steht r_{tt} aber auch allgemein für die Reliabilität eines Tests. Deshalb darf man nicht automatisch annehmen, dass ein r_{tt}-Wert durch die Retest-Methode gewonnen wurde.

Festlegung des optimalen Zeitintervalls

Bei der Festlegung des optimalen Zeitintervalls für die Wiederholung besteht regelmäßig ein Dilemma: Einerseits gilt es, Erinnerungs- und Übungseffekte zu vermeiden. Das macht eher lange Zeitabstände in der Größenordnung von mehreren Wochen oder gar Monaten erforderlich. Andererseits sollen sich die wahren Werte der Testpersonen zwischen den beiden Messungen nicht verändern. Dieses Argument spricht für eine baldige Testwiederholung. Das Dilemma kann nur durch pragmatische Überlegungen gelöst werden: Wenn die Forschung gezeigt hat, dass ein Merkmal sehr stabil ist (Beispiel: Intelligenz), sind lange Retest-Intervalle (z. B. ein Jahr) anzustreben. Bei stark variierenden Merkmalen wie Emotionen oder Stimmungen kann sich die Ausprägung bereits nach wenigen Minuten deutlich verändert haben. Wie stark die zwei-

2.1 · Voraussetzungen und theoretische Basis psychometrischer Tests

te Messung durch Erinnerungs- und Übungseffekte, aber auch durch Ermüdung, Veränderung der Motivation zur ernsthaften Bearbeitung des Tests und andere Faktoren belastet wird, hängt stark vom jeweiligen Test und auch den Probanden ab. Bei einem langen Test mit vielen Aufgaben werden Erinnerungseffekte nach einem kurzen Zeitintervall eher wenig stören. Ermüdung und Mitarbeitsbereitschaft können dagegen ein ernsthaftes Problem darstellen. Kinder und ältere Leute werden eher unter einer Wiederholung nach nur kurzer Pause leiden als junge Erwachsene.

Die Retest-Reliabilität kann sich künstlich erhöhen, wenn Testpersonen bei der zweiten Messung absichtlich ähnlich antworten wie beim ersten Mal. Probanden denken vielleicht, ein Fragebogen würde zweimal durchgeführt, um zu kontrollieren, ob sie den Bogen zuvor zuverlässig bearbeitet haben.

> ❗ Die Retest-Reliabilität wird *nicht* durch Merkmalsveränderungen beeinflusst, die alle Personen gleichermaßen betreffen. Mittelwertsunterschiede zwischen erster und zweiter Messung haben keine Auswirkung auf die Höhe der Korrelation. Wenn beispielsweise alle Testpersonen bei der zweiten Testdurchführung zehn Punkte mehr erreichen, weil sie sich an einige Lösungen erinnern konnten, wird die Reliabilität dadurch nicht gemindert. Die Retest-Reliabilität verringert sich nur, wenn die Effekte interindividuell unterschiedlich groß ausfallen, einige Personen große Erinnerungseffekte zeigen und andere kleine.
>
> Bei der Interpretation von Retest-Reliabilitäts-Koeffizienten ist das Zeitintervall zwischen beiden Messungen zu beachten. Große Zeitabstände führen tendenziell zu niedrigeren Werten. Dabei ist die Stabilität des Merkmals relevant. Je stärker das Merkmal über die Zeit variiert, desto stärker vermindert sich die Retest-Reliabilität durch lange Zeitintervalle. Niedrige Koeffizienten sind deshalb unter Umständen nicht dem Test anzulasten, sondern der unsystematischen Veränderung des Merkmals. Eventuell ist die Retest-Methode nicht geeignet, die Reliabilität eines Tests zu schätzen.

Ad 2: Paralleltestreliabilität Die Vorgabe paralleler Versionen eines Tests an ein und dieselbe Gruppe von Personen gilt als »Königsweg« der Reliabilitätsbestimmung. Wie bei der Retest-Methode wird an zwei Zeitpunkten gemessen. Die Reliabilität des Tests ergibt sich aus der Korrelation der beiden Tests. Der zweite Test ist jedoch nicht mit dem ersten identisch, sondern nur inhaltlich äquivalent. Da Übungs- und Erinnerungseffekte keine Rolle spielen, kann ein relativ kurzes Zeitintervall gewählt werden. Das Problem der Merkmalsfluktuation verliert damit an Bedeutung.

Paralleltestreliabilität

Problematisch ist alleine die Konstruktion eines Paralleltests. Der Aufwand kann beträchtlich sein, denn man benötigt doppelt so viele Items wie für einen Test. Je zwei Items müssen einander auf eine nicht triviale Art sehr ähnlich sein. Eine Textaufgabe zum rechnerischen Denken könnte lauten: »Peter bezahlt für drei Bleistifte 1,50 €. Wie viel kosten zwei Bleistifte?« Formal parallel (gleiche Schwierigkeit, gleiche Trennschärfe) wäre das Item: »Hans bezahlt für drei Kugelschreiber 1,50 €. Wie viel kosten zwei Kugelschreiber?« Einige Probanden könnten erkennen, dass es sich um die gleiche Fragestellung handelt und von Erinnerungseffekten profitieren. Verändert man den Preis (1,80 € anstatt 1,50 €) oder die Anzahl der Objekte (sechs anstelle von drei) wird sich die Schwierigkeit verändern. Deshalb werden bei der Konstruktion von Paralleltests oft deutlich mehr Items formuliert als man benötigt, um durch eine geschickte Auswahl zwei parallele Formen zusammenstellen zu können. Paralleltests sollen gleiche Mittelwerte und Streuungen aufweisen und hoch miteinander und mit anderen Variablen gleich hoch korrelieren. Wegen des großen Konstruktionsaufwands gibt es nicht viele Tests mit einer Parallelversion. Manchmal wird lediglich die Reihenfolge der Items verändert. Solche Varianten werden als **Pseudo-Paralleltests** bezeichnet.

Konstruktion eines Paralleltests

Paralleltestversionen werden übrigens nicht entwickelt, um die Reliabilität optimal zu schätzen (dafür wäre der Aufwand zu groß), sondern sie erweisen sich in der Praxis

Nutzen von Paralleltestversionen

als nützlich. Erstens erlauben sie Gruppentestungen, ohne dass die Gefahr besteht, dass die Probanden voneinander abschreiben. Zweitens kann man sie zur Veränderungsmessung einsetzen, um die Wirksamkeit einer Interventionsmaßnahme (z. B. Therapieverfahren) zu überprüfen. Sie sind dafür besser geeignet als identische Testformen, da bei der zweiten Erhebung keine Erinnerungseffekte auftreten.

Die beiden zuvor beschriebenen Methoden sind sehr aufwändig. Sie setzen voraus, dass man die gleichen Personen zu einem späteren Zeitpunkt erneut untersuchen kann. Abgesehen von dem Problem, alle Probanden für eine erneute Untersuchung zu gewinnen, verdoppelt sich alleine durch die zweite Testung der Aufwand. Die Reliabilität eines Tests kann auch ohne Testwiederholung und ohne Konstruktion einer parallelen Form geschätzt werden. Das Prinzip besteht darin, zu prüfen, ob der Test in sich konsistent ist. Für die Schätzung der Reliabilität benötigt man Informationen auf Itemebene, also die Antworten der Probanden auf jedes Item.

Split-Half-Reliabilität

Ad 3: Split-Half-Reliabilität (Testhalbierung) Der Test wird nach der Durchführung in zwei möglichst äquivalente Hälften aufgeteilt. So erhält man für jeden Probanden zwei Testwerte. Für die Halbierung kommen mehrere Techniken in Betracht:
- **Aufteilung nach ungerader und gerader Nummer der Items (auch als Odd-even-Methode bezeichnet):** Die Items mit den Nummern 1, 3, 5, 7 etc. bilden die eine Testhälfte und die mit den Nummern 2, 4, 6, 8 etc. die andere. Bei ungerader Itemzahl (z. B. 21) muss man auf ein Item verzichten. Diese Aufteilung bietet sich an, wenn die Items im Test nach ihrer Schwierigkeit geordnet sind oder, wie oft bei Persönlichkeitsfragebogen der Fall, überhaupt keine Ordnung aufweisen.
- **Aufteilung in die erste und zweite Testhälfte:** Besteht der Test aus 40 Items, bilden Item 1 bis 20 die eine und die Items 21 bis 40 die andere Hälfte. Diese Halbierungsmethode darf nicht angewandt werden, wenn der Test zeitbegrenzt ist oder wenn die Items nach Schwierigkeit geordnet sind. Beide Hälften wären nicht vergleichbar.
- **Halbierung auf Basis von Itemkennwerten:** Dazu werden für alle Items zunächst Schwierigkeit und Trennschärfe ermittelt. Unter Berücksichtigung beider Kennwerte werden möglichst ähnliche Itempaare gebildet. Diese kann man zusätzlich nach ihrer Schwierigkeit ordnen, um dann die Paare zu trennen und nach dem Zufallsprinzip auf zwei Testhälften zu verteilen.
- Wenn der Test die Schnelligkeit der Bearbeitung misst, bietet sich eine weitere Variante an. Der Test wird nach einer der genannten Methoden *vor* der Durchführung in zwei Hälften aufgeteilt. Für jede Hälfte steht die gleiche Bearbeitungszeit zur Verfügung (die Hälfte der Bearbeitungszeit für den Gesamttest). In diesem Fall werden quasi zwei parallele Tests nacheinander durchgeführt.

Die Korrelation der beiden Testhälften unterschätzt die Reliabilität des Tests. Wenn ein Test aus 40 Items besteht, würde er bei der Retest- oder der Paralleltestmethode mit einem 40 Items umfassenden Test korreliert. Bei der Testhalbierung korreliert man dagegen zwei 20-Item-Tests miteinander. Die Reliabilität eines Tests nimmt mit der Itemzahl zu. Deshalb schätzt man mithilfe der »**Spearman-Brown-Formel**«, wie hoch die Reliabilität des Tests mit der doppelten Itemzahl (im Beispiel 40 Items) wäre.

Mit der Spearman-Brown-Formel lässt sich allgemein die Höhe der Reliabilität bei Verlängerung oder Verkürzung des Tests um k Testteile bestimmen. Umgekehrt lässt sich auch die erforderliche Testlänge (Itemanzahl) ermitteln, um eine gewünschte Höhe der Reliabilität zu erreichen. Die Spearman-Brown-Formel lautet:

Spearman-Brown-Formel

$$\text{Rel}_{korr} = \frac{k \cdot \text{Rel}}{1 + (k-1) \cdot \text{Rel}}$$

2.1 · Voraussetzungen und theoretische Basis psychometrischer Tests

Rel$_{korr}$ = für die Testlänge korrigierte Reliabilität
Rel = Reliabilität des Tests
k = Faktor, um den sich die Itemzahl erhöht

Für ein Beispiel nehmen wir an, dass die Korrelation beider Testhälften r = .70 betrage. Der Verlängerungsfaktor k ist 2 (Verdopplung der Itemzahl). Daraus errechnet sich ein Wert von Rel$_{korr}$ = .82 für die Split-Half-Reliabilität des Tests.

Ad 4: Interne Konsistenz Die Verallgemeinerung der Halbierungsmethode besteht darin, einen Test nicht nur in zwei Hälften zu zerlegen, sondern in so viele Teile, wie Items vorhanden sind. Entsprechend müssten die betreffenden Korrelationen ermittelt und die erhaltenen Werte auf die jeweilige Länge der Skala aufgewertet oder »hochgerechnet« werden.

interne Konsistenz

Am bekanntesten dafür ist die Formel von Cronbach (1951):

$$\alpha = \frac{m}{m-1} \cdot \left(1 - \frac{\sum_{i=1}^{m} s_i^2}{s_t^2}\right)$$

α = Cronbachs Alpha
m = Zahl paralleler Messungen (Items)
s_i^2 = Varianz der i-ten parallelen Messung (Items)
s_t^2 = Varianz des Tests t (Summenwert aller Items)

In der Formel wird die Summe der Varianzen der Items s_i^2 mit der Varianz des Testwerts s_t^2 in Beziehung gesetzt. Die Kovarianz der Items taucht in der Formel nicht auf, wirkt aber indirekt auf den Kennwert: Sie fließt in die Varianz des Testwerts (Nenner der Gleichung) ein. In der Summe der Itemvarianzen (Zähler der Gleichung) ist sie dagegen nicht enthalten. Gibt es im Extremfall keine Kovarianzen zwischen den Items, entspricht die Summe der Itemvarianzen exakt der Varianz des Tests, und Alpha wird null (in der Formel wird der Quotient von 1 subtrahiert; ein Quotient von 1 führt daher zu einem Alpha von null). Je größer die Zusammenhänge (Kovarianzen) zwischen den Items werden, desto größer wird der Nenner der Formel im Vergleich zum Zähler, und Alpha geht immer mehr gegen eins. Die Formel verrät, von welchen Faktoren die Höhe von Alpha abhängt: von der Itemzahl (je mehr Items, desto mehr Itemvarianzen gehen in den Summenwert im Zähler ein), der Varianz der Items, der Varianz der Testwerte und der Kovarianz (Interkorrelation) der Items. In Anlehnung an Streiner (2003) können wichtige Hinweise zur Bewertung von Alpha-Koeffizienten gegeben werden:

Cronbachs Alpha

❗ Was man über Cronbachs α wissen sollte
- Je höher die Items interkorrelieren, desto höher fällt Alpha aus.
  - Daraus folgt *nicht* im Umkehrschluss, dass ein hohes Alpha für eine große Homogenität des Tests spricht. Alpha hängt nicht nur von der Interkorrelation der Items, sondern auch von weiteren Faktoren ab (s.u.).
  - Daraus folgt weiterhin *nicht*, dass immer eine hohe Iteminterkorrelation und damit ein hohes Alpha angestrebt werden soll. Begründung: Die Homogenität des Konstrukts ist zu beachten. Heterogene Konstrukte (also solche, die sich durch relativ unabhängige Facetten oder Komponenten auszeichnen) verlangen zwangsläufig nach einer Operationalisierung durch entsprechend niedrig korrelierende Items.
- Je mehr Items ein Test enthält, desto höher fällt Alpha aus.

▼

- Selbst ein Test für ein heterogenes Konstrukt, der aus niedrig korrelierenden Items besteht, kann deshalb bei sehr vielen Items ein hohes Alpha aufweisen.
- Weist ein kurzer Test ein sehr hohes Alpha auf, sind die Items meist redundant. Beispielsweise wird die gleiche Frage in unterschiedlichen Variationen immer wieder gestellt.
- Wenn ein Test so beschaffen ist, dass in der Regel alle Items bis zu einem bestimmten Punkt gelöst werden und dann keine mehr (z. B. Speed-Test, bei dem kaum Fehler vorkommen), fällt Alpha extrem hoch aus (knapp unter 1). Alpha ist hier kein sinnvoller Schätzer der Reliabilität.
- Alpha ist (wie alle Reliabilitätskoeffizienten) stichprobenabhängig. In heterogenen Stichproben fällt die Varianz der Testwerte höher aus, was wiederum zu höheren Werten für Alpha führt.
- Diese Bemerkungen gelten gleichermaßen für die Split-Half-Reliabilität, die eng mit Alpha verwandt ist (s.u.).

Cronbachs Alpha als Mittelwert aller möglichen Testhalbierungen

Die Reliabilitätsschätzung mit Cronbachs α (oft auch nur Alpha oder α genannt) führt nicht exakt zum gleichen Ergebnis wie die Split-Half-Methode. Die Testhalbierung (z. B. nach der Odd-even-Methode) führt nur zu einer von vielen möglichen Aufteilungen des Tests. Würde man alle möglichen Testhalbierungen vornehmen und die Split-Half-Reliabilitäten berechnen, würden sich die Koeffizienten um einen Mittelwert verteilen. Der Mittelwert wäre identisch mit Alpha (Cronbach, 1951).

Standardmessfehler

Standardmessfehler Den Axiomen der KTT zufolge weichen die beobachteten Testwerte mehr oder weniger stark vom wahren Wert ab. Wie stark sie abweichen, hängt vom Messfehler ab. Wir würden gerne wissen, wie groß der Messfehler bei einer einzelnen Messung ist. Dies ist leider nicht möglich. Allerdings lässt sich schätzen, wie stark die Messfehler bei sehr vielen wiederholten Messungen um den wahren Wert streuen würden. Genau das gibt die Formel für den Standardmessfehler s_E an, die aus den Axiomen der KTT abgeleitet wurde.

$$s_E = s_X \cdot \sqrt{1 - \text{Rel}}$$

s_E = Standardmessfehler
s_X = Standardabweichung der (beobachteten) Testwerte
Rel = Reliabilität des Tests

> **Definition**
>
> Der **Standardmessfehler** gibt an, wie stark die Messfehler um die wahren Werte der Person(en) streuen.

> **Beispiel**
>
> **Einfache Zahlenbeispiele**
> Bei vielen Testverfahren beträgt die Standardabweichung der Normwerte (Standardwerte, T-Werte) 10. Die *beobachteten* Messwerte haben also in der Population eine Standardabweichung von 10. Weist der Test eine Reliabilität von .84 auf, errechnet sich ein Standardmessfehler von 4,0. Dies ist die Streuung der *Fehlerwerte*. Bei einer Reliabilität von .96 beträgt der Standardmessfehler nur 2,0. Betrachten wir nun zwei Extremfälle. Bei Rel = 1.0 errechnet sich ein Wert von null. Die Fehlerwerte streuen überhaupt nicht; alle beobachteten Unterschiede zwischen den Personen können auf Unterschiede in den wahren Werten zurückgeführt werden.
> ▼

2.1 · Voraussetzungen und theoretische Basis psychometrischer Tests

> Weist der Test eine Reliabilität von null auf, ergibt sich für den Standardmessfehler ein Wert von 10. Die Streuung der Messfehler ist genauso groß wie die der beobachteten Werte. Mit anderen Worten: Die beobachtete Streuung ist nur auf Messfehler zurückzuführen. Man sieht, dass der Standardmessfehler umso kleiner ist, je reliabler der Test ist.

Der Standardmessfehler ist von enormer praktischer Bedeutung, wie nun gezeigt wird. Bei einer Normalverteilung der Testwerte liegen 68 Prozent (genau 68,26 %) der Messergebnisse im Bereich +/- einer Standardabweichung um den wahren Wert. Greifen wir ein Zahlenbeispiel von oben auf. Der Test ist normiert; die Normwerte haben eine Standardabweichung von 10. Die Reliabilität des Tests beträgt =.96. Der Standardmessfehler von 2,0 besagt, dass die beobachteten Werte der Person bei extrem vielen Messwiederholungen in 68 Prozent der Fälle maximal 2,0 Punkte vom wahren Wert abweichen. Damit gleichbedeutend ist die Aussage, dass bei einer einzelnen Messung der wahre Wert der Person mit einer Wahrscheinlichkeit von 68 Prozent maximal 2 Punkte von ihrem wahren Wert entfernt liegt. Bei einem Normwert von 110 (die Person liegt eine Standardabweichung über dem Populationsmittelwert) beträgt ihr wahrer Wert also mit 68%iger Wahrscheinlichkeit 108, 109, 110, 111 oder 112.

In der Praxis ist eine Sicherheitswahrscheinlichkeit von 68 Prozent unüblich. Meist gibt man sich Sicherheitswahrscheinlichkeiten von 90, 95 oder 99 Prozent vor. Das ist übrigens gleichbedeutend mit Irrtumswahrscheinlichkeiten von 10, 5 und 1 Prozent.

praktische Bedeutung des Standardmessfehlers

Der Bereich, in dem die beobachteten Testwerte um den wahren Wert streuen, wird als **Konfidenzintervall** (auch **Erwartungsbereich** oder **Vertrauensintervall** genannt) bezeichnet.

Konfidenzintervall für den wahren Wert

Allgemein wird das Konfidenzintervall KI für den Messwert X einer Person nach der folgenden Formel bestimmt:

Berechnung des Konfidenzintervalls

$$KI = X \pm z_{\alpha/2} \times s_E$$

und bei einseitiger Fragestellung (siehe unten):

$$KI = X + \text{ oder } - z_{\alpha} \times s_E$$

Der z-Wert $z_{\alpha/2}$ bezieht sich auf die Standardnormalverteilung. Er gibt an, wie viele Standardabweichungen ein Wert vom Mittelwert der Verteilung entfernt liegen kann, damit noch x Prozent der Fläche unter der Verteilungskurve abgedeckt sind. Ein z-Wert von 1,96 etwa besagt, dass man in der Standardnormalverteilung vom Mittelwert 1,96 Standardabweichungen nach links und nach rechts geht. Die so begrenzte Fläche unter der Verteilungskurve umfasst 95 Prozent der Gesamtfläche. An beiden Enden der Verteilung bleiben demnach jeweils 2,5 Prozent der Fläche übrig. Bei z = 1 werden, wie beim Standardmessfehler ausgeführt, 68 Prozent der Fläche abgedeckt. Für unsere im Test erhaltenen Messwerte legen wir mit dem gewählten z-Wert fest, mit welcher Sicherheit (gleichbedeutend mit Wahrscheinlichkeit) der wahre Wert der Person in einem zu ermittelnden Wertebereich liegt. Verlangen wir eine Sicherheit von 95 Prozent, müssen wir den z-Wert 1,96 in die obigen Formeln einsetzen. Dazu ein Zahlenbeispiel: Der beobachtete Testwert der Person beträgt 120 (Standardwert). Für die Reliabilität von Rel = .85 errechnen wir bei einer Standardabweichung von 10 (Standardwert!) einen Standardmessfehler von 3,87. Durch Multiplikation mit 1,96 erhalten wir 7,59. Der wahre Wert der Person liegt folglich mit 95%iger Wahrscheinlichkeit zwischen 112,41 und 127,59.

Rolle des z-Werts

> **Definition**
>
> Das **Konfidenzintervall** gibt den Bereich an, in dem der wahre Testwert einer Person bei einer zuvor festgelegten Sicherheits- bzw. Irrtumswahrscheinlichkeit liegt.

In der Praxis sind folgende Sicherheitswahrscheinlichkeiten gebräuchlich:

Sicherheitswahrscheinlichkeit	z-Wert zweiseitig	z-Wert einseitig
99 Prozent	2,58	2,33
95 Prozent	1,96	1,64
90 Prozent	1,64	1,28

zweiseitige vs. einseitige Fragestellung

Bei einer zweiseitigen Fragestellung interessieren wir uns gleichermaßen für Abweichungen vom beobachteten Wert nach oben *und* nach unten. Der beobachtete Wert liegt in der Mitte des Konfidenzintervalls. Bei bestimmten Fragestellungen interessiert man sich jedoch nur für Abweichungen noch oben *oder* nur nach unten; man spricht dann von einer einseitigen Fragestellung. Beispielsweise möchte man wissen, ob ein Kind mit einem IQ von 138 tatsächlich hochbegabt ist. Liegt sein wahrer Wert vielleicht unter der kritischen Grenze von 130? Ob sein IQ in Wahrheit noch höher sein kann als 138, ist in diesem Fall nicht von Interesse.

> **Beispiel**
>
> **Unterschiedliche Schlussfolgerungen bei ein- und zweiseitiger Fragestellung**
> Beobachteter Wert: IQ = 138
> Reliabilität des Tests: Rel = .90
> Standardabweichung der IQ-Werte = 15
> Gewünschte Sicherheit: 95 Prozent
> Konfidenzintervall bei zweiseitiger Fragestellung = 138 ± 9,3, d.h. der wahre Wert kann unter 130 liegen.
> Konfidenzintervall bei einseitiger Fragestellung = 138 – 7,8, d.h. der wahre Wert kann nicht unter 130 liegen.
> Um einer möglichen Fehlinterpretation vorzubeugen, muss betont werden, dass auch im ersten Fall (unangemessene zweiseitige Fragestellung) die Schlussfolgerung nicht lauten darf, das Kind sei nicht hochbegabt. Die Hochbegabung wurde lediglich nicht mit der gewünschten Sicherheit festgestellt.

kritische Differenzen zweier Testwerte

Kritische Differenzen In der Praxis werden manchmal zwei Testwerte eines Probanden verglichen. Beispielsweise wird ein Test nach einer Intervention erneut durchgeführt, und es stellt sich die Frage, ob sich der zweite Wert vom ersten bedeutsam unterscheidet. Ein ganz ähnliches Problem liegt vor, wenn ein Proband in einem mehrdimensionalen Verfahren zwei unterschiedliche Werte erzielt. Beispielsweise beträgt sein IQ im sprachlichen Bereich 105 und im rechnerischen 110. Kann man nun annehmen, die Person sei eher rechnerisch begabt? Ein beobachteter Unterschied kann grundsätzlich auch auf Messfehler zurückzuführen sein. Deshalb will man wissen, wie groß eine Differenz sein muss, um nicht mehr alleine mit Messfehlern erklärt werden zu können.

Bei gleicher Streuung in den miteinander verglichenen Variablen (z. B. Standardwert mit $s_X = 10$) führt die Summation der beiden Standardmessfehler zu folgender Formel (bei gleichen Streuungen der Testwerte):

2.1 · Voraussetzungen und theoretische Basis psychometrischer Tests

$$D_{Krit} = z_{\alpha/2} \cdot s_X \sqrt{2 - (Rel_1 + Rel_2)}$$

D_{Krit} = kritische Differenz zweier Testwerte
s_X = Streuung der Testwerte
Rel_1, Rel_2 = Reliabilität der Skalen 1 bzw. 2

> **Beispiel**
>
> In einem Interessenstest habe ein Proband im Subtest Technik und Naturwissenschaft den Wert X_{t1} = 108 und im Subtest Soziales den Wert X_{t2} = 125 erzielt. Beide Skalen sind auf s_X = 10 normiert. Rel_1 = .86, Rel_2 = .92. Frage: Weichen die beiden Werte signifikant voneinander ab? (p < 5%).
>
> $D_{Krit} = 1{,}96 \cdot 10 \cdot \sqrt{2 - (.86 + .92)} = 9{,}2.$
>
> Da die empirische Differenz mit 125 – 108 = 17 größer ist als die kritische Differenz von 9, liegt ein bedeutsamer Unterschied zwischen beiden Werten vor. Der Proband weist im sozialen Bereich ein stärkeres Interesse auf als im technisch-naturwissenschaftlichen.

Beim Vergleich von Testwerten ist zu beachten, dass die Anzahl der Vergleiche möglichst gering gehalten wird. Ansonsten besteht die Gefahr, dass man fälschlicherweise signifikante Effekte findet. Idealerweise geht man hypothesengeleitet vor, will also beispielsweise wissen, ob der Proband eher sprachlich oder eher rechnerisch begabt ist. Je mehr Vergleiche angestellt werden, desto kleiner muss die Irrtumswahrscheinlichkeit gewählt werden. **Anzahl der Vergleiche**

Minderungskorrekturen Wenn Messwerte fehlerbehaftet sind, wirkt sich dies mindernd auf die Höhe der Korrelation mit einer anderen Variablen aus. Man stelle sich vor, dass zwei Tests das gleiche Merkmal erfassen sollen, aber so schlecht konstruiert wurden, dass sie nur aus Messfehlern bestehen. Diese Tests werden nicht miteinander korrelieren. Die Begründung ist einfach: Den Axiomen der KTT zufolge korrelieren die Messfehler zweier Tests nicht. Die Korrelation muss also umso niedriger ausfallen, je größer der Anteil der Messfehler an den beobachteten Werten ist oder, mit anderen Worten, je niedriger die Reliabilität der Tests ist. **Minderungskorrekturen**

> **Beispiel**
>
> Nehmen wir an, ein Konzentrationstest würde zu r = .30 mit einem Intelligenztest korrelieren. Eine Korrelation in dieser Höhe ist plausibel, da man zur Bearbeitung eines Intelligenztests auch Konzentration aufbringen muss. Vielleicht ist der wahre Zusammenhang zwischen beiden Tests wesentlich höher, weil beide Tests stark messfehlerbehaftet sind. Bei einer »wahren« Korrelation von r = .50 hätten wir ein Validitätsproblem. Beispielsweise könnte der Konzentrationstest Aufgaben enthalten, deren Lösung Intelligenz verlangt. Dies würde eindeutig gegen den Konzentrationstest sprechen; schließlich soll er Konzentration und nicht Intelligenz messen. In solchen Fällen ist es nützlich zu wissen, wie hoch die beiden Tests korrelieren würden, wenn ihre Reliabilität 1 betragen würde.

Aus den Grundannahmen der KTT lässt sich eine Formel herleiten, die als **doppelte Minderungskorrektur** bezeichnet wird. »Doppelt« bedeutet hier, dass die Reliabilitäten *beider* Variablen berücksichtigt werden. Die Formel gibt an, wie hoch die Korrelation $r_{corr\,1,2}$ zwischen den wahren Werten zweier Tests (oder Variablen) 1 und 2 aus- **doppelte Minderungskorrektur** fallen würde. Dazu müssen die Korrelation der beobachteten Werte $r_{1,2}$ beider Tests sowie die Reliabilitäten Rel_1 und Rel_2 der Tests bekannt sein.

Die Formel für die doppelte Minderungskorrektur lautet:

$$r_{corr\ 1,2} = \frac{r_{1,2}}{\sqrt{Rel_1} \cdot \sqrt{Rel_2}}$$

> **Definition**
>
> Die **doppelte Minderungskorrektur** liefert eine Schätzung für die Korrelation der wahren Werte zweier Variablen, wenn deren Reliabilitätskoeffizienten bekannt sind. Damit wird gleichsam die »Minderung« korrigiert, welcher Korrelationskoeffizienten unterliegen, wenn die miteinander korrelierten Messwerte fehlerbehaftet sind.

> **Beispiel**
>
> Wir wenden die Formel auf das obige Beispiel an und nehmen folgende Reliabilitäten für den Konzentrations- und den Intelligenztest an:
>
> Test t1: Rel = .90
> Test t2: Rel = .80
> $r_{1,2} = .30$
>
> $$r_{corr\ 1,2} = \frac{.30}{\sqrt{.90 \cdot .80}}$$
>
> $r_{corr\ 1,2} = .35$
>
> Die Korrelation zwischen den wahren Werten der beiden Tests beträgt 0.35. Die beiden Tests erfassen demnach weitgehend unabhängige Merkmale.

Die Formel zur Minderungskorrektur zeigt, dass die Korrelation zweier Variablen nicht größer ausfallen kann als die Wurzel aus dem Produkt der beiden Reliabilitätskoeffizienten dieser Variablen. Im Falle des obigen Beispiels liegt die Obergrenze bei $r = .85$ ($\sqrt{.90 \cdot .80}$). Betragen beide Reliabilitäten nur .50, liegt die Obergrenze bei .50.

einfache Minderungskorrektur

In vielen Fällen ist es angemessen, die Validität eines Tests nur durch eine **einfache Minderungskorrektur** hochzurechnen. Die Reliabilität ist gewissermaßen ein fester Bestandteil des Tests und wird immer die Korrelationen mit irgendwelchen Kriterien mindern. Für die Reliabilität des Kriteriums ist der Testautor dagegen nicht verantwortlich. Berufserfolg, psychische Belastbarkeit oder etwa Schulerfolg sind reale Größen, die mit einem Test vorhergesagt werden. Eine eingeschränkte Reliabilität des Kriteriums darf nicht dem Test angelastet werden.

Validitätskoeffizienten (Korrelation des Tests mit einem relevanten Kriterium; ▶ Abschn. 2.3.3.4) sind kaum vergleichbar, wenn sie sich auf Kriterien beziehen, die unterschiedlich genau messbar sind. Man stelle sich zwei Intelligenztests vor, die beide an Schulerfolg validiert wurden. Test 1 konnte an der Abiturnote validiert werden, Test 2 nur an einer Leistungsbeurteilung durch die Klassenlehrer. Die Abiturnote stellt ein Aggregat mehrerer Einzelnoten dar und wird als solches hoch reliabel sein. Die Reliabilität des Lehrerurteils wird darunter leiden, dass es sich um eine einzelne Messung handelt und zudem um ein subjektives Urteil. Test 2 wird daher ohne Minderungskorrektur scheinbar weniger valide sein als Test 1. Deshalb ist es üblich, Validitätskoeffizienten für die Reliabilität des Kriteriums zu korrigieren.

Für diesen Fall der **einfachen Minderungskorrektur** reduziert sich in der obigen Formel der Nenner auf die Variable, deren Messungenauigkeit korrigiert werden soll.

2.1 · Voraussetzungen und theoretische Basis psychometrischer Tests

$$r_{corr\,c} = \frac{r_{tc}}{\sqrt{Rel_c}}$$

r_{tc} = Korrelation Test-Kriterium
Rel_c = Reliabilität des Kriteriums

> **Definition**
>
> Die **einfache Minderungskorrektur** liefert eine Schätzung für die Korrelation eines Tests mit einem Kriterium unter der Annahme, dass das Kriterium messfehlerfrei erfasst wird. Damit wird gleichsam die »Minderung« korrigiert, die durch die fehlerbehaftete Messung des Kriteriums entsteht.
> Die einfache Minderungskorrektur kann alternativ auch auf den Test angewandt werden ($r_{corr\,Test}$). Dazu wird in der Formel Rel_c durch Rel_{Test} ersetzt.

Beispiel

An einem Zahlenbeispiel wird nun der Einfluss der Reliabilität des Kriteriums auf die Validität eines Tests veranschaulicht. Die beobachtete Validität von Test 1 betrage r_{tc} = .60, die von Test 2 dagegen nur r_{tc} = .45.

	Test 1	Test 2
Beobachtete Validität r_{tc}	.60	.45
Reliabilität des Kriteriums Rel_c	.95	.60
Korrigierte Validität $r_{corr\,c}$	**.62**	**.67**

Die Reliabilität des Kriteriums betrage in Fall 1 (Abiturnote) Rel_c = .95 und in Fall 2 (Lehrerurteil) Rel_c = .60. Die für mangelnde Reliabilität des Kriteriums korrigierte Validität beträgt in Fall 1 $r_{corr\,c}$ = .62 und .67 in Fall 2. Der scheinbar weniger valide Test (r_{tc} = .45) hat sich als der faktisch validere und damit bessere entpuppt!

Vorhersage auf der Basis von Testwerten Testwerte werden auch dazu verwendet, Prognosen über zukünftige Leistungen oder Verhaltensausprägungen einer Person zu erstellen. Die Grundlage derartiger Prognosen liefern korrelative Studien zwischen Tests auf der einen Seite und Maßen für Erfolg und Bewährung auf der anderen, oder allgemeiner: zwischen Prädiktor- und Kriteriumsvariablen. Beispielsweise versucht man im Rahmen einer Schullaufbahnberatung abzuschätzen, wie groß die Chancen eines Schülers sind, einen bestimmten Schulabschluss zu erreichen. Bekannt ist, dass ein positiver Zusammenhang zwischen Intelligenztestleistung und späteren Noten besteht. Deshalb ist die Aussage gerechtfertigt: »Je intelligenter ein Schüler ist, desto bessere Noten wird er in der Schule erreichen.« Was bedeutet dies aber für den Einzelfall? Peter K. hat in einem Intelligenztest einen Standardwert von 115 erzielt. Wie erfolgreich wird er auf einem Gymnasium sein?

Wenn Prädiktor- und Kriteriumsvariable intervallskaliert sind, kann mithilfe einer **Regressionsrechnung** eine Vorhersage vorgenommen werden. Dazu müssen lediglich die Mittelwerte und Streuungen des Prädiktors und des Kriteriums sowie die Korrelation Prädiktor-Kriterium bekannt sein. Grafisch kann die Lösung wie folgt skizziert werden (◘ Abb. 2.2): Der Zusammenhang zwischen Prädiktor (z. B. Intelligenztest) und Kriterium (z. B. Schulnote) kann als Streudiagramm dargestellt werden. Voraussetzung ist, dass eine hinlänglich große Personenstichprobe mit dem Test untersucht wurde und von denselben Personen ein paar Jahre später die Schulleistung,

Prognose zukünftiger Leistungen oder Verhaltensausprägungen

Prognose mittels Regressionsrechnung

◻ Abb. 2.2 Streudiagramm mit Regressionsgeraden zur Vorhersage eines Kriteriumswertes

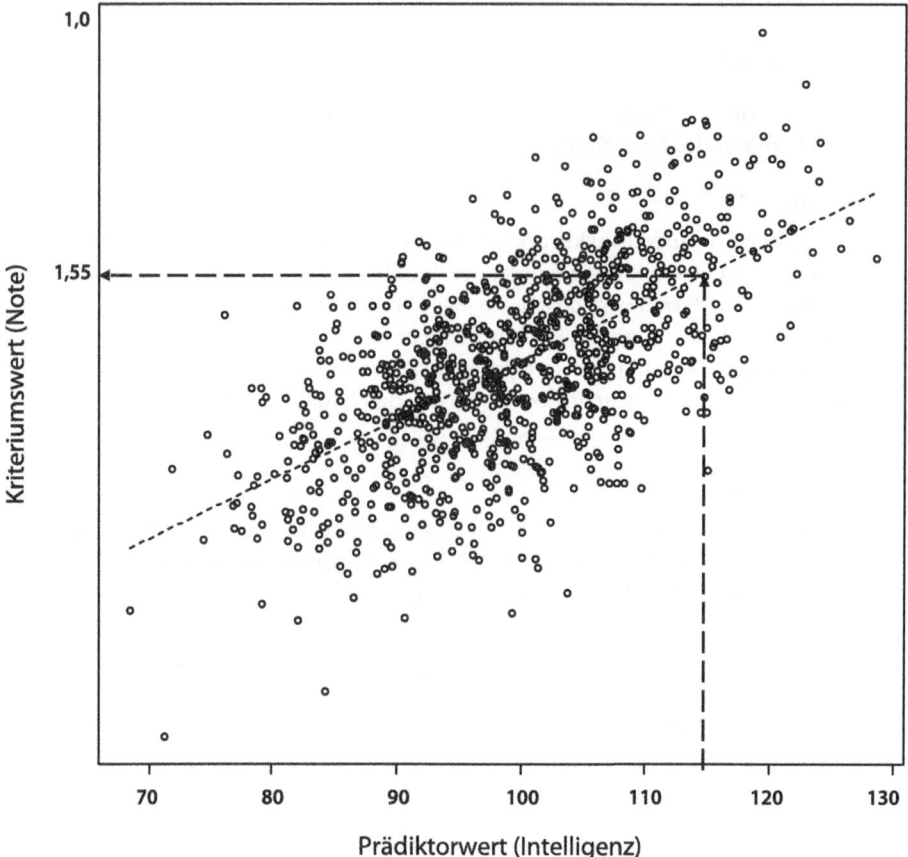

etwa in Form einer Gesamtnote über mehrere Fächer, ermittelt wurde. Jede Person ist in dem Streudiagramm durch einen Punkt dargestellt. Das Statistikprogramm hat nach der Methode der kleinsten Quadrate in diese Punktewolke eine gerade Linie gelegt, die **Regressionsgerade**. Die Linie liegt so, dass über alle Personen hinweg die Summe der quadrierten Abweichungen von der Geraden ein Minimum bildet. Die vorhergesagte künftige Schulleistung Peters können wir in dieser Grafik ablesen. Dazu suchen wir beim Prädiktor (der Abszisse) den Testwert und zeichnen von dort eine Hilfslinie senkrecht nach oben bis zur Regressionsgeraden (gestrichelte Linie). Vom Schnittpunkt aus zeichnen wir eine zweite Hilfslinie horizontal bis zur Ordinate, auf der das Kriterium (die Noten) abgebildet ist. Die Note, auf welche die zweite Hilfslinie führt, ist der vorhergesagte Wert für Peter.

Rechnerisch finden wir den Kriteriumswert $\hat{Y}$ mit folgender Formel (Voraussetzung: normalverteilte und intervallskalierte Variablen sowie linearer Zusammenhang zwischen den Variablen):

$$\hat{Y} = r_{xy}\frac{s_y}{s_x}(X_i - \overline{X}) + \overline{Y}$$

X_i = Prädiktorwert der Person i
$\overline{X}$ = Mittelwert des Prädiktors
$\overline{Y}$ = Mittelwert des Kriteriums
r_{xy} = Korrelation Prädiktor-Kriterium
s_x = Standardabweichung der Prädiktorwerte
s_y = Standardabweichung der Kriteriumswerte

2.1 · Voraussetzungen und theoretische Basis psychometrischer Tests

> **Beispiel**
>
> Intelligenztestergebnis und Gesamtnote korrelieren –.60 (das negative Vorzeichen kommt zustande, weil bei Schulnoten niedrige Zahlen für gute Leistungen stehen). Der Intelligenztest (Prädiktor) weist einen Mittelwert von 100 bei einer Standardabweichung von 10 auf; unser Proband hat den Wert 115. Für das Kriterium (Note) wurde ein Mittelwert von 2,0 und eine Standardweichung von 0,5 ermittelt. Für Peter errechnet sich eine zu erwartende Note von 1,55. Auch ohne die Regressionsgleichung hätten wir erwartet, dass seine Note etwas besser als der Durchschnitt von 2,0 sein wird, da seine Intelligenzleistung mit 115 ebenfalls über dem Durchschnitt lag. Mit der Schätzung von 1,55 haben wir nun eine präzise Vorhersage.
>
> $$Y = -.60 \cdot \frac{0,5}{10}(115-110)+2,0 = 1,55$$

Prognose und Datenerhebung

Eine solche Vorhersage ist in die Zukunft gerichtet. Das sollte bei der Erhebung der Daten, die in die Regressionsgleichung eingehen, berücksichtigt werden. Wird eine Vorhersage der Schulleistung über einen Zeitraum von fünf Jahren angestrebt, ist eine Korrelationsstudie ideal, in der die Schulleistungen ebenfalls erst fünf Jahre nach der Testdurchführung erhoben werden. Selbstverständlich sollte die Personenstichprobe aus der Population gezogen werden, der auch der Proband angehört. Möchte man bei einem Schüler der vierten Klasse einer Grundschule die schulischen Leistung fünf Jahre später auf einem Gymnasium vorhersagen, wäre eine Studie ideal, in der Schüler in der vierten Klasse einen Intelligenztest absolvieren und ihre Schulleistung fünf Jahre später erhoben wird, nachdem sie alle ein Gymnasium besuchen.

gleichzeitige Erhebung von Prädiktor und Kriterium

Erhebungstechnisch viel einfacher wäre ein anderes Untersuchungsdesign: Schulleistungen und Intelligenz werden im gleichen Zeitraum erhoben. Mit solchen Daten kann man die schulische Leistung zum gegenwärtigen Zeitpunkt vorhersagen. Um die momentane schulische Leistung eines Probanden in Erfahrung zu bringen, wird man keine Regressionsgleichung verwenden, sondern ins Notenbuch der Lehrer oder in ein aktuelles Schulzeugnis schauen. Dennoch können mit der Regressionsgleichung diagnostisch relevante Informationen gewonnen werden. Die Schätzung der Schulleistung über die Intelligenz zeigt uns, welche Noten eigentlich aufgrund der Intelligenz des Schülers zu erwarten wären. Nehmen wir an, laut »Vorhersage« betrage die Note 2,7, die tatsächliche Gesamtnote sei dagegen 3,8. Daraus dürfen wir den Schluss ziehen, dass dieser Schüler aufgrund seiner Intelligenz eigentlich bessere Schulleistungen erzielen könnte. Er schöpft offenbar sein Potenzial nicht aus. Die schlechten schulischen Leistungen müssen andere Ursachen haben als mangelnde Intelligenz.

Standardschätzfehler

Natürlich sind auch die Messwerte, die in die Regressionsgleichung eingehen, fehlerbehaftet. Deshalb liegt die Frage nahe, wie genau solche Vorhersagen sind. Die Kriteriumswerte streuen mehr oder weniger stark um die Regressionsgerade, wie aus ◘ Abbildung 2.2 ersichtlich ist. Diese Streuung der wahren Kriteriumswerte um die vorhergesagten wird im **Standardschätzfehler** (nicht zu verwechseln mit dem Standardmessfehler) ausgedrückt.

$$s_{est} = s_y \sqrt{1 - r_{tc}^2}$$

s_{est} = Standardschätzfehler
s_y = Standardabweichung der Kriteriumswerte
r_{tc} = Validitätskoeffizient (Korrelation zwischen Test und Kriterium)

Der Standardschätzfehler ist umso kleiner, je geringer die Streuung der Kriteriumswerte ausfällt. Weiterhin hängt der Standardschätzfehler von der Korrelation zwischen Prädiktor und Kriterium ab (und diese wird, wie im Zusammenhang mit der Minderungskorrektur ausgeführt, durch die Reliabilität von Prädiktor und Kriterium mit beeinflusst). Je höher die Korrelation ausfällt, desto kleiner wird der Standardschätzfehler.

Konfidenzintervall für den wahren Kriteriumswert

Für den Standardschätzfehler kann ein **Konfidenzintervall** berechnet werden. Es gibt an, in welchem Bereich die wahren Kriteriumswerte der Person mit einer bestimmten (von uns gewählten) Sicherheit um den geschätzten Kriteriumswert $\hat{Y}$ herum liegen. Der z-Wert für die gewünschte Sicherheitswahrscheinlichkeit kann der Tabelle beim Standardmessfehler (s.o.) entnommen werden.

$$KI = \hat{Y} \pm z_{\alpha/2} \times s_{est}$$

Wir führen das obige Beispiel weiter. Die Regressionsgleichung hat zur Vorhersage einer Schulnote von 1,55 geführt. Dieser Schätzwert weist jedoch ein große Streuung auf, gemessen an der Streuung der Schulnoten (s = 0,5); sie beträgt 0,4.

$$s_{est} = 0{,}5 \cdot \sqrt{1-(-.60)^2} = 0{,}4$$

Beispiel: Vorhersage von Schulnoten

Legt man eine Irrtumswahrscheinlichkeit von fünf Prozent zugrunde, ist der errechnete Wert von 0,4 mit 1,96 zu multiplizieren (= 0,784). So stark können die wahren Werte von der Schätzung 1,55 nach oben und unten abweichen. Es ergibt sich also ein sehr breites Intervall möglicher Noten, das von 0,77 bis 2,33 reicht. Mit anderen Worten: Mit relativ großer Sicherheit (95 %) lässt sich prognostizieren, dass der Schüler nach fünf Jahren mit einer Gesamtnote besser als 2,33 abschneiden wird. Zwischen 1,0 (eigentlich 0,77) und 2,33 sind aber alle Noten möglich.

2.1.2.3 Grenzen der KTT

Die KTT hat sich in der Praxis bewährt

Gegenüber der KTT sind verschiedene Einwände vorgebracht worden. Bei jeder Kritik ist zu bedenken, dass die KTT sich ganz überwiegend mit Messfehlern befasst und daher »nur« eine Reliabilitätstheorie ist. In der Praxis hat sich die KTT bei der Testkonstruktion, der Schätzung der Reliabilität und der Anwendung der Reliabilität auf diverse Fragestellungen (Minderungskorrektur, Konfidenzintervalle bestimmen etc.) bewährt. Positiv hervorzuheben ist auch, dass die KTT eine wesentliche Anforderung an Theorien erfüllt: Sie ist sparsam und kommt mit wenigen Grundannahmen aus. Die mathematischen Ableitungen sind gut nachvollziehbar.

Im Folgenden werden einige immer wieder vorgebrachte Kritikpunkte genannt und kommentiert.

Axiome sind unüberprüft

Die Axiome der KTT sind empirisch nicht überprüfbar und nicht alle unbedingt plausibel Die Annahme, dass der wahre Wert und der Messfehler unkorreliert sind, bedeutet, dass die Messgenauigkeit eines Tests in den Extrembereichen genauso groß ist wie im mittleren Bereich. Extrem hohe oder niedrige Werte lassen sich oft nicht replizieren; bei einer Messwiederholung bewegen sie sich in Richtung Mitte (»Regression zur Mitte«). Das erlaubt Zweifel an der Annahme der Unkorreliertheit von wahrem Wert und Messfehler.

2.1 · Voraussetzungen und theoretische Basis psychometrischer Tests

Messfehler verteilen sich nicht immer zufällig um den wahren Wert Ein immer wieder vorgebrachter Kritikpunkt lautet, Messfehler würden sich nicht unbedingt zufällig um den wahren Wert verteilen. Es werden Belege für die Existenz systematischer Fehler vorgebracht, etwa die systematische Verzerrung von Testwerten in Richtung eines sozial erwünschten Ergebnisses oder die Erhöhung von Testwerten durch Übungseffekte. Die KTT definiert Messfehler als *unsystematische* Fehler (die also in jede Richtung wirken können und sich insgesamt aufheben). Dass es daneben auch systematische Fehler gibt, ist unbestritten. Die KTT wird durch den Nachweis systematischer Fehler nicht belastet, da sie Messfehler nur als unsystematische Fehler definiert. Systematische Fehler haben dagegen keine Auswirkung auf die Reliabilität, da Korrelationen durch Mittelwertunterschiede der Variablen nicht beeinflusst werden. Systematische Fehler stellen ein Validitätsproblem dar und kein Reliabilitätsproblem.

Messfehler sind nicht immer zufällig um den wahren Wert verteilt

Die Parameter der KTT sind populations- und stichprobenabhängig Je heterogener die Population oder die Personenstichprobe in Bezug auf das untersuchte Merkmal ist, desto höher fallen Trennschärfen und Reliabilitätskoeffizienten aus. Die Itemschwierigkeiten sind ohnehin offensichtlich von der untersuchten Population oder Stichprobe abhängig: Je stärker das Merkmal bei den untersuchten Personen ausgeprägt ist, desto höher fallen die Itemschwierigkeiten aus. Dennoch werden Item- und Testkennwerte manchmal wie absolute Größen, quasi wie feste Eigenschaften des Tests behandelt. Diese Kritik stellt die KTT nicht grundsätzlich infrage. Sie macht aber deutlich, dass die Kennwerte nicht ohne Weiteres auf andere Populationen sowie von Stichproben auf eine Population generalisierbar sind. Kennwerte, die von Erhebungen mit Patienten stammen, gelten nicht unbedingt für Gesunde. Ergebnisse, die an einer Stichprobe gewonnen wurden, dürfen nur dann als gültig für die Population angenommen werden, wenn es sich um eine repräsentative und zudem hinreichend große Stichprobe handelt. In der Praxis werden aber immer wieder Gelegenheitsstichproben zur Testentwicklung und zur Schätzung der Reliabilität (besonders der Retest-Reliabilität) herangezogen.

Populations- und Stichprobenabhängigkeit

Kritik wurde auch an einer falschen Umsetzung von Annahmen der KTT auf die Praxis der Testkonstruktion geäußert. Mit anderen Worten: Die KTT wird manchmal angewandt, obwohl notwendige Voraussetzungen nicht vorliegen.

Das Skalenniveau wird häufig missachtet Die KTT setzt mindestens Intervall-Skalen-Niveau voraus. Bei manchen Tests ist allerdings fraglich, ob diese Qualität erreicht wird.

Missachtung des Skalenniveaus

Der Testentwurf besteht nicht aus homogenen Items Alle Items müssen parallel und der Test damit homogen sein (Krauth, 1996, S. 666). Der Begriff der Homogenität wird unterschiedlich verwendet. Er kann bedeuten, dass die Items miteinander korrelieren. Selbst wenn alle Items positiv miteinander korrelieren, ist der Test nicht zwangsläufig eindimensional. Es ist daher angebracht, die Dimensionalität mit einer Faktorenanalyse zu prüfen. Ist der Itempool mehrdimensional, sollte sich die Testentwicklung auf den Faktor konzentrieren, dessen Items mit der Messintention übereinstimmen. Alternativ können auch mehrere Skalen entwickelt werden. Der Test erfasst dann mehrere Facetten des Merkmals (beispielsweise verbale, numerische und figurale Intelligenz). Diese Überlegungen gelten auch für die Verlängerung eines Tests zwecks Erhöhung der Reliabilität (vgl. Spearman-Brown-Formel). Werden nicht homogene Items herangezogen, können Einbußen bei der Reliabilität und auch der Validität des Tests die Folge sein (Yousfi, 2005).

Testentwurf besteht nicht aus homogenen Items

Jeder einzelne dieser Kritikpunkte ist gravierend, in der Gesamtheit scheinen sie von erdrückendem Gewicht zu sein.

Pragmatische Argumente sprechen für die KTT

Was dagegen gehalten werden kann ist vor allem ein pragmatisches Argument: Die nach den Prinzipien der KTT entwickelten Verfahren haben sich in der diagnostischen Handhabung mehr oder weniger gut bewährt (Michel & Conrad, 1982, S. 25), d.h. die Tests erlauben die differenzierte und objektive sowie reliable Beschreibung von intra- und interindividuellen Unterschieden. Zwar verfehlt die Validität vielfach das erstrebenswert hohe Ausmaß, doch muss damit das anderenfalls verfügbare Instrumentarium verglichen werden: Entscheidungen nach Gutdünken oder Los, des Weiteren vielleicht auch auf der Basis von Verfahren, deren Konstruktion und psychometrische Gütekriterien keinerlei wissenschaftlichen Ansprüchen standhalten, können keine vernünftige Alternative sein.

2.1.2.4 Das Verhältnis gruppenstatistischer Daten zum Einzelfall

Unabhängig von der KTT besteht ein grundsätzliches Problem darin, dass gruppenstatistische Kennwerte auf den Einzelfall immer dann nicht übertragbar sind, wenn die Reliabilität und/oder Validität niedriger als 1.0 liegen – was praktisch immer der Fall ist. Denn:

> **Definition**
>
> »Mathematische Wahrscheinlichkeitsaussagen beziehen sich (...) per definitionem nicht auf Einzelfälle, sondern auf Klassen von Elementen mit bestimmtem Umfang« (Holzkamp, 1966, S. 28).

Trugschluss

Sofern die Korrelationen, auf denen Vorhersagen aufbauen, gegenüber dem Wert r_{tc} = 1.0 absinken – und dabei spielt es überhaupt keine Rolle, um wie viel – bleibt zwar die Spezifikation des mittleren Vorhersagefehlers für die Gruppe als Ganzes bestehen. Aber die Möglichkeit einer Festlegung des Prädiktionsfehlers auf der Ebene des einzelnen Messwertträgers ist nicht nur vermindert, sondern faktisch als Unding entlarvt. Gruppenstatistische Daten erlauben keine Feststellung darüber, dass etwas »for each of many individuals« der Fall ist (Lamiell, 1987). Wenn in einer Gruppe von Personen beispielsweise der mittlere Intelligenz-Quotient 101,5 betrage, kann es durchaus sein, dass nicht eine einzige Person genau diesen Wert aufweist. Der sich durch Missachtung dieser Einsicht gleichwohl immer wieder einstellende Interpretationsfehler wurde bereits von William James um die Jahrhundertwende als Trugschluss beschrieben.

Problemverschiebung

Einige Testtheoretiker (z. B. Paunonen & Jackson, 1986) versuchen, einen Ausweg aus der geschilderten Problematik aufzuzeigen, indem sie eine statistische Hilfskonstruktion heranziehen. Dabei wird der beobachtete individuelle Wert als Stichprobe aus der Gesamtverteilung vieler weiterer Werte einer Person aufgefasst. Der »wahre Wert« wird – Kern der Theorie – als Mittelwert der hypothetischen Verteilung interpretiert. Schon Holzkamp (1966) hat das als eine Verschiebung des Problems bezeichnet, da sich hier erneut die Frage nach der Lage des ermittelten Testwertes einer Person in Relation zum wahren Wert innerhalb der nun intraindividuell (anstelle: interindividuell) variierenden Werte ergebe.

> **Beispiel**
>
> **Was sagen gruppenstatistische Kennwerte über den Einzelfall aus?**
> Psychologische Testverfahren basieren in ihrer theoretischen Konzeption, ihrer Konstruktion und ihren Gütekriterien auf gruppenstatistischen Kennwerten. Wenn es um die Analyse von Einzelfällen geht, ist die Aussagekraft solcher Kennwerte begrenzt, da sie für sich genommen auf den Einzelfall nicht angewandt werden
> ▼

2.1 · Voraussetzungen und theoretische Basis psychometrischer Tests

können. Diese Grenzen sind allerdings nicht nur im Kontext der Testdiagnostik zu bedenken, sondern vielmehr überall dort, wo gruppenstatistische Untersuchungen vorliegen – und damit in fast allen Bereichen von psychologischer Forschung.

Die Problematik einer Übertragung von Aggregatdaten auf Einzelfälle soll am Beispiel von Korrelationskoeffizienten verdeutlicht werden: Korrelationskoeffizienten erfassen einen zwischen Variablen bestehenden Zusammenhang in einem numerischen Wert zusammen. Mit Ausnahme einer Korrelation von r = +1.0 und r = –1.0 enthalten sie keine Informationen darüber, inwieweit sie auch auf einzelne Personen übertragen werden können. Dies verdeutlicht ein auf Grawe (1991) zurückgehendes Beispiel einer »unechten« Nullkorrelation (◘ Abb. 2.3).

In ◘ Abbildung 2.3 lassen sich zwei Gruppen von Personen erkennen, für die unterschiedliche **funktionale** Zusammenhänge zwischen den Variablen »Symptomreduktion« (jeweils linke Senkrechte) und »Abnahme familiärer Spannungen« (jeweils rechte Senkrechte) gelten (positiv für die Personen A, E, F und H, negativ für B, D, C und G). Hier resultiert die Nullkorrelation für die Gesamtgruppe aus der wechselseitigen Überlagerung einer positiven und negativen Korrelation bei Subgruppen. Eine Nullkorrelation kann jedoch auch dafür stehen, dass die untersuchten Merkmale auch in Teilgruppen nichts miteinander zu tun haben, wie dies in ◘ Abbildung 2.4 veranschaulicht ist. Hier wie dort – und auch bei allen anderen Koeffizienten, die niedriger liegen als ±1.0 – sagt der an der Gesamtgruppe ermittelte Koeffizient nichts aus über die Gegebenheiten in etwaigen Teilgruppen oder gar bei einzelnen Individuen.

Obwohl diese Regeln in Fachkreisen allgemein bekannt sind, hat doch erstmals Hake (2000) gezeigt, dass sogar Berufspraktiker und angehende Psychologen im Umgang mit gruppenstatistischen Kennwerten unzulässigen Schlussfolgerungen unterliegen. Sie konfrontierte Personalfachleute, eignungsdiagnostisch tätige Berater und Studenten der Psychologie in einem Interview mit einer Reihe von

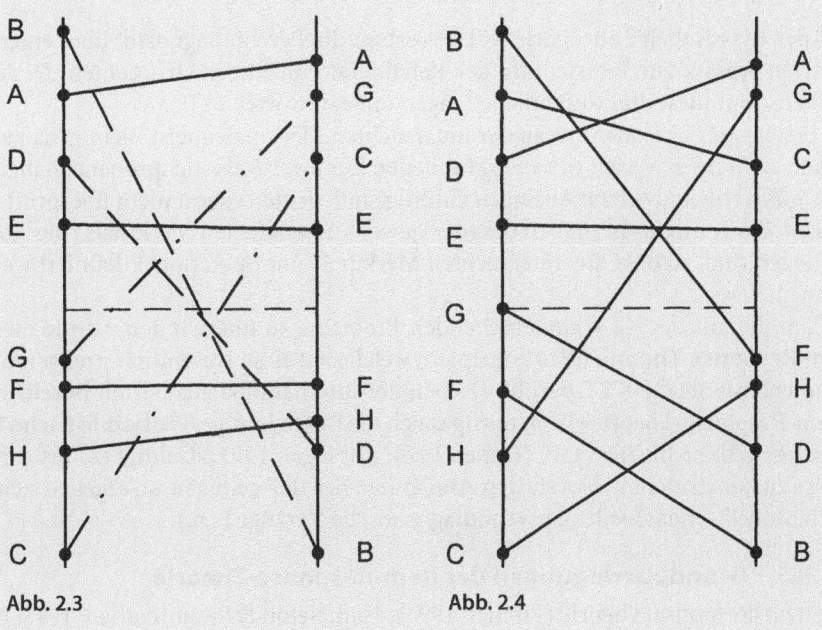

◘ **Abb. 2.3** Beispiel für eine »unechte« Nullkorrelation, die sich aus drei Subgruppen mit unterschiedlichen Zusammenhängen ergibt. (Nach Grawe, 1991, S. 96)

◘ **Abb. 2.4** Beispiel für eine »echte« Nullkorrelation als Ausdruck eines fehlenden Zusammenhangs zwischen beiden Variablen. (Nach Grawe, 1991, S. 97)

> Szenarien, in denen die Bedeutung gruppenstatistischer Kennwerte für Einzelfälle abgeschätzt und begründet werden sollte. Eine der Aufgabenstellungen bestand beispielsweise darin, die folgenden Aussagen im Verhältnis zueinander zu bewerten bzw. die nachgestellte Frage zu beantworten:
> »Stellen Sie sich vor, die prädiktive Validität der psychologischen Tests, die Sie in Ihrem Unternehmen verwenden, hätte sich erhöht. Denken Sie, dass Sie mit den verbesserten Tests eine präzisere Prognose für den Einzelfall treffen können?«
> Nur jeweils 16,5 Prozent der Personalfachleute und Berater sowie 43,8 Prozent der Studenten zeigten ein angemessenes Problembewusstsein: Der Korrelationskoeffizient und damit auch der Standardschätzfehler bezieht sich auf eine Klasse von Elementen, also auf die Gegebenheiten in einer Gruppe oder mithin ein Aggregat, nicht hingegen auf einzelne Elemente der Klasse. Hieraus ergibt sich, dass der Grad der Vorhersagegenauigkeit für den Einzelfall nicht bestimmt werden kann. Das Problem besteht also nicht darin, dass sich die in einer Regressionsgleichung zum Ausdruck gebrachte Gesetzmäßigkeit nicht fehlerlos auf Einzelfälle anwenden lässt, sondern dass sie auf Einzelfallebene keine Aussage zulässt, weil dort der Vorhersagefehler nicht spezifizierbar ist. Dieses wiederum bedeutet nicht, dass Vorhersagen im Kontext von Regressionsanalysen keinen Nutzen aufweisen. Vielmehr wurzeln statistische Vorhersagemodelle in der Vorstellung, »that maximizing predictive accuracy means minimizing errors of prediction in the long run, i.e. on the average« (Lamiell, 1987, S. 114). Von daher wäre es völlig abwegig, auf die Anwendung der statistischen Vorhersageprinzipien bei wiederkehrenden Vorhersageproblemen verzichten zu wollen.

2.1.3 Item-Response-Theorie (IRT)

Helfried Moosbrugger

Mit der Klassischen Testtheorie (KTT) verfügt die Psychodiagnostik über einen bewährten Ansatz zur Beurteilung der Reliabilität von Messinstrumenten. Dennoch bleiben zumindest drei wesentliche Fragen unbeantwortet:

Erstens ist das Skalenniveau der untersuchten Merkmale meist nicht genau anzugeben; zweitens erweisen sich die gefundenen Kennwerte als stichprobenabhängig, so dass unklar bleibt, welche Aussagen zulässig sind; drittens kann nicht überprüft werden, ob die Testitems bezüglich des (der) jeweils untersuchten Merkmals (Merkmale) homogen sind, so dass die untersuchten Merkmale nur operational definiert werden können.

andere Bezeichnung: probabilistische Testtheorie

Um die mit der KTT einhergehenden Probleme zu überwinden, wurde die sog. **Item-Response-Theorie (IRT)** konzipiert, welche auf einer wesentlich strengeren Annahmenbasis als die KTT beruht. (Neben der international etablierten Bezeichnung »Item-Response-Theorie« ist in Europa auch die Bezeichnung »**Probabilistische Testtheorie**« gebräuchlich, s. z. B. Fischer, 1974; Kubinger, 1992). Gelingt es, Tests in der Weise zu konstruieren, dass sie den Annahmen der IRT genügen, so ergeben sich – je nach Modell – verschiedene psychodiagnostische Vorzüge (s.u.).

2.1.3.1 Grundüberlegungen der Item-Response-Theorie

Die Item-Response-Theorie (Fischer, 1996a; Hambleton & Swaminathan, 1985; Lord, 1980) geht explizit der Frage nach, welche Rückschlüsse auf interessierende Einstellungs-, Persönlichkeits- oder Fähigkeitsmerkmale gezogen werden können, wenn von

2.1 · Voraussetzungen und theoretische Basis psychometrischer Tests

den Probanden lediglich Antworten (»responses«) auf diverse Testitems vorliegen. »Die IRT ist aus dem Versuch entstanden, diese Frage innerhalb eines bestimmten formalen Rahmens zu präzisieren und Antworten darauf unter verschieden restriktiven Voraussetzungen zu geben« (Fischer, 1996, S. 673).

In der IRT wird als grundsätzliche Annahme zunächst zwischen zwei Ebenen von Variablen unterschieden, und zwar zwischen **manifesten Variablen** und **latenten Variablen**.

manifeste und latente Variablen

Definition

Bei den **manifesten Variablen** handelt es sich im Kontext der IRT um das beobachtbare Antwortverhalten auf verschiedene Testitems, bei den **latenten Variablen** hingegen um die Merkmalsausprägung in nicht beobachtbaren, dahinterliegenden Dispositionen (Einstellungen, Persönlichkeitsmerkmalen, Fähigkeiten), von welchen das manifeste Verhalten als abhängig angesehen wird.

Wenn die Hypothese zutrifft, dass die Verhaltensvariation mehrerer manifester Variablen (Testitems, Indikatorvariablen) durch **eine latente Variable ξ** (gesprochen: ksi) erzeugt wird, so wird sich dies in beobachtbaren Korrelationen zwischen den Testitems niederschlagen. Will man in Umkehrung dieser Überlegung von manifesten Variablen auf eine potenziell dahinterliegende latente Variable ξ zurückschließen, müssen als notwendige, aber nicht hinreichende Bedingung mehrere untereinander korrelierende Testitems als Datenbasis vorliegen. Doch nur, wenn die Testitems Indikatoren der latenten Variablen ξ sind, kann die latente Variable als »Ursache« für die Korrelation zwischen den manifesten Variablen angesehen werden. Man bezeichnet die Items dann als »homogen« bezüglich der latenten Variablen ξ. Folglich stellt sich nun die Frage, wann von einer solchen Itemhomogenität ausgegangen werden darf.

Itemhomogenität

Eine wesentliche Bedingung zur Präzisierung dessen, was unter Itemhomogenität zu verstehen ist, stellt die **lokale stochastische Unabhängigkeit** dar. Wenn alle Items Manifestationen ein- und derselben latenten Dimension sein sollen, so werden ihre Korrelationen nur durch die Unterschiede in der latenten Dimension ξ hervorgerufen. Diese Verursachung kann überprüft werden, indem man die latente Dimension auf einem bestimmten Wert (auf einer lokalen Stufe, z. B. ξ_v oder ξ_w) konstant hält. Sind die Items homogen, so muss sich nun die lokale stochastische Unabhängigkeit zeigen, welche darin besteht, dass die Korrelationen zwischen den Items auf diesen Stufen verschwinden. Folglich kann bei Vorliegen der lokalen stochastischen Unabhängigkeit darauf geschlossen werden, dass die Items bezüglich ξ homogen sind.

lokale stochastische Unabhängigkeit

Beispiel

Ein Beispiel möge den Gedankengang verdeutlichen: Gegeben seien zwei Testitems i und j mit dichotomem Beantwortungsmodus »stimmt (+)« bzw. »stimmt nicht (−)«, z. B. das Item 49 »Termindruck und Hektik lösen bei mir körperliche Beschwerden aus« und das Item 106 »Es gibt Zeiten, in denen ich ganz traurig und niedergedrückt bin« aus der revidierten Fassung des Freiburger Persönlichkeitsinventars FPI-R (Fahrenberg et al., 2001). Die Zustimmungs-, Ablehnungs- und Verbundwahrscheinlichkeiten für diese beiden Items sind in ◘ Tabelle 2.1 wiedergegeben:

Betrachtet man zunächst im oberen Teil von ◘ Tabelle 2.1 die Randwahrscheinlichkeiten der beiden Items, so erkennt man, dass das Item i das leichtere Item ist

▼

Tab. 2.1 Zustimmungs-, Ablehnungs- und Verbundwahrscheinlichkeiten von zwei korrelierten Testitems i und j mit dichotomem (+/−) Antwortmodus, zunächst (a) ohne Berücksichtigung einer dahinterliegenden latenten Variablen x, sodann (b, c) bei lokaler Betrachtung auf den Stufen ξ_v und ξ_w, auf denen sich die lokale stochastische Unabhängigkeit zeigt

(a)		Item j		
		+	−	
Item i	+	.33	.27	.60
	−	.07	.33	.40
		.40	.60	
(b)	Für $\xi = \xi_v$	Item j		
		+	−	
Item i	+	.03	.27	.30
	−	.07	.63	.70
		.10	.90	
(c)	Für $\xi = \xi_w$	Item j		
		+	−	
Item i	+	.63	.27	.90
	−	.07	.03	.10
		.70	.30	

(Zustimmungswahrscheinlichkeit p(i+) = .60), das Item j hingegen das schwierigere (Zustimmungswahrscheinlichkeit p(j+) = .40) (vgl. ▶ Abschn. 2.2.4.1: Bei Persönlichkeitsfragebögen bezieht sich die »Itemschwierigkeit« nicht auf eine »richtige« Antwort, sondern auf den Anteil der Probanden, die im Sinne einer »höheren« Merkmalsausprägung geantwortet haben.) Die Anwendung des Multiplikationstheorems für unabhängige Ereignisse auf eine beliebige Zelle des Vierfelderschemas, z. B. auf p(i+) · p (j+) = .60 · .40 = .24, und der Vergleich mit der Verbundwahrscheinlichkeit derselben Zelle, hier p(i+, j+) = .33, machen deutlich, dass die Zustimmung zu Item j von der Zustimmung zu Item i *nicht* unabhängig ist, da bei Unabhängigkeit die Bedingung p(i+) · p(j+) = p(i+, j+) hätte erfüllt sein müssen; vielmehr führt die Analyse aller Antworten auf die beiden Items zu einer deutlichen Korrelation von r_{ij} = 0.375 (Phi-Koeffizient) (ausführlicher und mit Berechnung s. Moosbrugger, 2011, Kap. 10.2).

Man stelle sich nun das im ▶ Beispiel (s.o.) genannte Vierfelderschema in zwei Personengruppen gleichen Umfangs aufgeteilt vor. Die eine habe auf einer potenziellen latenten Variablen ξ, welche den Zusammenhang erklären soll, eine niedrigere Ausprägung ξ_v, die andere hingegen eine höhere Ausprägung ξ_w (◘ Tab. 2.1, unterer Teil). Nun nehmen wir auf jeder der beiden latenten Ausprägungsstufen eine Betrachtung zunächst der bedingten, d.h. lokalen Randwahrscheinlichkeiten vor und vergleichen diese mit den unbedingten Randwahrscheinlichkeiten p(i+) = .60 bzw. p(j+) = .40. Man sieht, dass für Personen mit $\xi = \xi_v$ die bedingte Wahrscheinlichkeit, dem Item i bzw. j zuzustimmen, auf $p(i+|\xi_v)$ = .30 bzw. $p(j+|\xi_v)$ = .10 gefallen ist; andererseits ist für Personen mit $\xi = \xi_w$ die bedingte Wahrscheinlichkeit, dem Item i bzw. j zuzustimmen, auf $p(i+|\xi_w)$ = .90 bzw. $p(j+|\xi_w)$ = .70 gestiegen, was wegen $\xi_v < \xi_w$ zu erwarten war.

2.1 · Voraussetzungen und theoretische Basis psychometrischer Tests

Für den Nachweis der Itemhomogenität sollte sich darüber hinaus aber zeigen, dass die Antworten auf die Items auf den lokalen Stufen voneinander unabhängig sind, da ihre (einzige) gemeinsame »Verursachung«, nämlich die latente Variable ξ, durch Konstanthaltung eliminiert wurde.

Nachweis der Itemhomogenität

Durch Anwendung des Multiplikationstheorems für unabhängige Ereignisse

$$p((i+, j+)|\xi) = p(i+|\xi) \cdot p(j+|\xi)$$

erhalten wir für das Beispiel

auf der Stufe ξ_v

$$\begin{aligned} p((i+, j+)|\xi_v) &= p(i+|\xi_v) \cdot p(j+|\xi_v) \\ 0.03 &= 0.30 \cdot 0.10 \end{aligned}$$

und auf der Stufe ξ_w

$$\begin{aligned} p((i+, j+)|\xi_w) &= p(i+|\xi_w) \cdot p(j+|\xi_w) \\ \mathbf{0.63} &= 0.90 \cdot 0.70 \end{aligned}$$

Sowohl auf der lokalen Stufe ξ_v (niedrige Merkmalsausprägung) als auch auf der lokalen Stufe ξ_w (hohe Merkmalsausprägung) erfüllen die lokalen Verbundwahrscheinlichkeiten nun das Multiplikationstheorem für unabhängige Ereignisse, so dass lokale stochastische Unabhängigkeit vorliegt: Sowohl für Personen mit niedriger als auch für Personen mit hoher Merkmalsausprägung auf der latenten Dimension sind die Korrelationen zwischen den beiden Items verschwunden ($r_{ij}|\xi_v = r_{ij}|\xi_w = 0$). Deshalb können wir die beiden Items als **homogen** in Bezug auf die latente Variable ξ auffassen. Hiermit wäre gezeigt, dass die Variation in den beiden Items auf eine latente Variable zurückgeführt werden kann, und zwar hier auf das Merkmal »Emotionalität« (FPI-R, Skala N). (Diese Überlegung lässt sich auf beliebig viele Stufen der latenten Variablen ξ sowie auf jede nichtleere Teilmenge einer beliebig großen Itemmenge verallgemeinern, s. z. B. Moosbrugger, 1984, S. 76.)

❗ Testitems, welche die Bedingung der lokalen stochastischen Unabhängigkeit erfüllen, bezeichnet man auch als **Indikatoren** der latenten Variablen.

Indikatoren der latenten Variablen

Gründlichkeitshalber sei angemerkt, dass die Erfüllung der Bedingung der lokalen stochastischen Unabhängigkeit keineswegs trivial ist. Hätte man die Stichprobe nicht nach dem Merkmal »Emotionalität« geteilt, sondern z. B. nach »Extraversion«, so wären in jeder der beiden Teilstichproben ähnliche Korrelationen wie in der ungeteilten Stichprobe verblieben.

Um in der immer größer werdenden Menge von IRT-Modellen zu einer übersichtlicheren Einteilung zu gelangen, wurden von verschiedenen Autoren durchaus verschiedene Einteilungsgesichtspunkte gewählt: So gehen etwa Weiss und Davison (1981) von der Anzahl der Modellparameter aus, Moosbrugger (1984) von der Art der itemcharakteristischen Funktion, Rost (2004) von der Variablenart der manifesten und latenten Variablen und Müller (1999) von der Separierbarkeit der Modellparameter.

Einteilungsgesichtspunkte von IRT-Modellen

Im Sinne der Unterteilung nach der Variablenart kann eine grundlegende Unterscheidung in Latent-Class- und Latent-Trait-Modelle vorgenommen werden. Während Latent-Class-Modelle zur Charakterisierung von Personenunterschieden qualitative, kategoriale latente Klassen heranziehen (s.u., ▶ Abschn. 2.1.3.3), gehen Latent-Trait-Modelle von kontinuierlichen latenten Variablen aus. Für die hier gewählte Darstellung erscheint es zunächst hinreichend, die Gruppe der **Latent-Trait-**

Modelle herauszugreifen, die am einfachsten für Testitems mit einem **dichotomen Antwortmodus** dargestellt werden kann. Im ▶ Abschnitt 2.1.3.3 werden dann weitere Modelle der IRT vorgestellt.

2.1.3.2 Latent-Trait-Modelle mit dichotomem Antwortmodus

Trait und Verhalten

Innerhalb der psychologischen Diagnostik sind gegenwärtig Latent-Trait-Modelle am gebräuchlichsten. Sie stehen in gutem Einklang mit »den intuitiven psychologischen Vorstellungen über das Wesen einer latenten Eigenschaft (eines Traits) als einer nicht begrenzten, stetig veränderlichen (reellwertigen) Variablen, von deren individueller Ausprägung die Wahrscheinlichkeit des manifesten Verhaltens der getesteten Person systematisch abhängt; aufgrund dieser Abhängigkeit kann der Trait zur »Erklärung« von Verhaltensunterschieden herangezogen werden. Je nachdem, welche Annahmen man im Detail über die Art des Zusammenhanges zwischen dem latenten Trait und der Verhaltenswahrscheinlichkeit macht, resultieren IRT-Modelle mit z. T. recht verschiedenen Eigenschaften« (Fischer, 1996, S. 673).

Modellparameter für Personen und Item

Latent-Trait-Modelle gehen davon aus, dass sowohl die Ausprägungen verschiedener Probanden auf den latenten Traits als auch die traitbezogenen Anforderungen der Items an die Personen jeweils durch einen **Parameter**, nämlich einen einzelnen numerischen Kennwert, charakterisiert werden können. Ersterer wird als **Personenparameter** ξ_v bezeichnet (Fähigkeits-, Einstellungs-, Dispositionsparameter, nämlich die Fähigkeit des Probanden v hinsichtlich des latenten Traits), letzterer als **Itemparameter** σ_i (gesprochen: sigma; Schwierigkeits- bzw. Anforderungsparameter, nämlich die Anforderung, welche das Item i an die zu untersuchende Fähigkeit der Person stellt). Üblicherweise werden die numerischen Ausprägungen der **beiden** Parameter auf **einer gemeinsamen** Skala (»joint scale«) angegeben.

Itemcharakteristische Funktion (IC-Funktion)

Annahmen über das Antwortverhalten

Eine Angabe über die numerische Ausprägung dieser Parameter wird erst nach Festlegung der **itemcharakteristischen Funktion (IC-Funktion)** möglich, welche empirisch überprüfbare Annahmen über das manifeste Antwortverhalten auf die Testitems in Abhängigkeit von der Ausprägung der latenten Traits in Form einer mathematischen Gleichung beschreibt. Durch Variation der IC-Funktion ergeben sich verschiedene spezifische Testmodelle, innerhalb derer grundsätzlich deterministische von probabilistischen Modellen unterschieden werden können (vgl. z. B. Roskam, 1996, S. 431).

> **Definition**
>
> **Deterministische Modelle** gehen davon aus, dass das Antwortverhalten der Probanden durch die Item- und Personenparameter vollständig bestimmt ist. **Probabilistische Modelle** hingegen nehmen eine stochastische Beziehung zwischen dem Antwortverhalten des Probanden und den Personen- und Itemparametern an.

deterministische Modelle

Deterministische Modelle Der einfachste Fall einer IC-Funktion liegt vor, wenn man annimmt, dass es für jedes dichotom beantwortete Item einen bestimmten Wert auf der ξ-Skala gibt, ab dem das Item gelöst (bzw. dem Item zugestimmt) wird.

Skalogramm-Modell

Genau diese Annahme trifft das sog. **Skalogramm-Modell** (auch: Guttmann-Modell; Guttman, 1950), welches als Vorläufer der später entwickelten probabilistischen Latent-Trait-Modelle angesehen werden kann. Sofern man die Items nach ihrer Schwierigkeit reiht, besagt das Skalogramm-Modell »dass eine einheitliche Ordnung von Personen und Items existiert. Diese Ordnung hat die Eigenschaft, dass eine Person, die auf ein bestimmtes Item positiv reagiert, auch auf alle vorhergehenden Items

2.1 · Voraussetzungen und theoretische Basis psychometrischer Tests

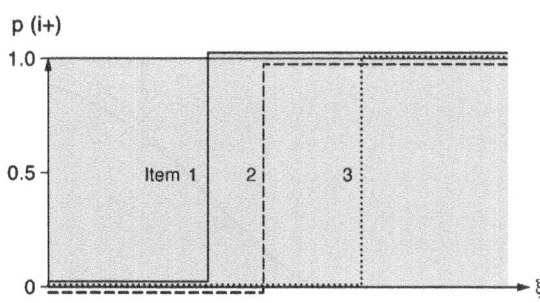

Abb. 2.5 Guttman-Skala mit drei Items. Für jedes Item steigt an einer bestimmten Stelle der latenten Variablen ξ die Lösungswahrscheinlichkeit p(i+) von 0 auf 1. (Nach Stelzl, 1993, S. 144)

positiv reagiert. Ferner wird eine Person, die auf ein bestimmtes Item negativ reagiert, auch auf alle nachfolgenden Items negativ reagieren« (Roskam, 1996, S. 436). Abbildung 2.5 illustriert ein solches Beispiel.

> **Beispiel**
>
> Eine einfache Illustration des **Guttman-Modells** kann am Beispiel der Ermittlung des Körpergewichts gegeben werden. Befragt man eine Person, die z. B. 78 kg schwer ist, mittels mehrerer Items über ihr Gewicht in der Weise, dass in jedem Item eine Gewichtsschwelle angegeben ist, z. B. »Sind Sie leichter als 60 kg?«, »Sind Sie leichter als 70 kg?« (80 kg, usw.), so wird die Wahrscheinlichkeit, der Frage zuzustimmen, bei einem bestimmten Item (80 kg) von null auf eins springen. Die Schwierigkeit dieses Items ist dann ein Indikator für die Ausprägung der latenten Variablen ξ.

Beispiel für ein Guttman-Modell

Sofern die Items dem Guttman-Modell folgen, was man an modellkonformen Reaktionsmustern erkennt, findet man den Skalenwert einer Person einfach als die **Rangzahl** jenes Items der Itemmenge, ab dem der Proband positiv reagiert hat (hier 3), und zwar unabhängig von den Reaktionen der anderen untersuchten Probanden. Da hier nur ordinale Reihungsinformationen der Itemschwierigkeiten vorliegen, sind aber **keine** Aussagen über **Distanzen** möglich, weder zwischen den Items noch zwischen den Personen.

Auch wenn das Guttman-Modell auf den ersten Blick nicht nur einfach, sondern auch plausibel erscheint, so gilt es dennoch festzustellen, dass es als IRT-Modell für psychodiagnostische Daten in der Regel nicht tauglich ist: Die Modellkonformität der Daten wäre nämlich immer dann zu verwerfen, wenn Probanden ein schwierigeres Item lösen, obwohl sie an einem leichteren gescheitert sind. Deshalb wurden bereits von Guttman selbst »Reproduzierbarkeitskoeffizienten« (s. Rost, 2004) eingeführt, welche davon abhängen, wie viele Rangplatzvertauschungen vorliegen; sie erlauben eine Beurteilung, ob die Modellabweichungen noch als tolerierbar angesehen werden können, oder ob die Annahme der Itemhomogenität verworfen werden muss (▶ Abschn. 2.2.4.3).

Anwendungsprobleme des Guttman-Modells

Probabilistische Modelle In probabilistischen Modellen werden anstelle der Guttmanschen Treppenfunktion in der Regel **monoton steigende Funktionen** als IC-Funktion angenommen. Die IC-Funktion ordnet jeder Ausprägung der latenten Variablen ξ eine Wahrscheinlichkeit p(i + | ξ) zu, mit der ein bestimmtes Item i gelöst (bzw. dem Item zugestimmt) wird. Deterministische Modelle, bei denen nur die Lösungswahrscheinlichkeiten null und eins vorkommen (vgl. oben), können als Grenzfall eines probabilistischen Modells aufgefasst werden.

probabilistische Modelle

Probabilistische Latent-Trait-Modelle wurden in ihren Grundlagen von Lord und Novick (1968), von Birnbaum (1968) und von Rasch (1960) entwickelt. Alle drei Ansät-

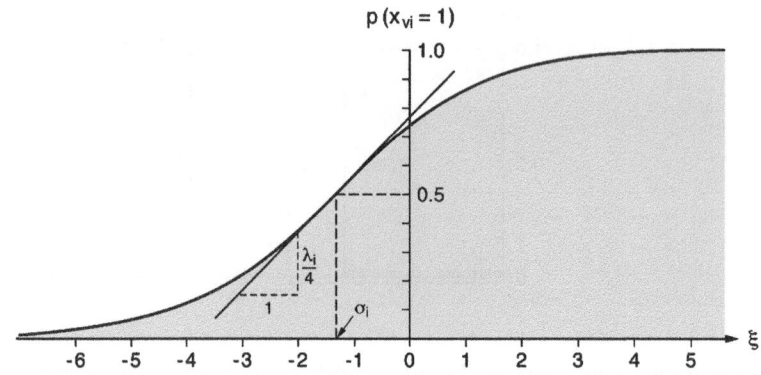

Abb. 2.6 Logistische IC-Funktion. Die Lösungswahrscheinlichkeit p(x_{vi} = 1) steigt mit zunehmender Merkmalsausprägung ξ monoton an. Für das hier veranschaulichte Item wurden die Parameter willkürlich auf σ_i = −1.25 und λ_i = 0.8 festgelegt

ze treffen ähnliche Annahmen zur Beschreibung der Beziehung zwischen manifestem Verhalten und latenter Merkmalsausprägung: Lord und Novick verwenden als IC-Funktion in ihrem »Normal-Ogiven-Modell« die Summenfunktion der Normalverteilung, die beiden anderen Ansätze verwenden hingegen die ähnlich verlaufende, aber mathematisch leichter handhabbare »logistische Funktion«. (Eine theoretische Begründung logistischer Modelle gibt z. B. Fischer, 1996, S. 678–682.)

logistische Funktion

Zur näheren Beschreibung der logistischen Funktion gehen wir von einem dichotomen (+/−) Antwortmodus aus, bei dem der Antwort »+« einer Person v auf das Item i der numerische Wert x_{vi} = 1 und der Antwort »−« der numerische Wert x_{vi} = 0 zugewiesen wird. Durch die **logistische IC-Funktion** wird die Reaktionswahrscheinlichkeit p(x_{vi} = 1) einer Person v auf das Item i in Abhängigkeit vom **Personenparameter** ξ_v, vom **Itemschwierigkeitsparameter** σ_i und vom **Itemdiskriminationsparameter** λ_i (gesprochen: lambda) festgelegt.

Birnbaum-Modell

Die allgemeine Form der logistischen Funktion findet im **Birnbaum-Modell** Verwendung (Birnbaum, 1968) und wird durch folgende Gleichung beschrieben (mit exp(…) als vereinfachte Schreibweise für die Exponentialfunktion $e^{(\ldots)}$):

$$p(x_{vi}) = \frac{\exp(x_{vi}\lambda_i(\xi_v - \sigma_i))}{1 + \exp(\lambda_i(\xi_v - \sigma_i))}$$

Fähigkeits-, Schwierigkeits- und Diskriminationsparameter

Der Fähigkeitsparameter ξ_v bezeichnet die Merkmalsausprägung von Person v auf der latenten Dimension ξ. Der Schwierigkeitsparameter σ_i gibt an, wie weit links (leichte Items) bzw. wie weit rechts (schwierige Items) die IC-Funktion des Items i auf der gemeinsamen Skala von σ und ξ zu liegen kommt. Vom Diskriminationsparameter λ_i hängt für jedes Item die jeweilige Steilheit der IC-Funktion ab, welche im Wendepunkt mit λ_i/4 ihr Maximum erreicht. Die charakteristische Form der logistischen Funktion ist in ◘ Abbildung 2.6 wiedergegeben (weitere Erläuterungen im folgenden Abschnitt über das dichotome Rasch-Modell).

Unterschiede zwischen Rasch- und Birnbaum-Modell

Das Birnbaum-Modell wird auch Zweiparameter-Logistisches Modell (2PL-Modell) genannt (s. Moosbrugger, 2011, S. 250), weil es außer verschiedenen Lokationen auf der »joint scale« mit verschiedenen Steigungen der logistischen IC-Funktionen (charakterisiert durch die jeweiligen Diskriminationsparameter λ_i) zulässt[1]. Im Unterschied dazu hält das dichotome **Rasch-Modell** (Rasch, 1960) alle Diskriminationsparameter λ_i auf dem Wert 1 konstant. Das dichotome Rasch-Modell wird deshalb auch Einparameter-Logistisches Modell (1PL-Modell) genannt und verfügt über eine Reihe

---

[1] Als 3PL-Modell wird das »Rate-Modell« von Birnbaum bezeichnet, welches zur Beschreibung des Antwortverhaltens der Probanden neben dem Personenparameter drei Itemparameter enthält, nämlich den Schwierigkeitsparameter, den Diskriminationsparameter sowie einen zusätzlichen Rateparameter (Näheres s. Moosbrugger, 2011, Kap. 10.4.4).

2.1 · Voraussetzungen und theoretische Basis psychometrischer Tests

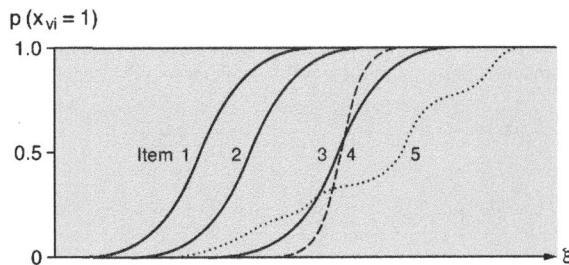

Abb. 2.7 Unterschiede zwischen IC-Funktion im Rasch- und im Birnbaum-Modell. Die IC-Funktionen der Items 1, 2 und 3 entsprechen dem Rasch-Modell, eine Hinzunahme von Item 4 wäre nur im Birnbaum-Modell möglich. In keines der beiden Modelle würde Item 5 mit einer unregelmäßig monoton steigenden IC-Funktion passen. (Nach Stelzl, 1993, S. 146)

von vorteilhaften Modelleigenschaften. ◘ Abbildung 2.7 veranschaulicht den Unterschied der IC-Funktionen im Rasch- und im Birnbaum-Modell.

Dichotomes Rasch-Modell

> **Definition**
>
> Als **Rasch-Modelle** bezeichnet man eine Gruppe von probabilistischen Latent-Trait-Modellen, welche neben der lokalen stochastischen Unabhängigkeit über weitere vorteilhafte Modelleigenschaften verfügen. Zu nennen sind vor allem die erschöpfenden Statistiken, die Stichprobenunabhängigkeit der Parameterschätzungen und die spezifische Objektivität der Vergleiche.

Das **dichotome Rasch-Modell** ist das einfachste Modell aus der Gruppe der Rasch-Modelle. Wegen $\lambda_i = 1$ resultiert für das dichotome Rasch-Modell eine gegenüber dem Birnbaum-Modell vereinfachte Modellgleichung:

dichotomes Rasch-Modell

$$p(x_{vi}) = \frac{\exp(x_{vi}(\xi_v - \sigma_i))}{1 + \exp(\xi_v - \sigma_i)}$$

Die Modellgleichung enthält für jede der dichotomen Reaktionen (Lösung/Nichtlösung) Wahrscheinlichkeitsaussagen:
Für $(x_{vi} = 1)$ erhält man die Lösungswahrscheinlichkeit

$$p(x_{vi} = 1) = \frac{\exp(\xi_v - \sigma_i)}{1 + \exp(\xi_v - \sigma_i)}$$

und für $(x_{vi} = 0)$ unter Benutzung von $\exp(0) = 1$ die Gegenwahrscheinlichkeit, nämlich die Wahrscheinlichkeit, das Item nicht lösen zu können

$$p(x_{vi} = 0) = \frac{1}{1 + \exp(\xi_v - \sigma_i)}$$

Auf die Frage, wie sich die Lösungswahrscheinlichkeit mit variierenden Parameterwerten ändert, wird man rasch feststellen, dass die **Differenz** $\xi_v - \sigma_i$ die entscheidende Größe ist. Eine Fallunterscheidung mit bestimmten Werten von σ_i soll das Verständnis der Modellgleichung erleichtern:

Fallunterscheidung

— Für $\sigma_i = \xi_v$ ergibt sich aus $\exp(0)/(1 + \exp(0))$ die Lösungswahrscheinlichkeit 1/2. Die Schwierigkeit eines Items σ_i ist auf der gemeinsamen Skala von Schwierigkeit

Tab. 2.2 Datenmatrix X mit den Antworten x_{vi} der Personen v auf die Items i, in welcher die i = 1, ..., k Items die Spalten und die v = 1, ..., n Personen die Zeilen bilden

Person	Item					Zeilensumme
	1	2	...	i	...	k	
1	1	2	...	i	...	k	$\sum_{i=1}^{k} x_{1i}$
2	x_{11}	x_{12}	...	x_{1i}	...	x_{1k}	$\sum_{i=1}^{k} x_{2i}$
...	...	...	...	...	...	...	...
v	x_{v1}	x_{v2}	...	x_{vi}	...	x_{vk}	$\sum_{i=1}^{k} x_{vi}$
...	...	...	...	...	...	...	
n	x_{n1}	x_{n2}	...	x_{ni}	...	x_{nk}	$\sum_{i=1}^{k} x_{ni}$
Spaltensumme	$\sum_{v=1}^{n} x_{v1}$	$\sum_{v=1}^{n} x_{v2}$	...	$\sum_{v=1}^{n} x_{vi}$	...	$\sum_{v=1}^{n} x_{vk}$	

und Fähigkeit (s.o.) somit als jene Fähigkeitsausprägung ξ_v definiert, welche mit einer Lösungswahrscheinlichkeit $p(x_{vi} = 1) = 1/2$ einhergeht. An dieser Stelle hat die logistische Funktion ihren Wendepunkt.

- Für $\sigma_i < \xi_v$ wird die Schwierigkeit des Items von der Fähigkeit des Probanden übertroffen, die Lösungswahrscheinlichkeit steigt an ($p(x_{vi} = 1) > 1/2$) und geht bei entsprechend großer Fähigkeit asymptotisch gegen 1.
- Für $\sigma_i > \xi_v$ übersteigt die Schwierigkeit des Items die Fähigkeit des Probanden, die Lösungswahrscheinlichkeit fällt ab ($p(x_{vi} = 1) < 1/2$) und geht bei entsprechend geringer Fähigkeit asymptotisch gegen 0.

Parameterschätzung Die Schätzung der Parameter nimmt ihren Ausgang bei den einzelnen Reaktionen x_{vi} aller Personen auf alle Items, welche in einer Datenmatrix X gesammelt werden, in der die i = 1, ..., k Items die Spalten und die v = 1, ..., n Personen die Zeilen bilden (Tab. 2.2).

erschöpfende (suffiziente) Statistiken

Liegt Rasch-Modellkonformität vor, so ergibt sich als besonderer Vorteil des Modells, dass die Anzahl der Items, die von einer Person gelöst wurden (die Zeilensummenscores), eine **erschöpfende (suffiziente) Statistik** für den Personenparameter der betreffenden Person bildet. Umgekehrt sind im Rasch-Modell die Spaltensummenscores erschöpfende Statistiken für die Schwierigkeitsparameter der Items.

> Bei Modellkonformität ist es also für die Schätzung der Parameter gleichgültig, welche Items von welchen Personen gelöst wurden, entscheidend ist nur die Anzahl.

Überprüfung der Modellkonformität

Läge hingegen **keine** Modellkonformität vor, so wären Randsummen **keine** geeigneten Statistiken über die Personen bzw. Items. Eine der wesentlichen Aufgaben der Rasch-Modellanalyse besteht deshalb in der empirischen Überprüfung der Frage, ob Modellkonformität gegeben ist oder nicht (s.u., »Modelltests«).

Unter Benutzung der Modellgleichung für die Wahrscheinlichkeiten der einzelnen Itemantworten x_{vi} ergibt sich die Wahrscheinlichkeit für die gesamte Datenmatrix X wegen der lokalen stochastischen Unabhängigkeit durch systematisch wiederholtes Anwenden des Multiplikationstheorems für unabhängige Ereignisse wie folgt:

2.1 · Voraussetzungen und theoretische Basis psychometrischer Tests

$$L = p(X) = \prod_{v=1}^{n} \prod_{i=1}^{k} p(x_{vi})$$

Dieser Ausdruck über die Wahrscheinlichkeit aller beobachteten Daten unter den Modellannahmen wird als Likelihoodfunktion L bezeichnet.

Likelihoodfunktion

Beispiel

Testitems

Zur Illustration der Parameterschätzung und der Likelihoodfunktion nehmen wir an, es hätten drei Personen zwei dichotome Items bearbeitet und dabei folgendes Antwortverhalten (Datenmatrix X) gezeigt:

Beispiel-Datenmatrix X mit den Antworten x_{vi} der Personen v auf die Items i

		Item		
		1	2	Zeilensumme
	1	$x_{11} = 1$	$x_{12} = 1$	$\Sigma x_{1i} = 2$
Person	2	$x_{21} = 1$	$x_{22} = 0$	$\Sigma x_{2i} = 1$
	3	$x_{31} = 0$	$x_{32} = 0$	$\Sigma x_{3i} = 0$
Spaltensumme		$\Sigma x_{v1} = 2$	$\Sigma x_{v2} = 1$	

Anmerkung: $x_{vi} = 1$ bedeutet »Item bejaht bzw. gelöst« und $x_{vi} = 0$ bedeutet »Item nicht bejaht bzw. nicht gelöst«.

Es stellt sich nun die Frage, welche Werte der dahinterliegenden Itemparameter σ_i und Personenparameter ξ_v eine solche Datenmatrix erzeugt haben. Hierfür suchen wir nach der maximalen Likelihood für die Datenmatrix X, indem wir günstige oder auch weniger günstige Werte für die Itemparameter und Personenparameter auswählen. Günstige Werte werden zu einer höheren, weniger günstige hingegen nur zu einer niedrigen Likelihood für die beobachtete Datenmatrix führen. Zur Veranschaulichung wählen wir zunächst günstige Parameterwerte und vergleichen die resultierende Likelihood sodann mit der Likelihood von ungünstigen Parameterwerten.

Um günstige Parameterwerte zu finden, stellen wir zunächst fest, dass Item 1 offensichtlich leichter zu bejahen ist als Item 2. Deshalb wählen wir für Item 1 einen niedrigeren Schwierigkeitsparameter ($\hat{\sigma}_1 = -1$) und für Item 2 einen höheren ($\hat{\sigma}_2 = +1$). Darüber hinaus stellen wir fest, dass Person 1 offensichtlich eine höhere Merkmalsausprägung als Person 2 und Person 3 aufweist. Deshalb wählen wir für Person 1 einen hohen Personenparameter ($\hat{\xi}_1 = 2$), für Person 2 einen mittleren ($\hat{\xi}_2 = 0$) und für Person 3 einen niedrigen ($\hat{\xi}_3 = -2$).

Im dichotomen Rasch-Modell würde folgende Likelihood resultieren, die durch Einsetzen der beobachteten Daten x_{vi} und der gewählten Parameterschätzungen ($\hat{\xi}_v, \hat{\sigma}_i$) in die Likelihoodfunktion L für die Datenmatrix X berechnet werden kann:

$$L = p(X) = \prod_{v=1}^{n}\prod_{i=1}^{k} p(x_{vi}); \text{ wobei } p(x_{vi}) = \frac{\exp(x_{vi}(\xi_v - \sigma_i))}{1 + \exp(\xi_v - \sigma_i)} \quad \text{(s.o.)}$$

$$L = \frac{\exp(x_{11}(\xi_1 - \sigma_1))}{1+\exp(\xi_1-\sigma_1)} \cdot \frac{\exp(x_{12}(\xi_1-\sigma_2))}{1+\exp(\xi_1-\sigma_2)} \cdot \frac{\exp(x_{21}(\xi_2-\sigma_1))}{1+\exp(\xi_2-\sigma_1)} \cdot \frac{\exp(x_{22}(\xi_2-\sigma_2))}{1+\exp(\xi_2-\sigma_2)} \cdot \frac{\exp(x_{31}(\xi_3-\sigma_1))}{1+\exp(\xi_3-\sigma_1)} \cdot \frac{\exp(x_{32}(\xi_3-\sigma_2))}{1+\exp(\xi_3-\sigma_2)}$$

$$= \frac{\exp(1(2-(-1)))}{1+\exp(2-(-1))} \cdot \frac{\exp(1(2-1))}{1+\exp(2-1)} \cdot \frac{\exp(1(0-(-1)))}{1+\exp(0-(-1))} \cdot \frac{\exp(0(0-1))}{1+\exp(0-1)} \cdot \frac{\exp(0((-2)-(-1)))}{1+\exp((-2)-(-1))} \cdot \frac{\exp(0((-2)-1))}{1+\exp((-2)-1)}$$

$$\approx 0.953 \cdot 0.731 \cdot 0.731 \cdot 0.731 \cdot 0.731 \cdot 0.953 \approx 0.259.$$

▼

Wie man sieht, ist die Likelihood für die gesamte Datenmatrix mit L ≈ 0,259 verhältnismäßig hoch; sie resultiert aus dem Produkt der Wahrscheinlichkeiten $p(x_{vi})$ für die empirisch beobachteten Antworten x_{vi} der Datenmatrix X unter der Bedingung der gewählten Parameter $\hat{\sigma}_1 = -1$, $\hat{\sigma}_2 = 1$, $\hat{\xi}_1 = 2$, $\hat{\xi}_2 = 0$ und $\hat{\xi}_3 = -2$.

Wahrscheinlichkeiten $p(x_{vi})$ der Antworten x_{vi} der Personen v auf die Items i (unter der Bedingung der gewählten Parameter $\hat{\sigma}_1 = -1$, $\hat{\sigma}_2 = 1$, $\hat{\xi}_1 = 2$, $\hat{\xi}_2 = 0$ und $\hat{\xi}_3 = -2$)

		Item	
		1	2
Personen	1	0,953	0,731
	2	0,731	0,731
	3	0,731	0,953

Man erkennt, dass die gewählten Parameter zu hohen Wahrscheinlichkeiten für die empirischen Daten führen, sodass davon ausgegangen werden kann, dass es sich eher um passende Parameterschätzungen handelt.

Hätten wir hingegen für die besseren Probanden die schlechteren Personenparameter und umgekehrt gewählt, also $\hat{\xi}_1 = -2$, $\hat{\xi}_2 = 0$ und $\hat{\xi}_3 = 2$, so würden wir eine Likelihood von L ≈ 0,00009 erhalten, die als Produkt folgender Wahrscheinlichkeiten $p(x_{vi})$ resultiert:

Wahrscheinlichkeiten $p(x_{vi})$ der Antworten x_{vi} der Personen v auf die Items i (unter der Bedingung der gewählten Parameter $\hat{\sigma}_1 = -1$, $\hat{\sigma}_2 = 1$, $\hat{\xi}_1 = -2$, $\hat{\xi}_2 = 0$ und $\hat{\xi}_3 = 2$)

		Item	
		1	2
Personen	1	0,269	0,047
	2	0,731	0,731
	3	0,047	0,269

Man erkennt, dass ungünstige Parameter nun zu deutlich niedrigeren Wahrscheinlichkeiten für die empirischen Daten führen, woraus geschlossen werden kann, dass es sich hier um unpassende Parameterschätzungen handelt.

Die Höhe der Likelihood variiert also in Abhängigkeit von den gewählten Parameterschätzungen. Sie erreicht das für eine gegebene Datenmatrix mögliche Maximum dann, wenn im Wege der Parameterschätzung optimale Werte für die Personen- und Itemparameter gefunden werden.

Nach Einsetzen der Modellgleichung in die **Likelihoodfunktion** lässt sich die Gleichung in der Weise umformen, dass die einzelnen Reaktionen der Personen auf die Items zugunsten der Zeilen- und Spaltensummenscores der Datenmatrix verschwinden. (Eine genaue Ableitung liefert Rost, 2004, S. 123–124.) Bei Modellkonformität hängt die Wahrscheinlichkeit der Daten also nicht davon ab, **welche Personen welche Items** gelöst haben, sondern lediglich davon, **wie oft** ein Item gelöst wurde, bzw. **wie viele** Items eine Person lösen konnte.

2.1 · Voraussetzungen und theoretische Basis psychometrischer Tests

Die Modelleigenschaften des Rasch-Modells ermöglichen als weiteren Vorteil die **Separierbarkeit der Parameter**. Sie erlaubt es, eine Likelihoodfunktion zu spezifizieren, die nur mehr Itemparameter enthält, aber keine Personenparameter (eine genaue Ableitung liefert Rost, 2004, S. 129).

Vorteil der Separierbarkeit von Parametern

❗ Diese vorteilhafte Eigenschaft des Rasch-Modells bedeutet, dass man Itemparameter schätzen kann, ohne die Personenparameter zu kennen und ohne Annahmen über deren Verteilung treffen zu müssen. Diese Eigenschaft wird auch als **Stichprobenunabhängigkeit** der Parameterschätzungen bezeichnet.

Stichprobenunabhängigkeit

Die Itemparameter werden üblicherweise nach der **Conditional-Maximum-Likelihood-Methode (CML-Methode)** geschätzt, welche im Unterschied zur unbedingten Maximum-Likelihood-Methode die Konsistenz der Schätzung nicht beeinträchtigt (zum genaueren Verfahren s. Andersen, 1980, S. 245–249; Fischer, 1983, S. 624–628, oder Molenaar, 1995). Die mathematische Ableitung ist aufwendig und soll hier nicht dargestellt werden; die rechnerische Durchführung erfordert Computerunterstützung, z. B. in Form des Rechnerprogramms WINMIRA (von Davier, 2001). Dabei werden die Itemparameter solange verändert, bis die bedingte Likelihood für die Datenmatrix (◘ Tab. 2.2) ihr Maximum erreicht. Mit anderen Worten bedeutet dies, dass die Itemparameter so bestimmt werden, dass für die empirisch beobachtete Datenmatrix eine bestmögliche Anpassung resultiert. (Eine ausführliche und gut nachvollziehbare Darstellung der Maximum-Likelihood-Parameterschätzungen gibt Rost, 2004, S. 303–317.)

Schätzung der Itemparameter

Sind die Itemparameter bestimmt, so könnten bei **Modellkonformität** bereits die Zeilensummenscores der Probanden Hinweise auf die Ausprägung der latenten Variablen liefern. »Da die Schätzwerte für die Personenparameter letztlich nur eine monotone Transformation der Trefferzahlen sind (je mehr Treffer, desto höher der geschätzte Personenparameter), ist im Allgemeinen wohl nicht zu erwarten, dass sich an den Korrelationen des Tests mit Außenkriterien viel ändert, wenn man die geschätzten Personenparameter anstelle der Trefferzahl zur Vorhersage benutzt. Das zeigte sich z. B. beim Mannheimer Test zur Erfassung des physikalisch-technischen Problemlösens (MTP von Conrad et al., 1980), bei dem sowohl für die Trefferzahl als auch für die geschätzten Personenparameter Kriteriumskorrelationen berechnet wurden. »Die Unterschiede in den Korrelationen waren gering und unsystematisch« (Stelzl, 1993, S. 150). Dies macht deutlich, dass nicht für jede Person ein eigener, sondern für alle Personen mit demselben Zeilensummenscore ein gemeinsamer Schätzwert für den Personenparameter bestimmt werden kann, welcher in der Testpraxis aus einer Tabelle abgelesen wird. Für die Zeilensummenscores verbleibt allerdings der Nachteil, dass sie nicht direkt mit den Schwierigkeitsparametern auf einer gemeinsamen Skala verglichen werden können.

Schätzung der Personenparameter

Zur Bestimmung der Personenparameter werden deshalb den jeweiligen Zeilensummenscores mithilfe der Maximum-Likelihood-Schätzung diejenigen Werte von ξ zugeordnet, für welche das beobachtete Reaktionsverhalten auf die Items am wahrscheinlichsten ist (vgl. Steyer & Eid, 2001, S. 276–278). Bei Personen, die kein Item gelöst haben, weil der Test für sie zu schwierig war (Zeilensummenscore 0), und ebenso bei Personen, die alle Items gelöst haben, weil der Test für sie zu einfach war (Zeilensummenscore k bei k Items), sind die Personenparameter nicht genau bestimmbar, weil sie gegen $-\infty$ bzw. $+\infty$ tendieren. Ihnen können aber im Wege bestimmter Normierungen (s. Rost, 2004, S. 313–314, Weighted-ML-Methode) entsprechende Parameter zugewiesen werden.

Die Modellgleichung des Rasch-Modells ist eindeutig bis auf positiv-lineare Transformationen. Daraus ergibt sich für die gemeinsame Skala von ξ und σ und somit auch für die latente Variable ξ das Messniveau einer **Intervallskala** (vgl. Fischer, 1996, S. 686) mit frei wählbarem Nullpunkt. Die Itemparameter werden in der Regel auf den Mittelwert null normiert, wodurch negative Werte von σ leichte Items charakterisie-

Intervallskalierung

ren, positive Werte hingegen schwierige Items. Mit der Normierung der Itemparameter liegt auch die Skala der Personenparameter fest. Negative Personenparameter zeigen an, dass die Probanden geringe Merkmalsausprägungen aufweisen, positive Personenparameter sprechen für hohe Merkmalsausprägungen. Die Parameterwerte auf der gemeinsamen Skala fallen in der Regel im Intervall zwischen −3 und +3 an. Ausführliche Interpretationshinweise für Testwerte im Rahmen der IRT, welche sowohl norm- als auch kriteriumsorientierte Aspekte berücksichtigen, liefern Rauch und Hartig (2011).

Überprüfung der Modellkonformität

Empirische Modelltests Bevor mit einem nach dem Rasch-Modell konstruierten Test psychodiagnostische Messungen vorgenommen werden, gilt es zu überprüfen, ob Modellkonformität vorliegt. Nur dann können nämlich die günstigen Eigenschaften des Rasch-Modells – wie schon oben erwähnt – auch tatsächlich in Anspruch genommen werden.

empirische Modellkontrollen

Die Modellkonformität kann im Wege **empirischer Modellkontrollen** überprüft werden. Das einfachste Vorgehen besteht darin, die postulierte Stichprobenunabhängigkeit zu hinterfragen und die Probandenstichprobe nach einem relevanten Kriterium (z. B. Alter, Geschlecht, Sozialisation etc., oder nach dem untersuchten Persönlichkeitsmerkmal selbst, vgl. dazu aber auch den Abschnitt »Mixed-Rasch-Modell«) in zwei oder mehrere Substichproben zu unterteilen und in jeder der Substichproben getrennte Itemparameterschätzungen vorzunehmen. Auf diese Weise gewinnt man jeweils zwei Werte für σ_i, welche bei Modellkonformität nicht bzw. nur zufällig voneinander abweichen sollen.

grafischer Modelltest

Einen ersten Überblick verschafft man sich mit dem **grafischen Modelltest**, bei dem die beiden Itemparameterschätzungen in einem bivariaten Streuungsdiagramm gegeneinander abgetragen werden (s. Lord, 1980, S. 37). Je näher die Itemparameter an der Hauptdiagonalen zu liegen kommen, desto größer ist die Stichprobenunabhängigkeit und desto eindeutiger die **Rasch-Homogenität**. Systematische Abweichungen würden hingegen Hinweise liefern auf modell**in**konforme Abhängigkeiten zwischen der Itemschwierigkeit und jenem Kriterium, nach welchem die Stichprobe geteilt worden war. Ein gelungenes Beispiel zeigt ◘ Abbildung 2.8.

Likelihood-Quotienten-Tests

Will man über die grafische Kontrolle hinaus die Modellkonformität auch numerisch prüfen, so wird häufig der **Likelihood-Quotienten-Test** von Andersen (1973) eingesetzt. Hierbei werden für beide Teilstichproben CML-Schätzungen durchführt und diese mittels Signifikanztest auf Unterschiedlichkeit geprüft, wobei das Beibehalten der Nullhypothese für die Modellkonformität spricht. Das Verwerfen der Nullhypothese spräche gegen die Modellkonformität. Sofern Differenzen nur bei einzelnen Items auftreten, kann nach deren Aussonderung oder Überarbeitung abermals überprüft werden, ob nunmehr Modellkonformität vorliegt. Dazu sollten möglichst neue Daten herangezogen werden. (Zu weiteren Optimierungsmöglichkeiten durch Itemselektion und zu »item-fit-indices« s. Rost, 2004, S. 369–375; Gollwitzer, 2011).

Personenselektion

Personenselektion Mängel eines Tests hinsichtlich der Modellkonformität können auch darauf zurückzuführen sein, dass einzelne Probanden auf die Testitems nicht in angemessener Weise reagieren, sondern vielmehr untypische Bearbeitungsstile zeigen: Akquieszenz, Schwindeln, Raten, soziale Desirabilität und arbiträres Verhalten wären hier als Gründe ebenso aufzuführen wie Sprachschwierigkeiten und mangelndes oder unterschiedliches Instruktionsverständnis. Solche Personen mit abweichenden Verhaltensstilen, die möglichst auch transsituativ durch andere Testskalen abgesichert sein sollten, müssen gegebenenfalls ausgesondert werden, um die Personenstichprobe hinsichtlich ihres Bearbeitungsstiles zu homogenisieren.

auffällige Antwortmuster

Eine solche **Personenselektion** macht sich die Tatsache zunutze, dass sich inadäquate Bearbeitungsstile in auffälligen Antwortmustern (»aberrant response patterns«) manifestieren können, denen unter Modellgültigkeit nur eine sehr geringe Auftretens-

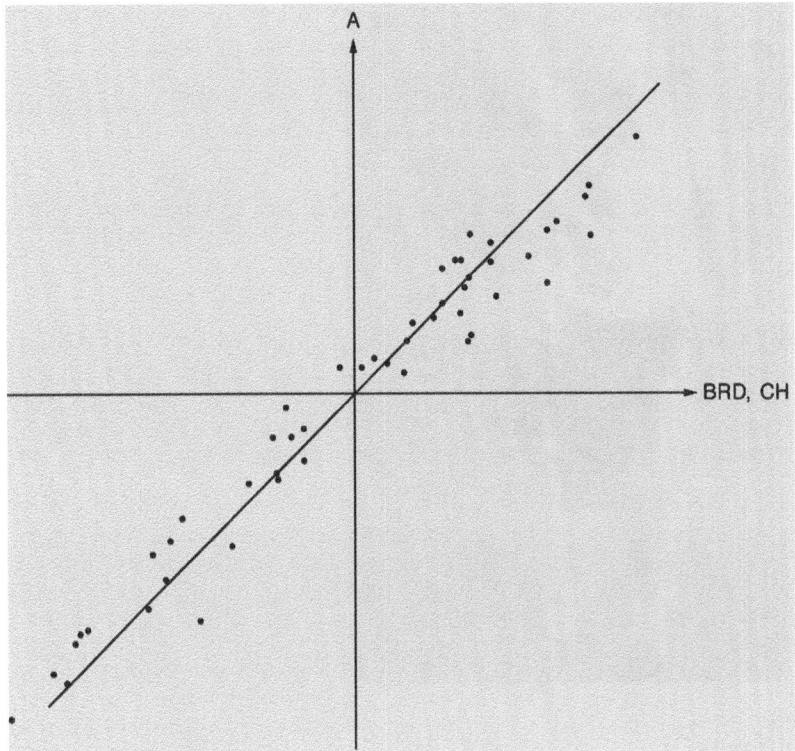

Abb. 2.8 Grafischer Modelltest: Gegenüberstellung der nach dem Rasch-Modell geschätzten Itemparameter der Testskala »Alltagswissen« aus dem Adaptiven Intelligenz Diagnostikum (AID; Kubinger & Wurst, 2000), einerseits für Kinder aus Deutschland und der Schweiz (Abszisse, Stichprobe 1), andererseits für Kinder aus Österreich (Ordinate, Stichprobe 2). (Nach Kubinger, 1995, S. 70). © 1995 Beltz Psychologie in der Verlagsgruppe Beltz. Weinheim (Basel)

wahrscheinlichkeit zukommt. Ein deutlich abweichendes Antwortmuster läge beispielsweise vor, wenn eine Person die meisten leichten Items eines Tests verneint, die meisten der schwierigen Items aber bejaht. Die beiden Itemgruppen würden für ein- und dieselbe Person dann zu sehr unterschiedlichen Schlussfolgerungen hinsichtlich der latenten Fähigkeit führen, denn die Reaktionen auf die leichten Items würden eine sehr niedrige, die Reaktionen auf die schwierigen Items hingegen eine sehr hohe Merkmalsausprägung nahe legen.

Bei der Testanwendung sollte im diagnostischen Einzelfall stets geprüft werden, ob sich der einzelne Proband »modellkonform« verhalten hat oder nicht. Dazu wurden »person-fit-indices« (auch »caution-indices«) entwickelt, welche auf der Basis der Antwortmuster eine Beurteilung erlauben, ob es sich um plausible oder um unplausible Testergebnisse handelt. Während etliche Verfahren aus verschiedenen Gründen nur eingeschränkt empfohlen werden können (s. Fischer, 1996, S. 692), erweisen sich die auf der Likelihoodfunktion basierenden Ansätze von Molenaar und Hoijtink (1990), Tarnai und Rost (1990) sowie von Klauer (1991) als wissenschaftlich gut fundiert. Fällt ein »person-fit-index« zu ungünstig aus, so ist bei dem jeweiligen Testergebnis Vorsicht angezeigt; die Testinterpretation sollte dann entweder unterlassen oder nur mit entsprechender Umsicht vorgenommen werden. (Für weitere Informationen zu »person-fit-indices« s. Klauer, 1995, für Optimierungsmöglichkeiten durch Personenselektion s. Rost, 2004, S. 356–366.)

»Person-fit-indices«

Anstelle einer vorschnellen Personenselektion sollte aber auch überlegt werden, ob das modellkonforme Verhalten eine relevante Information im Sinne der differentiellen Psychologie darstellt. So können gerade niedrige »person-fit-indices« ein Hinweis dafür sein, dass man es mit Probanden zu tun hat, deren Arbeitsstil anders ist als jener der Mehrheit. Diese Überlegung findet beispielsweise in der Sportpsychologie Anwendung zur Identifikation von Personen, welche über die Gabe verfügen, ihre Leistung unter Belastung zu steigern (◘ Abb. 2.9, s. z. B. Guttmann & Etlinger, 1991).

◘ **Abb. 2.9** Einige Menschen zeigen einen »untypischen« Verhaltensstil, indem sie ihre Leistung unter Belastung steigern können. (Foto: © photos.com)

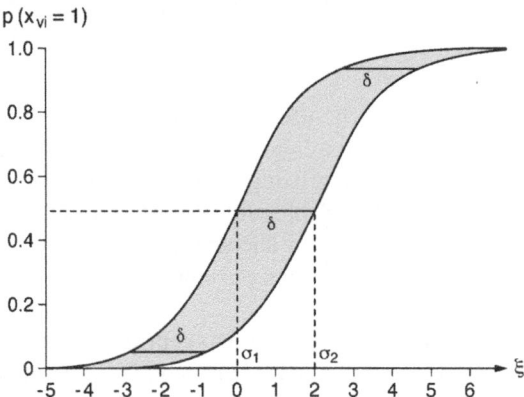

◘ **Abb. 2.10** IC-Funktionen zweier Rasch-homogener Items mit den Schwierigkeitsparametern $\sigma_1 = 0$ und $\sigma_2 = 2$. Die Differenz $\delta = |\sigma_1 - \sigma_2|$ ist unabhängig von ξ feststellbar. (Nach Steyer & Eid, 1993, S. 222)

spezifische Objektivität

Spezifische Objektivität Nach erfolgreicher Überprüfung der Modellkonformität kann davon ausgegangen werden, dass die IC-Funktionen aller Items die gleiche Form aufweisen und lediglich entlang der ξ-Achse parallel verschoben sind.

> Dieser Aspekt ermöglicht die sog. **spezifische Objektivität der Vergleiche**, welche bedeutet, dass der Schwierigkeitsunterschied zweier Items ($\sigma_i - \sigma_j$) unabhängig davon festgestellt werden kann, ob Personen mit niedrigen oder hohen Merkmalsausprägungen ξ untersucht wurden (◘ Abb. 2.10, s. auch Steyer & Eid, 2001, S. 254).

In Umkehrung dieser Überlegung sind aber auch Vergleiche zwischen Personen **spezifisch objektiv**: Die Unterschiede zwischen den Personenparametern ($\xi_v - \xi_w$) können unabhängig von den verwendeten Items festgestellt werden.

Informationsfunktion

Informationsfunktion Die Unabhängigkeit der Personenvergleiche von den verwendeten Items macht deutlich, dass grundsätzlich alle Items eines homogenen Itempools zur Erfassung der verschiedenen Merkmalsausprägungen geeignet sind; dennoch darf nicht der Eindruck entstehen, dass folglich jedes Item gleich viel Information über die

2.1 · Voraussetzungen und theoretische Basis psychometrischer Tests

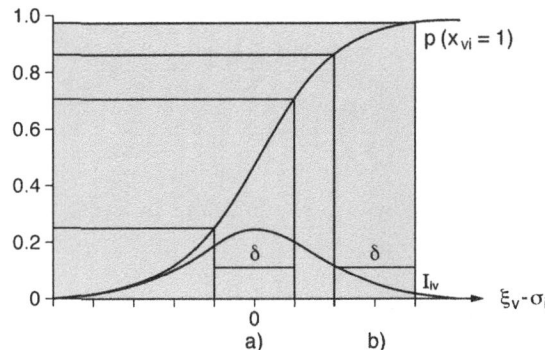

Abb. 2.11 Lösungswahrscheinlichkeit $p(x_{vi} = 1)$ und Informationsfunktion I_{iv} eines Rasch-homogenen Items mit der Itemschwierigkeit σ_i in Abhängigkeit von ξ_v. Im Fall a (links) führt die Fähigkeitsdifferenz $\delta = |\xi_1 - \xi_2|$ zu großen Unterschieden in der Lösungswahrscheinlichkeit, im Fall b (rechts) hingegen zu geringen Unterschieden. Die Iteminformationsfunktion variiert mit dem Grad der Übereinstimmung zwischen Schwierigkeit und Fähigkeit

Merkmalsausprägungen verschiedener Personen zu liefern vermag. Vielmehr macht die logistische IC-Funktion (Abb. 2.6) deutlich, dass die Lösungswahrscheinlichkeit $p(x_{vi} = 1)$ ihren stärksten Zuwachs gerade dann aufweist, wenn die Itemschwierigkeit σ_i mit der Merkmalsausprägung ξ_v übereinstimmt. Will man also mit einem bestimmten Item Vergleiche zwischen zwei Personen mit der Merkmalsdifferenz δ vornehmen, so sind nur dann deutliche Unterschiede in der Lösungswahrscheinlichkeit $p(x_{vi} = 1)$ zu erwarten, wenn die Fähigkeiten im Bereich der Itemschwierigkeit liegen. Weichen hingegen die Fähigkeiten von der Itemschwierigkeit deutlich ab, so fallen die Unterschiede im Lösungsverhalten viel geringer aus, wie Abbildung 2.11 zeigt (Näheres s. Moosbrugger, 2011, Kap. 10.4.2).

Untersucht man die Unterschiede im Lösungsverhalten systematisch für immer kleiner werdende Merkmalsdifferenzen, so erhält man als Grenzwert den Differentialquotienten, welcher die Steigung der IC-Funktion angibt. Die Steigung, die beim dichotomen Rasch-Modell als **Iteminformationsfunktion** bezeichnet werden kann, variiert mit der Differenz zwischen Fähigkeit und Itemschwierigkeit (Abb. 2.11).

Iteminformationsfunktion

Wie man sieht, erreicht die Iteminformationsfunktion I_{iv} bei $\xi_v = \sigma_i$ ihr Maximum und fällt nach beiden Seiten mit zunehmender Differenz zwischen ξ_v und σ_i zunächst langsam, dann beschleunigt und wieder verlangsamt asymptotisch gegen null ab. Die **numerische Ausprägung** I_{iv} der Iteminformationsfunktion eines bestimmten Items i gegeben ξ_v ist festgelegt durch

numerische Ausprägung

$$I_{iv} = I_i|_{\xi_v} = \frac{\exp(\xi_v - \sigma_i)}{(1 + \exp(\xi_v - \sigma_i))^2}$$
$$= p(x_{vi} = 1|\xi_v) \cdot p(x_{vi} = 0|\xi_v)$$

(vgl. Fischer, 1974, S. 295) und entspricht für die jeweilige Merkmalsausprägung ξ_v dem Produkt aus bedingter Lösungs- und Nichtlösungswahrscheinlichkeit des Items (ein numerisches Beispiel dazu findet sich in Moosbrugger, 2011, Kap. 10.4.2).

Für einen aus k Items bestehenden Test lässt sich – infolge der lokalen stochastischen Unabhängigkeit (s.o.) – für bestimme Probanden v mit dem Personenparameter ξ_v durch Addition der einzelnen Iteminformationsbeträge I_{iv} die **Testgesamtinformation I_v** berechnen:

Testgesamtinformation

$$I_v = \sum_{i=1}^{k} I_{iv}$$

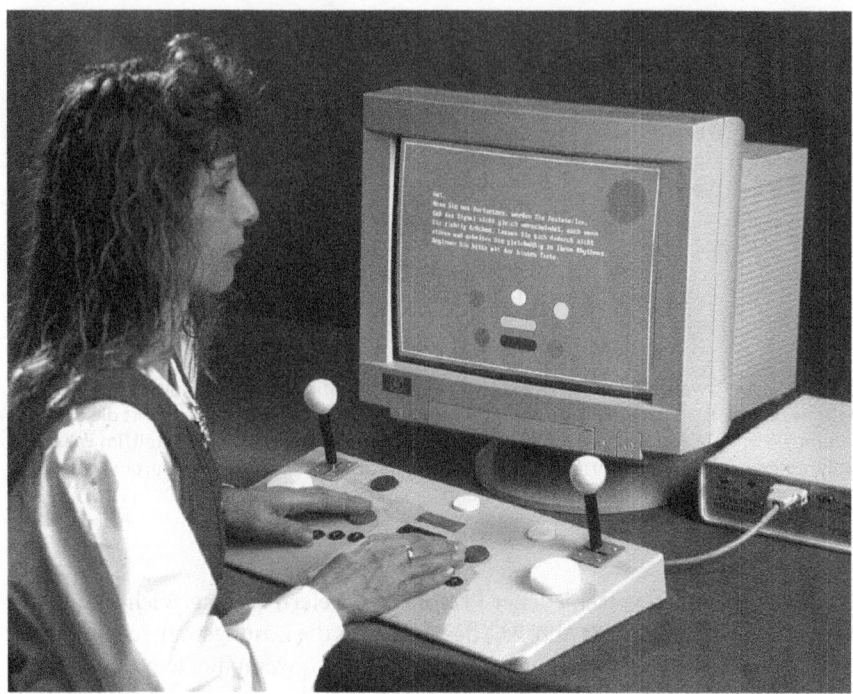

◘ Abb. 2.12 Beim Adaptiven Testen wird die Auswahl der Testitems dem Fähigkeitsniveau der Probanden angepasst

Mithilfe der Gesamtinformation I_v kann die interindividuell variierende Genauigkeit der Personenparameterschätzung $\hat{\xi}_v$ als asymptotisches **95%-Konfidenzintervall** kalkuliert werden (vgl. Fischer, 1983, S. 609):

$$\hat{\xi}_v - \frac{1.96}{\sqrt{I_v}} \leq \xi_v \leq \hat{\xi}_v + \frac{1.96}{\sqrt{I_v}}$$

Konfidenzintervall

Die individuelle Testgenauigkeit wird umso größer, je höher die Testinformation I_v für den einzelnen Probanden v ausfällt. Diese kann sowohl durch Vermehrung der Itemanzahl oder/und durch Vergrößerung der einzelnen additiven Iteminformationsbeträge I_{iv} gesteigert werden.

adaptives Testen

Adaptives Testen Um eine genaue Bestimmung der Personenparameter in allen Bereichen der latenten Merkmalsausprägungen vornehmen zu können, ist es gut und wünschenswert, über einen großen Itempool mit entsprechend breit gestreuten Schwierigkeitsparametern zu verfügen. Werden alle diese Items beim jeweiligen Probanden zur Anwendung gebracht, geht damit eine entsprechend lange Testdauer einher. Werden hingegen nur solche Items, deren Schwierigkeit mit der Fähigkeit des Probanden hinreichend übereinstimmt, zur Anwendung gebracht, tragen diese wesentlich zur Testgesamtinformation bei. Für die anderen Items trifft dies hingegen nicht zu, denn alle jene Items, welche für den betreffenden Probanden allzu schwierig oder auch allzu leicht sind, liefern fast keine Information. Folglich können sie bei der Testvorgabe einfach weggelassen werden, ohne die Testgenauigkeit beträchtlich zu verringern.

Genau diese Idee macht sich das **Adaptive Testen** (◘ Abb. 2.12) zu eigen: Zur Steigerung der Testökonomie werden bei den einzelnen Probanden nur diejenigen Testitems zur Anwendung gebracht, welche für das Fähigkeitsniveau des einzelnen Probanden eine hohe Messgenauigkeit (Iteminformation) aufweisen. Auf die anderen Items wird hingegen verzichtet. Solche adaptiven Strategien erfordern einen IRT-homogenen Itempool und können entweder manuell mithilfe geeigneter Verzweigungen (»branched testing«) in Paper-Pencil-Tests (z. B. Adaptives Intelligenz Diagnostikum AID2, Kubinger & Wurst, 2000) oder auch durch »Hochrechnen« des individuellen Personenparameterwertes nach entsprechend maßgeschneiderter Auswahl der Itemschwierigkeit (»tailored testing«) in computerbasierten Testverfahren (z. B. Frankfurter Adaptiver Konzentrationsleistungs-Test FAKT II, Moosbrugger & Goldhammer, 2007) realisiert werden. Näheres zum Adaptiven Testen siehe z. B. in Fischer (1983), Kubinger (1987, 1996), Kisser (1992), Stelzl (1993), van der Linden und Glas (2000), Segall (2005) oder Frey (2011).

2.1.3.3 Weitere Modelle der IRT

Neben den genannten dichotomen Latent-Trait-Modellen umfasst das Gebiet der IRT heute eine Vielzahl weiterer Modelle. Verglichen mit dem dichotomen Rasch-Modell sind diese in der Regel ebenfalls probabilistisch, unterscheiden sich aber u. a. durch die Art der manifesten und/oder latenten Variablen und der verwendeten Modellparameter. Die in der IRT zentrale Annahme der lokalen stochastischen Unabhängigkeit (s.o.) gilt sinngemäß auch hier. Die meisten der im Folgenden skizzierten Modelle lassen sich als Weiterentwicklungen des dichotomen Rasch-Modells interpretieren, andere haben ihre eigene Geschichte. Die folgende Darstellung will grundlegende Ansätze aufzeigen und erhebt keinen Anspruch auf Vollständigkeit.

Weiterentwicklungen des dichotomen Rasch-Modells

Polytome Latent-Trait-Modelle

Rasch (1961) hat sein dichotomes Modell auf den Fall polytomer (d. h. mehrkategorieller) Items erweitert. Da es sich um Items mit nominalen Kategorien handeln kann (z. B. Signierungen bei Fragen mit freier Beantwortung), ist das **polytome Rasch-Modell** im allgemeinsten Fall **mehrdimensional**: Abgesehen von einer Referenzkategorie wird für jede Kategorie ein eigener Personen- und ein eigener Itemparameter eingeführt. Obwohl wieder spezifisch objektive Vergleiche möglich sind und Verfahren zur Parameterschätzung und Modellkontrolle existieren (z. B. Fischer, 1974, 1983; Fischer & Molenaar, 1995), gibt es doch bislang nur wenige empirische Anwendungen (z. B. Fischer & Spada, 1973). Ein Anwendungsproblem besteht unter anderem darin, dass bei vielen Personen bestimmte Kategorien gar nicht vorkommen (Rost, 1996).

polytomes Rasch-Modell

Von größerer praktischer Bedeutung ist zurzeit der **eindimensionale Spezialfall** des polytomen Rasch-Modells, in dem sich die Antwortkategorien im Sinne einer Rangskala ordnen lassen. Eine solche eindimensionale Ordnung wird in der Regel **a priori** angenommen; sie kann aber auch durch die Anwendung des **mehrdimensionalen** polytomen Modells empirisch nahegelegt werden. Das zugehörige Modell enthält nur einen Personen- und einen Itemparameter, die wie im dichotomen Fall z. B. als Fähigkeit (allgemeiner: Merkmalsausprägung) bzw. als Schwierigkeit interpretierbar sind, sowie zusätzlich für jede Kategorie eine **Gewichtszahl** und einen Parameter, der als **Aufforderungscharakter** der jeweiligen Kategorie bezeichnet werden kann (Fischer, 1974, 1983). Spezifisch objektive Vergleiche sind hier nur möglich, wenn die Gewichtszahlen nicht geschätzt, sondern im Einklang mit der Rangordnung der Kategorien »gleichabständig« vorgegeben werden (Andersen, 1995). Gewichtungen der Form 0, 1, 2 … o. Ä. für Stufenantwortaufgaben und Rating-Skalen sind auch bei »klassischer« Auswertung üblich, jedoch fehlt dort fast immer ihre Legitimation mangels Einbettung in ein empirisch prüfbares Modell.

eindimensionaler Spezialfall

Andrich (1978) gelang es, das eindimensionale polytome Rasch-Modell auf der Basis dichotomer Latent-Trait-Modelle zu interpretieren. In seiner Darstellung werden die manifesten Kategoriengrenzen durch sog. **Schwellen** auf der latenten Dimension repräsentiert, die sich ähnlich wie dichotome Items durch **Diskriminations- und Schwierigkeitsparameter** beschreiben lassen. Dabei zeigte sich, dass die oben hervorgehobene gleichabständige Gewichtung nur dann resultiert, wenn man **gleich diskriminierende**

Rating-Skalenmodell

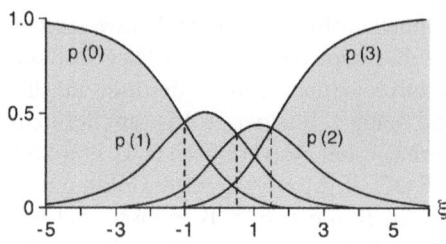

Abb. 2.13 Kategoriencharakteristiken eines vierkategoriellen Items. (Nach Rost, 2004, S. 197)

Schwellen annimmt. Im **Rating-Skalenmodell** von Andrich (z. B. Rost, 2004) werden folglich alle Diskriminationsparameter gleich eins gesetzt und die Kategorien mit fortlaufenden ganzen Zahlen (0, 1, 2 …) gewichtet. Der Aufforderungscharakter der Kategorien hingegen hängt auch von den relativen Positionen der Schwellen ab.

Kategoriencharakteristiken

Eindimensionale polytome Modelle lassen sich durch **Kategoriencharakteristiken** veranschaulichen, die die Wahrscheinlichkeiten für alle möglichen Antworten als Funktion des Personenparameters zeigen. ◘ Abbildung 2.13 kann als Illustration des Rating-Skalenmodells für den Fall von vier Antwortkategorien dienen.

Wird im Rating-Skalenmodell der Personenparameter variiert, durchläuft die jeweils wahrscheinlichste Antwort die gesamte Rating-Skala. Die Positionen der Schwellen auf dem latenten Kontinuum ergeben sich aus den Schnittpunkten der Kurven benachbarter Kategorien. (Das dichotome Rasch-Modell ist als Spezialfall im Rating-Skalenmodell enthalten: Allgemein ist die Itemcharakteristik bei dichotomen Latent-Trait-Modellen nichts anderes als die Kategoriencharakteristik der positiven oder symptomatischen Kategorie.)

Weiterentwicklungen des Rasch-Modells

Im Rating-Skalenmodell wirken die Schwierigkeiten der Items und die für alle Items gleichen relativen Schwierigkeiten der Schwellen im Sinne von Haupteffekten additiv zusammen. Die in ◘ Abbildung 2.13 gezeigte Kurvenschar wäre bei einem leichteren Item lediglich insgesamt nach links, bei einem schwereren Item nach rechts verschoben. Die wesentlichen Merkmale von Rasch-Modellen (z. B. Summenwerte als erschöpfende Statistiken für die Modellparameter, Existenz konsistenter Schätzverfahren) bleiben jedoch erhalten, wenn auch »Interaktionseffekte« derart zugelassen werden, dass die relativen Positionen der Schwellen, ja sogar die Anzahl der Kategorien, von Item zu Item schwanken können. Masters (1982) konzipierte dieses sehr allgemeine Modell zunächst für Leistungstests mit abgestufter Bewertung der Antworten und nannte es dementsprechend **Partial-Credit-Modell**. Es eignet sich aber auch als Bezugsrahmen für eine Reihe spezieller »Rasch-Modelle« mit geordneten Kategorien (Masters & Wright, 1984; Rost, 1988; Wright & Masters, 1982), so dass die neutrale Bezeichnung »ordinales Rasch-Modell« (Rost, 2004) angemessener erscheint. Eine Verallgemeinerung auf **kontinuierliche Rating-Skalen** entwickelten Müller (1999) und Rost (2004). Für nähere Einzelheiten der vorgeschlagenen Spezialfälle und mögliche Anwendungen kann hier nur auf die angegebene Literatur verwiesen werden.

Latent-Class-Modelle

> Während die latenten Variablen in Latent-Trait-Modellen stets als kontinuierlich oder **quantitativ** angenommen werden, beruhen Latent-Class-Modelle auf der Annahme **qualitativer** kategorialer latenter Variablen zur Charakterisierung von Personenunterschieden.

Latent-Class-Analyse (LCA)

Dieser Ansatz wurde schon 1950 von Lazarsfeld eingeführt und als **Latent-Class-Analyse (LCA)** bezeichnet (Lazarsfeld & Henry, 1968). Doch erst nachdem wesentliche Probleme der Parameterschätzung von Goodman (1974) gelöst werden konnten, erlebte die LCA eine »Renaissance« (Formann, 1984, S. 6), welche mit einem zunehmenden Interesse an »qualitativen Daten« korrespondiert. Mittlerweile können La-

2.1 · Voraussetzungen und theoretische Basis psychometrischer Tests

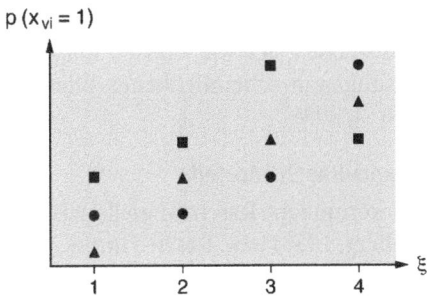

■ Abb. 2.14 Klassenspezifische Lösungswahrscheinlichkeiten dreier dichotomer Items bei vier latenten Klassen. (Nach Rost, 2004, S. 84)

tent-Class-Modelle in der IRT gleichberechtigt neben Latent-Trait-Modelle gestellt werden (Gollwitzer, 2011; Rost, 1988, 2004). Explizite oder implizite **Typenkonzepte** in der psychologischen Diagnostik (s. Moosbrugger & Frank, 1995; Rost, 2004) sind ein potenzieller Anwendungsbereich (Moosbrugger & Frank, 1992).

Beim einfachsten Latent-Class-Modell, der LCA **dichotomer Items** (z. B. Formann, 1984), wird davon ausgegangen, dass die Lösungswahrscheinlichkeit eines Items in kategorialen **latenten Klassen** (Personengruppen) unterschiedlich sein kann (■ Abb. 2.14). Diese **klassenspezifischen Lösungswahrscheinlichkeiten** stellen das Gegenstück zur Itemcharakteristik bei dichotomen Latent-Trait-Modellen dar; sie sind auch für die inhaltliche Charakterisierung der Klassen von Bedeutung. Innerhalb der Klassen wird wieder die stochastische Unabhängigkeit der Items angenommen.

LCA dichotomer Items

Die Parametrisierung von Latent-Class-Modellen unterscheidet sich relativ stark von der vergleichbarer Latent-Trait-Modelle. Generell muss die Anzahl der latenten Klassen hypothetisch vorgegeben werden (hier besteht eine Analogie zur Anzahl der Faktoren in der exploratorischen Faktorenanalyse), wohingegen sich die relativen **Klassengrößen** in einer Population empirisch schätzen lassen. In der dichotomen LCA können die klassenspezifischen Lösungswahrscheinlichkeiten als Itemparameter aufgefasst und ebenfalls geschätzt werden. Mit den genannten Größen lässt sich berechnen, mit welchen Wahrscheinlichkeiten eine Person mit einem bestimmten Antwort**muster** (die Anzahl der gelösten Items stellt hier **keine** erschöpfende Statistik dar und reicht folglich nicht aus!) den verschiedenen latenten Klassen angehört. Eine **Klassenzuordnung** der Personen ist also nur probabilistisch möglich; sie ist das Gegenstück zur Schätzung der Personenparameter bei Latent-Trait-Modellen. Ob die gewählte Klassenanzahl einem empirischen Datensatz angemessen ist, kann mithilfe von Likelihoodquotiententests (s. Gollwitzer, 2007) und informationstheoretischen Maßen wie dem Akaike's Information Criterion (AIC; s. Rost, 2004) beurteilt werden. Diese Kriterien kommen bei Modellvergleichen ganz allgemein in Betracht (s. Schermelleh-Engel, Moosbrugger & Müller, 2003).

Parametrisierung von Latent-Class-Modellen

Anders als bei Latent-Trait-Modellen bereitet die Verallgemeinerung auf **polytome Items** keine prinzipiellen Schwierigkeiten, auch nicht im Fall nominaler Antwortkategorien (Formann, 1984; Rost, 2004). Allerdings steigt die Anzahl der Modellparameter mit wachsender Anzahl der Items, Antwortkategorien und/oder Klassen so schnell an, dass zu ihrer Schätzung auch »große« Stichproben (z. B. 1.000 Personen) bald nicht mehr ausreichen würden. Abgesehen davon wären solche Modelle nicht mehr ökonomisch und die Ergebnisse kaum noch interpretierbar.

Verallgemeinerung auf polytome Items

Schon bei dichotomen Items besteht die Möglichkeit, die Anzahl der Modellparameter durch inhaltlich sinnvolle Nebenbedingungen zu reduzieren, was zu **restringierten Latent-Class-Modellen** führt (Formann, 1984). Für den Fall polytomer Items mit ordinalen Kategorien hat Rost (1988) gezeigt, dass die aus dem Rating-Skalenmodell von Andrich bekannte Idee latenter Schwellen (s.o.) in die LCA übertragen werden kann, was ebenfalls Parameterrestriktionen bzw. -reduktionen liefert. Analog zum ordinalen Rasch-Modell resultiert so eine latente Klassenanalyse **ordinaler Daten**. Sie

Parameterrestriktion bzw. -reduktion

darf nicht mit dem Begriff **geordneter Klassen** verwechselt werden: Bei dichotomen Items lassen sich die Klassen manchmal derart in eine Rangreihe bringen, dass die Lösungswahrscheinlichkeiten aller Items von Klasse zu Klasse ansteigen (Näheres s. Rost, 2004).

Mixed-Rasch-Modelle

Nachteile von Modellkontrollen

Herkömmliche Rasch-Modelle setzen Stichprobenunabhängigkeit (z. B. van den Wollenberg, 1988) bzw. Rasch-Homogenität (s.o.) in dem Sinne voraus, dass die Items bei allen getesteten Personen dasselbe Merkmal erfassen sollen. Gelegentlich erweist es sich aber als nicht haltbar, für die gesamte Personenstichprobe dieselben Itemparameterwerte anzunehmen; in einem solchen Fall müssten für verschiedene Teilstichproben unterschiedliche Itemparameter zugelassen werden. Zur Kontrolle eignen sich Modellgeltungstests wie der bereits erwähnte Likelihoodquotiententest von Andersen (1973), der die Gleichheit der Itemparameter des dichotomen Rasch-Modells in **manifesten** Teilstichproben der Personen überprüft. Solche Modellkontrollen sind im Allgemeinen gut interpretierbar, enthalten aber die Gefahr, dass relevante Teilungskriterien übersehen werden.

Mixed-Rasch- bzw. Mischverteilungsmodelle

Einen Ausweg bieten »**Mixed-Rasch-Modelle**« (Gollwitzer, 2011; Rost, 1990, 2004), welche auch als **Mischverteilungsmodelle** bezeichnet werden. Sie beruhen auf der LCA und lassen dementsprechend die Möglichkeit zu, das**s nur innerhalb** zunächst nicht bekannter **latenter** Klassen Rasch-Homogenität gegeben ist. Anders als bei der LCA dürfen sich die Personen einer Klasse aber wie bei Rasch-Modellen hinsichtlich ihrer Merkmalsausprägungen unterscheiden. Bei dichotomen Items werden folglich anstelle klassenspezifischer Lösungswahrscheinlichkeiten **klassenspezifische Itemcharakteristiken** angenommen, deren Schwierigkeitsparameter aber zwischen den Klassen unterschiedlich sein dürfen.

Überprüfung herkömmlicher Rasch-Modelle

Mixed-Rasch-Modelle lassen sich auch als Modelltests zur Überprüfung herkömmlicher Rasch-Modelle nutzen. Spricht in einer empirischen Anwendung viel für das Vorliegen mehrerer latenter Klassen, kann dies z. B. auf unterschiedliche Lösungsstrategien oder Antwortstile der Personen hindeuten und eine Modifikation der inhaltlichen Modellvorstellungen nahelegen, z. B. in der Weise, dass Personen mit zuvor mäßigem »person-fit« nunmehr als eigenständige Klasse mit homogenem Antwortverhalten identifiziert werden können (s. Gollwitzer, 2011; Köller, 1993).

Aus der Sicht der LCA ist an Mischverteilungsmodelle zu denken, wenn in einer Typologie bestimmte Typen als polar (z. B. Stemmler et al., 2010) konzipiert sind. Als konkretes Anwendungsbeispiel sei der Vergleich zweier Geschlechtsrollentypologien durch Strauß et al. (1996) genannt, bei dem ordinale, Latent-Class- und Mixed-Rasch-Modelle zum Einsatz kamen, also fast alle bisher skizzierten Arten komplexerer IRT-Modelle.

Linear-logistische Modelle

❗ Die Grundidee linear-logistischer Modelle besteht darin, die Itemparameter in IRT-Modellen näher zu erklären, indem sie als Linearkombination einer geringeren Anzahl von **Basisparametern** aufgefasst werden.

In psychologisch-inhaltlicher Hinsicht ermöglichen linear-logistische Modelle Erweiterungen gewöhnlicher IRT-Modelle, weil sich die Basisparameter z. B. auf die Schwierigkeit kognitiver Operationen beziehen können, die hypothetisch zur Bearbeitung der Testitems erforderlich sind. Mit welchem Gewicht eine Operation an einem Item beteiligt ist (z. B. einmal, zweimal, oder auch gar nicht), muss inhaltlich begründet vorab festgelegt werden. Ein so spezifiziertes linear-logistisches Modell kann wegen der geringeren Parameteranzahl nur gültig sein, wenn als notwendige (aber nicht hinreichende) Bedingung auch für das zugehörige logistische IRT-Modell ohne die lineare Zerlegung Modellkonformität besteht. In **formaler** Hinsicht sind linear-logistische Modelle also **Spezialfälle** von IRT-Modellen.

Scheiblechner (1972) und Fischer (1974, 1995b) haben das dichotome Rasch-Modell zum **linear-logistischen Testmodell (LLTM)** erweitert, indem sie die Schwierigkeitsparameter als Linearkombination von Basisparametern darstellen. Als Anwendungsbeispiel für das LLTM sei ein Test zur Messung des räumlichen Vorstellungsvermögens von Gittler (1990) angeführt, der das Prinzip der aus dem IST 70 (Amthauer, 1970) bekannten Würfelaufgaben aufgreift und diese verbessert. Als relevante Strukturmerkmale erwiesen sich hier unter anderem die Anzahl der (mentalen) Dreh- oder Kippbewegungen, Symmetrieeigenschaften der Muster auf den Würfelflächen und die Position des Lösungswürfels im Multiple-Choice-Antwortformat. Zusätzlich spielt der **Lernzuwachs** während des Tests eine Rolle, was insbesondere beim Adaptiven Testen zu beachten ist (Fischer, 1983; Gittler & Wild, 1988).

linear-logistisches Testmodell (LLTM)

Das LLTM zwingt zu einer gründlichen Analyse der Struktur von Testaufgaben, was sowohl für Konstruktvalidierungen als auch für das Assessment von Kompetenzen von großer Bedeutung ist (s. Hartig, 2008). Insbesondere durch die Large-Scale-Assessments im Rahmen von TIMMS (Trends in International Mathematics and Science Study) und PISA (Programme for International Student Assessment, s. Carstensen et al., 2007; Hartig et al., 2008) erlangten solche IRT-Modelle eine große öffentliche Beachtung.

öffentliche Beachtung durch TIMMS und PISA

Die Zerlegung der Itemparameter in eine Linearkombination von Basisparametern ist auch bei erweiterten Rasch-Modellen sowie bei Latent-Class-Modellen möglich. Das **lineare Rating-Skalenmodell** (Fischer & Parzer, 1991) und das **lineare Partial-Credit-Modell** (Glas & Verhelst, 1989; Fischer & Ponocny, 1995) basieren auf entsprechenden ordinalen Rasch-Modellen. Bei der **linear-logistischen LCA** für dichotome Items (Formann, 1984) werden die Itemparameter, nämlich die klassenspezifischen Lösungswahrscheinlichkeiten, erst nach einer logistischen Transformation zerlegt, um der Beschränkung auf den Wertebereich zwischen null und eins zu entgehen. Der Fall polytomer Items wird z. B. von Formann (1993) behandelt.

Linear-logistische Modelle sind insgesamt flexibler, als hier dargestellt werden kann. Insbesondere sind sie im Fall mehrerer Messzeitpunkte einsetzbar, sodass sich im Rahmen der IRT auch Fragestellungen der **Veränderungsmessung** untersuchen lassen (z. B. Fischer, 1974, 1995a; Fischer & Ponocny, 1995). Dabei ist es nötig, zunächst zwischen verschiedenen Arten von Veränderungshypothesen zu unterscheiden (Rost, 2004; Rost & Spada, 1983). Geht es beispielsweise um den Nachweis »globaler« Veränderungen aufgrund einer pädagogischen oder therapeutischen Intervention, so stellt dies insofern eine strenge Form einer Veränderungshypothese dar, als für alle Personen und bei allen Items (Verhaltensmerkmalen, Symptomen) der gleiche Effekt erwartet wird. Da hierdurch der differenziell-psychologische Aspekt in den Hintergrund tritt, erscheint die Forderung nach »spezifisch objektiven Vergleichen« zwischen Personen in einem solchen Fall entbehrlich. Hier kann das von Fischer (z. B. 1983, 1995a) vorgeschlagene **Linear Logistic Model with Relaxed Assumptions (LLRA)** eingesetzt werden, welches ohne die für Rasch-Modelle charakteristische Annahme der Eindimensionalität bzw. Homogenität der Items auskommt.

Veränderungsmessung

> **Σ Fazit**
>
> Die klassische Testtheorie wird heute mehr und mehr von der Item-Response-Theorie abgelöst. Konnte die klassische Testtheorie als Messfehlertheorie im Wesentlichen Antworten zur Reliabilität von Messungen liefern, so stellt die IRT die
> ▼

> explizite Beziehung zwischen dem Antwortverhalten von Personen und den dahinterliegenden latenten Merkmalen her. Die Separierbarkeit von Item- und Personenparametern ermöglicht die empirische Überprüfung der Skalierbarkeit, der Eindimensionalität sowie der Item- und der Personenhomogenität. Insbesondere das Konzept der spezifischen Objektivität der Vergleiche sensu Rasch trägt wesentlich zum Verständnis psychodiagnostischer Messungen bei. IRT-konforme Tests liefern die Basis für Large Scale Assessments wie PISA und TIMMS und ermöglichen auch die Definition von Kompetenzniveaus zur kriteriumsorientierten Testwertinterpretation. Die IRT liefert darüber hinaus die methodische Grundlage für das Adaptive Testen, welches vor allem in computerbasierter Form auch experimentelle Psychodiagnostik ermöglicht. Durch die besondere Eignung zur Veränderungsmessung wie auch durch den linear-logistischen Modellansatz stellen moderne IRT-Modelle schließlich einen Brückenschlag von der Diagnostischen Psychologie zur Allgemeinen Psychologie her. Auch differentielle Aspekte der Psychodiagnostik können mithilfe von Mixed-Rasch-Modellen untersucht werden.

2.1.4 Grundlagen kriteriumsorientierter Tests

Beispiele kriteriumsorientierter Vorgehensweise

Wer in Deutschland einen Führerschein besitzt, musste sich auch einer schriftlichen Prüfung unterziehen. Mit x Punkten galt die Prüfung als bestanden. In der Schule überprüfen Lehrer, inwieweit ihre Schüler den Lernstoff einer Unterrichtseinheit beherrschen. Ab einer bestimmten Anzahl richtiger Antworten sind sie zufrieden mit der Leistung, und sie stellen fest, dass ein Schüler das Lernziel erreicht hat (◘ Abb. 2.15). Im Rahmen von beruflichen Fortbildungen besuchen Mitarbeiter eine Fortbildung oder ein Training. Am Ende wird ihr Wissen überprüft, und sie erhalten vielleicht ein Zertifikat. Eine Prüfungskommission hat zuvor festgelegt, dass diejenigen ein Zertifikat erhalten, die in dieser Prüfung z. B. mindestens 150 Punkte erreicht haben.

festgelegtes Kriterium und Bezug auf definierten Umfang an Wissen oder Fertigkeiten

Diese Beispiele weisen mindestens zwei Gemeinsamkeiten auf. Erstens wird festgestellt, ob jemand ein zuvor festgelegtes Kriterium erreicht hat oder nicht. Deshalb werden solche »Tests« auch **kriteriumsorientierte Tests** genannt. Unterschiede zwischen den Personen, die sich der Prüfung unterzogen haben, interessieren nicht. Allenfalls wird man angeben, wie groß der Abstand zum Kriterium war, also wie viele Punkte noch gefehlt haben. Eventuell erreichen alle Teilnehmer das gesetzte Kriterium, was pädagogisch sogar wünschenswert ist. Zweitens beziehen sich solche Prüfungen immer auf einen definierten Umfang von Wissen oder Fertigkeiten, die zuvor trainiert wurden. Der »Test« soll keine Fähigkeit abbilden, sondern Wissen oder Können in einem genau festgelegten Bereich (z. B. Grundwissen zur beruflichen Eignungsdiagnostik, Kenntnis der Straßenverkehrsordnung, Beherrschung der Grundrechenarten).

Repräsentativität der Items

Idealerweise stellen die Items eine repräsentative Auswahl an Lerninhalten dar, die zuvor vermittelt wurden. Sind die Ausbildungsinhalte heterogen, muss auch der »Test« heterogen sein – ansonsten wäre er schlecht konstruiert. Würde man die faktorielle Struktur prüfen, könnten eventuell viele Faktoren entdeckt werden. Bei einer Itemanalyse kämen vielleicht negative Trennschärfen vor. Personen, die sich bestimmte Lerninhalte gut einprägen konnten, haben dafür bei anderen große Schwierigkeiten. Die Ursache kann, muss aber nicht in Fähigkeitsunterschieden der Personen liegen. Vielleicht liegt der Grund in der Prüfungsvorbereitung. Da bekannt war, mit welcher Punktzahl man besteht, haben einige Teilnehmer strategisch gelernt und ihnen unan-

2.1 · Voraussetzungen und theoretische Basis psychometrischer Tests

Abb. 2.15 Lernziel erreicht? Prüfungen, die nur das feststellen, werden als kriteriumsorientierte Tests bezeichnet

genehme Themen ausgeblendet. Spätestens jetzt wird verständlich, warum hier »Test« in Anführungszeichen geschrieben wird. Es handelt sich nicht um eine Sammlung homogener Items – zumindest nicht in der Regel. Eine Analyse auf Grundlage der Klassischen Testtheorie oder der Item-Response-Theorie verbietet sich damit. Würde man dennoch versuchen, den »Test« mithilfe einer Itemanalyse zu optimieren, könnte leicht die Inhaltsvalidität, die für solche »Tests« von zentraler Bedeutung ist, Schaden nehmen. Ein »Führerscheintest« könnte zu einem Test für sprachliche Intelligenz oder für Merkfähigkeit mutieren. Die Meinungen, wie kriteriumsorientierte Tests angemessen analysiert werden und ob die KTT dazu doch angewandt werden kann, gehen auseinander (s. Tent & Stelzl, 1993; S. 124 ff.).

Um einem möglichen Missverständnis vorzubeugen, muss zwischen Kriterien und Cut-off-Werten bei Fähigkeitstests differenziert werden. Bei kriteriumsorientierten Tests wird als Kriterium die Beherrschung einer bestimmten Menge an Lerninhalten festgelegt. Bei der Auswahl von Studierenden, Auszubildenden oder etwa Bewerbern für einen Beruf werden oftmals auch Mindestanforderungen verlangt und entsprechende Cutoff-Werte festgesetzt. Diese beziehen sich jedoch meist auf Merkmale (Eigenschaften) wie rechnerisches Denken, Konzentrationsfähigkeit oder Belastbarkeit. Die entsprechenden Tests wurden auf Grundlage der KTT, manchmal auch der IRT konstruiert. Je nach Bedeutung der Merkmale werden Standardwerte festgelegt, die von den Bewerbern zu erreichen sind. So wird vielleicht bei Piloten ein Standardwert von mindestens 120 in einem Aufmerksamkeitstest verlangt.

> **Definition**
>
> **Kriteriumsorientierte Tests** sind inhaltsvalide Testverfahren, die nicht die Position einer Person in Relation zu einer Vergleichsnorm, sondern das Erreichen oder Verfehlen eines konkreten Kriteriums ermitteln wollen.

Mit dieser Definition sind zwei Aufgaben bei der Konstruktion kriteriumsorientierter Tests angesprochen, die im Folgenden kurz erläutert werden: die Generierung inhaltsvalider Itemmengen sowie die Setzung sachgerechter Kriterien.

Generierung inhaltsvalider Itemmengen

Generierung inhaltsvalider Itemmengen Kriteriumsorientierte Tests beziehen sich meist auf einen irgendwie gearteten Unterricht (schulischer Unterricht, Ausbildung, Training, Fortbildung etc.). Die Testaufgaben müssen daher alle Unterrichtsinhalte abbilden. Ist das Universum der Kriteriumsleistungen zu groß, muss dafür gesorgt werden, dass die ausgewählten Aufgaben eine repräsentative Stichprobe der Grundmenge darstellen. Bei heterogenen Grundmengen empfiehlt sich die Aufgliederung in homogene Teilmengen, aus denen dann Zufallsstichproben zu ziehen wären. Weitere Details zur systematischen Gewinnung inhaltsvalider Itemmengen berichtet Klauer (1987).

Setzung sachgerechter Kriterien

Setzung sachgerechter Kriterien Kriterien im Sinne unserer Definition sind Mindestwerte, die von den zu untersuchenden Personen erreicht werden sollen. Sie können Lehrplänen entstammen, von Behörden als Mindestanforderung für das Bestehen einer theoretischen Führerscheinprüfung festgesetzt oder als Therapieziele zwischen Klient und Therapeut vereinbart werden. Die Festsetzung eines Kriteriumswertes ist kein diagnostisches Problem, sondern bedarf einer sachlichen Rechtfertigung. Das Kriterium kann etwa mit der Bedeutsamkeit von Lernzielen, den gesellschaftlichen und anderen Konsequenzen von Fehlentscheidungen bei Zulassung oder Ablehnung oder der Revidierbarkeit von Ablehnungen (erneute Prüfung zulässig?) begründet werden.

Trennwerte zur Klassifikation

Ermittlung zufallskritischer Trennwerte Zur Unterscheidung erfolgreicher von nicht erfolgreichen Testpersonen (im Sinne des Lern- oder Therapieziels) bedarf es der Festsetzung von **Trennwerten**, die eine **zufallsunabhängige Klassifikation** erlauben. Grundsätzlich ist nach Klauer (1987) davon auszugehen, dass Könner praktisch keine Fehler in der prüfungsrelevanten Kriterienklasse machen. Da zufällig begangene Irrtümer aber nicht auszuschließen sind, ist eine 100%ige Trefferquote ein zu hartes Kriterium. Die sich hieraus ergebende Frage ist, wie viele Aufgaben eine Person lösen muss, um unter Berücksichtigung von Zufallseinflüssen als Könner eingestuft zu werden.

Expertenurteil vs. Irrtumsgrad

Eine Lösungsmöglichkeit besteht in der Einschaltung von Experten, die den Trennwert festlegen. Ihre Erfahrung ist jedoch nur ein Ersatz für empirische Untersuchungen, die z. B. prüfen könnten, welchen Kompetenzgrad eine instruierte Gruppe gegenüber einer Kontrollgruppe erreicht. Die einfachste Lösung besteht nach Klauer (1987) darin, einen bestimmten Irrtumsgrad analog den klassischen Irrtumswahrscheinlichkeiten von 5 oder 10 Prozent zuzugestehen, sodass derjenige als kompetent gelten kann, der 95 oder 90 Prozent der gestellten Aufgaben löst. Eine solche einfache Setzung ist nicht artifizieller als die in der KTT übliche, doch lässt sie die Tatsache außer acht, dass die Reliabilität eines Tests mit seiner Länge variiert.

> **Beispiel**
>
> Angenommen, ein kriteriumsorientierter Test habe 15 Aufgaben, und das Zielkriterium betrage, da 100%ige Lösungen unwahrscheinlich sind, 90 Prozent. Während bei neun und zehn Aufgabenlösungen die oberen Vertrauensgrenzen das Zielkriterium unterschreiten, kann bei elf Lösungen nicht mehr ausgeschlossen werden, dass der wahre Wert der Testperson bei einer Irrtumswahrscheinlichkeit von fünf Prozent nicht über dem definierten Zielkriterium von 90 Prozent liegt. Die Lösungsmenge elf ist damit die Mindestzahl von Lösungen, die ein Könner erreicht haben sollte (Tab. 2.3).

2.1 · Voraussetzungen und theoretische Basis psychometrischer Tests

Tab. 2.3 Aus den bei Klauer (1987) und Kleber (1979) abgedruckten Binomialtabellen (hier ein Ausschnitt) lässt sich für jede Lösungsmenge der zugehörige Vertrauensbereich ablesen

Anzahl	Vertrauensbereich in % bei 5 % Irrtumswahrscheinlichkeit
9	32,3–86,7
10	38,4–88,2
11	44,9–92,2

Einen Ausweg weist das von Klauer (1972) entwickelte Einfehlermodell auf der Grundlage der Binomialverteilung. Es stellt für variable Aufgabenmengen tabellierte Vertrauensgrenzen für unterschiedliche Kompetenzgrade und Irrtumswahrscheinlichkeiten bereit und ermöglicht so die Ermittlung desjenigen Trennwertes, von dem an nicht mehr ausgeschlossen werden kann, dass die getestete Person zur Gruppe der Könner gehört (Tab. 2.3; s. a. Kleber, 1979).

Einfehlermodell

Die Anwendung des Binomialmodells ist jedoch an das Vorliegen bestimmter Bedingungen geknüpft. Es lässt nur binäre Ereignisse zu, fordert die stochastische Unabhängigkeit der einzelnen Aufgabenlösungen und setzt die Gleichwahrscheinlichkeit der binären Ereignisse voraus. Von diesen drei Bedingungen ist die erste durch die Beschränkung auf richtige und falsche Antworten am leichtesten zu erfüllen. Stochastische Unabhängigkeit setzt voraus, dass die Lösungswahrscheinlichkeiten einzelner Aufgaben von denen anderer Aufgaben unabhängig sind. Sie verbietet Sequenzen aufeinander bezogener Teilaufgaben, ist aber auch durch externe Faktoren wie Ermüdung durch lange Testreihen oder Feedback auf vorausgegangene Aufgabenlösungen zu verletzen. Die dritte Bedingung erfordert entweder die Verwendung gleich schwieriger Items oder Zufallsstichproben von Items für jede einzelne Testperson (Klauer, 1987). Bei eng umgrenzten Kriterienbereichen ist es im Allgemeinen leichter, diese Voraussetzung zu erfüllen. Sind größere Schwierigkeitsdifferenzen nicht zu vermeiden, böte sich zumindest bei computergesteuertem Testen die Möglichkeit zur Zufallsauswahl von Testitems.

Bedingungen für das Binomialmodell

Die Reliabilität von Binomialtests mit Items vergleichbarer Schwierigkeit lässt sich nach der Kuder-Richardson-Formel 21 aus der Kenntnis von Mittelwert, Streuung und Itemanzahl ermitteln (Lienert, 1989). Eine andere Methode besteht darin, die Stabilität der Klassifikation in Könner und Nichtkönner mithilfe der Testhalbierungsmethode zu bestimmen.

Reliabilität von kriteriumsorientierten Tests

Weitere Probleme kriteriumsorientierter Tests Die bei den klassischen Methoden zur Ermittlung der Reliabilität übliche Korrelationsrechnung kann bei kriteriumsorientierten Tests dann versagen, wenn nahezu alle Personen das Kriterium erreichen und damit als Könner klassifiziert werden. Die Varianzen der Testwerte tendieren dann gegen null und als Folge davon auch die varianzabhängigen Korrelationskoeffizienten. Dieser theoretisch mögliche und idealtypisch erwünschte Fall ist in der Praxis allerdings äußerst selten. Um ihm zu begegnen, hat Fricke (1972) einen Koeffizienten entwickelt, der die Zahl der übereinstimmenden Klassifikationen einfach in Relation zu der Zahl der Entscheidungen setzt.

Koeffizient übereinstimmender Klassifikation

Die vorangegangene Darstellung zu kriteriumsorientierten Tests wurde bewusst etwas knapp (und kürzer als in der Vorauflage dieses Buches) gehalten, weil derartige Tests in der nationalen wie internationalen Literatur nur eine nachgeordnete Rolle spielen, und zwar ungeachtet der Notwendigkeit, in zahlreichen Fällen überprüfen zu müssen, inwieweit von Personen vorgegebene Kriterien erreicht wur-

informelle kriteriumsorientierte Tests

den. Einer der Gründe dafür ist wohl darin zu sehen, dass häufig die Lehr- oder Trainingsprogramme lokal sehr spezifisch sind, sodass die aufwändige Entwicklung eines breiten Verfahrens mit zahlreichen Anwendungsmöglichkeiten nicht sinnvoll ist. Dementsprechend hat es viele informelle Entwicklungen gegeben, die weniger anspruchsvoll und z. B. oftmals integrale Bestandteile schulischer Unterrichtswerke sind.

Weiterführende Literatur

Zur **Klassischen Testtheorie** gilt das Buch von Lord und Novick (1968) noch immer als Klassiker. Als deutschsprachige Darstellung kann der Enzyklopädiebeitrag von Krauth (1996) empfohlen werden. Eine stark formalisierte Auseinandersetzung mit der KTT haben Steyer und Eid (2001) vorgelegt. Für kurze Darstellungen sei auf die Buchkapitel von Moosbrugger (2007) sowie von Tent und Stelzl (1993, Kap. 2) verwiesen.

Die testtheoretischen Grundlagen von **IRT-Modellen** sind ausführlich bei Fischer (1974, 1983 und 1996) sowie Rost (1988, 2004, 2006) abgehandelt. Prozessuale Aspekte stehen bei Scheiblechner (1996) im Vordergrund. Die Verbindung zur Messtheorie wird insbesondere von Steyer und Eid (2001) hergestellt. Ein Handbuch zur IRT haben van der Linden und Hambleton (1996) herausgegeben. Über die Weiterentwicklung von IRT-Modellen für diskrete und kontinuierliche Rating-Skalen informiert Müller (1999).

Verschiedene Anwendungen von IRT-Modellen sind bei Fischer (1978), Kubinger (1988), Rost und Strauß (1992), Fischer und Molenaar (1995), Rost und Langeheine (1996) oder Wilson und De Boeck (2004), Moosbrugger (2007) sowie Hartig et al. (2008) aufgeführt.

Zu **kriteriumsorientierten Tests** ist das Lehrbuch von Klauer (1987) noch immer die differenzierteste Monografie. Eine kompetente kurze Abhandlung findet sich in dem Buch von Tent und Stelzl, (1993, S. 123–133).

❓ **Übungsfragen**

Kap. 2.1.1
1. Was versteht man unter einem Test?
2. Nennen Sie mögliche Kriterien zur systematischen Zuordnung von Tests zu Testarten!
3. Nennen Sie zwei wichtige Voraussetzungen für die Konstruktion eines Tests!

Kap. 2.1.2.1
4. Nennen Sie die drei zentralen Grundbegriffe der KTT!
5. Nennen Sie die Axiome der KTT!

Kap. 2.1.2.2
6. Wie ist die Reliabilität formal definiert?
7. Wie lässt sich die Reliabilität berechnen?
8. Nennen Sie die Methoden der Reliabilitätsschätzung!
9. Wozu verwendet man die Spearman-Brown Formel?
10. Wovon hängt Cronbachs Alpha ab?
11. Was gibt der Standardmessfehler an?
12. Mit welcher Formel lässt sich der Standardmessfehler bestimmen?
13. Wie bestimmen Sie das Konfidenzintervall für den wahren Wert einer Person bei zweiseitiger Fragestellung?
14. Nennen Sie ein Beispiel für eine einseitige Fragestellung bei der Bestimmung des Konfidenzintervalls für den wahren Wert einer Person!
15. Was gibt die doppelte Minderungskorrektur an?

▼

2.2 · Konstruktionsprinzipien psychometrischer Tests

16. Warum werden manchmal einfache Minderungskorrekturen angeben?
17. Was gibt der Standardschätzfehler an und von welchen Parametern hängt er ab?

Kap. 2.1.2.3

18. Nennen Sie einige immer wieder hervorgebrachte Kritikpunkte der KTT!

Kap. 2.1.3

19. Was versteht man unter »lokaler stochastischer Unabhängigkeit«?
20. Was beschreibt eine IC-Funktion?
21. Worin besteht der Unterschied zwischen deterministischen und probabilistischen Modellen?
22. Erläutern Sie die Begriffe »Spezifische Objektivität« und »Stichprobenunabhängigkeit«.
23. Was versteht man unter »adaptivem Testen«?
24. Welche Fälle können im polytomen Rasch-Modell unterschieden werden?
25. Worin unterscheiden sich Latent-Class-Modelle von Latent-Trait-Modellen?
26. Worin besteht die Grundidee linear-logistischer Modelle?

Kap. 2.1.4

27. Worauf sollte man bei der Konstruktion kriteriumsorientierter Tests achten?

2.2 Konstruktionsprinzipien psychometrischer Tests

2.2.2 Itemgewinnung – 97
    2.2.2.1 Deduktive Methode/Rationale Konstruktion – 97
    2.2.2.2 Externale Konstruktion – 103
    2.2.2.3 Induktive Konstruktion – 106
2.2.3 Testentwurf – 112
2.2.4 Grundzüge von Itemanalysen – 113
    2.2.4.1 Itemschwierigkeit – 114
    2.2.4.2 Trennschärfe – 119
    2.2.4.3 Homogenität – 125
    2.2.4.4 Itemvalidität – 126

2.2.1 Grundlegende Entscheidungen vor der Testkonstruktion

Bevor das erste Item formuliert wird, sind einige grundlegende Fragen zu klären. Ohne eine Klärung dieser Fragen würde sich der spätere Test als beliebig erweisen. Nehmen wir einmal an, mehrere Experten erhielten ohne weitere Informationen den Auftrag, einen Fragebogen zur Leistungsmotivation zu entwickeln. Ihre Tests würden sich erheblich voneinander unterscheiden, die Tests würden relativ niedrig miteinander korrelieren, und einige wären vermutlich sogar für den vorgesehenen (aber vorher nicht bekannt gegebenen) Einsatzbereich unbrauchbar. Bevor man mit der eigentlichen Arbeit beginnt, muss man genau festlegen, was man messen will. Begriffe wie »Leistungsmotivation«, »Intelligenz«, oder »Aggressivität« sind zwar zur Namensgebung für den Test geeignet, aber als Startpunkt für eine Testentwicklung zu unpräzise. Für wen soll der Test geeignet sein, wer soll ihn später bearbeiten? Für welchen Verwendungszweck soll der Test entwickelt werden? Damit verbunden ist die Frage, welche Konsequenzen sich aus späteren Einsatzbedingungen ergeben.

2.2.1.1 Messgegenstand festlegen

Merkmal definieren

Definition des Merkmals Was versteht der Testautor unter »Leistungsmotivation«, »Intelligenz«, oder »Aggressivität«? Zu diesen und anderen Konstrukten finden sich in der Fachliteratur viele Definitionen, die leider nicht genau übereinstimmen. Die erste Aufgabe besteht darin, Definitionen oder Beschreibungen des interessierenden Merkmals zu sichten, um präzise sagen zu können: Das will ich messen. Zu diesem Zweck bietet es sich an, die einschlägige Fachliteratur auszuwerten. Der Arbeitsaufwand hält sich in Grenzen, wenn man aktuelle Übersichtsarbeiten zum Thema findet. In dieser Phase stellt man vielleicht fest, dass bereits Tests vorliegen. In einem solchen Fall ist kritisch zu überlegen, worin der Nutzen eines weiteren Tests liegen könnte. Findet man keine geeignete Definition, stellt man eine eigene **Arbeitsdefinition** auf.

Messgegenstand genau festlegen

Präzisierung des Messgegenstandes Manchmal stellt sich heraus, dass ein Merkmal erstaunlich komplex ist. Beispielsweise wird in der Motivationsforschung zwischen expliziten (dem Individuum bewussten) und impliziten (nur indirekt erschließbaren) Motiven unterschieden (s. Brunstein, 2003). Ein Fragebogen zur Leistungsmotivation kann natürlich nur explizite Motive erfassen. Bei Emotionen wie Angst, Ärger oder Zuneigung wird üblicherweise angenommen, dass sie sich im Erleben (Gefühle), im Ausdruck und in körperlichen Reaktionen äußern (Otto et al., 2000). Einige Autoren postulieren, dass auch bestimmte Kognitionen (v.a. Bewertungen) Bestandteil von Emotionen sind (Otto et al., 2000). Es gibt also gute Gründe, mit einem Test nicht alles zu erfassen, was der Literatur zufolge das interessierende Merkmal auszeichnet. Deshalb präzisiert man den Messgegenstand.

konzeptuelle Einengung vs. Erweiterung

Eine Möglichkeit ist die **konzeptuelle Einengung**. Beispielsweise entscheidet man sich, mit einem Angstfragebogen nur das subjektive Erleben zu erfassen. Genau genommen will man damit keinen Fragebogen zur Angst, sondern einen zum Angsterleben konstruieren. Aber auch eine **konzeptuelle Erweiterung** um Kognitionen wie die Bewertung der Umwelt, Besorgtheit und störende Gedanken oder um Körpersymptome wie Zittern, Schweißausbruch und Herzklopfen ist denkbar. Eine andere Form der Präzisierung besteht darin, sich auf eine bestimmte **Theorie** festzulegen. Von solchen Entscheidungen, die später im Testmanual transparent gemacht werden, hängt es ab, welche Art von Items zu generieren ist.

ein- oder mehrdimensionale Struktur

Struktur klären Viele Konstrukte sind bereits gut beforscht. Ein Forschungsthema ist immer wieder, ob ein Konstrukt **ein- oder mehrdimensional** ist. Manchmal wurde anfangs angenommen, ein Konstrukt sei eindimensional. Dann zeigte sich, dass doch mehrere Aspekte zu unterscheiden sind. Ein Beispiel ist die soziale Erwünschtheit. Manche Menschen beschreiben sich in Persönlichkeitsfragbögen vorteilhafter als andere. Die Forschung zu diesem Phänomen führte zu der Entdeckung, dass sich dahinter zwei Bestrebungen verbergen, die man empirisch gut trennen kann: die Tendenz, sich selbst mit einer rosa Brille zu betrachten (»self-deception«), und die Tendenz, andere absichtlich zu täuschen (»other-deception«) (Paulhus, 1986). Persönlichkeitsmerkmale wie Neurotizismus oder Extraversion, die früher als homogene Eigenschaften betrachtet wurden, gelten heute als Bündel von Facetten. Bei Interessen oder Motiven ist von vorneherein klar, dass es sich jeweils um ein ganzes Spektrum handelt. Für die Testkonstruktion ist es unumgänglich zu wissen, was über die Struktur des zu messenden Merkmals bekannt ist. Entweder versucht man, alle Aspekte mit seinen Items abzudecken, oder man engt den Messgegenstand ein.

zielgruppenspezifische Anpassung der Verständlichkeit, der thematischen Einbindung und des Antwortformats erforderlich

2.2.1.2 Zielgruppe(n) festlegen

Wer soll den Test später bearbeiten? Ist der Test für Kinder, Jugendliche oder ältere Erwachsene vorgesehen? Soll er speziell für Patienten entwickelt werden oder für die »Normalbevölkerung«? Richtet er sich an Personen mit einem niedrigen

2.2 · Konstruktionsprinzipien psychometrischer Tests

Tab. 2.4 Beispiele für Items, die zu bestimmten Zielgruppen passen

Item	Zielgruppe	Quelle
Ich habe viel mehr Spielzeug als die anderen. In der Schule werde ich oft gelobt.	Kinder im Alter von 9 bis 14 Jahren	PFK 9-14 (Seitz & Rausche, 2004)
Spannungen mit Kollegen kann ich gut ertragen. Eine Spezialistentätigkeit ist mir lieber als eine Führungsaufgabe.	Bewerber, Berufstätige	BIP (Hossiep et al., 2003)
Jemand hat versucht, meine Gedanken zu beeinflussen. Das Leben ist oft eine Last für mich.	Personen mit psychischen Störungen oder Verdacht darauf	MMPI-2 (Hathaway et al., 2000)

Bildungsniveau, an solche mit Sprachproblemen oder vielleicht an spezielle Berufsgruppen?

Aus der Festlegung auf bestimmte Zielgruppen ergeben sich Konsequenzen für die **Verständlichkeit** der Items. Für Personen mit niedrigem Bildungsniveau oder Immigranten mit Sprachproblemen müssen die Items in einer einfachen Sprache (kurze Sätze, geläufige Begriffe etc.) abgefasst werden. Bei Kindern ist zudem auf eine kindgerechte Sprache zu achten.

Verständlichkeit

Die Verständlichkeit, aber auch die thematische Einbindung von Items wirken sich auf die **Akzeptanz** des Tests aus. Bei Jugendlichen, die sich um einen Ausbildungsplatz bewerben, kann in einer Aufgabe zum rechnerischen Denken die Berechnung von Bleistiftpreisen verlangt werden (»1 Bleistift kostet 60 Cent, 10 Bleistifte 5 Euro. Wie viel Prozent ist ein Bleistift billiger, wenn man ihn im Zehnerpack kauft?«). Zur Auswahl von Führungskräften wäre dieses Item ungeeignet. Man könnte jedoch eine Textaufgabe entwerfen, die dem gleichen Denkschema folgt – nur eben mit anderen Objekten (z. B. Computer) und anderen Zahlen (um die Schwierigkeit zu erhöhen). In Persönlichkeitsfragebögen können Fragen, die Patienten völlig normal vorkommen, bei psychisch gesunden Personen Verwunderung und Ablehnung hervorrufen.

Akzeptanz

Auch das **Antwortformat** muss an die Zielgruppe angepasst werden. Viele Menschen mit einfachem Bildungsniveau sind zufrieden, wenn sie bei Fragen wie »Ich ärgere mich über die Unpünktlichkeit meiner Mitmenschen« nur »Ja« oder »Nein« ankreuzen müssen. Studierende würden hier lieber auf einer mehrstufigen Skala ankreuzen, wie oft dies vorkommt. Welche Bedeutung die Zielgruppe für die Formulierung von Items hat, zeigt **Tabelle 2.4**. Die Beispiele machen deutlich, dass mit den Formulierungen oft bewusst auf die Erlebniswelt der Zielgruppe eingegangen wird. Erwachsene nach ihrem Spielzeug zu fragen wäre genauso unpassend wie sich bei Stellenbewerbern nach Symptomen psychischer Störungen. Nicht alle Items müssen an die Zielgruppe angepasst werden. Eine Aussage wie »Ich werde manchmal wütend« lässt sich fast universell verwenden.

Antwortformat

2.2.1.3 Anwendungsbereich(e) festlegen

Tests werden für bestimmte Verwendungszwecke entwickelt. Damit wird auch der **Geltungsbereich** festgelegt, also die Fragestellungen, für deren Beantwortung der Test einen Beitrag leisten soll. Beispiele für Anwendungsbereiche sind Berufsberatung, Personalauswahl, Personalentwicklung, Entdeckung von psychischen Störungen, Feststellung der Schwere einer psychischen Störung oder Erfassung von Verhaltensauffälligkeiten in der Schule. Ein Item zur Erfassung von Wettbewerbsorientierung, einem Teilaspekt der Leistungsmotivation, könnte lauten: »Ich liebe Computerspiele, in de-

Festlegung des Anwendungs- und Geltungsbereichs

nen man gegen andere kämpfen muss.« Im Rahmen der Berufsberatung von Schulabgängern passt das Item thematisch. Da keine Berufserfahrung vorhanden ist, kann man den Freizeitbereich ansprechen. In der Personalauswahl könnten bei einem solchen Item Akzeptanzprobleme auftreten (»Wollen die herauskriegen, ob ich während der Arbeit am Computer spiele?«).

2.2.1.4 Einsatzbedingungen bedenken

erforderliche Expertise

Wichtige Fragen zu den Einsatzbedingungen sind: Wer wird den Test vorgeben, wer wird ihn auswerten und wie wird der Test durchgeführt? Hinter der Frage nach dem »Wer« steht die Frage, welche **Expertise für die Testdarbietung** erforderlich ist. Kann ein (eventuell sogar eigens geschulter) Experte den Test darbieten, oder muss der Test so beschaffen sein, dass auch ein Laie oder eine Hilfskraft die Darbietung übernehmen kann? Sieht man eine Interaktion zwischen Testleiter und Proband vor, etwa Nachfragen bei freien Antworten, ist meist ein Experte nötig. Neben dem bereits erwähnten Rorschach-Test ist eine solche Form der Interaktion bei diversen strukturierten klinischen Interviews wie dem SKID (Wittchen et al., 1997; ▶ Abschn. 10.2.1.4) erforderlich. Auch wenn die Antworten sofort zu bewerten sind und abhängig vom Ergebnis unterschiedlich fortgefahren wird, spricht dies für die Beschränkung auf Experten. Diese Bedingung kennen wir von strukturierten klinischen Interviews, aber auch von bestimmten Intelligenztests wie dem Wechsler-Test für Erwachsene (Aster et al., 2006). Einfache Fragebögen können meist von Hilfskräften dargeboten werden. Allerdings muss sichergestellt sein, dass die Fragen verständlich sind, damit es nicht zu Nachfragen kommt (z. B. »Was ist bei Frage 15 mit … gemeint«?), die einen Laien leicht überfordern könnten.

Durchführungsbedingungen

Mit dem »Wie« der Durchführung ist gemeint, ob der Test als **Papier-und-Bleistift-Test** dargeboten wird oder **computergestützt**. Eventuell sind bestimmte **apparative Vorrichtungen**, etwa zur Erfassung der Reaktionszeit oder der Feinmotorik, wünschenswert. Ist die Möglichkeit einer **Gruppenuntersuchung** vorzusehen, die eine sehr ökonomische Datenerhebung erlaubt? Schließlich ist die **Durchführungszeit** als ein wichtiger Aspekt der Testdurchführung zu bedenken. Unter Umständen besteht in dem Bereich, für den man den Test entwickeln will, ein großer Bedarf an ökonomischen, schnell durchzuführenden Verfahren. Ein solcher Test muss zwangsläufig aus relativ wenigen Items bestehen. Damit diese Items den ganzen Merkmalsbereich abdecken, sollten sie thematisch nicht zu eng gefasst sein (also zum Thema Ausgehen nicht »Ich gehe gerne mit Freunden in eine Kneipe«, sondern »Ich gehe gerne aus«).

2.2.1.5 Wahl eines passenden Itemformats

freie und gebundene Antworten

Im Prinzip bestehen alle Items, egal ob es sich um einen Leistungs- oder einen Persönlichkeitstest handelt, aus einer Frage oder Aussage und Antwortmöglichkeiten. Eine grundlegende Unterscheidung ist die zwischen **freien** und **gebundenen Antworten**. Ein Test, der freie Antworten verlangt, ist der Rorschach-Test (▶ Abschn. 3.5). Dem Probanden wird ein Tintenklecks mit der Frage vorgelegt »Was könnte das sein?« Jeder kann dazu sagen, was er will, z. B. »Das könnte eine Fledermaus sein« oder »Dort oben, das sieht aus wie das Gesicht einer Hexe.« Freie Antworten müssen entweder vom Probanden selbst aufgeschrieben oder, wie beim Rorschach-Test, vom Testleiter protokolliert werden. Das andere Extrem ist die Vorgabe eines Items wie »Ich bin ein ehrgeiziger Mensch« und die Einengung der Antwortmöglichkeiten auf das Ankreuzen von »Ja« oder »Nein«. Zwischen diesen Extremen gibt es viele Varianten. ◘ Tabelle 2.5 zeigt gebräuchliche Itemformate und nennt wichtige Vor- und Nachteile. Gelegentlich finden auch weitere Itemformate Verwendung, so etwa das Nachzeichnen von geometrischen Figuren (in Tests zur visuellen Merkfähigkeit), das Verbinden von Zahlen zur Messung der Informationsverarbeitungsgeschwindigkeit (Zahlen-

2.2 · Konstruktionsprinzipien psychometrischer Tests

Itemformate im Vergleich

◘ Tab. 2.5 Itemformate und deren Vor- und Nachteile

Itemformat	Erläuterungen und Beispiel(e)	Vor- und Nachteile
Völlig freie Antworten (Erzählungen, Berichte)	Testleiter formuliert eine Frage oder gibt eine Aufgabenstellung vor; Proband antwortet schriftlich oder mündlich; im Persönlichkeitsbereich gebräuchlich bei strukturierten klinischen Interviews sowie bei einigen projektiven Tests (Rorschach, TAT); im Leistungsbereich bei Kreativitätstests und Problemlöseaufgaben.	(+) Geeignet, wenn komplexes Denken, originelle Lösungen oder Praxistransfer erfasst werden sollen (−) Auswertung meist aufwändig (−) Auswertungsobjektivität meist eingeschränkt (−) Antwort kann von mündlicher bzw. schriftlicher Ausdrucksfähigkeit abhängen
Eingeschränkte freie Antworten	Auf eine Frage wie »Welche Länder grenzen an Deutschland?« wird eine kurze Antwort verlangt; manchmal soll in einem Lückentext oder in einer Sprechblase (z. B. bei einigen semiprojektiven Tests wie dem PFT, ◘ Abb. 2.16) eine Ergänzung vorgenommen werden.	(+) Geeignet, wenn verfügbares Wissen und nicht bloßes Wiedererkennen erfasst werden soll, ebenso für originelle Lösungen (−) Auswertung eher aufwändig (−) Auswertungsobjektivität eventuell eingeschränkt
Zuordnungsaufgaben (und Sortieraufgaben)	Die Aufgaben bestehen aus zwei Spalten; jedes Element der einen Spalte muss einem Element der anderen Spalte zugeordnet werden (▶ Beispiel unten); bei einer Sortieraufgabe müssen Items in die richtige Reihenfolge gebracht werden (quasi eine Zuordnung von Elementen zu Positionen); Beispiel: Bilderordnen in den Wechslertests.	(+) Zur Erfassung von Wissen und Kenntnissen geeignet (+) Objektiv und ökonomisch (mit Schablone, Auswertungsprogramm) auszuwerten (−) Erfasst nur Wiedererkennen und nicht freien Abruf von Gedächtnisinhalten
Multiple-Choice-Aufgaben (und Forced-Choice-Aufgaben)	Für eine Frage stehen mehrere Antwortmöglichkeiten zur Verfügung (▶ Beispiel unten und ◘ Abb. 2.17); Dieser Aufgabentyp findet bei Leistungstests sehr oft Verwendung. Bei Persönlichkeitsfragebögen wird manchmal ein Forced-choice-Format gewählt; von mehreren Antworten, die alle sozial ähnlich erwünscht sind, indiziert eine das Merkmal (▶ Beispiel unten).	(+) Objektiv und ökonomisch (mit Schablone, Auswertungsprogramm) auszuwerten (−) Gute Distraktoren oft schwer zu finden (−) Erfasst bei Leistungstests nur Wiedererkennen und nicht freien Abruf von Gedächtnisinhalten (−) Ratewahrscheinlichkeit hoch (kann reduziert werden, wenn auch mehrere Antworten richtig sein können)
Beurteilungsaufgaben ▼	Bei Persönlichkeits- und Interessenstests soll die Testperson z. B. einstufen, wie gut die Aussage auf sie zutrifft oder wie häufig das Verhalten bei ihr vorkommt; es kommen unterschiedliche Antwortskalen zum Einsatz; für das Beispiel unten wurde eine 5-stufige Likertskala verwendet. Beispiel für ein Verfahren: NEO-PI-R (▶ Abschn. 3.3.3).	(+) Objektiv und ökonomisch (mit Schablone, Auswertungsprogramm) auszuwerten (+) Liefert differenziertere Informationen als dichotome Antwortskala

Tab. 2.5 (Fortsetzung)

Itemformat	Erläuterungen und Beispiel(e)	Vor- und Nachteile
Aufgaben mit dichotomen Antworten	Wegen der hohen Ratewahrscheinlichkeit wird dieser Aufgabentyp praktisch nur bei Persönlichkeits- und Interessenstests verwendet; für eine Frage stehen nur zwei Antwortmöglichkeiten zur Auswahl: »Ja« oder »Nein« bzw. »Stimmt« oder »Stimmt nicht«; Beispiel für ein Verfahren: FPI-R (▶ Abschn. 3.3.3).	(+) Objektiv und ökonomisch (mit Schablone, Auswertungsprogramm) auszuwerten (−) Entscheidung wird oft erzwungen (bei nicht klarer Antwort ist trotzdem eine der beiden Alternativen anzukreuzen)

Abb. 2.16 Der Picture-Frustration-Test (PFT) zählt zu den projektiven Verfahren. (Aus Duhm & Hansen, 1957)

Verbindungs-Test von Oswald & Roth, 1997) oder das freie Zeichnen (z. B. eines Menschen; dies kommt in mehreren Einschulungstests vor).

Zu den bei Leistungstests bevorzugt verwendeten **Multiple-Choice-Aufgaben** sind ein paar zusätzliche Anmerkungen angebracht. Aus Sicht der Testperson ist die Aufgabe leicht zu verstehen (»Ich soll ankreuzen, welche Antwort richtig ist« oder »… welche Antwort am besten passt«). Kluge Probanden, welche die richtige Antwort

bei Multiple-Choice-Aufgaben Distraktoren sorgfältig auswählen

2.2 · Konstruktionsprinzipien psychometrischer Tests

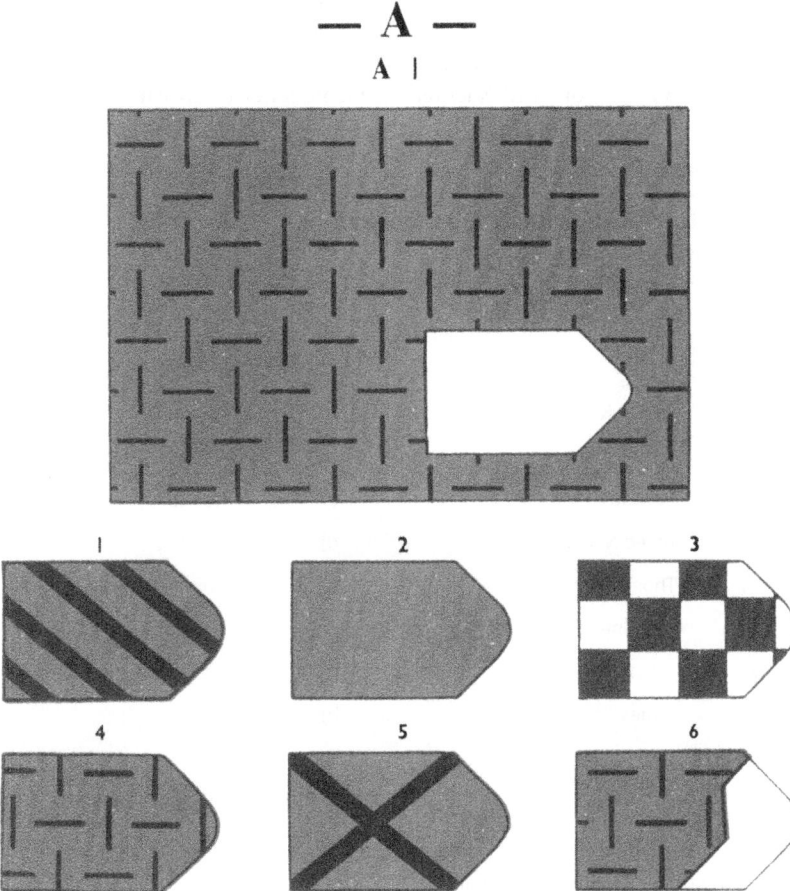

Abb. 2.17 Beispiel einer Aufgabe des Raven Progressiven Matrizentests zur Erfassung der Allgemeinen Intelligenz. (Nach Raven 1965)

nicht kennen, haben trotzdem gute Chancen, die richtige Antwort zu finden. Sie klammern beispielsweise zunächst offensichtlich unplausible Lösungen aus. Unter den verbleibenden Antworten treffen sie entweder eine Zufallswahl, oder sie lassen sich von ihrer Intuition leiten. Bei der Testkonstruktion kann man dem nur mit einer sehr sorgfältigen Auswahl von **Distraktoren** entgegenwirken. Mittring und Rost (2008) fanden heraus, dass bei einigen gängigen Matrizentests zur Intelligenzmessung mit einer geschickten Strategie oft die Lösung zu finden ist, indem man die Antwortmöglichkeiten genau miteinander vergleicht. Mit anderen Worten: Die Distraktoren verraten manchmal, was die richtige Antwort sein muss. Ein anderes Problem besteht darin, dass Distraktoren eventuell nicht so falsch sind, wie man meint. Bei einem der meistgebrauchten Intelligenztests stellte sich nach vielen Jahren heraus, dass bei einigen Items ein Distraktor die bessere Antwort darstellte und nicht die vom Autor als »richtig« angesehene Lösung (Schmidt-Atzert et al., 1995).

Bei Multiple-Choice-Aufgaben kann man sich meist durch **Raten** verbessern, wenn man die Lösung nicht findet. Deshalb sollte in der Instruktion unbedingt eine klare Aussage gemacht werden, wie man sich verhalten soll, wenn man die Lösung nicht findet oder sich nicht sicher ist. Die Aussage kann etwa lauten: »Wenn Sie die richtige Antwort nicht gefunden haben, kreuzen Sie die an, welche Ihnen am ehesten zu passen scheint.« Ohne eine solche Anweisung besteht die Gefahr, dass einige Testpersonen durch Raten (oder eine Ausschluss-Strategie mit Raten) Punkte erzielen, während andere auf diese Chance verzichten. Mit einer angekündigten Ratekorrektur (Abzug von Punkten, wenn eine falsche Antwort angekreuzt wurde) wird man dem Phänomen

Klare Anweisungen verhindern Raten.

nicht wirklich gerecht. Wie oben ausgeführt wurde, ist das zufällige Raten nicht die Regel. Zudem könnten zaghafte Menschen viele Aufgaben unbeantwortet lassen, während risikofreudige mit einer intelligenten Ratestrategie zusätzliche Punkte sammeln.
◘ Tabelle 2.5 zeigt Vor- und Nachteile verschiedener Itemformate auf.

> **Beispiel**
>
> **Beispiele für verschiedene Aufgabentypen**
> **Zuordnungsaufgabe**
> Welche Person hat welche Entdeckung/Erfindung gemacht?
>
> | Person | | Entdeckung/Erfindung | |
> |---|---|---|---|
> | 1) | Robert Koch | a) | Australien |
> | 2) | James Watt | b) | Penicillin |
> | 3) | Konrad Zuse | c) | Glühbirne |
> | 4) | Alfred Nobel | d) | Fernrohr |
> | 5) | Thomas Alva Edison | e) | Dampfmaschine |
> | 6) | Johannes Gutenberg | f) | Amerika |
> | 7) | Alexander Fleming | g) | Buchdruck mit beweglichen Lettern |
> | 8) | James Cook | h) | Dynamit |
> | | | i) | Radio |
> | | | j) | Tuberkuloseerreger |
> | | | k) | Computer |
>
> Kreuzen Sie **eine** Antwort an!
>
> | | a | b | c | d | e | f | g | h | i | j | k |
> |---|---|---|---|---|---|---|---|---|---|---|---|
> | 1) | a | b | c | d | e | f | g | h | i | j | k |
> | 2) | a | b | c | d | e | f | g | h | i | j | k |
> | 3) | a | b | c | d | e | f | g | h | i | j | k |
> | 4) | a | b | c | d | e | f | g | h | i | j | k |
> | 5) | a | b | c | d | e | f | g | h | i | j | k |
> | 6) | a | b | c | d | e | f | g | h | i | j | k |
> | 7) | a | b | c | d | e | f | g | h | i | j | k |
> | 8) | a | b | c | d | e | f | g | h | i | j | k |
>
> **Multiple-Choice-Aufgabe**
> Wer hat den Erreger der Tuberkulose entdeckt? Kreuzen Sie **eine** Antwort an!
>
> ❑ Robert Koch
> ❑ Paul Ehrlich
> ❑ Wilhelm Röntgen
> ❑ Rudolf Virchow

▼

> **Forced-Choice-Aufgabe**
> Ich bin ein Mensch, der
> a) spielt, um zu gewinnen.
> b) andere in Entscheidungen einbezieht.
> c) das Verhalten anderer Leute analysiert.
> d) sich bei Fehlern schuldig fühlt.
> (übersetzt aus Martin et al., 2002, S. 251)
>
> **Beurteilungsaufgabe**
> Kreuzen Sie an, wie gut die Aussagen auf Sie zutreffen.
>
> | | trifft gar nicht zu | | | | trifft völlig zu |
> |---|---|---|---|---|---|
> | Ich halte mich gerne in der freien Natur auf | O | O | O | O | O |

2.2.2 Itemgewinnung

Woher kommen die Items eines Leistungstests oder eines Fragebogens? Die Antwort, der Testautor überlege sich die Items, befriedigt nicht. Man könnte weiter fragen, warum ihm gerade diese Items eingefallen sind und nicht andere. Jemand, der überhaupt nichts über das Merkmal weiß, das er messen will, würde vermutlich keine oder völlig unbrauchbare Items generieren. Es gibt einige gut begründbare und zudem bewährte Strategien, wie man passende Items findet.

2.2.2.1 Deduktive Methode/Rationale Konstruktion

Das Prinzip der deduktiven Methode stellt für viele Testentwickler wohl die ideale Lösung dar. Man verlässt sich auf eine **Theorie**, die eine gute Beschreibung des Merkmals liefert. Der Kerngedanke vieler Theorien zur Intelligenz oder zur Persönlichkeit ist eine Beschreibung der internen Struktur des Konstrukts. Diese ist oft das Resultat umfangreicher faktorenanalytischer Forschung. Als ein erstes Beispiel sei die Intelligenzstrukturtheorie von Thurstone (s. Stemmler et al., 2010) genannt. Thurstone zufolge lässt sich die **Intelligenz** in sieben verschiedene Komponenten untergliedern, die wiederum zu einem Gesamtwert für die Allgemeine Intelligenz zusammengefasst werden dürfen (◘ Abb. 2.18). Wer also einen Test zur Allgemeinen Intelligenz entwickeln möchte, kann sich beispielsweise auf dieses Modell beziehen.

Intelligenzstrukturmodell nach Thurstone

Das Thurstone-Modell ist nur ein Intelligenzmodell unter vielen. Man ist nicht gezwungen, sich bei einer Testentwicklung nur auf ein Modell zu beziehen. Als der »alte« Intelligenzstrukturtest I-S-T 70 zum I-S-T 2000 (▶ Abschn. 3.2.3.2) überarbeitet wurde, beriefen sich die Autoren (Amthauer et al., 2001) nicht nur auf Thurstone, sondern auch auf Cattell und auf das Berliner Intelligenzstrukturmodell. Eine gute Synthese bedeutsamer Intelligenzmodelle hat McGrew (2005) vorgelegt. Dort findet man auch detaillierte Informationen über Typen von Testaufgaben, die zur Messung einzelner Intelligenzkomponenten eingesetzt werden. Grundsätzlich sollte man sich bei der Generierung von Items nicht einfach auf ein bekanntes Modell beziehen, sondern auch die **aktuelle Forschung** und hier vorzugsweise Übersichtsarbeiten heranziehen. Diese Empfehlung gilt auch für den Persönlichkeitsbereich (s.u.).

aktuelle Forschung, Übersichtsarbeiten und verschiedene Modelle heranziehen

Im **Persönlichkeitsbereich** dominieren ebenfalls Strukturmodelle die Theoriebildung. Hatten früher noch mehrere scheinbar unterschiedliche Modelle nebeneinander existiert, kam spätestens mit einer Übersichtsarbeit von Digman (1990) die Idee

deduktives Vorgehen im Persönlichkeitsbereich

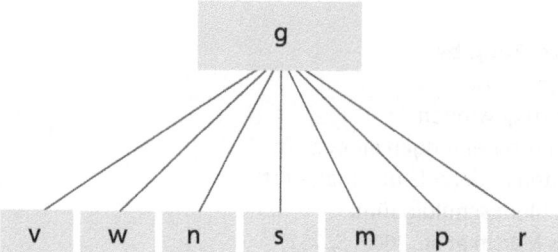

Abb. 2.18 Das Intelligenzstrukturmodell nach Thurstone. Thurstone hatte ursprünglich weitere »primäre geistige Fähigkeiten« angenommen. Als gut replizierbar erwiesen sich v (verbal comprehension = sprachliches Verstehen), w (word fluency = Wortflüssigkeit), n (number = Rechenfähigkeit), s (space = räumliches Vorstellungsvermögen), m (associative memory = Merkfähigkeit für unverbundenes Material), p (perceptual speed = Wahrnehmungsgeschwindigkeit) und r (reasoning = schlussfolgerndes Denken). Die Idee, diese Fähigkeiten seien völlig unabhängig voneinander, gab er später zugunsten eines hierarchischen Modells mit der allgemeinen Intelligenz g an der Spitze auf

auf, diese Modelle seien gar nicht so verschieden. Digman machte plausibel, dass auf einer abstrakten Ebene letztlich nur fünf große Persönlichkeitsdimensionen nachweisbar seien; das Big Five Modell fand große Anerkennung. McCrae und Costa (1997) zeigten, dass ein von ihnen entwickelter Persönlichkeitsfragebogen (NEO Personality Inventory) in verschiedenen Sprachen die gleiche Struktur aufweist. Als Bezeichnung für die großen Persönlichkeitsfaktoren haben sich Extraversion, Emotionalität, Verträglichkeit, Gewissenhaftigkeit und Offenheit für Erfahrungen etabliert. Diese breiten Superfaktoren werden heute als ein Konglomerat aus mehreren Facetten verstanden. Extraversion etwa besteht demnach aus den Facetten Herzlichkeit, Geselligkeit, Durchsetzungsfähigkeit, Aktivität, Erlebnishunger und Frohsinn (NEO-PI-R ► Abschn. 3.3.3). Allerdings ist die Modellentwicklung zur Persönlichkeitsstruktur noch nicht abgeschlossen. Es werden immer wieder Ergänzungs- und Modifikationsvorschläge unterbreitet, für die auch entsprechende empirische Befunde vorgelegt werden. So haben Lee und Ashton (2004) ihr HEXAGON Modell vorgestellt, das die Big Five um die große Dimension »Ehrlichkeit-Bescheidenheit (honesty-humility)« ergänzen soll und das insgesamt lediglich 24 Facetten (versus 30 im NEO-PI-R) unterscheidet. Beispiele für Facetten sind Fairness und Aufrichtigkeit (gehören zur Dimension Ehrlichkeit-Bescheidenheit). Auch ist zu bedenken, dass generell Items nicht immer eindeutig sind in Bezug auf dasjenige, was sie vermeintlich indizieren.

Mehrdeutigkeit von Indikatoren

Ein Beispiel soll dieses veranschaulichen. Nehmen wir an, das Konstrukt »**Hilfsbereitschaft**« solle erfasst werden. Gemäß den explizierten Vorstellungen gehöre dazu unterstützendes Verhalten in der Familie, gegenüber Freunden, Nachbarn und Fremden, außerdem die Bereitschaft, Geld oder Blut für wohltätige Zwecke usw. zu spenden. Nun können Fragen nach eben solchen Verhaltensweisen formuliert werden: sich um die Erledigung der schulischen Hausaufgaben seiner Kinder kümmern, dem Freund bei der Reparatur seines Motorrades helfen, Blut spenden usw. Jedes dieser Einzelmerkmale mag für sich dabei durchaus auch indikativ für andere Konstrukte sein. Beispielsweise kann die Mitarbeit an den Hausaufgaben auch als Zeichen von Furcht vor dem Stigma eines möglichen »Sitzenbleibens« der Kinder gewertet werden, das Schrauben an der Maschine als Ausfluss technisch-handwerklicher Interessen, das Spenden von Blut als Folge der Notwendigkeit, die eigene Barschaft etwas aufzubessern usw. In der Zusammenschau der Einzelbeobachtungen dürften jedoch solche Erklärungsalternativen an Gewicht verlieren.

Notwendigkeit der Validierung

Um dennoch sicher zu sein, dass mit den Fragen oder auch Verhaltensbeobachtungen das jeweils interessierende (und nicht ein völlig anderes) Konstrukt getroffen wird, bedarf es stets der strikten Validierung rational entwickelter Skalen an eindeutigen Kriterien für die jeweils interessierende Dimension.

Viele Skalen im **Leistungsbereich** sind nach der rationalen Methode entwickelt worden, so z. B. der Intelligenztest von Wechsler (1958) für Erwachsene (HAWIE) und auch für Kinder (HAWIK; zu den Details ▶ Abschn. 3.2.3.2), die Kreativitätstests von Guilford (1976), bei deren Konzipierung das »Structure of Intellect-Modell« Pate stand, zudem viele der sog. allgemeinen Leistungstests, darunter insbesondere solche für Aufmerksamkeit und Konzentration (▶ Abschn. 3.2.2) und Tests zur Prüfung psychomotorischer Fertigkeiten (z. B. Fleishman & Hempel, 1955). Aus dem Persönlichkeitsbereich im engeren Sinne zählt auch das bereits unter den historischen Meilensteinen erwähnte »Personal Data Sheet« von Woodworth (1918) (▶ Abschn. 1.7) zu den nach rationalen Prinzipien konstruierten Verfahren und insbesondere die bekannte »Manifest Anxiety Scale« von Taylor (1953), Vorläufer und Vorbild vieler heute gebräuchlicher Ängstlichkeitstests. Ausgehend von einer definitorischen Bestimmung des Konstrukts sammelte die Autorin dafür zunächst einen Pool von 200 geeignet erscheinenden Items. Nur jene Fragen aber, für die innerhalb einer Gruppe von klinischen Psychologen Konsens dahingehend bestand, dass der Iteminhalt mit der Umschreibung des Konstrukts vereinbar war, bildeten die endgültige Skala.

Beispiele rational konstruierter Verfahren

> **Beispiel**
>
> Nach der deduktiven (oder auch rationalen) Methode konzipierte eine Autorengruppe am Heidelberger Institut eine Skala zur Erfassung von Kohärenzsinn. Ausgangspunkt dafür war die definitorische Umschreibung von Antonovsky (1979), der »sense of coherence« bezeichnet hatte als »eine globale Orientierung, die zum Ausdruck bringt, in welchem Umfang man ein generalisiertes, überdauerndes und dynamisches Gefühl des Vertrauens besitzt, dass die eigene innere und äußere Umwelt vorhersagbar ist und dass mit großer Wahrscheinlichkeit die Dinge sich so entwickeln werden, wie man es vernünftigerweise erwarten kann«. Darüber hinaus standen Exzerpte aus den Arbeiten von Antonovsky zu diesem Konstrukt zur Verfügung. Vier Experten formulierten zunächst unabhängig voneinander, später in einem Diskussionsprozess, 26 Items, die schließlich 200 Personen zur Beantwortung vorgegeben wurden. Die Resultate sind in ◘ Tabelle 2.6 wiedergegeben.

◘ **Tab. 2.6** 26 Items zum Kohärenzsinn. Die **fett gedruckten** Items wurden aufgrund unbefriedigender Koeffizienten ($r_{it}<.20$) eliminiert. Die mit * gekennzeichneten Items sind für die Auswertung umzupolen. (Aus Schmidt-Rathjens et al., 1997)

	Item	Trennschärfekoeffizient
1.	Meiner Meinung nach ist jeder für sein eigenes Glück verantwortlich.	$r_{it} = .04$
2.	Oft passieren Dinge im Leben, die völlig unvorhersagbar sind.*	$r_{it} = .19$
3.	Ich bin ein Optimist.	$r_{it} = .47$
4.	Ich frage mich häufig: »Warum muss mir das gerade passieren?«*	$r_{it} = .25$
5.	Ich liebe das Leben.	$r_{it} = .46$

▼

◨ **Tab. 2.6** (Fortsetzung)

	Item	Trennschärfe-koeffizient
6.	Auch wenn mir schlimme Dinge im Leben zustoßen, glaube ich dennoch, dass sich alles zum Guten wendet.	$r_{it} = .41$
7.	Insgesamt habe ich den Eindruck, dass sich die Geschehnisse in meiner Umgebung in meinem Sinne entwickeln.	$r_{it} = .43$
8.	Ich habe die Dinge fest im Griff.	$r_{it} = .44$
9.	Ich glaube, dass ich fast jeder Lebensaufgabe gewachsen bin.	$r_{it} = .44$
10.	Ich kann mich als »Steh-auf-Männchen« bezeichnen.	$r_{it} = .28$
11.	**Ich glaube, dass alles im Leben seinen Sinn hat.**	$r_{it} = .19$
12.	Mein Leben ist ein einziges Chaos, da sich jeden Tag Dinge oder Situationen ereignen, die nicht vorhersehbar sind.*	$r_{it} = .37$
13.	Ich glaube, auf den Verlauf der Dinge in meiner Umwelt Einfluss nehmen zu können.	$r_{it} = .24$
14.	Ich fühle mich oft in meinem Tun und Handeln von meinen Mitmenschen bestimmt.	$r_{it} = .33$
15.	Manchmal zweifle ich am Sinn meines Lebens.*	$r_{it} = .51$
16.	Meine Lebensauffassung ist generell sehr optimistisch.	$r_{it} = .50$
17.	Im Großen und Ganzen habe ich großes Vertrauen in die Fähigkeiten und Absichten unserer Politiker.	$r_{it} = .20$
18.	Was mein zukünftiges Leben anbelangt, bin ich sehr optimistisch.	$r_{it} = .47$
19.	**Ich glaube an das Sprichwort: »Lügen haben kurze Beine.«**	$r_{it} = .12$
20.	**Schon oft sind im Leben meine Pläne durch unvorhersehbare Dinge oder Ereignisse durchkreuzt worden.***	$r_{it} = .15$
21.	Es gibt keine Gerechtigkeit auf der Welt.	$r_{it} = .31$
22.	**Ich komme gut damit zurecht, dass manches in meinem Leben von bestimmten Institutionen und Personen entschieden wird.**	$r_{it} = .07$
23.	Oft stehe ich fassungslos den Ereignissen in meinem Leben gegenüber.*	$r_{it} = .44$
24.	**Ich glaube, dass vieles im Leben vom Schicksal abhängt.***	$r_{it} = .18$
25.	Ich kann oft nicht verstehen, dass die Dinge sich so entwickeln und nicht anders.*	$r_{it} = .28$
26.	Auch wenn es manchmal ganz anders aussieht, so fügen sich doch auf lange Sicht die Dinge in meinem Leben harmonisch zusammen.	$r_{it} = .38$

Anmerkung. Die Skala ist hinreichend reliabel (Cronbachs α = .82) und korreliert positiv mit Optimismus, negativ mit Depression, Neurotizismus und aggressiver Eifersucht, bei weitgehender Unabhängigkeit von Kontrollüberzeugung und Rationalität.

2.2 · Konstruktionsprinzipien psychometrischer Tests

Die meisten Strukturmodelle der Persönlichkeit wurden aus dem **psycholexikalischen Ansatz** heraus entwickelt. Man nutzt letztlich die Weisheit der Sprache. Aus umfangreichen Adjektivlisten wurden Stichproben gezogen, und mit den Begriffen sollten Personen sich oder auch andere Menschen beschreiben (etwa: »Wie gut trifft die Eigenschaft auf X zu?«). Wenn Begriffe wie »ängstlich«, »besorgt« und »furchtsam« relativ hoch korrelieren, beschreiben sie dem Denkansatz zufolge das gleiche Persönlichkeitsmerkmal. Bei der Testkonstruktion kann man auf die Forschung zur faktoriellen Struktur der Eigenschaftsbegriffe zurückgreifen. Eigenschaften, die zu einem bestimmten Persönlichkeitsmerkmal gehören, können zu Items umgeschrieben werden. Entweder wird die Eigenschaft direkt genannt (z. B.»Ich bin ein ängstlicher Mensch«), oder man nennt eine Verhaltensweise, die mit der Eigenschaft in enger Beziehung steht (»Ich wage es nicht, fremde Menschen anzusprechen«).

Bei der Beschreibung der Struktur der Persönlichkeit dominieren **dimensionale Modelle**. Jedes Individuum wird auf mehreren Dimensionen lokalisiert. Frau Schön ist ein wenig neurotisch, durchschnittlich extravertiert, sehr verträglich etc., Herr Kraft ist hoch neurotisch, sehr introvertiert, durchschnittlich verträglich etc. Eine Alternative besteht darin, Menschen nach Typen einzuteilen. **Typologien** zeichnen sich dadurch aus, dass es sich um Kategorien handelt, die einander ausschließen. Das Individuum gehört diesem oder vielleicht auch noch jenem Typus an. Ein berühmtes Beispiel für Typologien sind die Körperbautypen nach Kretschmer (1977), die jedoch aus unterschiedlichen Perspektiven kritisiert wurden. Der Psychiater Kretschmer hat Menschen aufgrund ihres Körperbaus in drei Typen unterteilt: Leptosome (dünn und knochig), Pykniker (rundlich) und Athletiker (leicht untersetzt, muskulös). Jeder dieser Typen weist Kretschmer zufolge bestimmte Charaktermerkmale auf und tendiert zu bestimmten psychiatrischen Krankheiten. Auch in der Umgangssprache bedienen wir uns manchmal des typologischen Denkens, wenn wir etwa jemanden als Casanova, Bürokrat oder Kneipengänger titulieren. Bei einem Typus von Mensch stellen wir uns immer ein ganzes Bündel von Eigenschaften vor, z. B. gilt der Bürokrat als kleinlich, korrekt und umständlich. Will man einen Test auf Grundlage einer Typologie erstellen, benötigt man ein Klassifikationssystem und eine inhaltliche Beschreibung der einzelnen Typen.

Als Beispiel sei die Entwicklung eines Fragebogens zu Partnerschaftserwartungen genannt, der auf einer Typologie basiert (Höger & Buschkämper, 2002). Theoretischer Hintergrund ist die bekannte entwicklungspsychologische Bindungstheorie von Bowlby. Kleinkinder zeigen typische Reaktionsmuster, wenn sich ihre Mutter von ihnen entfernt und dann zurückkommt: »sicher«, »unsicher-vermeidend« und »unsicher-ambivalent«. Der Ansatz, die Beziehung zwischen Personen als Bindungsmuster zu beschreiben, wurde auf die Beziehung zwischen Therapeut und Klient und dann weiter auf Partnerschaften übertragen. In ◘ Tabelle 2.7 sind die drei typischen Verhaltensmuster sowie Itembeispiele aus dem Bielefelder Fragebogen zu Partnerschaftserwartungen aufgeführt.

Bei der Itemsammlung für typologisierende Tests kann man im Prinzip genauso vorgehen wie bei dimensionalen Verfahren: Theorien und Forschungsergebnisse liefern die nötigen Informationen über die inhaltliche Beschreibung des Konstrukts. Die Items sollen das Konstrukt inhaltlich angemessen abbilden.

In der wissenschaftlichen Literatur spielen typologische Ansätze heute nur eine unbedeutende Rolle. Allerdings sind in der Praxis der Personalpsychologie typologische Verfahren weit verbreitet (Kersting, 2006).

Der psycholexikalische Ansatz hat sich sehr bewährt und zu brauchbaren Strukturmodellen geführt, die auch in vielen Sprachen repliziert werden konnten. Dennoch hat er, wie auch die typologischen Ansätze, eine entscheidende Schwäche. Epstein (2010) hat diese Schwäche elegant herausgearbeitet, indem er den fiktiven Psychologen Orville erfunden hat, der die Eigenschaften von Autos untersucht. Mithilfe der

---

Marginalien:

Die meisten Strukturmodelle der Persönlichkeit basieren auf dem psycholexikalischen Ansatz

dimensionale Modelle und Typologien

Beispiel für typologisches Verfahren

Orientierung an Theorien und Forschungsergebnissen

Schwäche des psycholexikalischen Ansatzes

Bielefelder Fragebogen zu Partnerschaftserwartungen

Tab. 2.7 Beispiel für einen typologischen Fragebogen

Typisches Verhaltensmuster (Skala)	Erläuterung	Itembeispiele
Akzeptanzprobleme	Erwartung, nicht akzeptiert zu werden	Mir könnte schon einmal der Gedanke kommen, dass mein Partner/meine Partnerin mich am liebsten los sein möchte. Ich kann schon mal auf den Gedanken kommen, dass mich mein Partner/meine Partnerin nur in dem Maße mag, in dem ich seinen/ihren Erwartungen entspreche.
Öffnungsbereitschaft	Erwartung, sich zu öffnen, Gefühle mitteilen zu können	An sich fällt es mir leicht, mit meinem Partner/meiner Partnerin über das zu sprechen, was in mir vorgeht. Ich kann mich meinem Partner/meiner Partnerin gegenüber leicht öffnen.
Zuwendungsbedürfnis	Wunsch nach Zuwendung	Wenn sich mein Partner/meine Partnerin einmal nicht genug um mich kümmert, bedrückt mich das sehr. Mir ist es wichtig, dass mein Partner/meine Partnerin, auch wenn wir nicht zusammen sind, in Gedanken möglichst viel bei mir ist.

Anmerkung. Quelle: Bielefelder Fragebogen zu Partnerschaftserwartungen (Höger & Buschkämper, 2002)

Faktorenanalyse fand er fünf große, unabhängige Dimensionen: Farbe, Typ (z. B. Cabriolet, Kombi), Größe (z. B. Kleinwagen), Höchstgeschwindigkeit und Robustheit (Reparaturanfälligkeit). Das Beschreibungssystem basiert auf allen gängigen Automodellen, konnte in konfirmatorischen Faktorenanalysen bestätigt werden und erwies sich als kulturunabhängig. Es fanden sich zahlreiche Korrelationen mit anderen Merkmalen: Extravertierte bevorzugen rote Autos, große Familien dagegen Kombis etc. Als Orville eines Tages zu einem Treffen von Automechanikern und Psychologen fuhr, um seine faktorenanalytische Forschung vorzustellen, hatte er eine Autopanne. Er musste sich eingestehen, dass er nicht die geringste Ahnung davon hatte, wie ein Auto funktioniert. Er hatte noch nie bei einem Auto unter die Motorhaube geschaut. Dieser Bereich hatte ihn nie interessiert, weil er vermutete, dass er etwas mit dem Unbewussten zu tun hat. Immerhin erkannte er, dass bei seinem Wagen ein Problem mit der Robustheit vorlag. Eine Analogie zwischen Autos und Menschen kam ihm in den Sinn: Autos versagen, wenn sie niedrige Werte auf der Robustheitsskala haben; Menschen bekommen leicht Probleme, wenn ihr Neurotizismuswert hoch ist. Allerdings half ihm das nicht; sein Wagen bewegte sich keinen Zentimeter weiter.

Fazit ist, dass die Persönlichkeit nicht nur anhand von oberflächlichen sprachlichen Merkmalen beschrieben und klassifiziert werden sollte. Auch der Prozess, der zu einem Verhalten führt, verdient Beachtung. Damit kommen Konzepte wie Bedürfnisse, Motive und Emotionen ins Spiel. Vereinzelt finden solche Überlegungen Eingang in die Konstruktion von Tests. So haben Stumpf et al. (1985) mit der German Personality Research Form (PRF) einen Persönlichkeitstest entwickelt, der auf der Persönlichkeitstheorie von Murray (1938) aufbaut. Die Theorie weist Bedürfnissen (»needs«) eine zentrale Bedeutung zu. Dementsprechend enthält der Fragebogen Skalen wie Ordnungsstreben, Bedürfnis nach Beachtung oder Soziales Anerkennungsbedürfnis. So lautet ein Item zum sozialen Anerkennungsbedürfnis »Ich bemühe mich immer darum, dass andere von mir eine gute Meinung haben«.

2.2 · Konstruktionsprinzipien psychometrischer Tests

Andere, projektive und semiprojektive Verfahren (▶ Abschn. 3.5) wurden so konstruiert, dass sie implizite Motive erfassen sollen. Ihnen liegt eine Theorie zugrunde, die sich des Projektionsbegriffs bedient. Der klassische psychoanalytische Projektionsbegriff besagt, dass ein Impuls oder Gefühl, von dem sich das Ich bedroht fühlt, der Person selbst nicht bewusst wird. Die Person schreibt den Impuls bzw. das Gefühl als Folge eines Abwehrmechanismus der Außenwelt zu (Rauchfleisch, 2006). Im Grunde muss man die Außenwelt lediglich so gestalten, dass sie zur Projektion geeignet ist oder gar dazu einlädt. Günstig dafür scheinen Materialien, deren Inhalt und Struktur eher unbestimmt oder mehrdeutig ist, z. B. Klecksbilder und unscharfe Abbildungen. Konfrontiert mit solchen Stimuli würden die Probanden, so lautet auch heute noch die Grund- und Deuteregel, auf die Vorlagen entsprechend der Bedeutung reagieren, die diese für sie besitzt.

Beachtung der Prozesse, die zu einem Verhalten führen

Bei der Entwicklung von Skalen zur Erfassung von psychischen Störungen kann man auf ein umfangreiches Wissen über psychische Störungen zurückgreifen. Die großen diagnostischen Systeme DSM-IV (Saß et al., 1998) und ICD-10 (Weltgesundheitsorganisation et al., 2006) liefern genaue Definitionen und Beschreibungen psychischer Störungen (▶ Abschn. 10.2.1). Die Beschreibung erfolgt nicht durch Eigenschaftsbegriffe wie bei Persönlichkeitsmerkmalen im »Normalbereich« (s.o.), sondern durch **Symptome**. Möchte man einen Fragebogen zur Erfassung einer bestimmten Störung bzw. einer Gruppe von Störungen wie Depression oder Essstörungen entwickeln, genügt es im Prinzip, die für Experten beschriebenen Symptome in die Laiensprache zu übersetzen. Nach diesem Prinzip wurde beispielsweise das Beck Depressionsinventar (Hautzinger et al., 2006) konstruiert.

Entwicklung von Skalen zur Erfassung psychischer Störungen

2.2.2.2 Externale Konstruktion

Ansatzpunkt der **externalen** oder auch **kriteriumsbezogenen Skalenentwicklung** (nicht zu verwechseln mit kriteriumsorientierten Tests) ist das Vorliegen verschiedener Gruppen von Personen als Teil der sozialen Realität. Dazu mögen etwa Haupt- und Sonderschüler oder die Angehörigen verschiedener Berufe wie Architekten, Kaufleute, Friseure, Maschinisten und Verkäufer zählen, außerdem psychiatrische Klassifikationen wie Schizophrene, Manisch-Depressive oder Neurotiker, schließlich Alkoholiker, »Unfäller« usw. An der diagnostischen Erfassung dieser Gruppen besteht ein berechtigtes Interesse, damit durch optimale Auswahl und Behandlung der individuelle ebenso wie der gesellschaftliche Nutzen nach Möglichkeit gefördert werden kann.

Vorliegen verschiedener Gruppen

Vor die Notwendigkeit gestellt, Instrumente zur Klassifikation und Diskriminierung solcher sozial und ökonomisch bedeutsamen Gruppen zu entwickeln, wird man sich mitunter nicht lange mit theoretischen Erwägungen aufhalten können (etwa derart, welche Faktoren für die Entwicklung einer Schizophrenie oder von Alkoholismus maßgeblich sind), zumal diese Überlegungen zahlreich und letztlich unhaltbar sein mögen. Dagegen wird – im Extremfall einer puristischen Anwendung der externalen Strategie – den Mitgliedern derartiger Gruppen eine möglichst große und inhaltlich breit gefächerte Zahl von Items vorgelegt, in der Hoffnung, dass sich darunter einige befinden werden, die **zwischen den Gruppen empirisch diskriminieren**, also verschiedene Beantwortungsrichtungen oder Lösungswahrscheinlichkeiten zeigen. (Verständlicherweise fließen in die Auswahl der Itemstichprobe doch mehr oder weniger explizite Hypothesen über die voraussichtliche Differenzierungskraft mit ein, es spielen also im Regelfall auch deduktive Gesichtspunkte eine gewisse Rolle innerhalb der externalen Methode.) Jene Items werden schließlich selegiert und zu Skalen zusammengestellt, die zwischen den Gruppen statistisch bedeutsam unterscheiden und bei denen diese Diskrimination einer **Kreuzvalidierung** an weiteren Personen standhält. Ein Item wie »Können Sie sich einen Bart wachsen lassen?« würde sich beispielsweise nur dann für eine Maskulinitäts-Femininitätsskala eignen, wenn bei der Erprobung wesentlich mehr Männer als Frauen darauf mit »ja« geantwortet hätten.

charakteristische Merkmale suchen

Tab. 2.8 Items aus dem MMPI-2

Skala	Inhaltlich leicht nach-vollziehbare Items	Inhaltlich schwer nachvollziehbare Items
Depression	Manchmal komme ich mir wirklich nutzlos vor.	Ich habe nie Blut erbrochen oder Blut gehustet.
Schizophrenie	Ich höre seltsame Dinge, wenn ich allein bin.	Ich war nie in jemanden verliebt.
Soziale Introversion	Ich wünschte, ich wäre nicht so schüchtern.	Es fällt mir schwer, meine Gedanken bei einer Aufgabe oder Arbeit zu behalten.

Streng genommen dürfen die so entwickelten Skalen nur für eine Differenzierung im Sinne der vorab untersuchten Gruppen später auch herangezogen werden. Die Aussagen im Hinblick auf untersuchte Einzelpersonen müssten dementsprechend solche im Sinne von Wahrscheinlichkeiten dafür sein, der einen oder anderen Gruppe anzugehören. Eine dimensionale Interpretation verbietet sich jedoch dann strikt, wenn es sich bei den herangezogenen Gruppen um **distinkte Klassen** handelt, zwischen denen keine kontinuierlichen Übergänge bestehen.

inhaltliche Interpretation unzulässig

Vom Format und den angesprochenen Sachverhalten her mögen die in den Skalen vereinigten Items extrem heterogen sein. Ihre inhaltliche Interpretation ist unzulässig. Da die Validität in Form der erfolgreichen Diskriminierung verschiedener Gruppen voneinander gleichsam vorab (weil systemimmanent) gewährleistet ist, »funktionieren« die Items. Oftmals bleibt aber nicht nur den naiven Testbeantwortern die Intention des Tests verborgen, sondern auch dem Testleiter das psychologische Wirkungsgefüge auf Seiten der untersuchten Personen, d. h. er ist auf vage Post-hoc-Interpretationen angewiesen, weil er nicht a priori mit einer Theorie an das Problem herangegangen ist.

In ◘ Tabelle 2.8 sind Items aus einem Persönlichkeitstest (dem MMPI-2; s.u.) aufgeführt, die inhaltlich entweder gut oder schlecht nachvollziehbar erscheinen.

Einer der bekanntesten Vertreter external konstruierter Tests im Leistungsbereich ist der Staffeltest von Binet (► Abschn. 3.2.3), für den die Diskrimination entlang der Altersdimension das entscheidende Kriterium war. Solche Aufgaben galten als besonders geeignet zur Erfassung von Intelligenz, die von einem möglichst großen Prozentsatz der Angehörigen einer bestimmten Altersgruppe, aber zugleich von einem möglichst niedrigen Anteil der darunterliegenden Altersgruppe gelöst wurden.

Beispiele für external konstruierte Tests

Unter den Persönlichkeitsfragebögen gehört das »Minnesota Multiphasic Personality Inventory« (MMPI-2; Hathaway et al., 2000, ► Abschn. 3.3.3) in die Kategorie der externalen Tests. Die Autoren hatten zunächst eine Liste von 1.000 Items angelegt, die sich auf psychopathologische Symptome bezogen. Gruppen von klinisch auffälligen Personen, die von Psychiatern als Schizophrene, Hysteriker, Hypochonder usw. diagnostiziert worden waren, bearbeiteten die Items ebenso wie »Unauffällig-Normale«. Jene 550 Fragen wurden schließlich zu Skalen vereinigt, die die Patienten von den Kontrollpersonen am besten differenzierten. Auch die Alkoholismus-Skala von Andrews (1965) ist external konstruiert. Turner und Horn (1977) haben Intelligenz als Kriterium mithilfe von Persönlichkeitsvariablen »vorhergesagt«.

2.2 · Konstruktionsprinzipien psychometrischer Tests

Beispiel

An einer größeren Gruppe von Personen beiderlei Geschlechts konnten Turner und Horn (1977) eine Reihe bedeutsamer Korrelationen zwischen Items des 16-Persönlichkeits-Faktoren-Tests (16 PF) (▶ Abschn. 3.3.3) und dem Wechsler-Intelligenztest (als dem amerikanischen Original des HAWIE) beobachten und diese in einer Kreuzvalidierung an einer gleichartig zusammengesetzten, anderen Stichprobe von Untersuchungsteilnehmern sichern. Das Kriterium, das es zu erfassen galt (dessen Varianz aufzuklären versucht wurde), also Intelligenz, lag hier nicht in einer qualitativen, sondern in einer kontinuierlich-quantitativen Abstufung vor. Wenngleich auch räumliches Vorstellen und Gedächtnis durch Persönlichkeitsvariablen erfassbar waren, bestanden die engsten Korrelationen doch zur verbalen Intelligenz. Dieser Bereich war aus 15 Items des 16 PF bei den Männern zu $r_{tc} = .66$ und bei den Frauen aus 14 Items zu $r_{tc} = .57$ vorhersagbar (◘ Tab. 2.9).

◘ **Tab. 2.9** Korrelationen einzelner Items des 16 PF mit Allgemeiner Intelligenz

	16 PF-Dimension	r_{tc}
Bei den **Männern** trugen u. a. die folgenden Items besonders viel zur Aufklärung der Intelligenzunterschiede bei:		
»Es würde mich besonders interessieren, ein Schreiber von Stücken zu sein« (Schlüsselrichtung: »ja«)	I	.36
»Ich finde es schwer, vor einer größeren Gruppe eine Rede zu halten« (Schlüsselrichtung: »nein«)	H	.41
»Soziale Aufgaben übernehme ich nur, wenn ich unbedingt muss« (Schlüsselrichtung: »nein«)	F	.34
»Vorsichtig zu sein und wenig zu erwarten ist besser als sich nur glücklich zu fühlen durch Erfolgserwartung« (Schlüsselrichtung: »ja«)	F	.19
Bei den **Frauen** waren u. a. die folgenden Items besonders valide:		
»Ich bin schon für viele Funktionen gewählt worden« (Schlüsselrichtung: »ja«)	A	.37
»Ich werde etwas verlegen, wenn ich in einer Gruppe plötzlich ins Zentrum der Aufmerksamkeit gerate« (Schlüsselrichtung: »nein«)	H	.48
»Ich habe etwas Angst vor wilden Tieren, selbst wenn diese sich in starken Käfigen befinden« (Schlüsselrichtung: »nein«)	C	.21
»Ich mag es nicht, wie in Straßen oder Läden einige Leute auf andere starren« (Schlüsselrichtung: »nein«)	M	.29

Die Beispiele zeigen, dass es zum Teil bei beiden Geschlechtergruppen ganz andere Fragen sind, die »funktionieren«, obwohl man versucht ist, diesbezüglich eher Übereinstimmungen anzunehmen. Das belegt, welch überraschende Ergebnisse externale Strategien produzieren können und dass es mitunter Schwierigkeiten bereitet, im Nachhinein die relevanten psychologischen Prozesse zu erschließen. Darüber hinaus stammen die Items aus allen Dimensionen des 16 PF, sind also inhaltlich äußerst heterogen. Das führt dazu, dass die an der Diskriminierungskraft gegenüber dem Kriterium (also der Korrelation) ansetzende Auswahl der Items für eine neue Skala ein entsprechend heterogenes Instrument erzeugt, in dem die Konsistenz gering ist, also die Items vergleichsweise niedrig miteinander korrelieren.

Vor- und Nachteile der externalen Konstruktion

Zusammenfassend lässt sich festhalten, dass die Vorteile der externalen Konstruktion darin bestehen, dass die Validität bereits durch die Skalenkonstruktion gewährleistet ist (die im Auffinden diskriminierender Items besteht, konsolidiert durch Kreuzvalidierung) und die Items häufig undurchschaubar/nicht leicht verfälschbar sind; doch gilt die Validität nur für die Unterscheidung derjenigen Gruppen voneinander, die der Itemauswahl zugrunde lagen. Die Skalen sind häufig jedoch intern nicht sehr konsistent und in ihrer Dimensionalität eher unbestimmt; streng genommen verbietet sich dadurch eine dimensionale Interpretation unterschiedlich hoher Punktwerte. Diese dürften nur im Sinne von unterschiedlichen Wahrscheinlichkeiten für die Zugehörigkeit zu einer der Gruppen aufgefasst werden, die am Anfang der Skalenkonstruktion standen. Zudem sind externale Skalen empfindlich gegenüber solchen Prozessen, die im Laufe der Zeit die Bedingungen für das Entstehen sozialer Gruppen wie Depressive, Alkoholiker und »Unfäller« ändern.

2.2.2.3 Induktive Konstruktion

Gruppierung von Items über die Korrelation

Unklare Vorstellungen über ein Konstrukt Bei der sog. induktiven Entwicklung von Skalen stützt sich der Konstrukteur im Wesentlichen auf eine spezifische Methode, nämlich die Korrelationsrechnung. In diesem Fall ist er weder primär einer bestimmten Theorie verpflichtet, noch orientiert er sich an vorfindbaren Personengruppen. Vielmehr gruppiert er diejenigen Items zu Skalen, die miteinander hoch, aber niedrig mit anderen Items korrelieren (Einfach-Struktur) und damit gemeinsam eine Dimension konstituieren.

Vorgehensweise am Beispiel Pedanterie

Aus naheliegenden Gründen wird dabei die Vorab-Auswahl nicht völlig »blindanalytisch« erfolgen, denn meist wird der Testkonstrukteur durchaus wissen, was er messen will – er hat aber keine klare Vorstellung davon, wie das Merkmal oder Konstrukt beschaffen ist. Als fiktives Beispiel wählen wir das Merkmal »Pedanterie«.

Um sicherzustellen, dass man mit einer allgemein akzeptierten Definition beginnt, könnte man in Wörterbüchern nach dem Begriff suchen. Beispielsweise finden wir bei Wikipedia: »Als Pedanterie bezeichnet man eine übertriebene Genauigkeit, Kleinlichkeit oder Ordnungsliebe, welche durch ein streng formales, auf nebensächliche Einzelheiten bezogenes Handeln geprägt ist.« Sogar in der Fachliteratur wird man zu dem Begriff fündig; die Literaturdatenbank PSYNDEX weist drei Quellen nach, die sich offenbar aus psychoanalytischer Sicht mit diesem Charaktermerkmal befassen. Die Abgrenzung von bzw. die Überschneidung mit Gewissenhaftigkeit ist zu beachten; Pedanterie könnte eventuell als extreme Form von Gewissenhaftigkeit konzipiert werden. Jedenfalls reicht das vorhandene Wissen nicht aus, um nach dem deduktiven Ansatz (s.o.) vorzugehen.

explorative Faktorenanalyse

Wir würden nun beginnen, mit unseren vagen Vorstellungen über Pedanterie Items zu generieren. Items könnten lauten »Wenn man ein Formular ausfüllt, sollte man eigentlich alles zweimal kontrollieren« oder »Ordnung ist das halbe Leben«. Bei diesem Vorgehen kann man nicht sicher sein, das Konstrukt richtig abzubilden. Es besteht die Gefahr, überschüssige Aussagen aufzunehmen, das Merkmal also über die Items unnötig aufzublähen. Mithilfe einer **explorativen Faktorenanalyse** lässt sich dieser Schaden beheben. Wenn sich ein Faktor finden lässt, auf dem die meisten Items deutlich laden, können wir alle anderen Items eliminieren, denn sie indizieren offensichtlich etwas anderes. Eventuell findet man zwei oder mehr Faktoren. Entweder hat man damit entdeckt, dass Pedanterie mehrdimensional ist, oder Gruppen von Items spalten sich ab, da sie etwas anderes als Pedanterie erfassen. Welche Interpretation zutreffend ist, verrät eine Inspektion der Items. Wenn sie einen gemeinsamen Faktor bilden, müssen sie empirisch eine Gemeinsamkeit haben. Diese Gemeinsamkeit gilt es zu entdecken. In der Regel ist es ein gemeinsames Thema wie Ordnungssinn, Kleinlichkeit oder Zwanghaftigkeit. Im Falle von eher pathologischer Zwanghaftigkeit (Itembeispiel: »Ich verspüre einen Zwang, alles mehrfach zu kontrollieren«) wird man

2.2 · Konstruktionsprinzipien psychometrischer Tests

vermutlich entscheiden, dies nicht als eine Dimension der Pedanterie anzusehen. Solche Verhaltensweisen passen eher zu Zwangsstörungen und gehören damit in die klinische Psychologie.

Das nachfolgende Beispiel zeigt am Konstrukt des Zwischenmenschlichen Vertrauens, wie in Bezug darauf formulierte Items einer Faktorenanalyse unterzogen wurden, deren Ergebnisse einer Interpretation (»matrix staring«) und damit einhergehenden begrifflichen Etikettierung der Faktoren bedürfen (◘ Tab. 2.10).

Beispiel für Faktorenanalyse

Beispiel

◘ Tab. 2.10 Die Faktorenladungsmatrix (varimax-rotiert) gibt die Ladungen von 27 Fragen zu zwischenmenschlichem Vertrauen auf vier zu extrahierenden Faktoren wieder. Angegeben sind nur Ladungen ≥40. Null und Komma wurden bei allen Ladungen (Korrelationen mit den Dimensionen) weggelassen. Teilnehmer an der Erhebung waren 135 Personen beiderlei Geschlechts. (Aus Amelang et al., 1984, S. 205)

	Iteminhalt	I	II	III	IV	h^2
1T-RO	Heuchelei ist in unserer Gesellschaft im Anwachsen begriffen	44				52
2	Im Umgang mit Fremden kommt man besser voran, wenn man so lange vorsichtig ist, bis diese den Nachweis erbracht haben, dass man ihnen trauen kann.		53			27
3	Dieses Land hat eine dunkle Zukunft, solange wir keine besseren Leute in die Politik bringen können.	68				68
4	Eher Furcht vor sozialer Schande oder Bestrafung als das Gewissen hält die Leute davon ab, das Gesetz zu brechen.					36
5	Die Vereinten Nationen werden niemals eine wirksame Kraft zur Wahrung des Weltfriedens sein.			61		36
6	Von den meisten Menschen kann man annehmen, dass sie das, was sie sagen, auch tun werden.				59	56
7	Das Gericht ist ein Ort, an dem uns allen eine unvoreingenommene Behandlung zuteil wird.	52				43
8	Es ist sicherer, zu glauben, dass im Gegensatz zu dem, was die Leute sagen, diese in erster Linie an ihr eigenes Wohlergehen denken.		59			46
9	Die Zukunft erscheint vielversprechend.				59	38
10	Die meisten Menschen wären erschreckt, wenn sie wüssten, wie viele Nachrichten, die die Öffentlichkeit zu hören und zu sehen bekommt, verfälscht sind.	59				52
11	Die meisten gewählten Volksvertreter sind in ihren Wahlkampfversprechungen wirklich vertrauenswürdig.	47			55	50
12	Obwohl Zeitungen, Radio und Fernsehen berichten, ist es schwierig, zu objektiven Einschätzungen öffentlicher Angelegenheiten zu gelangen.			54		34

▼

◘ **Tab. 2.10** (Fortsetzung)

	Iteminhalt	I	II	III	IV	h²
13	Bei vielen Experten kann man sich darauf verlassen, dass sie die Wahrheit über die Begrenztheit ihres Wissens sagen.			47		52
14	In dieser, von Konkurrenzgedanken bestimmten Zeit muss man wachsam sein, oder irgend jemand nutzt einen wahrscheinlich aus.		70			40
15	Viele bedeutende Sportwettkämpfe sind in der einen oder anderen Weise mehr oder weniger abgekartet.					35
16	Die meisten Idealisten sind aufrichtig, und gewöhnlich praktizieren sie auch, was sie predigen.				70	31
17	Die meisten Verkäufer sind ehrlich im Beschreiben ihrer Ware.			46	51	43
18	Die meisten Reparaturarbeiter würden die Rechnung auch dann nicht zu hoch ausstellen, wenn sie wüssten, dass man sich in ihrem Fachgebiet nicht auskennt.			63		39
19	Die meisten Menschen beantworten Meinungsumfragen aufrichtig.					46
20	Wenn wir wirklich wüssten, was in der internationalen Politik so vor sich geht, so hätte die Öffentlichkeit mehr Grund, entsetzt zu sein, als sie es jetzt zu sein scheint.	66				52
21	Bei den meisten Politikern klafft das Verhalten vor und nach der Wahl auseinander.	40			41	57
22	Es gibt nur wenige Menschen, auf die man sich verlassen kann.		75			42
23	Bei den Äußerungen unserer Mitmenschen muss man gewöhnlich aufpassen, das herauszuhören, was sie wirklich meinen.					37
24	Wort und Tat in unserer Umgebung stimmen selten überein.				49	61
25	Gewöhnlich warten die Berufskollegen nur darauf, dass einem ein Missgeschick passiert, damit sie selbst emporkommen.			56		43
26	Das Zusammenleben von uns allen wird mehr durch Gewalt und Macht als gegenseitiges Vertrauen geregelt.	56				51
27	Jeder, der sich selbst in einem Sachverhalt gut auskennt, ist bestürzt, wenn er liest, wie darüber Zeitungen berichten.	49				52

Anmerkungen. Die Ladungsmuster legen es nahe, das Gemeinsame in den vier Faktoren zu identifizieren und wie folgt zu benennen:
I Seriosität öffentlicher Institutionen und Personen
▼

2.2 · Konstruktionsprinzipien psychometrischer Tests

> II Verlässlichkeit von Mitmenschen
> III Vertrauenswürdigkeit von »Experten« (wie Verkäufer, Politiker, Reparateure)
> IV Konvergenz von Verbal- und Realverhalten
> Trotz einer für alle Items bestehenden Konsistenz von α = 0.85, was auf Eindimensionalität hinweisen könnte, lässt sich somit eine Binnenstrukturierung erkennen, die im Nachhinein sinnvoll zu interpretieren ist, d. h. »von außen« Gemeinsamkeiten erkennen lässt.

Als geradezu klassisches Beispiel für einen nach der faktorenanalytischen Methode entwickelten Intelligenztest können die »primary mental abilities« von Thurstone und Thurstone (1941) gelten. In Anlehnung an sie entstanden auch mehrere deutschsprachige Adaptationen (▶ Abschn. 3.2.3).

Als Beispiel für ein zumindest teilweise induktiv konstruiertes diagnostisches Verfahren sei auf den Partnerschaftsfragebogen PFB (▶ Abschn. 3.8.1) verwiesen.

Beispiele für induktiv konstruierte Tests

Der Prototypenansatz

Die Objekte der Umwelt werden von uns ganz unschwer in verschieden breiten und umfangreichen kognitiven Kategorien gruppiert wie z. B. Möbel, Früchte, Tiere und dergleichen. Innerhalb jeder dieser Kategorien gibt es bestimmte Gegenstände, die das Gemeinsame der jeweiligen Klasse in besonderer Klarheit in sich vereinigen. Beispielsweise gelten Rosen oder Tulpen als ausgesprochen prototypische Blumen, Hunde und Katzen als Prototypen von Tieren usw. Andere Objekte erlangen Aufnahme in eine Kategorie nach Maßgabe ihrer Ähnlichkeit mit den **Prototypen**. Bei nur geringer Ähnlichkeit wird die Definition der Gruppe unscharf, und es stellen sich mehr und mehr Überlappungen mit anderen Kategorien ein (z. B. Weihnachtsstern oder Löwenmaul). Das Ausmaß der jeweiligen Zentralität oder Prototypizität natürlicher Gegenstände kann, wie Rosch (1975) gezeigt hat, mit bemerkenswerter Beurteilungsübereinstimmung eingeschätzt werden. Cantor und Mischel (1979) haben diesen Ansatz mit Erfolg auf Typen von Menschen wie z. B. »eine modische Frau« oder »eine emotional stabile Person« usw. übertragen. Es liegt nahe, dieses auch für die Kategorie von Eigenschaften bzw. die sie konstituierenden Verhaltensweisen zu tun.

Kategorien und deren Prototypen

Broughton (1984) hat Collegestudenten in Wohnheimen die Eigenschaftswörterliste von Gough und Heilbrun (1980) mit der Instruktion vorgelegt, zu jedem Attribut anzugeben, wie prototypisch dieses für die Dimensionen »achievement, dominance, nurturance, affiliation, exhibition, autonomy, aggression, deference« sei. Mithilfe eines solchen Vorgehens wird die ursprünglich von den Testautoren vorgenommene Zuordnung der Einzelitems auf die betreffenden Skalen überprüft; außerdem bietet sich dadurch die Möglichkeit, ggf. kürzere Skalen zu formieren, die sich nur aus hochprototypischen Items zusammensetzen. Im Vergleich zu den anderen verwendeten Konstruktionsprinzipien (rational, empirisch, faktoriell und an einem Konsistenzkriterium sowie an einer Zufallsanordnung orientiert) zeigten die nach Prototypizitätseinschätzungen zusammengestellten Skalen gegenüber den Fremdeinschätzungen von Bekannten in jeder Merkmalsdimension die höheren Validitätskoeffizienten.

höhere Validität für Skalen gemäß Prototypenansatz

Noch einen Schritt weiter gingen Buss und Craik (1980), indem sie im Zuge des von ihnen kreierten **Handlungs-Häufigkeits-Ansatzes** (»Act Frequency Approach, AFA«) die **prototypischen Verhaltensweisen** von den Teilnehmern einer Untersuchung erst nennen ließen: Im Zuge der sog. »Generierungsphase« wurden die Versuchspersonen gebeten, an jene zwei oder drei Personen aus ihrem sozialen Nahraum zu denken, bei denen eine bestimmte Eigenschaft besonders stark ausgeprägt sei, z. B. Dominanz. (Unterstellt wird bei einem solchen Verfahren, dass ein entsprechendes Verständnis für die Begriffe unserer Sprache vorliegt.) Dann sollten die Probanden

Prototypizitätsmessung mittels des »Act Frequeny Approach«

jene konkreten Verhaltensweisen in Situationen (»acts«) nennen, die sie bei ihren Referenzpersonen beobachtet hatten und die ihrer Meinung nach indikativ für das Vorhandensein der fraglichen Eigenschaften wären. Die damit erhaltenen Itementwürfe unterscheiden sich vom herkömmlichen Format darin, nicht irgendwelche Trendaussagen (»meistens«, »häufig«, »gern« usw.) zu enthalten. In einem zweiten Schritt wurden die generierten Verhaltensweisen (z. B. »Er/sie wechselte das Fernsehprogramm, ohne die Anderen zu fragen« oder »Er/sie erteilte Anweisungen, die die Gruppe funktionieren ließen«) von einer anderen Gruppe hinsichtlich ihrer Prototypizität für die infrage kommende Merkmalsdimension eingeschätzt. Als Ergebnis eines solchen Vorgehens lassen sich zumindest zwei Gruppen von Verhaltensweisen bilden, nämlich solche, die als relativ hoch- bzw. niedrigprototypisch eingeschätzt werden. In einem dritten Schritt nahmen schließlich die Probanden zu diesen Verhaltensweisen Stellung in der Frage, ob sie selbst – und ggf. wie oft – dieses Verhalten schon gezeigt hätten. Gegenüber den Beantwortungen herkömmlicher Tests korrelierten die hochprototypischen »acts« enger als die niedrigprototypischen (s. Buss & Craik, 1984).

höhere Validität für AFA-Skalen

In mehreren Arbeiten aus dem Heidelberger Institut konnte zudem der Nachweis geführt werden, dass die Übertragung dieser Prinzipien auf Merkmalsbereiche, in denen bislang nur Instrumente mit eher unbefriedigenden Messqualitäten vorliegen (z. B. Soziale Intelligenz, Kreativität, Risikoneigung), zu neuen Skalen führt, deren Validität diejenige der bekannten Tests bedeutsam übertrifft (Amelang et al., 1989, 1991; Krüger & Amelang, 1995). Insgesamt ist damit ein Ansatz geschaffen worden, der zumindest für den Temperaments- und Persönlichkeitsbereich, darüber hinaus aber auch für solche Dimensionen, die partiell leistungsthematisch sind, bedeutsame Fortschritte und eine weitere Verbesserung der bewährten Instrumente zu leisten verspricht.

explorative und nicht-konfirmatorische Faktorenanalyse

Zwei möglichen Missverständnissen muss in diesem Zusammenhang vorgebeugt werden: Erstens bedeutet der Einsatz der Faktorenanalyse nicht zwangsläufig, dass es sich um eine induktive Testentwicklung handelt. Auch bei der deduktiven Methode kann die Faktorenanalyse genutzt werden, um zu prüfen, ob der Test die postulierte Struktur aufweist bzw. ob er eindimensional ist. Der entscheidende Unterschied liegt darin, dass bei der induktiven Methode die richtige Zahl der Faktoren explorativ gesucht wird, während bei der deduktiven Methode eine Hypothese zur faktoriellen Struktur vorliegt, die mittels Faktorenanalyse konfirmatorisch geprüft wird. Zweitens sind Tests, die auf induktiv entwickelten Strukturmodellen der Persönlichkeit oder Intelligenz aufbauen, nicht selbst als induktiv zu klassifizieren. Wenn heute ein Testautor erklärt, vom Thurstone-Modell der Intelligenz oder dem Big Five Modell der Persönlichkeit auszugehen, um einen Test zu entwickeln, so handelt es sich hierbei um ein deduktives Vorgehen.

Die deduktive Methode ist in der Regel das angemessene Vorgehen

Abschließende Würdigung der drei Ansätze zur Itemgewinnung Die deduktive Methode ist bei der Testkonstruktion in der Regel das angemessene Vorgehen. Würde ein Testautor im Manual unter der Überschrift »Theoretische Grundlagen« wichtige Theorien und Erkenntnisse über den Messgegenstand ignorieren und sich beispielsweise für ein induktives Vorgehen bei der Itemkonstruktion entscheiden, hätte das sehr kritische Bemerkungen in einer Testrezension zur Folge. So lesen wir in einer Testrezension über einen Fragebogen zur frühkindlichen Sprachentwicklung (Deimann et al., 2010): »In der Darstellung der Entstehung des Verfahrens findet sich keine ausführliche Beschreibung der theoretischen Grundlagen« (S. 169). In der Abschlussbewertung wird festgestellt, dass der Einsatz des Fragebogens u. a. wegen der »fehlende[n] Verbindung der Itemkonstruktion mit den gängigen Theorien der Sprachentwicklung« problematisch sei (S. 170). Letztlich bedeutet der Verzicht auf ein explizit deduktives Vorgehen, dass man den Stand der Wissenschaft ignoriert und versucht, das Rad neu zu erfinden.

2.2 · Konstruktionsprinzipien psychometrischer Tests

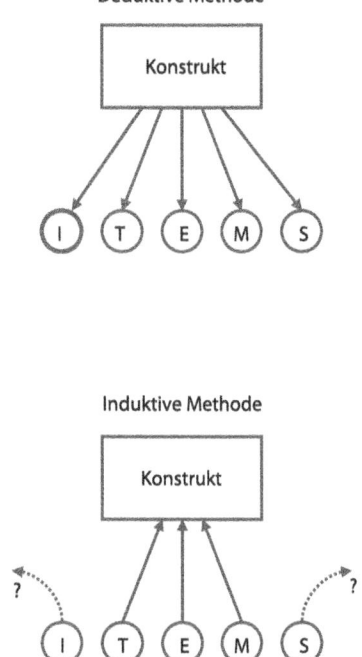
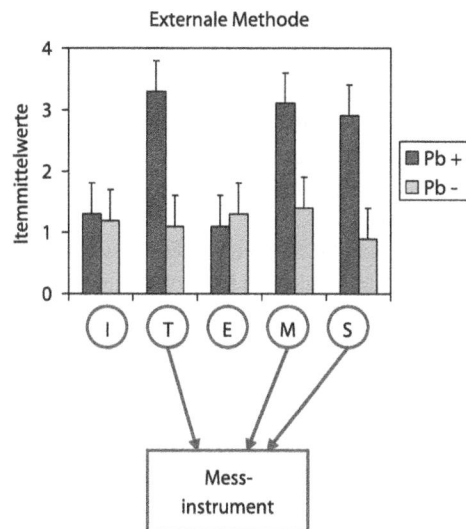

◘ **Abb. 2.19** Drei Methoden der Itemgenerierung. Bei der deduktiven Methode werden Items aus dem Konstrukt hergeleitet; die externale Methode filtert die Items heraus, die gut zwischen Probanden mit hohen und »normalen« bzw. niedrigen Merkmalsausprägungen differenzieren; bei der induktiven Methode werden Items gesucht, die ein gemeinsames Merkmal erfassen; Items, welche nicht zu dieser Itemgruppe passen, werden ausgesondert

Ein Verzicht auf das deduktive Vorgehen bedarf einer guten Begründung. Ein Grund könnte sein, dass Neuland betreten, also versucht wird, ein noch nicht oder nur unzulänglich erforschtes Merkmal messbar zu machen. Ein Grund für die Anwendung der externalen Methode kann sein, dass die Verfälschbarkeit durch Verwendung schwer durchschaubarer Items möglichst vermieden werden soll. Wie oben bereits betont wurde, kann sich die Validität einzelner Items oder des ganzen Tests im Laufe der Zeit ändern. Deshalb ist eine Überprüfung external konstruierter Instrumente nach einigen Jahren angebracht.

◘ Abbildung 2.19 fasst die drei Konstruktionsprinzipien noch einmal grafisch zusammen.

In Ergänzung zu einigen der bereits oben angesprochenen Punkte sollen nachfolgend kurz die **wesentlichen Unterschiede** zwischen einigen psychometrischen Gütekriterien als Folge der jeweiligen Konstruktionsprinzipien herausgestellt werden.

Wegen der **inhaltlichen Heterogenität** der Items aus external konzipierten Skalen (▶ Abschn. 2.2.2.2.) weisen diese im Regelfall sehr viel niedrigere interne Konsistenzen auf als rational oder **induktiv** entwickelte Skalen. Das heißt, die Items interkorrelieren viel niedriger miteinander und konstituieren weniger eine gemeinsame Dimension. Um die gleiche Messgenauigkeit oder Reliabilität (▶ Abschn. 2.3.3) wie bei induktiven oder rationalen Skalen zu erreichen, müssen externale sehr viel **länger** sein, da bei ihnen die Itemkovarianzen gering sind (vgl. dazu die Ableitungen in ▶ Abschn. 2.1.2.2 zur Verlängerung von Tests, insbesondere Formel 26, ▶ Anhang).

Geringe interne Konsistenz darf aber nicht vorschnell als **niedrige Reliabilität** missverstanden werden. Vielmehr sollte diese zweckmäßigerweise über eine wiederholte Testung an derselben Personenstichprobe zu einem späteren Zeitpunkt ermittelt werden (**Retest-Reliabilität**).

Die multifunktionelle Binnenstruktur external konstruierter Skalen macht diese sehr anfällig für die jeweilige Zusammensetzung der Untersuchungsstichprobe, d. h. für das Ausmaß, in dem jeder der implizierten Faktoren darin streut. Denn die Konstruktionsmethode favorisiert solche Verhaltensmerkmale, die in der Entwicklungsstichprobe innerhalb jeder Gruppe gering, aber zwischen den Gruppen stark streuen.

Begründung der Entscheidung für induktives oder externales Vorgehen

Konstruktionsprinzipien bildhaft dargestellt

Bei gleicher Länge sind rational konstruierte Skalen reliabler als externale

Externale Skalen sind wenig verfälschbar

Sofern diese Relation später nicht mehr gegeben ist, kann die Validität erheblich in Mitleidenschaft geraten.

Ein unbezweifelbarer Vorteil **externaler Skalen** besteht in ihrer vergleichsweise geringen Verfälschbarkeit durch die Testbeantworter, da diesen die Messintention oftmals verborgen bleibt und sie deshalb nicht wissen, in welcher Richtung sie antworten sollen, um ein bestimmtes Ziel (etwa: einen guten Eindruck zu machen) zu erreichen.

Alle Konstruktionsprinzipien sind zielführend

Burisch (1984) hat die Untersuchungen zusammengestellt, in denen die verschiedenen Konstruktionsmethoden im Hinblick auf ihren Erfolg, also letztlich die **Validität** der gebildeten Skalen, miteinander verglichen wurden. Seine Analyse beschränkt sich aus mehreren Gründen auf Persönlichkeitsfragebogen, d. h. Leistungstests blieben außer Betracht. Ungeachtet einiger hier und da auftretender Unterschiede war über alle Studien hinweg keine konsistente Überlegenheit einer der Techniken zu Ungunsten einer anderen festzustellen. Alle Konstruktionsprinzipien sind also **in etwa gleicher Weise zielführend**, und es wird im Einzelnen von Vorlieben oder Notwendigkeiten abhängen, für welche Strategie man sich entscheidet.

2.2.3 Testentwurf

Ein Test muss immer eine Instruktion enthalten, die den Auftrag an die Testpersonen klar und verständlich beschreibt. Nach Festlegung des Itemformats (▶ Abschn. 2.2.1.5) werden die Items formuliert. Sie müssen selbstverständlich gut zu dem gewählten Antwortformat passen. Bei der Formulierung von Items sind einige Regeln zu beachten, die helfen, »gute« Items zu entwerfen.

Instruktion

Die **Instruktion** kann schriftlich vorliegen oder, insbesondere bei Verfahren für Kinder, auch mündlich vorgetragen werden. Bei einer mündlichen Anweisung muss dem Testleiter erklärt werden, was er wie zu sagen hat. Die Instruktion kann wörtlich vorgetragen werden oder auch sinngemäß; die Entscheidung liegt beim Testautor.

> **Beispiel**
>
> **Beispiel für eine schriftliche Instruktion in einem Persönlichkeitsfragebogen (Fahrenberg et al., 2010)**
> »Sie werden auf den folgenden Seiten eine Reihe von Aussagen über bestimmte Verhaltensweisen, Einstellungen und Gewohnheiten finden. Sie können jede entweder mit »stimmt« oder mit »stimmt nicht« beantworten. Setzen Sie bitte ein Kreuz (X) in den dafür vorgesehenen Kreis. Es gibt keine richtigen oder falschen Antworten, weil jeder Mensch das Recht zu eigenen Anschauungen hat. Antworten Sie bitte so, wie es auf Sie zutrifft.«

Inhalt der Instruktion

In der Instruktion werden auch bestimmte **Randbedingungen der Testbearbeitung** geklärt. Beispielsweise können Angaben gemacht werden zu:
- Arbeitstempo (z. B. »Arbeiten Sie zügig« oder »Sie werden eventuell nicht alle Aufgaben schaffen, weil die Zeit knapp bemessen ist. Halten Sie sich deshalb nicht zu lange an einer Aufgabe auf, bei der Ihnen die Lösung schwer fällt.«)
- Arbeitsweise (z. B. »Entscheiden Sie sich spontan, ohne langes Nachdenken« oder »Lassen Sie keine Frage aus!«)
- Vertraulichkeit (z. B. »Ihre Angaben werden vertraulich behandelt.«)
- Verhalten bei Nichtwissen (z. B. »Wenn Sie die richtige Antwort nicht wissen, kreuzen Sie die an, die am ehesten passen könnte« oder »Kreuzen Sie immer eine Antwort an. Wenn keine richtig zu Ihnen passt, kreuzen Sie die an, welche noch am ehesten auf Sie zutrifft.«)

2.2 · Konstruktionsprinzipien psychometrischer Tests

- Gebrauch von Hilfsmitteln (z. B.»Sie können sich Notizen auf dem separaten Blatt machen.«)
- Gebrauch der Testunterlagen (z. B.»Schreiben Sie auf keinen Fall ins Testheft. Tragen Sie Ihre Antworten im Antwortbogen ein.«)

Da es selbst bei scheinbar hoch eindeutigen Instruktionen **Rückfragen** seitens der Testpersonen geben kann, wird in einem Testmanual auch geregelt, wie bei Fragen zu verfahren ist. Beispielsweise wird empfohlen, den entsprechenden Teil der Instruktion sinngemäß zu wiederholen. Alle denkbaren Nachfragen bereits in der Instruktion zu berücksichtigen, ist keine gute Lösung. Damit würde man eventuell vom Wesentlichen ablenken.

Umgang mit Rückfragen

Bei der Formulierung der Items sollte man bedenken, dass die Antwort das zu messende Merkmal indiziert und nicht (noch) etwas anderes. Bei Leistungstests kann ein Item, beispielsweise eine Textaufgabe zum rechnerischen Denken, sprachlich zu komplex formuliert sein. In diesem Fall besteht die Gefahr, dass ungewollt Sprachverstehen zur Lösung beiträgt. Bei Fragebögen kann es im Extremfall passieren, dass ein großer Teil der Testpersonen die Frage gar nicht versteht und dennoch eine Antwort ankreuzt, weil verlangt wird, immer etwas anzukreuzen (s. Instruktionsbeispiel oben).

Ein Item sollte einzig und allein das Merkmal indizieren

Einige Regeln zur Abfassung von Items

- Möglichst eine verständliche Sprache verwenden (kurze Sätze, keine unnötigen Fremdwörter, keine doppelten Negationen wie »Ich mag es nicht, wenn mich jemand nicht grüßt«).
- Auf Passung zu den Antwortmöglichkeiten achten (Beispiel: Eingestuft wird, wie häufig ein Verhalten vorkommt; Item: »Ich gehe anderen oft aus dem Weg« – Häufigkeitsangaben im Item passen hier nicht).
- Vorsicht bei der Invertierung von Items! Manchmal versuchen Testautoren die Auswirkungen eines Antwortbias zu verhindern, indem sie die Hälfte der Items invertieren. Für eine Glücksskala könnte das Item »Ich bin mit meinem Leben zufrieden« umformuliert werden in »Ich bin mit meinem Leben unzufrieden«. Die Nein-Antwort wird dann gezählt. Oft gelingt es nicht, genau das Gegenteil auszudrücken. Wer meint, nicht (ganz) zufrieden zu sein, sagt damit nicht unbedingt, er sei unzufrieden.

Regeln zur Abfassung von Items

Ein Testentwurf sollte zumindest an einer kleinen Stichprobe von Personen erprobt werden. Fragen, welche die Testpersonen nicht beantworten können, sollten sie markieren. In einer Nachbefragung kann man explorieren, warum Fragen nicht beantwortbar erschienen und ob bzw. welche Verständnisprobleme aufgetreten sind. So können Unzulänglichkeiten entdeckt und abgestellt werden.

2.2.4 Grundzüge von Itemanalysen

Eine Zusammenstellung von Items ist noch kein Test. Einzelne Items könnten ungeeignet oder wenig geeignet sein, das Merkmal zu messen. Erst durch eine **Itemanalyse** gewinnt man Informationen über die Qualität eines Items. Allerdings muss man dazu den (vorläufigen) Test erst einmal einsetzen, um empirische Daten über die Items zu gewinnen. Die Personenstichprobe sollte so gewählt werden, dass sie der späteren Zielgruppe entspricht. Die Kennwerte, welche die Itemanalyse liefert, sind stichprobenabhängig.

empirische Daten für die Itemanalyse

Eine nach der KTT durchgeführte Itemanalyse liefert zwei wichtige Kennwerte, die, wie wir noch sehen werden, voneinander abhängig sind: die **Itemschwierigkeit** und die **Trennschärfe**.

Kennwerte der Itemanalyse

2.2.4.1 Itemschwierigkeit

Definition
Die **Itemschwierigkeit** gibt an, wie groß der Anteil an Personen ist, die das Item im Sinne des Merkmals beantwortet haben.

»Im Sinne des Merkmals beantwortet« ist bei Leistungstests die richtige Antwort und bei Fragebögen die Antwort, die das Merkmal indiziert. Der Wert liegt zwischen 0 und 1. Je höher der Wert bei einem Leistungstest ist, desto mehr Personen haben das Item gelöst, desto leichter (!) ist also das Item.

$$p = \frac{N_R}{N}$$

p = Itemschwierigkeit
N_R = Zahl der Probanden, die die Aufgabe im Sinne des Merkmals beantwortet haben
N = Zahl der Probanden, die das Item bearbeitet haben

Itemschwierigkeit

Beispielsweise haben 100 Personen unser Item »Wer hat den Erreger der Tuberkulose entdeckt?« bearbeitet, und davon haben 30 »Robert Koch« angekreuzt. Die Itemschwierigkeit p beträgt damit 30/100 = .30. Auf den ersten Blick lässt sich nicht feststellen, ob das Item nun schwer oder leicht ist und vor allem, ob das Item nun »gut ist oder nicht«. Die folgenden Überlegungen helfen, diesbezüglich Klarheit zu verschaffen.

Die Antworten sollen variieren

Die Antworten sollen variieren Eine Itemschwierigkeit von null oder eins bedeutet, dass alle Personen das Item gleich beantwortet haben. Die Information eines solchen Items lautet: »Alle Personen sind gleich.« Das Item trägt also überhaupt nichts dazu bei, Unterschiede zwischen den Personen aufzuzeigen; es ist unbrauchbar. Deshalb suchen wir Items, bei denen die Antworten variieren. Als Hilfsgröße bestimmen wir bei dichotomen Items die Streuung s_i. Sie ist definiert als:

$$s_i = \sqrt{pq}$$

p = Itemschwierigkeit
q = 1 − p

Zusammenhang zwischen Itemschwierigkeit und -streuung

Berechnet man die Itemstreuung für alle möglichen Werte von p, so erhält man folgenden Zusammenhang zwischen Itemschwierigkeit und -streuung (◘ Abb. 2.20):

Die Itemstreuung ist bei mittlerer Schwierigkeit am größten

Die Itemstreuung ist also bei einer mittleren Schwierigkeit (p = .5) am größten und in der Nähe von null und eins sehr niedrig. Folgt man dieser Logik, so sind Itemschwierigkeiten um p = .5 am besten. Wir werden aber gleich sehen, dass es nicht vorteilhaft ist, für *alle* Items eine mittlere Schwierigkeit zu fordern.

Eine Differenzierung ist auch im unteren und oberen Bereich notwendig

Differenzierung auch im unteren und oberen Bereich Haben alle Items eine mittlere Schwierigkeit, ergibt sich ein Problem. In der KTT sind alle Kennwerte stichprobenabhängig. Wir stellen uns nun vor, das Tuberkulose-Item (s.o.) sei von Medizinstudenten bearbeitet worden, die in ihrem Studium bereits viel über Infektionskrankheiten gelernt haben. Von 100 Studenten lösen 90 das Item. Bei p = .90 ist die Streuung nun unerwünscht niedrig (◘ Abb. 2.20). Soll ein Test auch im unteren und oberen Merkmalsbereich gut zwischen den Personen differenzieren, benötigt man auch Items, die für »normale« Personen schwer bzw. leicht sind. Items, die bei Personen mit mittlerer Merkmalsausprägung optimal differenzieren, haben bei Personen mit extremer Merkmalsausprägung eine sehr geringe Streuung. Besteht ein Test nur aus mittel-

2.2 · Konstruktionsprinzipien psychometrischer Tests

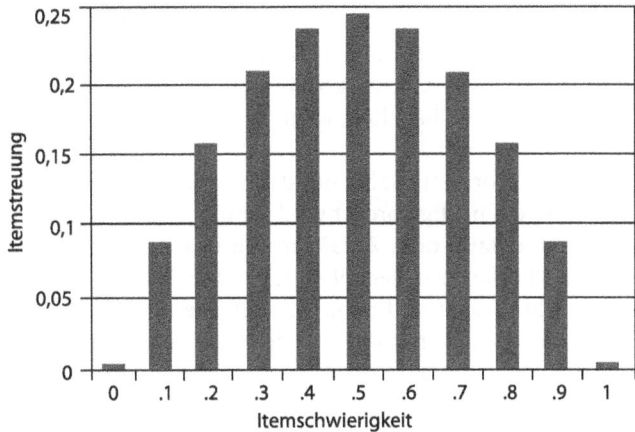

◘ **Abb. 2.20** Zusammenhang zwischen Itemschwierigkeit und -streuung

schweren Items (ermittelt an einer »normalen« Stichprobe), so unterscheiden sich Personen mit sehr hoher Merkmalsausprägung von denen mit hoher nur geringfügig in ihrem Testwert. Mit anderen Worten: Der Test differenziert in diesem Bereich nicht gut. Das Gleiche gilt für den unteren Merkmalsbereich.

Eine Lösung kann übrigens sein, einen Test speziell für Personen mit hohen bzw. niedrigen Merkmalsausprägungen zu entwickeln. Der Test wird dann aus Items bestehen, die für »normale« Personen meist zu schwer bzw. zu leicht sind. Beispielsweise kann ein Intelligenztest für die Diagnostik von Hochbegabung oder von geistiger Behinderung konstruiert werden.

Bei der Bestimmung der Itemschwierigkeit sind noch einige besondere Bedingungen zu beachten, nämlich die Wahrscheinlichkeit, die Lösung durch **Raten** zu finden, den Umgang mit **fehlender Beantwortung** und **mehrstufigen Antwortskalen**.

spezielle Tests für Personen mit hohen bzw. niedrigen Merkmalsausprägungen

Ratewahrscheinlichkeit Bei unserem Beispielitem »Wer hat den Erreger der Tuberkulose entdeckt?« hatten wir eine Itemschwierigkeit von p = .30 angenommen, die noch im mittleren Bereich liegt (◘ Abb. 2.20). Es gab nur fünf Antwortalternativen (neben Robert Koch waren vier weitere Namen aufgelistet). Hätten alle unsere 100 Testpersonen ihre Kreuze zufällig auf die fünf Antwortalternativen verteilt, wären 20 Personen zufällig auf die richtige Antwort »Robert Koch« gestoßen. Für diesen Fall würde sich eine Itemschwierigkeit von 20/100 = .20 errechnen. Daran gemessen ist die beobachtete Itemschwierigkeit von .30 relativ niedrig – aber wie niedrig? Es gibt die Möglichkeit, bei der Berechnung der Itemschwierigkeit die Ratewahrscheinlichkeit zu berücksichtigen.

Ratewahrscheinlichkeit beachten

Für die Korrektur des Zufalls lautet die Formel:

$$p = \frac{N_R - [N_F/(m-1)]}{N}$$

Neu darin sind die Terme
N_F = Zahl der Probanden, die die Aufgabe falsch beantwortet haben
m = Zahl der Wahlmöglichkeiten in einer Mehrfachwahlaufgabe

> **Beispiel**
>
> »Wer hat den Erreger der Tuberkulose entdeckt«?
> Robert Koch (richtig): 30 Personen (= NR)
> 4 falsche Antworten: zusammen 70 Personen (= NF)
> Insgesamt 5 Antwortalternativen: m = 5
> p = (30 – (70/4)) / 100 = (30 – 17,5) / 100 = 12,5 / 100 = 0,125

Ratekorrektur

Das Item hat damit bei Berücksichtigung der Ratewahrscheinlichkeit eine niedrige Itemschwierigkeit. Das Item weist eine geringe Streuung auf ($p \times q = 0.125 \times .875 = .11$), differenziert also nicht stark zwischen Personen mit mittlerer Merkmalsausprägung. Man könnte es beibehalten, wenn der Test genügend viele andere Items mit mittlerer Schwierigkeit enthält.

Anwendung der Ratekorrektur

Die Ratekorrektur sollte nur dann zur Anwendung kommen, wenn in der Instruktion zum Raten aufgefordert wird für den Fall, dass man die Lösung nicht findet.

Die o. a. **Rate- oder Zufallskorrektur** leitet sich für den individuellen Fall ab wie folgt (nach Moosbrugger, 1990, S. 26–27): Hauptsächlich bei Mehrfachwahlaufgaben (und nicht so sehr bei Ergänzungsaufgaben) können richtige Lösungen durch Zufall erreicht werden. Der grundlegende Gedanke geht dahin, dass falsche Antworten nicht durch einen falschen Lösungsansatz, sondern durch Raten zustande kommen; wenn die Testperson rät, so geht sie nach Zufall vor. Die Anzahl n_g der gerateten Antworten g setzt sich somit zusammen aus der Anzahl der n_{rg} richtig gerateten Antworten rg und der Anzahl n_{fg} der falsch gerateten Antworten fg:

$$n_g = n_{rg} + n_{fg}$$

Wenn m die Anzahl der Distraktoren (s.o.) einer Mehrfachwahl- oder Richtig-Falsch-Aufgabe ist, so ergibt sich die Wahrscheinlichkeit für »richtig geraten« als

$$p(rg) = \frac{1}{m}.$$

weil

$$p(rg) + p(fg) = 1,$$

ergibt sich die Wahrscheinlichkeit für »falsch geraten« als

$$p(fg) = 1 \; p(rg)$$
$$p(fg) = 1 - \frac{1}{m}.$$

Wenn alle F-Antworten per Annahme fg-Antworten sind, können wir unter Heranziehung der obigen Ausdrücke das Verhältnis von rg- zu fg(= falsch)-Antworten bilden als

$$\frac{n_{rg}}{n_f} = \frac{p(rg)}{p(fg)}$$

$$= \frac{\frac{1}{m}}{1 - \frac{1}{m}}; \text{ nach Erweitern mit } \frac{m}{m}$$

$$= \frac{1}{m-1}; \text{ durch Umformulierung}$$

$$n_{rg} = \frac{n_f}{m-1}$$

Dieser Ausdruck steht für die Anzahl richtiger Antworten, die durch richtiges Raten zustande gekommen sind. Um den zufallskorrigierten Testwert einer einzelnen Test-

2.2 · Konstruktionsprinzipien psychometrischer Tests

person zu erhalten, ist vom ursprünglichen Testwert X die Anzahl der nur durch Zufall richtig gelösten Antworten abzuziehen:

$$X' = n_r - n_{rg}$$
$$= n_r - \frac{n_f}{m-1}$$

X' = zufallskorrigierter Rohwert
Bei Richtig-Falsch-Antworten vereinfacht sich die Zufallskorrektur auf

$$X' = n_r - n_f.$$

Bei Fragebögen, die nur zwei Antwortmöglichkeiten kennen, ist die Wahrscheinlichkeit, die Alternative anzukreuzen, die für das Vorliegen des Merkmals spricht, mit 50 Prozent extrem hoch. Dennoch wird man keine Ratekorrektur durchführen. Es gibt keinen Grund für die Annahme, dass die Testpersonen bei solchen Items raten bzw. zufällig ankreuzen.

Fehlende Beantwortung Nehmen wir nun einmal an, bei unserem Test würde in der Instruktion stehen, man solle auf keinen Fall raten, wenn man die Lösung nicht findet. Für falsche Antworten sei sogar ein Punktabzug angekündigt worden. Unser Tuberkulose-Item wird deshalb nicht von allen 100 Personen beantwortet, sondern nur von 60. Es liegt auf der Hand, hier keine Ratekorrektur vorzunehmen. Aber wie wird hier N bestimmt? Muss in der Formel für die Itemschwierigkeit im Nenner 100 oder 60 stehen? Entscheidend ist, wie viele Personen das Item bearbeitet und nicht, wie viele es *beantwortet* haben. Unter den genannten Bedingungen werden alle 100 Personen das Item *bearbeitet* haben. Um einem Punktabzug zu entgehen, haben vielleicht alle 40 Personen, von denen keine Antwort vorliegt, die Antwort nicht gewusst und auf ein Ankreuzen verzichtet.

Es gibt jedoch auch Gründe, ein Item nicht zu bearbeiten. Bei Leistungstests mit **Zeitbegrenzung** bleiben oft die letzten Items aus Zeitgründen unbearbeitet. Nehmen wir an, unser Tuberkulose-Item habe am Ende eines umfangreichen Wissenstests gestanden und sei nicht von 100, sondern nur von 80 Personen bearbeitet worden (Raten war explizit erlaubt). Die Anzahl der richtigen Antworten betrage nun 20. Es ist offensichtlich unangebracht, die 20 richtigen Antworten durch 100 zu dividieren. Besser, aber keineswegs optimal ist eine andere Lösung: Im Nenner steht die Anzahl der Personen, die dieses Item bearbeitet haben (im Beispiel also 80). Diese Lösung ist nicht optimal, weil die 80 Personen nicht repräsentativ für die gesamte Stichprobe sind; wahrscheinlich haben sie eine niedrige Merkmalsausprägung. Deshalb haben im Beispiel mit 20 Personen auch nur 25 Prozent das Item gelöst.

Bei Tests mit Zeitbegrenzung sollte man für die Itemanalyse dafür sorgen, dass alle Personen sämtliche Items bearbeiten. Die Zeitbegrenzung dazu ganz aufzuheben, ist nicht optimal. Die Bearbeitungsbedingungen entsprechen dann nicht mehr denen im Originaltest. Wenn man mehr Zeit für eine Aufgabe hat, kann man die Lösung meist eher finden als unter Zeitdruck. Deshalb variiert man am besten die Itemreihenfolge so, dass zumindest die Hälfte der Testpersonen alle Items bearbeitet. Beispielsweise teilt man die Items in drei gleich große Blöcke und tauscht in einer Variante Block 2 gegen Block 3. Eine Alternative besteht darin, den Test um weitere Items zu verlängern, die Bearbeitungszeit entsprechend anzuheben und die zusätzlichen Items nicht in die Itemanalyse aufzunehmen.

Speed- und Power-Tests Diese Begriffe werden nur auf Leistungstests angewandt. **Geschwindigkeitstests (Speed-Tests)** sind dadurch definiert, dass bei unbegrenzter

Items nicht beantwortet

unbearbeitete Items bei Leistungstests mit Zeitbegrenzung

Itemabfolge variieren oder Test verlängern

Speed- und Power-Tests

Zeitvorgabe alle Items von allen Probanden gelöst würden. Die Differenzierung zwischen den Probanden wird nur durch die Begrenzung der Bearbeitungszeit erreicht. Solche Tests werden häufig zur Prüfung der Konzentration eingesetzt.

Niveautests (Power-Tests) sind dadurch definiert, dass auch bei unbegrenzter Zeitvorgabe von keinem Testteilnehmer alle Aufgaben gelöst würden. Die Items sind meist nach ihrer Schwierigkeit gereiht; die Aufgaben werden gegen Ende immer schwerer lösbar.

Ebel und Lienert (1960) haben zur numerischen Bestimmung der Speed- vs. Power-Komponente einen »Niveauindex« vorgeschlagen:

$$w = \frac{u - m}{n - m}$$

m = Summe X/n = Mittelwert der richtig beantworteten Aufgaben
u = Summe B/n = Mittelwert der bearbeiteten Aufgaben
n = Anzahl der Aufgaben

Niveauindex

Bei reinen Schnelligkeitstests werden alle in Angriff genommenen Aufgaben, von einigen Flüchtigkeitsfehlern vielleicht abgesehen, auch gelöst (Summe B = Summe X; u = m); deshalb strebt hier der Niveauindex gegen null. Anders verhält es sich dagegen im Fall von Power-Tests; dort werden alle Aufgaben in Angriff genommen (u = n). Unabhängig davon, wie viele davon auch gelöst werden, wie hoch also m im konkreten Fall ausfällt, beträgt w deshalb 1.

Die gebräuchlichen Tests zur Erfassung von Leistungsmerkmalen außerhalb der konzentrativen Funktionen stellen gewöhnlich Mischformen dar. Das heißt, sie beinhalten teils Schnelligkeits-, teils auch Niveaukomponenten insofern, als zum einen die Aufgaben hinsichtlich ihrer Schwierigkeit stark streuen und zum anderen die Bearbeitung zeitbegrenzt erfolgt. Aus naheliegenden Gründen sind dabei innerhalb der einzelnen Subtests die Items nach ansteigender Schwierigkeit gereiht.

Reine Power-Tests sind für Gruppenuntersuchungen ungeeignet, weil die Testpersonen unterschiedlich lange daran arbeiten. Deshalb wird die Bearbeitungszeit oft begrenzt.

Nichtbearbeitung von Items in Persönlichkeitstests

Bei Persönlichkeitsfragebögen übersehen Testpersonen schon einmal ein Item, oder sie gehen darüber hinweg, weil sie den Sinn nicht richtig verstehen oder weil sie sich nicht entscheiden können. Wenn ein Fragebogenitem von einem erheblichen Teil der Personen nicht bearbeitet wurde, ist dies ein Alarmzeichen, denn mit diesem Item stimmt etwas nicht. Viele Auslassungen können ein Grund sein, dieses Item zu eliminieren. Will man dennoch die Itemschwierigkeit bestimmen, ersetzt man in der Formel im Nenner die Zahl der Personen (N) durch die Zahl der Personen, die dieses Item bearbeitet haben (N_B).

Schwierigkeit unvollständig bearbeiteter Items

Die Formel für die Schwierigkeit eines unvollständig bearbeiteten Items lautet:

$$p = \frac{N_R}{N_B}$$

N_B = Zahl der Probanden, die die Aufgabe bearbeitet haben.

Itemschwierigkeit als arithmetisches Mittel

Mehrstufige Antworten Bei Fragebögen werden manchmal anstelle von dichotomen Beantwortungen (z. B. stimmt – stimmt nicht) mehrstufige Antwortskalen verwendet. Die Testperson soll etwa auf einer fünfstufigen Skala ankreuzen, wie sehr eine Aussage auf sie zutrifft. Bei Leistungstests werden manchmal – je nach Art der Antwort – 0, 1 oder 2 Punkte vergeben. Wenn Gleichabständigkeit zwischen den Stufen angenommen werden kann (Intervall-Skala-Niveau), verwendet man als Itemschwierigkeit das

2.2 · Konstruktionsprinzipien psychometrischer Tests

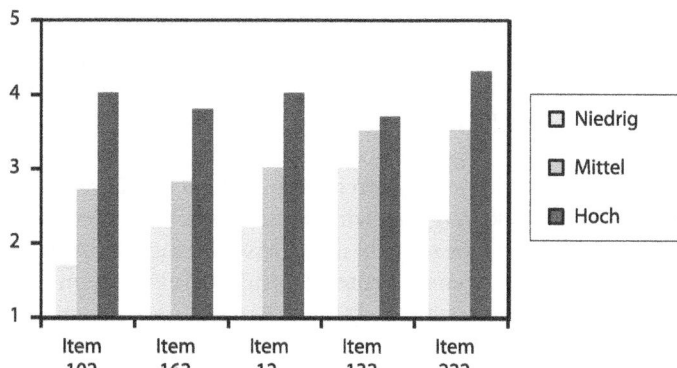

◘ Abb. 2.21 Itemschwierigkeiten von ausgewählten Items zu Durchsetzungsfähigkeit des NEO-PI-R für drei Gruppen von unterschiedlich durchsetzungsfähigen Probanden (niedrig, mittel, hoch). Antwortskala von 1 (starke Ablehnung) bis 5 (starke Zustimmung)

arithmetische Mittel. Als Itemstreuung dient bei Bedarf die Standardabweichung. Der Wertebereich für die Itemschwierigkeit wird durch die zugrunde gelegte Antwortskala festgelegt.

Stichprobenabhängigkeit Eingangs wurde gesagt, dass die Itemkennwerte stichprobenabhängig sind. Um dies zu veranschaulichen, haben wir die Schwierigkeiten für ausgewählte Items des NEO-PI-R (Ostendorf & Angleitner, 2004) für drei Teilstichproben berechnet. Der Fragebogen lag 121 Studierenden zur Bearbeitung vor. Die Gesamtstichprobe wurde nun anhand ihres Wertes in der Subskala Durchsetzungsfähigkeit (Komponente der Extraversion) in eine »hoch durchsetzungsfähige«, »normale« und »niedrig durchsetzungsfähige« Gruppe aufgeteilt (N = 33, 59 und 29). Die Itemschwierigkeiten wurden separat für die drei Teilstichproben berechnet. In ◘ Abbildung 2.21 lässt sich erkennen, dass die Itemschwierigkeiten zum Teil erheblich von der Stichprobe abhängen. Je höher die Durchsetzungsfähigkeitswerte der Probanden sind, desto höher fallen die Kennwerte aus.

Stichprobenabhängigkeit der Itemkennwerte

2.2.4.2 Trennschärfe

Der zweite wichtige Itemkennwert ist die Trennschärfe. Die Trennschärfe zeigt, in welchem Ausmaß das Item das Gleiche misst wie der Test bzw. bei mehrdimensionalen Tests die Subskala des Tests. Die Trennschärfe zeigt zudem an, wie gut das Item zwischen Personen mit hoher versus niedriger Merkmalsausprägung »trennt«. Dazu stellen wir uns vor, dass wir die Testpersonen nach ihrem Gesamtwert, z. B. in einem Intelligenztest, in zwei Gruppen einteilen: Personen mit hohen und Personen mit niedrigen Testwerten (Intelligenzwerten). Korreliert ein Item hoch mit dem Testwert, trägt es viel dazu bei, hoch und niedrig intelligente Personen zu trennen. Die Intelligenz wird dabei über den Test definiert, dem das Item angehört. Als Korrelationskoeffizient kann die Trennschärfe zwischen −1 und +1 liegen. Negative Werte können tatsächlich vorkommen, sind aber eher selten. Ein negativer Wert würde bedeuten, dass das Item die Differenzierung in Personen mit hoher und niedriger Merkmalsausprägung verschlechtert. Ein solches Item sollte modifiziert oder ganz entfernt werden.

Korrelation zwischen Item und Test

Definition

Die **Trennschärfe** einer Aufgabe ist definiert als die Korrelation des Items mit dem Test oder der Skala des Tests, zu der das Item gehört. Der Test- bzw. Skalenwert wird dabei über alle Items mit Ausnahme des analysierten bestimmt. Sie ist ein Kennwert dafür, in welchem Ausmaß die durch das Item erfolgte Differenzierung der Probanden in Löser und Nichtlöser mit derjenigen durch die Skala als Ganzes übereinstimmt.

Invertierung von Items nicht versäumen

Iteminvertierung Wenn ein Fragebogen einzelne Items enthält, in denen die Antwort »Nein« oder »Stimmt nicht« für eine *hohe* Merkmalsausprägung spricht, so werden diese Items vor Berechnung des Gesamtwerts und der Trennschärfe invertiert. Ein Fragebogen zur Leistungsmotivation soll neben Items wie »Ich will andere übertreffen« und »Ich strenge mich an, eine Aufgabe gut und schnell zu erledigen« auch ein Item »Ich vermeide jede Anstrengung« enthalten. Während für die ersten beiden Items bei »Ja« ein Punkt vergeben wird, muss dies beim dritten Item bei »Nein« geschehen. Bei der Dateneingabe schreibt man meist für eine »Ja«-Antwort 1 und für »Nein« 0 in die Datei. »Invertieren« bedeutet, dass man bei einem Item genau umgekehrt 0 für »Ja« und 1 für »Nein« eingibt. Versäumt man das Invertieren, ist der Gesamtwert falsch. Wahrscheinlich erhält man auch negative Trennschärfen.

Part-whole-Korrektur

Bei der Berechnung des Testwerts als Summe aller »richtigen« Antworten bleibt das Item unberücksichtigt. Für die sog. **Part-whole-Korrektur** des Testwertes gibt es einen trivialen Grund. Falls das Item im Testwert enthalten ist, kommt es bei der Berechnung der Korrelation wegen der bestehenden algebraischen Abhängigkeit zu einer Korrelation des Items mit sich selbst. Die Korrelation des Items mit dem Test wird dadurch künstlich erhöht. Dieser Effekt ist umso stärker, je weniger Items der Test hat. Bei fünf Items wird der Gesamtwert bereits zu 20 Prozent durch das zu analysierende Item definiert. Wenn es die Statistiksoftware erlaubt, sollte daher die Option gewählt werden, den Testwert ohne das zu analysierende Item zu bestimmen. Bei der manuellen oder EDV-gestützten Berechnung wird der Wert für das Item immer vom Gesamtwert subtrahiert, bevor die Korrelation berechnet wird.

punkt-biseriale Korrelation

Die Wahl des Korrelationskoeffizienten richtet sich nach dem Skalenniveau des Items und des Testwerts. Die folgende Formel für die **punkt-biseriale Korrelation** kann bei Items angewandt werden, bei denen eine Antwort entweder richtig oder falsch ist oder durch Ankreuzen von ja/nein bzw. stimmt/stimmt nicht erfolgt. Diese dichotome Form der Itemantwort wird hier im Sinne einer echt-alternativen, also qualitativen Art verstanden. Der Testwert wird als intervallskaliert angenommen.

$$r_{pbis} = \frac{\bar{X}_R - \bar{X}}{s} \cdot \sqrt{\frac{p}{q}}$$

wobei
p = Itemschwierigkeit
q = 1 − p
$\bar{X}$ = arithmetisches Mittel der Skalenscores
$\bar{X}_R$ = rithmetisches Mittel der Skalenscores jener Probanden, die das Item richtig beantwortet haben
s = Standardabweichung der Skalenscores aller Probanden

Der punkt-biseriale Korrelationskoeffizient entspricht dem Produkt-Moment-Korrelationskoeffizienten, wenn man für die eine Antwortmöglichkeit 1, für die andere 2 einsetzt und einen Produkt-Moment-Korrelationskoeffizienten berechnet.

dichotome Antworten bei »eigentlich« vorliegendem Kontinuum

Als nicht minder plausibel erscheint die Auffassung, dass den Beantwortungen im Sinne von »ja/nein«, »stimmt/stimmt« nicht usw. **»eigentlich«** ein Kontinuum zugrunde liegt, auf dem das relative Ausmaß an Zustimmung abgetragen wird. Irgendwo mag dann aber eine Stelle erreicht sein, wo die geringe Zustimmung als Ablehnung bezeichnet bzw. umgekehrt die immer schwächere Ablehnung als Zustimmung etikettiert wird. Im Leistungsbereich wird diesen Überlegungen verschiedentlich dadurch Rechnung getragen, dass nicht nur die richtigen Lösungen gewertet werden, sondern auch solche Antworten Punkte erhalten, die immerhin in Teilaspekten richtig sind und erkennen lassen, dass der Proband »auf dem richtigen Wege« war, was ebenfalls eine Leistung bedeutet. Solchen Erwägungen zufolge geschieht somit **auch die dichotome**

2.2 · Konstruktionsprinzipien psychometrischer Tests

Itembeantwortung auf einem Kontinuum, das aber aus verschiedenen Gründen (etwa der Einfachheit halber) nur in dichotomisierter Form vorliegt. Das berechtigt zur Anwendung des **biserialen Korrelationskoeffizienten**:

$$r_{bis} = \frac{\overline{X}_R - \overline{X}}{s} \cdot \frac{p}{y}$$

Y = Ordinatenwert in der Standardnormalverteilung für jenen Wert, der die Fläche unter der Normalverteilungskurve in die Anteile p und q trennt
X = arithmetisches Mittel der Testrohwerte aller Probanden
p = auf den Wert 1 bezogener Anteil derjenigen Probanden, die das Item lösen
q = 1 − p

Die Formel gilt für vollständige Aufgabenpräsentation.

Von welchen Faktoren hängt die Trennschärfe ab? Die Höhe der Trennschärfe hängt von der inhaltlichen Passung des Items, der Verteilungsform von Itemantworten und Testwerten sowie von der Streuung sowohl des Items als auch der Testwerte ab. Unter »**inhaltlicher Passung**« verstehen wir, dass das Item gut geeignet ist, das Merkmal zu messen, welches der Test erfasst. Für mangelnde Passung gibt es zwei Gründe. Der naheliegende ist, dass das Item schlecht ausgewählt oder schlecht formuliert wurde. Wenn ein Fragebogen Aggressivität erfasst, dann ist ein Item wie »Ich widerspreche manchmal meinen Gesprächspartnern« vermutlich unpassend, da es eher etwas über Dominanz oder Selbstvertrauen aussagt als über Aggressivität. Eine Schädigung oder Schädigungsabsicht ist nicht zu erkennen. In seltenen Fällen ist ein Item eigentlich passend, die übrigen Items verfehlen aber die Messintention. Beispielsweise könnte ein Depressionsfragebogen viele Items zu körperlichen Beschwerden enthalten. Obwohl bestimmte körperliche Beschwerden wie Appetit- oder Gewichtsverlust zum Bild einer Depression gehören, müssen eine Reihe anderer Symptome vorhanden sein. Mit dem Schwerpunkt auf körperliche Beschwerden ist der Fragebogen vielleicht eher zu einem Instrument zur Erfassung von somatoformen Störungen geworden. Ein eigentlich zur Depression passendes Item zum Thema Schuldgefühle (z. B. »Ich habe oft Schuldgefühle«) korreliert eventuell mit dem Gesamtwert so niedrig, das man das Item als ungeeignet ansehen wird. An diesem fiktiven Beispiel wird noch einmal deutlich, dass die Trennschärfe nur die Übereinstimmung mit dem Gesamtwert prüft und nicht, wie gut das Merkmal gemessen wird.

inhaltliche Passung des Items zur Skala

Die **Verteilungsform** der (korrigierten) Testwerte und Itemantworten kann die Korrelation zwischen Item und Test mindern, und zwar immer dann, wenn Item und Testwert unterschiedliche Verteilungsformen aufweisen. Sind beide **in gleicher Weise schief** verteilt, wird die Korrelation dadurch *nicht* eingeschränkt. Das sei am folgenden Beispiel veranschaulicht, in dem sowohl das Item als auch der Gesamttestwert im Verhältnis 10:90 in Löser und Nicht-Löser (P = 10) aufgeteilt sind und der Phi-Koeffizient angewendet wird (s. Moosbrugger & Zistler, 1993).

Verteilungsform von Item und Testwert

		Item		
		+	−	
Gesamttest	+	10		10
	−		90	90
		10	90	100

Auch bei extremer Schiefe der beiden Randverteilungen ist also eine perfekte Korrelation von r = 1.0 wie in dem Beispiel möglich. Voraussetzung ist allerdings, dass die

Schiefe in die gleiche Richtung weist. Ist jedoch die eine Verteilung links- und die andere rechtsschief, oder eine ist rechtsschief, während die andere eine Normalverteilung hat, reduziert sich die Korrelation.

meist umgekehrt u-förmige Beziehung zwischen Trennschärfe und Schwierigkeit

Empirisch stellt sich meist eine umgekehrt u-förmige Beziehung in dem Sinne dar, dass mit sehr niedrigen und sehr hohen Schwierigkeiten eher mäßige, mit mittleren Werten von P eher hohe Trennschärfen einhergehen. Einer der Gründe dafür ist in methodischen Limitierungen zu suchen: Für die Berechnung der Trennschärfen binär gestufter Items wurde häufig der punkt-biseriale Koeffizient herangezogen, und die Trennung der Stichprobe erfolgte am Median. In solchen Fällen ist der Maximalwert von 1.0 im Regelfall selbst dann nicht mehr erreichbar, wenn der Testwert eine perfekte Trennung der beiden Gruppen von Itembeantwortungen leistet.

Streuung der Testwerte

Die Trennschärfe hängt als Korrelationskoeffizient von der **Streuung der Testwerte** ab. Wurde der Test einer sehr homogenen Stichprobe von Personen vorgegeben, bei der das Merkmal nicht stark variiert, müssen die Trennschärfen zwangsläufig niedriger ausfallen als bei einer repräsentativen Stichprobe. Eine in Bezug auf die Intelligenz zu homogene Stichprobe bestünde etwa aus Personen, die eine Beratungsstelle für Hochbegabte aufsuchen. Viele dieser Ratsuchenden werden tatsächlich hochbegabt sein oder das Kriterium IQ 130 nur knapp verfehlen. Ihre IQ-Werte weisen vielleicht eine Standardabweichung von 10 oder noch niedriger auf, während in der Population eine Standardabweichung von 15 beobachtet wird. Varianzeinschränkung beim Testwert wirkt sich immer auf die Trennschärfen der Items dieses Tests aus.

Streuung der Items

Die **Itemstreuung** hat den gleichen Effekt wie die Streuung der Testwerte. Ist sie klein, mindert das die Korrelation und damit die Trennschärfe. Die Itemstreuung wiederum hängt von der Itemschwierigkeit ab (s.o.). Bei dichotomen Items ist die Streuung bei p = .5 am größten. Bei sehr extremen Werten (z. B. p = .05 oder .95) ist die Itemstreuung sehr klein, was sich deutlich mindernd auf die Höhe der Trennschärfe auswirkt.

Während eine reduzierte Streuung der Testwerte und Items die Trennschärfen vermindert, hat eine vergrößerte Streuung den umgekehrten Effekt: Die Trennschärfen fallen höher aus. Dieses Phänomen tritt bei heterogenen Stichproben auf.

Selektion von Items nach ihrer Trennschärfe unter Berücksichtigung ihrer Schwierigkeit

Wie im Abschnitt über Itemschwierigkeiten ausgeführt wurde, sind unterschiedliche Itemschwierigkeiten und damit unterschiedliche Itemstreuungen meist erwünscht. Items mit hohen und niedrigen Schwierigkeiten korrelieren wegen ihrer kleinen Streuungen nur niedrig mit dem (korrigierten) Testwert. Solche Items würden bei der Itemanalyse vorschnell eliminiert, wenn nicht der Grund für die niedrige Trennschärfe beachtet würde. Mithilfe einer Grafik, in der die Items nach ihrer Schwierigkeit und ihrer Trennschärfe positioniert sind, ist erkennbar, welche Items gemessen an ihrer Schwierigkeit eine zu niedrige Trennschärfe haben. ◘ Abbildung 2.22 zeigt ein Beispiel. Es handelt sich um die 20 Items zum rechnerischen Denken aus dem Intelligenztest IST 2000-R (Liepmann et al., 2007). Der Test wurde von 120 Studierenden bearbeitet. Diese Gruppe ist für diese Itemanalyse nicht adäquat, weil sie zu leistungsstark ist. Wir unterstellen zu Demonstrationszwecken, dass die Kennwerte von einer adäquaten Stichprobe stammen. Zunächst erkennt man gut die umgekehrt u-förmige Beziehung, wie sie typisch für die Beziehung zwischen Trennschärfe und Itemschwierigkeit ist. Die höchsten Trennschärfen finden wir erwartungsgemäß im mittleren Bereich der Itemschwierigkeit (hier etwas nach rechts verschoben). Drei Items haben Trennschärfen von 0 oder sogar negative Trennschärfen und würden daher eliminiert. Weiterhin finden wir relativ viele leichte Items (Itemschwierigkeiten um .8 und höher), von denen man vier eliminieren könnte – vorzugsweise die mit den niedrigeren Trennschärfen.

Selektionskennwert

Alternativ ist ein **Selektionskennwert** berechenbar, der die Trennschärfen für die Itemstreuung (die sich aus der Itemschwierigkeit herleitet) korrigiert (s. Bühner, 2010, S. 176). Je kleiner die Itemstreuung (also je extremer die Itemschwierigkeit) ist, desto stärker wird die Trennschärfe aufgewertet.

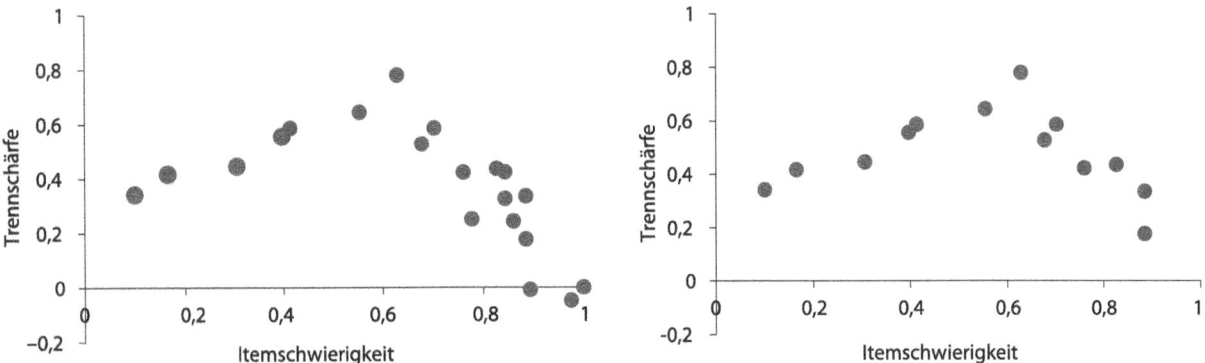

◘ **Abb. 2.22** Beziehung Trennschärfe – Itemschwierigkeit. Die linke Abbildung zeigt alle Items, in der rechten wurden Items eliminiert (Erläuterungen im Text)

Wie hoch sollen die Trennschärfen sein? Es ist ein weit verbreiteter Irrtum, dass die Trennschärfen eines Tests möglichst hoch sein sollten. An einem fiktiven Beispiel lässt sich leicht veranschaulichen, auf welche Irrwege sich auftun können, wenn man Items mit Trennschärfen um eins favorisiert. Unser Test bestehe aus 20 Items, die **Geselligkeit** messen. Ein Item »Ich bin gerne unter Menschen« korreliere 1.0 mit dem Skalenwert aus den übrigen 19 Items. Folglich wären die 19 Items verzichtbar, da unser »Superitem« sehr ökonomisch genau das Gleiche wie die Skala aus 19 Items misst! Man kann sich auch fragen, wie eine Skala zusammengesetzt sein muss, damit sie perfekt mit einem einzelnen Item korreliert. Die Antwort ist einfach: Die Items müssen dem »Superitem« maximal ähnlich sein. Das gelingt nur durch minimale Variationen des Itemstamms. Die Items könnten lauten: »Unter Menschen bin ich gern«, »Ich mag es, unter Menschen zu sein«, »Unter Menschen zu sein mag ich« etc. Die Testpersonen erkennen, dass hier immer wieder die gleiche Information erhoben wird und antworten daher konsistent entweder mit »Ja« oder »Nein«. Ein solcher Test erfasst nicht Geselligkeit, sondern nur einen schmalen Ausschnitt daraus. Die daraus resultierende hohe Reliabilität wird mit einem Verlust an Validität bezahlt.

Wie hoch die Trennschärfen sein sollen, richtet sich nach der Homogenität des zu messenden Merkmals. Heterogene, vielschichtige Merkmale verlangen moderate Trennschärfen. Bei sehr homogenen Merkmalen sollen die Trennschärfen dagegen sehr hoch sein. An einem einfachen Beispiel lässt sich die Logik dieser Argumentation nachvollziehen. Ein Schulleistungstest soll nur einen speziellen Aspekt der Rechenfertigkeit messen, nämlich das Addieren von einstelligen Zahlen (4 + 5 = ?, 8 + 4 = ? etc.). Alle Items erfassen etwas sehr Ähnliches. Deshalb erwarten wir hohe Trennschärfen. Ein anderer Schulleistungstest soll die Beherrschung der Grundrechenarten prüfen. Er enthält daher Items zu Addition, Subtraktion, Multiplikation und Division. Diese Fertigkeit ist deutlich heterogener. Schüler, die gut addieren können, tun sich beispielsweise vielleicht bei der Subtraktion schwer. Daher erwarten wir niedrigere Trennschärfen als beim ersten Test. Wie hoch die Trennschärfen in verbreiteten Tests sind, kann ◘ Tabelle 2.11 entnommen werden.

Was bewirken hohe Trennschärfen? Werden die Items nach hohen Trennschärfen ausgewählt, wird der Test homogener: Die verbleibenden Items korrelieren höher untereinander. Damit steigt die interne Konsistenz (Cronbachs Alpha) an. Statistikprogramme wie SPSS bieten die Option, Alpha zu berechnen, das bei der Elimination des Items resultiert. Anwender kommen dadurch leicht in Versuchung, »die Reliabilität zu verbessern«. Allerdings ist eine Erhöhung der Homogenität nur dann wünschenswert, wenn auch das Merkmal homogen ist (Streiner, 2003). Ansonsten steigt

> Verlust an Validität durch blinde Selektion der trennschärfsten Items

> Die Höhe der Trennschärfen richtet sich nach der Homogenität des Merkmals

> Validitätsverlust durch Erhöhung der internen Konsistenz

Tab. 2.11 Trennschärfen in ausgewählten Tests

Test, Skala	Anzahl Items	Trennschärfen		Itemschwierigkeit	
		Spanne	M	Spanne	M
FPI-R, Soziale Orientierung	12	.28–.44	.34	.31–.75	.54
FPI-R, Beanspruchung	12	.37–.66	.50	.26–.57	.47
NEO-PI-R, Offenheit für Werte (O6)	8	.12–.30	.25	2.06–3.04	2.64
NEO-PI-R, Depression (N3)	8	.46–.67	.58	1.16–2.51	1.75
I-S-T 2000-R, Satzergänzung	20	.13–.39	.26	.17–.92	.64
I-S-T 2000-R, Rechenzeichen	20	.15–.60	.43	.14–.95	.60

Anmerkungen. Quelle FPI-R: Fahrenberg et al. (2010, S. 35), Skalen mit den durchschnittlich niedrigsten und höchsten Trennschärfen ausgewählt. NEO-PI-R: Ostendorf und Angleitner (2004, S. 93 f.): Subskala mit dem niedrigsten und höchsten Cronbach's Alpha für die Gesamtgruppe (S. 105); bei Schwierigkeit Skala von 0 bis 4. I-S-T 2000-R: Liepmann et al. (2007, S. 24-31), aus Grundmodul Form A/B (ohne Merkfähigkeit) Skala mit dem niedrigsten und höchsten Cronbach's Alpha für die Gesamtgruppe.

die Konsistenz an, und die Validität des Tests sinkt. Der Validitätsverlust resultiert aus der Einengung des Merkmals; es wird nicht mehr das ganze Merkmal erfasst, sondern nur noch ein Ausschnitt.

Beispiel für Validitätsverlust

Dieser Effekt soll an einem Beispiel demonstriert werden. Wir wählen dazu eine Skala aus dem Intelligenztest IST-2000-R (Liepmann et al., 2007), von der uns die Daten von 120 studentischen Versuchspersonen vorliegen. Die Skala besteht aus 20 Items, die bereits nach Trennschärfe und Schwierigkeit ausgewählt wurden. Die Skala verkürzen wir schrittweise von 20 auf 14 Items, indem immer das Item mit der niedrigsten Trennschärfe eliminiert wird (Abb. 2.23). Wie erwartet steigt Cronbach's Alpha dadurch weiter an. Die Validität, hier berechnet als Korrelation mit der Mathematiknote, fällt mit der Testverkürzung ab. Anzumerken ist, dass die hier beobachtbaren Effekte bei Tests, die noch nicht durch Itemanalysen optimiert worden sind, wesentlich deutlicher ausfallen können.

Itemanalyse für Distraktoren

Itemanalyse für Falschantworten?

Bei Items im Multiple-Choice-Format ist es möglich, auch die Distraktoren (Falschantworten) einer Itemanalyse zu unterziehen. Dazu werden anstelle der Richtig-Antworten die Antworten auf einen Distraktor analysiert. Wenn ein Item vier Distraktoren hat, sind vier Analysen erforderlich. Auf diese Weise erfährt man, wie häufig ein Distraktor gewählt wurde (Itemschwierigkeit) und welche Trennschärfe er hat. Die Trennschärfe sollte negativ sein! Zu selten gewählte Distraktoren sind zu leicht als Falschantwort zu erkennen und können durch Umformulierung eventuell schwerer gemacht werden. Unter Umständen entdeckt man, dass eine scheinbar falsche Antwort positiv mit dem Testwert korreliert (positive Trennschärfe). Entweder handelt es sich um einen Zufallsbefund (der nicht replizierbar ist), oder diese Antwort ist doch richtig bzw. bei einer anderen Interpretation des Wortlautes richtig. Ein solcher Distraktor muss ausgetauscht werden.

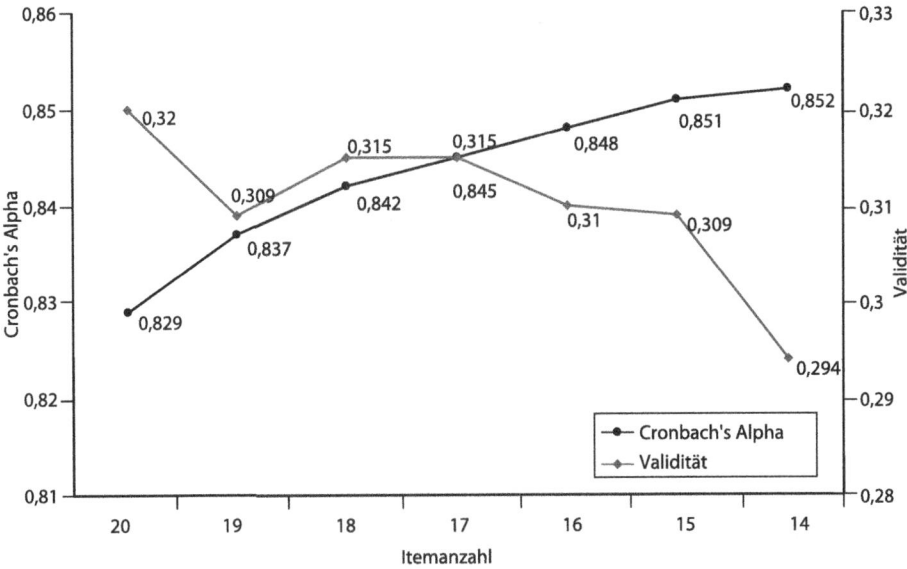

◘ Abb. 2.23 Auswirkung einer Itemselektion nach Trennschärfen auf Cronbach's Alpha und Validität (Erläuterungen im Text)

2.2.4.3 Homogenität

Bei der bereits in den vorangegangenen Abschnitten wiederholt angesprochenen **Homogenität** handelt es sich um einen Aspekt, der im Unterschied zu Schwierigkeit und Trennschärfe nicht streng nur auf ein bestimmtes Item angewendet werden kann. Vielmehr erfolgt hier ein Bezug auf die Gegebenheiten auch bei den anderen Items einer Skala, so dass es meist auf dasselbe hinausläuft, von Homogenität der Items und von Homogenität einer Skala zu sprechen.

Gemeint ist hiermit das **Ausmaß von formaler und inhaltlicher Einheitlichkeit**. Sofern der Itemtypus gleich bleibt und dessen Inhalt offenkundig ein- und demselben Aspekt einer Merkmalsdimension gilt, sind die Items (und damit die Skala, die sie konstituieren) **homogen** (◘ Abb. 2.24).

> Homogenität als Ausmaß formaler und inhaltlicher Einheitlichkeit

Mit homogenen Skalen lassen sich nur eng umschriebene Merkmalsaspekte erfassen, eben weil die Items mehr oder weniger immer dasselbe messen.

Umgekehrt steht der Begriff »**Heterogenität**« für formative und inhaltliche Vielgestaltigkeit der Items. In einem solchen Fall ist intendiert, durch Variation der Itembeschaffenheit (z. B. Ergänzungs- oder Mehrfachwahlaufgaben) und/oder inhaltlicher Bereiche (z. B. verbale und arithmetische Fragen) ein möglichst breites Spektrum von Verhaltensmanifestationen abzudecken. Entsprechend dienen solche Verfahren der Erfassung eher globaler Dimensionen wie der **Allgemeinen Intelligenz**. Aus dem **Temperamentsbereich** zählen alle Fragebogen zu den sekundären Traits oder auch »types« zu dieser Kategorie.

> heterogene Verfahren zur Erfassung globaler Dimensionen

Bei der Anwendung der externalen Strategie entstehen eher heterogene Tests. Auf die spezifischen Eigenschaften der aus diesen unterschiedlichen Methoden erwachsenen Skalen ist bereits an anderer Stelle eingegangen worden.

> Skalenkonstruktion beeinflusst Homogenität

Was die **Operationalisierung** von Homogenität vs. Heterogenität angeht, so sind dafür verschiedene Maße vorgeschlagen worden. Dem Duktus der bisherigen Ausführungen entspricht am ehesten eine quantitative Fassung im Sinne der korrelativen Übereinstimmung eines Items mit den anderen Items der Skala, z. B. als Mittelwert der Korrelationen eines Items mit allen anderen Aufgaben der Skala. Entsprechend bemisst sich die **Homogenität der Skala** als Mittelwert aus den einzelnen (gemittelten) Korrelationen. ◘ Tabelle 2.12 gibt dafür ein Beispiel.

> Operationalisierung von Homogenität

Nur kurz erwähnt werden sollen **andere Konzepte von Homogenität**: Über korrelative Definitionen der Homogenität hinaus führt der Ansatz von Guttman (1950).

> Homogenitätskonzept von Guttman

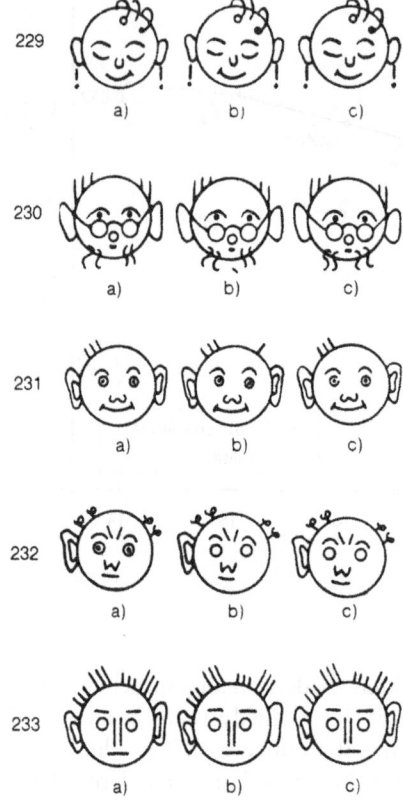

◘ **Abb. 2.24** Items zur Wahrnehmungsgeschwindigkeit (Perceptual Speed) – hier: Untertest »Beobachtung« aus dem Wilde-Intelligenz-Test (WIT) – sind in der Regel homogen. (Aus Jäger & Althoff, 1994)

Diesem zufolge sind Skalen dann homogen, wenn jene Probanden, die ein Item bestimmter Schwierigkeit lösen, auch **alle Items geringerer (»darunterliegender«) Schwierigkeit** meistern. Das schwerste, noch gelöste Item kennzeichnet demgemäß die individuelle Leistungsfähigkeit. Da diese Leistung ausreicht, um das betreffende Item zu schaffen, muss sie (»erst recht«) genügen, um alle leichteren ebenfalls zu lösen. Hinter der überzeugenden Logik solcher Überlegungen bleibt allerdings der empirische Ertrag weit zurück. Im Leistungsbereich fehlt es an Skalen, die im besagten Sinne homogen wären. Nur im Einstellungsbereich ist es gelungen, hinreichend homogene Skalen zu konzipieren. Um ein Beispiel aus dem Merkmalsbereich zur sozialen Distanz zu wählen: Wer beispielsweise als Vater nichts dagegen hat, dass seine Tochter einen Ausländer heiratet, wird nichts dagegen einwenden, dass ein Ausländer mal zum Essen eingeladen wird.

Homogenität nach dem Rasch-Modell

Eine weitere bedeutende Definition erfährt die Homogenität im Rahmen des **Rasch-Modells**: Die gegenüber dem Guttman-Modell wesentlich realitätsnäheren Modellannahmen erlauben die Anwendung spezieller Modelltests, mit deren Hilfe eine empirisch belegbare Antwort auf die Frage gegeben werden kann, ob und welche Testitems als Indikatoren des zu untersuchenden latenten Traits (Disposition, Einstellung oder Fähigkeit) aufgefasst werden können.

2.2.4.4 Itemvalidität

Über ein Item können immer drei Informationen gewonnen werden: die Schwierigkeit, die Streuung (die sich bei dichotomen Items aus der Schwierigkeit ergibt) und die Trennschärfe. In manchen Fällen ist es angebracht, einen anderen oder weiteren Kennwert zu bestimmten: die Itemvalidität (Bühner (2010) spricht von »Fremdtrennschärfe«). Berechnet wird der Zusammenhang mit einem Außenkrite-

2.2 · Konstruktionsprinzipien psychometrischer Tests

◘ Tab. 2.12 Interkorrelationen zwischen den acht Optimismus-Items aus dem Life Orientation Test von Scheier und Carver (1985), aus der Studie von Schmidt-Rathjens et al. (1997). Oberhalb der Diagonalen die Werte für männliche Probanden, unterhalb der Diagonalen die Werte für weibliche Probanden. In der letzten Spalte bzw. Zeile die Mittelwerte der Interkorrelationen (Mittelwerte nach Fishers Z-Standardisierung)

Items	1	2	3	4	5	6	7	8	Mittelwert
1	1.00	–0.9	.23	.26	–.02	–.10	.15	–.02	.06
2	–.02	1.00	.02	.08	.12	.34	–.03	.29	.11
3	.27	.08	1.00	.53	–.04	.01	.26	.05	.16
4	.25	.13	.59	1.00	.01	.09	.26	.13	.21
5	–.01	.14	–.06	–.03	1.00	.20	–.03	.17	.06
6	–.03	.32	.06	–.12	.19	1.00	.01	.35	.13
7	.21	–.03	.32	.34	–.03	–.02	1.00	.05	.10
8	–.01	.29	.16	.22	.20	.38	.11	1.00	.15
Mittelwert	.10	.14	.22	.25	.06	.16	.17	.20	.12 / .16

Anmerkung. Wortlaut der Items:
1. In unsicheren Zeiten erwarte ich gewöhnlich das Beste.
2. Wenn etwas bei mir schiefgehen kann, so geht es auch schief. (umpolen)
3. Ich betrachte die Dinge immer von ihrer guten Seite.
4. Ich blicke immer optimistisch in die Zukunft.
5. Ich erwarte fast nie, dass alles nach meinem Wunsch verläuft. (umpolen)
6. Die Dinge nehmen nie ihren Verlauf so, wie ich es mir wünsche. (umpolen)
7. Ich glaube an das Sprichwort: »Auf Regen folgt Sonnenschein.«
8. Ich rechne fast nie damit, dass mir Gutes widerfährt. (umpolen)

rium. Bei external konstruierten Tests ist dieser Kennwert sogar wichtiger als die Trennschärfe.

Die Itemvalidität kann sowohl als Korrelation mit einem Kriteriumswert berechnet werden als auch durch einen Mittelwertsvergleich. Nehmen wir an, ein biografischer Fragebogen (mit Items wie »Ich war schon einmal Klassensprecher« oder »Ich bin in einem Sportverein aktiv«) sei in einem großen Unternehmen bei der Einstellung von Führungskräften eingesetzt worden. Inzwischen lässt sich anhand der Beförderung auf die nächste Führungsebene im Unternehmen feststellen, wer als Führungskraft erfolgreich war und wer nicht (natürlich sind auch andere Operationalisierungen von »Erfolg« möglich). Der Zusammenhang zwischen Gruppenzugehörigkeit und Antwort auf ein Item kann hier als Phi-Koeffizient berechnet werden. Im Beispiel (◘ Tab. 2.13) diskriminiert Item 1 relativ gut zwischen den Erfolgreichen und den Nicht-Erfolgreichen, hat also eine gute Itemvalidität.

Berechnung der Itemvalidität

Wenn das externale Kriterium intervallskaliert vorliegt, wie dies bei Einkommen oder Jahren bis zur ersten Beförderung der Fall ist, kann die Itemvalidität als punktbiseriale Korrelation berechnet werden. Zum gleichen Ergebnis gelangt man, wenn man die Itemantwort mit 0 (nein) und 1 (ja) codiert und die Produkt-Moment-Korrelation berechnet.

dichotomes Item und intervallskaliertes Kriterium

Ein dritter Fall liegt vor, wenn das Item auf einer Rating-Skala beantwortet wird und das externe Kriterium in dichotomer Form vorliegt. Für ein Beispiel stellen wir uns vor, dass Haftanstalten suizidgefährdete Inhaftierte erkennen wollen. Sie lassen

intervallskaliertes Item und dichotomes Kriterium

dichotomes Item und dichotomes Kriterium

◻ **Tab. 2.13** Beispiel für Itemvaliditäten bei dichotomen Items und einem dichotomen Kriterium

Item	Antwort Erfolgreiche		Antwort Nicht-Erfolgreiche		Phi
	ja	nein	ja	nein	
1) Ich war schon einmal Klassensprecher	30	40	30	150	.28**
2) Ich bin in einem Sportverein aktiv	20	50	70	110	.10

Anmerkung. Fiktiver Fragebogen und fiktive Daten; ** p < .01 (zweiseitige Fragestellung).

◻ **Tab. 2.14** Beispiel für Itemvaliditäten bei mehrstufigen Items und einem dichotomen Kriterium

Item	M (+)	M (–)	SD (–)	Δ
1) Ich erwarte, dass ich während der Haft neue Freunde finde	3.1	3.8	1.5	0.47
2) Ich habe schon Pläne, was ich nach meiner Entlassung machen werde	1.3	2.5	1.0	1.20

Anmerkungen. Fiktiver Fragebogen und fiktive Daten. Antwortskala von 0 (»trifft überhaupt nicht zu«) bis 4 (»trifft völlig zu«). M = Itemmittelwert; + = Suizidversuch, – = kein Suizidversuch unternommen. SD – = Standardabweichung des Items in der Gruppe ohne Suizidversuch. Δ = Effektstärke Glass's delta: (M(+) – M(–)) / SD–.

dazu einen Fragebogen entwickeln, der die Suizidgefährdung mit nicht offensichtlichen Fragen erfassen soll, um Verfälschungstendenzen zu reduzieren. Items könnten lauten »Ich erwarte, dass ich während der Haft neue Freunde finde« oder »Ich habe schon Pläne, was ich nach meiner Entlassung machen werde«. Die Antwortskala sei fünfstufig und reiche von »trifft überhaupt nicht zu« bis »trifft völlig zu«. Kriterium sei, ob ein Gefangener im ersten Jahr einen Suizidversuch unternommen hat oder nicht. Fiktive Ergebnisse sind in ◻ Tabelle 2.14 aufgeführt. Bei beiden Items haben sich Personen mit Suizidversuch niedriger eingestuft als die Vergleichsgruppe. Die Effektstärke ist bei Item 1 moderat, bei Item 2 groß; Item 2 ist also deutlich valider. Vergleicht man beide Gruppen mittels t-Test, sieht man auch, ob ein Mittelwertsunterschied signifikant ist. Effektstärken können bei Bedarf in andere Effektstärken, so auch in einen Korrelationskoeffizienten, umgerechnet werden (s. Cohen, 1988).

> **Weiterführende Literatur**
>
> Testkonstruktion und Gütekriterien von Tests werden in dem umfassenden und sehr anwenderfreundlichen Lehrbuch von Bühner (2010) kompetent abgehandelt. Lesenswert sind auch die einschlägigen Kapitel in dem von Moosbrugger und Kelava (2007) herausgegebenen Buch.

Übungsfragen

Kap. 2.2.1 Grundlegende Entscheidungen vor der Testkonstruktion
28. Welche grundlegenden Entscheidungen sind vor der Testkonstruktion zu treffen?

Kap. 2.2.2 Itemgewinnung und Testentwurf
29. Nennen Sie die drei Strategien zur Itemgewinnung!
30. Kennzeichnen Sie das Prinzip der deduktiven Methode zur Itemgenerierung!
31. Welche unterschiedlichen Herangehensweisen des deduktiven Vorgehens gibt es im Persönlichkeitsbereich?
32. Nennen Sie Vor- und Nachteile der externalen Konstruktion!
33. Welche Randbedingungen der Testbearbeitung können in der Instruktion geklärt werden?
34. Welche Regeln sollte man beim Abfassen der Items berücksichtigen?

Kap. 2.2.3 Grundzüge von Itemanalysen
35. Was versteht man unter Itemschwierigkeit?
36. Was sollte man bei der Selektion von Items nach ihrer Schwierigkeit beachten?
37. Was versteht man unter Speed- und Power-Tests?
38. Was versteht man unter Itemtrennschärfe?
39. Von welchen Faktoren hängt die Trennschärfe ab?
40. Wie berechnet man die Itemvalidität?

2.3 Gütekriterien diagnostischer Verfahren

2.3.1 Qualitätsstandards – 129
2.3.2 Objektivität – 133
2.3.3 Reliabilität – 137
2.3.4 Validität – 142
    2.3.4.1 Methoden zur Beurteilung der Validität – 145
    2.3.4.1.1 Inhaltsvalidität – 145
    2.3.4.1.2 Kriteriumsvalidität – 146
    2.3.4.1.3 Konstruktvalidität – 147
    2.3.4.1.4 Welche Faktoren beeinflussen die Höhe der Validität – 153
    2.3.4.1.5 Wie hoch sind die Validitätskoeffizienten – 162
2.3.5 Normierung 164
2.3.6 Weitere Gütekriterien – 168

2.3.1 Qualitätsstandards

Im Alltagsleben haben sich viele Menschen schon lange daran gewöhnt, beim Kauf nicht nur auf den Preis, sondern auch auf die **Qualität** eines Produktes zu achten. Da man als Laie die Qualität meist nicht beurteilen kann, verlassen wir uns oft auf Testberichte. Mit »*test*« und »*Ökotest*« sind zwei monatlich erscheinende Zeitschriften auf dem Markt, die Produkte und auch Dienstleistungen unter die Lupe nehmen. Daneben finden sich weitere Zeitschriften, die sich auf die Qualitätsbeurteilung für Finanzprodukte, Computer und Computerzubehör, Fotoapparate, Unterhaltungselektronik oder Autos spezialisiert haben. Weitere Informationsquellen finden sich im Internet. In den

Qualität im Alltag

Testberichten werden die Kriterien, nach denen ein Produkt beurteilt wird, begründet und erklärt. Dabei kann es sich um objektive Kriterien wie den Nachweis von Schadstoffen oder technische Kennzahlen handeln, aber auch um subjektive wie Geschmacksurteil oder Handhabung. Meist werden verschiedene Kriterien nach einer Gewichtung zu einem Gesamturteil verrechnet, das als Note von »sehr gut« bis »mangelhaft« kommuniziert wird. Kann man sich vor dem Kauf oder Einsatz eines psychologischen Tests genauso wie vor dem Kauf einer Zahncreme oder eines Staubsaugers über die Qualität informieren? Man kann – aber die Beurteilung ist wesentlich komplizierter. Übrigens hat die Stiftung Warentest insgesamt 23 Online-Verfahren zur beruflichen Orientierung und der Einschätzung der eigenen Fähigkeiten bewertet. Der Bericht erschien im März 2007 in der Zeitschrift »*Finanztest*«. Die Bewertungskriterien sind unten mit ihren Gewichtungen aufgeführt. Die Gesamtnote für die Tests, das »Qualitätsurteil« reichte von 1,5 (sehr gut) bis 3,8 (ausreichend).

> **Beispiel**
>
> **Bewertungskriterien der Stiftung Warentest für 23 Online-Tests**
> - Testverfahren (insg. 75 %)
>   - Testkonzept und Konstruktion
>   - Durchführung
>   - Testergebnisse/-interpretation
>   - Datenschutz
> - Softwareergonomie (15 %)
> - Produktinformation (10 %)

Ergebnis- und Produktqualität

Was bedeutet »Qualität« im Zusammenhang mit Qualitätsurteilen? Der Begriff wird generell sehr unterschiedlich definiert (Grabski & Krüger, 2009). Für unsere Zwecke sind zwei Feststellungen hilfreich: Erstens kann die Qualität von Produkten – und damit auch die eines diagnostischen Verfahrens – nicht nur am Ergebnis festgemacht werden, sondern auch am Prozess. Qualität beginnt bereits bei der Erstellung eines Produktes, beim Herstellungsprozess (Grabski & Krüger, 2009). Fehler oder Qualitätsmängel im diagnostischen Prozess führen unweigerlich zu Mängeln im Produkt. Auch das fertige Produkt kann einer Qualitätsbeurteilung unterzogen werden. Zweitens wird die Qualität eines Produkts oder einer Dienstleistung über die Qualität einzelner Elemente beurteilt. Qualitätsanforderungen werden für einzelne Merkmale festgelegt und entsprechend merkmalsbezogen überprüft (Grabski & Krüger, 2009).

Qualitätsmerkmale von Tests

Anhand welcher Kriterien wird die Qualität von psychologischen Tests oder anderen diagnostischen Verfahren beurteilt? Die sog »**Gütekriterien**« (◘ Tab. 2.15) beziehen sich auf das Produkt »Test« (der Begriff wird stellvertretend auch für andere diagnostische Verfahren verwendet). Daneben ist aber auch die **Testkonstruktion**, also der Entstehungsprozess, ein Qualitätsmerkmal. Welches theoretische Modell haben die Testautoren ihrem Verfahren zugrunde gelegt bzw. mit welcher Begründung haben sie sich für ein induktives oder ein kriteriumsbezogenes Vorgehen (▶ Abschn. 2.2.2) entschieden? Nach welchen Kriterien wurden die Items entwickelt und ausgewählt? Das erste Kriterium der Stiftung Warentest (Testkonzept und Konstruktion; s.o.) bezieht sich explizit auf den Entstehungsprozess. Die übrigen Kriterien haben mit den Gütekriterien jedoch nur entfernt oder indirekt zu tun.

Die Gütekriterien unterliegen über die Zeit einem Wandel. Insbesondere die Ansicht darüber, welche Kriterien zusätzlich zu Objektivität, Reliabilität, Validität und Normierung noch zu fordern sind, hat sich verändert. Alle diese Gütekriterien können auch auf andere diagnostische Verfahren angewandt werden, so etwa auf Interviews oder Verhaltensbeurteilungen. ◘ Tabelle 2.15 gibt einen Überblick über die Gütekriterien, welche anschließend näher erläutert werden.

2.3 · Gütekriterien diagnostischer Verfahren

◘ Tab. 2.15 Die wichtigsten Gütekriterien im Überblick

Gütekriterium	Leitfrage
Objektivität	Wie stark hängt das Ergebnis davon ab, wer die Testdurchführung leitet, den Test auswertet und interpretiert?
Reliabilität	Wie genau oder zuverlässig ist das Messergebnis? Wie stark verändert sich das Ergebnis beispielsweise bei einer Testwiederholung?
Validität	Wie gut gelingt es, genau das Merkmal zu messen, das mit dem Test gemessen werden soll (und nicht ein anderes)?
Normierung	Wie gut lässt sich das Testergebnis mit den Ergebnissen anderer Menschen vergleichen?

Anmerkung. Es gibt weitere Gütekriterien, die im Text behandelt werden.

Die beiden großen Berufsverbände »Berufsverband Deutscher Psychologinnen und Psychologen e.V.« (BDP) und »Deutsche Gesellschaft für Psychologie e.V.« (DGPs) haben mit dem **Testkuratorium** (neuer Name: Diagnostik- und Testkuratorium (DTK); ► www.dgps.de/dgps/kommissionen/; Stand Juli 2011) ein Gremium geschaffen, das sich mit der Qualität diagnostischer Verfahren beschäftigt. Es soll die Öffentlichkeit vor unzureichenden diagnostischen Verfahren und vor unqualifizierter Anwendung diagnostischer Verfahren schützen. Das Testkuratorium (2006) hat für diese Zwecke ein Testbeurteilungssystem entwickelt, das 2009 revidiert wurde (Testkuratorium, 2010). Nach diesem System wird ein Testverfahren von mindestens zwei Experten rezensiert. Die Rezensionen werden in den Zeitschriften »*Psychologische Rundschau*« sowie »*Report Psychologie*« veröffentlicht. Eine elektronische Version der Rezensionen ist beim Leibniz-Zentrum für Psychologische Information und Dokumentation (ZPID) unter ► www.zpid.de/index.php?wahl=Testkuratorium kostenfrei abrufbar. Die sieben Unterpunkte werden im Folgenden wörtlich genannt; die Erläuterungen dazu mussten aus Platzgründen gekürzt werden. Obwohl nur der Begriff »Test« verwendet wird, betont das Testkuratorium, dass dieser Begriff in einer sehr allgemeinen Form zu verstehen ist und generell auch für andere standardisierte diagnostische Verfahren (z. B. standardisierte Interviews) gilt. Die Richtlinien sollen primär Rezensenten bei ihrer Arbeit helfen, können aber auch von jedem potenziellen Testanwender zur Beurteilung eines Tests herangezogen werden, wenn keine geeignete Rezension vorliegt.

Testbeurteilungssystem

Richtlinien des Testkuratoriums für die Beurteilung von Tests zur Erfassung menschlichen Verhaltens und Erlebens (Testkuratorium, 2010, S. 54–56)

1. Allgemeine Informationen über den Test durch die Verfahrenshinweise und Beschreibung des Tests und seiner diagnostischen Zielsetzung
— Zielgruppe (Altersbereich, Einschränkungen der Anwendbarkeit)
— Testaufbau (Subskalen, Anzahl der Items, Beantwortungsmodus, Testformen)
— Angaben zur Durchführung (Zeitbedarf für Durchführung und Auswertung, erforderliche Qualifikation der Testleiter)
— Auswertung und Interpretation (Vorgehen, verfügbare Hilfsmittel)
— Informationsgehalt der Darstellung von empirischen Untersuchungen
▼

Richtlinien zur Testbeurteilung

2. Theoretische Grundlagen als Ausgangspunkt der Testkonstruktion
Darstellung des theoretischen Hintergrunds:
- Präzise Angaben zum Messgegenstand
- Beschreibung des Konstrukts und der zugrunde gelegten Theorie
- Ähnlichkeit mit anderen Tests
- Abgrenzung und Mehrwert
- Herleitung/Begründung der Items

3. Objektivität
- Durchführungsobjektivität (Standardisierung des Tests, genaue Instruktionen, klare Anweisungen für Testleiter u. a. zum Umgang mit Fragen, Beispielitems)
- Auswertungsobjektivität (genaue Anweisungen zum Gebrauch von Schablonen, Angaben zum Umgang mit nicht beantworteten Items, Umgang mit unterschiedlichen Beobachtungsergebnissen oder Beurteilungen, bei nicht völlig standardisierbaren Auswertungen Maßnahmen zur bestmöglichen Gewährleistung der Objektivität, bei computerbasierten Tests soll die Auswertung zu kontrollieren sein)
- Interpretationsobjektivität (Fallbeschreibungen im Manual, Hinweise zur Berücksichtigung von Testerfahrung etc., Angaben zur benötigten Sachkunde)

4. Normierung (Eichung)
- Normen für alle angegebenen diagnostischen Ziele vorhanden?
- Repräsentativität der Eichstichprobe für die Zielgruppen
- Angaben zur Erhebung der Daten
- Größe der Eichstichprobe (in Relation zur Messgenauigkeit)
- Angemessenheit der Skala (Normwerte wie z. B. T-Werte) in Bezug auf Differenzierungsfähigkeit des Tests
- Sachkunde der Hauptanwender

5. Zuverlässigkeit (Reliabilität/Messgenauigkeit)
- Kennwerte für die Population(en) geschätzt, für die der Test laut diagnostischer Zielsetzung eingesetzt werden soll?
- Unterschiedliche Reliabilitätsarten beachten
- Homogenität der Stichprobe beachten
- Ist eine sehr hohe interne Konsistenz auf extrem ähnliche Items zurückzuführen?
- Beachtung der Speed-Komponente bei der Reliabilitätsschätzung
- Angemessenheit des Retest-Intervalls
- Bei Tests nach der Item-Response-Theorie Angabe zum Standardschätzfehler

6. Gültigkeit (Validität)
- Entscheidend ist die Validität der Interpretation der Ergebnisse, die mit dem Test gewonnen werden.
- Validitätskoeffizienten für die Population(en) geschätzt, für die der Test laut diagnostischer Zielsetzung eingesetzt werden soll?
- Erhebung unter Testbedingungen, die denen im Einsatzbereich entsprechen?
- Validitätsbestimmung von der diagnostischen Zielsetzung geleitet?
- Angemessenheit, Validität und psychometrische Qualität (z. B. Reliabilität) der Kriterien, die zur Validierung herangezogen werden, beachten
- Validitätsbelege in ihrer Gesamtheit beurteilen

▼

7. Weitere Gütekriterien (Störanfälligkeit, Unverfälschbarkeit und Skalierung)
- Störanfälligkeit gegenüber situativen Bedingungen der Testdurchführung und des aktuellen Zustands der Testperson
- Verfälschung des Testergebnisses (»faking good« und »faking bad«) möglich?
- Verhältnis Zahlenrelationen der Testwerte zu Relationen der Verhaltensweisen (Skalierung) überprüft oder zumindest thematisiert?

TBS-TK Rezension	NEO-Persönlichkeitsinventar nach Costa und McCrae, Revidierte Fassung	Die TBS-TK-Anforderungen sind erfüllt			
		voll	weit-gehend	teilweise	nicht
Testbeurteilungssystem - Testkuratorium der Föderation deutscher Psychologenvereinigungen	Allgemeine Informationen, Beschreibung und diagnostische Zielsetzung	●			
	Objektivität			●	
	Zuverlässigkeit			●	
	Validität			●	

Abb. 2.25 Zusammenfassende Bewertung eines Tests in einer Testrezension nach den Richtlinien des Testkuratoriums

Die Testrezensionen nach den Richtlinien des Testkuratoriums umfassen etwa zwei Textseiten. Sie enthalten auch eine Gesamtbewertung in tabellarischer Form. **Abbildung 2.25** zeigt die Bewertung des NEO-Persönlichkeitsinventars (Ostendorf & Angleitner, 2004) in der Rezension von Andresen und Beauducel (2008).

Beispiel für eine Testbeurteilung

2.3.2 Objektivität

Definition
Objektivität bedeutet, dass die Ergebnisse eines diagnostischen Verfahrens unabhängig davon zustande kommen, wer die Untersuchung, die Auswertung und die Interpretation durchführt.

In der Definition sind drei Störquellen der Objektivität angesprochen: Durchführung, Auswertung und Interpretation. Man unterscheidet dementsprechend drei Unterformen der Objektivität. Von Ausnahmefällen abgesehen wird die Objektivität nicht numerisch bestimmt. Stattdessen werden Maßnahmen zur **Standardisierung von Durchführung, Auswertung und Interpretation** genannt, welche die Objektivität gewährleisten sollen. Diese Maßnahmen sind quasi Bestandteil des diagnostischen Verfahrens und müssen im Manual zum Verfahren dokumentiert sein. Eine Aussage über die Objektivität beruht meist auf der Bewertung der genannten Maßnahmen.

Standardisierung

Durchführungsobjektivität Es muss sichergestellt werden, dass ein Verfahren immer auf die gleiche Weise durchgeführt wird. Dazu ist es zunächst erforderlich, dass Testmaterial (Testhefte, Antwortbögen etc.) mitgeliefert wird. Wenn weitere Materialien wie eine Stoppuhr, Bleistifte, Kugelschreiber oder Notizzettel benötigt werden, sind diese genau zu benennen. Die Durchführungsbedingungen müssen genau spezifiziert

Durchführungsobjektivität

werden. Ist eine Einzeluntersuchung vorgeschrieben, oder können mehrere (wie viele?) Personen gleichzeitig untersucht werden? Wie muss der Arbeitsplatz beschaffen sein? Beispielsweise können gute Lichtverhältnisse oder eine feste Schreibunterlage gefordert werden. Für den Untersuchungsleiter sind Anweisungen nötig, damit er sich möglichst immer auf die gleiche Weise verhält. Wichtige Bestandteile dieser Anweisungen sind eine Instruktion, die entweder wörtlich oder sinngemäß vorzutragen oder vom Probanden selbst zu lesen ist, eindeutige Zeitvorgaben sowie Regeln für den Umgang mit Fragen oder Störungen. Ziel ist insgesamt eine **maximale Standardisierung der Durchführung**.

> **Beispiel**
>
> **Beispiel für eine unzulängliche Standardisierung**
> Bei dem Test »Familie in Tieren« (Brem-Gräser, 2001) soll das Kind seine Familie als Tiere zeichnen. In der Testanweisung wird nicht spezifiziert, wie diese Anweisung genau vorzutragen ist, welches Papier (Größe, Qualität) und welche Stifte (Bleistift, Buntstifte, bunte Faserstifte, …?) zu verwenden sind.

Eine völlige Standardisierung ist jedoch nicht möglich und manchmal sogar nicht einmal wünschenswert. Geschlecht, Alter, Aussehen, Kleidung etc. des Untersuchungsleiters variieren naturgemäß. Bei Kindern wird manchmal bewusst auf eine wörtlich vorzutragende Instruktion verzichtet. Stattdessen wird angegeben, was sinngemäß gesagt werden soll. Damit versucht man zu gewährleisten, dass die Anweisungen alters- und kindgerecht vorgetragen werden. Die angestrebte Standardisierung besteht darin, dass alle Testpersonen den Auftrag gleich verstehen und nicht, dass der Auftrag mit den gleichen Worten vorgetragen wird. Dass die Durchführungsobjektivität damit eventuell leicht eingeschränkt wird, muss hingenommen werden. Bei diagnostischen Interviews ist es praktisch nicht möglich, das Verhalten des Interviewers völlig zu vereinheitlichen. Sein Verhalten wird nicht nur von habituellen Merkmalen wie Akzent, Aussprache oder Körpersprache mit beeinflusst, sondern auch vom Verhalten des Interviewpartners. Dieser stellt Nachfragen, schweigt, schweift vielleicht vom Thema ab und zwingt damit den Interviewer, von seinem Leitfaden abzuweichen.

Die Durchführungsobjektivität darf als hoch oder »gegeben« angesehen werden, wenn alle Bedingungen festgelegt sind, die sich erfahrungsgemäß auf das Testverhalten auswirken können.

Auswertungsobjektivität

Auswertungsobjektivität Dieser Aspekt der Objektivität gibt das Ausmaß an, in dem »das Verhalten als empirisches Relativ in Item- und Test-Scores als numerischem Relativ eindeutig klassifiziert wird« (Fisseni, 1990, S. 54). Gleiches Verhalten der Testpersonen wird in einem objektiven Test nach stets exakt denselben Regeln abgebildet.

In Tests liegt das Antwortverhalten meist in Form von Kreuzchen vor, welche die Testperson beispielsweise bei »Ja« oder »Nein« oder, bei Multiple-Choice-Items, bei den Antworten a, b, c, d gesetzt haben. Die Auswertung besteht darin, eine Antwort als richtig oder falsch bzw. bei Fragebögen als »richtig« im Sinne einer hohen Merkmalsausprägung zu klassifizieren. Bei mehrstufigen Antwortskalen muss der angekreuzten Stufe eine Zahl zugewiesen werden. Dazu dienen in der Regel **Schablonen**, die auf das Testformular oder einen Antwortbogen aufgelegt werden. Die »richtigen« Antworten werden dann gezählt. Bei mehrstufigen Antwortskalen sind die ermittelten Zahlen zu addieren. Auf diese Weise erhält man einen Rohwert.

Bei einigen Leistungstests, etwa dem Wechsler-Intelligenztest für Erwachsene (Aster et al., 2006) wird auch eine freie Beantwortung von Fragen verlangt. Der Testleiter muss die Antworten u. U. sogar sofort bewerten, weil nach einer bestimmten Anzahl von Falschantworten abgebrochen wird. Das Manual muss **genaue Angaben** enthalten, wann eine Antwort als richtig oder falsch zu bewerten ist. Beispiele für richtige und falsche Antworten sind hilfreich. Bei einigen projektiven Verfahren wie dem Rorschach-Test (Rorschach, 1949) oder dem TAT (Murray, 1991) sind die meist längeren Antworten zunächst wörtlich zu protokollieren und dann nach einem komplizierten Verfahren inhaltsanalytisch auszuwerten. Die Auswertungsobjektivität ist bei solchen Verfahren nicht perfekt.

Für die Auswertungsobjektivität ist entscheidend, dass das Vorgehen im Manual mit klaren und unmissverständlichen Anweisungen beschrieben wird. Dazu gehören auch Anweisungen, wie mit Auslassungen, Korrekturen und Doppelankreuzungen (»richtig« und »falsch« angekreuzt) zu verfahren ist. Manchmal liegen mehrere Schablonen vor. Dies ist der Fall bei mehrseitigen Antwortbögen und bei mehrdimensionalen Fragebögen, die pro Skala eine Schablone benötigen. Um Verwechslungen auszuschließen, müssen die Schablonen gut sichtbar gekennzeichnet sein. Anstelle von Schablonen finden manchmal Auswertungsprogramme Verwendung, die von den Testverlagen angeboten werden. Das Verrechnen der Antworten entfällt damit; die Antworten müssen dennoch abgelesen und in das Programm eingegeben werden. Testverlage bieten für einige Tests auch eine maschinelle Auswertung an. So kann der Antwortbogen zum MMPI-2 (Hathaway et al., 2000) per Fax an den Verlag geschickt werden; die Auswertung kommt umgehend per Fax zurück. In idealer Weise wird die Auswertungsobjektivität bei computerbasierten Tests gewährleistet.

klare Anweisungen

Auch für die Auswertungsobjektivität gilt, dass meist anhand der Anweisungen und Hilfsmittel zur Auswertung eine Beurteilung vorgenommen wird. Die Aussage lautet dann etwa: »Aufgrund der klaren Anweisungen zum Vorgehen bei der Auswertung und der Tatsache, dass Schablonen zur Ermittlung der richtigen Antworten eingesetzt werden, kann die Auswertungsobjektivität als gegeben gelten.« Die Praxis zeigt aber, dass dennoch bei der Auswertung Fehler unterlaufen können. Diese Arbeit wird gerne an Hilfskräfte delegiert, die nicht immer gründlich instruiert und auch kontrolliert werden. Wenn Ermessensspielraum bei der Bewertung von Antworten besteht oder die Auswertung fehleranfällig erscheint, sollte die Auswertungsobjektivität empirisch ermittelt und quantitativ bestimmt werden. Dazu wird eine größere Anzahl von Testprotokollen von mindestens zwei Personen ausgewertet. Die Übereinstimmung der Auswerter wird als Intraklassenkorrelation berechnet (s. Yoder & Symons, 2010). Mit der Produkt-Moment-Korrelation würden Niveauunterschiede (Auswerter A entdeckt mehr richtige Antworten als Auswerter B) zwischen den Auswertern nicht berücksichtigt.

Übereinstimmung der Auswerter

> **Beispiel**
>
> **Varianzanalytische Bestimmung der Auswertungsobjektivität**
> Zur Erfassung derartiger Variationsquellen bedarf es varianzanalytischer Pläne. Diese sind gleichbedeutend mit der Bestimmung der Intraklassenkorrelation (s. Yoder & Symons, 2010). Die dafür maßgeblichen Terme lauten wie folgt:
>
> $s_x^2 = s_A^2 + s_B^2 + s_C^2 + s_e^2$
> s_x^2 = Varianz aller Testpunktwerte
> s_A^2 = Varianz zwischen Protokollen
> s_B^2 = Varianz zwischen den Beurteilern
> s_C^2 = Wechselwirkung Beurteiler × Protokolle
> s_e^2 = Situationsfehler
>
> ▼

varianzanalytische Bestimmung der Auswertungsobjektivität

> Die Auswertungsobjektivität wird bestimmt als Anteil der Varianz zwischen den Testprotokollen an der Gesamtvarianz:
>
> $$r = \frac{s_A^2}{s_X^2}$$
>
> Die Summe der restlichen Varianzkomponenten bildet die sog. Auswertungsfehlervarianz $s_F^2 = s_B^2 + s_C^2 + s_e^2$, deren Quadratwurzel den Standardauswertungsfehler. In einer frühen Studie zur Auswertungsobjektivität dreier Skalen des HAWIE haben Michel und Mai (1969) folgende Koeffizienten für die Auswertungsobjektivität gefunden: Allgemeines Verständnis 0.84, Gemeinsamkeiten finden 0.96 und Wortschatztest 0.97. Allein aus dieser nicht absoluten Auswertungsobjektivität resultierten
> nach Maßgabe des Standardauswertungsfehlers $\sqrt{s_F^2}$
> Konfidenzintervalle von jeweils plus/minus 2,63 bzw. 2,04 bzw. 5,98 Rohpunkten (5 % Irrtumswahrscheinlichkeit).
> Der »wahre« Rohpunkt eines Probanden kann also allein infolge der mangelnden Auswertungsobjektivität nur mit den angegebenen Unsicherheitsintervallen bestimmt werden.

Interpretationsobjektivität

Interpretationsobjektivität Die Auswertung eines Tests liefert Rohwerte. Ein Proband hat beispielsweise 210 Aufgaben richtig gelöst. »Interpretieren« bedeutet, diesem Wert eine Bedeutung zu geben. Interpretationsobjektivität ist dann gegeben, wenn alle Testanwender diesen Rohwert in die gleiche Aussage über die Testperson transformieren. Dazu benötigen sie lediglich zwei Informationen: Erstens, welches Merkmal hier gemessen wurde bzw. wie es zu benennen ist, und zweitens, wie die Ausprägung des Merkmals der Testperson in Relation zu anderen Personen festzustellen ist.

Merkmal und Ausprägung benennen

Die Testautoren sollten im Manual unter einer Überschrift »Interpretation« klare Aussagen dazu machen, wie das **Merkmal** zu **benennen** ist. Beispiele sind: Konzentrationsfähigkeit, sprachliche Intelligenz, Neurotizismus, emotionale Stabilität. Erstaunlicherweise sucht man solche Angaben oft vergeblich im Manual. Die Testanwender stehen dann vor der Wahl, entweder darauf zu vertrauen, dass der Testname das Merkmal treffend bezeichnet, oder sich anhand der Validitätsstudien selbst ein Bild davon zu machen, was der Test wirklich misst. Damit wird das Gebot der Standardisierung verletzt. Die **Ausprägung** des Merkmals wird mithilfe von Normtabellen (s. Normierung) festgestellt. Die Normtabellen zeigen die Position des Probanden – je nach gewählter Normtabelle – im Vergleich z. B. zu Gleichaltrigen, anderen Männern, Frauen oder Abiturienten. Da sich Normwerte nicht von selbst erklären, ist eine Übersetzungshilfe vorteilhaft: Die Testautoren schlagen vor, Werte von … bis … als »durchschnittlich«, Werte von … bis … als »überdurchschnittlich« etc. zu bezeichnen. Zur Gewährleistung der Interpretationsobjektivität muss im Testmanual genau beschrieben werden, wie man von einem Rohwert zu einer Aussage über die Merkmalsausprägung gelangt. Beispielsweise könnte der oben genannte Rohwert von 210 bedeuten, dass Herr X »dem Testergebnis zufolge im Vergleich zu etwa gleichaltrigen Männern über eine weit überdurchschnittlich ausgeprägte emotionale Stabilität verfügt«. Alle Testanwender, die den Rohwert von 210 interpretieren wollen, sollten zu dieser Feststellung kommen.

Aussagen über die Interpretationsobjektivität beziehen sich meist auf die Bereitstellung von Mitteln, die zur Interpretation von Rohwerten nötig sind. Oftmals findet eine unangemessene Beschränkung auf Normen statt: Wie oben ausgeführt wurde, muss auch die Benennung des gemessenen Merkmals vereinheitlicht (standardisiert) werden.

2.3.3 Reliabilität

Definition

Die Reliabilität beschreibt die Genauigkeit, mit der ein Test ein Merkmal erfasst, und zwar unter Vernachlässigung des Umstandes, ob es sich dabei auch um die Merkmalsdimension handelt, deren Erfassung intendiert ist.

Die Reliabilität wird auch als Messgenauigkeit bezeichnet. Der Begriff »Messgenauigkeit« verleitet jedoch zu einer Fehlinterpretation. In der Umgangssprache wird man beispielsweise von einer Waage, die sehr genau misst, auch annehmen, dass sie das Gewicht richtig anzeigt. Dies wäre aber eine Fehlinterpretation des Reliabilitätskonzepts. Etwas sehr reliabel zu messen bedeutet lediglich, dass die Messung kaum durch unsystematische Fehler (Messfehler) gestört wird. Ob die Waage wirklich das Gewicht oder der Intelligenztest wirklich die Intelligenz misst, ist eine Frage der Validität (▶ Abschn. 2.3.4). Reliabilitätskoeffizienten variieren zwischen null und eins. Je höher der Wert ist, desto höher ist die Reliabilität. Es gilt jedoch nicht pauschal, dass ein Test umso besser ist, je höher seine Reliabilität ausfällt. Unterschiedliche Schätzmethoden liefern unterschiedliche Erkenntnisse über einen Test oder ein anderes diagnostisches Verfahren. Ihre Kennwerte sind nicht austauschbar! Die **Schätzmethoden** werden im Folgenden vorgestellt.

messfehlerfrei messen

Retest-Reliabilität Eine Methoden zur Schätzung der Reliabilität ist die **Testwiederholung (Retest)**. Dabei wird ein und derselbe Test ein und derselben Stichprobe von Probanden wiederholt dargeboten. Die Korrelation zwischen zwei Vorgaben gibt das Ausmaß der Retest- oder Testwiederholungsreliabilität an.

Retest-Reliabilität

Da sich zwischen der ersten und zweiten Messung auch das Merkmal verändern kann, wird die Retest-Reliabilität auch von der Stabilität des Merkmals beeinflusst. Niedrige Werte sind also nicht immer dem Test anzulasten. Wenn ein Test für prognostische Zwecke eingesetzt wird, ist man oft an einer Angabe zur Retest-Reliabilität interessiert, der ein dem Prognosezeitraum entsprechendes Zeitintervall zugrunde liegt. Nehmen wir einmal an, zur Auswahl von Bewerbern sei ein Konzentrationstest eingesetzt worden. Die Bewerber sind relativ jung und werden erfahrungsgemäß weit über zehn Jahre im Unternehmen und dort am gleichen Arbeitsplatz verbleiben. In diesem Fall möchte man nicht wissen, wie hoch die Konzentrationsfähigkeit eines Bewerbers in drei Wochen sein wird, sondern nach mehreren Jahren. Deshalb wäre es hilfreich, eine Angabe zur Retest-Reliabilität des Tests zu finden, der ein Zeitintervall von mehreren Jahren zugrunde liegt. Könnte man zwischen mehreren Tests wählen, die ansonsten vergleichbar sind, wäre der Test mit der höchsten langfristigen Retest-Reliabilität zu bevorzugen.

Wie hoch fallen die Koeffizienten üblicherweise aus? Die Höhe hängt sowohl vom Merkmal als auch vom Retest-Intervall ab. Charter (2003) hat Informationen über die Retest-Reliabilität von Tests aus unterschiedlichen Bereichen gesammelt. Die Angaben stammten überwiegend aus der Zeit zwischen 1960 und 1990. Der Zusammenhang zwischen der Höhe der Koeffizienten und dem Publikationsjahr war nur minimal und nicht signifikant. Leider wurde das Retest-Intervall nicht systematisch berücksichtigt. ◘ Tabelle 2.16 lässt sich beispielsweise entnehmen, dass für Persönlichkeitstests eine durchschnittliche Retest-Reliabilität von .79 (SD = .13) festgestellt wurde. Die mittleren 50 Prozent der Werte lagen in dem Bereich zwischen .71 und .86.

Höhe der Retest-Reliabilität

Für den Persönlichkeitsbereich liegt mit der Metaanalyse von Roberts und DelVecchio (2000) eine weitaus differenzierte Betrachtung vor. Das **Alter** der Testpersonen hat einen Einfluss auf die Höhe der Koeffizienten: Je älter die Menschen sind (die Daten deckten den Bereich vom Kindesalter bis ins hohe Alter ab), desto stabiler sind

Retest-Reliabilität von Persönlichkeitsfragebögen

Tab. 2.16 Retest-Reliabilität verschiedener Testarten

Testkategorie	M	SD	25.–75. Perzentil	k
Klinische Verfahren, Erwachsene	.74	.18	.64–.86	36
Klinische Verfahren, Kinder	.77	.13	.73–.86	41
Persönlichkeit	.79	.10	.71–.86	64
Berufseignung	.76	.15	.68–.85	46
Neuropsychologie	.85	.11	.76–.94	27
Intelligenz	.80	.14	.71–.90	36
Pädagogischer Bereich	.79	.13	.72–.87	35
Sonstige	.80	.12	.73–.91	112
Gesamt	.79	.13	.71–.86	439

Anmerkungen. Nach Charter (2003, Tab. 3); nur Testarten, zu denen mindestens 20 Werte vorlagen. M = arithmetisches Mittel, SD = Standardabweichung der Koeffizienten; 25.–75. Perzentil: je 25 % der Koeffizienten lagen unter dem ersten Wert und 25 % über dem zweiten; k = Anzahl der vorliegenden Koeffizienten.

ihre Persönlichkeitsmerkmale. ◘ Tabelle 2.17 gibt die Ergebnisse ausschließlich für Erwachsene wieder. Die Autoren haben die Retest-Reliabilität nach Persönlichkeitsmerkmalen aufgeschlüsselt und dabei das Alter der Testpersonen sowie das Retest-Intervall rechnerisch konstant gehalten, damit man Vergleiche zwischen den Persönlichkeitsmerkmalen anstellen kann. In den analysierten Studien betrug das Zeitintervall zwischen der ersten und zweiten Messung 6,75 Jahre. Extraversion ist demnach das stabilste Merkmal und Neurotizismus das am wenigsten stabile. Bereits früher hatten Schuerger et al. (1989) in einer Metaanalyse über 89 unabhängige Stichproben festgestellt, dass die Retest-Reliabilität von Extraversionsfragebögen nach einem Jahr durchschnittlich .80, die von Neurotizismusfragebögen dagegen nur .70 beträgt. Für ein längeres Retest-Intervall von ein bis fünf Jahre betrugen die durchschnittlichen Werte .63 bzw. .57.

Für projektive Verfahren fanden Roberts und DelVecchio (2000) vergleichsweise wenige Daten (N = 489). Sie konnten unter gleichen Bedingungen wie oben eine Stabilität von ρ = .45 schätzen.

Tab. 2.17 Durchschnittliche Retest-Reliabilität von Fragebögen zu den großen fünf Persönlichkeitsmerkmalen

Persönlichkeitsmerkmal	ρ	N
Extraversion	.55	20.711
Verträglichkeit	.52	8.428
Offenheit	.51	7.901
Gewissenhaftigkeit	.49	11.513
Neurotizismus	.46	15.118

Anmerkung. Nach Roberts und DelVecchio (2000). Metaanalyse über Daten für Erwachsene; ρ = Schätzung der Korrelation in der Population, wenn das Alter der Personen und das Retest-Intervall rechnerisch auf 6,75 Jahre konstant gehalten werden; N = Anzahl der Personen.

2.3 · Gütekriterien diagnostischer Verfahren

◘ Tab. 2.18 Retest-Reliabilität von Intelligenztests

Intelligenztest (Autoren)	r_{tt}	Intervall	Alter t1[a]	N
5 (t1) bzw. 14 Tests (g-Maß berechnet) (Larsen et al., 2008)	.85	17,9 Jahre	20 (1,7)	4.321
Wechsler-Intelligenz-Test für Kinder WISC-III (Canivez & Watkins, 2001)	.87	2,9 (0,4) Jahre	9 (1,9)	403
Moray House Test (breiter verbaler Intelligenztest) (Deary et al., 2000)[b]	.63 (.73)	66 Jahre	11	101

Anmerkungen. a) Mittelwert und Standardabweichung des Alters zum ersten Messzeitpunkt; b) in Klammern nach Korrektur für Varianzeinschränkung.

Zur Retest-Reliabilität von **Intelligenztests** liegt keine Metaanalyse vor. In ◘ Tabelle 2.18 sind einige Studien dargestellt, die unterschiedliche Altersbereiche und Retest-Intervalle abdecken. Auswahlkriterien waren Aktualität (Publikationsjahr), großer Stichprobenumfang und unterschiedliche Altersbereiche. Die Untersuchung von Larsen et al. (2008) weist eine Besonderheit auf: Die Autoren berechneten aus mehreren Tests faktorenanalytisch für jeden Messzeitpunkt einen g-Faktor und korrelierten diese g-Maße. Es handelt sich quasi um zwei sehr breite Tests zur Allgemeinen Intelligenz. Für einen verbalen und einen numerischen Faktor ermittelten sie mit r = .82 bzw. .79 etwas niedrigere Retest-Koeffizienten als für das Gesamtmaß. Die Untersuchung von Canivez und Watkins (2001) bezieht sich auf Kinder mit speziellen Lernbehinderungen (mittlerer IQ = 94). In dieser Publikation finden sich auch Angaben zur Retest-Reliabilität der Indexwerte des Wechsler-Tests. Die Studie von Deary et al. (2000) ragt mit einem Retest-Intervall von 66 Jahren heraus. Die Korrektur für Varianzeinschränkung ist angemessen, so dass der Retest-Koeffizient von r_{tt} = .73 eine angemessene Schätzung darstellt. Fazit dieser drei Untersuchungen ist, dass Intelligenztests im Vergleich zu Persönlichkeitsfragebögen eine sehr hohe Retest-Reliabilität aufweisen. Die Befunde stammen von »breiten« Intelligenztests; bei anderen Tests gibt es möglicherweise Abweichungen von den berichteten Werten.

Generell hängt die Retest-Reliabilität von Intelligenztests vom Alter der Testpersonen und vom Retest-Intervall ab, wie schon Schuerger und Witt (1989) zeigen konnten. Sie nimmt im Alter von etwa drei bis zehn Jahren deutlich zu und steigt dann kontinuierlich weiter leicht an. Im Bereich von etwa einem Jahr hat das Retest-Intervall einen starken Effekt auf die Retest-Reliabilität; je kürzer das Intervall, desto höher ist der Wert. Möglicherweise sind hier differenzielle Erinnerungs- und Übungseffekte wirksam. Mit längeren Intervallen ist nur noch ein leichtes Abfallen der Retest-Reliabilität zu beobachten.

Die mitgeteilten Ergebnisse liefern Anhaltspunkte für die Beurteilung von Retest-Reliabilitätskoeffizienten. Bei stabilen Merkmalen wie Intelligenz und relativ kurzem Retest-Intervall (wenige Wochen) sollte die Retest-Reliabilität möglichst hoch ausfallen. Da sich das Merkmal zwischen den beiden Erhebungen kaum geändert haben kann, gehen Abstriche von dem Idealwert 1.0 zu Lasten des Tests (und eventuell nicht konstant gehaltenen Durchführungsbedingungen).

Paralleltestreliabilität Bei der Vorgabe paralleler Versionen eines Tests wählt man zweckmäßigerweise für die Bearbeitung der parallelen Formen ein relativ kurzes Intervall von einigen Tagen. In der Praxis sind Paralleltests selten anzutreffen, da der Konstruktionsaufwand durch die Anforderungen (identische Mittelwerte und Standardabweichungen, hohe Korrelation zwischen den parallelen Formen) sehr hoch ist.

Retest-Reliabilität von Intelligenztests

Paralleltestreliabilität

erschwerte Herstellung paralleler Formen

Essenzielle Voraussetzung für diesen Ansatz ist selbstverständlich das Vorhandensein geeigneter »paralleler« Versionen, die bei Gruppenuntersuchungen von hohem Wert sind, weil benachbart sitzende Probanden dann unterschiedliche Formen bearbeiten können. Ihre Herstellung wird allerdings erschwert, wenn es sich um die Erfassung sehr eng begrenzter Eigenschaften handelt und entsprechend das Universum denkbarer Items nur klein ist. Ein weiterer Hinderungsgrund liegt dann vor, wenn die Fragen von gleichsam einmaliger Art sind und deshalb eine Parallelisierung kaum möglich erscheint, ohne einem Transfer der Lösungsprinzipien und erheblichen Übungsgewinnen Vorschub zu leisten.

Bei Speed-Tests sind Paralleltest- und Retest-Methode praktisch gleich

Bei Speed-Tests, in denen die (gewöhnlich zahlreichen) Items eine hohe Ähnlichkeit aufweisen, ist demzufolge die Entwicklung von Parallelformen entbehrlich, da es für die zweite Vorgabe keinen Unterschied bedeutet, ob dieselben oder leicht abgewandelte Items bearbeitet werden müssen. Damit liegt hier eine Art Sonderfall vor, bei dem die Retest- und Paralleltestmethode gleichsam ineinander übergehen.

Reliabilität als Korrelation zweier Testhälften

Testhalbierungsreliabilität (Split-half-Reliabilität) Ein solches Vorgehen führt zur Schätzung der Testhalbierungsreliabilität oder Split-half-Reliabilität.

Halbierungstechnik kommt instrumenteller Messgenauigkeit am nächsten

Bei diesem Ansatz können Schwankungen der Motivation, der Stimmung und Aufmerksamkeit bzw. Fluktuationen des untersuchten Merkmals praktisch ausgeschlossen werden. Alle diese Faktoren wirken sich nur in jenem Grade aus, in dem sie über die Items der Testskala hinweg oszillieren. Von daher kommt die Halbierungstechnik dem Konzept einer Beschreibung der primär instrumentellen Messgenauigkeit am nächsten. Voraussetzung ist freilich, dass die Homogenität und Anzahl der Items eine Aufteilung in zwei Hälften erlauben. Bei zahlreichen projektiven Tests ist diese notwendige Bedingung nicht gegeben.

Weitere Konsistenzschätzungen Die Verallgemeinerung der Halbierungsmethode besteht darin, eine Testskala nicht nur in zwei Hälften zu zerlegen, sondern in so viele Teile, wie Items vorhanden sind. Entsprechend müssten die betreffenden Korrelationen ermittelt und die erhaltenen Werte auf die jeweilige Länge der Skala aufgewertet oder »hochgerechnet« werden.

Bestimmung über Trennschärfe und Schwierigkeitskoeffizienten

Am bekanntesten sind dafür die Formeln von Kuder und Richardson (1937) geworden. Die sog. **K-R-Formula 8** stützt sich auf die Schwierigkeits- und Trennschärfekoeffizienten:

$$r_{tt} = \frac{s_x^2 - \sum pq}{2 \cdot s_x^2} + \sqrt{\frac{\sum r_{it}^2 \cdot pq}{s_x^2} + \left(\frac{s_x^2 - \sum pq}{2\,s_x^2}\right)^2}$$

s_x^2 = Varianz der Testrohwerte
p = Schwierigkeit P/100
q = 1-p
r_{it} = Trennschärfe

Sofern aus irgendwelchen Gründen keine Interkorrelationen berechnet wurden oder dies wegen einer unvollständigen Aufgabenanalyse nicht möglich ist, kann **K–R-Formula 20** Anwendung finden:

$$r_{tt} = \frac{n}{n-1} \cdot \left(\frac{s_x^2 - n \cdot \overline{pq}}{s_x^2}\right)$$
$$= \frac{n}{1-n} \cdot \left(\frac{s_x^2 - \sum pq}{s_x^2}\right)$$

2.3 · Gütekriterien diagnostischer Verfahren

In beiden K-R-Formeln spielt der Ausdruck **pq**, also die **Itemvarianz**, eine wichtige Rolle. Wenn bei einem Vergleich der Summe der Itemvarianzen oder deren Mittelwert mit der Varianz des Skalensummenwertes (s_x^2), wie er in der einen oder anderen Weise in den Formeln angestellt wird, weitgehende Übereinstimmung resultiert, so muss dafür das Fehlen von Itemkovarianzen verantwortlich sein. Denn die Varianz des Skalensummenwertes setzt sich zusammen aus der Summe aller (einzelnen) Itemvarianzen und aller Interitemkovarianzen. Das Fehlen von Itemkovarianzen aber bedeutet, dass jedes Item etwas anderes misst, die Skala also nicht reliabel im Sinne der Konsistenz ist. Am meisten verbreitet ist Cronbachs α, das bereits unter ▸ Abschnitt 2.1.2.2 behandelt wurde. Dort ist besonders augenfällig, dass die Varianz des Skalensummenwerts (im Nenner) verglichen wird mit der Summe der Itemvarianzen.

Cronbachs α

Ein anderer Ansatz besteht darin, die Konsistenz **varianzanalytisch** zu bestimmen, und zwar nach einem Schema, dessen Faktoren zum einen die Items, zum anderen die Probanden darstellen. Die dafür maßgeblichen Überlegungen und Varianz-Terme sind im Anhang zusammengestellt.

Vergleich der Item-Varianzen mit der Skalenwert-Varianz

Wie hoch soll die Reliabilität sein? Wie bereits in ▸ Abschnitt 2.1.2.2 erläutert wurde, ist nicht immer eine hohe interne Konsistenz anzustreben. Entscheidend ist die **Homogenität** des Merkmals, das gemessen werden soll. Homogene Merkmale erlauben eine hohe interne Konsistenz, Tests zu heterogenen Merkmalen haben in der Regel jedoch keine hohe interne Konsistenz. Da eine niedrige interne Konsistenz auch auf große Messfehler zurückzuführen sein kann, sollte zusätzlich immer die Retest- oder die Paralleltestreliabilität betrachtet werden. Ist auch sie relativ niedrig, sind vermutlich der Test und/oder die Durchführungsbedingungen stark messfehlerbehaftet.

Alle Reliabilitätskoeffizienten sind stichprobenabhängig. Ist die Stichprobe heterogen, etwa weil bei einem Leistungstest Personen sehr unterschiedlichen Alters untersucht wurden, werden die Testwerte eine große Streuung aufweisen. Die Reliabilitätskoeffizienten werden dann höher ausfallen als bei einer homogenen Stichprobe mit kleiner Streuung der Testwerte. Nehmen wir an, bei einem Intelligenztest sei eine Retest-Untersuchung mit Personen im Alter von 18–30 Jahren durchgeführt worden. Die **Standardabweichung der Testrohwerte** für die erste Erhebung betrage 30 und die Retest-Reliabilität $r_{tt} = .70$ bei einem Zeitintervall von einem Jahr. Für einen Intelligenztest ist dies ein überraschend niedriger Wert. Ist der Test schlecht konstruiert? Nicht unbedingt. Wir schauen im Testmanual nach, wie groß die Streuung der Testwerte in der Eichstichprobe für die gleiche Altersgruppe ist. Angenommen, sie betrage 45, so können wir die niedrige Retest-Reliabilität mit Varianzeinschränkung in unserer sehr homogenen Stichprobe erklären.

Einflussfaktoren auf Reliabilität

Für die Retest-Reliabilität gilt, dass sie grundsätzlich **hoch** ausfallen soll, wenn das **Retest-Intervall** kurz ist und das gemessene Merkmal als stabil gilt. Je größer das Retest-Intervall ist, desto wichtiger ist es, die Stabilität des Merkmals in Rechnung zu stellen. Dazu zieht man Retest-Untersuchungen zum gleichen Merkmal bei vergleichbarem Retest-Intervall heran (s.o.: Testwiederholung – Retest).

Oft wird nicht beachtet, dass die Reliabilität als Korrelationskoeffizient durch die **Größe der Stichprobe** beeinflusst wird. Das Konfidenzintervall von Korrelationskoeffizienten nimmt mit der Stichprobengröße ab; kleine Stichproben erlauben daher nur eine grobe Schätzung der wahren Korrelation. Die wahre Korrelation (Reliabilität) kann deutlich kleiner oder auch größer sein als der beobachtete Wert. Bei Angaben in Testmanualen oder auch in der Sekundärliteratur zu Tests ist darauf zu achten, dass die Stichproben hinreichend groß sind. Gerade bei der Schätzung der Retest-Reliabilität kommt es immer wieder vor, dass man Stichprobenumfänge deutlich unter N = 100 vorfindet.

Welche Konsequenzen hat eigentlich eine **niedrige** Reliabilität? Wenn der Test ungenau misst, ist auch die einzelne Messung unzuverlässig. Man kann ein Intervall

Konsequenzen einer niedrigen Reliabilität

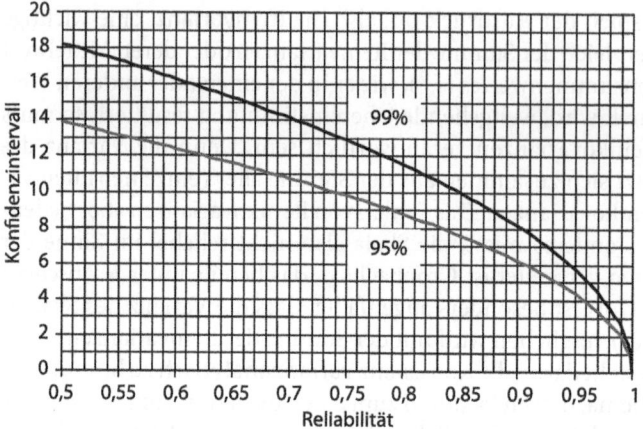

◘ **Abb. 2.26** Konfidenzintervall in Standardwerten bei unterschiedlich hohen Reliabilitäten. Sicherheitswahrscheinlichkeit: 95 bzw. 99 Prozent, zweiseitige Fragestellung (mögliche Abweichung vom beobachteten Wert nach oben und nach unten)

berechnen, in dem der wahre Testwert der Testperson mit einer bestimmten Wahrscheinlichkeit liegt. Dieses Konfidenzintervall (▶ Abschn. 2.1.2.2) ist umso größer, je geringer die Reliabilität ist. ◘ Abbildung 2.26 veranschaulicht dies. Der Grafik kann man entnehmen, dass das Konfidenzintervall umso größer wird, je niedriger die Reliabilität ausfällt. So liegt der wahre Wert einer Testperson bei einer Testreliabilität von .95 im Bereich von +/– 4,4 Standardwerten um den ermittelten Testwert (Sicherheitswahrscheinlichkeit 95 %). Beträgt die Reliabilität nur .75, ist die Spanne mit +/–9,8 Punkten schon deutlich größer. Entscheidet man sich für eine höhere Sicherheitswahrscheinlichkeit, wirkt sich die Reliabilität noch stärker auf das Konfidenzintervall aus. Um im Einzelfall Entscheidungen gut begründen zu können, kann ein kleines Konfidenzintervall und damit eine hohe Reliabilität sehr nützlich sein.

2.3.4 Validität

> **Definition**
>
> Unter Validität wird die Übereinstimmung von Testergebnissen mit dem, was der Test messen soll, verstanden. Es handelt sich um ein Urteil darüber, wie angemessen bestimmte Schlussfolgerungen vom Testwert auf das Verhalten außerhalb des Tests oder auf ein Merkmal der Person sind.

Zulässigkeit von Schlussfolgerungen

Bei einer hohen **Validität** erlauben die Ergebnisse eines Tests einen Schluss von dem beobachteten Verhalten in der Testsituation (numerisch repräsentiert durch den Testwert) auf ein Verhalten außerhalb der Testsituation oder auf die Ausprägung eines nicht direkt beobachtbaren Merkmals. Obwohl zur Beurteilung der Validität Kennzahlen herangezogen werden (dazu unten mehr), handelt es sich bei Validitätsaussagen um verbale Äußerungen. Das Urteil über die Validität eines Tests kann etwa lauten »Es liegen nur schwache Validitätsbelege vor«, »Der Test kann als sehr valide für die Erfassung der Schwere einer psychischen Störung gelten« oder »Der Test ist gut geeignet zur Messung des Wortschatzes von Kindern im Alter von 6–10 Jahren«. Solche Aussagen können mit empirischen Befunden und damit gewonnenen Kennzahlen belegt werden.

Validität ist das wichtigste Gütekriterium

Ein Test oder ein anderes diagnostisches Verfahren kann eine sehr hohe Objektivität und eine sehr hohe Reliabilität aufweisen und dennoch für die diagnostische Praxis unbrauchbar sein. Eine hohe Objektivität und Reliabilität sind eine günstige Voraussetzung für eine hohe Validität, aber keine Garantie. Absolut notwendig ist der

2.3 · Gütekriterien diagnostischer Verfahren

Nachweis, dass das Verfahren auch das Merkmal misst, das es messen soll. Die Validität ist **das wichtigste Gütemerkmal** eines Tests. Ein vielversprechender Testname oder ein Aufdruck »klinisch geprüft«, »in der Anwendung erprobt« oder eine andere Werbeaussage können kein Ersatz für den Nachweis von Validität sein.

Die Anforderungen an die Validität eines Tests sind vergleichbar mit dem Wirkungsnachweis bei einem Medikament. Von einem Medikament wird ein empirischer Nachweis dafür verlangt, dass es zur Behandlung einer bestimmten Krankheit oder auch mehrerer Krankheiten geeignet ist. Niemand wird erwarten, dass ein Medikament gegen alle Krankheiten wirkt. Genauso kann ein Test nicht generell valide sein, sondern nur valide für bestimmte diagnostische Fragen. Ein Medikament ist manchmal nur für eine bestimmte Population geeignet, etwa nur für Erwachsene, nur für Frauen oder Männer oder nur für Menschen, bei denen keine anderen Erkrankungen vorliegen. Mit einem Test kann eine diagnostische Frage ebenfalls eventuell nur bei einer bestimmten Population gut beantwortet werden. Medikamente sind unterschiedlich wirksam. Deshalb wird man sich, sofern das ökonomisch vertretbar ist und keine gravierenden Nebenwirkungen zu erwarten sind, für das wirksamste (immer bezogen auf eine bestimmte Krankheit) entscheiden. Genauso kann man Tests bezüglich ihrer Validität für eine bestimmte diagnostische Fragestellung vergleichen und den besten einsetzen. Neben der Validität können dabei – ganz in Analogie zu Medikamenten – auch weitere Gütekriterien herangezogen werden. Die Ökonomie gehört dazu und auch »Nebenwirkungen« wie mangelnde Fairness oder Verfälschbarkeit. Diese Nebengütekriterien werden weiter unten behandelt. Eine weitere Analogie mit Medikamenten betrifft den empirischen Nachweis. Es kann sein, dass Aspirin auch gegen Durchfallerkrankungen oder gegen Malaria wirkt – dem muss aber nicht so sein. Ein Medikament gilt erst dann als wirksam, wenn ein entsprechender Nachweis vorliegt und nicht, wenn man eine Wirksamkeit nur vermutet. In Analogie dazu ist ein Test erst valide, wenn dies durch entsprechende Untersuchungsergebnisse belegt ist. Wirksamkeitsnachweise bei Medikamenten und Validierung von Tests sind im Grunde nie endende Prozesse.

Validität mit Wirksamkeitsnachweis bei Medikamenten vergleichbar

Die Fragen, welche ein potenzieller Testanwender zu einem Verfahren hat, sind im Grunde sehr einfach: »Misst der Test wirklich Intelligenz von Bewerbern?«, »Kann man damit wirklich feststellen, wie depressiv ein Patient ist?« oder »Kann man mit diesem Test X besser die Merkfähigkeit von älteren Menschen mit Demenzverdacht messen als mit Test Y?« Die Antworten fallen allerdings komplexer aus als ein einfaches »Ja« oder »Nein«. Der Grund liegt darin, dass wir verschiedene Aspekte der Validität unterscheiden können und daher in der Regel nicht nur ein Kennwert anfällt, sondern mehrere. Ein Urteil über die Validität kann daher nicht durch einen einzigen Wert abgebildet werden. Angemessen ist eine differenzierte Aussage über die Validität des Tests für einen bestimmten Verwendungszweck (z. B. Auswahl von Führungskräften, Entdecken von depressiven Störungen in der Bevölkerung, Beschreibung berufsrelevanter Interessen von Jugendlichen). Ein Test kann für einen Verwendungszweck sehr valide sein, für einen anderen dagegen nicht. Bei Testrezensionen versucht man, alle diagnostischen Zielsetzungen zu berücksichtigen, für die der Test laut Autor(en) vorgesehen ist.

Aussagen über die Validität eines Tests

> **Beispiel**
>
> **Beispiele für Aussagen über die Validität eines Tests**
> - **Golden Profiler of Personality (GPOP):** »Die größte Schwachstelle des GPOP sind die fehlenden Validitätsbefunde. Eine explorative Faktorenanalyse auf Itemebene bestätigt ansatzweise die angenommene Fünf-Faktoren-Struktur. …Eine konvergente und/oder diskriminante Validierung mit externen Kons-
> ▼

trukten (z. B. anderen Persönlichkeitsinventaren) fehlt ebenso wie eine Validierung an relevanten Außenkriterien. Dies verwundert umso mehr, als der Anwendungszweck Aussagen zu Führungsstil, Lernstil sowie Beiträgen im Team und Beiträgen zur Organisation verspricht ...« (Höft & Muck, 2009). Dies ist ein vernichtendes Urteil über die Validität eines Tests. Die Anforderungen an die Validität sind nach Meinung der Rezensenten »nicht erfüllt«.

- **Beck Depressions-Inventar (BDI-II, Revision):** »Die Inhaltsvalidität wird aus der Abdeckung der Kriterien des DSM-IV abgeleitet. ... Während die konvergente Validität mit anderen Selbstbeurteilungsverfahren gleichen Gültigkeitsanspruches belegt wird, ist die mangelnde Differenzierung zu Ängsten kritisch zu bewerten. Die Kriteriumsvalidität zeigt, wie schwierig eine deutliche Abgrenzung von solchen verwandten (aber konzeptuell dennoch anderen) Konstrukten, wie z. B. auch Lebensqualität mit Korrelationen zwischen 0.50 und 0.75, ist. ... Besonders positiv hervorzuheben sind die überzeugende Differenzierungsfähigkeit des BDI-II und die international ähnliche Faktorenstruktur (faktoranalytische Validität) ...« (Herzberg et al., 2008, S. 302). Das BDI II erfährt hier eine sehr gute Bewertung. Die Kritik wegen der mangelnden Differenzierung zwischen Ängsten und Depressionen darf man nicht überbewerten. Sie liegt eher in der Natur der Sache und darf nicht dem Test voll angelastet werden. In der Gesamtbewertung lautet das Urteil daher, dass die Anforderungen an die Validität »voll erfüllt« sind.
- **Intelligenz-Struktur-Test 2000 R (I-S-T 2000 R, 2. Aufl.):** »Die Struktur des Tests wurde mittels konfirmatorischer Faktorenanalysen untersucht. Die Ergebnisse sprechen dafür, dass die Subtests des erweiterten Grundmoduls zu Kennwerten für verbale, numerische und figurale Intelligenz sowie Merkfähigkeit verrechnet werden dürfen. Für die Konstruktvalidität sprechen Korrelationen von 0.63, 0.69 und 0.49 zwischen schlussfolgerndem Denken und drei konvergenten Tests (CFT 20, Raven, FRT). Die diskriminante Validität wird durch niedrige Korrelationen mit einem Konzentrationstest (Test d2, r = 0.22) und einem Wortschatztest (MWT-B, r = 0.31) belegt. ... Weitere Validitätsbelege liegen nur für Faktorwerte vor: Der Globalwert gc korreliert anders als gf relativ hoch mit Wissenstests, das Korrelationsmuster der Faktorwerte mit Schulnoten folgt dem erwarteten Muster...« (Schmidt-Atzert & Rauch, 2008, S. 304). Auch diese Beurteilung der Validität ist positiv; die Anforderungen an die Validität sind nach Einschätzung der Autoren »weitgehend erfüllt«; weitere Validitätsbelege wären wünschenswert.

drei Arten der Validität

Die Beurteilung der Validität ist eine anspruchsvolle Aufgabe, insbesondere wenn unterschiedliche Verwendungszwecke im Auge zu behalten sind. Je nach Konstruktionsprinzip des Tests und vorgesehenem Verwendungszweck kann die eine oder andere Art der Validität besonders wichtig sein, aber grundsätzlich ergänzen sich die unterschiedlichen Arten der Validität. Heute wird zwischen drei Arten der Validität unterschieden: **Inhalts-, Kriteriums- und Konstruktvalidität.** Es werden jedoch auch weitere Validitätsbegriffe verwendet: Im Zusammenhang mit der Kriteriumsvalidität werden wir auf die Begriffe »Übereinstimmungs-, Vorhersage- und inkrementelle Validität« eingehen. Bei der Konstruktvalidität werden uns die Begriffe »konvergente, diskriminante und faktorielle Validität« begegnen. Es handelt sich dabei nicht um eigenständige Validitätskonzepte, vielmehr werden damit bestimmte Teilaspekte dieser beiden Validitäten charakterisiert. Schließlich tauchen bei den weiteren Gütekriterien auch die Begriffe »Face-Validität« und »soziale Validität« auf. Der prestigeträchtige Begriff der Validität wird hier auf andere Eigenschaften von Tests übertragen.

2.3.4.1 Methoden zur Beurteilung der Validität
2.3.4.1.1 Inhaltsvalidität

Tests bestehen aus Items, und diese sollen das Merkmal repräsentieren, das mit dem Test erfasst werden soll. Zur Veranschaulichung bedienen wir uns des Begriffs »Itemuniversum«. Ein Itemuniversum gibt es (vielleicht von wenigen Ausnahmen abgesehen) nicht wirklich. Es handelt sich vielmehr um eine gedankliche Hilfskonstruktion. Wir stellen uns vor, man könne alle Items finden, die zur Messung von Intelligenz, Neurotizismus, Schulangst, Konzentrationsfähigkeit oder eines anderen Merkmals grundsätzlich geeignet sind. Dazu sind genaue Kenntnisse des Merkmals erforderlich. Beispielsweise müsste man wissen, welche Art von Verhaltensweisen, Gedanken, Gefühlen etc. für Neurotizismus typisch sind. Ein inhaltsvalider Test besteht aus einer repräsentativen Auswahl von Items aus dem Itemuniversum. Das klingt ziemlich hypothetisch, und das ist es auch. Deshalb wird die Inhaltsvalidität auch nicht bei allen Tests thematisiert. Bei einigen Tests ist es aber sehr sinnvoll, nach deren Inhaltsvalidität zu fragen.

Items repräsentativ für Merkmal

> **Definition**
>
> Unter Inhaltsvalidität versteht man, wie repräsentativ die Items eines Tests für das zu messende Merkmal sind.

Schulleistungstests dienen dazu, den Wissensstand in einem bestimmten Unterrichtsfach zu erfassen. Was ein Schüler beispielsweise im Fach Mathematik am Ende des 4. Schuljahrs wissen soll, kann man dem Lehrplan oder einem Lehrbuch, das verpflichtend im Unterricht eingesetzt wird, entnehmen. Die Testautoren können im Testmanual beschreiben, wie sie vorgegangen sind, um eine repräsentative Auswahl von Unterrichtsinhalten zu finden, zu denen sie dann Items formuliert haben.

Inhaltsvalidität nur bei bestimmten Verfahren

Mit einem **Fragebogen** soll das Vorliegen einer bestimmten **psychischen Störung**, beispielsweise einer Depression, festgestellt werden. Bei psychischen Störungen wurde mit den verbreiteten Diagnosesystemen DSM-IV (Saß et al., 2003) und ICD-10 (Weltgesundheitsorganisation et al., 2006) ein Konsens herbeigeführt, welche Symptome vorliegen müssen, um eine Störung diagnostizieren zu können. Damit wird eine inhaltsvalide Erfassung relativ einfach realisierbar: Man legt dem Fragebogen alle für die Störung relevanten Symptome zugrunde und formuliert diese so in Fragen oder Aussagen um, dass die Testpersonen sie verstehen. Ebenso könnte man auch zu jedem Symptom zwei oder drei Items formulieren.

Mit einem **strukturierten Interview** soll die **Eignung für einen Beruf** festgestellt werden. Eine zuvor durchgeführte Anforderungsanalyse habe ergeben, welche Fähigkeiten (z. B. Durchsetzungsfähigkeit, Verhandlungsgeschick) und Kompetenzen (z. B. fundiertes Wissen über Elektromotoren, Tabellenkalkulation, Englischkenntnisse) erforderlich sind. Wenn es gelingt, zu allen berufsrelevanten Anforderungen treffende Interviewfragen zu entwerfen, so ist das Interview inhaltsvalide.

In der Regel wird die Inhaltsvalidität belegt, indem die Autoren ihr Vorgehen beschreiben: Sie legen ihr Konzept dar, nach dem sie geeignete Items finden wollten, und beschreiben alle offensichtlich relevanten Schritte bei der Itemgenerierung und -auswahl im Manual. Manchmal ist es vielleicht nicht selbstverständlich, ob ein Item zum Merkmal gehört oder nicht. In diesem Fall kann es sinnvoll sein, Experten zu bitten, die Passung zu beurteilen. Sie stufen dann beispielsweise auf einer fünfstufigen Likertskala ein, wie wichtig ein Item für das zu messende Merkmal ist. Bei Bedarf kann die Beurteilerübereinstimmung berechnet werden.

Bei einer Itemselektion nach Schwierigkeit und Trennschärfe ist darauf zu achten, dass die angestrebte Repräsentativität nicht wieder verloren geht. Besonders der Versuch, die interne Konsistenz des Verfahrens zu maximieren, kann die Inhaltsvalidität einschränken.

Vorgehen bei der Itemsuche beschreiben

Begriff »Kriterium«

2.3.4.1.2 Kriteriumsvalidität

Tests werden häufig zu dem Zweck konstruiert, bestimmte Leistungen oder Verhaltensweisen zu erfassen oder vorherzusagen; so werden beispielsweise Intelligenztests zur Vorhersage von Schul- oder Ausbildungserfolg verwendet. In diesem Fall bezeichnet man den Schul- bzw. Ausbildungserfolg als Kriterium. Ein Kriterium ist immer etwas Konkretes, direkt Messbares, etwa Prüfungsleistungen, erzielter Umsatz, Vorgesetztenbeurteilungen oder auch Verhaltensweisen wie Studienabbruch, Reduktion der Nahrungsaufnahme, Alkoholkonsum, Begehen einer Straftat. Was als Kriterium infrage kommt, ergibt sich aus der diagnostischen Zielsetzung des Tests. Wenn Testautoren angeben, ihr Fragebogen solle Alkoholismus messen, so kann das Verfahren am Alkoholkonsum als Kriterium validiert werden. Die Kriteriumsvalidität eines Tests wird meist als Korrelationskoeffizient angegeben. Grundsätzlich können aber auch Mittelwertsunterschiede oder besser Effektstärken dafür herangezogen werden. Letztere können bei Bedarf in Korrelationskoeffizienten transformiert werden (s. Cohen, 1988).

> **Definition**
>
> Unter Kriteriumsvalidität versteht man den Zusammenhang zwischen Testergebnis und konkreten Leistungen oder Verhaltensweisen außerhalb der Testsituation. Das Kriterium muss für den vorgesehenen Einsatzbereich des Tests relevant sein.

Bei der Auswahl geeigneter Kriterien für einen Test sind der Fantasie keine Grenzen gesetzt. ◘ Tabelle 2.19 enthält einige Beispiele. Die Kriterien dürfen keinesfalls beliebig sein; die Testautoren sollen begründen, warum sie ein bestimmtes Kriterium gewählt haben (sofern das Kriterium nicht selbsterklärend ist). Ein Merkmal wie Intelligenz, Ängstlichkeit oder Extraversion kann nicht als Kriterium fungieren, da es sich um Konstrukte handelt (s. dazu »Konstruktvalidität«). Eine Aussage wie »als Kriterium zur Validierung von Tests X wurde ein Intelligenztest herangezogen« wäre zumindest irreführend.

◘ **Tab. 2.19** Beispiele für Kriterien zur Validierung von Tests

Diagnostisches Verfahren (Verwendungszweck)	Mögliches Kriterium	Begründung
Depressionsfragebogen (soll Schwere der Depression erfassen)	Dauer des Aufenthaltes in einer psychiatrischen Klinik	Je schwerer die Störung, desto länger sollte die Behandlung im Krankenhaus dauern.
Intelligenztest (soll Schulerfolg vorhersagen)	Abiturnote drei Jahre nach Testdurchführung	Die Abiturnote ist ein anerkanntes Maß für Schulerfolg; da prognostische Validität angestrebt wird, muss das Kriterium deutlich später erhoben werden.
Aufmerksamkeitstest (soll Fahreignung erfassen)	Fehler in einer standardisierten Fahrprobe	Aufmerksamkeitsdefizite sollten sich in bestimmten Fehlern wie Übersehen von Verkehrszeichen, Gefahren oder der Geschwindigkeitsanzeige im Auto niederschlagen. Das Verhalten sollte im Straßenverkehr erfasst werden, weil der Test für diesen Bereich eingesetzt wird.

Die Erhebung des Kriteriums kann im gleichen Zeitraum erfolgen wie die Testdurchführung, aber auch deutlich später. Man spricht in diesem Zusammenhang dann von **Übereinstimmungsvalidität** (»concurrent validity«) bzw. prognostischer Validität oder **Vorhersagevalidität** (»predictive validity«). Damit wird lediglich das zeitliche Verhältnis der Erhebung von Test und Kriterium spezifiziert. Es handelt sich nicht um eigene Formen der Validität! Wenn ein Test dafür geeignet sein soll, spätere Leistungen vorherzusagen, beispielsweise den Berufserfolg einige Jahre nach der Einstellung, so sind Angaben zur prognostischen Validität erforderlich. Würde der Berufserfolg zeitgleich mit dem Test erhoben, so wäre dies ein schlechter Ersatz für eine prognostische Studie und damit ein schwacher Validitätsbeleg.

Übereinstimmung und Vorhersage

Aus einer pragmatischen Perspektive haben Testanwender ein starkes Interesse daran, das interessierende Kriterium möglichst umfassend aufzuklären. Beispielsweise will der Leiter einer Personalabteilung den späteren Berufserfolg der von ihm eingestellten Bewerber soweit wie möglich vorhersagen. Ein einzelner Test reicht dazu in der Regel nicht aus, weil er zwangsläufig nur einen Aspekt der Fähigkeiten erfasst, die zum Berufserfolg beitragen. Die Lösung des Problems ist denkbar einfach: Man setzt mehrere diagnostische Verfahren ein, die sich ergänzen. Entscheidend ist dabei, welcher Zuwachs an Validität mit einem weiteren Verfahren erzielt wird. Diesen Zuwachs nennt man **inkrementelle Validität**. Das zusätzliche Verfahren erfasst in diesem Fall einen bisher noch nicht berücksichtigten Aspekt des Kriteriums. Inkrementelle Validität liegt auch vor, wenn ein neues Verfahren gegenüber seinem Vorgänger oder einem konkurrierenden Verfahren mit gleichem Messanspruch zusätzliche Kriteriumsvarianz aufklärt. Der Grund kann eine höhere Reliabilität und/oder die breitere Erfassung des Kriteriums sein. Steht ein Test zur Verfügung, der gegenüber einem Konkurrenzverfahren ökonomischer (billiger, schneller durchzuführen) ist, so rechtfertigt sich der Einsatz des unökonomischen Tests nur, wenn er gegenüber dem ökonomischen eine inkrementelle Validität vorzuweisen hat (Hunsley & Meyer, 2003). Die inkrementelle Validität eines Tests kann als Semipartialkorrelation mit dem Kriterium berechnet werden. Dazu genügt die Kenntnis von drei Korrelationen, nämlich Test A – Test B, Test A – Kriterium und Test B – Kriterium (s. Hunsley & Meyer, 2003, S. 450). Zum gleichen Ergebnis gelangt man, wenn man in einer hierarchischen multiplen Korrelation mit dem Kriterium zunächst den oder die »alten« Prädikator(en) einsetzt und das neue Verfahren zuletzt als Prädiktor hinzufügt.

inkrementelle Validität

> **Beispiel**
>
> **Intelligenztests** korrelieren durchschnittlich r = .51 mit Berufserfolg. Das wissen wir aus großen Metaanalysen (Schmidt & Hunter, 1998). Demnach kann Berufserfolg zu 26 Prozent durch Intelligenz aufgeklärt werden (der quadrierte Korrelationskoeffizient entspricht der Varianzaufklärung). **Strukturierte Interviews** sind ein ebenso guter Prädiktor des Berufserfolgs (r = .51; Schmidt & Hunter, 1998). Es wäre aber naiv zu glauben, dass sich die Validitäten einfach addieren lassen. Würden Eignungsinterviews nichts anderes als Intelligenz messen, könnten sie die mit Intelligenztests erzielte Vorhersage nicht verbessern. Im Durchschnitt beträgt die Validität einer **Kombination** von Intelligenztest und strukturiertem Eignungsinterview R = .63 (Schmidt & Hunter, 1998; R steht für eine multiple Korrelation). Die inkrementelle Validität der Interviews ist mit Δr = .12 also beträchtlich; strukturierte Interviews klären durchschnittlich weitere 14 Prozent der Varianz des Berufserfolgs auf ($.63^2 - .51^2$).

inkrementelle Validität von Interviews

2.3.4.1.3 Konstruktvalidität

Die Frage, ob ein Test nun Intelligenz, ein Persönlichkeitsmerkmal wie Neurotizismus oder Extraversion, Machtmotivation oder etwa Berufszufriedenheit misst, ist eine

Konstruktvalidität

Frage nach dessen Konstruktvalidität. Konstrukte kann man weder sehen, hören noch riechen – sie existieren nicht real. Vielmehr handelt es sich um gedankliche Konstruktionen, um abstrakte Konzepte. Für die Wissenschaft haben sie sich aber als nützlich erwiesen, und auch Laien verwenden Konstrukte – auch wenn sie beispielsweise unter Intelligenz oder Angst nicht genau das Gleiche verstehen wie ein Wissenschaftler.

> **Definition**
> Unter Konstruktvalidität versteht man empirische Belege dafür, dass ein Test das Konstrukt erfasst, welches er erfassen soll – und nicht ein anderes.

Konstrukte

Wenn wir über **Konstrukte** sprechen, bewegen wir uns auf einer theoretischen Ebene. Testergebnisse und Tests sind dagegen etwas sehr Konkretes und Beobachtbares. Sich mit der Konstruktvalidität eines Tests zu befassen setzt voraus, dass gut definierte Konstrukte verfügbar sind, denen zudem bestimmte Eigenschaften zugeschrieben werden. Beispielsweise sind sich Psychologen weitgehend darin einig, was sie unter Intelligenz verstehen. Es gibt zwar noch immer viele Definitionen, aber immerhin auch eine, die am meisten zitiert wird. Aufgrund von umfangreicher Forschung wissen wir beispielsweise, dass sich Intelligenz in mehrere Komponenten untergliedern lässt, dass es sich um ein sehr stabiles Merkmal handelt, und dass sie mit einer ganzen Reihe von Leistungen im Leben (Schul-, Ausbildungs- und Berufserfolg), mit biografischen Merkmalen (z. B. Bildungsstand) und mit vielen anderen Dingen zusammenhängt. Mit diesem Wissen im Hintergrund kann man versuchen, eine Antwort auf die Frage zu finden: Misst dieser Test Intelligenz? Geleitet von dem Wissen über das Konstrukt Intelligenz können wir eine ganze Reihe von Fragen über den Test stellen, die empirisch beantwortbar sind: Fragen nach seiner Struktur, seiner Retest-Reliabilität, dem Zusammenhang mit Schul-, Ausbildungs- und Berufserfolg, mit dem Bildungsstand etc.

nomologisches Netzwerk

In einer klassischen Arbeit haben Cronbach und Meehl (1955) argumentiert, dass Konstrukte in einem **nomologischen Netzwerk** verankert sein müssen. Darunter verstehen sie Aussagen oder Gesetze, die die Beziehung zwischen (a) beobachtbaren Merkmalen, (b) theoretischen Konstrukten und Beobachtbarem oder (c) verschiedenen theoretischen Konstrukten beschreiben. Es kann sich dabei um feste, deterministische Zusammenhänge handeln oder auch um statistische. Konstruktvalidierung ist nur möglich, wenn das nomologische Netzwerk Aussagen über die Beziehung zwischen beobachtbaren Merkmalen enthält. So kann man Hypothesen ableiten, wie sich der Test zu anderen beobachtbaren Merkmalen verhalten soll. Lässt sich dies nicht empirisch zeigen, misst der Test das Konstrukt nicht, oder das theoretische Netzwerk war inkorrekt. Den Autoren zufolge ist es legitim, wenn ein Forscher aufgrund seiner Validitätsbefunde das Netzwerk, also die Aussagen, die sich aus dem Konstrukt herleiten, infrage stellt. Er könnte vorschlagen, das Netzwerk zu verändern, beispielsweise ein Teilkonstrukt abzuspalten oder bestimmte Aussagen zurückzunehmen. Auch wenn diese Publikation über ein halbes Jahrhundert alt ist, so sollte uns der Gedanke, dass Konstrukte keine unverrückbaren Felsen sind, sondern fragile Geschöpfe menschlichen Denkens, auch heute zur Vorsicht mahnen.

Konstrukte sind unterschiedlich gut beforscht

Wir kennen Konstrukte (Beispiel: Intelligenz), die intensiv beforscht sind und über die so viele empirische Befunde vorliegen, dass es Metaanalysen bedarf, um sie zusammenzufassen. Selbst eine solide Forschungslage ist keine Garantie dafür, dass nicht irgendwann doch Änderungen an einem Konstrukt vorgenommen werden. Wir kennen aber auch Konstrukte, bei denen die Operationalisierung problematisch erscheint und die empirische Evidenz schwach oder widersprüchlich ist. Dazu gehören das Unbewusste (Norman, 2010) und die Unfähigkeit, die eigenen Gefühle wahrzunehmen und zu benennen (Alexithymie). Obwohl zur Messung von Alexithymie

Messmethoden entwickelt worden sind, hat sich der Zusammenhang zwischen deren Kennwerten und dem Bericht eigener Gefühle als sehr widersprüchlich erwiesen. Relativ gut gesichert ist dagegen der erwartungswidrige Zusammenhang mit Persönlichkeitsmerkmalen, die mit negativen Gefühlen assoziiert sind (Schmidt-Atzert, 2009, S. 369 ff.).

Da auf der theoretischen Ebene nicht ein Konstrukt steht, sondern mehrere, die zudem bestimmte Relationen zueinander aufweisen, ergibt sich für die Konstruktvalidierung eine besondere Herausforderung: Es gilt nachzuweisen, dass der Test das angestrebte Konstrukt erfasst und nicht etwa ein anderes. Diese »anderen« Konstrukte sind nicht irgendwelche, sondern solche, die dem angestrebten konzeptuell nahestehen. Es ist für die Konstruktvalidität eines Intelligenztests nicht relevant, dass er keinen Zusammenhang mit einem Neurotizismustest aufweist. Wenn aber postuliert wird, dass Furcht vor Misserfolg eine Komponente der Leistungsmotivation ist, so ist es bei der Konstruktvalidierung eines entsprechenden Verfahrens sinnvoll zu fragen, wie hoch der Zusammenhang mit allgemeiner Ängstlichkeit, mit Neurotizismus oder mit Furcht vor Machtverlust (als Komponente des Machtmotivs) ist. Den Zusammenhang mit weiteren Indikatoren des Konstrukts, das man erfassen will, nennt man **konvergente Validität**. Als **diskriminante Validität** (entspricht der divergenten Validität bei Cronbach & Meehl, 1955) bezeichnet man den Zusammenhang mit Indikatoren anderer Konstrukte. Dabei ist zu fordern, dass die konvergente Validität deutlich höher sein muss als die diskriminante. Nehmen wir als Beispiel die Furcht für Misserfolg (als Komponente der Leistungsmotivation): Die Korrelation mit einem anderen Verfahren für Furcht vor Misserfolg betrage $r = .60$, die mit einem Neurotizismusfragebogen $r = .50$. Die naheliegende Schlussfolgerung wäre, dass der Test zwar Furcht vor Misserfolg erfasst, aber auch in erheblichem Maße Neurotizismus. Mögliche Konsequenzen wären, weitere Validitätsbelege zu sammeln, den Test zu revidieren (Items zu eliminieren, die deutlich mit Neurotizismus korrelieren) oder, wenn sich solche Befunde mehren, das nomologische Netzwerk des Leistungsmotivs zu ändern.

konvergente und diskriminante Validität

Ein eindrucksvolles Beispiel für die Anwendung des Konzepts der konvergenten und diskriminanten Validität findet sich bei Melchers et al. (2007). In einem Assessment Center (AC; ▶ Abschn. 8.2.2) werden verschiedene Eigenschaften (Teamfähigkeit, Durchsetzungsfähigkeit etc.) mehrfach erfasst. Dazu dienen verschiedene »Übungen«, bei denen die Teilnehmer bestimmte Aufgaben zu bewältigen haben. Sie müssen beispielsweise eine Präsentation ausarbeiten und halten oder in einer Gruppendiskussion ihren Standpunkt vertreten. Dabei werden sie beobachtet und beurteilt. Es ist zu erwarten, dass die Beurteilungen eines Merkmals über verschiedene Übungen hinweg übereinstimmen. In einer Metaanalyse haben Melchers et al. (2007) solche Korrelationen aus 31 Studien mit insgesamt 7.540 Teilnehmern gemittelt. Die konvergente Validität betrug im Durchschnitt $r = .33$. Weiterhin ist zu erwarten, dass die Beurteilungen verschiedener Merkmale innerhalb einer Übung vergleichsweise niedrig korrelieren. Schließlich sind beispielsweise Teamfähigkeit und Durchsetzungsfähigkeit konzeptuell verschieden. Tatsächlich betrug die diskriminante Validität im Durchschnitt $r = .62$! Dieses unerwartete Ergebnis kann man vielleicht damit erklären, dass ein starker Halo-Effekt (▶ Abschn. 3.6.4) wirksam ist: Die Beurteiler haben einen mehr oder weniger positiven oder negativen Gesamteindruck von einer Person und lassen sich davon bei der Beurteilung einzelner Merkmale beeinflussen.

Beispiel Assessment Center

Welche Arten von empirischen Befunden können als Belege für die Konstruktvalidität akzeptiert werden? Cronbach und Meehl (1955) haben mehrere Vorschläge unterbreitet:

- **Gruppenunterschiede:** Beispiel: Die Einstellung zur Kirche sollte bei Kirchgängern positiver sein als bei Nicht-Kirchgängern.

empirische Bestimmung der Konstruktvalidität

- **Korrelationen und Faktorladungen:** Tests zum gleichen Konstrukt sollten positiv korrelieren bzw. in einer Faktormatrix auf dem gleichen Faktor laden.
- **Interne Struktur:** Items, die das gleiche Konstrukt erfassen, sollten positiv miteinander korrelieren. Die Autoren fordern eine angemessene interne Konsistenz und warnen, dass eine hohe Konsistenz die Validität *verringern* kann. Man kann ergänzen, dass auch die faktorielle Struktur eines Tests wichtig ist, wenn der Test ein Konstrukt erfassen soll, dem eine bestimmte interne Struktur zugesprochen wird. Als Beispiel seien diverse Intelligenzmodelle genannt. Manchmal spricht man in diesem Zusammenhang auch von faktorieller Validität.
- **Veränderung über die Zeit:** Eine hohe oder auch eine niedrige Stabilität des Merkmals sollte sich in entsprechenden Retest-Reliabilitätskoeffizienten des Tests zeigen. Ergänzend ist auf Testwertveränderungen hinzuweisen. Intelligenz und viele andere Leistungsmerkmale nehmen in der Kindheit und Jugend deutlich zu.
- **Veränderung durch experimentelle Intervention:** Beispiel: Eine Depressionsskala zeigt nach einer Therapie niedrigere Werte an als vorher.
- **Untersuchung des Antwortprozesses:** Untersucht wird, wie die Antworten in einem Test zustande kommen. Beispiel: In einem Rechentest zeigt sich, dass falsche Antworten oft darauf beruhen, dass Probanden die Frage falsch verstehen – ein klarer Hinweis darauf, dass nicht (nur) Rechenfertigkeit erfasst wird, sondern auch Instruktionsverständnis oder Sprachverstehen.

Die Konstruktvalidität wird also nicht durch einen einzigen Koeffizienten ausgedrückt. Vielmehr gilt es, eine Vielzahl von empirischen Befunden zu würdigen. Die Aussage lautet auch nicht am Ende, dass der Test konstruktvalide ist oder nicht. Vielmehr ist ein abwägendes Urteil angemessen, etwa dass deutliche Belege für die Konstruktvalidität vorliegen, dass die Befunde sehr uneinheitlich oder gar insgesamt mit der Annahme unvereinbar sind oder dass der Test Merkmal X erfasst.

Vorsicht bei Korrelation mit inhaltsähnlicher Skala

Eine sehr »schwache« Form der Konstruktvalidierung besteht darin, einen Test mit einem anderen inhaltsähnlichen Test zu korrelieren. Testautoren benutzen andere Fragebögen manchmal als »Steinbruch«, aus dem sie geeignete Items übernehmen und sie eventuell noch leicht modifizieren. Auch wenn sie eigene Items erfinden und hinzufügen, wird die Ähnlichkeit zum Vorbild groß sein. Auf diese Weise entstehen nicht wirklich neue Skalen. Die Problematik wird anhand eines fiktiven Beispiels, dem »**Steinbruch-Test zur Aggressivität**« veranschaulicht. Die Items stammen aus unterschiedlichen Fragebögen – und passen dennoch inhaltlich gut zusammen. Werden Tests durch allzu enge Anlehnung an bewährte Vorbilder konstruiert – um den Sachverhalt vorsichtig zu beschreiben – hat der so gewonnene Validitätskoeffizient wenig Aussagekraft. Die Korrelation mit einer anderen Skala zeigt, was man ohnehin schon weiß, nämlich dass beide Skalen einander auf Itemebene ähnlich sind. Deshalb sollte bei der Auswahl eines Referenzverfahrens auf eine mögliche Itemüberlappung geachtet werden.

2.3 · Gütekriterien diagnostischer Verfahren

Steinbruch-Test zur Aggressivität		
	Ja	Nein
Ich werde leichter ärgerlich als die meisten anderen Leute.	☐	☐
Ich streite mich oft mit anderen Leuten.	☐	☐
Es macht mir wenig aus, mich bei anderen unbeliebt zu machen, um etwas Neues durchzusetzen.	☐	☐
Ich lasse mir nichts gefallen.	☐	☐
Wenn jemand meinem Freund etwas Böses tut, bin ich dabei, wenn es heimgezahlt wird.	☐	☐
Wenn mich jemand anschreit, schreie ich zurück.	☐	☐
Anmerkung. Je zwei Items aus folgenden Skalen: Aggressivität der PRF Form KA, Durchsetzungsstärke des BIP, Aggressivität des FPI-R.		

Wir haben oben die Begriffe »konvergente Validität« und »diskriminante Validität« eingeführt. Ein Test soll eine bestimmte Eigenschaft (engl. »trait«) erfassen und nicht eine andere. Die Überprüfung läuft darauf hinaus, die Beziehung zu mehreren Eigenschaften zu analysieren. Das könnten wir »multitrait«-Analyse nennen. Wir greifen die Furcht vor Misserfolg als Beispiel von oben auf. Als weitere Eigenschaften (für die wir eine diskriminante Validität erwarten) hatten wir allgemeine Ängstlichkeit, Neurotizismus und Furcht vor Machtverlust genannt. Diese Merkmale seien genauso wie die Furcht vor Misserfolg per Fragebogen gemessen worden.

verschiedene Eigenschaften messen

Für die konvergente Validität lassen wir uns etwas Besonderes einfallen: Wir beobachten Studierende in einer mündlichen Prüfung und stufen ein, wie stark ihre Furcht vor Misserfolg ist. Das Ergebnis wird zunächst enttäuschend sein. Der Fragebogen zur Furcht vor Misserfolg korreliert vielleicht r = .30 mit der entsprechenden Verhaltensbeurteilung und um r = .50 mit den divergenten Fragebogenmaßen! Diese zunächst erwartungswidrigen Resultate mögen dadurch zu erklären sein, dass wir mit Fragebogen und Verhaltensbeurteilung unterschiedliche Methoden eingesetzt haben. Jede Messmethode hat ihre Besonderheiten. Das führt dazu, dass Korrelationen, die mit gleichen Methoden gewonnen wurden, meist höher ausfallen als wenn die Methode variiert wurde. Ein Grund sind systematische Messfehler: Fragebögen werden beispielsweise manchmal so beantwortet, dass ein sozial erwünschtes Ergebnis herauskommt. Daher sollte man entweder die Methode konstant halten (z. B. nur Fragebögen verwenden) oder systematisch mehrere Methoden einsetzen.

unterschiedliche Methoden einsetzen

Kombiniert man die Idee, verschiedene Eigenschaften zu erfassen, mit der Forderung, dabei mehrere Methoden einzusetzen, resultiert daraus die sog. **Multitrait-Multimethod-Analyse**. Das Konzept wurde von Campbell und Fiske (1959) in einer klassischen, noch heute vielzitierten Publikation ausgearbeitet. Auch wenn die Matrix (◘ Tab. 2.20) zunächst kompliziert aussieht, so ist das Prinzip doch verblüffend einfach. Dazu stellen wir uns folgende Fragestellung vor, in der wir uns auf zwei Methoden und zwei Eigenschaften beschränken: Ein neu entwickelter Fragebogen soll die Eigenschaft (Trait, abgekürzt: Tr) »Durchsetzungsfähigkeit« (Tr 1) messen. Zur Validierung wird das gleiche Merkmal auch mit einer anderen Methode gemessen: einer Fremdbeurteilung durch gute Bekannte. Fragebögen stellen Methode 1 dar, Fremdbeurteilungen Methode 2. In ◘ Tabelle 2.20 würde in der ersten Zelle links oben die Reliabilität (Rel.) des Fragebogens zur Durchsetzungsfähigkeit stehen. Die Korrelation zwischen dem Fragebogen (Methode 1) und der Fremdbeurteilung (Methode 2) der Durchsetzungsfähigkeit (Tr 1) beträgt im Beispiel r = .60. Der Wert findet sich in oberen grauen Feld. Dies ist die gesuchte **konvergente Validität**.

Multitrait-Multimethod-Analyse

Tab. 2.20 Validitätskoeffizienten in einer Multitrait-Multimethod-Matrix

		Methode 1 (Fragebogen)		Methode 2 (Fremdbeurteilung)	
		Trait 1	Trait 2	Trait 1	Trait 2
Methode 1	Trait 1 Durchsetzung	(Rel.)			
Methode 1	Trait 2 Aggressivität	.70	(Rel.)		
Methode 2	Trait 1 Durchsetzung	.60		(Rel.)	
Methode 2	Trait 2 Aggressivität		.55	.50	(Rel.)

Anmerkungen.
Mehrere Merkmale (Trait 1 und Trait 2) wurden mit jeweils mehreren Methoden (hier Methode 1 und 2) erfasst.
In den grauen Feldern stehen die konvergenten Validitäten; ein Merkmal wurde mit zwei verschiedenen Methoden gemessen (»monotrait-heteromethod«).
In den blauen Feldern finden sich die Korrelationen zwischen verschiedenen Merkmalen, die aber mit der gleichen Methode gemessen wurden (»heterotrait-monomethod«).
In die Diagonalen werden die Reliabilitäten der Verfahren (Rel.) eingesetzt.
Erläuterung zum Zahlenbeispiel im Text.

Nun kann man sich vorstellen, dass mit beiden Methoden gar nicht die Durchsetzungsfähigkeit, sondern beispielsweise Aggressivität gemessen wird. Aggressivität ist also ein guter Kandidat für die diskriminante Validität. Wir setzen in der gleichen Studie zusätzlich einen Fragebogen (Methode 1) und eine Fremdbeurteilung (Methode 2) zur Aggressivität (Tr 2) ein. Die Fragebögen zu Tr 1 und Tr 2 korrelieren zu r = .70, offenbar ein hoher und damit ungünstiger Wert für die **diskriminante Validität**. Würden die Reliabilitäten beider Fragebögen r_{tt} = .70 betragen, müssten wir sogar den Schluss ziehen, das beide exakt das gleiche Merkmal messen (vgl. die Ausführungen zur doppelten Minderungskorrektur in ▶ Abschn. 2.1.2.2). Nun wird ersichtlich, warum die Reliabilität in der Matrix einen festen Platz hat. Wir nehmen für unser Beispiel aber an, dass die Reliabilitäten deutlich höher als r_{tt} = .70 seien, so dass beide Fragebögen zwar viel gemeinsame Varianz haben (bei Durchsetzungsfähigkeit und Aggressivität durchaus plausibel), aber auch spezifische Varianz. Dabei brauchen wir uns nicht nur auf Fachwissen oder den gesunden Menschenverstand zu verlassen: Durchsetzungsfähigkeit und Aggressivität korrelieren im Beispiel zu r = .50, wenn sie durch Fremdbeurteilung gemessen werden. Offenbar zeigt sich zwischen beiden Merkmalen auch beim Einsatz einer anderen Methode ein deutlicher Zusammenhang. Dennoch bleibt im Beispiel die Erkenntnis, dass die diskriminante Validität des Fragebogens »Durchsetzungsfähigkeit« mit r = .70 höher ist als seine konvergente Validität (r = .60). Mögliche Einwände sind:

- Die Methoden Fragebogen und Fremdbeurteilung korrelieren grundsätzlich niedrig miteinander. Dazu betrachten wir die vergleichbare konvergente Validität für Aggressivität. Sie beträgt r = .55 und liegt damit in der gleichen Größenordnung wie die konvergente Validität für Durchsetzungsfähigkeit. Das Argument ist damit entkräftet.
- Fragebögen zu unterschiedlichen Merkmalen korrelieren aufgrund gemeinsamer Methodenvarianz in der Regel hoch miteinander. Um dies zu beurteilen, hätten weitere Traits per Fragebogen gemessen werden müssen.

2.3 · Gütekriterien diagnostischer Verfahren

Tab. 2.21 Multitrait-Multimethod-Matrix

		Methode 1			Methode 2			Methode 3		
		Trait 1	Trait 2	Trait 3	Trait 1	Trait 2	Trait 3	Trait 1	Trait 2	Trait 3
Methode 1	Trait 1	(Rel.)								
	Trait 2		(Rel.)							
	Trait 3			(Rel.)						
Methode 2	Trait 1				(Rel.)					
	Trait 2					(Rel.)				
	Trait 3						(Rel.)			
Methode 3	Trait 1							(Rel.)		
	Trait 2								(Rel.)	
	Trait 3									(Rel.)

Anmerkungen.
»Reliabilitätsdiagonale«: In der Hauptdiagonalen stehen die Reliabilitäten (Rel.) der Verfahren.
Graue Felder = »Validitätsdiagonalen« (»monotrait-heteromethod«): Ein Merkmal wird mit verschiedenen Methoden gemessen.
Blaue Felder = »Heterotrait-Monomethod-Dreiecke«: Verschiedene Merkmale werden mit der gleichen Methode erfasst.
Alle weißen Felder unter der Reliabilitätsdiagonalen = »Heterotrait-Heteromethod-Dreiecke«: Korrelation zwischen verschiedenen Merkmalen, die zudem mit unterschiedlichen Methoden gemessen wurden.
Die Felder über der Hauptdiagonalen bleiben leer.

Bei der Beurteilung der Korrelationen in einer Multitrait-Multimethod-Matrix (Tab. 2.21) betrachtet man die konvergenten Validitäten in den grauen Feldern. Sie sollten höher sein als die Werte für die diskriminante Validität in den blauen Feldern. Dabei ist es wichtig, die Methoden im Auge zu behalten. Die Höhe der Validitätskoeffizienten wird immer auch durch die Methoden determiniert, mit denen sie gewonnen wurden. Die Höhe der Validitätskoeffizienten wird durch die Reliabilität der Verfahren, die sehr unterschiedlich ausfallen können, verzerrt. Obwohl von Campell und Fiske (1959) nicht vorgeschlagen, könnte man zur Lösung dieses Problems doppelt minderungskorrigierte Validitätskoeffizienten in die Matrix eintragen. Bei der Beurteilung der Validität eines einzelnen Verfahrens mag es ausreichen, die Werte in der Matrix in Augenschein zu nehmen. Für eine systematische Analyse bieten sich jedoch statistische Analysen, insbesondere die Anwendung von konfirmatorischen Faktorenanalysen an (s. Eid et al., 2006).

Inspektion der Validitäten oder systematische Analyse

2.3.4.1.4 Welche Faktoren beeinflussen die Höhe der Validität?

Die Frage, von welchen Faktoren die Validität abhängt, ist von enormer Bedeutung. Sowohl Testentwickler als auch -anwender wünschen sich, dass der Test eine relativ hohe Validität hat. Nur wenn man weiß, unter welchen Bedingungen ein Validitätskoeffizient ermittelt wurde, kann dessen Höhe angemessen beurteilt werden. Konkret bedeutet dies, dass Test A mit einer beobachteten Validität von r = .30 letztlich valider sein kann als Test B mit einer Validität von r = .50! Die folgenden Ausführungen betreffen überwiegend nur die Kriteriums- und die Konstruktvalidität.

> **Einflussfaktoren**
>
> Merkmale des Tests
> — Reliabilität des Tests
>
> Merkmale des Kriteriums
> — Reliabilität des Kriteriums
> — Validität des Kriteriums
>
> Gemeinsame Merkmale von Test und Kriterium
> — Gemeinsame Methodenvarianz
> — Konfundierung mit dem gleichen Merkmal
>
> Merkmale der untersuchten Personen
> — Stichprobenumfang
> — Merkmale der Stichprobe

Reliabilität des Tests

Reliabilität des Tests Je reliabler ein Test ist, desto höher *kann* dessen Validität ausfallen. Jede Abweichung der Reliabilität vom Wert 1 führt unweigerlich zu einer Verminderung der Korrelation mit einem anderen Kennwert. Meyer et al. (2001) haben in 129 Studien eine durchschnittliche Korrelation von r = .33 zwischen der Höhe der Reliabilität eines Tests und der Größe der Konstruktvaliditätskoeffizienten gefunden. Zwischen der Reliabilität des Tests und dessen Validität besteht formal ein Zusammenhang (vgl. die Ausführungen zur Minderungskorrektur in ▶ Abschn. 2.1.2.2); mithilfe einer einfachen Formel lässt sich daher abschätzen, wie hoch die Validität des Tests bei einer Reliabilität von 1 wäre. Allerdings kann man argumentieren, dass die Reliabilität eine unveränderliche Eigenschaft des Tests ist. Wenn der Test nicht sehr reliabel ist, dann kann er auch nicht sehr valide sein – daran ist eben nichts zu ändern. Deshalb ist der Zusammenhang zwischen Reliabilität und Validität hauptsächlich für Testentwickler bedeutsam: Sie kennen das Problem und haben es in der Hand, bei der Testentwicklung auf eine hohe Reliabilität hinzuwirken. Eine einfache Maßnahme ist die Testverlängerung (▶ Abschn. 2.1.2.2). Wer einen ökonomischen (kurzen) Test entwickeln will und dabei eine eher niedrige Reliabilität in Kauf nimmt, darf sich später nicht wundern, wenn die Validitätskoeffizienten niedriger ausfallen als die ähnlicher Tests mit höherer Reliabilität. Aber auch Forscher, die sich für den Zusammenhang zwischen zwei Merkmalen interessieren, haben gute Gründe, die Reliabilitätskorrektur vorzunehmen: Sie wollen beispielsweise wissen, wie groß der »wahre« Zusammenhang zwischen Intelligenz und sozioökonomischem Status ist. Die Forschungsergebnisse, welche sie aggregieren, wurden mit unterschiedlich reliablen Tests gewonnen. Deshalb ist es völlig angemessen, wenn sie eine Minderungskorrektur vornehmen.

Reliabilität des Kriteriums

Reliabilität des Kriteriums Je reliabler ein Kriterium (oder generell ein Verfahren, an dem ein Test validiert werden soll) ist, desto höher *kann* die Validität des Tests ausfallen. Auch hier gilt, dass jede Abweichung der Reliabilität vom Wert 1 unweigerlich zu einer Verminderung der Korrelation zwischen Test und Kriterium führt. Zwischen der Reliabilität des Kriteriums und der Validität des Tests besteht formal der gleiche Zusammenhang wie zwischen der Reliabilität des Tests und dessen Validität. Daher kommt die gleiche Formel zur Minderungskorrektur (▶ Abschn. 2.1.2.2) zur Anwendung, wenn man abschätzen will, wie hoch die Validität des Tests bei einer Reliabilität des Kriteriums von 1 wäre. Natürlich kann eine Korrektur auch für die Reliabilität von Test *und* Kriterium erfolgen (doppelte Minderungskorrektur; ▶ Abschn. 2.1.2.2).

> **Beispiel**
>
> Ein neu entwickelter Fragebogen zur Gewissenhaftigkeit wird an einem etablierten Fragebogen zum gleichen Konstrukt validiert. Die Reliabilität des Referenzverfahrens betrage α = .80, die Korrelation zwischen beiden Fragebögen (Validität) r = .70. Daraus lässt sich eine minderungskorrigierte Validität von r = .78 berechnen. Ein anderer Forscher ermittelt für den gleichen Fragebogen »nur« eine Validität von r = .62. Aber er hat als Referenzverfahren aus ökonomischen Gründen eine Kurzform des etablierten Fragebogens eingesetzt (α = .64). Minderungskorrigiert beträgt die Validität r = .78 und ist damit genauso hoch wie in der ersten Studie.

Werden Intelligenztests an Schulnoten validiert, fällt die Korrelation mit der Mathematiknote meist höher aus als die mit der Deutschnote. Dies kann mit daran liegen, dass die Mathematiknote reliabler ist als die Deutschnote. Wird ein Verfahren an Noten validiert, fällt die Validität mit dem Kriterium Gesamt- oder Durchschnittsnote u. a. wegen der meist höheren Reliabilität von aggregierten Maßen oft höher aus als die Validität mit einer weniger reliablen Einzelnote.

Validität des Kriteriums Sehr viele Verfahren dienen dazu, ein Konstrukt zu erfassen. Zu jedem Konstrukt können unterschiedliche Messverfahren erdacht oder vorgefunden werden. Bei der Validierung eines Tests kann als Referenz immer nur ein konkretes Verfahren gewählt werden. Das herangezogene Verfahren kann aus verschiedenen Gründen zu einer hohen oder auch niedrigen Validität führen. Diese Gründe werden im Folgenden unter den Stichworten Symmetrie und gemeinsame Methodenvarianz abgehandelt.

Validität des Kriteriums

- **Symmetrie**

Die Problematik, die sich hinter dem Begriff »Symmetrie« verbirgt, wird verständlich, wenn man sich folgende Situation aus einem ganz anderen Lebensbereich vorstellt: Jemand sucht einen Arzt auf, weil er Kopfschmerzen hat. Der Arzt beschließt, in diesem Fall »das volle Programm« durchzuführen und verordnet ein Breitbandantibiotikum, eine komplette Ernährungsumstellung, Massagen, ein Schmerzmittel und vieles mehr. Ein anderer Patient klagt über eine Vielzahl an Symptomen: Kopfschmerzen, Gliederschmerzen, Fieber, Müdigkeit, Husten und Verstopfung. Der Arzt verordnet ein Schmerzmittel. In beiden Fällen sind Beschwerden und medizinische Maßnahmen nicht symmetrisch. Im ersten Beispiel werden auch Maßnahmen ergriffen, die offenbar nicht mit dem eigentlichen Problem zu tun haben, im zweiten deckt die eine Maßnahme nur einen kleinen Bereich der Beschwerden ab.

Symmetrie zwischen Prädikator und Kriterium

Bei der Validierung von diagnostischen Verfahren ist das Problem der mangelnden Symmetrie oftmals nicht so offensichtlich. Beispielsweise wird ein Test zur Allgemeinen Intelligenz an einem anderen Intelligenztest validiert, der jedoch nur schlussfolgerndes Denken erfasst: Dies ist nur ein Teilaspekt der Allgemeinen Intelligenz und zu »eng« bzw. zu spezifisch für das zu validierende Verfahren. Ein Depressionsfragebogen enthält überwiegend Fragen zur Stimmung und wird an einem etablierten Fragebogen validiert, der alle Symptome erfasst, die nach ICD-10 zu einer Depression gehören. Verlust der Freude stellt jedoch nur eines von mehreren Symptomen dar. Andere sind etwa Früherwachen, psychomotorische Hemmung, Agitiertheit und Appetitverlust. Hier ist das Referenzverfahren zu »breit« bzw. zu generell. Ein drittes Beispiel zeigt, wie Symmetrie hergestellt werden kann. In einem Assessment Center zur Auswahl von Führungskräften wird u. a. die Durchsetzungsfähigkeit der Bewerber in einer eigens dafür konzipierten Übung erfasst. Zur Validierung dieser Übung wird

Symmetrie wird oft nicht beachtet

nicht etwa ein Maß für Berufserfolg herangezogen, sondern eine Vorgesetztenbeurteilung des Merkmals Durchsetzungsfähigkeit.

Erstaunlicherweise wird das Symmetrieproblem in der Literatur zur Psychologischen Diagnostik heute kaum thematisiert, und ein einschlägiger Beitrag von Wittmann (1988) blieb weitgehend unbeachtet. Jede Verletzung des Symmetrieprinzips führt zu einer Minderung der Validität. Viele Validitätskoeffizienten fallen vermutlich überraschend niedrig aus, weil die Symmetrie von Verfahren und Validitätskriterium nicht beachtet wurde. Das Problem und seine Lösung werden in den ◘ Abbildungen 2.27 bis 2.31 veranschaulicht. Das zu validierende Verfahren wird dort Prädiktor (PR) genannt und das zur Validierung herangezogene Referenzverfahren Kriterium (KR). Prädiktor und Kriterium können auf unterschiedlichen Abstraktionsebenen abgebildet werden. Die konkreteste Ebene ist die der Items, die in den Abbildungen als kleine Kreise im Zentrum stehen. Bei den Items kann es sich um Leistungstestaufgaben, Aussagen in einem Persönlichkeitsfragebogen, entsprechende Interviewfragen oder etwa um Fremdbeurteilungen handeln. Die nächste Abstraktionsebene sind Skalen, die meist durch Summierung von Items gebildet werden. Eine solche Skala könnte »Durchsetzungsfähigkeit« sein. Wenn die Skalen Prädiktoren betreffen, tragen sie die Kürzel pr; beziehen sie sich auf das Kriterium, nennen wir sie kr. Zur übersichtlicheren Veranschaulichung sind immer nur zwei Skalen dargestellt. In der Praxis können sich ein Prädiktor oder ein Kriterium natürlich auch aus mehr als zwei Skalen zusammensetzen. Die höchste Abstraktionsebene wird mit Faktoren höherer Ordnung erreicht, die am linken und rechten Rand der Abbildungen stehen. Mehrere Skalen werden zu einem Kennwert zusammengefasst, der eine globale Eigenschaft abbildet (PR und KR). Beispielsweise könnten »Durchsetzungsfähigkeit« und »Fähigkeit zur Motivierung von Mitarbeitern« zusammen die übergeordnete Dimension »Führungskompetenz« bilden. In den Abbildungen symbolisieren gefüllte Kreise, dass dieses Merkmal gemessen wird. Die ungefüllten Kreise sind grundsätzlich relevant, werden aber bei der Messung ignoriert.

Prädiktor und Kriterium sind symmetrisch

Beginnen wir mit dem Idealzustand: Prädiktor und Kriterium sind **symmetrisch** (◘ Abb. 2.27). Das Kriterium ist komplex und besteht aus mehreren Teilaspekten. Der Prädiktor deckt genau die gleichen Teilaspekte ab und wird auf der gleichen Abstraktionsebene gemessen. Nehmen wir an, ein Persönlichkeitsfragebogen solle Gewissenhaftigkeit erfassen, und aufgrund von Forschungsergebnissen habe man sich entschieden, die Teilaspekte Ordnungsliebe und Leistungsstreben durch entsprechende Skalen abzubilden. Der Fragebogen soll an Verhaltensbeobachtungen in einer standardisierten Situation validiert werden. Deshalb wird ein Beobachtungsverfahren konstruiert, das ebenfalls die Skalen Ordnungsliebe und Leistungsstreben enthält. Jede Skala besteht aus mehreren Items (zu beobachtenden Verhaltensweisen), die idealerweise den Fragebogenitems inhaltlich ähnlich sind. Die Validität des Fragebogenfaktors »Gewissenhaftigkeit« wird durch die Korrelation mit dem Verhaltensmaß zur Gewissenhaftigkeit bestimmt. Eine Ebene darunter liegt auch Symmetrie vor, wenn etwa die Fragebogenskala »Ordnungsliebe« mit der Beobachtungsskala »Ordnungsliebe« korreliert wird.

totale Asymmetrie

In ◘ Abbildung 2.28 wird der Zustand einer **totalen Asymmetrie** dargestellt. Der Prädiktor erfasst konzeptuell etwas völlig anderes als das Kriterium. Beispielsweise wird der Fragebogen zur Gewissenhaftigkeit mit Berufserfolg korreliert – auf den ersten Blick ein plausibles Vorgehen, weil ein solcher Zusammenhang gut belegt ist (vgl. Barrick et al., 2001). Die Symmetrie wurde hier aber grob verletzt, weil Berufserfolg über die Vorgesetztenbeurteilung von Belastbarkeit und Teamfähigkeit operationalisiert wurde und der Prädiktor Gewissenhaftigkeit über die Fragebogenskalen »Ordnungsliebe« und »Leistungsstreben«. Prädiktor und Kriterium weisen also keine inhaltlichen Gemeinsamkeiten auf.

partielle Asymmetrie

Die Gefahr, eine **partielle Asymmetrie** zu realisieren, ist größer. Prädiktor und Kriterium werden auf unterschiedlichen Generalisierungsniveaus erfasst. Im ersten

2.3 · Gütekriterien diagnostischer Verfahren

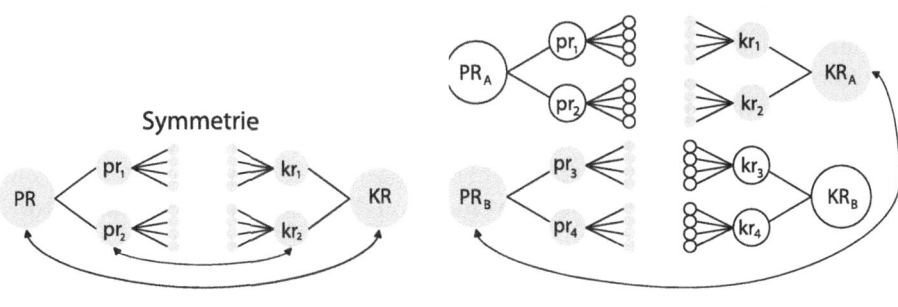

Abb. 2.27   Abb. 2.28

◘ **Abb. 2.27** Symmetrie zwischen Prädiktor (Test) und Kriterium. Weitere Erläuterungen im Text

◘ **Abb. 2.28** Totale Asymmetrie zwischen Prädiktor (Test) und Kriterium. Weitere Erläuterungen im Text

Fall (◘ Abb. 2.29) wird ein globaler Prädiktor mit einem spezifischen Kriterium in Beziehung gesetzt. Bleiben wir bei der Validierung des Gewissenhaftigkeitsfragebogens am Berufserfolg. Hier wurde der Berufserfolg durch ein objektives Maß, den vom Mitarbeiter erzielten Umsatz (als Indikator für Leistungsstreben), erfasst. Zu den anderen Facetten des Berufserfolgs lagen »nur« subjektive Vorgesetztenbeurteilungen vor. Deshalb entschieden sich die Fragebogenkonstrukteure, ihren Gewissenhaftigkeitsfragebogen nur an dem harten Kriterium »Umsatz« zu validieren und haben dabei das Symmetrieprinzip verletzt.

Asymmetrie entsteht auch, wenn der Prädiktor zu eng operationalisiert wird (◘ Abb. 2.30). Eine Anforderungsanalyse habe ergeben, dass für die Ausübung einer beruflichen Tätigkeit vor allem logisches Denken und Fachwissen erforderlich sind. Eigentlich sollte der Prädiktor, also das Maß für die berufliche Eignung, beide Merkmale abbilden. Ein Intelligenztest, so die Befürchtung, wird von den Bewerbern nicht gut akzeptiert. Also verzichtet man darauf. Der Fachwissenstest wird später an einem komplexen Maß des Berufserfolgs validiert, in das aber nicht nur Fachwissen einfließt, sondern auch logisches Denken. Es wäre besser gewesen, entweder doch einen Intelligenztest mit einzusetzen oder den Fachwissenstest nur an dem Kriterium »Fachwissen« zu validieren, um Symmetrie herzustellen.

Mit **hybrider Asymmetrie** (◘ Abb. 2.31) wird eine Situation beschrieben, in der zwar das Generalisierungsniveau auf beiden Seiten gleich ist, Prädiktor und Kriterium

hybride Asymmetrie

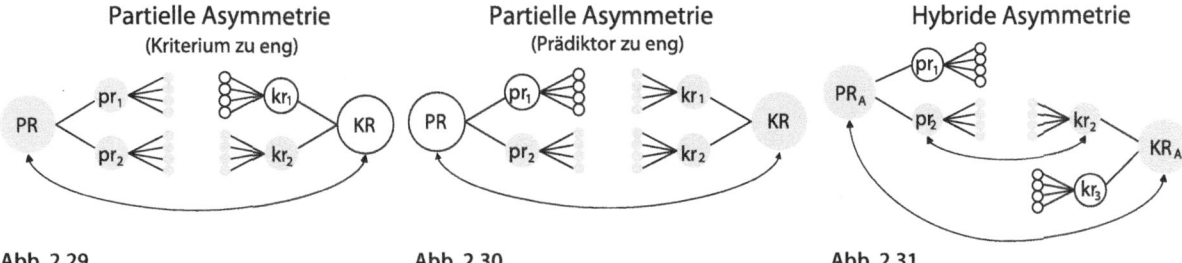

Abb. 2.29   Abb. 2.30   Abb. 2.31

◘ **Abb. 2.29** Partielle Asymmetrie zwischen Prädiktor (Test) und Kriterium. Hier wurde das Kriterium zu eng bzw. zu spezifisch erfasst. Weitere Erläuterungen im Text

◘ **Abb. 2.30** Partielle Asymmetrie zwischen Prädiktor (Test) und Kriterium. Hier wurde der Prädiktor zu eng bzw. zu spezifisch erfasst. Weitere Erläuterungen im Text

◘ **Abb. 2.31** Hybride Asymmetrie zwischen Prädiktor (Test) und Kriterium. Weitere Erläuterungen im Text

Konfundierung

Prädiktor und Kriterium sind mit unterschiedlichen Merkmalen konfundiert

aber inhaltlich unterschiedlich zusammengesetzt sind. Beide Kennwerte haben zwar eine inhaltliche Gemeinsamkeit, werden aber durch jeweils andere Merkmale mit beeinflusst. Je geringer der Anteil symmetrischer Elemente ist, desto niedriger wird die Korrelation zwischen Prädiktor und Kriterium ausfallen.

Bei jeder Messung besteht die Gefahr, dass man neben dem eigentlichen Messgegenstand noch weitere Merkmale mit erfasst. Beispielsweise möchte man mit einem Fragebogen Depressivität erfassen. Der Fragebogen wurde jedoch nicht optimal konstruiert; er enthält auch Items, die etwas anderes als Depressivität messen, beispielsweise soziale Phobie oder die Tendenz zur Somatisierung. Bei einer Itemanalyse fällt dies nicht unbedingt auf, da aufgrund von Komorbiditäten (Patienten haben manchmal mehrere Störungen) ein korrelativer Zusammenhang zwischen Items zu unterschiedlichen Störungen bestehen kann. Man spricht in diesem Zusammenhang auch davon, dass ein Merkmal mit einem anderen **konfundiert** ist. Das Problem kann gleichermaßen Prädiktor (Test) und Kriterium betreffen.

Validiert man einen Test an einem Kriterium, so kann das Kriterium mit einem *anderen* Merkmal konfundiert sein als der Test, was zu einer Minderung der Validität führt. Beispielsweise bestehe ein Test zum schlussfolgernden Denken aus Aufgaben, die gute Kenntnisse von Wortbedeutungen verlangen. Es könnte sich etwa um verbale Analogien handeln (z. B. »Haus verhält sich zu Dach wie Topf zu ...«). Der Test werde an einem anderen Test zum schlussfolgernden Denken validiert, der jedoch die Fortsetzung von Zahlenreihen verlangt (z. B. »3 – 9 – 27 – 81 – ...«). Schlussfolgerndes Denken ist hier mit Rechenfertigkeit konfundiert. Über die Testwerte der Personen im Prädiktor und im Kriterium legt sich also ein Fehler, der zu Abweichungen von den wahren Werten im schlussfolgernden Denken führt. Mit ❏ Tabelle 2.22 wird das Problem anhand fiktiver Daten (der Übersichtlichkeit zuliebe nur von fünf Personen) veranschaulicht. Die wahren Werte der Probanden im schlussfolgernden Denken (Reasoning R) seien in beiden Tests identisch (Wert R 1 und Wert R 2), was zu einer Korrelation (Validität) von r = 1 führen würde. Test 1 ist ein sprachlicher Test zum schlussfolgernden Denken und erfasst daher zusätzlich verbale Fähigkeiten; die Werte finden sich in der Spalte »Wert verbal«. Diese Werte addieren sich mit denen für das schlussfolgernde Denken zum »Testwert 1«. Analog dazu wird das schlussfolgernde Denken in Test 2 durch einen Wert für numerische Fertigkeiten (»Wert numerisch«) überlagert; beide ergeben zusammen den »Testwert 2«. Test 1 und 2 korrelieren wegen dieser Konfundierung nur noch r = .82. Fazit ist, dass durch die Konfundierung von Test und Kriterium mit unterschiedlichen Merkmalen die Validität des Tests gemindert wird.

❏ **Tab. 2.22** Zahlenbeispiel zur Veranschaulichung einer hybriden Asymmetrie

Pb	Wert R 1	Wert verbal	Testwert 1	Wert R 2	Wert numerisch	Testwert 2
1	2	4	6	2	2	4
2	3	7	10	3	5	8
3	5	3	8	5	6	11
4	7	5	12	7	7	14
5	10	4	14	10	3	13

Anmerkungen. Fiktive Werte von fünf Probanden. Wert R 1 bzw. R 2 = schlussfolgerndes Denken (Reasoning) in Test 1 bzw. Test 2 (Kriterium); Wert verbal = Wert für die verbalen Fähigkeiten, die Test 1 mit erfasst; Wert numerisch = Wert für die Rechenfertigkeiten, die Test 2 mit erfasst. Testwert 1 und Testwert 2 sind die beobachteten Testwerte, die sich aus schlussfolgerndem Denken plus verbalen bzw. numerischen Fähigkeiten zusammensetzen.

2.3 · Gütekriterien diagnostischer Verfahren

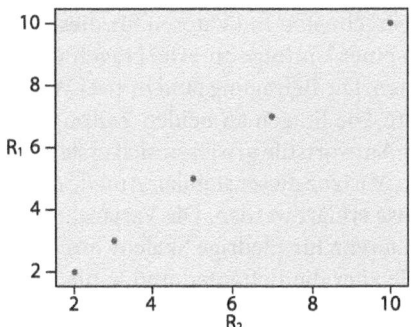 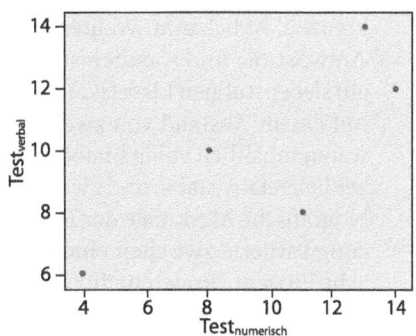

■ **Abb. 2.32** Ein perfekter Zusammenhang zwischen schlussfolgerndem Denken in Test 1 und 2 (R_1 und R_2; r = 1; linke Grafik) kann durch die Konfundierung beider Kennwerte mit unterschiedlichen Fähigkeiten vermindert werden (rechte Grafik). Werte aus Tabelle 2.22

In ■ Abbildung 2.32 wird die Validitätsminderung noch einmal grafisch veranschaulicht. Anzumerken ist, dass es auch zu einer Verringerung der Validität kommt, wenn nur der Test oder nur das Kriterium mit einer Drittvariablen konfundiert ist.

Nicht immer ist die Zusammensetzung von Prädiktor und Kriterium so offensichtlich wie in den Beispielen. Prädiktor und Kriterium können asymmetrisch sein, ohne dass man dies den Instrumenten auf den ersten Blick ansieht. Eine bestehende Asymmetrie wird verschleiert, wenn die Skalen von Prädiktor und Kriterium nominell zwar gleich sind, sich hinter den gleichen Namen aber inhaltlich unterschiedliche Konzepte verbergen. Die »Teamfähigkeit« von Autor A ist eventuell nicht die gleiche wie die von Autor B. Entdecken kann man solche Diskrepanzen, indem man den theoretischen Hintergrund und die Konstruktionsschritte der Verfahren genau studiert. Verfahren können mehrdimensional sein, ohne dass dies explizit angegeben wird. Vielleicht wurde auf eine Prüfung der faktoriellen Struktur verzichtet oder diese wurde nicht sachgerecht durchgeführt. Je gründlicher ein Verfahren erforscht ist, desto geringer ist die Gefahr, dass eine latente Struktur übersehen wurde.

versteckte Asymmetrie

- **Gemeinsame Methodenvarianz**

Häufig wird ein Validitätskriterium mit dem gleichen Methodentypus erfasst wie der Test. Beispielsweise wird ein Leistungstest an einem anderen Leistungstest validiert oder ein Persönlichkeitsfragebogen an einem anderen Persönlichkeitsfragebogen. In diesen Fällen kommt die Korrelation mit dadurch zustande, dass Test und Kriterium gemeinsame Methodenvarianz aufweisen. Aus Gründen, die nichts mit dem gemessenen Merkmal zu tun haben, erreichen manche Personen in beiden Verfahren eher hohe oder eher niedrige Testwerte.

gemeinsame Methodenvarianz

Es gibt eine Reihe von Variablen, die quasi unbemerkt in Test und Kriterium einfließen können und damit die Korrelation zwischen ihnen künstlich erhöhen:
- **Anstrengungsbereitschaft (Motivation):** Freiwillige Testpersonen sind unterschiedlich stark motiviert, gute Testergebnisse zu erzielen. Bei Leistungstests arbeiten sie unterschiedlich schnell und mühen sich unterschiedlich stark auch mit schweren Aufgaben ab.
- **Soziale Erwünschtheit:** Bei Fragebögen tendieren die Probanden unterschiedlich stark dazu, sich sozial erwünscht darzustellen. Die Korrelation zwischen einer Skala zur Aggressivität und einer zu körperlichen Beschwerden (beides sozial unerwünschte Merkmale) kann sich dadurch erhöhen, dass manche Probanden ihre Antworten gar nicht, andere etwas und wieder andere stark in Richtung sozialer Erwünschtheit verzerren.
- **Antwortstile:** Bei der Bearbeitung von Fragebögen tendieren manche Probanden dazu, die Antwortskala auf eine individuelle Art und Weise zu nutzen – und zwar unabhängig vom Inhalt eines Items. Einige bevorzugen es, eher eine niedrige Ausprägung anzukreuzen, andere hingegen kreuzen eher hohe Ausprägungen an, und wiederum andere tendieren zur Mitte. Auch eine Tendenz, extreme Werte anzu-

kreuzen, ist bekannt. Weijters et al. (2010) berechneten Indikatoren für diese vier Antwortstile und wandten sie auf die Daten einer Umfrage an. Alle Fragen waren auf siebenstufigen Likertskalen zu beantworten. Die Befragung fand in zwei Wellen mit einem Abstand von zwölf Monaten statt. Die Fragen an beiden Zeitpunkten waren inhaltlich völlig unabhängig. Die vier Antwortstile erwiesen sich erstens als zeitlich relativ stabil, und zweitens konnte die Varianz dieser stabilen Anteile durch biografische Merkmale der Befragten teilweise erklärt werden. Die Varianzaufklärung variierte zwischen einem Prozent (Präferenz für niedrige Skalenwerte) und acht Prozent (Präferenz für Extremwerte). Je älter die Befragten und je niedriger ihre Bildung waren, desto stärker tendierten sie zu hohen, zu extremen oder zu mittleren Skalenwerten. Solche Antwortstile treten bei der Messung aller Merkmale auf. Dies führt dazu, dass der tatsächliche Zusammenhang zweier Merkmale überschätzt wird. Durch das Auftreten von Antwortstilen kann sich auch die Retest-Reliabilität künstlich erhöhen.

Prädiktor und Kriterium sind mit gleichem Merkmal konfundiert

Konfundierung mit dem gleichen Merkmal Test und Prädiktor können mit dem gleichen Merkmal konfundiert sein. Dieser Spezialfall ist in der Abbildung zur hybriden Asymmetrie nicht dargestellt. Der Begriff »Symmetrie« passt auch nicht gut zu dem Phänomen. Allenfalls könnte man von »Pseudosymmetrie« sprechen. An einem Beispiel lässt sich das Problem leicht erklären: Ein numerischer Test zum schlussfolgernden Denken wird an einem anderen numerischen Test zum schlussfolgernden Denken validiert. Der wahre Zusammenhang zwischen dem schlussfolgernden Denken in beiden Tests beträgt vielleicht nur r = .40. Die Konfundierung von Test und Kriterium mit numerischen Fertigkeiten führt dazu, dass die Validität höher ausfällt als alleine aufgrund der Gemeinsamkeit beim schlussfolgernden Denken zu erwarten wäre. Die beobachtete Validität steigt z. B. auf r = .60 an. Bei einer Verhaltensbeurteilung kann ein Halo-Effekt auftreten: Die Beurteiler bewerten Menschen umso positiver, je sympathischer sie ihnen sind. Dieser Effekt betrifft alle zu beurteilenden Merkmale. Durch die Konfundierung mit Sympathie erhöht sich die Korrelation zwischen den Merkmalen.

Stichprobenumfang

Stichprobenumfang Stichproben, an denen die Validitätskoeffizienten ermittelt werden, sind oft relativ klein. Die Validität der Tests in der Population kann dadurch falsch eingeschätzt werden. Je kleiner die Stichprobe ist, desto stärker kann der beobachtete Validitätskoeffizient nach oben oder unten von dem tatsächlichen Wert in der Population abweichen. Diesen Fehler nennt man auch **Stichprobenfehler**.

Schmidt (1992) hat den Effekt kleiner Stichproben auf die Höhe der Validität anschaulich demonstriert. In einer Studie (N = 1.428) betrug die Validität r = .22. Er unterteilte nun diesen Datensatz nach Zufall in 21 Teilstichproben auf, deren Größe (n = 68) für die Fachliteratur zur Validität eignungsdiagnostischer Verfahren typisch war, und berechnete für jede Stichprobe die Validität. ◘ Abbildung 2.33 zeigt das Ergebnis: Die beobachteten Validitätskoeffizienten reichten von r = .02 bis .39.

Validität auf andere Stichprobe übertragbar?

Merkmale der Stichprobe Die Zusammensetzung der Untersuchungsstichprobe kann sich auf die Validität wie folgt auswirken: Erstens kommt es vor, dass die Validität an einer Personengruppe ermittelt wurde und nun auf eine andere übertragen werden soll. Dieser Schritt ist eventuell unzulässig. Die Kriteriumsvalidität von Intelligenztests wird häufig als Korrelation zwischen Testergebnis und späterem Berufserfolg bestimmt. Nehmen wir an, dass die Untersuchung an einer Gruppe leitender Angestellter erfolgte. Der Test soll nun zur Auswahl von Bürogehilfen aus der gleichen Branche eingesetzt werden. Es ist bekannt, dass die Korrelation zwischen Intelligenz und Berufserfolg bei einfachen Berufen niedriger ist als bei komplexen (Schmidt & Hunter, 1998; Salgado et al., 2003). Folglich wird die Validität des Tests für leitende

2.3 · Gütekriterien diagnostischer Verfahren

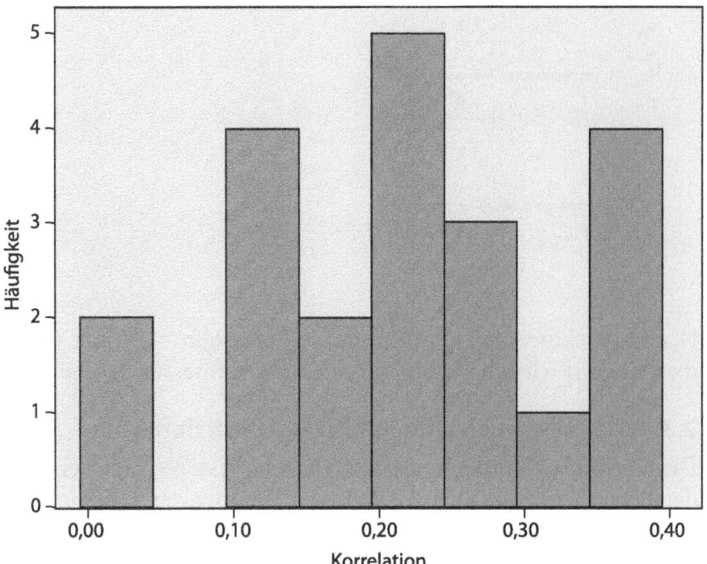

Abb. 2.33 Beobachtete Validitätskoeffizienten nach zufälliger Aufteilung einer Stichprobe von N = 1.428 in 21 Teilstichproben mit jeweils n = 68. (Nach Schmidt, 1992, Tab. 1)

Angestellte nicht auf Bürogehilfen übertragbar sein. Gegen den Fehler, einen Validitätsbefund ungerechtfertigt auf eine andere Personengruppe zu übertragen, kann man sich schützen: Die Stichprobe, an der die Validität ermittelt wurde, sollte der Personengruppe, bei welcher der Test eingesetzt wird, möglichst ähnlich sein.

Zweitens unter- oder überschätzt man die Validität leicht, wenn man die Streuung der Testwerte ignoriert. Die Problematik lässt sich gut am Beispiel der Personalauswahl erklären. Zur Besetzung von 100 Stellen werden 500 Bewerber untersucht. Als Prädiktor des Berufserfolgs dient ein Eignungstest. Das Unternehmen stellt nur die Bewerber mit den besten Testergebnissen ein. Während die Streuung der Testwerte in der Bewerbergruppe relativ groß ist, findet durch die Selektion der Bewerber eine Einengung der Variabilität (»Varianzeinschränkung«) statt. Für die Validitätsprüfung steht nicht mehr die gesamte Streubreite der Messwerte zur Verfügung. Dies hat eine Minderung des Validitätskoeffizienten zur Folge. Es sind deshalb Formeln entwickelt worden, um den bei eingeschränkter Streuung im Prädiktor empirisch ermittelten Validitätskoeffizienten auf repräsentative Breite aufzuwerten:

Streuung der Testwerte

$$R_{tc} = \frac{\frac{r_{tc} \cdot S_x}{s_x}}{\sqrt{1 - r_{tc}^2 + \frac{r_{tc}^2 \cdot S_x^2}{s_x^2}}}$$

R_{tc} = auf die größere (repräsentative) Streuung von S_x aufgewerteter Validitätskoeffizient
r_{tc} = beobachteter Validitätskoeffizient
s_x = beobachtete Messwertestreuung
S_x = angenommene Messwertestreuung

Beispiel

Ein neuentwickelter Test hat in der Normierungsstichprobe eine Streuung von S_x = 10. In der Validierungsgruppe ist die Streuung mit s_x = 5 deutlich kleiner; die beobachtete Validität von r_{tc} = .50 stellt daher eine Unterschätzung der wahren Validität dar. Wie hoch wäre die Validität ausgefallen, wenn die gesamte Prädiktorstreuung vorgelegen hätte?

$$R_{tc} = \frac{\frac{.50 \cdot 10}{5}}{\sqrt{1 - .50^2 + \frac{.50^2 \cdot 10^2}{5^2}}}$$

$$= \frac{1}{\sqrt{.75 + \frac{25}{25}}} = \frac{1}{\sqrt{1.75}} = \frac{1}{1.32} = .76.$$

Nach Korrektur für Varianzeinschränkung ergibt sich eine Validität von $r_{tc} = .76$. Mit diesem Wert wird die Validität des Tests angemessen geschätzt.

2.3.4.1.5 Wie hoch sind Validitätskoeffizienten?

Höhe der Validität nicht pauschal bewerten

Die Höhe von Validitätskoeffizienten angemessen zu beurteilen, fällt vielen Studierenden, Praktikern und auch Wissenschaftlern schwer. Überhaupt nicht brauchbar sind Faustregeln zur Höhe von niedrigen, mittleren und hohen Korrelationen bzw. Effektstärken. Cohen (1988), der in diesem Zusammenhang oft zitiert wird, betont, dass solche Anhaltspunkte nur gelten, wenn keine Vergleichswerte vorliegen. Glücklicherweise liegen aus vielen Forschungsarbeiten Validitätskoeffizienten vor. Oftmals sind die Befunde so zahlreich, dass nicht nur eine, sondern inzwischen mehrere Metaanalysen dazu durchgeführt wurden.

Vergleichswerte suchen

Hemphill (2003) hat aus Metaanalysen, die Meyer et al. (2001) zusammengestellt hatten, diejenigen 78 ausgewählt, welche sich explizit auf psychologische Kriterien beziehen. Es muss betont werden, dass keine Korrelationen zwischen Fragebögen oder Leistungstests berichtet worden waren, sondern meist zwischen Testwerten und dazu passenden realen Kriterien wie Studiennoten, Schwere einer Kopfverletzung oder Berufserfolg. Die Koeffizienten stehen in der Regel für beobachtete, nicht korrigierte Korrelationen. Hemphill hat die Validitätskoeffizienten in eine Rangreihe gebracht und die Koeffizienten danach in ein unteres, mittleres und oberes Drittel eingeteilt. Im mittleren Bereich finden sich Koeffizienten zwischen $r = .21$ und $.33$. Der untere Bereich ist durch Werte zwischen $r = .02$ und $.21$, der obere durch Werte zwischen $r = .35$ bis $.78$ gekennzeichnet. Wenn man also überhaupt keinen spezifischen Vergleichswert findet (dazu unten gleich mehr), kann man diese Raster zur Beurteilung von Validitätskoeffizienten heranziehen. Validitätskoeffizienten zwischen .21 und .33 dürfen dann als durchschnittlich, solche darunter als eher niedrig und darüberliegende als eher hoch gelten.

Validität von Persönlichkeitsfragebögen

Zur Validität von **Persönlichkeitsfragebögen**, die den Big-Five-Dimensionen zuzuordnen sind, finden sich in ◘ Tabelle 2.23 umfangreiche Vergleichswerte. Bei Verwendung der Tabelle ist zu beachten, dass die Korrelationen teilweise korrigiert wurden (Angaben dazu bei den Anmerkungen). Ferner ist zu beachten, dass hier Mittelwerte berichtet werden; diese Werte können also als »durchschnittlich« gelten. Für detaillierte Angaben sei auf die zitierten Quellen verwiesen. Dort finden sich meist auch Angaben zur Standardabweichung der Validitätskoeffizienten. Beispielsweise wird für Berufserfolg und Gewissenhaftigkeit eine mittlere Korrelation von .27 (korrigierter Wert) berichtet; die Standardabweichung beträgt .05 (vgl. Barrick et al., 2001). Ein korrigierter Validitätskoeffizient von .37 wäre demnach sehr hoch, liegt er doch zwei Standardabweichungen über dem mittleren Wert. Will man also genauer wissen, wie weit ein Validitätskoeffizient über einem Vergleichswert aus der Tabelle liegt, muss man sich in den Publikationen über die Streuung der Validitätskoeffizienten informieren. Für eine grobe Orientierung reichen die in der Tabelle aufgeführten mittleren Validitätskoeffizienten jedoch aus.

Der ◘ Tabelle 2.23 lässt sich entnehmen, dass die Höhe der Validität sehr stark vom gewählten Kriterium abhängt. Der Zusammenhang mit Verhalten im Alltag und mit

2.3 · Gütekriterien diagnostischer Verfahren

Tab. 2.23 Zusammenhang zwischen Big-Five-Persönlichkeitsfragebögen und Validitätskriterien

Persönlichkeitsmerkmal (Fragebogen)	Validitätskriterium					
	Verhalten im Alltag[a]	Fremdbeurteilung[b]	Schulerfolg[c]	Ausbildungserfolg[d]	Studienerfolg[e]	Berufserfolg[f]
Neurotizismus	.53	(.51)	(.20)	.05 (.09)	(.01)	.06 (.13)
Extraversion	.42	(.62)	(.18)	.13 (.28)	(−.01)	.06 (.15)
Verträglichkeit	.55	(.46)	(.30)	.07 (.14)	(.06)	.06 (.13)
Gewissenhaftigkeit	.48	(.56)	(.28)	.13 (.27)	(.23)	.12 (.27)
Offenheit für Erfahrungen	.56	(.59)	(.24)	.14 (.33)	(.07)	.03 (.07)

Anmerkungen. Durchschnittliche beobachtete Korrelationen (in Klammern korrigierte Werte, s.u.).
[a] Quelle: Fleeson & Gallagher (2009, Tab. 4); Mittelwert von vielen Angaben zum momentanen persönlichkeitsbezogenen Verhalten im Alltag (z. B. »Wie hart haben Sie in der letzten halben Stunde gearbeitet?«), N = 495, über 21.000 Messgelegenheiten.
[b] Quelle: Connolly et al. (2007, Tab. 2); Korrelation zwischen Selbstbeschreibung in Persönlichkeitsfragebögen und Fremdbeurteilung; Metaanalyse über 38–55 Studien, Korrelationen korrigiert für Reliabilität von Prädiktor und Kriterium; N = 5.333–8.000.
[c] Quelle: Poropat (2009, Tab. 2); Kriterium ist die Leistung in der Grundschule (Noten); Metaanalyse über acht unabhängige Studien, N = 3.869. Korrelationen korrigiert für Reliabilität von Prädiktor und Kriterium.
[d] Quelle: Barrick et al. (2001, Tab. 1–5); Zusammenfassung von zwei Metaanalysen; Kriterium explizit Trainingserfolg; Korrelationen in Klammern korrigiert für Varianzeinschränkung und Reliabilität von Prädiktor und Kriterium; 18–25 unabhängige Studien, N = 3.177–4.100.
[e] Quelle: Poropat (2009, Tab. 2); Kriterium ist der Studienerfolg (Noten); Metaanalyse über 75–92 unabhängige Studien (N = 27.944–32.887). Korrelationen korrigiert für Reliabilität von Prädiktor und Kriterium.
[f] Quelle: Barrick et al. (2001, Tab. 1–5); Zusammenfassung mehrerer unabhängiger Metaanalysen; Korrelationen in Klammern korrigiert für Varianzeinschränkung und Reliabilität von Prädiktor und Kriterium; 143–239 unabhängige Studien, N = 23.225–48.100.

Fremdbeurteilungen ist deutlich höher als der mit Berufs- oder Ausbildungserfolg. Weiterhin finden sich teils praktisch bedeutsame Unterschiede zwischen den Persönlichkeitsmerkmalen. Persönlichkeitsspezifisches Verhalten im Alltag korreliert beispielsweise am höchsten mit Offenheit für Erfahrungen und Verträglichkeit. Fremdbeurteilungen der Persönlichkeit korrelieren dagegen mit Fragebogenwerten für Extraversion am höchsten, gefolgt von Offenheit für Erfahrung. Gewissenhaftigkeit ist der beste Prädiktor für Berufs- und Studienerfolg.

Zu **Intelligenztests** wurden in ■ Tabelle 2.24 metaanalytische Ergebnisse zusammengestellt. Die höchsten Validitätskoeffizienten findet man für das Kriterium Schulerfolg. Man beachte, dass hier beobachtete (unkorrigierte) Werte berichtet werden. Bei Berufserfolg bezieht sich die Validität auf mittelkomplexe Berufe. Sie fällt bei komplexeren, anspruchsvolleren Berufen höher aus als die hier angegebenen Werte. Bei weniger komplexen, einfachen Berufen ist sie dagegen niedriger (Schmidt & Hunter, 1998; Salgado et al., 2003).

Die Werte in ■ Tabelle 2.24 dienen als Referenz zur Beurteilung der Validität von Intelligenztests. Wurde etwa ein Test in Deutschland am Ausbildungserfolg validiert, so kann der Wert von .59 als Vergleichswert herangezogen werden. Der beobachtete bzw. in einem Testmanual berichtete Validitätskoeffizient muss zunächst den gleichen Korrekturen unterworfen werden wie der Referenzwert. Liegt er danach im Bereich von .59, kann er als »durchschnittlich« angesehen werden. Für eine exaktere Beurteilung ist die Streuung der Validitätskoeffizienten informativ, die sich in den angegebenen Publikationen findet. Kramer (2009) schätzt die Standardabweichung der kor-

Validität von Intelligenztests

Tab. 2.24 Zusammenhang zwischen Intelligenztestleistungen und Validitätskriterien

Herkunft der Studien	Validitätskriterium			
	Berufserfolg	Ausbildungserfolg	Bildungsniveau	Schulerfolg
International[a, d]	(.51)	(.56)	.46 (.56)	
Europa[b, e]	.27 (.53)	.29 (.53)		.69
Deutschland[c]	.33 (.62)	.37 (.59)		

Anmerkungen. Tests zur allgemeinen Intelligenz. Berufserfolg wurde in allen Studien meist durch Vorgesetztenbeurteilung erfasst, Ausbildungserfolg meist durch Prüfungsergebnisse.

[a)] Quelle für Berufs- und Ausbildungserfolg: Schmidt & Hunter (1998, Tab. 1 und 2); Test: General Aptitude Test Battery; N = 32.000 Berufstätige in den USA, Berufe mittlerer Komplexität, bei Ausbildungserfolg keine Angabe zu N. Korrelationen in Klammern sind für Varianzeinschränkung sowie für die Reliabilität von Test und Kriterium korrigiert.

[b)] Quelle: Salgado et al. (2003, Tab. 6); diverse Tests; bei Berufserfolg 43 Studien (N = 4.744), bei Ausbildungserfolg 35 Studien (N = 4.304); jeweils nur Berufe mittlerer Komplexität. Korrelationen in Klammern sind für Varianzeinschränkung sowie für die Reliabilität von Test und Kriterium korrigiert.

[c)] Quelle: Kramer (2009, Tab. 4); diverse Intelligenztests; 18 Studien (N = 2.739) zur Arbeitsleistung; zu Lernleistung (meist Ausbildungserfolg) 210 Studien (N = 30.451). Korrelationen in Klammern sind für Varianzeinschränkung sowie für die Reliabilität von Test und Kriterium korrigiert.

[d)] Quelle: Strenze (2007, Tab. 1); Bildungsniveau definiert als Gesamtdauer der Bildung in Jahren oder höchster erreichter Bildungsabschluss; Metaanalyse über 59 Längsschnittstudien (N = 84.828); Korrelationen in Klammern korrigiert für Reliabilität von Prädiktor und Kriterium.

[e)] Quelle: Deary et al. (2007, Tab. 2); bei englischen Schülern wurde im Alter von elf Jahren die Intelligenz mit einem Test zum schlussfolgernden Denken (Cognitive Abilities Test, CAT) gemessen und mit Prüfungsergebnissen in der Schule im Alter von 16 Jahren korreliert (N = 70.530). Auch Angaben zu einzelnen Schulfächern; die höchste Validität fand sich mit r = .77 für das Kriterium Mathematiknote (N = 68.125).

rigierten Validitätskoeffizienten auf SD = .17. Ein Validitätskoeffizient von .40 liegt also mehr als eine Standardabweichung unter dem Mittelwert für entsprechende Validitätskoeffizienten und dürfte damit als eher niedrig gelten.

2.3.5 Normierung

Rohwerte in Normen transformieren

Die Normierung eines Tests liefert ein **Bezugssystem**, um die individuellen Testwerte im Vergleich zu denen einer größeren und meist **repräsentativen Stichprobe** von Testteilnehmern einordnen zu können. Normen sind wichtig, wenn ein Test zur Individualdiagnostik eingesetzt wird. Wird ein Test aber nur für Forschungszwecke verwendet, kann auf Normen verzichtet werden. Um in der Einzelfalldiagnostik beispielsweise beurteilen zu können, was 15 richtige Lösungen in einem Leistungstest bedeuten, muss man wissen, wie viele Aufgaben andere Testteilnehmer lösen. Die Normierung stellt den diesbezüglich erforderlichen Bezugsrahmen zur Verfügung und sagt uns, was die Rohpunktwerte »bedeuten«. Zu diesem Zweck werden die Rohwerte in transformierte Werte überführt.

> Bei diesen **Transformationen** unterscheidet man
> - Äquivalentnormen
> - Variabilitäts- oder Abweichungsnormen
> - Prozentrangnormen

2.3 · Gütekriterien diagnostischer Verfahren

Bei der Bildung von **Äquivalentnormen** erfolgt eine Zuordnung der Rohwerte zu bestimmten Referenzgruppen. Ein typisches Beispiel sind Altersgruppen. Ein zehnjähriges Kind habe in einem Test 15 richtige Lösungen erzielt. Zum Vergleich dient eine Tabelle, in der die durchschnittlichen Leistungen von Kindern unterschiedlicher Altersgruppen aufgeführt sind. Diese Tabelle zeigt, dass 15 Richtige der durchschnittlichen Leistung von neunjährigen Kindern entspricht. Nun weiß man, dass das untersuchte Kind bezüglich des untersuchten Merkmals etwas »rückständig« ist: Es hat einen Leistungsstand, der eigentlich für Kinder typisch ist, die ein Jahr jünger sind. Generell kann man auch vom **Entwicklungsalter** sprechen: Das untersuchte Kind weist bei dem Merkmal ein Entwicklungsalter von neun Jahren auf. Das früher gebräuchliche »Intelligenzalter« stellt eine spezielle Variante des Entwicklungsalters dar. Es besagt, für welche Altersgruppe ein Intelligenztestwert typisch ist.

Auch heute kann es für die Interpretation von Leistungstestwerten hilfreich sein, den Altersvergleich zu suchen. Das gilt sowohl für Kinder und Jugendliche als auch für Erwachsene, die in ihrer geistigen Entwicklung weit zurückgeblieben sind. Auch wenn in einem Testmanual keine **Äquivalent-, sondern** »nur« Variabilitätsnormen (s.u.) aufgeführt sind, lässt sich der Altersvergleich leicht durchführen. Ein solcher Vergleich ist allerdings nur für Merkmale sinnvoll, die sich mit dem Alter stark verändern.

Äquivalentnormen

Vergleich mit Altersgruppen

> **Beispiel**
>
> **Altersvergleiche anstellen**
> In altersspezifischen Normtabellen mit Standardwerten oder anderen Variabilitätsnormen (s.u.) sucht man die Altersgruppe, in welcher der Rohwert der untersuchten Person einem Standardwert von 100 entspricht. Für diese Altersgruppe gilt die beobachtete Testleistung als durchschnittlich. Beispiel: Im Wiener Entwicklungstest (▶ Abschn. 3.2.5.1) hat Tobias (5 Jahre; 8 Monate) im Subtest »Wörter erklären« mit 10 Punkten einen C-Wert von 3 erzielt. Der Rohwert von 10 Punkten entspricht in der Altersgruppe 4;0–4;5 Jahren einem C-Wert von 5. Sein Entwicklungsalter in dem entsprechenden Merkmal liegt damit bei vier Jahren bis vier Jahren und fünf Monaten.

Neben Altersgruppen können auch Gruppen mit einer bestimmten psychischen Störung als Referenz dienen. Beispielsweise kann man prüfen, ob ein Wert in einem Depressionsfragebogen dem Durchschnittswert von Depressiven entspricht oder nicht.

Variabilitäts- oder Abweichungsnormen setzen voraus, dass die Messwerte im Sinne der Gaußschen Glockenkurve normalverteilt sind. Der Normwert gibt an, wie weit eine Person mit ihrer Testleistung unter oder über dem Mittelwert einer Vergleichsgruppe liegt. Als Vergleichsgruppe können Personen gleichen Alters (Altersnormen), gleichen Geschlechts (Geschlechtsnormen) oder etwa gleicher Bildung (schul- oder bildungsspezifische Normen) dienen.

Variabilitätsnormen

Die sog. **Standardnormalverteilung** ist durch $M = 0$ und $s = 1$ erschöpfend beschrieben (◘ Abb. 2.34).

Die Abweichung jedes einzelnen Messwertes X vom Mittelwert M der Verteilung wird in Einheiten der jeweiligen Streuung s_x ausgedrückt:

$$\frac{X - M}{s_x} = z$$

Allerdings werden z-Werte mit ihren negativen Vorzeichen und gebrochenen Zahlen nicht als Normwerte verwendet. Leider hat man sich in der Vergangenheit auf kein einheitliches Normsystem geeinigt, und so werden heute mehrere Normen parallel

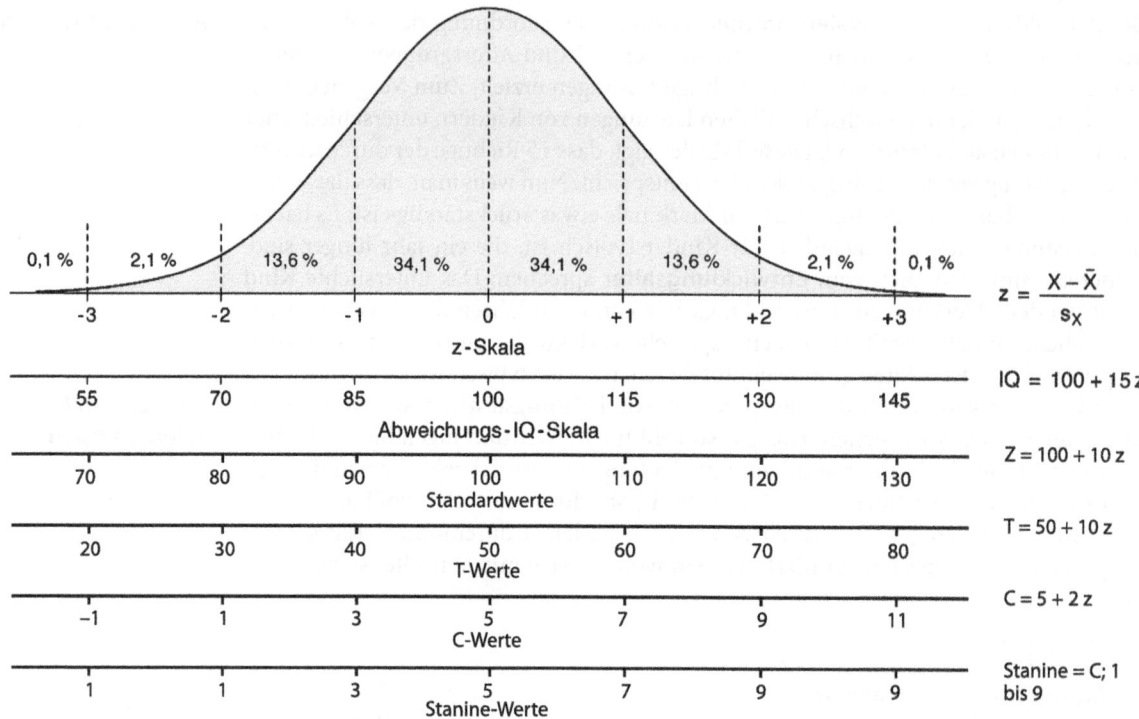

◘ **Abb. 2.34** Relative Häufigkeiten von z-, IQ-, Standard-, T-, C- sowie Stanine-Werten unter den einzelnen Abschnitten der Normalverteilung

verwendet. Man erhält sie durch Multiplikation der z-Werte mit einem Faktor und durch Hinzufügen einer **Konstante**. Am weitesten verbreitet ist die Konstante 100. Was den **Multiplikator** angeht, so sind dafür ganz unterschiedliche Größen gewählt worden. Wechsler entschied sich bei der Vorstellung seines »**Abweichungs-Intelligenz-Quotienten**« für den Faktor 15. Dieser Faktor liegt auch heute noch der **IQ-Skala** zugrunde. Bei vielen Tests, darunter auch Intelligenztests (!), wird der Faktor 10 verwendet. Diese Normwerte nennt man **Standardwerte** (oder auch **Z-Werte**). Bei Persönlichkeitsfragebögen finden häufig **T-Werte** Verwendung. Die Konstante beträgt hier 50, der Multiplikationsfaktor 10. Manchmal wird die feine Untergliederung, die für die bisher genannten Normen charakteristisch ist, als unangemessen empfunden. Besonders bei einer eher niedrigen Reliabilität sind gröbere Normen angesagt. Bei **Centil-Werten (C-Werte)** beträgt die Konstante 5 und der Multiplikationsfaktor 2. **Stanine-Werten** liegt die gleiche Berechnung zugrunde; allerdings ist die Skala an ihren Enden »gestaucht«: Werte kleiner als 1 und größer als 9 kommen nicht vor.

Diese Normwerte können bei Bedarf ineinander überführt werden. Sie verhalten sich wie verschiedene Währungen zueinander, die man nach festen Wechselkursen tauschen kann. ◘ Abbildung 2.34 zeigt die einzelnen Normen und ihren Bezug zur Normalverteilung.

Immer dann, wenn die Messwerte nicht normalverteilt sind, verbietet sich die direkte Transformation in Standardnormen. Stattdessen werden derartige Verteilungen nach Maßgabe der relativen Maßzahlhäufigkeiten (= »Fläche«) in einzelne Abschnitte aufgeteilt und diesen Segmenten oder Transformationen **Standardnormäquivalente** zugeordnet.

Prozentränge

Bei **Prozenträngen** (PR) sind keinerlei Annahmen über die Verteilung der Testwerte nötig. Die Transformation besteht darin, dass dem Testwert die relative Position auf der nach Größe ranggereihten Messwerteskala der Bezugsgruppe zugeordnet wird:

2.3 · Gütekriterien diagnostischer Verfahren

> **Normwerte bei Bedarf selbst berechnen**
>
> Wenn für einen Test keine Normtabellen vorliegen, kann man dennoch durch eine einfache Berechnungsmethode jeden beliebigen Rohwert in einen Normwert transformieren. Voraussetzung ist, dass Mittelwert und Standardabweichung der Rohwerte bekannt sind. Ferner sollten die Testwerte von einer passenden Personengruppe stammen. Beispielsweise liegen von 200 Studierenden Testwerte vor. Der Mittelwert M der Testwerte betrage 65, die Standardabweichung s ist 12. Petra habe in dem Test einen Rohwert X von 77 erzielt. Die Frage ist, wie viele Standardabweichungen Petras Testwert von 77 über oder unter dem Mittelwert der Vergleichsgruppe liegt. Unter Verwendung der Formel für z-Werte (s.o.) erhalten wir einen z-Wert von 1. Petras Testwert liegt also genau eine Standardabweichung über dem Mittelwert von 65. In ◘ Abbildung 2.34 lässt sich ablesen, dass dem ein Standardwert von 110 entspricht. Das gleiche Ergebnis erhalten wir, indem wir den z-Wert mit 10 multiplizieren und zu 100 addieren (vgl. die Umrechnungsformel in ◘ Abb. 2.34).

$$PR = \frac{cumf}{N} \cdot 100$$

PR = Prozentrang
f = Häufigkeit von Messwerten innerhalb einer Klasse
cumf = kumulierte Häufigkeit der Messwerte bis zur Klassengrenze
N = Gesamtzahl aller Probanden

Ein Test habe bei 85 Personen Testwerte zwischen 5 und 14 mit folgenden Häufigkeiten ergeben:

Testwert	5	6	7	8	9	10	11	12	13	14
f	1	0	6	10	19	24	14	6	4	1
cumf	1	1	7	17	36	60	74	80	84	85
Der Prozentrang für den Testwert 8 beträgt: PR = (cumf/N) · 100 = (17/85) · 100 = 20										

Der große Vorzug von Prozenträngen besteht in ihrer Voraussetzungslosigkeit gegenüber der Verteilungsform der Messwerte und in ihrer leichten Verständlichkeit: Jedermann kann sich gut vorstellen, dass bei einem PR von beispielsweise 20 nur 20 % der vergleichbaren Probanden den gleichen oder einen noch niedrigeren Messwert erreichen. 80 % der Vergleichspersonen haben höhere Werte.

Variabilitätsnormen können in Prozenträngen transformiert werden. Der hohen Anschaulichkeit steht aber ein Nachteil gegenüber: Im mittleren Bereich der Normalverteilung führen schon kleine Unterschiede zwischen zwei Standardwerten zu großen Sprüngen in den Prozenträngen. Prozentrangwerte täuschen also eine Differenzierung vor, die so gar nicht existiert. So entsprechen den Standardwerten 100 und 102 die Prozentränge 50 und 58. An den Enden der Verteilung verhält es sich genau umgekehrt: Großen Differenzen in den Standardwerten entsprechen kleine Unterschiede in den Prozenträngen. Beispielsweise entsprechen die Standardwerte von 75–78 einem Prozentrang von 1.

Vor- und Nachteile von Prozenträngen

Anforderungen an Eichstichprobe

Die Normierung gilt als Gütekriterium eines Tests. Konkret ist zu fordern, dass die **Normierungs- oder Eichstichprobe** (1) hinreichend **groß** und (2) **repräsentativ** für den vorgesehenen Geltungsbereich ist, und (3) die Erhebung der Daten möglichst **aktuell** ist.

Eine repräsentative Zusammenstellung der Eichstichprobe ist unerlässlich; nur dann macht es Sinn, einzelne Personen mit ihrem Punktwert auf den durch die Population definierten Hintergrund zu beziehen. Soll ein Test beispielsweise nur bei Schülern der 4. Klasse in einem bestimmten Bundesland eingesetzt werden, muss die Eichstichprobe repräsentativ für Schüler der 4. Klasse in diesem Bundesland sein. Anders verhält es sich bei einem Intelligenztest, der bundesweit eingesetzt werden soll: Da die Intelligenz bildungsabhängig ist, muss die Eichstichprobe entsprechend der Bildung in der Gesamtbevölkerung zusammengesetzt sein. Die Intelligenz ist in Deutschland nicht gleichmäßig verteilt; es gibt deutliche Unterschiede zwischen den Regionen (Ebenrett et al., 2003). Deshalb ist es wichtig, dass die Normierung nicht in einer Region durchgeführt wird, sondern an verschiedenen Orten in Deutschland.

Die Größe der Eichstichprobe richtet sich danach, wie stark die Normen nach Alter, Bildung und/oder Geschlecht differenziert werden. Jeder einzelnen Normtabelle sollten möglichst mehrere hundert Personen zugrunde liegen. Sinnvoll und aussagekräftig sind neben einer Aufgliederung in Altersgruppen bei Leistungstests auch gesonderte Normen für verschiedene Schultypen.

Eine weitere Forderung geht dahin, dass die Normdaten aktueller Herkunft sein sollen. Die Literatur ist voller Beispiele über markante Leistungszuwächse im Laufe der Zeit, teils als Folge allgemein verbesserter Anregungs- und Schulungsbedingungen, teils als Folge spezifischer Ereignisse in Technik, Sport oder Wissenschaft. Diese führen dazu, dass ein und derselbe individuelle Punktwert immer leichter zu erzielen ist. Vor diesem sich änderndem Hintergrund müssten die Verfahren laufend »**nachnormiert**« werden. Zumindest sollte überprüft werden, ob die Normen noch aktuell sind. Dazu reicht es aus, eine Stichprobe von vielleicht 100 Personen zu untersuchen und deren Testwerte mit denen der Eichstichprobe zu vergleichen. Die aktuelle Stichprobe ist selbstverständlich nach den gleichen Kriterien auszuwählen wie die Eichstichprobe. Finden sich keine bedeutsamen Unterschiede zwischen den Mittelwerten und den Streuungen, können die »alten« Normen weiter verwendet werden.

2.3.6 Weitere Gütekriterien

Skalierung

Skalierung Bei den meisten Tests werden die »richtigen« Antworten zu einem Gesamtwert addiert. Dabei wird beim Vorgehen nach der Klassischen Testtheorie nicht hinterfragt, ob diese Verrechnungsregel angemessen ist. Bei Anwendung der »Item-Response-Theorie« (▶ Abschn. 2.1.3) kann das Kriterium der Skalierung jedoch empirisch überprüft werden.

Zumutbarkeit

Zumutbarkeit Die Durchführung eines Tests kann für die Testperson belastend sein: Der Proband ist nach der Testdurchführung erschöpft, die Durchführung kostet ihn viel Zeit, bestimmte Fragen empfindet er als zu persönlich, und die Beantwortung ist ihm unangenehm. Wird etwa bei einem Reaktionszeittest verlangt, sehr oft so schnell wie möglich eine Taste zu drücken, so kann dies auch körperlich anstrengend sein.

Die Zumutbarkeit ist kein festes Merkmal eines Tests: Ob ein Test zumutbar ist oder nicht, hängt immer auch von der Testperson und den Untersuchungsumständen ab. Es ist abzuwägen, ob der Nutzen durch die Testanwendung in einem angemessenen Verhältnis zu den Belastungen steht, die dem Probanden zugemutet werden.

2.3 · Gütekriterien diagnostischer Verfahren

Die **Akzeptanz** kann als Teilaspekt der Zumutbarkeit gesehen werden. Erwachsene können sich daran stören, dass Aufgaben sie zu sehr an die Schule erinnern oder dass sich Fragen anscheinend nicht auf das Problem beziehen, mit dem sie einen Psychologen aufgesucht haben. Die Probanden sträuben sich mehr oder weniger stark gegen die Bearbeitung des Tests. Ferner ist zu bedenken, dass sich Probleme mit der Zumutbarkeit negativ auf die Akzeptanz eines Tests oder gar der gesamten diagnostischen Untersuchung auswirken können. Die Ernsthaftigkeit der Testbearbeitung kann darunter leiden. Manche Autoren verwenden für die Akzeptanz auch den Begriff »soziale Validität«. Dennoch handelt es sich bei Zumutbarkeit und Akzeptanz um Nebengütekriterien und nicht um spezielle Formen der Validität.

Akzeptanz

Unverfälschbarkeit Testpersonen haben manchmal ein Interesse an einem bestimmten Ergebnis. Das können sowohl hohe als auch niedrige Testwerte sein. Beispielsweise hat jemand großen Leidensdruck und möchte daher unbedingt, dass die Krankenkasse eine Psychotherapie bezahlt. Nach einem nicht selbst verschuldeten Unfall will eine Person vielleicht Schmerzensgeld erhalten oder sogar frühzeitig berentet werden. In diesen Fällen besteht ein Interesse an »schlechten« Testergebnissen, die als Beleg für eine schwere Störung oder Beeinträchtigung gelten. Möchte dagegen jemand sehr gerne eine Stelle bekommen, sind »gute« Testergebnisse in der Eignungsuntersuchung erstrebenswert. Selbst in Untersuchungen für Forschungszwecke tendieren Menschen dazu, sich mehr oder weniger sozial erwünscht darzustellen. Das Motiv wird hier nicht sein, den Untersucher zu täuschen, sondern vor sich selbst gut da zu stehen. Paulhus (1984) konnte zeigen, dass es zwei Arten von sozial erwünschten Antworten gibt, die er »impression management« und »self-deception« genannt hat: Die Testperson täuscht andere oder aber sich selbst.

Unverfälschbarkeit

Grundsätzlich ist es daher wünschenswert, dass ein Test schwer zu verfälschen ist. Die Unverfälschbarkeit ist jedoch schwer zu beurteilen: Eine Nullkorrelation mit einer Skala für soziale Erwünschtheit ist kein Garant dafür, dass Probanden bei entsprechender Motivation ihre Angaben nicht bewusst verfälschen. Die Verfälschung wird aber umso schwerer fallen, je undurchsichtiger die Bedeutung der Items ist.

Manchmal wird ein Test für seine sog. **Augenscheinvalidität** (»face validity«) gelobt. Gemeint ist damit die Nachvollziehbarkeit für Testpersonen oder auch für psychologische Laien, die einen Test anschaffen: Der Laie glaubt zu erkennen, was der Test misst, und entwickelt daher eher Vertrauen in das Verfahren. Unter Marketinggesichtspunkten kann dies nützlich sein; für die Unverfälschbarkeit ist die Nachvollziehbarkeit allerdings abträglich.

Augenscheinvalidität

Fairness Das Gütemerkmal »Fairness« spielt eine Rolle, wenn ein Test zur Auswahl von Bewerbern eingesetzt wird. Ein Test gilt als fair, wenn er nicht bestimmte Personengruppen systematisch benachteiligt.

Fairness

Ein Bewerber erhält eventuell keinen Studien- oder Ausbildungsplatz, keine Stelle, kein Stipendium etc., weil er in dem zur Auswahl eingesetzten unfairen Test benachteiligt war. Denkbar ist etwa eine Diskriminierung von Personen aufgrund ihrer ethnischen, soziokulturellen oder geschlechtsspezifischen Gruppenzugehörigkeit. Die Gefahr besteht besonders bei Tests, die explizit Wissen erfassen oder Wissen für die Lösung einer Aufgabe voraussetzen. Eine frühere Version des Wechsler-Intelligenztests für Erwachsene (► Abschn. 3.2.3.2) enthielt beispielsweise im Subtest »Bilder ergänzen« das Bild eines Mannes; zu ergänzen war die fehlende Krawatte. Das Item wurde später zwar entfernt, weil es nicht mehr üblich war, immer eine Krawatte zum Jackett zu tragen. Aber vermutlich wurden damit schon vorher Angehörige niedriger Sozialschichten benachteiligt, die mit solchen Etikettenfragen nicht vertraut waren. Würde man im Subtest »Allgemeines Wissen« des gleichen Tests nach dem Namen des Torwarts der deutschen Nationalmannschaft fragen, so wäre dies vermutlich eine Diskriminierung von Frauen. Bei mangelnder Sprachkompetenz führen Aufgaben wie »Feuer verhält sich zu Hitze wie X zu Schall« selbst bei ausgeprägten intellektuellen Fähigkeiten vermutlich zu niedrigen Testwerten.

Ein Test ist aber nicht an sich fair oder unfair: Eine Unfairness ergibt sich erst, wenn der Test in einer Population eingesetzt wird, die zum Teil aus benachteiligten Personen besteht. Dies wäre etwa der Fall, wenn ein sprachlastiger Intelligenztest als Auswahlinstrument dient und ein Teil der Bewerber die deutsche Sprache nicht fließend beherrscht. Der gleiche Test kann fair sein, wenn in der Bewerberpopulation niemand Schwierigkeiten mit der deutschen Sprache hat.

Mittelwertsunterschiede

Mangelnde Fairness eines Tests lässt sich nicht etwa daran erkennen, dass eine bestimmte Gruppe von Menschen niedrigere Werte erzielt als andere. Beispielsweise haben Hauptschüler im Durchschnitt niedrigere Intelligenztestwerte als Abiturienten. Das kann sowohl auf mangelnde Testfairness als auch auf unterschiedlich hohe Intelligenz zurückzuführen sein. ◘ Abbildung 2.35a,b zeigt die Streudiagramme zweier Gruppen, die sich deutlich in ihren Testwerten unterscheiden. Die Korrelation zwischen Test und Kriterium ist in beiden Gruppen gleich hoch. Gruppe A könnten die Hauptschüler und Gruppe B die Abiturienten sein. In der linken Abbildung (a) ist der Test unfair: Obwohl sich beide Gruppen in ihren Testwerten unterscheiden, besteht kein Unterschied in ihrem Kriteriumswert. Nehmen wir an, dass nur Bewerber eingestellt werden, deren Testwert über dem Cutoff-Wert liegen. Proband A würde abgelehnt, obwohl er bei Einstellung eine ebenso gute Kriteriumsleistung zeigen würde wie Proband B. Mangelnde Fairness liegt also vor, wenn niedrigere Werte im Intelligenztest nicht auch mit entsprechend niedrigeren Werten im Ausbildungserfolg einhergehen, der mit dem Test vorhergesagt werden soll.

Auf der rechten Seite (b) von ◘ Abbildung 2.35 wird dagegen ein fairer Test dargestellt: Unterschiedlich hohen Testwerten entsprechen auch unterschiedliche hohe Kriteriumswerte.

Cleary-Modell

Einem einflussreichen Modell von Cleary (1968) zufolge ist ein Test dann fair, wenn bei seiner Anwendung für keine der miteinander verglichenen Gruppen eine systematische Über- oder Unterschätzung der Kriteriumswerte entsteht. Diese Forderung ist Cleary zufolge dann erfüllt, wenn die zur Vorhersage des Kriteriums verwendeten gruppenspezifischen Regressionsgeraden miteinander identisch sind, d. h. gleiche Steigungen aufweisen und an derselben Stelle die Ordinate schneiden (◘ Abb. 2.35b). Für die Prädiktion des Kriteriums aus den Testwerten kann deshalb in einem solchen Fall für alle Messwertträger (ohne Berücksichtigung ihrer Gruppenzugehörigkeit) eine gemeinsame Regressionsgerade angenommen werden, ohne dass dadurch einzelne Probanden je nach ihrer Gruppenzugehörigkeit systematisch bevorzugt oder benachteiligt würden.

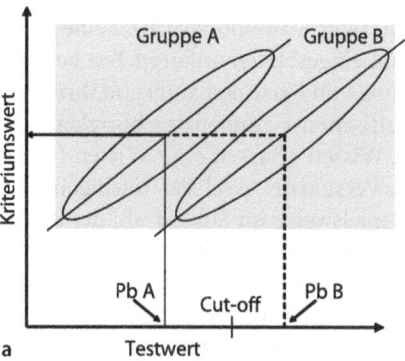
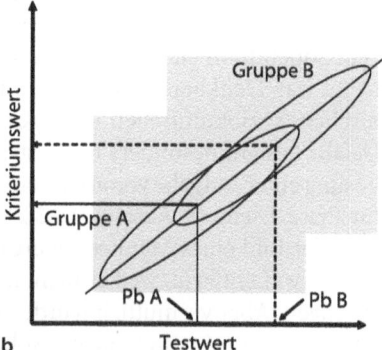

◘ Abb. 2.35 a Links ein unfairer Test: Mitglieder der Gruppe A erhalten bei gleichen Kriteriumswerten systematisch niedrigere Testwerte als Mitglieder der Gruppe B. b Rechts ein fairer Test: Unterschiedliche Testwerte gehen mit entsprechenden Kriteriumswerten einher

2.3 · Gütekriterien diagnostischer Verfahren

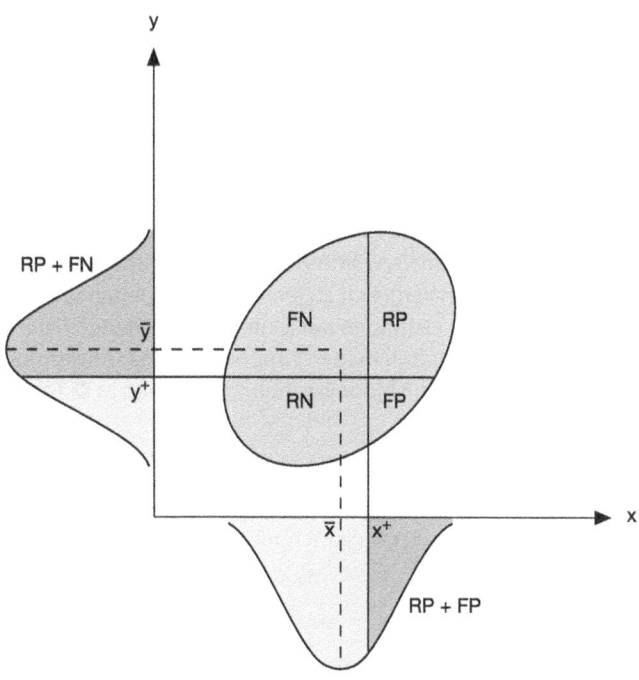

Abb. 2.36 Die vier Ergebnisse eines Selektionsverfahrens. **RP** richtige Positive (Anzahl Ausgewählter, die erfolgreich sind), **FP** falsche Positive (Anzahl Ausgewählter, die nicht erfolgreich sind), **RN** richtige Negative (Anzahl Zurückgewiesener, die tatsächlich auch nicht erfolgreich sind), **FN** falsche Negative (Anzahl Zurückgewiesener, die erfolgreich waren). x+ = Cutoff Zulassungstest, y+ = Cutoff im Kriterium (schlechtester Kriteriumswert, der noch als Erfolg gilt)

Thorndike (1971) verlangt von fairen Verfahren, dass das Verhältnis zwischen der Zahl der durch die Testung ausgewählten Bewerber und der Zahl im Kriterium potenziell (d. h. ohne Auswahl!) in den miteinander verglichenen Gruppen gleich oder konstant ist (»**constant ratio model**«).

Gemäß der schematischen Darstellung in ◘ Abbildung 2.36 bedeutet das die Forderung nach Identität der Proportionen: (RP + FP) : (RP + FN).

Beispielsweise wären von 300 erfolgreichen Teilnehmern an einem Ausbildungsprogramm 200 aus der Unterschicht und 100 aus der Oberschicht. Könnten infolge einer bedeutsamen Erweiterung des Trainingsinstituts 600 Bewerber für den nächsten Kurs zugelassen werden, so würden gemäß dieser Konzeption die im Test besten 400 Unter- und besten 200 Oberschichtangehörigen akzeptiert (Quotendefinition von Fairness).

Nach Cole (1973) ist ein Test fair, wenn der Quotient RP : (RP + FN) in den miteinander verglichenen Gruppen gleich ist (»**conditional probability model**«).

Linn (1973) definiert Fairness durch die Konstanz des Bruches RP : (RP + FP) (»**equal probability model**«), d. h. für die Zugelassenen aus den relevanten Gruppen soll die Wahrscheinlichkeit eines Erfolges im Kriterium gleich sein. Die Inkompatibilität dieses Modells mit jenem von Cleary ist am geringsten.

Welches Konzept zugrunde gelegt wird bei der Frage, ob ein Test fair ist, lässt sich nicht auf der Basis von allein wissenschaftlichen Überlegungen entscheiden; vielmehr spielen dabei auch gesellschaftspolitische Argumente eine Rolle.

> **Beispiel**
>
> Anhand der zwischen Ost- und Westdeutschen auftretenden Unterschiede in Leistungstests ist Kersting (1995) der Frage nachgegangen, welche Probleme im Hinblick auf die Fairness selbst dann bestehen mögen, wenn für beide Gruppen von einer identischen Validität der Prädiktoren ausgegangen wird. Grundlage waren die zwischen 1991 und 1992 erhobenen eignungspsychologischen Testdaten von 1.377 Bewerbern beiderlei Geschlechts um eine Ausbildung zum gehobenen nichttechnischen Verwaltungsdienst. Die Probanden aus den alten Bundesländern wiesen im Vergleich zu jenen aus den neuen durchschnittlich 2,6 Standardwerte höhere Leistungen auf. Unter verschiedenen Rahmenannahmen (u. a. Testkriteriumsvalidität in beiden Gruppen $r_{tc} = .54$, Anwendung desselben Testtrennwertes) führten die Modellrechnungen zu den in ◘ Tabelle 2.25 wiedergegebenen Resultaten.

◘ **Tab. 2.25** Häufigkeiten von Vorhersagequoten und -fehlern bei identischer Kriteriumsvalidität der in Ost- und Westdeutschland eingesetzten Testverfahren. (Nach Kersting, 1995, S. 37)

1. West (von je 100)		Test		
		abgelehnt (69)	angenommen (31)	Grundquote/ Basisrate
Kriterium	Erfolg	16	24	40
Kriterium	Misserfolg	53	7	60
2. Ost (von je 100)		Test		
		abgelehnt (78)	angenommen (22)	Grundquote/ Basisrate
Kriterium	Erfolg	18	17	35
Kriterium	Misserfolg	60	5	65
3. Vergleich			West	Ost
Basisrate			40 %	35 %
Selektionsrate			31 %	22 %
Proportion korrekter Entscheidungen			77 %	77 %
Anteil der validen Positiven an allen Selektierten (Modell gleicher Wahrscheinlichkeiten; Linn)			77 %	77 %
Anteil der Selektierten an allen potenziell Erfolgreichen (Modell konstanter Verhältnisse; Thorndike)			77 %	63 %
Anteil der validen Positiven an allen potenziell Erfolgreichen (Modell bedingter Wahrscheinlichkeiten; Cole)			60 %	49 %

Wie ersichtlich, sind die Proportionen korrekter Entscheidungen und der Anteil der richtigen Positiven an allen Selegierten mit 77 % jeweils gleich. Dieses wird erreicht, indem der ungünstigeren Basisrate im Osten (35 % gegenüber 40 %) durch eine strengere Selektionsrate entgegengewirkt wird. Daraus resultieren aber unterschiedliche Quoten nach dem Thorndike- und Cole-Modell. Für das letztere, das Modell der bedingten Wahrscheinlichkeiten, bedeuten die angegebenen Prozentzahlen für Westdeutsche eine im Vergleich zu den Ostdeutschen höhere Wahrscheinlichkeit, **überschätzt zu werden**: Mehr potenziell erfolgreiche Ostbewerber werden zurückgewiesen als angenommen oder in anderer Wendung: Im Westen werden 40 % von 40 %, also 16 % von potentiell erfolgreichen Bewerbern **nicht** richtig erkannt; im Osten lauten die Zahlen 51 % von 35 %, also 18 % (siehe die jeweils durch Fettdruck hervorgehobenen Quoten) – ein Beispiel dafür, wie bei einer an den Selektierten ausgerichteten Fairness gleichzeitig Unfairness bei den Abgelehnten bestehen kann.

Die Diskussion über die Fairness von Tests ist weiterhin aktuell, wie die große Zahl von Publikationen zu diesem Thema zeigt. Mit Auswahlverfahren, die nicht völlig fair gegenüber Minoritäten sind, werden gesellschaftliche und – vor allem in den USA – juristische Probleme aufgeworfen. Daher wird weiter nach Methoden zur Verbesserung der Fairness gesucht (z. B. Aguinis et al., 2010).

Ökonomie Der Einsatz eines Tests kann mit erheblichen »Kosten« verbunden sein: Die Anschaffung des Tests kostet Geld; für die Durchführung und die Auswertung muss man Zeit investieren; eventuell müssen auch Ressourcen aufgewendet werden, um sich mit dem Test vertraut zu machen. Die Zeit der Testperson ist ein weiterer Kostenfaktor, auch wenn dieser schwer in Geldeinheiten gemessen werden kann. Ein Test ist ökonomisch, wenn sein Einsatz insgesamt wenig Geld, Zeit und Aufwand kostet.

Ökonomie

Nützlichkeit Ein ökonomischer Test ist nicht unbedingt auch nützlich. Misst der Test ein Merkmal, für das sich niemand interessiert, ist er nicht nützlich – auch wenn er gratis und in fünf Minuten durchzuführen und auszuwerten ist. Entscheidend ist die praktische Relevanz des Merkmals, das gemessen wird: Beispielsweise hilft der Test, eine behandlungsbedürftige Störung zu erkennen oder einen Beruf zu finden, der den Interessen oder den Fähigkeiten der Testperson entspricht. Liegen bereits diagnostische Verfahren vor, die dieses Merkmal messen, so ist dies bei der Beurteilung der Nützlichkeit zu berücksichtigen. Der Test ist nur dann nützlich, wenn er das Merkmal zuverlässiger, valider und/oder ökonomischer erfassen kann als andere Verfahren.

Nützlichkeit

Weiterführende Literatur

Über den aktuellen Stand zur **Qualitätsbeurteilung von Tests** und anderen diagnostischen Verfahren informiert das Testkuratorium (2010).
Gütekriterien von Tests werden in dem umfassenden und sehr anwenderfreundlichen Lehrbuch von Bühner (2010) kompetent abgehandelt. Lesenswert sind auch die einschlägigen Kapitel in dem von Moosbrugger und Kelava (2007) herausgegebenen Buch.
Die Arbeiten von Cronbach und Meehl (1955) zur **Konstruktvalidität** sowie die von Campbell und Fiske (1959) zur **Multitrait-Multimethod-Analyse** sind Klassiker und als solche noch immer lesenswert.
Auf die Bedeutung der **Symmetrie** zwischen Test und Kriterium für die Validität geht Wittmann (1988) vertiefend ein.

❓ **Übungsfragen**
  Kap. 2.3
  41. Was versteht man unter Produkt- und unter Ergebnisqualität?
  42. Welches sind die vier wichtigsten Gütekriterien eines diagnostischen Verfahrens, und welche »Leitfrage« sollen sie jeweils beantworten?
  43. Nennen Sie wichtige Merkmale des vom Testkuratorium entwickelten Testbeurteilungssystems!
  44. Was versteht man unter Objektivität?

45. Welche Maßnahmen dienen dazu, die Interpretationsobjektivität sicherzustellen?
46. Wie ist die Reliabilität definiert?
47. Wie hoch ist einer Metaanalyse zufolge die Retest-Reliabilität von Persönlichkeitsfragebögen zu den »Big-Five« durchschnittlich bei einem Zeitintervall von knapp sieben Jahren?
48. Von welchen Faktoren hängt die Retest-Reliabilität von Intelligenztests ab?
49. Welche unerwünschte praktische Konsequenz hat eine niedrige Reliabilität?
50. Was versteht man unter Validität?
51. Nennen Sie die drei Arten der Validität und definieren Sie diese!
52. Was bedeutet die Aussage von Cronbach und Meehl (1955), dass Konstrukte in einem nomologischen Netzwerk verankert sein sollen?
53. Welche Arten von empirischen Befunden können Cronbach und Meehl (1955) zufolge als Belege für die Konstruktvalidität akzeptiert werden?
54. Beschreiben Sie das Prinzip einer Multitrait-Multimethod-Analyse!
55. Welche Faktoren beeinflussen die Höhe von Validitätskoeffizienten?
56. Wie hoch korrelieren Big-Five-Persönlichkeitsfragebögen Metaanalysen zufolge durchschnittlich mit Fremdbeurteilungen und mit Berufserfolg?
57. Wie hoch korrelieren Intelligenztests Metaanalysen zufolge durchschnittlich mit Ausbildungs- und Berufserfolg?
58. Normwerte kann man ineinander überführen. Ergänzen Sie die Tabelle!

Normwert	Mittelwert	Standardabweichung
z-Werte	0	1
Standardwerte (Z-Werte)		
IQ-Werte		
T-Werte		
Centil-Werte		
Stanine-Werte		

59. Welche Vor- und Nachteile haben Prozentrangnormen?
60. Nennen Sie weitere Gütekriterien!

Diagnostische Verfahren

3.1 Einleitung – 176

3.2 Leistungstests – 181
3.2.1 Allgemeines zu Leistungstests – 183
3.2.2 Aufmerksamkeits- und Konzentrationstests – 185
3.2.3 Intelligenztests – 202
3.2.4 Spezielle Fähigkeitstests – 227
3.2.5 Entwicklungstests – 230
3.2.6 Schultests – 235

3.3 Persönlichkeitsfragebögen – 239
3.3.1 Persönlichkeit und ihre Messung – 239
3.3.2 Allgemeines zu Persönlichkeitsfragebögen – 240
3.3.3 Persönlichkeitstestsysteme – 250
3.3.4 Verfahren zur Erfassung aktueller Zustände – 277
3.3.5 Verfahren zur Erfassung von Interessen – 282
3.3.6 Verfahren zur Erfassung der Motivation – 285

3.4 Nichtsprachliche und objektive Persönlichkeitstests – 289
3.4.1 Nichtsprachliche Persönlichkeitstests – 289
3.4.2 Objektive Persönlichkeitstests – 291

3.5 Projektive Verfahren – 299

3.6 Verhaltensbeobachtung und -beurteilung – 309
3.6.1 Arten der Verhaltensbeobachtung – 310
3.6.2 Systematische Verhaltensbeobachtung – 314
3.6.3 Verhaltensbeurteilung – 317
3.6.4 Gütekriterien von Beobachtungs- und Beurteilungsverfahren – 319

3.7 Diagnostisches Interview – 323
3.7.1 Standardisierte Interviews – 326
3.7.2 Interviews selbst konstruieren – 335
3.7.3 Techniken der Gesprächsführung – 339

3.8 Gruppendiagnostik (Interaktionsdiagnostik) – 343
3.8.1 Paardiagnostik – 344
3.8.2 Familiendiagnostik – 349
3.8.3 Teamdiagnostik – 354

© Springer-Verlag GmbH Deutschland 2012
L. Schmidt-Atzert (et al.), *Psychologische Diagnostik*, Springer-Lehrbuch,
https://doi.org/10.1007/978-3-642-17001-0_3

3.1 Einleitung

Interview und Verhaltensbeobachtung werden häufig angewandt

▶ Kapitel 3 befasst sich mit unterschiedlichen diagnostischen Verfahren. Fragt man Praktiker, wie häufig sie diese Verfahren anwenden, steht das **diagnostische Interview** (»exploratives Gespräch«) an erster Stelle, gefolgt von **Verhaltensbeobachtung**; diese Reihenfolge gilt für ältere wie für jüngere Psychologen. In Skaleneinheiten ausgedrückt werden Interviews »sehr häufig/immer« und Verhaltensbeobachtungen »oft« durchgeführt (Roth & Herzberg, 2008). Testverfahren wurden in der Befragung von Roth und Herzberg in zehn Kategorien unterteilt; die Häufigkeitsangaben zu den einzelnen Kategorien fielen zwangsläufig niedriger aus als wenn nach einer Gesamtkategorie »Tests« gefragt worden wäre. Die »Hitliste« der Tests wird von den Persönlichkeitstests angeführt, dicht gefolgt von den Intelligenztests.

verschiedene Arten von Tests

In diesem Kapitel nehmen Tests im weiteren Sinne, also neben Leistungstests auch Persönlichkeitsfragebögen, objektive Persönlichkeitstests, projektive Verfahren und Fragebögen zur Gruppendiagnostik, den größten Raum ein, weil sie insgesamt sehr vielfältig sind. Aus der Sicht von praktisch tätigen Diagnostikern stellen diese Verfahren wichtige Hilfsmittel dar: Sie sind sozusagen gebrauchsfertig, enthalten alle Materialen zur Durchführung und Auswertung sowie Benutzeranweisungen. Da sie in der Regel auch normiert sind, gestatten sie Aussagen über die Ausprägung der gemessenen Merkmale. Ähnliche Eigenschaften weisen auch einige strukturierte Interviews sowie einige Instrumente zur Verhaltensbeobachtung bzw. -beurteilung auf.

Alle genannten diagnostischen Verfahren werden von Testverlagen vertrieben, die sie gemeinsam mit Testautoren entwickeln und pflegen. Das Interview mit Dr. G. Jürgen Hogrefe gibt Einblicke in die Arbeit einer der führenden Testverlage in Europa. Wie entsteht ein Test? Wie wird die Qualität von Tests gesichert? Der Geschäftsführer des Verlags beantwortet diese und andere Fragen.

Dr. G. Jürgen Hogrefe

❯ Interview mit Dr. G. Jürgen Hogrefe

Wir möchten Sie bitten, zunächst Ihren Testverlag kurz vorzustellen.
Gegründet wurde der Hogrefe Verlag 1949 von meinem Vater Dr. C.-J. Hogrefe, seinerzeit Assistent am Psychologischen Institut der Universität Göttingen, zunächst nur, um die *Psychologische Rundschau* herauszugeben, für die sich kein anderer Verlag fand. Bald schon wurden weitere Publikationen aus dem Bereich der Psychologie in Angriff genommen. Mit dem IST von Prof. Amthauer wurde der Grundstein für das Testprogramm gelegt. Ein weiterer historischer Meilenstein war die Gründung der *Testzentrale*, mit der erstmals der Gedanke eines kontrollierten Testvertriebs ausschließlich an qualifizierte Personen eingeführt wurde. Heute umfasst das Testprogramm von Hogrefe, einschließlich Huber, Beltz Test und aller anderen Tochterunternehmen 800 Testverfahren aus allen Anwendungsbereichen. Der Verlag hat neben seinem Stammsitz in Göttingen Niederlassungen in acht weiteren europäischen Ländern und gibt Testverfahren in vielen europäischen Sprachen heraus. Insgesamt beschäftigt Hogrefe 255 Mitarbeiter, darunter 40 Psychologen. Etwa ein Drittel aller Mitarbeiter ist für den Testbereich tätig.

Sie entwickeln die Tests nicht selbst. Wie finden Sie geeignete Testautoren?
Der Verlag steht mit dem Großteil der wissenschaftlich tätigen Psychologen auf die eine oder andere Art in Verbindung. Manchmal treten Testautoren mit ihren Projekten von sich aus an uns heran, in anderen Fällen erfahren wir über ihre wissenschaftlichen Veröffentlichungen oder Tagungsbeiträge von interessanten Projekten, so dass wir von uns aus den Kontakt zu entsprechenden Personen aufnehmen können. Häufig werden Testprojekte auch von uns angeregt.

▼

3.1 · Einleitung

Welchen Prozess durchläuft ein Test, bevor er veröffentlicht wird, und wie lange dauert das?
Die wissenschaftliche Entwicklung von Testverfahren dauert sehr unterschiedlich lange, in der Regel zwischen drei und fünf Jahren. Meist ist der Verlag schon frühzeitig involviert und kann Einfluss auf die Aspekte nehmen, die für eine spätere erfolgreiche Veröffentlichung wichtig sind. Viele Testverfahren lassen sich nur durch finanzielle Unterstützung des Verlages, z. B. bei der kostspieligen Datenerhebung, realisieren. Aber auch in anderer Weise unterstützt der Verlag die Testautoren, z. B. mit Beratung, mit Software bei computergestützten Verfahren, mit Herstellung von Testmaterialien für die Normierungsuntersuchungen etc. Wie andere wissenschaftliche Publikationen auch werden Testverfahren bei uns nach qualitativen Gesichtspunkten begutachtet, bevor sie veröffentlicht werden. Wenn die eigentliche Entwicklungsarbeit abgeschlossen ist, werden für das Lektorat und für die Herstellung noch einige Monate benötigt, abhängig auch von der Komplexität des Tests und der Testmaterialien.

Wie viele Personen sind an einer Testentwicklung beteiligt?
Auch dies ist sehr unterschiedlich. Neben den eigentlichen Testautoren werden häufig viele wissenschaftliche Kollegen bei der Datenerhebung involviert. Im Verlag gibt es einen Lektor, der das Projekt betreut. Er ist der Ansprechpartner einerseits für die Autoren, andererseits für alle Personen im Verlag, die an der Entwicklung bis hin zur Vermarktung beteiligt sind: die Herstellungsabteilung, die Werbung, der Vertrieb etc.

Wie groß ist die »Lebensdauer« eines Tests? Nehmen Sie einen Test irgendwann aus dem Programm und warum?
Die »Lebensdauer« einer bestimmten Ausgabe dürfte durchschnittlich bei etwa acht Jahren liegen. Danach ist häufig eine Überprüfung der Normen oder eine Neunormierung erforderlich. Häufig werden die Verfahren aber auch inhaltlich auf dem Hintergrund der fortschreitenden wissenschaftlichen Erkenntnisse in dem jeweiligen Bereich weiter entwickelt. So kann ein Test unter Umständen »ewig jung« bleiben. Ein gutes Beispiel ist der oben erwähnte IST, der aufgrund der ständigen Weiterentwicklung auch nach 60 Jahren durch die vielen erfolgten Revisionen ein moderner Intelligenztest auf der Höhe der wissenschaftlichen Erkenntnisse ist. Es werden aber auch Tests aus dem Programm genommen, z. B. wenn sie veraltet sind, kein Bedarf mehr besteht oder sie durch bessere Alternativen ersetzt worden sind.

Sie haben auch Tests im Programm, die aus den USA stammen und für die Anwendung im deutschen Sprachraum adaptiert werden. Warum übernehmen Sie englischsprachige Tests, und welchen Stellenwert haben sie im Gesamtprogramm?
International wurde die Psychologie in den vergangenen Jahrzehnten sehr stark durch die USA dominiert. In diesem Zusammenhang fanden auch amerikanische Testverfahren starke internationale Verbreitung. Schon aus wissenschaftlichem Interesse wurden diese Verfahren auch von Psychologen außerhalb der USA sehr beachtet und international in den jeweiligen nationalen Adaptationen publiziert. Selbstverständlich engagieren wir uns als Testverlag außer für die originär deutschsprachigen Testentwicklungen auch für die Veröffentlichung solcher Adaptationen. Wir beobachten den amerikanischen Testmarkt und veröffentlichen interessante Verfahren der meisten wichtigen US-Testverlage in Lizenz, wenn wir einen Markt hierfür sehen. Ein gutes Beispiel ist der NEO-PI-R, mit dem die Big Five Theory der Persönlichkeit verknüpft wird. Wir veröffentlichen das Verfahren übrigens nicht nur in einer deutschen Adaptation, sondern auch in zehn weiteren Sprachadaptationen mit entsprechenden Normierungen.

▼

Es gibt auch den umgekehrten Weg, nämlich dass im deutschen Sprachraum entwickelte Tests in andere Sprachen übersetzt werden. Wie kommt es dazu? Können Sie Beispiele nennen?

In den vergangenen Jahrzehnten ist in Europa ein wissenschaftlicher Austausch entstanden, der zum Entstehen einer echten europäischen psychologischen »scientific community« geführt hat, so wie sie früher nicht existierte. Es sind wissenschaftliche psychologische Gesellschaften entstanden, es gibt entsprechende Tagungen und auch Zeitschriften. Die Verkehrssprache hierbei ist jeweils Englisch. Der stärkere wissenschaftliche Austausch innerhalb Europas hat auch zum erhöhten Interesse an originär europäischen Testentwicklungen beigetragen. Auch das »Zusammenwachsen« Europas führte zu einem gesteigerten Interesse an Testverfahren in den gängigsten Sprachen. Im Bereich der berufsbezogenen Eignungsdiagnostik beispielsweise besteht für Unternehmen vermehrt die Notwendigkeit, Bewerber in unterschiedlichsten Sprachen in den verschiedensten Ländern zu testen. Auch im klinischen Bereich besteht die gleiche Notwendigkeit aufgrund der größer werdenden Mobilität. Wir haben als Verlag diese Entwicklung mitgemacht und unsere Aktivitäten in viele Länder ausgeweitet. Ein gutes Beispiel für die internationale Verbreitung eines deutschen Verfahrens ist der d2, der inzwischen in vielen Sprache existiert und beforscht wird.

Warum sind manche Tests so teuer?

Hinter einem wissenschaftlich soliden Test steht ein hoher und kostspieliger Entwicklungsaufwand. Alleine die Erhebung repräsentativer Daten ist mit einem enormen Aufwand verbunden, der auch je nach Altersgruppe der zu untersuchenden Personen sehr schwanken kann. All diese Kosten müssen auf die einzelnen Exemplare umgelegt werden. Es ist also nicht das Blatt Papier oder das Antwortheft, das man bezahlt, vielmehr muss mit dem Verkauf des Tests und der Testmaterialien dieser Aufwand mitfinanziert werden. Anders kann es keine Tests geben. Zu bedenken ist auch, dass selbst die Spitzenreiter unter den Testverfahren im Vergleich zu Konsumgütern verhältnismäßig geringe Stückzahlen erreichen, da es sich um einen Spezial-Markt handelt. Benötigt man zum Beispiel 2.000 Exemplare eines speziellen »Spielmaterials« für einen Kindertest, ist das für einen Test schon sehr viel. Für Spielzeughersteller allerdings ist eine solche Stückzahl völlig unbedeutend und indiskutabel. Manchmal kommen einem in Kleinststückzahl angefertigte Materialien teuer vor, da man sie mit Materialien vergleicht, die in ungleich höherer Stückzahl hergestellt nur einen Bruchteil an Herstellungskosten verursachen.

Wer kauft Ihre Tests?

Grundsätzlich lässt sich der Testmarkt in drei große Bereiche unterteilen: der klinische Bereich, der Bereich der berufsbezogenen Diagnostik und der Bereich der schul- und ausbildungsbezogenen Diagnostik. In erster Linie werden unsere Tests von Psychologen gekauft, die in diesen Bereichen tätig sind. Es gibt jedoch auch Nicht-Psychologen, die in einzelnen Teilbereichen und für spezielle Verfahren spezifische Qualifikationen erworben haben und dann für diese Teilbereiche spezifische Verfahren verwenden (z. B. Ergotherapeuten, Psychiater, Logopäden).

Was unternehmen Sie, um die Qualität eines Tests, der neu auf den Markt kommt, zu sichern?

Neben der oben erwähnten wissenschaftlichen Begutachtung, der sorgfältigen Herstellung und dem verantwortungsvollen Vertrieb muss ein Testverfahren bezüglich der Gültigkeit seiner Aussagen in regelmäßigen Abständen überprüft und gegebenenfalls überarbeitet werden. Wir arbeiten hier mit den Autoren zusammen und behalten uns auch vor, sollte ein – z. B. verstorbener – Autor dazu nicht in der Lage sein, eine not-

▼

3.1 · Einleitung

wendig gewordene Überarbeitung anderweitig zu erstellen. Zu vielen Verfahren bieten wir auch Seminare an, und wir geben Tests nur an qualifizierte Anwender ab, denn zur Qualitätssicherung gehört ganz entscheidend die sachgerechte Anwendung.

Was passiert, wenn ein Test nach seiner Veröffentlichung stark kritisiert wird?
Wie jede wissenschaftliche Publikation muss sich auch ein Testverfahren einer wissenschaftlichen Kritik stellen. Wir veröffentlichen keine Verfahren, die wissenschaftlichen Ansprüchen nicht entsprechen. Trotzdem kann es sein, dass ein Verfahren kritisiert wird, z. B. in Hinblick auf seine Praxistauglichkeit, die Bandbreite der Anwendungen, Auswertungsmodalitäten oder zusätzliche wünschenswerte Validierungsstudien. Wir versuchen dann, ein solches Verfahren gemeinsam mit dem Autor entsprechend zu verbessern.

Werden Paper-Pencil-Tests aussterben?
Obwohl die computerbasierte Testdurchführung viele Vorteile bietet und in manchen Bereichen wohl Paper-Pencil-Tests ersetzt, gibt es auch Anwendungszusammenhänge, in denen die Vorgabe auf Papier nach wie vor praktischer und effizienter ist. Wir gehen nicht davon aus, dass Paper-Pencil-Tests in absehbarer Zeit »aussterben« werden. Wir bieten jedoch praktisch jeden Test, der sich für eine computerbasierte Vorgabe eignet, auch in einer solchen Form an. Somit wird letztlich der Nutzer entscheiden.

Sie bieten auch Testanwendungen über das Internet an. Worin liegt der Vorteil gegenüber herkömmlichen computerbasierten Tests? Welchen Herausforderungen stehen Sie gegenüber?
Der entscheidende Vorteil von Online-Tests liegt auf der Hand: Es ist die räumliche und zeitliche Unabhängigkeit. Eine Testperson muss nicht zu einem bestimmten Zeitpunkt an einen bestimmten Ort kommen, um getestet zu werden. Der Test kann potenziell jederzeit und überall durchgeführt werden. Bei einem vollständig webbasierten System, wie wir es anbieten, stehen auch dem Testleiter jederzeit und überall die Ergebnisse zur Verfügung. Neben den technischen Herausforderungen, die ein solches System bietet, wirft es jedoch auch methodische Fragen auf. In erster Linie muss sichergestellt werden, dass die Art der Durchführung keinen verfälschenden Einfluss auf die Testergebnisse und vor allem nicht auf die resultierenden Entscheidungen hat.

Das Angebot an standardisierten diagnostischen Verfahren ist sehr groß; Testverlage bieten für den deutschen Sprachraum insgesamt mehrere hundert Verfahren an. Dementsprechend schwer kann die Auswahl fallen. Um für einen bestimmten Verwendungszweck das »richtige« Verfahren zu finden, benötigt man gute Informationsquellen. Wo man sich informieren kann und wie die einzelnen Quellen zu bewerten sind, wird in ◘ Tabelle 3.1 aufgezeigt.

Die in ◘ Tabelle 3.1 genannten Quellen lassen sich in zwei Kategorien unterteilen: Auswahlhilfen und umfassende Informationen. Wenn man für eine bestimmte Anwendung das passende Verfahren sucht, bieten sich Testkompendien, Lehrbücher, die beiden Datenbanken sowie bedingt die Verlagspublikationen an. Testmanuale und Testrezensionen sind nur dann nützlich, wenn man schon ein bestimmtes Verfahren in die engere Auswahl genommen hat. In dieser Phase kann auch auf Testkompendien, Lehrbücher und die Datenbank PSYNDEXplus zurückgegriffen werden, da sie auch detaillierte Informationen zu einzelnen Tests enthalten.

Informationsquellen zu Tests und anderen Verfahren

Überblick oder Detailinformationen

Tab. 3.1 Informationsquellen zu standardisierten diagnostischen Verfahren

Informationsquelle	Beschreibung	Vorteile	Einschränkungen
Testkompendien[a]	Bücher, in denen viele Tests kurz beschrieben und systematisiert werden.	guter Überblick sachlich, neutral	oft nicht aktuell meist keine Bewertung
Lehrbücher zur Psychologischen Diagnostik und zu Fachgebieten wie Personalauswahl	Lehrbücher wie das vorliegende informieren auch über diagnostische Verfahren. Anders als in Testkompendien wird keine Vollständigkeit angestrebt.	sachlich, neutral meist ausführliche Informationen meist auch Bewertung	meist nur ausgewählte Verfahren
Online-Testverzeichnis in PSYNDEX[b]	Vom Zentrum für psychologische Information und Dokumentation (ZPID) erstelltes und gepflegtes Testverzeichnis.	guter Überblick wird oft aktualisiert kostenfrei weitere Links Hinweise auf Rezensionen	keine detaillierten Informationen zu den einzelnen Verfahren
Datenbank PSYNDEXplus Tests	Ausführliche Beschreibungen psychologischer und pädagogischer Testverfahren.	sehr umfassendes Verzeichnis sachlich, neutral wird ständig aktualisiert ausführliche Informationen auch Bewertungen	kostenpflichtig (aber an Universitäten oft vorhanden)
Testmanuale	Handbuch zum Test, in dem nicht nur Durchführung, Auswertung und Interpretation erklärt werden, sondern auch die Testkonstruktion beschrieben wird und Angaben zu den Gütekriterien gemacht werden.	in der Regel sehr ausführliche Informationen	in der Regel nur verfügbar, wenn der Test angeschafft wurde betrifft immer nur ein Verfahren keine unabhängige Bewertung
Testrezensionen	Beschreibung und Bewertung eines Verfahrens durch unabhängige Experten; wird meist in Fachzeitschriften publiziert. Testrezensionen nach dem Testbeurteilungssystem des Testkuratoriums. ▶ www.zpid.de/index.php?wahl=Testkuratorium	Beschreibung des Tests unabhängige Bewertung manchmal mehrere Rezensionen verfügbar hoch standardisiert von mindestens zwei Experten erstellt	Fachzeitschrift eventuell schwer zugänglich informiert immer nur über einen Test nicht zu allen Tests verfügbar nur für wenige Tests verfügbar kostenfreier Zugang
Kataloge und Online-Verzeichnis der Testverlage	Dient der Produktinformation Kurze Informationen zu den einzelnen Verfahren	wird ständig aktualisiert kurze, verständliche Beschreibung der Verfahren	dient dem Verkauf, daher eventuell einseitig Beschränkung auf Angebot des Verlags keine detaillierten Informationen

Anmerkungen. [a] Standardwerk: Brähler et al. (2002). Literaturhinweise auf diverse Kompendien zu speziellen Themen unter ▶ www.zpid.de/redact/category.php?cat=518; [b] Quelle: ▶ www.zpid.de/index.php?wahl=products&uwahl=printed&uuwahl=testverzeichnis.

3.2 Leistungstests

> 3.2.1 Allgemeines zu Leistungstests – 182
> 3.2.2 Aufmerksamkeits- und Konzentrationstests – 185
>   3.2.2.1 Aufmerksamkeitstests – 188
>   3.2.2.2 Konzentrationstests – 189
> 3.2.3 Intelligenztests – 202
>   3.2.3.1 Systematik der Intelligenztests – 203
>   3.2.3.2 Ausgewählte Intelligenztests – 206
> 3.2.4 Spezielle Fähigkeitstests – 228
> 3.2.5 Entwicklungstests – 231
> 3.2.6 Schultests – 236

❯ Interview mit Dipl.-Psych. Harald Ackerschott
Wie ist es um die allgemeine Akzeptanz von Tests und anderen diagnostischen Verfahren (wie z. B. strukturierten Interviews) innerhalb von Verwaltung und Wirtschaft bestellt?
Psychometrische Verfahren sind echte Hilfestellungen, bessere und produktivere Personalentscheidungen zu fällen; sie werden sowohl bei Entscheidern als auch bei Bewerbern grundsätzlich als wertvoll eingeschätzt. Bei den Bewerbern werden selbst Intelligenzmaße dann als angemessen angesehen, wenn die Position, die sie anstreben, leistungsorientiert zu besetzen ist. Das gilt auch für Geschäftsführer und Vorstände. Wichtig ist dabei Transparenz der Ergebnisse und ihrer Interpretation. Die Zeiten, als man sagte, psychologische Tests, insbesondere Intelligenzmessungen, seien nur etwas für die Lehrlingsauswahl, sind nach unserer Erfahrung vorbei.

Ist die psychologische Diagnostik, wie Sie sie anbieten, Ihrer Einschätzung nach ein eher wachsender oder eher schrumpfender Markt?
Insgesamt entwickelt sich dieser Markt sehr positiv. Die Bereitschaft allerdings, für so oder auch anders genannte »Assessment Center« beliebig viel Geld auszugeben, ist jedoch seit 2001 gesunken.

Verfälschbarkeit: Stellt sich diese Problematik ernsthaft?
Problematisch ist, wenn die Bewerber im Internet die Antworten auf Testfragen nicht selbst geben und das später nicht an anderer Stelle im diagnostischen Prozess aufgefangen wird. Ansonsten ist das eine Frage der Testkonstruktion und der Möglichkeit, mehrfache Wiederholungsteilnahmen von einzelnen Bewerbern zu verhindern. Das wird man nicht vollständig können, aber wir haben unsere Vorgehensweisen.

Ist es wichtig, dass Augenscheinvalidität vorhanden ist, damit sich die Probanden fair behandelt fühlen?
Die faire Behandlung ergibt sich im Kontakt und durch die Bereitschaft, sich auch herausfordern zu lassen und Rede und Antwort zu stehen. Der Schlüssel liegt nicht in der Augenscheinvalidität, sondern in dem notwendigen Aufwand, die eigene Vorgehensweise nachvollziehbar zu machen. Darüber hinaus liegt in dem gezielten Streben nach Augenscheinvalidität die Gefahr der Trivialisierung der Diagnostik. Wer nur
▼

Harald Ackerschott, Diplom-Psychologe, zusammen mit Gabriele Bertram Geschäftsführer der Intelligenz System Transfer GmbH Bonn. Die Gesellschaft versteht sich als Dienstleister für Unternehmen und andere Organisationen mit der Kernkompetenz Psychologie, darin insbesondere Recruiting und Personalselektion (einschließlich Leistungs- und Potenzialdiagnostik)

Verfahren nutzt, die jedem nachvollziehbar sind, und die er nicht erklären muss, der schneidet sich viele gute diagnostische Ansätze ab.

Welche Leistungs- und Persönlichkeitsbereiche werden von potenziellen Auftraggebern am stärksten nachgefragt?
In der Regel werden von Auftraggeberseite zusammengesetzte Eigenschaften oder Fähigkeiten nachgefragt, oder auch Fähigkeiten, die es so als valide messbare Größe gar nicht gibt wie z. B. »Abschlussstärke« im Verkauf. Wir gehen dann so vor, dass wir eine Anforderungsanalyse an Hand eines halbstandardisierten Interviews auf der Basis der »critical-incident-technique« machen und die Anforderungen der Tätigkeit oder auch des Entwicklungsprogramms in messbare Dimensionen übersetzen. Wir verlangen von unseren Kunden nicht, dass sie Psychologen sind und immer »richtig« fragen. Unser Anspruch ist, die Bedürfnisse, die der Kunde aus seiner Sicht artikulieren kann, zu hinterfragen, die dahinterstehenden (unternehmerischen) Ziele zu sehen und ihm zu helfen, diese zu realisieren.

Wie erfolgen die Testungen?
Wir haben verschiedene Technologieformen, aber »paper-and-pencil« ist immer noch am verbreitetsten. Daneben gibt es EDV-Formate für Einzel- und Gruppendurchführungen. Gruppendurchführungen sind für die unteren Hierarchieebenen am geeignetsten, im VIP-Bereich muss man den eher kargen Testeinsatz durch persönliche Zuwendung und Repräsentativität oder auch Dynamik des Treffpunkts ergänzen. Testdurchführungen direkt online haben mich bisher nicht überzeugen können. Der Aufwand wird nur scheinbar verringert. Die Nacharbeit der Identität ist bisher zu aufwändig, um wirklich einen Nutzen zu generieren.

Mit welchen Problemen werden Sie innerhalb der psychologischen Diagnostik in Zusammenarbeit mit Ihren Kunden am häufigsten konfrontiert?
Im Allgemeinen ist die Zusammenarbeit sehr gut und langjährig tragfähig. Wenn Sie unbedingt etwas hören wollen: Im Pricing die Unterschiede zwischen Standardanwendungen und Spezialaufträgen gerade auch den in Konzernen immer rigideren Einkaufsstrukturen zu vermitteln. In der Regel freuen sich die Einkäufer so sehr, wenn Sie sehen, wie ökonomisch unsere Standardanwendungen sind, dass sie denken, es ist damit alles gelöst oder lösbar.

Wie ist es um Rückmeldungen über den Erfolg und die Zufriedenheit mit Ihrer Arbeit (= psychologische Diagnostik) bestellt?
Unsere Kunden sind in der Regel sachorientierte, zahlengetriebene Geschäftsleute in Branchen und Firmen, die leistungsstark sind und im Wettbewerb stehen. Da wird explizit wenig überschwänglich geschwärmt. Aber es gibt immer wieder Gelegenheiten, in denen uns Kunden ihre Zufriedenheit ausdrücken, oder wenn eine besonders schwere Kuh vom Eis geholt wurde, dann merkt man das einfach. Außerdem haben wir Kunden, die wir seit deren Gründung betreuen, oder die uns fast seit unserer Gründung treu sind, und das spricht einfach für sich, finde ich. Darüber hinaus versuchen wir, wann immer möglich, unsere Verfahren auch im Feldeinsatz zu evaluieren. Diese Ergebnisse sind natürlich bedeutsamer als spontane Zufriedenheitsäußerungen und Schulterklopfen.

Gemessen an den (positiven) Konsequenzen von Psychodiagnostik, stehen dazu die Kosten der verwendeten Instrumente in einem angemessenen Verhältnis?
Absolut, wir helfen unseren Kunden nicht nur, effizienter zu sein in ihrer Prozessgestaltung, sondern auch überlegen in ihrer Mitarbeiterqualität und damit produktiver in ihren Märkten. Das ist einer der Gründe, warum wir im Recruiting nicht für konkurrierende Unternehmen arbeiten. Man kann immer nur einem helfen, Marktführer zu werden oder zu bleiben.

3.2.1 Allgemeines zu Leistungstests

»Leistung« wird in der Physik als Arbeit pro Zeiteinheit definiert. Auch in Leistungstests müssen die Testpersonen arbeiten: Sie rechnen, vergleichen geometrische Figuren miteinander, suchen Fehler in Texten oder bestimmte Figuren unter ähnlichen etc. Gemessen wird, wie viele solcher Aufgaben sie in einer feststehenden Bearbeitungszeit lösen oder wie viel Zeit sie zur Bearbeitung einzelner oder auch aller Aufgaben brauchen. Die geleistete Arbeit ist damit quantifizierbar; das Ergebnis nennen wir **Testleistung**.

Testleistung als Arbeit pro Zeit

Die Testleistung kann als Indikator für eine **Fähigkeit** (z. B. fluide Intelligenz), für eine **Fertigkeit** (z. B. das Beherrschen der Grundrechenarten) oder für **Wissen** verstanden werden. Fähigkeiten werden als das Potenzial zum Fertigkeits- oder Wissenserwerb verstanden. Die Übergänge zwischen Fähigkeit und Fertigkeit bzw. Wissen sind jedoch fließend, denn auch Fähigkeiten können partiell durch Training verbessert werden, und auch Fertigkeiten bzw. Wissen stellen oft eine Voraussetzung zum Erwerb weiterer Fertigkeiten dar und fördern den Aufbau von weiterem Wissen. Da der Erwerb von Fertigkeiten und Wissen auch von vorhandenen Fähigkeiten abhängt, sind die Maße darüber hinaus miteinander korreliert. Im Intelligenzbereich versteht man unter rechnerischem Denken eher eine Fähigkeit, während in Schultests Rechenfertigkeiten überprüft werden. Wegen der unscharfen konzeptuellen Abgrenzung wird in diesem Buch nicht streng zwischen dem Potenzial und dem Gelernten unterschieden. Die Konstrukte »Aufmerksamkeit«, »Konzentrationsfähigkeit« und »Intelligenz« (mit Ausnahme der kristallinen Intelligenz) sind grundsätzlich eher dem Fähigkeitsbereich zuzuordnen, während Schultests eher Fertigkeiten und Wissen erfassen. Entwicklungstests können so konzipiert sein, dass sie beide Aspekte der Leistung messen.

Testleistung als Indikator für Fähigkeit, Fertigkeit und Wissen

Bei der Interpretation von Testergebnissen sollte man bedenken, dass die Testperson angewiesen wurde, ihr Bestes zu geben. Anders als bei Persönlichkeitsfragebögen, in denen das **typische** Verhalten einer Person interessiert, soll mit Leistungstests das **maximal mögliche Verhalten** erfasst werden. Das gelingt nur, wenn sich die Testperson entsprechend anstrengt. Beim Bewerten der Leistung ist daher die Motivation bei der Testbearbeitung zu berücksichtigen. Bei geringer Motivation besteht die Gefahr, mit dem Testwert die gemessene Ausprägung zu unterschätzen.

maximales Verhalten gesucht

Leistungstests werden u. a. zur Auswahl von Bewerbern und zur Untersuchung von Personen eingesetzt, die ihren Führerschein verloren haben oder eine Lizenz zur Fahrgastbeförderung anstreben. Die Probanden haben ein Interesse daran, gute Ergebnisse zu erreichen. Daher liegt es für sie nahe, sich nicht nur anzustrengen, sondern sich auch gezielt vorzubereiten. Im Internet finden sich zum Teil Informationen über den Ablauf und die Inhalte von Eignungsuntersuchungen. Im Buchhandel kann man »Testknacker« erstehen, also Bücher, die über Tests informieren, Trainingsmaterial anbieten und eventuell auf geschickte Strategien hinweisen. Darüber hinaus finden Interessierte kommerzielle Vorbereitungskurse für Führerscheinprüfungen, Auswahltests für ein Medizinstudium oder etwa die Eignungsprüfung zur Auswahl von Piloten.

Vorbereitung auf Leistungstests

Wie stark wirkt sich die **Vorbereitung** bzw. generell **Übung** auf das Ergebnis in einem Leistungstest aus? Auch ohne gezielte Testvorbereitung sammeln viele Bewerber Testerfahrung, da sie von mehreren Unternehmen zu Eignungsuntersuchungen eingeladen werden und dabei zum Teil sogar die gleichen Tests eingesetzt werden. Hausknecht et al. (2007) sind in einer Metaanalyse der Frage nachgegangen, wie stark sich unterschiedliche Formen der Testerfahrung auf die mit Tests gemessene kognitive Leistungsfähigkeit auswirken. Sie fanden 50 einschlägige Untersuchungen mit insgesamt über 100.000 Probanden. Der über alle Studien gemittelte Effekt war mit d = .26 nicht sehr groß. Allerdings konnten die Autoren Bedingungen entdecken, unter denen der Effekt deutlich größer ist. So kommt es darauf an, ob vorher exakt derselbe (d = .46) oder nur ein ähnlicher Tests durchgeführt wurde (d = .24). Wurde ein Test zum dritten Mal durchgeführt,

Übung und Vorbereitung verbessern die Testleistung

war der Übungsgewinn erwartungsgemäß größer als wenn es sich um die zweite Durchführung handelte (d = .56 bzw. .26). Fand ein gezieltes Training (»coaching«) statt, verbesserte sich die Leistung stärker als bei reiner Testwiederholung (d = .70 bzw. .24). Außerdem stieg die Testleistung mit der in das Coaching investierten Zeit.

starke Übungseffekte bei Konzentrationstests

Fazit ist, dass Testergebnisse von der **Vorerfahrung** abhängen. Intensives Coaching und mehrfache Bearbeitung des Tests verbessern die Testleistung deutlich. Das gilt übrigens in besonderem Maße für Konzentrationstests. Westhoff und Dewald (1990) ließen Versuchspersonen Durchstreich- und Rechenkonzentrationstests über einen längeren Zeitraum verteilt insgesamt elfmal durchführen. Von der ersten bis zum letzten Messung stieg die Testleistung im Durchschnitt um 62 bzw. um 48 Prozent an!

Übungseffekte minimieren

Unterschiedliche Testerfahrung ist aus Sicht eines Diagnostikers unerwünscht. Deshalb sollten Maßnahmen ergriffen werden, um unterschiedlich großen Übungseffekten bei den Testteilnehmern entgegenzuwirken; ferner kann man versuchen, Tests »resistent« gegen Übung zu machen. Eine Maßnahme, die auch der Fairness gegenüber Testteilnehmern dient, die sich keine Vorbereitung leisten können oder wollen, ist die **Testinformation**. Es bietet sich an, alle Testteilnehmer vorab über die Art der Aufgaben – auch anhand von konkreten Beispielaufgaben – zu informieren. Zur Gestaltung von Tests, die weniger übungsanfällig sind, hat Powers (1986) mit seiner Metaanalyse wichtige Hinweise geliefert: Trainingseffekte werden kleiner, wenn die Testanweisungen einfach, klar und kurz sind und wenn ein festes Antwortformat statt freier Beantwortung vorgesehen ist.

Einfluss von Übung auf die Validität

Wenn sich die Mittelwerte von einer Testung zur anderen verändern, hat dies nicht zwangsläufig einen Effekt auf die Validität des Tests – Korrelationen werden durch die Erhöhung von Mittelwerten nicht beeinflusst. Die Frage, ob Tests bei wiederholter Durchführung eine andere **Validität** aufweisen als beim ersten Mal, muss eigens untersucht werden. Lievens et al. (2007) haben Testwiederholungseffekte unter realistischen Bedingungen untersucht. In Belgien wurde ein Test zur Auswahl von Medizin- und Zahnmedizinstudenten an späteren Examensleistungen validiert. Zunächst abgelehnte Bewerber konnten den Test einen Monat später erneut durchführen. Bei dieser Bewerbergruppe konnten das erste und zweite Testergebnis mit den Examensnoten korreliert werden. Es zeigte sich, dass die Validität des Tests mit der zweiten Durchführung abfiel. Der Effekt von Testwiederholung auf die Validität wurde bisher noch nicht gründlich untersucht, verdient aber weiter Aufmerksamkeit.

Arten von Leistungstests

Im deutschen Sprachraum sind heute mehrere hundert Leistungstests verfügbar, die man verschiedenen Kategorien zuordnen kann. ◘ Tabelle 3.2 führt jene Kategorien auf, die auch dem Testkompendium *Brickenkamp Handbuch psychologischer und pädagogischer Tests* (Brähler et al., 2002) zugrunde liegen. Die angegebenen Zahlen aus dem Jahre 2002 sind für heute sicherlich zu niedrig, da jedes Jahr zahlreiche neue Tests auf den Markt kommen.

◘ Tab. 3.2 Leistungstests nach Kategorien

Testkategorie	Anzahl der Verfahren
Allgemeine Leistungstests	17
Intelligenztests	57
Spezielle Funktions- und Eignungstests	29
Entwicklungstests	18
Schultests	72
Anmerkung. Nach Brähler et al. (2002).	

3.2 · Leistungstests

◘ Tab. 3.3 Die in Deutschland am häufigsten verwendeten Leistungstests

Test	Rang	Verwendungshäufigkeit (Nennungen in Prozent)		
		Roth und Herzberg (2008)	Steck (1997)	Schorr (1995)
CFT*	1	22	14	07
d2*	2	17	32	16
HAWIK*	3	16	29	22
SPM	4	15	18	12
HAWIE*	5	13	28	18
K-ABC	6	12	04	–
Benton	7	07	19	11
DRT	8	07	08	–
MWT	9	06	08	–
IST*	10	06	16	09

Anmerkungen. Prozentualer Anteil der Befragten, die angeben, den Test zu verwenden, Mehrfachnennungen möglich; bei Schorr: Nennen Sie fünf Tests, die Sie am häufigsten verwenden. N = 398 (Roth & Herzberg, 2008), 169 (Steck, 1997) und 661 (Schorr, 1995). Tests geordnet nach Nennungshäufigkeit in der neuesten Studie. CFT = Grundintelligenztest (mehrere Versionen), d2 = Aufmerksamkeits-Belastungstest d2, HAWIK = Hamburg-Wechsler Intelligenztest für Kinder, SPM = Standard Progressive Matrices, HAWIE = Hamburg-Wechsler Intelligenztest für Erwachsene, K-ABC = Kaufman Assessment Battery for Children, Benton = Benton-Test, DRT = Diagnostischer Rechtschreibtest, MWT = Mehrfachwahl-Wortschatztest, IST = Intelligenz-Struktur-Test. Auf Quellenangaben wird verzichtet, da unterschiedliche Versionen und Auflagen der Tests in Gebrauch waren.
* Diese Tests werden in den ► Abschnitten 3.2.2 und 3.2.3 ausführlich behandelt.

In der Praxis werden diese Tests unterschiedlich häufig eingesetzt. Roth und Herzberg (2008) erhielten bei einer Befragung per Post von 398 praktisch tätigen Psychologen Auskunft über den Testeinsatz: Die meisten (72 %) nannten den klinischen Bereich als ihr Arbeitsgebiet, gefolgt von pädagogischer sowie Arbeits- und Organisationspsychologie (jeweils 19 %; Mehrfachnennungen waren möglich). Die Ergebnisse finden sich in ◘ Tabelle 3.3, in der auch zwei frühere Befragungen mit ähnlicher Methodik aufgeführt sind. Die »Hitliste« enthält sieben Intelligenztests, einen Konzentrationstest (Test d2), einen neuropsychologischen Gedächtnistest (Benton) und einen Schultest (DRT).

3.2.2 Aufmerksamkeits- und Konzentrationstests

Viele Leistungen in Schule, Studium, Beruf und Alltag – vom Autofahren bis zum Kochen – verlangen nicht nur ein Mindestmaß an Intelligenz sowie spezielles Wissen oder Fertigkeiten, sondern auch eine grundlegende Fähigkeit, sich den Aufgaben effizient zuzuwenden. Man stelle sich vor, diese Grundfähigkeit sei durch aktuellen Drogen- oder Alkoholkonsum stark **eingeschränkt**: In diesem Zustand wird man viele Tätigkeiten nicht mehr richtig ausführen können. Die Leistung wird gegenüber dem Normalzustand stark abfallen, obwohl die Intelligenz, das Wissen und die Fertigkeiten vorhanden sind. Während alkohol- und drogenbedingte Leistungseinbußen vorübergehender Art sind, kann es durch Verletzungen oder Erkrankungen des Gehirns zu

eingeschränkte Leistungsfähigkeit

lange andauernden Einbußen kommen. Dennoch haben manche Menschen auch ohne eine erkennbare neuropsychologische Beeinträchtigung Schwierigkeiten, sich auf eine Aufgabe zu konzentrieren. Wer allerdings einen Beruf wie Fluglotse, Pilot, Rennfahrer oder Chirurg ausübt, muss über eine hohe Ausprägung dieser allgemeinen Leistungsfähigkeit verfügen. Mit anderen Worten: Diese Fähigkeit, für die wir nun die Begriffe »**Aufmerksamkeit**« und »**Konzentrationsfähigkeit**« einführen, variiert auch im Normalbereich.

relevant in vielen Bereichen

Aufmerksamkeit und Konzentrationsfähigkeit sind in vielen Anwendungsbereichen relevant: Beeinträchtigungen weisen auf bestimmte psychische Störungen hin (Klinische Psychologie), bei hirnorganischen Störungen sind Aufmerksamkeit und Konzentrationsfähigkeit häufig eingeschränkt (Neuropsychologie), Leistungsprobleme in Schule oder Studium können durch Aufmerksamkeits- oder Konzentrationsprobleme mit bedingt sein (Pädagogische Psychologie), und bestimmte Berufe stellen mehr oder weniger hohe Anforderungen an diese Fähigkeiten (Berufseignungsdiagnostik). Folglich besteht ein hoher Bedarf, Aufmerksamkeit und Konzentrationsfähigkeit zu messen.

»Allgemeine Leistungstests« als Überbegriff

Begriff »Allgemeine Leistungstests« Die Konstrukte »Aufmerksamkeit« und »Konzentration« sind bislang nicht gut definiert; zumindest haben sich noch keine konsensfähigen Definitionen durchgesetzt. Viele Autoren vermeiden deshalb eine begriffliche Festlegung und nennen Aufmerksamkeits- und Konzentrationstests in einem Atemzug. In einem einflussreichen Beitrag hatte Bartenwerfer (1964) vorgeschlagen, diese Tests als »Allgemeine Leistungstests« zu bezeichnen. Mit dem Begriff wollte er zum Ausdruck bringen, dass die Tests allgemeine Voraussetzungen für das Erbringen von kognitiven Leistungen erfassen. Eine konzeptuelle Klärung sah er als überflüssig an: »Jedoch weiß der unbefangene und fachkundige Leser ungefähr was gemeint ist, wenn von einem Test für Konzentrationsfähigkeit, Aufmerksamkeit, Willenskraft usw. gesprochen wird. Glücklicherweise ist eine eindeutige sprachlich-definitorische Klarheit über die genannten Bezeichnungen nicht erforderlich, wenn es darum geht, menschliches Verhalten vorherzusagen« (Bartenwerfer, 1964, S. 387). Der Begriff »Allgemeine Leistungstests« dient auch heute noch als Überbegriff wie z. B. im Brickenkamp Handbuch psychologischer und pädagogischer Tests (Brähler et al., 2002).

Unterscheidung von Aufmerksamkeit und Konzentration

Kontrastierend dazu wird auch die Auffassung vertreten, dass Aufmerksamkeit und Konzentration nicht gleichzusetzen sind. Schmidt-Atzert et al. (2004) plädieren dafür, **Aufmerksamkeit** allein mit Wahrnehmung in Verbindung zu bringen und darunter **das selektive Beachten relevanter Reize oder Informationen** zu verstehen; demgegenüber soll sich der Begriff »**Konzentration**« auf alle Stufen der **Verarbeitung von Informationen** beziehen: von der selektiven Wahrnehmung (= Aufmerksamkeit) über die Kombination und Speicherung bis hin zur Handlungsplanung. ◻ Abbildung 3.1 veranschaulicht diese Trennung und den Überlappungsbereich von Aufmerksamkeit und Konzentration.

Anforderungen an Konzentrationstests

Unter günstigen Arbeitsbedingungen, also ohne Zeitdruck, bei nur kurzer Beanspruchung, ohne Störungen etc. hängt die Leistung eines Menschen allein von den Fähigkeiten und Fertigkeiten ab, die für eine spezielle Aufgabe benötigt werden. Je nach Aufgabe sind dies beispielsweise die Rechenfertigkeit, die Kombinationsfähigkeit, die Merkfähigkeit oder die Psychomotorik. Konzentration ist erst am Zustandekommen von Leistungen beteiligt, wenn erschwerende Arbeitsbedingungen wie Zeitdruck, lange Arbeitszeit oder Störungen hinzukommen. Diese Überlegungen finden in folgendem Definitionsvorschlag ihren Ausdruck: Konzentration ist die »Fähigkeit, unter Bedingungen schnell und genau zu arbeiten, die das Erbringen einer kognitiven Leistung normalerweise erschweren« (Schmidt-Atzert et al., 2004, S. 9). Konzentration kann demnach nur beim Arbeiten auftreten; konzentriertes Arbeiten wird als anstrengend erlebt (vgl. Westhoff & Hagemeister, 2005). Westhoff und Hagemeister

3.2 · Leistungstests

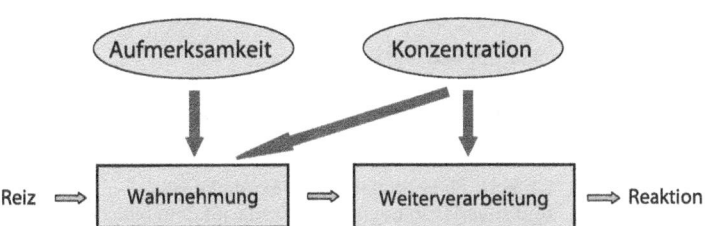

◘ **Abb. 3.1** Aufmerksamkeit und Konzentration als unabhängige Konstrukte. Die Aufmerksamkeit hat ausschließlich einen Einfluss auf die Wahrnehmung, die Konzentration wirkt primär auf die Weiterverarbeitung der selegierten Reize, kann aber auch die Wahrnehmung betreffen (»konzentrierte Aufmerksamkeit«) und den mentalen Anteil einer Reaktion (Handlungsplanung, Psychomotorik). Aus Schmidt-Atzert et al. (2004, S. 11, mit freundlicher Genehmigung des Hogrefe-Verlags)

(2005, S. 39 f.) stellen für Konzentrations**tests** folgende Anforderungen auf: Sie müssen einfache Reize verwenden, die klar und eindeutig wahrzunehmen sind; auf diese Reize sollen einfach zu erinnernde Regeln angewendet werden; es müssen absichtsvolle Teilhandlungen ausgeführt werden; und sie müssen Leistung in Geschwindigkeit und Sorgfalt abbilden.

3.2.2.1 Aufmerksamkeitstests

Tests zu verschiedenen Formen der Aufmerksamkeit haben ein gemeinsames Merkmal: Sie erfassen, wie schnell und genau Probanden kritische Reize entdecken. Die Tests unterscheiden sich vor allem darin, welche kritischen Reize verwendet und unter welchen Bedingungen diese dargeboten werden. Die Bedingungen sind ausschlaggebend dafür, welche »Form« der Aufmerksamkeit gemessen wird. In ◘ Tabelle 3.4 sind einige häufig genannte Aufmerksamkeitstypen aufgeführt. Eine weitgehend vollständige Auflistung deutschsprachiger Aufmerksamkeitstests mit kurzen Angaben zu jedem Verfahren findet sich bei Schmidt-Atzert et al. (2008). Die Unterscheidung verschiedener Aufmerksamkeitsfunktionen ist für die Einteilung von Tests nützlich; allerdings scheint es mehr Begriffe für Formen der Aufmerksamkeit zu geben als sich durch die faktorenanalytische Forschung belegen lässt (Schmidt-Atzert et al., 2008). Deshalb sind einige Erläuterungen zu den Aufmerksamkeitsfunktionen angebracht.

verschiedene Aufmerksamkeitsfunktionen

Alertness Das Konzept »Alertness« spielt v. a. in der Neuropsychologie eine Rolle. Darunter wird eine basale Wachheit oder Ansprechbarkeit auf Reize jeder Art verstanden. Eine extreme Verminderung der Alertness ist bei komatösen Patienten zu beobachten. Alertness bezeichnet im Grunde nicht eine bestimmte Form der Aufmerksamkeit, sondern vielmehr eine generelle Voraussetzung für Aufmerksamkeit (im Sinne von Reizselektion). Ein verbreiteter Test zur Alertness ist der Subtest »**Alertness**« der Testbatterie zur Aufmerksamkeitsprüfung (TAP; Zimmermann & Fimm, 1993). Die Probanden sind aufgefordert, beim Erscheinen eines Kreuzes auf dem Bildschirm sofort eine Antworttaste zu drücken. Es gibt keine anderen Reize, die zu ignorieren wären.

Ansprechbarkeit auf Reize

Prinzipiell unterscheiden sich Alertness-Tests nicht von Tests zur Messung der Reaktionsschnelligkeit. So wird beim **Reaktionstest** (Schuhfried, o. J.) in der Serie 1 ein gelbes Lichtsignal als einziger Reiz verwendet, der immer so schnell wie möglich zu beantworten ist. Der einzige Unterschied zum TAP-Test **Alertness** besteht darin, dass in der TAP zusätzlich zwischen tonischer und phasischer Alertness unterschieden wird: In der Bedingung »phasische **Alertness**« geht dem visuellen Reiz ein akustischer Warnreiz voraus, der die Alertness anheben soll. Bei der Bedingung »tonische **Alertness**« gibt es keinen solchen Warnreiz. In einer faktorenanalytischen Untersuchung von Bühner et al. (2001) mit hirngeschädigten Patienten wiesen die Tests »**Alertness tonisch**«, »**Alertness phasisch**« und zwei klassische Reaktionszeittests (Reaktion auf Lichtreiz bzw. akustischen Reiz) sehr hohe Ladungen auf einem gemeinsamen Faktor auf.

Reaktionsschnelligkeit

verschiedene Aufmerksamkeitstests

Tab. 3.4 Aufmerksamkeitsformen und -tests

Aufmerksamkeits-begriff	Testbedingung (Prinzip)	Testbeispiel und Kurzbeschreibung[a]
Alertness[b]	Einfache Reize schnell und zuverlässig beantworten	TAP **Alertness** **Kreuz** auf dem Bildschirm
Fokussierte oder selektive Aufmerksamkeit	Beachtung eines bestimmten Reizes bzw. einiger weniger Reize innerhalb **einer** Reizklasse	TAP **Go/Nogo** Einzeldarbietung von ähnlichen Mustern, **zwei Muster** davon sind kritische Reize
Geteilte Aufmerksamkeit	Beachtung von mindestens je einem Reiz aus zwei deutlich verschiedenen Reizklassen	TAP **Geteilte Aufmerksamkeit** Visuell: Wechselnde Kreuze in einer 4 × 4-Matrix – **Quadrat?** Akustisch: Abwechselnd hoher und tiefer Ton – **Unregelmäßigkeit?**
Daueraufmerksamkeit	Fokussierte oder geteilte Aufmerksamkeit über längere Zeit	DAUF Reihe von fünf bzw. sieben ständig wechselnden Dreiecken mit Spitze nach oben oder unten – **vorher definierte Anzahl von Dreiecken mit Spitze nach unten** (Dauer: 20 bzw. 35 min)
Vigilanz	Beachtung seltener Reize über längere Zeit	VIGIL Hell aufleuchtender Punkt springt auf einer Kreisbahn (ähnlich Uhr) um einen Schritt – **Doppelsprung** (Dauer: 30, 35 oder 70 min)

Anmerkung. TAP = Testbatterie zur Aufmerksamkeitsprüfung (Zimmermann & Fimm, 1993). DAUF und VIGIL aus dem Wiener Testsystem (Fa. Schuhfried).
[a] Kritische Reize (fett gedruckt) sind mit Tastendruck zu beantworten.
[b] Zu Alertness s. Erläuterungen im Text.

selektives Beachten von Reizen

Selektive und geteilte Aufmerksamkeit Die Abgrenzung der geteilten von der selektiven Aufmerksamkeit basiert auf bestimmten Eigenschaften der kritischen Reize: Stammen sie aus zwei unterschiedlichen Reizklassen (meist akustisch und visuell), spricht man von geteilter Aufmerksamkeit. Empirisch ist die Unterscheidung zwischen selektiver und geteilter Aufmerksamkeit schwer zu begründen: Die entsprechenden Tests laden meist auf einem Faktor (Schmidt-Atzert et al., 2008). Gemeinsam ist diesen Tests, dass sie das selektive Beachten relevanter Reize verlangen. In Sinne der oben vorgeschlagenen Definition handelt es sich also um Aufmerksamkeitstests – nicht mehr und nicht weniger. Die Art und Anzahl der kritischen Reize sowie der Distraktoren (Reize, auf die nicht zu reagieren ist) bestimmen den Schwierigkeitsgrad der Testaufgaben.

Aufrechterhaltung der Aufmerksamkeit

Daueraufmerksamkeit Einige Testautoren sprechen von Daueraufmerksamkeit, wenn die selektive bzw. geteilte Aufmerksamkeit über einen längeren Zeitraum aufrechterhalten werden muss. Die Aufgaben sind meist mit denen bei der Messung der selektiven bzw. geteilten Aufmerksamkeit identisch, die Tests werden lediglich verlängert. Es ist daher sehr fraglich, ob mit solchen Tests überhaupt ein anderes Konstrukt gemessen wird.

Aufmerksamkeitsleistungen bei selbst bestimmtem Tempo

Konzentrierte Aufmerksamkeit Tests, die von Schmidt-Atzert et al. (2008) der konzentrierten Aufmerksamkeit zugeordnet werden, erfordern wie alle bisher genannten

Aufmerksamkeitstests die Aufrechterhaltung der Aufmerksamkeit. Der entscheidende Unterschied zu den Daueraufmerksamkeitstests besteht darin, dass die Probanden ihr Arbeitstempo selbst bestimmen können. Nicht der Computer gibt vor, wann das nächste Item erscheint, sondern der Proband bearbeitet alle Aufgaben nacheinander in dem von ihm gewählten Arbeitstempo. Mit diesem auch als »self-paced« bezeichneten Arbeitsstil ist ein nach Westhoff (1995) zentrales Merkmal von Konzentrationstests erfüllt. Dieser scheinbar kleine Unterschied zwischen computer- und selbstbestimmtem Arbeitstempo hat einen großen Effekt auf die Validität eines Tests, wie Krumm et al. (2008) in einer Studie mit experimentell variierten Testversionen zeigen konnten.

3.2.2.2 Konzentrationstests

Konzentrationstests lassen sich – beispielsweise im Gegensatz zu Intelligenztests – nicht nach theoretischen Modellen unterscheiden, da solche Modelle bisher nicht ausgearbeitet wurden. Für Anwender ist vor allem relevant, welche Art von Aufgaben verwendet wird und für welche Zielgruppe ein Test vorgesehen ist. Sowohl Buchstaben-Durchstreichtests als auch Konzentrations-Rechentests haben bereits eine lange Tradition: Die ersten Verfahren dieser Art wurden bereits in den Jahren 1885 bzw. 1888 entwickelt (Bartenwerfer, 1964).

keine theoretischen Modelle

Die Art der Testaufgaben ist wichtig, da häufig nicht »die« Konzentrationsfähigkeit (als allgemeine und breite Fähigkeit) gefragt ist, sondern die Fähigkeit, sich unter näher bestimmbaren Bedingungen zu konzentrieren. Beispielsweise kann sich die Fragestellung auf die Konzentration beim Erledigen von Schulaufgaben oder aber beim Autofahren beziehen. Die Tests können nach den Aufgaben unterteilt werden, bei deren Bearbeitung Konzentration verlangt wird. ◘ Tabelle 3.5 zeigt die wichtigsten Aufgabentypen.

Da bei den Suchaufgaben meist die Zielobjekte durchzustreichen sind, werden diese Tests oft auch »Durchstreichtests« genannt. Mit dieser Bezeichnung wird aber ein an sich unerheblicher Aspekt der Testbearbeitung hervorgehoben, nämlich die Art der Itembeantwortung. Stattdessen könnte man auch die Diskrimination ähnlicher Reize bei den Anforderungen betonen: Die eigentliche mentale Operation bei der Testbearbeitung ist das Suchen und Unterscheiden von Reizen nach vorgegebenen Merkmalen. Auch die Bezeichnungen »Aufmerksamkeitstests« oder besser »Tests zur konzentrierten Aufmerksamkeit« treffen zu. Moosbrugger und Oehlschlägel (1996) haben sich beim Frankfurter Aufmerksamkeits-Inventar (FAIR) mit Absicht vom Durchstreichen als Antwortmodus distanziert und dafür ein »vollständiges Markierungsprinzip« eingeführt: Der Proband fährt mit dem Stift unter den zeilenweise angeordneten Items entlang und zieht, wenn er ein Zielobjekt entdeckt, den Stift nach oben, so dass ein Zacken entsteht. Beim Test d2-C, der Computerversion des bekanntesten »Durchstreichtests« (s.u.), gibt der Proband die Nummer der Zielobjekte ein.

Durchstreichtests

Das **Inventar komplexer Aufmerksamkeit (INKA)** von Heyde (1995; s. auch Heyde, 2004) kombiniert zwei Aufgabentypen: Transformation und Suchen. Vorgegeben sind lange Reihen von Konsonanten (z. B. RFLBPHZM…). Für jede Zeile müssen bestimmte Konsonanten anhand einer Umwandlungstabelle in andere transformiert werden (aus B wird beispielsweise Z). Danach sind die transformierten Konsonanten (also beispielsweise Z) in der Zeile zu suchen. Sie werden jedoch nicht markiert, sondern der davor stehende Konsonant ist am Rand zu notieren (RFLBPHZM… Antwort: H). Die Aufgabe ist also tatsächlich so komplex, wie der Testname vermuten lässt; allerdings stellt der Test auch erhebliche Anforderungen an die Merkfähigkeit der Probanden.

komplexe Anforderungen

Es existieren zumindest zwei weitere Tests, die nicht in das Schema von ◘ Tabelle 3.5 passen:

Beim **Farbe-Wort-Interferenztest (FWIT)** nach J. R. Stroop (Bäumler, 1985) werden in der sog. Interferenzbedingung Farbwörter (rot, grün …) vorgegeben, die farbig gedruckt sind. Die Probanden werden aufgefordert, die Druckfarbe zu benennen.

Interferenz und Interferenzneigung

Aufgabentypen

◨ Tab. 3.5 Einteilung der Konzentrationstests nach Aufgabentypen

Aufgabe	Testbeispiel	Erläuterung zur Aufgabe
Suchen, verbunden mit Reizdiskrimination	Aufmerksamkeits- und Konzentrationstest d2-R (Brickenkamp et al., 2010)	Alle ds mit zwei Strichen durchstreichen. Die Zielobjekte verbergen sich unter ds mit einer »falschen« Strichzahl und ps mit unterschiedlich vielen Strichen (◨ Abb. 3.2).
Rechnen	Revisionstest (Marschner, 1972)	Einfache Additionen auf Richtigkeit prüfen. Drei untereinander stehende einstellige Zahlen, deren letzte (Summe der oberen Zahlen?) durch einen Strich abgetrennt ist (z. B. 4 5 / 8).
Sortieren	Konzentrations-Verlaufs-Test KVT (Abels, 1974)	60 Kärtchen mit zweistelligen Zahlen durchsehen und auf vier Stapel sortieren: Kärtchen enthält die Zahl 43, die Zahlen 43 und 63, die Zahl 63, weder 43 noch 63.
Transformieren	Zahlen-Symbol-Test des Berliner Intelligenzstruktur-Tests: BIS-Form 4 (Jäger et al., 1997)	Transformation von Zahlen (1 bis 9) in Symbole anhand einer Umwandlungstabelle. Vorgegeben sind Zahlen, unter die jeweils das passende Symbol (z. B. + bei der Zahl 9) einzutragen ist.

Wenn also das Wort »grün« in gelber Farbe gedruckt ist, lautet die richtige Antwort »gelb«. Die Bedeutung des Wortes (im Beispiel »grün«) wirkt dabei störend und führt zu einer Verlängerung der Benennungszeit gegenüber der Bedingung, unter der die Farbe mit der Bedeutung des Wortes übereinstimmt; dieses Phänomen wird Interferenz genannt. Die individuelle Ausprägung der Interferenz wird als Interferenzneigung bezeichnet. Die Zeit, die jemand ganz allgemein für das Benennen von Farben benötigt, wird in einer zusätzlichen Testbedingung (Benennen von Farbstrichen) ermittelt und aus der Benennungszeit in der Interferenzbedingung herausgerechnet.

Störreize ignorieren können

Der Autor bietet zahlreiche Möglichkeiten für eine konzeptuelle Einordnung der individuellen Interferenzneigung an, darunter auch »konzentrativer Widerstand gegenüber dominierenden Reaktionstendenzen« (Bäumler, 1985, S. 7). Das Interferenzphänomen, das in diesem Test zum Messgegenstand erhoben wird, weist damit auf ein implizites Merkmal vieler Konzentrationstests hin, nämlich das Vorhandensein von Störreizen. Tests mit Suchaufgaben enthalten neben den »richtigen« Items (den Zielreizen) immer auch Distraktoren. Diese sind so beschaffen, dass sie schwer von den Zielreizen zu unterscheiden sind; beim Test d2-R etwa ist das »p« dem gesuchten »d« in seiner Gestalt sehr ähnlich. Widerstand gegen störende Reize ist möglicherweise auch bei anderen Konzentrationstests an der Testleistung beteiligt.

schulnahe Aufgaben

Der zweite Test, der das Schema sprengt, ist die **Testreihe zur Prüfung der Konzentrationsfähigkeit (TPK)** von Kurth und Büttner (1999; s. auch Kurth & Büttner, 2004). Der Test wurde für Schulkinder der zweiten bis sechsten Klasse konzipiert und enthält drei Aufgabenarten, die typische Anforderungen im Schulunterricht aufgreifen: Lesen, Rechnen und Reproduzieren. Einfache Rechenaufgaben wie 7 + 8 – 3 = ? kommen den Items anderer Rechen-Konzentrationstests sehr nahe. Ungewöhnlich für Konzentrationstests sind die Aufgaben »Abschreibtest« (Abschreiben eines Textes) und »Tiergeschichte« (Wiedergabe von Tiernamen aus einer vorgelesenen Tiergeschichte). Nach Westhoff und Hagemeister (2005, S. 40) entspricht der Subtest »Tiergeschichte« jedoch nicht ihrer Definition von Konzentrationstests, da die Zahl richtig reproduzierter Tiernamen kein Tempo- und kein Fehlermaß liefert und die Testleistung vermutlich stark von der Merkfähigkeit der Probanden abhängt.

3.2 · Leistungstests

◘ Tab. 3.6 Zuordnung von Konzentrationstests zu Faktoren

Tests	KON	N	F	INT	GED
BIS-ZS	++	–	–	–	–
ZVT	++	–	+	–	–
REV-T	++	++	–	–	–
KLT-R	–	++	–	–	++
FAIR	++	–	++	–	–
Test d2	++	–	++	–	–
INKA	–	–	++	+	+

Anmerkung. Ergebnisse aus Schmidt-Atzert et al. (2006). BIS-ZS, REV-T und d2 wurden in beiden Untersuchungen eingesetzt. ++ symbolisiert eine hohe Ladung auf dem Faktor, + eine moderate und – eine niedrige oder nicht spezifizierte Ladung. Benennung der Faktoren: KON = Konzentration, N = numerische, F = figurale Fähigkeiten (oder Aufmerksamkeit?), INT = Intelligenz, GED = Gedächtnis.

Angesichts der offensichtlichen Unterschiedlichkeit der Tests ergeben sich mindestens drei wichtige Fragen an die Forschung: Erstens ist zu klären, ob die Konzentrationstests so viel gemeinsame Varianz aufweisen, dass man annehmen darf, dass sie eine Fähigkeit messen. Eine alternative Hypothese ist, dass sich mehrere Formen der Konzentration unterscheiden lassen. Zweitens ist von Interesse, welche Tests als die typischsten Vertreter ihrer Gattung gelten können. Es sollten jene Tests sein, die viel Konzentrationsvarianz und wenig andere Testvarianz aufweisen. Drittens werden insbesondere Testanwender wissen wollen, von welchen anderen Fähigkeiten und Fertigkeiten der Probanden die Leistung in einzelnen Konzentrationstests abhängt und wie stark diese Abhängigkeit ist.

Fragen an die Forschung

Zur Beantwortung dieser Fragen haben Schmidt-Atzert et al. (2006) in zwei Untersuchungen insgesamt zehn bzw. elf Tests zur Erfassung von Konzentration und verwandten Konstrukten (z. B. Informationsverarbeitungsgeschwindigkeit) sowie weitere Tests zur Validierung der Konzentrationsfaktoren bearbeiten lassen. Als Kennwert wurde immer die Anzahl der richtig bearbeiteten Items bzw. Zielobjekte verwendet; analysiert wurde also das fehlerkorrigierte Arbeitstempo. Eine Synopse der Ergebnisse aus beiden Untersuchungen findet sich in ◘ Tabelle 3.6, in der weitere Subtests aus dem Berliner Intelligenz Struktur Test (BIS) sowie die Tests zur Validierung aus Platzgründen nicht aufgeführt worden sind. Die Benennung der Faktoren orientiert sich an den Ladungen zusätzlicher Tests (Rechentest, Gedächtnistest, Intelligenztests) auf den jeweiligen Faktoren. Beim Faktor »figurale Fähigkeiten« handelt es sich möglicherweise auch um einen Aufmerksamkeitsfaktor, da die Tests nicht nur figurales Material verwenden, sondern auch eine Selektion von Reizen verlangen.

faktorenanalytische Untersuchung mit vielen Tests

In beiden Untersuchungen ließ sich ein einziger Konzentrationsfaktor nachweisen, der durch den Zahlen-Symbol-Test (ZS) aus dem BIS markiert wurde. Der BIS-ZS hatte keine nennenswerten Ladungen auf anderen Faktoren; das bedeutet, dass der Zahlen-Symbol-Test die Konzentrationsfähigkeit am besten von allen Tests erfasst. Alternativ lässt sich auch eine Kombination des d2 (oder FAIR) und des Rev-T einsetzen; die Leistungen in diesen beiden Tests hängen jedoch auch von figuralen (Test d2, FAIR) und numerischen Fähigkeiten (Rev-T) ab. Durch die Verwendung von zwei Tests (deren Ergebnisse anschließend gemittelt werden können) wird die Abhängigkeit von einer einzelnen, zusätzlich erforderlichen Fähigkeit reduziert. Ein erstaunliches Ergebnis war, dass sich der Zahlen-Verbindungs-Test (ZVT), der zur Messung der Intelligenz entwickelt worden ist, als guter Konzentrationstest erwies, der zudem nur wenig intelligenzabhängig zu sein scheint. Die Faktorenanalysen der Tests zeigten ferner, dass die Rechen-Konzentrationstests (Rev-T und KLT-R) erwar-

ein Konzentrationsfaktor

tungsgemäß auf dem numerischen Faktor laden, wobei der KLT-R nicht Konzentration, sondern Rechenfertigkeit und Merkfähigkeit zu erfassen scheint. Auch der INKA misst offenbar nicht Konzentration, sondern figurale Fähigkeiten (oder Aufmerksamkeit); zudem hängen die Leistungen moderat mit Intelligenz und Merkfähigkeit zusammen.

Arbeitstempo und Reaktionszeit

Kennwerte Aufmerksamkeitstests und Konzentrationstests liefern Kennwerte für die **Schnelligkeit** und die **Genauigkeit** der Reaktionen. Bei computergestützten Tests, die immer Einzelreize oder Reizkombinationen vorgeben, stellt die Reaktionszeit auf die Reize die zentrale Prüfgröße dar. Berechnet werden Mittelwert (oder Median) der Reaktionszeiten auf die Reize einer Testserie sowie zusätzlich meist die intraindividuelle Streuung dieser Reaktionszeiten. Papier-und-Bleistift-Tests dagegen erfassen, wie viele Zeichen ein Proband in der zur Verfügung stehenden Zeit bearbeitet oder richtig bearbeitet hat. Daraus lässt sich bei Bedarf berechnen, wie lange der Proband durchschnittlich für die Bearbeitung eines einzelnen Reizes benötigt hat. Reaktions- und Bearbeitungszeit liefern dennoch unterschiedliche Informationen (s.o. »konzentrierte Aufmerksamkeit«): Bei der Einzeldarbietung von Reizen auf dem Bildschirm besteht eine starke Aufforderung, jetzt so schnell wie möglich zu reagieren. Bis zur Darbietung des nächsten Reizes ist meist eine kleine »Erholungspause« eingeplant. Wenn ein Proband die Reize in einem Papier-und-Bleistift-Test sukzessive bearbeitet, bestimmt er selbst das Arbeitstempo; die Leistung hängt also nicht nur davon ab, wie lange er für die Bearbeitung eines Reizes braucht, sondern auch von der Länge der selbst gewählten Pausen zwischen zwei Reizen.

Bei der Bearbeitung eines Testitems sind Fehler grundsätzlich möglich, auch wenn – wie bereits dargelegt – die Aufgaben in Aufmerksamkeits- und Konzentrationstests in der Regel so leicht sind, dass sie von fast allen Probanden fehlerfrei gelöst würden, wenn ihnen für die Bearbeitung genügend Zeit zur Verfügung stünde.

zwei Fehlertypen

Bei Tests, die ein Reagieren auf kritische Reize und ein Nichtreagieren auf Distraktoren verlangen (insbesondere Suchaufgaben, Durchstreichtests und Aufmerksamkeitstests mit Einzeldarbietung von Reizen) können zwei Fehlerarten unterschieden werden: Auslassungsfehler und Fehlreaktionen auf Distraktoren. Von einem **Auslassungsfehler** spricht man, wenn ein kritischer Reiz vorliegt und der Proband nicht darauf reagiert. Die Gründe für diese Art von Fehlreaktion können unterschiedlich sein: Erstens kann der Proband den Reiz übersehen bzw. nicht bemerkt haben. Zweitens, und dies gilt nur für die Darbietung von Einzelreizen, kann die Reaktion des Probanden zu spät erfolgt sein (die Reaktion muss immer in einem bestimmten Zeitfenster erfolgen, wenn sie gültig sein soll). Drittens kommt es vor, dass jemand den Reiz absichtlich nicht bearbeitet: Bei der Einzeldarbietung von Reizen gönnt sich der Proband eine »Verschnaufpause«, bei Papier-und-Bleistift-Tests überspringt er absichtlich Zeichen, um seine Mengenleistung zu steigern. Im dritten Fall könnte man auch von strategischen Fehlern sprechen. Ein **Verwechslungsfehler** liegt dagegen vor, wenn auf einen Distraktor so reagiert wird, als wäre es ein Zielreiz. Der naheliegende Grund ist, dass der Proband den Distraktor mit einem Zielreiz verwechselt hat. Auslassungs- und Verwechslungsfehler können auch auftreten, wenn ein Proband die Instruktion nicht richtig verstanden hat oder wenn er seine Antworten nach dem Zufallsprinzip gibt. In diesen Fällen werden aber so viele Fehler auftreten, dass dies dem Testauswerter auffallen und er einen entsprechenden Verdacht schöpfen wird.

Wichtige Kennwerte von Aufmerksamkeits- und Konzentrationstests sind:
- Arbeitstempo (wenn Tempo »self-paced«: Anzahl bearbeiteter Aufgaben)
- mittlere Reaktionszeit (bei Darbietung von Einzelreizen)
- Auslassungsfehler (Zielreiz nicht beantwortet)
- Verwechslungsfehler (Fehlreaktion auf Distraktor)

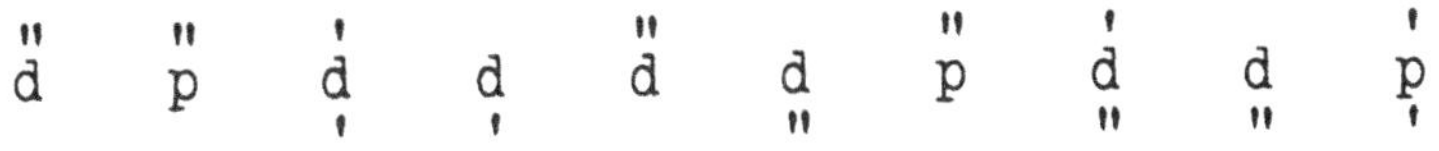

3.2 · Leistungstests

$\overset{"}{d} \quad \overset{"}{p} \quad \underset{,}{\overset{'}{d}} \quad \underset{,}{d} \quad \overset{"}{\underset{"}{d}} \quad \overset{"}{d} \quad \overset{"}{p} \quad \overset{'}{\underset{"}{d}} \quad \underset{"}{d} \quad \overset{'}{\underset{,}{p}}$

◘ Abb. 3.2 Items aus dem Test d2-R. (Mit freundlicher Genehmigung des Hogrefe-Verlags)

- **Test d2-R (Test d2 – Revision): Aufmerksamkeits- und Konzentrationstest (Brickenkamp et al., 2010)**

Beim Test d2-R handelt es sich um die revidierte Version eines Tests, der schon seit 1962 auf dem Markt ist; das Testmaterial wurde bis zur 9. Auflage (Brickenkamp, 2002) nicht verändert. Ursprünglich sollte der Test vor allem zur Feststellung der Kraftfahreignung dienen. Der Testautor hatte sich für das bewährte Prinzip der Durchstreichtests entschieden, dabei allerdings versucht, gewisse Unzulänglichkeiten der damals verfügbaren Durchstreichtests zu überwinden. Allein die Diskrimination von zwei Buchstaben zu verlangen, erschien angesichts der komplexen Anforderungen an Kraftfahrer als zu einfach. Gegen die Verwendung unbekannter Zeichen sprachen die notwendige Einübungsphase und interindividuelle Unterschiede in der Lernfähigkeit. Ziel war ein Test mit einer einfachen und verständlichen Instruktion und einer Aufgabe, die von den Probanden ohne lange Einübung ausgeführt werden kann.

Test d2-R: verbreiteter Test mit langer Tradition

◘ Abbildung 3.2 zeigt die bis heute verwendeten Items. Im Test selbst stehen die Zeichen dichter nebeneinander als in dem hier gezeigten Ausschnitt. Auf dem Testbogen im Format DIN A4 befinden sich insgesamt 798 Zeichen. Durchzustreichen sind alle Buchstaben d, sofern sie mit zwei Strichen versehen sind.

Befragungen von Psychologen in der Berufspraxis zeigen, dass der Test d2 von allen »allgemeinen Leistungstests« mit Abstand am häufigsten eingesetzt wird (▶ Abschn. 3.2.2). Bölte et al. (2000), die speziell Testanwender in der Kinder- und Jugendpsychiatrie befragt hatten, ermittelten für den Test d2 eine Anwendungshäufigkeit von 89 %, in weitem Abstand gefolgt von KVT, KLT und FWIT mit 32 %, 26 % und 18 % aller Nennungen.

Der Test d2 wurde auch in viele andere Sprachen »übersetzt«; besonders zu erwähnen ist eine amerikanische Ausgabe (Brickenkamp & Zillmer, 1998). Auch eine Computerversion wurde vorgestellt (Brickenkamp et al., 1997), die jedoch nicht als äquivalent zur Papier-und-Bleistift-Version gelten kann (s.u.).

Eingesetzt wird der Test unter anderem in der Klinischen Psychologie, der Neuropsychologie, der Arbeits- und Organisationspsychologie (zur beruflichen Eignungsdiagnostik), der Pädagogischen Psychologie, der Sportpsychologie und in der Verkehrspsychologie.

Anwendungsgebiete

Welches Merkmal wird mit dem Test erfasst? Da der Test eine Reizselektion verlangt (bestimmte Zeichen sind unter visuell ähnlichen Zeichen herauszusuchen), erfasst er **Aufmerksamkeit**. Diese kann aufgrund der genauen Aufgabenstellung näher als selektive oder fokussierte Aufmerksamkeit bestimmt werden (◘ Tab. 3.4). Diese Aufmerksamkeitsleistung muss kontinuierlich und dabei sowohl schnell als auch richtig erbracht werden, weshalb Brickenkamp (2002) den Test zutreffend auch als **Konzentration**stest einordnete. Die bis zur 9. Auflage verwendete Bezeichnung »Belastungstest« im Namen des Tests bezog sich darauf, dass die Testleistung unter Zeitdruck zu erbringen ist: Der Testleiter fordert den Probanden alle 20 Sekunden dazu auf, die Bearbeitung der aktuellen Zeile abzubrechen und mit der nächsten anzufangen. Die Bezeichnung erwies sich aber als irreführend: Einige Anwender nahmen an, dass der Test auch Belastbarkeit misst. Der Test d2-R trägt deshalb nicht mehr den missverständlichen Zusatz »Belastungstest«.

Der Test d2-R misst Aufmerksamkeit und Konzentration

Bei der Revision sollte der Test möglichst wenig verändert werden, so dass die zahlreichen »alten« Befunde zur Validität weiterhin gültig sind; andererseits waren aber bestimmte Modifikationen erstrebenswert. Am Testmaterial wurden folgende Änderungen vorgenommen:

Verbesserungen durch Revision

- Die Kernaussagen der Instruktion liegen nun auch schriftlich zum Mitlesen vor. In der Instruktion werden alle Varianten von Zielobjekten und Distraktoren einzeln gezeigt.
- Die Anzahl der Zeichen pro Zeile wurde von 47 auf 57 erhöht. Damit sollten Deckeneffekte verhindert werden (manchen Probanden gelang es, alle 47 Zeichen einer Zeile zu bearbeiten).

Die meisten Änderungen betreffen die Auswertung. Besonders zu erwähnen ist, dass der Test nicht mehr mit Schablonen ausgewertet wird. Auf einem Durchschreibbogen können die Markierungen leicht erkannt werden. Nummerierte Felder helfen, die Anzahl der bearbeiten Zielobjekte zu ermitteln.

> 798 visuelle Reize in 14 Zeilen

Testaufbau und Gliederung Der Test besteht insgesamt aus 798 visuellen Reizen, die sich nur in zwei Merkmalen voneinander unterscheiden: in den Buchstaben (d oder p) und in der Anzahl von kurzen Strichen unter und/oder über dem Buchstaben (◘ Abb. 3.2). Zielobjekte sind alle d's mit zwei Strichen, von denen es drei Varianten gibt: Ein Strich über und ein Stich unter dem d, zwei Striche über dem d und zwei Striche unter dem d. In jeder der 14 Zeilen des Tests stehen insgesamt 57 Zeichen.

> 20 Sekunden Bearbeitungszeit pro Zeile

Durchführung Die Instruktion erfolgt durch Vorlesen eines Standardtextes. Den Probanden wird eine Kurzanleitung vorgelegt, auf der alle wesentlichen Punkte der mündlichen Instruktion aufgeführt sind. Die Kurzanleitung enthält auch eine Auflistung aller Zielobjekte und Distraktoren sowie zwei Übungszeilen. Wichtig ist die Anweisung am Ende der Instruktion: »Arbeiten Sie so schnell wie möglich – aber möglichst ohne Fehler!« Die Bearbeitung des Tests erfolgt auf einem separaten Testbogen. Der Testleiter fordert mit »Achtung! – Los!« dazu auf, mit der ersten Zeile zu beginnen. Nach 20 s kommt der Befehl »Halt! Nächste Zeile!«. Die Stoppuhr läuft dabei weiter, und der Testleiter wiederholt den Befehl zum Zeilenwechsel alle 20 s. Die Testdurchführung dauert damit ohne Instruktion genau 4 min und 40 s. Der Test kann einzeln und in Gruppen durchgeführt werden. Eine Parallelform existiert nicht.

> Die Markierung erscheint auf dem Durchschreibbogen

Auswertung Wird auf dem Testbogen ein Zeichen durchgestrichen, drückt sich der Strich auf den Durchschreibbogen durch. Dort sind keine Zeichen zu sehen, sondern leere Felder – und zwar nur dort, wo ein Zielobjekt steht. Da die Felder nummeriert sind, kann man ablesen, wie viele Zielobjekte in jeder Zeile bearbeitet wurden. Auslassungsfehler sind an leeren Feldern und Verwechslungsfehler an Markierungen zwischen den Feldern zu erkennen; diese werden jeweils gezählt. Die Ergebnisse werden auf einem separaten Auswertungsbogen festgehalten. Die erste Zeile wird nicht ausgewertet, weil die Leistung hier leicht durch zu frühes oder zu spätes Starten beeinflusst werden kann. Die letzte Zeile bleibt ebenfalls unberücksichtigt, da in Gruppenuntersuchungen einzelne Personen unbemerkt nach dem Stoppsignal weiterarbeiten können.

> bearbeitete Zielobjekte und Fehler zählen

Das Ergebnis sind vier Werte, die sowohl für jeden der vier identischen Blöcke (bestehend aus je drei Zeilen) sowie als Summe für den Gesamttest ermittelt werden:
- Anzahl der bearbeiteten Zielobjekte
- Anzahl der Auslassungsfehler
- Anzahl der Verwechslungsfehler
- Konzentrationsleistungswert (Anzahl der entdeckten Zielobjekte minus Verwechslungsfehler)

> Fehlerprozent

Die beiden Fehlerarten werden zu einem Gesamtwert addiert. Daraus errechnet sich der Kennwert Fehlerprozent (F %): Fehlerzahl dividiert durch Anzahl bearbeiteter Zielobjekte; das Ergebnis wird noch mit 100 multipliziert. Die Rohwerte für Konzentrationsleistung, bearbeitete Zielobjekte und Fehlerprozent werden anhand einer Normtabelle in Standardwerte transformiert.

3.2 · Leistungstests

Der Konzentrationsleistungswert stellt das Gesamtmaß für die Konzentrationsfähigkeit dar. Die Anzahl der bearbeiteten Zielobjekte und der Fehlerprozentwert haben die Funktion von Hilfskennwerten, die Aussagen über zwei Aspekte des Arbeitsverhaltens gestatten: Tempo und Sorgfalt bei der Testbearbeitung. Beide können in ein Diagnoseschema auf dem Auswertungsblatt eingetragen werden. Die Testleistung des Probanden (in Normwerten) wird als Punkt in einem zweidimensionalen Raster mit den Achsen Tempo (bearbeitete Zielobjekte) und Sorgfalt (F %) dargestellt. So ist auf einen Blick erkennbar, wie sich Tempo und Sorgfalt zueinander verhalten. Beispielsweise kann ein Proband sehr schnell und zugleich sehr sorgfältig gearbeitet haben oder etwa relativ langsam und dabei sehr genau. Das Diagnoseschema wird, anders als noch in der 9. Auflage, nicht mehr dazu verwendet, das Arbeitsverhalten charakterologisch z. B. als »pedantisch« (sehr langsam und genau), »hochkonzentriert« (sehr schnell und genau) oder »konzentrationsgestört« (sehr langsam und ungenau) zu klassifizieren.

Konzentrationsleistungswert, bearbeitete Zielobjekte (Tempo)

Um eine irreguläre Testbearbeitung zu erkennen, wird eine Fehleranalyse empfohlen: Bestimmte Arten von Fehlern weisen darauf hin, dass jemand (a) die Instruktion nicht richtig verstanden hat, (b) sie vergessen hat oder (c) versucht hat, eine niedrige Konzentrationsfähigkeit vorzutäuschen. Es ist schon lange bekannt, dass Verwechslungsfehler wesentlich seltener vorkommen als Auslassungsfehler. Schmidt-Atzert und Bühner (1998) haben die Verwechslungsfehler weiter danach unterteilt, ob das fälschlicherweise durchgestrichene Zeichen den falschen Buchstaben, die falsche Strichzahl oder beide Merkmale trägt. Sie stellten fest, dass »Doppelfehler« (beide Merkmale falsch) selbst hirnorganisch gestörten Patienten extrem selten unterlaufen.

Fehleranalyse

Treten solche Fehler auf, könnte dies ein Hinweis auf Simulation sein. Schmidt-Atzert et al. (2004) untersuchten diese Hypothese in einer experimentellen Untersuchung, in der Studierende zum Verfälschen ihrer Testleistungen aufgefordert wurden. Die Versuchspersonen sollten dabei aber so geschickt vorgehen, dass auch ein Testexperte es nicht bemerkt. Dabei zeigte sich, dass viele »Simulanten« nicht die eher plumpen Doppelfehler machten. Als bester Indikator für Simulation erwiesen sich die Fehler, bei denen die Probanden ein p mit zwei Strichen markierten. Obwohl im damals verwendeten Test d2 187 dieser Zeichen vorkamen (eine durchschnittlich schnell arbeitende Person hatte 119-mal die Gelegenheit für solche Fehler), erwiesen sich bereits zwei (!) solcher Fehler als kritisch. Mit diesem Fehlerkriterium konnten 63 % der Simulanten erkannt werden, während in der Kontrollbedingung niemand falsch bezichtigt wurde. Allerdings ergab die Reanalyse von Testdaten neurologischer Patienten, dass 8 % fälschlicherweise als Simulanten eingestuft würden. Setzt man die kritische Fehlerzahl auf 10, werden noch immer 47 % der »Simulanten« entdeckt, und eine ungerechtfertigte Bezichtigung als Simulant wird ganz vermieden. Ein weiteres Ergebnis dieser Untersuchung war, dass es den Versuchspersonen nicht gelang, ihre Testleistung nach oben zu verfälschen.

Simulation erkennbar

Reliabilität Für die Konzentrationsleistung beträgt **Cronbachs** α – mit den vier Blöcken als Items – je nach Altersgruppe zwischen .89 (9–10-jährige Kinder) und .95 (Altersgruppe 40–60 Jahre). Die Koeffizienten für den Tempokennwert »bearbeitete Zeichen« variieren ebenfalls zwischen .89 und .95. Der Kennwert »Fehlerprozent« als Indikator der Sorgfalt erwies sich mit Werten zwischen .80 und .91 etwas weniger konsistent. Wird die Reliabilität über die **Testhalbierung** (erste versus zweite Testhälfte) geschätzt, finden sich nur geringfügig niedrigere Werte; so variieren die Koeffizienten für die Konzentrationsleistung zwischen .87 und .93. Alle bisherigen Angaben beziehen sich auf die Eichstichprobe. Die **Retest-Reliabilität** wurde durch Testwiederholung nach einem (N = 118) bzw. nach zehn Tagen (N = 145) ermittelt. Für die Konzentrationsleistung ergaben sich Werte von r_{tt} = .94 (1 Tag) bzw. .85 (10 Tage). Der niedrigere Wert nach zehn Tagen ergibt sich durch eine geringere Stabilität der Sorgfalt (r_{tt} = .47 versus .84 nach einem Tag). Die Retest-Reliabilität der Tempoleistung lag bei

hohe interne Konsistenz und Retest-Reliabilität

.91 bzw. .92 (10 Tage). Mit Ausnahme der relativ niedrigen Retest-Reliabilität für den Fehlerwert decken sich die Ergebnisse mit denen früherer Untersuchungen. Da der d2-R als nahezu äquivalent zum d2 gelten kann (auch belegt durch eine Äquivalenzstudie), dürfen wir annehmen, dass der d2-R auch für ein Zeitintervall von einem Jahr und darüber hinaus noch eine hohe Retest-Reliabilität aufweist. Diese liegt beim d2 selbst für den Fehlerprozentwert nach zwei Jahren noch im Bereich von .60.

erfasst nicht nur kurzfristige Konzentration

Validität Aufgrund des Aufgabenformates und der Vorgabebedingungen kann der Test gleichsam »vorab« inhaltliche Validität beanspruchen, und zwar primär für kurzfristige Konzentrationsleistungen unter dem Geschwindigkeits- und Qualitätsaspekt. Allerdings sprechen Ergebnisse einer Untersuchung von Steck (1996) dafür, dass mit dem Test d2 nicht nur kurz-, sondern auch mittelfristige Konzentration gemessen wird. Steck (1996) ließ von seinen Probanden nacheinander eine Version des Pauli-Tests von 5, 10 und 20 min Dauer sowie den Test d2 bearbeiten. Der Pauli-Test verlangt das fortwährende Addieren einstelliger Zahlen. Der Test d2 korrelierte .52 mit der Kurzversion (5 min) und .48 mit der Langversion (20 min) des Pauli-Tests. Eine weitere Probandengruppe bearbeitete eine 30-minütige Version des Pauli-Tests. Die Korrelation mit dem Test d2 betrug .45. Die Tatsache, dass der d2 mit unterschiedlich langen Konzentrationstests ähnlich hoch korreliert, spricht dafür, dass der Test auch die Fähigkeit erfasst, sich längere Zeit konzentrieren zu können.

Korrelation mit anderen Konzentrationstests

Die Konstruktvalidität des Tests d2 und damit auch des d2-R kann durch zahlreiche Untersuchungen als belegt gelten, in denen der Test mit anderen Konzentrationstests sowie (als konstruktdivergentem Kriterium) mit Intelligenztests korreliert wurde. Im Manual (Brickenkamp et al., 2010) sind alleine 17 Untersuchungen mit jeweils über 100 Probanden aufgeführt, in denen der d2 mit anderen Konzentrationstests korreliert wurde. Die Höhe der Korrelationen variiert mit den Tests, die als Referenzverfahren dienten. Für den Tempowert (der frühere GZ-Wert entspricht dem heutigen Kennwert »bearbeitete Zielobjekte«) und den Konzentrationsleistungswert fanden sich überwiegend Korrelationen im Bereich von .60 mit dem Revisionstest (Marschner, 1972), der Bearbeitungsgeschwindigkeit im Berliner Intelligenzstruktur-Test (Jäger et al., 1997) und dem Zahlen-Verbindungs-Test (Oswald & Roth, 1997). Bemerkenswert ist, dass diese Tests andere Aufgaben verwenden als der d2; beim Revisionstest beispielsweise sind einfache Additionsaufgaben wie »3 + 6 = 8« auf Richtigkeit zu prüfen. Für den Fehlerprozentwert liegen die Korrelationen mit den Fehlerwerten anderer Konzentrationstests überwiegend im Bereich von r = .30. Für den Konzentrationsleistungswert sowie den Tempowert lässt sich somit gut belegen, dass sie Konzentrationsfähigkeit bzw. Arbeitstempo bei Konzentrationsaufgaben messen. Die Validitätsbelege für den Fehlerprozentwert sind dagegen vorsichtig zu bewerten. Es wäre unangemessen, anzunehmen, dass dieser Kennwert eine generelle Fehlerneigung oder Sorgfalt erfasst.

Korrelation mit Aufmerksamkeitstests

Computertests zur selektiven Aufmerksamkeit liefern als einen Kennwert die durchschnittliche Reaktionszeit nach Auftreten eines Zielreizes. In drei Studien wurden Korrelationen um r = -.50 mit der Konzentrationsleistung und um r = -.40 mit dem Tempowert beobachtet; das negative Vorzeichen ist darauf zurückzuführen, dass kurze Reaktionszeiten eine hohe Leistung indizieren. Die Fehlerwerte der Tests korrelierten um r = .30. Diese Befunde unterstützen die Annahme, dass zur Bearbeitung des d2 bzw. d2-R Aufmerksamkeit erforderlich ist.

diskriminante Validität: Intelligenz

Mit Intelligenztestleistungen fanden sich überwiegend niedrige Korrelationen, abgesehen vom Zahlensymboltest des HAWIE (um .60). Die Korrelationen lagen meist unter r = .30. Zwischen dem Gesamtwert des IST-70 und dem Tempowert des d2 bestand in einer Stichprobe von Auszubildenden (N = 1.560), bei allerdings eingeschränkter Intelligenztestvarianz, ein Zusammenhang von r = .14. Damit wird unterstrichen, dass die Konzentrationsfähigkeit im Test d2 klar von Intelligenz abzugrenzen

3.2 · Leistungstests

ist. Dass die Korrelationen nicht bei null liegen, kann mehrere Ursachen haben. Eine Erklärung ist, dass die Intelligenztestleistung (nicht die Intelligenz!) auch von der Konzentration der Probanden abhängt (Oswald & Hagen, 1997).

Darüber hinaus liegen zahlreiche Belege zur empirischen Validität vor, z. B. in verkehrspsychologischen Bewährungskontrollen sowie bei eignungsdiagnostischen und sportlichen Problemstellungen. Mit der Eignung zum Führen von Kraftfahrzeugen, operationalisiert über den Erfolg in der Führerscheinprüfung, korrelierte der Tempowert des d2 in einer älteren Studie zu .52. Der d2 diskriminiert erfolgreich zwischen Gesunden und bestimmten psychiatrisch auffälligen Gruppen. Durch neurotoxische Stoffe belastete Personen erreichten niedrigere Werte im d2 als Kontrollpersonen. Einige Befunde sprechen dafür, dass die d2-Leistungen unabhängig von der Tageszeit sind, aber sensitiv für verschiedene Psychopharmaka.

Kriteriumsvalidität

Normierung Der Test d2-R wurde Ende 2007 bis Mitte 2008 in sechs Bundesländern normiert. Die Gesamtstichprobe umfasst 4.024 gültige Fälle. Es liegen Normen für Altersgruppen von 9–10 Jahren bis zu 40–60 Jahren vor, wobei die Altersgruppen der Kinder und Jugendlichen immer zwei Jahre umfassen. Die Altersgruppen bestehen aus 268–728 gültigen Fällen.

2007/2008 an über 4.000 Personen normiert

Bewertung Zum Vorgänger, dem Test d2, liegen zahlreiche Rezensionen und wertende Darstellungen in diversen Buchbeiträgen vor, die sich meist auf ältere Auflagen beziehen (s. den Eintrag zum AUFMERKSAMKEITS-BELASTUNGS-TEST d2 in der Datenbank PSYNDEXplus). Eine relativ neue Bewertung von 2001 stammt von der Diagnostikkommission des Schweizerischen Verbandes für Berufsberatung SVB, die sich jedoch noch auf die 8. Auflage bezieht (► http://www.testraum.ch/Serie%204/d2.htm). Dort ist zu lesen: »Das Verfahren ist einfach durchzuführen und weit verbreitet, obwohl einige Testpersonen es als langweilig oder anstrengend empfinden. Auch eine gewisse Unabhängigkeit von verbalen oder numerischen Fertigkeiten hat zu diesem Erfolg beigetragen. In kurzer Zeit (ca. 5 Min. konzentrierte Arbeit und insgesamt 15 Min. Testdurchführung) wird eine reliable und valide Information gewonnen, die für ganz viele Lern- oder Arbeitssituationen von Bedeutung ist.« Es werden Zweifel geäußert, ob der Test hinreichend valide ist, wenn nicht eine relativ kurze Konzentration, sondern mehr eine konzentrierte Ausdauer als Konstrukt von Interesse ist. Die Testinstruktion sei für »normale bis aufgeweckte Testpersonen« zu lang (Anmerkung: Dieser Einwand wurde bei der Revision berücksichtigt). Berechtigte Kritik wird an dem Kennwert »Schwankungsbreite (SB)« geübt, der nicht nur von Leistungsschwankungen abhängt, sondern auch davon, dass die Zeilen des Tests unterschiedlich schwere Items enthalten. Schließlich werden die Interpretationsvorschläge der Handanweisung, in denen z. B. von »defizitärem Antrieb«, von »pedantisch«, von »reflexiv« oder »impulsiv« die Rede ist, als nicht hinreichend abgesichert und damit zu weitgehend eingestuft. Diesen beiden Einwänden wurde beim d2-R Rechnung getragen; die Schwankungsbreite wird nicht mehr als Kennwert aufgeführt, und die charakterologische Interpretation ist weggefallen.

Kritikpunkte bei Revision berücksichtigt

Insgesamt knüpft der d2-R mit dem Test d2 an ein gut bewährtes und in der Praxis leicht zu handhabendes Verfahren an. Seine Kennwerte sind hoch reliabel, und zur Validität liegen viele positive Befunde vor. Der Test wird deshalb auch gerne zur Validierung anderer Konzentrationstests herangezogen.

bewährtes, reliables und valides Verfahren

Spezialformen Die Zeichen auf dem Testformular sind relativ klein und können besonders älteren Probanden, deren Sehfähigkeit eingeschränkt ist, Schwierigkeiten bereiten. Deshalb wird in der Praxis das Testformular gelegentlich durch Kopieren auf das Format **DIN A3** vergrößert. Bühner und Schmidt-Atzert (2004) haben an einer Stichprobe von Senioren (60–92 Jahre) geprüft, ob diese Variante dem Original äquivalent

Großformat für ältere Personen überprüft

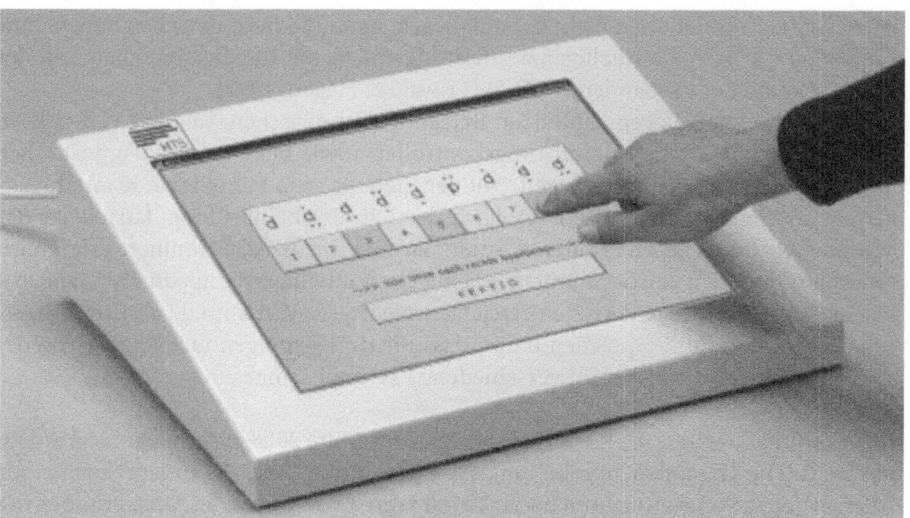

Abb. 3.3 Touch Panel für das Hogrefe-Testsystem. (Mit freundlicher Genehmigung des Hogrefe-Verlags)

ist. Die Vergrößerung hatte keinen Effekt auf die Anzahl der bearbeiteten Zeichen (GZ), wohl aber auf den Fehleranteil (F %) und den KL-Wert, die von der Fehlerzahl beeinflusst werden. Bei Verwendung der A3-Version machten die Probanden durchschnittlich nur 5,6 % Fehler im Vergleich zu 7,7 % bei der Original-A4-Version. Beide Versionen unterschieden sich nicht in der Reliabilität, den Streuungen der Testwerte und der Validität (drei Untertests der Testbatterie zur Aufmerksamkeitsprüfung TAP). Die Autoren raten, bei Sehschwierigkeiten die vergrößerte Version zu verwenden, weil damit ein Mangel ausgeglichen wird, der nichts mit der Konzentrationsfähigkeit zu tun hat und vermutlich zu einer Minderung der Testleistungen führen würde.

Computerversion nicht äquivalent

Vom Test d2 existiert eine **Computerversion** (Brickenkamp et al., 1997), die sich bereits nach Augenschein vom Original unterscheidet. Auf dem Bildschirm ist immer nur eine Zeile zu sehen, die nur aus neun Zeichen besteht, die zudem einen relativ großen Abstand voneinander aufweisen. Die Buchstaben d und p sind mit Punkten statt mit Strichen angereichert. Unter jedem Zeichen steht eine Ziffer, und der Proband benutzt Zifferntasten von 1 bis 9, um anzugeben, bei welchem Zeichen es sich um ein Zielobjekt handelt. Inzwischen wird allerdings eine Testversion mit einem Touchscreen angeboten (■ Abb. 3.3). Dass bei diesem Antwortmodus längere Bearbeitungszeiten resultieren, darf nicht überraschen. Gravierend für mögliche Anwendungen ist, dass die Leistungen, die mit der Tastatur-Computerversion erzielt werden, relativ niedrig mit den Leistungen in der Originalversion korrelieren. Für den Tempowert werden Korrelationen von .63 und .62 aus zwei Stichproben berichtet und für F % .42 und .31. Würden beide Versionen das gleiche Merkmal messen, sollten sie in Höhe der kurzfristigen Retest-Reliabilität miteinander korrelieren. Diese beträgt für GZ .92 und für F % .61 (Stabilität nach 5 Std., N = 172). Damit muss die Validität der Computerversion als fraglich gelten; zumindest können die Befunde zur Papier-und-Bleistift-Version nicht als äquivalent angesehen werden (Merten, 2000).

unterschiedliche Arten von Suchaufgaben

Andere Konzentrationstests mit Suchaufgaben Konzentrationstests mit Suchaufgaben stellen die größte Untergruppe der Konzentrationstests dar. Nach dem Prinzip, kritische Reize unter ähnlichen Reizen zu suchen, wurden weitere Tests konstruiert. Sie unterscheiden sich vom Test d2 vor allem darin, welche Art von Zeichen vorgegeben werden: Figuren unterschiedlicher Art (AKT, DL-KE, DL-KG, FAKT, FAIR, KT 3-4) und bestimmte Buchstaben, die mit Strichen versehen sind (neben dem Test d2 auch der BKT; s. Brähler et al., 2002). Unterschiede können auch hinsichtlich der Zielgruppe (z. B. ältere Probanden), dem Markierungsprinzip, den berechneten Kenn-

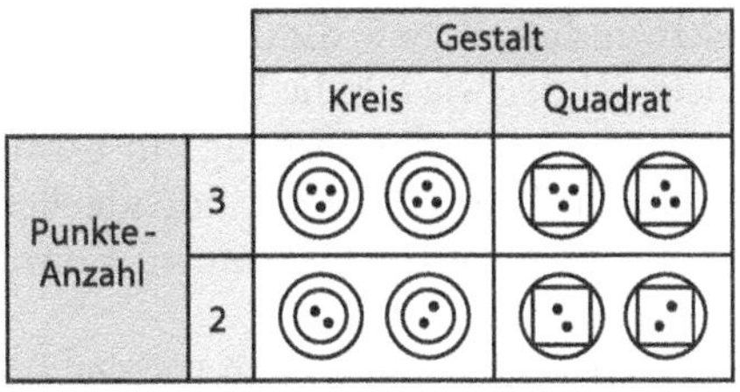

3.2 · Leistungstests

Abb. 3.4 Die Zellen zeigen die vier Itemarten des FAIR, welche durch die Variation der zwei Reizdimensionen Gestalt und Punkteanzahl erzeugt werden. Jede Itemart kommt in zwei Varianten vor, welche sich hinsichtlich der dritten, vom Probanden auszublendenden Dimension Anordnung der Punkte unterscheiden. (Moosbrugger & Oehlschlägel, 1996, mit freundlicher Genehmigung des Verlags Hans Huber)

werten und der Testdauer bestehen. Als Besonderheit ist die computerbasierte Testdurchführung und Auswertung zu erwähnen. Die Unterschiedlichkeit der Tests soll anhand von drei Beispielen erläutert werden.

Der **Konzentrationstest für 3. und 4. Klassen – Revision (KT 3-4 R)** von Nell et al. (2004) wurde, wie in der Testbezeichnung schon erkennbar ist, für Kinder entwickelt und zudem nur für einen engen Altersbereich. Die Items beinhalten Würfel, die zeichnerisch so dargestellt sind, dass man immer drei Flächen mit jeweils 1 bis 6 Punkten sehen kann. Jedes Item ist mit den vier Musterwürfeln zu vergleichen. Zunächst muss unter den Würfel als Zeichen dafür, dass dieser nun zur Bearbeitung ansteht, ein kleiner Punkt gemacht werden. Damit soll sichergestellt werden, dass alle Items nacheinander bearbeitet werden. Wenn der Würfel mit einem der vier Muster identisch ist, wird er durchgestrichen. Die reine Bearbeitungszeit beträgt 20 min.

KT 3-4 R: Kindertest mit Würfeln als Items

Der Testleiter fordert die Probanden alle 5 min auf, einen Strich als Zeitmarke unter den gerade bearbeiteten Würfel zu setzten. Die Musterwürfel ändern sich auf jeder Testseite, um den Einfluss der Merkfähigkeit auf die Testleistung zu minimieren.

Das **Frankfurter Aufmerksamkeits-Inventar (FAIR)** von Moosbrugger und Oehlschlägel (1996) verwendet als Testitems vier Zeichen (Itemarten) in je zwei Versionen (◘ Abb. 3.4). Zwei der vier Itemarten fungieren als Zielitems (in Testform A »Kreis mit 3 Punkten« sowie »Quadrat mit 2 Punkten«; in Testform B sind Ziel- und Nicht-Zielitems vertauscht), die beiden anderen Itemarten bilden die Nicht-Zielitems. Der Test besteht aus zwei Testbögen mit je 16 Zeilen à 20 Testitems, deren Reihenfolge hinsichtlich der Itemart zufallsverteilt ist. Auch beim FAIR lautet die Anweisung, möglichst ohne Fehler, aber so schnell wie möglich zu arbeiten. Im Sinne des »vollständigen Markierungsprinzips« geben die Testpersonen ihre Urteile Zeile für Zeile von links nach rechts in Gestalt einer durchgehenden Linie ab: Bei den Nicht-Zielitems ist die Linie nur unter den Zeichen entlangzuführen, bei den Zielitems hingegen ist die Linie zackenförmig hochzuziehen. Die reine Testdauer beträgt 6 min. Eine Besonderheit stellt das FAIR-Testauswerteprogramm (Moosbrugger & Goldhammer, 2005) dar. Es erlaubt nach Eingabe der protokollierten Gesamt- und Fehleranzahlen die automatische Erstellung eines Auswertungsbogens inklusive der Prozentrang- und Standard-Nine-Normwerte.

FAIR: Kreise und Quadrate mit Punkten

Die Items des FAIR finden auch in dem computerbasierten adaptiven **Frankfurter Adaptiver Konzentrationsleistungs-Test (FAKT-II)** (Moosbrugger & Goldhammer, 2005) Verwendung. Der FAKT-II dient der adaptiven Ermittlung der individuellen Konzentrationsfähigkeit; er erfasst dazu die Aspekte Konzentrations-Leistung (KL), Konzentrations-Genauigkeit (KG) und Konzentrations-Homogenität (KH). Unter Benutzung eines computerbasierten Algorithmus wird das Schwierigkeitsniveau der Items »maßgeschneidert« an das individuelle Konzentrationsvermögen des Einzelnen dadurch angepasst, dass die Vorgabe der Items umso rascher erfolgt, je höher die Konzentrationsleistung liegt. Intendiert wird damit eine in etwa gleiche Beanspruchung auf den interindividuell unterschiedlichen Leistungsstufen. Als Leistungsscore

FAKT-II als Computerversion des FAIR

gilt jene Darbietungsgeschwindigkeit (bzw. die darin erzielte Zahl bearbeiteter Items), bei der in etwa gleich viele richtige wie falsche Lösungen geliefert werden. Zur Beurteilung des Leistungsverlaufes kann die Testlänge in 6-Minuten-Schritten bis auf 30 min ausgedehnt werden. Zur Beurteilung des individuellen Leistungsverlaufs werden bei einer Testdauer von mehr als sechs Minuten Konzentrationsergebnisse für jeden 6-Minuten-Abschnitt berechnet.

Die Tests sind hoch reliabel

Die drei kurz vorgestellten Tests zeichnen sich wie der Test d2-R durch eine hohe Reliabilität der meisten Kennwerte aus. Als Validitätsbelege werden unter anderem überwiegend moderate Korrelationen mit anderen Konzentrationstests und niedrige Korrelationen mit Intelligenztests vorgelegt. Die Frage, welcher Test die höchste Validität aufweist, lässt sich damit jedoch nicht beantworten.

Testleistung hängt von Rechenfertigkeit ab

Konzentrationstests mit Rechenaufgaben Rechentests setzen stillschweigend voraus, dass die Teilnehmer einen etwa gleich hohen Automatisierungsgrad hinsichtlich der erforderlichen Rechenfertigkeiten erreicht haben und sich nur bezüglich ihrer Konzentrationsfähigkeit unterscheiden – eine Annahme, die angesichts sehr unterschiedlicher schulischer Biografien als problematisch angesehen werden muss. Die Resultate des KLT (s.u.) korrelieren dementsprechend auch mit der Mathematiknote. Scheinbar unterdurchschnittliche Konzentrationsleistungen können deshalb auch auf unterschiedlichen numerischen Fertigkeiten beruhen. In der faktorenanalytischen Studie von Schmidt-Atzert et al. (2006; Tab. 3.6) zeigten die beiden mit untersuchten Rechen-Konzentrationstests hohe Ladungen auf einem eigenen numerischen Faktor.

Konzentration als Koordinationsleistung

■ **KLT-R: Konzentrations-Leistungs-Test – Revidierte Fassung (Düker et al., 2001)**
Der KLT wurde ursprünglich von Düker und Lienert (1965) veröffentlicht. Der Test entstand vor dem Hintergrund pharmakopsychologischer Arbeiten und dem Konzept der Koordination. Darunter verstehen die beiden Autoren »das zu einer Gesamttätigkeit geordnete Zusammenwirken der Einzeltätigkeiten, die zur Erreichung eines bestimmten Zweckes erforderlich sind« (1965, S. 3). Um diese Koordination bewerkstelligen zu können, bedarf es der Konzentration. Im Falle des KLT wird diese mit Aufgaben gemessen, die ihrerseits interne Koordinationsprozesse verlangen. Als zu koordinierende Einzeltätigkeiten können beim KLT »Auffassen«, »Rechnen«, »Merken«, »Regelabruf« und »Entscheiden« spezifiziert werden.

Der KLT wurde modifiziert und neu normiert

Lukesch und Mayrhofer haben den Test leicht modifiziert und neu normiert (Düker et al., 2001). Beispielsweise wurde die Itemzahl reduziert. Neu ist auch, dass nun die Aufgaben in neun Blöcken dargeboten werden, für die jeweils 2 min Bearbeitungszeit zur Verfügung stehen. Dadurch können auch Schwankungen der Konzentrationsleistung über die Testbearbeitungszeit dargestellt werden. Die weiteren Ausführungen beziehen sich auf die revidierte Form des Tests.

zwei Schwierigkeitsstufen

Testaufbau und Gliederung Der Test liegt jeweils in den Parallelformen A und B und in zwei unterschiedlichen Schwierigkeitsstufen vor. Jede Version enthält 180 Aufgaben, die sich auf neun Blöcke mit je 20 Aufgaben verteilen. Die leichtere Version KLT-R 4-6 ist für die 4., 5. und 6. Schulklasse bestimmt, die Version KLT-R 6-13 für die 6.–13. Schulklasse. Jede der Formen des KLT enthält Aufgaben des folgenden Typs:

Beispiel A:	8+9−2		Beispiel B:	3+6−8	
		☐			☐
	5−4+3			9+1+7	

3.2 · Leistungstests

Die Probanden müssen zunächst pro Zeile die Ergebnisse ausrechnen und jeweils im Kopf behalten (Beispiel A: 15 bzw. 4; Beispiel B: 1 bzw. 17). Im Anschluss daran ist mit den Teilergebnissen nach unterschiedlichen Vorschriften zu verfahren:

KLT-R 4-6: Das kleinere Zwischenergebnis ist vom größeren zu subtrahieren. Im Beispiel A lautet die Lösung also 11 (15–4) und im Beispiel B 16 (17–1).

KLT-R 6-13: Falls das erste Zwischenergebnis **größer** ist als das zweite (wie im Beispiel A), ist die Differenz zu bilden (Beispiel A: 15–4 = 11). Falls das erste Zwischenergebnis **kleiner** ist als das zweite (wie im Beispiel B), sind beide zu addieren (Beispiel B: 17+1 = 18). Diese Aufgabenstellung wurde vom »alten« KLT übernommen. Nur das Endergebnis ist in das Kästchen neben den Aufgaben einzutragen.

Rechnen, Merken, Vergleichen

Durchführung Die Anweisungen zur Testbearbeitung sind auf der ersten Seite der Testformulare abgedruckt. Die reine Bearbeitungszeit beträgt bei beiden Versionen 18 min (9 Blöcke mit je 2 min). Der Test kann in Einzel- oder Gruppensitzungen durchgeführt werden. Bei Gruppenuntersuchungen sind abwechselnd die Formen A und B auszugeben, um Abschreiben zu verhindern. Es dürfen keine Zwischenergebnisse notiert werden. Dieser Hinweis muss gegebenenfalls während der Testdurchführung wiederholt werden.

Paralleltest für Gruppenuntersuchung

Auswertung Mithilfe von Schablonen wird zunächst die Anzahl der richtig und der falsch gelösten Aufgaben ermittelt. Daraus werden die **Gesamtmenge** (= Gesamtzahl der richtig und falsch gerechneten Aufgaben), der **Fehlerprozentwert** und die **Schwankungsbreite** berechnet und anhand der Normtabellen in Standardwerte (oder wahlweise Prozentränge) transformiert. Der Leistungsverlauf kann auf dem Auswertungsblatt grafisch dargestellt werden.

Kennwerte

Reliabilität Die interne Konsistenz (Cronbachs α) wurde für beide Testvarianten anhand der Daten aus den Eichstichproben berechnet, und zwar separat für Form A und B für jede einzelne Klassenstufe. Die neun Blöcke fungierten dabei als Items. Für die richtig gelösten Aufgaben wurden Konsistenzen zwischen .94 und .97 ermittelt, für die Anzahl der falschen Lösungen zwischen .79 und .93.

hohe interne Konsistenz

Validität In zwei Vorstudien wurde der KLT-R am Test d2 validiert. In der ersten Studie mit 253 Schülern aus drei Klassenstufen kam eine später nicht mehr verwendete Version zum Einsatz, bei der nicht Subtrahieren, sondern Addieren der Zwischenergebnisse verlangt wurde. Die Anzahl der richtigen Lösungen korrelierte .57 mit dem fehlerkorrigierten Tempowert GZ-F (heute durch Konzentrationsleistungswert abgelöst) des Tests d2. Für die Fehlerwerte betrug die Korrelation .20. In der zweiten Studie kam der KLT-R 6-13 bei 127 Realschülern aus drei Klassenstufen zum Einsatz. Die Korrelationen betrugen .27 (Richtige und GZ-F) und .37 (Fehler). Zur divergenten Validität werden Korrelationen zwischen dem KLT-R und einem standardisierten Rechentest berichtet. Die Korrelationen betrugen dabei für die 4., 5. und 6. Klasse .57, .33 und .53 (Anzahl richtig gelöster Aufgaben). Weiterhin liegen aus drei Untersuchungen (N = 80, 81 und 127) Korrelationen zwischen dem KLT-R 6-13 (Richtige) und Reasoning-Aufgaben (Zahlenreihen) aus dem PSB vor, die .49, .36 und .40 betragen. Die diskriminante Validität erreicht also ähnlich hohe Werte wie die konvergente Validität.

relativ hohe Korrelationen mit Rechen- und Intelligenztest

Normierung Die Eichstichprobe besteht beim KLT-R 4-6 aus 860 bayerischen Schülern; der KLT-R 6-13 stützt sich auf 2.600 Schüler aus Bayern. Es kamen die beiden Parallelformen A und B zum Einsatz. Die Normen gelten für beide Formen, da keine Unterschiede in Mittelwert oder Streuung festzustellen waren. Die Normtabellen beziehen sich immer auf einzelne Klassenstufen (nicht auf Altersgruppen), wobei ab der

normiert an bayerischen Schülern

5. Jahrgangsstufe auch nach Schultypen (Hauptschule, Realschule, Gymnasium; ab der 10. Klassenstufe auch Berufsschule) differenziert wird. Für die schulartübergreifenden Normen der Klassenstufen 6/7, 8/9, 10 und 11–13 fand für die einzelnen Schularten entsprechend der Schülerverteilung in Bayern eine Gewichtung statt. In der Gruppe »Erwachsene« werden die 352 Schüler ab 18 Jahren zu einer Normgruppe zusammengefasst.

knüpft an bewährtes Verfahren an

Bewertung Bei dem KLT-R handelt es sich um ein sehr reliables Instrument, das an ein relativ gut untersuchtes Verfahren (KLT) anknüpft. Die Autoren verweisen (mit der nötigen Vorsicht) auch auf ältere Validitätsuntersuchungen zum KLT. Allerdings unterscheidet sich der Test in einigen Aspekten von seinem Vorgänger: eine von 30 auf 18 min verkürzte Arbeitszeit, mehrfache Unterbrechung bei der Arbeit verbunden mit der Aufforderung, die Bearbeitung abzubrechen und sich einem neuen Block von Aufgaben zuzuwenden. Deshalb ist es fraglich, ob die Ergebnisse zur Validität des »alten« KLT auf den KLT-R generalisierbar sind. Als Vorteile gegenüber dem KLT sind die aktuellen Normen und die größere Informationsausbeute (insbesondere Angaben zum Leistungsverlauf) zu nennen.

komplexe Anforderungen

Im Vergleich zu den meisten anderen Konzentrationstests ist die Testaufgabe relativ komplex. So verlangt der Revisionstest »nur«, zu überprüfen, ob zwei einstellige Zahlen richtig addiert worden sind. Die oben beschriebene Untersuchung von Schmidt-Atzert et al. (2006) ergab, dass der KLT-R 6-13 keine deutliche Ladung auf dem Konzentrationsfaktor aufwies. In dieser Studie zeigte sich eine deutliche Abhängigkeit von der Rechenfertigkeit und der Merkfähigkeit. Die Angaben zur Validität des KLT-R (s.o.) weisen ebenfalls auf eine relativ enge Beziehung zur Rechenfertigkeit und darüber hinaus auch zur Intelligenz hin. Die Korrelationen mit einem Rechentest (divergente Validität) liegen in der gleichen Größenordnung wie die mit dem konstruktnahen Test d2. Dabei ist zu beachten, dass die Korrelationen mit dem Rechentest auf altershomogenen Probandengruppen basieren, was sich korrelationsmindernd auswirkt; die Korrelationen mit dem Test d2 wurden dagegen an einer bezüglich dem Alter heterogenen Stichprobe ermittelt. Die Normen stützen sich nur auf bayrische Schulen, was angesichts der Abhängigkeit der KLT-Leistung von der Rechenfertigkeit und Unterschieden im Schulsystem zwischen einzelnen Bundesländern problematisch ist. Auf die Testrezension von Nell (2003), aus der einige der genannten Kritikpunkte stammen, sei gesondert verwiesen.

3.2.3 Intelligenztests

sehr erfolgreiche Verfahren

Intelligenztests sind vermutlich die erfolgreichsten Verfahren in der psychologischen Diagnostik. Sie sind erfolgreich, weil sie in wichtigen Lebensbereichen erstaunlich gute Vorhersagen erlauben und zudem sehr zeitstabile Kennwerte liefern. Die Korrelationen mit Schul-, Ausbildungs- und Berufserfolg liegen über .50 (▶ Kap. 2.3.4.1).

Intelligenz ist wichtig für Erfolg im Leben

Die herausragende Bedeutung der Intelligenz für Erfolg im Leben wird durch die monumentale Terman-Studie eindrucksvoll belegt: In den Jahren 1921 und 1922 wurden rund 1.400 Kinder nach ihren Ergebnissen im Stanford-Binet-Staffeltest ausgewählt. Ihr IQ musste mindestens 135 betragen; damit gehörten sie zu dem oberen Prozent in der Intelligenzverteilung. Bei der genauen Verfolgung ihres Lebensweges über viele Jahre hinweg zeigte sich, dass sie in fast jeder Hinsicht erfolgreicher und zufriedener waren als die Durchschnittsbevölkerung. Beispielsweise gehörten im Jahre 1960 von den männlichen Teilnehmern 47 % in die obere von fünf Berufsgruppen; dazu zählten Rechtsanwälte und Richter (10 % der 738 hochbegabten Männer mit Beschäftigung), Ingenieure (8 %), Universitätsmitglieder (7 %), Naturwissenschaftler (6 %) und Ärzte (5 %) (Oden, 1968). Erstaunlich ist nicht nur, dass die Intelligenz ein

Tab. 3.7 Wichtige Merkmale zur Einordnung von Intelligenztests

Testmerkmal
Messintention: – allgemeine Intelligenz (g) oder eine bestimmte Intelligenzkomponente – ein Globalmaß oder (auch) Intelligenzstruktur bzw. mehrere Komponenten – Intelligenz sprachfrei/kulturfair oder bildungsabhängig messen
Durchführungsbedingungen: – Einzel- oder Gruppentestung – Speed- oder Powertest – Papier-und-Bleistift-Test oder Computertest – Dauer der Testdurchführung
Zielgruppe: – bestimmter Altersbereich – bestimmter Intelligenzbereich – Gesamtbevölkerung oder spezielle Personengruppe

derart starker Prädiktor für Erfolg ist, sondern auch, dass es möglich ist, mit einem Intelligenztest, dessen Bearbeitung weniger als zwei Stunden erfordert, so weit in die Zukunft eines Menschen zu schauen.

Viele in der Praxis tätige Psychologen setzen Intelligenztests ein, wie Umfragen zeigen (vgl. ▶ Abschn. 3.2.1, ◘ Tab. 3.3). Die Nennungshäufigkeiten sind jedoch nicht gleichzusetzen mit der Anzahl der Anwendungen. Sie besagen lediglich, wie viele Psychologen einen bestimmten Test überhaupt verwenden. Zumindest für einen Anwendungsbereich liegen auch Erkenntnisse über die Anwendungshäufigkeit vor: Bölte et al. (2000) befragten Psychologen in ambulanten und stationären kinder- und jugendpsychiatrischen Einrichtungen. Erstens zeigte sich, dass Intelligenztests die Liste der dort eingesetzten Testverfahren anführen. Zweitens wurde deutlich, dass die Psychologen diese Tests auch sehr oft einsetzen: 74 % der Befragten gaben an, Intelligenztests »immer« einzusetzen, die restlichen 26 % antworteten »oft«.

Intelligenztests werden häufig eingesetzt

3.2.3.1 Systematik der Intelligenztests

Intelligenztests unterscheiden sich in vielen weiteren Aspekten voneinander. Zusammenfassend sind die Kriterien in ◘ Tabelle 3.7 aufgeführt. Sie werden im Folgenden kurz erläutert.

Messintention Nicht allen Tests liegt explizit ein bestimmtes Intelligenzmodell zugrunde. Dieser Nachteil lässt sich jedoch bedingt durch die Forschung zur Konstruktvalidität beheben. Grundsätzlich sollten Testanwender darüber informiert werden, welche Art von Intelligenz das Verfahren misst. Da es »die« Intelligenz nicht gibt, soll das Manual präzise Angaben zur konzeptuellen Einordnung des Tests enthalten.

Angaben zur konzeptuellen Einordnung erforderlich

Für viele Fragestellungen ist es nützlich, ein Maß für die Allgemeine Intelligenz zu erheben. Die meisten Tests sind dazu auch geeignet. Allerdings fassen die jeweiligen Testautoren das Konzept der Allgemeinen Intelligenz nicht vollkommen gleich auf. Grundsätzlich sind hier zwei Ansätze zu erkennen: Die einen versuchen, den »Kernbereich« der Intelligenz, das schlussfolgernde Denken (Reasoning), zu erfassen. Diese Konzeption liegt beispielsweise den Standard Progressive Matrices (SPM) zugrunde. Andere bemühen sich um eine »breite« Messung mit Aufgabengruppen zu verschiedenen Bereichen (Komponenten) der Intelligenz mit anschließender Durchschnittsbildung. Die »Breite« kann dabei unterschiedlich gefüllt werden, d. h. die Auswahl der Intelligenzkomponenten variiert von Test zu Test.

Zwei Ansätze erfassen Allgemeine Intelligenz

Intelligenzkomponenten

Die »breiten« Tests liefern zusätzlich Informationen über mehrere Intelligenzkomponenten (beispielsweise sprachliches, rechnerisches und räumliches Denken). Sie firmieren als Strukturtests, wenn viele Intelligenzkomponenten erfasst und Unterschiede zwischen den Untertests interpretiert werden können; häufig findet in diesen Fällen eine Darstellung der Untertestleistungen in Form eines Profils statt.

fluide und kristallisierte Intelligenz

Einige Tests sollen nur eine bestimmte Komponente der Intelligenz messen. Die »Culture Fair Tests«, die in verschiedenen Varianten vorliegen (der CFT-20 wird unten beschrieben) sollen die fluide Intelligenz erfassen, also die von Bildungseinflüssen relativ freie geistige Leistungsfähigkeit. Dazu finden oft sprachfreie Aufgaben zum schlussfolgernden Denken Verwendung. Manchmal ist es nicht sinnvoll, einen Test einzusetzen, dessen Ergebnis von der (Schul-) Bildung oder der Beherrschung der deutschen Sprache abhängt. Wenn der Proband die deutsche Sprache nicht hinreichend beherrscht oder aus einer anderen Kultur kommt, wäre es unfair, seine Intelligenz mit einem Test zu messen, in dem z. B. nach dem Namen des deutschen Bundespräsidenten oder nach der Bedeutung des Wortes »Katakombe« gefragt wird. In vielen Fällen ist es diagnostisch aufschlussreich, gesonderte Informationen über die fluide und die kristallisierte (gleichbedeutend mit »kristalline«) Intelligenz zu haben. Andere Tests sind so konzipiert, dass sie etwa nur den Wortschatz (als Indikator für erworbenes Wissen oder kristallisierte Intelligenz) prüfen. So soll der Mehrfachwahl-Wortschatz-Intelligenztest (MWT) von Lehrl und Gallwitz (1977) den Wortschatz mit Items wie »Oher – Ohr – Ehr - Ereh - Hor« (das einzige richtige Wort ist zu markieren) erfassen. Tests zur fluiden Intelligenz können auch als zusätzliches Modul einen Test zur kristallisierten Intelligenz (Wissen) enthalten.

Einzel- oder Gruppenuntersuchung

Durchführungsbedingungen Aus ökonomischen Gründen ist oft eine Gruppentestung zu bevorzugen. Die dafür geeigneten Tests lassen sich selbstverständlich auch an einzelne Probanden vorgeben. Die Wechsler-Tests (s.u.) wurden bewusst für Einzeluntersuchungen konzipiert. Die Durchführung verläuft als weitgehend standardisierter Dialog: Der Testleiter fragt etwas, und der Proband gibt eine Antwort darauf. Dieses Vorgehen kann aus motivationalen Gründen nötig sein, insbesondere bei Kindern und bei Erwachsenen mit einer psychischen Störung oder Behinderung. Es hat den weiteren Vorteil, dass der Testleiter Einblick in das Arbeitsverhalten bekommt und das Testergebnis vor dem Hintergrund der beobachteten Anstrengung und der eingesetzten Lösungsstrategien interpretieren kann. Ein IQ von 80, der mit höchster Anstrengung erkämpft wurde, ist anders zu werten als der gleiche IQ, der mit geringer Motivation oder einem unkonzentrierten Arbeitsstil »entstanden« ist.

Speed- und Powertests

Bei den meisten Intelligenztests ist die Bearbeitungszeit knapp bemessen; es kommt also bei der Bearbeitung auch auf Schnelligkeit an. Für manche Probanden stellt Zeitdruck eine ungerechtfertigte Benachteiligung dar. Beispielsweise können manche Testteilnehmer aufgrund von Seh- oder Sprachschwierigkeiten nur verlangsamt lesen; andere sind motorisch beeinträchtigt, so dass sie für das Ankreuzen von Items oder die Betätigung von Tasten mehr Zeit benötigen als andere Menschen. Auch eine Verlangsamung von Denkprozessen durch bestimmte Erkrankungen (insbesondere Depression) oder bestimmte Medikamente ist möglich. Schließlich kann in manchen Fällen Zeitdruck in Kombination mit einer starken Testangst zu einer Leistungsbeeinträchtigung führen. In diesen Fällen ist der Einsatz von Tests ohne (starke) Zeitbegrenzung (Powertests) sinnvoll. Dabei steigt die Schwierigkeit von Item zu Item derart, dass die letzten Aufgaben selbst von sehr fähigen Probanden kaum noch zu lösen sind. Viele Tests sind als eine Kombination von Speed- und Powertests konzipiert: Die Items werden zunehmend schwerer, und die Bearbeitungszeit ist so begrenzt, dass man zügig, aber nicht besonders schnell arbeiten muss.

3.2 · Leistungstests

> **Computerbasierte Tests**
>
> Viele ursprünglich als Papier-und-Bleistift-Verfahren entwickelte Tests sind auch als Computerversion erhältlich. Mittlerweile werden zahlreiche Tests von Anfang an als computerbasierte Verfahren entwickelt (◘ Abb. 3.5). Viele Vorteile computergestützter Diagnostik liegen auf der Hand:
> - Durchführung hoch standardisiert
> - Entlastung für den Testleiter (kann während der Testdurchführung andere Aufgaben erledigen)
> - Auswertung völlig standardisiert und nicht fehleranfällig
> - Auswertung sehr ökonomisch (keine Arbeitszeit erforderlich)
> - Ergebnisse sofort verfügbar
> - Bei Bedarf exakte Erfassung von Einzelreaktionen inklusive der zugehörigen Zeit
> - Bei Bedarf Darbietung von sich bewegenden Reizen oder von Videosequenzen
> - Adaptives Testen möglich
> - Verwendung von komplexen Problemlöseszenarien möglich
>
> Dem stehen kaum Nachteile gegenüber. Unter bestimmten Umständen kann die computerunterstützte Diagnostik zu Mehrkosten gegenüber der Papier-und-Bleistift-Version führen. Dies ist der Fall, wenn Tests so selten eingesetzt werden, dass sich die Anschaffung der Testsoftware und die Einrichtung eines separaten Computerarbeitsplatzes nicht lohnen.

◘ **Abb. 3.5** Ein Proband führt einen Test am Computer durch

Früher wurde die Frage, ob die Computerversion der Papier-und-Bleistift-Version äquivalent ist, eher kritisch diskutiert. Ältere Untersuchungen zur Äquivalenz (vgl. Mead & Drasgow, 1993) hatten noch deutliche Unterschiede zwischen beiden Testversionen aufgedeckt, wenn es sich um tempobetonte Leistungstests handelte. Inzwischen sind die Benutzeroberfläche und die Bildschirme deutlich verbessert worden, und die Probanden sind meist im Umgang mit dem Computer geübter. Klinck (2002) hat in einer großen und sorgfältig geplanten Studie im Psychologischen Dienst der Arbeitsämter zeigen können, dass die beiden verwendeten Intelligenztest-Versionen zu den gleichen Ergebnissen führen, die computerbasierte Testung kein Akzeptanzproblem zur Folge hat und keine Benachteiligung bestimmter Personengruppen zu befürchten ist.

Äquivalenz mit Papier- und-Bleistift-Tests

genaue Messung oder Screening?

Als Eingabemedium findet heute nicht nur die Computertastatur Verwendung. Für viele Tests können auch spezielle Probandentastaturen mit einigen wenigen Antworttasten, Lichtgriffel oder auch ein Touchscreen eingesetzt werden.

Die Durchführungszeit stellt in der Praxis ein wichtiges Kriterium für die Testauswahl dar. Gerade wenn für eine umfangreiche diagnostische Untersuchung verschiedene Verfahren notwendig sind, kann das Zeitargument in den Vordergrund treten. In der Regel müssen eine höhere Reliabilität und eine größere »Breite« des Tests bei der Messung der Allgemeinen Intelligenz mit mehr Items und Subtests und damit mit mehr Zeit »bezahlt« werden. Deshalb ist zu bedenken, zu welchem Zweck ein Intelligenztest eingesetzt werden soll. Wird nur ein Screeningverfahren gesucht oder kommt dem Testergebnis eine große Bedeutung zu? Insbesondere adaptive Testverfahren können helfen, die Durchführungszeit zu verkürzen.

Normen für Altersgruppe, Bildungsstand, Intelligenzbereich?

Zielgruppe Für viele Fragestellungen ist es unerlässlich, dass geeignete Normen zur Verfügung stehen. Ein Blick in die Normtabellen der Tests offenbart, dass sich die Tests diesbezüglich unterscheiden. Die Vergleichsgruppe muss hinreichend groß und oft auch repräsentativ für die Gesamtbevölkerung sein. Bei einigen Tests liegen für bestimmte Altersgruppen, meist sind es die unteren und oberen Ränder der Altersverteilung, nur sehr kleine Eichstichproben vor. Besonders im Schulbereich sind zusätzliche Normen für einzelne Schultypen hilfreich, so dass man beispielsweise feststellen kann, wie begabt ein Proband im Vergleich zu altersgleichen Gymnasiasten ist. Viele Tests sind aufgrund der Zusammensetzung der Normierungsstichprobe für den unteren oder oberen Intelligenzbereich nicht oder wenig geeignet.

Akzeptanz wichtig

Für Forschungszwecke oder in der Personalauswahl sind Normen nicht unbedingt erforderlich. Hier spielt die Akzeptanz oft eine erhebliche Rolle. Eine für die Zielgruppe angemessene Aufgabenschwierigkeit sowie Iteminhalte, die möglichst aus dem Lebensbereich der Probanden stammen, sind dafür entscheidend.

3.2.3.2 Ausgewählte Intelligenztests

Bei der Auswahl der nachfolgend ausführlicher dargestellten Tests spielt die theoretische und praktische Bedeutsamkeit (◘ Tab. 3.3) eine Rolle, aber auch die Unterschiedlichkeit der Tests. Das Ziel besteht darin, die Verschiedenheit deutlich zu machen. Im Anschluss an die Beschreibung eines Tests kommen auch Alternativen zu dem vorgestellten Verfahren kurz zur Sprache.

- **Die Wechsler-Tests**

verbreitete Tests mit langer Tradition

Die Wechsler Intelligenztests HAWIE und HAWIK bzw. ihre revidierten Nachfolger werden seit vielen Jahren gerne in der Praxis eingesetzt (◘ Tab. 3.3). Die ersten vier Buchstaben des Testnamens stehen für Hamburg (den Ort, an dem die erste Eindeutschung erfolgte), Wechsler (den Autor) und Intelligenztest; der letzte Buchstabe bezeichnet die Erwachsenen- bzw. die Kinderversion. Zusätze wie -R oder -III kennzeichnen die Version des Tests. Erst mit dem Wechsler-Intelligenztest für Erwachsene (WIE) ist der Bezug auf Hamburg weggefallen; die Tests werden nun offenbar enger an das amerikanische Original angelehnt. Die deutschen Versionen der Wechsler-Tests werden jetzt von dem deutschen Tochterunternehmen eines großen amerikanischen Verlags vermarktet, der über die Rechte an den Wechsler-Tests verfügt. Die Wechsler-Tests liefern ein Maß für die Allgemeine Intelligenz sowie weitere Angaben zu einzelnen Fähigkeiten oder Bündeln von Fähigkeiten. Sie werden mit der Testperson in einer Einzelsitzung in Form eines weitgehend standardisierten Dialogs durchgeführt.

Erwachsenen-, Kinder- und Vorschulkinder-Versionen

Die Wechsler-Tests stellen eine ganze Familie von Tests dar, die für Erwachsene, Kinder und Vorschulkinder entwickelt und inzwischen mehrfach überarbeitet worden sind (◘ Abb. 3.6).

3.2 · Leistungstests

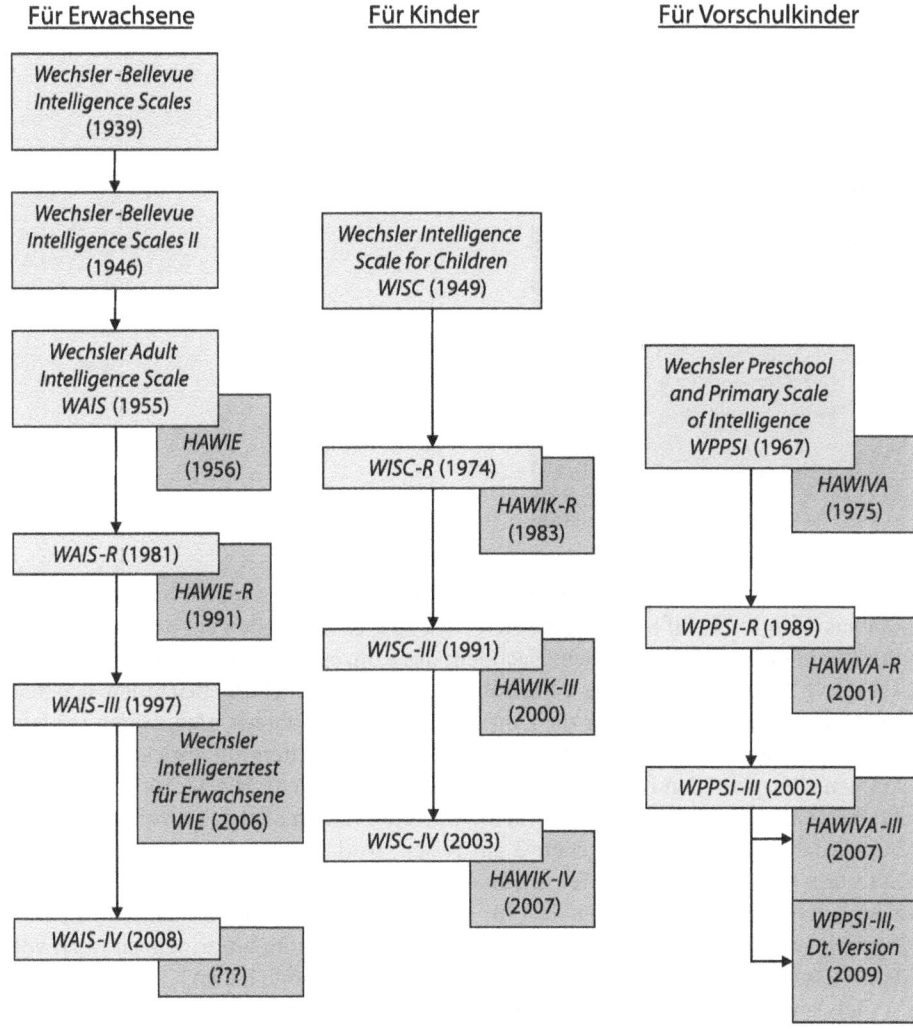

○ Abb. 3.6 Stammbaum der Wechsler Intelligenztests. Die römischen Zahlen bezeichnen die Version des Tests; R steht für Revision

Die heutigen Tests gehen auf die Wechsler-Bellevue Intelligence Scales von 1939 zurück. David Wechsler (○ Abb. 3.7; für eine Kurzbiografie ▶ http://www.indiana.edu/~intell/wechsler.shtml) hatte den Test am Bellevue Hospital in New York erstellt. Er wollte keinen völlig neuen Test entwickeln, sondern suchte nur ganz pragmatisch in den vorhandenen Tests nach brauchbaren Aufgaben. Als Vorbilder dienten insbesondere der Test von Binet und die Army-Alpha- und –Beta-Tests (▶ Kap. 1.7). Aus diesen beiden Armee-Tests hat er Dutzende von Items »übernommen«. Viele dieser Items finden sich heute noch in den aktuellen Versionen der Wechsler-Tests (Gregory, 1992, S. 177).

Der Erwachsenentest erfuhr mehrfache Revisionen. Später kamen Tests für Schulkinder und dann auch für Vorschulkinder hinzu, die ebenfalls Revisionen unterworfen wurden. Das Geheimnis des großen Erfolgs der Wechsler-Tests lautet Konstanz. Der Erfolg ist nicht nur daran abzulesen, dass die Tests in viele Sprachen übersetzt und adaptiert worden sind, so auch ins Deutsche, sondern auch am Preis. Heute (Juli 2011) kostet beispielsweise der WIE 888 €, für den HAWIK-IV sind 1.170 € zu bezahlen. Zu den Kinder- und Erwachsenentests WAIS bzw. WISC lassen sich heute jeweils weit über 5.000 Publikationen nachweisen.

Erfolg durch Konstanz

Das Grundkonzept blieb über die Zeit und über verschiedene Zielgruppen (Kleinkinder, Kinder, Erwachsene) weitgehend unverändert. Obwohl die Entwicklung über eine lange Zeitspanne lief und Tests für unterschiedliche Altersstufen vorgelegt wurden,

◘ **Abb. 3.7** David Wechsler. Courtesy of the National Library of Medicine

weisen die Verfahren eine große Ähnlichkeit untereinander auf. Sie bestanden lange Zeit aus zehn bis zwölf Subtests, die sich etwa zu gleichen Teilen auf den sog. Verbal- und den Handlungsteil verteilten. Nachdem das Konzept des Handlungs- und Verbal-IQs durch faktorenanalytische Forschung infrage gestellt wurde, begannen sich sog. Indexwerte durchzusetzen, für die zum Teil zusätzliche Subtests nötig waren (s. dazu unten HAWIK-IV). Mehrere Untertests sind für alle drei Altersstufen gleich (sieht man von den altersgemäßen Items ab). Die Tests haben die gleiche Metrik. Sie liefern einen IQ-Wert (M = 100, SD = 15), während die Untertests einen Mittelwert von 10 und eine Standardabweichung von ungefähr 3 aufweisen, so dass man die Leistungen in den Untertests vergleichen kann. Wer mit einem der Tests gearbeitet hat, kann sich schnell in eine neue Version oder einen Test für eine andere Altersgruppe einarbeiten. Selbst Psychologen, die schon seit 30 Jahren im Beruf stehen, können prinzipiell noch von dem Wissen profitieren, das sie einmal im Studium erworben haben.

Nicht mehr zeitgemäße Items werden ausgetauscht

Bei den Revisionen achteten die Konstrukteure auf Konstanz, soweit dies möglich war. Einzelne Items wurden ausgetauscht, wenn sie nicht mehr zeitgemäß waren (◘ Abb. 3.8). Der Aufbau und die Auswertung der Wechsler-Tests sollen am Beispiel des HAWIK-IV (Petermann & Petermann, 2007) erläutert werden.

◘ **Abb. 3.8** Item aus dem HAWIK-R (Subtest Bilderergänzen). Auf dem Bild fehlt das Kabel am Mikrofon. Seit sich schnurlose Mikrofone durchgesetzt haben, ist dieses Item nicht mehr zeitgemäß, und es fehlt in der Nachfolgeversion HAWIK-III. (© 1983 NCS Pearson, Inc.)

3.2 · Leistungstests

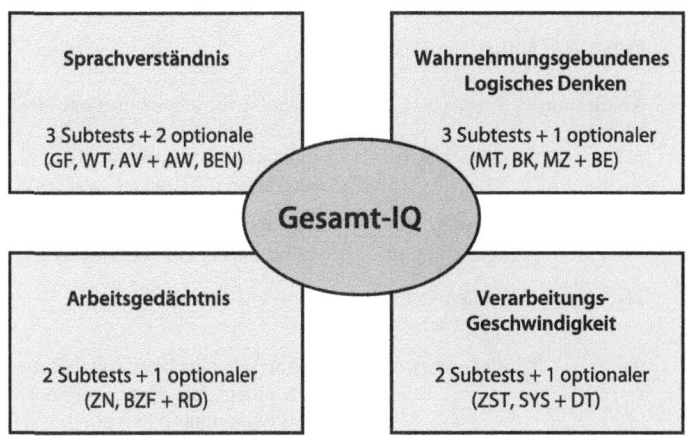

● Abb. 3.9 Intelligenzmodell des HAWK-IV: g und vier Indizes (in Klammern die zugeordneten Subtests)

- **HAWIK-IV: Hamburg-Wechsler-Intelligenztest für Kinder – IV. Übersetzung und Adaptation der WISC-IV von David Wechsler (Petermann & Petermann, 2007)**

Beim HAWIK-IV handelt es sich um die deutsche Version der amerikanischen Wechsler Intelligence Scale for Children-IV von 2003. Der Test dient der Messung der Allgemeinen Intelligenz und von vier kognitiven Fähigkeiten, die als Teilaspekte der Intelligenz aufzufassen sind. Vorgesehen ist er für den Altersbereich 6;0–16;11 Jahre. Der Test deckt mit seinen Normen einen breiten Intelligenzbereich von einem IQ von 40–160 ab und ist damit zur Diagnostik von geistiger Behinderung bis hin zur Hochbegabung geeignet.

deutsche Version der WISC-IV

Testaufbau und Gliederung Der HAWIK-IV enthält 15 Subtests; davon werden zehn zur Berechnung des Gesamtwerts (IQ) verwendet; weitere fünf dienen dazu, bei Bedarf zusätzliche Informationen zu erheben. Auf den für frühere Testversionen charakteristischen Handlungs- und Verbal-IQ wird verzichtet. Dem Test liegt nun ein anderes Intelligenzmodell zugrunde: Die Ergebnisse in den Subtests werden zu einem Gesamtwert sowie zu vier Indexwerten verrechnet (● Abb. 3.9). In ● Tabelle 3.8 sind die Subtests mit kurzen Erläuterungen aufgeführt.

IQ und Indexwerte

Durchführung Die einzelnen Subtests (● Tab. 3.8) werden in fester Reihenfolge in Form eines standardisierten Dialogs vorgegeben. In Abhängigkeit vom Alter des Kindes bzw. Jugendlichen wird teilweise mit einer etwas schwierigeren Aufgabe innerhalb eines Untertests begonnen; die Punkte für die davorliegenden Items werden dem Probanden gutgeschrieben, wenn er anschließend die schwierigeren Aufgaben gelöst hat.

standardisierter Dialog

Der Testleiter muss bei einigen Untertests (z. B. Allgemeines Wissen) die Antworten gleich bewerten, da der Untertest nach einer bestimmten Anzahl von falschen oder fehlenden Antworten vorzeitig beendet wird. Beim Wortschatz-Test und Gemeinsamkeiten sehen die Bewertungsrichtlinien für die gültigen Antworten je nach ihrer Qualität einen oder zwei Punkte vor. Bei sechs Untertests misst der Testleiter mit einer Stoppuhr die Zeit, um eine Zeitbegrenzung einzuhalten; bei vier dieser Tests (z. B. beim Durchstreich-Test) wird zudem die Bearbeitungszeit gemessen, um Bonuspunkte für eine schnelle Bearbeitung zu vergeben. Der HAWIK-IV stellt also erhebliche Anforderungen an den Testleiter. Vor dem ersten »richtigen« Einsatz sind eine gründliche Einarbeitung und Übung erforderlich. Die Durchführung der zehn Standardtests dauert den Autoren zufolge etwa 65–90 Minuten, für die optionalen Zusatztests sind etwa 15–20 Minuten zu veranschlagen.

hohe Anforderungen an Testleiter

Auswertung Nachdem jede Aufgabe mit null, einem oder bei einigen Subtests auch mit zwei Punkten bewertet worden ist, sind die Rohpunkte zu addieren. Bei der ma-

Verrechnung der Wertpunkte

Tab. 3.8 Aufbau des HAWIK-IV

Abkürzung	Subtest	Aufgabenbeschreibung bzw. Itembeispiel [a]	Index
MT	Mosaik-Test	Zweifarbiges Muster mit bis zu neun Klötzchen nachlegen (Flächen rot, weiß und rot/weiß)	WLD
GF	Gemeinsamkeiten finden	»Was haben Hemd und Schuhe gemeinsam?« – »Kleidungsstücke« (2 Punkte)	SV
ZN	Zahlennachsprechen	»3–4–1–7« (nachsprechen)	AGD
BK	Bildkonzepte	Karten mit zwei bzw. drei Bilderreihen; ein Bild auswählen, dass zu einem Bild in der anderen bzw. den anderen Reihe(n) passt (Oberbegriff finden)	WLD
ZST	Zahlen-Symbol-Test	Umwandlungstabelle für Zahlen in Symbole liegt vor; Symbole in begrenzter Zeit in leere Felder unter Zahlen eintragen	VG
WT	Wortschatz-Test	»Was ist eine Uhr?« – »Hat Zeiger und macht ticktack« (2 Punkte)	SV
BZF	Buchstaben-Zahlen-Folgen	Abfolge von Zahlen und Buchstaben wird vorgelesen; Zahlen in aufsteigender und Buchstaben in alphabetischer Reihenfolge wiederholen	AGD
MZ	Matrizen-Test	Unvollständiges Muster wird vorgelegt; Proband wählt unter fünf Vorlagen den fehlenden Teil des Musters aus	WLD
AV	Allgemeines Verständnis	Fragen beantworten, die sich auf die Lösung von alltäglichen Problemen oder das Verständnis sozialer Regeln und Konzepte beziehen	SV
SYS	Symbolsuche	In begrenzter Zeit Symbole einer Zeile daraufhin überprüfen, ob ein Zielsymbol enthalten ist	VG
BE	Bilder ergänzen	Zeigen oder benennen, welcher Teil eines Bildes fehlt, z. B. Ärmel einer Jacke	WLD
DT	Durchstreich-Test	In einer Menge an Bildern ausschließlich Tierbilder durchstreichen	VG
AW	Allgemeines Wissen	»Welcher Tag kommt nach Donnerstag?« – »Freitag«	SV
RD	Rechnerisches Denken	In begrenzter Zeit mündlich vorgetragene Rechenaufgaben im Kopf lösen	AGD
BEN	Begriffe erkennen	Einen Begriff anhand von Hinweisen erkennen	SV

Anmerkungen. Abkürzung der Indices: AGD = Arbeitsgedächtnis, SV = Sprachverständnis, VG = Verarbeitungsgeschwindigkeit, WLD = Wahrnehmungsgebundenes Logisches Denken (WLD).

nuellen Auswertung werden die Rohpunktsummen subtestweise anhand von altersspezifischen Umrechnungstabellen in Wertpunkte umgewandelt. Diese Wertpunkte bilden eine Skala mit einem Mittelwert von zehn und einer Standardabweichung von drei. Zur Bestimmung von Indexwerten und Gesamt-IQ sind die Wertpunkte der zu einem Index gehörenden Subtests bzw. für alle zehn Subtests zu addieren. Der Summenwert kann mithilfe weiterer Tabellen in einen Indexwert bzw. einen IQ (beide mit Mittelwert 100 und Standardabweichung 15) transformiert werden. Diese Tabellen enthalten auch Angaben zum Konfidenzintervall des ermittelten Wertes, was als sehr anwenderfreundlich zu bewerten ist.

Damit sind noch nicht alle Auswertungsmöglichkeiten beschrieben; für weitere Details sei auf das Manual oder auch auf Testrezensionen (s.u.) verwiesen. Ein Auswertungsprogramm steht zur Verfügung, das alle Transformationen vornimmt und anhand hinterlegter Normtabellen den IQ und die Indexwerte bestimmt (▶ www.testzentrale.de/hard-und-software/testauswerteprogramme/hawik-iv-hamburg-wechsler-intelligenztest-fuer-kinder-iv/). Es gehört nicht zum Lieferumfang des Tests und muss separat erworben werden. Die Handhabung ist einfach: Man gibt für jeden Subtest lediglich die ermittelte Punktzahl ein. Der Vorteil liegt darin, dass die Auswertung weniger Zeit kostet und vor allem weniger fehleranfällig ist. Schließlich bietet das Programm bei der Ergebnisdarstellung verschiedene Optionen, darunter eine grafische Aufbereitung der Ergebnisse.

Auswertungsprogramm

Interpretation Zur Interpretation der Testergebnisse gibt das Manual auf elf Seiten (ohne Normtabellen) eine Anleitung; dennoch warnen die Autoren: »Eine umfassende Anleitung zur Protokollanalyse übersteigt die Möglichkeiten dieses Manuals. Da der HAWIK-IV die Tradition der Wechsler-Skalen fortführt, sind viele der Interpretationsstrategien, Methoden und Prozeduren ... weiterhin gültig und nützlich« (S. 99). Das Manual zum HAWIK-III (Tewes et al., 1999) enthielt noch differenzierte Hinweise auf Faktoren, die bei jedem Untertest die Leistung beeinflussen können. Beispielsweise kommen für schlechte Ergebnisse im Rechnerischen Denken mangelnde Rechenfähigkeit, Konzentrationsstörungen und ein schlechtes Gedächtnis infrage. Nach Veröffentlichung des Tests ist ein Fallbuch zum HAWIK-IV (Petermann & Daseking, 2009) erschienen, in dem sich vertiefende Hinweise zur Interpretation der Testergebnisse finden. Die im Manual zum HAWIK-IV aufgeführten Interpretationsschritte betreffen:

viele Möglichkeiten bei der Interpretation

- den Gesamt-IQ
- die vier Indexwerte (◼ Abb. 3.9)
- Diskrepanzen zwischen den Indexwerten
- Ermittlung von Stärken und Schwächen durch Analyse des Ergebnisprofils für die Untertests
- Spezifische Vergleiche von Untertests
- Wertemuster innerhalb der Untertests (z. B. Konsistenz oder unregelmäßig richtige und falsche Antworten)
- Prozessanalyse (z. B. Lösungsweg betrachten)

Objektivität Die Durchführungsobjektivität wird nicht perfekt sein, da die Durchführungsrichtlinien komplex sind und der Testleiter sich dem Kind bzw. Jugendlichen gegenüber von Fall zu Fall nicht immer gleich verhalten kann und auch nicht soll. Zur Auswertungsobjektivität liegen keine Angaben vor; es ist zu vermuten, dass auch sie nicht perfekt ist: In einer Testrezension zu einer früheren HAWIK-Version wurde gewarnt, dass die manuelle Auswertung leicht zu Fehlern führt. Bei der Interpretation gibt es viele Optionen, die vermutlich von verschiedenen Psychologen unterschiedlich genutzt werden. Deshalb ist nur für die IQ- und die vier Indexwerte eine hohe Interpretationsobjektivität anzunehmen.

Objektivität nicht perfekt

Reliabilität Die Reliabilitäten wurden nach der Split-Half-Methode geschätzt, bei den Geschwindigkeitstests »Zahlen-Symbol-Test«, »Symbol-Suche« und »Durchstreich-Test« jedoch nach der Retest-Methode mit einem Intervall von durchschnittlich 18 Tagen (N = 103). Für den Gesamt-IQ und die Indexwerte erfolgte die Berechnung über die Interkorrelationen und Reliabilitäten der Subtests. Das Manual weist für den Gesamt-IQ mit durchschnittlich .97 einen sehr hohen Wert aus, der auch innerhalb der Altersgruppen kaum variiert (.96 bis .98). Für die Indexwerte fallen die mittleren Re-

Die Reliabilität der Indexwerte und Subtests ist unterschiedlich hoch

liabilitäten erwartungsgemäß niedriger aus (Sprachverständnis: .94, Wahrnehmungsgebundenes Logisches Denken: .93, Arbeitsgedächtnis: .92, Verarbeitungsgeschwindigkeit: .87). Bei den einzelnen Subtests schwanken die Reliabilitäten erheblich. Sie reichen im Mittel über alle Altersgruppen von .76 für den »Durchstreich-Test« bis .91 für die »Buchstaben-Zahlen-Folgen«.

zu wenige Belege für die Validität

Validität Die Angaben zur Validität im Manual sind nur spärlich, sieht man von Korrelations- und Faktorenanalysen der Untertests ab, die insgesamt das Intelligenzmodell mit vier Indexwerten stützen. Insbesondere fehlen Angaben zur Korrelation mit anderen Intelligenztests. Es ist nicht zu bezweifeln, dass mit dem HAWIK-IV Intelligenz gemessen wird – aber die Frage, wie sich die mit dem Test gemessene Intelligenz zu der Intelligenz verhält, die mit Tests ermittelt wird, die auf anderen Intelligenzmodellen basieren, verlangt nach einer Antwort. Bereits beim Vorgänger HAWIK-III fehlten entsprechende Angaben. Deshalb ist der Befund, dass HAWIK-III und HAWIK-IV zu .73 korrelieren, wenig hilfreich. Dass diese Korrelation nicht höher ausfällt, ist mit den Veränderungen zu erklären, die mit dem Wechsel von HAWIK-III auf HAWIK-IV vorgenommen wurden. Die Autoren belegen, dass hochbegabte Kinder (sie hatten in einem anderen Intelligenztest einen IQ von mindestens 130) auch im HAWIK-IV mit einem IQ von durchschnittlich 124 hohe Werte erreichten. Kinder, die ICD-10-Diagnosen zufolge eine leichte oder mittelgradige Intelligenzminderung hatten, zeigten mit einem IQ von durchschnittlich 49,5 erwartungsgemäß entsprechend niedrige Testergebnisse.

fein gestufte Altersnormen

Normen Ein Test für Kinder und Jugendliche verlangt nach fein gestuften Altersnormen. Der Test wurde in den Jahren 2005 und 2006 an insgesamt 1.650 deutschen, österreichischen und Schweizer Kindern und Jugendlichen im Alter von 6;0–16;11 Jahren normiert. Die Unterteilung in die Altersgruppen ist relativ fein; die Gruppen unterscheiden sich im Alter jeweils um vier Monate. Pro Altersgruppe (in Jahren!) beträgt der Stichprobenumfang jeweils 75 Jungen und 75 Mädchen. Die deutsche Teilstichprobe (N = 1.440) ist hinsichtlich der Bildung (Schultyp) repräsentativ.

Normstichprobe zu klein

Bewertung Einen Test, der in jeder Hinsicht perfekt ist, wird es wohl nie geben. Der HAWIK-IV stellt trotz einiger kleiner Unzulänglichkeiten, auf die oben zum Teil bereits hingewiesen wurde, ein brauchbares und nützliches Intelligenztestverfahren für Kinder und Jugendliche dar. Die Informationsausbeute ist groß. Der Test liefert neben dem IQ viele Informationen über Stärken und Schwächen des Probanden. Ein großer Vorteil des Verfahrens liegt darin, dass es national wie international intensiv beforscht wird und damit laufend neue Erkenntnisse anfallen, die auch für die Interpretation der Testergebnisse nützlich sind. Es ist zu hoffen, dass der Forschungsstand bei einer Revision des Testmanuals besser dokumentiert wird. In ihrer Testrezension heben Deimann und Kastner-Koller (2008) positiv hervor, dass die praktische Handhabung durch diverse Maßnahmen sehr erleichtert wird: Die Richtlinien zur Testdurchführung sind sehr ausführlich gestaltet und enthalten wertvolle praktische Empfehlungen zum Testen von Kindern; der Protokollbogen ist mit 16 Seiten sehr ausführlich und enthält viele nützliche Hinweise. Sie kritisieren, dass unklar bleibt, ob es sich beim deutschen HAWIK-IV um eine reine Übersetzung oder um eine Adaptation handelt, dass keine Itemkennwerte berichtet werden und dass die Normstichprobe mit 150 Kindern pro Jahrgang, die sich auf drei Altersgruppen verteilen, zu klein sei. »Ein Testverfahren von der Tradition und Bedeutung des HAWIK-IV sollte sowohl seine Konstruktion als auch seine Testanalysen transparenter darlegen« (S. 165).

K-ABC und AID 2 als Alternativen

Alternativen zum HAWIK-IV Mit der deutschen Version der Kaufman Assessment Battery for Children (K-ABC; Kaufman et al., 2001) und dem Adaptiven Intelligenz Diagnosticum 2 (AID 2; Kubinger & Wurst, 2000) liegen zwei ähnlich konzipierte

3.2 · Leistungstests

Testverfahren vor. Auch sie werden in Einzelsitzungen durchgeführt und bestehen aus zahlreichen kindgerechten Untertests. Preusche und Leiss (2003) hatten HAWIK-III, K-ABC und AID-2 verglichen und keine allgemeine Überlegenheit einer der drei Tests festgestellt. Sie arbeiteten Unterschiede heraus, die bei einer konkreten Fragestellung hilfreich für die Testauswahl sein können. Mit Einführung des HAWIK-IV hat dieser Vergleich nur noch begrenzte Relevanz. Die K-ABC ist inzwischen schon relativ alt. Das amerikanische Original hat im Jahr 2004 mit dem KABC-II eine Weiterentwicklung erfahren (s. Bain & Gray, 2008), und es ist zu erwarten, dass auch bald eine deutsche Übersetzung oder sogar Adaptation auf den Markt kommt. Das AID 2 wurde seit 2001 zwar nicht verändert, aber in den Jahren 2006 und 2007 fand immerhin eine Kontrolle der Normen durch eine Untersuchung mit 844 Kindern und Jugendlichen aus Deutschland und Österreich statt.

AID 2 Das Adaptive Intelligenz Diagnostikum 2 (AID 2) von Kubinger und Wurst (2000) bzw. Kubinger (2009) ist konzeptuell eng an die Wechsler-Tests angelehnt. Die Aufgabentypen des HAWIK finden auch im AID 2 Verwendung; die Subtests tragen aber andere Namen. So entspricht der Subtest Realitätssicherheit des AID 2 dem Bilderergänzen des HAWIK. Einige der elf obligatorischen und drei fakultativen Subtests stellen jedoch eine Erweiterung gegenüber dem HAWIK dar.

an Wechsler-Tests angelehnt

Das Verfahren hebt sich vom HAWIK (und in den beiden ersten Punkten auch von vielen anderen Intelligenztests) vor allem durch vier Besonderheiten ab:

vier Besonderheiten

- Die Messung erfolgt bei den meisten Subtests »**adaptiv**«, also orientiert an dem jeweiligen Fähigkeitsniveau eines Probanden. Das heißt, die Auswahl der Aufgaben(-gruppen), die einer Testperson vorzugeben sind, richtet sich nach den Leistungen dieser Person in vorangegangenen Aufgaben. Der Vorteil eines derartigen »branched-testing« (◘ Abb. 3.10) besteht darin, dass durch die Auswahl jener Aufgaben, die für eine Testperson ungefähr den Schwierigkeitsgrad $p = .50$ aufweisen, der größte Zuwachs an Information über das jeweilige Fähigkeitsniveau ermöglicht wird und damit potenziell eine besondere Messgenauigkeit erzielbar ist. Weil auf viele (individuell) zu leichte bzw. zu schwere Items verzichtet wird, ergibt sich zudem eine besondere Ökonomie, die je nach Ziel der Testvorgabe in eine verkürzte Testzeit oder eine besondere Messgenauigkeit umgesetzt werden kann. Das adaptive Vorgehen erfordert die sofortige Bewertung der gelieferten Antworten als »richtig« oder »falsch«; bei einigen Subtests sind zudem Grenzwerte für die Bearbeitungszeit für die einzelnen Aufgaben zu beachten. Das Prinzip der Testvorgabe ist in ◘ Abbildung 3.9 veranschaulicht.

adaptives Testen

- Die Items wurden nach ihrer Verträglichkeit mit dem **Rasch-Modell** ausgewählt; die Skalen sind somit eindimensional.
- Die Autoren lehnten ursprünglich die Berechnung eines Intelligenzquotienten als Maß der allgemeinen kognitiven Leistungsfähigkeit ab und betonten stattdessen den Nutzen des Leistungsprofils für eine förderungsorientierte Diagnostik. Vorrangiges Ziel war die Erfassung von Teilleistungsstörungen oder -schwächen. Mit der zweiten Auflage (Kubinger, 2009) wurde nicht nur der IQ eingeführt, sondern auch eine **Kurzform** mit fünf Subtests, die bei einer Durchführungszeit von 35 Minuten die Bestimmung eines IQ-Maßes erlaubt.
- Wenn Kinder oder Jugendliche getestet werden sollen, deren Muttersprache **Türkisch** ist, bietet der AID-2 mit der zweiten Auflage als Besonderheit eine Normierung speziell für diese Zielgruppe.

K-ABC Die K-ABC (Kaufman-Assessment Battery for Children; deutsche Version von Kaufman et al., 2001) stellt ein eigenständiges, nicht an die Wechsler-Tests angelehntes Verfahren dar. Die Auflage von 2009 ist lediglich ein unveränderter Nachdruck. Die K-ABC umfasst 16 Untertests, von denen jedoch in Abhängigkeit vom Alter des Pro-

Unterschiede zum HAWIK-IV

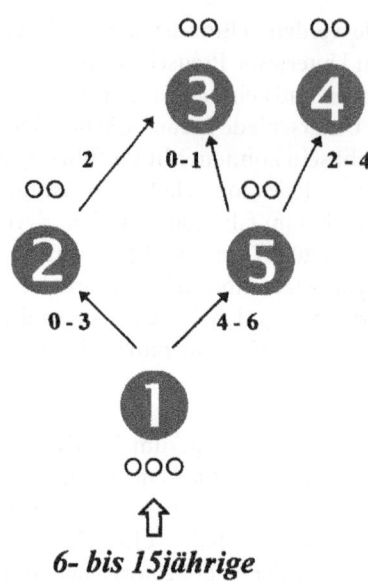

Abb. 3.10 Prinzip des »branched-testing« bei AID. Beim Untertest 8 erhalten alle Probanden unabhängig von ihrem Alter zuerst die Aufgabengruppe 1 (bei anderen Untertests hängt die Einstiegsaufgabe zum Teil vom Alter ab). Erzielt der Proband 0–3 Punkte, folgt die Aufgabengruppe 2; bei 4–6 Punkten dagegen die Aufgabengruppe 5. Welche Aufgabengruppe nun folgt, richtet sich wieder nach den erreichten Punkten (die Lösungszeit wird dabei berücksichtigt). Beispielsweise gibt der Testleiter bei 0–1 Punkten in Aufgabengruppe 5 die (leichtere) Aufgabegruppe 3 vor. Aus Kubinger und Wurst (2000, S. 42, mit freundlicher Genehmigung des Hogrefe-Verlags)

banden nur maximal 13 eingesetzt werden. Die wesentlichen Unterschiede zum HAWIK-IV werden im Folgenden dargelegt:

- Beim K-ABC wird strikt zwischen Intelligenz im Sinne einer kognitiven Leistungsfähigkeit (als Potenzial zu verstehen) und erworbenen Fertigkeiten unterschieden. So werden etwa ein Untertest zum Wortschatz und ein weiterer zum Rechnen nicht zur Intelligenzmessung herangezogen, sondern nur für die Skala »Fertigkeiten« verrechnet.

- Das Intelligenzkonzept unterscheidet sich von dem sehr pragmatischen Ansatz Wechslers. Die Autoren knüpfen an Grundlagen der Neuropsychologie und der kognitiven Psychologie an und betonen die Vorgehensweise bei der Informationsverarbeitung als wesentliches Merkmal der Intelligenz. Intelligenz wird definiert als »die Art und Weise, in der ein Individuum Probleme löst und Informationen verarbeitet« (Kaufman et al., 2001, S. 7). Sie unterscheiden dabei zwei Qualitäten des Denkens, die sie als »einzelheitlich« und »ganzheitlich« bezeichnen. Die Aufgaben zur Erfassung des einzelheitlichen Denkens verlangen die Lösung von Problemen durch folgerichtiges oder serielles Denken (Beispiel: Zahlenreihen nachsprechen). Ganzheitliches Denken wird mit Aufgaben erfasst, die eine gleichzeitige Integration von Reizen verlangen, beispielsweise beim Erkennen von Gestalten anhand von unvollständigen Informationen. So soll beim Subtest »Zauberfenster« ein Objekt erkannt und benannt werden, das nur partiell zu sehen ist. Dazu wird ein Bild in einer Drehbewegung so hinter einem Schlitz gezeigt, dass immer nur ein Teil zu sehen ist. Die sieben Untertests zum ganzheitlichen und die drei zum einzelheitlichen Denken werden zu einer Fähigkeitsskala (Intelligenz) zusammengefasst.

- Die K-ABC kann bereits im Vorschulalter eingesetzt werden; der Altersbereich reicht von 2;5–12;5 Jahren.

- Für Kinder, die aufgrund einer Hörbehinderung oder wegen Zuwanderung in den deutschen Sprachraum geringe Sprachkenntnisse haben, stehen vier Untertests zur

»einzelheitliches« und »ganzheitliches« Denken

Verfügung, die sprachfrei durchgeführt und beantwortet werden können. Die vier Untertests werden zu einer Skala verrechnet, die es erlaubt, die Intelligenz dieser Kinder zu beurteilen.
- Die Normen der K-ABC sind inzwischen veraltet. Die Normierung für die erste Auflage 1991 fand zwischen 1986 und 1989 statt. In einer Kritik zur fünften Auflage, die 2001 erschien, bemängelt Horn (2003), dass trotz einiger (meist kleiner) Änderungen an den Items keine Neunormierung vorgenommen wurde.

- **IST-2000-R: Intelligenz-Struktur-Test 2000 – Revision (2. Aufl.; Liepmann et al., 2007)**

Der I-S-T 2000 R (erw.) ist ein breit angelegter Intelligenztest, der mehrere Kennwerte zur Intelligenz liefert. Er besteht aus zwei separat einsetzbaren Teilen: Das »Grundmodul« dient der Messung des schlussfolgernden Denkens, der fluiden Intelligenz sowie bei Bedarf, mit zwei separaten Subtests, auch der Merkfähigkeit. Das »Erweiterungsmodul« erfasst allgemeines Wissen; daraus kann die kristallisierte Intelligenz geschätzt werden. Der Test liefert darüber hinaus auch Kennwerte für die verbale, numerische und figurale Intelligenz. Er wurde für Erwachsene entwickelt, kann aber schon ab dem Alter von 15 Jahren angewandt werden.

separat einsetzbare Module

Der I-S-T 2000 R basiert auf einem von Amthauer entwickelten Test, der in der Vergangenheit eine herausragende Bedeutung hatte. Er stellt eine Weiterentwicklung des in Deutschland früher mit Abstand am häufigsten angewandten Intelligenztests dar, dem IST-70. Die erste Ausgabe des Intelligenz-Struktur-Tests erschien 1953, eine geringfügig überarbeitete Fassung 1970. In diesen beiden Versionen zählte der IST zu den am meisten eingesetzten Leistungstests (◘ Tab. 3.3). Bereits im Manual von 1970 wurde von bis dahin nicht weniger als 1,5 Mio. Anwendungen berichtet. Die Normen waren seit der Auflage von 1970 nicht mehr aktualisiert worden. Die vom Autor vehement propagierte Profilauswertung erwies sich empirisch als ungeeignet zur Prognose von Ausbildungserfolg (Schmidt-Atzert & Deter, 1993). Bei einigen Subtests wurden psychometrische Mängel aufgedeckt, und der Test galt als revisionsbedürftig (Schmidt-Atzert et al., 1995). Obwohl sich Amthauer, der Autor des IST und IST-70, bei der Testentwicklung offenbar an Thurstones Intelligenzmodell angelehnt hatte, war die verbale Fähigkeit mit insgesamt vier von neun Untertests stark überrepräsentiert. In dem 1999 erschienenen IST-2000 wurden sechs der neun »alten« Untertests nach mehr oder weniger starken Modifikationen (bei zwei Subtests wurde nur die Itemabfolge verändert) übernommen. Zwei weitere Untertests (Rechenaufgaben und verbale Merkfähigkeit) wurden mit neuen Items ausgestattet, und ein alter Untertest entfiel ganz. Dafür ergänzten die Autoren das »Grundmodul« (s.u.) um zwei neue Aufgabengruppen und erweiterten die bislang nur verbalen Aufgaben des Untertests »Merkfähigkeit« um figurale Aufgaben. Völlig neu war auch ein Erweiterungsmodul, das Wissen prüft. Der IST-2000-R unterscheidet sich im Wesentlichen vom IST-2000 nur hinsichtlich der nun sehr viel größeren Normierungsstichprobe sowie einiger Verbesserungen eher technischer Art. Der Wissenstest im IST-2000-R wurde gegenüber der Vorgängerversion stark überarbeitet. Für die 2007 erschienene erweiterte und überarbeitete Auflage wurde eine echte Parallelform für das Grundmodul entwickelt.

baut auf früheren Versionen auf

Theoretischer Hintergrund und Gliederung Mit dem im Jahr 2000 publizierten IST-2000 und anschließend mit dem IST-2000-R wollen die Autoren nicht nur die Schwachstelle überalterter Normen beheben, sondern vor allem das Testkonzept erweitern und den im Zuge der modernen Intelligenzforschung aufgetretenen Konvergenzen inhaltlicher und struktureller Art Rechnung tragen. Die Autoren haben dazu ein Modell erdacht, das sie »Hierarchisches Rahmen- bzw. Protomodell der Intelligenzstrukturforschung (HPI)« nennen. Der Test liegt in zwei Formen vor; Form B ist als Paralleltest

HPI-Modell

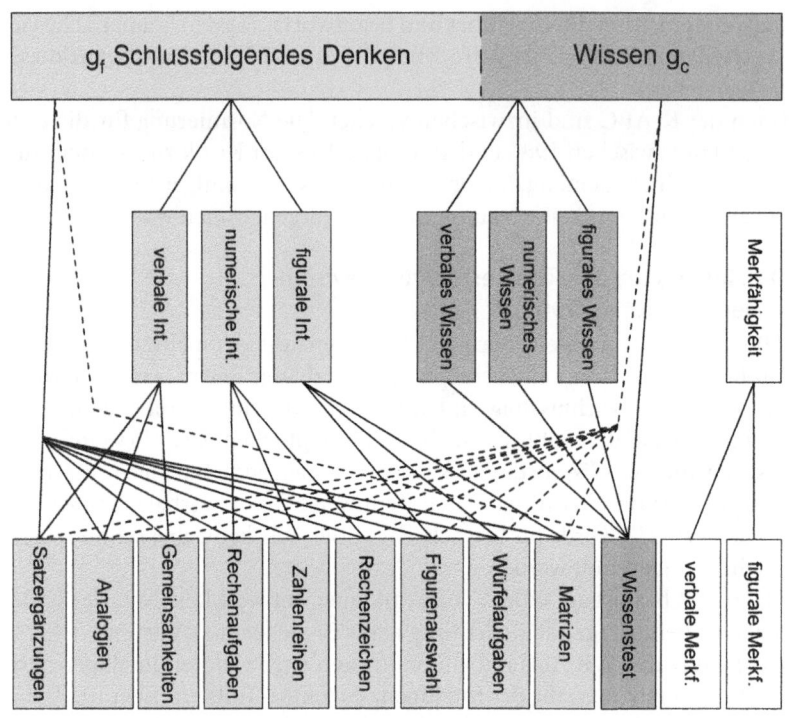

Abb. 3.11 Die mit dem IST-2000-R erfasste Fähigkeitsstruktur. (Nach Amthauer et al., 2001, S. 13, mit freundlicher Genehmigung des Hogrefe-Verlags)

zu Form A exakt gleich aufgebaut und unterscheidet sich nur in der Reihenfolge der Items. Seit 2007 liegt für das Grundmodul auch ein echter Paralleltest vor (Form C).

fünf Primärfaktoren nach Thurstone

Inhaltlich lässt sich der Test am besten verstehen, wenn man auf Intelligenzmodelle zurückgreift, die für das HPI-Modell Pate gestanden haben. Mit dem Test sollen fünf der sieben Primärfaktoren von Thurstone getroffen werden, nämlich verbale, numerische und figurale Intelligenz, dazu Merkfähigkeit und – mit etwas höherer Generalität und als Summenscore der drei erstgenannten Faktoren – Reasoning (schlussfolgerndes Denken). Die jeweils drei Subtests zur Erfassung der verbalen, numerischen und figuralen Intelligenz werden zu drei entsprechenden Skalen zusammengefügt. Zur Messung der Merkfähigkeit stehen zwei Aufgabengruppen mit verbalem bzw. figuralem Material zur Verfügung. Diese Batterie bildet das sog. »Grundmodul«. Der Kennwert für das schlussfolgernde Denken errechnet sich aus den Subtests des Grundmoduls, allerdings ohne die beiden zur Merkfähigkeit (◘ Abb. 3.11).

»Erweiterungsmodul« zu Wissen

Das »Erweiterungsmodul« enthält Wissensfragen verbaler, numerischer und figuraler Art aus den Gebieten Alltag, Geografie/Geschichte, Kunst/Kultur, Wirtschaft, Naturwissenschaften und Mathematik. Neben einem Gesamtwert für das Wissen können verbales, numerisches und figurales Wissen durch eigene Kennwerte abgebildet werden.

fluide und kristallisierte Intelligenz

Die Autoren greifen das Modell von Horn und Cattell (1966) auf, das mit der fluiden und kristallisierten Intelligenz zwei Generalfaktoren der Intelligenz unterscheidet. Die fluide Intelligenz wird als Fähigkeit verstanden, neuen Problemen oder Situationen gerecht zu werden, ohne dass es dazu im wesentlichen Ausmaß früherer Lernerfahrungen bedarf. Die kristallisierte Intelligenz vereinigt dagegen kognitive Fertigkeiten, in denen sich die kumulierten Effekte vorangegangenen Lernens verfestigt haben. Es liegt nahe, dass mit dem Grundmodul (ohne Merkfähigkeit) eher die fluide und mit dem Erweiterungsmodul eher die kristallisierte Intelligenz erfasst wird. Allerdings wird die Bearbeitung der Aufgaben des Grundmoduls durch Wissen und die des Erweiterungsmoduls durch Kombinationsfähigkeit oder schlussfolgerndes Denken erleichtert. Die Autoren vertreten die Auffassung, dass die Auspartialisierung der Wissensvarianz aus dem Maß für schlussfolgerndes Denken zu einem

3.2 · Leistungstests

Tab. 3.9 Übersicht über den I-S-T 2000 R

Untertest		Items	Zeit	Reliabilität
Grundmodul				
Schlussfolgerndes Denken: SE bis MA				.96
Verbale Intelligenz				.88
SE	Satzergänzen	20	6	.69
AN	Analogien	20	7	.74
GE	Gemeinsamkeiten	20	8	.76
Numerische Intelligenz				.95
RE	Rechenaufgaben	20	10	.84
ZR	Zahlenreihen	20	10	.91
RZ	Rechenzeichen	20	10	.86
Figurale Intelligenz				.87
FA	Figurenauswahl	20	7	.77
WÜ	Würfelaufgaben	20	9	.80
MA	Matrizen	20	10	.71
Merkfähigkeit				.95
M	Merkfähigkeit verbal	10	1 + 2	.94
M	Merkfähigkeit figural	13	1 + 3	.90
Erweiterungsmodul Wissen			40	.93
VW	Verbales Wissen	28		.84
NW	Numerisches Wissen	28		.82
FW	Figurales Wissen	28		.83

Anmerkung. Bearbeitungszeiten ohne Instruktionen und Übungsbeispiele; bei der Merkfähigkeit sind die Zeiten für Einprägen und Reproduktion aufgeführt. Im Erweiterungsmodul sind die verbalen, numerischen und figuralen Aufgaben gemischt, und die Bearbeitungszeit gilt für alle Aufgaben zusammen. Reliabilitätsschätzungen für Form A bzw. A/B, Cronbachs α.

optimalen Indikator für fluide Intelligenz und die Auspartialisierung von schlussfolgerndem Denken aus dem Wissen zu einem optimalen Indikator für kristallisierte Intelligenz führt. Die jeweils »bereinigten« Komponenten erhalten die Notationen gf bzw. gc. ◘ Abbildung 3.11 gibt in schematischer Form die skizzierte Gesamtstruktur wieder. Die durchgezogenen Linien stehen jeweils für einen positiven Zusammenhang, die gestrichelten Linien für die statistische Auspartialisierung von Fähigkeitskomponenten.

◘ Tabelle 3.9 zeigt, welche Untertests jeweils miteinander verrechnet werden und macht weitere Angaben zu Umfang und Reliabilität von Subtests und Modulen.

Beispiel

Beispielaufgaben zu ausgewählten Untertests
Analogien: Bei drei Wörtern besteht zwischen den ersten beiden eine Beziehung. Aus fünf Wörtern ist dasjenige Wort zu finden, das zu dem dritten Wort in ähnlicher Beziehung steht wie das zweite zum ersten.
Beispiel: Wald : Bäume = Wiese : ?
a) Gräser b) Heu c) Futter d) Grün e) Weide
▼

Abb. 3.12 Der Proband soll erkennen, welchem von fünf Auswahlwürfeln ein vorgegebener Würfel gleicht. Der Würfel kann gekippt, gedreht oder gekippt und gedreht sein

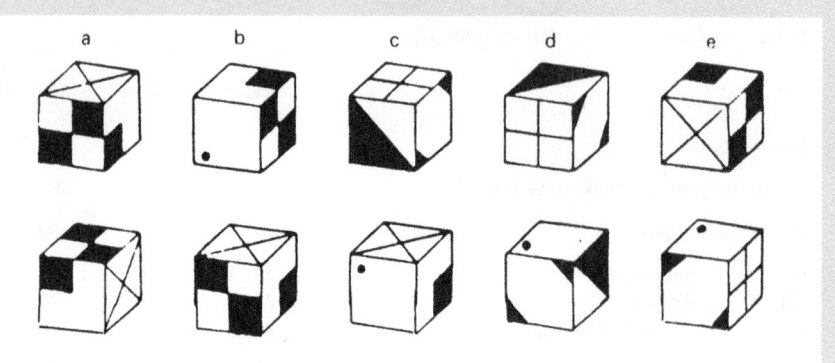

Rechenzeichen: Die Aufgaben bestehen aus Gleichungen im Bereich der rationalen Zahlen, bei denen die Verknüpfungen weggelassen sind. Das Lösen erfordert das Einsetzen von Rechenzeichen der vier Grundrechenarten.
Beispiel: 6 ? 2 ? 3 = 5

Würfelaufgaben
Merkfähigkeit (figural): Während der Lernphase werden Figurenpaare eingeprägt. Die Prüfung erfolgt jeweils durch Vorgabe eines der Elemente; das fehlende Element ist unter fünf vorgegebenen auszuwählen.
Wissenstest: Es werden Fragen zu verschiedenen Wissensgebieten vorgelegt. Die richtige Lösung muss aus fünf angebotenen Antworten gefunden werden.
Beispiel: Zu welcher Völkergruppe gehörten die Wotumanen?
a) Wikinger b) Germanen c) Ostgoten d) Asiaten f) Markomannen

---

zwei Stunden für das Grundmodul

Durchführung Der Test kann als Gruppen- oder Einzeltest durchgeführt werden. Bei einer Gruppenuntersuchung empfiehlt sich die Verwendung von Paralleltests, um Abschreiben zu verhindern. Die Antworten werden in separate Lösungsblätter übertragen. Übungsaufgaben führen in die Aufgabenart und in die Übertragung der Aufgabenlösungen ein. Die Testzeit beträgt für das Grundmodul ca. zwei Stunden (darin enthalten: 10 min Pause und 12 min für die Bearbeitung der Merkaufgaben). Für das Erweiterungsmodul mit den Wissenstests sind zusätzlich knapp 40 Minuten erforderlich.

Auswerteprogramm verfügbar

Auswertung Die mit Schablone ermittelten Rohpunktsummen für die einzelnen Untertests werden in Standardwerte ($M = 100$, $SD = 10$) umgewandelt; daraus werden unter Rückgriff auf im Manual angegebene Beta-Gewichte getrennte Faktorwerte für fluide und kristallisierte Intelligenz ermittelt. Ein beim Testverlag zu beziehendes Auswerteprogramm erleichtert die Auswertung. Komfortabler ist der Einsatz der Computerversion des Tests, bei der die Eingaben der Probanden automatisch verrechnet und vollständig ausgewertet werden.

Die interne Konsistenz ist hoch

Reliabilität Die innere Konsistenz (Cronbachs α) des Grundmodul-Gesamtwertes (Schlussfolgerndes Denken) beträgt .96 (Form C .94). Für die Merkfähigkeit wurde trotz deutlich geringerer Itemzahl mit .95 eine ähnlich hohe interne Konsistenz ermittelt. Der Wissenstest weist eine Reliabilität von .93 auf. Die Koeffizienten für die jeweiligen Aufgabengruppen innerhalb der Skalen verbal, numerisch und figural liegen zum Teil deutlich darunter (Tab. 3.9); die Autoren raten daher davon ab, einzelne Untertestergebnisse zu interpretieren. Für die Faktorwerte von fluider und kristallisierter Intelligenz betragen die Reliabilitäten .96 bzw. .91. Zur Retest-Reliabilität liegen immer noch keine Daten vor.

Validität Konfirmatorische Faktorenanalysen mit den neun Aufgabengruppen des Grundmoduls bestätigten die postulierte Struktur: verbale, numerische und figurale Fähigkeit sowie Merkfähigkeit. Zur Einordnung der Subtests des Grund- und Erweiterungsmoduls in das Modell der fluiden und kristallisierten Intelligenz führten die Autoren eine explorative Faktorenanalyse durch. Die Aufgabengruppen des Grundmoduls und die des Erweiterungsmoduls zeigten erwartungsgemäß Ladungen auf getrennten Faktoren. Warum die Aufgabengruppen zur Merkfähigkeit nicht einbezogen wurden, bleibt ungeklärt. Die beiden extrahierten Faktoren korrelierten .54, was die Autoren jedoch nicht dazu veranlasste, auch einen übergeordneten Generalfaktor der Intelligenz zu bestimmen.

Strukturanalysen

Darüber hinaus werden Korrelationen mit anderen Tests berichtet. Demzufolge korreliert beispielsweise Reasoning (Gesamtwert) zu .63 mit dem CFT 20 Matrizen-Test von Weiß (1997). Die Faktorwerte für fluide und kristallisierte Intelligenz korrelieren mit den CFT 20 Matrizen zu .58 bzw. .24, mit einem Wortschatztest (MWT-B) zu .16 bzw. .54 – ein erwartungskonformes Muster. Es finden sich auch Angaben zu Korrelationen mit Schulnoten. So korreliert das Schlussfolgernde Denken mit der Deutschnote zu –.14 und der Mathematiknote zu –.45 (dies stellt den höchsten Zusammenhang mit Noten dar). Als Beleg für die diskriminante Validität kann eine niedrige Korrelation (r = .22) des Schlussfolgernden Denkens mit dem Konzentrationstest d2 angesehen werden.

Korrelation mit Intelligenztests und Schulnoten

Bislang liegt lediglich eine Untersuchung zu berufsbezogenen Außenkriterien vor (Steinmayr & Amelang, 2006). In dieser Studie bearbeiteten berufstätige Frauen und Männer (N = 219) im Alter von durchschnittlich 34 Jahren das Grund- und Erweiterungsmodul des IST-2000 (Amthauer et al., 2001). Als externe Kriterien lagen Maße für das Ausbildungsniveau und den sozialen Status (Aggregat aus Einkommen und Prestige des ausgeübten Berufs) vor. Die höchste Korrelation bestand mit r = .59 zwischen Wissen (Erweiterungsmodul) und Ausbildungsniveau. Mit dem sozialen Status der ausgeübten Berufstätigkeit korrelierte das Schlussfolgernde Denken höher (r = .47) als das Wissen (r = .35).

Korrelation mit Ausbildungs- und Berufserfolg

Normierung Die Normen stützen sich auf die Vorgabe des Grundmoduls an eine Stichprobe von insgesamt N = 3.484 Probanden für die Form A bzw. B und von 2.363 Probanden für die Form C. Die Erhebungen fanden in sieben Bundesländern statt. Normtabellen liegen für Gymnasiasten, Nicht-Gymnasiasten und die Gesamtgruppe vor. Die Aufteilung nach dem Alter fällt unterschiedlich aus. Am differenziertesten ist sie mit acht Altersgruppen (15–16, 17–18, 19–20, 21–25, 26–30, 31–40, 41–50 und >50) für das Grundmodul bei den Gymnasiasten. Die Normen zur Merkfähigkeit unterschieden nur drei breite Altersgruppen. Die Wissenstests wurden mit insgesamt 1.107 Probanden durchgeführt. Daraus wurden fünf nicht nach Bildung differenzierte Altersgruppen sowie zwei Bildungsgruppen (Gymnasiasten und Nicht-Gymnasiasten) ohne Altersdifferenzierung gebildet. Die Normgruppen sind unterschiedlich groß; der Stichprobenumfang liegt beim Grundmodul zwischen N = 69 (Form C, Gymnasiasten, Alter 51+) und N = 578 (Form A/B, Nicht-Gymnasiasten, 31–40 Jahre).

Normen unterschiedlich differenziert

Bewertung Beim IST-2000-R handelt es sich um ein sehr sorgfältig konstruiertes Instrument, das sich zur reliablen Erfassung von fünf Primärfaktoren der Intelligenz sowie der beiden Sekundärfaktoren fluide und kristallisierte Intelligenz eignet. In einer Rezension nach dem Testbeurteilungssystem des Testkuratoriums (Schmidt-Atzert & Rauch, 2008) erfährt der Test insgesamt eine gute Bewertung. Die Anforderungen an die Reliabilität und die Validität wurden jedoch nicht als »voll«, sondern nur als »weitgehend erfüllt« eingestuft. Ergänzend wird aus der Abschlussbewertung zitiert (S. 304): »Die Konsistenzmaße für die globalen Kennwerte liegen über 0,90 und damit in einem sehr hohen Bereich. Leider werden keine Retest-Reliabilitäten berich-

sorgfältig konstruiert

tet, auch keine Reliabilitäten für die einzelnen Normgruppen (zur Berechnung von Konfidenzintervallen) ... Für die Wissenstests fehlen auf der Ebene der verbalen, numerischen und figuralen Facetten noch Validitätsbelege in Form von Korrelationen mit anderen Tests oder Kriterien ... Für viele Altersgruppen sind die Normierungsstichproben hinreichend groß, für einige aber mit N < 100 zu klein ... Wünschenswert wären genaue Angaben zu Anwendungszweck und Zielgruppen.«

Andere »breite« Intelligenztests

am Thurstone-Modell orientiert

LPS In der Vergangenheit erfreute sich das Leistungsprüfsystem LPS bzw. dessen zweite, erweiterte und verbesserte Auflage (Horn, 1983) bei den Testanwendern einer gewissen Beliebtheit. Die 15 Untertests sollen die Thurstone-Faktoren Verbal Comprehension (Tests 1, 2, 5, 6, 12), Reasoning (3, 4), Word Fluency (5, 6), Closure (10, 11), Space (8, 9, 10), Perceptual Speed (13, 14) und Number (Arbeitskurve) erfassen. Das Verfahren dürfte aber bald nur noch historisch bedeutsam sein, wenn keine Aktualisierung und Neunormierung erfolgt. Eine Neubearbeitung wurde 1993 unter der Bezeichnung LPS 50+ für Probanden im Alter von 50–90 Jahren vorgelegt (Sturm et al., 1993). Die Items wurden unverändert übernommen, jedoch auf die doppelte Größe gebracht und sorgfältig nach dem Schwierigkeitsgrad gruppiert. Auf den Untertest 8 und die Arbeitskurve des LPS wurde verzichtet.

Kurzform des LPS

PSB-R 4-6 und PSB-R 6-13 Beim Prüfsystem für Schul- und Bildungsberatung PSB von Horn (1969) handelt es sich um einen Klassiker unter den Intelligenztests. Das PSB ist eine gekürzte Fassung des Leistungsprüfsystems LPS (Horn, 1983), die jene zehn von 15 Untertests vereinigt, die sich am besten zur Trennung von Schülern nach den drei Schularten (Haupt-, Realschule, Gymnasium) eignen. Nun liegen mit dem PSB-R 4-6 (Horn et al., 2002) und PSB-R 6-13 (Horn et al., 2003) zwei gründlich revidierte und neu normierte Nachfolgeverfahren für die 4.–6. und 6.–13. Klasse vor. Beide Tests liegen in Parallelformen (A und B) mit jeweils separaten Normen vor, da sich A und B nicht als völlig äquivalent erwiesen hatten.

Die Untertests der revidierten PSB-Versionen

1. Allgemeinwissen
   - PSB-R 4-6: (a) Natur/Mensch, (b) Erdkunde, (c) Kultur/Kunst/Musik, (d) Sprache/Medien
   - PSB-R 6-13: (a) Biologie/Medizin/Psychologie, (b) Mathematik/Chemie/Physik, (c) Geographie/Astronomie, (d) Musik/Kultur/Kunst, (e) Sprache/Medien/Kommunikation/Dichtung
2. Zahlenreihen (Reasoning 1)
3. Buchstabenreihen (Reasoning 2)
4. Figurale Reihen (Reasoning 3)
5. Wortflüssigkeit
6. Gliederungsfähigkeit (nur im PSB 4-6)
7. Raumvorstellung
8. Gemeinsamkeiten finden
9. Zahlenaddition (Konzentration 1)
10. Zahlenvergleich (Wahrnehmungstempo bzw. Konzentration 2)

Einige Subtests bedürfen der Erläuterung, da sie in anderen hier vorgestellten Intelligenztests (zumindest in dieser Form) nicht vorkommen. Im Subtest **Allgemeinwissen** ist in Wörtern aus verschiedenen Wissensbereichen (z. B. KRAIDE) jeweils ein falscher Buchstabe durchzustreichen. **Wortflüssigkeit** wird erfasst, indem zu vorgegebenen Anfangsbuchstaben so viele Wörter wie möglich aufzuschreiben sind. Im Subtest **Gliederungsfähigkeit** wird ein Muster vorgegeben, und der Proband soll aus fünf kleinen Zeichen dasjenige markieren, welches in dem Muster versteckt ist.

Die Subtests sollen verschiedene Intelligenzfaktoren nach Thurstone erfassen. Faktorenanalysen mit den Skalen des PSB-R 4-6 sprechen aber dafür, dass die Subtests nur sprachliche Leistungsfähigkeit (Verbal Comprehension), schlussfolgerndes Denken (Reasoning), Feldabhängigkeit (Flexibility of Closure – Subtest **Gliederungsfähigkeit**) und Wahrnehmungstempo (Perceptual Speed) erfassen. Für den PSB-R 6-13 bevorzugen die Autoren eine dreifaktorielle Lösung mit den Faktoren Verbales Denken (Verbal Comprehension), Schlussfolgerndes Denken und Anstrengungsbereitschaft/Konzentrationsfähigkeit (Subtests **Zahlenaddition** und **Zahlenvergleich**).

drei Faktoren beim PSB-R 6-13

Die Reliabilität (Cronbachs α) variiert stark über die Subtests (PSB-R 6-13: von .65/.55 für Figurale Reihen bis .93/.94 für Allgemeinwissen, jeweils Form A/B). Deshalb ist zumindest beim PSB-R 6-13 nur eine Auswertung der drei Faktoren und der Gesamtleistung (Alpha = .93/.94) sinnvoll. Für das PSB-R 4-6 werden interne Konsistenzen von .74/.72 bis .94 für die Subtests berichtet. Die Validität des PSB-R 4-6 wird durch zum Teil hohe Korrelationen mit Schulnoten (Gesamtleistung und Deutschnote: r = .62) sowie mit dem CFT 20 (r = .55 bzw. .63) belegt. Für das PSB-R 6-13 fallen die vergleichbaren Validitätskoeffizienten niedriger aus.

hohe Korrelation mit Schulnoten

Die beiden revidierten PSB-Versionen bieten sich für den Einsatz in der Schullaufbahnberatung an. Die Normierung nach Klassen (und nicht nach Alter der Probanden), verbunden mit einer Differenzierung nach Schulformen (ab 5. und 6. Klasse), erweist sich für diese Fragestellungen als Vorteil.

für Schullaufbahnberatung geeignet

WIT-2 Der Wilde-Intelligenztest WIT von Jäger und Althoff (1983, 2. Aufl. 1994) orientierte sich ebenfalls an dem Primärfaktorenmodell. Mit der Überarbeitung zum Wilde-Intelligenz-Test 2 (Kersting et al., 2008) wurde jedoch eine neue konzeptuelle Einordnung angestrebt. Ein Bezug zu dem Primärfaktormodell Thurstones bleibt erhalten; die Autoren sprechen nun aber vom »modifizierten Modell der Primary Mental Abilities«. Der WIT-2 wurde auf der Grundlage von umfassenden Analysen des bisherigen Wilde-Tests (WIT) neu konstruiert; dabei wurden neue Aufgabengruppen eingeführt. Weil der Test vorrangig für die berufsbezogene Diagnostik entwickelt wurde, sind die Testaufgaben teilweise unmittelbar in eine Semantik aus dem Berufs- und Arbeitsleben eingekleidet. Der neue Test repräsentiert fünf der sieben Primärfähigkeiten Thurstones (Verbal Comprehension, Number, Space, Reasoning, Memory). Das schlussfolgernde Denken wird im WIT-2 (anders als bei Thurstone) als eine dem verbalen, rechnerischen und räumlichen Denken übergeordnete Skala konzipiert. Darüber hinaus werden die Dimensionen Arbeitseffizienz und Wissen (Wirtschaft sowie Informationstechnologie) erfasst (◘ Tab. 3.10). Eine Interpretation einzelner Subtests ist nicht vorgesehen. Der Test ist als Baukastensystem konzipiert; je nach Bedarf können unterschiedliche Module eingesetzt werden. Wird der gesamte Test durchgeführt, dauert die Durchführung einschließlich einer allgemeinen Einführung und einer Pause 147 Minuten.

für berufsbezogene Diagnostik entwickelt

◘ Tabelle 3.10 ist zu entnehmen, dass die interne Konsistenz der Module überwiegend im hohen Bereich liegt. Zur Schätzung der Retest-Reliabilität wurden die Module nach sechs Wochen oder neun Monaten erneut durchgeführt. Die Koeffizienten liegen überwiegend im Bereich von .80 (N = 29–63). Die Konstruktvalidität wird u. a. durch Korrelationen mit anderen Intelligenztests belegt. So entspricht das Muster der Korrelationen mit dem IST-2000-R ganz den Erwartungen; die höchste Korrelation bestand mit .81 zwischen den beiden Modulen des schlussfolgernden Denkens. Um die Kriteriumsvalidität zu belegen, wurden ältere Studien zu den Subtests des alten WIT metaanalytisch zusammengefasst. Die Kriterien sind jedoch nicht hinreichend

hohe Reliabilität

Tab. 3.10 Aufbau des WIT-2

Modul	α	Testaufgaben	Itemzahl	Zeit (mit Instruktion)
Sprachliches Denken	.87	(1) Analogien (2) Gleiche Wortbedeutungen	40	12 min
Rechnerisches Denken	.88	(1) Grundrechnen (2) Eingekleidete Rechenaufgaben	40	27 min
Räumliches Denken	.94	(1) Abwicklungen (2) Spiegelbilder	40	22 min
Schlussfolgerndes Denken	.94	(1) Analogien (2) Abwicklungen (3) Zahlenreihen	60	14 min oder 35 min[1]
Merkfähigkeit	.78	Merkfähigkeit	21	9 min[2]
Arbeitseffizienz	.95	E-Mails bearbeiten	42	19 min
Wissen Wirtschaft	.81	Wissen Wirtschaft	20	6 min
Wissen Informationstechnologie	.89	Wissen Informationstechnologie	20	6 min

Anmerkungen. Zeitangaben aufgerundet.
[1] Als separates Modul: 35 min, als Ergänzung (nur Zahlenreihen) zu den sprachlichen und rechnerischen Aufgaben: 14 min zusätzlich.
[2] Zwischen Einprägen und Wiedergabe wird eine andere Testaufgabe im Umfang von 17 min bearbeitet.

spezifiziert. Korrelationen mit Schulnoten liegen im niedrigen Bereich (z. B. Mathematik und Schlussfolgerndes Denken: r = .23). Aktuelle und aussagekräftige Studien für den vorgesehenen Einsatzbereich Personalauswahl stehen noch aus.

Normen unter Ernstfallbedingungen erstellt

Für jedes Modul kann auf aktuelle, bildungs- und altersdifferenzierte Normdaten von mindestens 2.234 Personen zurückgegriffen werden. Der Berufsorientierung entsprechend, zielen die Normdaten nicht auf Bevölkerungsrepräsentativität, sondern auf Repräsentativität für eignungsdiagnostisch relevante Gruppen (Bewerber, Rehabilitanden). Auch bei der Erhebung der Daten stand der Praxisbezug im Vordergrund. Der überwiegende Teil der Normdaten für den WIT-2 wurde im Kontext des Ernstfalls von beruflichen Bewerbungssituationen erhoben. Für weitere Informationen über den WIT-2, darunter auch Testrezensionen, sei auf eine vom Erstautor eingerichtete Internetseite verwiesen (▶ http://kersting-internet.de/wit/main.html).

Berliner Intelligenzstrukturmodell

BIS-4 Dem Berliner Intelligenzstruktur-Test (Form 4; BIS-4) von Jäger et al. (1997) liegt mit dem »Berliner Intelligenzstrukturmodell« (◘ Abb. 3.13) ein Strukturmodell zugrunde, das sich deutlich von dem anderer Tests unterscheidet. Dieses Modell erweist sich auch als nützlich, um andere Intelligenztests oder Aufgabengruppen konzeptuell einzuordnen.

Allgemeine Intelligenz an der Spitze der Fähigkeitshierarchie

Die Autoren gehen davon aus, dass an jeder Intelligenzleistung alle Faktoren beteiligt sind, allerdings mit unterschiedlichen Gewichtungen. An der Spitze der Fähigkeitshierarchie ist als Integral aller Fähigkeiten die »Allgemeine Intelligenz« (AI als BIS-spezifische Operationalisierung von »g«) zu sehen. Das Rautenmodell dient als Rahmen zur Einordnung von Intelligenzaufgaben oder Subtests.

Allgemeine Intelligenz plus sieben weitere Kennwerte

Die Autoren unterscheiden vier Arten von »Operationen«, die jeweils mit drei unterschiedlichen »Inhalten« kombinierbar sind. So kann etwa die Merkfähigkeit mit

3.2 · Leistungstests

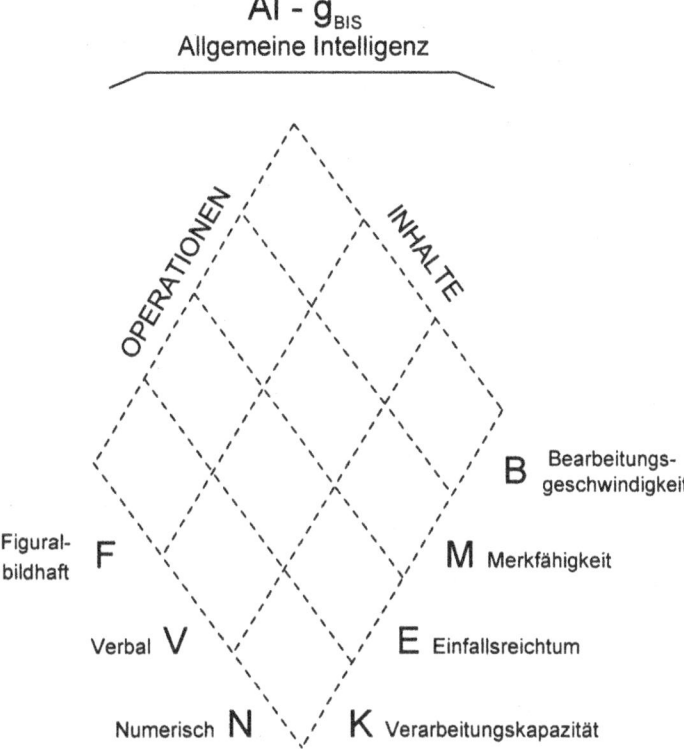

◘ Abb. 3.13 Berliner Intelligenzstrukturmodell. (Nach Jäger et al., 1997, S. 5, mit freundlicher Genehmigung des Hogrefe-Verlags)

numerischen, verbalen und figuralen Aufgaben gemessen werden. Die Anordnung der Operationen im Modell soll übrigens keine Hierarchie ausdrücken. Die rautenförmige Anordnung symbolisiert, dass die Operationen und Inhalte nicht orthogonal zueinander stehen, sondern Gemeinsamkeiten aufweisen. Deshalb wird bei der Auswertung über Inhalte und Operationen aggregiert. Beispielsweise ergibt sich die Bearbeitungsgeschwindigkeit einer Person als Mittelwert ihrer Testleistungen in allen figuralen, verbalen und numerischen Aufgaben zur Bearbeitungsgeschwindigkeit. Die numerischen Fähigkeiten etwa können als Aggregat aller Testleistungen mit numerischen Aufgaben aus den Bereichen Bearbeitungsgeschwindigkeit, Merkfähigkeit, Einfallsreichtum und Verarbeitungskapazität bestimmt werden. Folglich liefert der Test für jeden Probanden neben einem Maß der Allgemeinen Intelligenz sieben Kennwerte: Figurale, verbale, numerische Fähigkeiten, Verarbeitungskapazität, Einfallsreichtum, Merkfähigkeit und Bearbeitungsgeschwindigkeit. Jeder der 45 Subtests kann in einer der zwölf Zellen verortet werden. So gehört der Subtest »Buchstaben-Durchstreichen« in die Zelle links oben (Bearbeitungsgeschwindigkeit, figural). Anzumerken bleibt, dass die Aufgaben zur Verarbeitungskapazität weitgehend denen anderer Intelligenztests zum schlussfolgernden Denken entsprechen.

Das Instrument dient der differenzierten Diagnostik der Intelligenz von Jugendlichen und jüngeren Erwachsenen, weil primär an diesen Personengruppen die Entwicklungsarbeiten durchgeführt wurden und nur dafür auch Normen vorliegen.

Zur Hochbegabungsdiagnostik steht mit dem BIS-HB (Jäger et al., 2006) eine Testversion zur Verfügung, die nicht nur an durchschnittlich begabten, sondern auch an über 500 hochbegabten Schülern normiert wurde. Der Test ist für den Altersbereich von 12–16 Jahren geeignet.

Version für Hochbegabte

■ CFT 20-R mit WS/ZF-R: Grundintelligenztest Skala 2 – Revision; mit Wortschatztest und Zahlenfolgentest – Revision (Weiß, 2008)

sprachfreie Messung der fluiden Intelligenz

Beim CFT 20-R (von »Culture Fair Test«) handelt es sich um ein Mitglied einer ganzen »Testfamilie« zur sprachfreien Messung der fluiden Intelligenz. Cattell stellte den ersten Test dieser Art bereits 1940 vor. Der ursprüngliche Anspruch, die Intelligenz »kulturfrei«, also unabhängig von Einflüssen des sozio-kulturellen, schulischen und erziehungsspezifischen Erfahrungshintergrunds zu messen, erwies sich als überhöht, und die ursprüngliche Testbezeichnung »culture free« (Cattell, 1940) wurde später zu »culture fair« abgeschwächt. Um dem Anspruch der kulturfairen Messung wenigstens konzeptuell gerecht zu werden, sind die Items sprachfrei. Bis zur 1998 erschienenen, vierten, überarbeiteten Auflage wurden die Items immer wieder unverändert übernommen; die Überarbeitung betraf lediglich das Testmanual. Der Testautor hatte aber bereits in der Vergangenheit weitere, überwiegend schwerere Items erprobt, indem er sie in Forschungsversionen des Tests unter die alten Items gemischt hatte. Wortschatz- und Zahlenfolgentest stellen Ergänzungstests dar, die nur bei Bedarf eingesetzt werden.

vier Subtests

Gliederung Der CFT 20-R besteht aus vier Subtests, bei denen Figurenreihen fortgesetzt, Figuren klassifiziert, Figurenmatrizen vervollständigt und topologische Schlussfolgerungen gezogen werden sollen (s. Beispiele in ◘ Abb. 3.14). Die insgesamt 101 Items sind innerhalb der Subtests nach Schwierigkeit angeordnet. Der Test gliedert sich ferner in zwei gleichartig aufgebaute Teile mit 56 bzw. 45 Items. Teil 1 kann als Kurzform verwendet werden, die Langform setzt sich aus Teil 1 und 2 zusammen. Sowohl bei der Kurz- als auch der Langform kann die Testzeit verlängert werden; entsprechende Normen liegen vor. Bei Probanden, die Schwierigkeiten mit der Instruktion haben (z. B. Migrantenkinder), kann Teil 1 als Übungsphase betrachtet werden; ausgewertet wird dann nur Teil 2.

zwei zusätzliche Tests zur kristallisierten Intelligenz

Dieser kulturfaire Teil wird um zwei fakultative Tests zur kristallisierten Intelligenz ergänzt, für die ein separates Manual vorliegt. Beim Wortschatztest ist bei jeder der 30 Aufgaben zu einem vorgegebenen Wort (z. B. Acker) unter mehreren Auswahlwörtern (z. B. (a) Pferd, (b) Traktor, (c) Landwirt, (d) Feld, (e) Kartoffel) das ähnlichste herauszufinden. Der Zahlenfolgentest besteht aus 21 Zahlenreihen, die fortzusetzen sind (z. B. 2 1 3 2 4 3 ?).

für Jugendliche und für Erwachsene bis 60 Jahre

Durchführung Der mit eigenen Normen abgedeckte Einsatzbereich des Verfahrens liegt zwischen 8;5 und 19 Jahren. Der Test kann aber auch bei Erwachsenen bis 60 Jahre eingesetzt werden. Übungsaufgaben führen in die Eigenart jedes Subtests sowie in die Technik der Übertragung der Antworten in ein Antwortblatt ein. Die Bearbeitung der beiden Testhälften dauert bei Gruppenuntersuchungen etwa 62 Minuten einschließlich Instruktion und Übungsaufgaben. Bei Verwendung der Kurzform (Teil 1) verkürzt sich die Zeit auf ca. 37 Minuten. Die Zeitangaben beziehen sich auf die kurze Testzeit; bei verlängerter Testzeit wird pro Subtest eine Minute zugegeben. Für die fakultativen Wortschatz- und Zahlenfolgentests sind weitere 45 Minuten zu veranschlagen.

Auswertung Schablonen ermöglichen eine rasche und objektive Auswertung der Antworten auf dem Antwortbogen, die zu einem Gesamtwert addiert und in T-, IQ- und Prozentrangwerte transformiert werden.

hohe interne Konsistenz

Reliabilität Die Halbierungszuverlässigkeit der beiden Testteile beträgt .92 bzw. .90, für den Gesamttest sogar .95. In einer Wiederholungsuntersuchung an Haupt- und Werkrealschülern (N = 38) mit einem Intervall von zwei Monaten ergab sich eine Retest-Reliabilität von r_{tt} = .91 für den Gesamttest.

3.2 · Leistungstests

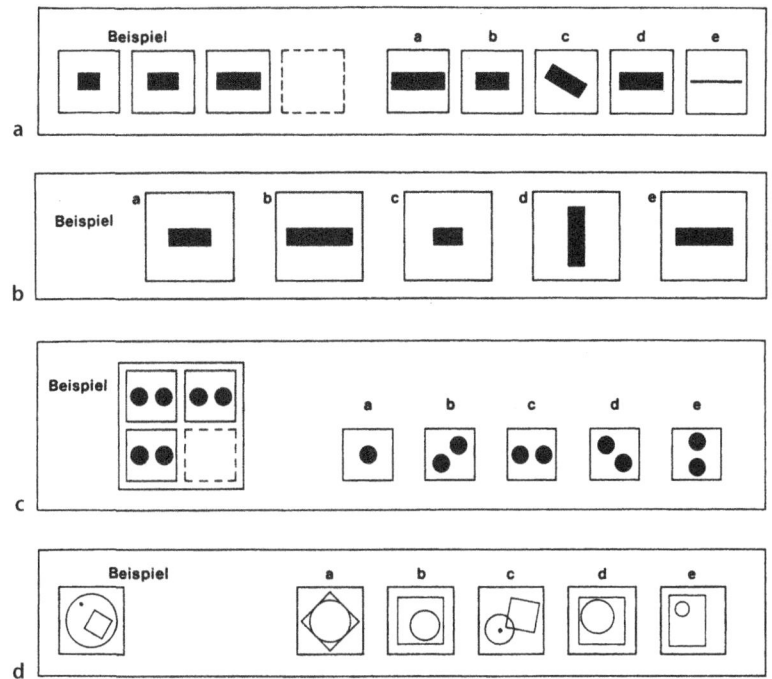

Abb. 3.14a-d. a Es ist die Figur zu suchen, die die Reihe richtig fortsetzt (a). **b** Es ist die Figur zu finden, die nicht in die Reihe passt (d). **c** Gesucht ist die das Muster richtig ergänzende Figur (c). **d** Zu finden ist die Figur, in der der Punkt ähnlich wie im Beispiel (im Kreis, aber außerhalb des Quadrats) gesetzt werden kann (c)

Validität Die Korrelationen zur Mathematiknote, also einem Indikator für nichtsprachliche Leistungen, liegen in der Grundschule durchschnittlich bei .50 und in der Sekundarstufe bei .45. Die Korrelationen mit der Deutschnote fallen erwartungsgemäß etwas niedriger aus (r = .43 bzw. .23). Als Beleg für die konvergente Validität werden Zusammenhänge mit dem PSB–R 4-6 berichtet. Die Korrelation mit dem Gesamttest des CFT 20-R betrug .50 (N = 490). Die Erhebung fand im Rahmen eines Hochbegabtenprojekts statt; die Korrelation ist nicht für Varianzeinschränkung korrigiert und stellt daher eine Unterschätzung des wahren Zusammenhangs zwischen den beiden Tests dar. Eine Faktorenanalyse mit den beiden Testteilen des CFT 20-R, dem Wortschatz- und dem Zahlenfolgentest als Variablen, ergab ein für den Zahlenfolgentest problematisches Ergebnis: Dieser Test wies mit .65 eine hohe Ladung auf dem CFT-Faktor auf – ein Hinweis, dass die fluide Intelligenz stark in die Testleistung einfließt.

Korrelation mit Mathematik- und Deutschnote

Normierung Der CFT-20-R wurde in den Jahren 2003 und 2004 an rund 4.400 Schülern aller Schularten aus sechs Bundesländern normiert. Normtabellen wurden für Altersgruppen und für Klassenstufen erstellt. Für den Altersbereich 20–60 Jahre liegen nur Schätzungen der Normwerte vor.

Normen für Schüler

Bewertung Der eigentliche Wert des Verfahrens liegt darin, die grundlegende intellektuelle Leistungsfähigkeit im Sinne der fluiden Intelligenz relativ unabhängig von kultur- bzw. schichtspezifischen Einflüssen und Schulkenntnissen prüfen zu können. Dadurch ist es weniger ein Instrument zur Prognose von Schulleistungen als viel eher zur Untersuchung der Intelligenz von sprachretardierten und Migrantenkindern. Die Ergebnisse im CFT 20-R können im Einzelfall helfen, das intellektuelle Potenzial von Probanden mit niedrigen Testwerten in bildungsabhängigen Intelligenztests und/oder schlechten Schulleistungen einzuschätzen. Ob die beiden Zusatztests (Wortschatz- und Zahlenfolgentest) eine sinnvolle Ergänzung zur Erfassung der kristallisierten Intelligenz darstellen, kann bezweifelt werden. Die Stärke des CFT 20 liegt darin, dass vier unterschiedliche Aufgabentypen eingesetzt werden, um eine Fähigkeit zu messen. Den Zusatztests

misst intellektuelles Potenzial

liegt dieses Prinzip nicht zugrunde. Die verbale und numerische Intelligenz werden mit jeweils nur einem einzigen Test abgedeckt. Für viele Fragestellungen wird es vorteilhaft sein, sprachliche Fähigkeiten und die Beherrschung der Grundrechenarten mit entsprechenden Schulleistungstests (▶ Abschn. 3.2.6.2) zu messen.

CFT 1 mit alten Normen

Alternativen zum CFT 20 Soll ein Kind im Altersbereich von 5;3–9;5 Jahren untersucht werden, bietet sich aus der gleichen Testfamilie der CFT 1 an. Dieser Test ist zuletzt 1997 aktualisiert worden, bietet also nur sehr alte Normen. Den Anspruch, die Intelligenz weitgehend sprachfrei und bildungsunabhängig messen zu können, erheben aber auch andere Testverfahren. Ist bei einem Kind eine Einzeltestung vorgesehen, kommen z. B. auch sprachfreie Untertests der K-ABC (s.o.) infrage. Darüber hinaus stehen im deutschen Sprachraum zwei weitere Verfahren – nicht nur zum Einsatz an Kindern – zur Verfügung, die nun kurz mit dem CFT 20 kontrastiert werden.

verschiedene Varianten

Ravens Progressive Matrizen Unter dem Überbegriff »Ravens Progressive Matrizen« lassen sich drei Tests zusammenführen, die dem gleichen Konstruktionsprinzip folgen, sich aber in ihrer Schwierigkeit und ihrem Einsatzbereich unterscheiden: Die **Standard** Progressive Matrices (SPM) sind deutlich leichter als die **Advanced** Progressive Matrices (APM), im Gegensatz zu diesen beiden Versionen decken die **Coloured** Progressive Matrices (CPM) den Altersbereich von 3;9–11;8 Jahren ab. Letztere stellen gleichzeitig die Variante mit den aktuellsten deutschen Normen dar (Raven et al., 2002). Die Normen stammen aus zwei Erhebungen aus den Jahren 1998 und 1999 in Deutschland und Frankreich. Wie der CFT hat das Verfahren eine lange Tradition; die Erstveröffentlichung stammt aus dem Jahr 1938. Eine weitere Gemeinsamkeit ist das Vorliegen von internationalen Forschungsarbeiten zu den Tests. Die Versionen APM und CPM stehen auch als Computerversion zur Verfügung (Firma Schuhfried; ▶ www.schuhfried.at/index.php?id=375&L=4 und www.schuhfried.at/index.php?id=373&L=4).

Unterschiede zum CFT 20

Drei Unterschiede zum CFT 20 sind hervorzuheben:
- Während beim CFT 20 vier unterschiedliche Aufgabentypen verwendet werden und damit eine gewisse Breite der Messung garantiert wird, begnügen sich die Raven-Tests lediglich mit dem Aufgabentyp Matrizen (◘ Abb. 3.15). Diese unterscheiden sich von denen des CFT (◘ Abb. 3.14): Aus einer strukturierten Fläche ist ein dachziegelförmiges Stück herausgeschnitten. Nach dem Multiple-Choice-Prinzip stehen mehrere Muster zur Auswahl. Der Proband soll das passende auswählen.
- Ravens Matrizentests sind als Power-Tests konzipiert. Die Probanden haben also nahezu beliebig viel Zeit für die Testbearbeitung. Bei Gruppenuntersuchungen kann dies ein Nachteil sein. Andererseits ist für manche Fragestellungen eine Intelligenzmessung ohne Zeitdruck von Vorteil.
- Obwohl bei den Raven-Matrizen und beim CFT figurale, sprachfreie Aufgaben eingesetzt werden, die schlussfolgerndes Denken erfordern, bezieht sich der Raven-Test auf Spearmans g-Faktor und Cattells CFT auf die fluide Intelligenz. Dieser Unterschied erklärt sich aus den unterschiedlichen Forschungstraditionen der Testautoren und ist für die diagnostische Praxis allenfalls etwas irritierend.

BOMAT- advanced für den oberen Intelligenzbereich

BOMAT Der **Bochumer Matrizentest – advanced** (Hossiep et al., 1999) verwendet den gleichen Typ von Matrizenaufgaben wie der CFT 20. Mit den 40 Testitems, für die 80 Minuten Bearbeitungszeit zur Verfügung stehen, soll die Allgemeine Intelligenz gemessen werden. Die Aufgaben bestehen immer aus einer 5 × 3-Matrix mit einem leeren Feld, das durch eines von sechs zur Auswahl stehenden Mustern zu ergänzen ist. Der Test wurde für den oberen Intelligenzbereich konstruiert und an 303 Studierenden und Absolventen von Universitäten und Fachhochschulen normiert. Der Test liegt in zwei Parallelformen (A und B) vor. Aus dem Itempool des BOMAT wählten

3.2 · Leistungstests

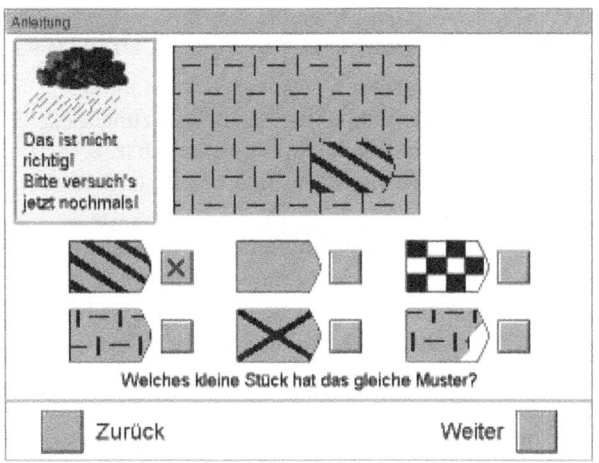

◘ Abb. 3.15 Testaufgabe aus der Computerversion von Raven's Coloured Progressive Matrices (CPM) im Wiener Testsystem. (Mit freundlicher Genehmigung von Schuhfried)

die Autoren Items für die **Kurzform BOMAT-asv** (Bochumer Matrizentest – advanced – short version; Hossiep et al., 2001) aus. Es existieren zwei Parallelformen mit je 29 Items (eines davon dient nur dem Einstieg und wird nicht gewertet). Die Bearbeitungszeit beträgt 45 Minuten. Das Lesen der Instruktion und die Bearbeitung der zehn Übungsaufgaben nehmen noch einmal ca. 20 Minuten in Anspruch. Normiert wurde der Test an 668 Hochschülern und (Fach-) Hochschulabsolventen. In einer Testrezension resümiert Fay (2003), dass der BOMAT asv in seiner Schwierigkeit besser als der BOMAT auf die Zielgruppe abgestimmt, ansprechend aufgemacht und sorgfältig konstruiert ist. Er ist ökonomisch auszuwerten (auf einem Durchschreibbogen brauchen lediglich die richtigen Antworten ausgezählt zu werden) und liefert hoch zuverlässige Ergebnisse, weist aber noch Mängel in der Normierung bzw. deren Dokumentation auf. Seine Validität ist noch unzureichend belegt. Mit dem **BOMAT - Standard** (Hossiep & Hasella, 2010) ist eine Version auf den Markt gekommen, die an Schülern im Altersbereich 14–20 Jahre normiert wurde und für die Auswahl und Beratung von Auszubildenden sowie für die Schullaufbahnberatung empfohlen wird. Diese Testversion zeichnet sich durch einen umfangreichen Übungsteil aus; für Instruktion und Übung sind 15 Minuten zu veranschlagen, während der eigentliche Test 30 Minuten dauert.

3.2.4 Spezielle Fähigkeitstests

Für die Einordnung weiterer Leistungstests wird ein Ordnungsschema benötigt. Hilfreich ist eine Systematik kognitiver Fähigkeiten, die Carroll (1993) durch umfangreiche Faktorenanalysen erstellt hat. Es handelt sich dabei um ein hierarchisches Modell mit der Allgemeinen Intelligenz g an der Spitze. Auf der darunter liegenden Ebene unterscheidet Carroll zwischen acht Fähigkeitsbereichen, die er nach ihrer Nähe zur Allgemeinen Intelligenz ordnet. Den höchsten Zusammenhang mit g weist die fluide Intelligenz auf, den niedrigsten die Verarbeitungsgeschwindigkeit. Jeder Fähigkeitsbereich wird durch mehrere Kategorien von Tests spezifiziert. Beispielsweise ordnet Carroll (1993) Tests zum schlussfolgernden Denken der fluiden Intelligenz zu. Leistungstests lassen sich in vielen Fällen zumindest vorläufig in die Taxonomie Carrolls einordnen. Allerdings liegt ein Problem darin, dass sich Testautoren selten auf Carroll beziehen und Testnamen, oft sogar die Ausführungen zur konzeptuellen Einordnung eines Tests, manchmal mehr zur Verwirrung als zur Klärung der Frage beitragen, welche Fähigkeit mit dem Test erfasst werden soll. Deshalb fällt es im konkreten Fall manchmal schwer, einen Test angemessen einzuordnen.

Carroll-Modell als Ordnungsschema

> **Fähigkeitsbereiche (Ebene II) nach Carroll (1993)**
> - Fluide Intelligenz (z. B. Tests zu Reasoning)
> - Kristallisierte Intelligenz (z. B. Tests zum Lexikalischen Wissen)
> - Allgemeines Gedächtnis und Lernen (z. B. Tests zur Gedächtnisspanne)
> - Allgemeine visuelle Wahrnehmung (z. B. Tests zur Wahrnehmungsgeschwindigkeit)
> - Breite auditive Wahrnehmung (z. B. Tests zur Tonhöhendiskrimination)
> - Allgemeine Abruf- (retrieval) Fähigkeit (z. B. Tests zur Kreativität)
> - Allgemeine kognitive Schnelligkeit (z. B. Tests zur Numerischen Gewandtheit)
> - Verarbeitungsgeschwindigkeit (z. B. Tests zur einfachen Reaktionszeit)

Die bisher vorgestellten Intelligenztests fallen in den Bereich der fluiden Intelligenz (z. B. CFT 20-R) oder stellen mit ihren Subtests einen Mix aus Tests zu den Bereichen fluide Intelligenz (z. B. mehrere Subtests des IST-2000-R), kristallisierte Intelligenz (z. B. die Wissenstests im IST-2000-R), Gedächtnis und Lernen (z. B. Zahlennachsprechen im HAWIK-IV) dar. Tests zur Aufmerksamkeit und Konzentrationsfähigkeit fallen möglicherweise in die Bereiche kognitive Schnelligkeit und Verarbeitungsgeschwindigkeit.

Kristallisierte Intelligenz.

Wortschatz und technisches Verständnis

Die kristallisierte Intelligenz hat viele, zum Teil sehr »schmale« Facetten. Wortschatztests wie der **Mehrfachwahl-Wortschatz-Test, Form A (MWT-A)** (Lehrl et al., 1974) bzw. die in der Praxis häufig verwendete Form B (Lehrl & Gallwitz, 1977) können dort genauso verortet werden wie Tests zum kaufmännischen oder technischen Verständnis, z. B. der **Mannheimer Test zur Erfassung des physikalisch-technischen Problemlösens (MTP)** von Conrad et al. (1980).

Tests zum technischen Verständnis wahrnehmungsgebunden

Breite visuelle Wahrnehmung Tests zum technischen Verständnis verlangen meist von den Probanden, visuelle Darstellungen richtig zu erkennen und zu interpretieren. Sie erfassen daher auch den Fähigkeitsbereich der breiten visuellen Wahrnehmung (vgl. Carroll, 1993).

Informationen schnell verarbeiten

Allgemeine kognitive Schnelligkeit Der **Allgemeine Büroarbeitstest (ABAT-R)** (Lienert & Schuler, 1994) soll Fähigkeiten und Fertigkeiten prüfen, die bei Bürotätigkeiten relevant sind. Der ABAT-R besteht aus sechs Aufgabengruppen wie dem Sortieren von Kundenbriefen, dem Überprüfen von Summen und dem Erkennen von Rechtschreibfehlern. Solche Testaufgaben setzen nicht nur Wissen voraus, sondern teilweise auch die Fähigkeit, Informationen sehr schnell zu verarbeiten. Die Testleistung wird bei Aufgaben wie dem Sortieren von Kundenbriefen deshalb vermutlich auch von der allgemeinen kognitiven Schnelligkeit abhängen.

Gedächtnistests

Gedächtnis und Lernen Andere Tests lassen sich in die Kategorie der Gedächtnis- und Lerntests einordnen. Als Beispiel sei der Lern- und Gedächtnistest LGT 3 von Bäumler (1974b) genannt.

Tests zu unterschiedlichen Aspekten der Motorik

Motorik Neben dem Bereich der kognitiven Fähigkeiten, der mit Carrolls Modell aufgespannt wird, steht der Bereich der **(Psycho-) Motorik**. Für bestimmte diagnostische Fragestellungen ist eine Beurteilung von motorischen Fähigkeiten und Fertigkeiten wichtig. Beispielsweise stellt sich in der Förderdiagnostik manchmal die Frage, wie gravierend sich eine körperliche Behinderung auf die motorische Leistungsfähigkeit auswirkt. In der Neuropsychologie soll manchmal die motorische Beeinträchti-

3.2 · Leistungstests

gung quantifiziert werden, die ein Patient etwa durch eine Schädel-Hirn-Verletzung erlitten hat. In der beruflichen Eignungsdiagnostik und in der Sportpsychologie können Anforderungsanalysen auf die Notwendigkeit hinweisen, bestimmte fein- oder grobmotorische Fähigkeiten zu prüfen. Für solche Zwecke stehen zahlreiche Testverfahren zur Verfügung, die so unterschiedliche Aspekte der Motorik wie Tremor, Zweihand- oder Körperkoordination messen. Aus Platzgründen ist es nicht möglich, hier eine Übersicht über diese Verfahren zu geben oder einzelne Tests vorzustellen. Stattdessen wird auf das von Bös (2001) herausgegebene, umfangreiche Handbuch verwiesen.

Exemplarisch wird in diesem Kapitel nur ein spezieller Leistungstest näher beschrieben; er soll die praktische Alltagsintelligenz messen.

- **PAI 30: Test zur Praktischen Alltagsintelligenz (Mariacher & Neubauer, 2005)**

Zur Begründung des Konstrukts »Praktische Alltagsintelligenz« verweisen die Autoren auf die allgemeine Beobachtung, dass sich kluge, intelligente Menschen in praktischen Angelegenheiten manchmal ungeschickt anstellen, und dass es umgekehrt wenig intelligente Menschen gibt, die sich sehr effektiv mit ihrer materiellen Umwelt auseinandersetzen. Praktische Alltagsintelligenz wird, so vermuten die Autoren, in der Regel nicht durch eine bestimmte Ausbildung, sondern durch die Auseinandersetzung mit der eigenen Lebensumwelt erworben. Vermutlich würden aber auch viele Berufsausbildungen die Praktische Alltagsintelligenz schulen. Diese Fähigkeit zeige sich »in der Auffindung von praktischen Problemlösungen bezogen auf materielle Gegebenheiten im Alltag« (S. 11). Die Autoren grenzen das Konzept »Praktische Alltagsintelligenz« von dem der (allgemeinen) Praktischen Intelligenz ab, das auch den effizienten Umgang mit der sozialen Umwelt einschließt.

Bewältigung praktischer Alltagsprobleme

Gliederung Der Test besteht aus 30 Aufgaben, die nicht nach ihrer Schwierigkeit, sondern nach Zufall gereiht sind. In jeder Aufgabe wird ein Problem geschildert, das in den meisten Fällen durch ein Foto oder eine Skizze veranschaulicht wird, zu dem der Proband eine Lösung finden soll. Die Antwort wird im Antwortheft entweder durch Ankreuzen einer Antwortalternative oder durch freie, stichwortartige Beschreibung der Lösung eingetragen.

bildhafte Aufgaben

> **Beispiel**
>
> **Itembeispiel (Übungsaufgabe) aus dem PAI**
> Sie versuchen, mit einem Löffel Speiseeis aus einer großen Eispackung in Röllchenform abzurollen. Das Eis bleibt jedoch am Löffel kleben und bricht, wenn Sie stärker andrücken, so dass Sie keine Röllchen formen können. Was unternehmen Sie, damit Sie das Eis doch in Röllchenform abheben können?
> Zur Verfügung steht gewöhnliches Kücheninventar.
> Lösung: »Den Löffel in Wasser tauchen.«
> Anmerkung. Wird zwischen Löffel und Eis ein Wasserfilm aufgebracht, verringert sich die Haftung zwischen Eis und Löffel, so dass das Eis nicht am Löffel kleben bleibt.

Durchführung Der PAI kann als Einzel- oder Gruppentest durchgeführt werden. Die Bearbeitungszeit ist mit 60–65 Minuten angegeben; diese Zeit sollte für alle Probanden ausreichen.

Auswertung Jede richtig beantwortete Aufgabe wird mit einem Punkt bewertet; die Summe der richtigen Lösungen ergibt den Testrohwert. Im Manual finden sich die richtigen Antworten (manchmal sind mehrere Lösungen richtig) nebst einer Erklärung.

Bewertung freier Antworten

hohe Übereinstimmung der Auswerter	**Auswertungsobjektivität und Reliabilität** Zwei Auswerter werteten 100 Protokolle unabhängig voneinander aus. In 94 % der Fälle ermittelten sie den gleichen Testrohwert, und in den restlichen Fällen wichen die Ergebnisse nur um einen Punkt voneinander ab. Mit der Testhalbierungsmethode wurde eine Reliabilität von .86 ermittelt.
hohe Korrelation mit technischen Verständnis	**Validität** Mit dem LPS als Maß der Allgemeinen Intelligenz korreliert der PAI zu .50 (N = 65); die Korrelation mit dem LPS-Subtest zur technischen Begabung beträgt .47. Zur konvergenten Validität wird eine Korrelation von .70 (N = 66) mit einem Test zum praktisch-technischen Verständnis (PVT von Amthauer, 1972) berichtet. Vier Beurteiler verglichen insgesamt 24 Personen aus ihrem gemeinsamen Bekanntenkreis hinsichtlich des Merkmals Praktische Alltagsintelligenz paarweise miteinander (vermutlich unvollständiger Paarvergleich). Die Anzahl der Gesamtbevorzugungen korrelierte .74 mit den PAI-Rohwerten.
unzulängliche Normierung	**Normen** Für die Normierung untersuchten die Autoren in den Jahren 1999–2004 in verschiedenen österreichischen Städten insgesamt 353 Probanden im Alter zwischen 16 und 75 Jahren. Die einzige Normtabelle gilt für alle Altersstufen und für beide Geschlechter. Zusätzlich geben die Autoren Mittelwerte und Streuungen für Teilgruppen mit unterschiedlichen Bildungsabschlüssen an.
Was misst der Test?	**Bewertung** Hält der Test, was der Testname verspricht? Misst der Test Praktische Alltagsintelligenz? Die Frage kann derzeit nicht beantwortet werden. Die hohe Korrelation mit dem PVT kann auch dahingehend interpretiert werden, dass der PAI (praktisch-)technisches Verständnis erfasst. Eine Inspektion der Testaufgaben unterstützt diese Interpretation. Die Normierung ist unzulänglich. Eine repräsentative Eichstichprobe wurde offenbar nicht angestrebt. Bei einer Korrelation von .30 mit dem Alter wären altersgestufte Normen angemessen. Auf die naheliegende Frage, ob vielleicht Geschlechtsunterschiede bestehen, findet sich keine Antwort. Der PAI kann in der vorliegenden ersten Auflage nur zu Forschungszwecken empfohlen werden.

3.2.5 Entwicklungstests

Entwicklungs- retardierungen erkennen	Mit Entwicklungstests soll festgestellt werden, ob sich ein Kind allgemein oder in einem speziellen Bereich altersgemäß entwickelt hat. Solche Tests sollten deshalb Items aufweisen, die vor allem mit dem Lebensalter hoch korrelieren, also beispielsweise zwischen benachbarten Altersstufen differenzieren, wie dieses bei den Binet-Tests der Fall ist (s. Stemmler et al., 2010). Durch Vergleich der individuellen Ergebnisse mit den Leistungen Gleichaltriger lassen sich Hinweise auf eventuell behandlungsbedürftige Entwicklungsretardierungen finden.
Intelligenztests für Kinder sind auch Entwicklungstests	Diese Anwendung setzt voraus, dass die eingesetzten Verfahren nicht nur für ein bestimmtes Lebensalter normiert sind, sondern auch Normwerte für längere Entwicklungsperioden bereitstellen. Allgemeine Entwicklungstests versuchen dabei, die ganze Breite des kindlichen Entwicklungsstandes zu erfassen, spezielle Entwicklungstests dagegen nur einen Ausschnitt. Intelligenztests für Kinder, die bereits in ▶ Abschnitt 3.2.3 behandelt wurden, können grundsätzlich auch zur Entwicklungsdiagnostik eingesetzt werden, wenn die allgemeine kognitive Entwicklung oder die Entwicklung von intellektuellen Teilfähigkeiten zu beurteilen ist.
auch bei geistig retardierten Erwachsenen anwendbar	Selbst der Entwicklungsstand von geistig retardierten Erwachsenen, älteren Kindern und Jugendlichen kann mit Tests eingeschätzt werden, die nur für (jüngere) Kinder entwickelt und normiert sind. Davon sollte jedoch nur Gebrauch gemacht werden, wenn keine altersgerechten Verfahren zur Verfügung stehen. Dazu wird in den Normtabellen nachgesehen, in welcher Altersgruppe der ermittelte Testrohwert

3.2 · Leistungstests

des Probanden zu einem genau durchschnittlichen Normwert (bei IQ-Werten also 100) führen würde. Das Alter der Normgruppe, in welcher der Testrohwert exakt einer durchschnittlichen Testleistung entspricht, kennzeichnet den aktuellen Entwicklungsstand des Probanden.

> **Beispiel**
>
> Ein 17-jähriger erreicht in einem Intelligenztest für Kinder 65 Punkte. Der Diagnostiker sucht die Normtabelle, in der ein IQ von 100 bei 65 Punkten zuerkannt wird. Er stellt fest, dass dies in der Altersgruppe 9;0–10;0 Jahre der Fall ist. Die Schlussfolgerung lautet, dass der Proband in diesem Test den Leistungsstand eines durchschnittlichen 9-Jährigen erreicht hat. Sein »Intelligenzalter« beträgt somit neun Jahre.

Allgemeine Entwicklungstests Einige Entwicklungstests dienen als Breitbanddiagnostikum und erfassen mit ihren Subtests mehrere Entwicklungsbereiche.

- **GES: Griffiths Entwicklungsskalen zur Beurteilung der Entwicklung in den ersten beiden Lebensjahren (Brandt & Sticker, 2001)**

Die GES stellen den einzigen Entwicklungstest für die ersten beiden Lebensjahre dar, der an deutschen Kindern standardisiert ist (Brandt & Sticker, 2001). Die fünf Skalen gehen auf Griffiths Mental Development Scale zurück, erstmalig 1954 unter dem Titel »The Ability of Babies« veröffentlicht (Griffiths, 1954). Diese Version kam in Deutschland zwischen 1967 und 1979 im Rahmen einer Längsschnittstudie zur Entwicklung von Frühgeborenen und Reifgeborenen zum Einsatz. Neben den 257 Items der Originalversion wurden 102 Zusatzaufgaben erprobt. Die Ergebnisse dieser Studie lagen der 1983 erschienenen ersten deutschen Version zugrunde. Dabei fanden auch die Kürzungen Berücksichtigung, die Griffiths in einer 1970 erschienen Überarbeitung des Tests vorgenommen hatte. Die Autorinnen der deutschen Fassung bemühten sich um eine möglichst enge Anlehnung an die englische Originalfassung und nahmen nur unbedingt erforderliche Änderungen vor.

für die ersten beiden Lebensjahre

Gliederung Die insgesamt 208 Aufgaben erlauben die Untersuchung der Bereiche Motorik, sozialer Kontakt, Hören und Sprechen, Auge-Hand-Koordination und kognitive Entwicklung. Jede der fünf Skalen misst einen eigenen Entwicklungsbereich und kann auch separat durchgeführt werden. Nachfolgend werden Aufgabenbeispiele zu Griffiths Entwicklungstest aufgeführt. Die Aufgabennummer informiert über die Position des Items in der Skala. Aufgaben mit zwei Nummern (z. B. A 31/32) werden mit zwei Punkten bewertet. Als »Normalbereich« wird hier der Altersbereich bezeichnet, in dem 90 Prozent der Kinder das Verhalten zeigen; bei jeweils fünf Prozent der Kinder ist das Verhalten schon früher bzw. erst später zu beobachten (5.–95. Perzentil).

fünf Subtests

Skala	Itembeispiele (Nr.)	Normalbereich (Monate)	Median (Monate)
Motorik	Sitzt frei, mindestens eine Minute (A 14)	06–10	7,3
	Kann rückwärts gehen (A 31/32)	14–19	15,4
Persönlich-Sozial ▼	Lächelt (B 3)	01–03	2,0

Skala	Itembeispiele (Nr.)	Normalbereich (Monate)	Median (Monate)
Persönlich-Sozial	Unterscheidet Fremde von Bekannten (B 14)	05–09	7,0
Hören und Sprechen	Reagiert, wenn es gerufen wird (C 12)	04–08	6,0
	Sagt Mama oder Papa klar bzw. ein anderes Wort (C 17/18)	07–15	9,0
Auge und Hand	Nimmt den Ring, den man ihm reicht (D 7)	02–05	3,5
	Vollständiger Pinzettengriff (D19)	09–12	10,1
Leistungen	Hält den runden Holzstab für einige Sekunden (E 6)	01–05	3,2
	Findet das versteckte Spielzeug unter der Tasse (E21)	07–13	9,7

standardisiertes Testmaterial in Form von Spielsachen

Durchführung Das Verfahren ist ein Individualtest für die ersten beiden Lebensjahre und soll in Gegenwart einer vertrauten Person durchgeführt werden, die notfalls den Testleiter unterstützen kann. Für die Durchführung wird standardisiertes Testmaterial (z. B. ein kleiner, rotlackierter runder Holzstab, eine Schachtel mit zwölf Spielsachen) benötigt. Die Untersuchung beginnt bei nichtretardierten Kindern mit Aufgaben, die etwa zwei Monate unter dem Lebensalter des Kindes liegen, und wird beendet, wenn mehr als zwei aufeinanderfolgende Aufgaben in einem Untertest nicht mehr gelöst werden. Wenn aus der Beobachtung des Kindes bekannt ist, dass es eine bestimmte Aufgabe lösen kann, braucht diese nicht durchgeführt werden. Bei den Aufgaben mit Testmaterial finden sich genaue Anweisungen zum Vorgehen. Die reine Durchführungszeit ist bei gesunden Kindern im ersten Lebensjahr mit 20–30 Minuten zu veranschlagen, bei älteren Kindern mit etwa 45 Minuten.

Entwicklungsalter

Auswertung Eine Aufgabe gilt als gelöst, wenn die Bewertungskriterien erfüllt sind. Für einige Aufgaben werden zwei Punkte vergeben. Die Skalen sind so aufgebaut, dass für jeden Lebensmonat zwei Aufgaben bzw. eine mit zwei Punkten bewertete Aufgabe vorliegen. Das Entwicklungsalter eines Kindes lässt sich daher relativ einfach feststellen, indem die erreichte Punktzahl durch zwei dividiert wird. Für den Gesamttest (fünf Bereiche) ist die Summe der gelösten Aufgaben durch zehn zu dividieren. Erreicht ein Kind beispielsweise insgesamt 125 Punkte, hat es ein Entwicklungsalter von 12,5 Monaten. Das Entwicklungsalter ist in Relation zum Lebensalter (z. B. 18 Monate) zu sehen. Ein Entwicklungsquotient kann berechnet werden, indem das Entwicklungsalter durch das Lebensalter dividiert und das Ergebnis mit 100 multipliziert wird. Im Beispiel: $(12,5/18) \times 100 = 69$.

Retest-Reliabilität altersabhängig

Reliabilität Die Retest-Reliabilität des Gesamtentwicklungsquotienten variiert bei einer Testwiederholung nach drei Monaten zwischen .49 (Alter bei der ersten Messung: drei Monate) und .81 (Alter: 15 Monate). Im Durchschnitt liegen die Koeffizienten im zweiten Lebensjahr mit .80 höher als im ersten (.62).

wenige Validitätsbelege

Validität Im Manual wird lediglich auf die Entwicklungsprofile verschiedener behinderter Kinder verwiesen, die den Erwartungen entsprechen.

Altersgruppe suchen

Normierung Die deutsche Normierung fand im Rahmen einer Längsschnittstudie zwischen 1967 und 1979 an 102 Kindern statt, die zunächst in Monatsintervallen und

3.2 · Leistungstests

später in größeren Abständen wiederholt untersucht wurden. Normen in dem Sinne, dass Testrohwerte in Standardwerte transformiert werden, existieren nicht. Die Erhebung diente dazu, für jede Aufgabe das Alter zu ermitteln, in dem 50 % der Kinder sie lösten. Mit der oben beschriebenen Auswertungsprozedur wird die individuelle Testleistung jedoch mit den Leistungen anderer Kinder verglichen.

Bewertung Bei den GES handelt es sich um ein sehr sorgfältig konstruiertes Verfahren. Bedauerlich ist, dass im Manual das Thema Validität sehr stiefmütterlich behandelt wird, zumal internationale Forschungsergebnisse zu dem inzwischen in mehreren Sprachen vorliegenden Test existieren. Die Autorinnen berichten über Studien, denen zufolge sich die Testleistungen, anders als bei der Intelligenz, nicht im Laufe der Jahre verändert haben. Dennoch erscheint eine umfangreichere deutsche Nacheichung sowie die Ermittlung eigener Werte zur Abklärung der Validität der deutschen Version geboten.

sorgfältig konstruiert

- **WET: Wiener Entwicklungstest (Kastner-Koller & Deimann, 2002)**
Der Test soll bei Vorschulkindern im Alter von 3;0–5;11 Jahren den Entwicklungsstand in sechs Funktionsbereichen (Motorik, visuelle Wahrnehmung/Visumotorik, Lernen und Gedächtnis, kognitive Entwicklung, Sprache sowie sozial-emotionale Entwicklung) überprüfen. Bei der Entwicklung und Auswahl der Subtests legten die Autorinnen besonderen Wert auf eine Verankerung der Aufgabeninhalte im konkreten Lebensraum 3–6-jähriger Kinder und eine spielerische Gestaltung der Testsituation. Die verwendeten Aufgabentypen hatten sich bereits in vorliegenden Entwicklungstests bewährt; zum Teil handelt es sich auch um Neuentwicklungen. Die Entwicklung der Skalen erfolgte auf Grundlage der probabilistischen Testtheorie.

Altersbereich drei bis fünf Jahre

Gegenüber der ersten Auflage wurden die Durchführungs- und Auswertungsanweisungen präzisiert. Modifikationen bei den Testmaterialien betreffen Layout und Materialgestaltung ohne Einfluss auf die Iteminhalte.

Durchführungs- und Auswertungsrichtlinien verbessert

Gliederung Zu jedem der fünf Entwicklungsbereiche liegen zwei bis vier Subtests vor (◘ Tab. 3.11). Eine Sonderstellung nimmt der Elternfragebogen ein, der keinen Leistungstestcharakter hat.

fünf Funktionsbereiche

Durchführung Der WET wird in einer Einzelsitzung durchgeführt. Die Durchführung nimmt bei Kindern bis 3;6 Jahren etwa 90 Minuten in Anspruch, bei älteren Kindern etwa 75 Minuten. Dabei kommen standardisierte Testmaterialien wie etwa ein Lernbär oder ein Schatzkästchen zur Anwendung.

standardisierte Testmaterialen

Auswertung Nach den Auswertungsrichtlinien des Manuals wird jedes richtig gelöste Item mit einem Punkt bewertet; lediglich beim Subtest »Wörter Erklären« sind auch zwei Punkte für eine Antwort möglich. Anhand von altersspezifischen Normtabellen transformiert der Auswerter für jeden Subtest die Summe der Punkte in einen C-Wert. In ein Profilblatt eingetragen ergeben die C-Werte das sog. Entwicklungsprofil. Fakultativ kann ein Gesamtwert (»Gesamtentwicklungsscore«) berechnet werden, indem der Mittelwert aller C-Werte ohne den Elternfragebogen bestimmt und anhand einer Tabelle in einen Standardwert transformiert wird.

Entwicklungsprofil und Gesamtwert

Objektivität und Reliabilität Bei den meisten Subtests ist die richtige Lösung anhand des Manuals eindeutig feststellbar. Die verbalen Subtests und das »Nachzeichnen« lassen einen gewissen Spielraum bei der Bewertung. Im Manual (S. 23) wird berichtet, dass bei der zweiten Auflage erneut festgestellt werden konnte, dass die Interrater-Übereinstimmung der Subtests »Quiz«, »Wörter erklären«, »Fotoalbum« und »Nachzeichnen« über .80 liegt. Zur Reliabilität liegen Ergebnisse von Konsistenzanalysen sowie zum Subtest »Zahlen merken« Retest-Ergebnisse vor (r_{tt} = .67). Cronbachs α variiert zwischen .66

Reliabilität an Gesamtgruppe geschätzt

Tab. 3.11 Subtests des Wiener Entwicklungstests

Funktionsbereich und Subtest	Messgegenstand	Itemzahl	Itembeispiel
Motorik: Turnen	Grobmotorische Fähigkeiten	10	Einbeiniges, freihändiges Stehen mit geschlossenen Augen für mindestens 3 s
Motorik: Lernbär	Feinmotorische Fähigkeiten	4	Am Teddybär mit einer Kordel (als Halsband) einen Knoten binden
Visuelle Wahrnehmung: Nachzeichnen	Visumotorische Koordination	10	Ein Kreuz von einer Vorlage abzeichnen
Visuelle Wahrnehmung: Bilderlotto	Differenzierte Raum-Lage-Wahrnehmung	24	Einzelne Kärtchen zum Thema Meer auf einer Bildtafel mit sechs Feldern ordnen
Lernen und Gedächtnis: Schatzkästchen	Visuell-räumliche Speicherkapazität	6	Nach max. 10 Lerndurchgängen unmittelbar danach und 20 min später 6 verschiedene, in Schubladen versteckte Spielgegenstände wieder finden
Lernen und Gedächtnis: Zahlen merken	Phonologische Speicherkapazität	10	vorgesprochene Zahlenfolgen (2 bis maximal 6 Zahlen) sollen unmittelbar nachgesprochen werden
Kognitive Entwicklung: Muster legen	Räumliches Denken (2-D)	10	Nach Vorlagen Muster mit Mosaiksteinen nachlegen
Kognitive Entwicklung: Bunte Formen	Induktives Denken (Kreuzklassifikationen)	10	Matrizenaufgaben: Aus jeweils fünf vorgegebenen Lösungsmöglichkeiten soll das Element bestimmt werden, das eine 3×3-Matrix sinnvoll ergänzt
Kognitive Entwicklung: Gegensätze	Analoges Denken	15	Der Satz »Der Würfel ist eckig, der Ball ist …« ist (mit dem Wort »rund«) zu ergänzen
Kognitive Entwicklung: Quiz	Orientierung in der Lebenswelt	11	»Warum sollte man nicht so viele Süßigkeiten essen wie man gerne möchte?«
Sprache: Wörter erklären	Sprachliche Begriffsbildung	10	Das Wort »zeichnen« ist zu erklären
Sprache: Puppenspiel	Verständnis grammatischer Strukturformen	13	»Der Hund beißt den Vater, der das Mädchen festhält« mit Spielmaterial darstellen
Sozial-emotionale Entwicklung: Fotoalbum	Verständnis mimischer Gefühlsausdrücke	9	Foto einer Person; Gefühl (»Freude«) benennen
Sozial-emotionale Entwicklung: Elternfragebogen	Selbstständigkeitsentwicklung des Kindes	22	»Mein Kind zieht sich ohne Hilfe aus.«

(»Lernbär«) und .90 (»Elternfragebogen«). Diese Angaben beziehen sich auf die gesamte Normierungsstichprobe. Die Reliabilität des Tests in der Altersgruppe, auf die sich die einzelne Anwendung notwendigerweise bezieht, wird damit weit überschätzt: Bei Entwicklungstests ist die Streuung der Testwerte in einer Altersgruppe stets kleiner als in der Gesamtgruppe, was sich mindernd auf die Reliabilität auswirkt (▶ Kap. 2.3.3).

sechs Faktoren

Validität Die Autorinnen werten die Zunahme der Subtestleistungen mit dem Alter als Validitätsbeleg. Faktorenanalysen sprechen dafür, dass der Test verschiedene Aspekte der Entwicklung erfasst. Extrahiert wurden sechs Faktoren; die Ladungen der Subtests passen relativ gut zu den sechs a priori angenommenen Funktionsbereichen. Korrelationen mit Skalen der K-ABC (▶ Abschn. 3.2.3) werden ebenso als Validitätsbelege aufgeführt wie unterschiedliche Testleistungen von Kindern mit und ohne eine klinische Beeinträchtigung (z. B. Autismus).

3.2 · Leistungstests

Normierung Für die zweite Auflage wurde der Test an 1.200 deutschen und österreichischen Kindern im Alter von 3;0–5;11 Jahren normiert. Die Stichprobe wurde so zusammengestellt, dass sie bezüglich des Bildungsstandes des Vaters repräsentativ ist; in Deutschland stammen die Normierungsdaten aus 19 Städten, die sich über das Bundesgebiet verteilen.

repräsentative Normstichprobe

Bewertung Der WET ist ein Breitbandverfahren, das im Vorschulalter Hinweise auf Entwicklungsrückstände in mehreren Bereichen liefern kann. Das Testmaterial und die Aufgaben selbst sind sehr kindgerecht. Die Eichstichprobe wurde sorgfältig zusammengestellt. In einer sehr fundierten Testrezension hat Renziehausen (2003) darauf hingewiesen, dass der Test mit bis zu 90 Minuten relativ lange dauert und die Testdurchführung sich gerade bei jüngeren und bei schwächer begabten Kindern daher schwierig gestalten kann. Sie kritisiert weiter, dass die Normtabellen nicht berücksichtigen, dass bei einigen Subtests Geschlechtsunterschiede festgestellt wurden (keine geschlechtsspezifischen Normen) und dass die angegebenen C-Werte häufig schlecht differenzieren. Ihr Fazit fällt dennoch positiv aus: »Der WET ist vor allem für förderdiagnostische Fragestellungen konzipiert und liefert eine Statusdiagnose der kindlichen Entwicklung in relevanten Bereichen. Das Verfahren bietet eine gute Orientierung über die aktuellen Stärken und Schwächen eines Kindes« (S. 145). Da der Test in einigen Bereichen nicht hinreichend gut differenziert und die Skalen teilweise nicht sehr reliabel sind, ist anzuraten, den Test als Screening-Instrument einzusetzen und bei auffällig niedrigen Skalenwerten diesen Bereich mit anderen Verfahren näher zu untersuchen.

Breitbandverfahren für Vorschulalter

Spezielle Entwicklungstests Bei der Erfassung eines mehr oder weniger eng umschriebenen Entwicklungsbereichs kommen sog. spezielle Entwicklungstests zum Einsatz. Unter diesen nehmen Tests zum kognitiven Entwicklungsstand quantitativ eine dominante Rolle ein (im Abschnitt »Intelligenztests« wurden bereits einige Tests vorgestellt, die für das Vorschul- und Schulalter geeignet sind). Mehrere Verfahren dienen der Beschreibung der Sprachentwicklung. Zwei Verfahrenstypen sind dabei zu unterscheiden: Fragebögen zum Entwicklungsstand, die meist von den Eltern auszufüllen sind, und Leistungstests. Der Fragebogen zur frühkindlichen Sprachentwicklung (FRANKIS) von Szagun et al. (2009) ist ein Beispiel für die erste Kategorie. Allerdings wird in einer Testrezension nach den Standards des Testkuratoriums (Deimann et al., 2010) zu Recht darauf hingewiesen, dass dieses Verfahren für den empfohlenen Einsatz nicht ordentlich validiert wurde und dass die Normen nicht repräsentativ sind.

Fragebogen zur frühkindlichen Sprachentwicklung FRANKIS

Als Beispiel für einen Sprachtest, in dem die Kinder unter standardisierten Bedingungen Aufgaben bewältigen müssen, sei der Sprachstandserhebungstest für Fünf- bis Zehnjährige (SET 5-10) von Petermann et al. (2010) genannt. Mit diesem Test werden mehrere Aspekte der Sprache geprüft: Wortschatz, semantische Relationen, Sprachverständnis, Sprachproduktion, Morphologie, Verarbeitungsgeschwindigkeit und auditive Merkfähigkeit. Neben der Sprache findet die Motorik eine besondere Beachtung. Ein Beispiel für einen Test zur Untersuchung des motorischen Entwicklungsstandes ist die Lincoln-Oseretzky-Skala LOS KF 18 von Eggert (1974). Dieser Test enthält Aufgaben wie mit geschlossenen Augen die Nasenspitze berühren, mit offenen Augen zehn Sekunden auf einem Bein stehen oder Streichhölzer mit einer Hand sortieren. Über weitere Motoriktests informiert das Handbuch von Bös (2001).

Sprachstandserhebungstest für Fünf- bis Zehnjährige (SET 5-10)

3.2.6 Schultests

Schultests unterscheiden sich nicht grundsätzlich von Entwicklungstests, sondern vor allem hinsichtlich der Spezifität ihrer Anforderungen. Während Entwicklungstests eher allgemeine Fähigkeiten erfassen, dienen Schultests dazu, Fähigkeiten und Fertigkeiten zu erfassen, die eine Voraussetzung für das Erbringen schulischer Leistungen darstellen, oder sie erfassen direkt schulische Leistungen. Die erste Aufgabe wird von Schuleingangstests übernommen. Schulleistungstests messen den Leistungsstand von Schülern in einem bestimmten Bereich.

3.2.6.1 Schuleingangstests

Schulreifetests

Sie sind auch als **Schulreifetests** bekannt und haben die Aufgabe, zu prüfen, ob ein schulpflichtiges Kind den Anforderungen der Schule gewachsen ist. Durch ihren Einsatz bereits vor Schuleintritt soll verhindert werden, dass noch nicht schulfähige Kinder überfordert und dadurch psychisch geschädigt werden. Die Herausforderung besteht darin, dass ein Verhalten vorhergesagt werden soll, das in dieser Form noch nicht vorliegt, sondern erst später erworben wird: Kinder lernen in der Schule das Schreiben; ein Einschulungstest soll vorhersagen, ob dies einem Kind gelingen wird, das zum Untersuchungszeitpunkt noch nicht schreiben kann. Mit den Tests versucht man in einfacher und kindgemäßer Form jene Grundfertigkeiten zu erfassen, die Kinder benötigen, um in der Schule Lesen, Schreiben und Rechnen zu erlernen. Die Fähigkeit zur Formerfassung wird dabei als Voraussetzung zum Erlernen der grafischen Symbole, die Auffassung von Mengen bis fünf als Basis für erfolgreiche Teilnahme am Mathematikunterricht angesehen. Zeichenaufgaben sollen grundlegende schreibmotorische Fertigkeiten diagnostizieren. Viele Schulreifetests verlangen das Nachzeichnen von Formen und Zeichnen eines Menschen. Nach Langfeldt und Tent (1999, S. 140) finden folgende Aufgabentypen in neun von den Autoren analysierten Schulreifetests am häufigsten Verwendung (in Klammern die Anzahl der Tests mit diesem Aufgabentyp):

- Nachmalen von Formen (Figuren, Ziffern, Buchstaben und Kombinationen) (8)
- Mann-Zeichnungen (5)
- Abstrakte Figuren (Zaun, Muster) wiederholt zeichnen (5)
- Malen bzw. Legen vorgegebener oder kurz exponierter Mengen (4)
- Identische Figuren aus ähnlichen heraussuchen und markieren (4)
- Markieren von Bildern nach Sprachverständnis für Einzelsituationen (4)

Screening des Entwicklungsstandes bei Einschulungsuntersuchungen (S-ENS)

Es sind nur wenige Schuleingangstests verfügbar; die meisten davon sind älteren Datums. Als eines der wenigen neuen Verfahren, das zudem in der Praxis häufig angewandt wird, ist das Screening des Entwicklungsstandes bei Einschulungsuntersuchungen (S-ENS) von Döpfner et al. (2005) zu nennen. Es soll Hinweise auf mögliche Entwicklungsdefizite liefern. Folgende Entwicklungsbereiche werden dazu untersucht (in Klammern die Namen der acht Untertests):

- Körperkoordination (seitliches Hin- und Herspringen)
- Visuomotorik (Gestalt-Rekonstruktion, Gestalt-Reproduktion)
- Visuelle Wahrnehmung und Informationsverarbeitung (gleichnamiger Subtest; Aufgaben: Erkennen identischer figuraler Vorgaben, Auswahl einer Ergänzungsfigur nach bestimmten Regeln)
- Sprachkompetenz und auditive Informationsverarbeitung (Pseudowörter nachsprechen, Wörter ergänzen, Sätze nachsprechen)
- Artikulation (gleichnamiger Untertest)

Das Verfahren wurde an einer großen Stichprobe (N = 27.000) normiert.

3.2.6.2 Schulleistungstests

bei Lernproblemen sinnvoll

Lehrer beurteilen die Leistungen ihrer Schüler meist durch Vergleiche innerhalb der Schulklasse. Schulleistungstests wurden konstruiert, um schulische Leistungen unter standardisierten Bedingungen zu erfassen und sie anhand von überregionalen Normen zu beurteilen. Es gibt sie vor allem für die Fächer Deutsch und Mathematik der ersten

3.2 · Leistungstests

sechs Schuljahre. Einige mit dem Attribut »diagnostisch« versehene Verfahren wollen nicht nur eine summarische Leistungsbeurteilung zur Objektivierung der Notengebung ermöglichen, sondern darüber hinaus auch Hinweise auf spezifische Lernprobleme und Teilleistungsschwächen (Legasthenie, Dyskalkulie oder Rechenschwäche) geben. Diese Funktion erfüllen besonders Lese-, Rechtschreib- und Rechentests.

Schulleistungstests sind meistens für ein oder allenfalls zwei aufeinanderfolgende Schuljahre entwickelt worden. Manchmal liegen mehrere Tests vor, die aufeinanderfolgende Altersbereiche abdecken; beispielsweise liegt eine Gruppe deutscher Rechtschreibtests vor: DERET 1-2+ für das erste und zweite, DERET 3-4+ für das dritte und vierte Schuljahr. Eine andere Serie von diagnostischen Rechtschreibtests wurde für die 1.–5. Klasse konzipiert (DRT 1, DRT 2, DRT 3, DRT 4 und DRT 5). Eine Serie von Mathematiktests beginnt mit dem http://www.testzentrale.de/programm/deutscher-mathematiktest-fur-erste-klassen.htmlDEMAT 1+ (Deutscher Mathematiktest für erste Klassen; Krajewski et al., 2002; ▶ http://www.testzentrale.de/programm/deutscher-mathematiktest-fur-erste-klassen.html) und reicht mit dem DEMAT 4+ (Deutscher Mathematiktest für vierte Klassen; Gölitz et al., 2006) bis zur 4. Klasse. Den vier Tests liegen die Lehrpläne aus allen Bundesländern zugrunde. Sie sind damit inhaltsvalide. Die Validität wird weiterhin durch hohe Korrelationen mit der Mathematiknote und mit anderen Mathematiktests belegt. Die Eichstichproben setzen sich jeweils aus Schülern vieler oder sogar aller Bundesländer zusammen.

für bestimmte Klassenstufen entwickelt

Diese Tests können helfen, den Leistungsstand ganzer Klassen oder auch einzelner Schüler angemessen zu beurteilen. Psychologen in Beratungsstellen geben sie die Möglichkeit, schulische Leistungsbeurteilungen anhand eines überregionalen Bezugssystems überprüfen zu können.

Weiterführende Literatur

In der Einleitung (▶ Abschn. 3.1) wurde bereits auf Informationsquellen zu standardisierten diagnostischen Verfahren und damit auch Leistungstests hingewiesen. Darüber hinaus ist eine Buchserie zu empfehlen, in der ausgewählte Tests rezensiert werden (Fay, 2001, 2003, 2006). Zu speziellen Themen finden sich in der Buchreihe »Kompendien Psychologische Diagnostik« Informationen zur Diagnostik der Aufmerksamkeit (Heubrock, 2001), der Intelligenz (Holling et al., 2005) und zur Entwicklungsdiagnostik (Esser & Petermann, 2010). Über Leistungstests, die in der Personalauswahl Verwendung finden, informieren Krumm und Schmidt-Atzert (2009), und über Tests, die (auch) in der Neuropsychologie eingesetzt werden, Schellig et al. (2009).

Informationen und Besprechungen zu Tests, die im schulischen Bereich eingesetzt werden können, bietet die seit 2000 neu herausgegebene Buchreihe »Jahrbuch der pädagogisch-psychologischen Diagnostik: Tests und Trends«. Die einzelnen Themenbände werden von Experten auf dem jeweiligen Gebiet herausgegeben. Bisher sind Bücher zur Diagnostik von:
- Lese-Rechtschreibschwierigkeiten (Hasselhorn et al., 2000),
- Motivation und Selbstkonzept (Stiensmeier-Pelster & Rheinberg, 2003),
- Konzentration und Aufmerksamkeit (Büttner & Schmidt-Atzert, 2004),
- Mathematikleistungen (Hasselhorn et al., 2005),
- sonderpädagogischem Förderbedarf (Petermann & Petermann, 2006),
- Rechtschreibleistungen und -kompetenz (Schneider & Hasselhorn, 2008),
- Leseverständnis (Lenhard & Schneider, 2009) und
- Hochbegabung (Preckel et al., 2010)

erschienen.

? **Übungsfragen**

Kap. 3.1
1. Welche beiden diagnostischen Verfahren werden einer Befragung von Roth und Herzberg (2008) zufolge in der Praxis am häufigsten eingesetzt?
2. Nennen Sie Informationsquellen zu standardisierten diagnostischen Verfahren!

Kap. 3.2
3. Für was sind die Leistungen in Leistungstests ein Indikator?
4. Wie wirken sich Übung und Vorbereitung auf die Testleistung aus?
5. Was haben Aufmerksamkeit und Konzentrationsfähigkeit gemeinsam, und wie lassen sie sich voneinander abgrenzen?
6. Welche Aufmerksamkeitsfunktionen werden unterschieden, und was versteht man jeweils darunter?
7. Welche Aufgabentypen kommen bei Konzentrationstests vor? Nennen Sie jeweils ein Testbeispiel!
8. Wie viele Konzentrationsfaktoren wurden bei einer Faktorisierung verschiedener Tests gefunden?
9. Welche Kennwerte werden bei Konzentrationstests üblicherweise bestimmt?
10. Welches Merkmal misst der d2-R?
11. Beschreiben Sie die Aufgabe des Probanden bei der Bearbeitung des d2-R! Wie sind die Durchführungsbedingungen?
12. Welche Kennwerte werden beim d2-R bestimmt (dazu liegen auch Normen vor), und wie sind sie definiert?
13. Welche zwei Leistungen muss man bei der Bearbeitung des KLT-R (Konzentrations-Leistungs-Test – Revidierte Fassung) erbringen?
14. Mit welchen drei Merkmalen (oder Tests) korreliert der KLT-R relativ hoch?
15. Nach welchen drei Merkmalen kann man Intelligenztests einteilen?
16. Welche Merkmale (Formen der Intelligenz) erfassen verschiedene Intelligenztests?
17. Welche Kennwerte liefert der HAWIK-IV (Hamburg-Wechsler-Intelligenztest für Kinder – IV)?
18. Für welchen Alters- und welchen Intelligenzbereich wurde der HAWIK-IV entwickelt?
19. Welche zwei gut vergleichbaren Alternativen zum HAWIK-IV gibt es?
20. Aus welchen zwei Modulen besteht der Intelligenz-Struktur-Test 2000-R, und welche Intelligenzkomponenten werden damit gemessen?
21. Nennen Sie weitere »breite« Intelligenztests!
22. Wie ist der CFT 20-R aufgebaut, und was soll der Test messen?
23. Nach welchem Modell der kognitiven Fähigkeiten lassen sich sowohl konventionelle Intelligenz- als auch spezielle Fähigkeitstests einordnen?
24. Welche Art von Aufgaben verwendet der Test zur Praktischen Alltagsintelligenz (PAI30), und wie werden die Antworten dort ausgewertet?
25. Beschreiben Sie den Aufbau und die Aufgaben der Griffiths Entwicklungsskalen zur Beurteilung der Entwicklung in den ersten beiden Lebensjahren (GES)!
26. Für welchen Altersbereich ist der Wiener Entwicklungstest vorgesehen, und welche Merkmale erfasst er?
27. Welche Zielsetzung ist mit Einschulungs- und mit Schulleistungstests verbunden, und wie funktionieren diese Tests (z. B. exemplarische Beschreibung einer Aufgabe)?

3.3 Persönlichkeitsfragebögen

3.3.1 Persönlichkeit und ihre Messung – 239
  3.3.1.1 Struktur der Persönlichkeit – 239
  3.3.1.2 Messung von Persönlichkeitsmerkmalen 240
3.3.2 Allgemeines zu Persönlichkeitsfragebögen – 240
3.3.3 Persönlichkeitstestsysteme – 250
3.3.4 Verfahren zur Erfassung aktueller Zustände – 278
3.3.5 Verfahren zur Erfassung von Interessen – 283
3.3.6 Verfahren zur Erfassung der Motivation – 285

3.3.1 Persönlichkeit und ihre Messung

3.3.1.1 Struktur der Persönlichkeit

Wenn wir uns selbst oder andere Menschen beschreiben, verwenden wir dazu Eigenschaftswörter wie »beharrlich«, »risikoscheu« oder »unberechenbar« – das sind übrigens Begriffe, die amerikanische Diplomaten zur Charakterisierung deutscher Spitzenpolitiker verwendet haben (Der Spiegel, 29.11.2010). Die Forschung zur Ähnlichkeit bzw. Unähnlichkeit solcher Begriffe wird als psycholexikalischer Ansatz bezeichnet. Nach heutigem Stand kann man die Begriffe zur Beschreibung von Persönlichkeit fünf globalen Dimensionen zuordnen: Neurotizismus, Extraversion, Verträglichkeit, Offenheit für Erfahrung und Gewissenhaftigkeit. Diese »**Big Five**« können jeweils noch einmal in verschiedene Facetten zerlegt werden. Extraversion beispielsweise umfasst die Eigenschaften Herzlichkeit, Geselligkeit, Durchsetzungsfähigkeit, Aktivität, Erlebnishunger und Frohsinn (s. NEO-PI-R). Dieses Modell wird vielleicht einmal von einem anderen abgelöst; Modifikationen (z. B. Lee & Ashton, 2004) wurden bereits vorgeschlagen.

fünf globale Dimensionen: Big Five

Für die Psychologische Diagnostik ist das Big Five Modell aus zwei Gründen nützlich: Erstens liegen sehr viele Forschungsergebnisse zu diesen Persönlichkeitsdimensionen vor; das Modell hat in der Vergangenheit auch die Forschung strukturiert. Zweitens kann man damit auch Verfahren, die nicht explizit diesem Modell verpflichtet sind, konzeptuell einordnen. Manchmal trägt eine Skala nur einen anderen Namen, lässt sich inhaltlich aber einer der fünf Persönlichkeitsfaktoren oder einer Facette davon zuordnen. Beispielsweise entspricht im Freiburger Persönlichkeitsinventar FPI-R (s.u.) die Skala »Emotionale Stabilität« der Dimension »Neurotizismus«. Mit den zahlreichen Verfahren zur Ängstlichkeit wird meist die Neurotizismus-Facette »Ängstlichkeit« erfasst. In anderen Fällen kann eine Skala als Konglomerat aus zwei oder mehr Dimensionen oder auch Facetten des Big Five Modells identifiziert werden. Fazit ist, dass wir mit dem Modell ein sehr nützliches Referenzsystem haben, das zur Verortung anderer Verfahren verwendet werden kann.

Big Five Modell als Referenzsystem nützlich

3.3.1.2 Messung von Persönlichkeitsmerkmalen

Im Alltags- und Berufsleben werden Menschen häufig so oder ähnlich charakterisiert: »Peter ist ein ängstlicher Mensch«, »Katrin ist sehr zuverlässig«, »Kai ist sehr nett und freundlich«. Wie kommen solche Aussagen zustande? Die Personen, die solche Aussagen machen, würden vermutlich antworten: »Das konnte ich bei vielen Gelegenheiten beobachten« oder »Peter hat mir selbst gesagt, dass er oft Angst hat«. Damit sind wichtige Informationsquellen genannt, die auch in der wissenschaftlichen Diag-

Beobachtung und Selbstauskunft sind wichtige Quellen

nostik genutzt werden: Verhaltensbeobachtung und -beurteilung sowie Selbstauskunft; beispielsweise werden in einem Assessment-Center (▶ Kap. 8.2.2) Menschen in verschiedenen standardisierten Situationen (»Übungen«) von mehreren Experten beobachtet und anschließend beurteilt. Selbstauskünfte können mithilfe eines diagnostischen Interviews oder eines Fragebogens eingeholt werden. Damit sind die in der Praxis am häufigsten verwendeten diagnostischen Verfahren genannt. Mit den »objektiven Persönlichkeitstests« und projektiven Verfahren werden in diesem Kapitel Alternativen vorgestellt. In ◘ Tabelle 3.12 sind die genannten diagnostischen Verfahren mit ihren Vor- und Nachteilen aufgeführt. Man erkennt, dass Fragebögen im Vergleich zu anderen Verfahren eine gute »Bilanz« aufzuweisen haben.

3.3.2 Allgemeines zu Persönlichkeitsfragebögen

standardisierte Durchführung und Auswertung

Die Fragebogenmethode zeichnet sich dadurch aus, dass vorformulierte Fragen oder Feststellungen in schriftlicher Form vorgelegt werden. In einer Instruktion wird die gewünschte Art der Bearbeitung zuvor erläutert. Darin kann festgelegt sein, dass die Fragen in der vorgegebenen Reihenfolge ehrlich und ohne langes Überlegen zu beantworten sind. Das Antwortformat ist ebenfalls festgelegt. Prinzipiell können freie Antworten vorgesehen sein oder das Ankreuzen einer von mehreren Alternativantworten. Die freie Beantwortung spielt jedoch praktisch keine Rolle, weil sie eine aufwendige Auswertung nach sich zieht. Bei den gebundenen Antworten sind dichotome Antwortformate wie »Ja – Nein« oder »Trifft zu – Trifft nicht zu«, Rating-Skalen (z. B. von 0 = trifft überhaupt nicht zu, bis 6 = trifft völlig zu) und Forced-choice-Antworten gebräuchlich. Letztere zeichnen sich dadurch aus, dass mehrere stichwortartige oder auch ausformulierte Antworten zur Auswahl stehen. Diese Maßnahmen führen dazu, dass die Bearbeitung in hohem Maße standardisiert und somit die Durchführungsobjektivität gewährleistet ist. In der Regel wird jedes Merkmal, das mit dem Fragebogen erfasst werden soll, durch mehrere Items repräsentiert. Daher werden nicht einzelne Antworten interpretiert, sondern es werden die Antworten gezählt, die für eine hohe Merkmalsausprägung sprechen. Die Auswertung ist in der Regel standardisiert; meist werden mithilfe von Schablonen merkmalsspezifische Antworten ausgezählt. Damit wird die Auswertungsobjektivität sichergestellt.

Skalen zu vielen Persönlichkeitsmerkmalen

Vorteile Fragebögen wurden zur Messung von vielen verschiedenen Persönlichkeitsmerkmalen konstruiert. Mehrdimensionale Verfahren erfassen gleichzeitig viele Merkmale; das NEO PI-R (s.u.) etwa liefert Informationen über 30 Einzelaspekte der Persönlichkeit sowie über sechs übergeordnete Dimensionen. Bei Instrumenten, die nur ein Merkmal messen wollen, ist eine wahre Inflation zu verzeichnen: Ständig werden neue Konstrukte entwickelt und Fragebögen dazu konstruiert. Viele dieser Verfahren sind allerdings nur für Forschungszwecke geeignet, da sie nicht normiert wurden.

Zugang zu Informationen, die der Beobachtung nicht zugänglich sind

Alle Ereignisse, die in der Vergangenheit liegen, können heute nicht mehr beobachtet werden. In einem Persönlichkeitsfragebogen wird der Proband normalerweise Fragen zu seinem früheren Verhalten und zu zurückliegenden Ereignissen beantworten können. Verhaltensweisen wie Drogenkonsum, die Ausübung von Sexualpraktiken oder das Begehen von Straftaten entziehen sich meist der Beobachtung: Der Betroffene wird einer Beobachtung nicht zustimmen. Die Bereitschaft, in einem Fragebogen Angaben zu diesen Themen zu machen, wird dagegen größer sein. Was Menschen empfinden (Schmerz, Hunger, Durst etc.), welche Gefühle sie haben (Angst, Traurigkeit, Ärger etc.), was sie denken (wie sie andere Menschen oder Situationen beurteilen, Vorlieben und Aversionen, Einstellungen etc.) und von welchen Motiven sie sich leiten lassen, ist per se nicht beobachtbar. Fragebögen stellen in all diesen Fällen eine gute Zugangsmöglichkeit dar.

3.3 · Persönlichkeitsfragebögen

Tab. 3.12 Übersicht über diagnostische Verfahren zur Messung von Persönlichkeit

Verfahren	Vorteile	Nachteile/Einschränkungen
Persönlichkeitsfragebogen	Für viele Persönlichkeitsmerkmale verfügbar Auch für andere Menschen nicht Beobachtbares kann erfasst werden Mittels Normen Vergleich mit anderen Menschen möglich Ökonomisch	Selbsteinsicht nötig Anfällig für Selbsttäuschung Verfälschbar
Diagnostisches Interview	Im Prinzip auf alle Persönlichkeitsmerkmale anwendbar Auch für andere Menschen nicht Beobachtbares kann erfasst werden Eventuelle mangelnde Selbsteinsicht kann erkannt werden	Selbsteinsicht nötig Anfällig für Selbsttäuschung Verfälschbar Vergleich mit anderen Menschen nur bedingt möglich
Verhaltensbeobachtung und -beurteilung	Im Prinzip auf alle Persönlichkeitsmerkmale anwendbar Unabhängig von Selbsteinsicht	nur für sehr wenige Merkmale standardisierte Verfahren vorhanden Verfälschbar Beschränkung auf beobachtbares Verhalten Vergleich mit anderen Menschen nur bedingt möglich Konstruktionsaufwand hoch
Objektive Persönlichkeitstests	Unabhängig von Selbsteinsicht Mittels Normen Vergleich mit anderen Menschen möglich	nur wenige Tests verfügbar Validität meist noch nicht hinreichend geklärt
Projektive Verfahren	Unabhängig von Selbsteinsicht Teils mittels Normen Vergleich mit anderen Menschen möglich	nur für wenige Merkmale Verfahren vorhanden Validitätsprobleme

verschiedene Verfahrenstypen

Für viele diagnostische Fragestellungen will man wissen, wie ausgeprägt ein Persönlichkeitsmerkmal ist. Normierte Fragebögen liefern diese Information. Oftmals erlauben unterschiedliche Normtabellen Vergleiche mit unterschiedlichen Bezugsgruppen, etwa mit Personen gleichen Geschlechts und/oder gleichen Alters.

Vergleich mit anderen Menschen durch Normen

Persönlichkeitsfragebögen sind eine sehr ökonomische Methode. Der Testleiter braucht in der Regel nur ein paar einführende Worte zu sagen, vielleicht muss er noch die Instruktion vorlesen. Die Bearbeitung kann der Proband in der Regel ohne weitere Hilfe alleine vornehmen. Eine Durchführung in Gruppen ist möglich. Unter Umständen kann ein Persönlichkeitsfragebogen sogar zu Hause aufgefüllt werden – eventuell sogar über das Internet. Die Bearbeitung kostet zudem den Probanden meist nicht viel Zeit. Selbst für die Beantwortung der über 500 Items des MMPI-2 (▶ Abschn. 3.3.3) benötigen gesunde Personen nur etwa eine Stunde, Patienten allerdings etwas länger. Die Auswertung erfolgt automatisch, wenn der Fragebogen am Computer bearbeitet wurde. Das Auszählen von Antworten mithilfe von Schablonen kann allerdings, wenn das Instrument aus vielen Skalen besteht, bis zu einer halben Stunde dauern.

ökonomisch

Einschränkungen Gültige Antworten in einem Fragebogen kann nur eine Person geben, die sich selbst beobachtet hat und über Wissen verfügt, das auf diesen Beobachtungen aufbaut. Menschen, die geistig behindert sind oder die an einer schweren

Selbsteinsicht nötig

trügerische Erinnerungen

psychiatrischen Störung leiden, erfüllen diese Voraussetzungen nicht unbedingt. Einige Testautoren raten explizit vom Einsatz ihres Persönlichkeitsfragebogens ab, wenn der Proband nicht über ein näher spezifiziertes Mindestmaß an Intelligenz verfügt. Damit wird zugleich auch sichergestellt, dass die Probanden den Sinn der Fragen verstehen. Aber auch bei Personen mit einer wenigstens durchschnittlichen Intelligenz sind manchmal Zweifel erlaubt, ob sie über die nötige Selbsteinsicht verfügen.

Die Schwierigkeiten, Selbstbeobachtungen vorzunehmen, deren Resultate korrekt abzuspeichern und zu erinnern, sowie Urteile darüber abzugeben, sollten nicht unterschätzt werden. Die Ergebnisse einer schwedischen Studie zum Rauchen in der Schwangerschaft belegen eindrucksvoll, dass selbst eindeutige und persönlich bedeutsame Verhaltensweisen manchmal falsch erinnert werden. Post et al. (2008) erhoben mit einem Fragebogen, ob und gegebenenfalls wie stark Mütter während der Schwangerschaft geraucht hatten. Die Befragung wurde durchgeführt, als deren Kinder bereits elf Jahre alt waren. Die retrospektiven Angaben der Mütter konnten mit Angaben verglichen werden, die sie während der Schwangerschaft im Rahmen von medizinischen Routinebefragungen gemacht hatten. Wenn die Angaben in »Rauchen« oder »nicht Rauchen« dichotomisiert wurden, fanden sich in 9,4 Prozent der Fälle Diskrepanzen zwischen beiden Erhebungen.

> **Zur diagnostischen Brauchbarkeit von Selbst- und Fremdeinschätzungen**
>
> Wenn es darum geht, Einstellungen und kognitive Repräsentationen über sich, andere Personen oder bestimmte Sachverhalte zu ermitteln, ist die Technik der Selbsteinschätzung (Self-Report) angemessen; mitunter bietet sie den einzigen Zugang überhaupt (z. B. »Haben Sie schon einmal Stimmen gehört, obwohl niemand anders im Raum war?«). Hingegen tauchen, wie der Befund von Post et al. (2008) eindrucksvoll belegt, ernsthafte Probleme auf, wenn retrospektive Aussagen über die Häufigkeit oder Intensität von Erlebnis- und Verhaltensweisen sowie deren zeitliche Platzierung oder Erstreckung verlangt werden. Hierbei handelt es sich um gedächtnisgestützte Urteile von mehr oder weniger hoher Komplexität, bei deren Zustandekommen teils unbeabsichtigte Fehlerquellen, teils systematische Verzerrungen auftreten.
>
> Untersuchungen zum autobiografischen Gedächtnis haben gezeigt, dass es sich beim Erinnern nicht lediglich um die Aktivierung von Gespeichertem handelt, sondern um die Rekonstruktion vergangener Ereignisse mit heuristischen Strategien (Ross, 1989; Schwarz & Sudman, 1994; auch Shiffman, 2000). Dabei kommt es schon während des Einspeicherns (Encoding), später auch beim Abruf (Retrieval) zu Ungenauigkeiten und systematischen Verzerrungen der Gedächtnisinformation; dafür stehen Begriffe wie »salience«, »recency«, »telescoping« und »effort after meaning«. Zudem ist der Einfluss von aktuellen Stimmungen und des situativen Kontexts nachgewiesen (Teasdale & Fogarty, 1979). Außerdem spielen soziale Erwünschtheit und Antworttendenzen eine Rolle.
>
> Aufgrund all dieser und zahlreicher weiterer Forschungsbefunde können die retrospektiven Aussagen über Verhalten nicht gleichgesetzt werden mit dem Verhalten selbst; vielmehr handelt es sich nur um mentale Repräsentationen von subjektivem Erleben und Verhalten, die als solche in inhaltlicher und psychometrischer Hinsicht eine eigene Qualität aufweisen, aber eben nicht objektiv für das Verhalten selbst stehen können.
>
> Die breiteste Angriffsfläche für die genannten Fehlerfaktoren bieten globale Selbsteinschätzungen. Werden Personen gefragt, ob sie »zu etwas tendieren«, wie oft sie etwas empfunden haben oder in welchem Ausmaß sie freundlich, geizig
> ▼

oder fremdenfeindlich sind, müssen sie zunächst an zahlreiche Situationen denken, in denen sie einschlägiges Verhalten gezeigt haben, und auf dieser Basis ein höchst komplexes Häufigkeits- oder Intensitätsurteil ableiten.

Am wenigsten beeinflusst durch die Verzerrungen, denen gedächtnisgestützte Informationen unterliegen, sind Fragen nach dem aktuellen Verhalten und Erleben, dem »Hier und Jetzt«. Authentische Berichte darüber verlangen zwar Zugang zu den relevanten Informationen (z. B. die Fähigkeit, ein bestimmtes Gefühl wahrzunehmen) und die Bereitschaft zu einem unverfälschten Bericht, aber keinen Abruf von Gedächtnisinhalten. Obwohl in dieser Hinsicht verlässlicher als die anderen Kategorien von Selbstberichten, gelangen sie bislang nur vergleichsweise selten zum Einsatz, und zwar bei den Verfahren zur Erfassung von States, also aktueller Zustände (▶ Abschn. 3.3.4).

Auch wenn die für die Einschätzung von Traits (überdauernden Persönlichkeitsausprägungen) notwendigen gedächtnisgestützten Informationen überlagert sind von Fehlereinflüssen, weisen sie doch Veridikalität auf; sie orientieren sich am Verhalten, sind reliabel, intersubjektiv konsensual und auch valide im Sinne von Selbst-Anderen-Übereinstimmungen.

Dabei können Selbstberichte niemals vollständig mit den Einschätzungen von Bekannten übereinstimmen. Maßgeblich dafür ist der Umstand, dass nur die eigene Person in den unterschiedlichen Abschnitten und vielfältigen Situationen des Lebens die Konstante bildet, während mit den unterschiedlichen Kontextbedingungen (z. B. Familie, Beruf, Freizeit usw.) die Personen unseres sozialen Umfeldes jeweils andere sein mögen. Von daher dürften die Informationen, die einem über die eigene Person zur Verfügung stehen, besonders zahlreich und repräsentativ sein. Demgegenüber können unsere Partner, Verwandten und Bekannten nur einen mehr oder weniger großen Ausschnitt unseres Erlebnis- oder Verhaltensrepertoires kennen lernen und dann einschätzen, völlig abgesehen davon, dass der Fremdeinschätzung – im Unterschied zur Selbsteinschätzung – bestimmte Erlebens- und Verhaltensbereiche prinzipiell nicht zugänglich sind. Urteile von anderen korrelieren aus den genannten Gründen nicht perfekt mit den Selbsteinschätzungen, und sie stimmen, was nur selten thematisiert wird, auch im Mittel nicht mit den Selbsteinschätzungen überein, und zwar in dem Sinne, dass sie meist positiver (!) ausfallen (Schahn & Amelang, 1992).

Weil die Perspektive der Beobachtung durch andere mit den Kontextbedingungen etwas variiert, werden die gemittelten Einschätzungen von Verwandten, Freunden und Bekannten oft als Kriterien zur Validierung der Selbstberichte herangezogen. Als wichtiger Hinweis auf die Angemessenheit oder Akkuratheit der Fremdeinschätzungen gilt dabei gewöhnlich die Übereinstimmung zwischen den Urteilen der Einschätzer (= »Konsens« im Sinne von Funder & West, 1993). Beispielsweise ermittelte Becker (2003) bei der Validierung des Trierer Integrierten Persönlichkeits-Inventars (▶ Abschn. 3.3.3) Koeffizienten für die Interrater-Reliabilität zwischen $r = .31$ und $.78$, und die Übereinstimmung zwischen den Selbst- und Bekannteneinschätzungen (= Validität) war eine direkte Funktion dieser Beurteilerübereinstimmung. Auch in anderen Untersuchungen kovariierten Konsens und Selbst-Andere-Übereinstimmungen; mehr oder weniger sind es dieselben Eigenschaftsbereiche, für die sich die höchsten Übereinstimmungen für Konsens und auch den Vergleich Selbst-Andere fanden.

Für sich genommen liefern Konsens oder die Beurteilerübereinstimmung freilich noch keinen zwingenden Beweis für die Richtigkeit der Urteile, da sich die Beurteiler etwa in gleicher Weise von Stereotypien leiten lassen oder anderweitigen

▼

> Beobachtungs- und Urteilsfehlern unterliegen mögen. Verschiedene Zusatzbefunde im Zusammenhang mit der Beurteilerübereinstimmung vermitteln jedoch eine Reihe von Evidenzen, die das Vertrauen in die Verlässlichkeit von Fremdeinschätzungen als Kriteriumsvariable rechtfertigen. So ist vielfach festgestellt worden, dass die Beurteilerübereinstimmung eine Funktion der Dauer der Bekanntschaft ist. Dieser in Erhebungen ermittelte Befund konnte von Spinath (1999) als lineare Funktion auch in experimentellen Analysen gesichert werden. Darüber hinaus hängt die Beurteilerübereinstimmung auch von der Beobachtbarkeit der einzuschätzenden Merkmale ab; diese ist für Komponenten des sozialen Verhaltens und der Extraversion größer als für solche der emotionalen Stabilität. Ferner sprechen einige Hinweise dafür, dass die Beurteilerübereinstimmung vom Ausmaß der selbsteingeschätzten transsituativen Stabilität im Sinne von »trait-free« vs. »trait-like« (Bem & Allen, 1974) abhängt (s. beispielsweise Malloy et al., 1997). All diese Befunde sprechen dafür, dass es sinnvoll ist, sich bei der Validierung von Selbstberichten am Kriterium von gemittelten Fremdeinschätzungen zu orientieren.
>
> Allerdings ist, wie Colvin und Funder (1991) dargelegt haben, die Beziehung zwischen einerseits Übereinstimmungsmaßen im Sinne von Konsens oder Selbst-Anderen-Vergleichen und andererseits der Akkuratheit unidirektional, d. h. die Übereinstimmungen stellen nur eine notwendige, nicht aber eine hinreichende Bedingung für Akkuratheit dar. Um diese Akkuratheit von Selbsturteilen (und auch diejenige von Bekannten-Einschätzungen!) letztlich zweifelsfrei bestimmen zu können, bedarf es »real existierender Merkmale der eingeschätzten Person« (Funder & West, 1993), also Variablen, die den wahren Ausprägungsgrad des einzuschätzenden Merkmals widerspiegeln. Diese liegen kaum jemals vor; auch die Heranziehung von Verhaltensmaßen stellt keinen befriedigenden Ersatz dar. Insofern ist der Rückgriff auf gemittelte Fremdeinschätzungen nur eine Approximation der eigentlich angestrebten Informationen, doch ist diese Näherung auf der Basis der oben dargelegten Anhaltspunkte – die sich zu einem sinnvollen Netzwerk fügen – empirisch gerechtfertigt.

Begriffe wie »häufig« und »nie« variieren in ihrer Bedeutung

Urteile, die in Fragebögen verlangt werden, sind hinsichtlich ihrer Komplexität höchst verschieden: Im einfachsten Fall ist lediglich ein mehr oder weniger intensives Nachdenken nötig, ob ein bestimmtes Phänomen oder Ereignis bereits vorkam oder nicht (wie im Raucherbeispiel oben). Hingegen setzt eine Antwort auf die Aussage: »Morgens nach dem Aufwachen bin ich häufig noch eine ganze Weile müde und kaputt« einen vielschichtigen Entscheidungsprozess voraus, bei dem u.a. berücksichtigt werden muss, welche Zustände zu Müdigkeit zählen und was unter »häufig« zu verstehen ist. Gezielten Untersuchungen zufolge verstehen verschiedene Personen Unterschiedliches unter Begriffen wie »gewöhnlich«, »häufig« oder »selten«, und selbst »nie« bedeutet keineswegs durchgängig die Auftretenswahrscheinlichkeit null.

komplexe Urteilsprozesse

Noch schwieriger dürfte es sein, auf Items wie »Übernehmen Sie bei gemeinsamen Aktionen gern die Führung?« eine angemessene Antwort zu geben. Dabei muss zunächst an alle Unternehmungen gedacht werden, die in die fragliche Kategorie fallen und die ganz verschiedene Implikationen für die Befragung haben können: Handelt es sich um eine »gemeinsame« Aktion, wenn eine weitere Person, etwa die Partnerin, mit von der Partie ist, oder ist dazu eine größere Gruppe nötig? Verlangt eine »Aktion«, dass ein Verhalten aus eigenen Stücken erfolgt, oder darf es auch durch externe Zwänge bestimmt sein? Den höchsten Komplexitätsgrad erreichen schließlich Beurteilungen, die unmittelbar eine Einstufung auf der entsprechenden Eigenschaftsdimension erfordern (z. B. »Im Großen und Ganzen bin ich ein ehrlicher Mensch«). Hier müssen aus dem Gedächtnisspeicher ganze Serien von situativen und temporären Verhaltensstichproben abgerufen werden. Für das Gesamturteil sind nicht nur die Häufigkeit und Schwere ggf. unaufrichtigen Verhaltens ausschlaggebend, sondern auch noch Annahmen über die durchschnittliche Ehrlichkeit anderer. Die Stärke eigener Merkmalsausprägungen erfährt nämlich in Ermangelung von absoluten Anhaltspunkten eine Relativierung durch die bei den Mitmenschen wahrgenommene (oder nur vermutete) Eigenschaftsausprägung.

Weitere konzeptuelle Probleme von Selbsteinschätzungen Angesichts solch komplexer Urteilsprozesse ist die Annahme, dass die Befragten eine realistische Beschreibung ihres Verhaltens bzw. ihrer Verhaltensgewohnheiten liefern, ziemlich unplausibel. Die Antworten geben vielmehr **mentale Repräsentationen** wieder, z. B. ein Bild, das sich Menschen über sich gemacht haben. Verständlicherweise gestehen sich viele Menschen ihre Schwächen nicht gerne ein. Daher findet oft eine Verzerrung in Richtung eines sozial erwünschten Bildes statt. Paulhus (1984) hat dieses »Vor-sich-selbst-gut-dastehen-Wollen« Selbsttäuschung (»**self-deception**«) genannt und von dem Wunsch unterschieden, vor anderen einen guten Eindruck machen zu wollen (»**impression management**«).

Selbsttäuschung

Die Items der meisten Persönlichkeitsfragebogen sind durchschaubar: Ein durchschnittlich intelligenter Mensch kann erkennen, ob eine zustimmende oder ablehnende Antwort für ihn vorteilhaft ist. Damit besteht bei vielen Untersuchungsanlässen die Gefahr, dass der Proband absichtlich versucht, einen guten oder einen schlechten Eindruck zu erwecken. Ein negativer Gesamteindruck kann im Interesse eines Klienten liegen, der sich eine Therapie wünscht und zuvor im Auftrag der Krankenkasse begutachtet wird. Eine typische Situation, die zu einer positiven Selbstdarstellung verführt, ist eine eignungsdiagnostische Untersuchung zur Personalauswahl. Um die Anfälligkeit diagnostischer Instrumente für Verfälschung zu prüfen, wird oft mit »Faking-Instruktionen« gearbeitet; das Vorgehen wird anhand einer Untersuchung von Ziegler und Bühner (2009) erläutert: Studentische Versuchspersonen wurden in eine Experimental- und eine Kontrollgruppe aufgeteilt. In der Kontrollgruppe wurden sie gebeten, ehrlich zu antworten, in der Experimentalgruppe sollten sie sich vorstellen, dass sie sich um einen Studienplatz bewerben. Sie sollten versuchen, einen guten Eindruck machen, aber dabei so geschickt vorzugehen, dass es ein Experte nicht merkt. Die Ergebnisse in ◘ Abbildung 3.16 machen deutlich, dass die Angaben im Persönlichkeitsfragebogen situationsgerecht verfälscht wurden: Die »Studienplatzbewerber« beschrieben sich im Vergleich zur Kontrollgruppe vor allem als gewissenhafter und weniger neurotisch. Offenheit für Erfahrung war von der Verfälschung nicht betroffen; die »Bewerber« versprachen sich vermutlich keinen Nutzen davon, als besonders offen für Erfahrungen zu gelten. Das hier beschriebene Verhalten würde in der Terminologie von Paulhus (1984) als »**impression management**« eingeordnet werden.

Das Bemühen, einen guten Eindruck zu hinterlassen, führt nicht nur zu einer Verschiebung von Skalenmittelwerten, sondern verändert auch die Konstruktvalidität des Fragebogens. Skalen, die üblicherweise unabhängig voneinander sind, korrelieren nun moderat bis hoch. In der Studie von Ziegler und Bühner (2009) korrelierten Neurotizismus und Gewissenhaftigkeit in der Experimentalgruppe mit -.72 miteinander.

Da Persönlichkeitsfragebögen leicht verfälscht werden können, stellt sich die Frage, wie man mit diesem Problem umgehen soll. Dazu sind drei Lösungswege vorgeschlagen worden: verhindern, kontrollieren oder ignorieren.

Zur **Verhinderung** einer sozial erwünschten Selbstdarstellung stehen zwei praktikable Maßnahmen zur Verfügung. Bei der ersten Alternative wird in der Instruktion darauf hingewiesen, dass man ehrlich antworten soll. Es gibt keine richtigen und falschen Antworten, sondern jeder soll sich so beschreiben, wie er wirklich ist. Selbstverständlich sind solche Anweisungen nur zulässig, wenn sie zur Standardinstruktion

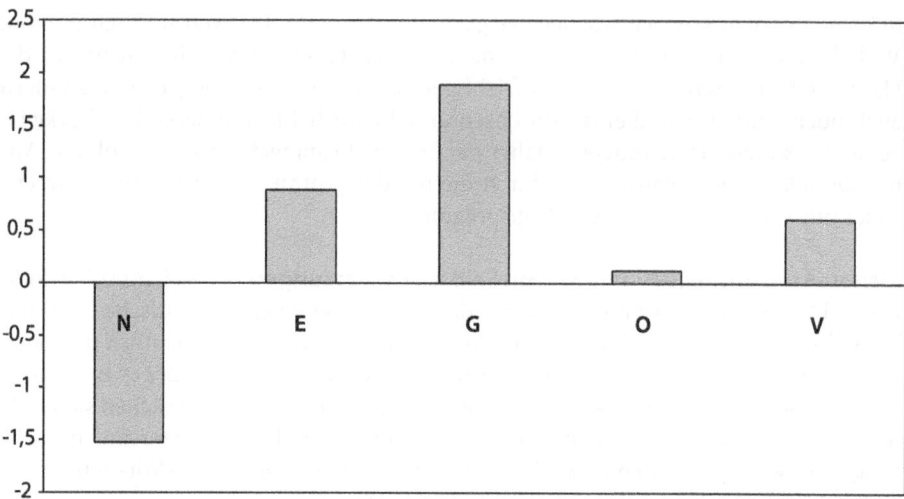

Abb. 3.16 Verfälschung eines Persönlichkeitsinventars in einer imaginierten Auswahlsituation. Angegeben sind die Abweichungen von einer neutralen Situation in Standardabweichungen der Kontrollbedingung. Nach Ziegler und Bühner (2009), Tab. 1. N = Neurotizismus, E = Extraversion, G = Gewissenhaftigkeit, O = Offenheit für Erfahrung, V = Verträglichkeit

gehören, ansonsten würde die Durchführungsobjektivität verletzt. Die zweite Alternative ist ein Forced-choice-Antwortformat. Die Probanden wählen nicht zwischen »Ja« und »Nein« oder geben den Grad ihre Zustimmung an, sondern entscheiden sich zwischen Antwortalternativen, die ähnlich sozial erwünscht oder unerwünscht sind. Martin et al. (2002) haben den **Occupational Personality Questionnaire** (OPQ) in einer Forced-choice- und einer Rating-Version eingesetzt. Versuchspersonen bearbeiteten die beiden Fragebögen unter einer Standard- (ehrlich) oder einer »**faking good**«-Bedingung (versuchen, einen guten Eindruck zu machen). Für die Auswertung berechneten die Autoren, wie weit die Antworten von »Idealantworten« für den Job abwichen, die sie zusätzlich erhoben hatten. Bei Verwendung des Rating-Formats lagen die Antworten der Versuchspersonen unter der »**faking good**«-Bedingung deutlich dichter an den Idealantworten als unter der Standardbedingung. Beim **Forced-choice**-Format trat dagegen kein signifikanter Unterschied zwischen diesen beiden Versuchsbedingungen auf. Durch das **Forced-choice**-Format konnte also eine Verfälschung erfolgreich verhindert werden.

Begrenzung der Antwortzeit nicht effektiv

Wenig Erfolg verspricht eine **Begrenzung der Antwortzeit**. In einer Faking-Studie, bei der die zur Verfügung stehenden Antwortzeiten gekürzt wurden, ließ sich Verfälschung nicht verhindern (Holden et al., 2001). Komar et al. (2010) versuchten erneut, die Verfälschung durch Begrenzung der Bearbeitungszeit zu reduzieren. Zur Bearbeitung von 64 Items eines Big-Five-Fragebogen plus einer Skala zur Entdeckung von »impression management« standen zehn Minuten zur Verfügung, oder es gab keine Zeitbegrenzung. Es trat jedoch nur ein Haupteffekt auf: Alle Skalen wurden in der Faking-Bedingung verfälscht, und die Werte für »impression management« stiegen an – aber unabhängig davon, ob Zeitdruck ausgeübt wurde oder nicht. Schon die implizite Annahme, dass Verfälschung längeres Nachdenken erfordert als ehrliches Antworten, ist problematisch. In mehreren Untersuchungen wurden die Zeiten zur Beantwortung der Items unter Verfälschungs- und Standardbedingungen verglichen. Die Befunde sind widersprüchlich; sowohl kürzere als auch längere Antwortzeiten wurden beim Verfälschen beobachtet (s. Holden et al., 2001).

Kontrollskalen

Wenn man eine Verfälschung nicht effektiv verhindern kann, so kann man zumindest versuchen, sie zu entdecken. Zu diesem Zweck stehen eine Reihe von **Kontrollskalen** zur Verfügung, die in unterschiedlichem Maße Selbsttäuschung und »**impression management**« erfassen (Paulhus, 1991). Gibt man solche Skalen mit der Anweisung vor, beim Ausfüllen einen guten Eindruck zu machen (»**faking good**«), fallen die Testwerte deutlich höher als unter einer Standardbedingung aus. Pauls und Crost

(2004) fanden für eine bekannte »**impression management**«-Skala einen Anstieg der Testwerte, der 26 Standardwert-Punkten entspricht. Dies ist ein deutlicher Validitätsbeleg für diese Skala. Allerdings stiegen auch bei einer Skala zur Selbsttäuschung die Werte um umgerechnet 20 Standardwert-Punkte an. Dies spricht dafür, dass diese Skala nicht nur »**impression management**«, sondern auch Selbsttäuschung erfasst.

Eine sehr bekannte Kontrollskala ist die Marlowe-Crowne-Skala zur sozialen Erwünschtheit, die auch als deutsche Version verfügbar ist (Lück & Timaeus, 1969). Die 23 Items (Beispiel: »Ich bin immer höflich, auch zu unangenehmen Leuten«) sind durch Ankreuzen mit »richtig« oder »falsch« zu beantworten. Einige Fragebögen (z. B. MMPI-2 und FPI-R) enthalten Kontrollskalen, die der Marlowe-Crowne-Skala ähnlich sind. Ein erhöhter Wert auf einer Kontrollskala kann als Warnhinweis verstanden werden; wer hier hohe Werte aufweist, hat möglicherweise den ganzen Fragebogen nicht ehrlich ausgefüllt. Dabei ist zu beachten, dass es auch andere Gründe für erhöhte Werte auf einer Erwünschtheitsskala geben kann. Menschen, die sich stark an moralischen Standards orientieren, verhalten sich vielleicht wirklich so, wie sie es im Fragebogen angeben: Sie nutzen die Gelegenheit, umsonst mit der Straßenbahn zu fahren, nicht aus; sie halten sich streng an Verabredungen, fluchen nicht etc. Bei ihnen versagt das Messprinzip der Erwünschtheitsskalen, und sie werden zu Unrecht als Lügner oder Uneinsichtige verdächtigt. Deshalb sollten erhöhte Werte auf einer solchen Skala als Warnhinweis und nicht als Beweis verstanden werden.

Marlowe-Crowne-Skala

Der Vorschlag, das Problem der Verfälschbarkeit von Persönlichkeitsfragebogen zu **ignorieren**, basiert auf empirischen Befunden zur Kriteriumsvalidität von Skalen zur sozialen Erwünschtheit, die in der Tat verblüffend sind. Ones et al. (1996) haben in einer Metaanalyse folgende Fakten zusammengetragen: Zwar korreliert soziale Erwünschtheit mit emotionaler Stabilität und mit Gewissenhaftigkeit (minderungskorrigiert zu .37 und .20) – ähnliche Zusammenhänge findet man aber auch, wenn die beiden Persönlichkeitsmerkmale durch Bekannte beurteilt werden (r_{korr} = .18 und .13). Zweitens korreliert soziale Erwünschtheit positiv mit Ausbildungserfolg (r_{korr} = .22). Das heißt, je sozial erwünschter sich jemand im Fragebogen darstellt, desto erfolgreicher wird er seine Ausbildung abschließen. Drittens ändert sich die Korrelation zwischen den großen fünf Persönlichkeitsmerkmalen und Berufserfolg (erfasst durch Vorgesetztenbeurteilung) nicht, wenn man die soziale Erwünschtheit auspartialisiert: Der beste Prädiktor ist die Gewissenhaftigkeit (r_{korr} = .23); nach Auspartialisierung der sozialen Erwünschtheit bleibt der Zusammenhang exakt gleich (r_{korr} = .23). Diese Befunde können dahingehend interpretiert werden, dass Skalen zur sozialen Erwünschtheit Aspekte der Persönlichkeit miterfassen, die für den beruflichen Erfolg nützlich sind, nämlich emotionale Stabilität und Gewissenhaftigkeit. Nimmt man die soziale Erwünschtheit durch Auspartialisierung aus der Vorhersage heraus, um die wahren Ausprägungen der Persönlichkeitsmerkmale als Prädiktor zu verwenden, entfernt man zugleich nützliche Varianzanteile. Dennoch bleibt ein tiefes Unbehagen, wenn Bewerber einen Persönlichkeitsfragebogen bearbeiten und der Diagnostiker im Einzelfall nicht wissen kann, ob beispielsweise der hohe Gewissenhaftigkeitswert Ausdruck einer hohen Gewissenhaftigkeit oder einer geschickten Selbstdarstellung ist. Hat der Bewerber ohne jede Übertreibung einen hohen Wert für Gewissenhaftigkeit erreicht? Oder handelt es sich um einen unzuverlässigen, unordentlichen Bewerber, der erkannt hat, dass es auf Gewissenhaftigkeit ankommt und sich entsprechend darstellt? Für eine vertiefende Diskussion dieses Themas sei auf Marcus (2003) und Kanning (2003) verwiesen.

Soziale Erwünschtheit als positive Eigenschaft?

Die Tatsache, dass Persönlichkeitsfragebögen verfälschbar sind, bedeutet aber nicht, dass sie auch tatsächlich verfälscht werden. Verfälschung ist stark situationsabhängig; wenn Probanden keinen Nutzen darin sehen, einen Fragebogen zu verfälschen, werden sie in der Regel ehrlich antworten. Aus der Umfrageforschung liegen mehrere Untersuchungen vor, in denen die gleichen Informationen entweder durch ein Interview oder

Verfälschbare Fragebögen werden nicht unbedingt verfälscht

durch einen Fragebogen erhoben wurden. Bei Fragen nach dem Gebrauch illegaler Drogen fielen die Angaben durchschnittlich um 30 Prozent höher aus als in Interviews (Tourangeau & Yan, 2007). Auch andere Formen sozial unerwünschten Verhaltens (Abtreibung, Rauchen bei Teenagern) werden in Fragebögen eher eingeräumt als im Interview. Das Gleiche gilt für Symptome psychischer Störungen.

Die Offenheit in Computer- bzw. Papier-und-Bleistift-Tests ist gleich

Für die Offenheit der Befragten spielt es praktisch keine Rolle, ob Fragen computergestützt oder in konventionellen Papier-und-Bleistift-Fragebogen dargeboten werden. Speziell bei Persönlichkeitsfragebögen fand sich in mehreren Studien praktisch kein Unterschied zwischen beiden Darbietungsformen (d = –0.02; Tourangeau & Yan, 2007).

Interne Konsistenz soll nicht immer hoch sein

Gütekriterien Persönlichkeitsfragebögen haben in der Regel eine hohe **Objektivität**, da Durchführung, Auswertung und Interpretation leicht zu standardisieren sind. Die **Reliabilität** eines Persönlichkeitsfragebogens kann auf unterschiedliche Weise geschätzt werden. Fast immer finden sich Angaben zur **internen Konsistenz** (meist Cronbachs Alpha). Oftmals ist es jedoch nicht angebracht, eine hohe interne Konsistenz als Qualitätsmerkmal zu bewerten: Testautoren können die interne Konsistenz maximieren, indem sie sukzessiv Items mit niedrigen Trennschärfen eliminieren. Die verbleibenden Items korrelieren hoch miteinander und bilden einen homogenen Fragebogen. Diese Strategie ist nur angemessen, wenn auch das zu messende Merkmal sehr homogen ist. Ansonsten werden wichtige Aspekte des Persönlichkeitsmerkmals ausgeblendet, was einem Verlust an Inhaltsvalidität gleichkommt (▶ Kap. 2.1.2.2). Wenn ein 10-Item-Fragebogen zu Neurotizismus (ein Merkmal mit vielen Facetten!) eine interne Konsistenz von .90 aufweist, so dürfte dieser hohe Wert mit einer starken Einengung auf einen Ausschnitt von Neurotizismus bezahlt worden sein. Die **Retest-Reliabilität** hängt von der Stabilität des Merkmals ab; so variiert etwa Extraversion weniger stark über die Zeit als Neurotizismus (▶ Kap. 2.3.3). Weiterhin spielt die Länge des Zeitintervalls eine Rolle; je mehr Zeit zwischen beiden Erhebungen vergeht, desto niedrig fällt die Retest-Reliabilität aus (▶ Kap. 2.3.3).

standardisierte Selbstbeschreibung

Mit einem Persönlichkeitsfragebogen wird zunächst einmal erfasst, wie jemand sich selbst sieht oder beurteilt. Es stellt sich die Frage, was diese standardisierte Selbstbeschreibung mit der »Wirklichkeit« zu tun hat. Wiederholt wurde beklagt, dass die Validität nur selten die Barriere von r_{tc} = .30 übersteige, die Mischel (1968) als typisch für »personality coefficients« bezeichnet hat. Geeignete Kriterien zur Validierung von Persönlichkeitsfragebögen sind Studien-, Ausbildungs- und Berufserfolg. Metaanalysen zur **Kriteriumsvalidität** von Persönlichkeitsfragebogen bestätigen, dass die mittleren Koeffizienten kaum über .30 betragen (▶ Kap. 2.3.4).

spezifische Persönlichkeitsmerkmale – spezifisches Verhalten im Beruf

Gegen diese Studien lässt sich einwenden, dass globale Persönlichkeitsskalen zu »grobe« Prädiktoren für Berufserfolg sind. Vielmehr sei es angemessen, Persönlichkeitsmerkmale mit spezifischen Aspekten der beruflichen Leistung in Beziehung zu setzten. Beispielsweise kann es in einem Beruf wichtig sein, sehr zuverlässig zu sein. In diesem Fall wäre Gewissenhaftigkeit ein zu globaler Prädiktor; die Facette Pflichtbewusstsein könnte das relevante Merkmal sein. Die Frage wäre nun, wie gut zuverlässiges Arbeiten mit dem Persönlichkeitsmerkmal Pflichtbewusstsein erklärt werden kann. Zum Zusammenhang zwischen spezifischen Persönlichkeitsmerkmalen und entsprechenden beruflichen Leistungen liegen einige Studien vor. Hogan und Holland (2003) haben entsprechende Forschungsergebnisse zusammengestellt, die sich jedoch nur auf einen speziellen Fragebogen (Hogan Personality Inventory, HPI) beziehen. Die berufliche Leistung wurde in diesen Studien sehr nahe an diesen Merkmalen erfasst. Das Kriterium für Angepasstheit etwa waren Verhaltensweisen wie »ist stets ausgeglichen«, »kommt mit Leuten, Krisen und Stress klar«, »hat Durchhaltevermögen« und »zeigt Geduld«. Wurden Persönlichkeit im Fragebogen und Verhalten im Beruf stark symmetrisch erfasst, fanden sich relativ hohe Zusammenhänge (◘ Tab. 3.13).

3.3 · Persönlichkeitsfragebögen

Tab. 3.13 Korrelationen zwischen Persönlichkeitsmerkmalen und analogen Kriterien im Beruf

Persönlichkeitsmerkmal	N	k	r
Angepasstheit	2.573	24	.43
Ehrgeiz	3.698	28	.35
Beliebtheit	2.500	17	.34
Besonnenheit	3.379	26	.36
Intellekt	1.190	07	.34

Anmerkungen. Skalen des Hogan Personality Inventory. Angepasstheit (»adjustment«) entspricht weitgehend Neurotizismus (r = .73), Ehrgeiz (»ambition«) und Geselligkeit (»sociability«) können als Teilaspekte von Extraversion verstanden werden (r = .56/.62), Beliebtheit (»likeabilty«) hängt mit Verträglichkeit (r = .50), Besonnenheit (»prudence«) mit Gewissenhaftigkeit (r = .51) und Intellekt (»intellectance«) mit Offenheit für Erfahrung (r = .57) zusammen (vgl. Hogan & Holland, 2003). N = Anzahl untersuchter Personen, k = Anzahl der Studien, r = Korrelation mit Kriterium, korrigiert für Varianzeinschränkung und Reliabilität des Kriteriums.

Für die **Konstruktvalidität** von Persönlichkeitsfragebögen sind Korrelationen mit Fremdeinschätzungen von Bekannten, Verwandten oder Freunden relevant. Metaanalytische Befunde (▶ Kap. 2.3.4) belegen, dass die Korrelationen in der Größenordnung von .50 bis .60 liegen, wobei Unterschiede zwischen den Persönlichkeitsmerkmalen zu verzeichnen sind: Die Übereinstimmung ist bei Extraversion und Offenheit für Erfahrung relativ hoch und bei Verträglichkeit vergleichsweise niedrig. Zusammenhänge mit spezifischem Verhalten im Alltag sprechen ebenfalls für die Konstruktvalidität (▶ Kap. 2.3.4); allerdings sind Untersuchungen, in denen mittels ambulantem Assessment erhalten direkt im Alltag erfasst wird, noch sehr selten.

Fremdbeurteilungen durch Bekannte

Selbstbeschreibung und Fremdbeurteilung können abweichen

Wie dargelegt, liefert weder eine Selbst- noch eine Fremdeinschätzung ein Bild der »wahren« Persönlichkeit eines Menschen. Es handelt sich um unterschiedliche Zugangsweisen, die einander ergänzen. Besonders bei diskrepanten Ergebnissen stellt sich die Frage nach dem Warum. Diskrepanzen können diagnostisch sehr bedeutsam sein, wenn sich schlüssige Erklärung dafür finden lassen. Im Folgenden werden einige Interpretationsmöglichkeiten genannt:

— **Unrealistisches Selbstkonzept:** Der Proband nimmt sich selbst auf eine Weise wahr, die mit dem Fremdurteil anderer Personen in Widerspruch steht. Die Selbstwahrnehmung kann in die positive, aber auch in die negative Richtung verzerrt sein. Ein sozial erwünschtes Selbstkonzept kann motivational als Selbsttäuschung (s.o.) erklärt werden. Ein negatives Selbstkonzept ist eventuell Ausdruck einer psychischen Störung.

— **Strategische Selbstdarstellung:** Die Angaben im Fragebogen werden an den erwarteten Nutzen angepasst; der Proband beschreibt sich nicht so, wie er sich selbst sieht, sondern wie er gerade gerne gesehen werden möchte (»impression management«, s.o.).

— **Urteilsfehler beim Beobachter:** Es können verschiedene Beurteilungsfehler auftreten. Beispielsweise tendieren manche Beurteiler eher zu positiven Urteilen (Mildeeffekt).

▼

- **Messfehler:** Weder Selbst- noch Fremdbeurteilungen sind hoch reliabel. Diskrepanzen können daher alleine aufgrund der begrenzten Messgenauigkeit der Verfahren auftreten. Durch Berechnung von kritischen Differenzen (▶ Kap. 2.1.2.2) lässt sich feststellen, ob eine beobachtete Diskrepanz wahrscheinlich zufällig zustande gekommen ist oder nicht. Vorsicht ist geboten, wenn bei mehrdimensionalen Persönlichkeitsfragebögen Profile verglichen werden. Bei je mehr Skalen Vergleiche angestellt werden, desto größer ist die Gefahr, eine Diskrepanz zu »entdecken«, die nur messfehlerbedingt zustande gekommen ist.

Grundsätzlich sollten Erklärungen für eine Diskrepanz zwischen Selbst- und Fremdbericht als Hypothese behandelt werden, die es zu prüfen gilt. So kann von einer anderen Person eine Fremdbeurteilung eingeholt werden, wenn man einen Urteilsfehler vermutet. Stehen Messfehler im Verdacht, kann die Selbst- und/oder Fremdbeurteilung mithilfe einer Parallelform des Fragebogens repliziert werden.

Weiterführende Literatur

Eine ebenso umfassende wie kritische Erörterung der »Konstruktion und methodenbewussten Anwendung von Persönlichkeitsfragebogen« geben Fahrenberg et al. (2010; S. 152–182) in Kapitel 8 des FPI-Handbuches; der Beitrag geht u.a. auf Mess- und Skalierungsprobleme, den Stellenwert von Item- und Faktorenanalysen sowie die angemessene Interpretation erhaltener Daten ein und wäre damit geeignet, jedes einschlägige Lehrbuch zu bereichern.

3.3.3 Persönlichkeitstestsysteme

Fragebögen zur Messung von Persönlichkeitsmerkmalen können sich auf ein einzelnes Merkmal beziehen oder gleichzeitig auf mehrere; letztere werden **mehrdimensionale Persönlichkeitsfragebögen** oder **Persönlichkeitstestsysteme** genannt. In der Praxis sind die verfügbaren Persönlichkeitsfragebögen unterschiedlich bedeutsam, wie Umfragen unter Praktikern zeigen (◘ Tab. 3.14).

Auswahlkriterien für Persönlichkeitsfragebögen

Aus der großen Zahl verfügbarer Persönlichkeitstestsysteme werden hier exemplarisch nur bestimmte Inventare herausgegriffen. Bei dem Minnesota Multiphasic Personality Inventory MMPI-2 handelt es sich um das weltweit gebräuchlichste überhaupt. So erscheinen pro Jahr allein ca. 1.000 Untersuchungen, die sich mit Einsatzmöglichkeiten und Erfahrungen beschäftigen, und zwar insbesondere an klinisch auffälligen Gruppen. Das MMPI bzw. MMPI-2 ist zudem das einzige praktisch bedeutsame Persönlichkeitsinventar, das nach externalen Prinzipien konzipiert wurde. Das zweite Verfahren, das Freiburger Persönlichkeitsinventar FPI-R, stellt das im deutschen Sprachraum am häufigsten verwendete Verfahren dar. Das dritte, der 16-Persönlichkeits-Faktoren-Test 16 PF, basiert auf einer umfassenderen Persönlichkeitstheorie. In einem weiteren, dem NEO-Persönlichkeitsinventar nach Costa und McCrae, revidierte Fassung (NEO-PI-R), konvergieren – stärker als in den zuvor genannten Testsystemen – mehrere aktuelle internationale Forschungsaktivitäten. Das Big-Five-Persönlichkeitsmodell wird gegenwärtig noch immer als »Goldstandard« angesehen; darauf aufbauende Fragebögen werden dementsprechend häufig zur Validierung anderer Verfahren herangezogen. Der Stressverarbeitungsfragebogen SVF schließlich konzentriert sich auf Reaktionsweisen in Belastungssituationen und hebt damit z. T. auf aktuelle Zustände ab, die im nächsten Abschnitt gesondert zur Sprache kommen.

3.3 · Persönlichkeitsfragebögen

❚ Tab. 3.14 Die in Deutschland am häufigsten verwendeten Persönlichkeitsfragebögen

Test	Rang	Verwendungshäufigkeit (Nennungen in Prozent)		
		Roth und Herzberg (2008)	Steck (1997)	Schorr (1995)
FPI-R*, FPI	1	25	44	34
BDI	2	21	11	–
SCL-90	3	19	–	–
Angstfragebogen für Schüler	4	8	8	5
MMPI*	5	7	18	7
PFK 9-14	6	6	6	5
Gießen-Test*	7	5	23	14

Anmerkungen. Prozentualer Anteil der Befragten, die angeben, den Test zu verwenden, Mehrfachnennungen möglich; bei Schorr: Nennen Sie 5 Tests, die Sie am häufigsten verwenden. N = 398 (Roth & Herzberg, 2008), 169 (Steck, 1997) und 661 (Schorr, 1995). Tests geordnet nach Nennungshäufigkeit in der neuesten Studie. FPI = Freiburger Persönlichkeitsinventar, BDI = Beck-Depressions-Inventar, SCL-90 = Symptom-Checkliste, MMPI = Minnesota Multiphasic Personality Inventory, PFK 9-14 = Persönlichkeitsfragebogen für Kinder zwischen 9 und 14 Jahren. Auf Quellenangaben wird verzichtet, da unterschiedliche Versionen und Auflagen der Tests in Gebrauch waren.
* Diese Tests werden in ▶ Abschnitt 3.3.3 ausführlich behandelt.

»Hitliste« der Persönlichkeitsfragebögen

Konzeptuell kann man das Verfahren als ein mehrdimensionales Verfahren zur Erfassung eines speziellen Bereichs der Persönlichkeit einordnen.

- **MMPI-2: Minnesota-Multiphasic-Personality-Inventory-2 (Hathaway et al., 2000)**

Beim MMPI-2 handelt es sich um einen Persönlichkeitsfragebogen für den klinischen Bereich. Es dient hauptsächlich dazu, Probanden diversen psychiatrischen Kategorien zuzuordnen oder um festzustellen, dass sie zur unauffälligen »Normal«-Population gehören.

klinischer Persönlichkeitsfragebogen

Konstruktionsansatz Am Anfang aller Entwicklungsarbeiten stand die Anlegung einer Liste von 1.000 Items, die sich auf allgemeine Gesundheit, familiäre und eheliche Beziehungen, sexuelle und religiöse Einstellungen sowie emotionale Zustände bezogen und letztlich psychopathologische Symptome erfassen sollten. Später kamen Items zu Geschlechtsrollencharakteristika und abwehrender Selbstdarstellung hinzu. Gruppen von klinisch auffälligen Personen, die von Psychiatern als Schizophrene, Hysteriker, Hypochonder usw. diagnostiziert worden waren, bearbeiteten die Items ebenso wie »unauffällig-normale« Kontrollpersonen (Einwohner von Minnesota, Bewerber um einen Studienplatz, Besucher des Krankenhauses). Jene 566 Items, die die Patienten von den Kontrollpersonen signifikant diskriminierten, wurden schließlich in Skalen zusammengestellt.

klinisch auffällige Gruppen mit Kontrollpersonen verglichen

Weil zahlreiche Fragen zugleich mehrere der Patientengruppen von den »Normalen« unterschieden, sind diese dementsprechend Bestandteil auch mehrerer Skalen. Das heißt, die einmalige Antwort zu einem Item wie »Ich schlafe unruhig und werde oft wach« (Ja/Nein) wird mehrfach verrechnet (in diesem Fall unter den Skalen Hypochondrie, Depression und Hysterie; zu den Skalen s.u.). Ein solcher »Item-Overlap«

treibt die Interkorrelationen zwischen den Skalen in die Höhe. Damit aber werden gerade die Voraussetzungen für jene Ziele gemindert, die mit dem MMPI besonders häufig verfolgt werden, nämlich ein individuelles Testprofil mit demjenigen psychopathologisch auffälliger Personen zu vergleichen, weil Profilinterpretationen an hohe Reliabilitäten und niedrige Interkorrelationen gebunden sind.

bei Revision Kompromiss zwischen Kontinuität und Neuerung

Bei der Revision zum MMPI-2 erfolgten Änderungen an den Items. Einige »alte« Items (z. B. zu sexuellen Gewohnheiten, religiösen Einstellungen) waren unangemessen, andere nicht mehr zeitgemäß (bestimmte Freizeitbeschäftigungen waren nicht mehr aktuell). Einige Items mussten sprachlich revidiert werden (z. B. waren Redewendungen nicht mehr gebräuchlich). Die Forschungsversion enthielt zusätzlich 154 neue Items, die auch neue Inhaltsbereiche wie Ess- und Arbeitsstörungen und den familiären Bereich abdecken. Bei der Revision sollte sowohl die Kontinuität gewahrt bleiben, als auch eine Modernisierung erreicht werden. Die 567 Items der revidierten Form setzen sich aus 459 »alten« und 108 neuen Items zusammen. Bei der deutschen Fassung des MMPI-2 handelt es sich um eine Übersetzung des revidierten amerikanischen Originals; bei den »alten« Items hielten sich die Autoren an die alte deutsche Testversion des MMPI von Spreen (1963).

Validitäts- und klinische Skalen

Gliederung Das MMPI wie auch die revidierte Form MMPI-2 umfasst vier Validitätsskalen (?, L, F, K) und 13 Basisskalen. Darüber hinaus können aus den Items zahlreiche Zusatzskalen gebildet werden (z. B. Soziale Verantwortlichkeit, Posttraumatische Belastungsstörung, Suchtgefährdung). Die Probanden geben durch Ankreuzen von »Richtig« oder »Falsch« an, ob eine Aussage auf sie zutrifft oder nicht.

Skalen des MMPI-2 mit Beispielitems (in Klammern die Antworten, die für das Merkmal sprechen)

? – Weiß nicht-Skala (Anzahl nicht oder ungültig beantworteter Items)
L – Lügenskala (15 Items), »Manchmal möchte ich am liebsten fluchen« (Richtig)
F – Seltenheitsskala (60 Items), »Ich leide unter Anfällen von Übelkeit und Erbrechen« (Richtig)
K – Korrekturskala (30 Items), »Zuweilen möchte ich am liebsten etwas kaputtschlagen« (Richtig)
Hd – Hypochondrie (32 Items), »Ich leide unter Anfällen von Übelkeit und Erbrechen« (Richtig)
D – Depression (57 Items), »Ich habe einen guten Appetit« (Falsch)
Hy – Hysterie, Konversionsstörung (60), »Ich habe häufig das Gefühl, als ob ich einen Kloß im Halse hätte« (Richtig)
Pp – Psychopathie, Soziopathie, antisoziale Persönlichkeitsstörung (50 Items), »Manchmal habe ich sehr gewünscht, von zu Hause fortzugehen« (Richtig)
Mf – Maskulinität/Femininität (56 Items), »Ich lese gern Liebesgeschichten« (Richtig = feminine Interessen)
Pa – Paranoia (40 Items), »Niemand scheint mich zu verstehen« (Richtig)
Pt – Psychasthenie (48 Items), »Ich habe sicherlich zu wenig Selbstvertrauen« (Richtig)
Sc – Schizophrenie (78 Items), »Ich habe Angst, den Verstand zu verlieren« (Richtig)
Ma – Hypomanie (46 Items), »Manchmal habe ich Lach- oder Weinanfälle, die ich nicht beherrschen kann« (Richtig)
Si – Soziale Introversion, »Ich gehe gern zu Parties und anderen Gelegenheiten, bei denen es laut und lustig zugeht« (Falsch)

3.3 · Persönlichkeitsfragebögen

◘ Tab. 3.15 L-(Lügen-)Skala: Interpretation der Skalenwerte

Niveau (T-Wert)	Gültigkeit des Profils	Mögliche Ursachen	Mögliche Interpretation
Sehr hoch (über 79)	wahrscheinlich ungültig	Dissimulation[a]	Widerstand gegen den Test oder Naivität
Hoch (70–79)	Gültigkeit fraglich	zufällige Beantwortung, Leugnen von Fehlern	Verwirrtheit, mangelnde Einsicht, Verdrängung
Erhöht (60–69)	wahrscheinlich gültig	abwehrende Untersuchungshaltung	konventionell und konformistisch, absolut tugendhaft
Mittel (50–59)	gültig	typische, normale Einstellung gegenüber dem Test	keine Probleme mit dem eigenen Selbstbild
Niedrig (unter 50)	möglicherweise Simulation[a]	Zustimmungstendenz, Aufmerksamkeitserheischung	Überbetonung von Krankheitssymptomen, selbstbewusst und unabhängig, zynisch, sarkastisch

Anmerkung. Quelle: Hathaway et al. (2000, S. 24–26). [a] Simulation bedeutet, dass eine Störung vorgetäuscht, Dissimulation dass sie verborgen wird.

Die hier ausgewählten Items sind typisch für die zu messenden Merkmale. Bei anderen Items ist dagegen kaum nachzuvollziehen, warum sie das Merkmal indizieren. Beispielsweise spricht die Verneinung des Items »Ich lese gern Zeitungsartikel über Gerichts- und Kriminalfälle« für Hysterie, und wer bei »Mein Sexualleben ist zufriedenstellend« »Falsch« ankreuzt, bekommt dafür einen Punkt auf der Psychopathie-Skala.

Im Manual zum MMPI-2 (Hathaway et al., 2000) finden sich zu den Validitätsskalen zahlreiche **Interpretationshinweise** (◘ Tab. 3.15 zur L-Skala).

Durchführung Das MMPI-2 kann in Einzel- und Gruppensitzungen durchgeführt werden. Die Bearbeitung dauert eine gute Stunde, bei Patienten etwas länger. Der Proband kreuzt auf einem separaten Antwortblatt für jedes Item »Richtig« oder »Falsch« an.

Auswertung Die Rohwerte werden skalenweise mit Schablonen ermittelt und direkt in ein Profilblatt für Frauen oder Männer eingetragen. Darin sind die Rohwerte bei jeder Skala grafisch so angeordnet, dass praktisch eine Transformation in T-Werte erfolgt. Bei einigen Skalen sind zuvor die Rohwerte um eine bestimmte Punktzahl zu erhöhen. Bei dieser sog. K-Korrektur wird der Rohwert einer Basisskala für mangelnde Offenheit des Probanden nach oben korrigiert. Dazu wird der Punktwert der K-Skala mit dem angegebenen Faktor (z. B. 0,4) multipliziert. Der resultierende Korrekturwert wird zum Rohwert der Basisskala addiert. Die mühsame manuelle Auswertung lässt sich durch Nutzung des kostenpflichtigen Fax-Services umgehen. Das Antwortblatt wird an die angegebene Adresse gefaxt, und nach wenigen Minuten kommt die komplette Auswertung zurück. Als nicht wirklich attraktive Alternative bietet sich ein Auswertungsprogramm an, bei dem die Items eingegeben werden müssen. Sehr komfortabel ist dagegen die Computerversion des MMPI-2, bei der die Auswertung per Mausklick erfolgt.

Interpretation Zuerst wird anhand der Validitätsskalen geprüft, ob das Protokoll gültig ist. Die Basisskalen können einzeln interpretiert werden. Dazu stehen im Ma-

Items sind nicht immer inhaltlich nachvollziehbar

viele Interpretationshinweise zu den Validitätsskalen

separates Antwortblatt

Rohwerte werden direkt in Profilblatt eingetragen

Profilauswertung

nual Interpretationshinweise nach dem in ◘ Tabelle 3.15 gezeigten Schema zur Verfügung. Beispielsweise sollen sehr hohe Werte (T > 75) auf der Paranoia-Skala für Denkstörung, irrige Ansichten, Beziehungsideen, Rachsüchtigkeit und Grübeln und/oder Handeln infolge von Wahnvorstellungen sprechen. Bei Bedarf können bestimmte Zusatzskalen ausgewertet und interpretiert werden. Die »Krönung« stellt die Profilauswertung dar. Dazu werden die Nummern der drei Skalen mit den höchsten T-Werten notiert. In entsprechenden Handbüchern finden sich Erläuterungen und Fallbeispiele für die jeweiligen Punktcodes (Skalennummern mit Symbolen für T-Wert-Bereich).

Reliabilität Die Retest-Reliabilität der Skalen wird im Manual mit .66 (Ma) bis .90 (D) bei Männern (N = 49) und mit .71 (Ma) bis .92 (Sc) bei Frauen (N = 56) angegeben.

vier Faktoren

Validität Im Testmanual werden lediglich Faktorenanalysen der Skalen berichtet. Es fanden sich ähnliche Strukturen für Männer und Frauen sowie gute Übereinstimmung mit US-Ergebnissen. Die vier Faktoren sind:
- F1: Psychotische Gedankeninhalte (Sc, Pp, Pa, F)
- F2: Neurotische Verhaltensweisen (Hy, L, K)
- F3: Introversion (Si, D)
- F4: Geschlechtsrollenidentifikation (Mf)

Wegen der Itemüberlappung sind die Ergebnisse der Faktorenanalysen mit Vorsicht zu bewerten.

repräsentative Normstichprobe

Normierung Die Eichstichprobe (N = 958) zur Normierung des deutschen MMPI-2 ist bezüglich Alter, Geschlecht und geografischer Herkunft repräsentativ für die 18–70-jährige deutsche Bevölkerung. Bei der Erhebung entstand ein gewisser Schwund dadurch, dass immerhin 192 Personen die Bearbeitung des MMPI ablehnten und dass Protokolle wegen extrem hoher F-Werte oder zu vielen unbeantworteten Items eliminiert werden mussten.

kein Bezug zu ICD-10 und DSM-IV

Bewertung Es ist sehr zu begrüßen, dass ein so bewährtes und gut erforschtes Verfahren wie das MMPI auch in der aktualisierten Form (MMPI-2) in deutscher Sprache vorliegt. Positiv zu werten ist die extrem große Informationsausbeute durch die vielen klinischen Skalen, Validitätsskalen und Zusatzskalen. Anstelle der fehleranfälligen und zeitraubenden Auswertung mit Schablonen stehen attraktive Alternativen zur Verfügung. Am Manual ist zu bemängeln, dass darin zu wenige Angaben zur Validität enthalten sind. Ein grundsätzliches Problem des MMPI ist, dass das Verfahren auf veralteten diagnostischen Kriterien basiert und eine klinische Diagnostik nach ICD-10 oder DSM-IV nicht unterstützt.

- **FPI-R: Freiburger Persönlichkeitsinventar – Revidierte Fassung (Fahrenberg et al., 2010)**

lange Tradition

Das FPI-R ist ein in der Praxis vielverwendeter Persönlichkeitsfragebogen mit langer Tradition; die erste Auflage des FPI erschien bereits 1970. Es handelt sich um eine eigenständige Entwicklung, die sich nicht dem Big-Five-Ansatz verpflichtet sieht. Die Autoren kritisieren im Vorwort zur 8. Auflage, dass die Frage, welches die wichtigsten Grundfaktoren der Persönlichkeit sind, in der Fachliteratur zu viel Raum eingenommen hätte; es sei wichtiger, die Auswahl geeigneter Eigenschaftskonzepte für bestimmte diagnostische Fragestellungen zu begründen. Die starke Verbreitung des Verfahrens spricht dafür, dass die Skalen Merkmale erfassen, die in der diagnostischen Praxis relevant sind.

intensiv beforschtes Verfahren

Zum FPI-R und der Vorgängerversion FPI liegen für ein deutschsprachiges Verfahren sehr umfangreiche Forschungen vor; einer Recherche der Testautoren zufolge waren im Oktober 2009 alleine in den Datenbanken PSYNDEX und PSYTKOM ca. 1.400 Publikationen verzeichnet. Für die Bedeutung des FPI-R spricht auch, dass es in mehrere Sprachen übersetzt wurde.

Konstruktionsprinzipien Die Entwicklung des Verfahrens orientierte sich nicht an einer spezifischen Persönlichkeitstheorie, sondern an den Interessen der Autoren an bestimmten Dimensionen des Verhaltens, und zwar teils im Hinblick auf die theoretischen Grundlagen (insbesondere Extraversion und Neurotizismus), teils im Hinblick auf deren Implikationen für das soziale Zusammenleben (z. B. Aggressivität) und das subjektive Wohlbefinden oder Zurechtkommen mit Anforderungen (z. B. Lebenszufriedenheit, Beanspruchung). Die Skalenkonstruktion geschah deduktiv; die Autoren wählten also zuerst bestimmte Konstrukte aus und suchten dann dazu passende Items. Die Itemauswahl erfolgte teils nach faktorenanalytischen, teils nach Trennschärfeprinzipien; daneben spielten inhaltliche und praktische Erwägungen eine Rolle. Keinesfalls war eine Maximierung der internen Konsistenz das Ziel; die Autoren setzen sich sehr kritisch mit der Forderung nach einer hohen internen Konsistenz auseinander, die leicht zu Einbußen bei der Validität führen kann.

pragmatische Auswahl der Skalen

Gliederung Der Test besteht aus 138 Feststellungen in der Form »Ich (bin, fühle, würde usw.) …«, die durch Ankreuzen von »stimmt« oder »stimmt nicht« zu beantworten sind. Das erste Item »Ich habe die Anleitung gelesen und bin bereit, jeden Satz offen zu beantworten« gehört zu keiner Skala. Der Rest verteilt sich auf zehn Standardskalen mit je zwölf Items sowie zwei Zusatzskalen (Extraversion und Emotionalität im Sinne von Eysenck) mit je 14 Items (von denen insgesamt elf auch für die Standardskalen Verwendung finden; Bezeichnung der Skalen und Beispielitems s. Beispiel).

zehn Standard- und zwei Zusatzkalen

> **Skalen des FPI-R mit Beispielitems**
> Zu jeder Skala sind die trennschärfsten Items (nach Fahrenberg et al., 2010, Tab. 3.4) aufgeführt.
> 1. Lebenszufriedenheit: »Alles in allem bin ich ausgesprochen zufrieden mit meinem bisherigen Leben.«
> 2. Soziale Orientierung: »Da der Staat schon für Sozialhilfe sorgt, brauche ich im Einzelnen nicht zu helfen.« (wird invertiert)
> 3. Leistungsorientierung: »Ich habe gern mit Aufgaben zu tun, die schnelles Handeln verlangen.«
> 4. Gehemmtheit: »Ich werde ziemlich leicht verlegen.«
> 5. Erregbarkeit: »Oft rege ich mich zu rasch über jemanden auf.«
> 6. Aggressivität: »Wenn ich wirklich wütend werde, bin ich in der Lage, jemandem eine runterzuhauen.«
> 7. Beanspruchung: »Ich habe häufig das Gefühl, im Stress zu sein.«
> 8. Körperliche Beschwerden: »Mein Herz beginnt manchmal zu jagen oder unregelmäßig zu schlagen.«
> 9. Gesundheitssorgen: »Ich vermeide Zugluft, weil man sich zu leicht erkälten kann.«
> 10. Offenheit: »Ab und zu erzähle ich auch mal eine Lüge.«
> E. Extraversion: »Ich kann in eine ziemlich langweilige Gesellschaft schnell Leben bringen.«
> N. Emotionalität: »Ich bin oft nervös, weil zu viel auf mich einströmt.«

Durchführung Die Instruktion findet sich schriftlich und in leicht verständlicher Weise auf dem Fragebogen. Man soll nicht lange bei jedem Item nachdenken, sondern

gut verständliche Instruktion

□ **Abb. 3.17** Auswertungsbogen des FPI-R mit eingetragenem Profil (Ausschnitt aus Fahrenberg et al., 2010, S. 99)

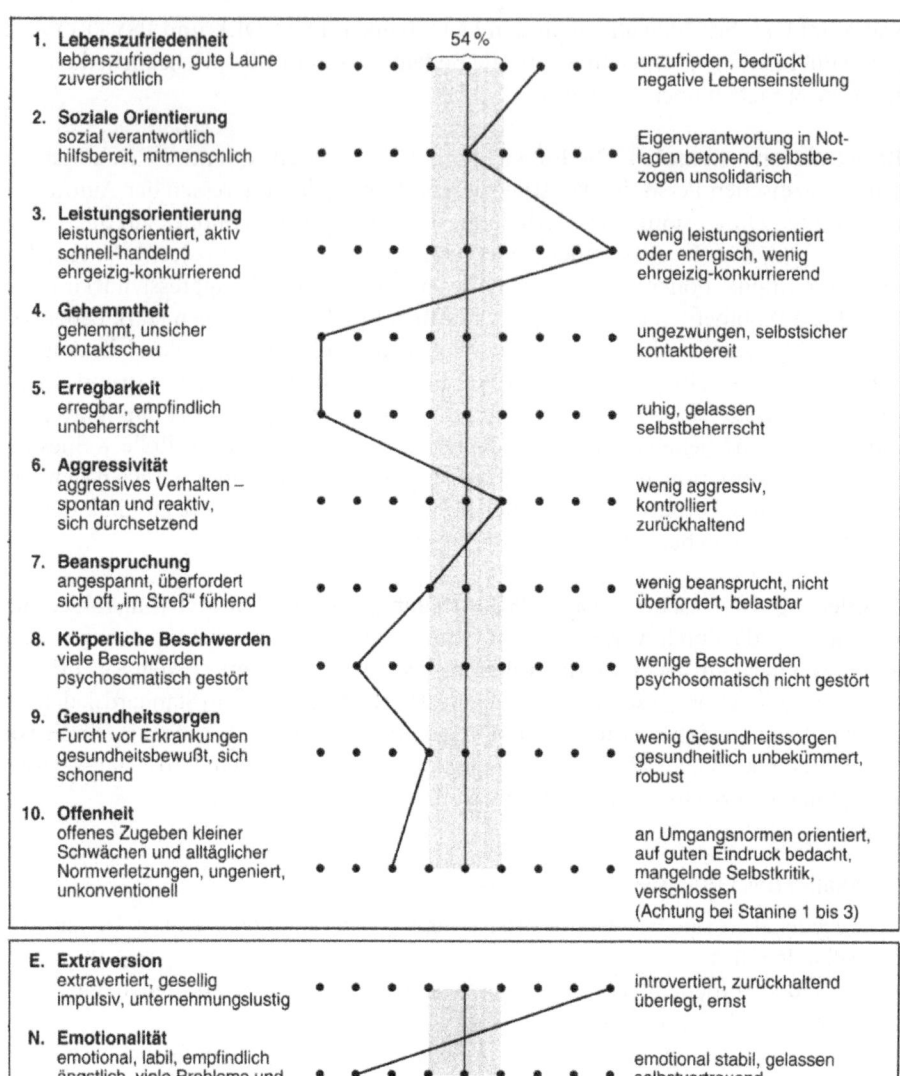

die Antwort geben, die einem unmittelbar in den Sinn kommt. In der Handanweisung werden zusätzliche Empfehlungen gegeben, wie den häufigsten Rückfragen und Einwänden von Seiten der Probanden zu begegnen ist. Die Dauer der Bearbeitung beträgt zwischen zehn und 30 Minuten.

Profilbogen

Auswertung Eine Schablone wird auf die Antwortfelder der vier Seiten des Fragebogens aufgelegt, um skalenweise die Anzahl der Antworten im Sinne des Merkmals auszuzählen. Dabei wird deutlich, dass die allermeisten Items positiv (im Sinne des Merkmals ist »stimmt« die richtige Antwort) gepolt sind. Die Summenwerte werden auf dem Auswertebogen eingetragen und anschließend anhand von alters- und geschlechtsspezifischen Normen in Stanine-Werte transformiert. Die ermittelten Stanine-Werte ergeben ein Profil, nachdem sie auf dem Auswertebogen angekreuzt und miteinander verbunden wurden (□ Abb. 3.17).

interne Konsistenz befriedigend

Reliabilität Die an der Normierungsstichprobe bestimmten Konsistenzkoeffizienten (Cronbachs α) variieren zwischen .73 (soziale Orientierung) und .83 (Beanspruchung). Sie werden von den Autoren im Hinblick auf die Breite der psychologischen Kons-

3.3 · Persönlichkeitsfragebögen

trukte und die relative Kürze der Skalen als »befriedigend« bezeichnet. Stabilitätskoeffizienten liegen für eine Gruppe von Herz-Kreislauf-Patienten (N = 103) vor. Die Testungen erfolgten zu Beginn und am Ende einer ca. 4-wöchigen Kur. Trotz der Homogenität dieser Stichprobe und des Treatments im Retest-Intervall fielen die Koeffizienten mit durchschnittlich r_{tt} = .73 bei einer Spanne von .69 (soziale Orientierung) bis .85 (Gehemmtheit) sehr zufriedenstellend aus.

Validität Unter »Validitätshinweise« finden sich im Manual zahlreiche Zusammenhänge zwischen den Skalen des FPI-R und weiteren Daten, die von der aktuellen oder der früheren Normstichprobe geliefert wurden. So korrelieren beispielsweise in der Erhebung von 1982 die Skala »körperliche Beschwerden« mit »schlechtem Gesundheitszustand« zu r = .51 oder »Lebenszufriedenheit« mit »Zufriedenheit mit familiärer Situation« zu r = .46. Da es sich aber jeweils um Daten aus ein und derselben Quelle (Selbstberichte) handelt, sind solche Beziehungen nur von geringer Beweiskraft. In der Erhebung von 1999 konnten diverse soziodemografische Merkmale mit erhoben werden, die in Form von Gruppenvergleichen die Validität belegen. Es fanden sich viele deutliche Mittelwertsunterschiede, die auch nach statistischer Kontrolle von Geschlecht, Alter, Schulabschluss und Einkommensgruppe bestehen blieben. Beispielsweise ist die »Lebenszufriedenheit« von Verheirateten höher als die von Geschiedenen, sie ist bei Berufstätigen höher als bei Arbeitslosen und bei Gesunden höher als bei Kranken (s. Tab. 6.12 im Manual).

viele Validitätsbelege

Aus einer Simultanfaktorisierung mehrerer Testsysteme (◘ Tab. 3.16) wird ersichtlich, dass nicht weniger als vier FPI-Skalen (Lebenszufriedenheit, Erregbarkeit, Beanspruchung und körperliche Beschwerden) gemeinsam auf einem Neurotizismusfaktor laden, »Gehemmtheit« (mit negativem Vorzeichen) relativ hoch auf einem Extraversionsfaktor lädt und »soziale Orientierung« sowie »Aggressivität« (negativ) mit Verträglichkeit in Beziehung stehen. Diese Resultate sprechen für eine eher mittlere Bandbreite des FPI-R; »Offenheit für Erfahrung« wird mit dem FPI-R nicht erfasst.

Simultanfaktorisierung mit mehreren Persönlichkeitstests

Für einen Fragebogen wie das FPI-R sind besonders Validitätsbelege aufschlussreich, die auf anderen Methoden als Selbstbeurteilungen der Persönlichkeit basieren. In einer Studie (Schmidt & König, 1986) wurden Personen, die das FPI-R ausgefüllt hatten, von sehr guten Bekannten direkt auf den Skalen des FPI-R eingestuft. Die mittlere Selbst-Fremd-Einschätzungskorrelation von r_{tc} = .50 kann als guter Validitätsbeleg angesehen werden; am geringsten war die Übereinstimmung bei sozialer Orientierung (.38) und Gehemmtheit (.36), am höchsten bei körperlichen Beschwerden (.61), Gesundheitssorgen (.60) und Lebenszufriedenheit (.58). Für die Kontrollskala »Offenheit« konnte auf diese Weise die Validität nicht belegt werden (r_{tc} = .26).

Korrelation mit Fremdbeurteilungen

In einer anderen Studie (Manual, S. 127 f.) stuften berufstätige Männer und Frauen fünfmal am Tag ihr momentanes Befinden ein. Dazu wurde ein kleiner tragbarer Computer verwendet. Zwischen einigen FPI-Skalen und den über fünf Messzeitpunkte aggregierten Befindensangaben konnten zum Teil relativ hohe Zusammenhänge festgestellt werden: Je höher die Lebenszufriedenheit der Probanden war, als desto ausgeglichener (r_{tc} = .51) und weniger bedrückt (.49) beschrieben sie ihren aktuellen Zustand; zugleich stuften sie ihre Stimmung eher als gut ein (.51). Ähnliche Zusammenhänge fanden sich für Neurotizismus. Die Gesundheitssorgen korrelierten .56 mit der Zustandsbeschreibung »aufgeregt, nervös«. Je größer die Beanspruchung laut FPI-R war, desto häufiger gaben die Teilnehmer an, seit der letzten Eingabe »im Stress« gewesen zu sein (.52). Es fanden sich weitere Validitätsbelege mit allerdings niedrigeren Korrelationen.

Korrelation mit Angaben zum Befinden im Alltag

Normierung Der 8. Auflage liegen noch die Normen der 7. Auflage zugrunde. Die Normierung wurde im Herbst 1999 durch das Institut für Demoskopie in Allensbach an einer bevölkerungsrepräsentativen Stichprobe von 3.740 Einwohnern aus allen

repräsentative Normstichprobe

Tab. 3.16 Rotierte Ladungsmatrix einer Simultanfaktorisierung von PRF, FPI, EPI und NEO-FFI. (Aus Borkenau & Ostendorf, 1993, S. 19)

Skala	Faktoren[a]				
	I	II	III	IV	V
Personality Research Form					
Leistungsstreben	.08	.06	.23	.12	**.77**
Geselligkeit	.01	**.72**	−.25	.33	.05
Aggressivität	.30	.40	.06	**−.68**	−.07
Dominanzstreben	−.19	.52	.16	−.44	.42
Ausdauer	−.24	−.13	.12	.08	**.74**
Bedürfnis nach Beachtung	.00	**.76**	.19	−.5	−.01
Risikomeidung	.25	−.46	−.44	.24	.10
Impulsivität	.26	.41	.30	−.11	−.57
Hilfsbereitschaft	.25	.29	.00	**.65**	.27
Ordnungsstreben	−.05	−.03	−.45	.10	**.62**
Spielerische Grundhaltung	−.01	**.72**	−.03	−.13	−.37
Soziales Anerkennungsbedürfnis	.38	.39	−.47	.10	.17
Anlehnungsbedürfnis	.56	.24	−.25	.28	−.33
Allgemeine Interessiertheit	.00	−.03	**.75**	.03	.19
Freiburger Persönlichkeitsinventar					
Lebenszufriedenheit	**−.61**	.23	−.27	.13	.27
Soziale Orientierung	.28	.11	.33	**.66**	.13
Leistungsorientierung	−.15	.40	.06	−.18	**.63**
Gehemmtheit	.39	−.59	−.19	.11	−.24
Erregbarkeit	**.70**	.18	−.12	−.16	−.11
Aggressivität	.24	.31	.00	**−.66**	−.03
Beanspruchung	**.69**	.03	.04	.03	.18
Körperliche Beschwerden	**.72**	−.11	−.04	.04	−.03
Gesundheitssorgen	.25	−.17	−.38	−.09	.27
Eysenck Persönlichkeitsinventar					
Extraversion	.02	**.86**	.03	−.18	−.11
Neurotizismus	**.89**	−.07	.04	.01	−.16
NEO-Fünf-Faktoren-Inventar					
Neurotizismus	**.79**	−.10	.08	.07	−.27
Extraversion	−.05	**.80**	−.08	.12	.10
Offenheit für Erfahrung	.16	.02	**.74**	−.07	−.07
Verträglichkeit	.01	−.09	−.21	**.75**	−.06
Gewissenhaftigkeit	−.17	−.02	−.35	.09	**.75**

Anmerkung. [a] Ladungen ≥ .60 sind **fett** gedruckt.

Bundesländern durchgeführt. Die Rohwerte wurden getrennt für die beiden Geschlechter und jeweils sieben Altersgruppen in Stanine-Werte transformiert.

bewährtes Verfahren

Bewertung Das FPI-R ist ein bewährtes und in der Praxis beliebtes Verfahren. Es liefert mit seinen Skalen offenbar über jene Merkmale Informationen, für die sich viele Anwender interessieren; es bietet also eine für die Praxis nützliche Auswahl von Skalen. Die durch Konsistenzkoeffizienten belegte Messgenauigkeit reicht für gruppenstatistische Untersuchungen aus. Berechnet man anhand von Cronbachs α Konfidenzintervalle, fallen diese oft so breit aus, dass ein durchschnittlicher Stanine-Wert bei Berücksichtigung der Messgenauigkeit auch hoch oder niedrig bedeuten kann – eine unbefriedigende Erkenntnis. Deshalb wäre es wünschenswert, zuverlässige Angaben zur Retest-Reliabilität zu bekommen. Die Retest-Reliabilität sollte an einer größeren Stichprobe, die zwischen beiden Messungen keiner Intervention ausgesetzt wird, nach wenigen Wochen sowie nach einem Jahr oder später ermittelt werden. Das größere Intervall ist für Fragestellungen wichtig, die längerfristige Prognosen verlangen. Die Belege zur Validität sind insgesamt eindrucksvoll. Die Autoren haben viele Studien im Manual aufgegriffen. Auch wenn die Normen nicht aktualisiert wurden, ist doch anzuerkennen, dass die große und bevölkerungsrepräsentative Eichstichprobe schon fast ein Alleinstellungsmerkmal des FPI-R ist.

- **16 PF-R: 16-Persönlichkeits-Faktoren-Test – Revidierte Fassung (Schneewind & Graf, 1998)**

Ausgehend von psycholexikalischen Studien und gestützt auf faktorenanalytische Prinzipien hat Cattell seit Ende der 40er-Jahre 16 grundlegende Dimensionen für die Beschreibung von Persönlichkeitsunterschieden propagiert. Der zur Erfassung dieser Dimensionen konzipierte multifaktorielle Fragebogen gehört in den USA zu den am meisten eingesetzten Persönlichkeitstests; er wurde im Laufe der Jahre kontinuierlich aktualisiert und liegt nunmehr bereits in der 5. Auflage vor. An dieser Auflage orientiert sich auch der deutsche 16 PF-R. Seit Januar 2010 liegen die Rechte nicht mehr beim Huber-Verlag. OPP, ein internationales Beratungsunternehmen auf den Gebiet der Wirtschaftspsychologie (► www.opp.eu.com/DE/Pages/home.aspx), vertreibt nun den Fragebogen. Die Firma gibt an, dass sich die Items zwar nicht verändert haben, wohl aber deren Anordnung im Fragebogen. Auch bei der Auswertung gibt es Änderungen. Über die Homepage von OPP kann ein Dokument mit entsprechend angepassten Normtabellen heruntergeladen werden. Die folgenden Ausführungen beziehen sich auf die Version von Schneewind und Graf (1998), die an vielen Psychologie-Instituten und bei praktizierenden Psychologen vorhanden sein dürfte.

amerikanisches Original mit langer Tradition

Konstruktion Ausgehend von einem umfassenderen Itempool und den Daten von 618 repräsentativ ausgewählten Testpersonen (= Analysestichprobe) orientierte sich die Itemselektion an folgenden Kriterien:

- Eliminierung von Items mit extrem hoher oder niedriger »Schwierigkeit« (p größer als .90 oder kleiner als .10) und wenn die »?-Kategorie« häufiger gewählt worden war als »a« und »b« zusammen
- Optimierung der internen Konsistenz trotz kürzestmöglicher Skalenlänge
- Gewährleistung der faktoriellen Validität

Itemselektion nach verschiedenen Kriterien

Als Ergebnis konnten 16 inhaltliche Skalen mit 9–13 Items erstellt werden. Die Bezeichnungen für 14 dieser Skalen und ihre Zugehörigkeit zu fünf Global- oder Sekundärfaktoren ist aus ◘ Abbildung 3.18 ersichtlich. Die Skalen B (»logisches Schlussfolgern«) und L (»Wachsamkeit«) gehen nicht in die Globalfaktoren ein.

16 Primär- und fünf Sekundärskalen

Eine weitere Skala (IM, »Impression Management«) umfasst zehn Items und dient der Erfassung von Antworttendenzen im Sinne sozialer Erwünschtheit. Darüber hinaus können 100 Richtig-falsch-Items aus den verschiedenen Skalen in einen Punktwert für Akquieszenz und 51 weitere Items, bei denen einer der Distraktoren in der Analysestichprobe eine Wahlhäufigkeit von weniger als 5 % aufwies, in einen Punktwert für Infrequenz umgewandelt werden (hohe Werte stehen demgemäß für ungewöhnliche Antwortmuster). Inwieweit die drei letztgenannten Skalen den Messintentionen auch empirisch entsprechen und etwa die Validität der 16 inhaltlichen Skalen moderieren (in dem Sinne, dass jeweils hohe Scores darin mit niedrigen Validitäten der betreffenden Probanden einhergehen), bleibt vorerst offen.

drei Kontrollskalen

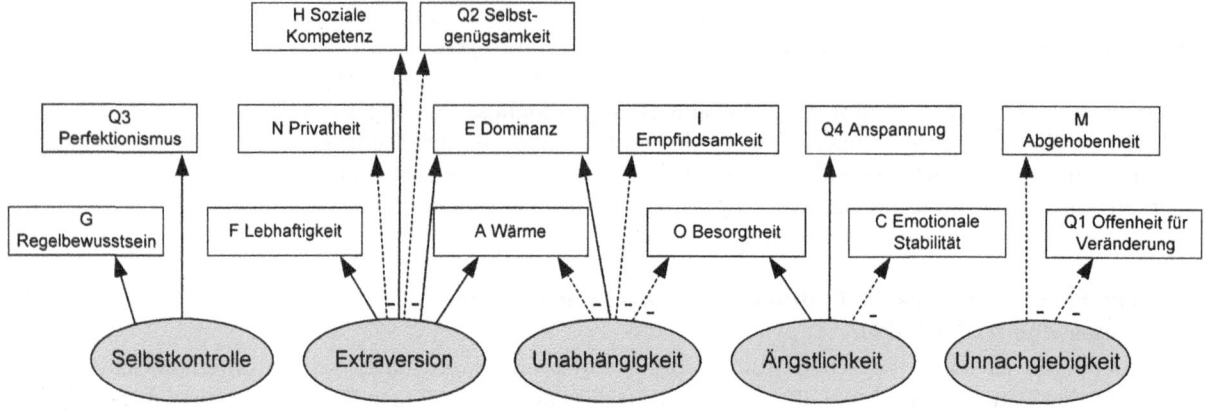

Abb. 3.18 Primär- und Globalfaktorenstruktur des 16 PF-R. Die Primärskalen B (logisches Schlussfolgern) und L (Wachsamkeit) gehen nicht in die Globalfaktoren ein. (Nach Schneewind & Graf, 1998, S. 7)

Primärskalen des 16 PF-R (in Klammern Cronachs α) und jeweils trennschärfstes Item

Die Alternativantworten sind meist: stimmt – ? – stimmt nicht.

A   Wärme (α = .68): »Ich gehöre eher zu den Menschen, die auf andere zugehen und den Kontakt mit anderen Menschen genießen.« Stimmt.

B   Logisches Schlussfolgern (α = .79): »Welche Zahl soll als nächste am Ende dieser Reihe stehen: 1, 4, 9, 16 ?« 25.

C   Emotionale Stabilität (α = .72): »Ich habe mehr Stimmungsschwankungen als die meisten, die ich kenne.« Stimmt nicht.

E   Dominanz (α = .73): »Ich gehöre zu den Leuten, die sich nicht so leicht etwas gefallen lassen.« Stimmt.

F   Lebhaftigkeit (α = .71): »Ich bin gerne inmitten von Trubel und Aktivität.« Stimmt.

G   Regelbewusstsein (α = .66): »Ich halte es für wichtiger, Regeln und gute Manieren zu respektieren, als unbekümmert und sorglos zu leben.« Stimmt.

H   Soziale Kompetenz (α = .89): »Ich halte mich für kontaktfreudig und selbstsicher im Umgang mit anderen Menschen.« Stimmt.

I   Empfindsamkeit (α = .76): »Ich habe mich schon immer für technische Dinge wie Autos und Flugzeuge interessiert.« Stimmt nicht.

L   Wachsamkeit (α = .66): »Wenn man zu viel von sich erzählt, nützen andere das häufig zu ihrem Vorteil aus.« Stimmt.

M   Abgehobenheit (α = .66): »Ich bin ein Mensch, der in den Tag hinein träumt und sich eigene Dinge ausdenkt.« Stimmt.

N   Privatheit (α = .74): »Ich bin eher zurückhaltend und behalte meine Probleme für mich.« Stimmt.

O   Besorgtheit (α = .78): »Ich neige dazu, zu empfindsam zu sein und mir zu viele Sorgen über etwas zu machen, was ich getan habe.« Oft.

Q1   Offenheit für Veränderung (α = .71): »In den meisten Fällen ist es besser, Veränderungen und neuen Ideen den Vorrang zu geben.« Stimmt.

Q2   Selbstgenügsamkeit (α = .76): »Ich bin im Allgemeinen eher jemand, der gut für sich allein sein kann.« Stimmt.

Q3   Perfektionismus (α = .75): »Ich halte meine Sachen immer in bester Ordnung.« Stimmt.

▼

3.3 · Persönlichkeitsfragebögen

> Q4 Anspannung (α = .78): »Wenn etwas nicht nach Wunsch geht, werde ich leicht ärgerlich und ungeduldig.« Stimmt.
> IM Impression Management (α = .64): »Ich bin manchmal ärgerlich, wenn ich meinen Willen nicht bekomme.« Stimmt nicht.

Durchführung und Auswertung Wie bei vielen Fragebogentests üblich werden die Antworten in einem Antwortheft durch Ankreuzen einer Alternative eingetragen. Ungewöhnlich ist, dass ein Persönlichkeitsfragebogen eine Skala zum logischen Schlussfolgern enthält; die Items unterscheiden sich nicht von denen klassischer Intelligenztests. Die Bearbeitung durch die Testperson dauert etwa 45 Minuten. Die Auswertung erfolgt mit einer Schablone. Antworten im Sinne des Merkmals erhalten zwischen einen und drei Rohpunktwerte. Zu den Globalskalenwerten gelangt man durch Multiplikation der zu einer Globalskala gehörenden Primärskalen-Rohwerte mit Gewichtszahlen zwischen eins und sieben, je nachdem, wie stark die einzelnen Primärskalen zu den Globalfaktoren beitragen. Ausführlich dokumentieren die Autoren auch die für den paarweisen Vergleich zwischen einzelnen Skalen mindest-erforderlichen (»kritischen«) Differenzen. Deren Größe liegt bei ungerichteter Fragestellung, p < 5 % und Verwendung der Konsistenzkoeffizienten für die Primärskalen zwischen 1,8 und 3,2, für die Globalskalen zwischen 2,1 und 2,8 Sten-Werten. Da Dezimalstellen nicht vorgesehen sind, bedeutet dies im Regelfall drei Punkte Differenz zwischen den Werten zweier Skalen, damit die auftretende Differenz als überzufällig gelten kann. Darüber hinaus finden sich im Manual u. a. Hinweise auf Profilvergleiche zwischen individuellen Testprotokollen und verschiedenen Berufsgruppen.

Primärskalen werden gewichtet, um Globalskalen zu bestimmen

Reliabilität Die internen Koeffizienten (Cronbachs α) sind im Kasten mit den Itembeispielen aufgelistet und reichen bei den Primärskalen von .66 bis .89, mit einem Mittelwert von .74. Die Testwiederholungskoeffizienten (Intervall ein Monat) liegen für die Primärdimensionen im Durchschnitt bei r_{tt} = .83 (.60 bis .92). Für die Globaldimensionen beträgt die interne Konsistenz durchschnittlich .81 (.73 bis .87) und die Retest-Reliabilität .86 (.78 bis .90).

hohe Retest-Reliabilitäten

Validität Zur Bestätigung der 16-Faktoren-Struktur wurden aus den 16 Primärskalen durch zufällige Aufteilung ihrer Items 32 »Halbskalen« erzeugt. Die 16er-Struktur sollte damit »bewiesen« werden, dass diese Halbskalen bei einer Faktorisierung 16 Faktoren bilden. Darüber hinaus wurden zur Abklärung der Konstruktvalidität Korrelations-, Regressions- und Faktorenanalysen mit anderen Persönlichkeitsfragebogensystemen durchgeführt: FPI-R, PRF, TPF, MMPI und NEO-FFI. Aus der Fülle der dazu vorliegenden Ergebnisse soll hier exemplarisch nur eine gemeinsame Hauptkomponentenanalyse der 16 PF-R-Primär- und der NEO-FFI-Skalen mitgeteilt werden, weil sich damit gut die Passung zum bekannten Fünf-Faktoren-Modell prüfen lässt (◘ Tab. 3.17).

Simultanfaktorisierung mit anderen Persönlichkeitsfragebögen

Wie ersichtlich, weisen mehrere Skalen eine zu den Big-Five-Faktoren des NEO-FFI konvergente Validität auf. Vor allem Neurotizismus und Extraversion werden mit Primärskalen des 16 PF-R gut abgebildet. Der hier nicht wiedergegebenen Korrelationsmatrix ist zu entnehmen, dass keine der Primärskalen hoch mit »Verträglichkeit« im NEO-FFI korreliert; die höchste Korrelation beträgt gerade −.35 und betrifft L (»Wachsamkeit«).

Vier Big-Five-Dimensionen werden mit den Primärskalen gut abgedeckt

Die Korrelationen der fünf Globalskalen mit den Skalen des NEO-FFI zeigen dazu passend, dass die NEO-FFI-Skala »Verträglichkeit« nur −.32 mit einer Globalskala (»Unabhängigkeit«) korreliert; die übrigen Korrelationen zwischen konstruktkonvergenten Skalen betragen immerhin zwischen .45 (»Offenheit« mit »Unnachgiebigkeit«)

Globalskala »Unabhängigkeit« schwer zu verorten

Tab. 3.17 Gemeinsame Hauptkomponentenanalyse (Oblimin) der 16 PF-R-Primär- und der NEO-FFI-Skalen (N = 618)

		Faktor				
		I	II	III	IV	V
16 PF-R-Primärskalen						
A	Wärme	.67				
C	Emotionale Stabilität		−.78			
E	Dominanz	.35			.73	
F	Lebhaftigkeit	.72				
G	Regelbewusstsein			.60		
H	Soziale Kompetenz	.73				
I	Empfindsamkeit		.34		−.58	
L	Wachsamkeit		.41	.31	.42	
M	Abgehobenheit		.33	−.33		−.51
N	Privatheit	−.66				
O	Besorgtheit		.74		−.35	
Q1	Offenheit für Veränderung					−.74
Q2	Selbstgenügsamkeit	−.77				
Q3	Perfektionismus			.81		
Q4	Anspannung		.73			
NEO-FFI-Skalen						
	Neurotizismus		.80			
	Extraversion	.75				
	Offenheit					−.86
	Verträglichkeit				−.73	
	Gewissenhaftigkeit			.80		

Anmerkung. Quelle: Tabelle 3.3.4 des Manuals. Ohne die Skala Logisches Schlussfolgern. Faktorladungen <.30 werden nicht aufgeführt.

und .67 (»Extraversion« mit »Extraversion«). Eine neuere Studie mit der französischen Form des 16-PF, die ebenfalls der 5. Auflage des amerikanischen 16-PF entspricht, repliziert den Befund zur Verträglichkeit. Rossier et al. (2004) hatten als Referenzverfahren das NEO PI-R (s.u.) eingesetzt und eine Korrelation von −.34 zwischen der Sekundärskala »Unabhängigkeit« und »Verträglichkeit« gefunden.

mittlere Bandbreite

Die Autoren bewerten ihre Ergebnisse dahingehend, dass der 16 PF-R andere Persönlichkeitsinventare in der Bandbreite übertrifft. »Im Vergleich zu FPI-R, PRF-KA und TPF-2 vermag der 16 PF-R ein breiteres Spektrum an Persönlichkeitsdimensionen zu erfassen; so finden sich im FPI-R keine markanten Selbstkontroll- oder Unnachgiebigkeitskorrelate, in der PRF-KA keine markanten Ängstlichkeitskorrelate; der TPF-2 ist angelegt auf die Erfassung der zwei Superkonstrukte Seelische Gesundheit und Verhaltenskontrolle« (Schneewind & Graf, 1998, S. 20). Angesichts der Tatsache, dass der 16 PF-R den Bereich der Verträglichkeit nicht angemessen abdeckt, kann ihm auch nur eine mittlere Bandbreite bescheinigt werden.

Vergleiche zwischen verschiedenen Personengruppen

Eine Validierung an anderen Verfahren als Persönlichkeitsfragebögen wäre wünschenswert. Im Manual werden Vergleiche zwischen Angehörigen verschiedener Berufsgruppen, die aus der Eichstichprobe gebildet wurden, aufgeführt. Weiterhin wird ein Vergleich von Studierenden technischer und sozialwissenschaftlicher Studiengänge berichtet. Die Auswertung ist jedoch nur explorativ und daher als Validitätsbeleg nicht geeignet.

3.3 · Persönlichkeitsfragebögen

Normierung Der Normierung des 16 PF-R liegt eine für Deutschland bevölkerungsrepräsentative Stichprobe von N = 1.209 Personen zugrunde. Sowohl für die Primär- als auch für die Globalskalenwerte liegen Normen in Form von Sten-Werten vor (von engl.: »standard ten«, M = 5,5, SD = 2), und zwar getrennt für die Geschlechter und drei Altersgruppen (17–29, 30–49 und > 50 Jahre).

repräsentative Normstichprobe

Bewertung Mit der Kombination von Primär- und Globalfaktoren verspricht der 16 PF-R einerseits einen differenzierten Zugang zu verschiedenen Merkmalsbereichen, andererseits eine hinreichend reliable Erfassung von vier Faktoren des Big-Five-Modells. Die Messgenauigkeit der Primär- und Sekundärskalen ist hinreichend hoch. Bei den Skalen mit relativ niedriger interner Konsistenz fällt die Retest-Reliabilität immerhin relativ hoch aus. Der »Nachweis« von 16 Faktoren durch den Kunstgriff der Skalenhalbierung mit anschließender Faktorisierung ist nicht überzeugend. Es fehlen Validitätsbelege, die über die Interkorrelation mit anderen Fragebögen hinausgehen, beispielsweise Korrelationen mit Fremdbeurteilungen oder mit externen Kriterien, die hypothesengeleitet interpretiert werden. Positiv hervorzuheben ist die Repräsentativität der Normierungsstichprobe. Für den Altersbereich 17–29 Jahre sind die Normierungsstichproben mit N = 121 (männlich) und 135 (weiblich) jedoch relativ klein.

reliable Skalen

- **NEO-PI-R: NEO-Persönlichkeitsinventar nach Costa und McCrae – Revidierte Fassung (Ostendorf & Angleitner, 2004)**

Mit dem NEO-PI-R liegt ein Verfahren vor, das dem Big-Five-Modell verpflichtet ist, aber zusätzlich Neurotizismus, Extraversion, Offenheit für Erfahrung, Verträglichkeit und Gewissenhaftigkeit in Facetten unterteilt. Während beim 16 PF-R die Globalskalen induktiv aus Primärskalen gewonnen wurden, liegt dem NEO-PI-R das umgekehrte Vorgehen zugrunde: Die fünf Globalskalen repräsentieren das Persönlichkeitsmodell und standen von Anfang an fest; sie wurden anschließend in Facetten unterteilt. Das Verfahren ist eng an das amerikanische Original angelehnt. Die Autoren legten dabei Wert auf eine sinngemäße und nicht wörtliche Übersetzung der Items. Das Verfahren liegt als Selbstbeurteilungs- und Fremdbeurteilungsversion (Form S und F) vor.

Fragebogen zum Big-Five-Modell

Gliederung Jede der fünf globalen Persönlichkeitsdimensionen wird durch sechs Teilskalen mit je acht Items näher beschrieben. Das NEO-PI-R besteht damit aus 30 Subskalen (Facetten) und fünf Hauptskalen mit insgesamt 240 Items. Zu jeder Facette liegen acht Items vor; Itembeispiele sind: »Die meisten Menschen, die mir begegnen, sind mir wirklich sympathisch« (E1 Herzlichkeit) und »Ich bin für meine Umsicht und meinen gesunden Menschenverstand bekannt« (C1 Kompetenz). ◘ Tabelle 3.18 zeigt die Skalen sowie Gütekriterien, die unten erläutert werden.

fünf Hauptskalen mit je sechs Facetten

Durchführung und Auswertung Die 240 Items sind auf einer fünfstufigen Skala von »starke Ablehnung« bis »starke Zustimmung« zu beantworten. Es liegen zwei unterschiedliche Testhefte vor, die entweder ein Ankreuzen im Testheft oder auf einem separaten Antwortbogen vorsehen. Die Durchführung dauert etwa 30–40 Minuten. Die Fremdbeurteilungsversion gleicht der Selbstbeurteilungsversion weitgehend. Die Items unterscheiden sich nur darin, dass sich die Aussage auf eine andere Person bezieht (z. B. statt »Ich bin leicht zu erschrecken« »Er/Sie ist leicht zu erschrecken«). Bei den Fragebogenformen mit integriertem Antwortmodus empfehlen die Autoren, die Itembeantwortungen in einen PC einzugeben und durch ein Computerprogramm auszuwerten (im Anhang des Manuals befindet sich eine Anweisung für die Auswertung mit SPSS). Bei Verwendung der Testvariante mit separatem Antwortblatt mit Durchschreibform sind die Antworten mit einem Zahlenwert für die angekreuzte Antwortalternative zu gewichten und aufzusummieren.

fünfstufige Antwortskala

Tab. 3.18 Skalen des NEO-PI-R mit Angaben zur Reliabilität und Validität

Skala	α	r_{tc}	Skala	α	r_{tc}
Neurotizismus	.91	.53	**Verträglichkeit**	.87	.47
Ängstlichkeit	.79	.53	Vertrauen	.72	.38
Reizbarkeit	.72	.48	Freimütigkeit	.61	.27
Depression	.82	.52	Altruismus	.68	.33
Soziale Befangenheit	.67	.41	Entgegenkommen	.65	.49
Impulsivität	.60	.46	Bescheidenheit	.75	.37
Verletzlichkeit	.77	.49	Gutherzigkeit	.57	.46
Extraversion	.89	.61	**Gewissenhaftigkeit**	.88	.53
Herzlichkeit	.69	.49	Kompetenz	.62	.39
Geselligkeit	.77	.59	Ordnungsliebe	.63	.53
Durchsetzungsfähigkeit	.80	.60	Pflichtbewusstsein	.61	.39
Aktivität	.72	.51	Leistungsstreben	.67	.50
Erlebnishunger	.64	.61	Selbstdisziplin	.77	.50
Frohsinn	.79	.49	Besonnenheit	.74	.42
Offenheit für Erfahrungen	.89	.53			
Offenheit für Fantasie	.77	.37			
Offenheit für Ästhetik	.78	.57			
Offenheit für Gefühle	.75	.41			
Offenheit für Handlungen	.66	.50			
Offenheit für Ideen	.76	.50			
Offenheit des Normen- und Wertesystems	.50	.40			

Anmerkungen. Hauptskalen fett gedruckt. Cronbachs α der Selbstbeurteilungsform ermittelt an einer repräsentativen Stichprobe (N = 871; aus Tab. 38 und 39 im Manual); r_{tc} = Korrelation mit der Fremdbeurteilungsform (gemittelte Beurteilungen durch zwei Bekannte; N = 750; aus Tab. 51 im Manual).

Profilblatt

Die Transformation in Normwerte geschieht, indem auf einem zum Alter und Geschlecht des Probanden passenden Profilblatt lediglich die Rohwerte markiert werden. Die Rohwerte sind skalenweise so angeordnet, dass die Höhe des Wertes auf dem Profilblatt direkt dem Normwert entspricht. Die am Rand des Profilblattes stehenden T-, Stanine- und Prozentrangwerte erlauben bei Bedarf eine Transformation in einen der Normwerte.

umfangreiche Interpretationshilfen

Zur **Interpretation** der Skalenwerte steht ein Beiheft mit dem Namen »Persönlichkeitsbild« zur Verfügung. Darin finden sich in verständlicher Sprache Erläuterungen zu den Hauptskalen und den Facetten. Beispielsweise ist zur Skala Vertrauen zu lesen: »Personen mit **hohen** Punktwerten neigen dazu, andere Menschen generell für ehrlich zu halten und ihnen gute Absichten zu unterstellen. Personen mit **niedrigen** Punktwerten beschreiben sich als eher skeptisch und misstrauisch anderen Menschen gegenüber. Sie unterstellen anderen schneller unredliche Absichten.«

3.3 · Persönlichkeitsfragebögen

Reliabilität Die internen Konsistenzen der Facetten-Skalen liegen im Durchschnitt nur bei α = .71 (für Details ◘ Tab. 3.18). Bei einer separaten Auswertung für Männer und Frauen finden sich nur geringfügige Abweichungen von den Kennwerten der Gesamtgruppe. Die Items können jedoch auch über die Facetten hinweg zu den fünf Globalskalen verrechnet werden. Die großen Itemzahlen führen dazu, dass die internen Konsistenzen der Globalskalen mit durchschnittlich α = .89 sehr hoch ausfallen (Details in ◘ Tab. 3.18). Die Retest-Reliabilitäten der Globalskalen liegen bei kurzen Zeitabständen (1–2 Monate) zwischen .82 und .91 (Median = .90) und bei längeren (5 Jahre) zwischen .74 und .78 (Median = .75). Für die Facetten fallen die Koeffizienten erwartungsgemäß etwas niedriger aus (Median = .82 bzw. .68).

Interne Konsistenz und Retest-Reliabilitäten der Globalskalen sind sehr hoch

Validität Die Ausführungen im Manual zur Konstruktvalidität umfassen 37 Seiten und weitere sieben Seiten zur Faktorenstruktur. Von den zahlreichen Befunden kann hier nur über einige besonders erwähnenswerte berichtet werden. Die Faktorenstrukturen der 30 Skalen der Selbst- und Fremdbeurteilungsform stimmen sehr gut überein, ebenso die der Männer und Frauen sowie die verschiedener Altersgruppen. Die Zuordnung der Facetten zu den Hauptskalen wird durch Faktorenanalysen der Skalen überwiegend gut bestätigt. In einigen wenigen Fällen scheint jedoch Nachbesserungsbedarf bei der Zusammensetzung der Facettenskalen zu bestehen. So lädt die Impulsivitätsskala höher auf dem Extraversionsfaktor als auf dem Neurotizismusfaktor. Einige wenige Skalen (insbesondere Durchsetzungsfähigkeit) weisen beträchtliche Nebenladungen auf anderen Faktoren auf. Selbst- und Fremdberichte (gemittelte Beurteilung durch zwei Bekannte) korrelieren im Durchschnitt .54 (Globalskalen) bzw. .47 (Facetten); die Variation ist jedoch beträchtlich (◘ Tab. 3.18). Gemeinsame Faktorenanalysen der Globalskalen mit den Skalen anderer deutscher Persönlichkeitsinventare (u. a. Gießen-Test, FPI-R, BIP) sagen wenig über die Konstruktvalidität des NEO-PI-R aus, sondern informieren über die Einordnung dieser Skalen in das Modell der Big Five.

»Impulsivität« passt nicht gut zu »Neurotizismus«

Normierung Die Normierungsstichprobe für die Selbstbeurteilungsversion (Form S) umfasst 11.724 Probanden, die an einer der zahlreichen Studien in den Jahren 1999 und 2000 teilgenommen hatten. Daraus wurde zusätzlich nach den Angaben im Statistischen Jahrbuch für das Jahr 2001 eine sekundäre Quotenstichprobe (N = 871) gezogen, die hinsichtlich Alter, Geschlecht und Bildungsstand als repräsentativ für Deutschland gelten kann. Normen mit separaten Profilblättern liegen für mehrere Gruppen vor: Gesamtstichprobe, jeweils Männer und Frauen von 16–20, von 21–24, von 25–29, von 30–49 und von über 49 Jahren, repräsentative Gesamtstichprobe (auch separat für Männer und Frauen). Für den Bereich »Offenheit« stehen zusätzlich Normtabellen für Männer und Frauen zweier Altersgruppen und hohem versus niedrigem Bildungsstand zur Verfügung. Die Normierung der Fremdbeurteilungsversion (Form F) erfolgte an 1.547 Personen. Hier wird zwischen vier Teilgruppen unterschieden, die nach Geschlecht und Alter (16–29 sowie 30 und älter) gebildet wurden.

sehr große Normierungstichprobe mit repräsentativer Teilstichprobe

Bewertung Das NEO-PI-R erlaubt es, die großen fünf Persönlichkeitsdimensionen sehr zuverlässig zu messen. Die Subskalen ermöglichen eine sehr differenzierte Beschreibung der Persönlichkeit – allerdings bei teilweise unbefriedigend niedrigen Skalenreliabilitäten. Dass auch eine normierte Fremdbeurteilungsversion zur Verfügung steht, ist für viele Anwendungen als ein großer Vorteil zu werten; durch eine Kombination von Selbst- und Fremdbeurteilungsversion erschließen sich neue Anwendungsmöglichkeiten (z. B. Vergleich von Selbst- und Fremdbeurteilung). Das Verfahren wurde an einer großen Stichprobe normiert, und es liegen auch differenzierte Normen vor.

sehr differenzierte Messung der Persönlichkeit

Das NEO-PI-R ist international weit verbreitet; die amerikanische Originalversion wurde bislang in über 30 Sprachen übersetzt (Ostendorf & Angleitner, 2004). Damit

sehr sorgfältige Testkonstruktion

eröffnet sich die Chance, Forschungsarbeiten mit der deutschen Version international zu publizieren, was wiederum Forscher anregen wird, mit diesem Verfahren zu arbeiten. Zugleich profitieren deutsche Anwender von den nationalen und internationalen Forschungsarbeiten. Insgesamt ist das NEO-PI-R als ein theoretisch sehr gut fundiertes Verfahren zu bewerten. Zwischen der Übersetzung der Items und der Publikation des Verfahrens liegen 13 Jahre. Die Autoren haben die Zeit für eine sorgfältige Konstruktion, Evaluierung und Normierung genutzt. Dieses umsichtige Vorgehen hat Vorbildcharakter!

grundwissenschaftlicher Schwerpunkt

In einer Testrezension nach den Standards des Testkuratoriums fassen die Autoren ihr Gesamturteil wie folgt zusammen: »Es handelt sich insgesamt um die gelungene Adaptierung eines solide konstruierten amerikanischen Persönlichkeitstests mit grundwissenschaftlichem Schwerpunkt, sehr großer Verbreitung und weltweiter Marktführerschaft. Die fünf Domänenskalen sind hoch konsistent und hinreichend zeitstabil gemessen, aber teilweise in den Faktorenpaaren E/O, N/C und N/E stärker korreliert als in konkurrierenden Verfahren, die bei den entsprechenden Paarungen angenähert Null-Korrelationen erzielen. Hier könnten Rekonstruktionen sinnvoll sein. Auf der Facettenebene besteht bei einzelnen Facetten, vor allem O6, Optimierungsbedarf hinsichtlich der Reliabilität ... Trotz der wünschenswerten Weiterentwicklungen handelt es sich beim NEO-PI-R aber um ein – gemessen am Konstruktionsziel – sehr gut konstruiertes Verfahren, dessen Einsatz eine fachgerechte und differenzierte Persönlichkeitsdiagnostik nach dem FFM [Fünf-Faktoren-Modell] gestattet« (Andresen & Beauducel, 2008).

im amerikanischen Original einige Items schwer verständlich

Auch ein sorgfältig konstruiertes Verfahren kann kleine Mängel aufweisen. Im Einsatz des amerikanischen Originals bei Jugendlichen hatten sich einige Items als schwer verständlich erwiesen. McCrae et al. (2005) haben daher eine als NEO-PI-3 bezeichnete Version entwickelt, in der insgesamt 37 Items des in den USA weiter verwendeten NEO-PI-R ausgetauscht wurden. Da die deutsche Version eng an das amerikanische Original angelehnt ist, sind vermutlich auch hier einige Items verbesserungswürdig. Anwender, denen das NEO-PI-R mit 240 Items zu zeitaufwändig ist, können auf die revidierte Form des NEO-Fünf-Faktoren-Inventars NEO-FFI (Borkenau & Ostendorf, 2008) zurückgreifen, das mit insgesamt 60 Items nur die fünf Globalskalen abbildet.

- **TIPI: Trierer Integriertes Persönlichkeitsinventar (Becker, 2003)**

Erfassung normaler und gestörter Persönlichkeit

Das TIPI stellt den vorläufigen Endpunkt von langjährigen Konstruktions- und Entwicklungsarbeiten dar, in deren Rahmen Becker sich um die Bereitstellung von Persönlichkeitstests bemüht hat, die dem jeweils aktuellen Erkenntnisstand entsprechen und zentrale Bereiche der Persönlichkeit erfassen sollen. Beim TIPI handele es sich um das »erste nach dem eindimensionalen ordinalen Rasch-Modell konstruierte Inventar (...), das eine facettenreiche Erfassung von Eigenschaften und Dimensionen sowohl der ‚normalen' als auch der ‚gestörten' Persönlichkeit« gewährleiste (Becker, 2003, S. 3; alle weiteren Zitate ebenfalls aus dem Manual).

Die für das TIPI ins Auge gefassten Einsatzgebiete sind äußerst vielfältig und decken die klassischen Felder in Forschung und Anwendung weitestgehend ab. So spricht der Autor u.a. von einer besonders guten Eignung des TIPI für klinische und verhaltensmedizinische Fragestellungen oder solche aus der forensischen und ABO-Psychologie.

Big Four plus X (4PX)

Theoretischer Hintergrund des TIPI ist eine hierarchische Struktur der Persönlichkeit von Verhaltensweisen über Persönlichkeitseigenschaften (= Skalen oder Facetten) zu Persönlichkeitsdimensionen (= Faktoren erster Ordnung). Zur letzteren, also der höchsten Ebene, gehören die international intensiv beforschten »Big Five«. Weil Becker (2003) davon den Faktor »Offenheit für Erfahrung« nicht in hinreichender Weise als repliziert ansieht, geht er stattdessen von seinem Modell »Big Four plus X« (4PX) aus; dessen Kern entsprechen die vier Globalskalen des TIPI, denen einzelne Facetten als Eigenschaften zugeordnet werden.

Im Bestreben, eine umfassende Beschreibung der Persönlichkeit zu ermöglichen, definierte der Autor zunächst 34 Konstrukte (= rationales Vorgehen), zu denen studentische Mitarbeiter eine große Zahl darauf bezogener Items formulierten. In mehreren aufeinander bezogenen Schritten und unter Heranziehung verschiedener Gruppen von Befragungspersonen wurde der ursprüngliche Pool von Items so reduziert, dass die letztlich gebildeten Skalen in verschiedener Weise den Anforderungen des ordinalen Rasch-Modells genügen (= induktive Methode). Die im Anschluss daran durchgeführten Analysen nach der klassischen Testtheorie ergaben eine weitgehende Übereinstimmung der internen Konsistenzen mit den Reliabilitäten im Sinne von Rasch.

Allgemeines zur Gestaltung des Tests und zu Durchführungsbedingungen Das Verfahren kann in Form eines Testheftes oder am Computer bearbeitet werden; im ersteren Fall müssen die gegebenen Antworten anschließend in ein Programm eingegeben werden, welches sowohl für die Papier-und-Bleistift- als auch für die PC-Version die Auswertung durchführt.

Testheft oder Computer

Die insgesamt 254 Items verteilen sich auf 34 Primärskalen (mit durchschnittlich sieben Items) zur Erfassung einzelner Facetten der sog. »Big Four«, die in Form von vier Globalskalen die meisten Items in einer breiteren Kategorisierung anders bündeln (»Neurotizismus/geringe seelische Gesundheit«, 48 Items; »Extraversion/Offenheit«, 31 Items; »Unverträglichkeit vs. Verträglichkeit«, 26 Items; »Gewissenhaftigkeit/Kontrolliertheit«, 21 Items). Die Beantwortung erfolgt in 6-fach abgestufter Form, wobei die Testpersonen – eine beachtenswerte Innovation – sich vorstellen sollen, die in jedem Item beschriebene prototypische Situation über einen längeren Zeitraum von Wochen, Monaten oder Jahren fünfmal zu erleben; ihre Antwort solle dann wiedergeben, in wie vielen dieser Fälle sie sich dann in der beschriebenen Weise verhalten würden (von 0 bis 5). ◨ Abbildung 3.19 gibt das individuelle Profil einer »unauffällig-normalen« Person wieder und listet neben den vier Global- auch die Bezeichnungen für die 34 Primärskalen auf.

innovative Fragestellung

Durchführung und Auswertung Die Bearbeitung des Fragebogens kann ohne einen Testleiter erfolgen. Die Voraussetzungen für eine objektive Durchführung sind vollständig erfüllt. Die Auswertungsobjektivität ist durch die maschinelle Auswertung zur Gänze gewährleistet.

Normierung Die Normen stützen sich auf eine repräsentativ zusammengesetzte Stichprobe von insgesamt N = 1.026 männlichen und weiblichen Personen unterschiedlichen Alters (17–87 Jahre). Dabei hebt sich das TIPI äußerst positiv von vielen anderen Tests ab. Gleichwohl ist die Gruppe der 17–19-Jährigen nur mit 29 Personen besetzt, was hier den Maßstab etwas unsicher erscheinen lässt. Da viele Skalen mit dem Alter und dem Geschlecht zum Teil in beträchtlicher Höhe korrelieren, gibt das Manual die Mittelwerte und Standardabweichungen sowohl für die Skalensummenscores als auch die Personenparameter getrennt für die Gesamtstichprobe, Männer und Frauen, Jüngere und Ältere, jüngere und ältere Männer sowie jüngere und ältere Frauen wieder (Aufteilung bei jeweils 35 Jahren).

Die Personenparameter und Skalenscores korrelieren miteinander, wie es für solche Gegebenheiten gewöhnlich der Fall ist, von .90 bis .95.

gute Repräsentativität

Reliabilität Die Bestimmung der Zuverlässigkeit erfolgte auf dreifache Weise:
- Ermittlung der internen Konsistenzen (Cronbachs α): Im Mittel (M) aller Skalen resultierte an der Normierungsstichprobe ein Wert von Mr_{tt} = .80 (Extremwerte: .68 für Einfühlsamkeit und .94 für Neurotizismus).

dreifache Reliabilitätsbestimmung

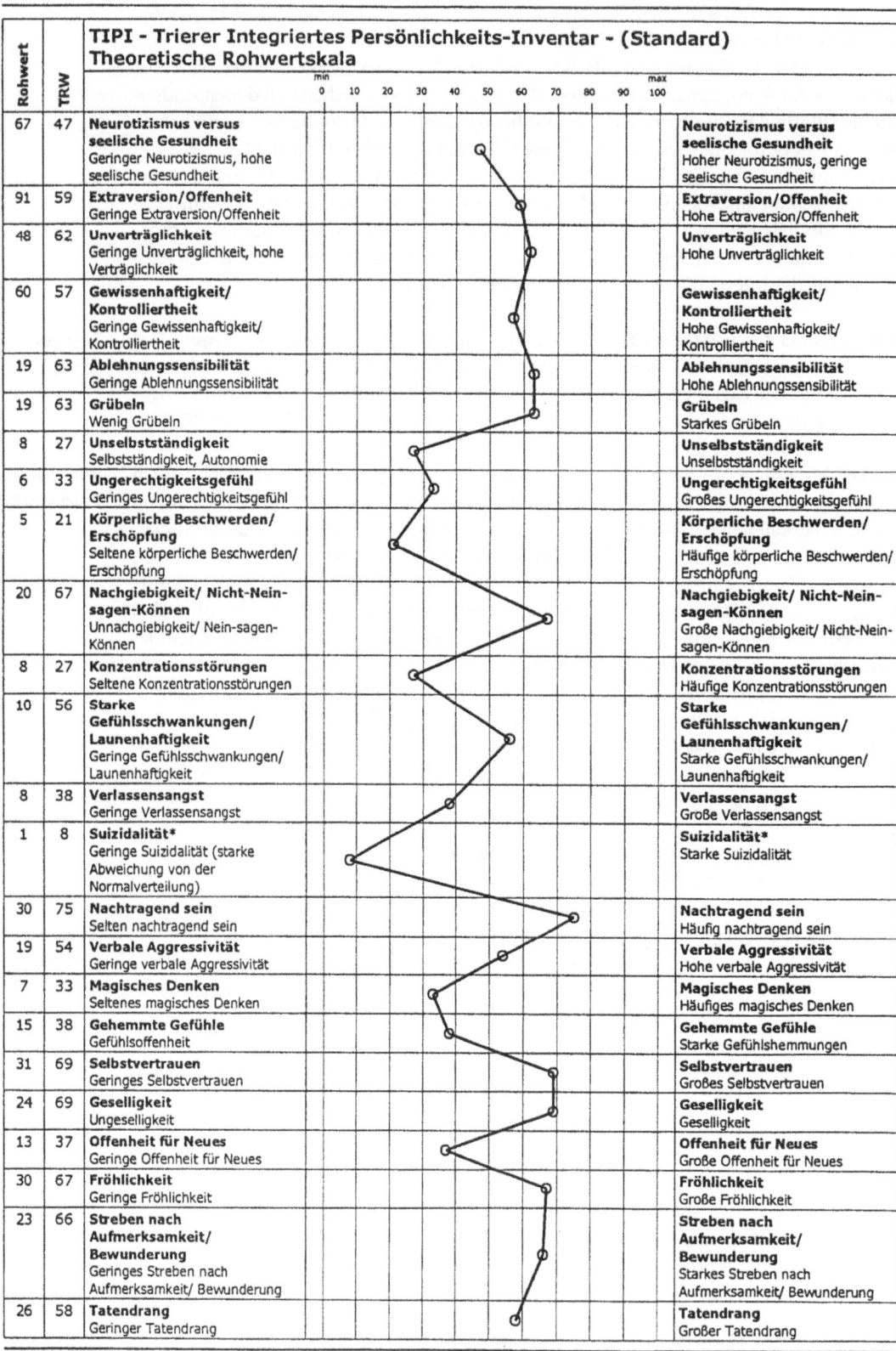

Abb. 3.19 Persönlichkeitsprofil einer »normal-unauffälligen« Testperson im TIPI (Auszug) (Mit freundlicher Genehmigung des Hogrefe-Verlags)

3.3 · Persönlichkeitsfragebögen

- Bestimmung der Reliabilitäten nach dem Rasch-Modell, ebenfalls Normierungsstichprobe: Mr_{tt} = .78 (Extremwerte: .53 für Suizidalität und .94 Neurotizismus).
- Retest-Stabilität, N = 134 Personen der Eichstichprobe, Intervall ein Jahr; Stabilität der individuellen Summenscores: Mr_{tt} = .80 (Extremwerte: .67 für Verlassensangst und .89 für Gewissenhaftigkeit), Stabilität der Personenparameter: Mr_{tt} = .77 (Extremwerte: .64 für Einfühlsamkeit und .88 für Unverträglichkeit).

Becker (2003, S. 50) sieht darin »trotz in der Regel geringer Itemanzahlen (…) befriedigende bis sehr gute Reliabilitäten«.

Ähnlich dazu spricht er von .72 für die Profilreliabilität als einem »sehr befriedigenden Wert« (S. 37). Sicher verschleiert ein solcher globaler Koeffizient die diagnostische Aussagekraft eines Profils mehr als dass er sie adäquat kennzeichnet, da hierbei hohe und niedrige Reliabilitäten mit hohen und niedrigen Interkorrelationen vermengt werden, doch erlauben die im Manual detailliert dokumentierten Koeffizienten auch die zufallskritische Absicherung von Differenzen zwischen zwei jeweils interessierenden Einzeltests. Hierfür gilt, dass angesichts der zum Teil begrenzten Reliabilitäten und der zum Teil recht hohen Interkorrelationen auftretende Differenzen numerisch beträchtlich sein müssen, um statistisch bedeutsam zu sein.

Validität Auf dieses »Herzstück« der psychometrischen Kriterien richtet Becker sein besonderes Augenmerk. Dabei dominieren faktorenanalytische Untersuchungen zur Konstruktvalidität, in denen nicht nur die Interkorrelationen der 34 Primärskalen, sondern auch die korrelativen Wechselbeziehungen mit anderen Fragebogensystemen ermittelt werden, darunter das **Freiburger Persönlichkeitsinventar (FPI-R)**, das **NEO-Personality Inventory – Revised (NEO-PI-R)** und Fragebogen zur Erfassung von Störungen und Pathologien der Persönlichkeit.

Mit den **FPI**-Skalen bestehen die höchsten Korrelationen von **TIPI**-Skalen wie folgt: N/Emotionalität .67, E/O /Extraversion .63, U/Offenheit .42, G/K /Offenheit –.40. Die Korrelationen zwischen den Facetten von **TIPI** und **NEO-PI-R** liegen mehrheitlich um .40. Gemeinsame Faktorenanalysen lassen erwartungskonform Ladungen von **TIPI**-Skalen und anderen Testsystemen auf gemeinsamen Faktoren erkennen. Die multiplen Korrelationen zwischen anderen Testsystemen und dem **TIPI** erreichen Werte um R = .70. In einer gesonderten Studie wurden die **TIPI**-Skalensummenwerte von N = 108 Erwachsenen mit gemittelten Fremdeinschätzungen zu den Eigenschaften von je drei Beurteilern korreliert. Im Mittel der Primärskalen resultierten für die »Big Four«-Korrelationen von .49 (N), .53 (E/O), .36 (UV) und .60 (G/K). Die unterschiedliche Höhe dieser Koeffizienten folgt den Unterschieden in der Beurteilerübereinstimmung der Fremdeinschätzungen. Minderungskorrigiert steigen die Werte auf bis .70. Auch ohne einen solchen Bezug auf die Reliabilität liegen die originalen Koeffizienten, die für einen Aspekt der Validität gegenüber externen Kriterien stehen, an der oberen Grenze dessen, was für ähnliche Vergleiche in der Literatur beobachtet wird.

Was die Differenzierung von »gestörter« Persönlichkeit betrifft, so findet sich dazu im Manual eine Studie, in der 60 inhaftierte männliche Straftäter und 16 ambulante Psychotherapiepatienten 1.271 »Kontroll«-Personen (davon der überwiegende Teil aus der Eichstichprobe) gegenübergestellt wurden; dabei ließen sich in zahlreichen Skalen hochbedeutsame und erwartungskonforme Mittelwertsunterschiede sichern.

Interkorrelationen und korrelative Wechselbeziehungen

hohe Korrelationen mit Fremdbeurteilungen

Vergleich mit Straftätern und Psychotherapiepatienten

Bewertung Mit dem **TIPI** liegt ein mehrdimensionaler Persönlichkeitstest vor, der im Hinblick auf Reliabilität und Validität gute (aber keine überragenden) Gütemerkmale aufweist. Die hohe Korrelation zwischen Skalenscores und Personenparametern wirft die Frage auf, welchen Gewinn die serielle Konstruktion nach probabilistischer und klassischer Testtheorie jenseits theoretischer Erwägungen für die **praktische Anwendung** bedeutet. Die Globalfaktoren, wenngleich hier mehrheitlich mit Doppelnamen belegt und im Fall von »Unverträglichkeit« gegenüber der gewohnten Übung gespiegelt, orientieren sich partiell an der internationalen Literatur. Hingegen erklärt sich die Genese von vielen der Primärfaktoren, die eine differenziertere Beschreibung der Persönlichkeit gewährleisten sollen, eher idiosynkratisch aus den Vorläuferversionen und den Auffassungen oder Interessen des Testautors. Das **TIPI** leistet offensichtlich weitgehend Ähnliches wie vorliegende Verfahren mit gleichem Gültigkeitsanspruch; sieht man von der Zahl und dem Inhalt der Facetten ab, ist aber bislang nicht überzeugend belegt, was das **TIPI** besser kann, worin dessen spezifischer Nutzen und die eigenständige Validität liegt. Das ist angesichts des Umstandes, dass der Test noch sehr jung ist, zu verstehen; man darf deshalb zuversichtlich sein, dass zu diesen Fragen die zukünftige Forschung aufschlussreiche Beiträge liefern wird.

- **BIP: Bochumer Inventar zur berufsbezogenen Persönlichkeitsbeschreibung (Hossiep & Paschen, 2003)**

für die berufliche Eignungsdiagnostik entwickelt

Das BIP ist ein mehrdimensionaler Persönlichkeitsfragebogen speziell für die berufliche Eignungsdiagnostik. Es liegt in einer Selbst- und einer Fremdbeurteilungsform vor und soll 14 berufsrelevante Dimensionen der Persönlichkeit erfassen.

Theoretischer Hintergrund und Konstruktionsprinzipien.

pragmatische Skalenauswahl

Das BIP wurde – wie etwa auch das FPI-R (s.o.) – deduktiv entwickelt. Ihm liegt ebenfalls keine bestimmte Persönlichkeitstheorie zugrunden; die Autoren suchten Persönlichkeitsdimensionen, die für den beruflichen Erfolg relevant sind. Gespräche mit Psychologen, die in der Personalarbeit tätig sind, sowie Literaturrecherchen zur Beziehung zwischen Persönlichkeitsmerkmalen und Berufserfolg lieferten die entscheidenden Hinweise. Die Auswahl der Skalen erfolgte also nach pragmatischen Gesichtspunkten. Das Verfahren sollte für die Personalauswahl, für Platzierungsentscheidungen, aber auch für Training, Coaching und Beratung relevante Informationen liefern. Die große Akzeptanz, die das BIP bei Anwendern erfährt, spricht dafür, dass die Autoren die »richtigen« Merkmale ausgewählt haben. Zur Erfassung dieser Merkmale wurden anfangs sehr viele Items generiert, die dann nach inhaltlichen Gesichtspunkten und Itemkennwerten so weit reduziert wurden, dass am Ende 210 übrig blieben. Die Items sind auf einer 6-stufigen Skala von »trifft voll zu« bis »trifft überhaupt nicht zu« zu beantworten.

Mit der 2. Auflage hat sich am Test selbst nichts verändert. Das Manual erfuhr eine Überarbeitung und vor allem Aktualisierung; ferner wurden neue Normen bereit gestellt.

14 Skalen zu vier Bereichen

Gliederung Die Skalen des BIP lassen sich auf die vier Bereiche »berufliche Orientierung«, »Arbeitsverhalten«, »soziale Kompetenzen« und »psychische Konstitution« verteilen, wie in ◘ Abbildung 3.20 veranschaulicht. Diese Bereiche spielen allerdings weder bei der Auswertung noch der Interpretation eine Rolle und dürfen keinesfalls als Faktoren höherer Ordnung – wie etwa beim 16 PF-R (s.o.) – verstanden werden.

Jede der Skalen umfasst zwischen zwölf und 16 Items in Form von Selbstbeschreibungen. Die Skalen des BIP sind zusammen mit Erläuterungen und Itembeispielen in ◘ Tabelle 3.19 zusammengestellt.

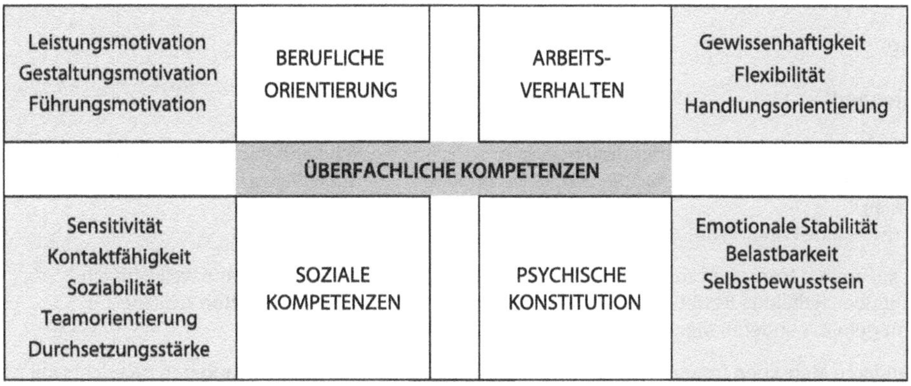

3.3 · Persönlichkeitsfragebögen

Leistungsmotivation Gestaltungsmotivation Führungsmotivation	BERUFLICHE ORIENTIERUNG	ARBEITS- VERHALTEN	Gewissenhaftigkeit Flexibilität Handlungsorientierung
	ÜBERFACHLICHE KOMPETENZEN		
Sensitivität Kontaktfähigkeit Soziabilität Teamorientierung Durchsetzungsstärke	SOZIALE KOMPETENZEN	PSYCHISCHE KONSTITUTION	Emotionale Stabilität Belastbarkeit Selbstbewusstsein

Abb. 3.20 Die Struktur des BIP mit Bereichen und Skalen

Komplettiert wird das Instrumentarium durch einen Fremdeinschätzungsbogen. Jede der 14 Dimensionen wird durch drei Items wie »Die von mir einzuschätzende Person ... ist motiviert, die eigene Arbeit kontinuierlich zu verbessern« oder »... ist bestrebt, Missstände zu beseitigen« abgedeckt. Hierbei muss der »Ausprägungsgrad des Verhaltens« auf einer 9-stufigen Skala von »deutlich unterdurchschnittlich« über »durchschnittlich« bis zu »deutlich überdurchschnittlich« beurteilt werden. Gedacht ist primär an einen Einsatz in Assessment Centern, in Teamtrainings, als Stütze bei der Vermittlung von systematischem Feedback von Mitarbeitern an ihre Vorgesetzten und in Forschungsarbeiten.

Fremdeinschätzungs-bogen

Tabelle. 3.19 Skalen des BIP mit Erläuterungen und Itembeispielen

Skala	Erläuterung[a]	Itembeispiel
Leistungs-motivation	Stellt hohe Anforderungen an die eigene Leistung. Ist bereit, sich bei der Verfolgung seiner Ziele stark zu engagieren. Möchte die eigene Arbeit kontinuierlich verbessern.	Ich bin mit mir erst dann zufrieden, wenn ich außergewöhnliche Leistungen vollbringe.
Gestaltungs-motivation	Verfügt über einen starken Willen, durch seine Tätigkeit gestaltend einzugreifen. Ist motiviert, Missstände zu beseitigen. Möchte eigene Vorstellungen umsetzen.	Für einige bin ich ein unbequemer Querdenker.
Führungs-motivation	Möchte Führungsverantwortung wahrnehmen. Kann andere Personen überzeugen und für seine Auffassung gewinnen. Wirkt auf andere mitreißend und begeisternd.	Eine Spezialistentätigkeit ist mir lieber als eine Führungsaufgabe. (–)
Gewissenhaftig-keit	Geht bei der Bearbeitung von Aufgaben sorgfältig vor. Hält sich zuverlässig an Vereinbarungen. Neigt zu Perfektionismus.	Ich nehme die Dinge ganz genau.
Flexibilität	Stellt sich problemlos auf neue Situationen ein. Passt Methoden und Vorgehensweisen rasch an sich verändernde Bedingungen an. Kann uneindeutige Situationen gut tolerieren.	Wenn ich vor völlig unerwarteten Situationen stehe, fühle ich mich richtig in meinem Element.
Handlungs-orientierung ▼	Beginnt nach der Entscheidungsfindung unverzüglich mit der Umsetzung. Lässt sich durch Ablenkungen und Schwierigkeiten bei der Arbeitsausführung nicht beeinträchtigen. Geht zielorientiert vor.	Wenn ich viele Aufgaben zu erledigen habe, weiß ich manchmal gar nicht, womit ich anfangen soll. (–)

Tabelle. 3.19 (Fortsetzung)

Skala	Erläuterung[a]	Itembeispiel
Sensitivität	Hat ein gutes Gespür für die Stimmungen anderer. Kann sich leicht auf verschiedenartige soziale Situationen einstellen. Kann die eigene Wirkung auf andere abschätzen.	Ich kann mich auf die unterschiedlichsten Menschen sehr gut einstellen.
Kontaktfähigkeit	Kann auf andere Menschen zugehen und Kontakte knüpfen. Verfügt über vielfältige Beziehungen und Kontakte. Kommt gern mit anderen Menschen zusammen.	Ich brauche eine Weile, bis ich Bekanntschaften schließe. (–)
Soziabilität	Tritt anderen Menschen freundlich und rücksichtsvoll gegenüber. Schätzt Harmonie im Umgang mit anderen. Hat eine hohe Bereitschaft, sich an unterschiedliche Personen anzupassen.	Ich gehe mit anderen rücksichtsvoll um.
Teamorientierung	Arbeitet gern im Team. Sucht die Zusammenarbeit und den Austausch mit anderen. Ist bereit, Teamentscheidungen zu akzeptieren und mitzutragen.	Ich ziehe es vor, allein zu arbeiten. (–)
Durchsetzungsstärke	Behält bei Auseinandersetzungen die Oberhand. Setzt eigene Vorstellungen durch. Vertritt eigene Auffassungen mit Nachdruck.	Bei Auseinandersetzungen gewinne ich andere leicht für meine Position.
Emotionale Stabilität	Kommt schnell über Probleme und Misserfolge hinweg. Reagiert bei Schwierigkeiten gelassen. Lässt sich nicht entmutigen.	Mich wirft so leicht nichts aus der Bahn.
Belastbarkeit	Ist resistent gegenüber Stress. Fühlt sich auch unter Druck noch leistungsfähig. Reagiert auch bei hoher Beanspruchung widerstandsfähig.	Bei gleichzeitigen Anforderungen von mehreren Seiten werde ich nervös. (–)
Selbstbewusstsein	Ist selbstsicher im sozialen Umgang. Ist wenig besorgt über den Eindruck, der bei anderen hinterlassen wird. Bleibt gelassen in Situationen, in denen eine Bewertung der eigenen Person erfolgt (z. B. Bewerbungsgespräche).	Vor Begegnungen mit wichtigen Personen werde ich nervös. (–)

Anmerkungen.
(–) = Item wird bei der Auswertung invertiert.
[a] Verkürzt nach Hossiep und Paschen (2003, S. 22).

Informationsbroschüre für die Testpersonen

Durchführung, Auswertung und Interpretation Der Fragebogen liegt mit schriftlicher Instruktion und Erläuterungen anhand von Beispielitems vor; auch eine Computerversion ist verfügbar. Das BIP kann in Einzel- oder Gruppensitzungen bearbeitet werden; die Bearbeitungsdauer beträgt etwa 45–60 Minuten. Im Manual werden einige Einschränkungen genannt, insbesondere ein Mindestalter von 21 Jahren und Erfahrung mit Tätigkeiten in der Privatwirtschaft (da einige Items entsprechende Situationen betreffen). Die Auswertung ist standardisiert; bei der Papier-und-Bleistift-Form werden Schablonen eingesetzt und die Ergebnisse in einen Profilbogen eingetragen. Der Interpretation dienen nicht nur die Normen sowie die kurzen Erläuterungen der Merkmale im Profilbogen, sondern auch eine Informationsbroschüre, die den Testpersonen ausgehändigt werden kann.

hohe interne Konsistenz und Retest-Reliabilität

Psychometrische Gütekriterien Bei Fragebögen mit ausführlicher Instruktion und Schablonen sind Durchführungs- und Auswertungsobjektivität gegeben. Die Skalen

3.3 · Persönlichkeitsfragebögen

haben überwiegend eine hohe interne Konsistenz; die meisten Skalen weisen für Cronbachs Alpha Werte im Bereich zwischen .80 und .90 auf (gesamter Streubereich: .74 bis .91). Auf ähnlichem Niveau liegen die Retest-Reliabilitäten nach acht bis zehn Wochen, (r_{tt} = .77 bis .89; N = 108). Für die Konstruktvalidität sprechen erwartungsgemäße Korrelationen zwischen r = .54 und .84 mit konstruktkonvergenten Skalen des Eysenck-Persönlichkeits-Inventar EPI, dem NEO-FFI (s.o.) und dem 16 PF-R (s.o.). Zur Kriteriumsvalidität finden sich Korrelationen mit selbstberichteten Erfolgskriterien, die auf großen Stichproben basieren. Wenig aussagekräftig sind die zahlreichen multiplen Regressionskoeffizienten für die Aufklärung von beruflichem Entgelt oder dem Berufserfolg. So korrelieren die Skalen zu R^2 = .40 (adjustiertes R2 = .15) mit beruflichem Entgelt.

Normen Die Normen (Sten und Stanine) stützen sich auf insgesamt N = 9.303 Personen beiderlei Geschlechts sowie eines weiten Alters- und Berufsbereiches und sind getrennt für sehr viele, als wesentlich erachtete Gruppen (z. B. Absolventen verschiedener Schultypen, Angehörige bestimmter Berufsgruppen) im Manual ausgewiesen.

viele Normgruppen

Bewertung Die Items bilden intern konsistente und über die Zeit hinreichend stabile Skalen. Einige Skalen korrelieren sehr hoch miteinander (Führungsmotivation und Durchsetzungsfähigkeit: r = .75); es stellt sich daher die Frage, ob sie wirklich unterschiedliche Merkmale erfassen. Die Belege zur Konstruktvalidität in Form von Korrelationen mit bekannten Persönlichkeitsskalen sind insgesamt überzeugend; im Detail kann man jedoch kritisieren, dass etwa die Primärskala Regelbewusstsein des 16 PF-R, die eng mit Integrität verwandt ist, mit dem BIP nicht abgebildet wird (vgl. Marcus, 2004). Die Bemühungen zur Validierung, so Marcus, sind weiter fortgeschritten als bei den meisten alternativen Verfahren. Besonders lobt er die konsequente Berücksichtigung der Teilnehmersicht durch die Hinweise im Manual zur Gestaltung der Rückmeldung. Kritisch merkt er an, dass noch immer eine Validierung an Leistungsbeurteilungen und für einzelne Skalen Belege für eine diskriminante Validität fehlen. Im Manual berichtete Befunde zur Akzeptanz sprechen dafür, dass das Verfahren in der Personalpsychologie gut angenommen wird. Die Eichstichprobe ist sehr groß und erlaubt es daher, diverse Untergruppen zu bilden. Die große Zahl von über 100 Normen sind jedoch für die Anwender eher verwirrend. Wie Marcus in seiner Rezension betont, fehlen separate Normen für Beratungssituationen, in denen eine ehrliche Selbstdarstellung zu erwarten ist, und solchen, die eine positive Darstellung erwarten lassen (insbesondere Personalauswahl). Insgesamt stellt das Verfahren eine gute Grundlage für Explorations-, Beratungs- und Rückmeldegespräche dar. Marcus nennt das BIP ein Standardinstrumentarium in der Eignungsdiagnostik, bei dessen Skalenkonstruktion ein vertretbarer Kompromiss zwischen theoretischer Fundierung und Anforderungen der Praxis eingegangen wurde.

reliable Skalen

Anmerkung Für das Jahr 2011 planen Hossiep und Krüger die Publikation einer kurzen Version mit sechs Faktoren (BIP-6F). Dabei handelt es sich nicht um eine Auswahl von BIP-Skalen, sondern um ein induktiv konstruiertes Verfahren, das ausgehend von Faktorenanalysen der BIP-Items sechs globale Faktoren auf einer höheren Abstraktionsebene abbildet. Die sechs Faktoren sind weitgehend unabhängig voneinander und werden jeweils anhand von acht Items erfasst. Von den insgesamt 48 Items des BIP-6F stammen 33 aus dem BIP und 15 aus Forschungsversionen, die zusammen mit dem BIP eingesetzt worden waren. Das BIP-6F erfasst folgende Merkmale (in Klammern die »Leitfrage« zur Erläuterung des Messgegenstands):

- Engagement (Wie engagiert werden berufliche Ziele verfolgt?)
- Disziplin (Wie sorgfältig wird geplant und gearbeitet?)

- Sozialkompetenz (Wie aktiv wird in sozialen Situationen agiert?)
- Kooperation (Inwieweit wird Teamarbeit bevorzugt?)
- Dominanz (Wie bestimmt werden eigene Interessen durchgesetzt?)
- Stabilität (Wie robust wird auf Belastungen reagiert?)

Kurzversion in Vorbereitung

Das Verfahren hat sich bereits in vielfältigen Praxiseinsätzen bewährt und stellt eine sinnvolle Ergänzung zum BIP dar (Hossiep, persönliche Mitteilung vom 01.12.2010).

■ **SVF: Stressverarbeitungsfragebogen (Erdmann & Janke, 2008)**

Test erfasst Strategien im Umgang mit Stress

Viele Menschen berichten, dass sie oft unter »Stress« stehen; einige leiden sehr darunter, andere können gut damit umgehen. Der Stressverarbeitungsfragen dient dazu, die Art und Weise, wie Menschen mit Stress umgehen und wie sie ihn bewältigen, genau zu erfassen. Dabei wird zwischen verschiedenen positiven, stressreduzierenden und negativen, stressvermehrenden Strategien unterschieden. Die erste Version des SVF erschien bereits 1978. Seitdem wurde das Verfahren weiterentwickelt und durch verschiedene Versionen differenziert: Die Standardversion ist heute der SVF 120, der mit 120 Items 20 verschiedene Stressverarbeitungsstrategien erfasst. Der ältere SVF hat 114 Items zu 19 Subtests, und der SVF 78 stellt eine Kurzform des SVF 120 dar, die mit 78 Items nur 13 der Stressverarbeitungsstrategien misst. Weggelassen wurden Selbstbestätigung, Entspannung, soziale Abkapselung, Selbstbemitleidung, Aggression und Pharmakaeinnahme; die Anzahl der Items pro Subtest blieb unverändert. Damit sollte für bestimmte Anwendungszwecke eine ökonomischere Version zur Verfügung stehen, ohne grundlegende Merkmale des SVF 120 wie die faktorielle Struktur, die Differenzierung von positiven und negativen Stressverarbeitungsstrategien und die Kennwerte der Skalen zu verändern.

habituelle versus aktuelle Stressverarbeitungsstrategien

Die bisher genannten Testversionen sollen habituelle Formen des Umgangs mit Stress erfassen, also wie sich Menschen normalerweise verhalten, wenn sie Stress ausgesetzt sind. Zusätzlich existieren zum SFV 120 und SVF 78 spezielle Versionen (gekennzeichnet durch den Zusatz -S bzw. -akt), die sich auf eine bestimmte Belastungssituation beziehen. Die Situation wird vom Testleiter benannt. In der Version SVF-S (»S« steht für »Situation«) werden die in einer bestimmten Belastungssituation eingesetzten Stressverarbeitungsweisen erfragt. Die den Items vorangestellte Anweisung lautet dementsprechend »Wenn ich durch _____ beeinträchtigt, innerlich erregt oder aus dem Gleichgewicht gebracht worden bin…«. Mit der Version SVF-akt (»akt« steht für »aktuell«) werden retrospektiv die während einer vorausgegangenen Belastungsphase eingesetzten Stressverarbeitungsstrategien erfragt. Der Instruktionsstamm lautet: »In der vorangegangenen Situation/Zeit ging mir so etwas Ähnliches durch den Kopf wie …«. Von beiden Versionen liegen Fragebögen mit unterschiedlich vielen Items vor – vom SVF-akt etwa Varianten mit 84 und 42 Items.

Das umfangreiche Manual zur Auflage von 2008 kann auch als Lehrbuch zum Thema Stress- und Stressverarbeitung einsetzt werden, da es die theoretischen Hintergründe und Forschungsergebnisse ausführlich darstellt.

breites Spektrum an Reaktionen auf Stress

Theoretischer Hintergrund und Konstruktionsprinzipien Unter Stress verstehen die Autoren »ein psychosomatisches Geschehen, das hinsichtlich seiner Intensität und/oder Dauer von der individuell gegebenen Normlage abweicht« (Erdmann & Janke, 2008, S. 19). Auslöser sind Stressoren wie Prüfungen, Nachtschichtarbeit, Trennung vom Partner, Schulwechsel, ein Verkehrsunfall oder Arbeitslosigkeit. Die Abweichungen zeigen sich in somatischen und psychischen Veränderungen. Das Individuum versucht, durch Stressverarbeitungsstrategien »sich auf ein Stressgeschehen vorzubereiten oder ihm zu begegnen, es zu verhindern, abzuschwächen, zu verkürzen, zu beenden oder sich ihm anzupassen« (S. 54). Das Spektrum möglicher Reaktionen ist breit und umfasst Verhaltensweisen wie Flucht oder aggressives Verhalten, gedankliche Bewältigungsversuche wie bagatellisieren oder resignieren sowie Entspannung.

Bei der Entwicklung des Verfahrens stand u. a. die theoretische Annahme Pate, dass die individuell verwendeten Stressverarbeitungsmaßnahmen als habituelle Persönlichkeitsmerkmale aufgefasst werden können: Sie sind zeitlich stabil (»Zeitkonstanz«) und erfolgen relativ unabhängig von der Art der Belastungssituation (»Situationskonstanz«). Insbesondere die Annahme der Situationskonstanz ist diskussionswürdig; die Autoren halten sie aber zumindest für verbal berichtete Verarbeitungsmaßnahmen in vorgestellten (nicht aber tatsächlichen) Belastungssituationen für vertretbar. Ein möglicher situativer Einfluss auf die Art der Stressverarbeitung wird durch die Formulierung »Wenn ich durch irgend etwas oder irgendjemanden beeinträchtigt, innerlich erregt oder aus dem Gleichgewicht gebracht worden bin...«, die den Items vorangestellt ist, auszuklammern versucht.

Die Itemgenerierung erfolgte teils theorie-, teils empiriebezogen; bei der Zusammenstellung zu Subskalen kamen Faktoren- und Itemanalysen zur Anwendung.

Annahme: Persönlichkeitsmerkmal, aber auch situative Einflüsse

Gliederung In der Version des SVF 120 sind 20 Subtests mit je sechs Aussagen zur individuellen Stressbewältigung enthalten (◘ Tab. 3.20). Die Subtests 1 bis 10 stellen »Positivstrategien« dar, die prinzipiell zur Stressreduktion geeignet sind. Die Subtests 13 bis 18 beschreiben »Negativstrategien«, die eher stressvermehrend sein dürften. Die restlichen Subtests lassen sich keiner der beiden Strategiearten zuordnen. Die Positivstrategien werden weiter unterteilt: kognitive Bewältigungsstrategien im Sinne von Abwertung und Abwehr (Subtests 1 bis 3), Tendenzen zur Ablenkung von einer Belastung (Subtests 4 bis 7) und Maßnahmen zur Kontrolle des Stressors, der dadurch ausgelösten Reaktionen und die dafür nötige Selbstzuschreibung von Kompetenz (Subtests 8 bis 10).

20 Skalen
Positiv- und Negativstrategien

Durchführung und Auswertung Der Fragebogen, für dessen Bearbeitung etwa 15 Minuten benötigt werden, kann in Einzel- oder Gruppenuntersuchungen eingesetzt werden. Auch eine Computerversion steht zur Verfügung. Der mögliche Einsatzbereich erstreckt sich vom jungen bis ins hohe Erwachsenenalter (20–79 Jahre). Die Auswertung besteht darin, mittels Schablonen die Rohwerte zu ermitteln, dazu in Normtabellen die entsprechenden T-Werte nachzuschlagen und diese in einen Profilbogen einzutragen. Durch Addition von Subtestrohwerten können Kennwerte für die drei Positivstrategien (Abwertung, Ablenkung, Kontrolle/subjektive Kompetenzerhöhung) und eine globale Negativstrategie (s.o.) bestimmt werden.

Profilbogen

Reliabilität Die inneren Konsistenzen (Cronbachs α) liegen für den Gesamtwert der positiven Strategien bei .94, für denjenigen der negativen bei .95. Für die einzelnen Skalen variieren die Koeffizienten um .80, mit den Extremen von .65 (Pharmakaeinnahme) und .92 (gedankliche Weiterbeschäftigung; ◘ Tab. 3.20). In Wiederholungsuntersuchungen mit einem Intervall von vier Wochen (N = 140, Alter 20–64 Jahre) wurden Werte zwischen r_{tt} = .70 und .85 ermittelt, was die Annahme der Zeitkonstanz belegt.

interne Konsistenz der Skalen unterschiedlich hoch

Validität Im Manual finden sich die Ergebnisse sehr vieler und verschiedener Untersuchungsansätze, von denen hier nur ein kleiner Ausschnitt referiert werden kann. Faktorenanalysen der Skalen sprechen für eine Untergliederung in fünf Faktoren, von denen die Autoren vier als gut interpretierbar ansehen: Es handelt sich dabei um die oben genannten Negativ- und drei Positivstrategien. Die Positivstrategien sind in mittlerer Höhe interkorreliert, aber orthogonal zu der Negativstrategie. Die Negativstrategien korrelieren um .50 mit emotionaler Labilität (Neurotizismus). Die Skala Resignation zeigt den stärksten Zusammenhang mit Neurotizismus (um .60). Einzelne Skalen

Zusammenhang mit Befindensmaßen

Tab. 3.20 Skalen des SVF 120

Subtest (α)[a]	Erläuterung	Item-Beispiel[b]
Bagatellisierung (.76)	Stärke, Dauer oder Gewichtigkeit einer Belastung abwerten	…sage ich mir, es geht schon alles wieder in Ordnung.
Herunterspielen (.86)	Sich im Vergleich zu anderen geringeren Stress zuschreiben	…finde ich meine Ruhe immer noch schneller wieder als andere.
Schuldabwehr (.78)	Fehlende Eigenverantwortlichkeit betonen	…denke ich, mich trifft keine Schuld.
Ablenkung (.76)	Sich von stressbezogenen Aktivitäten/Situationen ablenken bzw. stressinkompatiblen zuwenden	…lenke ich mich irgendwie ab.
Ersatzbefriedigung (.83)	Sich positiven Aktivitäten/Situationen zuwenden	…erfülle ich mir einen langgehegten Wunsch.
Suche nach Selbstbestätigung (.85)	Sich Erfolg, Anerkennung und Selbstbestätigung verschaffen	…verschaffe ich mir Anerkennung auf anderen Gebieten.
Entspannung (.86)	Sich insgesamt oder einzelne Körperteile entspannen	…versuche ich, mich systematisch zu entspannen.
Situationskontrolle (.81)	Die Situation analysieren, Handlungen zur Kontrolle/Problemlösung planen und ausführen	…versuche ich, die Gründe, die zur Situation geführt haben, genau zu klären.
Reaktionskontrolle (.77)	Eigene Reaktionen unter Kontrolle bringen oder halten	…versuche ich, Haltung zu bewahren.
Positive Selbstinstruktion (.83)	Sich selbst Kompetenz und Kontrollvermögen zusprechen	…sage ich mir, du kannst damit fertig werden.
Soziales Unterstützungsbedürfnis (.90)	Aussprache, soziale Unterstützung und Hilfe suchen	…versuche ich, mit irgendjemandem über das Problem zu sprechen.
Vermeidung (.89)	Sich vornehmen, Belastungen zu verhindern oder ihnen auszuweichen	…nehme ich mir vor, solchen Situationen in Zukunft aus dem Wege zu gehen.
Flucht (.86)	(Resignative) Tendenz, einer Belastungssituation zu entkommen	…habe ich nur den Wunsch, dieser Situation so schnell wie möglich zu entkommen.
Soziale Abkapselung (.87)	Sich von anderen zurückziehen	…schließe ich mich von meiner Umgebung ab.
Gedankliche Weiterbeschäftigung (.92)	Sich gedanklich nicht lösen können, grübeln	…geht mir die Situation lange nicht aus dem Kopf.
Resignation (.86)	Aufgeben mit Gefühlen von Hilf-/Hoffnungslosigkeit	…erscheint mir alles so hoffnungslos.
Selbstbemitleidung (.85)	Sich selbst bemitleiden mit missgünstiger (aggressiver) Komponente	…denke ich, mir bleibt auch nichts erspart.
Selbstbeschuldigung (.82)	Belastungen eigenen Fehlhandlungen zuschreiben	…mache ich mir Vorwürfe.
Aggression (.83)	Gereizt, ärgerlich, aggressiv reagieren	…werde ich ungehalten.
Pharmakaeinnahme (.65)	Psychotrope Substanzen (Alkohol, Medikamente, Nikotin) einnehmen	…neige ich dazu, irgendwelche Medikamente einzunehmen.

Anmerkungen.
[a] Interne Konsistenz (Cronbachs Alpha) des SVF 120 bezogen auf die Altersgruppe 20–64 Jahre der Eichstichprobe (N = 624). Quelle: Tab. A IV2-1 des Manuals (S. 435).
[b] Den Items geht auf jeder Seite des Testbogens die Formulierung voraus: »Wenn ich durch irgendetwas oder irgendjemanden beeinträchtigt, innerlich erregt oder aus dem Gleichgewicht gebracht worden bin…«. Jeweils besonders trennscharfe Items ausgewählt.

3.3 · Persönlichkeitsfragebögen

trennten erfolgreich kranke von gesunden Personen und auch verschiedene Krankheitsgruppen voneinander (»differentielle« Validität). Personen mit psychischen Störungen (meist handelt es sich um Gruppen von Depressiven) geben im Vergleich zu Gesunden häufig ausgeprägtere Negativstrategien wie Resignation, Flucht, soziale Abkapselung, Selbstbemitleidung und Selbstbeschuldigung an. Im Zuge experimenteller Validierungen zeigte sich, dass die positiven Strategien um −.20, die negativen um .50 mit subjektiven Stressreaktionen, erfasst durch Befindensmaße, korrelieren. Bei einer Kombination von emotionaler Labilität und den Negativstrategien konnte ein eigenständiger Prädiktionsbeitrag der Negativstrategien zur Erklärung der subjektiven Stressreaktion nachgewiesen werden. Die Negativstrategien erklären also über emotionale Labilität hinaus einen Teil der Varianz von subjektivem Stresserleben. Sehr viel niedriger liegen die Beziehungen zu objektiven physiologischen Maßen.

Normierung Die Standardisierungsstichprobe für den SVF 120 besteht für den Altersbereich 20–64 Jahre aus 624 Probanden; für den Altersbereich 65–79 Jahre liegt eine weitere Gruppe von 200 Personen vor. Hinzu kommen zwei studentische Normgruppen (489 Männer und 322 Frauen). Diese Gruppen wurden teilweise nach Alter und Geschlecht weiter unterteilt, so dass insgesamt 17 Normgruppen verfügbar sind. Mithilfe der Normtabellen werden die Rohwerte in T-Werte transformiert.

viele Normgruppen

Bewertung Mit 20 Dimensionen liefert der SVF 120 ein sehr differenziertes Beschreibungssystem zu habituellen Reaktionsformen in belastenden Situationen. In der Mehrzahl sind die Subskalen hinreichend reliabel und auch zeitstabil. In empirischen und experimentellen Untersuchungen haben sie eine inkrementelle Validität gegenüber Maßen der emotionalen Labilität gezeigt, was ihre Nützlichkeit nachhaltig belegt. In Testrezensionen, die sich noch auf die 3. Auflage beziehen, stellt Stieglitz (2003, S. 67) in seinem Fazit fest: »Der SVF ist für eine differenzierte Erfassung von unterschiedlichen Bewältigungs- und Verarbeitungsmechanismen in belastenden Situationen im deutschsprachigen Raum fast konkurrenzlos.« Beutel und Brähler (2004, S. 167) schreiben: »Angesichts des fortbestehenden Mangels an geeigneten Coping-Messverfahren ist der Test mit Einschränkungen für die individuelle Diagnostik von Bewältigungsstrategien in Betracht zu ziehen. Eine überzeugende Validierung für die klinische Anwendung steht aus.« Die Testautoren empfehlen den SVF für verschiedene Anwendungsbereiche, darunter auch die klinisch-psychologische Forschung (nicht die Individualdiagnostik!).

differenzierte Beschreibung habitueller Stressbewältigungsstrategien

3.3.4 Verfahren zur Erfassung aktueller Zustände

Die bisher vorgestellten Instrumente dienten der Erfassung von individuellen Unterschieden in habituellen Eigenschaften, also relativ breiten und zeitlich stabilen Dispositionen zu bestimmten Verhaltensweisen, die relativ konsistent in verschiedenen Situationen auftreten. Von diesen Traits sind die zeitlich viel stärker fluktuierenden States oder Zustände zu unterscheiden. Es handelt sich hierbei um temporäre Zustände von Aktiviertheit, Entspannung, guter oder schlechter Stimmung, Freude, Angst, Ärger etc. Die Aussage »Ich bin ein ängstlicher Mensch« bezieht sich auf eine überdauernde Eigenschaft, während die Aussage »Ich habe Angst« einen Zustand beschreibt.

über Zeit und Situationen fluktuierende Zustände

Im Grunde handelt es sich bei der Unterscheidung zwischen Eigenschaft und Zustand (State vs. Trait) nicht um eine echte Dichotomie. Die Begriffe markieren vielmehr Bereiche eines **Kontinuums**, das von sehr stabil bis sehr variabel reicht. Eigenschaften sind unterschiedlich stabil, und Zustände sind mehr oder weniger andauernd. Emotionale Zustände wie Überraschung oder Erschrecken können wenige Sekunden andauern oder auch – wie Angst, Traurigkeit oder Freude – über Stunden oder gar

unterschiedlich stabile Merkmale

Tage fortbestehen. Stimmungen sind per Definition länger andauernde Zustände. Dennoch lässt sich auch hier eine große Spanne erkennen: So kann sich eine depressive Stimmung über wenige Stunden, aber auch über mehrere Wochen erstrecken.

drei Bereiche des Befindens

Das **momentane Befinden** kann thematisch in mindestens drei Bereiche unterteilt werden (vgl. Hüppe et al., 2000):
- emotionale Befindlichkeit (z. B. Freude, gute Stimmung, Angst, Gereiztheit)
- leistungsbezogene Befindlichkeit (z. B. Konzentriertheit, Müdigkeit)
- körperliche Befindlichkeit (z. B. Schmerz, körperliches Unwohlsein)

ein- und mehrdimensionale Verfahren

Für die Erfassung von aktuellen Zuständen sind verschiedene Instrumente entwickelt worden (für eine Übersicht s. Hüppe et al., 2000; Schmidt-Atzert, 2009). Verfahren wie das STAI (s.u.) erfassen nur ein einziges Merkmal (hier Angst), andere Verfahren wie die EWL (s.u.) sind mehrdimensionale Verfahren, die verschiedene Aspekte des Befindens messen sollen. Meist handelt es sich dabei um Listen von Eigenschaftswörtern, Substantiven oder kurzen Erlebnisbeschreibungen (»Ich bin …«, »Ich fühle mich …«), zu denen Stellung genommen werden muss, ob bzw. wie gut sie den momentanen Zustand beschreiben.

einige Gemeinsamkeiten mit Persönlichkeitsfragebögen

Verfahren zur Zustandsmessung weisen einige **Gemeinsamkeiten** mit Persönlichkeitsfragebögen auf: Sie verlangen, dass Menschen sich durch Ankreuzen von Items selbst beurteilen. Auch Fremdbeurteilungsvarianten sind möglich. Die Durchführungs- und Auswertungsobjektivität lässt sich durch Standardisierungsmaßnahmen gewährleisten. Wenn mehrere Items pro Merkmal vorliegen, kann die interne Konsistenz der Skala bestimmt werden.

Vorgaben erfordern Längsschnittstudien

Allerdings existieren – zumindest vom konzeptuellen Anspruch her – auch deutliche **Unterschiede** zwischen Persönlichkeits- und Zustandsfragebögen: Die Konstruktion von Verfahren zur Erfassung von States würde (streng genommen) verlangen, dass nur solche Variablen einen gemeinsamen Faktor oder eine Skala konstituieren, die über Messzeitpunkte oder Situationen hinweg miteinander korrelieren. Reliabilität müsste als ein Maß dafür aufgefasst werden, inwieweit intraindividuelle Unterschiede bei erneuter Realisation der Situation reproduzierbar sind. Solche Vorgaben erfordern grundsätzlich Längsschnittstudien oder Untersuchungen in verschiedenen Situationen mit daran ansetzenden P-Analysen (= Korrelation zwischen Variablen einer Person über Situationen; z. B. die Registrierung von Puls und Atemfrequenz bei der Vorgabe verschieden stark Angst auslösender Bilder).

Von ganz wenigen Ausnahmen abgesehen basieren die allermeisten State-Tests aber auf Querschnittsanalysen und auf nur einmaliger Vorgabe der Items mit nachgeschalteten R-Analysen, also der Korrelation zwischen Variablen über Probanden. Damit werden die stabilen interindividuellen Unterschiede zu Lasten intraindividueller Veränderungen entgegen der Messintention und damit kontraproduktiv maximiert.

nur selten Umsetzung der geforderten Prinzipen

Obwohl diese Prinzipien allgemein bekannt sind, wurden sie doch nur selten umgesetzt. Im deutschen Sprachraum ließ beispielsweise Becker (1988) zehn Probanden die Eigenschaftswörterliste (EWL) von Janke und Debus (1978) mit der Instruktion bearbeiten, an etwa 100 aufeinanderfolgenden Tagen die aktuelle Befindlichkeit einzuschätzen. Mithilfe von P-Analysen wurden 28 Items identifiziert, die sich zu den drei Faktoren »Aktiviertheit«, »gedrückte vs. gehobene Stimmung« und »Gereiztheit« gruppieren. Ob die im interindividuellen Vergleich ermittelten Resultate denen aus intraindividuellen Analysen entsprechen, ist in methodisch befriedigender Weise nicht leicht zu beantworten. Die später zu besprechenden Verfahren, das State-Trait-Angst-Inventar STAI von Laux et al. (1981) und die Eigenschaftswörterliste EWL von Janke und Debus (1978), die im Unterschied zu den vorgenannten Verfahrensentwicklungen eine sehr verbreitete Anwendung gefunden haben, fußen hingegen auf Querschnittplänen – mit allen daraus resultierenden, prinzipiell bedingten Defiziten (auf die dann nicht noch einmal gesondert eingegangen zu werden braucht).

3.3 · Persönlichkeitsfragebögen

Muss man mit den Beschränkungen von querschnittlichen Erhebungen auskommen, richtet sich das Augenmerk in der Regel darauf, ob (wenigstens) die folgenden Anforderungen erfüllt sind:

- Im Hinblick auf die bei State-Tests gewünschte Änderungssensitivität wird erwartet, dass sie gegenüber einer Variation des situativen Kontextes (z. B. Instruktionsvarianten, Vorstellen verschieden bedrohlicher Situationen) mit unterschiedlichen Mittelwerten reagieren. Das heißt, solche Tests sollen die relative Invarianz der Mittelwerte, wie sie von Trait-Tests verlangt wird, gerade nicht aufweisen.
- Des Weiteren darf oder soll sogar die Retest-Reliabilität niedriger liegen als bei Trait-Tests. Allerdings muss die interne Konsistenz hoch sein, weil andernfalls die niedrige Stabilität als Ausdruck von Fehlervarianz gelten könnte.
- Die Korrelationen zwischen State-Tests mit gleichem Gültigkeitsanspruch müssen höher sein als diejenigen zwischen State- und Trait-Tests zum gleichen Bereich.
- Normen sind für Zustandsmaße in der Regel nicht sinnvoll, da das momentane Befinden über die Zeit variiert und stark von der jeweiligen Situation abhängt. Normen könnten allenfalls für das Befinden einer ganz bestimmten Situation erstellt werden. Der Aufwand ist aber kaum zu rechtfertigen, weil die Normen nur für diese Situation und nicht für andere gültig wären.

Anforderungen müssen erfüllt sein

■ STAI: State-Trait-Angst-Inventar (Laux et al., 1981)

Das STAI soll mit zwei separaten Skalen Angst als Zustand und als Eigenschaft messen. Es wird immer noch eingesetzt, obwohl es seit 1981 nicht überarbeitet und neu normiert wurde. Das STAI stellt die deutschsprachige Adaptation des von Spielberger et al. (1970) entwickelten »State-Trait-Anxiety Inventory« dar. Für die State-Skala der amerikanischen Originalversion hatten sich solche Items qualifiziert, die neben einer zufriedenstellenden Trennschärfe höhere Mittelwerte in einer vorgestellten Prüfungssituation als unter einer neutralen Situation aufwiesen.

Angst als Zustand und als Eigenschaft

Gliederung Das STAI enthält zwei Skalen mit je 20 (teilweise identischen) Items der Formatierung »Ich bin ruhig« oder »Mir ist zum Weinen zumute«, auf die in vierfach abgestufter Weise mit »überhaupt nicht/ein wenig/ziemlich/sehr« (State) bzw. »fast nie/manchmal/oft/fast immer« (Trait) geantwortet werden muss. Ein Teil der Items ist in Richtung Angst, ein anderer in Richtung Angstfreiheit formuliert.

Innerhalb der Trait-Skala weisen die Items »Ich bin ausgelassen« (.61; Männer) und »Ich neige dazu, alles schwer zu nehmen« (.68; Frauen) die höchsten Trennschärfen auf; in der State-Skala sind dies »Ich fühle mich wohl« (.66; Männer) und »Ich bin nervös« (.68; Frauen, jeweils Eichstichprobe).

zwei Skalen mit je 20 Items

Durchführung und Auswertung Bei gemeinsamer Anwendung der Skalen soll die State- stets vor der Trait-Variante bearbeitet werden. Die Instruktion für den State-Teil verlangt von den Probanden, so zu antworten, »wie Sie sich jetzt, d. h. in diesem Moment fühlen ... (und) diejenige Antwort auszuwählen, die Ihren augenblicklichen Gefühlszustand am besten beschreibt«. Die entsprechenden Passagen in der Trait-Instruktion lauten, so anzukreuzen, »wie Sie sich im Allgemeinen fühlen«.

Die Bearbeitung und auch die mit einer Schablone vorgenommene Auswertung dauern nur wenige Minuten.

»Wie fühlen Sie sich jetzt?«– bzw. »... im Allgemeinen?«

Normierung Da Alters- und Geschlechtseffekte bestehen, sind getrennte Normen (T-Werte) für je drei Altersgruppen von Männern und Frauen vorgesehen. Die Normierungsstichprobe bestand aus insgesamt N = 2.385 repräsentativ ausgewählten Personen. Für die State-Skala liegen keine Normen vor.

hohe interne Konsistenz	**Reliabilität** Sowohl für die State- als auch für die Trait-Skala liegen die Konsistenzen bei .90 und leicht darüber (in der Gesamtstichprobe und allen Normierungssubgruppen; eine Ausnahme bilden lediglich die 15–29-jährigen Männer mit r_{tt}= .89). An zwei unterschiedlichen Stichproben von Studierenden lagen in wiederholten Retestungen zu allen Messzeitpunkten (längstes Intervall: 73 Tage) die Retest-Reliabilitäten für die State-Skala jeweils deutlich niedriger als diejenigen der Trait-Skala (arithmetische Mittel r_{tt} = .43 bzw. .86). Das Niveau und die Gesamtkonfiguration dieser Werte können damit als gut bezeichnet werden.
höhere Trait-Skalenwerte bei klinischen Gruppen	**Validität** Die mitgeteilten Hinweise auf die Gültigkeit sind mannigfaltig. Sowohl in der State- als auch der Trait-Skala weisen Frauen etwas höhere Mittelwerte auf als Männer, ein Trend, der sich mit zunehmendem Alter verstärkt. Klinische Gruppen (Neurotiker, Alkoholiker und Schizophrene) zeigten durchschnittlich höhere Trait-Angst-Werte als »unauffällig-normale« Kontrollpersonen. Besonders hohe Mittelwerte finden sich, was ebenfalls den Erwartungen entspricht, bei Patienten mit spezifischen Phobien und solchen mit generalisierten Ängsten. Darüber hinaus variierten die Mittelwerte der Trait-Skala zwischen neutralen und Klausur-Situationen nur unbedeutend, während die State-Skala erhebliche Schwankungen erkennen ließ.
Zusammenhang Trait-State	State- und Trait-Skala korrelieren miteinander um .60. Trait-Angst steht mit Skalen eines ähnlichen Gültigkeitsanspruchs in Beziehung (z. B. EPI-Neurotizismus r = .77, FPI-Nervosität r = .74, FPI-Depressivität r = .72, FPI-Gelassenheit r = –.77, FPI-Gehemmtheit r = .67, FPI-Emotionale Labilität r = .70). Bei einer Bearbeitung des STAI und der Eigenschaftswörterliste EWL von Janke und Debus (1978; s.u.) durch eine Stichprobe von 136 Probanden lagen die Korrelationen der State-Scores mit den Skalen der EWL, von einer Ausnahme abgesehen, jeweils über denen der Trait-Werte. Die engsten Beziehungen bestanden zu den EWL-Skalen Ängstlichkeit (.62), Depressivität (.68), Ärger (.66), Erregtheit (.69) und Selbstsicherheit (–.65).
ökonomisch und messgenau	**Bewertung** Sowohl zur Messung von habitueller Ängstlichkeit als auch von Angst als Zustand liegen mehrere andere Verfahren vor. Das STAI zeichnet sich dadurch aus, dass es beide Aspekte isoliert, also nicht eingebettet in ein mehrdimensionales Verfahren, erfasst. Die beiden Skalen des STAI entstammen einer international bekannten Angst- und Ängstlichkeitstheorie und sie sind sehr ökonomisch und messgenau.
anderes Angstkonzept als in Umgangssprache gebräuchlich	Das Angstkonzept von Spielberger et al. (1970) darf nicht mit der umgangssprachlichen Bedeutung von Angst gleichgesetzt werden. Nicht nur Laien ist schwer zu vermitteln, dass Angst auch durch das Fehlen von positiven Gefühlen gemessen werden soll (das trennschärfste Item für Männer lautet »Ich fühle mich wohl« – die Abwesenheit von positiven Gefühle ist auch für andere negative Zustände wie Ärger, Ekel oder Scham charakteristisch). Die Items der Ängstlichkeitsskala (trennschärfste Items: »Ich neige dazu, alles schwer zu nehmen«, »Unwichtige Gedanken gehen mir durch den Kopf und bedrücken mich«) könnten ebenso in einem Depressions- oder Neurotizismusfragebogen stehen. Entsprechend hoch fallen die Korrelationen mit solchen Fragebögen aus (s.o.). Bezeichnend ist, dass die Zustandsskala nicht nur mit Angst, sondern in etwa gleicher Höhe auch mit anderen negativen Emotionen korreliert (s.o.).

■ **EWL: Die Eigenschaftswörterliste (Janke & Debus, 1978)**

mehrdimensionales Befindensmaß	Bei der EWL handelt es sich um ein mehrdimensionales Verfahren zur quantitativen Beschreibung des aktuellen Befindens. Die EWL ist wohl das im deutschen Sprachraum bekannteste mehrdimensionale Instrument zur Erfassung des Befindens. Sie kann in der Forschung verwendet werden, wenn Veränderungen des Befindens von Interesse sind. Die Autoren der EWL sehen das Verfahren als »ein Forschungsinstrument zur Erfassung der Wirkung (von) Interventionen bei Gruppen« (Janke & Debus, 1978, S. 9). Bei diesen Interventionen ist an die Einflüsse von Umweltbedingungen

3.3 · Persönlichkeitsfragebögen

Tab. 3.21 Skalen der EWL

Bereich	Subskala	Beispielitems[a]	Itemzahl	Reliabilität[b]
Leistungsbezogene Aktivität	A Aktiviertheit B Konzentriertheit	energisch tatkräftig aufmerksam wachsam	19 6	.93 .78
Allgemeine Desaktivität	C Desaktiviertheit D Müdigkeit E Benommenheit	energielos lahm schläfrig erschöpft dösig schlaftrunken	16 7 9	.91 .87 .76
Extraversion/Introversion	F Extravertiertheit G Introvertiertheit	gesprächig offen ungesellig wortkarg	9 8	.81 .86
Allgemeines Wohlbefinden	H Selbstsicherheit I Gehobene Stimmung	unbekümmert sorgenfrei heiter	8 16	.81 .94
Emotionale Gereiztheit	J Erregtheit K Empfindlichkeit L Ärger	aufgeregt kribbelig erregbar verletzbar ungehalten gereizt	15 4 7	.88 .75 .78
Angst	M Ängstlichkeit N Deprimiertheit O Verträumtheit	beklommen schreckhaft traurig sorgenvoll tiefsinnig gedankenverloren	7 20 10	.77 .93 .81

Anmerkungen.
[a] Die Adjektivform der Skalenbezeichnung, bei »Konzentriertheit« also »konzentriert«, gehört immer zu den Items. Zur Vermeidung von Redundanzen wurden diese Items hier nicht aufgeführt.
[b] Cronbachs α aus der Analysenstichprobe II: N = 937 unausgelesene männliche und weibliche Personen aller Bildungsstufen im Alter von 18–65 Jahren.

(Lärm, Temperatur), Therapien, Psychopharmaka und Programmen mit motivational-emotionalen Auswirkungen zu denken. Als diagnostisches Instrument für individuelle Merkmalsausprägungen sei die EWL nur bei wiederholter Anwendung geeignet (Ermittlung der »durchschnittlichen Befindlichkeit«).

Gliederung Die EWL liegt in zwei Formen vor: Die »Normalversion« (EWL-N) enthält 161 Items, eine kürzere (EWL-K) mit einer Teilmenge der Items aus der längeren Form beinhaltet 123 Adjektive. Nachfolgend wird nur die EWL-N vorgestellt. Sie erfasst sechs Befindlichkeitsbereichen, von denen jeder durch mehrere Skalen abgedeckt wird. Die 15 Skalen und die Bereiche, zu denen sie sich gruppieren lassen, sind mit Angaben zu den Items und zur Reliabilität in ◘ Tabelle 3.21 aufgeführt.

sechs Befindensbereiche, 15 Skalen

Durchführung und Auswertung Die EWL kann selbstadministriert bearbeitet werden. Die Beantwortung erfolgt durch Ankreuzen von »trifft zu« oder »trifft nicht zu«,

ankreuzen, ob Adjektiv zutrifft oder nicht

was anhand einiger Beispiele im Aufgabenheft eingeübt wird. Dafür brauchen die Probanden zwischen zehn und 30 Minuten. Für die Auswertung stehen Schablonen zur Verfügung.

Retest-Reliabilität zum Teil hoch

Reliabilität Wie aus ◘ Tabelle 3.21 ersichtlich wird, variieren die α-Koeffizienten beträchtlich. Bei relativ großer Itemzahl (um 20 pro Skala) wird der Wert von .90 überschritten. Insgesamt liegen die Konsistenzkoeffizienten im gleichen Bereich wie die entsprechenden Kennwerte von Persönlichkeitsfragebögen. Wider Erwarten hoch sind mit ca. .78 im Mittel aller Skalen auch die für zwei Stichproben und unterschiedliche Bedingungen mitgeteilten Retest-Koeffizienten. Bei Alkoholkranken und bei in psychiatrischer Behandlung befindlichen Probanden sowie bei längeren Retest-Intervallen liegen die Stabilitäten allerdings niedriger.

änderungssensitiv

Validität Neben korrelativen Studien unter Einbezug anderer State- und auch Trait-Maße, faktorenanalytischen Prüfungen sowie dem Vergleich von Selbst- mit Fremdeinschätzungen (letztere durch den Arzt; Koeffizienten in mittlerer Höhe bis zu r_{tc} = .60 bei Deprimiertheit, Ängstlichkeit, Gehobene Stimmung) steht die Änderungssensitivität im Vordergrund. Diese ist in verschiedenster Weise belegt worden. Unter dem Einfluss von Lärm, Psychopharmaka, Androhung elektrischer Schläge, Teilnahme an Therapieverfahren etc. treten sehr unterschiedliche Effekte auf, die sich auf den einzelnen Subskalen abbilden. In gesonderten Experimenten stellten sich zudem (allerdings niedrige) Korrelationen zwischen Aktivierungsvariablen der EWL und physiologischen Variablen wie der Herzfrequenz und der elektrischen Hautleitfähigkeit heraus.

keine Normen

Normierung Auf die Erstellung von Normen wurde verzichtet, da diese bei Verfahren zur Erfassung aktueller Zustände in sehr unterschiedlichen Situationen nicht sinnvoll sind.

primär ein Forschungsinstrument

Bewertung Die EWL stellt in erster Linie ein Forschungsinstrument dar. Für Fragestellungen, in denen die Auswirkungen systematischer Beeinflussungen auf die aktuelle Befindlichkeit von Interesse sind, kann mit der EWL ein breites Spektrum an aktuellen Zuständen gemessen werden.

3.3.5 Verfahren zur Erfassung von Interessen

verschiedene Testarten

Interessentests dienen vor allem der Beratung bei der Berufswahl. Früher in der Praxis gerne verwendete und sorgfältig konstruierte Fragebogen wie der Differentielle Interessentest DIT (Todt, 1971) oder der Berufsinteressentest BIT-II (Irle & Allehoff, 1984) sind heute wegen ihrer zum Teil nicht mehr ganz zeitgemäßen Items und der alten Normen für Beratungszwecke kaum noch brauchbar. Diese Fragebögen funktionieren nach zwei Prinzipien: Die Probanden stufen ein, wie gerne sie bestimmte Tätigkeiten ausüben (z. B. die Entstehung von Meeresströmungen erforschen – ein Item zur Interessenrichtung Technik und Naturwissenschaften aus dem DIT) oder bestimmte Bücher oder Zeitschriften lesen würden. Bei jedem Thema ist der Proband frei, eine Antwort zwischen 1 und 5 zu geben, je nachdem, wie sehr er sich dafür interessiert. Die Antworten werden mit denjenigen einer relevanten Vergleichsgruppe verglichen (= normative Messung).

normative vs. ipsative Messung

Im BIT-II kommen Items mit dem Forced-choice-Antwortformat zum Einsatz; die Probanden haben immer bei vier zur Auswahl stehenden Tätigkeiten zu entscheiden, welche ihnen am besten (+) und welche am wenigsten (–) gefällt. Damit soll vermieden werden, dass sich ein Proband beispielsweise für »alles« in gleich starker Weise als

3.3 · Persönlichkeitsfragebögen

interessiert oder desinteressiert ausgeben kann, was erfahrungsgemäß unplausibel wäre (= ipsative Messung). Anstelle von verbalen Items können auch Bilder zur Messung von Interessen verwendet werden. Bei der Foto-Interessentest-Serie FIT (Toggweiler et al., 2004) sortieren die Probanden Fotos, die Menschen bei einer beruflichen Tätigkeit zeigen, in drei Kategorien: »Tätigkeit interessiert mich – stößt mich eher ab – ist mir gleichgültig«. Im Folgenden wird ein Interessentest neueren Datums vorgestellt, der durch eine gute theoretische Fundierung und einen breiten Messansatz besticht.

- **EXPLORIX: Das Werkzeug zur Berufswahl und Laufbahnplanung – Deutschsprachige Adaptation und Weiterentwicklung des Self-Directed Search (SDS) nach John Holland (Joerin-Fux et al., 2003)**

EXPLORIX wurde zur Unterstützung bei der Berufswahl und der Laufbahnplanung entwickelt. Eine Besonderheit ist, dass der Fragebogen auch online zur Selbsttestung mit anschließendem Ergebnisbericht angeboten wird. Theoretischer Hintergrund ist die Berufswahltheorie von John Holland, die erstmals 1959 vorgestellt und seitdem bis zur letzten Fassung von 1997 weiterentwickelt worden ist. Die Testautoren geben an, dass international über 500 Studien zu dieser Theorie vorliegen. Holland postuliert, dass sich sechs Interessen- bzw. Persönlichkeitstypen unterscheiden lassen und analog dazu sechs Typen von Arbeitsumgebungen existieren, weil die Umwelten von den Menschen geprägt werden, die in ihnen tätig sind. In ◘ Tabelle 3.22 werden die sechs Typen kurz charakterisiert.

für Berufswahl und Laufbahnplanung entwickelt

Gliederung Im Anschluss an einige Fragen mit freier Beantwortung, darunter eine Auflistung von Berufen, die der Proband schon in Betracht gezogen hat (»Berufsträume, Wünsche und Ideen«), folgen vier Untertests, in denen die Items blockweise nach den Holland-Typen aufgeführt sind (in Klammern die Zuordnung zum Typ; Erläuterung der Abkürzungen in ◘ Tab. 3.22):

vier Subtests zu unterschiedlichen Themen

- **Tätigkeiten:** 11 Items pro Typ; Wie gern würde der Proband Tätigkeiten wie »aus Holz ein Büchergestell zimmern« (R) oder »kunstvolle Fotos machen« (A) ausführen?
- **Fähigkeiten:** 11 Items pro Typ; Welche Tätigkeiten wie »gut vor Leuten sprechen« (E) oder »mit großer Ausdauer sorgfältig arbeiten« (C) kann der Proband gut oder kompetent ausführen?
- **Berufe:** 14 Items pro Typ; Welche Berufe wie »Wissenschaftsjournalist/in« (I) oder »Gerichtsbeamter/-beamtin« (C) interessieren den Probanden oder sprechen ihn an?
- **Selbsteinschätzung:** 2 Items pro Typ; Wie schätzt der Proband seine Fähigkeiten wie »Verkaufsgeschick« (E) oder »Einfühlungsvermögen« (S) ein?

Durchführung und Auswertung Der EXPLORIX kann selbstständig durchgeführt werden. Auch eine Gruppenuntersuchung ist möglich. Der Proband wertet den Test im Regelfall selbst aus. Für jeden Interessenstyp zählt er die Antworten aus, denen er zugestimmt hat. Dabei ist die blockweise Anordnung der Items hilfreich. Bei den Selbsteinschätzungen überträgt er lediglich die Skalenwerte auf das Auswertungsblatt. Schließlich bildet er für jeden Interessenstyp die Summe über alle Subtests. Der höchste, zweithöchste und dritthöchste Wert ergibt den Holland-Code (Beispiel: R = 40, I = 35, A = 20, S = 25, E = 30, C = 20 = RIE). In einem länderspezifischen Berufsregister, das für Deutschland 1.086 Berufe und Funktionen umfasst, sind für alle Holland-Codes passende Berufe mit Angabe des notwendigen Bildungsweges aufgeführt (für RIE ca. 40 Berufe von Biolandwirt/in bis Werkstoffingenieur/in). Die Autoren raten, für alle sechs Permutationen des Dreiercodes (im Beispiel also auch REI, IER, IRE, EIR, ERI) die Berufe nachzuschlagen. Wenn bereits ein Berufswunsch ge-

Codes führen zu Berufen

Tab. 3.22 Die RIASEC-Typen der Berufswahltheorie von Holland

Typ	Charakterisierung	Werte, Ziele	Berufsbeispiele
R (Realistic)	Realistisch, handwerklich-technisch	Gesunder Menschenverstand	Zimmermann, Landwirt
I (Investigative)	Intellektuell, untersuchend-forschend	Wissen/Lernen	Physiker, Forscher
A (Artistic)	Kreativ, künstlerisch, sprachlich, gestalterisch	Künstlerischer Ausdruck, Kultur	Musiker, Schauspieler
S (Social)	Sozial, erziehend-pflegend	Helfen, Beziehungen	Lehrer, Psychotherapeut
E (Enterprising)	Unternehmerisch, führend-organisierend-verkaufend	Finanzieller Erfolg, Verantwortung	Verkäufer, Politiker
C (Conventional)	Konventionell, ordnend-verwaltend	Anpassung, gesellschaftliche Normen	Kaufmännischer Angestellter, Kassierer

Anmerkung. Nach Joerin et al. (2004, S. 12 f.).

äußert wurde, kann der Holland-Code für diesen Beruf mit dem Code des Probanden verglichen werden. Die Beantwortung der 218 Items und die anschließende Auswertung nehmen jeweils ca. 20 Minuten in Anspruch.

hohe interne Konsistenz und Retest-Reliabilität

Reliabilität Die internen Konsistenzen (Cronbachs α) für die sechs Typen liegen im Durchschnitt bei .89; den niedrigsten Wert erreicht Typ C mit .86, die höchsten mit .90 die Typen S und E. Für eine Kurzform, bestehend aus den Skalen »Tätigkeiten« und »Fähigkeiten«, beträgt die Retest-Reliabilität bei einem Zeitintervall von 15–18 Monaten im Durchschnitt .80 (von .63 für C bis .87 für A). Für die vier Subtests werden durchschnittliche Konsistenzen von .77 (Tätigkeiten) bis .80 (Berufe) berichtet.

sechs schwach korrelierende Faktoren

Validität Die sechs Typenskalen sind relativ unabhängig voneinander (höchste Korrelation: r_{S-A} = .48). Faktorenanalysen mit schiefwinkliger Rotation der 24 Subskalen (Tätigkeiten, Berufe, Selbsteinschätzung und Fähigkeiten für R, I, A, S, E und C) ergeben sechs schwach korrelierte Faktoren, die den sechs Typen entsprechen. Erwartungsgemäß treten erhebliche Geschlechtsunterschiede auf; »Realistic« ist eine typische »Männerdimension«; Männer weisen hier höhere Werte auf als Frauen (M = 29 vs. 18). »Social« und »Artistic« stellen dagegen »Frauendimensionen« dar (M = 29 und 30 vs. 21). Mit den Skalen des NEO-FFI finden sich einige plausible Zusammenhänge. So korreliert Offenheit mit »Artistic« und »Investigative« zu .47 bzw. .37, Extraversion mit »Enterprising« zu .44 und Gewissenhaftigkeit mit »Enterprising« und »Conventional« zu .32 bzw. .27. Das subjektive Feedback der Probanden, die EXPLORIX bearbeitet haben, spricht für eine gute Akzeptanz und Zufriedenheit; 76 % geben an, den passenden Beruf und/oder eine Bestätigung für ihre bisherigen Pläne gefunden zu haben.

keine Normen

Normen Die Interpretation basiert ausschließlich auf Rohwerten. Die Autoren argumentieren, dass die sechs Typenskalen ungefähr gleich attraktiv seien; die Mittelwerte lägen bei etwa 25 Punkten. Dem Anhang (S. 75) ist zu entnehmen, dass die Mittelwerte tatsächlich aber zwischen 21,6 (R) und 28,1 (S) liegen und die Streuungen ebenfalls uneinheitlich ausfallen (SD = 7,6–10,8).

3.3 · Persönlichkeitsfragebögen

Bewertung EXPLORIX stellt auf dem deutschsprachigen Testmarkt eine interessante und vielversprechende Innovation dar. Das Verfahren ist theoretisch gut fundiert und empirisch bereits vergleichsweise intensiv untersucht. Die Skalen messen mit hoher Zuverlässigkeit sechs gut unterscheidbare Interessenstypen. Das Testheft mit den Interpretationshilfen und Tipps zum weiteren Vorgehen bei der Berufswahl ist sehr benutzerfreundlich. Befunde zur Kriteriumsvalidität fehlen jedoch noch; die von den Autoren berichteten Korrelationen mit einem anderen Interessentest und dem NEO-FFI gehören lediglich zur Konstruktvalidität. Wünschenswert ist der Nachweis, dass eine Beratung unter Zuhilfenahme von EXPLORIX zu einer größeren späteren Berufszufriedenheit führt als eine Beratung ohne dieses Instrument. Ferner sollten zufriedene Stelleninhaber häufiger den zu ihrem Beruf passenden Holland-Code aufweisen als unzufriedene. Die empirische Grundlage für den Verzicht auf Normen überzeugt nicht; von gleichen Mittelwerten und Streuungen der sechs Skalen ist, wie bereits erwähnt, nicht auszugehen. Bei einer Revision des Verfahrens könnten die Skalen durch eine veränderte Itemauswahl und/oder Ergänzung um weitere Items auf gleiche Mittelwerte und Streuungen eingestellt werden.

Verzicht auf Normen problematisch

Anmerkung Mit EXPLOJOB (Joerin-Fux & Stoll, 2006) steht ein Verfahren zur Beschreibung von Berufsanforderungen und -tätigkeiten zur Verfügung, das für bestimmte Fragestellungen zusammen mit dem EXPLORIX eingesetzt werden kann. EXPLOJOB beschreibt den Arbeitsplatz, EXPORIX den Menschen – und zwar anhand der gleichen sechs Dimensionen. Zusammen eingesetzt können die beiden Verfahren also Informationen dazu liefern, wie gut etwa ein Ratsuchender aufgrund seiner Interessen zu einem ins Auge gefassten Beruf passt. Bei Unzufriedenheit mit dem Arbeitsplatz lässt sich prüfen, ob eine Passung zwischen den berufsrelevanten Interessen des Stelleninhabers und den Anforderungen der ausgeübten Tätigkeit vorliegt oder nicht.

EXPOJOB zur Beschreibung von Berufen

3.3.6 Verfahren zur Erfassung der Motivation

Von den zahlreichen Motiven, die postuliert wurden, hat das Leistungsmotiv in der Forschung und bei der Entwicklung von Messinstrumenten mit Abstand die größte Aufmerksamkeit gefunden. Zur **Leistungsmotivation** liegen im deutschen Sprachraum vier normierte Fragebögen vor: Der Leistungs Motivations Test LMT von Hermans et al. (1978) mit vier Skalen (Leistungsstreben, Ausdauer und Fleiß, leistungsfördernde und leistungshemmende Prüfungsangst), der Leistungsmotivationstest für Jugendliche LMT-J von Hermans (1976) mit ebenfalls vier Skalen (Leistungs- und Erfolgsstreben, positive und negative Erfolgsbesorgtheit, soziale Erwünschtheit), die Skalen zur Erfassung der Lern- und Leistungsmotivation SELLMO (Spinath et al., 2002) mit vier Skalen (Lernziele, Annäherungs-Leistungsziele, Vermeidungs-Leistungsziele, Tendenz zur Arbeitsvermeidung) sowie das Leistungsmotivationsinventar LMI (Schuler & Prochaska, 2001). Das LMI soll als das differenzierteste Verfahren ausführlich vorgestellt werden (s.u.).

Leistungsmotivationsfragebögen

Auch einige der bereits vorgestellten Persönlichkeitsinventare (▶ Abschn. 3.3.3) enthalten Skalen zur Leistungsmotivation. Im **Bochumer Inventar zur berufsbezogenen Persönlichkeitsbeschreibung BIP** kommt eine Skala »**Leistungsmotivation**« vor. Das **Freiburger Persönlichkeitsinventar FPI-R** *enthält mit* »**Leistungsorientierung**« *ebenfalls* eine einschlägige Skala. Im NEO-PI-R trägt eine Facette im Bereich Gewissenhaftigkeit die Bezeichnung »Leistungsstreben«. Über weitere Fragebögen zur Leistungsmotivation und zu verwandten Konzepten, die in deutscher Übersetzung und Bearbeitung vorliegen, ohne normiert zu sein, informiert Rheinberg (2004).

Leistungsmotivation auch in Persönlichkeitsinventaren

LMI: Leistungsmotivationsinventar (Schuler & Prochaska, 2001)

breite Messung der berufsbezogenen Leistungsmotivation

Die Autoren verfolgten bei der Entwicklung des LMI das Ziel, ein Verfahren zur »breiten« Messung der berufsbezogenen Leistungsmotivation bereit zu stellen. Sie kamen bei ihren Vorarbeiten zu der Erkenntnis, dass es sich bei der Leistungsmotivation um ein breites Konzept ohne scharfe Grenzen zu handeln scheint.

»Zwiebelmodell«

Diesen Zustand charakterisieren sie durch ihr »Zwiebelmodell«: Einige Merkmale sind zentral für die Leistungsmotivation und bilden die »Kernfacette«. Dazu gehören etwa Beharrlichkeit und Erfolgshoffnung. Andere wie z. B. Selbstständigkeit und Statusorientierung liegen weiter in der Peripherie (»Randfacetten«). Noch weiter in der Peripherie liegen Merkmale wie etwa Selbstvertrauen und Kontrollüberzeugung, die der Leistungsmotivation zumindest theoretisch verbunden sind. Im äußeren Randbereich schließlich sind Merkmale wie Gewissenhaftigkeit und Neurotizismus angesiedelt, die als »Hintergrundmerkmale« einen Einfluss auf die Leistungsmotivation ausüben. Vor dem Hintergrund dieser Konzeption ist es nicht verwunderlich, dass die Autoren insgesamt 728 Items in die Vorauswahl nahmen. Diese Zahl reduzierte sich allerdings in mehreren Auswahlschritten. Die Autoren beschreiben ihr Vorgehen als »Wechsel von phänomenologisch-rationaler und empirischer Strategie« (S. 12). Am Ende sahen sie 17 Dimensionen als angemessen zur Beschreibung der beruflichen Leistungsmotivation an. Die Skalen des LMI wurden also induktiv entwickelt.

auch Kurzskala mit 30 Items

Gliederung Das LMI umfasst 17 Skalen mit je zehn Items (◨ Tab. 3.23). Die Items können jedoch auch zu einem Gesamtwert verrechnet werden. Anwender, die nicht an einem differenzierten Persönlichkeitsbild ihrer Probanden interessiert sind, sondern nur »die« Leistungsmotivation messen wollen, können die Kurzskala mit 30 Items einsetzen. Die Items wurden nach ihren Trennschärfen für den Gesamtwert aus der Langform herausgefiltert.

Auswertung mit Schablonen mühsam

Durchführung und Auswertung Das LMI kann einzeln oder in Gruppensitzungen durchgeführt werden. Die Bearbeitung der 170 Items, die auf einer Skala von 1 (»trifft gar nicht zu«) bis 7 (»trifft vollständig zu«) zu beantworten sind, nimmt etwa 30–40 Minuten in Anspruch; für die Kurzform genügen etwa zehn Minuten. Die Auswertung der Langform mit Schablonen ist außerordentlich mühsam, weil zehn Seiten des Testhefts durchzusehen, bei einigen Items Invertierungen vorzunehmen, die 170 Zahlenwerte auf einem Auswertungsbogen einzutragen und zu addieren sind.

hohe interne Konsistenz und Retest-Reliabiliät

Reliabilität Die interne Konsistenz (α) der Skalen liegt überwiegend im Bereich von .80. Solche Werte sind für eng umschriebene Merkmale bei zehn Items pro Skala völlig angemessen. Für die Kurzversion mit 30 Items beträgt α =. 94. Die Retest-Reliabilität nach einem Intervall von etwa drei Monaten wird mit .66 (Flow) bis .82 (Furchtlosigkeit und Statusorientierung) (Kurzform: .78) angegeben. Offenbar erfasst das LMI stabile Merkmale.

Einordnung in Big Five Modell

Validität Bei einem Persönlichkeitsfragebogen mit 17 Skalen stellt sich die Frage nach der Übereinstimmung oder auch Nichtübereinstimmung mit den großen fünf Persönlichkeitsdimensionen. Die Autoren berichten Korrelationen zu den fünf Skalen des NEO-FFI. Inzwischen liegt eine Untersuchung an 121 Sportstudenten vor, in der die Skalen des LMI zusammen mit denen des NEO-PI-R (▶ Abschn. 3.3.3) faktorisiert wurden (Ostendorf & Angleitner, 2004). Die Ergebnisse sind in ◨ Tabelle 3.23 aufgeführt. Sie belegen, dass sich die LMI-Skalen sehr gut in das Big Five Modell einordnen lassen, also offenbar verschiedene Facetten von Neurotizismus, Extraversion etc. erfassen. Lediglich drei Skalen (Engagement, Internalität und Selbstkontrolle) laden niedriger als .50 auf einem der fünf Faktoren. Vor diesem Hintergrund interessiert die Korrelation der Gesamtskala mit den großen Persönlichkeitsfaktoren. Schuler und

3.3 · Persönlichkeitsfragebögen

Tab. 3.23 Skalen des Leistungsmotivationsinventars LMI

Skala	Ladung[a]	Itembeispiel
Beharrlichkeit	−.57 (N), .56 (G)	Es fällt mir schwer, mich lange zu konzentrieren, ohne müde zu werden. (−)
Dominanz	−.50 (N), −.64 (V)	Wenn ich mit anderen zusammenarbeite, übernehme ich gewöhnlich die Initiative.
Engagement	.69 (G)	Ich arbeite mehr als die meisten anderen Leute, die ich kenne.
Erfolgszuversicht	−.60 (N)	Auch wenn ich vor schwierigen Aufgaben stehe, bin ich immer guten Mutes.
Flexibilität	−.72 (N)	Um etwas Neues auszuprobieren, gehe ich schon einmal ein Risiko ein.
Flow	.76 (O)	Es bereitet mir Freude, mich ganz in eine Aufgabe zu vertiefen.
Furchtlosigkeit	−.82 (N)	Wenn ich vor anderen etwas vorführen soll, habe ich Angst, mich zu blamieren. (−)
Internalität	.53 (E)	Wie weit man es beruflich bringt, ist zu einem guten Teil Glückssache. (−)
Kompensatorische Anstrengung	.51 (G)	Wenn ich fürchte, Fehler zu machen, strenge ich mich besonders an.
Leistungsstolz	.53 (E)	Für meine Selbstachtung ist es sehr wichtig, was ich geleistet habe.
Lernbereitschaft	.60 (O)	Einen großen Teil meiner Zeit verbringe ich damit, Neues zu lernen.
Schwierigkeitspräferenz	.60 (O)	Schwierige Probleme reizen mich mehr als einfache.
Selbstständigkeit	−.78 (N)	Manchmal ist es mir lieber, anderen die Entscheidung zu überlassen. (−)
Selbstkontrolle	.87 (G)	Häufig verschiebe ich Dinge auf morgen, die ich besser heute erledigen sollte. (−)
Statusorientierung	−.79 (V)	Es ist mir sehr wichtig, eine verantwortungsvolle Position zu erreichen.
Wettbewerbsorientierung	−.74 (V)	Der Wunsch, besser zu sein als andere, ist ein großer Ansporn für mich.
Zielsetzung	−.59 (V)	Im Allgemeinen bin ich stark auf die Zukunft ausgerichtet.

Anmerkungen.
Items mit hohen Trennschärfen als Beispiele ausgewählt.
(−) = Item wird invertiert.
[a] Ladungen ab .50 in der gemeinsamen Faktorisierung von NEO-PI-R und LMI (Ostendorf & Angleitner, 2004, S. 153). Faktorenbezeichnungen: N = Neurotizismus, E = Extraversion, O = Offenheit für Erfahrungen, V = Verträglichkeit, G = Gewissenhaftigkeit.

Prochaska (2001) berichten signifikante Korrelationen von .57 mit Gewissenhaftigkeit, −.40 mit Neurotizismus und .23 mit Extraversion.

Die Befunde zur Kriteriumsvalidität sind relativ unübersichtlich, weil die Autoren zahlreiche Korrelationen mit unterschiedlichen Leistungsindikatoren wie Abiturnoten, Note des Ausbildungsabschlusses und Jahresgehalt berichten. Viele Korrelationen sind

Befunde zur Kriteriumsvalidität unübersichtlich

insignifikant, und nur wenige liegen über .30. Einzelne herausragend hohe Korrelationen erscheinen nachträglich plausibel, so die zwischen »Dominanz« und Stellung in der Hierarchie (r = .43) oder die zwischen »Lernbereitschaft« und Bildungsniveau (r = .35).

heterogene Normierungsstichprobe

Normen Es liegen (zum Teil geschlechtsspezifische) Normen für Wirtschaftsstudenten (N = 259), Berufsschüler in kaufmännischen Ausbildungsberufen (N = 1.008), Schüler eines Wirtschaftsgymnasiums (N = 160), Berufstätige in Finanzdienstleistungsunternehmen (N = 166) und Hochleistungssportler (N = 78) vor. Daraus konstruieren die Autoren zusätzlich eine nicht repräsentative »Gesamtnorm« (auch getrennt für Männer und Frauen).

17 Dimensionen als Chance und Problem

Bewertung Das LMI ist ein objektives und hinreichend reliables Verfahren zur Messung der Leistungsmotivation. Die Kriteriumsvalidität in den vorgesehenen Anwendungsbereichen Personalauswahl und -entwicklung, Schul-, Studien- und Berufsberatung sowie Sportpsychologie ist noch umfassender zu belegen. »Die starke Differenzierung in 17 Dimensionen erweist sich zugleich als Chance und Problem« (Schmidt-Atzert, 2001, S. 144). Die vielen Skalen eröffnen die Chance, in bestimmten Anwendungsfeldern gute Einzelprädiktoren beispielsweise für berufliche Leistungen zu finden. Für eine Profilauswertung ist die große Zahl von zum Teil erheblich korrelierten Skalen hinderlich.

Weiterführende Literatur

Persönlichkeitsfragebögen sind auch in dem Kompendium *Brickenkamp Handbuch psychologischer und pädagogischer Tests* (Brähler et al., 2002) verzeichnet. Verfahren, die im Personalbereich Verwendung finden, werden von Hossiep und Mühlhaus (2005) systematisch dargestellt. Über Fragebögen, die für den klinischen Bereich relevant sind, informieren Hoyer et al. (2009). In grundlegender Art befasst sich das Buch von Mummendey und Grau (2008) mit dem Fragebogen als Messinstrument.

? Übungsfragen
Kap. 3.3
28. Welche Vor- und Nachteile haben Persönlichkeitsfragebögen?
29. Wie kann man Täuschung in Persönlichkeitsfragebögen eventuell verhindern und wie kontrollieren (erkennen)?
30. Was ist bei der Validierung von Persönlichkeitsfragebögen an Kriterien des beruflichen Erfolgs zu beachten?
31. Wie wurden die Items des Minnesota-Multiphasic-Personality-Inventory-2 (MMPI-2) ausgewählt?
32. Wozu dient die K-Skala des MMPI, und wie wird sie angewandt?
33. Nach welchem Prinzip wurden die Skalen des Freiburger Persönlichkeitsinventars FPI-R zusammengestellt?
34. Welche Erkenntnisse ergeben sich aus einer Simultanfaktorisierung mehrerer Testsysteme (neben dem FPI-R u. a. das NEO-Fünf-Faktoren-Inventar) für die Skalen des FPI-R?
35. Wie wurde beim 16 PF-R überprüft, ob die 16 Skalen eigene Faktoren repräsentieren?
36. Wie ist das NEO-PI-R strukturell aufgebaut?
37. Für welche Anwendungen wurde das Bochumer Inventar zur berufsbezogenen Persönlichkeitsbeschreibung (BIP) entwickelt, und welche Art von Merkmalen soll es erfassen?
38. Was soll mit dem Stressverarbeitungsfragebogen SVF gemessen werden, und wie viele Skalen hat der SVF 120?

3.4 · Nichtsprachliche und objektive Persönlichkeitstests

39. Welche Gemeinsamkeiten haben Fragebögen zur Zustandsmessung (Befinden) mit denen zur Persönlichkeit, und worin unterscheiden sie sich?
40. Wie ist das State-Trait-Angst-Inventar (STAI) aufgebaut, und was soll es messen?
41. Wie ist die Eigenschaftswörterliste EWL aufgebaut, und was soll damit gemessen werden? Nennen Sie auch Skalenbeispiele!
42. Für welche Zwecke wurde der EXPLORIX entwickelt, und welche Theorie liegt dem Verfahren zugrunde?
43. Welche Theorie bzw. welches Modell liegt dem Leistungsmotivationsinventar (LMI) zugrunde? Beschreiben Sie den Aufbau des LMI!

3.4 Nichtsprachliche und objektive Persönlichkeitstests

3.4.1 Nichtsprachliche Persönlichkeitstests – 289
3.4.2 Objektive Persönlichkeitstests – 291

In diesem Kapitel werden mit den nichtsprachlichen und den objektiven Persönlichkeitstests zwei Ansätze zur Messung von Persönlichkeitsmerkmalen vorgestellt, die Unzulänglichkeiten konventioneller Persönlichkeitsfragebögen überwinden sollen, nämlich die Abhängigkeit von der Sprache beim Verstehen von Items und die Anfälligkeit für Verfälschung.

3.4.1 Nichtsprachliche Persönlichkeitstests

Wie ein Proband auf ein Item reagiert, hängt auch davon ab, wie er die Iteminhalte versteht und interpretiert. Mit nichtsprachlichen Tests soll die Abhängigkeit vom Sprachverstehen reduziert werden. Im Leistungsbereich haben nichtverbale Verfahren eine längere Tradition, etwa mit Aufgaben wie Bilderordnen, Bilderergänzen, Muster nachlegen oder Matrizen ergänzen.

Abhängigkeit von Sprachverstehen reduzieren

Nichtsprachliche Persönlichkeitstests verwenden Bilder anstatt Worte, um eine Situation und ein Verhalten zu beschreiben. Der Proband gibt an, ob er sich so verhalten würde, wie es auf dem Bild zu sehen ist. Grundsätzlich könnte man die Situation auch per Video zeigen. Tatsächlich gibt es auch Tests, in denen dies geschieht; sie sind unter der Bezeichnung »Situational Judgment Tests« bekannt. Wegen ihrer Nähe zu den nichtsprachlichen Persönlichkeitstests und auch der Möglichkeit, sie so zu gestalten, dass sie Persönlichkeitsmerkmale sprachfrei messen, sollen sie hier kurz beschrieben werden.

Bilder statt Worte

In Situational Judgment Tests zeigt man Situationen per Video und fragt die Testperson, wie sie sich verhalten würde. Dazu werden verschiedene Verhaltensalternativen zur Auswahl vorgegeben. Diese Tests werden vorzugsweise in der Personalauswahl eingesetzt und sollen meist berufsrelevante interpersonale Kompetenzen erfassen. Grundsätzlich können sie auch als Fragebogen mit verbaler Beschreibung der Situationen konzipiert werden. In einem direkten Vergleich zeigte jedoch die videobasierte Version eine höhere Kriteriumsvalidität (Lievens & Sackett, 2006). Auch videobasierte Situational Judgment Tests sind nicht sprachfrei, da die gezeigten Personen meist sprechen; immerhin erfordern sie kein Lesen. Grundsätzlich sind diese Tests auch zur Messung von Persönlichkeitsmerkmalen geeignet. Für Integrität wurden bereits Tests entwickelt (für ein Beispiel s. De Meijer et al., 2010).

Situational Judgment Tests

Im Folgenden werden nur nichtsprachliche Persönlichkeitstests im engeren Sinne behandelt. Allerdings haben sie weder in der Forschung noch in der diagnostischen

Abb. 3.21 Item aus dem NPQ zur »Allgemeinen Interessiertheit«. (Aus Paunonen et al., 2001, mit freundlicher Genehmigung von John Wiley)

Nonverbal Personality Questionnaire

Praxis eine große Bedeutung erlangt; auch findet man nur sehr wenige Publikationen zu diesem Thema. Diese Tests werden hier dargestellt, weil sie eine interessante Alternative zu konventionellen Fragebögen darstellen.

Paunonen et al. (1990) haben den Nonverbal Personality Questionnaire (NPQ) vorgestellt, der mit 136 Bildern (Abb. 3.21 für ein Beispiel) als Items jene 16 Motive messen soll, die auch in der (verbalen) Personality Research Form (PRF) vorkommen. Später wurden daraus 56 Items ausgewählt, um die fünf großen Persönlichkeitsdimensionen zu erfassen (Paunonen et al., 2001). Auch beim Five-Factor Nonverbal Personality Questionnaire (FF-NPQ) soll die Testperson auf einer siebenstufigen Antwortskala die Wahrscheinlichkeit angeben, mit der sie das Verhalten der Person mit den schwarzen Haaren zeigen würde. Die Items beschreiben also ein Verhalten bildlich, anstatt verbal wie in klassischen Fragebögen. Da sich die Probanden selbst einschätzen, gehören nichtsprachliche Persönlichkeitstests ebenfalls zu den »subjektiven« Methoden.

interne Konsistenz so hoch wie bei konventionellen Fragebögen

Wie Tabelle 3.24 zu entnehmen ist, weist der nonverbale Fragebogen eine ähnlich hohe interne Konsistenz auf wie konventionelle Persönlichkeitsfragebögen. Die Korrelationen mit dem NEO-FFI, einem verbalen Fragebogen zu den gleichen Persönlichkeitsmerkmalen, sind moderat, ebenso die Korrelationen mit einer Fremdbeurteilung anhand des FF-NPQ durch Bekannte. Insgesamt sprechen die Ergebnisse dafür, dass dieser Ansatz im Prinzip funktioniert, auch wenn die Validitätskoeffizienten etwas unter den Erwartungen liegen. Amelang et al. (2002) verglichen den NPQ mit der

Tab. 3.24 Gütekriterien des Five-Factor Nonverbal Personality Questionnaire

Skala	α	r (FF-NPQ – NEO-FFI)	r (FF-NPQ – Fremd-Rating)
Extraversion	.81	.53	.45
Verträglichkeit	.82	.59	.40
Gewissenhaftigkeit	.79	.50	.41
Neurotizismus	.75	.45	.39
Offenheit für Erfahrungen	.82	.55	.38

Anmerkungen. Nach Paunonen et al. (2001); interne Konsistenz aus Tab. 3, Korrelation mit NEO-FFI aus Tab. 4, Korrelationen mit Fremdbeurteilungen aus Tab. 5.

3.4 · Nichtsprachliche und objektive Persönlichkeitstests

Personality Research Form (PRF) und konnten bezüglich der Validität gegenüber Fremdeinschätzungen (r = .52 bzw. .56 für den PRF) keine gravierenden Unterschiede zwischen beiden Tests feststellen.

Bei der Beurteilung der Korrelation mit dem Persönlichkeitsfragebogen NEO-FFI ist zu bedenken, dass dessen Items thematisch von denen des nonverbalen Fragebogens abweichen. Brackmann (2000) formulierte zu jedem Item des NPQ eine die dargestellte Szene beschreibende verbale Form (z. B. »Ich gebe einem blinden Bettler eine großzügige Geldspende«). Erwartungsgemäß waren unter diesen Gegebenheiten die Korrelationen zwischen den nunmehr einander entsprechenden Skalen sehr viel höher und lagen im Bereich von Paralleltests. Anscheinend ist also nicht die bildhafte Darstellung per se der Konstruktvalidität abträglich; vermutlich sind die Iteminhalte dafür verantwortlich.

Iteminhalte anpassen

Bei nichtsprachlichen Persönlichkeitsfragebögen werden wie bei den sprachlichen Fragebögen Selbsteinschätzungen erhoben, und die Items sind durchschaubar. Deshalb ist nicht zu erwarten, dass beide Varianten unterschiedlich stark anfällig für sozial erwünschtes Antworten oder für Verfälschung sind. Amelang et al. (2002) haben den NPQ zusammen mit der PRF sowie einer Skala zur Erfassung von sozial erwünschtem Antworten eingesetzt. Beide Persönlichkeitsfragebögen korrelierten in ähnlicher Höhe mit der »Lügenskala«: r = .21 bzw. .27 (PRF). Die Anfälligkeit für absichtliche Verfälschung wurde geprüft, indem Testpersonen aufgefordert wurden, einen guten Eindruck in einer vorgestellten Bewerbungssituation zu machen. Die Veränderungen durch die »Fake-good-Instruktion« betrugen .36 bzw. .37 Streuungseinheiten (Effektstärke d), wiesen also ebenfalls keine überzufälligen Abweichungen voneinander auf.

sozial erwünschte Antworten und Faking möglich

Die dargelegten Resultate lassen erkennen, dass die nichtsprachliche Präsentation von Verhaltensmerkmalen eine vielversprechende Alternative zu der üblichen Vorgabe von Items in sprachlicher Form darstellt. Damit wird zugleich eine ausgezeichnete Option für interkulturelle Vergleiche oder Untersuchungen an Personen eröffnet, die des Lesens nicht kundig sind. Als nachteilig ist der erhöhte Konstruktionsaufwand zu werten: Es ist wesentlich leichter, eine Situation mit einem Satz wie »Ich würde einer alten Frau beim Überqueren der Straße helfen« verbal zu beschreiben als die gleiche Situation zeichnerisch darzustellen. Bei Papier-und-Bleistift-Tests fällt das Testmaterial wesentlich umfangreicher aus, weil ein Bild in angemessener Größe wesentlich mehr Raum einnimmt als ein kurzer Satz. Bei einer computergestützten Testdurchführung spielt der Umfang des Materials dagegen keine Rolle.

geeignet für Personen, die nicht Lesen können

3.4.2 Objektive Persönlichkeitstests

Objektive Persönlichkeitstests werden heute in der Regel computergestützt durchgeführt. Der Test wirkt meist wie ein Leistungstest: Die Probanden sollen auf bestimmte Aufgaben reagieren und haben dabei nur einen kleinen Verhaltensspielraum, können also nur zwischen wenigen Optionen wählen. Dadurch werden die Durchführung und die Auswertung standardisiert. Letztere besteht beispielsweise darin, dass ein Kennwert für die Häufigkeit risikoreicher Entscheidungen oder für die Ausdauer bei einer gleichförmigen Aufgabe berechnet wird. Die Testperson ist sich dabei in der Regel nicht über die Bedeutung ihres Verhaltens im Klaren, so dass es ihr schwerfallen würde, sich sozial erwünscht darzustellen. Objektive Persönlichkeitstests sind stärker verbreitet als nichtsprachliche Persönlichkeitstests; einige der Verfahren werden von Testverlagen angeboten.

wirkt meist wie Leistungstest

> **Definition**
>
> Die folgende Definition stammt von Schmidt (1975, S. 19):
> »Objektive Tests (T-Daten) zur Messung der Persönlichkeit und Motivation sind Verfahren, die unmittelbar das Verhalten eines Individuums in einer standardisierten Situation erfassen, ohne dass dieses sich in der Regel selbst beurteilen muss. Die Verfahren sollen für den Probanden keine mit der Messintention übereinstimmende Augenscheinvalidität haben. Das kann durch die Aufgabenauswahl oder bestimmte Auswertungsmethoden erreicht werden. Um als Test zu gelten, müssen auch die Objektiven Verfahren den üblichen Gütekriterien psychologischer Tests genügen.«

experimental-psychologische Verhaltensdiagnostik

objektive Testbatterie OA-TB75

Das Prinzip der objektiven Persönlichkeitstests wird durch den Vorschlag von Kubinger (2006), diese Verfahren künftig »experimentalpsychologische Verhaltensdiagnostik« zu nennen, verdeutlicht.

Cattell (s. Pawlik, 2006) hat sich solcher Techniken am konsequentesten bedient und mit seiner Arbeitsgruppe sehr viele objektive Persönlichkeitstests entwickelt. Die Faktorenstruktur – Cattell hatte 21 Faktoren angenommen – ließ sich allerdings nicht durch andere Forscher replizieren (Schmidt, 2006). In Deutschland haben Häcker et al. (1975) mit der »Objektiven Testbatterie OA-TB75« eine umfangreiche Serie solcher Tests vorgelegt, die sich an Arbeiten von Cattell orientierte. Die Autoren verstehen die von ihnen vorgelegten Versionen nicht als »Endprodukt einer im herkömmlichen Sinne verstandenen Testkonstruktion (…), sondern als experimentelle Version, auf deren Basis eine standardisierte Testbatterie erstellt wird« (Häcker et al., 1975, S. 9).

Im Testheft sind 50 Subtests, die zum Teil Leistungscharakter aufweisen, zusammengestellt. Ihre Auswahl erfolgte u. a. unter Ökonomie- und Kulturspezifitätsgesichtspunkten und teils danach, inwieweit sich ein Faktor in früheren Untersuchungen im anglo-amerikanischen Raum als replizierbar erwiesen hatte.

21 Persönlichkeitsfaktoren

Die Tests sollen insgesamt 21 Faktoren treffen, u. a.:
- Stärke vs. mangelnde Selbstbehauptung
- Inhibition vs. Vertrauensseligkeit
- Lebhaftigkeit vs. Passivität
- kulturelle Konformität vs. Objektivität
- kortikale Wachheit vs. Gefühlsbetontheit
- skeptische Zurückhaltung vs. Engagiertheit
- negativistische Asthenie vs. rauhe Selbstsicherheit
- ganzheitliches Verständnis vs. Willensschwäche
- Bestürztheit vs. zuversichtliches Gleichgewicht

Itembeispiele

Darüber hinaus finden sich auch Faktoren, die bekanntere Dimensionen betreffen, wie z. B. Extraversion/Introversion, Angst, Realismus und Impulsivität. Beispiele für einige Items sind im Folgenden aufgeführt.

> **Beispielaufgaben aus der OA-TB75**
>
> **T 197 Was würden Sie lieber machen?**
> - Mit anderen Bekannten einen Wettlauf machen
> - Alleine laufen
>
> Ausgewertet wird, ob Wettbewerbssituationen aufgesucht oder gemieden werden.
>
> ▼

3.4 · Nichtsprachliche und objektive Persönlichkeitstests

> **T 45 Beurteilung der Längen von Linien**
> Jeweils zwei waagerechte oder etwas schräg nebeneinander stehende Linien werden vorgegeben. Die Versuchsperson muss ankreuzen, ob
> - die linke Linie länger ist als die rechte,
> - beide Linien gleich lang sind,
> - die rechte Linie länger als die linke ist.
>
> Abhängige Variable ist die Zahl der in der verfügbaren Zeit bearbeiteten Aufgaben.
>
> **T 43 Geschichten**
> Die Versuchspersonen müssen die zwei Sätze »Als der Fahrer die Herrschaft über das Auto verlor...«, »Es war Herbst, und die Blätter fielen von den Bäumen...«, zu möglichst langen Geschichten fortsetzen. Dafür steht jeweils eine Minute zur Verfügung. Gemessen wird die Zahl der geschriebenen Wörter.

In einer Studie von Häcker et al. (1979) wurde der Verfälschbarkeit dadurch nachgegangen, dass teils die Instruktion variiert (Normalanweisung vs. Anweisung, im Sinne sozialer Erwünschtheit zu reagieren), teils eine reale Auslese- mit einer Forschungssituation verglichen wurde. Den Ergebnissen zufolge ist die geforderte Undurchschaubarkeit der Messintention nur bei einem Teil der objektiven Persönlichkeitstests gegeben, und zwar vornehmlich bei solchen mit Leistungscharakter. Umgekehrt betreffen Verfälschungen vor allem Testvariablen, die sich von herkömmlichen Fragebogen formal nur wenig unterscheiden und auf Faktorenebene die Dimensionen »kulturelle Konformität vs. Objektivität« und »Angst« markieren.

Messintention nur teilweise nicht zu erkennen

Die OA-TB 75 findet in der diagnostischen Praxis keine Verwendung, da sie nicht normiert ist und, sieht man von einer Studie von Schmidt et al. (1985) ab, keine Validitätsbelege vorliegen. Deshalb wird darauf verzichtet, Durchführung, Auswertung und Gütekriterien zu beschreiben. Eine kleine Auswahl von OATB-Subtests wurde als Computerversion veröffentlicht. Die OA-TB 75 hat aus heutiger Sicht Modellcharakter, indem sie Anregungen dafür gibt, wie man objektive Persönlichkeitstests entwickeln kann. Mit dem Einzug von leistungsfähigen Computern in die Diagnostik haben sich völlig neue Möglichkeiten für die Konstruktion von objektiven Persönlichkeitstests ergeben. Zwei Verfahren, die sich dieser Möglichkeiten bedienen, werden im Folgenden vorgestellt.

OA-TB75 nicht normiert; kaum Validitätsbelege

- **AHA Arbeitshaltungen – Kurze Testbatterie: Anspruchsniveau, Frustrationstoleranz, Leistungsmotivation, Impulsivität/Reflexivität (Kubinger & Ebenhöh, 1996)**

Die Testautoren orientierten sich bei der Konstruktion der kurzen Testbatterie zur Erfassung von Arbeitshaltungen eng an der Objektiven Testbatterie OA-TB75. Dazu wurden drei Skalen der OA-TB75 in modifizierter Form auf dem Computer implementiert. Aus der Bearbeitung dieser drei Skalen durch die Testpersonen leiten sich zahlreiche Kennwerte ab, die »Arbeitstugenden« in Form von kognitiven Stilen und motivationalen Konzepten erfassen sollen. Diese Kennwerte basieren auf einer Faktorisierung der Daten von (nur) 60 Probanden, wo sie jeweils einen Faktor markierten. Für fünf der Kennwerte wird zudem »Konstruktvalidität im Hinblick auf die mittlerweile berühmten Big Five« (Kubinger & Ebenhöh, 1996, S. 16) beansprucht. Alle Tests haben Leistungscharakter, die berechneten Kennwerte sollen jedoch Persönlichkeitseigenschaften erfassen.

»Arbeitshaltungen« aus drei Skalen der OA-TB75 entstanden

Gliederung Im Untertest »Figuren vergleichen« soll die Testperson wiederholt beurteilen, welche von zwei unregelmäßig verlaufenden Linien eine größere Fläche umschließt. In 30 Sekunden werden dabei maximal 20 Items präsentiert. Beim Untertest

drei Aufgabengruppen

»Symbole kodieren« erfolgt in fünf Durchgängen à 50 Sekunden fortlaufend die Exposition von je einer von vier abstrakten Schwarz-weiß-Figuren. Jede dieser Figuren ist einer anderen ebenfalls abstrakten, aber farbigen Figur fest zugeordnet. Diese farbige Figur muss mit der Maus angeklickt werden. Die Zuordnung von farbigen zu Schwarz-weiß-Figuren ist dabei ständig in der oberen Hälfte des Bildschirms als Legende dargestellt. Nach jedem Durchgang erhält der Proband Rückmeldung über seine Leistung; anknüpfend daran soll er einschätzen, wie viele Symbole er im nächsten Durchgang richtig bearbeiten wird. Außer bei der ersten Rückmeldung wird zusätzlich mitgeteilt, dass andere Personen durchschnittlich um 10 % besser sind. Beim Untertest »Figuren unterscheiden« gilt es, aus jeweils vier geometrischen Figuren die unpassende herauszufinden. Die Testperson erhält wiederholt und in Abhängigkeit von Bearbeitungsfehlern Rückmeldung. Der Test dauert so lange an, bis die Person mit »Abbruch« eine Schaltfläche aktiviert.

Bearbeitungsdauer hängt von Testperson ab

Durchführung Alle Instruktionen werden am Bildschirm präsentiert, sodass der Aufwand für den Testleiter minimal ist. Die Eingabe erfolgt grundsätzlich mit der Maus, wobei entweder die fraglichen Figuren und Symbole oder beschriftete Buttons anzuklicken sind. Da die Bearbeitungsdauer beim letzten Untertest lediglich von der Ausdauer der Testperson abhängt, variiert die für die Durchführung benötigte Zeit zwischen 20 und 45 Minuten.

verschiedene Kennwerte

Auswertung Die Auswertung erfolgt automatisch. Es werden folgende Kennwerte ermittelt:
- Figuren vergleichen
    - Exaktheit (Anteil richtiger Antworten)
    - Entschlussfreudigkeit (Anzahl der Antworten)
    - Impulsivität vs. Reflexivität (Fehler ×10.000 – Richtig × 100 + Weiß nicht ×1)
- Symbole kodieren
    - Frustrationstoleranz: (Differenz zwischen 5. und 2. Prognose)/(2. Prognose)
    - Anspruchsniveau: (1. Prognoseleistung im 2. Durchgang)/(Leistung im 2. Durchgang)
    - Leistungsniveau: richtige Kodierungen im 2. Durchgang
    - Zeitpunkt der Leistungsspitze: bester Durchgang
    - Zieldiskrepanz: mittlere Abweichung zwischen Prognose und darauffolgender Leistung
- Figuren unterscheiden
    - Leistungsmotivation: Anzahl der bearbeiteten Items

vorläufige Normen

Normierung Noch immer liegen nur vorläufige Normwerte von N = 314 Personen vor. Die Normdaten stammen aus mehreren Untersuchungen und wurden vor allem an Psychologiestudierenden erhoben.

keine Reliabilitätsbestimmung

Reliabilität Die Testautoren führen für jeden der berechneten Kennwerte bestimmte Gründe an, die einer empirischen Überprüfung der Reliabilität entgegenstehen (z. B. verhindern Ein-Punkt-Messungen die Bestimmung der internen Konsistenz; massive Übungs- und Gedächtniseffekte beeinträchtigen Retest-Stabilitäten; die relativen Differenzwerte zeigen die für Veränderungsmessungen generellen Reliabilitätsmängel usw.). »Indem also die Bestimmung eines Standardmessfehlers für die Arbeitshaltungen (…) nicht möglich bzw. sinnvoll ist, kann auch der Messfehler im Einzelfall nicht mittels Konfidenzintervall abgeschätzt werden; eine Interpretation über eine Grobklassifizierung hinaus scheint daher aus Vorsichtsgründen nicht angebracht!« (Kubinger & Ebenhöh, 1996, S. 16). Dieses Eingeständnis beschreibt eine denkbar unbefriedigende Situation.

Validität Die Testautoren beanspruchen für die erhobenen Kennwerte nicht nur Inhaltsvalidität bei der Erfassung von kognitiven Stilen und motivationalen Variablen, sondern auch Konstruktvalidität hinsichtlich der »Big Five« (E = Impulsivität vs. Reflexivität, N = Anspruchsniveau, O = Zieldiskrepanz, V = Frustrationstoleranz, G = Leistungsmotivation; vgl. Abschn. NEO-FFI). Die Inhaltsvalidität der Skalen ist jedoch fraglich, da sie nur lose mit Theorien zu kognitiven Stilen und der Leistungsmotivation in Verbindung stehen und für die Berechnung der einzelnen Kennwerte theoretische Begründungen fehlen; der Verweis auf explorative Faktorenanalysen mit sehr kleinen Stichproben ist dafür kein Ersatz. Impulsivität vs. Reflexivität sowie die anderen Kennwerte aus dem Test »Figuren vergleichen« sind alle mit der räumlichen Wahrnehmungsfähigkeit konfundiert. Da sich die Testautoren explizit auf die Theorie von Atkinson beziehen, bleibt unklar, ob mit Leistungsmotivation der Wunsch nach Erfolg, die Furcht vor Misserfolg oder die Differenzierung zwischen Erfolgs- und Misserfolgsmotivierten gemeint ist.

Angaben über die Korrelationen zwischen den einzelnen Kennwerten sowie mit den »Big Five« fehlen. Was die Kriteriumsvalidität angeht, so verweisen die Testautoren auf zwei eigene Studien, in denen erfolgreiche von nicht erfolgreichen Mitarbeitern signifikant diskriminiert wurden. Eine der Erhebungen stützte sich allerdings nur auf eine Vorversion in Papier-und-Bleistift-Form. Zudem waren die Umfänge der erhobenen Gruppen recht klein und zum Teil mit Psychologiestudierenden übersetzt. Nur für einige der Kennwerte wurden Zusammenhänge mit dem Erfolgskriterium gefunden, deren Richtung je nach Validierungsstichprobe und -kriterium variierte, sodass Post-hoc-Interpretationen notwendig wurden.

Validität unklar

Bewertung Die »Arbeitshaltungen« stellen zumindest im deutschen Sprachraum den ersten computerbasierten objektiven Persönlichkeitstest dar. Sie sind aber auch ein gutes Beispiel dafür, wie die Erfüllung der herkömmlichen psychometrischen Gütekriterien doch deutlich hinter den ebenso attraktiven wie faszinierenden Darbietungs- und Auswertungsmöglichkeiten computerbasierter Tests zurückbleibt. Bevor nicht sehr viel mehr an Erfahrungen zur Reliabilität und Validität vorliegen, kann das Verfahren nicht ernsthaft zum Einsatz (für welche Fragestellungen eigentlich? – im Manual finden sich dazu keine Hinweise) empfohlen werden.

erster computerbasierter deutschsprachiger objektiver Persönlichkeitstest

▪ OLMT: Objektiver Leistungsmotivations Test (Schmidt-Atzert, 2007)

Der Objektive Leistungsmotivations Test OLMT soll, wie der Subtest »Figuren unterscheiden« (s.o.), die Leistungsmotivation über eine kognitiv wenig anspruchsvolle Aufgabe messen. Die Aufgabe der Probanden besteht darin, durch Drücken von zwei Tasten eine »Straße« auf dem Bildschirm abzufahren (◘ Abb. 3.22). Die 100 Felder lange Straße führt abwechselnd nach rechts und links. Drückt der Proband die richtige Taste (rot für links und grün für rechts), legt er immer ein weiteres Feld zurück. Betätigt er die falsche Taste, erfolgt eine optische und akustische Warnung, ohne dass ein Feld vorgerückt wird. Die Bearbeitungszeit ist im Gegensatz zum »Figuren unterscheiden« fixiert; sie beträgt für jeden der insgesamt 30 Durchgänge genau zehn Sekunden. Erfasst wird die Schnelligkeit bzw. die Anzahl der zurückgelegten Felder, die exakt der Schnelligkeit des Tastendrückens entspricht, wenn keine Fehler gemacht werden. Die Ausdauer spielt insofern eine Rolle, als 30-mal die gleiche Aufgabe zu bewältigen ist, was bei maximaler Testleistung (alle 100 Felder zurückgelegt) immerhin 3.000 Tastenanschlägen entspricht. Je mehr sich ein Proband anstrengt, desto mehr Felder wird er zurücklegen.

kognitiv wenig anspruchsvolle Aufgabe

Bei der Testkonstruktion fanden relevante Befunde der Leistungsmotivationsforschung Berücksichtigung. Leistungsmotiviertes Verhalten setzt voraus, dass der Proband eine klare Zielsetzung hat (wird durch die Aufgabenstellung realisiert, möglichst viele Felder in 10 s zurückzulegen), alleine für das Ergebnis verantwortlich ist (wie viele

Forschungsergebnisse zur Leistungsmotivationsforschung umgesetzt

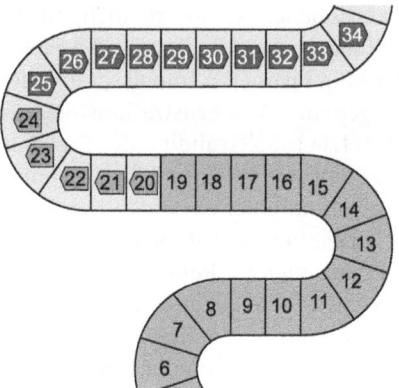

Abb. 3.22 Aufgabe im OLMT. Bereits zurückgelegte Felder werden grau markiert. Der Proband muss hier noch fünfmal die linke Taste drücken, dann die rechte etc. In jedem Durchgang (10 s) können maximal 100 Felder zurückgelegt werden

Felder er zurücklegt, liegt alleine an ihm) und Feedback über die erzielte Leistung erhält. Feedback erfolgt sowohl kontinuierlich (zurückgelegte Felder färben sich grau) als auch jeweils schriftlich am Ende eines Durchgangs (z. B. »Sie haben 67 Felder zurückgelegt«). Da die individuelle Leistungsmotivation durch Ziele, die man sich selbst setzt, sowie durch Konkurrenz angeregt werden kann, wurden zwei Subtests konzipiert, die erfassen sollen, wie stark ein Proband auf diese Anreizbedingungen anspricht.

Aufgabe als Anreiz

Gliederung Der OLMT besteht aus drei Subtests. Gemessen wird immer, wie viele Felder der Proband zurücklegt. Der erste Subtest »Aufgabenbezogene Anstrengung« erfasst die Leistung ohne andere Anreize als die Testaufgabe selbst. Allerdings wird nur der achte bis zehnte Durchgang ausgewertet, weil die Leistung normalerweise, vermutlich durch Übung bedingt, in den ersten Durchgängen ansteigt.

eigene Ziele setzen

Im Subtest »Motivation durch Ziele« wird eine extra Anreizbedingung eingeführt: Der Proband soll vor jedem Durchgang angeben, wie viele Felder er nun schaffen will. Auf dem Bildschirm erscheint die Angabe, wie viele Felder er zuletzt zurückgelegt hat. Er soll über die Tastatur eingeben, wie viele Felder er jetzt erreichen will. Erfasst wird hier nicht nur die Leistungsveränderung gegenüber Subtest 1, sondern auch das Anspruchsniveau, das aus der Abweichung der Ziele von den tatsächlichen Leistungen errechnet wird. Mit diesem Subtest soll erfasst werden, wie stark der Proband dadurch motiviert wird, dass er sich selbst Ziele für seine Arbeitsergebnisse setzt, und wie hoch sein Anspruchsniveau ist.

gegen »Konkurrenten« kämpfen

Im dritten Subtest »Motivation durch Konkurrenz« »kämpft« der Proband gegen einen Konkurrenten, der eine Straße parallel zu seiner eigenen durchläuft. Der Konkurrent wurde angeblich vom Computer passend zum Probanden ausgewählt. Tatsächlich richtet sich dessen Leistung nach der des Probanden; allerdings ist er immer 10 % schneller als der Proband in den letzen drei Durchgängen. Damit soll gemessen werden, wie stark der Proband dadurch motiviert wird, dass er seine Leistungen mit denen eines Konkurrenten vergleicht. In ◘ Tabelle 3.25 sind die Subtests mit ihren Kennwerten sowie Angaben zur Reliabilität aufgeführt.

Haupt- und Hilfskennwerte

Neben den Hauptkennwerten (◘ Tab. 3.25) werden für jeden Subtest Fehlerquoten und die intraindividuelle Streuung (SD) der Leistungen berechnet, und der Leistungsverlauf über die drei Subtests wird grafisch dargestellt. Die Hilfskennwerte dienen lediglich der Beurteilung der Hauptkennwerte. Beispielsweise kann eine große Leistungsschwankung auf Störungen oder Probleme während der Durchführung hinweisen. Eine hohe Fehlerrate spricht für große Anstrengung (die Fehlerrate korreliert um .30 mit der Anzahl zurückgelegter Felder).

hohe interne Konsistenz

Objektivität und Reliabilität Die Durchführungsobjektivität ist durch die standardisierte Instruktion und Testvorgabe gegeben. Die Auswertungsobjektivität wird durch

3.4 · Nichtsprachliche und objektive Persönlichkeitstests

Tab. 3.25 Subtests und Hauptkennwerte des OLMT

Nummer Subtest und Kennwert	Motivationaler Anreiz	Operationalisierung	α
1) Aufgabenbezogene Anstrengung	Aufgabe selbst	Anzahl zurückgelegter Felder in Subtest 1, Durchgänge 8 bis 10	.95–.96
2 a) Motivation durch Ziele b) Anspruchsniveau	eigenes Ziel eigenes Ziel	Anzahl zurückgelegter Felder in Subtest 2 im Vergleich zu Subtest 1 Zielsetzung im Vergleich zur Anzahl tatsächlich zurückgelegter Felder in Subtest 2	.88–.92 .83–.94
3) Motivation durch Konkurrenz	Leistung des Gegners	Anzahl zurückgelegter Felder in Subtest 3 im Vergleich zu Subtest 1	.88–.92

Anmerkung. Jeder Subtest besteht aus zehn Durchgängen von je zehn Sekunden. Angaben zu α für die drei Altersgruppen der Normierungsstichprobe (N = 170, 72 und 124).

die automatische Berechnung der Testergebnisse gewährleistet. Die Interpretationsobjektivität ist gegeben, weil es sich um ein normiertes Testverfahren handelt und das Manual präzise Hinweise zur Interpretation der Kennwerte enthält. Die interne Konsistenz (Tab. 3.25) liegt in einem Bereich, der eher für Leistungstests typisch ist.

Validität Positive Zusammenhänge in der Größenordnung um r = .30 fanden sich in mehreren Untersuchungen zwischen den Kennwerten des OLMT und Leistungen in verschiedenen kognitiven Leistungstests und Abiturnoten. Korrelationen in dieser Höhe bestehen nicht nur mit Speed-Tests, sondern auch mit einem Intelligenztest (SPM plus), der ohne Zeitbegrenzung bearbeitet wird. Meist erwies sich die »aufgabenbezogene Anstrengung« als der Kennwert mit der höchsten Validität. In einer prospektiven Studie korrelierte dieser Kennwert zu –.24 mit der durchschnittlichen Vordiplomnote von Psychologiestudenten und wies sogar eine inkrementelle Validität zur Abiturnote auf (Schmidt-Atzert, 2005). Mit einem Leistungsmotivationsfragebogen (Bochumer Inventar zur Berufsbezogenen Persönlichkeit BIP) konnte nur ein schwacher Zusammenhang festgestellt werden (Anspruchsniveau und Skala Leistungsmotivation bzw. Wettbewerbsorientierung: r = .29 bzw. .21).

moderate Korrelation mit Leistungsmaßen

In einer experimentellen Untersuchung zur Verfälschbarkeit des Tests sollten die Probanden ihr Testergebnis nach oben bzw. nach unten verfälschen (Ziegler et al., 2007). Eine Verfälschung nach oben gelang nicht, wie der Vergleich mit einer neutralen Kontrollgruppe ergab. Die Probanden konnten eine niedrige Leistung vortäuschen, indem sie langsamer arbeiteten. Allerdings waren die Ergebnisse meist so schlecht, dass eine Verfälschungen nach unten erkannt werden konnte.

Verfälschung nach oben gelingt nicht

Normierung Der OLMT wurde an einer nach Alter und Bildungsniveau repräsentativen Stichprobe normiert. Wegen der Altersabhängigkeit der Kennwerte wurden drei Altersgruppen gebildet: 18–49;11 (N = 170), 50–64;11 (N = 72) und 65–80 Jahre (N = 124); für die Seniorenstichprobe besteht kein Anspruch auf Repräsentativität.

repräsentative Normstichprobe

Bewertung In einer Testrezension schreibt Brandstätter (2005): »Es handelt sich um einen interessanten Versuch objektiver Messung der Leistungsmotivation, der eine nützliche Ergänzung der bisherigen Zugänge über projektive Verfahren oder Fragebogen verspricht. … Die Möglichkeiten der Computerpräsentation werden voll genutzt und machen die Testteilnahme interessant und anregend« (S. 136). »Der im Wiener

»interessanter und entwicklungsfähiger Versuch«

○ **Tab. 3.26** Übersicht über computerbasierte objektive Persönlichkeitstests

Testname	Quelle	Messgegenstand
AHA: Arbeitshaltungen	Kubinger und Ebenhöh (1996; s.o.)	Impulsivität/Reflexivität, Anspruchsniveau, Leistungsmotivation und Frustrationstoleranz
BACO Belastbarkeits-Assessment bzw. BACO-D Belastbarkeits-Assessment: computerisierte objektive Persönlichkeitstestbatterie	Ortner et al. (2007)[a]	verschiedene Formen der Belastbarkeit
HKSD: HKS Diagnostikum	Häusler (2004)	Faktoren des Arbeitsstils, besonders bei Kindern mit einem hyperkinetischen Syndrom
ILICA: Inventar zur Persönlichkeitsdiagnostik in Situationen	Möseneder und Ebenhöh (1996)[a]	»Selbstverwaltungsfähigkeit« (persönlichen Stil, mit Ablenkungen während einer angestrebten Zielerreichung, mit Problemen und Frustrationen umzugehen)
MOI: Multimethodische Objektive Interessensbatterie	Proyer und Häusler (2008)	berufsbezogene Interessen
OATB-T21: Objektive Testbatterie	Häcker et al. (o. J.)	Kritikfähigkeit Anmerkung: fünf weitere Tests aus der OATB im Hogrefe-Testsystem
OLMT: Objektiver Leistungs Motivations Test	Schmidt-Atzert (2007; s.o.)	Leistungsmotivation
RISIKO: Risikowahlverhalten	Guttmann und Bauer (2004)	Risikobereitschaft
WRBT: Wiener Risikobereitschaftstest	Hergovich und Bognar (2003)	Risikobereitschaft
WRBTV: Wiener Risikobereitschaftstest Verkehr	Hergovich et al. (2005)	Risikobereitschaft in Verkehrssituationen

Anmerkung. [a] Verlag existiert nicht mehr; Test jetzt bei Pearson erhältlich.

Testsystem verfügbare OLMT ist als interessanter und entwicklungsfähiger Versuch der objektiven Messung von Leistungsmotivation zu werten, der allerdings noch weitere Untersuchungen zur Konstruktvalidität ... einschließen sollte« (S. 137).

wiedererwachtes Interesse an objektiven Persönlichkeitstests

Das Interesse an objektiven Persönlichkeitstests ist wieder erwacht, nachdem in den Jahren nach Veröffentlichung der OATB-75 (s.o.) lange Zeit kein neues Verfahren mehr vorgestellt wurde. ○ Tabelle 3.26 gibt einen Überblick über objektive Persönlichkeitstests, die derzeit (Stand Dez. 2010) bei Testverlagen erhältlich sind; es handelt sich ausschließlich um computergestützte Verfahren. Weitere Tests befinden sich in Entwicklung und werden vorerst nur für Forschungszwecke eingesetzt (s. Ortner et al., 2006).

Weiterführende Literatur

Über die theoretischen Grundlagen objektiver Persönlichkeitstests sowie über die Entwicklung mehrerer konkreter Verfahren informiert ein von Ortner et al. (2006) herausgegebenes Buch.

? Übungsfragen
Kap. 3.4
44. Welche Vorteile bieten nichtsprachliche Persönlichkeitstests gegenüber konventionellen Persönlichkeitsfragebögen?
45. Wie funktionieren Situational Judgment Tests?
46. Wie stark sind nichtsprachliche Persönlichkeitstests verfälschbar?
47. Was versteht man unter objektiven Persönlichkeitstests?
48. Nennen Sie drei Beispiele für objektive Persönlichkeitstests!

3.5 Projektive Verfahren

Zu den wohl umstrittensten diagnostischen Verfahren gehören die sog. projektiven Tests. Für die einen stellen sie einen einzigartigen und ergiebigen Zugang zur Persönlichkeit eines Menschen, seinen Motiven sowie dessen Wünschen, dar – für andere sind sie ein psychometrischer Albtraum, also Verfahren mit völlig unzulänglichen Gütekriterien. Zur letztgenannten Position ist zu sagen, dass es nicht »die« projektiven Tests gibt, sondern sehr unterschiedliche – auch mit unterschiedlichen Gütekriterien. Projektive Verfahren gleichen in mehreren Aspekten den in ▶ Abschnitt 3.4.2 vorgestellten objektiven Persönlichkeitstests: (1) Auf Selbstberichte wie bei Fragebögen wird verzichtet, (2) aus dem Verhalten der Testperson in einer standardisierten Testsituation wird auf deren Persönlichkeitseigenschaften geschlossen, (3) der Test ist für die Probanden weitgehend undurchschaubar – sie wissen nicht, was genau gemessen wird. Insofern könnte man die projektiven Verfahren auch den objektiven Persönlichkeitstests zuordnen. Sie heben sich von diesen jedoch durch eine ihnen zugrunde liegende Theorie ab: Die Reaktionen auf das Testmaterial kommen durch Projektion eigener Eigenschaften in das mehr oder weniger diffuse Testmaterial zustande.

kein Selbstbericht, Verhalten in standardisierter Testsituation, undurchschaubar

Projektion Der Begriff der Projektion geht auf Freud zurück und meint ursprünglich die Verlegung einer Eigenschaft, die das Ich bedroht und an der eigenen Person nicht wahrgenommen wird, auf eine Person der Außenwelt. Beispielsweise mag jemand sehr geizig sein, dies aber in einem Interview oder bei Bearbeitung eines Fragebogen weit von sich weisen. Dieselbe Person meint nun, bei einer anderen Person – die vielleicht gar nicht geizig ist – genau diese Eigenschaft zu »beobachten«. Die bei sich selbst nicht akzeptierte und wahrgenommene Eigenschaft wird in eine andere Person projiziert. Im Grunde ist es der eigene Geiz, der in der anderen Person wahrgenommen wird. Der klassische Projektionsbegriff zeichnet sich also durch drei Merkmale aus:

klassischer Projektionsbegriff

- Projektion besteht darin, dass man anderen Menschen Eigenschaften, Gefühle und/oder Wünsche unterstellt, die man selbst hat, aber sich nicht eingesteht, weil sie gewöhnlich negativ bewertet werden.
- Projektion ist ein unbewusster Vorgang.
- Es handelt sich um einen Abwehrmechanismus.

Würde man dem klassischen Projektionsbegriff folgen, müssten projektive Tests Personen als »Projektionsfläche« verwenden. Tatsächlich gibt es auch projektive Tests, die zumindest Bilder von Personen als Testmaterial verwenden, so der TAT (s.u.). In einer verallgemeinerten Variante versteht man unter Projektion, dass sich eigene Interessen, Gewohnheiten, Zustände, Wünsche etc. auf die Wahrnehmung bzw. Interpretation von mehrdeutigem Material auswirken. Damit kommen als »Projektionsfläche« auch Tintenkleckse, andere mehrdeutige Objekte und sogar ein weißes Blatt Papier infrage. Die Annahme, dass es sich um einen unbewussten Vorgang handelt, der zudem der Abwehr dient, ist nicht mehr zwingend erforderlich. Für die Konstruktion von projektiven Tests folgt daraus, dass mehrdeutige Reize als Testmaterial gut geeignet sind.

verallgemeinerter Projektionsbegriff

Theorie gibt den Tests ihren Namen

Wenn man ein bestimmtes Merkmal messen will, sollten die Reize einen spezifischen Aufforderungscharakter für dieses Merkmal haben, also dazu anregen, merkmalsbezogene Antworten zu geben.

Die projektiven Verfahren werden somit nach der Theorie klassifiziert, die ihnen zugrunde liegt. Das ist ein ungewöhnlicher Kategorisierungsgesichtspunkt, da die Gruppierung üblicherweise nach dem Messgegenstand (z. B. Intelligenz, Konzentration, Persönlichkeit) oder äußeren formalen Kriterien (z. B. Papier- und-Bleistift-Test, Einzel- oder Gruppentest usw.) erfolgt. Die Bereichsbildung nach »der« (einen) Theorie ist jedoch problematisch, weil es sehr divergierende Darstellungen darüber gibt, was genau eine Projektion ist und welche Variante im konkreten Fall vorliegt.

Verhältnis Index-Indiziertes

Damit hängt u. a. das Problem zusammen, wie das Verhältnis zwischen Index und Indiziertem beschaffen ist, auf das Hörmann (1971, S. 93/94) in seiner glänzenden Analyse mit einem sehr instruktiven Beispiel verweist.

> **Beispiel**
>
> In seiner **Wunschprobe** verfolgte Wilde (1950) die Absicht, die Soseins-Wünsche und damit die Dimensionen der charakterologischen Dynamik zu erfassen. Dabei stellte sich aber die Frage nach der Ebene des in der Wunschprobe erscheinenden Verhaltens: »Wenn jemand ein Tiger sein möchte, weil der so schön beißen kann – heißt das, dass die Versuchsperson aggressiv ist und aggressiv sein will, oder dass sie nicht aggressiv ist, aber aggressiv sein möchte, oder dass sie nicht aggressiv ist, auch bewusst nicht aggressiv sein möchte, ihre unbewussten Wünsche nach Aggressiv-Sein aber hier projiziert, oder dass sie aggressiv ist, aber bewusst nicht aggressiv sein möchte und deshalb hier ihr Aggressiv-Sein-Wollen projiziert? – dass der Stimulus ‚Tiger' hier die Dimension Aggressivität anspricht und nicht etwa die Dimension Ästhetik (so schön gefleckt) weist zwar darauf hin, dass Aggressivität für die Versuchsperson eine Rolle spielt – aber welche?« (Hörmann, 1971, S. 94)

Verwendung primär im klinischen Bereich

Projektive Verfahren werden in der diagnostischen Praxis primär im klinischen Bereich verwendet. Bölte et al. (2000) haben eine Befragung in 92 stationären und ambulanten Einrichtungen für Kinder und Jugendliche durchgeführt und dabei ermittelt, dass 31 Prozent der Befragten angaben, »immer« projektive Verfahren einzusetzen – für Persönlichkeitsfragebögen lag der vergleichbare Wert bei 29 Prozent. Weitere 34 Prozent der Befragten gaben an, diese Verfahren »oft« einzusetzen. Auf die Frage, welche Verfahren sie einsetzen, gaben viele auch den »Baumtest« oder »Familie in Tieren« an – Verfahren, die den üblichen psychometrischen Kriterien absolut nicht genügen. Es bleibt nur zu hoffen, dass diese Verfahren nur zum Einstieg in ein Gespräch mit Kindern und Jugendlichen verwendet werden und jede Auswertung unterlassen wird.

Arten projektiver Tests

Projektive Verfahren sind so vielfältig, dass man sie nach verschiedenen Kriterien einteilen kann:
- Formdeuteverfahren (Beispiel: Rorschach-Test; Aufgabe: Tintenkleckse deuten)
- zeichnerische- und Gestaltungsverfahren (Beispiel: Familie in Tieren; Aufgabe: die eigene Familie als Tiere zeichnen)
- verbal-thematische Verfahren (Beispiel: TAT; Aufgabe: Geschichten zu Bilder erfinden)

alternative Einteilung

Eine andere Einteilung, die Lilienfeld et al. (2000) zufolge auf Lindzey (1959) zurückgeht, orientiert sich alleine am Reaktionsmodus:
- Konstruktion (Beispiel: TAT; Aufgabe: etwas frei konstruieren oder beantworten)
- Ergänzung (Beispiel: Rosenzweig Picture Frustration-Test; Aufgabe: Antworten in eine Sprechblase einfügen)

3.5 · Projektive Verfahren

◘ Abb. 3.23 Item aus dem Multi-Motiv-Gitter. (Aus Schmalt et al., 2000, mit freundlicher Genehmigung von Pearson)

- Anordnung/Selektion (Beispiel: Szondi-Test; Aufgabe: Bilder von Menschen danach auswählen, ob sie einem gefallen oder nicht gefallen)
- Ausdruck (Beispiel: Analyse der Handschrift)

Als eine besondere Variante sind die semiprojektiven Verfahren zu nennen. Die Antworten auf mehrdeutige Reize werden hier hoch standardisiert erfasst und ausgewertet. So werden beim Multi-Motiv-Gitter (Schmalt et al., 2000) Situationen skizzenhaft dargestellt (◘ Abb. 3.23), und die Testperson muss lediglich ankreuzen, welche der vorgegebenen Aussagen auf diese Situation zutrifft. Mit dem Verfahren soll die Ausprägung des Macht-, Leistungs- und des Anschlussmotivs erfasst werden. Die möglichen Antworten passen zum Teil auf eines oder mehrere dieser Motive. Die Auswertung besteht darin, die Anzahl der zu jedem der Motive passenden Antworten auszuzählen. Durchführung und Auswertung sind also genauso hoch standardisiert wie bei Persönlichkeitsfragebögen; das Verfahren ist sogar in einer Computerversion verfügbar.

semiprojektive Tests

Zu den weltweit am häufigsten verwendeten projektiven Verfahren gehören der Rorschach-Test und der Thematische Apperzeptionstest TAT. Bei diesen Verfahren handelt es sich um Klassiker, die schon sehr lange auf dem Markt sind und zu denen inzwischen fast unüberschaubar viele Publikationen vorliegen. Zum TAT wurden Varianten wie der Leistungsmotivations-TAT entwickelt, die auch eine hohe Standardisierung der Auswertung erlauben. Aus der Gruppe der zeichnerischen- und Gestaltungsverfahren wurde oben die »Familie in Tieren« genannt. Im Folgenden werden exemplarisch vorgestellt:
- Rorschach-Test RT
- Thematischer Apperzeptionstest TAT und Leistungsmotivations-TAT
- Familie in Tieren

Projektive Verfahren sind sicherlich für die Probanden schwerer zu durchschauen als Fragebögen. Dennoch sind sie nicht gegen Verfälschung resistent, wie mehrere Untersuchungen belegen. Exemplarisch soll eine Untersuchung zum TAT (s.u.) beschrieben werden: Holmes (1974) zeigte Studierenden, die keine Vorkenntnisse über projektive Verfahren hatten, per Dia zwei TAT-Bilder. Sie sollten, wie beim TAT vorgesehen, je-

schwer durchschaubar, aber nicht verfälschungsresistent

weils eine Geschichte dazu verfassen. Die Hälfte der Versuchsteilnehmer sollte dabei ehrlich sein, die andere Hälfte sollte sich als leistungsmotiviert darstellen. Drei Wochen später wurde der Test wiederholt; die Teilnehmer wurden nun der jeweils anderen Bedingung zugewiesen. In der ersten Sitzung unterschieden sich die beiden Gruppen sehr deutlich in ihrer Leistungsmotivation (nur dafür wurde ein Kennwert bestimmt). Würde man die Leistungsmotivation in Standardwerten ausdrücken (mit der Kontrollgruppe als »Normgruppe«, einem Mittelwert von 100 und einer Standardabweichung von 10), hätten die Teilnehmer in der Faking-Bedingung einen Wert von 112 erreicht. In der zweiten Sitzung, in der nun ein wenig Testerfahrung bestand, war der Unterschied noch größer; in der Faking-Gruppe entsprach der Testwert einem Standardwert von 116.

- **Rorschach-Test (Rorschach, 1921)**

Tintenkleckstest mit Vorläufern

Der Rorschach-Test wurde nach seinem Erfinder Hermann Rorschach, einem Schweizer Psychiater, benannt. Wie kam Rorschach auf die aus heutiger Sicht ungewöhnliche Idee, Zufallsformen für diagnostische Zwecke deuten zu lassen, und wie erlangte der Test die Bedeutung, die er heute hat? Rorschach hatte bereits in seiner Kindheit Spaß daran, »Bilder« herzustellen, indem er Tinte oder Farbe auf ein Blatt Papier gab und dieses zusammenfaltete; von seinen Mitschülern erhielt er dafür den Spitznamen »Klecks«. Der schwäbische Arzt Justinus Kerner hatte bereits 1857 ein Buch mit dem Namen »Klecksografien – Gedichte zu Dintenklecksen« veröffentlicht. Kerner hatte sich von selbst hergestellten Tintenklecksen zu Gedichten anregen lassen. Das spielerische Herstellen von Klecksbildern war früher unter Kindern verbreitet. Tintenklecksbilder wurden bereits vor dem Rorschach-Test für wissenschaftliche Zwecke verwendet: Alfred Binet, dem Schöpfer des modernen Intelligenztests, hatte Tintenklecke als Testmaterial zur Messung von Kreativität eingesetzt. Bereits 1917 hatte Szyman Hens eine Doktorarbeit über einen Tintenkleckstest bei dem berühmten Schweizer Psychiater Bleuler verfasst, der auch später der Doktorvater von Rorschach war.

»wahrnehmungs- diagnostisches Experiment«

Rorschach (◘ Abb. 3.24) arbeitete seit 1918 mit einer von ihm entwickelten Serie von 40 Tintenklecksbildern. Er hatte die Karten 117 Nichtpatienten und 188 Schizophrenen mit der Frage »Was könnte das sein?« vorgelegt. Ein Buchmanuskript mit 15 ausgewählten Bildern wurde von mehreren Verlegern abgelehnt. Der Bircher-Verlag, der das Buch *Psychodiagnostik. Methodik und Ergebnisse eines wahrnehmungsdiagnostischen Experiments (Deutenlassen von Zufallsformen)* schließlich veröffentlichte, ging bald bankrott. Hans Huber gründete 1927 in Bern einen Verlag und kaufte die Rechte von Bircher. Das Buch und die zehn dazugehörigen Tafeln trugen ganz wesentlich zum wirtschaftlichen Erfolg des Verlags bei. Rorschach konnte den Erfolg nicht miterleben; er verstarb 1922 im Alter von 37 Jahren an den Folgen einer Blinddarmentzündung (Schmidt-Atzert, 2006). Rorschach hatte das Verfahren zur Diagnostik der damals neu definierten Störung »Schizophrenie« entwickelt und großen Wert auf formale Prinzipien der Wahrnehmung gelegt.

erst später als projektives Verfahren eingeordnet

Die theoretische Einordnung als projektives Verfahren wurde erst 1939 vorgenommen (Mattlar, 2004). Der Test wird rund sechs Millionen Mal pro Jahr angewendet (Sutherland, 1992; nach Lilienfeld et al., 2000). 2009 kam es zu einem Eklat: Im Juni 2009 lud der kanadische Arzt James Heilman die zehn Farbklecktafeln auf die Online-Enzyklopädie Wikipedia – inklusive gängiger Interpretationen (Welt online, 12.08.2009). Die Bilder waren zwar schon vorher im Internet abrufbar, aber die Verbreitung über eine bekannte Internetadresse und die Interpretationshinweise bewirken, dass Testpersonen nun eventuell andere Deutungen liefern, wenn sie sich vorher informiert haben.

Erfassungsmodus, Determinanten, Inhalt, Originalität

Der Rorschach-Test ist ein Formdeuteverfahren, bei dem der Testperson nacheinander zehn Klecksbilder (◘ Abb. 3.25) vorgelegt werden. Die Frage dazu lautet immer »Was könnte das sein?«. Die Tafeln dürfen gedreht werden, die Zahl der Antwor-

3.5 · Projektive Verfahren

Abb. 3.24 Hermann Rorschach. (Aus Pawlik, 2006, S. 593)

ten ist beliebig. Jede Antwort wird protokolliert und anschließend nach bestimmten Kategorien mehrfach signiert. Die klassische Auswertungsmethode von Rorschach sieht eine Beurteilung der Antworten nach vier Gesichtspunkten vor: Erfassungsmodus (Ganz- oder Detaildeutung), Determinanten (Form, Farbe, Bewegung), Inhalt (z. B. Tier, Mensch, Anatomie) und Grad der Originalität (z. B. »Vulgärantwort« für häufig vorkommende Deutungen – etwa »Fledermaus« bei der in ◘ Abb. 3.25 gezeigten Tafel). Weitere Indikatoren für das »Psychogramm« sind die Antwortzahlen, die Reaktionszeiten, die Sukzession der Erfassungsmodi, der Erfassungs- und Erlebnistyp und verschiedene Prozentwerte (Menschen, Tier-, Anatomiedeutungen usw.). Eine inhaltliche Analyse nach tiefenpsychologischen Prinzipien ist nicht obligatorisch. Ist schon die Signierung der Antworten nicht einfach, so bedarf deren Interpretation eingehender Schulung und langjähriger Erfahrung, weil die Ergebniskategorien nur im Zusammenhang bewertet werden sollen.

Damit ergeben sich für die Auswertungsobjektivität erhebliche Probleme. So korrelieren einige Kategorien deutlich mit der nicht festgelegten Antwortzahl, und die Übereinstimmung zwischen verschiedenen Auswertern variiert bei unterschiedlichen Stichproben und Kategorien zwischen 52 und 98 %. Auch die Reliabilitätsbestimmung

Objektivität und Reliabilität nicht optimal

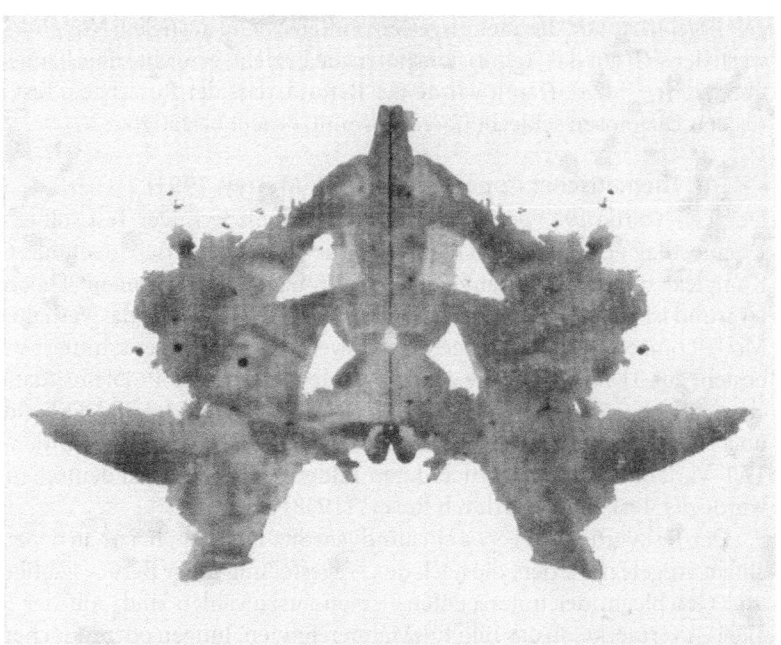

Abb. 3.25 Tafel aus dem Rorschach-Test. (Mit freundlicher Genehmigung des Verlags Hans Huber)

ist problematisch. Ein Halbierungskoeffizient lässt sich kaum berechnen, weil die zehn Testtafeln sehr unterschiedlich sind. Die Bestimmung einer Paralleltestreliabilität scheitert am Fehlen einer Parallelform. Aber auch die Ermittlung einer Retest-Reliabilität ist schwierig, da die gegebenen Antworten leicht erinnert werden können und häufig zu Kontrastreaktionen bei der Testwiederholung führen. Um die mit der Erinnerung verbundenen Effekte zu minimieren, hat bereits vor geraumer Zeit Griffith (1951) eine Wiederholungsuntersuchung mit Korsakoff-Patienten durchgeführt, die sich wegen ihrer Gedächtnisstörungen an die erste Testung nicht erinnern konnten. Dabei wurden zwar relativ hohe Stabilitäten beobachtet, aber die Stichprobe der Testpersonen war nur sehr klein und weit entfernt von jeglicher »Repräsentativität«.

Comprehensive System

In den USA steht mit dem Comprehensive System (Exner, 2003) ein Handbuch für den Rorschach-Test zur Verfügung, das detaillierte Anweisungen für die Durchführung und Auswertung sowie Normen für Kinder und Erwachsene enthält. Eine deutschsprachige Fassung der 5. Auflage des Arbeitsbuches für das Comprehensive System ist 2010 erschienen (Exner, 2010). Die Auswertungsübereinstimmung (Kappa oder andere Koeffizienten) für das Comprehensive System liegt Mattlar (2004) zufolge zwischen 0.85 and 0.94 und ist damit relativ hoch.

geringe Übereinstimmung mit psychiatrischen Diagnosen

Zur Validität des Rorschach-Tests liegen viele hundert Publikationen unterschiedlicher Qualität vor. Hiller et al. (1999) haben eine Metaanalyse zur Validität von MMPI und Rorschach-Test durchgeführt; die Daten wurden von Rosenthal et al. (2001) nach einer Kritik an methodischen Details teilweise reanalysiert. Rosenthal et al. zufolge beträgt die durchschnittliche Validität (gewichteter Median) des Rorschach-Tests .29, die des MMPI im Vergleich dazu .35. Allerdings fielen die Validitätskoeffizienten für den Rorschach-Test in jüngerer Zeit höher aus als früher, was von den Autoren mit der Einführung des Comprehensive Systems in Verbindung gebracht wurde. Die Korrelation mit objektiven Kriterien wie »Gefängnisinsasse oder nicht« fällt jedoch für den Rorschach-Test höher aus als für das MMPI (r_{tc} = .37 versus .20), während das MMPI höher mit psychiatrischen Diagnosen korreliert als der Rorschach-Test (r_{tc} = .37 versus .18; Hiller et al., 1999, Tab. 9). In einer weiteren Metaanalyse sind Wood et al. (2010) der Frage nachgegangen, wie gut mit dem Rorschach-Test Psychopathen erkannt werden können. Dazu suchten sie Studien, in denen Personen mit einer antisozialen Persönlichkeitsstörung (diagnostiziert mit einer Psychopathie-Checkliste) mit Kontrollpersonen verglichen wurden. Zu 37 Kennwerten aus dem Comprehensive System lagen Ergebnisse vor, die aber insgesamt enttäuschend ausfielen: Nur ein einziger Kennwert, der sich auf das Aggressionspotenzial bezieht, erreichte überhaupt eine Validität über .20 (r_{tc} = .23). Damit wurde der Befund, dass der Rorschach-Test mit psychiatrischen Diagnosen schlecht übereinstimmt, erneut bestätigt.

■ **TAT: Thematischer Apperzeptionstest (Murray, 1991)**

theoretischer Hintergrund: Persönlichkeitstheorie Murrays

Der TAT wurde 1943 erstmals von Murray publiziert. Der Test soll es dem geübten Diagnostiker ermöglichen, einige der vorherrschenden Triebe, Gefühle, Gesinnungen, Komplexe und Konflikte auf Seiten des Probanden zu erkennen. Theoretischer Hintergrund ist die Persönlichkeitstheorie Murrays, der zufolge das Verhalten stark durch Motive (»needs«) und Zwänge der Umwelt (»presses«) determiniert wird. Der TAT besteht aus 31 Bildtafeln, die grundlegende menschliche Problemsituationen ansprechen (◘ Abb. 3.26); eine Tafel ist völlig weiß, also ohne jedes Bild. Es handelt sich dabei noch immer um die alten Schwarz-Weiß-Originale; allerdings wurden auch diverse TAT-Varianten mit zum Teil anderen Bildern entwickelt. Im deutschen Sprachraum wurde der Test vor allem durch Revers (1958) bekannt.

dramatische Geschichte zu jedem Bild erzählen

Der Test wird in zwei etwa einstündigen Sitzungen appliziert, in denen je etwa zehn Tafeln vorgelegt werden, die nach der Fragestellung unter Berücksichtigung von Alter und Geschlecht der untersuchten Person auszuwählen sind. Auf der Rückseite der Tafel ist vermerkt, ob das Bild für Männer, Frauen, Jungen oder Mädchen geeignet ist.

3.5 · Projektive Verfahren

◘ **Abb. 3.26** Tafel aus dem TAT. (Mit freundlicher Genehmigung von Grune & Straton)

Der Proband wird aufgefordert, zu jedem Bild eine möglichst dramatische Geschichte zu erzählen. Darin soll enthalten sein: Was führte zu der gezeigten Situation? Was geschieht gerade? Was fühlen und denken die Personen? Wie geht die Geschichte aus? Der Testleiter hat die Antworten zu protokollieren und bei Bedarf an die Instruktion zu erinnern. In einer Nachbefragung sollen die angesprochenen Themen und Konflikte, deren Vorgeschichte sowie ihre weitere Entwicklung herausgearbeitet werden. Für Murray stand eine Satz-für-Satz-Auswertung im Mittelpunkt, die nach den Kräften und Aktivitäten fragte, die entweder von »Helden« der Geschichte ausgehen oder auf diesen wirken (»needs« bzw. »presses«). Es gibt jedoch verschiedene Auswertungsmethoden, deren Verwendung von der verfügbaren Zeit, dem Quantifizierungsanspruch des Testleiters, den unterlegten Persönlichkeitstheorien, Rahmenbedingungen und anderen Faktoren abhängt.

Ist die **Objektivität der Testdurchführung** schon wegen der Freiheit bei der Auswahl der Tafeln infrage gestellt, so birgt die für die Testperson ungewohnte Aufgabenstellung und die Enge des Kontakts die Gefahr, dass sie versucht, aus dem verbalen und nonverbalen Verhalten des Testleiters Hinweise für ihre Antworten zu erlangen. Dadurch kann der Testleitereffekt verstärkt werden. Da zudem die Auswertungsvorschriften relativ vage sind, ist auch die **Objektivität der Testauswertung** erheblich eingeschränkt. Orientiert man sich an den Werken von Murray (1991) oder Revers (1958), so gibt es keine hinreichend standardisierte Auswertung. Allerdings wurden für Forschungszwecke Auswertungsmethoden zur Erfassung des Leistungs-, Gesellungs- und Machtmotivs entwickelt (für eine Anwendung und Literaturhinweise s. Langan-Fox & Grant, 2006). In der Praxis wird der TAT meist intuitiv ausgewertet. Normen, die helfen würden, die Häufigkeit bestimmter Aussagen oder Themen, die in den Geschichten anzutreffen sind, einzuordnen, sind nicht vorhanden. Damit ist die Interpretationsobjektivität fraglich.

Für die Berechnung der **Reliabilität** ergeben sich infolge der Heterogenität der Tafeln und wegen des Fehlens einer Parallelserie ganz ähnliche Probleme wie beim Rorschach-Test. Das Gleiche gilt auch für die Erinnerungseinflüsse bei einer Testwiederholung. Der TAT wurde gerne in der Leistungsmotivationsforschung eingesetzt. In diesem Kontext wurden Reliabilitätsschätzungen für Kennwerte der Leistungsmotivation durchgeführt. Die Werte für die interne Konsistenz lagen selten über .30 oder .40 (Entwisle, 1972). Für die Retest-Reliabilität ermittelte Fineman (1977) einen mittleren Wert (Median) von .32.

Zur Leistungsmotivation liegen auch viele Validitätsuntersuchungen meist älteren Datums vor. Spangler (1992) führte eine Metaanalyse über 105 Validitätsstudien durch

Objektivität problematisch

für Leistungsmotivation niedrige Reliabilität ermittelt

Metaanalyse zur Validität bei Messung des Leistungsmotivs

und verglich die Validität des TAT mit der von Fragebögen zur Leistungsmotivation. TAT und Fragebögen korrelierten extrem niedrig (r = .09), was Zweifel an der Konstruktvalidität erlaubt. Bei den Kriterien, die zur Validierung herangezogen wurden, handelte es sich zum Teil um objektive Indikatoren von Leistung im Beruf wie etwa den Umsatz, den Farmer erzielen. Während Fragebögen durchschnittlich zu r = .13 mit solchen »harten« Kriterien korrelierten, betrug die vergleichbare Korrelation des TAT immerhin r = .22. Auf den ersten Blick ist dies ein Beleg für die Kriteriumsvalidität des TAT. Allerdings ist zu bedenken, dass der Leistungsmotivationskennwert mit dem Umfang der erzählten Geschichten zunimmt und schwach mit Intelligenz korreliert. Deshalb wäre es sinnvoll, den Zusammenhang zwischen TAT und Berufserfolg für Intelligenz zu kontrollieren, was aber nicht geschehen ist. Entwisle hat bereits 1972 zahlreiche Belege dafür gesammelt, dass der Leistungsmotivwert deutlich mit der Länge der produzierten Geschichten zusammenhängt und dass die verbale Produktivität höher mit Schulleistungen korreliert als der eigentliche Motivwert. Die verbale Produktivität hängt weiterhin mit Intelligenz zusammen; wird der Zusammenhang zwischen Motivwert und Schulleistung für Intelligenz kontrolliert, sagt die Motivstärke die Schulleistung nicht mehr vorher.

TAT ökonomischen Verfahren überlegen?

Auch wenn der TAT sich für eine bestimmte Fragestellung als valide erweisen sollte, stellt sich die Frage, ob das Gleiche nicht auch mit einem einfach handhabbaren, ökonomischen Test zu erreichen wäre. Eine diesbezüglich eindrucksvolle Untersuchung stammt von Wildman und Wildman (1975). Klinischen Psychologen wurde die Aufgabe gestellt, u. a. anhand von MMPI- und/oder TAT-Ergebnissen festzustellen, ob es sich bei der Testperson um eine psychiatrische Patientin oder um eine Krankenschwesterschülerin handelt (▶ Abschn. 3.3.3). Mit dem TAT alleine erzielten sie eine Trefferquote von 57 Prozent, während sie mithilfe des MMPI 88 Prozent richtig klassifizierten – bei blindem Raten wären 50 Prozent Treffer zu erwarten gewesen. Wurden den Experten TAT und MMPI zur Verfügung gestellt, verbesserte sich die Trefferquote nicht, sondern sie wurde schlechter; sie betrug nur noch 80 Prozent.

psychometrisch problematisches Verfahren

Der TAT stellt in Kombination mit dem Handbuch von Murray oder von Revers kein hinreichend objektives Verfahren dar; die Anweisungen zur Auswertung und Interpretation sind nicht eindeutig und präzise genug, um zu gewährleisten, dass verschiedene Auswerter zum gleichen Resultat gelangen. Die Befunde zur Reliabilität sind enttäuschend. Der stärkste Validitätsbeleg ist die Metaanalyse von Spangler (1992), in der sich der TAT scheinbar Persönlichkeitsfragebögen als überlegen erwies. Daraus sollte nicht der Schluss gezogen werden, der TAT sei für den Einsatz in der diagnostischen Praxis gut geeignet: Der TAT liefert zwar potenziell sehr viele Informationen über eine Testperson – hier wurde aber nur die Leistungsmotivation betrachtet. Weiterhin besteht die Möglichkeit, dass die Vorhersagekraft des TAT durch eine Konfundierung mit Intelligenz zustande gekommen ist. Intelligenztests sind ein wesentlich besserer Prädiktor für Berufserfolg als der TAT.

Leistungsmotivations-TAT

TAT-Varianten Nach der bisherigen Kritik an den mangelnden Testeigenschaften des TAT stellt sich die Frage, ob das Verfahren nicht so verbessert werden kann, dass es testdiagnostischen Mindestkriterien genügt. Folgende Strategie bietet sich an: Anstatt ein sehr breites Spektrum an Persönlichkeitseigenschaften zu messen, könnte man sich auf ein einziges Merkmal konzentrieren und dafür geeignete Bilder auswählen. Die Auswertung, die sich nun auf ein Merkmal beschränkt, könnte man durch präzise Handlungsanweisungen hoch standardisieren. Heckhausen (1963) hat sich auf die Messung des Leistungsmotivs konzentriert. Dieses Verfahren soll hier exemplarisch dargestellt werden, um das Potenzial, das der TAT hat, genauer zu betrachten. Beim Leistungsmotivations-TAT werden statt vieler verschiedener menschlicher Problemsituationen nur sechs Leistungssituationen gezeigt (◘ Abb. 3.27); die Instruktion ist der des TAT sehr ähnlich.

3.5 · Projektive Verfahren

◘ **Abb. 3.27** Bild aus dem Leistungsmotivations-TAT

Bei der Auswertung werden jedoch die Differenzen deutlich. Die Signierung ist nicht der Intuition des Auswerters überlassen, sondern erfolgt anhand eines detaillierten Inhaltsschlüssels, der eine Zuordnung der bei offener Beantwortung vielfältigen verbalen Reaktionen und deren Quantifizierung ermöglicht. Als Ergebnis werden Kennwerte für »**Hoffnung auf Erfolg**« und »**Furcht vor Misserfolg**« ermittelt, deren Summe einen Wert für **Gesamtmotivation** und deren Differenz einen Kennwert für **Nettohoffnung** ergeben. An 236 Grund- und Handelsschülern sowie 251 Studenten wurden Normwerte erhoben.

Die Übereinstimmung von zwei geschulten Auswertern erreichte einen Wert von .84. Die interne Konsistenz der Bilderserie war mit .66 relativ niedrig, was aber bei nur sechs Items nicht überraschen kann. Bei der Testwiederholung nach fünf Wochen ergaben sich Retest-Koeffizienten von .42 für **Hoffnung auf Erfolg** und .59 für **Furcht vor Misserfolg**, die die Problematik einer Testwiederholung bei derartigen Verfahren noch einmal verdeutlichen. Die Studienleistungen von Studenten korrelierten mit ihrer Erfolgszuversicht in Höhe von .56. Dieser Validitätskoeffizient ist unplausibel hoch, da nicht anzunehmen ist, dass die Leistungsmotivation derart stark mit Studienerfolg zusammenhängt; einem solchen Ergebnis sollte man erst nach einer Replikation vertrauen.

Am Beispiel des Leistungsmotivations-TAT sollte demonstriert werden, dass Bildinterpretationsverfahren als Messinstrumente nicht völlig ungeeignet sind. Es bedarf allerdings der Beschränkung auf klar begrenzte Konstrukte, der Erarbeitung eindeutiger Auswertungsregeln und der Quantifizierung der Ergebnisse.

- **Familie in Tieren (Brem-Gräser, 2001)**

Aus der Gruppe der zeichnerischen- und Gestaltungsverfahren soll mit der »Familie in Tieren« ein in der Praxis beliebtes Verfahren (Bölte et al., 2000) vorgestellt werden. Das Verfahren wurde für Kinder konzipiert. Zur Durchführung benötigt man lediglich ein Blatt Papier (Größe?) und einen Stift (Bleistift, Buntstifte – und wenn ja, welche Farben und welche Art?). Das Kind wird aufgefordert, sich seine Familie als Tiere vorzustellen und sie zu malen. Schon die Durchführung ist nicht standardisiert, da wichtige Angaben zum Testmaterial fehlen.

Der theoretische Hintergrund wird deutlich, wenn man liest, dass Mythen und Redewendungen zur Interpretation der Tierfiguren bemüht werden. Über die Schlange (die Geschwister werden sehr oft als Schlange dargestellt, aber auch für Vater und

standardisierte inhaltsanalytische Auswertung

moderate Reliabilität

eigene Familie als Tiere malen

zweifelhafter theoretischer Hintergrund

Mutter verwenden Kinder gerne die Schlange) sei bekannt, dass sie das Prinzip des Bösen verkörpert; es heißt aber auch, »seid klug wie eine Schlange«; auch ein höheres Wissen und die Kraft zur Heilung sei ihr eigen etc. Immerhin findet man in dem Buch Angaben, wie häufig bestimmte Tiere für Vater, Mutter, Bruder und Schwester gewählt werden; die Daten stammen aus der Analyse von 2.000 Familiendarstellungen. So erfahren wir, dass die Schlange insgesamt am häufigsten vorkommt, der Vater aber auch oft als Pferd oder Elefant und die Mutter oft als Vogel oder Hase gemalt wird. Diese Angaben dürfen nicht als Normtabellen verstanden werden; sie sagen lediglich aus, wie gewöhnlich oder ungewöhnlich die Wahl eines bestimmten Tieres ist. Für die Interpretation des Charakters eines Tieres und damit der Person, die es verkörpert, finden sich vage Hinweise wie der Vogel sei »das eigentliche Luftwesen, der Götterbote«, aber auch konkrete Charaktereigenschaften wie beschwingt, lustig, rege, schwankend, kleinmütig, frech etc. Eine Hilfestellung, wie man die passende Eigenschaft auswählt, sucht man vergebens. Die Auswertungsobjektivität ist nicht gegeben, da es keine genaue Anleitung gibt.

Die Zeichnungen sollen inhaltlich und formal gedeutet werden. Zur inhaltlichen Auswertung gehört es etwa, herauszufinden, welche Eigenschaften die einzelnen Tiere für das Kind verkörpern. Ein Kind malt sich beispielsweise als Katze und den Bruder als Rabe. Die Autorin deutet dies in einer Fallbesprechung (Nr. 20) als Feindschaft, da die Katze den Vogel jagt und frisst. Neben den Charakteren der Tiere können auch die Größenverhältnisse und die räumliche Anordnung der Familienmitglieder oder etwa die Beobachtung, dass jemand vergessen wurde (manchmal das Kind selbst – aber hat es die Instruktion vielleicht falsch verstanden?) interpretiert werden. Jedenfalls kann man den Fallbeispielen entnehmen, dass solche Interpretationen offenbar zulässig sind. Zur formalen Analyse gehört etwa die Beurteilung der Strichstärke und die Gestaltung der Flächen – Schraffierung weise darauf hin, dass sich Verstandes- und Antriebsbeteiligung die Waage halten. Angaben zur Reliabilität und Validität fehlen völlig.

psychometrisch völlig unzulängliches Verfahren

Diese Ausführungen sprechen schon für sich und bedürfen eigentlich keines Kommentars. Zeichnungen der Familie als Tiere bergen möglicherweise diagnostische Informationen über die Eigenschaften, die das Kind den einzelnen Mitgliedern zuschreibt, über das Verhältnis der Familienmitglieder untereinander, über Konflikte etc. Damit solche Informationen jedoch verwertbar sind, müssen sie aber unter besser standardisierten Bedingungen erhoben, nach genauen Anweisungen ausgewertet, in Kennwerte überführt und schließlich mithilfe von Vergleichswerten (Normen) interpretiert werden. Schließlich sind die Gütekriterien des Verfahrens zu bestimmen. Die »Familie in Tieren« erfüllt diese Voraussetzungen nicht.

Die eigene Familie als Tiere zeichnen zu lassen, kann bei Kindern, die gerne malen, ein guter Einstieg in ein diagnostisches Interview sein. Daraus darf auf keinen Fall geschlossen werden, dass die »Familie in Tieren« in irgendeiner Weise als Testverfahren brauchbar ist.

> **Weiterführende Literatur**
>
> Lilienfeld et al. (2000) haben eine sehr lesenswerte, kritische Auseinandersetzung mit projektiven Verfahren, insbesondere Rorschach-Test und TAT, vorgelegt, in der sie sich auch ausführlich mit der Reliabilität und Validität dieser Verfahren befassen. Einen eher pro Rorschach verfassten Übersichtsbeitrag hat Mattlar (2004) vorgelegt.
>
> Auch einige ältere Arbeiten sind noch immer lesenswert, so die Überblicke von Hörmann (1982) und Spitznagel (1982b) zum Thema projektive Verfahren in der Enzyklopädie der Psychologie, Reihe Diagnostik, Band III, Persönlichkeitsdiagnostik.

3.6 · Verhaltensbeobachtung und -beurteilung

? Übungsfragen
Kap. 3.5
49. Welche drei Gemeinsamkeiten weisen projektive Tests mit objektiven Persönlichkeitstests auf?
50. Nennen Sie die drei Merkmale des klassischen Projektionsbegriffs!
51. Was versteht man in einer verallgemeinerten Version unter Projektion, und welche Konsequenzen ergeben sich daraus für das Testmaterial?
52. Nennen Sie Kategorien, in die man projektive Tests unterteilen kann! Nennen Sie jeweils ein Verfahren als Beispiel!
53. Wodurch unterscheiden sich semiprojektive von projektiven Tests?
54. Als was wurde der Rorschach-Test ursprünglich entwickelt?
55. Nach welchen vier Aspekten wird der Rorschach-Test in der klassischen Variante ausgewertet?
56. Wie gut ist der Rorschach-Test geeignet, psychiatrische Störungen zu erkennen?
57. Wie wird der TAT durchgeführt (Testmaterial, Instruktion)?
58. Was soll mit dem TAT gemessen werden?
59. Welche Ergebnisse brachte eine Metaanalyse zur Validität des TAT im Kontext von Leistungsmotivation (Spangler, 1992)? Warum sind die Ergebnisse kritisch zu hinterfragen?
60. Wie wird der Test »Familie in Tieren« durchgeführt, und wie ist dessen psychometrische Qualität zu bewerten?

3.6 Verhaltensbeobachtung und -beurteilung

3.6.1 Arten der Verhaltensbeobachtung – 310
3.6.2 Systematische Verhaltensbeobachtung – 314
3.6.3 Verhaltensbeurteilung – 317
3.6.4 Gütekriterien von Beobachtungs- und Beurteilungsverfahren – 319

Die Verhaltensbeobachtung dient der Beschreibung des Verhaltens eines oder mehrerer Personen. Sie wird in der diagnostischen Praxis sehr oft eingesetzt – und sei es nur, um das Verhalten einer Person bei der Durchführung eines Tests oder während eines diagnostischen Interviews zu beschreiben. Sie kann, wie bei der Beobachtung des Verhaltens bei der Testbearbeitung, dazu dienen, ergänzende Informationen zu gewinnen, die eventuell das Testergebnis relativieren. Manchmal hat sie eine herausragende Bedeutung, weil andere Informationsquellen nicht verfügbar oder unergiebig sind, etwa wenn ein Kindergartenkind ein gestörtes Sozialverhalten zeigt, aber keine der Bezugspersonen im Interview dazu differenzierte Angaben machen kann. Eine Verhaltensbeobachtung liefert im Idealfall Fakten, die frei von Bewertungen sind. Beispielsweise schreibt ein Psychologe in seinem Bericht, dass das von ihm beim freien Spiel beobachtete Kind einem Mädchen zweimal das Spielzeug weggenommen hat und einen ein Jahr jüngeren Jungen so stark geschubst hat, dass er hingefallen ist. Manchmal bilden solche Beobachtungen die Grundlage für eine Verhaltensbeurteilung, etwa wenn der Psychologe das Verhalten des Kindes als »aggressiv« charakterisiert. Eine Verhaltensbeurteilung setzt also immer eine Verhaltensbeobachtung voraus; der Unterschied zwischen beiden liegt in der Art der Registrierung bzw. des Ergebnisberichts: Von Verhaltensbeobachtung spricht man, wenn das Verhalten nicht wertend beschrieben wird, von Verhaltensbeurteilung, wenn die Ausprägung von Ei-

Beschreibung des Verhaltens

genschaften der beobachteten Person beurteilt wird. Zur Verhaltensbeurteilung werden meist Rating-Skalen verwendet, auf denen lediglich anzukreuzen ist, wie ausgeprägt eine Eigenschaft ist.

3.6.1 Arten der Verhaltensbeobachtung

Varianten der Verhaltensbeobachtung

Die Verhaltensbeobachtung lässt sich anhand mehrerer Aspekte, die miteinander kombinierbar sind, näher charakterisieren:
- frei oder systematisch (gebunden)
- direkt oder indirekt (anhand von Aufzeichnungen)
- in natürlicher Umgebung (»im Feld«) oder in einer Situation, die vom Beobachter geschaffen wurde
- verdeckt oder offen
- wenn offen, dann teilnehmend oder nicht teilnehmend
- Selbst- oder Fremdbeobachtung

freie Verhaltensbeobachtung: Beobachter entscheidet, was ihm wichtig ist

Von einer **freien Verhaltensbeobachtung** spricht man, wenn der Beobachter selbst entscheidet, welche Verhaltensweisen er beobachtet. Für die Beobachtung gibt es in der Regel einen Anlass, und sie dient meist einem bestimmten Zweck. Selbst wenn sie explorativ ist, wird nicht jedes beliebige Verhalten beobachtet, sondern die Aufmerksamkeit gilt meist bestimmten Bereichen wie Arbeits-, Sozial-, Zwangs- oder Spielverhalten oder der Vermeidung von Angst auslösenden Reizen. Sie kann auch der Überprüfung konkreter Hypothesen bzw. der Beantwortung von Fragen dienen. Das Ergebnis ist ein mehr oder weniger detaillierter schriftlicher Bericht.

Empfehlungen für die freie Verhaltensbeobachtung

- Beobachtete Person, Anlass und Zweck der Beobachtung nennen.
- Angaben zu Ort, Umgebungsbedingungen (u. a. anwesende Personen) und Zeit machen.
- Verhalten so konkret und in Zusammenhängen beschreiben (z. B. was ging dem Verhalten voraus?), dass ein Leser eine lebhafte Vorstellung davon bekommt.
- Verhalten neutral (nicht wertend) und so weit wie möglich ohne Interpretationen beschreiben.
- Interpretationen sind aber oft unvermeidbar. Sie sollten daher als solche kenntlich gemacht und zumindest exemplarisch durch Verhaltensweisen belegt werden. Beispiel: »Wirkt teilnahmslos (nimmt keinen Blickkontakt auf, kaut an Bleistift)«.
- Nicht nur das Verhalten beschreiben, sondern auch dessen Auslöser und Konsequenzen.
---

systematische Verhaltensbeobachtung: Beobachter handelt nach Vorgaben

Bei einer **systematischen Verhaltensbeobachtung** wird dem Beobachter dagegen genau vorgegeben, worauf er zu achten und wie er das Beobachtete zu protokollieren hat. Man muss also bereits Hypothesen darüber haben, was in der Beobachtungssituation wichtig ist. Die systematische Verhaltensbeobachtung erfordert einen erheblichen Aufwand bei der Vorbereitung: Meist erstellt man eine Liste mit relevanten Verhaltensweisen (»Indexsystem«; s.u.), und in der Beobachtungsphase wird beispielsweise beim Auftreten einer dieser Verhaltensweisen ein Strich in der Liste gemacht. Die Beobachtung wird also erstens auf vorher festgelegte Verhaltensweisen eingeengt, und zweitens wird die Art der Registrierung vorgeschrieben. Das Ergebnis liegt beispielsweise in Form einer Strichliste vor. Das Vorgehen bei einer systematischen Verhaltensbeobachtung wird unten näher erläutert.

3.6 · Verhaltensbeobachtung und -beurteilung

Die **direkte Verhaltensbeobachtung** bietet gegenüber der Verwendung einer Kamera den Vorteil, dass man seinen Blick dahin richten kann, wo das Geschehen interessant ist. Der Beobachter kann seinen Standpunkt so verändern, dass er ungehindert das beobachten kann, was er sehen will, und wird nicht auf den starren Blickwinkel einer Kamera eingeengt. Ein Nachteil besteht darin, dass es nicht möglich ist, gleichzeitig zu beobachten und zu registrieren. Wenn man das Beobachtete aufzeichnet (und sei es auch nur durch einen Strich in einer Liste), lässt die Aufmerksamkeit für das Geschehen zwangsläufig nach. Konzentriert man sich hingegen ganz auf die Beobachtung, ist man gezwungen, den Bericht anschließend aus dem Gedächtnis zu verfassen – mit der Gefahr, etwas Wichtiges zu vergessen oder Fakten falsch wiederzugeben. Die Verwendung einer oder mehrerer Videokameras bietet dagegen den großen Vorteil, die Beobachtung ganz vom Registrieren trennen zu können: Man hält die Aufzeichnung einfach an, wenn man etwas aufschreiben will. Bei Bedarf ist es möglich, sich eine bestimmte Szene noch einmal anzuschauen. Videoaufnahmen können zudem mit einer speziellen Software (s.u.) analysiert werden, etwa um die Dauer eines Verhaltens exakt zu bestimmen.

direkte Beobachtung oder Videoaufnahme

Eine **Verhaltensbeobachtung im Feld**, beispielsweise die Beobachtung eines Kindes beim Spiel mit der Mutter, hat den Vorteil, dass auch die Kontextbedingungen mit erfasst werden, die für das interessierende Verhalten mit verantwortlich sind. Die Frage, ob die Beobachtungsergebnisse, die in einer künstlichen Laborsituation gewonnen wurden, auf den Alltag des Klienten generalisierbar sind, stellt sich erst gar nicht. Eine vom Beobachter geschaffene oder speziell ausgewählte **laborähnliche Situation** hat dagegen den Vorteil, dass sie standardisiert werden kann. Immer wenn Vergleiche angestellt werden sollen, muss die Situation konstant gehalten werden. So kann man einen Patienten vor, während und nach einer Intervention beobachten; die Situation könnte in der Darbietung bestimmter angstauslösender Reize bestehen. Zur Personalauswahl und Potenzialanalyse werden gerne Assessment Center verwendet (▶ Kap. 8.2.2). Die Situation, in der etwa Stellenbewerber beobachtet werden, muss für alle Teilnehmer identisch sein.

Beobachtung im Feld oder unter laborähnlichen Bedingungen

Bei einer **verdeckten Verhaltensbeobachtung** ist der Beobachter nicht sichtbar. Sie soll aus ethischen Gründen nur mit Zustimmung der beteiligten Personen durchgeführt werden. Verdeckt beobachten kann man mit einer Kamera, die fest installiert ist und nur zu bestimmten Zeiten aufzeichnet. Mit der Zeit gewöhnt sich die zu beobachtende Person an die Kamera, beachtet sie nicht weiter und verhält sich weitgehend natürlich. Eine verdeckte Beobachtung setzt immer voraus, dass entsprechende räumliche und technische Voraussetzungen gegeben sind, also beispielsweise eine Kamera installiert werden kann oder ein Beobachtungsraum vorhanden ist, der durch eine Einwegscheibe von einem Nachbarraum getrennt ist. Der wichtigste Grund, sich für eine verdeckte Beobachtung zu entscheiden, ist die Vermeidung von Reaktivität. Darunter versteht man die Beeinflussung des Messgegenstandes durch den Messvorgang: Der Vorgang des Beobachtens führt dazu, dass sich das zu beobachtende Verhalten ändert.

Verdeckte Beobachtung soll Reaktivität verhindern

Wenn der Beobachter in der Beobachtungssituation anwesend ist, kann er sich passiv verhalten oder selbst am Geschehen teilnehmen. Ein Beispiel für eine **nichtteilnehmende Verhaltensbeobachtung** wäre, wenn sich ein Psychologe in ein Klassenzimmer setzt und sich ganz der Beobachtung eines Schülers widmet. Um eine **teilnehmende Verhaltensbeobachtung** würde es sich handeln, wenn der Lehrer der Beobachter ist (◘ Abb. 3.28). Er gestaltet den Unterricht und beobachtet zugleich. Wenn die mit der Teilnahme verbundene Aufgabe anstrengend ist – wie im Beispiel die Unterrichtsgestaltung –, wird die Beobachtungskapazität eingeschränkt. Es gibt jedoch auch Aufgaben wie die routinierte Administration eines Tests, die wenig Kapazität erfordern und damit die Qualität der Beobachtung kaum einschränken. Für die scheinbar unvorteilhafte teilnehmende Beobachtung gibt es ökonomische und pragmatische

teilnehmende oder nichtteilnehmende Beobachtung

Abb. 3.28 Bei der teilnehmenden Beobachtung übernimmt der Beobachter eine Doppelrolle; hier Leiterin einer Spielgruppe und Beobachterin. (Foto: © matka_Wariatka - Fotolia.com)

Gründe: Wenn ohnehin zwei Aufgaben wie Testadministration und Verhaltensbeobachtung anstehen, ist es zweckmäßig, beide Tätigkeiten einer Person zu überlassen. In bestimmten Situationen würde ein passiver Beobachter als unpassend oder gar störend wahrgenommen werden. Man stelle sich vor, in einer geselligen Runde würde ein Beobachter sitzen, der weder mit den Anderen redet noch mit ihnen isst und trinkt. Ein derart unnatürliches Verhalten hätte vermutlich einen negativen Effekt auf die Akzeptanz der Beobachtung und könnte darüber hinaus zu Reaktivität führen.

Selbstbeobachtung

Auch wenn man bei der Verhaltensbeobachtung zunächst daran denkt, dass eine andere, neutrale und unvoreingenommene Person jemanden beobachtet, gibt es manchmal gute Gründe für eine **Selbstbeobachtung**. So wird beispielsweise aus ethischen Gründen in der Regel darauf verzichtet, das Sexualverhalten eines Paares zu beobachten, das wegen Eheproblemen den Rat eines Psychologen sucht. Und aus ökonomischen Gründen verzichtet man darauf, etwa den Zigaretten- oder Alkoholkonsum oder das Ess- oder Zwangsverhalten im Alltag durch Fremdbeobachtung zu erfassen. Ein Beobachter müsste dazu schließlich mehrere Tage oder sogar Wochen ständig die zu beobachtende Person begleiten. In den genannten Fällen wird man die Klienten meist dazu gewinnen können, selbst Aufzeichnungen vorzunehmen. Für die praktische Umsetzung kommen das Führen eines Tagebuchs oder das Protokollieren von Verhaltensweisen zu festen Zeitpunkten infrage. Das Führen eines Tagebuchs kann als eine Form der freien Verhaltensbeobachtung betrachtet werden, während Angaben in Verhaltenslisten der systematischen Verhaltensbeobachtung zuzuordnen sind. Solche Verhaltenslisten können in Form eines Heftchens mitgeführt werden; die Klienten kreuzen beispielsweise zu bestimmten Zeitpunkten an, welche der genannten Verhaltensweisen (z. B. Zigarette geraucht) sie in der letzten Stunde wie oft ausgeführt haben.

Handheld-Computer für Aufzeichnung im Feld

Bei dieser Art der Aufzeichnung kann man nicht sicher sein, ob die Eintragungen wirklich zeitnah im Alltagsleben oder retrospektiv am Abend für den ganzen Tag vorgenommen wurden. Eine elegante Lösung sind elektronische Systeme: kleine, programmierbare **Handheld-Computer**, die der Klient bei sich trägt (s. Fahrenberg et al., 2002). Die Geräte fordern zu einprogrammierten Zeitpunkten zu einer Eingabe auf, etwa mit Fragen wie: »Welche Nahrung haben Sie in der letzten Stunde zu sich genommen?« Das Layout für die Eingaben kann sehr flexibel gestaltet werden; es sind freie Texteingaben möglich, aber auch die Beantwortung von Fragen mit unterschiedlichen

Antwortmodi. Weitere Vorteile dieses auch »ambulatorisches oder ambulantes Assessment« genannten Verfahrens gegenüber Verhaltenslisten in Papierform sind Fahrenberg et al. (2002, S. 113) zufolge:
- automatische Alarm- und Erinnerungsfunktion
- zuverlässiges zeitliches Protokoll der Eingaben (einschließlich der Antwortlatenzen)
- Unzugänglichkeit der vorausgegangenen Antworten
- keine nachträgliche Änderungen der Eingaben möglich
- Vermeidung von Retrospektionseffekten
- automatische Datensicherung
- Auslesen der Daten für statistische Weiterverarbeitung

Ambulantes Assessment

Die Technik des ambulanten Assessments kann nicht nur zur Erfassung von Verhalten, sondern auch von Zuständen (Befinden) in alltäglichen Situationskontexten eingesetzt werden. Dafür wurde von Stone und Shiffman (1994) der Begriff »Ecological Momentary Assessment« (EMA) eingeführt. Damit wird eine Erhebungsstrategie bezeichnet, die das Ziel verfolgt, relevante Phänomene unmittelbar und unverzerrt durch Gedächtniseffekte (▶ Abschn. 3.2.1: zur diagnostischen Brauchbarkeit von Selbst- und Fremdeinschätzungen) in »natürlicher« Ökologie zu erfassen; »es handelt sich also nicht um ein spezielles Assessment-Instrument, sondern um eine besondere Erhebungs- und Messempfehlung, die sich aus messtheoretischen Überlegungen ableitet und der Erhöhung der Validität dient« (Reuschenbach, 2006, S. 487). Lange Zeit galten dafür Tagebucheintragungen als Methode der Wahl. Die Entwicklung tragbarer Mikrocomputer in den letzten Jahrzehnten revolutionierte die zeitnahe Beschreibung konkreten Erlebens und Verhaltens, und zwar zunächst in der Medizin. Dort werden die computerunterstützten Methoden als »ambulantes Monitoring« bezeichnet, wenn es etwa darum geht, außerhalb von Stationen bei Risikopatienten den Blutdruck oder Herzarrhythmien kontinuierlich zu registrieren. In der Psychologie und in der deutschsprachigen Literatur überwiegt hingegen die Bezeichnung »ambulantes Assessment« (Fahrenberg, 1994). Dieser Begriff ist weiter gefasst und bezieht sich damit auf »die Verwendung spezieller feldtauglicher, heute meist elektronischer Geräte und computer-unterstützter Erhebungsmethoden, um Selbstberichtdaten, Verhaltensbeobachtungsdaten, psychometrische Verhaltensmaße, physiologische Messwerte sowie situative und Setting-Bedingungen im Alltag der Untersuchten zu erfassen« (Fahrenberg et al., 2007, S. 13). Beim ambulantem Assessment handelt es sich um eine der wichtigsten Errungenschaften überhaupt innerhalb der Differentiellen Psychologie und Psychologischen Diagnostik während der letzten Jahrzehnte (Amelang, 2009).

Die hohe Leistungsfähigkeit der Computer im Taschenformat erlaubt ganz verschiedene Techniken des Monitoring, z. B. kontinuierlich, zeit- oder ereignisabhängig, interaktiv (dabei muss der Proband beim Auftreten bestimmter physiologischer oder psychologischer Messwerte durch aktives Eingreifen reagieren), gezielt in bestimmten, vorab ausgewählten Situationen, das Ganze sowohl im Labor als auch im Feld. Für die Erhebung bedarf es gesonderter Versuchspläne, für die Auswertung der meist zahlreichen Daten gesonderter Strategien (Schwartz & Stone, 1998) und selbstverständlich als Grundvoraussetzung des erforderlichen elektronischen Rüstzeugs.

Insgesamt erfordert ambulantes Assessment einen wesentlich höheren Aufwand als Fragebogenerhebungen, doch scheint dieser durch die Aussicht auf höhere Validi-

Entwicklung der Computer erleichtert ambulantes Assessment täten vertretbar zu sein. In der Medizin ist durch fortlaufendes Monitoring an großen Probandenzahlen entdeckt worden, dass ca. 10 % der Personen nur beim Arzt, nicht aber im Alltag, eine Hypertonie (Bluthochdruck) zeigen (sog. »Weißkittel-Hypertonie«), und dass umgekehrt etwa der gleiche Prozentsatz von Hypertonikern beim Arzt normale, im alltäglichen Kontext hingegen erhöhte Blutdruckwerte aufweist. Die daraus resultierenden Gefahren im Sinne von gravierenden Fehlmedikationen für weite Teile der Bevölkerung sind augenfällig.

Für die Psychologie sind derart krasse Beispiele bislang nicht aufgezeigt worden. Von großem Belang sind allerdings schon die frühen Befunde von Buse und Pawlik (1984) sowie Pawlik und Buse (1992): Sie fanden zum einen, dass sich Personen mit unterschiedlichen Persönlichkeitsmerkmalen bevorzugt in bestimmten Situationstypen aufhielten und zum anderen, dass nur sehr wenige Person × Situation-Interaktionen auftraten. Beide Resultate stehen im Gegensatz zu Annahmen bzw. Forschungsresultaten aus der sog. Interaktionismusdebatte und geben somit völlig andere Antworten als seinerzeit auf die immer noch anstehenden Fragen zur Konsistenz und Vorhersagbarkeit des Verhaltens auf der Basis psychodiagnostischer Daten.

großer Aufwand

Schon die geschilderten Pionierarbeiten haben zur Überarbeitung eines bedeutenden Kapitels der Differentiellen Psychologie als einer der Grundlagenwissenschaften der Psychologischen Diagnostik gezwungen. Es dürften kaum Zweifel daran bestehen, dass mit einem breiteren Einsatz des ambulanten Assessments in Zukunft einige weitere Kapitel neu aufgeschlagen und viele andere völlig umgeschrieben werden müssen. Allerdings stellt der erhebliche Aufwand, der mit Erhebung und Auswertung verbunden ist, ein gravierendes Hemmnis für eine »flächendeckende« Verwendung dieser Technik dar. Deshalb ist bislang zu keinem bedeutsamen Merkmalsbereich ein standardisiertes Verfahren entwickelt worden, mit dessen Hilfe inter- oder intraindividuelle Unterschiede ermittelt und mit Normwerten verglichen werden könnten. Bis auf Weiteres handelt es sich deshalb um einen Messansatz, der primär für Forschungszwecke in Betracht kommt.

3.6.2 Systematische Verhaltensbeobachtung

Selektion, Segmentierung, und Quantifizierung standardisieren

»Verhalten« existiert vor allem in den Köpfen der Beobachter; es handelt sich dabei keineswegs um ein Abbild der physikalischen Welt, sondern um eine Auswahl von Ereignissen aus dem ständigen Fluss von Verhalten, die zudem Konstruktionen darstellen. Vieles ist nicht wichtig und wird daher nicht beachtet; Beobachten ist also immer mit einer Selektion verbunden. Was schließlich im Verhaltensstrom als relevant entdeckt wird, grenzen wir voneinander ab und benennen es nach seiner vermuteten Bedeutung. Diesen Vorgang kann man als **Segmentierung** bezeichnen. Lachen, Weinen, Antworten und Schimpfen sind Beispiele für solche Verhaltenssegmente. Schließlich werden die so bestimmten Verhaltensweisen quantifiziert, indem sie mit Aussagen über die Intensität, Dauer oder Häufigkeit versehen werden. Diese kurze Analyse erklärt, warum freie Verhaltensbeschreibungen zweier Beobachter praktisch nie identisch ausfallen. Die Beobachter beachten Unterschiedliches; selbst wenn sie das gleiche Verhalten für ihre Beschreibung auswählen, benennen sie es oft unterschiedlich (statt »Weinen« z. B. »Heulen«, »Jammern«, »Schluchzen«, ...) und gehen mit den Begriffen zur Quantifizierung unterschiedlich um – was für den Einen ein »fester« Blick ist, wird vom Anderen als »flüchtiger« Blick beschrieben. Mit einer systematischen Verhaltensbeobachtung sollen Selektion, Segmentierung und Quantifizierung soweit wie möglich standardisiert werden.

Reduktion auf wenige Aussagen

Bei einer systematischen Verhaltensbeobachtung wird keine vollständige Beschreibung des Verhaltens angestrebt, sondern es soll immer nur ein bestimmter Teilaspekt des Verhaltens erfasst werden, beispielsweise Aggressivität, Kooperationsverhalten

3.6 · Verhaltensbeobachtung und -beurteilung

oder Durchsetzungsfähigkeit. Die Vielfalt der Verhaltensweisen, die einen solchen Teilbereich des Verhaltens ausmachen, soll auf wenige Aussagen reduziert und zudem quantifiziert werden. Zeichensysteme dienen dazu, ausgewählte Teile des interessierenden Verhaltens zu erfassen. Bei Kategoriensystemen wird dagegen ein bestimmter Aspekt des Verhaltens vollständig zu erfassen versucht. Alle wesentlichen Details des Verhaltensstromes werden einer begrenzten und damit überschaubaren Zahl von Oberbegriffen zugeordnet. Eine dritte Gruppe stellen die Rating-Verfahren dar, die in ▶ Abschnitt 3.6.3 beschrieben werden. Alle Systeme dienen dazu, Verhalten zu quantifizieren.

Zeichensysteme

Bei Zeichensystemen geht es darum, ausgewählte Verhaltensweisen, die als Stichproben für den zu messenden Verhaltensbereich gelten, zu registrieren. Jede einzelne Verhaltensweise gilt als Anzeichen oder Indikator für den gesamten Verhaltensbereich oder ein Merkmal. Beispielsweise kann Aggressivität durch Verhaltensweisen wie Schlagen, Treten, Umstoßen, Haare ausreißen, Beißen, Kratzen, Anspucken, Anschreien und Beleidigen operationalisiert werden. Allerdings ist es sinnvoll, nur solche Verhaltensweisen aufzunehmen, die in der Beobachtungssituation auch zu erwarten sind. Dabei stellt sich die Frage, wie groß die Beobachtungseinheiten gewählt werden sollen, die als Zeichen zu interpretieren sind, also ob beispielsweise eine einzelne Bewegung oder besser eine vollständige Handlung die angemessenere Einheit ist. So könnte man Schlagen, Treten, Haare ausreißen, Beißen, Kratzen und gegebenenfalls weitere Verhaltensweisen zu einer breiten Einheit »Körperlich verletzen« zusammenfassen. Bei einer sehr starken Differenzierung würde es sich anbieten, das Schlagen durch mehrere, sehr enge Beobachtungseinheiten wie »Ohrfeige geben«, »Faustschlag ins Gesicht« oder »Faustschlag gegen den Rumpf« zu ersetzen. Welche Größe angemessen ist, ergibt sich vor allem aus dem Zweck der Untersuchung, der Expertise und Kapazität der Beobachter sowie der Beobachtungsdauer.

einzelne Verhaltensweisen als Anzeichen für einen Verhaltensbereich

Das Auftreten eines definierten Zeichens kann in Form einfacher Strichlisten festgehalten werden, in denen etwa zehn Verhaltensweisen aufgeführt sein können. Will man Verläufe darstellen, kann die Beobachtungsphase in mehrere Zeitabschnitte untergliedert werden (◘ Tab. 3.27). Aus der Anzahl der Eintragungen wird auf die Ausprägung des beobachteten Verhaltens rückgeschlossen. Wie lange eine registrierte Verhaltensweise andauerte, ist der Strichliste aber nicht zu entnehmen.

Striche in Beobachtungsprotokollbogen

Will man die Dauer der Verhaltensweisen erfassen, bieten sich Time-sampling oder Event-sampling an. Beim **Time-sampling** werden Zeitabschnitte von beispielsweise zehn Sekunden festgelegt. Wird das Verhalten direkt beobachtet, ist es erforderlich, dass der Beobachter über einen Kopfhörer ein akustisches Signal erhält, wenn ein Zeitabschnitt zu Ende ist. Er macht einen Strich, wenn das Verhalten in dem zurückliegenden Zeitabschnitt aufgetreten ist (◘ Abb. 3.29). Dabei spielt es keine Rolle, ob

Time-sampling

◘ **Tab. 3.27** Aufbau eines Beobachtungsprotokollbogens (Zeichensystem)

Aggressives Verhalten	Zeitabschnitt										
	1	2	3	4	5	6	7	8	9	10	etc.
Schlagen											
Treten											
Beißen											
etc.											

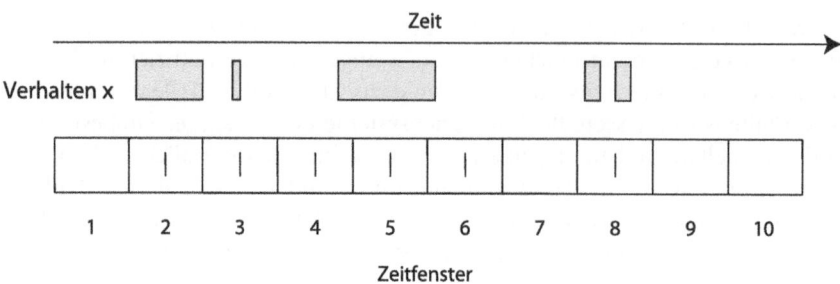

Abb. 3.29 Time-sampling. In jedem Zeitabschnitt (von z. B. 20 Sekunden) wird eine Markierung vorgenommen, wenn die Verhaltensweise auftritt – unabhängig von ihrer Dauer

das Verhalten die ganze Zeit (Abschnitt 2 und 5 in **Abb. 3.29**) oder nur kurz (Abschnitt 3) zu sehen war. Auch wenn das Verhalten in einem Zeitfenster mehrfach aufgetreten ist (Abschnitt 8), wird es nur einmal markiert. Dauert das Verhalten länger als einen Zeitabschnitt an (Abschnitt 4–6), wird in jedem Zeitfenster ein Strich gemacht, auch in den nur kurz angeschnittenen. Die Anzahl der Striche gilt nun als Maß für die Dauer des Verhaltens.

geplante Pausen zum Registrieren

Wenn man diese Methode in der direkten Beobachtung einsetzt, ist es zweckmäßig, Pausen zur Registrierung einzuplanen. Beispielsweise könnte man nach 20 Sekunden Beobachtung eine zehn Sekunden dauernde Registrierphase vorsehen. Das Verhalten wird dann nur stichprobenartig gemessen. Bei der Bestimmung der Gesamtdauer ist dies zu berücksichtigen. Ebenfalls hilfreich für die Beobachter ist es, wenn die Verhaltensweisen in der Liste nach Oberbegriffen wie »körperliche Aggression«, »verbale Aggression« und »Aggression durch Unterlassung« systematisch geordnet sind. Eine solche Unterteilung ist jedoch nicht mit einem Kategoriensystem zu verwechseln (s. u.), da bei einem Zeichensystem keine Vollständigkeit angestrebt wird.

Event-sampling

Eine exakte Bestimmung der Dauer einer Verhaltensweise erfolgt nur beim **Event-sampling**. Dazu werden Anfang und Ende der Verhaltenssequenz zeitlich genau bestimmt, um daraus die Dauer zu berechnen. In der Regel ist dazu eine Videoaufnahme nötig, in die die Zeit eingeblendet ist. Durch eventuell wiederholtes Betrachten der Aufnahme im Slow-Motion-Modus gelingt es, den Zeitpunkt des Beginns und des Endes sehr genau festzustellen. Spezielle Softwareprogramme wie INTERACT der Firma Mangold (► www.mangold-international.com/de/home.html) erleichtern die Auswertung von Videoaufzeichnungen erheblich.

Alle relevanten Verhaltensweisen werden einer Kategorie zugeordnet

Kategoriensysteme Mithilfe von Kategoriensystemen will man ein Verhalten vollständig erfassen. Das Verhalten wird dazu in mehrere, klar definierte und voneinander abgrenzbare Kategorien unterteilt. Die Kriterien Vollständigkeit, Eindeutigkeit und Überschneidungsfreiheit sind jedoch schwer zu erfüllen; Kategoriensysteme spielen daher in der diagnostischen Praxis praktisch keine Rolle. Ein Beispiel – allerdings von begrenztem Nutzen – wäre die Unterteilung von Erzieherreaktionen in Belohnung, Bestrafung und neutrales Verhalten. Wie bei Zeichensystemen kann das bloße Auftreten eines Verhaltens registriert oder durch Zeitintervallmarkierung auch dessen Dauer festgehalten werden.

Interaktionsprozessanalyse

Zur Erforschung von Interaktionen in Kleingruppen hat Bales bereits 1950 die sog. **Interaktionsprozessanalyse** (s. Bales, 1975) entwickelt (**Abb. 3.30**). Die Systematik ist theoretisch fundiert und führt zu insgesamt zwölf Kategorien des Verhaltens. Beobachter, die mit einem solchen Kategoriensystem arbeiten, müssen jede Verhaltensweise einer dieser Kategorien zuordnen – eine Restkategorie gibt es nicht.

3.6 · Verhaltensbeobachtung und -beurteilung

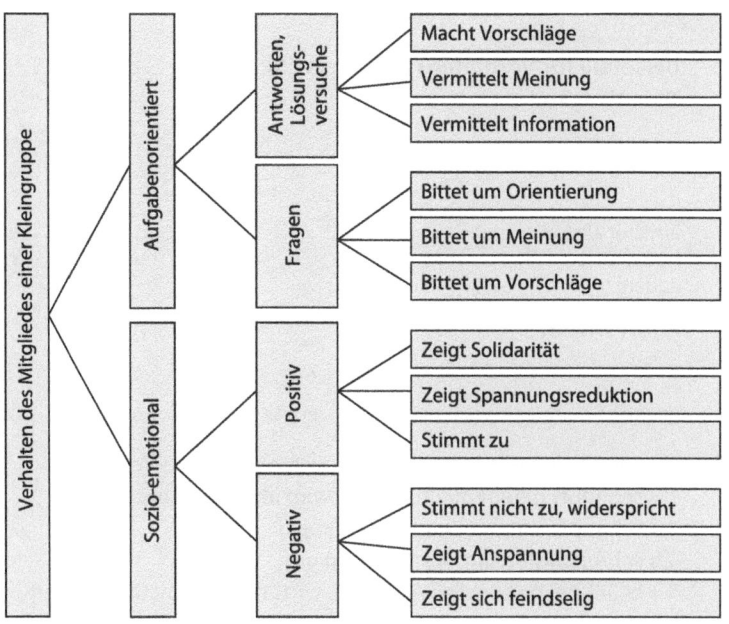

● Abb. 3.30 Kategoriensystem zur Beobachtung von Interaktionsprozessen in Kleingruppen. (Nach Bales, 1975)

3.6.3 Verhaltensbeurteilung

Die Verhaltensbeobachtung liefert Daten über die Häufigkeit oder Dauer von konkreten Verhaltensweisen. Diese können vom Diagnostiker, der nicht selbst Beobachter gewesen sein muss, als Ausprägung von Eigenschaften interpretiert werden: Wer viele aggressive Verhaltensweisen zeigt, ist sehr aggressiv. Bei der Verhaltensbeurteilung nimmt der Beobachter diese Interpretation direkt vor: Er sieht bestimmte Verhaltensweisen und schließt daraus direkt auf die Eigenschaft. Die lästige Registrierung während des Beobachtungsvorganges entfällt; der Beurteiler braucht sein Urteil in der Regel nicht einmal zu begründen.

Interpretation der Ausprägung direkt durch den Beobachter

Die Beurteilung erfolgt **in standardisierter Form**: Die zu beurteilende Eigenschaft (z. B. Teamfähigkeit) wird vorgegeben, und das Urteil ist auf einer mehrstufigen Rating-Skala durch Ankreuzen abzugeben. Beliebt sind fünf- bis siebenstufige numerische Skalen, deren Pole meist verbal verankert sind (z. B. »sehr niedrig« und »sehr hoch«). Da es bei dieser Art von Skalen dem Beurteiler völlig überlassen bleibt, was er beispielsweise unter einer sehr hohen Teamfähigkeit versteht, werden die Skalen gerne auch zusätzlich durch typische Verhaltensweisen erläutert. Bei vielstufigen Skalen ist es kaum möglich, für alle Ausprägungen passende Verhaltensweisen zu finden. Deshalb werden meist nur die Pole, manchmal auch die Mitte, mit Verhaltensangaben erläutert.

Rating-Skalen

Der Wert einer Skala steht und fällt mit der Eindeutigkeit der Definition der einzelnen Skalenpunkte. Aber erst eingehende Schulung kann sicherstellen, dass verschiedene Beurteiler zu einigermaßen übereinstimmenden Ergebnissen kommen. Je globaler das einzuschätzende Verhaltensmerkmal ist, desto schwieriger wird es, zwischen verschiedenen Beurteilern Übereinstimmung zu erzielen. Durch eine Verhaltensverankerung soll die Übereinstimmung verbessert werden.

Übereinstimmung der Beurteiler

Warum Urteile manchmal nicht übereinstimmen, lässt sich besser verstehen, wenn man sich mit dem Urteilsprozess befasst. Dazu ist das **Linsen-Modell** von Brunswik (1952) hilfreich. Brunswik hat argumentiert, dass Menschen ihre Umwelt nicht direkt wahrnehmen, sondern sie erschließen. Dazu nutzen sie einen »Fächer« von Hinweisreizen, die von Objekten der Umwelt ausgehen. Sie nehmen diese Hinweisreize wahr und bilden dann ein Urteil. In ● Abbildung 3.31 wird die Logik dieses Modells auf die

Brunswiks Linsenmodell zur Erklärung von Verhaltensbeurteilung

> **Beispiel**
>
> **Beispiele für verhaltensverankerte Skalen**
>
> **Teamfähigkeit**
>
> | sehr niedrig | | | | | | sehr hoch |
> |---|---|---|---|---|---|---|
> | ☐ | ☐ | ☐ | ☐ | ☐ | ☐ | ☐ |
> | arbeitet alleine, unterstützt andere nicht | | | | | | kooperiert, unterstützt andere |
>
> **Aggressivität**
>
> | 0 | 1 | 2 | 3 | 4 |
> |---|---|---|---|---|
> | gar nicht | wenig | etwas | deutlich | stark |
>
> 0 = zeigt kein verbales oder körperlich aggressives Verhalten
> 1 = schimpft gelegentlich zurück, wird aber nicht initiativ
> 2 = schimpft, wenn etwas nicht klappt
> 3 = schreit andere an, wirft Sachen um
> 4 = brüllt bei geringsten Anlässen, wirft mit Gegenständen, rempelt andere an

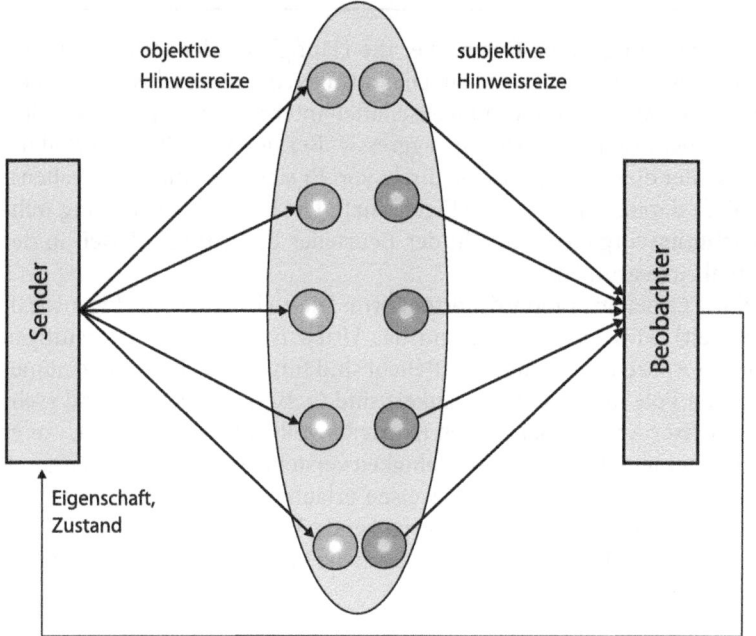

◻ **Abb. 3.31** Modifiziertes Brunswiksches Linsen-Modell zur Erklärung von Verhaltensbeurteilungen (Erläuterungen im Text)

Verhaltensbeurteilung angewandt: Die beobachtete Person sendet willkürlich und unwillkürlich Hinweisreize aus; sie wird deshalb hier als »Sender« bezeichnet. Bei diesen Hinweisreizen handelt es sich um konkrete Verhaltensweisen wie Gähnen, Spielen mit einem Bleistift, verzögertes Reagieren auf direkte Ansprache oder schlaffe Körperhaltung. Diese Verhaltensweisen sind real vorhanden und werden deshalb in der Abbildung als »objektiv« bezeichnet. Der Beobachter nimmt diese Hinweisreize wahr – allerdings nicht wie eine Kamera, sondern subjektiv – mit allen Eigentümlichkeiten und Fehlern, die für die menschliche Wahrnehmung typisch sind. Unterschiedliche Beobachter würden das Geschehen deshalb auch teilweise unterschiedlich erfassen oder kodieren: Ein Hochziehen der Mundwinkel kann als Lächeln oder als Grinsen wahrgenommen werden, und ein Blick von fünf Sekunden Dauer in Richtung Augen einer anderen Person kann »Blickkontakt« oder »Anstarren« bedeuten.

Der Beobachter verarbeitet die Einzelinformationen zu einem Urteil über die von ihm beobachtete Person und schreibt dieser nun eine Eigenschaft oder einen Zustand zu. Die oben genannten Hinweisreize könnten zu der Zuschreibung von Langeweile führen. Der Beobachter wird sich dieses Prozesses in der Regel nicht bewusst sein; er wird beispielsweise argumentieren, dass er doch gesehen habe, dass die andere Person sich gelangweilt hat. Für eine mangelnde Übereinstimmung zwischen zwei Beurteilern kommen zwei Gründe infrage: Unterschiede in der Wahrnehmung einzelner Hinweisreize und in deren Verarbeitung zu einem Urteil, beispielsweise aufgrund unterschiedlicher Gewichtungen.

Urteilsprozess mit Zuschreibung von Eigenschaften oder Zuständen

3.6.4 Gütekriterien von Beobachtungs- und Beurteilungsverfahren

Der Haupteinwand gegen Beobachtungs- und Beurteilungsverfahren richtet sich gegen deren angeblich zu geringe **Objektivität, also** die Unabhängigkeit des Ergebnisses von der Person, die das Verfahren durchführt und auswertet. Da bei jeder Beobachtung nicht nur das Beobachtungssystem als Instrument, sondern auch die Person des Beobachters involviert ist, müssen sich dessen Unvollkommenheiten und Fehler auf das Beobachtungsergebnis auswirken. Da mit anderen Beobachtern wieder neue Fehler entstehen, haben Beobachtungssysteme ihre Objektivität bei jeder Untersuchung erneut zu belegen. Dies geschieht bei Zeichen- und Kategoriensystemen durch Ermittlung der **Übereinstimmung** der Registrierungen.

Beobachter- bzw. Beurteilerübereinstimmung

Haben die Daten Nominalskalenniveau – ein Verhalten liegt vor oder nicht vor –, ist Cohens Kappa das geeignete statistische Verfahren, um die Übereinstimmung zweier Beobachter numerisch auszudrücken. Die prozentuale Übereinstimmung stellt dagegen keine geeignete Maßzahl dar, weil sie stark von der Auftretenshäufigkeit der einzelnen Verhaltensweisen abhängt. Ist die Auftretenshäufigkeit sehr hoch oder sehr niedrig, kommt es leicht zu scheinbar hohen Übereinstimmungen. Bei intervallskalierten Variablen wird die Intra-Klassen-Korrelation berechnet. Die Übereinstimmung der Beobachter bzw. Beurteiler wird in der Literatur manchmal unzutreffend als Beobachter- bzw. Beurteilerreliabilität bezeichnet.

Cohens Kappa oder Intra-Klassen-Korrelation

Die **Reliabilität** betrifft das Beobachtungs- und Beurteilungsinstrument und nicht die Person, die es anwendet. Bei Zeichensystemen kann eine Konsistenzanalyse sinnvoll sein; schließlich sollen die aufgelisteten Verhaltensweisen in der Regel Indikatoren eines einzigen Merkmals sein. Auch die Retest-Methode kann zur Reliabilitätsschätzung herangezogen werden, wobei aber die Situationsabhängigkeit des Verhaltens sowie die zeitliche Stabilität zu beachten sind. Eine wiederholte Messung in der gleichen standardisierten Situation eliminiert zwar den Situationseinfluss, macht die zweite Erhebung aber anfällig für Übungseffekte. Ideal sind ähnliche Situationen wie Unterrichtsstunden mit dem gleichen Lehrer in der gleichen Klasse bei ähnlichem Unterrichtsthema. In der Literatur findet man im Vergleich zur Beobachter- bzw. Beurteilerübereinstimmung wenige Informationen zur Reliabilität.

Die Reliabilität betrifft das Instrument

Zur Beurteilung der **Konstruktvalidität** sind bei Verfahren, die mehrere Verhaltensmerkmale erfassen sollen, Angaben zur Interkorrelation der Skalen bzw. Faktorenanalysen der Skalen relevant. Korrelationen mit Fragebögen, die das gleiche Merkmal erfassen sollen, kommen eventuell infrage. Für die **Kriteriumsvalidität** können Gruppenvergleiche und Veränderungen durch eine bewährte Intervention aufschlussreich sein.

Validität

Halo-Effekt

Fehlerquellen Für mangelnde Übereinstimmung wie auch Validitätsprobleme werden Urteilsfehler und Antworttendenzen verantwortlich gemacht. Urteilsfehler betreffen, wie ihr Name sagt, den Urteilsprozess. Am bedeutsamsten ist vermutlich der **Halo-Effekt**, auch als **Hofeffekt** bezeichnet, der sich in unangemessen hohen Korrelationen der Urteile eines Beobachters zwischen verschiedenen Merkmalen einer Person äußert. Er soll dadurch zustande kommen, dass das Urteil über ein herausragendes Merkmal die Beurteilungen anderer Merkmale einer Person »überstrahlt«. Beispielsweise wirkt eine Person sehr freundlich; andere Merkmale werden daraufhin positiver beurteilt. Der Halo-Effekt wirkt sich vor allem auf die Validität von Verhaltensbeurteilungen aus. Die Übereinstimmung zwischen zwei Beurteilern ist betroffen, wenn ein Urteiler einen starken Halo-Effekt produziert und der andere nicht. Abschwächen lässt sich dieser Effekt, indem man nicht alle Merkmale einer einzelnen Person nacheinander beurteilen lässt, sondern zunächst nur den Ausprägungsgrad eines einzelnen Merkmals bei allen einzuschätzenden Personen erhebt.

logischer Fehler

Ebenfalls durch unangemessen hohe Interkorrelationen mehrerer Merkmale ist der sog. **logische Fehler** definiert. Bei ihm dominiert nicht ein vorherrschendes Merkmal die restlichen Urteile, sondern die implizite Annahme über die logische Zusammengehörigkeit bestimmter Merkmale. Anstatt den Ausprägungsgrad einzelner Verhaltensweisen unabhängig einzuschätzen, wird er aufgrund impliziter Zusammenhangsannahmen erschlossen. Beispielsweise hat ein Beurteiler die implizite Theorie, dass dominante Menschen aggressiv und nicht teamfähig sind. Nachdem der Beurteiler »erkannt« hat, dass er eine dominante Person vor sich hat, lässt er sich bei der Beurteilung der Aggressivität und der Teamfähigkeit von dieser Einschätzung leiten. Dadurch kann es geschehen, dass Beurteilungen die **impliziten Persönlichkeitstheorien** der Urteiler widerspiegeln.

Primacy- und Recency-Effekt

Unter **Primacy-** und **Recency-Effekt** versteht man, dass sich Beurteiler übermäßig stark von den Beobachtungen beeinflussen lassen, die sie am Anfang bzw. am Ende der Beobachtungsphase gemacht haben. Beide Effekte können sich auch bei Verhaltensbeobachtungen bemerkbar machen, wenn nicht kontinuierlich und zeitnah protokolliert wird, sondern erst am Ende einer Beobachtungsphase. Eine plausible Erklärung für das Zustandekommen eines Primacy-Effektes ist, dass sich schon sehr früh ein Gesamteindruck bildet und dieser durch weitere Beobachtungen zu bestätigen versucht wird. Ein Recency-Effekt kann entstehen, wenn die Beobachtungen lange Zeit ein unklares Gesamtbild ergeben; der Beobachter stützt sich dann bei der Abgabe seines Urteils zu stark auf die zuletzt beobachteten Verhaltensweisen, weil sie stark präsent sind.

Beobachterdrift

Eine **Beobachterdrift** stellt vor allem bei der Verhaltensbeobachtung eine Fehlerquelle dar. Die Genauigkeit der Beobachtung lässt entweder über die Beobachtungsphase nach, oder sie nimmt zu. Für ein Nachlassen kommen insbesondere Müdigkeit und mangelnde Motivation infrage; die Aufmerksamkeit der Beobachter nimmt ab, und sie entdecken zunehmend weniger Verhaltensweisen, die sie eigentlich protokollieren müssten. Manchmal steigern Beobachter ihre Leistung und entdecken zunehmend mehr kritische Verhaltensweisen. Dafür verantwortlich ist meist eine ungenügende Schulung; die Beobachter lernen im Laufe der Beobachtung hinzu.

Reaktivität

Reaktivität ist ein Fehler, bei dem der Beobachter durch seine Anwesenheit oder auch durch unangemessenes Auftreten das Verhalten der zu beobachtenden Person verändert. Verschiedene Beobachter können unterschiedlich starke Reaktivität erzeugen, indem sie sich unterschiedlich stark durch ihre Kleidung und ihr Verhalten bemerkbar machen und signalisieren, welches Verhalten in ihrer Anwesenheit angemessen ist. Beispielsweise könnte ein mit Krawatte und Anzug gekleideter Psychologe, der mit strengem Blick ein Kind während des Unterrichts beobachtet, das Kind so weit einschüchtern, dass es sich »ordentlich« benimmt. Ein freundlich blickender,

3.6 · Verhaltensbeobachtung und -beurteilung

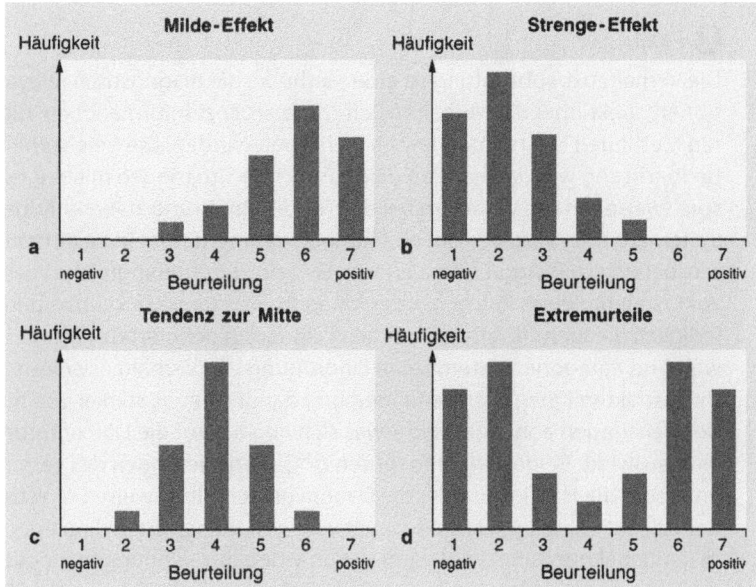

Abb. 3.32a–d Illustration einiger Beurteilungsfehler bei der Einschätzung von Eigenschaftsausprägungen oder Verhaltenstendenzen

leger gekleideter Kollege, der zudem keinen Kontakt mit dem Lehrer aufnimmt, lädt das Kind eher dazu ein, sein gewohntes, den Unterricht störendes Verhalten zu zeigen.

Antworttendenzen betreffen nicht den Urteilsprozess, sondern die Abbildung des Urteils auf einer Skala. Ein **Mildefehler** wird darin sichtbar, dass ein Beobachter insgesamt bessere Urteile abgibt und deshalb höhere Mittelwerte erzielt als andere Beobachter (Abb. 3.32a). Hier soll eine gewisse Furcht davor, negative Urteile abzugeben, eine Rolle spielen. Ein **Strengefehler** ist dagegen an einer Tendenz zu unterdurchschnittlichen Urteilen im Vergleich zu anderen Beobachtern erkennbar (Abb. 3.32b). Eine **zentrale Tendenz**, d. h. eine Bevorzugung mittlerer Skalenpositionen, lässt sich statistisch durch eine gegenüber Vergleichsbeurteilern eingeschränkte Varianz der Urteile eines Beobachters nachweisen (Abb. 3.32c). Durch Verwendung gradzahliger Skalen ohne erkennbaren Mittelwert kann diese Tendenz etwas gemildert werden. Bei einer **Tendenz zu Extremurteilen** ergibt sich dagegen eine erhöhte Varianz der Urteile (Abb. 3.32d).

Antworttendenzen

Maßnahmen zur Verbesserung der Gütekriterien Systematische Verhaltensbeobachtung und -beurteilung sind Verfahren, die selten ohne eine **Schulung** der Anwender auskommen. Ein Manual, in dem das Instrument erläutert wird und die Durchführung und Auswertung genau beschrieben werden, reicht meist nicht zur Gewährleistung der Objektivität aus. In einer Schulung sollte die Anwendung intensiv geübt werden. Ob die Teilnehmer das Verfahren beherrschen, kann mithilfe von standardisierten videobasierten Lernzielkontrollaufgaben überprüft werden: Die Teilnehmer führen anhand von Videoaufnahmen eine systematische Verhaltensbeobachtung oder eine Verhaltensbeurteilung durch. Ihre Ergebnisse können global und im Detail mit einer von Experten erstellten Lösung verglichen werden.

Beobachter-/Beurteilertraining nötig

Ein unsachgemäßer Gebrauch der Skalen bei Verhaltensbeurteilungen kann durch eine Analyse der Antwortverteilungen erkannt werden. Liegen Hinweise auf Antworttendenzen vor, ist eine Nachschulung angebracht. Notfalls müssen auch einzelne Beobachter ausgeschlossen werden.

Antworttendenzen erkennbar

∑ Fazit

Die Verhaltensbeobachtung ist eine Methode, die diagnostisch relevante Informationen direkt über das Verhalten liefert. Sie ergänzt Informationen, die mit anderen Methoden (Tests, Interview etc.) erhoben wurden. Die freie Verhaltensbeobachtung wird in fast allen diagnostischen Situationen mit eingesetzt, beispielsweise um das Verhalten bei der Testdurchführung zu beschreiben. Bei einer systematischen Verhaltensbeobachtung wird meist nur ein bestimmter Verhaltensbereich (z. B. Aggression) erfasst. Sie erfordert umfangreiche Vorbereitungen zur Erstellung eines Zeichen- oder Kategoriensystems. Zeichensysteme verlangen lediglich die Identifizierung von meist eindeutig definierten Verhaltensweisen, während Kategoriensysteme eine Einordnung von Verhaltensweisen zu meist relativ abstrakten Kategorien verlangen und damit weitaus stärker von Interpretationsleistungen abhängig sind – was sich negativ auf die Durchführungsobjektivität auswirkt. Beide Varianten führen zu Quantifizierungen des Verhaltens, indem entweder die Häufigkeit oder die Dauer von Verhaltensweisen registriert werden. Beim Event-sampling wird die Dauer von Verhaltensweisen direkt gemessen, was in der Regel nur durch Verwendung von Videoaufzeichnungen möglich ist. Mit der Time-sampling-Methode, für die lediglich ein Zeitgeber zur Markierung der Beobachtungsphasen benötigt wird, kann Verhalten auch ohne Videoaufzeichnung im Feld registriert werden. Am wenigsten aufwändig ist die Verhaltensbeurteilung, bei der die Beobachter jedoch weitreichende Schlussfolgerungen über die »Bedeutung« des Verhaltens anstellen müssen. Diese Methode ist daher besonders anfällig für Urteilsfehler. Grundsätzlich ist bei allen Varianten von Verhaltensbeobachtung und bei der Verhaltensbeurteilung zu bedenken, dass sie zu Reaktivität führen können: Die Beobachteten verhalten sich anders als gewohnt, weil sie sich beobachtet führen. Deshalb ist immer abzuwägen, ob die Beobachtung verdeckt erfolgen soll; wenn der Beobachter anwesend sein soll, ist abzuwägen, ob er am Geschehen selbst teilnehmen oder sich passiv verhalten soll. Wenn der Aufwand einer Fremdbeobachtung zu groß ist und wenn ethische Bedenken wegen der Verletzung der Privatsphäre bestehen, ist eine Selbstbeobachtung vorzuziehen. Ideal ist die Erhebung von Verhalten mithilfe von Handheld-Computern, die den Probanden zu programmierten Zeitpunkten zu Eingaben auffordern. Alle Varianten der systematischen Verhaltensbeobachtung und die Verhaltensbeurteilung sollten erst nach einem gründlichen Training der Beobachter eingesetzt werden.

Weiterführende Literatur

Eine umfangreiche und systematische, aber nicht immer leicht zu lesende Darstellung zum Thema systematische Verhaltensbeobachtung ist das Buch von Faßnacht (1995). Hasemann (1983) handelt das Thema als Handbuchbeitrag in der Enzyklopädie der Psychologie ab. Eine gute Übersicht zur systematischen Beobachtung in Familie, Schule und Klinik bietet ein Kompendium von Manns et al. (1987). Eine aktuelle und systematische Darstellung, die nicht nur für den eignungsdiagnostischen Anwendungsbereich relevant ist, gibt das von mehreren Autoren verfasste Kapitel »Verhaltensbeobachtung und Verhaltensbeurteilung« in Westhoff et al. (2010). Über Methoden zur Berechnung der Beurteilerübereinstimmung informieren Wirtz und Caspar (2002).

? Übungsfragen
Kap. 3.6

61. Worin unterscheiden sich freie und systematische Verhaltensbeobachtung?
62. Nach welchen sechs Aspekten kann Verhaltensbeobachtung näher charakterisiert werden?
63. Was ist beim Einsatz einer verdeckten Beobachtung zu beachten?
64. Welche Vorteile bieten Handheld-Computer gegenüber der Verwendung von Verhaltensprotokollen in Papierform?
65. Was bedeuten Selektion, Segmentierung und Quantifizierung?
66. Was bedeuten Time- und Event-sampling?
67. Wodurch zeichnet sich ein Kategoriensystem aus?
68. Nennen Sie ein Beispiel für ein Kategoriensystem, und geben Sie an, was damit erfasst werden soll!
69. Worin unterscheidet sich die Verhaltensbeurteilung von der Verhaltensbeobachtung?
70. Beschreiben Sie mithilfe des Brunswikschen Linsen-Modells die Entstehung einer Verhaltensbeurteilung!
71. Mit welchen statistischen Verfahren wird die Übereinstimmung zwischen Beobachtern und Beurteilern berechnet?
72. Nennen Sie wichtige Fehler, die bei der Verhaltensbeobachtung und -beurteilung auftreten können!

3.7 Diagnostisches Interview

3.7.1 Standardisierte Interviews – 326
    3.7.1.1 Klinische Interviews – 327
    3.7.1.2 Interviews zur Eignungsdiagnostik – 330
3.7.2 Interviews selbst konstruieren – 336
3.7.3 Techniken der Gesprächsführung – 339

Interviews dienen generell der Erhebung von Informationen mittels Gespräch. Interviews werden beispielsweise von Journalisten eingesetzt, um politische Standpunkte in Erfahrung zu bringen, oder von Marktforschern, um Einstellungen gegenüber bestimmten Produkten zu erkunden. In anderen Kontexten nennt man Interviews beispielsweise Verhör oder Zeugenbefragung. Der Zusatz »diagnostisches« Interview macht klar, dass es sich um ein Interview zu diagnostischen Zwecken handelt. Damit wird ein ganz bestimmter Verwendungszweck impliziert.

Innerhalb der psychologischen Diagnostik sollte der Begriff »diagnostisches Interview« als Oberbegriff für alle Methoden zur Erhebung von diagnostisch relevanten Informationen mittels Gespräch verstanden werden. Je nach Art der zu erhebenden Informationen können diagnostische Interviews zusätzlich spezifiziert werden. Unter einer **Anamnese** oder einer Anamneseerhebung wird in Anlehnung an den Sprachgebrauch der Medizin die gesprächsweise Erkundung der Vorgeschichte einer Erkrankung oder Störung verstanden. Der Begriff »**Exploration**« stammt ursprünglich aus der Psychiatrie und bezeichnet die Erkundung des subjektiven Lebensraums eines Probanden (vgl. Trost, 1996). Anamnese und Exploration können daher Bestandteil, in bestimmten Fällen auch alleiniger Bestandteil, eines diagnostischen Interviews sein. Diagnostische Interviews können aber auch Funktionen übernehmen, die nicht unter

Informationserhebung mittels Gespräch

Anamnese, Exploration, Einstellungs- oder Auswahlgespräch

die Begriffe »Anamnese« und »Exploration« fallen, etwa die Erhebung von Informationen zur Eignung eines Probanden für einen bestimmten Beruf oder für ein bestimmtes Studium. Nach dem primären Verwendungszweck kann das diagnostische Interview dann auch näher als **Einstellungs-** oder **Auswahlgespräch** bezeichnet werden.

> **Definition**
>
> **Diagnostisches Interview** ist der Überbegriff für Methoden zur Erhebung von diagnostisch relevanten Informationen mittels Gespräch. Mit Begriffen wie **Anamnese, Exploration, Einstellungsgespräch oder Auswahlgespräch** kann der Verwendungszweck oder die Zielsetzung eines diagnostischen Interviews näher bestimmt werden. Diagnostische Interviews unterscheiden sich durch den Grad ihrer Standardisierung.

unterschiedliche Grade der Standardisierung

Interviews sind in unterschiedlichem Ausmaß standardisiert. Völlig **unstandardisiert** ist ein Interview, wenn nur dessen Zweck feststeht (etwa eine klinische Diagnose stellen) und sich die Fragen im Laufe des Gesprächs erst ergeben. Zwei unstandardisierte Interviews könnten sich daher selbst bei identischer Fragestellung sehr stark voneinander unterscheiden. **Völlig standardisiert** ist ein Interview, wenn jede Frage vorher genau festgelegt und immer im gleichen Wortlaut vorzutragen ist. Dazwischen sind viele Abstufungen denkbar. Mit dem Begriff »**halbstandardisiert**« wird meist zum Ausdruck gebracht, dass eine Standardisierung angestrebt wird, eine Festlegung auf exakte Wortlaute und Abfolgen von Fragen aber nicht gewollt oder nicht möglich ist. Die Vorlage für ein halbstandardisiertes Interview kann etwa aus einer Liste von Themen mit stichpunktartig charakterisierten Fragen bestehen.

> **Beispiel**
>
> **Standardisierte Auswertung bei einem Einstellungsgespräch zur Führungsmotivation**
>
> **Fragen**
> Haben Sie während Ihrer Schulzeit irgendwelche Führungsaufgaben übernommen, beispielsweise in der Schule oder in einem Verein? Waren Sie beispielsweise einmal Klassensprecher oder Jugendgruppenleiter? Haben Sie vielleicht für eine größere Gruppe alleine eine Aktivität, beispielsweise eine Theateraufführung oder eine Jugendfreizeit, organisiert? (Nachfrage: Wie lange haben Sie das gemacht?)
>
> **Bewertung der Antwort**
>
> | | | |
> |---|---|---|
> | ☐ | (2 Punkte) | Führungsaufgabe(n) mit konkreter Funktionsbezeichnung (Schülersprecher, Leitung von Jugendgruppen im Verein etc.) für insgesamt mindestens zwei Jahre |
> | ☐ | (1 Punkt) | (Weitere) Führungsaufgabe(n) mit konkreter Funktionsbezeichnung für mindestens drei Monate |
> | ☐ | (1 Punkt) | Führungsaufgabe(n) ohne formale Funktion (z. B. Klassenfahrt oder Jugendfreizeit organisiert) |
> | ☐ | (0 Punkte) | Keine oder nur unbedeutende Führungsaufgabe übernommen (z. B. Sammelbestellung organisiert) |
>
> _____ Punkte insgesamt

3.7 · Diagnostisches Interview

In der Klinischen Psychologie ist weithin auch der Begriff »**strukturiertes**« Interview üblich. Allerdings werden die Begriffe »standardisiert« und »strukturiert« nicht einheitlich verwendet. Ein Interview sollte als »strukturiert« bezeichnet werden, wenn es systematisch aufgebaut ist, wenn also vorab festgelegt wird, welche Fragen wann und unter welchen Umständen (je nach den Antworten auf vorhergegangene Fragen) zu stellen sind. Damit ist bereits eine wesentliche Forderung der Standardisierung erfüllt. Man kann sich auch ein Interview vorstellen, das aus einer unsystematischen, unstrukturierten Ansammlung von Fragen besteht, die aber immerhin in ihrer Abfolge und im Wortlaut genau festgelegt sind. In diesem Fall wäre das Interview zwar standardisiert, aber nicht strukturiert.

strukturiert vs. standardisiert

Die **Auswertung** eines Interviews kann ebenfalls unterschiedlich stark standardisiert sein. So wie bei Tests die Durchführungs- und die Auswertungsobjektivität separat beurteilt werden, ist auch beim Interview zwischen beiden Gütekriterien zu unterscheiden. Eine standardisierte Durchführung ist kein Garant für eine standardisierte Auswertung. Ein völlig standardisiert durchgeführtes Interview kann unstandardisiert ausgewertet werden. Dies wäre etwa der Fall, wenn am Ende eines aus festgelegten Fragen bestehenden Einstellungsgesprächs »aus dem Bauch heraus« entschieden würde, ob der Bewerber nun geeignet ist oder nicht. Standardisierung der Auswertung bedeutet, dass die Antworten nach festen Regeln verwertet werden. Meist muss der Interviewer entscheiden, in welche der vorgegebenen Kategorien eine Antwort passt.

Auswertung unterschiedlich standardisiert

Auch die Verrechnung der Antworten wird vorher festgelegt. Meist werden bei jeder Frage Punkte für die Antworten vergeben und am Ende über alle Fragen addiert. Dabei sind Gewichtungen der einzelnen Antwortalternativen möglich (im Beispiel bis zu vier Punkte). Wenn mehrere Punkte vergeben werden, sollte dieses Prinzip auf alle Fragen angewandt werden; bei weniger bedeutsamen Fragen kann die maximal mögliche Punktzahl kleiner gehalten werden als bei Fragen, die für das Merkmal hoch relevant sind.

Verrechnung vorher festgelegt

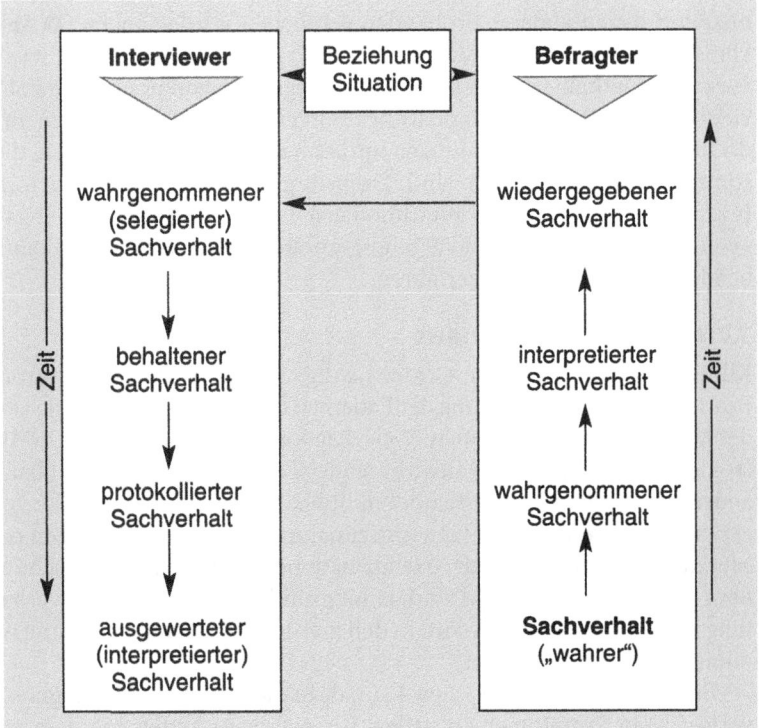

◘ Abb. 3.33 Stationen der Informationsverarbeitung beim Interview. (Aus Keßler, 1988, mit freundlicher Genehmigung des Verlags Beltz)

Abb. 3.34a–b Wie sich ein Interviewer verhält, hat einen Einfluss auf die Antworten. Das Interview soll daher so weit wie möglich standardisiert werden

Informationsverarbeitung fehleranfällig

Der Prozess der Informationsgewinnung im Interview wird in Abbildung 3.33 veranschaulicht. Vom »wahren« Sachverhalt im Leben des Befragten bis zu dessen Verwertung im Interview finden Transformationen statt, die anfällig für Verzerrungen sind. Durch ein standardisiertes Vorgehen beim Interview sollen die Verzerrungen seitens des Interviewers minimiert werden.

3.7.1 Standardisierte Interviews

Standardisierung wichtig bei Vergleich

Standardisierte Interviews kommen vor allem im klinischen Bereich und in der Eignungsdiagnostik zum Einsatz. Verfahren aus diesen beiden Bereichen werden deshalb ausführlich dargestellt. Generell ist der Einsatz von standardisierten Interviews immer dann zu erwägen, wenn sich eine Fragestellung oft wiederholt und wenn die Ergebnisse mit denen anderer Probanden verglichen werden sollen (Abb. 3.34a-b). Im klinischen Bereich kommen bestimmte Fragestellungen immer wieder in gleicher Form vor. Deshalb wurden speziell zur Diagnostik von psychischen Störungen Interviews entwickelt, die mit Manual über Testverlage vertrieben werden. In der Eignungsdiagnostik richten sich die Fragen immer nach den Anforderungen, die mit einer bestimmten Stelle verbunden sind. Deshalb gibt es hier keine universell einsetzbaren Interviewverfahren. Beim multimodalen Interview (s.u.) handelt es sich um eine »Bauanleitung« für ein Einstellungsgespräch und nicht um ein käuflich zu erwerbendes, fertiges Interviewverfahren.

3.7.1.1 Klinische Interviews

Für viele diagnostische Kriterien ist die Auskunft des Patienten wichtig

Klinisch tätige Psychologen werden häufig mit Fragestellungen konfrontiert, zu deren Beantwortung eine Befragung der Patienten nötig ist. An erster Stelle ist die Frage nach der **Art der Störung** zu nennen. Viele diagnostische Kriterien im ICD-10 und DSM-IV (► Kap. 10.2.1) sind ohne Mitwirkung der Patienten kaum feststellbar. Wie will man anders als durch (schriftliche oder mündliche) Befragung feststellen, ob jemand ausgeprägte Ängste vor einer Gewichtszunahme hat, unter Schmerzen oder etwa unter Mundtrockenheit leidet oder Halluzinationen hat? Andere klinische Symptome äußern sich im Verhalten und sind damit grundsätzlich auch einer Verhaltensbeobachtung zugänglich. Dennoch wird in den meisten Fällen eine Befragung wesentlich ökonomischer sein.

klinische Diagnosen stellen

Ein diagnostisches Interview kann dazu dienen, klinische Diagnosen anhand von vorliegenden Symptomen zu stellen. Beispielsweise lautet eines von mehreren Kriterien für das Vorliegen einer Episode einer Major Depression im DSM-IV »Deutlich vermindertes Interesse oder Freude an allen oder fast allen Aktivitäten, an fast allen Tagen, für die meiste Zeit des Tages (entweder nach subjektivem Ermessen oder von anderen beobachtet)« (Saß et al., 1998, S. 150). Persönliche Präferenzen im Sprachgebrauch und die Anpassung an das sprachliche Niveau der Patienten führen dazu, dass die **Formulierungen unterschiedlich ausfallen** können. Damit wird jedoch die Durchführungsobjektivität eines diagnostischen Interviews verletzt. Die offensichtlichste Konsequenz ist, dass die Antworten je nach Formulierung der entscheidenden Fragen unterschiedlich ausfallen. Jeder klinische Diagnostiker könnte auf seine Weise nach diesem Sachverhalt fragen.

> **Beispiel**
>
> Mögliche Fragen zu einem Symptom bei einer Major Depression nach DSM-IV (Deutlich vermindertes Interesse oder Freude an allen oder fast allen Aktivitäten, an fast allen Tagen, für die meiste Zeit des Tages [entweder nach subjektivem Ermessen oder von anderen beobachtet]):
> - »Haben Sie längere Zeit keine Lust gehabt, die Dinge zu tun, die Ihnen sonst Spaß machen? Nachfrage: Wie lange schon?«
> - »Haben Sie die Freude an Dingen verloren, die Sie früher gerne gemacht haben? Wenn ja, wie lange geht es Ihnen schon so?«
> - »Wofür interessieren Sie sich im Beruf und in der Freizeit? Worüber können Sie sich jeden Tag freuen? – Nun vergleichen Sie den momentanen Zustand einmal damit, wie es Ihnen früher ging. Waren Sie früher stärker interessiert, und haben Sie sich öfter über etwas gefreut?«
> - »Ich möchte Ihnen zunächst einige Fragen zu Ihrer Stimmung stellen. Während der letzten vier Wochen: Haben Sie das Interesse oder die Freude an fast allen Aktivitäten verloren, die Ihnen gewöhnlich Freude machen?«

Da von den Antworten letztlich die Diagnose abhängt, ist es naheliegend, die Fragen zu standardisieren, also immer **auf die gleiche Weise** zu stellen. Genau das leisten standardisierte klinische Interviews. Alle Diagnostiker, die das Strukturierte Klinische Interview für DSM-IV (SKID) von Wittchen et al. (1997) durchführen, stellen die Frage (A2) so, wie im Beispiel als Nummer vier aufgeführt: »Während der letzten vier Wochen: Haben Sie das Interesse oder die Freude an fast allen Aktivitäten verloren, die Ihnen gewöhnlich Freude machen?« Im SKID werden zudem bestimmte Kategorien zur Bewertung der Antwort vorgegeben. Der Diagnostiker kreuzt z. B. anhand der Antwort an, dass ein erheblicher Verlust von Interesse oder Freude an allen oder fast allen Aktivitäten fast jeden Tag »sicher vorhanden und kriteriumsgemäß ausgeprägt« ist.

Im SKID sind die Fragen nach Störungen gruppiert. Bei dem einzelnen Patienten müssen nicht alle Fragen gestellt werden. Verzweigungsregeln bestimmen, mit welchen Fragen in Abhängigkeit von seinen Antworten zu einem Fragenkomplex weitergemacht wird. Das SKID-I bezieht sich auf die sog. Achse I des DSM-IV, also auf affektive Störungen, psychotische Störungen, Störungen durch psychotrope Substanzen, Angststörungen, somatoforme Störungen, Essstörungen und Anpassungsstörungen. Das SKID-II befasst sich dagegen ausschließlich mit der Diagnostik von Persönlichkeitsstörungen. Formal unterscheidet es sich von SKID-I darin, dass die Klienten zunächst einen Fragebogen bearbeiten, in dem (von wenigen Ausnahmen abgesehen) die gleichen Symptome abgefragt werden wie im Interview. Der klinische Diagnostiker stellt im Interview nur Fragen zu den Symptomen, die der Client im Fragebogen angekreuzt hat. Hinzu kommen 14 Fragen zu eventuell begangenen Straftaten oder antisozialen Verhaltensweisen, die im Fragebogen nicht enthalten sind.

Fragen immer auf die gleiche Weise stellen

SKID-I betrifft Achse 1 des DSM-IV, SKID-II betrifft Persönlichkeitsstörungen

> **Beispiel**
>
> Im Fragebogen des SKID-II lautet eine Frage zur Selbstunsicheren Persönlichkeitsstörung:
> »Meiden Sie Kontakt mit anderen Menschen, es sei denn, Sie sind sicher, dass diese Sie wirklich mögen?« (Antwortmöglichkeiten: Nein – Ja).
> Im Interview wird bei einer Ja-Antwort im Fragebogenheft gefragt:
> »Meiden Sie Kontakt mit anderen Menschen, es sei denn, Sie sind sicher, dass diese Sie wirklich mögen? Wenn Sie sich nicht sicher sind, ob jemand Sie wirklich mag, würden Sie dann den ersten Schritt machen und auf den Anderen zugehen?«
> Der Interviewer ordnet die Antwort des Klienten einer der folgenden Kategorien zu:
> 1. Nein, nicht vorhanden.
> 2. Lässt sich nur widerwillig mit Menschen ein, sofern er/sie sich nicht sicher ist, gemocht zu werden.
> 3. Übernimmt fast nie die Initiative, um eine soziale Beziehung aufzunehmen.
> ? Unsicher/zu wenig Informationen.

weitere »breite« standardisierte klinische Interviews

Neben dem SKID erfüllen einige wenige andere standardisierte klinische Interviews die Aufgabe, das ganze Spektrum psychischer Störungen abzudecken. Hier ist vor allem das Diagnostische Interview bei psychischen Störungen (DIPS) von Margraf et al. (1994; Schneider et al., 2006) zu nennen, von dem es auch eine Kurz- und eine Kinderversion gibt:
- MINI-DIPS (Margraf, 1994)
- Kinder-DIPS (Unnewehr et al., 1994)

spezielle Funktionen

Andere standardisierte Interviews haben dagegen nur bestimmte Bereiche von Störungen, beispielsweise Essstörungen, zum Gegenstand. Standardisierte klinische Interviews können auch andere Funktionen haben als Diagnosen zu stellen. Beispielsweise mögen sie dazu dienen, den Verlauf oder das Ergebnis einer Therapie zu evaluieren oder die Ätiologie einer Störung abzuklären.

Durchführungs- und Auswertungsobjektivität

Gütekriterien Wie stark hängt das Ergebnis (die Diagnose) davon ab, wer das Interview führt und wer die Antworten auswertet? Diese Frage richtet sich auf die Durchführungs- und Auswertungsobjektivität von strukturierten klinischen Interviews. Segal et al. (1994) haben sich in einer Übersichtsarbeit mit der **Auswertungsobjektivität** (Übereinstimmung zwischen zwei oder mehr Auswertern) und zusätzlich auch mit der Retest-Reliabilität des SKID (das sich damals noch auf das DSM-III-R bezog) befasst. Die überwiegende Zahl der Studien galt der Übereinstimmung zwischen den Auswertern von Interviews. Der Prozentsatz an übereinstimmenden Urteilen ist wenig aussagekräftig. Die prozentuale Übereinstimmung wird bei seltenen Diagnosen zwangsläufig hoch ausfallen, weil beide Interviewer häufig zu der gleichen Erkenntnis kommen, dass keine Störung vorliegt. Deshalb wird meist der Kappa-Koeffizient (oder bei sehr kleinen Grundwahrscheinlichkeiten der Störung besser der Yules Y-Koeffizient) berechnet, der die Wahrscheinlichkeit des zufälligen Aufeinandertreffens von gleichen Urteilen rechnerisch kontrolliert. Als erstes fällt auf, dass die Urteilerübereinstimmung sehr stark von den Diagnosen abhängt. Eine Auszählung ergibt, dass bei den Persönlichkeitsstörungen (Achse II) jeweils etwa ein Drittel der Kappa-Koeffizienten in die Bereiche unter .70, .70 bis .80 und über .80 fällt. Bei den Störungen auf Achse I sind Werte unter .70 eher selten (17 % der Werte), und der große Rest verteilt sich etwa gleich auf den mittleren und oberen Bereich.

3.7 · Diagnostisches Interview

Bei der Beurteilung von Übereinstimmungsmaßen für klinische Interviews ist zu bedenken, dass die Auswertungsobjektivität nicht nur von der Person des Auswerters abhängt, sondern auch von der Klarheit der diagnostischen Kriterien im DSM. Je eindeutiger die Symptome definiert sind, die zu einer Diagnose gehören, desto leichter fällt es Interviewern, das Vorliegen eines Symptoms zu erkennen.

Zur Schätzung der **Retest-Reliabilität** stellt die Wiederholung des Interviews nach wenigen Tagen durch einen anderen Interviewer ein angemessenes Vorgehen dar. Die Wiederholungsmethode mit zwei verschiedenen Interviewern bildet die klinische Praxis sehr gut ab. Normalerweise wird das Ergebnis davon abhängen, wer das Interview führt: Merkmale wie Alter, Aussehen und Geschlecht des Interviewers wirken sich möglicherweise auf das Auskunftsverhalten des Patienten aus. Unterschiede in den Ergebnissen der beiden Interviewer können allerdings auch darauf zurückzuführen sein, dass die Interviews unterschiedlich geführt und/oder unterschiedlich ausgewertet wurden. Probleme mit der Durchführungs- und Auswertungsobjektivität mindern also die Retest-Reliabilität. Zusätzlich kann sich die untersuchte Störung verändert haben, was bei kurzen Zeitintervallen aber relativ unwahrscheinlich ist. Darüber hinaus geben die Patienten den beiden Interviewern möglicherweise unterschiedliche Informationen. Segal et al. (1994) stützten sich auf eine große Retest-Untersuchung über ein breites Spektrum an Störungen auf Achse I. An einer Stichprobe von 390 Patienten resultierte über alle 21 Störungen ein mittleres Kappa von .61. Die Retest-Reliabilität lag damit erwartungsgemäß niedriger als die Auswerterübereinstimmung. Bei den ebenfalls untersuchten 202 Nichtpatienten kamen 16 verschiedene Diagnosen vor, wobei Kappa durchschnittlich nur .37 betrug. Die Reliabilität variierte sehr stark in Abhängigkeit von den Diagnosen; sie reichte bei den Patienten von .40 bis .86. Für die in der Patientengruppe häufiger vorkommenden Störungen (Basisrate über 10 %) lagen die Kappa-Werte im Bereich von .64 bis leicht über .84 (Major Depression: .64, bipolare Störung: .84, Schizophrenie: .65, Drogenabhängigkeit oder -missbrauch: .84).

Die Ergebnisse zur Retest-Reliabilität besagen, dass die Diagnose, die ein Interviewer aufgrund der Angaben des Patienten im Interview stellt, in erheblichem Ausmaß davon abhängt, wer das Interview führt und auswertet. Es gibt keine allgemein anerkannten Regeln dafür, wie ein Kappa-Koeffizient zu bewerten ist. Segal et al. (1994) vertreten die Ansicht, dass Werte über .70 als Hinweis auf eine gute Übereinstimmung gelten können. Diese Auffassung mag auch dafür stehen, dass sich die Untersucher bei klinischen Diagnosen mit wenig zufrieden geben. Ein Beispiel soll zeigen, was sich hinter solchen Zahlen verbirgt.

> **Beurteilerübereinstimmung hängt von Diagnosen ab**
>
> **Wiederholung durch anderen Interviewer**
>
> **Diagnose hängt vom Interviewer ab**

Beispiel

Zahlenbeispiel für die Beurteilungsübereinstimmung
DIPS-Diagnose »Angststörungen«, Kappa = .71

Diagnose »Angststörung« Interviewer 1	Diagnose »Angststörung« Interviewer 2	
	Ja	Nein
Ja	87	7
Nein	22	85

Anmerkung. Zahlen aus Margraf et al. (1994, S. 22). Es handelt sich im vorliegenden Fall nur um Primärdiagnosen (also vorherrschende Störungen bei einem Patienten) und um Oberklassendiagnosen (keine Differenzierung zwischen verschiedenen Formen von Angststörungen).

diskrepante Urteile trotz »guter« Übereinstimmung

Die im Beispiel vorgelegten Zahlen bedeuten, dass beide Interviewer bei 87 der 201 Patienten übereinstimmend die Diagnose »Angststörung« gestellt und bei 85 weiteren Patienten übereinstimmend festgestellt haben, dass diese Patienten keine Angststörung aufweisen. Bei sieben Patienten war Interviewer 1 der Meinung, dass diese eine Angststörung haben, während der andere Interviewer hier keine Angststörung festgestellt hat. Interviewer 2 diagnostizierte allerdings bei 22 anderen Patienten eine Angststörung, während hier Interviewer 1 nicht zu einer solchen Diagnose gelangte. Für diese insgesamt 29 Patienten (immerhin 14 % der Patientengruppe) bedeuten derartige Nichtübereinstimmungen, dass die Diagnose »Angststörung« davon abhing, welcher Interviewer sie befragt hat. Für die Praxis klinischer Arbeit hat diese nach Segal et al. (1994) »gute« Übereinstimmung (Kappa liegt über .70) weitreichende Konsequenzen: Ein Mensch, der unter einer Angststörung leidet, erhält die ihm zustehende Behandlung nicht; eine Person ohne klinische Störung oder mit einer ganz anderen Störung wird zunächst als Angstpatient behandelt. Angenommen, anstelle von »Angststörung« würde hier »Blinddarmentzündung« stehen: Die Konsequenzen einer Behandlung (Operation) oder Nichtbehandlung (Gefahr, an einer unbehandelten Blinddarmentzündung zu sterben) wären ungleich größer!

gute Validitätskriterien fehlen

Die **Validität** strukturierter klinischer Interviews ist schwer zu beurteilen, und zwar deshalb, weil die Interviews in der klinischen Praxis als die beste verfügbare Methode zur Diagnosefindung gelten und sie also das erste in Betracht kommende Kriterium darstellen. Die Ergebnisse würden deshalb mehr über die Validität der anderen Verfahren als über die des Interviews aussagen. Deshalb wird an dieser Stelle auf die Darstellung von Ergebnissen verzichtet.

3.7.1.2 Interviews zur Eignungsdiagnostik

Einstellungsinterviews zur Personalauswahl sind beliebt

In der Personalauswahl sind Vorstellungsgespräche bzw. Einstellungsinterviews nach der Sichtung von Bewerbungsunterlagen die am weitesten verbreitete Methode (Schuler et al., 2007). Dies hat nicht zuletzt damit zu tun, dass sowohl Auswählende als auch Bewerber das Interview im Vergleich zu anderen Auswahlinstrumenten wie Arbeitsproben, Zeugnisnoten, psychologischen Eignungstests und Lebenslaufdaten am meisten schätzen (Fruhner et al., 1991).

Auswahlgespräche für Studienplatzbewerber

Im Hinblick darauf sind auch Auswahlgespräche als Teil des besonderen Auswahlverfahrens bei der Vergabe von Studienplätzen im Hochschulrahmengesetz (7. Gesetz zur Änderung des HRG vom 28.8.2004) explizit vorgesehen. Allerdings sind die Ergebnisse zur prognostischen Validität von Auswahlgesprächen nicht sehr ermutigend. Eine für die diagnostische Praxis von Auswahlgesprächen an Hochschulen äußerst wertvolle Handreichung haben Trost und van Hayn (2001) vorgelegt.

multimodales Interview

Schuler (1992) hat mit dem sog. »Multimodalen Einstellungsinterview« einen wichtigen Beitrag zur Gestaltung von Einstellungsgesprächen geleistet. Das Attribut »**multimodal**« soll darauf hinweisen, dass dem Interview unterschiedliche Methoden zugrunde liegen. Soll eine Stelle besetzt werden, wird das Einstellungsgespräch nach diesem Modell geplant und bei allen Bewerbern angewandt. Durch den hohen Grad der Standardisierung wird die Durchführungsobjektivität weitgehend gewährleistet. Im Einzelnen sieht der Aufbau aus wie unten dargelegt.

ein Konstruktionsprinzip – unterschiedliche Ausgestaltungen

Wie ersichtlich, finden sich als »Herzstücke« biografiebezogene und situative Fragen, erstere in den Schritten (2) und (5), letztere in (7). Das multimodale Interview stellt lediglich ein Konstruktionsprinzip dar, eine Leitlinie zum Aufbau eines Einstellungsgesprächs. Die inhaltliche Ausgestaltung variiert in Abhängigkeit von der Stelle, die zu besetzen ist. Bei einer konkreten Ausgestaltung haben sich die Autoren des multimodalen Interviews unter anderem auf eine detaillierte Anforderungsanalyse innerhalb eines bestimmten Arbeitsbereichs (hier: des Bankenverbandes) gestützt, die zu einer größeren Zahl »kritischer Ereignisse« führte. Daraus wurden in mehreren Stufen die letztlich resultierenden Fragen abgeleitet. Die Dimensionen der

3.7 · Diagnostisches Interview

> **Aufbau, Funktion und Auswertung des Multimodalen Einstellungsinterviews (nach Schuler, 1992; Schuler & Moser, 1995)**
>
> 1. **Gesprächsbeginn:** Kurze, informelle Unterhaltung, deren Hauptfunktion der Aufbau einer Atmosphäre der Offenheit und Freundlichkeit ist. Skizzierung des Verfahrensablaufs. Keine Beurteilung in diesem Teil.
> 2. **Selbstvorstellung des Bewerbers:** In freier Form berichtet der Bewerber/die Bewerberin über seinen/ihren persönlichen und beruflichen Hintergrund. Der Interviewer kann dabei auffordern, den Schwerpunkt entweder auf die vorangegangene berufliche Erfahrung oder auf die Ausbildung zu legen, hier wie dort aber auch die Berufswahl und die berufsbezogenen Erwartungen zu thematisieren. Die Beurteilung erfolgt hinsichtlich dreier formaler (z. B. »Ausdruck«) und dreier inhaltlicher (z. B. »Einstellung zur Arbeit«) Urteilsaspekte auf je dreistufigen Skalen.
> 3. **Berufsinteressen und Berufswahl:** Es werden vier standardisierte Fragen zu Berufswahl und -interessen, zur Organisations- bzw. Institutionsauswahl und zur Bewerbung gestellt. Antwortbeurteilung auf dreistufigen verhaltensverankerten Skalen.
> 4. **Freies Gespräch:** Dient zur Auflockerung. Interviewer stellt offene Fragen in Anknüpfung an Selbstvorstellung und Bewerbungsunterlagen. Summarische Eindrucksbeurteilung.
> 5. **Biografiebezogene Fragen:** Biografische oder »Erfahrungsfragen« werden aus Anforderungsanalysen abgeleitet oder anforderungsbezogen aus biografischen Fragebögen übernommen. Je nach Komplexität der Fragen erfolgt die Bewertung auf drei- oder fünfstufigen, verhaltensverankerten Skalen.
> 6. **Realistische Tätigkeitsinformation:** Positive Seiten oder Erwartungen sowie auch die Probleme der Institution und des Arbeitsalltags werden vermittelt. Überleitung zu situativen Fragen.
> 7. **Situative Fragen:** Knappe Schilderung von mehreren erfolgskritischen Situationen (auf Critical-Incident-Basis entwickelt) und Frage nach dem Verhalten des Kandidaten in dieser Situation. Bewertung auf fünfstufigen Skalen.
> 8. **Gesprächsabschluss:** Die Bewerber erhalten Gelegenheit, ihrerseits Fragen zu stellen und verbliebene Unklarheiten zu erörtern. Zusammenfassung und weitere Vereinbarungen.

Arbeitsanalyse lagen auch der Auswahl bzw. Formulierung der biografischen Fragen zugrunde.

- **Gütekriterien**

Bei Interviews kann man, anders als bei den meisten Tests, nicht davon ausgehen, dass Maßnahmen zur Standardisierung der Durchführung und Auswertung ausreichen, um eine hohe **Objektivität** zu gewährleisten. Deshalb ist es erforderlich, empirische Nachweise zu liefern. Zum multimodalen Interview hat Schuler (1992) in zwei Studien mit 305 bzw. 69 Probanden die Auswerterübereinstimmung bestimmt. Für das Gesamtinterview ergaben sich Übereinstimmungen zwischen jeweils zwei Beurteilern von .71 bzw. .83. Diese Ergebnisse dürfen jedoch nicht auf andere Interviews generalisiert werden, auch dann nicht, wenn sie nach dem gleichen Konzept aufgebaut werden. In einer Metaanalyse haben McDaniel et al. (1994) über insgesamt 187 Koeffizienten eine durchschnittliche Auswerterübereinstimmung für strukturierte Interviews zur Personalauswahl von .84 und von .68 für unstrukturierte Interviews gefunden.

Auswerterübereinstimmung

Tab. 3.28 Ergebnisse von Metaanalysen zur Validität eignungsdiagnostischer Interviews

Metaanalyse	k	N	Spezifikation	Validität[a]
Marchese und Muchinski (1993)	31	3.960	Kriterium Berufserfolg	.38
	23	2.290	Subjektive Kriterien	.37
	12	1.875	Objektive Kriterien	.39
McDaniel et al. (1994)	160	25.244	Kriterium Berufserfolg	.37
	106	12.847	Strukturierte Interviews	.44
	39	9.330	Unstrukturierte Interviews	.33
	75	59.844	Kriterium Trainingserfolg	.36
	26	3.576	Strukturierte Interviews	.34
	30	47.576	Unstrukturierte Interviews	.36
	90	11.393	Berufserfolg, ein Interviewer	.43
	54	11.915	Berufserfolg, Interviewerteam	.32
Huffcutt et al. (2004)	32	2.815	Situative Interviews	.43
	22	2.721	Verhaltensbeschreibende Interviews	.51
Taylor und Small (2002)	30	2.299	Situative Interviews	.45
	19	1.855	Biografische Interviews	.56
			Nur verhaltensverankerte Beurteilungsskalen	
	29	2.142	Situative Interviews	.47
	11	1.119	Biografische Interviews	.63

Anmerkung. k = Anzahl der Studien, N = Anzahl der Personen in den Studien insgesamt.
[a] Korrigierte Validität (Korrekturfaktoren zwischen den Metaanalysen leicht verschieden).

Metaanalysen zur Kriteriumsvalidität

Anders als im klinischen Bereich hat der verbreitete Einsatz von diagnostischen Interviews im Bereich der Personalauswahl sehr viele Publikationen zur **Kriteriumsvalidität** angeregt. Als Kriterium werden unterschiedliche Indikatoren für den Berufs- bzw. Ausbildungserfolg herangezogen. Berufserfolg wird meist über Vorgesetztenbeurteilungen operationalisiert; manchmal liegen aber auch objektive Indikatoren wie erzielter Umsatz vor. Ausbildungs- oder Trainingserfolg wird dagegen meist über Prüfungen am Ende der Ausbildung erfasst. Die wichtigsten Ergebnisse von drei Metaanalysen sind in ◘ Tabelle 3.28 zusammenfassend dargestellt.

hohe Validität von standardisierten Interviews

Die in ◘ Tabelle 3.28 aufgeführten Ergebnisse erlauben einige **Schlussfolgerungen**. Erstens kann die relativ hohe Validität von Interviews nicht damit erklärt werden, dass die Validierung an subjektiven Kriterien (meist Vorgesetztenbeurteilungen) erfolgt. Der Zusammenhang mit objektiven Kriterien des Berufserfolgs ist mindestens genauso hoch wie der mit subjektiven Kriterien. Zweitens sind strukturierte Interviews unstrukturierten überlegen; beim Kriterium Trainingserfolg fand sich allerdings kein Unterschied. Drittens fallen die Validitäten niedriger aus, wenn mehrere Interviewer beteiligt sind. Die Überlegenheit des Einzelinterviews ist übrigens bei strukturierten Interviews besonders ausgeprägt (McDaniel et al., 1994). Viertens erwiesen sich verhaltensbeschreibende oder biografische Interviews den situativen als überlegen. Beide werden in der Regel anforderungsbezogen konstruiert. Beim situativen Interview werden Fragen zu hypothetischen Situationen gestellt. Der Bewerber soll angeben, wie er sich in den genannten Situationen verhalten würde. In verhaltensbeschreibenden oder biografischen Interviews wird dagegen erfragt, wie sich der Bewerber in zurückliegenden realen Situationen verhalten hat. Fünftens verbessert sich die Validität insbesondere des biografischen Interviews, wenn die Bewerber auf verhaltensverankerten Skalen beurteilt werden.

3.7 · Diagnostisches Interview

Tab. 3.29 Ausgewählte Ergebnisse einer Metaanalyse zur Konstruktvalidität eignungsdiagnostischer Interviews

Art des Interviews	Validitätskriterium		
	Intelligenz	Emotionale Stabilität	Soziale Fertigkeiten
Konventionell	.41	.38	.46
Verhaltensbezogen	.28	.08	.65

Anmerkung. Metaanalyse von Salgado und Moscoso (2002); für Varianzeinschränkung im Prädiktor sowie für Reliabilität von Prädiktor und Kriterium korrigierte Korrelation.

Ein spezieller Bereich der Eignungsdiagnostik ist die **Studieneignung**. Eine Metaanalyse (Hell et al., 2007) ergab, dass Interviews nur eine sehr niedrige Validität aufweisen, also nur schwach mit späteren Studienleistungen korrelieren. Zur Auswahl von Medizinstudenten wurden in Deutschland zeitweise auch Interviews eingesetzt. Die Ergebnisse waren enttäuschend: Die per Interview ausgewählten Studierenden wiesen deutlich schlechtere Leistungen in der Zwischenprüfung auf als diejenigen, die nach einem Test oder einer Kombination von Test und Abiturnote ausgewählt worden waren (Nauels & Klieme, 1994). Bei einem Großeinsatz von standardisierten Auswahlgesprächen ist zu bedenken, dass die Fragen schnell bekannt werden und damit eine gezielte Vorbereitung auf das Interview stattfinden kann. Letztlich wird dann nur noch gemessen, wie gut sich jemand informiert und vorbereitet hat.

Interviews zur Studieneignung wenig valide

Eine ganz andere Frage ist die nach der **Konstruktvalidität** von Einstellungsinterviews. Sie sagt etwas darüber aus, ob die Beurteilung im Interview beispielsweise mit der Intelligenz oder bestimmten Persönlichkeitseigenschaften der Interviewten zusammenhängt. Salgado und Moscoso (2002) haben in einer Metaanalyse die vorliegenden Untersuchungen danach eingeteilt, ob es sich eher um ein konventionelles Interview handelte oder eher um ein verhaltensbezogenes. Beide Interviewtypen weisen Gemeinsamkeiten auf; die wesentlichen Unterschiede liegen darin, dass in den als »verhaltensbezogen« definierten Interviews überwiegend nach früheren Aktivitäten und Erfahrungen sowie nach konkretem Verhalten in früheren oder auch in fiktiven Situationen gefragt wurde und weniger nach Selbstbeurteilungen. Für konventionelle Interviews fanden die Autoren moderate Zusammenhänge mit Intelligenz, emotionaler Stabilität und sozialen Fertigkeiten. Die Beurteilungen in verhaltensbezogenen Interviews korrelierten niedriger mit Intelligenz und emotionaler Stabilität, aber deutlich höher mit sozialen Fertigkeiten (Tab. 3.29) und einigen anderen Variablen (insbesondere mit Berufserfahrung: r = .71).

Konstruktvalidität hängt vom Interviewtyp ab

Drei **Schlussfolgerungen** können aus dieser Metaanalyse gezogen werden. Erstens unterscheiden sich die beiden Interviewtypen nicht nur in der Art der Fragen, die gestellt werden, sondern auch in dem, was sie (mit)erfassen. Zweitens hängt das Eignungsurteil auf der Basis des Interviews relativ eng mit den sozialen Fertigkeiten der Interviewten zusammen. Je stärker diese Fähigkeiten ausgeprägt sind, desto positiver werden sie beurteilt. Leider fehlen in der Publikation nähere Angaben dazu, wie soziale Fertigkeiten in den Untersuchungen operationalisiert wurden. Es lässt sich nicht feststellen, ob das Interviewergebnis durch die sozialen Fertigkeiten der Bewerber beeinflusst oder gar verfälscht wird. In manchen Berufen (Verkäufer, Manager etc.) gehören soziale Fertigkeiten zum Anforderungsprofil, stellen also ein Eignungsmerkmal dar. Die Funktion der sozialen Fertigkeiten und ihr Beitrag zur Vorhersage von Berufs- und Ausbildungserfolg muss daher durch weitere Untersuchungen geklärt werden. Drittens ist der Zusammenhang mit Intelligenz nicht hoch. Dieses Ergebnis

Verhaltensbezogene Interviews erfassen soziale Fertigkeiten

Abb. 3.35 Ein gepflegtes Äußeres und gutes Aussehen führen zu einer besseren Beurteilung im Einstellungsgespräch. (Foto: © FOTO-RAMMINGER – Fotolia.com)

ist für die Berufseignungsdiagnostik sehr erfreulich. Intelligenz ist ein sehr guter Prädiktor für Ausbildungs- und Berufserfolg. Damit besteht die Chance, dass Interviews eine inkrementelle Validität über die Intelligenz hinaus haben. Würden die Interviewergebnisse hoch mit Intelligenz korrelieren, könnte man die Interviews durch einen Intelligenztest ersetzen.

inkrementelle Validität von strukturierten Interviews

Schmidt und Hunter (1998) kommen in ihrer Metaanalyse zu folgenden Schätzungen für die **inkrementelle Validität** von Interviews: Beim Kriterium Berufserfolg steigt die Validität von .51 (nur Intelligenztest) auf .63 (plus strukturiertes Interview). Bei der Vorhersage von Ausbildungserfolg hingegen steigt die Validität der Intelligenztests in Kombination mit einem Interview nur geringfügig von .56 auf .59.

Einschätzung im Interview anfällig für Urteilsfehler

In einem eignungsdiagnostischen Interview versuchen die Bewerber, sich auf unterschiedliche Weise vorteilhaft darzustellen; Levashina und Campion (2007) zufolge tun dies über 90 Prozent der Interviewten. Da im Interview immer eine Beurteilung durch den oder die Interviewer stattfindet, liegt der Verdacht nahe, dass das Ergebnis anfällig für **Urteilsfehler** ist.

Erscheinungsbild, »impression management«, verbales und nonverbales Verhalten

Welche Faktoren könnten sich auf die Beurteilung auswirken? Die Forschung hat sich mit drei potenziellen **Einflussfaktoren** so intensiv befasst, dass inzwischen hinreichend viele empirische Befunde dazu vorliegen: Das äußere Erscheinungsbild, »impression management« sowie verbales und nonverbales Verhalten. Zum äußeren Erscheinungsbild gehören die körperliche Attraktivität (gutes Aussehen), aber auch angemessene Kleidung und ein gepflegtes Äußeres (Frisur etc.) (◘ Abb. 3.35). Unter »impression management« versteht man strategisches Verhalten, das dazu dient, die Stelle zu bekommen. Das Verhalten kann darauf abzielen, sich selbst positiv darzustellen oder den Interviewer durch nettes, liebenswürdiges Auftreten oder Konformität der Meinung, aber auch durch vorgetäuschte Hilflosigkeit für sich einzunehmen. Vorteilhaftes verbales Verhalten können eine klare Aussprache und flüssige Sprache sein; günstige nonverbale Verhaltensweisen sind etwa Lächeln, Blickkontakt oder zugewandte Körperhaltung.

Metaanalyse zu Präsentationsstrategien

Barrick et al. (2009) haben die einschlägigen Forschungsergebnisse zusammengetragen und metaanalytisch ausgewertet. Die in ◘ Tabelle 3.30 aufgeführten Ergebnisse legen mehrere Schlussfolgerungen nahe: Erstens besteht ein deutlicher Zusammenhang zwischen dem äußeren Erscheinungsbild, dem Auftreten von »impression ma-

Tab. 3.30 Metaanalyse zur Beziehung zwischen Präsentationsstrategien des Bewerbers und dessen Einstufung im Eignungsinterview sowie Berufserfolg

Einflussfaktor	r_c insg.	r_c für Interviewstruktur			r_c Berufserfolg
		Niedrig	Mittel	Hoch	
Äußeres Erscheinungsbild insg.	.53	.88	.52	.18	.14
- Professionelles Erscheinungsbild	.48				
- Körperliche Attraktivität	.54				
Impression management insgesamt	.47	.46	.34	.21	.15
- Impression management direkt	.55				
- Werbung für sich selbst	.32				
- Interviewer für sich einnehmen	.26				
Verbales und nonverbales Verhalten	.40	.69	.47	.37	.23
- Nur verbales Verhalten	.34				
- Nur nonverbales Verhalten	.40				

Anmerkungen. Quelle: Barrick et al. (2009, Tab. 1–4). Korrelationen nach Stichprobengröße gewichtet und für Reliabilität des Kriteriums korrigiert.

nagement« und verbalem und nonverbalem Verhalten des Bewerbers mit der Beurteilung, die er durch den Interviewer erfährt. Am stärksten ist der Einfluss des äußeren Erscheinungsbildes, am schwächsten der des verbalen und nonverbalen Verhaltens. Zweitens nimmt der Einfluss dieser Faktoren mit dem Grad der Strukturiertheit des Interviews stark ab; in hoch strukturierten Interviews ist die Beurteilung wenig anfällig insbesondere für das äußere Erscheinungsbild und für »impression management«. Drittens korrelieren diese Einflussfaktoren auch schwach mit Berufserfolg. Dieser wird häufig über Vorgesetztenbeurteilungen erfasst; möglicherweise spiegeln die Korrelationen den Einfluss der Selbstdarstellung auf die Urteile der Vorgesetzten wider. Vielleicht gehen diese Variablen aber auch mit realem Erfolg im Beruf einher – welche Interpretation richtig ist, lässt sich anhand der berichteten Ergebnisse nicht feststellen. Jedenfalls korrelieren die genannten Einflussfaktoren wesentlich höher mit der Beurteilung im Interview als mit dem Berufserfolg. Dies lässt den Schluss zu, dass sie die Beurteilung der Berufseignung eher stören als fördern.

Für die eignungsdiagnostische Praxis ergibt sich aus diesen Forschungsergebnissen, dass Eignungsinterviews so stark wie möglich strukturiert und standardisiert werden sollten. Weiterhin bietet sich an, die Interviewer gut zu trainieren und sie im Rahmen des Trainings für die genannten Präsentationsstrategien zu sensibilisieren.

Standardisierung der Interviews und Interviewertraining wichtig

3.7.2 Interviews selbst konstruieren

Bei den meisten Fragestellungen können Diagnostiker nicht auf ausgearbeitete Interviews zurückgreifen. So wurden im Bereich der Berufseignungsdiagnostik zwar zahlreiche standardisierte Interviews entwickelt, diese sind jedoch meist für Anwender aus

Leitfaden erstellen

anderen Betrieben nicht frei verfügbar. Wenn man sich nicht mit einem unstandardisierten Gespräch begnügen will, das bekanntlich viele Nachteile aufweist, muss man selbst ein Interview konstruieren. Dabei gilt es, einige Empfehlungen zu beachten. Die wichtigste und zugleich grundlegendste Empfehlung ist die, einen **Leitfaden** für das Interview auszuarbeiten. Hinweise zum Aufbau finden sich etwa bei Kici und Westhoff (2000) sowie ausführlicher bei Westhoff und Kluck (2008). Um einen guten Leitfaden zu erstellen, sind drei Aufgaben zu erledigen: Grobaufbau des Leitfadens festlegen, Fragen finden, Ausarbeitungen im Detail vornehmen (Feinaufbau des Leitfadens).

Anforderungsanalyse hilft, passende Fragen zu finden

Welche **Fragen** zu stellen sind, richtet sich in erster Linie nach der Fragestellung. Soll die Eignung für einen bestimmten Beruf oder für ein bestimmtes Studium festgestellt oder das Vorliegen einer bestimmten Störung überprüft, die Ursache für ein Schulversagen eruiert, oder soll festgestellt werden, ob ein früherer Trunkenheitsfahrer künftig nüchtern am Steuer sitzen wird? Um die richtigen Fragen zu finden, ist Wissen über den Messgegenstand erforderlich. Wenn die Eignung für einen Beruf oder ein Studium ermittelt werden soll, bedarf es eingehender Kenntnisse über die Anforderungen des Berufs bzw. des Studiums. Entweder ist dafür der Rückgriff auf eine vorliegende Anforderungsanalyse möglich oder die Durchführung einer eigenen Arbeits- oder Anforderungsanalyse nötig (s. dazu Reimann, 2010). In den anderen Fällen stellt die einschlägige Fachliteratur nützliche Informationen zur Verfügung. Steht bereits fest, welche Person interviewt werden soll, bietet es sich an, über diese Person vorliegende Informationen zusätzlich heranzuziehen. Das können beispielsweise Bewerbungsunterlagen, Zeugnisse oder Akten sein.

Vorinformationen über den Klienten nutzen

Darüber hinaus ist es möglich, sich zur Vorbereitung des Interviews **weitere Informationen** zu besorgen, etwa durch ein Telefongespräch mit der zu interviewenden Person, mittels eines ihr zugestellten Fragebogens oder etwa durch Befragung von Bezugspersonen. Bereits in dieser Phase ist es wichtig, zu entscheiden, auf welche Fragen man überhaupt durch das Interview Antworten finden will. Viele diagnostisch relevante Informationen lassen sich zuverlässiger und valider durch andere Verfahren erheben, unter anderem durch einen Persönlichkeitsfragebogen, einen Intelligenztest oder eine Verhaltensbeobachtung. Es wäre völlig unökonomisch und würde den Bewerber vermutlich irritieren, wenn im Einstellungsgespräch nach Schul- und Examensnoten gefragt würde, die der Interviewer leicht den Bewerbungsunterlagen entnehmen kann. Manchmal ist es sinnvoll, über einen Sachverhalt oder eine Eigenschaft der Person aus mehreren Quellen zu schöpfen (multimethodales Vorgehen) und etwa Informationen aus dem Interview mit Testinformationen zu ergänzen.

Themenblöcke festlegen

Im **Grobaufbau** eines Leitfadens werden die Themenblöcke festgelegt und in eine angemessene Reihenfolge gebracht. Mit dem multimodalen Interview (vgl. Interviews zur Eignungsdiagnostik) wird ein Beispiel für die Grobstruktur eines Interviews gegeben. Die Fragethemen resultieren immer aus der Fragestellung, die zu dem Interview geführt hat. Wichtig ist, immer auch einen Einleitungs- und einen Abschlussteil vorzusehen.

Fragen ausformulieren

Für den **Feinaufbau des Leitfadens** werden die Fragen innerhalb eines jeden Blocks mehr oder weniger präzise ausformuliert. Die Fragen können durch Stichworte fixiert (z. B. »Streit mit Mitschülern?«) oder differenziert ausformuliert werden. Vermutlich werden die Antworten unterschiedlich ausfallen, je nachdem, welche der beiden nachfolgenden Varianten der Befragung zugrunde liegt:

- **Variante A:** »Hast du manchmal Streit mit deinen Klassenkameraden? (Wenn ja, weiter mit …). Über was streitet ihr euch? Mit wem hattest du in den letzten zwei Wochen Streit? Wie tragt ihr den Streit aus?«
- **Variante B:** »Hast du dich in den letzten beiden Wochen mit einem Klassenkameraden gestritten? (Wenn ja: weiter mit …). Worum ging es, über was habt ihr euch gestritten? Seid ihr handgreiflich geworden? Habt ihr euch nachher wieder vertragen?«

3.7 · Diagnostisches Interview

> **Elemente der Phasen eines Interviews (in Anlehnung an Kici & Westhoff, 2000; Westhoff & Kluck, 2008)**
>
> **Eröffnungsphase**
> - Eventuell weitere beteiligte Personen vorstellen und Rollen klären
> - Ziele und Fragestellung nennen
> - Vorgehensweise (Ablauf) schildern
>   - Zentrale Themenbereiche
>   - Dauer des Interviews
>   - Eventuell geplante Pausen
> - Interviewpartner ggf. über seine Rechte aufklären
> - Bei Tonband- oder Videoaufnahme Einverständnis einholen
> - Überleitung zur Informationserhebungsphase
>   - Eventuell Interviewpartner um eine kurze Schilderung seiner Sicht des Problems oder der Sachlage bitten
>
> **Informationserhebungsphase mit mehreren Themenblöcken**
> - Einleitung
>   - Eventuell Überleitung vom vorherigen Thema
>   - Thema nennen
>   - Bezug zur Gesamtfragestellung darlegen (Thema begründen)
> - Fragen zum Thema (s. Text)
> - Kurze Zusammenfassung
>
> **Abschlussphase**
> - Zusammenfassung der wichtigsten Informationen
> - Fragen, ob etwas Wichtiges vergessen wurde
> - Klärung der weiteren Vorgehensweise
> - Nach noch ungeklärten Fragen des Interviewpartners erkundigen
> - Eventuell emotional neutrales Thema ansprechen (Beruhigung)
> - Verabschieden

Das Ausformulieren der Fragen hat zwei Vorteile. Erstens entlastet es den Interviewer während des Gesprächs; er braucht sich nicht um die »richtigen« Worte zu bemühen. Zweitens wird dadurch eine hohe Standardisierung der Durchführung erreicht; die Antworten von mehreren Probanden sind damit gut vergleichbar, und das Interview kann bei Bedarf auch einmal von einer anderen Person geführt werden.

Vorteile fertig formulierter Fragen

Dem stehen zwei Nachteile gegenüber. Erstens steigt durch das Ausformulieren der Fragen der Aufwand für die Vorbereitung des Interviews gegenüber dem Notieren von Stichworten deutlich an. Zweitens besteht die Gefahr, dass einzelne Fragen manchmal etwas deplatziert anmuten. Das Interview kann eher den Charakter eines Abfragens annehmen und sich von einem »natürlichen« Dialog entfernen.

starres Abfragen vermeiden

Was bei der Formulierung von Fragen zu beachten ist, wird von Westhoff und Kluck (2008) ausführlich behandelt. Die Autoren geben zahlreiche praxisnahe Empfehlungen für das Formulieren von »günstigen« Fragen und weisen auf »ungünstige« Fragen hin, die man möglichst vermeiden sollte.

günstige Fragen

> **Hinweise zur Formulierung von Fragen im Interview**
> **(nach Westhoff & Kluck, 2008)**
> - Abschnitt möglichst mit einer offenen Frage beginnen
> - Möglichst kurze und verständliche Sätze
> - Nach konkretem Verhalten fragen
> - Kontext als Gedächtnisstütze nutzen
> - Fachbegriffe und Fremdwörter vermeiden
> - Keine Suggestivfragen
> - Keine Fragen, die das erfragte Verhalten bewerten

Abweichen von der »Regel« erlaubt

Keine Regel ohne **Ausnahme**: In begründeten Fällen mag ein Abweichen von solchen allgemein formulierten Empfehlungen durchaus sinnvoll sein. Entscheidend ist, dass die Absicht erkannt und umgesetzt wird, die hinter solchen Empfehlungen steht. Im Regelfall sind Fachbegriffe und Fremdwörter zu vermeiden, damit der Proband den Sinn der Fragen richtig versteht. Handelt es sich bei dem interviewten Probanden hingegen um eine Person mit abgeschlossenem Hochschulstudium, sind Fremdwörter und auch manche Fachbegriffe nicht nur erlaubt, sondern sogar angemessen. Anderenfalls entsteht bei dem Probanden vielleicht der Eindruck, sein Bildungsniveau werde unterschätzt. Suggestivfragen sind zu vermeiden, um den Probanden nicht bei seiner Antwort zu beeinflussen. Unter Umständen wird sich ein erfahrener Interviewer dennoch auch einmal absichtlich für eine Suggestivfrage entscheiden, um die eigentlich relevanten Fragen zum Thema anbringen zu können. Man stelle sich einen Schüler vor, der nach Angaben der Lehrerin mehrmals dem Unterricht ferngeblieben ist und nun wegen »Schulschwierigkeiten« diagnostisch untersucht wird. Um Details über das Fernbleiben vom Unterricht zu erfahren, könnte der Interviewer im Anschluss an die Frage, ob der Proband gerne in die Schule gehe (die dieser vorsichtig verneint), direkt sagen: »Wenn man nicht so gerne in die Schule geht, kommt man doch schnell auf den Gedanken, einfach ab und zu blau zu machen. Wie ist das denn bei dir?« Ob er wirklich absichtlich vom Unterricht ferngeblieben ist, ergibt sich zweifellos aus den Nachfragen: Welche Unterrichtsstunden sind betroffen, was hat er in dieser Zeit getan, was hat er als Begründung für das Fehlen gegenüber den Lehrern geäußert?

Ein gut ausgearbeiteter Leitfaden soll nicht nur sicherstellen, dass alle wichtigen Fragen gestellt werden und dass Interviews mit verschiedenen Probanden vergleichbar sind, sondern er hat auch zwei wichtige Zusatzfunktionen:

Leitfaden entlastet Interviewer

- Er bietet **Entlastung** für den Interviewer während des Interviews; dieser kann die bereits beantworteten Fragen abhaken und behält so einen Überblick über das, was er noch fragen muss. Manchmal geben die Probanden nebenbei schon eine Antwort auf eine Frage, die erst später vorgesehen ist. In diesem Fall wäre es unangemessen, diese Frage noch einmal zu stellen. Das wäre nicht nur unökonomisch, sondern könnte dem Interviewten auch den Eindruck vermitteln, man habe ihm nicht richtig zugehört. Ein Interviewer, der durch die Verwendung eines Leitfadens kognitiv weniger beansprucht ist, hat in der Regel noch freie Kapazität für Verhaltensbeobachtungen. Er kann somit beobachten, wie der Proband auf einzelne Fragen reagiert: Hält er Blickkontakt, verändert sich seine Mimik, zögert er ungewöhnlich lange mit einer Antwort, wie ist seine Körperhaltung während des Interviews?

Leitfaden für Auswertung nutzen

- Er erleichtert die **Auswertung** des Interviews. Bei einer schriftlichen Zusammenfassung der Antworten enthält der Leitfaden eine sinnvolle Struktur für den Bericht, der nach dem Interview zu erstellen ist. Er kann während des Interviews als Vorlage für Notizen benutzt werden, mit denen man die Antworten festhält. Schließlich erlaubt er, bei entsprechender Ausarbeitung, eine direkte Verwertung der Antworten (Ankreuzen von Antwortkategorien).

3.7.3 Techniken der Gesprächsführung

Während eines Interviews können verschiedene **Probleme** auftreten:
- Der Proband erweist sich insgesamt als wenig gesprächig, und das Interview droht, unergiebig zu werden. Wie kann man ihn zum Reden motivieren?
- Der Proband ist zwar meist auskunftsbereit, scheint aber bei einem Thema abzublocken; er gibt vor, sich nicht mehr richtig erinnern zu können und liefert vage Antworten. Was kann man unternehmen, um »das Eis zu brechen«?
- Der Interviewer muss ein sehr heikles Thema angehen, das auch ihm peinlich ist. Wie spricht er das Thema am besten an?
- Der Proband schweift immer wieder vom Thema ab. Wie kann ihn der Interviewer sanft und doch wirkungsvoll dazu bringen, die Fragen ohne Umschweife zu beantworten?

Probleme bei Durchführung eines Interviews

Im Folgenden werden vier zentrale Themen ausführlicher behandelt: Probanden zum Reden motivieren, Widerstand erkennen und richtig damit umgehen, Umgang mit peinlichen Fragen und Kontrolle über die Gesprächsführung. Das Problem des optimalen Umgangs mit Kindern im Interview wird hier ausgeklammert; Empfehlungen dazu finden sich bei Querido et al. (2001).

Zum Reden motivieren Die erste Maßnahme zur Motivierung des Interviewten findet bereits in der Eröffnungsphase des Interviews statt. Der Interviewte wird über Ziele und Fragestellung sowie den Ablauf des Gesprächs informiert. Er weiß nun, zu welchem Zweck welche Fragen gestellt werden. Sofern es auch in seinem Interesse liegt, dass die genannten Ziele erreicht werden, wird er gerne seinen Beitrag dazu leisten.

Interviewpartner vorab informieren

Das zweite Mittel zur Gewinnung der gewünschten Informationen sind die Fragen selbst. Im alltäglichen Umgang mit anderen Menschen gibt man auf eine Frage normalerweise eine passende Antwort. Dieses Verhaltensmuster kommt auch im Interview zum Tragen. Die Fragen müssen allerdings als angemessen für den Zweck erlebt werden und sollten nach bewährten Prinzipien formuliert sein (▶ Abschn. 3.7.2), um zu den »richtigen« Antworten zu führen. Durch Überleitungen von einem Thema zum anderen und angemessen offene Fragen zu Beginn eines Themenblocks wird vermieden, dass sich der Proband ausgefragt fühlt. Die Überleitung gibt ihm die nötige Orientierung über das Thema, und offene Fragen erlauben ihm, seine Sicht darzulegen.

angemessene Fragen

Während die beiden eben erläuterten Maßnahmen bereits bei der Abfassung des Leitfadens eingeplant werden und somit vorbereitet sind, muss eine dritte Maßnahme während des Gesprächs spontan und flexibel umgesetzt werden: das **aktive Zuhören**. Dabei handelt es sich um ein ganzes Bündel von Einzelmaßnahmen, die alle dazu dienen, den Interviewten zu ermuntern, weiter die gewünschten Informationen zu geben (s. Wittmann & Holling, 2001). Durch verschiedene nonverbale Signale kann der Interviewer zum Ausdruck bringen, dass er aufmerksam und entspannt zuhört. Dabei gilt es zu vermeiden, Äußerungen, die offensichtlich vom Thema wegführen, zu verstärken. Um zu signalisieren, dass der Interviewer den Probanden verstanden hat, sollte er paraphrasieren, d. h. einen Gedanken oder kurze Ausführungen des Probanden aufgreifen und mit eigenen Worten wiedergeben. Dies kann in Form einer sehr kurzen Zusammenfassung des Gesagten geschehen, die für sich alleine steht oder auch als Anknüpfung für die nächste Frage dient. Beispielsweise habe ein Klient beschrieben, wie er von seinen Kollegen am Arbeitsplatz immer wieder gemobbt werde und wie sehr er darunter leide. Die nächste Frage soll auf seine Beziehung zum Vorgesetzten eingehen. Nun bietet sich folgende Überleitung an: »Bekommt Ihr Vorgesetzter mit, dass Sie von Ihren Kollegen immer wieder schikaniert werden und dass Sie sehr darunter leiden?«

aktives Zuhören

Falls es dem Proband schwer fällt, die richtige Antwort zu finden, kann die Vorgabe von Antwortalternativen hilfreich sein. Wenn etwa auf die Frage, wann die Beschwerden erstmals aufgetreten sind, keine klare Antwort folgt, bieten sich die Vorgaben »in den letzten vier Wochen, eher vor ein paar Monaten oder vor mehr als einem Jahr« an. Hat sich der Klient für eine der Antwortalternativen entschieden, lässt sich eventuell durch Nachfragen der Zeitpunkt noch präzisieren.

Antwortalternativen vorzugeben kann helfen

Beispiel

Aktives Zuhören

Verhalten	Erläuterungen
Vermitteln von Aufmerksamkeit	Durch entspannte Köperhaltung, angemessenen Blickkontakt, Nicken, »hmm«, »aha« , »ja« etc. signalisieren, dass man interessiert zuhört
Paraphrasieren	Äußerungen des Probanden mit eigenen Worten aufgreifen
Zusammenfassen	Am Ende eines Themenblocks die wichtigsten Aussagen des Probanden zusammenfassen; zeigt, das man gut zugehört hat

Gefühle explorieren

Im klinischen Kontext und bei Beratungen sind oft die **Gefühle** des Klienten diagnostisch relevant. Um den Klienten anzuregen, mehr über seine Gefühle zu berichten, kann der Interviewer seine Vermutungen über das emotionale Befinden des Klienten aussprechen. Anknüpfungspunkte ergeben sich durch den nonverbalen Ausdruck und vor allem durch Schilderungen von Situationen und Ereignissen durch den Klienten. So kann er etwa sagen: »Ich habe den Eindruck, dass bei Ihnen Wut und Ärger hochkommen, wenn Sie über dieses Thema sprechen.« Die Gefühle sollten dabei, wie im Beispiel, möglichst präzise benannt werden.

eigene Gefühle nicht mit denen des Klienten verwechseln

Grundsätzlich besteht die Gefahr, dass der Interviewer seine eigenen Gefühle mit denen des Klienten verwechselt. Er würde sich in der vom Klienten geschilderten Situation vielleicht traurig fühlen, der Klient hat aber Scham empfunden und nicht Traurigkeit. Daher sollte der Interviewer bereit sein, auch andere Gefühle zu akzeptieren. Indem er deutlich macht, dass er Vermutungen und Interpretationen äußert und nicht etwa ein Expertenurteil abgibt, bereitet er dem Klienten den Weg für Korrekturen. Über das Explorieren von Gefühlen und den Umgang mit Gefühlen informieren Morrison (2008, Kap. 7) sowie Wittmann und Holling (2001, S. 45–56).

Anzeichen für Widerstand erkennen

Erkennen von Widerstand und Umgang damit Unter **Widerstand** wird jeder bewusste oder unbewusste Versuch des Probanden verstanden, ein Gesprächsthema zu vermeiden (vgl. Morrison, 2008, Kap. 16 – an diesen Text sind auch die folgenden Ausführungen angelehnt). Manchmal wird der Widerstand vom Probanden offen thematisiert mit Aussagen wie »Darüber möchte ich nicht sprechen«, »Das Thema ist mir unangenehm, ich würde lieber nicht darüber reden«. Alle anderen Anzeichen von Widerstand sind mehrdeutig und zudem oft schwer zu erkennen. Mehrdeutig sind sie, weil nicht sicher ist, ob sie anzeigen, dass der Proband nicht über das Thema sprechen will, oder ob das Verhalten andere Ursachen hat. So kann Schweigen auf angestrengtes und (noch) erfolgloses Nachdenken zurückzuführen sein, und »sich nicht richtig erinnern können« kann tatsächlich auf mangelndes Erinnerungsvermögen zurückzuführen sein. Deshalb sollte man sich bewusst sein, dass die in der Übersicht (s.u.) genannten Anzeichen von Widerstand keine sicheren Anzeichen sind. Sie sollten vielmehr als Hinweis darauf verstanden werden, dass hier Widerstand vorliegen könnte. Der Interviewer wird sich die Frage stellen, welche Gründe der Proband dafür haben könnte, bei diesem Thema Widerstand zu zeigen.

3.7 · Diagnostisches Interview

Die **Gründe** für Widerstand können unterschiedlich sein. Einige Themen sind für die meisten Menschen heikel. Dazu zählen illegale Aktivitäten, Sexualität und Geld. Darüber zu sprechen kann Angst oder Verlegenheit auslösen. Die Befürchtung, die Antwort könne für einen selbst oder eine nahe stehende Person negative Konsequenzen haben, kann ebenfalls zu Widerstand führen. Ein Patient fürchtet sich vielleicht vor einer bestimmten Diagnose, oder ein Bewerber vermutet, dass seine Einstellungschancen sinken, wenn er sich offen auf das Thema einlässt. Die Ursache für Widerstand kann sogar beim Interviewer liegen, wenn es ihm nicht gelingt, eine vertrauensvolle Beziehung herzustellen, oder wenn er negativ wertend auf Antworten reagiert.

Gründe für Widerstand

Indirekte Anzeichen von Widerstand
- Verspätetes Erscheinen zum Interview
- Nonverbale Anzeichen dafür, dass das Thema unangenehm ist
  - Gähnen
  - Erröten
  - Auf die Uhr schauen
  - Blickkontakt meiden
  - Schweigen
- Verbales Vermeidungsverhalten
  - »Sich nicht erinnern können«
  - Thema wechseln
  - Unpräzise Angaben, Auslassungen

Der Umgang mit Widerstand richtet sich nach den vermuteten Ursachen. Es gilt, die Ursachen abzustellen, sofern dies möglich ist. Der Interviewer kann Verständnis dafür zeigen, dass es dem Probanden schwer fällt, über das Thema zu sprechen, er kann den Probanden überzeugen, dass seine Ängste unbegründet oder dass seine negativen Gefühle bei diesem Thema »normal« und angemessen sind.

Verständnis zeigen

Gelingt es nicht, die Gründe für den vermuteten Widerstand zu erkennen oder zu beseitigen, stehen immer noch einige **allgemeine Strategien** zur Wahl. Schweigt der Proband, kann der Interviewer signalisieren, dass er bereit ist, zu warten. Alternativ oder im zweiten Schritt kann er die Frage, eventuell leicht umformuliert, wiederholen. Unter Umständen ist es hilfreich, die Gefühle des Probanden zu verbalisieren, indem man beispielsweise sagt: »Ich sehe, dass es Ihnen schwer fällt, darüber zu sprechen, dass es Ihnen peinlich ist.« Auch eine nachgereichte Begründung für die Frage (z. B. »Um Ihnen helfen zu können, muss ich auch von Ihnen wissen, ...«) wird in manchen Fällen helfen, den Widerstand zu beseitigen.

Abwarten, Fragen umformulieren, Gefühle ansprechen

Unter Umständen kann auch eine Konfrontation angemessen sein. Ist etwa bekannt, dass der Proband Drogen konsumiert hat, kann Widerstand beim Thema Drogen damit beseitigt werden, indem man konfrontativ vorgeht: »Sie haben doch Erfahrung mit Drogen. Ich möchte jetzt gerne mehr darüber wissen.« Schließlich bleibt noch die Möglichkeit, das Thema auf einen späteren Zeitpunkt zu verschieben.

Konfrontation

Peinliche Fragen stellen Einige Themen können für den Probanden peinlich sein, und darüber zu sprechen kann zu Schamgefühlen und Verlegenheit führen. Deshalb ist es wichtig, dass der Interviewer solche Fragen angemessen einleitet und sie dann mit den richtigen Worten stellt. Dies geschieht, indem er das Thema nennt und kurz begründet, warum er dazu Fragen stellt. Eventuell entschuldigt er sich dafür, dass er nun diese Fragen stellt: »Es tut mir leid, dass ich Sie nun über ... befragen muss.« Die kritischen Fragen selbst sollten einfach und direkt formuliert sein.

Notwendigkeit der Fragen begründen

nicht um das Thema herumreden	Wenn der Interviewer um das Thema herumredet, sich nur indirekt oder umständlich ausdrückt, kann dies die Peinlichkeit noch erhöhen. Der Proband merkt, dass es dem Interviewer selbst peinlich ist, über das Thema zu sprechen. Bei Morrison (2008, Kap. 9) finden sich Formulierungsvorschläge für Fragen zu peinlichen Themen, die im klinischen Kontext relevant sein können: Suizid, Gewalttätigkeit, Drogenmissbrauch, Sexualleben und sexuelle Probleme einschließlich Perversionen sowie sexueller Missbrauch.
Ziele erläutern	**Kontrolle über die Gesprächsführung** Die Gefahr, dass ein Klient über irrelevante Themen spricht, unwichtige Details zu sehr ausbreitet oder auf Themen zurückkommt, die bereits hinreichend geklärt sind, besteht besonders dann, wenn er nicht weiß, was in diesem Interview wichtig und was unwichtig ist. Deshalb wird in der Eröffnungsphase die Zielsetzung erläutert. Bei der Überleitung zu einem neuen Themenblock ist es hilfreich, erneut eine Orientierung zu geben und die Notwendigkeit der Fragen herauszustellen.
klare, verständliche Fragen	Im Allgemeinen sind klare, verständliche Fragen günstig, da sie keinen Spielraum für Missverständnisse bieten. Auch wenn diese Vorkehrungen getroffen werden, kann es passieren, dass der Proband abschweift. Für diesen Fall stehen einige Interventionsmöglichkeiten bereit (s. Übersicht).

> **Interventionsmöglichkeiten beim Abschweifen vom Thema**
> - Auf die Ausgangsfrage zurückkommen
> - Äußerungen des Probanden für Überleitung auf die eigentliche Frage nutzen
> - Vermehrt geschlossene Fragen stellen
> - Paraphrasieren, dabei das Wichtige aufgreifen
> - Nonverbale Signale geben, dass die Äußerungen nicht wichtig sind
> - Mit dem Anfertigen von Notizen aufhören
> - Verstärker (Nicken, »hm« etc.) aussetzen
> - Nonverbale Verstärker bei angemessenen Antworten

Nachfolgend sollen die vorgeschlagenen verbalen Interventionsmaßnahmen an einem Beispiel illustriert werden.

> **Beispiel**
>
> Das diagnostische Interview dient der Feststellung von Eignung und Interessen zwecks Beratung bei der Berufswahl. Der Interviewer fragt nach den früheren Leistungen in einzelnen Schulfächern. Der Proband fängt nun an, über die seiner Meinung nach ungerechte Bewertung seiner Leistungen durch den Klassenlehrer zu sprechen. Mit der Bemerkung »Lassen Sie uns zuerst einmal über die Noten sprechen« kann der Interviewer auf die Ausgangsfrage zurückkommen. Er kann die Äußerung des Probanden aufgreifen, indem er fragt: »Welche Noten hat Ihnen denn der Klassenlehrer gegeben?« Er kann auf geschlossene Fragen wechseln: »Lassen Sie uns jetzt einmal Ihre Schulleistungen Fach für Fach betrachten. Welche Noten hatten Sie in Deutsch …?« Das Paraphrasieren könnte mit folgenden Worten geschehen: »Sie fühlen sich durch den Lehrer ungerecht beurteilt. Welche Noten hat er Ihnen denn gegeben?«.

Abschließend muss betont werden, dass die Beherrschung von Gesprächsführungstechniken keinen Ersatz für einen sorgfältig ausgearbeiteten Leitfaden darstellt. Diese Techniken kommen idealerweise bei einem leitfadenbasierten Interview zum Einsatz.

3.8 · Gruppendiagnostik (Interaktionsdiagnostik)

> **Weiterführende Literatur**
>
> Über klinische Interviews informieren zwei Bücher sehr gut, die bereits in der 3. bzw. 4. Auflage erschienen sind und inzwischen als Klassiker gelten können: Morrison (2008) sowie Sommers-Flanagan und Sommers-Flanagan (2009). In dem Kompendium von Strauß und Schuhmacher (2005) finden sich Informationen über ein breites Spektrum von publizierten klinischen Interviews sowie klinische Rating-Skalen. Für die Planung, Durchführung und Auswertung strukturierter Einstellungsgespräche sind das Buch von Jetter (2008) sowie das von Westhoff (2009) herausgegebene Buch zu empfehlen. Beide Werke orientieren sich an wissenschaftlichen Standards und sind zugleich sehr praxisbezogen.

❓ Übungsfragen
Kap. 3.7
73. Was versteht man unter Anamnese und unter Exploration?
74. Was bedeutet eine standardisierte Auswertung?
75. Wann bietet sich der Einsatz standardisierter Interviews besonders an?
76. Was wird mit dem Strukturierten Klinischen Interview für DSM-IV SKID-II erfasst, und wie ist es aufgebaut?
77. Von welchen Faktoren hängt die Auswertereinstimmung beim klinischen Interview SKID-I und SKID-II ab?
78. Warum ist es problematisch, Kappa-Koeffizienten über .70 für die Übereinstimmung zweier Interviewer als gute Übereinstimmung zu interpretieren?
79. Was versteht man unter dem »Multimodalen Einstellungsinterview«?
80. Welches sind die wichtigsten Ergebnisse aus Metaanalysen zur Kriteriumsvalidität von Eignungsinterviews?
81. Von welchen Faktoren hängt die Beurteilung im Eignungsinterview ab? Welche Rolle spielt die Art des Interviews dabei?
82. Welche drei Phasen unterscheiden Westhoff und Kluck (2008) bei der Grobstruktur eines Interviews?
83. Welche Vorteile hat man, wenn man einen Leitfaden ausformuliert?
84. Nennen Sie Maßnahmen, um den Interviewten zum Reden zu motivieren!
85. Woran kann man erkennen, dass der Klient bei einem Thema oder dem ganzen Interview Widerstand leistet?
86. Nennen Sie Strategien zum adäquaten Umgang mit Widerstand!
87. Wie kann man intervenieren, wenn der Klient vom Thema abschweift?

3.8 Gruppendiagnostik (Interaktionsdiagnostik)

> 3.8.1 Paardiagnostik – 345
> 3.8.2 Familiendiagnostik – 350
> 3.8.3 Teamdiagnostik – 354

Bei den bislang besprochenen Verfahren handelt es sich ausnahmslos um solche, bei denen das Erleben und Verhalten einzelner Personen diagnostiziert werden soll. Damit wird zwar ein durchaus wichtiges, aber doch eben nur **ein** Element der komplexen Person-Umwelt-Interaktion erfasst, und zu dieser Umwelt gehören nicht zuletzt auch andere Personen, mit denen wir mehr oder weniger kontinuierlich in Kontakt stehen. Daraus ergeben sich, weil davon jeweils mehrere Personen betroffen sind, **soziale**

große Bedeutung von Paaren, Familien und Teams

Konstellationen. Unter diesen nehmen Paare und Familien sowie Gruppen am Arbeitsplatz (Teams) einen herausragenden Stellenwert ein. Partnerschaft und Familie sowie das soziale Umfeld am Arbeitsplatz haben nicht nur für Staat, Wirtschaft und Gesellschaft, sondern auch für die seelische Gesundheit und Lebenszufriedenheit der darin agierenden Personen eine große Bedeutung. Deshalb sind Verfahren nützlich, die sich auf die soziale Interaktion in diesen Gruppen richten.

Bezug zu Intervention

Wie in der auf die einzelne Person ausgerichteten klinischen Diagnostik ist die Verbindung zwischen Diagnostik und Intervention in diesem Bereich besonders augenfällig: Störungen des harmonischen Miteinanders sind Anlass für die Erstellung einer psychologischen Diagnose, diese begründet eine Intervention (beispielsweise in Form von Beratungsgesprächen), der Erfolg der Intervention muss wiederum durch eine erneute Diagnostik objektiviert werden. Im wirtschaftlichen und administrativen Bereich mag sich die Frage stellen, wie das Betriebsklima verbessert und die Effizienz der Arbeit gesteigert werden können, was im Prinzip die gleichen Schritte erfordert wie bei den »klinischen« Fällen.

Mehrere bereits vorgestellte Verfahren sind auch zur Gruppendiagnostik geeignet: das diagnostische Interview (▶ Abschn. 3.7), die Verhaltensbeobachtung und -beurteilung (▶ Abschn. 3.6) sowie einige Persönlichkeitstests (▶ Abschn. 3.3.3), von denen auch eine Fremdbeurteilungsversion vorliegt. Darüber hinaus sind auch spezielle Verfahren erforderlich.

drei Untersuchungsansätze

Grundsätzlich lassen sich innerhalb der Interaktionsdiagnostik die folgenden drei diagnostischen Untersuchungs- bzw. Forschungsansätze unterscheiden (nach Fiedler, 2001):

- **Kognizierte interpersonelle Merkmale einer oder mehrerer Personen:** Vorstellungen, Wahrnehmungen und Emotionen über Beziehungen zu anderen (tatsächlichen oder fiktiven) Personen, mithin interne Repräsentationen
- **Interaktionelle Merkmale mehrerer Personen:** Beobachtung und Analyse konkreter Interaktionen in natürlichen Interaktionen oder in experimentellen Settings (etwa bei der gemeinsamen Lösung einer vorgegebenen Aufgabe)
- **Interpersonelle Eigenschaften einer Person:** Persongebundene Interaktionsmerkmale, die von Persönlichkeitsmerkmalen (wie Extraversion oder Dominanz) über Interaktionsstile (z. B. dependenter Interaktionsstil) bis zu konkreten Verhaltensmustern (z. B. querulatorisches Verhalten) reichen können

Die eindeutige Zuordnung vorliegender Verfahren zu einer der genannten Kategorien mag nicht immer leicht fallen, weil die Kategoriengrenzen nicht hinreichend scharf sind. Immerhin bereitet die Unterscheidung zwischen subjektiven (= internal repräsentierten) und objektiven (= extern beobachtbaren) Beziehungen keine Probleme. Zu den ersteren sind aus Gründen der Erfassungsökonomie die weitaus meisten Beiträge geleistet worden, und zwar wiederum wegen der Praktikabilität in Form von Fragebögen. Ausschließlich diesen gilt die nachfolgende Darstellung. Dabei geschieht die Reihung nach aufsteigendem Komplexitätsgrad, der sich an der Zahl der Personen in den Gruppen orientiert: Paare beinhalten definitionsgemäß immer nur zwei Personen, Familien mindestens drei und Arbeitsteams gewöhnlich fünf bis 15 Personen.

3.8.1 Paardiagnostik

- **GT: Gießen-Test (Brähler & Brähler, 1993)**

Selbst- und Fremdbild der Partner

Beim GT handelt es sich um ein relativ gut eingeführtes Verfahren, das auch in ▶ Kapitel 10.3.5.2 kurz vorgestellt wird. Das Verfahren ist vor einem psychoanalytischen Hintergrund entwickelt worden. Hier sollen primär die für die Paardiagnostik spezifischen Charakteristika im Vordergrund stehen: Jede Testperson liefert über sich eine

3.8 · Gruppendiagnostik (Interaktionsdiagnostik)

Selbst- und über ihren Partner eine Fremdbeschreibung. Auf diese Weise lassen sich Übereinstimmungen bzw. Differenzen zwischen den insgesamt vier »Bildern« bestimmen, nämlich
- Selbstbild des Mannes,
- Selbstbild der Frau,
- Urteil des Mannes über die Frau und
- Urteil der Frau über den Mann.

Bei Bedarf kann auch ein Idealbild beispielsweise des Partners erhoben werden. Jede Testversion enthält 40 Items wie »Ich habe den Eindruck, ich gehe eher leicht – eher schwer aus mir heraus« (Durchlässigkeit), die auf siebenstufigen bipolaren Skalen zu beantworten sind. Die Bearbeitung einer Version nimmt etwa 15 Minuten in Anspruch.

Idealbild

Von den ursprünglich sechs Skalen
- »Soziale Resonanz« (negativ sozial resonant – positiv sozial resonant),
- »Dominanz« (dominant – gefügig),
- »Kontrolle« (unkontrolliert – zwanghaft),
- »Grundstimmung« (hypomanisch – depressiv),
- »Durchlässigkeit« (durchlässig – retentiv) und
- »Soziale Potenz« (sozial potent – sozial impotent)

sollte auf die letzte verzichtet werden, und zwar aufgrund faktorenanalytischer Befunde des Selbstbildes (!), da sich in verschiedenen Stichproben nur jeweils fünf replizierbare Faktoren fanden (s. Brähler & Beckmann, 1981, S. 118).

fünf Skalen

Die Reliabilitäten (Cronbachs α) für die einzelnen Skalen liegen mit Werten um .60 für Selbst- und Fremdbilder in etwa derselben Größenordnung. Etwas darüber (um .70) rangieren die Test-Retest-Korrelationen, obwohl es sich dabei nicht um Stabilitätskoeffizienten im klassischen Sinne handeln kann, weil zwischen Erst- und Zweiterhebung (von einer Stichprobe abgesehen) jeweils Interventionen stattgefunden haben (Sterilisation der Frau, Paarkurztherapie, Magenoperation). Das verweist zum einen auf eine nur mäßige interne Konsistenz der Skalen, und zum anderen auf eine erstaunliche Stabilität trotz zwischenzeitlicher Intervention. Als »sehr erstaunlich« bezeichnen es selbst die Autoren, »dass die Test-Retest-Korrelationen der Differenzen (zwischen Selbst- und Fremdbildern; d. Verf.) teilweise höher sind als die der Einzelwerte, d. h. dass Veränderungen von beiden Partnern sehr genau eingeschätzt werden können und auch sehr genau gemessen werden können« (Brähler & Brähler, 1993, S. 23), nämlich in einer Größenordnung von ca. .70 (bei einem großen Variationsbereich der Koeffizienten). Beispielsweise belaufen sich die Retest-Reliabilitäten der Differenz von Selbstbild und Bild über den Partner (jeweils für den Mann und die Frau) in der Skala »Soziale Resonanz« auf .76 bzw. .74 (gemittelt für zwei Stichproben).

hohe Retest-Reliabilitäten der Differenzwerte

Für die Selbst- und Fremdbildwahrnehmungsdifferenzen geben die Autoren Mittelwerte und Streuungen an, und zwar für alle möglichen Vergleiche zwischen den Einzelbildern (z. B. Selbstbild Mann – Fremdbild der Frau vom Mann), das Ganze basierend auf den Daten von 197 Ehepaaren einer repräsentativen Erhebung aus dem Jahre 1975 (!). Die numerisch geringsten Differenzen fanden sich in der Skala »Durchlässigkeit«, die höchsten in der Skala »Grundstimmung«: Die Männer schrieben den Frauen eine negativere Grundstimmung zu als die Frauen bzw. die Männer sich selbst.

Vergleichswerte für Differenzen sind sehr alt

Da die Skalen vorrangig für Untersuchungen im klinischen Bereich vorgesehen sind, belegen die Autoren anhand beobachteter Intrapaardifferenzen, wie sich spezifische Störungen in den Testergebnissen manifestieren. In einer Metaanalyse von 2.953 Paaren aus 53 Stichproben resultierten in einem gestuften Clusterungsprozess 16 Obertypen, die wie folgt benannt wurden:
- die aktive, verleugnende Harmoniebeziehung
- die misstrauisch-resignative Paarbeziehung

16 Typen von Paarbeziehungen

- die sadomasochistische Paarbeziehung
- das aggressive, leidende Paar
- Angstbewältigungskollusion
- Verantwortung der Frau
- die paranoide Gemeinschaft
- traditionelle Rollenteilung
- verdeckte Kampfbeziehung
- angestrengte Frauen – selbstunsichere Männer
- verzweifelt-aggressive Männer
- konflikthafte traditionelle Rollenteilung
- anale Beziehungsmodi
- misstrauisch-selbstunsichere Männer
- starke Frauen – selbstunsichere Männer
- Scheinmaskulinität

Exemplarisch ist der Typ »Verdeckte Kampfbeziehung« dargestellt (s. Beispiel).

> **Beispiel**
>
> **Mittelwerte von Paaren der Kategorie »Verdeckte Kampfbeziehung« in den fünf Skalen des GT (aus Brähler & Brähler, 1993, S. 154)**
> Dem Typ gehören fünf Typen erster Ordnung an, und zwar
> - Schwangere,
> - Eltern von Risikokindern,
> - Verdacht auf Mammakarzinom und Kontrollgruppe,
> - Paare mit Vasektomiewunsch des Mannes,
> - Paare mit Refertilisierungswunsch des Mannes.
>
> Brähler und Brähler (1993, S. 154) beschreiben den Typ wie folgt (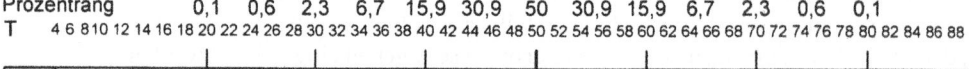 Abb. 3.36):
> ▼

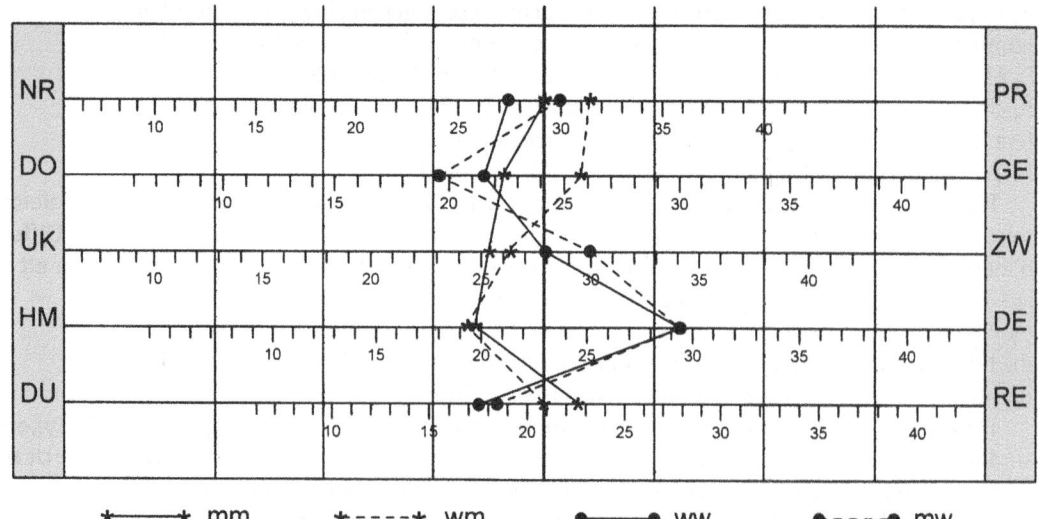

Abb. 3.36 Obertypus »Verdeckte Kampfbeziehung«. (Nach Brähler & Brähler, 1993, S. 154). NR negativ sozial resonant, PR positiv sozial resonant, DO dominant, GE gefügig, UK unkontrolliert, ZW zwanghaft, HM hypomanisch, DE depressiv, DU durchlässig, RE retentiv

> Die Besonderheit dieses Paartypus liegt in den extremen Gegensätzen der Partner in der Grundstimmung (Skala 4): Die Frauen sind besonders depressiv, die Männer besonders hypomanisch. Die Beurteilungsgegensätze auf Skala 2 lassen Dominanzkonflikte erkennen. Beide Partner beschreiben sich ähnlich eigensinnig, doch die Männer halten ihre Frauen für sehr viel dominanter als diese sich im Selbstbild darstellen, und die Frauen nehmen den Durchsetzungswillen ihrer Männer nicht wahr. Die angstfreien (Skala 4), unterkontrollierten (Skala 3) und eher etwas resignativen (Skala 5) Männer scheinen mehr soziale Anerkennung zu genießen als die Frauen (Skala 1), doch innerhalb der Beziehung werden sie von ihren Frauen dominiert (Skala 2).

Leider fehlen zu den Gruppenmittelwerten der einzelnen Typen die dazugehörigen Streuungen, sodass nicht abzuschätzen ist, wie groß die Variationsbreite innerhalb der Typen ist (oder wie typisch die Mittelwerte sind). Aus diesem Grund kann zwar mithilfe der von Kubinger et al. (1998) vorgeschlagenen Berechnungsmethode die Ähnlichkeit eines individuellen Paarprofils mit den oben erwähnten 16 Paartypen quantitativ bestimmt, aber nicht dessen inferenzstatistische Absicherung geleistet werden.

Bewertung Die Beliebtheit des GT hängt wahrscheinlich damit zusammen, dass Selbst- und Fremdbeschreibungen im Hinblick auf psychoanalytisch fundierte Persönlichkeitsdimensionen miteinander in Beziehung gesetzt werden können. So kann man die Selbstwahrnehmung einer Person mit der Wahrnehmung durch den Partner vergleichen. Solche Vergleiche entsprechen einer in der Partnerschaftsforschung häufig verfolgten Untersuchungsstrategie. Die Theorie, die dem Verfahren zugrunde liegt, wird – zumindest in der zentralen Publikation – mit keinem Wort umrissen; sie besteht offenbar nur in der Möglichkeit zu den besagten Vergleichen.

Vergleiche zwischen Selbst- und Fremdwahrnehmung relevant

Der Fragebogen ist ökonomisch in der Durchführung. Als positiv anzumerken sind die großen Fallzahlen der zumeist klinischen Untersuchungsstichproben. Es fehlen Untersuchungen, in denen sich erwiesene Besserungen in Partnerschaften auch in den Skalen signifikant niedergeschlagen hätten. Forschungsdefizite bestehen noch im Hinblick auf die Korrelate der Intrapaarähnlichkeiten mit Faktoren wie Stabilität der Partnerschaft, Glück und Zufriedenheit sowie seelischer und körperlicher Gesundheit der Partner. Die Normen sind sehr alt und bedürfen dringend einer Überprüfung.

ökonomisch

- **Fragebögen zur Partnerschaftsdiagnostik (Hahlweg, 1996)**

Als Instrumente für die Eheberatung und die psychotherapeutische Behandlung von psychischen Störungen (wie Depressionen, Ängste, psychosomatische Störungen u. a.) unter Hinzuziehung des Partners hat Hahlweg (1996) drei Fragebögen zur Partnerschaftsdiagnostik entwickelt:

- Partnerschaftsfragebogen (PFB) zur Bestimmung der partnerschaftlichen oder Ehequalität.
- Problemliste (PL) zur Erfassung der wesentlichen Konfliktbereiche und Änderungswünsche in der Partnerschaft. 23 Items der Art »Berufstätigkeit«, »Freizeitgestaltung« oder »Forderungen des Partners«, die entweder von einem Partner oder beiden beantwortet werden, sollen in der Ehetherapie die spezifische Analyse von partnerschaftlichen Konfliktbereichen und die Suche nach konkreten Änderungswünschen im Verlauf der Therapie erleichtern.
- Halbstandardisierter Fragebogen zur Lebensgeschichte und Partnerschaft (FLP) als Hilfsmittel bei der Anamneseerhebung; darin enthalten sind u. a. Fragen zur Partnerschaft, dem Streitverhalten und der Sexualität.

drei Fragebögen zur Partnerschaftsdiagnostik

für Eheberatung und Psychotherapie

Alle Fragebögen sind bestimmt für den Einsatz in Eheberatung und Psychotherapie und sollen sich für Eingangsdiagnostik, Therapieplanung, Verlaufsmessung und Wirksamkeitsüberprüfung eignen. Wegen seiner höheren Komplexität sowie der beispielgebenden Entwicklungsarbeiten und Evaluationsstudien soll nachfolgend nur der PFB dargestellt werden.

Partnerschaftsfragebogen PFB (Hahlweg, 1996)

Erfassung der Ehequalität

Messintention und Konstruktionsprinzipien Der Fragebogen zielt auf die Erfassung der Ehequalität ab. Eheglück, -anpassung, -erfolg und insbesondere -zufriedenheit gelten als artverwandte Begriffe. Terman (1938) beschränkte sich auf die Verwendung eines einzigen Items mit sechsfach abgestufter Beantwortung: »Wie glücklich schätzen Sie Ihre Partnerschaft ein?« Diese Frage ist auch das 31. und letzte Item im PFB; ihm kommt insofern eine zentrale Bedeutung zu, als eines der Kriterien bei der Auswahl der Items für den PFB darin bestand, dass sie mit eben dieser Frage in der Analysestichprobe korrelieren mussten.

Fremdbeurteilungsverfahren

Die bei einer Literaturdurchsicht gesammelten Items wurden weniger für die Befragungspersonen selbst formuliert, sondern überwiegend auf das Verhalten des Partners bezogen. Begründet wird dieses damit, dass »in der Therapie die gewünschte Verhaltensänderung des Partners im Vordergrund steht (und die) Beurteilung einer anderen Person nicht in dem Maße sozialer Erwünschtheit unterworfen (ist) wie die Beurteilung eigenen Verhaltens« (Hahlweg, 1996, S. 12). Somit ist der Fragebogen weithin als Fremdbeurteilungsinstrument konzipiert, mit dem die Partner einander wechselseitig einschätzen. Den ursprünglichen Pool von etwa 300 Items reduzierten sechs Experten mit Ehetherapieerfahrung zu einer ungefähr halb so langen Vorform. Diese bearbeiteten zwei Stichproben von Personen, von denen sich die eine in Ehetherapie befand und die andere nicht (= Maximierung der Itemstreuung). Eine Faktorisierung der Daten führte zu den drei Skalen

- Streitverhalten,
- Zärtlichkeit und
- Gemeinsamkeit/Kommunikation.

deduktive, induktive und externale Konstruktionsschritte

Nach einer Kreuzvalidierung der erhaltenen Ergebnisse an zwei anderen Stichproben wurden jene Items eliminiert, die an 60 Paaren nicht zwischen den Resultaten vor und nach der Durchführung einer Ehetherapie differenzierten. Damit war für die verbliebenen 30 Items die Interventionssensitivität vorab gewährleistet. Die geschilderten Schritte stellen ein Gemisch aus deduktivem (Literaturrecherche), induktivem (Faktorisierung) und externalem (Vorher-nachher-Vergleich) Ansatz dar.

> **Beispiel**
>
> **Beispiele für die Items des Partnerschaftsfragebogens (PFB)**
> In Klammern die Korrelationen mit dem betreffenden Faktor (aus Hahlweg, 1996).
> PFB-Beantwortung vierstufig von »nie/selten« bis »sehr oft«.
> PFB-Skala 1: **Streitverhalten**
> - »Wenn wir uns streiten, beschimpft er/sie mich.«
> - »Er/sie bricht über eine Kleinigkeit einen Streit vom Zaun.«
>
> PFB-Skala 2: **Zärtlichkeit**
> - »Er/sie streichelt mich zärtlich.«
> - »Er/sie sagt mir, dass er/sie mich gerne hat.«
>
> PFB-Skala 3: **Gemeinsamkeit/Kommunikation**
> - »Wenn er/sie etwas aus seiner/ihrer Arbeitswelt erzählt, so möchte er/sie meine Meinung dazu hören.«
> - »Er/sie bespricht Dinge aus seinem/ihrem Berufsleben mit mir.«

3.8 · Gruppendiagnostik (Interaktionsdiagnostik)

Psychometrische Güteeigenschaften Die interne Konsistenz (Cronbachs α) der jeweils zehn Items umfassenden Skalen ist mit Werten zwischen .88 und .93 sehr hoch (Gesamtskala .95). An einer Stichprobe von 50 Partnern belief sich die Retest-Reliabilität in einem Intervall von sechs Monaten auf ca. .70.

In derselben Größenordnung liegen die Korrelationen der Skalen miteinander, was auch die Ermittlung eines Gesamtpunktwertes rechtfertigt. Mit dem Terman-Rating (nur ein Item, s.o.) korreliert der PFB-Gesamtwert zu .78, somit fast im Ausmaß der Reliabilität der Skala.

Bei der Überprüfung der **Validität** hat der Autor Sorgfalt und Umsicht walten zu lassen: Zum einen weist er nach, dass alle Skalen signifikant zwischen Personen trennen, die sich entweder in Eheberatung befanden oder nicht. Das war vor dem Hintergrund der Itemauswahl (s.o.) zu erwarten, aber nicht selbstverständlich, da die Normierungsstichprobe (N = 299 Probanden mit und N = 235 Probanden ohne Eheberatung) nicht identisch war mit der Analysestichprobe. Die Gesamtskala korrelierte in einer Größenordnung von .25 mit dem Alter, der Ehedauer (negativ) und der schulischen Ausbildung; ähnlich verhielt es sich mit den Subskalen. Sehr hoch fielen die Korrelationen mit anderen Ehefragebögen aus. Vorbildlich ist ein Experiment, in dem 60 Paare gebeten wurden, für zehn Minuten ein Eheproblem zu besprechen. Die Diskussionen wurden mithilfe eines spezifischen Kategorisierungssystems für partnerschaftliche Interaktionen ausgewertet. Mit positivem und negativem nichtverbalem Verhalten korrelierten alle PFB-Skalen um .30, nur wenig niedriger mit Ablehnung, Rechtfertigung und Nichtübereinstimmung. Darüber hinaus erwiesen sich die Skalen 2 und 3 als prädiktiv valide gegenüber dem Therapieerfolg von 64 Paaren (r_{tc} = .30 bzw. .23).

Anhand der Normierungsstichprobe von N = 534 Personen wurden getrennt für Kontroll- und Therapieprobanden und für die Subskalen sowie die Gesamtskala z-, T- und Prozentrangnormen ermittelt.

Bewertung Der PFB ist ein Instrument zur Erfassung partnerschaftlicher Zufriedenheit, das in einer Mischung von rationalem, induktivem und externalem Ansatz konstruiert und in vorbildlicher Weise evaluiert wurde. Reliabilität und (Konstrukt-, Kriteriums-) Validität sind in überzeugender Weise belegt. Die sehr hohe Korrelation mit dem Termanschen Glücks-Item wirft allenfalls die Frage auf, was die 30 Items des PFB diesem gegenüber an inkrementeller Validität hinsichtlich der untersuchten Kriterien bringen. Einschlägige Analysen wären anhand des erhobenen Materials möglich, doch wird über sie nichts berichtet.

3.8.2 Familiendiagnostik

Verlangt schon die Paar- im Vergleich zur Individualdiagnostik neue Theorien und grundsätzlich andere Erfassungsmodi, so sollte dieses erst recht für Verfahren zur quantitativen Bestimmung von Merkmalen der gesamten Familie gelten, weil hier durch das Hinzukommen weiterer Personen das Beziehungsgeflecht komplexer und die Perspektiven zahlreicher sind. Schneewind (2010, S. 210) beschreibt Familien als »mehr oder minder offene, sich entwickelnde, zielorientierte und sich selbst regulierende soziale Systeme«, deren Entwicklung durch Interaktion und Kommunikation erfolgt.

Familienpsychologische Diagnostik setzt in vier Phasen des Veränderungsprozesses an, der durch gezielte Interventionen eingeleitet wird:
- Der Ist-Zustand wird vor der Intervention untersucht; dabei werden bereits die Ziele, die mit einer Intervention angestrebt werden, beachtet.
- Die Diagnostik begleitet die Interventionsmaßnahmen. Erkenntnisse, die dabei gewonnen werden, können sowohl zu einer Anpassung der Interventionsmaß-

nahmen an den neuen Ist-Zustand führen als auch zu einer Neudefinition der Behandlungsziele.
- Am Ende der Intervention wird geprüft, ob die Ziele erreicht wurden. Gegebenenfalls ergeben sich in dieser Phase neue Veränderungsziele.
- Die Stabilität der erzielten Behandlungseffekte wird in Form einer Katamnese überprüft.

»Grunddimensionen« der Familiendiagnostik

Schneewind nennt zehn »**Grunddimensionen**«, die für die Familiendiagnostik maßgebend sind; jede Dimension hat unterschiedliche Konsequenzen für das diagnostische Vorgehen, teils für die Auswahl von Verfahren, teils für das Vorgehen (◘ Abb. 3.37).

- **Erkenntnistheoretische Annahmen: linear vs. zirkulär**
    - Unter dem linear-reduktionistischen Ansatz wird ein Denken in einseitig gerichteten Wenn-dann- oder Ursache-Wirkungs-Zusammenhängen verstanden. Beispielsweise wird das umsorgende Verhalten eines Ehemanns als Folge einer depressiven Stimmungslage der Frau gesehen. Bei einer zirkulären Betrachtungsweise werden auch die Folgen des umsorgenden Verhaltens analysiert: Das Verhalten des Mannes kann dazu führen, dass sich die Frau nun beachtet und geliebt fühlt und dass ihre depressiven Symptome verschwinden. Dies wiederum veranlasst den Mann dazu, sich wieder mehr seinem Beruf zu widmen und sich weniger fürsorglich zu verhalten. Die depressiven Symptome der Frau werden daraufhin wieder stärker.
    - Beide Ansätze führen zu einer unterschiedlichen Art, nach den Problemen zu fragen. Typisch für den linearen Ansatz sind Fragen nach Ursachen, beispielsweise »Was führt Sie zu mir?«, »Was deprimiert Sie so sehr?«. Sieht man die Probleme in einer Familie dagegen als Teil eines zirkulären Prozesses, sind offenere Fragen, die auch den Kontext einbeziehen, angebracht: »Wer hatte die Idee, eine Familienberatungsstelle aufzusuchen?«, »Wer erlebt die Sorgen Ihrer Frau am stärksten?«, »Was hat sich an Ihrer Beziehung geändert, seit das Problem aufgetreten ist?«
- **Begriffliche Orientierung: theoretisch vs. nicht-theoretisch**
    - Zwar gibt es keine einheitliche Theorie der Familie, wohl aber unterschiedliche »Schulen« und theoretische Ansätze. Diagnostische Verfahren können pragmatisch/atheoretisch konstruiert sein oder auf Basis eines der vielen Modelle oder theoretischer Ansätze. Ein Beispiel für ein konsequent an einem theoretischen Modell orientiertes Verfahren sind die Familienbögen von Cierpka und Frevert (1994). Den Fragebögen liegt ein Prozessmodell zugrunde, wie eine Familie »funktioniert«. Ferner werden fünf lebenszyklische Phasen von der »werdenden Familie: Paare, die ihr erstes Kind erwarten« bis »Paare in der Lebensmitte nach Auszug der Kinder« unterschieden. Bei der Auswahl eines Verfahrens sollte beachtet werden, ob man die theoretischen Annahmen des Testautors teilen kann; schließlich muss man sich spätestens bei der Interpretation von Skalenwerten auf dessen Denkmodell einlassen.
- **Anwendungsschwerpunkt: Forschung vs. Praxis**
    - Die Forschung befasst sich mit familientheoretischen Konstrukten wie etwa »Familienmacht«. Diagnostische Instrumente werden danach ausgewählt, dass sie zur Beantwortung einer wissenschaftlichen Fragestellung geeignet sind, also beispielsweise die Macht einzelner Familienmitglieder zu erfassen. In der Praxis dient Diagnostik dazu, Familienpsychologen dabei zu unterstützen, eine möglichst wirkungsvolle Behandlung zu finden und deren Effekte zu kontrollieren. Der Messgegenstand stellt sich dabei in der Regel als sehr komplex dar. Je nach Fragestellung können Randbedingungen außerhalb der Familie wie Migrationshintergrund oder ökonomische Ressourcen, Erwartungshaltungen, das Erleben

3.8 · Gruppendiagnostik (Interaktionsdiagnostik)

Abb. 3.37 Systembezogene Familiendiagnostik kann sich mit der Beziehung zwischen einzelnen Familienmitgliedern befassen. (Foto: © Sergey Rusakov - Fotolia.com)

und das Zeigen von Gefühlen, kommunikative Kompetenzen, Konflikte oder Interaktionsprozesse relevant sein. Das Spektrum an Methoden ist entsprechend breit: Interview, Fremd- und Selbstbeobachtung, Fragebögen.

- **Schwerpunkt der Analyse: strukturell vs. prozessorientiert**
  - Die Familie kann als eher dauerhaftes strukturelles Gebilde betrachtet werden, in dem die Mitglieder bestimmte Rollen einnehmen und relativ feste Beziehungen untereinander haben. Bei einer prozessorientierten Diagnostik interessieren die weniger stabilen Merkmale, also etwa Interaktionen der Familienmitglieder.
- **Ebene der Diagnostik: individuell vs. systembezogen**
  - Für bestimmte Fragestellungen ist es nützlich, Informationen über einzelne Familienmitglieder zu gewinnen, und zwar unabhängig von ihren Beziehungen zu anderen Familienmitgliedern. Beispielsweise will man feststellen, ob ein Kind Schulprobleme hat oder wie die Persönlichkeitsstruktur des Vaters ist. Systembezogen ist die Diagnostik, wenn Beziehungen zwischen den Familienmitgliedern untersucht werden, beispielsweise zwischen den Geschwistern. Viele Verfahren dienen dazu, die ganze Familie als System zu beschreiben, so auch die Familienklimaskalen (s.u.).
- **Repräsentationsmodus: verbal vs. bildhaft-metaphorisch**
  - Die meisten familiendiagnostischen Verfahren liefern sprachliche Beschreibungen von Individuen, Interaktionen, Beziehungen etc. Eine Aussage lautet beispielsweise: »Mutter und Tochter stehen sich sehr nahe; sie grenzen sich stark vom Vater ab.« Auch Skalenwerte, die Fragebögen liefern, gehören zum verbalen Repräsentationsmodus, denn die Normwerte stehen für Begriffe wie »überdurchschnittlich«. Die bildhaft-metaphorische Repräsentation wird bei den sog. Skulpturtechniken verwendet: Die Familienmitglieder werden gebeten, sich wie lebende Statuen im Raum aufzustellen. Sie sollen dabei durch den Abstand zu anderen Mitgliedern, ihre Körperhaltung, Gestik, Mimik und Blickrichtung die Familienbeziehungen veranschaulichen. Es existieren mehrere Varianten von Skulpturtechniken, die übrigens nicht nur eine diagnostische, sondern auch eine therapeutische Funktion haben können. Eng daran angelehnt ist der Familiensystemtest (Gehring, 1998), der Kohäsion und Machtverhältnisse in Familien erfassen soll. Die Testperson wird gebeten, kleine Holzfiguren, die einzelne Familienmitglieder symbolisieren, auf einem quadratischen Brett aufzustellen. Die

Distanzen sollen ausdrücken, wie nah sich die Familienmitglieder zueinander fühlen. Dann soll sie die Figuren auf unterschiedlich hohe Sockel stellen, wobei die Höhe für die Macht der Person steht. Aus der Anordnung der Figuren können mehrere Kennwerte für Kohäsion und Macht abgeleitet werden. Auch das in ▶ Abschnitt 3.5 vorgestellte Verfahren »Familie in Tieren« gehört in die Kategorie bildhaft-metaphorischer Repräsentation.

- **Zeitperspektive: Vergangenheit vs. Gegenwart vs. Zukunft**
  - Familien verändern sich im Laufe der Zeit. Die meisten Verfahren erfassen den aktuellen Zustand einer Familie. Um die Dynamik des Familienlebens abzubilden, können auch der frühere sowie der erwartete künftige Zustand erfasst werden. Das diagnostische Interview ist die Methode der Wahl; Schneewind führt lediglich einige wenige englischsprachige Fragebögen auf.
- **Datenquelle: Insider vs. Outsider**
  - Insider sind alle Familienmitglieder; sie können mithilfe von Interviews, Fragebögen und eigenen Verhaltensbeobachtungen Informationen über die Familie aus ihrer Perspektive liefern. Diese Daten können durch Informationen von Freunden, Bekannten, Sozialarbeitern oder etwa Familientherapeuten ergänzt werden. An Methoden stehen Interview und freie sowie systematische Verhaltensbeobachtung zur Verfügung.
- **Datenart: subjektiv vs. objektiv**
  - Interview und Fragebögen liefern subjektive Beschreibungen der Familie, der Beziehung ihrer Mitglieder, deren Emotionen, Erwartungen etc. Die Verhaltensbeobachtung durch Fremde stellt die einzige Methode dar, die zu weitgehend deutungsfreien Erkenntnissen führt.
- **Erhebungs- und Auswertungsmodus: qualitativ vs. quantitativ**
  - Die Ergebnisse von Interviews und freier Verhaltensbeobachtung sind überwiegend qualitativer Art, während Fragebögen, Verhaltensbeurteilungen und systematische Verhaltensbeobachtung zu quantitativen Daten führen.

■ **FKS: Familienklimaskalen (Schneewind, 2008; in Cierpka, 2008)**

Adaptation und Weiterentwicklung eines englischsprachigen Verfahrens

Mitte der 70er-Jahre hatte Moos (1974a, b) damit begonnen, die verschiedenen Aspekte menschlicher Umwelten, darunter auch die Familie, mithilfe von Fragebögen zu erfassen. Eine im Zuge dieser Bemühungen entstandene Skala, die »Family Environment Scale« (FES), ist von Schneewind (1987a) für den deutschen Sprachraum adaptiert und in wesentlicher Weise weiterentwickelt worden.

ganze Familie als Messgegenstand

Die Items beziehen sich auf die Familie einer Person, ohne dass einzelne Familienmitglieder besonders herausgehoben werden (was aber prinzipiell möglich wäre). Damit soll gewährleistet werden, dass mit den Antworten der Befragungspersonen der Erhebungsgegenstand als Ganzes getroffen wird: das Interaktionsgeschehen in der gesamten Familie. Die Art des Familienverbundes erfährt keine nähere Spezifikation; für die Bearbeitung des Fragebogens ist es unerheblich, ob ein Proband dabei an seine Interaktionen mit einem alleinerziehenden Elternteil denkt oder ob er in einer Großfamilie lebt, d. h. das Instrument macht eine dementsprechende Differenzierung nicht notwendig. Die erhaltenen Punktwerte können individuell oder auch als Aggregate (z. B. in Form der Mittelwerte der Eltern oder der Kinder) betrachtet werden.

zehn Skalen

In Anlehnung an die Originalskalen erfolgten die Adaptationsarbeiten nach Prinzipien, in denen sich rationale mit empirischen Schritten abwechselten. Letztlich resultierten zehn Skalen mit jeweils sechs bis 15 Items. Infolge der etwas unterschiedlichen Itemkennwerte für die Väter, Mütter und Kinder der 570 »Familieneinheiten«, die den Kern der Analysestichproben bildeten, mussten für diese drei Gruppen gesonderte Skalen (mit gleichem Bedeutungsgehalt) zusammengestellt werden. Die Bezeichnungen der Skalen sind mit Itembeispielen unten zusammengestellt.

3.8 · Gruppendiagnostik (Interaktionsdiagnostik)

> **Beispiel**
>
> **Dimensionen der Familienklimaskalen, mit Itembeispielen für die ersten drei Skalen (aus Schneewind, 1987, S. 238–241)**
> (umzupolende Items sind mit einem Minuszeichen markiert)
>
> **Beziehungsskalen**
> Skala A: **Zusammenhalt:** Ausmaß, in dem die Familienmitglieder zusammenhalten, sich gegenseitig unterstützen und füreinander da sind (»Familiensolidarität«)
> - »In unserer Familie haben wir das Gefühl, dass wir zusammengehören und füreinander da sind.«
> - »Wenn zu Hause etwas gemacht werden soll, versucht sich fast jeder zu drücken.« (–)
> - »In unserer Familie hat jeder das Gefühl, dass man ihm zuhört und auf ihn eingeht.«
>
> Skala B: **Offenheit:** Ausmaß an Offenheit im Ausdruck von Gefühlen, Spontaneität und Ausgelassenheit, Kommunikationsbereitschaft und unsanktionierte Äußerung von Kritik
> - »In unserer Familie ist es eher so, dass man seine Gefühle nicht zeigt.« (–)
> - »Wenn wir mal gerade Lust zu einer Sache haben, überlegen wir nie lange, sondern fangen gleich damit an.«
> - »Wir sprechen miteinander über unsere persönlichen Probleme.«
> - »Wenn bei uns mal einer Dampf ablässt, regt sich bestimmt jemand darüber auf.« (–)
>
> Skala C: **Konfliktneigung:** Häufigkeit von Streit, Reibereien und Nörgeleien; ärgerliche Expression bis hin zur Destruktion von Sachen und körperlicher Aggression; Bemühen um eine sachliche Schlichtung von Meinungsverschiedenheiten
> - »In unserer Familie gibt es viel Streit.«
> - »Wenn wir uns streiten, kommt es schon mal vor, dass einem von uns die Hand ausrutscht.«
> - »Streitigkeiten werden bei uns nicht mit Schimpfen und Schreien ausgetragen.« (–)
>
> **Persönlichkeitsreifungsskalen**
> Skala D: **Selbstständigkeit:** Ausmaß, in dem sich die einzelnen Familienmitglieder bei der Realisierung ihrer eigenen Wünsche frei fühlen dürfen und sich weder durch die Verpflichtung zur Rücksichtnahme noch durch die antizipierten Verstimmungen der anderen Familienmitglieder eingeengt finden
> Skala E: **Leistungsorientierung:** Wettbewerbsdenken und Leistungsorientierung
> Skala F: **Kulturelle Orientierung:** Aufgeschlossenheit für kulturelle und intellektuelle Inhalte
> Skala G: **Aktive Freizeitgestaltung:** Aktive und vielseitige Nutzung der Freizeit durch interessengeleitete Tätigkeiten und Sozialkontakte
> Skala H: **Religiöse Orientierung:** Praktizierung der von der Kirche nahegelegten öffentlichen Verhaltensnormen; verinnerlichte Form christlicher Gläubigkeit
>
> **Systemerhaltungsdimensionen**
> Skala I: **Organisation:** Ordnung, Planung und die eindeutige Regelung von Verantwortlichkeiten
> Skala J: **Kontrolle:** Verbindlichkeit von familieninternen Regeln; rigide und dogmatische Handhabung vs. Großzügigkeit und Toleranz

drei Sekundärfaktoren

Die internen Konsistenzen der Skalen liegen um .70, mit einer Tendenz zu niedrigeren Werten für die Kinderskalen. Bei Schülern lagen die Retest-Reliabilitäten in einem 3-Jahres-Zeitraum zwischen .40 und .60. Für die Originalskalen konnte auch eine beträchtliche Stabilität des Profilverlaufes gezeigt werden. Eine Faktorisierung der Skalen führte zu **drei Sekundärfaktoren**, die Schneewind (1987) mit »Positiv-emotionales Klima« (bestimmt durch die ersten drei Skalen sowie Organisation), »Anregendes Klima« (markiert durch F und G) sowie »Normativ-autoritäres Klima« (E, H, I und J) benannt hat.

Validitätsbelege fehlen

Die Handhabbarkeit und einzelfalldiagnostische Tauglichkeit der FKS demonstriert Schneewind (1987) an einigen Beispielen. Zur Validität allerdings fehlen empirische Belege. Ausgehend von Erfahrungen mit anderen Instrumenten kann angenommen werden, dass sich Familien mit Störungen wie Alkoholismus, Kriminalität und psychischen Abnormitäten einzelner Mitglieder von unauffällig-»normalen« unterscheiden; gleichwohl wäre es vorteilhaft, dieses auch aufzuzeigen. Das Verfahren kann nur für Forschungszwecke empfohlen werden.

3.8.3 Teamdiagnostik

mehrere Fragebögen zu Teams und Organisationen

Zur Beschreibung der Arbeit und des Klimas in Teams bzw. Organisationen wurden spezielle Fragebögen konstruiert, von denen hier nur das »Teamklima-Inventar« (TKI) ausführlich dargestellt wird. Der »Fragebogen zur Erfassung des Organisationsklimas« (Daumenlang et al., 2004) wurde konstruiert, um mehrere Dimensionen des Organisationsklimas (Vorgesetztenverhalten, Kollegialität, Bewertung der Arbeit, Arbeitsbelastung, Organisation, berufliche Perspektiven, Entgelt, Handlungsraum, Einstellung zum Unternehmen, Interessenvertretung, Mitarbeiterbewertung) durch Fremd- oder Selbstbeurteilungsskalen zu erfassen. Speziell mit organisationsinterner Kommunikation befasst sich der »Fragebogen zur Erfassung der Kommunikation in Organisationen« (Sperka & Rózsa, 2007). Die Skalen liefern Informationen über sieben Merkmale der Kommunikation mit dem direkten Vorgesetzten, mit Kollegen und (bei Führungskräften) mit den unterstellten Mitarbeitern. Der »Fragebogen zur Arbeit im Team« (Kauffeld, 2004) soll mit den Skalen »Zielorientierung«, »Aufgabenbewältigung«, »Zusammenhalt« und »Verantwortungsübernahme« Stärken und Schwächen von Teams darstellen und damit auch Hinweise auf eventuell notwendige Teamentwicklungsmaßnahmen liefern.

- **TKI: Teamklima-Inventar (Brodbeck et al., 2000)**

Qualität und Quantität von Innovationen

Theoretischer Hintergrund und Aufbau Ausgehend von dem englischen Original des »Team Climate Inventory« von Anderson und West (1994) hat Brodbeck zusammen mit diesen Autoren deutschsprachige Adaptationsarbeiten vorgenommen. Der Fragebogen enthält 44 Items und zielt auf das Klima für Innovation und Leistung in Arbeitsgruppen ab. Darunter verstehen Brodbeck et al. (2000, S. 8; alle weiteren Zitate, die nur mit Seitenangaben kenntlich gemacht sind, ebenso daraus) die »subjektive Wahrnehmung von Individuen über ihre soziale Umgebung in Organisationen oder Arbeitsgruppen, die mehr oder weniger sozial geteilt sind«. Den theoretischen Rahmen stellt eine 4-Faktoren-Theorie dar, der zufolge sich bei der Teameffektivität und Innovation die beiden Aspekte Qualität und Quantität von Innovationen unterscheiden lassen. »Qualität bezieht sich auf die Neuartigkeit von Ideen, deren Bedeutsamkeit, gemessen an den jeweils relevanten Kriterien, und deren Nutzen. Quantität bezieht sich auf die Anzahl neuer Ideen, die vorgeschlagen und umgesetzt werden« (S. 10). Für die Qualität sind die beiden Faktoren »Vision« und »Aufgabenorientierung«, für die Quantität »partizipative Sicherheit« und »Unterstützung für Innovationen« maßgeblich. Diese vier Faktoren sollen mit insgesamt 13 Skalen gemessen wer-

3.8 · Gruppendiagnostik (Interaktionsdiagnostik)

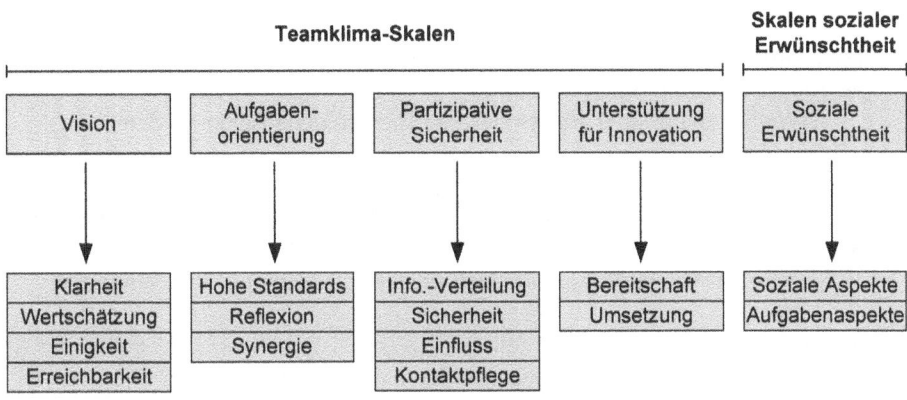

◘ Abb. 3.38 Dimension und Subskalen des Teamklima-Inventars. (Nach Brodbeck et al., 2000, S. 9)

den, zu denen noch zwei kurze Skalen zur sozialen Erwünschtheit kommen. Die Zugehörigkeit der einzelnen Skalen zu den Faktoren ist aus ◘ Abbildung 3.38 ersichtlich.

Wie aus den Itemtexten ersichtlich, zielen manche Formulierungen auf individuelle Einstellungen unter selbst- oder teambezogener Perspektive, andere verlangen eine Einschätzung der atmosphärischen Gegebenheiten im Team, und einige Fragen erfordern ein gedankliches Hineinversetzen in andere Mitglieder des Teams. Das Klima eines Teams ergibt sich aus der Mittelung der (gewöhnlich anonym abgelieferten) individuellen Punktwerte.

Teamklima als Aggregat der individuellen Skalenwerte

> **Beispiel**
>
> **Einige Itembeispiele für die Skalen und Subskalen des TKI**
> **(aus Brodbeck et al., 2000, S. 22/23)**
>
> **Skala Vision**
> - Subskala **Klarheit**
>   - »Wie genau sind Sie sich im Klaren über die Ziele Ihres Teams?«
>   - »Was denken Sie, inwieweit sind die Ziele Ihres Teams den anderen Teammitgliedern klar und deutlich gegenwärtig?«
> - Subskala **Wertschätzung**
>   - »Was denken Sie, inwieweit sind diese Ziele nützlich und angemessen?«
> - Subskala **Einigkeit**
>   - »Inwieweit stimmen Sie mit diesen Zielen überein?«
>   - »Was denken Sie, inwieweit fühlen sich die Mitglieder Ihres Teams diesen Zielen verpflichtet?«
> - Subskala **Erreichbarkeit**
>   - »Was denken Sie, inwieweit sind diese Ziele realistisch und erreichbar?«
>
> **Skala Aufgabenorientierung**
> - Subskala **Hohe Standards**
>   - »Ist es den Teammitgliedern ein echtes Anliegen, dass das Team den höchstmöglichen Leistungsstandard erreicht?«
> - Subskala **Reflexion**
>   - »Sind die Teammitglieder bereit, die Grundlagen der eigenen Arbeit infrage zu stellen?«
> - Subskala **Synergie**
>   - »Bauen die Teammitglieder gegenseitig auf ihren Ideen auf, um das bestmögliche Ergebnis zu erhalten?«
>
> ▼

> **Skala Partizipative Sicherheit**
> - Subskala **Informationsverteilung**
>   - »Wir halten uns über arbeitsrelevante Themen gegenseitig auf dem Laufenden.«
> - Subskala **Sicherheit**
>   - »Die Teammitglieder fühlen sich gegenseitig akzeptiert und verstanden.«
> - Subskala **Einfluss**
>   - »Jede Ansicht wird angehört, auch wenn es die Meinung einer Minderheit ist.«
> - Subskala **Kontaktpflege**
>   - »Wir stehen in häufigem, gegenseitigem Austausch.«
>
> **Skala Unterstützung für Innovation**
> - Subskala **Bereitschaft (artikulierte Normen)**
>   - »Das Team ist Veränderungen gegenüber aufgeschlossen und empfänglich.«
> - Subskala **Umsetzung (im Handeln erkennbare Normen)**
>   - »In unserem Team nehmen wir uns die Zeit, die wir brauchen, um neue Ideen zu entwickeln.«

hohe interne Konsistenz und hohe Interkorrelation der Skalen

Konstruktionsprinzipien und psychometrische Kennwerte Insgesamt 810 Personen aus 149 Teams stellten die Analyse- (und auch Normierungs-) Stichprobe dar. Obwohl die Autoren betonen, dass das TKI »zur Messung von Merkmalen auf Teamebene konstruiert« worden sei (S. 39), wurden die internen Konsistenzen doch anhand der individuellen Daten ermittelt (die Cronbach-α-Werte liegen für die vier Skalen zwischen .84 und .89, für die Subskalen zwischen .61 und .82). Desgleichen beruhen die relativ hohen Interkorrelationen zwischen den Skalen (um .60) auf individuellen Werten, im Weiteren auch die konfirmatorischen Faktorenanalysen, die die 4-Faktoren-Struktur bestätigen. Die Überprüfung der Validität allerdings erfolgte auf der Aggregatebene des Teams; als Kriterien wurden auf das Team bezogene Fremdeinschätzungen von Projektmanagern und Teammoderatoren herangezogen. Mit fremdeingeschätzter Innovation korrelierte die TKI-Dimension »Vision« zu $r_{tc} = .64$, »Unterstützung für Innovation« zu $r_{tc} = .62$; die Korrelationen für »Aufgabenorientierung« und »Partizipative Sicherheit« lauteten .32 bzw. .48 (alle Werte bis auf den vorletzten hoch signifikant; jeweils N = 29 Teams). Darüber hinaus ließ sich zeigen, dass die Übereinstimmung zwischen den Mitgliedern eines Teams mit Korrelationen über .90 sehr hoch ist und das Verfahren zwischen verschiedenen Teams (Industrie, Pflege, Entwicklung und Planspiel) signifikant diskriminiert (wobei aber der letztgenannte Vergleich erneut auf Individualdaten beruht, was nicht ganz der Logik des Verfahrens entspricht).

ökonomisches und nützliches Instrument für die Personalentwicklung

Bewertung Das TKI ist ein theoretisch verankertes und mit ca. 15 Minuten Bearbeitungszeit ein sehr ökonomisches Instrument, mit dem das in der Gruppe herrschende Arbeitsklima durch Mittelung der individuellen Teammitglieder-Scores erfasst wird. Auf individueller Ebene weisen die vier Skalen eine für Fragebögen hohe interne Konsistenz auf. Für die aggregierten Skalenwerte des Teams ließ sich die Validität gegenüber fremdeingeschätzten Maßen für Innovation demonstrieren. Insgesamt handelt es sich um ein für die Personalentwicklung (▶ Kap. 8.2) sehr nützliches Instrument.

3.8 · Gruppendiagnostik (Interaktionsdiagnostik)

Weiterführende Literatur

Das von Cierpka (2008) herausgegebene »Handbuch der Familiendiagnostik« ist eine ergiebige Informationsquelle über familiendiagnostische Verfahren. Ein Kapitel des Buches »Teamwork, Teamdiagnose, Teamentwicklung« von van Dick und West (2005) befasst sich mit Teamdiagnostik.

❓ Übungsfragen
Kap. 3.8

88. Welche drei Untersuchungsansätze zur Interaktionsdiagnostik nennt Fiedler (2001)?
89. Welche fünf Dimensionen werden mit dem Gießen-Test erfasst?
90. Wozu dient der Gießen-Test in der Paardiagnostik vor allem?
91. Aus welchen drei Fragebögen setzt sich das Verfahren »Fragebogen zur Partnerschaftsdiagnostik« zusammen?
92. Was soll mit dem Partnerschaftsfragebogen (PFB) gemessen werden, und wie wird dazu vorgegangen (Art der Items)?
93. Wo setzt Familiendiagnostik nach Schneewind (2010) im Rahmen einer Intervention/Behandlung ein?
94. Wie sind die Familienklimaskalen von Schneewind (1987; 2008) aufgebaut (wie viele Skalen und Sekundärfaktoren)? Nennen Sie die Sekundärfaktoren!
95. Was soll mit dem Teamklima-Inventar gemessen werden, und wie ist es aufgebaut? Nennen Sie auch ein Beispiel für eine der Hauptskalen!

Durchführung einer diagnostischen Untersuchung

4.1 Personelle Voraussetzungen und ethisch verantwortliches Vorgehen – 360

4.2 Auswahl der Verfahren – 362

4.3 Gestaltung der Untersuchungssituation – 366

4.4 Durchführung und Auswertung diagnostischer Verfahren – 371
4.4.1 Aufklärung – 371
4.4.2 Gute Arbeitsbedingungen – 371
4.4.3 Standardisierung der Untersuchungsbedingung – 372
4.4.4 Testauswertung – 373
4.4.5 Darstellung der Ergebnisse – 374

4.5 Mehrfachmessung – 376

© Springer-Verlag GmbH Deutschland 2012
L. Schmidt-Atzert (et al.), *Psychologische Diagnostik*, Springer-Lehrbuch,
https://doi.org/10.1007/978-3-642-17001-0_4

richtige Auswahl und Anwendung entscheidend

Gute diagnostische Verfahren alleine reichen nicht aus, um zuverlässige und valide diagnostische Informationen zu gewinnen. Es existieren enorm viele diagnostische Verfahren (▶ Kap. 3), so dass schon die richtige Auswahl entscheidend dafür ist, ob man brauchbare Erkenntnisse gewinnt oder nicht. Die Verfahren müssen zudem auch kompetent durchgeführt und ausgewertet werden. Und auch die Interpretation der Ergebnisse erfordert besondere Kompetenzen.

diverse Richtlinien und Standards

Auf internationaler Ebene und speziell in den USA wurden eine Reihe von Richtlinien und Standards zur **Qualitätssicherung** Psychologischer Diagnostik erarbeitet, die sich zum Teil auch sehr differenziert mit der Erhebung diagnostischer Informationen befassen (für einen Überblick s. Kersting, 2008, Kap. 2; Kersting, 2010; Eyde et al., 2010, S. 18 ff.). Die 4. Auflage der »Standards for Educational and Psychological Testing«, die von mehreren amerikanischen Berufsverbänden gemeinsam ausgearbeitet wurden, liegen als »Standards für pädagogisches und psychologisches Testen« auch in deutscher Sprache vor (Häcker et al., 1998); in den USA ist 1999 die 5. Auflage erschienen. Eine »International Test Commission« hat Richtlinien zur Testanwendung erstellt, die auch ins Deutsche übersetzt wurden. Diese liegen als »Internationale Richtlinien für die Testanwendung, Version 2000, deutsche Fassung« vor (International Test Commission, 2001).

Leider ist in den meisten Richtlinien nur von »Tests« die Rede; an die Durchführung und Auswertung von diagnostischen Interviews und von Verhaltensbeobachtungen und -beurteilungen sind oftmals höhere fachliche Anforderungen zu stellen als an die Anwendung von Tests. In diesem Kapitel schließt der Begriff »diagnostische Verfahren« explizit auch Interviews, Verhaltensbeobachtungen und -beurteilungen ein.

4.1 Personelle Voraussetzungen und ethisch verantwortliches Vorgehen

fachliche Kompetenz

Die Auswahl, Durchführung und Auswertung eines diagnostischen Verfahrens und die Interpretation der Ergebnisse erfordert fachliche Kompetenz. Fehler können zu gravierenden Konsequenzen für die untersuchte Person führen. Die Personen, die diagnostische Verfahren auswählen, durchführen, auswerten und die Ergebnisse interpretieren, sollten deshalb über eine angemessene **Ausbildung** verfügen und sich kontinuierlich **fortbilden**.

gesetzliche Regelungen in der Verkehrspsychologie

In einigen Anwendungsfeldern wie der Personalauswahl wird Psychologische Diagnostik inzwischen häufig von Nichtpsychologen durchgeführt. Auch ein Psychologiestudium garantiert nicht, dass die Absolventen über die nötigen diagnostischen Kompetenzen verfügen: Nicht alle Absolventen profitieren von einer guten Diagnostikausbildung, an manchen Instituten ist die Diagnostikausbildung vielleicht suboptimal, und nach vielen Jahren Berufstätigkeit ist das Fachwissen partiell veraltet. Lediglich in der **Verkehrspsychologie** (▶ Abschn. 11.3) wird in vorbildlicher Weise durch den Gesetzgeber geregelt, dass die psychologische Begutachtung von verkehrsauffällig gewordenen Kraftfahrern nur von Psychologen mit Diplom- oder Masterabschluss durchgeführt werden darf; die Psychologen werden zudem fachlich geschult und sind zu jährlichen Fortbildungen verpflichtet. Zusätzlich wird ihre Arbeit durch eine Bundesbehörde kontrolliert.

Anwendung üben

Grundsätzlich müssen Personen, die eine Untersuchung durchführen, mit den Verfahren vertraut sein. Einige Verfahren, zu denen Interview, systematische Verhaltensbeobachtung, Verhaltensbeurteilung, einige Tests wie die Wechsler-Intelligenztests und bestimmte projektive Tests zählen, sollten nur nach eingehender **Übung** durchgeführt werden. Für die Auswertung des Rorschach-Tests ist sogar ein mehrwöchiges Training erforderlich. Auch Psychologen mit großer Erfahrung in der Untersuchungsdurchführung und Auswertung müssen sich mit Tests, die für sie neu sind, vorher gründlich vertraut machen.

Ethische Richtlinien und ggf. gesetzliche Bestimmungen (▶ Abschn. 1.8) sind selbstverständlich zu beachten. Da zumindest die Durchführung und Auswertung diagnostischer Verfahren häufig delegiert werden, ist es wichtig, die Mitwirkenden angemessen zu schulen und für eine Supervision zu sorgen.

ethische und rechtliche Richtlinien beachten

Im Rahmen der berufsbezogenen Eignungsbeurteilung nach DIN 33430 wurden **Personenlizenzen** eingeführt, zu deren Erwerb man erfolgreich an einer Prüfung teilnehmen muss (▶ www.bdp-verband.org/bdp/politik/2004/40920_din-lizenz.shtml). Neben einer umfassenden Lizenz ist es möglich, eine Lizenz »Mitwirkende an Eignungsinterviews« und eine Lizenz »Mitwirkende an Verhaltensbeobachtungen« zu erwerben. Dahinter verbirgt sich das Konzept, Personen, die ausschließlich Eignungsinterviews durchführen bzw. die als Beobachter in einem Assessment Center fungieren, speziell für diese Aufgabe zu schulen und durch eine Prüfung ihre Qualifikation festzustellen.

Lizenzerwerb für Mitwirkende

Ein Persönlichkeitstest zur Auswahl von Stipendiaten (Eyde et al., 2010, S. 31 f.)

Ein amerikanisches College vergibt Stipendien an begabte Studierende. In der Vergangenheit hatten zwei Stipendiaten das Studium aufgegeben, weil sie nicht hinreichend emotional stabil waren. Das College entschied daraufhin, emotionale Stabilität als Auswahlkriterium mit aufzunehmen. Aufgrund begrenzter Ressourcen wurde eine Psychologin beauftragt, zwei Krankenschwestern des College-Krankenhauses anzulernen, Persönlichkeitstests durchzuführen und zu interpretieren. Die Psychologin trainierte die Krankenschwestern in der Durchführung und Auswertung des MMPI-2 (▶ Abschn. 3.3.3) und gab ihnen ihre Telefonnummer für den Fall, dass irgendwelche Schwierigkeiten auftreten sollten. Lag der T-Wert der Skala 1 (Hypochondrie), 2 (Depression), 3 (Hysterie), 6 (Paranoia), 7 (Psychasthenie) oder 8 (Schizophrenie) über 65, musste der Kandidat wegen emotionaler Labilität abgelehnt werden. Die Antwortbögen wurden sicher aufbewahrt, und nur die Entscheidung gelangte in die Bewerberunterlagen.

Die Eltern eines abgelehnten Bewerbers erfuhren Details des Auswahlverfahrens und brachten die Angelegenheit vor das Ethikkomitee des Berufsverbandes.

Bewertung

Die Psychologin hatte nicht alle Probleme bedacht, die bei einer solchen Testung ohne Supervision auftreten können: Die Krankenschwestern mussten sich aufgrund fehlender Ausbildung in psychologischer Diagnostik starr an die Auswertungsregeln halten. Situative Faktoren, die sich auf die Testergebnisse auswirken könnten, blieben unberücksichtigt. Die Entscheidungsregel berücksichtigte keine Informationen zur Gültigkeit der Ergebnisse; so wurden die Ergebnisse der Validitätsskalen überhaupt nicht einbezogen. Es wäre besser gewesen, sich bei der Ablehnung von Bewerbern nicht alleine auf – im Extremfall – einen einzigen Testwert über 65 zu verlassen. Bewerber mit einem auffälligen Testergebnis hätten in einer zweiten Sitzung gründlicher untersucht werden sollen. Da mit einer Ablehnung gravierende finanzielle Nachteile verbunden sind, hätte das Auswahlverfahren bzw. die Entscheidungsregel validiert werden müssen.

Persönlichkeitstest zur Auswahl von Stipendiaten

Ein wichtiges Prinzip ist das der **informierten Einwilligung**: Die Teilnahme an einer diagnostischen Untersuchung ist grundsätzlich freiwillig. Die Teilnehmer sollen vor Beginn der Untersuchung über Art und Umfang der Verfahren sowie über die Weitergabe ihrer Ergebnisse informiert werden. Sie können dann entscheiden, ob sie sich der

informierte Einwilligung

Untersuchung unterziehen oder nicht bzw. ob sie die Teilnahme an einem bestimmten Verfahren verweigern.

> **❗ Verantwortung für ethisch korrekte Testanwendung bedeutet:**
> Professionell und ethisch korrekt handeln
> — Fachkompetenz für die Testanwendung sicherstellen
> — Verantwortung für die Anwendung von Tests übernehmen
> — Sichere Verwahrung des Testmaterials gewährleisten
> — Vertrauliche Behandlung von Testergebnissen gewährleisten
> Dies sind zentrale Forderungen in den »Internationalen Richtlinien für die Testanwendung« (International Test Commission, 2001), die in den Richtlinien weiter spezifiziert werden.

4.2 Auswahl der Verfahren

Gütekriterien wichtig

Bei der Auswahl der Verfahren sind grundsätzlich deren Gütekriterien (▶ Abschn. 2.3) zu beachten. Die entsprechenden Informationen sind jedoch in Testmanualen und anderen Quellen (▶ Abschn. 3.1) »verborgen«. Es stellt sich daher die Frage, wie beispielsweise die abstrakte Empfehlung, die Validität der Verfahren zu beachten, umgesetzt werden soll. Im Folgenden sollen konkrete Hinweise gegeben werden, wie Schritt für Schritt bei der Auswahl der Verfahren vorzugehen ist.

▪ 1. Ist das Verfahren zur Beantwortung der Fragestellung geeignet?

Der Testname sagt oft wenig aus

Jedes Verfahren hat einen bestimmten Anwendungsbereich, es ist also nur zur Beantwortung bestimmter Fragestellungen vorgesehen. Keinesfalls sollten sich Testanwender alleine vom Namen eines Tests leiten lassen: Der Name ist kein Garant dafür, dass das Verfahren misst, was darauf steht. Ein Test zur »emotionalen Intelligenz« misst nicht unbedingt emotionale Intelligenz, und ein Fragebogen zur »Belastbarkeit« erfasst nicht zwangsläufig, wie belastbar jemand ist. Der Testname wurde vielleicht aus Marketinggründen gewählt oder zur Abgrenzung von einem ähnlichen Verfahren. Häufig erfasst ein diagnostisches Verfahren nur einen Teilaspekt oder eine spezielle Variante dessen, was der Name suggeriert. Die nötigen Informationen zum Messgegenstand sind meist im Testmanual zu finden (in der Regel unter der Überschrift »Theoretischer Hintergrund«). Im Testmanual ist auch nachzulesen, für welche Anwendungsbereiche das Verfahren geeignet ist und welche empirischen Belege zur Validität die Aussagen zum Messgegenstand stützen.

Validitätsbefunde mit Bezug zur Fragestellung

Unter den Angaben zur **Validität** sind besonders diejenigen von Bedeutung, die einen direkten Bezug zur Fragestellung aufweisen. Soll etwa ein Intelligenztest zur Auswahl von Bewerbern eingesetzt werden, sind jene Befunde zur Kriteriumsvalidität maßgeblich, bei denen die Leistung im Beruf (oder besser in einem bestimmten Beruf) mit diesem Test vorhergesagt wurde. Möchte man mit dem Verfahren den Effekt eines Trainings oder einer Therapie kontrollieren, kommt der Änderungssensitivität eine besondere Bedeutung zu. Ist eine möglichst genaue Einordnung der Person auf einem Merkmal wünschenswert, sollte das Verfahren eine hohe Reliabilität aufweisen; wenn diese Einordnung auch für die Zukunft gelten soll, ist eine hohe Retest-Reliabilität entscheidend.

angemessene Normen

Für viele Fragestellungen ist es erforderlich, die Ausprägung des Merkmals anhand von Normtabellen zu interpretieren. In diesen Fällen kann es unabdingbar sein, dass aktuelle, repräsentative und nach Alter, Bildung und/oder Geschlecht differenzierte Normen vorliegen. (Die Gütekriterien wurden in ▶ Abschn. 2.3 ausführlich behandelt.)

Gibt es bessere Alternativen?

Grundsätzlich sollten sich Testanwender fragen, ob es bessere **Alternativen** zum ausgewählten diagnostischen Verfahren gibt. Leider beschränken sich Testanwender

4.2 · Auswahl der Verfahren

oft auf die wenigen Verfahren, die sie einmal angeschafft haben. Um Kosten zu sparen, werden in manchen Einrichtungen Tests weiter verwendet, von denen längst überarbeitete und neu normierte Nachfolger auf dem Markt sind. Besonders bei Intelligenztests besteht dabei die Gefahr, dass mit den alten Normen die Intelligenz überschätzt wird. Da sich aus den Ergebnissen einer diagnostischen Untersuchung manchmal erhebliche Konsequenzen wie Schulwechsel, Ablehnung eines Bewerbers oder (Nicht-)Finanzierung einer Therapie ergeben, ist es ethisch nicht vertretbar, wider besseres Wissen suboptimale Verfahren einzusetzen.

■ **2. Ist das Verfahren für die zu untersuchende Person angemessen?**
Die meisten diagnostischen Verfahren sind nicht universell anwendbar; bei Tests und anderen standardisierten Verfahren wird deren Geltungsbereich meist im Manual genannt. Aber auch aus der Fachliteratur können Einschränkungen für den Einsatz eines bestimmten Tests oder einer ganzen Gruppe von Verfahren bekannt sein.

■■ **Ist das Verfahren für Personen dieses Alters, dieses Geschlechts, dieser Bildung geeignet?**
Tests werden in der Regel für einen bestimmten Altersbereich entwickelt; manchmal finden sich weitere Einschränkungen bzgl. der Bildung, der Sprachkompetenz oder etwa der Intelligenz. Fehlen explizite Angaben, hilft meist ein Blick auf die **Normtabellen** weiter: Nur wenn sich eine Normtabelle findet, die zu den biografischen Merkmalen des Klienten passt, kommt das Verfahren grundsätzlich infrage. In Einzelfällen können jedoch Entwicklungstests sowie Tests für Kinder und Jugendliche bei geistig zurückgebliebenen Erwachsenen eingesetzt werden, um deren »Entwicklungsalter« zu bestimmen (▶ Abschn. 3.2.5).

Passung für Testperson

■■ **Liegt eine Behinderung oder eine andere Einschränkung vor?**
Grundsätzlich ist zu beachten, dass das Verfahren die Testperson nicht systematisch benachteiligt, also fair ist (zur Fairness ▶ Abschn. 2.4.6). Viele Verfahren setzen voraus, dass die Testperson über ein gutes Sehvermögen verfügt (einige Aufmerksamkeits- und Konzentrationstests enthalten relativ kleine Zeichen als Items). Besonders bei Speed-Tests kann eine motorische Behinderung oder Beeinträchtigung aufgrund einer Verletzung oder etwa einer neurologischen Erkrankung dazu führen, dass das Ankreuzen von Antworten oder die Eingabe von Antworten über eine Tastatur nicht schnell genug erfolgen kann. Um ein angemessenes Instruktionsverständnis sicherzustellen, muss die Testperson hinreichend intelligent sein und über ein angemessenes Sprachverständnis verfügen. Letzteres kann bei Menschen mit Migrationshintergrund oder mit einer Hörbehinderung stark eingeschränkt sein. Ein Testanwender muss die Verfahren, die er einsetzt, genau kennen. Nur dann kann er einschätzen, ob das Verfahren den Probanden vielleicht in irgendeiner Weise überfordert. Leistungstests sind eventuell sehr anstrengend, und einige Fragebögen können durch die große Anzahl der Items oder die Komplexität der Fragen eine kognitive Überforderung darstellen (zur Zumutbarkeit ▶ Abschn. 2.4.6).

Sehvermögen, Motorik, Hörvermögen, Sprachverständnis, Intelligenz, Zumutbarkeit

■■ **Hat die Person das Verfahren schon einmal durchgeführt?**
Leistungstestergebnisse fallen oftmals besser aus, wenn die Testperson dieses Verfahren schon einmal durchgeführt hat; das gilt insbesondere für Konzentrationstests (▶ Abschn. 3.2.2). Deshalb sollte bei übungsanfälligen Tests erkundet werden, ob die Testperson über **Erfahrung** mit diesem Test verfügt (◘ Abb. 4.1). Eventuell ist es dann angemessen, auf ein anderes Verfahren auszuweichen; manchmal genügt es, eine Paralleltestversion auszuwählen. Auch bei Eignungsinterviews und bei Assessment Centern kann sich einschlägige Erfahrung positiv auf die Beurteilung auswirken. Bei diesen Verfahren ist es nicht möglich, auf alternative Varianten auszuweichen. Wenn si-

Testerfahrung, Übung

◻ **Abb. 4.1** Einschlägige Testerfahrung hilft der Testperson, ihr Testergebnis zu steigern

Übungseffekte hängen von Randbedingungen ab

chere Erkenntnisse vorliegen, dass ein Proband über Erfahrung mit diesem Verfahren verfügt, kann dies nur bei der Interpretation der Ergebnisse berücksichtigt werden.

In den Bereichen Beruf und Bildung werden 25–50 Prozent der Bewerber wiederholt mit Tests zur kognitiven Leistungsfähigkeit untersucht (Hausknecht et al., 2007). Übungseffekten kommt deshalb eine große Bedeutung zu. Es liegt nahe, dass sich Testerfahrung positiv auf das Ergebnis in einem Leistungstest auswirkt: Man ist mit der Instruktion vertraut und versteht besser, worauf es ankommt, man hat bereits Lösungsstrategien erprobt, die man nun anwenden kann, vielleicht entdeckt man sogar Items, die man schon einmal bearbeitet hat, und erinnert sich an die richtige Lösung. Hausknecht et al. (2007) haben in einer Metaanalyse 50 Studien mit insgesamt weit über 100.000 Probanden ausgewertet, die sich mit **Übungseffekten** befassen. Ihr Fazit ist, dass es Übungseffekte gibt, diese aber insgesamt eher klein sind. Allerdings kommt es auf die Umstände an, unter denen Testerfahrung erworben wird: Handelt es sich um genau denselben Test, der wiederholt wird, ist der Übungsgewinn größer ($d = .46$) als wenn es sich um einen ähnlichen Test handelt ($d = .24$). Wird ein Test zum dritten Mal durchgeführt, ist der Übungsgewinn größer ($d = .56$) als bei der zweiten Durchführung ($d = .26$). Die beiden Faktoren interagieren zudem: Bei Wiederholung desselben Tests ist der Übungseffekt stark davon abhängig, wie viel Zeit zwischen beiden Testdurchführungen vergeht. Bei Verwendung unterschiedlicher Tests spielt der Zeitabstand dagegen kaum eine Rolle. Die Autoren errechneten, dass etwa zwei Jahre vergehen müssen, bis der Übungsgewinn bei identischen Tests auf die Größe schrumpft, die wir bei Verwendung unterschiedlicher Tests kennen.

> **Bedeutung der Effektstärke d**
>
> Die Effektstärke d gibt an, wie stark sich die Mittelwerte zweier Bedingungen unterscheiden. Die Differenz wird in Streuungseinheiten (gemittelten Standardabweichungen beider Bedingungen) ausgedrückt. Bei Standardwerten beträgt die Standardabweichung 10; $d = .56$ entspricht 0,56 Streuungseinheiten und somit 5,6 Standardwertpunkten. Ein Proband, der bei der ersten Testdurchführung einen Standardwert von 95 hatte, verbessert sich im Durchschnitt bei der 3. Testung auf 100,6. Wenn in einem Auswahlverfahren alle Bewerber mit Werten unter 100 ausgefiltert werden, hätte der testerfahrene Bewerber im Beispiel die Hürde geschafft.

4.2 · Auswahl der Verfahren

Wenn also bekannt ist, dass viele Unternehmen in der Region einen bestimmten Leistungstest zur Personalauswahl einsetzen, bietet es sich an, einen anderen Test einzusetzen. Die Übungseffekte halten sich in Grenzen, falls ein Bewerber zuvor in einem anderen Unternehmen an einer Eignungsuntersuchung teilgenommen hat.

▪▪ Besteht die Gefahr, dass die Person das Verfahren verfälscht?
Probanden sind manchmal sehr stark motiviert, ein »gutes« oder auch ein »schlechtes« Ergebnis zu erzielen. Ob eine entsprechende Motivation vorliegt, lässt sich aus dem Untersuchungsanlass schließen. Ein starkes Interesse an einem bestimmten Ergebnis bedeutet jedoch nicht zwangsläufig, dass die Person ein diagnostisches Verfahren irregulär bearbeitet, also zu verfälschen versucht. Der Vorsatz alleine reicht nicht aus, es muss auch die Gelegenheit zum Verfälschen bestehen.

Wenn zu vermuten ist, dass der Proband an einer Verfälschung interessiert ist, sollte man möglichst Verfahren einsetzen, die **schwer verfälschbar** sind. Persönlichkeitsfragebögen zur Personalauswahl sind in diesem Zusammenhang problematisch. Bei Leistungstests kann das Ergebnis durch Abschreiben vom Nachbarn verbessert werden. Wenn es in Gruppenuntersuchungen nicht möglich ist, Abschreiben durch genügend große räumliche Abstände zwischen den Teilnehmern wirkungsvoll zu verhindern, bietet sich der Einsatz von Paralleltests an. Bei der Testauswahl ist also zu berücksichtigen, ob für das Verfahren eine Paralleltestversion vorliegt; dabei reicht in der Regel ein Pseudoparalleltest (lediglich unterschiedliche Itemreihenfolge) aus.

Viele Untersuchungsteilnehmer versuchen, gute Ergebnisse zu erreichen, indem sie sich gezielt auf die diagnostische Untersuchung **vorbereiten**. Sie nehmen eventuell sogar an kommerziellen Schulungen teil, in denen sie sehr ähnliche Testaufgaben üben, Interviewfragen kennenlernen und eventuell das »richtige« Antwortverhalten trainieren. Im Einzelfall wird kaum zu erkennen sein, ob sich ein Untersuchungsteilnehmer gezielt vorbereitet hat oder nicht. Selbst wenn man den Verdacht hat, dass ein Bewerber unangemessen gut über die Untersuchung informiert ist, zwingt die notwendige Standardisierung von Auswahlverfahren dazu, dass die Untersuchung für alle Bewerber auf die gleiche Weise durchgeführt wird. Im Einzelfall verbietet sich deshalb der Austausch von Verfahren. Die einzig sinnvollen Maßnahmen sind der regelmäßige Austausch von Verfahren, Items oder Interviewfragen bei jeder neuen Bewerberkohorte sowie die eigene Veröffentlichung von Informationen über Ablauf und Inhalt der Untersuchung (Beispielaufgaben etc.). Auf diese Weise lassen sich annähernd die gleichen Ausgangsbedingungen für alle Bewerber herstellen.

Bei anderen Untersuchungsanlässen ist mit einer Simulation von Störungen oder Defiziten zu rechnen, etwa wenn vom Ergebnis einer Begutachtung abhängt, ob die untersuchte Person Versicherungsleistungen oder Schadensersatz erhält. Anders als bei Auswahlverfahren ist es anzustreben, dass keine Informationen über die diagnostischen Verfahren nach außen dringen.

Leistungstests können leicht nach unten verfälscht werden, und Fragebögen sind ohnehin verfälschbar. Wenn mit einer **Simulation** zu rechnen ist, bieten sich für die Auswahl der Verfahren folgende Strategien an:
- Sofern möglich, schwer verfälschbare Verfahren einsetzen
- Verfahren mit Kontrollskalen verwenden, die Hinweise auf eine Simulation liefern
- Spezielle Verfahren einsetzen, die eine Simulation erkennen (▶ Abschn. 11.1)
- Unterschiedliche Verfahren zum gleichen Merkmal einsetzen, um eventuell Widersprüche feststellen zu können

Übungseffekte reduzieren

schwer verfälschbare Verfahren verwenden

Abschreiben verhindern

Austausch von Verfahren oder Items

Simulation einer Störung

Verfahren, die Simulation erkennen

> **!** Kompetente Testauswahl bedeutet:
> — Brauchbarkeit des Tests für die geplante diagnostische Untersuchung beurteilen
> — Auswahl technisch einwandfreier und angemessener Tests
> — Fairness des Tests bei der geplanten Testanwendung beachten
>
> Dies sind zentrale Forderungen in den »Internationalen Richtlinien für die Testanwendung« (International Test Commission, 2001), die in den Richtlinien weiter spezifiziert werden.

4.3 Gestaltung der Untersuchungssituation

Diagnostik aus ökonomischen Gründen zu Hause?

Bei der Planung der Untersuchung sind aus ökonomischen Gründen einige grundsätzliche Entscheidungen zu treffen:
- Sollen bestimmte Informationen vorab zu Hause erhoben werden?
- Sollen einige Verfahren in einer Gruppenuntersuchung durchgeführt werden?
- Sollen Verfahren als Papier-und-Bleistift-Version oder computerbasiert eingesetzt werden?

■ Durchführung zu Hause vs. unter Anleitung in Untersuchungsräumen

Bewerber-Screenings häufig über Internet

Nur die Anleitung und Aufsicht eines Psychologen oder eines von ihm instruierten und supervidierten Mitarbeiters bieten die Gewähr, dass eine diagnostische Untersuchung standardisiert durchgeführt wird. Die wünschenswerte Standardisierung wird jedoch mit der Arbeitszeit der Untersuchungsleiter und mit den Kosten für die Bereitstellung von Räumen sowie für die Anreise der Probanden bezahlt; oftmals müssen sich die Probanden für die Untersuchung einen halben oder ganzen Tag Urlaub nehmen. Aus ökonomischen und aus Komfortgründen ist es wünschenswert, einen Teil der Untersuchung zu Hause und in der Freizeit der Probanden durchzuführen. Die klar erkennbaren ökonomischen Vorteile führen dazu, dass insbesondere Unternehmen das **Internet** nutzen, um psychologische Diagnostik zum Probanden zu bringen. In den USA führt einer 2006 publizierten Studie zufolge ein Drittel aller Unternehmen Bewerber-Screenings über das Internet durch oder plant, dies bald zu tun. Eine 2009 erschienene Arbeit ergab, dass etwa 60 Prozent der US-amerikanischen Unternehmen das Internet oder das Telefon nutzen, um Bewerber diagnostisch zu untersuchen (Gnambs et al., 2011).

Personalfragebögen

Im Rahmen von Einstellungsuntersuchungen werden Bewerbern oft Personalfragebögen mit der Bitte zugesandt, sie zu Hause auszufüllen. Die Formulare können per **Briefpost** oder als **E-Mail-Anhang** versandt werden. Personalfragebögen dürfen nicht mit Persönlichkeitstests verwechselt werden; die Fragen betreffen meist die Biografie (Familienstand, bisherige Ausbildung, Zusatzqualifikationen etc.). Nach § 94 Abs. 1 Satz 1 des Betriebsverfassungsgesetzes http://www.br-wiki.de/index.php?purl=/index.html&page=Betriebsverfassungsgesetz%20%28BetrVG%29&PHPSESSID=48f07e01cb470ef6089077f194e22d20 muss der Betriebsrat Personalfragebögen zustimmen; außerdem sind bestimmte Fragen wie die nach einer Schwangerschaft oder nach dem Gesundheitszustand (soweit nicht unmittelbar für die Stelle bedeutsam) rechtlich unzulässig.

Telefoninterview

Fragen zur beruflichen Eignung können auch in einem **Telefoninterview** beantwortet werden. In der Personalauswahl wird davon teilweise Gebrauch gemacht. Das Interview bietet gegenüber einem Personalfragebogen mehrere Vorteile: Man kann adaptiv vorgehen, also je nach Antwort weitere Fragen zu dem Thema stellen oder zu anderen Themen wechseln, eventuell sogar das Interview beenden, wenn ein Bewerber wichtige Anforderungsmerkmale nicht erfüllt. Weiterhin sind Nachfragen möglich, wenn eine Antwort uneindeutig ist oder wenn die Frage falsch verstanden wurde.

4.3 · Gestaltung der Untersuchungssituation

Personalfragebögen und Telefoninterview können sich einander auch ergänzen; das Interview setzt eventuell an den Antworten im Fragebogen an.

Über das Internet können Persönlichkeitsfragebögen und Leistungstests so dargeboten werden, dass ein Proband sie zu Hause an seinem Computer bearbeitet. Dabei sind zwei Varianten zu unterscheiden:

- Der Proband bleibt anonym und erhält eine Rückmeldung über seine Ergebnisse. Diese Variante ist unter dem Begriff »**Self-Assessment**« bekannt. Universitäten und Unternehmen wollen damit einerseits potenzielle Bewerber bei ihrer Studien- oder Berufswahl unterstützen und andererseits geeignete Personen zu einer Bewerbung anregen, während sie hoffen, dass ungeeignete von einer Bewerbung Abstand nehmen. Durch diese Selbstselektion verbessert sich die »Basisrate« (▶ Abschn. 6.4): Je höher der Anteil der geeigneten Bewerber unter allen Bewerbern, desto größer ist die Chance, durch das Auswahlverfahren geeignete zu entdecken. Sind nur wenige der Bewerber geeignet (Basisrate niedrig), sucht man sprichwörtlich die Nadel im Heuhaufen – ist der Anteil geeigneter Bewerber dagegen groß (Basisrate hoch), werden wahrscheinlich auch viele geeignete ausgewählt. Die anonyme Bearbeitung und die angekündigte Ergebnisrückmeldung machen es wahrscheinlich, dass die Teilnehmer Leistungstests ohne unzulässige Hilfen bearbeiten und sich in Fragebögen ehrlich darstellen.

- Der Proband erhält einen persönlichen Zugang zum Test und ist damit identifiziert. Seine Ergebnisse liegen dem Diagnostiker vor, der daraufhin entscheidet, ob der Bewerber zu einer weiteren Untersuchung eingeladen wird oder nicht. Eine Ergebnisrückmeldung an den Probanden ist möglich, aber nicht zwingend. Damit wird eine **Vorselektion** der Bewerber vorgenommen, um die Basisrate (s.o.) zu erhöhen. Unter diesen Bedingungen haben Bewerber ein Interesse daran, die erste Hürde der Vorauswahl durch gute Ergebnisse zu nehmen. Bei Leistungstests ist es denkbar, dass andere Personen bei der Lösung der Aufgaben mitwirken. In Persönlichkeitsfragebögen werden sich viele Bewerber so darstellen, wie es ihnen vorteilhaft erscheint; im Unterschied zu einer diagnostischen Untersuchung unter Aufsicht können dabei jedoch auch andere Personen als »Berater« mitwirken. Da fremde Hilfe nicht auszuschließen ist, wird es mit internetbasierten Tests nur gelingen, einige ungeeignete Bewerber auszufiltern. Wird angekündigt, dass Bewerber mit guten Testergebnissen zu einer weiteren diagnostischen Untersuchung im Unternehmen eingeladen werden, kommt es wahrscheinlich nur zu einer moderaten Verfälschung der Ergebnisse.

Bei internetbasierten Tests kann sich die **technische Ausstattung** des Probanden auf das Ergebnis auswirken. Die Bildschirmgröße und -auflösung sind beispielsweise maßgeblich dafür, wie gut einzelne Informationen zu erkennen sind. Die Prozessorleistung und der Maustyp haben einen Einfluss darauf, wie exakt Reaktionszeiten gemessen werden können (s. Gnambs et al., 2011; dort werden auch weitere Einflussfaktoren genannt). Wie stark die Durchführungsobjektivität durch die Variation der technischen Merkmale von Endgeräten und Internetverbindungen eingeschränkt wird, lässt sich schwer beziffern.

Das Internet bietet auch die Möglichkeit, mit räumlich getrennten Teilnehmern Interviews und Gruppendiskussionen durchzuführen. Interviews mit Videokonferenz-Anwendungen oder über Video-Telefonie kommen dem Face-to-Face-Interview am nächsten. Grundsätzlich kann die Interaktion zwischen Interviewer und Interviewtem auch schriftlich erfolgen. Gestik, Mimik, Stimmlage und andere nonverbale Reize fehlen hier allerdings und können nicht diagnostisch genutzt werden. Außerdem dauern internetbasierte Chat-Interviews erfahrungsgemäß fast doppelt so lange wie Interviews im direkten Kontakt (Gnambs et al., 2011). Gnambs et al. nennen die bisher genannten Varianten »synchron«; bei der »asynchronen« Variante müssen Fragen nicht sofort beantwortet werden; die Interaktionspartner stehen über E-Mail in Kontakt.

zwei Varianten internetbasierter Tests

Self-Assessments

Vorauswahlverfahren

technische Ausstattung

internetbasierte Interviews

internetbasierte Assessment Center	Bestimmte Aufgaben, die in einem Assessment Center (▶ Abschn. 8.2.2) Verwendung finden, lassen sich über das Internet darbieten. Es existieren sogar Simulationen, in denen die Probanden in einer virtuellen Situation mit virtuellen Partnern interagieren (s. Gnambs et al., 2011).
klinische Interviews über das Internet	Der Hauptanwendungsbereich von **internetbasierten Interviews** ist vermutlich die Personalauswahl, aber auch im klinischen Bereich können die ökonomischen Vorteile genutzt werden. Mehrere Studien haben ergeben, dass internetbasierte strukturierte Interviews zu vergleichbaren klinischen Diagnosen führen wie direkt geführte Interviews (Gnambs et al., 2011).
Vor- und Nachteile	Klinische Interviews über das Internet weisen gegenüber im direkten persönlichen Kontakt geführten Gesprächen einige Vorteile auf (vgl. Gnambs et al., 2011):

- Geringere Kosten, wenn Kliniker und Proband räumlich weit entfernt wohnen
- Schnellere Verfügbarkeit verschiedener Experten
- Automatische Aufzeichnung, die eine gründliche Auswertung zu einem späteren Zeitpunkt erlaubt
- Geringere Hemmschwelle bei der Kontaktaufnahme (besonders bei Angstpatienten)

Dem stehen folgende Nachteile gegenüber:
- Für viele Klienten ungewohnte Gesprächssituation
- Übertragungsqualität noch nicht optimal, so dass nonverbale Reize schwerer verwertbar sind
- Eventuell Probleme oder Ablenkung durch ungenügende Beherrschung der Videosoftware
- Abschirmung gegen Störungen im privaten Umfeld ist schwerer

keine Items bekannt machen	Für bestimmte Fragestellungen bietet die Erhebung von diagnostischen Informationen zu Hause also Vorteile. Allerdings sollten dabei keine diagnostischen Verfahren eingesetzt werden, die durch eine Veröffentlichung und Verbreitung einen **Validitätsverlust** erleiden könnten. Besonders bei Leistungstests würde ein Bekanntwerden der Items – und vermutlich auch sehr bald der Lösungen – dazu führen, dass »informierte« Probanden in einer Untersuchung mit diesem Test deutlich höhere Werte erreichen als es ihren Fähigkeiten entspricht. Die Validität des Tests würde sich verringern, weil die wahren Testwerte der Probanden durch individuell unterschiedlich großes Wissen über die richtigen Lösungen überlagert würden.

- **Gruppen- oder Einzeltestung**

Gruppenuntersuchungen sind ökonomisch	Durch die gleichzeitige Testung mehrerer Personen verringert sich der Zeitaufwand pro Proband für den Testleiter ganz erheblich. Bei Leistungstests muss der Testleiter nicht nur die Instruktion vortragen, sondern während der Bearbeitung für Fragen zur Verfügung stehen und meist auch die Einhaltung von Bearbeitungszeiten kontrollieren. Eine Einzeltestung kostet ihn vielleicht zwei Stunden; wird eine Gruppenuntersuchung mit 20 Teilnehmern durchgeführt, reduziert sich der Aufwand pro Proband auf sechs Minuten (◘ Abb. 4.2).
Gründe für Einzeltests	Dennoch gibt es auch gute Gründe für Einzeltests: Einige Tests erlauben grundsätzlich keine Gruppenanwendungen, bei Einzeluntersuchungen sind genauere Verhaltensbeobachtungen möglich als bei der Untersuchung in Gruppen, und reine Powertests mit individuell unterschiedlich langer Bearbeitungszeit lassen sich nur schwer in eine Gruppensitzung integrieren. Darüber hinaus schafft die Gruppensituation selbst gewisse Probleme, die aber bewältigt werden können: Dadurch, dass die getesteten Personen häufig eng zusammensitzen, besteht die Möglichkeit, die Ergebnisse der Nachbarn zu übernehmen.

4.3 · Gestaltung der Untersuchungssituation

◘ **Abb. 4.2** Gruppenuntersuchungen sind ökonomisch, aber nicht immer sinnvoll (Foto: Laurence Gough – Fotalia.com)

Dagegen hilft der Einsatz von **Paralleltests**, die für Gruppenverfahren in der Regel auch zur Verfügung stehen. Allerdings sind viele Paralleltests nicht in dem Maße äquivalent, wie dies wünschenswert wäre. Manche Autoren behelfen sich deshalb mit der Konstruktion sog. **Pseudoparallelformen**, bei denen zwar dieselben Aufgaben verwendet, aber anders angeordnet werden.

Paralleltests und Pseudoparallelformen

In Gegenwart potenzieller Konkurrenten wagen es einige Personen nicht, einzugestehen, dass sie die Instruktion nicht verstanden haben, und beeinträchtigen dadurch ihre Erfolgschancen. Dem kann entgegengewirkt werden, indem für Gruppenuntersuchungen nur Tests verwendet werden, bei denen es erfahrungsgemäß keine Instruktionsprobleme gibt. Ferner kann explizit zu Nachfragen bei eventuellen Unklarheiten aufgefordert werden.

Ob Einzel- oder Gruppentestung aus diagnostischer Sicht günstiger sind, ist nicht grundsätzlich zu klären, sondern nur unter der Berücksichtigung sowohl individueller Erfordernisse als auch des konkreten Untersuchungsziels. Manchmal ist eine Aufteilung sinnvoll: Ein Teil der Tests wird in einer Gruppensitzung durchgeführt und der Rest in einer Einzelsitzung.

Aufteilung sinnvoll

- **Papier-und-Bleistift- oder Computertest**

Viele Persönlichkeits- und Leistungstests können wahlweise in der klassischen Papier-und-Bleistift-Version oder computerbasiert durchgeführt werden. Normalerweise ist heute nicht mehr mit Akzeptanzproblemen zu rechnen, wenn Testaufgaben oder Fragen am Computer zu bearbeiten sind. Dennoch kann es Menschen geben, für die eine Testbearbeitung am Computer sehr ungewöhnlich wäre; in diesem Fall ist es angemessen, die Papier-und-Bleistift-Version zu verwenden. Meist sind ökonomische Überlegungen dafür ausschlaggebend, welche Testvariante angeschafft oder im Einzelfall ausgewählt wird. Bei Papier-und-Bleistift-Tests entstehen meist nur geringe Kosten für das Testmaterial – dafür schlagen die Personalkosten für die Durchführung und Auswertung in der Regel erheblich zu Buche. Bei der Verwendung von Computertests verursacht die Anschaffung der Test-Software meist relativ hohe Kosten, während jede einzelne Anwendung nur wenig Geld kostet.

Akzeptanz und Kosten

Die Anschaffungskosten entfallen, wenn man sich für »**Testing on Demand**« entscheidet; die einzelne Anwendung ist dafür teurer als beim Computertest. Testverlage bieten an, dass manche Tests über das Internet durchgeführt werden können; die Ergebnisse stehen direkt nach der Durchführung zur Verfügung.

Testing on Demand

Bei Gruppenuntersuchungen stellt die Anzahl verfügbarer Computerarbeitsplätze eine Begrenzung dar. Abschließend ist zu bedenken, dass die Auswertung von Papier- und-Bleistift-Tests fehleranfällig ist und deshalb nur geschultem Personal anvertraut werden sollte.

Empfehlungen der International Test Commission (2005) für den Einsatz von computer- und internetbasierten Tests

- Beachtung technischer Aspekte
  - Hard- und Softwareanforderungen
  - Technische Robustheit des Tests
  - Menschliche Faktoren, die bei der Materialdarbietung relevant sind
  - Mögliche Adaptation technischer Testmerkmale für Menschen mit Behinderungen
  - Verfügbarkeit von Hilfen, Informationen und Übungsaufgaben
- Beachtung der Qualitätsaspekte des Testens
  - Wissen, Kompetenz und sachgemäße Nutzung
  - Psychometrische Qualität des Tests
  - Bei Adaptation eines Papier-und-Bleistift-Tests Äquivalenz sicherstellen
  - Tests genau auswerten und analysieren
  - Testergebnisse angemessen bewerten und entsprechendes Feedback geben
  - Gleicher Zugang für alle Gruppen
- Sicherstellung einer angemessenen Kontrolle über das Testen
  - Angaben zu den Bedingungen der Testdurchführung
  - Angaben zur Supervision der Testdurchführung
  - Angaben zur Berücksichtigung von Testerfahrung und wiederholter Itemdarbietung
  - Authentizität der Testperson und Täuschung prüfen
- Vorkehrungen zur Sicherheit und zum Schutz der Privatsphäre
  - Sicherheit des Testmaterials
  - Sicherheit der Übertragung von Daten der Testperson im Internet
  - Vertraulichkeit der Ergebnisse der Testperson

Anmerkung: Die Richtlinien beinhalten in allen Punkten detaillierte Hinweise für Testentwickler, Testverlage und Testnutzer.

Belastbarkeit des Probanden beachten

- **Sind lang dauernde Leistungstests zumutbar?**

Besonders in eignungsdiagnostischen Untersuchungen kommt es vor, dass sich die Bearbeitungszeiten der Leistungstests, die zur Beantwortung der Fragestellung eigentlich erforderlich sind, auf viele Stunden addieren. Es stellt sich die Frage, ob den Teilnehmern eine lange Bearbeitung von Leistungstests zumutbar ist. Sind die Ergebnisse am Ende der Sitzung vielleicht nicht mehr aussagekräftig, weil die Probanden erschöpft sind? Damit werden ein ethisches und ein Validitätsproblem angesprochen. Aus ethischen Gründen sollten Probanden nicht zu stark belastet werden. Anderseits ist eine gründliche Beantwortung der Fragestellung oft auch im Interesse der Probanden, so dass ein Verzicht auf einen wichtigen Test die Beantwortung der Fragestellung erschwert. Welche Belastung einem Probanden zuzumuten ist, muss im Einzelfall entschieden werden. Dabei sind die Belastbarkeit des Probanden (die z. B. bei depressiven Patienten sehr stark eingeschränkt sein kann) sowie der Nutzen durch weitere Leistungstests abzuwägen. Wenn geringe Belastbarkeit und großer zusätzlicher Nutzen zueinander im Widerspruch stehen, bietet es sich an, die Untersuchung auf mehrere Termine zu verteilen.

kein Zusammenhang zwischen Testdauer und Testleistung

Ob und ggf. wie stark sich die Testdauer auf die Testleistung auswirkt, ist eine empirische Frage, mit der sich Ackerman und Kanfer (2009) auseinandergesetzt haben.

Studenten bearbeiteten einen kognitiven Leistungstest, der einschließlich kurzer Pausen dreieinhalb, viereinhalb oder fünfeinhalb Stunden dauerte. Erwartungsgemäß waren sie am Ende umso erschöpfter, je länger die Untersuchung gedauert hatte; auch innerhalb der Testsitzungen nahm die Erschöpfung zu. Eine Leistungsabnahme mit der Untersuchungsdauer war jedoch nicht festzustellen: Die Leistung in den letzten 50 Minuten der Sitzung, in denen immer die gleichen Tests vorkamen, war in den drei Bedingungen praktisch identisch. Die Autoren betonen, dass dieses Ergebnis im Einklang mit den Ergebnissen anderer Studien steht. Die Sorge, dass die Ergebnisse in einem Leistungstest nicht mehr typisch für die Testperson sind, wenn sie zuvor andere Leistungstests bearbeitet hat und daher erschöpft ist, scheint also unbegründet zu sein. Entscheidend ist vielmehr, ob sich jemand hinreichend anstrengt und damit ein Nachlassen der Leistungsfähigkeit durch Ermüdung kompensiert. Deshalb ist es wichtig, die Probanden über den Untersuchungsablauf aufzuklären und sie zu motivieren (s. nächsten Abschnitt).

4.4 Durchführung und Auswertung diagnostischer Verfahren

4.4.1 Aufklärung

Für viele Teilnehmer an diagnostischen Untersuchungen ist die Untersuchungssituation sehr ungewohnt. Deshalb ist es angebracht, sie zu Beginn über wichtige Aspekte der Untersuchung aufzuklären: Wozu dient die Untersuchung, wer führt sie durch, welche Art von Verfahren wird durchgeführt, wie lange dauert die Untersuchung, wann gibt es Pausen? Die Teilnehmer sollen auch darüber aufgeklärt werden, dass ihre Teilnahme freiwillig ist. Gegebenenfalls sollte erklärt werden, welche Konsequenzen eine Nichtteilnahme hat. Eventuell ist es auch sinnvoll, die Notwendigkeit der diagnostischen Untersuchung zu begründen. Eine Aufklärung hat mehrere **Effekte**:

positive Effekte von Aufklärung

- Das Prinzip der informierten Einwilligung gebietet, die Probanden über wesentliche Aspekte der Untersuchung aufzuklären.
- Eine Untersuchung wird eher als fair wahrgenommen, wenn die Teilnehmer über wesentliche Aspekte informiert werden (s. u.).
- Die Testangst (s.u.) der Teilnehmer kann damit reduziert werden.
- Bei Gruppenuntersuchungen sind Zwischenfragen während der Untersuchung störend; deshalb sollten möglichst viele Fragen zu Beginn geklärt werden.

Wie sich Informationen über die Untersuchung im Kontext der Personalauswahl auswirken, wurde in einer Metaanalyse genauer betrachtet (Truxillo et al., 2009). Eine Aufklärung zu Beginn der Untersuchung führt dazu, dass die Untersuchung als fairer wahrgenommen (r = .12) und das Unternehmen positiver beurteilt wird (r = .06). Die Motivation der Teilnehmer, gute Ergebnisse zu erzielen (»test-taking motivation«) erhöht sich (r = .21), und in kognitiven Leistungstests fallen die Ergebnisse besser aus (r = .09). (Die Angaben in Klammern geben den durchschnittlichen Zusammenhang zwischen der Bedingung »Aufklärung ja – nein« und der abhängigen Variablen an. Die Korrelationen lassen sich durch Multiplikation mit 2 in die Effektstärke d umrechnen). Truxillo et al. konnten mit einem Strukturgleichungsmodell zudem zeigen, dass sich die Aufklärung über eine Erhöhung der Testmotivation positiv auf die Testleistung auswirkt.

wahrgenommene Fairness

4.4.2 Gute Arbeitsbedingungen

Beim Einsatz von Leistungstests ist es wichtig, den Teilnehmern optimale Arbeitsbedingungen zu bieten; schließlich will man ihnen Gelegenheit zur maximalen Entfal-

optimale Arbeitsbedingungen

tung ihrer Fähigkeiten und Fertigkeiten geben. Wichtige Merkmale der Arbeitsbedingungen sind: genügend Platz, gute Lichtverhältnisse, keine Störungen, angenehme Temperatur, ausreichend Frischluft.

Störungen vermeiden

Störungen während der Untersuchung sind ein besonderes Problem, sie lassen sich aber weitgehend durch einfache Maßnahmen verhindern:
- Schild an der Tür »Untersuchung – bitte nicht stören!«
- Telefon und Handy ausschalten bzw. stumme Rufumleitung einrichten
- Teilnehmer bitten, ihre Handys auszuschalten
- Pausenzeiten bekannt geben, damit in Gruppenuntersuchungen einzelne Teilnehmer nicht den Raum für Toilettenbesuche etc. verlassen müssen.

Test- oder Prüfungsangst

Ein Hindernis für die Realisierung maximaler Leistungen ist die **Test- oder Prüfungsangst**. Sie ist in selbstwertrelevanten Situationen, die für den Prüfling wichtig sind, oftmals besonders stark ausgeprägt. Die Unvertrautheit mit Prüfungssituation, Prüfverfahren und Prüfer sowie die Unmöglichkeit, sich auf diese Situation vorzubereiten, verstärken den hemmenden Einfluss der Testangst. Da sehr vielen Probanden die Testsituation fremd ist, muss folglich häufig mit solchen hemmenden Effekten gerechnet werden.

bei hoher Testangst niedrigerer IQ

Zur Beziehung zwischen Testangst und Testleistung wurden sehr viele Studien durchgeführt. Hembree fand bereits 1988 über 500 einschlägige Studien, die er metaanalytisch auswertete. Die Testangst wurde mittels Fragebögen gemessen; als Kriterien lagen Noten oder Leistungstestergebnisse vor. Die Korrelation zwischen Testangst und Intelligenzquotienten betrug im Durchschnitt $r = -.23$ (für Schulnoten: $r = -.29$). Allerdings sagen Korrelationen nichts über die Kausalität aus: Aus diesen Studien lässt sich daher nicht zwingend schließen, dass sich Testangst negativ auf die Testleistung auswirkt; es wäre auch denkbar, dass die Testangst eine Folge niedriger Fähigkeiten ist.

Abbau der Testangst hilft

Hembree trug deshalb auch Studien zusammen, in denen die Testangst durch geeignete Interventionen zu reduzieren versucht wurde. Durch systematische Desensitivierung, Entspannungstraining oder Erzeugung von Vertrautheit mit Tests können nicht nur die Testangst reduziert ($d = .54$, $.68$ bzw. $.55$), sondern auch die Testleistungen verbessert werden ($d = .32$, $.13$ bzw. $.26$). Die Ergebnisse sprechen also insgesamt dafür, dass Testangst einen negativen Einfluss auf die Testleistung hat – und dass man diesen Effekt zumindest reduzieren kann.

Aufwärmphase

Bei der Gestaltung der Testsituation sind deshalb Maßnahmen sinnvoll, die sich mildernd auf die Testangst auswirken. In der Regel ist vor der Durchführung von Leistungstests eine **Aufwärmphase** nützlich, die mit Testsituation und -verfahren vertraut macht. Die meisten Tests bieten daher Einführungsaufgaben oder sog. Eisbrechertests, die die Prüflinge mit der Testart bekannt machen, deren Ergebnis aber nicht gewertet wird.

Bei Interviews und Persönlichkeitsfragebögen ist Vertraulichkeit wichtig

Mit diagnostischen Interviews und Fragebögen sollen häufig auch sehr persönliche Informationen erhoben werden. Spitznagel (1982a) erklärt den Stellenwert der **Vertraulichkeit** mit der in Alltagssituationen erlernten Regel, sich Fremden gegenüber zurückzuhalten oder sich zumindest nicht zu einem frühen Zeitpunkt zu offenbaren. Dieser Regel zuwiderzuhandeln, bedarf offensichtlich erheblicher Überwindung. Deshalb ist es wichtig, in der Einführungsphase eines Interviews darauf hinzuweisen, dass die Angaben vertraulich behandelt werden (sofern diese Aussage gerechtfertigt ist) bzw. wer von den Gesprächsinhalten erfährt.

4.4.3 Standardisierung der Untersuchungsbedingung

Anweisungen in Testmanualen beachten

In den Testmanualen finden sich Anleitungen zur Durchführung des Tests, die unbedingt zu beachten sind. Abweichungen von den Vorgaben führen dazu, dass die Ergebnisse nicht mit denen der Eichstichprobe vergleichbar sind.

4.4 · Durchführung und Auswertung diagnostischer Verfahren

Auch wenn keine Normdaten verwendet werden, ist es wichtig, die Durchführungsbedingungen für alle Teilnehmer **konstant** zu halten. Es wäre ausgesprochen unfair, Bewerber unter unterschiedlichen Bedingungen zu untersuchen. Die Gefahr, die Durchführungsobjektivität zu verletzten, besteht besonders bei wechselndem Einsatz von Hilfskräften. Durch genaue Anweisungen und Schulung muss sichergestellt werden, dass die Untersuchung auch von unterschiedlichen Personen immer auf die gleiche Weise durchgeführt wird. So wird verhindert, dass beispielsweise einmal Nachfragen beantwortet werden und ein andermal nicht oder dass Testanweisungen einmal durch zusätzliche Beispiele erläutert werden und ein andermal nicht.

Durchführungsbedingungen konstant halten

❗ Verantwortung für korrekte Testdurchführung bedeutet:
— Notwendige Vorbereitungen für die Testdurchführung treffen
— Test fachlich kompetent vorgeben

Dies sind zentrale Forderungen in den »Internationalen Richtlinien für die Testanwendung« (International Test Commission, 2001), die in den Richtlinien weiter spezifiziert werden.

4.4.4 Testauswertung

Die **manuelle Auswertung** von Tests und Fragebögen stellt eine potenzielle Fehlerquelle dar, da sie gerne Hilfskräften überlassen wird. Umso wichtiger ist es daher, diese gründlich zu schulen und ihre Arbeit stichprobenartig zu kontrollieren (◘ Abb. 4.3). Besonders gravierend sind systematische Fehler wie die Verwendung einer falschen Normtabelle oder von Schablonen der Parallelform des Tests oder die instruktionswidrige Verrechnung fehlender Antworten.

Sorgfalt ist angebracht

Die höchste Sicherheit bietet ein computergestützter Test, bei dem die Antworten der Testperson direkt erfasst und verrechnet werden. Aus verschiedenen Gründen können nicht immer Computertests eingesetzt werden, so dass Alternativen zu erwägen sind. Die Auswertungsobjektivität kann durch Verwendung eines **Testauswerteprogramms** erhöht werden. Die Antworten der Testperson (in der Regel die Nummer der angekreuzten Antwortalternative) werden in den Computer eingegeben, woraufhin das Programm die Rohwerte für jede Skala bzw. den Gesamttest sowie die dazugehörigen Normwerte ermittelt.

Testauswerteprogramme

◘ Abb. 4.3 Bei der manuellen Auswertung von Tests ist größte Sorgfalt angebracht

Testauswerteservice

Eine andere Maßnahme ist die Nutzung des Testauswerteservices von Testverlagen (sofern für einen Test ein solches Angebot vorliegt): Der Antwortbogen wird per Fax an den Testverlag geschickt, dort eingescannt und ausgewertet; das Ergebnis kommt per Fax oder E-Mail zurück. Allerdings kann selbst die automatisierte Auswertung durch Einscannen von Testbögen fehleranfällig sein, wie das folgende Fallbeispiel zeigt.

> In den USA werden Studierfähigkeitstests wie der SAT zur Auswahl von Studierenden eingesetzt. So bearbeiteten etwa 495.000 Schüler den College Board SAT I. Nachdem ihnen die Ergebnisse zugestellt wurden, verlangte eine Reihe von Bewerbern eine manuelle Kontrolle, um die Richtigkeit ihrer Testwerte zu überprüfen. Es zeigte sich, dass tatsächlich Fehler aufgetreten waren, und es bestand der Verdacht, dass ein systematischer Fehler in der Auswertung vorlag. Daraufhin wurden alle Antwortbögen erneut eingescannt. Bei etwa 4.000 Testteilnehmern mussten die Testergebnisse korrigiert werden. Die korrigierten Ergebnisse wurden den Bewerbern sowie den Universitäten und Colleges mitgeteilt. Die nun korrekten Ergebnisse führten dazu, dass sich in vielen Fällen das Eignungsurteil änderte. Die Korrekturen erfolgten zum Glück meistens noch kurz vor der Zulassung, so dass ein größerer Schaden verhindert wurde. Als Ursache des Fehlers konnte ein Scanner in einem Scanner-Zentrum in Texas ausgemacht werden, welches von einem Subunternehmen betrieben wurde (Eyde et al., 2010, S. 104; dort wird auch über zwei weitere Pannen bei Zulassungstests berichtet).

4.4.5 Darstellung der Ergebnisse

fehlende Konventionen

Am Ende der Auswertung eines Tests liegen in der Regel Normwerte vor. Allerdings hat sich noch keine einheitliche Metrik durchgesetzt, und so kommt es, dass ein T-Wert von 70 hoch und ein Standardwert von 70 niedrig ist; ein IQ von 130 ist nicht das Gleiche wie ein Standardwert von 130 in einem Intelligenztest. Die Verwendung weiterer Normwerte (▶ Abschn. 2.3.5) macht die Situation noch unübersichtlicher. Hinzu kommt, dass es keine verbindlichen Regeln gibt, wann ein Wert als hoch, durchschnittlich oder niedrig zu interpretieren ist. Häufig wird der Bereich von +/- einer Standardabweichung um den Mittelwert – beim Standardwert also der Bereich von 90–110 – als »durchschnittlich« bezeichnet. Damit werden aber sehr viele Personen, nämlich 68 Prozent, als »durchschnittlich« eingestuft.

Marburger Modell

In der Diagnostikausbildung am Fachbereich Psychologie der Universität Marburg hat sich ein Modell bewährt, das sich durch folgende Eigenschaften auszeichnet:
- Es ist auf alle Normwerte anwendbar, denen eine Normalverteilung zugrunde liegt.
- Zur Klassifikation der Ausprägung eines Merkmals werden fünf Bereiche unterschieden: sehr niedrig – niedrig – durchschnittlich – hoch – sehr hoch.
- Der mittlere Bereich (»durchschnittlich«) umfasst den Mittelwert +/- eine halbe (!) Standardabweichung, bei Standardwerten also den Bereich von 95–105. Damit werden 38 Prozent der Personen als durchschnittlich klassifiziert. Die weiteren Bereiche umfassen jeweils eine ganze Standardabweichung (z. B. hoch = 106–115).
- Die Merkmalsausprägung kann auf einer fünfstufigen Skala visualisiert werden, was insbesondere bei mehrdimensionalen Verfahren angebracht ist.
- Die Konfidenzintervalle werden ebenfalls visualisiert.
- Bei der Verbalisierung wird immer Bezug auf die herangezogene Referenzgruppe genommen.

4.4 · Durchführung und Auswertung diagnostischer Verfahren

Die Ergebnisdarstellung soll anhand eines **Beispiels** erläutert werden (◘ Tab. 4.1). Hier werden die Ergebnisse aus einigen Skalen des FPI-R gezeigt:

- Merkmal: Links wird das Merkmal (hier identisch mit der Skalenbezeichnung) benannt.
- In der zweiten Spalte stehen die Normwerte; beim FPI-R sind dies Stanine-Werte. Die Werte werden bei der Berechnung des Konfidenzintervalls benötigt (s.u.) und dienen der Kontrolle von Übertragungsfehlern. Die Spalte wird mit »Testwert« überschrieben, um Laien nicht zu irritieren. In der Fußnote steht für Experten, um welche Art von Testwerten es sich handelt. (Auf die Angabe von Mittelwert und Streuung kann verzichtet werden, wenn die Empfänger mit Stanine-Werten vertraut sind.)
- Es folgt die grafische Darstellung der Merkmalsausprägung, die für Laien verständlich als »Einordnung des Testwerts« bezeichnet wird. Jede Stufe ist durch ein Kästchen symbolisiert: Der beobachtete Testwert wird durch ein schwarzes Kästchen dargestellt, die Bereiche, in denen der wahre Wert des Probanden bei Berücksichtigung des Konfidenzintervalls auch liegen könnte, sind grau. In der Fußnote steht, mit welcher Gruppe der Proband verglichen wurde. Ferner werden dort die fünf Bereiche benannt, und die Bedeutung der schwarzen, grauen und weißen Kästchen wird erläutert.
- Die »Berechnungsgrundlagen« sind bewusst etwas tiefer gestellt. Es handelt sich um einen Anhang für Experten, in der die Berechnung der Konfidenzintervalle nachvollzogen (und kontrolliert) werden kann.

Diese Art der Darstellung erlaubt es, die Ergebnisse mehrerer Tests mit unterschiedlichen Normwerten schnell zu erfassen. Für Experten sind alle Schritte nachvollziehbar; Laien finden in Spalte 1 und 3 alle für sie relevanten Informationen. Bei einer tabellarischen Ergebnisdarstellung wird empfohlen, globale Aussagen zu machen und die tabellarische Darstellung zu erläutern. Beispielsweise könnte die Erläuterung lauten: »In den meisten Merkmalen erreichte Herr Klug im Vergleich zu gleichaltrigen Erwachsenen durchschnittliche Werte, die unter Berücksichtigung der Messgenauigkeit des Tests in einigen Fällen auch hoch sein können (◘ Tab. 4.2). Lediglich beim räumlichen Denken sprechen die Ergebnisse für eine hohe Ausprägung.«

Soll ein einzelnes Testergebnis für Laien verbalisiert werden, könnte der Text beispielsweise lauten: »In diesem Testverfahren wurden die Angaben des Probanden mit denen etwa gleichaltriger Männer verglichen. Das Ergebnis spricht für eine hohe Lebenszufriedenheit, die unter Berücksichtigung der Messgenauigkeit des Fragebogens auch sehr hoch sein kann.«

Die **Mitteilung eines Testergebnisses** sollte vier Kernelemente enthalten:
- Das Merkmal (»Lebenszufriedenheit«) wird benannt.
- Die Ausprägung des Merkmals (des beobachteten Wertes) wird auf einheitliche Weise sprachlich eingeordnet (»hoch«).
- Die Referenzgruppe (»etwa gleichaltrige Männer«) wird erwähnt.
- Das Konfidenzintervall wird mitgeteilt (»kann unter Berücksichtigung der Messgenauigkeit auch sehr hoch sein«).

Begriffe wie »Konfidenzintervall« oder »Vertrauensintervall« haben für Laien keine klare Bedeutung und sollten vermieden werden. Auch alle Versuche, den Sachverhalt zu erläutern, führen meist eher zur Verwirrung. Der negativ assoziierte Begriff »Messfehler« wird nicht verwendet – mit »Messgenauigkeit« lässt sich der Sachverhalt genauso gut beschreiben.

Experten sollte man mitteilen, wann die Begriffe »hoch« etc. verwendet werden. Mit einer Information am Anfang eines längeren Ergebnisberichtes stellt man klar, dass die Konvention im ganzen Dokument einheitlich verwendet wird. Liegen nur zu

---

informativ für Experten und Laien

Formulierungsvorschlag mit vier Kernelementen

für Experten Verweis auf z-Werte

tabellarische Ergebnisdarstellung

Tab. 4.1 Vorschlag zur Darstellung von normbasierten Testwerten (Erläuterungen im Text)

Merkmal	Testwert[1]	Einordnung des Testwerts[2]	Berechnungsgrundlagen			
			Rel.[3]	KI[4]	uKg[5]	oKg[6]
1 Lebenszufriedenheit	8	☐☐☐■■	0,76	+/− 1,9	6,1	9
2 Soziale Orientierung	7	☐☐■■■	0,73	+/− 2,0	5	9
3 Leistungsorientiertheit	5	☐■■■☐	0,78	+/− 1,8	3,2	6,8
4 Gehemmtheit	1	■■☐☐☐	0,77	+/− 1,9	1	2,9
etc.						

Anmerkungen.
[1] Stanine-Werte (Mittelwert = 5; Standardabweichung = 2)
[2] Einordnung des Testwertes im Vergleich zu etwa gleichaltrigen Männern auf einer fünfstufigen Skala (von links nach rechts: sehr niedrig, niedrig, durchschnittlich, hoch, sehr hoch). Das schwarze Kästchen symbolisiert den gemessenen Wert, die grau gefüllten Kästchen den Bereich, in dem der Wert unter Berücksichtigung der Messgenauigkeit liegen kann.
[3] Rel. = Reliabilität (interne Konsistenz für gesamte Eichstichprobe)
[4] KI = Konfidenzintervall, p = 0.05
[5] uKg = untere Konfidenzgrenze
[6] oKg = obere Konfidenzgrenze

einem Verfahren Ergebnisse vor, erfüllt eine Fußnote zur Tabelle oder zur Ergebnisverbalisierung die gleiche Funktion. Die Fußnote kann lauten: »Die Angaben zur Merkmalsausprägung beziehen sich auf die Position des Probanden in einer Normalverteilung (z-Werte); durchschnittlich = Mittelwert +/−0,5 Standardabweichungen (SD), niedrig = −0,49 bis −1,5 SD, sehr niedrig = unter −1,5 SD, hoch = 0,51 bis 1,5 SD, sehr hoch = über 1,5 SD vom Mittelwert.« Für die Abfassung des Ergebnisberichtes können in ◘ Tabelle 4.2 für unterschiedliche Normwerte die passenden Verbalisierungen nachgeschlagen werden. Die Nachkommastellen dienen einer unmissverständlichen Zuordnung; ein IQ von 107 fällt beispielsweise in die Kategorie »durchschnittlich«, und bei 108 ist »hoch« die treffende Bezeichnung. Bei der Berechnung von Konfidenzintervallen fallen ebenfalls Werte mit Nachkommastellen an; auch hier dienen die präzisen Werte einer sicheren Einordnung.

> Verantwortung für korrekte Testauswertung bedeutet:
> — Akkurate Testauswertung und Analyse der Testergebnisse
> — Testergebnisse angemessen interpretieren
> — Klare und exakte Weitergabe der Testergebnisse
> Dies sind zentrale Forderungen in den »Internationalen Richtlinien für die Testanwendung« (International Test Commission, 2001), die in den Richtlinien weiter spezifiziert werden.

4.5 Mehrfachmessung

Veränderungsmessung

Eine besondere Situation liegt vor, wenn eine Untersuchung oder ein einzelnes Verfahren erneut durchgeführt wird. Für eine erneute Untersuchung gibt es verschiedene Gründe:

4.5 · Mehrfachmessung

»Übersetzungstabelle«

Tab. 4.2 Vorschlag zur Verbalisierung von Testwerten

Ausprägung	Zugehöriger Normwertebereich				Häufigkeit (%)
	SW	IQ	T	Stanine/C	
Sehr hoch	> 115	> 122,5	> 65	> 8	6,7
Hoch	105,01–115	107,51–122,5	55,01–65	6,01–8	24,2
Durchschnittlich	95–105	92,5–107,5	45–55	4–6	38,3
Niedrig	85–94,99	77,5–92,49	35–44,99	2–3,99	24,2
Sehr niedrig	< 85	< 77,5	< 35	< 2	6,7

- Diagnostische Verfahren werden erneut durchgeführt, um **Veränderungen** zu messen. Dabei sind die Unterschiede zwischen zwei Messzeitpunkten von Interesse. Veränderungen des Merkmals können Folge einer gezielten Intervention oder von natürlichen Faktoren sein: Nach einer Therapie ist der Patient nicht mehr depressiv, der Wechsel des Arbeitsplatzes hat dazu geführt, dass die Lebenszufriedenheit des Klienten deutlich zugenommen hat, oder die Demenz ist weiter fortgeschritten, was mit einem Nachlassen der Merkfähigkeit des Patienten einhergeht.
- Die Untersuchung wird vom Diagnostiker wiederholt, weil die erste Messung als **invalide** angesehen wird. Beispielsweise war der Proband während der ersten Messung schwer depressiv und damit nicht voll leistungsfähig und belastbar. Nach erfolgreicher Therapie sollen nun die kognitive Leistungsfähigkeit und die emotionale Belastbarkeit des Klienten erneut gemessen werden, um über seine berufliche Wiedereingliederung zu entscheiden.
- Die Untersuchung wird vom Probanden in gleicher oder ähnlicher Form **wiederholt**: Beispielsweise kann ein Studienzulassungstest nach einer bestimmten Frist wiederholt werden, oder ein Bewerber für einen Ausbildungsplatz hat bereits bei anderen Unternehmen an einer ähnlichen Eignungsuntersuchung teilgenommen.

Gründe für Testwiederholung

Wenn die Messwerte zum zweiten Messzeitpunkt anders ausfallen als zum ersten, kann dies auf eine tatsächliche Veränderung der gemessenen Merkmale zurückzuführen sein. Allerdings bestehen zwei Gefahrenquellen: Erstens wird eine wahre Veränderung möglicherweise nicht entdeckt, und zweitens hat eventuell keine wirkliche Veränderung stattgefunden, obwohl die Messwerte dies anzeigen. In Tabelle 4.3 sind neben den wahren Merkmalsveränderungen weitere Faktoren aufgeführt, die für eine Veränderung der Messwerte mit verantwortlich sein können.

Um tatsächliche Veränderungen abbilden zu können, benötigt man **änderungssensitive Verfahren** (▶ Abschn. 2.3.4). Liegen entsprechende Validitätsbelege vor, sind diese für die Auswahl eines Verfahrens hilfreich. Bei Fragebögen erkennt man eventuell an den Items, ob sie zur Veränderungsmessung geeignet sind. Formulierungen wie »In meinem Leben habe ich …« oder »Normalerweise bin ich …« beziehen sich offensichtlich auf lange Zeiträume. Aussagen wie »Ich bin momentan mit meinem Leben zufrieden« betreffen dagegen den momentanen Zustand. Manchmal wird in der Instruktion explizit festgelegt, dass sich die Aussagen auf einen bestimmten Zeitraum (z. B. die letzten zwei Wochen) beziehen sollen.

änderungssensitive Verfahren

Alleine durch die Wiederholung eines Tests kann die Testleistung steigen, ohne dass sich das gemessene Merkmal verändert hat. Wenn eine Messwiederholung ge-

Übungseffekte

Tab. 4.3 Gründe für Veränderungen der Messwerte bei Testwiederholung

Ursache der Veränderung	Erwarteter Effekt bei Messung 2	Maßnahme
Wahre Veränderung des Merkmals	Höhere Werte (erfolgreiche Intervention) bzw. niedrigere Werte (Verschlechterung des Krankheitsbildes)	Änderungssensitive Verfahren einsetzen
Übungsgewinn	Höhere Werte (betrifft Leistungstests)	Verfahren mit geringen Übungseffekten einsetzen Echte Paralleltestversion bei Messung 2 einsetzen Instruktion bei Messung 1 optimieren Forschung: Kontrollgruppe ohne Intervention
Veränderung von Merkmalen des Probanden, die sich auf die Testleistung auswirken (Motivation, Depression)	Höhere oder niedrigere Werte	Mögliche Störfaktoren konstant halten oder kontrollieren
Geringe Reliabilität der Differenzwerte	Beobachtete Veränderung größer oder kleiner als die wahre Veränderung	Verfahren mit hoher interner Konsistenz und niedriger Retest-Reliabilität einsetzen
Regression zur Mitte	Wenn nur die zu Messzeitpunkt 1 besten (schlechtesten) Probanden erneut getestet werden: niedrigere (höhere) Werte	Verfahren mit hoher Reliabilität einsetzen Forschung: Kontrollgruppe ohne Intervention

plant ist, um Änderungen zu evaluieren, sollten Verfahren eingesetzt werden, die wenig anfällig für **Übungseffekte** sind. Sofern ein echter Paralleltest (also nicht nur eine veränderte Itemabfolge) zur Verfügung steht, sollte dieser verwendet werden; allerdings sind auch dann noch Übungs- oder Transfereffekte möglich. Besteht der Verdacht, dass die Testleistung ansteigen könnte, weil ein Teil der Probanden beim ersten Mal die Instruktion nicht gut genug versteht, kann die Instruktion durch zusätzliche Erläuterungen und Übungsaufgaben optimiert werden. Besonders bei der Untersuchung leistungsschwacher Personen können damit Übungseffekte verringert werden. Allerdings weicht man damit meist von der Standardinstruktion ab, so dass die Normtabellen ihre Gültigkeit verlieren. Deshalb ist diese Strategie primär für Forschungsfragen geeignet. In der Forschung kann zudem eine Kontrollgruppe ohne Intervention realisiert werden.

Person ändert sich in anderem Merkmal

Schließlich kann sich ein Testwert verändern, weil sich die Testperson verändert hat – aber nicht in dem gemessenen Merkmal, sondern in einem anderen Merkmal, das sich jedoch auf den Testwert auswirkt. Im Grunde kann der Übungseffekt auch zu dieser Kategorie gerechnet werden. Die Motivation, ein gutes Ergebnis zu erzielen oder als gesund oder krank zu gelten, kann sich ändern. Leistungstestergebnisse können niedriger ausfallen, wenn die Testperson depressiv erkrankt ist.

Reliabilität von Differenzwerten

Differenzwerte sind unter bestimmten Bedingungen wenig reliabel. Wenn Reliabilität und Streuung der Testwerte zu beiden Messzeitpunkten gleich sind, kann die Reliabilität der Veränderungswerte nach einer einfachen Formel (Lienert & Raatz, 1998, S. 215) geschätzt werden (für unterschiedliche Streuungen und/oder Reliabilitäten s. Lienert & Raatz, 1998):

4.5 · Mehrfachmessung

$$r_{(1-2)(1-2)} = \frac{r_{11} - r_{12}}{1 - r_{12}} \qquad (4.1)$$

$r_{(1-2)(1-2)}$ = Reliabilität der Differenz zwischen zwei Testwerten
r_{11} = Reliabilität der Testwerte an Zeitpunkt 1 und 2
r_{12} = Korrelation zwischen den Testwerten an beiden Messzeitpunkten (Retest-Reliabilität)

Hierbei wird unterstellt, dass Streuung und Reliabilität der erhobenen Rohwerte zu den beiden Vergleichszeitpunkten identisch sind. Die Reliabilität wird am besten als interne Konsistenz geschätzt. Aus der Formel geht hervor, dass die Reliabilität von Testwertdifferenzen immer dann unter derjenigen der originalen Testwerte liegt, wenn die Korrelation zwischen den Zeitpunkten positiv und grösser als null ist; mit zunehmender Korrelation zwischen den beiden Testadministrationen wird die Reliabilität der Differenzen immer niedriger ausfallen, weil die Testungen 1 und 2 dann immer mehr an wahrer Varianz gemeinsam haben und deshalb die Differenz primär Fehleranteile widerspiegelt. Im Extremfall einer sehr hohen Korrelation zwischen den beiden Testungen (wie sie etwa bei Paralleltests angestrebt wird) bestehen die auftretenden Differenzen praktisch nur aus Zufalls- oder Fehlergrößen. Umgekehrt bedeutet eine nur niedrige Korrelation zwischen den beiden Testzeitpunkten, dass die Messungen zu den verschiedenen Zeitpunkten nicht das Gleiche bedeuten können; hier wäre zwar eine hohe Reliabilität der Differenzen gewährleistet, aber für Test-Scores von fragwürdiger Validität (weil deren Reliabilität nicht gegeben ist; »**Reliabilitäts-Validitäts-Dilemma**«).

Reliabilitäts-Validitäts-Dilemma

Damit ist eines der vorrangigen Ziele der Klassischen Testtheorie (KTT), nämlich höchstmögliche Reliabilität zu jedem der möglichen (Einzel-)Zeitpunkte zu erzielen, unvereinbar mit einer hohen Zuverlässigkeit der bestimmbaren Differenzwerte. Oder mit anderen Worten: Die KTT führt zu dem Paradoxon, dass die Reliabilität von Differenzwerten immer geringer wird, je höher die Reliabilität der Ausgangswerte ist; wegen der oft genug nur niedrigen Reliabilität der Differenzen sind diese für individuelle Interpretationen meistens unbrauchbar. Ein Beispiel möge diese Prinzipien veranschaulichen (s. Beispiel).

Reliabilität von Differenzwerten wird niedriger mit höherer Reliabilität der Testwerte

Beispiel

Ein Fragebogen zur habituellen Ängstlichkeit habe eine Reliabilität (interne Konsistenz) von r_{tt} = .90. Die Wiederholungsstabilität (= Korrelation zwischen zwei Testungen) bei einem Intervall von sechs Monaten betrage r_{tt} = .75. Wie hoch ist die Reliabilität der Differenzwerte? In Formel (4.1) eingesetzt erhalten wir:

$$r_{(1-2)(1-2)} = \frac{.90 - .75}{1 - .75}$$
$$= \frac{.15}{.25}$$
$$= .60$$

Die Reliabilität der Differenzwerte würde sich bei diesen Gegebenheiten also nur auf .60 belaufen; individuelle Unterschiede wären bei einer derart niedrigen Reliabilität kaum als Grundlage für eine inhaltliche Interpretation geeignet.

Die Verallgemeinerung der obigen Formel für die Reliabilität von Veränderungs-Scores lautet (s. O'Connor, 1972, S. 91):

$$r_{(1-2)(1-2)} = \frac{s_1^2 r_{11} + s_2^2 r_{22} - 2r_{12}s_1 s_2}{s_1^2 + s_2^2 - 2r_{12}s_1 s_2} \tag{4.2}$$

r_{11} = Reliabilität von Test 1
r_{22} = Reliabilität von Test 2
s_1 = Streuung von Test 1; s_1^2 = Varianz von Test 1
s_2 = Streuung von Test 2; s_2^2 = Varianz von Test 2

Wie ersichtlich, ist hier eine Generalisierung auf verschiedene (anstelle ein und desselben) Tests vorgenommen worden. Damit lassen sich Fragestellungen etwa der Art bearbeiten, wie reliabel die Differenzen zwischen verschiedenen Leistungs- oder Persönlichkeitsmerkmalen sind. Auch dazu sei ein Beispiel gegeben.

> **Beispiel**
>
> Eine Skala zur Erfassung rechnerischen Denkens sei auf die Streuung s = 10 normiert und weise eine Reliabilität von r_{tt} = .90 auf; für eine andere Skala zum Wortschatz lauten die entsprechenden Daten für Streuung und Reliabilität s = 15 und r_{tt} = .85. Die Interkorrelation zwischen beiden Tests betrage .35. Wie hoch ist die Reliabilität der individuell bestimmbaren Differenzwerte? Eingesetzt in die obige Formel erhalten wir:
>
> $$r_{(1-2)(1-2)} = \frac{100 \times .90 + 225 \times .85 - 2 \times .35 \times 10 \times 15}{100 + 225 - 2 \times .35 \times 10 \times 15}$$
> $$= \frac{176.25}{220}$$
> $$= .80$$
>
> Die Differenzen weisen in dem Beispiel eine Reliabilität von .80 auf und können deshalb interpretiert werden.

Die Formel ist auch angemessen für solche Konstellationen, bei denen ein- und derselbe Test zweimal angewendet wird, wo aber zu den beiden Zeitpunkten die Streuung und die Reliabilität verschieden sind. Solche Gegebenheiten mögen vorliegen, wenn zwischen der Erst- und Zweitdurchführung ein Trainingsprogramm oder eine psychotherapeutische Intervention stattgefunden haben und sich dadurch die Unterschiede zwischen den Probanden ebenso veränderten wie die Reliabilitäten.

Weisen die beiden Tests identische Streuungen auf, vereinfacht sich Formel (4.2) zum nachfolgenden Ausdruck:

$$r_{(1-2)(1-2)} = \frac{r_{11} + r_{22} - 2r_{12}}{2(1 - r_{12})} \tag{4.3}$$

Dieser Ausdruck ist von vorrangiger Bedeutung bei der Interpretation von individuellen Profildifferenzen, also von Werten zwischen Skalen innerhalb von Testsystemen wie dem I-S-T 2000 R, HAWIK-IV und MMPI-2, FPI-R oder 16 PF-R, bei denen die Untertests alle dieselbe Streuung aufweisen. Auftretende Profildifferenzen sind also dann eher reliabel, wenn die Subtests für sich eine hohe Reliabilität aufweisen, die Skalen untereinander aber nur niedrig (im besten Falle: zu null) miteinander korrelieren. Geht es nicht nur um die Reliabilität der Differenz zwischen zwei Testwerten,

4.5 · Mehrfachmessung

sondern um diejenige zwischen den Werten einer Batterie oder eines Testprofils, also um die Profilreliabilität, gilt die Verallgemeinerung von (4.1):

$$\text{prof } r_{tt} = \frac{\overline{r_{tt}} - \overline{r_{st}}}{1 - \overline{r_{st}}} \tag{4.4}$$

$\overline{r_{tt}}$ = arithmetisches Mittel aller Reliabilitätskoeffizienten aller k-Tests eines Profils
$\overline{r_{st}}$ = arithmetisches Mittel der Interkorrelationen aller k-Tests

Neben der fragwürdigen Reliabilität von Differenzwerten gibt es weitere Problembereiche, die eine Interpretation von Veränderungs-Scores zu einer diffizilen Aufgabe machen: Vorrangig ist dabei das auf unzureichenden Reliabilitäten beruhende Phänomen der **Regression zur Mitte** zu nennen. Bei der wiederholten Messung psychologischer Merkmale weist – sofern keine Übungs- oder Gedächtniseffekte auftreten – die Verteilung aller Messwerte als Ganzes zwar dieselbe Gestalt auf, doch sind die anfänglich extrem hohen oder extrem niedrigen Messwerte bei der zweiten Messung etwas zur Mitte regrediert; ihren ursprünglichen Platz in der Verteilung haben andere Messwerte eingenommen. Ursächlich dafür ist, dass die Extremität unter anderem durch die ungewöhnliche Kombination vieler förderlicher bzw. hinderlicher Fehlerfaktoren bewirkt wird, die in dieser spezifischen Konstellation kaum wieder auftritt.

Regression zur Mitte

> **Beispiel**
>
> Das statistische Problem der Regression zur Mitte soll an einem fiktiven Beispiel veranschaulicht werden: In einer großen Schule werden alle Schüler mit einem Intelligenztest untersucht, um Minderbegabte zu entdecken und zu fördern. Zehn Schüler weisen einen IQ unter 70 auf und erhalten wie geplant ein »Denktraining«: Sie lösen drei Wochen lang jeden Tag eine halbe Stunde lang Kreuzworträtsel. Danach wird der Intelligenztest erneut durchgeführt – ihr durchschnittlicher IQ liegt nun bei 80, und nur noch drei Schüler liegen knapp unter 70. War das Denktraining derart effektiv?
>
> Gemäß den Annahmen der Klassischen Testtheorie (▶ Abschn. 2.1.2) ist jedes Messergebnis mit einem Messfehler behaftet: Die beobachteten Messwerte weichen nach oben und nach unten vom wahren Wert ab. Einige Schüler mit einem wahren IQ von 75 erreichen in dem Test einen IQ unter 70 (genauso häufig wird bei ihnen auch ein IQ von über 80 vorkommen; diese Gruppe können wir hier aber ignorieren). Auch bei den Schülern mit einem wahren IQ von 65 kommen IQ-Werte über 70 (und ebenso unter 60) vor. Geht man von einer Normalverteilung aus, sind wahre IQ-Werte von 65 wesentlich seltener als solche von 75. Deshalb werden wesentlich mehr Schüler mit einem wahren IQ von 75 unter die kritische Grenze von 70 wandern als umgekehrt Schüler mit einem wahren IQ von 65 die Grenze nach oben überschreiten. Die gleichen Überlegungen gelten natürlich nicht nur für IQ-Werte von 75 und 65, sondern auch für alle anderen IQ-Werte im Nahbereich von 70. Je niedriger ein IQ-Wert ist, desto seltener kommt er vor. In Kombination mit dem Auftreten von Messfehlern führt dies dazu, dass sich unter dem Wert 70 relativ viele Schüler befinden, die nur messfehlerbedingt in diesen Bereich »gerutscht« sind. Wiederholt man die Messung nur bei diesen Personen, wird sich der beobachtete Wert bei ihnen in Richtung Mitte der Verteilung bewegen (daher Regression zur Mitte).

Der Anstieg des IQs muss also nicht unbedingt auf das Denktraining zurückzuführen sein; die Regression zur Mitte erklärt den Effekt oder ist zumindest daran beteiligt. Sie ist umso ausgeprägter, je niedriger die Reliabilität des Verfahrens ist (zur Berechnung

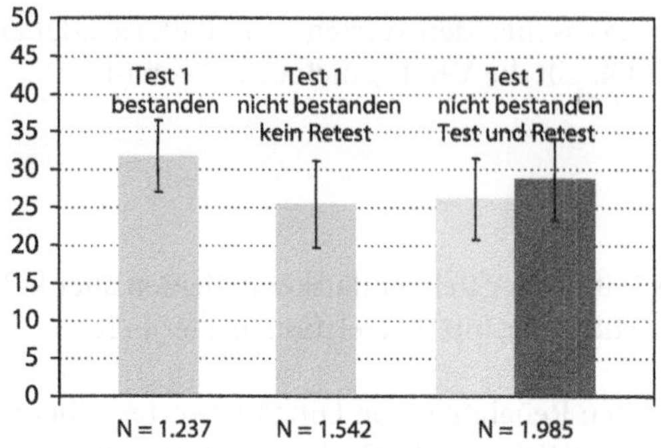

◘ Abb. 4.4 Veränderung in einem Test zur kognitiven Leistungsfähigkeit. (Nach Lievens et al., 2005, Tab. 4). Die blauen Balken zeigen die Testwerte bei der ersten und zweiten Testdurchführung, die beiden grauen Balken geben die Leistungen der Studierenden wieder, die den Auswahltest zum ersten Messzeitpunkt bestanden haben bzw. nicht bestanden haben, aber nicht erneut angetreten sind. Dargestellt sind Mittelwerte und Standardabweichungen

s. Bühner, 2010). In Untersuchungen an Gruppen von Personen (nicht aber am Einzelfall) lassen sich Interventions- und Regressionseffekte trennen, indem eine unbehandelte Kontrollgruppe herangezogen wird, bei der ebenfalls zwei Messungen vorgenommen werden.

Beispiel aus der Praxis

Zur Vertiefung der obigen Ausführungen soll ein Forschungsergebnis von Lievens et al. (2005) analysiert werden. In Belgien wurde ein Auswahltest für Medizinstudenten durchgeführt, der u. a. einen Untertest mit 50 Items zur kognitiven Leistungsfähigkeit enthielt. Ein Teil der Bewerber (N = 1.237) erreichte beim ersten Versuch die notwendige Punktzahl (linker Balken in ◘ Abb. 4.4), die übrigen Bewerber hatten den Aufnahmetest (Test 1) nicht bestanden, konnten ihn aber später wiederholen. Davon machte ein Teil keinen Gebrauch (zweiter Balken; N = 1.542), ein anderer Teil (N = 1.985) wiederholte den Test und verbesserte sich dabei (hellblauer Balken = erster Test, mittelblauer = Retest). Der Anstieg entspricht einer Effektstärke von d = .46. Wie ist dieser Anstieg zu erklären?

Dass sich das Merkmal, die Intelligenz, innerhalb von weniger als einem Jahr geändert hat, ist unplausibel. Eine Regression zur Mitte wird kaum für den Effekt verantwortlich sein, weil es sich bei den durchgefallenen Bewerbern nicht um eine Gruppe mit extrem niedrigen Testwerten gehandelt hat (◘ Abb. 4.4). Als plausible Erklärung kommen Übungseffekte infrage. Bei einem Auswahltest ist die Motivation vermutlich schon beim ersten Test so hoch, dass eine Steigerung kaum möglich ist. Lievens et al. untersuchten die Validität der Tests und stellten fest, dass der erste und zweite Test etwa gleich hoch mit späteren Prüfungsleistungen korrelierten. Dieses Ergebnis ist vereinbar mit einem für alle Testteilnehmer etwa gleich großen Anstieg der Testleistung durch Übung. Bei einem Wissenstest ergab sich ein anderes Bild: Auch hier war eine Zunahme der Testleistung zu verzeichnen; der zweite Test war jedoch valider als der erste. Das Wissen kann sich zwischen den beiden Messungen verändert haben, und letztlich ist das aktuelle und nicht das frühere Wissen im Studium hilfreich.

Ausgangswertgesetz

Auswirkungen hat das Prinzip der Regression zur Mitte auch auf das **Ausgangswertgesetz**. Demzufolge ist die Höhe eines Anfangswertes negativ mit dem Zuwachs korreliert. Dafür sind – je nach Sachverhalt – teils biologische Faktoren verantwortlich, teils auch Limitierungen von Seiten der vorgegebenen Skalen, im Weiteren aber auch unzureichende Reliabilitäten. Vergegenwärtigen lassen sich die dafür maßgeblichen Überlegungen sehr gut am Würfeln als einer »Messung«, die nur auf Zufall beruht. Bei einer 6 im ersten Wurf ist die Wahrscheinlichkeit für eine erneute 6 in einem zweiten Wurf nur 1/6; entsprechend liegt die Wahrscheinlichkeit für eine niedrigere Ziffer als 6 bei 5/6. Umgekehrt verhält es sich bei einer 1 im ersten Wurf. In diesen Fällen korrelieren die

4.5 · Mehrfachmessung

»Zuwächse« (= Veränderungen) negativ mit dem Ausgangswert. Mehrfach ist deshalb vorgeschlagen worden, die Werte der Anfangsmessung aus denen der Endmessung herauszupartialisieren; die erhaltenen Residualwerte seien dann »basefree measures of change« (Tucker et al., 1966). Kritisch daran sind u. a. erneut die fragwürdigen Reliabilitäten von Residuen, vor allem bei kleinen Stichprobenumfängen, und das Problem, ob die Linearitätsannahme regressionsanalytischer Prinzipien immer gerechtfertigt ist.

Ein grundsätzliches Problem zum Schluss: Es betrifft die Frage, ob numerisch identische Veränderungen auf den verschiedenen Abschnitten des Messwertekontinuums Gleiches bedeuten (»physicalism-subjectivism-dilemma«, Bereiter, 1963). Das Intervallskalenniveau, das im Regelfall bei den herkömmlichen Leistungs- und Persönlichkeitstests angenommen wird, ist bekanntlich durch eben diese Eigenschaft definiert, aber dennoch scheint einer trainingsbedingten Leistungssteigerung von, um nur ein Beispiel zu geben, zehn IQ-Punkten bei extrem niedriger oder extrem hoher Intelligenz eine andere Bedeutung zuzukommen als einer numerisch identischen Veränderung im Mittelbereich. Gleiche Veränderungswerte stehen deshalb nicht zweifelsfrei für gleiche psychologische Veränderungen.

»physicalism-subjectivism-dilemma«

Weiterführende Literatur

Über Qualitätsstandards in der Diagnostik informiert Kersting (2010) in knapper Form. Von den vielen Standards oder Richtlinien, die zur Testanwendung ausgearbeitet wurden (▶ www.zpid.de/redact/category.php?cat=88), sind zwei besonders zu empfehlen: Die »Standards for Educational and Psychological Testing« von mehreren amerikanischen Berufsverbänden liegen auch in deutscher Sprache als »Standards für pädagogisches und psychologisches Testen« vor (Häcker et al., 1998). Die International Test Commission (ITC) hat die »ITC Guidelines for Test Use« verabschiedet, die als »Internationale Richtlinien für die Testanwendung (Version 2000)« auch als deutsche Fassung vorliegen (International Test Commission, 2001). Die genannten Werke enthalten detaillierte Vorschläge zum richtigen Umgang mit Testverfahren. In dem Buch von Eyde et al. (2010) finden sich zahlreiche Beispiele für Fehler im Umgang mit Test, die jeweils analysiert werden.

❓ Übungsfragen
Kap. 4

1. Nennen Sie zentrale Anforderungen der International Test Commission an eine ethisch korrekte Testanwendung!
2. Bei der Auswahl eines diagnostischen Verfahrens ist zu prüfen, ob es auch für die zu untersuchende Person angemessen ist. Welche Aspekte sind dabei zu beachten?
3. Im Rahmen von Eignungsdiagnostik werden internetbasierte Leistungs- und Persönlichkeitstests eingesetzt. Welche zwei Varianten sind dabei zu unterscheiden, und welche Ziele werden damit jeweils verfolgt?
4. Nennen Sie Vor- und Nachteile von Gruppenuntersuchungen (in Abgrenzung zu Einzeluntersuchungen)!
5. Warum sollte man Probanden vor Beginn über wichtige Aspekte der Untersuchung aufklären?
6. Welche Möglichkeiten der Testauswertung gibt es?
7. Welche vier Kernelemente sollte die Mitteilung eines Testergebnisses an Laien enthalten?
8. Aus welchen Gründen kann sich ein Testwert bei erneuter Durchführung des Verfahrens ändern?

Der diagnostische Prozess

5.1 Modellvorstellungen – 386

5.2 Das diagnostische Urteil – 390

5.3 Das diagnostische Gutachten – 397

Diagnostiker werden um die Beantwortung unterschiedlicher Fragestellungen gebeten. In diesem Kapitel wird erklärt, welche Prozesse dabei ablaufen (Modellvorstellungen), wie diagnostische Urteile zustande kommen, vor welchen Fehlern man sich dabei hüten muss (diagnostisches Urteil) und wie ein Gutachten erstellt wird.

5.1 Modellvorstellungen

»Fragestellung«

Der diagnostische Prozess beginnt nicht erst mit der diagnostischen Untersuchung selbst, sondern bereits mit dem ersten Kontakt zwischen dem Diagnostiker und dem Auftraggeber der Untersuchung. Auftraggeber können der Klient selbst, dessen Eltern, ein Lehrer, der leitende Arzt einer Klinik, Kollegen, ein Richter, eine Behörde, eine Versicherungsgesellschaft etc. sein. Diese treten mit einer »**Fragestellung**« (die aus einer oder mehreren Fragen bestehen kann) an den Diagnostiker heran und beauftragen ihn, sie zu beantworten. Zusätzlich kann auch eine Empfehlung gewünscht sein, etwa welche Maßnahmen geeignet sind, um ein Problem zu lösen.

> **Beispiel**
>
> **Beispiele für Fragestellungen:**
> - Welche Ursachen haben die schlechten Schulleistungen von Jürgen K.? (Pädagogischer Bereich, Schulpsychologie)
> - Ist Herr M. für eine Ausbildung zum Chemielaboranten geeignet? (Berufseignungsdiagnostik)
> - Liegt bei Frau H. ein psychische Störung vor, und wenn ja, welche? (Klinische Psychologie)
> - Ist Herr V. schuldfähig? (Forensische Psychologie)
> - Ist zu erwarten, dass Herr A. auch zukünftig erheblich oder wiederholt gegen verkehrsrechtliche Bestimmungen verstoßen wird? (Fahreignungsdiagnostik)

Der Auftrag, eine Fragestellung zu beantworten, setzt einen diagnostischen Prozess in Gang, der in der Regel mit der Beantwortung der Fragestellung endet.

> **Definition**
>
> Als diagnostischer Prozess wird die Abfolge von Maßnahmen zur Gewinnung diagnostisch relevanter Informationen und deren Integration zur Beantwortung einer Fragestellung bezeichnet.

diagnostische Prozesse im Alltag

In Beruf und Alltag beantworten Menschen immer wieder nichtpsychologische diagnostische Fragestellungen – und sie gehen dabei prinzipiell genauso vor wie ein Psychologe bei der Bearbeitung einer psychologisch-diagnostischen Fragestellung. Ärzte stellen Krankheitsdiagnosen, Kfz-Mechatroniker finden heraus, aus welchem Grund ein Auto nicht richtig funktioniert, und ein Computerfachmann oder auch Laie sucht die Ursache dafür, warum ein Computer extrem langsam arbeitet. Nehmen wir als konkretes Beispiel ein Auto, das beim Drehen des Zündschlüssels nur ein paar schwache Motorgeräusche von sich gibt und nicht anspringt. Niemand käme hier auf die Idee zu sagen: »Das Auto muss man ganzheitlich sehen; selbst wenn nur die schwache Batterie die Ursache sein sollte, muss man das im Zusammenhang mit der Gesamtheit des Autos sehen.« Nicht zuletzt mit Blick auf die anfallenden Kosten wird sich ein Kunde wünschen, dass in der Autowerkstatt gezielt nach der Ursache für den Defekt gesucht wird. Ein guter Kfz-Mechatroniker wird aufgrund seiner Berufserfahrung Hypothesen entwickeln, warum das Auto nicht anspringt, und wird entsprechend gezielt vorgehen.

5.1 · Modellvorstellungen

So ist in ähnlichen Fällen beispielsweise häufig ein schlechter Ladezustand der Batterie die Ursache; deshalb wird der Kfz-Mechatroniker den Ladezustand der Batterie messen. Wenn sich hier die Ursache nicht findet, wird er die nächste Hypothese formulieren und ihr nachgehen.

War früher die Gewinnung eines umfassenden Persönlichkeitsbildes die wichtigste Aufgabe psychologischer Diagnostik (Fahrenberg, 1987), so setzte sich Mitte der 60er-Jahre die Erkenntnis durch, dass alle derartigen Versuche immer selektiv bleiben. Wenn aber Selektivität schon nicht zu vermeiden sei, so sollte sie zumindest im Sinne der praktischen Fragestellung des Auftraggebers erfolgen (Holzkamp, 1966), die der Diagnostiker folglich vor Beginn der eigentlichen Untersuchung kennen muss. Heute wird psychologische Diagnostik in der Regel als gezielte Beantwortung konkreter und präziser Fragestellungen verstanden; das ganzheitliche Persönlichkeitsbild des Klienten interessiert nur, wenn es zur Beantwortung der Fragestellung relevant ist.

gezielte Beantwortung einer Fragestellung

Zur Beschreibung des diagnostischen Prozesses wurden verschiedene **Modellvorstellungen** entwickelt (z. B. Jäger, 1982). Diese Modelle stellen Versuche dar, das Vorgehen von Diagnostikern in idealisierender Weise zu abstrahieren. Es wird nicht versucht, die reale Praxis mit ihren Fehlern und Unzulänglichkeiten zu beschreiben, sondern überlegt, wie ein perfekter Ablauf theoretisch sein sollte. Normative und deskriptive Ansätze vermischen sich dabei. Eine Arbeitsgruppe der European Association of Psychological Assessment hat Richtlinien für den diagnostischen Prozess ausgearbeitet und zur Diskussion gestellt (Westhoff et al., 2003). Das im Folgenden vorgestellte Modell weist im Grundsatz einige Übereinstimmungen mit den Überlegungen dieser Arbeitsgruppe zum diagnostischen Prozess auf. Allerdings wird hier bewusst darauf verzichtet, den diagnostischen Prozess über eine Beantwortung der Fragestellung hinaus weiterzuführen, wie dies bei Westhoff et al. geschieht. Planung, Durchführung und Evaluation von Interventionen sind kein zwingender Bestandteil der Diagnostik. Viele Auftraggeber würden es sich verbitten, Interventionsvorschläge vorgelegt zu bekommen. Selbst Gutachten sind kein zwingender Teil des diagnostischen Prozesses: In der Diagnostik zur Personalauswahl beispielsweise wird üblicherweise kein Gutachten verfasst. Die Gutachtenerstellung gehört dennoch zu den Aufgaben von Diagnostikern; sie wird in einem eigenen Abschnitt (▶ Abschn. 5.3) behandelt.

Modellvorstellungen

Der **diagnostische Prozess** ist in ◘ Abbildung 5.1 schematisch dargestellt. Er beginnt damit, dass ein Auftraggeber mit einer Fragestellung an den Diagnostiker heran-

klare Fragestellung des Auftraggebers

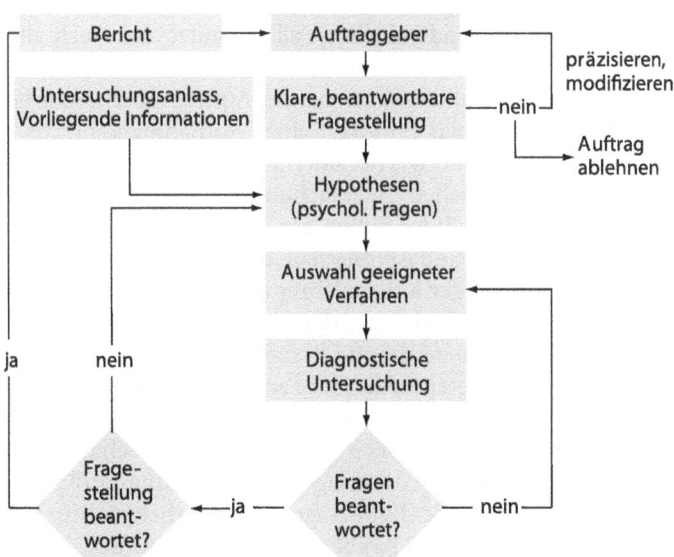

◘ **Abb. 5.1** Der diagnostische Prozess

tritt. Manchmal ist die Fragestellung bereits klar formuliert und aus Sicht des Diagnostikers auch grundsätzlich beantwortbar. Die eingangs genannten Fragestellungen sind Beispiele dafür.

Auftrag eventuell ablehnen

Es gibt jedoch auch Gründe dafür, einen Auftrag abzulehnen:
- Dem Diagnostiker fehlt die nötige Sachkunde; der Auftrag fällt nicht in seinen Kompetenzbereich. Ein Psychologe in einer Personalabteilung soll vielleicht feststellen, ob ein Mitarbeiter psychisch krank ist. Da er nicht mit Diagnosesystemen wie dem ICD-10 oder DSM-IV vertraut ist, wird er auf einen klinisch erfahrenen Kollegen verweisen.
- Der Auftrag ist mit dem eigenen Gewissen oder mit gesetzlichen Vorschriften nicht vereinbar. Beispielsweise könnte der Diagnostiker um ein Gefälligkeitsgutachten gebeten werden.
- Der Diagnostiker ist nicht neutral und kann den Auftrag daher vermutlich nicht hinreichend ergebnisoffen bearbeiten.
- Der Erkenntnisgewinn für den Auftraggeber ist gemessen an der Belastung des Probanden oder den anfallenden Kosten voraussichtlich gering. Der Diagnostiker kann den Auftrag sofort ablehnen oder den Auftraggeber darauf hinweisen, was in der Regel dazu führen wird, dass dieser den Auftrag zurücknimmt.

Fragestellung präzisieren/ modifizieren

In anderen Fällen ist es nötig, die Fragestellung zu präzisieren oder zu modifizieren. Der Umfang des Auftrags kann unklar sein: Soll etwa nur untersucht werden, ob der Proband psychisch krank ist – die Frage wäre mit »Ja« oder »Nein« zu beantworten –, oder wünscht der Auftraggeber auch eine Diagnose und/oder eine Einschätzung der Arbeitsfähigkeit? Die Fragestellung kann unbeabsichtigt so formuliert sein, dass sie grundsätzlich nicht beantwortbar ist: Ob ein Straftäter nach seiner vorzeitigen Entlassung wieder rückfällig wird, kann niemand beantworten; es ist nur eine Wahrscheinlichkeitsaussage möglich. In solchen Fällen wird der Diagnostiker mit dem Auftraggeber Rücksprache nehmen und ihn bei der Formulierung des Auftrags beraten. Die endgültige Fragestellung sollte dokumentiert werden; man kann sich beispielsweise durch eine E-Mail rückversichern, ob die zuvor in einem Telefongespräch modifizierte Fragestellung nun der Intention des Auftraggebers entspricht.

hypothesengeleitetes Vorgehen

Eine Fragestellung ist in der Regel so komplex, dass sie nicht direkt beantwortet werden kann. Den nun folgenden Schritt kann man als **hypothesengeleitetes Vorgehen** bezeichnen. Der Diagnostiker formuliert »psychologische Fragen«, deren Beantwortung zur Lösung des in der Fragestellung formulierten Problems führt. Dazu knüpft er an dem individuellen Fall an, nutzt aber auch allgemein gültige, wissenschaftliche und andere Erkenntnisse.

Hintergrundinformationen und wissenschaftliche Erkenntnisse beachten

Über den Probanden liegen bei der Auftragsübernahme bereits **(Vor-)Informationen** vor wie etwa das Protokoll eines Aufnahmegesprächs, Gerichtsakten, frühere Gutachten, vom Auftraggeber übermittelte Hintergrundinformationen etc. Auch wie es zu der diagnostischen Untersuchung gekommen ist, also der Untersuchungsanlass, stellt eine nützliche Information dar. Beispiele dafür sind: Ein Schüler hat häufig die Schule geschwänzt und ist innerhalb eines halben Jahres deutlich in seinen Schulleistungen abgefallen; der Klassenlehrer hat den Eltern nahegelegt, psychologischen Rat einzuholen. Ein Berufsberater der Bundesagentur für Arbeit ist sich nicht sicher, ob sein Klient für eine bestimmte Berufsausbildung, die ihn offensichtlich interessiert, geeignet ist. An dieser Stelle sind Fachwissen und manchmal auch Berufserfahrung erforderlich. So liegen wissenschaftliche Erkenntnisse dazu vor, welche Faktoren zu Schuleschwänzen und zu Leistungsabbau in der Schule führen können bzw. welche Merkmale generell zur Vorhersage von Ausbildungserfolg relevant sind; in im Berufsinformationssystem der Bundesagentur für Arbeit (▶ http://berufenet.arbeitsagentur.de/berufe/) finden sich darüber hinaus die Anforderungsmerkmale für bestimmte Berufe und Ausbildungsgänge.

Bei der Formulierung von konkreten **psychologischen Fragen** kommt es darauf an, nicht alle Faktoren zu berücksichtigen, die grundsätzlich relevant sein können. Vielmehr gilt es, die im vorliegenden Fall (deshalb benötigt man Vorinformationen) naheliegenden Faktoren zu erkennen. Die psychologischen Fragen müssen so gewählt werden, dass sie grundsätzlich durch geeignete diagnostische Verfahren geklärt werden können: Beispielsweise sind Fragen danach, ob ein Proband mindestens durchschnittlich intelligent ist, ob er emotional stark belastet ist oder ob er drogenabhängig ist, grundsätzlich beantwortbar.

Formulierung psychologischer Fragen

Im nächsten Schritt gilt es, die zur Beantwortung der Fragen am besten geeigneten **Verfahren** zu finden. Auswahlkriterien können einschlägige Validitätsbelege, aktuelle Normen, Zumutbarkeit, Zeitaufwand etc. sein. Meist sind einige psychologische Fragen von zentraler Bedeutung, während andere voraussichtlich eher wenig zur Klärung der globalen Fragestellung beitragen werden. Dies wird bei der Auswahl der Verfahren berücksichtigt: Kommt einem einzelnen Verfahren eine große Bedeutung zu, weil es Antworten auf besonders wichtige Fragen liefern soll, werden höhere Ansprüche an dessen Gütekriterien gestellt. Bei randständigen Fragen reicht vielleicht ein kurzes und wenig reliables Verfahren aus. Darüber hinaus können zur Beantwortung einer einzigen, aber zentralen Frage mehrere Verfahren eingesetzt werden. So wird in ◘ Abbildung 5.2 die Frage B1 durch den Einsatz von gleich drei Methoden (M 2, 3 und 4) beantwortet. Aus ökonomischen Gründen werden oftmals mit einer Methode Informationen zu mehreren Fragen erhoben (M 2, 4 und 6 in ◘ Abb. 5.2). Das diagnostische Interview trägt in der Regel zur Beantwortung mehrerer Fragen bei.

geeignete Verfahren auswählen

Die Verfahren werden nun in einer diagnostischen Untersuchung eingesetzt. Im Idealfall beantworten die dabei anfallenden Ergebnisse die psychologischen Fragen. Aus mehreren Gründen kann eine Antwort aber unbefriedigend sein und eine erneute Datenerhebung notwendig machen:

Daten erheben

- **Uneindeutige Antwort:** Eventuell liefert ein Verfahren keine eindeutige Antwort. So wollte man z. B. wissen, ob die Intelligenz mindestens durchschnittlich ist; das Konfindenzintervall reicht aber weit in den Bereich der niedrigen Intelligenz hinein, so dass der Proband mit einer relativ hohen Wahrscheinlichkeit als nicht durchschnittlich intelligent gelten kann. In diesem Fall kann es nützlich sein, einen zweiten Intelligenztest durchzuführen.
- **Widersprüchliche Antworten:** Die Ergebnisse zweier oder mehrerer Methoden können einander scheinbar widersprechen. Beispielsweise spricht das Intelligenztestergebnis für eine niedrige Intelligenz, während der Proband den Akten zufolge ein Abitur mit gutem Notendurchschnitt hat und die Verhaltensbeobachtung beim Interview zeigt, dass er Zusammenhänge gut erfasst und sich differenziert ausdrückt. Möglicherweise hatte der Proband mit den ausschließlich figuralen Aufgaben im Test Schwierigkeiten. Auch hier könnte ein weiterer Intelligenztest (der auch numerische und verbale Aufgaben umfasst) Klarheit verschaffen.

eventuell Nacherhebung bei uneindeutigen, widersprüchlichen oder ungültigen Antworten

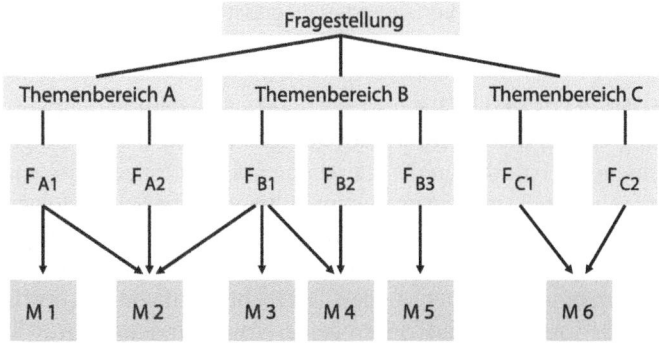

◘ **Abb. 5.2** Von der Fragestellung zur Auswahl von Methoden. Zur Beantwortung der psychologischen Fragen (F A1 bis F C2) werden geeignete Methoden (M 1 bis M 6) eingesetzt. Die psychologischen Fragen sind hier nach Themenbereichen gruppiert. Darstellung in Anlehnung an Schmidt-Atzert & Krumm (2007)

- **Ungültige Antwort:** Es bestehen Zweifel, ob das Ergebnis valide ist. So können bei einem Persönlichkeitsfragebogen Kontrollskalen dafür sprechen, dass sich der Proband möglicherweise sehr stark sozial erwünscht dargestellt hat. Eine Fremdbeurteilung der interessierenden Persönlichkeitsmerkmale durch den Partner oder eine andere Bezugsperson kann hier sinnvoll sein.

diagnostische Urteilsbildung

Liegen aussagekräftige Informationen zur Klärung der einzelnen psychologischen Fragen vor, werden diese zur Beantwortung der Fragestellung integriert. Dieser Schritt wird auch als **diagnostische Urteilsbildung** bezeichnet (ausführlich dazu ▶ Abschn. 5.2).

eventuell neue Hypothesenbildung nötig

In dieser Phase kann sich herausstellen, dass eine Integration zu einem in sich widerspruchsfreien Gesamtbild nicht gelingt. Beispielsweise verfügt ein Schüler über eine gute Konzentrationsfähigkeit, eine hohe Intelligenz und Leistungsmotivation – die Fragestellung nach den Ursachen seiner schlechten Schulleistungen konnte hier mit den naheliegenden psychologischen Fragen nicht beantwortet werden. Deshalb müssen nun neue Erklärungen gesucht werden; der diagnostische Prozess setzt also wieder bei der Generierung von (neuen) Hypothesen an. Vielleicht kann sich der Proband nicht über längere Zeit konzentrieren und so dem Unterricht nicht gut folgen? Eine Verhaltensbeobachtung im Unterricht könnte eine Antwort darauf liefern. Liegt tatsächlich ein Leistungsabfall während des Unterrichts vor, könnten etwa eine chronische Übermüdung durch zu wenig Schlaf, eine Krankheit wie Diabetes oder eine Drogenabhängigkeit dafür verantwortlich sein. Diese neuen Hypothesen bedürften nun der Klärung. Liegen die entsprechenden Informationen vor, beginnt wieder ein Versuch, die Fragestellung schlüssig zu beantworten. Der Diagnostiker wird am Ende meist in der Lage sein, die Fragestellung zu beantworten. Er wird dem Auftraggeber mündlich oder schriftlich berichten (zu Gutachten ▶ Abschn. 5.3).

keine Einbahnstraße

Insgesamt sollte deutlich geworden sein, dass der diagnostische Prozess keine Einbahnstraße ist. Eventuell muss man einen Schritt zurückgehen, um am Ende zum Ziel zu gelangen. Diese Rückschleifen sind nicht als Ausdruck mangelnder diagnostischer Kompetenz zu werten, sondern stellen ein wesentliches Merkmal des diagnostischen Prozesses dar. Zusammenfassend lässt sich der diagnostische Prozess durch die folgenden **Schritte** charakterisieren: Klärung der Fragestellung – Entwicklung und Prüfen (mittels Datenerhebung) von Hypothesen – diagnostisches Urteil.

5.2 Das diagnostische Urteil

Ein Teilaspekt des diagnostischen Prozesses hat in der Forschung besondere Aufmerksamkeit erfahren: das Zustandekommen des diagnostischen Urteils.

> **Definition**
>
> Als diagnostisches Urteil wird die Beantwortung einer Fragestellung unter Verwendung von bereits vorliegenden diagnostischen Informationen bezeichnet.

Datenerhebung ausblenden

In der Praxis ist der Diagnostiker meist selbst dafür verantwortlich, die zur Beantwortung erforderlichen Informationen zu erheben. Hat er aufgrund unpassender oder fehlender Hypothesen die »falschen« Informationen erhoben, wirkt sich dies negativ auf sein Urteil aus, und er zieht ungültige/falsche Schlussfolgerungen. Soll ausschließlich der Prozess der Urteilsbildung auf seine Fehleranfälligkeit untersucht werden, kann dieser Faktor kontrolliert werden, indem mehreren Diagnostikern die gleichen Informationen gegeben werden. Die **Richtigkeit** von diagnostischen Urteilen lässt sich in vielen Anwendungsfeldern genau prüfen, indem man Fallmaterial verwendet, zu

5.2 · Das diagnostische Urteil

dem bereits Kriteriumswerte (z. B. eine bestätigte psychiatrische Diagnose oder der Berufserfolg) vorliegen. Unter diesen Randbedingungen lassen sich diverse Forschungsfragen bearbeiten: Man kann Laien gegen Experten oder Experten gegen ein Computermodell (klinische vs. statistische Urteilsbildung) antreten lassen, oder aber man variiert Art und Umfang der zur Verfügung gestellten Information etc.

> **Beispiel**
>
> **Beispiel für eine Untersuchung zur diagnostischen Urteilsbildung**
> Christiansen et al. (2010) konnten 160 Berater aus dem Bereich Personalauswahl für eine Untersuchung gewinnen. Alle hatten einschlägige Berufserfahrung (im Durchschnitt sechs Jahre), die meisten waren promoviert (82 %) oder hatten einen Master-Abschluss (12 %), und fast alle (92 %) gaben an, routinemäßig Intelligenz- und Persönlichkeitstests bei ihrer Arbeit zu verwenden. Die Versuchsteilnehmer erhielten Informationen über eine vakante Managerposition sowie über zwei Bewerber, die in die Endauswahl gelangt waren. Über die Bewerber lagen Informationen vor zu deren mit einem Test gemessenen kognitiven Fähigkeiten (verbale und numerische Fähigkeiten sowie kritisches/logisches Denken) und zur Persönlichkeit (Geselligkeit, emotionale Stabilität und Gewissenhaftigkeit), die mit einem Persönlichkeitsfragebogen erfasst worden war. Alle Ergebnisse wurden in Form von Prozenträngen angegeben; die Merkmale und deren Ausprägung wurden zudem durch Text erläutert. Man erkennt in ◘ Abbildung 5.3, dass Bewerber A hohe kognitive Fähigkeiten aufwies und im Persönlichkeitsbereich eher durchschnittlich war. Bewerber B wies dagegen im Persönlichkeitsbereich hohe Werte auf und lag mit seinen kognitiven Fähigkeiten im durchschnittlichen Bereich.
>
> Zusätzlich erfolgte eine Angabe zur sozialen Erwünschtheit. Ein Bewerber hatte entweder einen hohen (PR 80) oder einen durchschnittlichen Wert (PR = 55) auf einer Skala zur sozialen Erwünschtheit. Unter einer Versuchsbedingung fehlte die Angabe zur sozialen Erwünschtheit. Das diagnostische Urteil bestand darin, anzugeben, für wie geeignet ein Bewerber für die Position ist (dazu wurden drei Einstufungen vorgenommen).

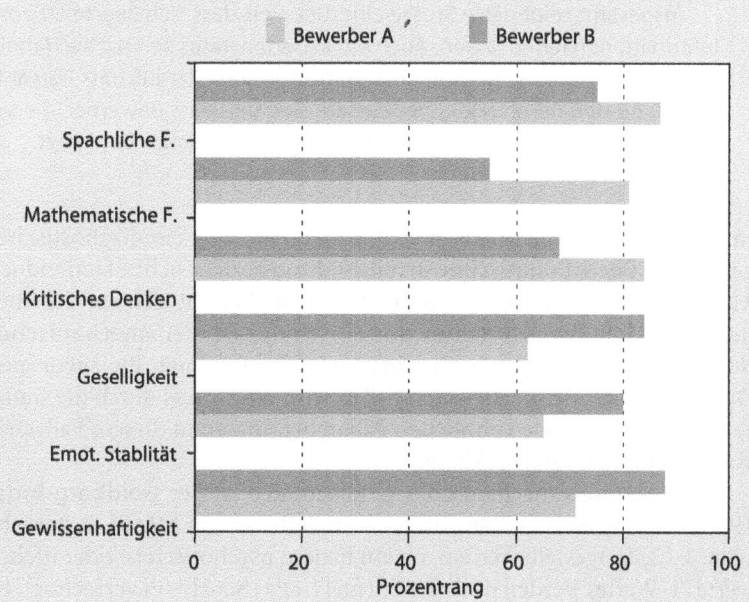

◘ **Abb. 5.3** Eignungsmerkmale zweier Bewerber in der Studie von Christiansen et al. (2010, nach Tab. 1). Bewerber A ist besonders intelligent, Bewerber B weist besonders günstige Persönlichkeitseigenschaften auf

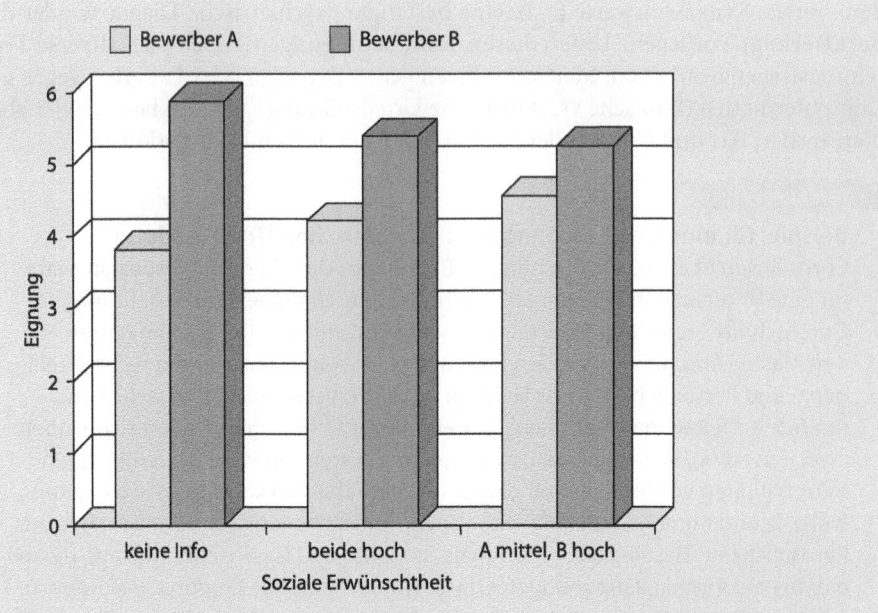

Abb. 5.4 Eignung zweier fiktiver Bewerber in Abhängigkeit von ihrer sozial erwünschten Darstellung. (Nach Christiansen et al., 2010, Tab. 3.) Eignungsurteil auf einer Skala von 1 bis 7

Die Ergebnisse (Abb. 5.4) überraschen in zweierlei Hinsicht. Hatten die Experten keine Informationen zur sozialen Erwünschtheit, stuften sie den intelligenten Bewerber A als wesentlich schlechter geeignet ein als Bewerber B (d = 1.96). Die Forschung zeigt dagegen eindeutig, dass kognitive Fähigkeiten ein guter und Persönlichkeitsmerkmale ein schlechter Prädiktor für Berufserfolg sind. Auch mit der Information zur sozialen Erwünschtheit gingen die Experten nicht angemessen um. Die Forschung liefert keine Belege für einen negativen Zusammenhang zwischen sozialer Erwünschtheit und Berufserfolg, die Experten ließen sich jedoch von der Information zur sozialen Erwünschtheit beeinflussen und sahen Bewerber B (übrigens auch Bewerber A) als weniger geeignet an, wenn er sich sozial erwünscht darstellte.

Insgesamt zeigt diese Studie eindrucksvoll, dass sich Beurteiler von invaliden Informationen leiten lassen. Auch ein Expertenstatus schützt sie dabei nicht vor Urteilsfehlern. Sie vertrauten unangemessen stark darauf, dass Persönlichkeitsvariablen für den Berufserfolg bedeutsam sind und dass Bewerber, die sich sozial erwünscht darstellen, weniger geeignet sind als »ehrliche« Bewerber.

klinische vs. mechanische bzw. statistische Urteilsbildung

In der Studie von Christiansen et al. hatten Personen ein diagnostisches Urteil abgegeben. Der Begriff »**klinische« Urteilsbildung** bezieht sich auf individuelle Urteile von Menschen (Diagnostikern); ihre Bezeichnung bezieht sich auf die überwiegend aus dem klinischen Bereich stammende Forschung. Bei der »**mechanischen« Urteilsbildung** werden die Daten nach einer Formel verrechnet, die zuvor aus empirischen Daten abgeleitet wurde. In vielen Fällen wird die Formel durch die statistische Analyse der Daten von vielen ähnlichen Fällen begründet; in diesem Fall spricht man auch von statistischer Urteilsbildung.

Goldberg-Index

Ein bekanntes mechanisches Urteilsmodell ist der **Goldberg-Index** (Goldberg, 1965); mithilfe des Goldberg-Index kann anhand von MMPI-Testergebnissen (▶ Abschn. 3.3.3) festgestellt werden, ob ein Patient psychotisch ist oder nicht. Fünf Skalenwerte (T-Werte) werden nach der Formel L+Pa+Sc−Hy−Pt verrechnet. Liegt der Index über 45, gilt der Patient als psychotisch. Klinische Urteilsbildung bedeutet, dass klinische Experten anhand der gleichen Informationen beurteilen, ob ein Patient psychotisch ist oder nicht. Sie verlassen sich dabei auf ihre klinische Erfahrung und brauchen ihr Urteil nicht zu begründen. In einem Vergleich erwies sich die statistische Methode der klinischen als überlegen (Goldberg, 1965). Als Kriterium für die »wahre« Diagnose dienten Psychiaterurteile über die gleichen Patienten. Betrachten wir nur die Fälle, in denen ein Patient nach Einschätzung des Psychiaters entweder psychotisch oder neurotisch ist, so erzielten die Kliniker eine Trefferquote von 68 %, während die Anwendung des Goldberg-Index in 74 % der Fälle zu richtigen Urteilen führte.

In einem noch heute oft zitierten, bahnbrechenden Buch mit dem Titel »*Clinical versus Statistical Prediction: A Theoretical Analysis and a Review of the Evidence*« hatte Meehl (1954) 22 Studien zum Vergleich klinischer und statistischer Urteile ausgewertet und eine Überlegenheit der statistischen Urteilsbildung festgestellt. Meehl war nicht nur Psychologieprofessor, sondern auch praktizierender Psychoanalytiker. Als solcher hatte er auch viel Sympathie für klinische Urteile (Grove & Lloyd, 2006). Er erkannte, dass die Alternative zum statistischen Urteil meist nicht das klassische klinische Urteil ist, sondern das Urteil eines Menschen, der die Formel kennt und entscheidet, ob er ihr folgt oder nicht.

Die statistische Urteilsbildung ist der klinischen überlegen

Lange Zeit galt die Faustregel, dass statistische Urteile besser sind als klinische. Heute lässt sich allerdings die **Überlegenheit** statistischer Urteile relativieren. In einer Metaanalyse haben Grove et al. (2000) die vorliegenden Untersuchungen zur mechanischen (statistischen) und klinischen (menschlichen) Urteilsbildung einer vergleichenden Bewertung unterzogen. Sie nahmen 136 Untersuchungen in ihre Analyse auf, die sich mit der Genauigkeit von Urteilen aus dem psychologischen und medizinischen Bereich befassten; Studien zur Vorhersage von Börsenkursen, Pferderennen oder etwa dem Wetter blieben unberücksichtigt. Insgesamt erwies sich die mechanische Vorhersage der klinischen als überlegen. Die mittlere Effektstärke erwies sich mit d = .089 aber als sehr klein. Die große Streuung der Effektstärken veranlasste die Autoren, nach Moderatorvariablen zu suchen. Dazu untersuchten und überprüften sie die verwendete Definition der Effektstärke, das Publikationsjahr, die Stichprobengröße, das vorhergesagte Kriterium, Training oder Erfahrung der Urteiler, die Informationsmenge sowie die Informationsart. Lediglich bei zwei Variablen – dem vorhergesagten Kriterium und der Informationsart – entdeckten sie einen Effekt. Die mechanische Urteilsbildung scheint der klinischen besonders dann überlegen zu sein, wenn medizinische und forensische Kriterien vorherzusagen sind und wenn die Informationen in Form von Interviewdaten vorliegen.

Überlegenheit statistischer Urteile relativiert

In einer weiteren Metaanalyse werteten AEgisdottir et al. (2006) insgesamt 69 Studien ausschließlich aus dem klinischen Bereich aus, in denen statistische und klinische Urteile direkt miteinander verglichen wurden (die Studie von Goldberg, 1965, gehörte dazu, s.o.). Über alle Studien mit ihren 173 Effektstärken hinweg ermittelten die Autoren eine Gesamteffektstärke von d = .16 zugunsten der statistischen Methode. Wurden nur die 41 Studien herangezogen, deren Ergebnisse keine Ausreißer darstellten und bei denen auch eine Kreuzvalidierung vorgenommen wurde, betrug die Effektstärke d = .12. Obwohl diese Schätzung deutlich konservativer ist, belegt sie immer noch die Überlegenheit der mechanischen/statistischen Vorhersage.

weitere Metaanalyse zur Überlegenheit

Innerhalb dieser Gruppe von Studien suchten die Autoren nach Moderatorvariablen. Obwohl viele Vergleiche angestellt wurden, fand sich keine Moderatorvariable, bei der sich die klinische Vorhersage als überlegen erwies. Die erste Frage war die nach demjenigen Merkmal, bei dessen Vorhersage sich die statistische und die klinische Vorhersage am stärksten unterscheiden. Die mit d = .17 größte Effektstärke betraf die Vorhersage von Gewalttätigkeit. Das Ergebnis deckt sich mit dem von Grove et al. (2000), die für den forensischen Bereich die größte Überlegenheit der mechanischen Urteilsbildung festgestellt hatten. Eine zweite Gruppe von Moderatorvariablen betraf die Art der mechanischen Vorhersage. Statistische Regressionsmodelle (multiple Regression, Diskriminanzanalyse) hatten mit d = .15 die höchste durchschnittliche Effektstärke und waren zugleich das am häufigsten angewandte Urteilsmodell. Schlech-

Moderatorvariablen

te Ergebnisse wurden mit lediglich rational begründeten Urteilsmodellen (mechanisch, aber nicht statistisch) erzielt (d = .03). Der nächste Befund ist erstaunlich: Man sollte vermuten, dass sich die Güte der klinischen Urteilsbildung der mechanischen zumindest annähert, wenn den Klinikern zusätzliche Informationen zu Verfügung stehen, die nicht in die Formel einfließen. Das Gegenteil war der Fall: Standen den Klinikern genau dieselben Informationen zur Verfügung, die im mechanischen Urteil verwertet wurden, war der Unterschied beider Urteilsmodelle mit d = .06 geringer als wenn die Kliniker zusätzliche Informationen nutzen konnten (d = .13). Mehr Informationen scheinen also das klinische Urteil nicht zu verbessern. Ein weiteres Ergebnis widerspricht den Erwartungen: In den fünf Studien, in denen die Kliniker die statistische Formel kannten, fielen sie stärker hinter die mechanische Vorhersage zurück (d = .14) als in den 40 Studien, in denen sie diesbezüglich »blind« waren (d = .09).

menschliche Urteile fehleranfällig

Insgesamt besteht also kein Zweifel daran, dass die mechanische (und hier besonders die statistische) Vorhersage der menschlichen Urteilsbildung überlegen ist. Aber warum erreichen menschliche Urteile nicht die Genauigkeit, die bei Anwendung von mechanischen Urteilsmodellen möglich ist? Grove et al. (2000) vermuten, dass die Anfälligkeit für bestimmte **Urteilsfehler** dafür verantwortlich ist. Verschiedene Untersuchungen belegen, dass Menschen oft die Basisrate ignorieren (also zu oft Diagnosen stellen, die statistisch selten und damit unwahrscheinlich sind), Informationen falsch gewichten, indem sie sich etwa hauptsächlich nach leicht verfügbaren Informationen richten (»Availability-Heuristik«), oder die Regression zur Mitte vernachlässigen.

Grenzen der mechanischen Urteilsbildung

Trotz ihrer offensichtlichen Überlegenheit sollte die mechanische Vorhersage **nicht kritiklos** als universelle Lösung angesehen werden. Ein statistisches Urteilsmodell kann nur mit den Informationen konstruiert werden, die für alle Probanden vorliegen. Zudem sind große Fallzahlen bei einer einheitlichen Fragestellung erforderlich. In vielen Fällen gibt es keine Alternative zum menschlichen Urteil, da einschlägige Forschungsergebnisse, die eine Verrechnungsformel begründen könnten, schlichtweg fehlen. Selbst statistische Urteile sollten manchmal besser nicht angewandt werden. Meehl (1954) führt den fiktiven Fall des gebrochenen Beines als Argument auf: Ein Professor geht fast jeden Dienstagabend in Kino. Die Vorhersage, »Es ist Dienstagabend, folglich geht Professor A ins Kino«, trifft in 90 Prozent der Fälle zu. Professor A hat sich am Dienstagmorgen das Bein gebrochen. Welcher Kliniker wird nun die Formel anwenden und prognostizieren, dass er am Abend ins Kino geht? In einem typischen Anwendungsbereich statischer Vorhersagen könnte folgende Situation eintreten: In einem großen Unternehmen ist die Stelle eines Chemikers zu besetzen. Die Auswertung vieler früherer Fälle habe ergeben, dass die durchschnittliche Examensnote, die Studiendauer und die Anzahl der Jahre in der angewandten Forschung den Berufserfolg gut vorhersagen (die optimale Gewichtung der drei Faktoren sei in einer multiplen Regression ermittelt worden). Eine strenge Anwendung der Formel führt dazu, dass Dr. E. nicht eingestellt wird – obwohl er den Nobelpreis für Chemie bekommen hat. Nobelpreise werden in der Formel nicht berücksichtigt, weil dieses Merkmal zu selten vorkommt.

Befragung in den USA: Kliniker bevorzugen klinische Urteilsbildung

Eine interessante Frage ist, was **praktisch tätige Psychologen** über mechanische Urteilsmodelle denken und ob sie bereit sind, sie auch anzuwenden. Vrieze und Grove (2009) befragten dazu klinisch tätige Psychologen in den USA und wollten wissen, ob sie Informationen klinisch oder mechanisch integrieren. Es antworteten 180 Psychologen, die immerhin etwa 20 Prozent ihrer Arbeitszeit mit Diagnostik verbrachten und damit über ausreichend Erfahrung verfügen sollten. Eine überwältigende Mehrheit von 98 Prozent bekannte sich in irgendeiner Form zur klinischen Urteilsbildung: Viele von ihnen berichteten, normalerweise auch Informationen über statistische Modelle in ihr Urteil zu integrieren. Andere bedienten sich offenbar beider Methoden oder wandten nur die klinische Urteilsbildung an (47 %). Nur vier der 180 Befragten gaben an, ausschließlich auf mechanische Urteile zu vertrauen.

5.2 · Das diagnostische Urteil

Diejenigen, die keine mechanische Urteilsbildung anwandten, wurden um eine Begründung gebeten. Die am häufigsten genannten Gründe waren (in Klammern prozentuale Nennungshäufigkeit bei den Klinikern, die keine mechanische Urteilsbildung anwenden):

- Mechanisches Urteilsmodell nicht verfügbar (40 %)
- Nicht gut genug mit der Methode vertraut, um sie bequem anzuwenden (36 %)
- Kann nicht alle Faktoren berücksichtigen, die für ein Urteil nötig sind (32 %)
- Glaube nicht, dass die Methode so genau ist wie andere (32 %)
- Zu teuer (27 %)
- Ineffizient (23 %)

Gründe für Nichtverwendung mechanischer Urteilsbildung

Ein Teil der Befragten gab also an, aus unterschiedlichen Gründen nicht auf mechanische Urteilsmodelle zurückgreifen zu können; viele lehnten sie jedoch explizit als unzulänglich, ungenau oder ineffizient ab.

In der diagnostischen Praxis gilt es, die Vorteile und Chancen *beider* Urteilsmodelle zu nutzen. Der Diagnostiker sollte mechanische Vorhersagemodelle kennen und bei seiner Diagnose oder Prognose nutzen – aber ohne ihnen blind zu vertrauen. In begründeten Fällen sollte er die mechanische Vorhersage korrigieren oder ganz durch eine klinische ersetzen, z. B. wenn er Zweifel daran hat, dass das Vorhersagemodell für seinen Probanden angemessen ist. Für die Korrektur kann der Diagnostiker zusätzliche Informationen nutzen, die im mechanischen Modell nicht berücksichtigt wurden (Beispiel Nobelpreisträger).

Die »Formel« nutzen – aber sich nicht blind darauf verlassen

Da die mechanische Urteilsbildung der klinischen nur wenig überlegen ist, kann man überlegen, wie sie sich weiter **optimieren** lässt. Mehrere Ansatzpunkte bieten sich an:

Verbesserung der mechanischen Urteile

- Ein erster Schritt besteht darin, nur statistische Modelle zu verwenden und auf rationale Begründungen von Formeln so weit wie möglich zu verzichten bzw. sie so bald wie möglich empirisch zu überprüfen, um sie dann gegebenenfalls zu verbessern. Der Metaanalyse von AEgisdottir et al. (2006) zufolge sind statistische Modelle eindeutig besser als rationale.
- Auch statistische Modelle sollte man kontinuierlich überprüfen. Üblicherweise wird ein Modell an einer hinreichend großen Stichprobe entwickelt. Erst eine Kreuzvalidierung an neuen Kohorten von Probanden zeigt, ob das Modell weiter Bestand hat. Es ist nicht zwangsläufig für alle Zeiten gültig; einstmals gute Prädiktoren können ihre Vorhersagekraft verlieren (für ein Beispiel s.u.).
- Vorhersagemodelle sollten inhaltlich nachvollziehbar, also wissenschaftlich plausibel sein. Statistische Modelle beschreiben Zusammenhänge, indem sie viele, möglicherweise relevante Randbedingungen ignorieren. Eine Variable kann sich als guter Prädiktor herausstellen, ohne dass man den Wirkungsmechanismus versteht. In dieser Situation kann man auf die Weisheit des statistischen Modells vertrauen und sagen: »Es ist so, die empirischen Belege sind eindeutig.« Man kann aber auch weiter forschen und nach moderierenden Faktoren suchen. Ein Beispiel ist die Rückfallprognose bei gewalttätigen Delinquenten nach einem Psychiatrieaufenthalt. Rückfälle hängen von einer Reihe von Randbedingungen ab, darunter dem sozialen Umfeld des Patienten nach seiner Entlassung: Eine kriminelle Nachbarschaft erhöht das Risiko erneuter Gewalt. Die Kriminalitätsrate in der Nachbarschaft erklärt den bekannten Zusammenhang zwischen Hautfarbe und Gewalt (Monahan, 2003). Ohne dieses Wissen hätte ein Farbiger in den USA eine schlechte Rückfallprognose. Wird die nun bekannte Moderatorvariable berücksichtigt, fällt die Prognose im Einzelfall oft anders aus als nach dem »alten« Modell. Nicht die Hautfarbe, sondern das soziale Umfeld nach der Entlassung ist ein Risikofaktor.
- »Intelligente« statistische Methoden können vielleicht die Vorhersage verbessern. Statistische Urteilsmodelle, die auf multiplen Regressionen oder Diskriminanz-

Ansatzpunkte zur Verbesserung

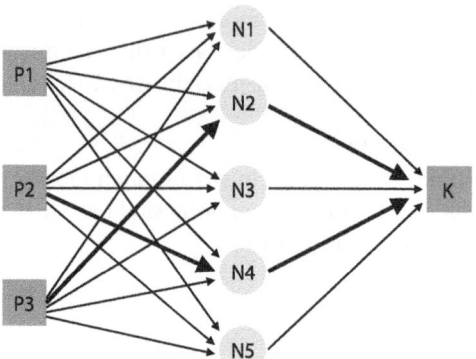

◘ **Abb. 5.5** Künstliche Neuronale Netze. Die Prädiktoren (P; blaue Kästchen auf der linken Seite) werden über Neurone in einer Zwischenschicht (N; graue Kreise) mit dem Kriterium (K; blaues Kästchen rechts) verbunden

analysen basieren, verwerten nur lineare Zusammenhänge zwischen Prädiktoren und Kriterien. Interaktionen zwischen Prädiktoren sind möglich, müssen dazu aber vorher spezifiziert werden. Mit den Künstlichen Neuronalen Netzen stehen statistische Auswertungsprogramme zur Verfügung, die auch komplexe, nichtlineare Verknüpfungen mehrerer Prädiktoren mit einem Kriterium entdecken und für die Vorhersage nutzen können.

Künstliche Neuronale Netze

Künstliche Neuronale Netze (s. Poddig & Sidorovitch, 2001) unterscheiden sich von den üblichen Regressionsmodellen zunächst dadurch, dass zwischen den Prädiktoren und dem Kriterium eine Zwischenschicht mit eingefügt wird, die den Zusammenhang zwischen ihnen vermittelt (◘ Abb. 5.5). Die Anzahl der »Neurone« in der Zwischenschicht ist frei wählbar. Zunächst werden die Verbindungen mit Zufallszahlen gewichtet; die Neurone »lernen« durch Variation der Gewichtung der einzelnen Pfade, wie sie das Kriterium optimal vorhersagen können. Nutzbringende Pfade werden iterativ verstärkt, während andere abgeschwächt werden. Das Modell wird so lange optimiert, bis die von ihm vorgesagten Kriteriumswerte gut zu den tatsächlichen passen. Künstliche Neuronale Netze sind robuste mathematische Algorithmen, für die nur relativ wenige Voraussetzungen erfüllt sein müssen. Allerdings besteht grundsätzlich immer die Gefahr, dass sie überangepasste Lösungen erzeugen, also Zufallsvarianz ausbeuten.

Studie: Künstliche Neuronale Netze sind linearer Vorhersage überlegen

Häusler und Sommer (2006) gelang es, mit einem Künstlichen Neuronalen Netz die Vorhersage des Ausbildungserfolgs mit Leistungstests als Prädiktoren gegenüber einer linearen Vorhersage zu verbessern. Schmidt-Atzert et al. (2011) untersuchten daraufhin, wie stabil solche Vorhersagemodelle sind. Sie analysierten zunächst einen Datensatz von 322 Chemikanten (Chemiefacharbeiter) mithilfe eines Künstlichen Neuronalen Netzes und einer multiple Regression (◘ Abb. 5.6). Zusätzlich kamen zwei einfache Vorhersagemodelle zum Einsatz, die ohne statistische Analysen auskommen: »Take the best« (Verwendung des besten Einzelprädiktors) sowie Gleichgewichtung aller Prädiktoren. Von allen Auszubildenden lagen die Ergebnisse ihrer Einstellungsuntersuchung (mehrere Subtests des Wilde Intelligenztests, technisches Verständnis und technisches Zeichnen) sowie ihre Leistungen in der schriftlichen Prüfung am Ende der Berufsausbildung vor.

Das Ergebnis von Häusler und Sommer (Künstliche Neuronale Netze liefern die beste Vorhersage) konnte so repliziert werden. Die multiple Regression lieferte die zweitbeste Vorhersage, gefolgt von der Einheitsgewichtung und dem besten Einzelprädiktor (Gesamtwert im Intelligenztest). Wurde das für Kohorte 1 optimierte Modell auf die nächste und übernächste Kohorte von Auszubildenden angewandt, erwies sich das Künstliche Neuronale Netz als wenig valide und wurde von den anderen Modellen übertroffen (lediglich der beste Einzelprädiktor war in Kohorte 3 noch schlechter).

5.3 · Das diagnostische Gutachten

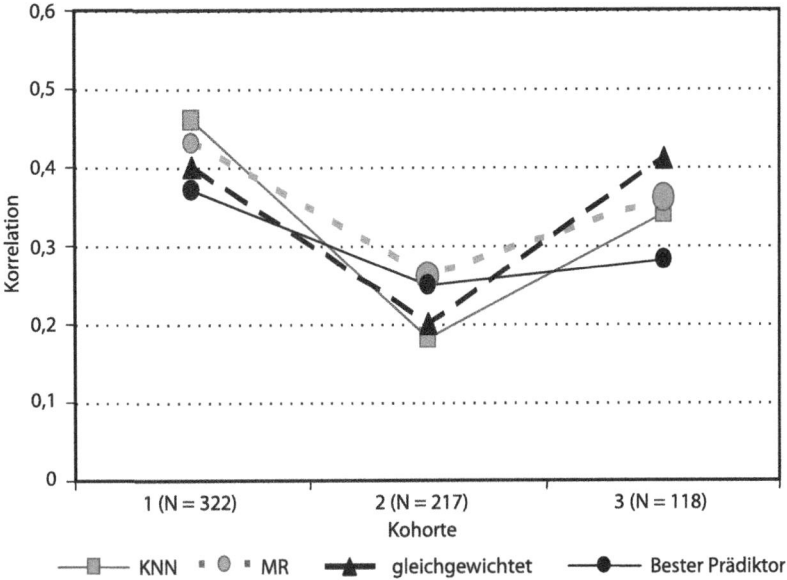

◘ Abb. 5.6 Vorhersage des Ausbildungserfolges von Chemikanten mit vier unterschiedlichen Modellen über drei Zeitpunkte (nach Schmidt-Atzert et al., 2011, Tab. 2). KNN = Künstliches Neuronales Netz, MR = multiple Regression

Wenn das Künstliche Neuronale Netz für Kohorte 2 angepasst wurde, hatte es wiederum eine höhere Validität als die multiple Regression. Bei Anwendung der Formel auf Kohorte 3 war jedoch die multiple Regression besser.

Fazit ist, dass bei der Anwendung von Künstlichen Neuronalen Netzen Vorsicht geboten ist. Man sollte immer auch prüfen, ob sich das Vorhersagemodell **über die Zeit hinweg** bewährt. Es gibt viele Gründe, warum sich die Vorhersagekraft eines Prädiktors bzw. die einer Prädiktorenkombination ändern kann: Ein Test wird nun auch von anderen Unternehmen zur Auswahl eingesetzt und ist dadurch Bewerbern vertraut, Ausbildungs- oder Prüfungsinhalte ändern sich, konjunkturell bedingt setzt sich die Bewerbergruppe unterschiedlich zusammen etc. Einfachere Modelle haben sich zumindest in dieser Studie als robuster erwiesen.

Stabilität berücksichtigen

Damit individuelle Diagnostik nicht zur esoterischen Kleinkunst verkommt, muss sie wissenschaftliche Kriterien erfüllen:

- Untersuchungshypothesen explizit darlegen,
- Auswahl der diagnostischen Verfahren, die zur Prüfung dieser Hypothesen am besten geeignet sind,
- Einsatz dieser Verfahren unter kontrollierten Untersuchungsbedingungen, die eine Wiederholung und einen Vergleich mit anderen Untersuchungen erst ermöglichen,
- Explikation der Entscheidungsregeln und
- Erfassung der Prognosegenauigkeit bzw. der Validität der Diagnose, soweit dies möglich ist.

wissenschaftliche Kriterien anlegen

Durch Explikation der Entscheidungsregeln wird Diagnostik zwar noch nicht valider, aber prinzipiell überprüf- und korrigierbar. Erst Rückmeldungen über Erfolg und Misserfolg seiner Arbeit ermöglichen dem Diagnostiker eine Korrektur seines diagnostischen Vorgehens.

Entscheidungsregeln offenlegen

5.3 Das diagnostische Gutachten

Die Fragestellung und der Untersuchungsplan zur Erhebung psychodiagnostischer Informationen, die eingesetzten Verfahren, die ermittelten Daten sowie die daraus gezogenen Schlussfolgerungen werden häufig in Form eines Gutachtens zusammengestellt. Ein Gutachtenausschuss im Berufsverband Deutscher Psychologinnen und Psychologen (BDP) hatte bereits 1985 eine Definition vorgeschlagen (Gutachtenausschuss, 1985, S. 4), die von einer Arbeitsgruppe in ihrem Bericht »Qualitätsstandards für psychologisch-diagnostische Gutachten« (in Vorbereitung) modifiziert wurde:

> **Definition**
>
> Ein psychologisch-diagnostisches Gutachten ist ein Bericht über die Beantwortung von konkreten Fragestellungen, die eine Person oder eine Gruppe von Personen betreffen. Die Antwort kommt durch Anwendung wissenschaftlich anerkannter Methoden und Kriterien nach feststehenden Regeln der Gewinnung und Interpretation von Daten zustande. Der zur Beantwortung der Fragestellung führende diagnostische Prozess wird transparent und nachvollziehbar dargestellt. Er umfasst die Herleitung psychologischer Fragen, die Auswahl und Anwendung von Erhebungsmethoden, die Darstellung und Interpretation der Ergebnisse sowie die Beantwortung der Fragestellung(en).

Dokumentation des diagnostischen Prozesses

Gewöhnlich wird das Gutachten in schriftlicher Form vorgelegt; manchmal erfolgt aber auch ein mündlicher Bericht, oder das schriftliche Gutachten wird zusätzlich mündlich erläutert. Eine Begutachtung ist identisch mit dem in ▶ Abschnitt 5.1 beschriebenen diagnostischen Prozess. In einem Gutachten wird dieser Prozess transparent und nachvollziehbar dargestellt; es ist der Bericht an den Auftraggeber.

Fragestellungen in vielen Arbeitsfeldern

Fragestellungen, Arbeitsfelder und Aufgabenbereiche für psychodiagnostische Gutachten

Die Fragestellungen, Arbeitsfelder und Aufgabenbereiche für psychodiagnostische Gutachten sind zahlreich, wie der nachfolgenden Auflistung zu entnehmen ist (nach Föderation Deutscher Psychologenvereinigungen, 1988):
- Schule (Schulfähigkeit, Lernfähigkeit; Lern-/Leistungsstörungen; Verhaltensauffälligkeiten; Schullaufbahnberatung)
- Universität/Hochschule (Zulassung zum Studium, z. B. Härtefälle; Wechsel des Studienortes/-faches; Zulassung zum Zweitstudium/ Doppelstudium)
- Versicherungsträger (Rentenfragen, Berufsunfähigkeit, Begründung psychotherapeutischer Interventionen, Rehabilitationsmaßnahmen mit beruflichen Einsatzmöglichkeiten usw.)
- Gesundheitswesen (im Falle klinisch-psychologischer Interventionen, bei psychiatrischen Fragestellungen, z. B. als Zusatzgutachten; bei Fragen der psychologischen Vorbereitung und Begleitung medizinischer Interventionen, z. B. Vorbereitung auf schmerzhafte diagnostische Behandlungen; bei Fragen der psychologischen Nachsorge nach medizinischen Interventionen, z. B. nach entstellenden Operationen oder dauerhaften Funktionseinschränkungen; bei Entscheidungen über ausgewählte medizinische Eingriffe, z. B. Sterilisation, Geschlechtsumwandlung, Schönheitsoperation)
- Öffentliche Verwaltung (z. B. Namensänderung)
- Arbeitsamt (heute Bundesagentur für Arbeit; Berufseignung, Berufslaufbahn, Beratung)
- Verkehrsbehörden (insbesondere Fahreignungsuntersuchungen)
- Kreiswehrersatzamt (Wehrdiensttauglichkeit)

▼

5.3 · Das diagnostische Gutachten

- Gerichte:
  - Vormundschaftsgericht (heute Betreuungsgericht; Pflegschaft, Vormundschaft, Adoption, Begutachtung bei Vernachlässigung oder Misshandlung des Kindes, Fürsorge, Erziehung, Begutachtung im Rahmen der freiwilligen Erziehungshilfe)
  - Familiengericht (Sorgerecht; Umgangsregelung)
  - Nachlassgericht (Testierfähigkeit)
  - Jugendgericht (Beurteilung von Reife, Schuldfähigkeit, Feststellung schädlicher Neigungen, des Entwicklungsstandes, heilerzieherische Behandlung u. ä.)
  - Strafgerichte (Schuldfähigkeit, Zeugenaussagen, Aussetzung einer Strafe auf Bewährung, Tatmotivation und Beurteilung des Unrechtbewusstseins usw.)
  - Strafvollzug (Haftfähigkeitsüberprüfung, Vollzugslockerung, Prognose zur bedingten Entlassung, Führungsaufsicht bei Straftätern, Gnadengesuche)
  - Zivilgericht (Prozessfähigkeit, zivilrechtliche Delikthaftung, Begutachtung im Rahmen von Schadenersatz- und Schmerzensgeldforderungen)
  - Arbeitsgericht (Begutachtung bei Kündigungen und arbeitsgerichtlichen Auseinandersetzungen)
  - Sozialgericht (Berufs- und Arbeitsfähigkeit)
  - Verwaltungsgericht (Schullaufbahnen, Fahreignungsuntersuchungen)
  - Beratung von Institutionen (Begutachtung bei Personalentscheidungen, medizinischen Vorsorgeuntersuchungen bei Fahr-, Steuer- und Überwachungstätigkeiten, Gutachten zur Arbeitsplatzgestaltung und betrieblichen Organisation u. a.)

Ethische Prinzipien Mit der Übernahme eines Gutachtenauftrags hat der Diagnostiker eine Vielzahl rechtlicher Bestimmungen und ethischer Grundsätze zu beachten. Die relevanten gesetzlichen Bestimmungen variieren stark mit dem Kontext der Begutachtung, die ethischen Grundsätze sind dagegen universell. Die Föderation der Deutschen Psychologenvereinigungen (1999) hat im Rahmen ihrer Ethischen Richtlinien verbindliche **Kriterien** für Gutachten und Untersuchungsberichte formuliert (verfügbar auch unter ▶ www.dgps.de/dgps/aufgaben/003.php):

ethische Richtlinien beachten

- **Sorgfaltspflicht:** Allgemein gilt, dass die Erstellung und Verwendung von Gutachten und Untersuchungsberichten von Psychologen größtmögliche sachliche und wissenschaftliche Fundiertheit, Sorgfalt und Gewissenhaftigkeit erfordern. Gutachten und Untersuchungsberichte sind frist- und formgerecht anzufertigen. Die föderativen Richtlinien für die Erstellung von Gutachten sind zu beachten.
- **Transparenz:** Gutachten und Untersuchungsberichte müssen für die Adressaten inhaltlich nachvollziehbar sein.
- **Einsichtnahme:**
  - Sind Auftraggeber und Begutachtete nicht identisch, kann das Gutachten bzw. der Untersuchungsbericht den Begutachteten nur mit Einwilligung des Auftraggebers zugänglich gemacht werden.
  - Psychologen sind gehalten, darauf einzuwirken, dass die Begutachteten ihr Gutachten bzw. den Untersuchungsbericht auf Wunsch einsehen können, sofern für sie kein gesundheitlicher Schaden zu befürchten ist.
  - Falls der Auftrag eine Einsichtnahme von vornherein ausschließt, müssen die Begutachteten vorab davon in Kenntnis gesetzt werden.
- **Gefälligkeitsgutachten:** Gefälligkeitsgutachten sind nicht zulässig, ebenso wenig die Abgabe von Gutachten, die Psychologen durch Dritte ohne eigene Mitwirkung erstellen lassen.

Stellungnahme zu Gutachten von Kollegen: Stellungnahmen zu Gutachten von Kollegen sind zulässig, wobei der Abschnitt B.II. (1) dieser Ethischen Richtlinien (kollegiales Verhalten) besonders zu beachten ist.

obligatorische und optionale Gliederungspunkte

Aufbau eines Gutachtens Ein Gutachten sollte bestimmte Gliederungspunkte enthalten; einige weitere Bestandteile sind dagegen nicht obligatorisch, können aber im Einzelfall sehr sinnvoll sein.

- Titelseite mit folgenden Angaben
    - Absender
    - Adressat
    - Auftraggeber
    - Evtl. Aktenzeichen des Auftraggebers
    - Überschrift (z. B. »Psychologisches Gutachten«)
    - Begutachtete Person (Name, Adresse)
    - Datum
    - Gutachter
- Evtl. Inhaltsverzeichnis (bei langen Gutachten)
- Evtl. Zusammenfassung (bei langen Gutachten)
- Untersuchungsanlass
- Fragestellung
- Evtl. Vorgeschichte
- Psychologische Fragen (oder »Unterfragen«)
- Untersuchungsmethoden
- Untersuchungsergebnisse
- Interpretation der Ergebnisse
- Stellungnahme
- Evtl. auch Empfehlungen
- Unterschrift
- Literatur
- Evtl. Anhang

genaue Angaben zum Probanden

Titelseite Die Titelseite informiert darüber, wer in wessen Auftrag von wem wann begutachtet worden ist. Die Überschrift »Psychologisches Gutachten« kann im Untertitel oder Nachsatz Informationen über den Gegenstand des Gutachtens enthalten (z. B. »zur Feststellung der Berufseignung«). Die untersuchte Person soll so genau spezifiziert werden, dass Verwechslungen nicht möglich sind. Neben dem vollen Namen können das Geburtsdatum und der Geburtsort genannt werden. Als Absender ist im Briefkopf oft eine Institution (z. B. eine Klinik bzw. Abteilung oder eine Praxisgemeinschaft) aufgeführt. Deshalb ist es sinnvoll, auf der Titelseite auch explizit die Person zu nennen, die das Gutachten verfasst hat. Für eventuelle Rückfragen ist dies sehr hilfreich.

Inhaltsverzeichnis und Zusammenfassung Bei sehr umfangreichen Gutachten wird dem eigentlichen Gutachten manchmal eine Zusammenfassung und/oder eine Gliederung mit Seitenzahlen vorangestellt. Das Inhaltsverzeichnis hilft dem Leser, wenn er gezielt bestimmte Informationen sucht.

Hintergrund der Begutachtung

Untersuchungsanlass Viele Fragestellungen werden nur verständlich, wenn der Untersuchungsanlass bekannt ist. Unter diesem Gliederungspunkt wird der Hintergrund beschrieben, vor dem sich die Begutachtung ergeben hat. Daraus wird meist auch der Zweck der Begutachtung ersichtlich.

Fragestellung Für die Fragestellung gilt, dass deren Formulierung exakt mit den diesbezüglich getroffenen Vereinbarungen zwischen Gutachter und Auftraggeber

5.3 · Das diagnostische Gutachten

übereinstimmen muss. Wurde die Fragestellung nach Rücksprache mit dem Auftraggeber modifiziert, wird die zuletzt vereinbarte Version aufgeführt.

Vorgeschichte Unter der Überschrift »Vorgeschichte« oder »Vorliegende Informationen« werden alle für die Beantwortung der Fragestellung relevanten Informationen unter Nennung der Quellen (Vorgutachten, Gerichtsakten etc.) aufgeführt, die nicht vom Gutachter selbst erhoben worden sind.

Psychologische Fragen Im Abschnitt »Psychologische Fragen« findet eine »Übersetzung« der allgemeinen Fragestellung in konkrete und mit empirischen Methoden beantwortbare Unterfragen statt. Diese Vorgehensweise dient einerseits der Strukturierung und Gliederung des diagnostischen Prozesses und andererseits der Erhöhung der Transparenz und Prüfbarkeit des Gutachtens; sie wirkt sich somit positiv auf die Verständlichkeit für die (meist psychologisch nicht geschulten) Leser aus. Die Begründungen, beispielsweise warum die emotionale Belastbarkeit des Probanden zur Beantwortung der Fragestellung untersucht werden muss, sollen für den Empfänger nachvollziehbar sein. Eine geordnete Darstellung nach Inhaltsbereichen (z. B. kognitive Leistungsfähigkeit, Interessen, soziales Umfeld) bietet sich an, wobei Wichtiges immer zuerst genannt wird.

Herleitung aus der Fragestellung

Grundsätzlich sollte an wissenschaftliche Erkenntnisse und gesicherte eigene Erfahrungen angeknüpft werden. Die Auswahl der psychologischen Fragen sollte aber nicht davon abhängen, welche Einfälle man gerade hat. Deshalb kann es hilfreich sein, systematisch nach Erklärungsansätzen zu suchen. Dabei bietet sich die **Verhaltensgleichung** nach Westhoff und Kluck (2008, S. 24 f.) an. Diese Formel fasst alle relevanten Variablen zusammen, die zur Erklärung, Vorhersage und Beeinflussung individuellen Verhaltens bedeutsam sind:

Verhaltensgleichung nutzen

$$V = f_1(U, O, K, E, M, S)$$

Danach ist Verhalten eine Funktion folgender Variablengruppen:
- Umgebungsvariablen (U; äußere Lebensbedingungen, z. B. Wohnsituation, finanzielle Situation)
- Organismusvariablen (O; körperliche Bedingungen, z. B. Krankheiten, Behinderungen)
- Kognitive Variablen (K; Leistungsfähigkeit und Inhalte des Wahrnehmens, Lernens und Denkens, z. B. Allgemeine Intelligenz, Intelligenzstruktur, Konzentration)
- Emotionale Variablen (E; z. B. emotionale Belastbarkeit, Umgang mit Gefühlen und Belastungen)
- Motivationale Variablen (M; z. B. Leistungs- und Machtmotiv, Interessen, Werte)
- Soziale Variablen (S; soziale Intelligenz, Normen, Einflüsse von »bedeutsamen Anderen«)
- und deren Wechselwirkungen

Im Rahmen des diagnostischen Prozesses kann durch die Verwendung der Verhaltensgleichung sichergestellt werden, dass keine relevanten Variablen unberücksichtigt bleiben.

Bei vielen Fragestellungen bietet es sich an, Anforderungen festzulegen, die erfüllt sein müssen. Bei eignungsdiagnostischen Fragestellungen wird explizit der Begriff »**Anforderungen**« bzw. »**Anforderungsprofil**« für die Gesamtheit aller Anforderungen verwendet. Beispielsweise stellt man fest, dass Piloten über englische Sprachkenntnisse, eine gute Aufmerksamkeitsleistung, eine hohe Intelligenz, gutes räumliches Vorstellungsvermögen etc. verfügen müssen. Deshalb beziehen sich bei eignungsdiagnostischen Gutachten die psychologischen Fragen auf solche Anforde-

Anforderungsmerkmale

rungsmerkmale. Das Konzept lässt sich aber auch auf viele andere Bereiche übertragen, ohne dass dieser Begriff dabei unbedingt verwendet wird. So sind psychische Störungen laut ICD-10 bzw. DSM-IV durch bestimmte Symptome definiert; um festzustellen, ob jemand eine bestimmte Störung hat, überprüft man, ob diese Anforderungen (die Symptome) vorliegen. Damit ein Straftäter nach seiner Entlassung nicht mehr rückfällig wird, muss er bestimmte Anforderungen, also Bedingungen erfüllen, die für eine gute Prognose sprechen. Grundsätzlich lassen sich kompensierbare von nichtkompensierbaren, stabile von instabilen und veränderbare von unveränderbaren Anforderungsmerkmalen unterscheiden (vgl. Westhoff & Kluck, 2008, S. 18 f.). Nichtkompensierbare Anforderungen müssen unbedingt erfüllt sein; hier ist es sinnvoll, Mindestwerte zu fordern. Beispielsweise wird zur Eignung zum Piloten unabdingbar ein gutes Sehvermögen gehören. Anforderungen können sich im Laufe der Zeit ändern, weil Berufsausbildungen, Schulsysteme, technische Hilfsmittel oder etwa die Software am Arbeitsplatz einem Wandel unterliegen. Anforderungsmerkmale, die auch in Zukunft von Bedeutung sein werden, sind wichtiger als solche, die nur noch vorübergehend relevant sind (vorausgesetzt, dass eine Position nicht nur vorübergehend besetzt werden soll). Veränderbare Merkmale der Person lassen sich durch Training oder Weiterbildung nachträglich so modifizieren, dass sie den Anforderungen entsprechen. Deshalb kann es angemessen sein, hier nur ein »soll« anstelle eines »muss erfüllt sein« zu fordern. Generell müssen die Anforderungen so definiert sein, dass sie messbar sind.

Verfahren präzise benennen

Untersuchungsmethoden und -ergebnisse Der Untersuchungsbericht umfasst die Methoden und die Ergebnisse. Beide Teile können separate Gliederungspunkte darstellen oder auch zusammen unter dem Abschnitt »Untersuchungsmethoden und -ergebnisse« behandelt werden. Im zweiten Fall wird jeweils ein Verfahren genannt und beschrieben; die Ergebnisse in diesem Verfahren schließen sich direkt daran an. Die eingesetzten **Untersuchungsmethoden** (einzelne Tests, Fragebögen, diagnostisches Interview etc.) werden kurz und verständlich beschrieben. Ein wesentlicher Bestandteil der Beschreibung ist die Angabe, was mit diesem Verfahren erfasst werden soll. Eine Formulierung kann beispielsweise lauten: »Zur Erfassung der allgemeinen Intelligenz wurde [Nennung des Tests] eingesetzt.« Tests werden präzise benannt: Der volle Testname (später kann eine hier eingeführte Abkürzung verwendet werden) gehört genauso dazu wie Autor(en) und Jahr. Manchmal ist es entscheidend, ob die alte oder neue Auflage eines Tests verwendet worden ist; die Normen können sich etwa geändert haben – daher ist eine präzise Angabe wichtig.

Auswahl der Verfahren begründen

In der Regel stehen zur Beantwortung einer Frage mehrere Methoden zur Auswahl; deshalb sollte begründet werden, warum dieses und nicht ein anderes Verfahren gewählt wurde. Argumente für die Auswahl eines bestimmten Verfahrens können beispielsweise sein: bewährtes Verfahren zur Erfassung von …, aktuelle Normen, einschlägige Validitätsbelege, hohe Messgenauigkeit, kann auch von Probanden mit geringen Deutschkenntnissen bearbeitet werden, kurze Bearbeitungszeit kommt der geringen Belastbarkeit des Probanden entgegen.

Durchführungsbedingungen beschreiben

Die Durchführungsbedingungen mit Angaben zu Ort und Zeit der Untersuchung, Abfolge der Verfahren, Durchführung in Einzel- oder Gruppensitzung, Untersucher und eventuell der Erwähnung besonderer Vorkommnisse (z. B. Störungen) sind ein fester Bestandteil der Untersuchungsmethoden.

hier keine Interpretationen

Zur Verbalisierung von **Untersuchungsergebnissen** wurden in ▶ Abschn. 4.4.5. bereits Vorschläge gemacht. Ergebnisse werden grundsätzlich in der Vergangenheitsform präsentiert. Wenn der Bericht verfasst wird, liegt die Erhebung der Daten zeitlich zurück; bei einer erneuten Erhebung könnte das Ergebnis auch anders ausfallen. Wichtig ist, dass an dieser Stelle noch keine Interpretation in Hinblick auf die Beantwortung der Fragen vorgenommen wird. Eine Relativierung von Rohwerten durch

5.3 · Das diagnostische Gutachten

Vergleich mit den Werten einer Normstichprobe ist nicht als Interpretation zu werten. Zu den Untersuchungsergebnissen gehört auch eine Beschreibung des Verhaltens des Probanden während der Untersuchung (Erscheinungsbild, Testverhalten, sprachlicher Ausdruck etc.).

Interpretation der Ergebnisse Dieser Teil des Gutachtens wird traditionell auch »Befund« genannt. Da im medizinischen Bereich das Wort »Befund« meist mit Untersuchungsergebnissen gleichgesetzt wird, sollte dieser Begriff zumindest in der Kommunikation mit Ärzten sowie mit Empfängern, die häufig auch ärztliche Gutachten lesen, nicht verwendet werden. Im Aufbau richtet sich die Interpretation der Ergebnisse nach den psychologischen Fragen. Die Themen der psychologischen Fragen können dabei als Zwischenüberschriften verwendet werden (z. B. »Allgemeine intellektuelle Leistungsfähigkeit«). Ziel ist es, die psychologischen Fragen zu beantworten. Dazu werden alle verfügbaren Informationen herangezogen, also nicht nur die selbst gewonnen Ergebnisse, sondern bei Bedarf auch Informationen aus vorliegenden Quellen (der Vorgeschichte). Es gilt, die Informationen aus mehreren Quellen zu **integrieren**, um eine Antwort auf eine psychologische Frage zu finden. So können beispielsweise Angaben über intellektuelle Fähigkeiten aus Zeugnissen (Vorgeschichte), einem Intelligenztest und der Verhaltensbeobachtung vorliegen, die dann zusammengefasst und aufeinander bezogen werden müssen. Übereinstimmungen werden ebenso erwähnt wie widersprüchliche Ergebnisse. Die Gründe für beobachtete Widersprüche können in den methodischen Besonderheiten der Verfahren (z. B. Selbst- vs. Fremdbeurteilung, eingeschränkter Geltungsbereich von Testergebnissen) und in den Durchführungsbedingungen (z. B. Ermüdung des Probanden) liegen und verdienen unbedingt eine Erörterung.

Psychologische Fragen beantworten

Bei der Interpretation ist es wichtig, Fakten (Ergebnisse) und deren Bewertung bzw. Interpretation für den Leser erkennbar zu trennen. Um diesem Anspruch gerecht zu werden, bieten sich zwei Varianten an: Es können zunächst alle relevanten Ergebnisse genannt werden, um dann deren Bedeutung im Hinblick auf die psychologische Frage zu erörtern; das Fazit steht also am Ende eines Abschnitts. Alternativ kann man jeden Abschnitt mit einer Antwort auf die psychologische Frage eröffnen. Beispielsweise kann unter der Überschrift »Allgemeine intellektuelle Leistungsfähigkeit« stehen: »Insgesamt sprechen die Ergebnisse dafür, dass Herr Conrad über eine hohe allgemeine Intelligenz verfügt.« Im Anschluss daran werden die Belege genannt, die dieses Fazit unterstützen. Dem Fazit (scheinbar) widersprechende Ergebnisse (beispielsweise schlechte Schulleistungen) werden unbedingt genannt, und es wird dargelegt, warum diese keinen echten Widerspruch zu der zuvor getroffenen Aussage darstellen. Beispielsweise könnten die schlechten Schulleistungen auf häufiges krankheitsbedingtes Fehlen im Unterricht zurückzuführen sein.

Fakten und deren Bewertung trennen

Zur Vorbereitung dieses Abschnittes bietet sich ein »**Befundbogen**« an (◘ Tab. 5.1), in dem man sich einen vollständigen Überblick über die vorliegenden Ergebnisse macht. Der Befundbogen verbleibt bei den eigenen Unterlagen und ist nicht Teil des abgelieferten Gutachtens. In der linken Spalte werden alle vorhandenen Datenquellen genannt. Die Nummerierung dient dazu, Verweise anzubringen (z. B. bei Übereinstimmungen »1, 4, 5«). Auf der rechten Seite stehen im Tabellenkopf die psychologischen Fragen, am besten in Form von Stichworten. Anstelle von »Bereich 1« in ◘ Tabelle 5.1 kann »kognitiver Bereich« stehen; Frage 1.1 kann »Konzentration« sein etc. In die Zellen trägt man zunächst die Informationen stichpunktartig ein; viele Zellen werden dabei leer bleiben, weil etwa ein Intelligenztest keine Informationen zu Persönlichkeitsmerkmalen liefert. Beispielsweise könnte unter »Konzentration« bei »1. Akten« stehen »Lehrer: passt nicht auf«, bei »2. Interview« als Zitat »Schule ist langweilig« und bei »5. Konzentrationstest« »KL: 120, F %: 115«. An Übereinstimmungen könnten im Beispiel 1 und 2 verzeichnet werden, während 1 und 2 im Widerspruch zu 5 stehen (5 > 1, 2). Ein Fazit könnte im Beispiel lau-

Befundbogen als Hilfsmittel

Tab. 5.1 Aufbau eines Befundbogens

Datenquelle	Psychologische Fragen							etc.
	Bereich 1				Bereich 2			
	Frage 1.1	Frage 1.2	Frage 1.3	Frage 1.4	Frage 2.1	Frage 2.2	Frage 2.3	
1. Akten								
2. Interview								
3. Intelligenztest								
etc.								
Übereinstimm.								
Widersprüche								
Fazit								

ten: »K.fähigkeit hoch, unkonz. Verhalten situativ bedingt.« Durch Verwendung eines Befundbogens kann sichergestellt werden, dass keine Information unberücksichtigt bleibt und dass Übereinstimmungen und Widersprüche erkannt werden.

Antwort auf die Fragestellung

Stellungnahme In der Stellungnahme findet der Leser schließlich eine klare und vollständige Antwort auf die Fragestellung. Unentscheidbares wird als solches kenntlich gemacht. Wenn auch eine andere Antwort naheliegend ist, soll dies erwähnt werden; die Gründe, warum der Gutachter diese Schlussfolgerung nicht zieht, sind darzulegen. Die Stellungnahme sollte auch für sich alleine verständlich sein. Dies wird erreicht, indem die Erkenntnisse, auf die sich eine Schlussfolgerung stützt, genannt werden. Damit wird auch Transparenz hergestellt: Der Leser kann nachvollziehen, wie die Stellungnahme zustande gekommen ist. Ausführungen, die über die Fragestellung hinausgehen, sind nicht mit dem Auftrag vereinbar.

Die persönliche Prädikation, z. B. »Frau X ist überdurchschnittlich erregbar«, ist angemessen. Die Stellungnahme wird, wie auch die Interpretation, im Präsens verfasst.

Empfehlungen Empfehlungen zu therapeutischen und anderen Maßnahmen sollten nur gegeben werden, wenn dies vorher ausdrücklich vereinbart worden ist. Dieser Gliederungspunkt wird also in vielen Gutachten fehlen.

Unterschrift, Literaturverzeichnis und Anhang Der Gutachter setzt am Ende seine Unterschrift (mit Ort und Datum) unter sein Werk. Im Literaturverzeichnis stehen exakte Angaben zu den verwendeten Verfahren (mit Angabe der Auflage) sowie zu eventuell zitierten Werken. Der Anhang kann Materialien enthalten, die für das Gutachten nur auszugsweise Verwendung gefunden haben, beispielsweise ein Interview im Wortlaut. Er kann dazu genutzt werden, den Text im Gutachten durch Verweise (»siehe Anlage 1.3«) von relativ unwichtigen Details zu befreien, um den »roten Faden« nicht abreißen zu lassen.

5.3 · Das diagnostische Gutachten

Für die einzelnen Teilbereiche (Fragestellung, Auswahl der Variablen für die psychologischen Fragen etc.) empfiehlt sich eine Kontrolle anhand von **Checklisten**, wie sie insbesondere Westhoff und Kluck (2008) vorgestellt haben. Damit wird gewährleistet, dass beim diagnostischen Prozess die Regeln entscheidungsorientierter Diagnostik bzw. alle relevanten Variablen berücksichtigt werden. In Bezug auf die Fragestellung beinhaltet die entsprechende Checkliste Punkte wie z. B. »Ist die Fragestellung eindeutig formuliert?« oder »Ist die Beantwortung der Fragestellung ethisch zu verantworten?«. Die Checklisten für die Auswahl relevanter Variablengruppen (Themen für psychologische Fragen) enthalten zahlreiche Vorschläge zu Umgebungs-, Organismus-, kognitiven, emotionalen, motivationalen und sozialen Variablen. Beispielsweise kann man bei der Suche nach geeigneten Umgebungsvariablen an die finanzielle Situation, die Wohnsituation, Verkehrsverbindungen, Kommunikationsbedingungen, die zur Verfügung stehende Zeit und weitere wichtige äußere Lebensbedingungen denken (die entsprechende Checkliste enthält diese Punkte). Im konkreten Begutachtungsfall ist es selbstverständlich auch denkbar, dass am Ende keine einzige psychologische Frage zu Umgebungsvariablen oder einer anderen Variablengruppe formuliert wird.

Checklisten

Qualität eines Gutachtens Woran kann man die Qualität eines Gutachtens erkennen? Zuerst wird man hier an die Richtigkeit denken. Leider ist die Richtigkeit nicht zur Beurteilung der Qualität geeignet, da oftmals kein Kriterium verfügbar ist, an dem man überprüfen kann, ob sich Aussagen als zutreffend erweisen oder nicht. Selbst wenn der Empfänger eines Gutachtens die Möglichkeit hätte, die Richtigkeit zu überprüfen, so würde sich diese Erkenntnis in der Regel erst ergeben, nachdem bereits wichtige Entscheidungen getroffen wurden. So mag ein Kraftfahrer als wieder geeignet zum Führen eines Kraftfahrzeuges beurteilt worden sein, und die Behörde hat ihm daraufhin wieder die Fahrerlaubnis erteilt. Ein Jahr später stellt sich vielleicht heraus, dass der Betreffende wieder mit seinem alten Problem Trunkenheit am Steuer auffällig geworden ist. Dem Mitarbeiter in der Behörde wäre damit nicht geholfen; er muss vor Wiedererteilung der Fahrerlaubnis wissen, ob er dem Gutachten vertrauen kann oder nicht.

Richtigkeit praktisch kaum überprüfbar

Empfehlungen, worauf bei der Erstellung von Gutachten zu achten ist und woran man deren Qualität festmachen kann, findet man in Diagnostiklehrbüchern sowie in Büchern zu Gutachten und zu speziellen Gutachten in einer Fachdisziplin wie Neuropsychologie (Hartje, 2004) oder familienpsychologische Begutachtung (Salzgeber, 2005). Von einem deutschen Berufsverband wurden erstmals 1986 »offizielle« Empfehlungen zur Gutachtenerstellung veröffentlicht, die auf der Arbeit eines Gutachtenausschusses im Berufsverband Deutscher Psychologinnen und Psychologen (Gutachtenausschuss im Berufsverband Deutscher Psychologinnen und Psychologen, 1985) basieren (Föderation Deutscher Psychologenvereinigungen, 1988, 1994). Kühne und Zuschlag haben 2001 ein Buch mit dem Titel »*Richtlinien für die Erstellung psychologischer Gutachten*« vorgelegt, das später (2006) in einer erweiterten Fassung (Zuschlag, 2006) erschien. Im Detail lassen sich einige Diskrepanzen zwischen den diversen Empfehlungen nachweisen. In den Jahren 2010 und 2011 hat eine Arbeitsgruppe »Qualitätsstandard für psychodiagnostische Gutachten« der Deutschen Gesellschaft für Psychologie die vorhanden Empfehlungen und Richtlinien gesichtet, eigene Überlegungen angestellt und dazu Kommentare von zahlreichen Experten eingeholt. Unabdingbare **Qualitätsanforderungen** beziehen sich auf zwei Bereiche:

viele unterschiedliche Empfehlungen

- Wissenschaftliche Fundierung des Vorgehens
    - Bezugnahme auf ein theoretisch begründetes methodisches Vorgehen
    - Formulierung von psychologischen Fragen, die anhand geeigneter diagnostischer Daten überprüfbar sind
    - Begründete Auswahl von Verfahren, die eine Prüfung der formulierten psychologischen Fragen ermöglichen

wissenschaftliche Fundierung

Nachvollziehbarkeit und Transparenz

- Begründete Festlegung von Entscheidungskriterien vor der Datenerhebung
- Berücksichtigung aller Ergebnisse, keine selektive Nutzung von Informationen
- Ableitung von Schlussfolgerungen unter Beachtung von wissenschaftlich gesicherten Gesetzmäßigkeiten zur Beantwortung der Fragestellung.
- Nachvollziehbarkeit und Transparenz: Es muss nachvollziehbar sein,
    - welche spezifischen Fragen bzw. Hypothesen untersucht und warum sie geprüft wurden,
    - zu welchen Ergebnissen der Gutachter gekommen ist und auf welchem Weg er sie ermittelte,
    - mit welchen Begründungen die gutachterlichen Schlussfolgerungen gezogen worden sind,
    - auf welchen Informationen die Beurteilungen beruhen.
- Die genannten Schritte sind sprachlich so darzustellen, dass der Adressat sie inhaltlich nachvollziehen kann.

Qualitätsanforderungen zu einzelnen Elementen des Gutachtens

Die Arbeitsgruppe argumentiert, dass es weitere wünschenswerte Qualitätsmerkmale gibt, die bei der Bewertung eines Gutachtens aber als nachrangig betrachtet werden sollten. Sie hat konkrete Qualitätsanforderungen zu folgenden Aspekten eines Gutachtens ausgearbeitet, begründet und mit Umsetzungsempfehlungen versehen:

- Auftragsannahme
- Herleitung der psychologischen Fragen
- Verfahren
- Untersuchung
- Ergebnisse
- Interpretation der Ergebnisse
- Beantwortung der Fragen des Auftraggebers

Die im vorliegenden Buch vorgenommenen Empfehlungen entsprechen denen der Arbeitsgruppe. Während der Drucklegung dieses Buches waren die »Qualitätsstandards« noch nicht veröffentlicht. Sie werden über die Homepage der Deutschen Gesellschaft für Psychologie (▶ www.dgps.de/) abrufbar sein.

> **Weiterführende Literatur**
>
> Von den Büchern zur Erstellung von Gutachten sind zwei besonders zu empfehlen, da sie auch konkrete Handlungsanweisungen enthalten: Westhoff und Kluck (2008) sowie Proyer und Ortner (2010).

? Übungsfragen
Kap. 5
1. Von welcher Zielsetzung war der diagnostische Prozess früher geleitet, und wie ist es heute?
2. Aus welchen Gründen sollte ein Diagnostiker einen Auftrag ablehnen?
3. Was bedeutet »hypothesengeleitetes Vorgehen« im Rahmen des diagnostischen Prozesses?
4. Wie ist der Begriff »diagnostisches Urteil« definiert?
5. Worin unterscheiden sich mechanische (statistische) und klinische Urteilsbildung?
6. Was ist der »Goldberg-Index«?
7. Zu welchem Ergebnis gelangen die Metaanalysen zum Vergleich von klinischer und mechanischer (statistischer) Urteilsbildung?
8. Nennen Sie Vor- und Nachteile der klinischen Urteilsbildung!

5.3 · Das diagnostische Gutachten

9. Welches Problem kann bei der Anwendung komplexer statistischer Urteilsmodelle (z. B. Künstliche Neuronale Netze) entstehen?
10. In welcher Beziehung stehen diagnostischer Prozess und Gutachten?
11. Nennen Sie die obligatorischen Hauptgliederungspunkte eines diagnostischen Gutachtens!
12. Welche Variablen werden in der Verhaltensgleichung aufgeführt, die zur Formulierung von psychologischen Fragen herangezogen werden können?
13. Was ist bei der Interpretation der Ergebnisse besonders zu beachten?
14. Welche Funktion hat ein Befundbogen, und wie ist er aufgebaut?
15. Welche Funktion hat die Stellungnahme im Gutachten?
16. Nennen Sie zwei unabdingbare Qualitätsanforderungen an ein Gutachten!

Zuordnungs- und Klassifikationsstrategien

6.1 Arten diagnostischer Entscheidungen – 410

6.2 Kompensatorische und konjunktive Entscheidungsstrategien – 411

6.3 Einstufige vs. mehrstufige Entscheidungsstrategien – 415

6.4 Entscheidungsfehler – 417

6.5 Festsetzung von Testtrennwerten – 421

6.6 Nutzenerwägungen – 423

6.7 Abschließende Bemerkungen – 428

© Springer-Verlag GmbH Deutschland 2012
L. Schmidt-Atzert (et al.), *Psychologische Diagnostik*, Springer-Lehrbuch,
https://doi.org/10.1007/978-3-642-17001-0_6

6.1 Arten diagnostischer Entscheidungen

Auf der Basis der erhobenen diagnostischen Informationen werden Entscheidungen über anstehende Fragen gefällt: Ein Bewerber wird eingestellt, ein Schüler wird einer bestimmten Unterrichtseinheit zugeordnet, ein Klient erhält eine Verhaltenstherapie, ein Strafgefangener wird nicht vorzeitig aus der Haft entlassen etc. Auch wenn die Entscheidung häufig nicht von dem Diagnostiker getroffen wird, so bereitet er sie doch vor und gibt manchmal sogar eine entsprechende Empfehlung ab.

Durch Diagnostik herbeigeführte Entscheidungen kann man nach verschiedenen Kriterien bewerten, die Cronbach und Gleser (1965) aufgestellt haben (◘ Tab. 6.1).

Entscheidung nutzt Institution oder Individuum

Eine Entscheidung ist von **institutioneller** Art, wenn eine Organisation (z. B. ein Betrieb) nach einem standardisierten Vorgehen alle Personen in der gleichen Weise untersucht. So müssen etwa alle Personen ein und denselben Test bearbeiten oder an einem Vorstellungsgespräch teilnehmen. Gesucht wird eine Entscheidungsregel, die den **Nutzen** vieler (gleichartiger) Entscheidungen für die Institution maximiert. So hat der Betrieb ein Interesse daran, die bestgeeigneten Personen für eine Stelle zu finden. Ganz anders gelagert sind dagegen die Verhältnisse, wenn ein **Individuum** auf einen Diagnostiker oder eine Institution zugeht, um beispielsweise Rat bei der anstehenden Berufswahl einzuholen. Hierbei interessiert allein der **individuelle** Nutzen (der sich über alle Personen hinweg auch als institutioneller Nutzen, z. B. für den gesamten Gesellschaftsverband, begreifen lässt).

Aufnahmequote fest oder variabel

Festgelegte Annahmequoten liegen vor, wenn z. B. nur eine bestimmte Zahl von Therapie- oder Ausbildungsplätzen zur Verfügung steht. Ist die Zahl der Bewerber größer als die der vorhandenen Plätze, erfolgt eine Auswahl. Hingegen ist bei **nichtfestgelegten** oder **variablen Annahmequoten** bei jeder Entscheidung das Ergebnis offen. Beispielsweise erhalten alle Personen eine Therapie, die als therapiebedürftig beurteilt worden sind.

»Behandlung«

Unter **Behandlung** werden sehr unterschiedliche Interventionen subsumiert. Es mag sich dabei um eine eng umschriebene Maßnahme handeln (wie z. B. die Therapie eines Klienten) oder um eine Kombination vieler einzelner »treatments« (wie z. B. den Einbezug der Familie oder der Arbeitskollegen in den Behandlungsplan).

einstufiges oder sequentielles Testen

Hauptsächlich denken Cronbach und Gleser (1965, S. 16) aber, wie Erläuterungen erkennen lassen, an die Unterscheidung zwischen **einstufigen** und **mehrstufigen** (sequentiellen) Testungen. Im ersten Fall erfolgt die Zuordnung auf der Basis einer punktuell-einmaligen Diagnose, im letzten als Resultat eines gestuften Vorgehens in mehreren Schritten (mehr dazu s.u.).

Selektion oder Platzierung

Sind **Ablehnungen** aufgrund von Testungen möglich, liegt die klassische Struktur von **Selektion**sparadigmen vor. Verbleiben hingegen alle Probanden im System und werden infolge der Diagnoseerstellung nur horizontal oder vertikal zu spezifischen Interventionen »verschoben«, spricht man von **Platzierung** (◘ Abb. 6.1a und b); niemand wird von einer (positiven) Intervention ausgeschlossen.

◘ Tab. 6.1 Arten diagnostischer Entscheidungen. (Nach Cronbach & Gleser, 1965, S. 16)

1. Nutzen der Entscheidungen geht zugunsten	Institution vs.	Individuum
2. Annahmequote	festgelegt vs.	variabel
3. Behandlungen	singulär vs.	multibel
4. Möglichkeit von Ablehnungen	ja vs.	nein
5. Informationsdimensionen	univariat vs.	multivariat
6. Entscheidungen	terminal vs.	investigatorisch

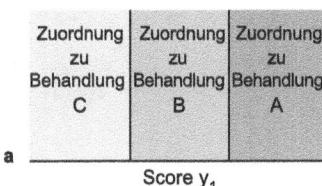 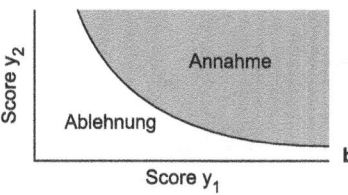

◘ **Abb. 6.1 a** Platzierung; **b** Selektion. (Aus Cronbach & Gleser, 1965, S. 13)

Die diagnostische Information kann sich auf eine Dimension beschränken (z. B. die Abiturnote), also **univariat** vorliegen, oder aus mehreren Dimensionen stammen und somit **multivariat** beschaffen sein (z. B. die Abiturnote und Allgemeine Intelligenz). Meist werden zur Erhöhung der Validität und damit auch der Entscheidungssicherheit mehrere Prädiktoren herangezogen, weil damit verschiedene Facetten des Kriteriums abgedeckt werden können.

univariate oder multivariate Informationen

Wird auf der Basis der diagnostischen Information ein Proband einer Behandlung zugeführt, in der er mehr oder weniger lange verbleibt (z. B. Übertragung einer neuen Verantwortung, Aufnahme in ein Ausbildungsprogramm), handelt es sich um eine **terminale Entscheidung**. Mit der Zuweisung ist die diagnostische Aufgabe abgeschlossen. Eine **investigatorische** Entscheidung stellt den ersten Schritt in einem mehrstufigen Entscheidungsverfahren dar. Ihr folgt direkt oder nach einer Behandlung eine weitere diagnostische Untersuchung, die dann entweder zu einer weiteren investigatorischen oder zu einer terminalen Entscheidung führt. Beispielsweise werden Bewerber in einem mehrstufigen Auswahlverfahren zunächst mit einem zu Hause zu bearbeitenden, internetbasierten Test untersucht. Die Personen mit »guten« Ergebnissen werden zu einer weiteren Untersuchung unter kontrollierten Bedingungen eingeladen. Aufgrund der Ergebnisse kommt eine terminale Entscheidung (Einstellung) oder eine weitere investigatorische Entscheidung (z. B. Praktikum im Betrieb mit einer sich anschließenden Verhaltensbeurteilung) zustande.

terminale oder investigatorische Entscheidung

Aus der Kombination aller Klassifikationskriterien mit allen anderen resultieren $2^6 = 64$ verschiedene Arten von diagnostischen Entscheidungen. Viele davon haben in der Praxis jedoch nur eine untergeordnete Bedeutung, so dass in diesem Abschnitt eine Beschränkung auf die häufiger vorkommenden Konstellationen erfolgen kann.

Kombinationsmöglichkeiten

6.2 Kompensatorische und konjunktive Entscheidungsstrategien

In der diagnostischen Praxis werden meist mehrere diagnostisch relevante Informationen über einen Probanden erhoben. So weist im eignungsdiagnostischen Bereich eine Anforderungsanalyse in der Regel darauf hin, dass ein Bewerber über mehrere Eigenschaften verfügen sollte. Im Folgenden werden Entscheidungsmodelle für den Fall vorgestellt, dass mehrere Kennwerte vorliegen. Die entscheidende Frage lautet: Wie kombiniert (oder verrechnet) man diese Informationen am besten? Der Einfachheit halber gehen wir von zwei Variablen aus; die Überlegungen gelten aber genauso für viele Variablen. Beispielsweise wird von einem Piloten verlangt, dass er über ein gutes Sehvermögen und eine hohe Konzentrationsfähigkeit verfügt. Die zu kombinierenden Merkmale werden im Folgenden als Prädiktoren bezeichnet, auch wenn sie nicht für eine Prognose, sondern eine Diagnose Verwendung finden.

Kombination von Informationen (Prädiktoren)

Ein **kompensatorisches** Entscheidungsmodell bedeutet, dass sich die Prädiktoren gegenseitig ausgleichen (kompensieren) können. Es wird ein Gesamtwert berechnet, in den beide Merkmale gleich gewichtet oder auch mit unterschiedlichen Gewichten eingehen. Die optimale Gewichtung kann man empirisch u. a. mittels multipler Regression ermitteln. Liegen von vielen Personen Daten zu den Prädiktoren (im Beispiel

kompensatorisches Modell

◘ **Abb. 6.2** Bei der Auswahl von Piloten ist ein kompensatorisches Entscheidungsmodell nicht angemessen: Eine unzureichende Leistung in einem wichtigen Eignungsmerkmal kann nicht durch eine hohe Ausprägung in einem anderen ausgeglichen werden. (Foto: © Carlos Santa Maria – Fotolia.com)

Sehvermögen und Konzentration) und dem Kriterium (hier Berufserfolg) vor, kann sich die Gewichtung nach den β-Gewichten einer multiplen Regressionsgleichung richten. Unabhängig von der Gewichtung der Prädiktoren impliziert dieses Entscheidungsmodell, dass ein und derselbe (globale) Prädiktionswert durch ganz verschiedene Merkmalskonfigurationen in den Einzeltests erreicht werden kann, oder mit anderen Worten: Niedrige Leistungen in einem Prädiktor können durch hohe in dem anderen wettgemacht werden; allerdings nicht in allen Fällen, wie ◘ Abbildung 6.2 zeigt.

Notendurchschnitt

Kompensatorische Modelle liegen der diagnostischen Praxis sehr häufig zugrunde. So kann beispielsweise das Ziel der Versetzung in die nächste Schulklasse auch bei starken Defiziten in bestimmten Fächern erreicht werden, wenn diese durch besonders gute Leistungen in anderen ausgeglichen werden (eine Fünf in einem Nebenfach ist durch eine Zwei in einem anderen kompensierbar, hingegen bedarf es bei einer Fünf in einem Hauptfach guter Noten in mehreren anderen Fächern usw.). Bei der Auswahl von Studienbewerbern für die medizinischen Studiengänge wurden in Deutschland lange Zeit die Testergebnisse in einem Studieneignungstest mit der Abiturnote zu einem Gesamtwert verrechnet. Der Gesamtwert war entscheidend für die Zulassung.

unterschiedliche Gewichtung der Prädiktoren

Das Entscheidungsmodell ist in ◘ Abbildung 6.3 mit zwei Varianten grafisch veranschaulicht. Probanden, die unterhalb der Cutoff-Linie liegen, werden abgelehnt, die darüber angenommen. Der gepunkteten Linie liegt eine Gleichgewichtung beider Prädiktoren zugrunde. Der Gesamtwert einer Person errechnet sich in diesem Fall als Mittelwert: Ges. = (SW A + SW B) / 2. Der kritische Gesamtwert beträgt hier 100. Beide Personen liegen knapp über der Cutoff-Linie und werden damit angenommen – obwohl sie bei je einem Prädiktor nur einen Standwert von 85 erreichen (der Wert von 120 bei einem anderen Prädiktor kompensiert dies). In Variante 2 (gestrichelte Linie) wird Prädiktor A stärker gewichtet als B. Deshalb liegt hier Person 2 mit ihrem hohen und stark gewichteten Standardwert von 120 bei Prädiktor A über der Cutoff-Linie. Person 1 kann ihren niedrigen Standardwert bei Prädiktor A (SW = 85) nicht mit dem schwächer gewichteten Wert von 120 bei Prädiktor B kompensieren.

»Oder-Strategie«

Nur ein kleiner Schritt ist es von der kombinatorisch-kompensatorischen Strategie zu einer **»Oder-Strategie«**. Dort ist es nicht notwendig, die Summe aus Teilkompetenzen zu bilden, sondern es genügen entsprechend hohe Punktwerte in **einem** der Prädiktoren. Eine solche Auswahlstrategie liegt dann nahe, wenn die durch das Kriterium geforderte Leistung entweder auf die eine oder auf die andere Weise erbracht werden kann. Ein guter Lehrer mag sich für seinen Beruf durch eine große Fähigkeit in Mathematik oder in Geschichte empfehlen – für das jeweils andere Fach wird er dann nicht eingesetzt.

6.2 · Kompensatorische und konjunktive Entscheidungsstrategien

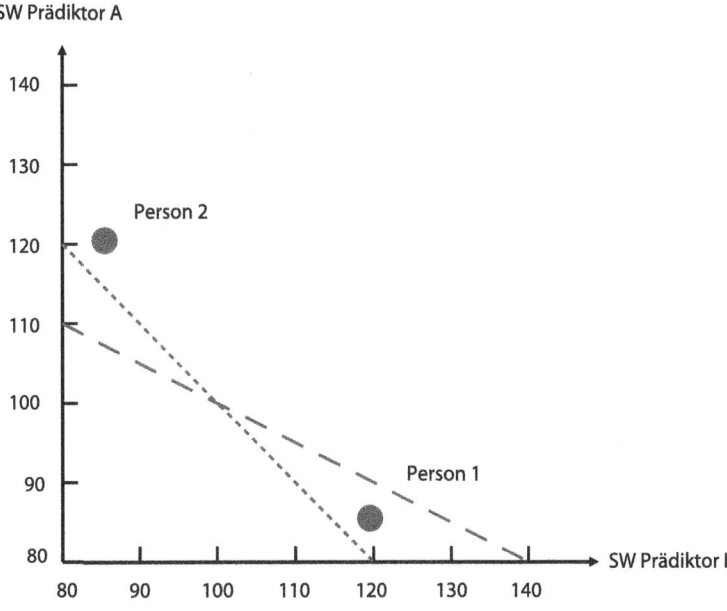

Abb. 6.3 Kompensatorisches Entscheidungsmodell (Erläuterungen im Text)

In ◘ Abbildung 6.4 wird folgende Entscheidungsstrategie dargestellt: Ein Proband muss entweder bei Prädiktor A einen Standardwert über 110 haben (unabhängig davon, wie hoch oder niedrig sein Wert bei Prädiktor B ist) oder bei Prädiktor B einen Wert über 100. Beide Personen werden angenommen. Person 1 wird aufgrund ihres Standardwertes von 130 bei Prädiktor A angenommen; ihr niedriger Wert bei Prädiktor B hat keinerlei Bedeutung. Person 2 liegt zwar weit unter dem kritischen Wert von 110 bei Prädiktor A, aber übertrifft knapp den Mindestwert von 100 bei Prädiktor B.

Kompensatorische Strategien sind immer dort dysfunktional, wo in jedem Teilbereich bestimmte Mindestleistungen unabdingbar vorliegen müssen, um eine Tätigkeit erfolgreich ausführen zu können. Beispielsweise kann ein Chirurg nicht mangelnde feinmotorische Kompetenz durch Intelligenz kompensieren, ein Pilot nicht fehlende

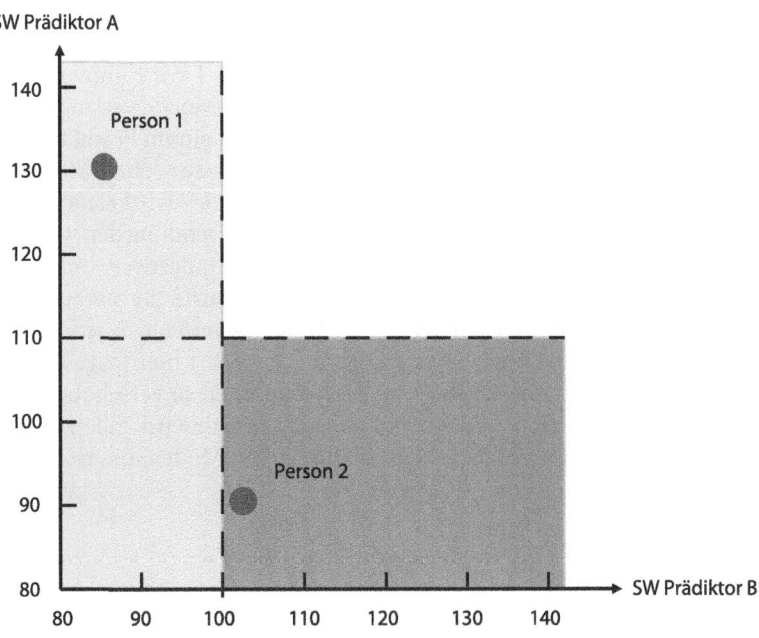

Abb. 6.4 Entscheidungsmodell mit »Oder-Strategie« (Erläuterungen im Text)

Abb. 6.5 Entscheidungsmodell mit »Und-Strategie« (Erläuterungen im Text)

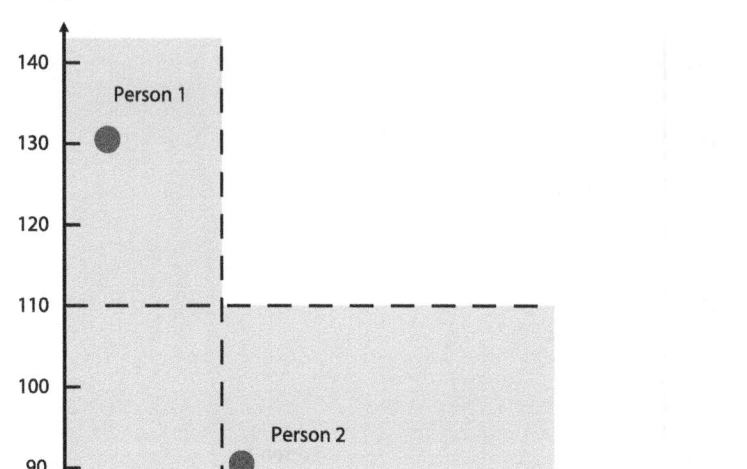

»Und-Strategie« und »multiple cutoff«

Sehtüchtigkeit durch gute räumliche Orientierung, ein Systemüberwacher nicht Ausfälle der Daueraufmerksamkeit durch kognitive Flexibilität etc.

Hier besteht also die Forderung nach Leistungen in dem einen und dem anderen Bereich, weshalb diese Modelle auch **konjunktive** bzw. **»Und-Strategien«** heißen. Probanden, die zuvor festgelegte Mindestwerte in den Prädiktoren nicht erreichen, werden »abgeschnitten«; deshalb wird auch von einem »multiple cutoff«-Modell gesprochen.

In ◘ Abbildung 6.5 werden die gleichen Cutoff-Werte verwendet wie im »Oder-Modell« von ◘ Abbildung 6.4 – aber nun wird gefordert, dass bei *beiden* Prädiktoren die Mindestwerte erreicht sein müssen (also den blau gefärbten Ablehnungsbereich verlassen müssen). Daraus resultiert ein insgesamt konservativeres Vorgehen, d. h. die Anforderungen sind höher, um in die Kategorie der Zugelassenen zu gelangen. Deshalb werden hier beide Personen abgelehnt.

Entscheidungsmodell hat Konsequenzen für die Person

Die drei Strategien führen im Einzelfall zu unterschiedlichen Entscheidungen, wie aus ◘ Abbildung 6.6 hervorgeht. Lediglich Person 1 wird immer angenommen und Person 2 immer abgelehnt. Das kompensatorische Modell verlangt einen Gesamtwert über 110; beim »Oder-Modell« genügt es, wenn bei **einem** Prädiktor ein Standardwert über 110 vorliegt. Person 3 erreicht im kompensatorischen Modell nicht den kritischen Gesamtwert. Auch nach der »Und-Strategie« wird sie abgelehnt, da sie den Mindestwert für Prädiktor B nicht erreicht. Bei Anwendung der »Oder-Strategie« wird sie jedoch akzeptiert, da sie bei Prädiktor A den Mindestwert weit überschreitet. Person 4 schließlich wird sowohl nach der kompensatorischen als auch nach der »Oder-Strategie« angenommen; bei der »Und-Strategie« verfehlt sie jedoch knapp den Mindestwert für Prädiktor A. Die »Und-Strategie« führt hier insgesamt zu einer hohen Ablehnungsquote. Aber auch wenn die Trennlinien so verschoben werden, dass immer die gleiche Anzahl von Personen angenommen wird, fallen die Entscheidungen für einzelne Personen je nach zugrunde gelegtem Modell unterschiedlich aus.

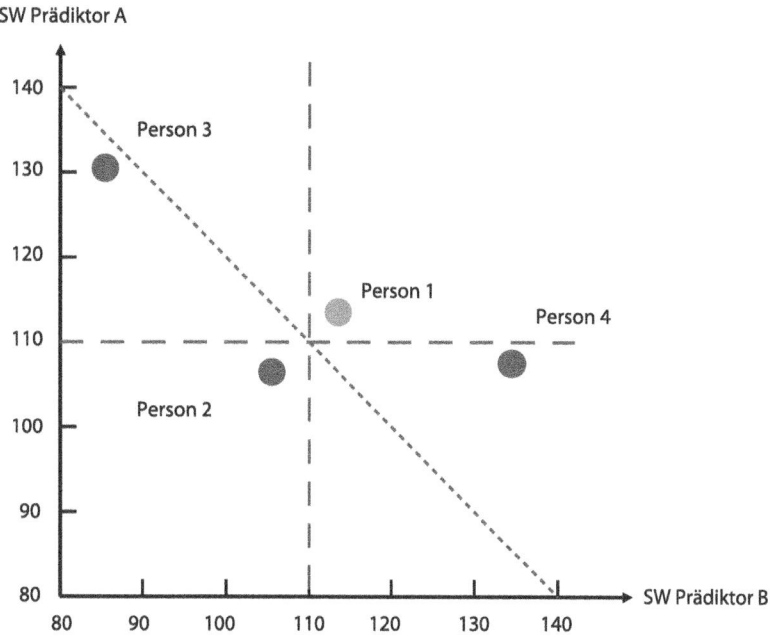

◘ Abb. 6.6 Konsequenzen unterschiedlicher Modelle auf die individuelle Entscheidung (Erläuterungen im Text)

6.3 Einstufige vs. mehrstufige Entscheidungsstrategien

Persönliche Entscheidungen sind meist ein Glied in einer langen Kette von Entscheidungen. So trifft ein Abiturient vielleicht die Entscheidung zugunsten eines bestimmten Studiums. Nach dem ersten Semester stellt er fest, dass ihn die Materie zu wenig interessiert und wechselt deshalb zu einem anderen Fach. Dort fühlt er sich überfordert und wendet sich wieder seiner ursprünglichen Wahl zu, diesmal jedoch mit anderen Schwerpunkten. Nach dem Examen geht er in die freie Wirtschaft, gründet später selbst eine Firma, die er nach einigen Jahren wegen starker Konkurrenz aufgeben muss, was eine erneute Umorientierung nötig macht etc.

Ähnliches gilt für **institutionelle Entscheidungen:** Zu Vorprüfungen in einigen Studiengängen wird nur zugelassen, wer die notwendigen Leistungsnachweise in einzelnen Lehrveranstaltungen erbracht hat. Wiederholtes Nichtbestehen der Zwischenprüfungen führt zum Ausschluss aus dem System (d. h. dem Studiengang). Aber auch nach dem Ablegen der Zwischenprüfungen muss in weiteren Lehrveranstaltungen und Prüfungen unter Beweis gestellt werden, dass man vom Angebot des Treatments »Lehre« in hinreichender Weise profitiert hat. Die Institution Universität sammelt also im Sinne eines investigatorischen Vorgehens fortwährend diagnostische Informationen über den Leistungsstand jedes Studierenden. Ganz ähnlich wird in Behörden, Betrieben und auch im Bereich des sportlichen Wettkampfes verfahren.

Setzt man Tests an die Stelle der Tätigkeiten, so wird klar, dass definitiv »terminale« Entscheidungen selten oder auf jene Fälle beschränkt sind, in denen eine institutionelle Entscheidungsinstanz eine Person aus ihrem System entlässt und damit keine weiteren Informationen mehr über sie erhebt. Sequentielles Vorgehen ist in der Lebenswirklichkeit offenkundig die Regel.

Zur Erläuterung der nun beschriebenen Auswahlstrategien wird auf Abbildungen (◘ Abb. 6.7a-e) verwiesen. Die beiden Achsen stellen die Ausprägung der Prädiktoren dar. Die Personen verteilen sich auf die Kreisfläche; Fälle außerhalb der Kreise können ignoriert werden, weil es sich um sehr seltene Extremwerte handeln würde. Die Gesamtzahl der Personen wird nun nach unterschiedlichen Strategien in aufgenommene (blaue Fläche) und abgelehnte (helle Fläche) unterteilt.

persönliche Entscheidungen

institutionelle Entscheidungen

Terminale Entscheidungen sind selten

Abb. 6.7a–e Zwei nichtsequentielle (**a** und **b**) und drei sequentielle (**c–e**) Auswahlstrategien. (Aus Cronbach & Gleser, 1965, S. 73)

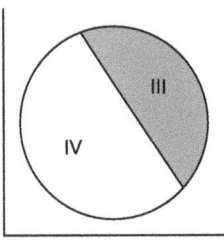
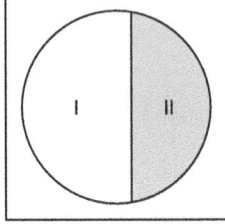

a Nichtsequentielle Batterie   **b** Einzelteststrategie

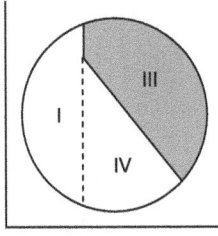
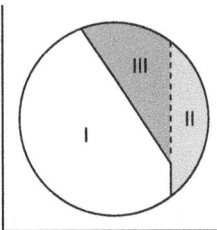
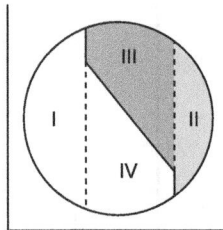

c Vorauswahl   **d** Vorentscheidung   **e** Vollständige sequentielle Strategie

einstufiges Vorgehen

In der diagnostischen Praxis kommt aus Zeit- und Kostengründen das **einstufige Vorgehen** recht häufig vor. Hier unterscheidet man:
- »**Nichtsequentielle Batterie**« (Abb. 6.7a): Die gesamte Batterie von diagnostischen Verfahren wird an alle Probanden vorgegeben, und es werden diejenigen Probanden ausgewählt, die in dem zugrunde gelegten Entscheidungsmodell die höchsten Werte erzielen (Gruppe III in Abb. 6.7a). Zur Auswahl kann etwa der (optimal gewichtete) Summenwert herangezogen werden.
- »**Single screen**« (Abb. 6.7b): Auf einem diagnostischen Verfahren allein fußen alle weiteren Entscheidungen. Der Aufnahmebereich ist in Abbildung 6.7b mit II gekennzeichnet.

sequentielles Vorgehen

Innerhalb des **sequentiellen Vorgehens** sind die folgenden drei Grundmuster möglich:
- **Vorauswahl-(Pre-reject-)Strategie** (Abb. 6.7c): Nach einem ersten Test werden alle Probanden, die einen bestimmten Wert nicht erreichen, von weiteren Untersuchungen ausgeschlossen und zurückgewiesen (I). Die verbleibenden Probanden absolvieren weitere Verfahren. Die Entscheidung über Annahme (III) vs. Ablehnung (IV) wird aus der Kombination zwischen Erst- und Folgetests getroffen (Abb. 6.8).
- **Vorentscheidungs-(Pre-accept-)Strategie** (Abb. 6.7d): Nach einem ersten Test werden alle Probanden, die einen bestimmten Trennwert überschreiten, bereits (terminal) akzeptiert (II). Mit den verbleibenden Probanden wird analog zur Vorauswahlstrategie verfahren. Die noch nicht akzeptierten Probanden absolvieren weitere Verfahren. Die Entscheidung über Annahme (III) vs. Ablehnung (I) wird aus der Kombination zwischen Erst- und Folgetests getroffen.
- **Vollständige sequentielle Strategie** (Abb. 6.7e): Diese Strategie stellt eine Kombination der beiden vorgenannten Vorgehensweisen dar. Nach Maßgabe der Punktwerte in einem Test erfolgt eine Aufteilung aller Probanden in drei Gruppen, eine, die (terminal) akzeptiert (II), eine andere, die definitiv abgewiesen (I), und eine dritte, die mit einem Folgetest untersucht wird. Die Entscheidung über Annahme (III) vs. Ablehnung (IV) wird aus der Kombination zwischen Erst- und Folgetests getroffen.

6.4 · Entscheidungsfehler

Abb. 6.8 Beispiel für eine Vorauswahlstrategie: Zur Fahrprüfung wird nur zugelassen, wer zuvor die theoretische Prüfung bestanden hat. (Foto: © Martinan – Fotolia.com)

Die relative Überlegenheit von sequentiellen zu nichtsequentiellen Strategien ist bei institutionellen Entscheidungen an Nutzenüberlegungen (▶ Kap. 6.6) gekoppelt. Die Gewinne, die eine Organisation daraus erwirtschaftet, dass auf der Basis von diagnostischen Untersuchungen die Bestgeeigneten identifiziert werden, sind im Vergleich zu den Kosten zu sehen, die durch das Auswahlverfahren entstehen. Sequentielle Entscheidungen lassen sich stets auf eine Folge einstufiger Klassenzuordnungen reduzieren. Deshalb genügt es, nachfolgend einige grundlegende Probleme nur für einstufige Strategien zu besprechen.

Die sequentielle Strategie ist meist überlegen

6.4 Entscheidungsfehler

Die zentrale Aufgabe von **Zuordnungsstrategien** besteht darin, Fehler bei der Klassenzuordnung zu vermeiden. Derartige Fehler liegen immer dann vor, wenn die Zuordnung aufgrund der Prädiktorvariablen nicht mit der tatsächlichen Klassenzugehörigkeit übereinstimmt.

Fehler bei der Klassenzuordnung vermeiden

Für den Fall von zwei Klassen sind in ■ Tabelle 6.2 die vier möglichen Kombinationen von Übereinstimmung/Nichtübereinstimmung der Vorhersagen des Prädiktors mit der »wahren« Kategorienzugehörigkeit zusammengestellt, und zwar der besseren Anschaulichkeit halber mit den aus der klinischen Diagnostik dafür gebräuchlichen Begriffen.

K_{A+} bzw. K_{A-} bezeichnen die Kategorien der klinisch Kranken und Gesunden. $K_{\hat{A}+}$ und $K_{\hat{A}-}$ stehen für die aufgrund der Prädiktoren geschätzte Klassenzugehörigkeit. Demnach sind zwei Arten von **Zuordnungsfehlern** zu unterscheiden:
- Fehler erster Art: FP = falsche Positive, d. h. Personen werden als krank bezeichnet, obwohl sie gesund sind.
- Fehler zweiter Art: FN = falsche Negative, d. h. Personen werden als gesund diagnostiziert, obwohl sie der Krankengruppe angehören.

Fehler erster und zweiter Art

Im Anschluss an ■ Tabelle 6.2 sind die Gütekriterien aufgeführt, die zur Beschreibung einer Entscheidungsstrategie errechnet werden können (nach Noack & Petermann, 1992, S. 299):
- **Sensitivität:** die Wahrscheinlichkeit, mit der ein vorliegender positiver Zustand als solcher erkannt wird

Gütekriterien einer Entscheidungsstrategie

Tab. 6.2 Arten richtiger und falscher Klassenzuordnung, zusammen mit den Zuordnungsregeln und Risiken für Fehlentscheidungen bei der statistischen Hypothesentestung. (Überarbeitet nach Kallus & Janke, 1992, S. 175 und 178)

		Zuordnung aufgrund des Prädiktors		
		Grundrate $K_{\hat{A}+}$ (Diagnose »krank«)	Grundrate $K_{\hat{A}-}$ (Diagnose »gesund«)	
Tatsächliche Zugehörigkeit	K_{A+} (krank)	richtige Zuordnung (+; +) **TP (wahre Positive)** richtig als krank identifizierte Kranke (Formel) $p(TP) = P(K_{\hat{A}+} \cap K_{A+})$	falsche Zuordnung Typ 2 (–; +) **FN (falsche Negative)** fälschlich als gesund bezeichnete Kranke $p(FN) = P(K_{\hat{A}-} \cap K_{A+})$	$p(K_{A+})$
		Risiko: $1 - \beta$	Risiko: β	
	K_{A-} (gesund)	falsche Zuordnung Typ 1 (+; –) **FP (falsche Positive)** fälschlich als krank bezeichnete Gesunde $p(FP) = P(K_{\hat{A}+} \cap K_{A-})$	richtige Zuordnung (–; –) **TN (wahre Negative)** richtig als gesund identifizierte Gesunde $p(TN) = P(K_{\hat{A}-} \cap K_{A-})$	$p(K_{A-})$
		Risiko: α	Risiko: $1 - \alpha$	
		$p(K_{\hat{A}+})$	$p(K_{\hat{A}-})$	1

$\dfrac{P(K_{\hat{A}+} \cap K_{A+})}{p(K_{A+})} \triangleq \dfrac{TP}{TP+FN}$ Sensitivität der Zuordnungsregel (Anteil der richtig diagnostizierten Kranken in der Gruppe der Kranken)

$\dfrac{P(K_{\hat{A}-} \cap K_{A-})}{p(K_{A-})} \triangleq \dfrac{TN}{FP+TN}$ Spezifität der Zuordnungsregel (Anteil der richtig diagnostizierten Gesunden in der Gruppe der Gesunden)

$\dfrac{P(K_{\hat{A}-} \cap K_{\hat{A}+})}{p(K_{\hat{A}+})} \triangleq \dfrac{TP}{TP+FP}$ Positiver Prädiktionswert (Anteil der richtig diagnostizierten Kranken an allen als krank diagnostizierten Personen)

$\dfrac{P(K_{\hat{A}-} \cap K_{A-})}{p(K_{\hat{A}-})} \triangleq \dfrac{TN}{FN+TN}$ Negativer Prädiktionswert (Anteil der richtig diagnostizierten Gesunden in der Gruppe der als gesund diagnostizierten Personen)

- **Spezifität:** die Wahrscheinlichkeit, mit der ein vorliegender negativer Zustand als solcher erkannt wird
- **Positiver Prädiktionswert:** die Wahrscheinlichkeit, mit der eine positive Diagnose zutreffend ist
- **Negativer Prädiktionswert:** die Wahrscheinlichkeit, mit der eine negative Diagnose zutreffend ist

Taylor-Russell-Tafeln

Sensitivität und Spezifität lassen sich unabhängig von den Grundraten oder der Prävalenz bestimmen; hingegen unterliegen die Prädiktions- oder Vorhersagewerte sehr stark deren Einfluss. Das wird sogleich deutlich, wenn man sich den Grundlagen der Selektion und dort insbesondere den Bemühungen von Taylor und Russell (1939) um eine Verbesserung der Effizienz von Auswahlentscheidungen zuwendet. Beide Autoren haben erstmals gezeigt (und dafür ausführliche Tabellenwerke erstellt), dass es auch bei Tests mit einer nur mäßigen Validität möglich ist, hochgradig effizient auszuwählen, d. h. weitgehend nur diejenigen Bewerber zu finden, die später auch erfolgreich sein werden. Voraussetzungen dafür sind allerdings hohe Grundraten der ohne Testung Erfolgreichen und eine niedrige Selektionsrate. Die Prinzipien sind schema-

6.4 · Entscheidungsfehler

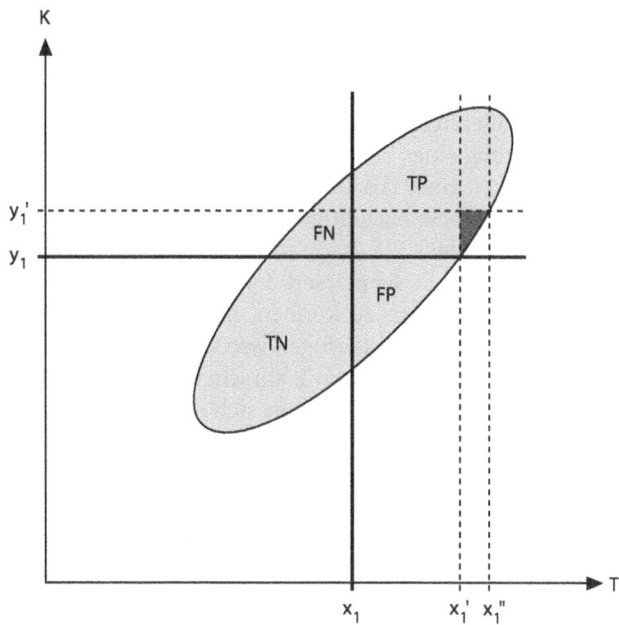

Abb. 6.9 Anteile von: Richtig klassifiziert Positiven (TP), falsch klassifiziert Positiven (FP), falsch klassifiziert Negativen (FN) und richtig klassifiziert Negativen (TN). Im Fall von FP lautet die Diagnose aufgrund des Tests »erfolgreich«, obwohl die Probanden im Kriterium nicht erfolgreich sind, im Fall von FN »nicht erfolgreich«, obwohl Erfolg tatsächlich vorliegt

tisch in ◘ Abbildung 6.9 veranschaulicht. Test und Kriterium sind hier – dem Regelfall entsprechend – positiv gepolt, d. h. höhere Werte stehen jeweils für höhere Leistungen im Test und höheren »Erfolg« im Kriterium. Um die Gegebenheiten aus ◘ Tab. 6.2, wo es um die Identifikation von Krankheiten ging, darauf zu übertragen, müssten höhere Werte in T und K mit größerer Wahrscheinlichkeit von »Krankheit« gleichgesetzt werden, was durchaus Sinn macht, wenn man etwa Skalen für Krankheitsdisponiertheit einsetzt; die Erfüllung des Kriteriums »Krankheit« wäre in diesem Sinne der Vorhersage gemäß ein »Erfolg«, obwohl Krankheit als solche üblicherweise damit nicht gleichgesetzt wird.

Das Verhältnis der im Kriterium erfolgreichen Probanden zur Gesamtzahl aller Messwertträger, also der Quotient (TP+FN)/N definiert die Basisrate; dafür ist auch die Bezeichnung »**natürlicher Eignungsquotient**« geläufig (»success without use of test«).

Effizienz der Entscheidungen

Die Effizienz der Auslese bemisst sich nach dem Anteil der Geeigneten an allen Ausgewählten, also gemäß TP/(TP+FP). Dieser Term heißt »selektiver Eignungsquotient« und ist, wie ein vergleichender Blick auf ◘ Tabelle 6.2 lehrt, identisch mit dem dort aufgeführten »**positiven Prädiktionswert**«. Verändert man den Testtrennwert, der über Annahme oder Ablehnung entscheidet, von x_1 zu x'_1, so stellt sich ein positiver Prädiktionswert von 1,0 ein (d. h. alle durch den Test Ausgewählten sind auch tatsächlich erfolgreich). Dieser ist allerdings auch abhängig von der Grundrate, denn wenn diese anstelle von y_1 durch den Kriteriumstrennwert y'_1 definiert wäre, würde ein Trennwert x'_1 noch einen kleinen Teil von FP mit auswählen (in der Abbildung dunkelblau gekennzeichnet). Deshalb bedürfte es eines noch weiter hinausgeschobenen Testtrennwertes x''_1, um auch bei der niedrigeren Rate natürlicher Eignung einen höchstmöglichen positiven Prädiktionswert zu gewährleisten. Es fällt also leichter, bei einer hohen Grundrate geeigneter Probanden effektiv im Sinne dieser Konzeption zu arbeiten, oder mit anderen Worten: Die Güte des Zuordnungsverfahrens hängt stark von der Grundrate ab.

selektiver Eignungsquotient

Was diese Güte angeht, so wird sie allgemein in dem Sinne definiert, dass eine Regel »zulässig« ist, wenn es keine andere gibt, die besser ist. »Besser« bedeutet mindestens so gute Trefferraten in jeder der Klassen und Überlegenheit in mindestens

Bedeutung der Fehlerarten unterschiedlich

einer weiteren. Dabei können Nutzenerwägungen eine Rolle spielen, die Abhebung von Zufallstreffern oder eine besondere Gewichtung spezifischer Kategorien. So kann beispielsweise die Zuordnung zur Kategorie $K_{\hat{A}+}$ in ◘ Tabelle 6.2 als eine Entscheidung mit der größeren Bedeutung (»Alternativhypothese«) angesehen werden, weil nur dies die Einleitung einer Behandlung sicherstellt. Deshalb kommt es darauf an, die Wahrscheinlichkeit einer fälschlichen Nichtzuordnung zu dieser Klasse (also die Annahme der Nullhypothese bei gültiger Alternativhypothese) zu minimieren (= Fehler zweiter Art, FN, β-Fehler).

bedingte Fehlerzuordnungswahrscheinlichkeiten

Damit sind die Prinzipien der statistischen Hypothesenprüfung angesprochen. Um diese anwenden zu können, müssen die **bedingten Fehlerzuordnungswahrscheinlichkeiten** herangezogen werden. Das heißt, die in den Feldern von ◘ Tabelle 6.2 eingetragenen absoluten Wahrscheinlichkeiten müssen auf die jeweiligen Grundraten relativiert werden (woraus sich die Formeln im unteren Teil der Tabelle ergeben).

Entscheidungsregeln

Um die Fehler bei Zuordnungsverfahren gering zu halten, bieten sich mehrere Arten von **Entscheidungsregeln** an (nach Kallus & Janke, 1992, S. 179):

Verschiebung des Entscheidungskriteriums

- **Das Neyman-Pearson-Kriterium** erlaubt es, unterschiedliche Risiken von Fehlentscheidungen in die Klassenzuordnungsunterscheidung mit einzubeziehen. Sein Prinzip besteht darin, das Modell der statistischen Hypothesenprüfung auf die Klassenzuordnungsentscheidung anzuwenden. In Analogie zur Festlegung des kritischen Wertes der Teststatistik bei der Hypothesenprüfung wird das Entscheidungskriterium so verschoben, dass das Risiko für den Fehler erster Art unterhalb eines frei bestimmbaren Wertes liegt (z. B. α < 0,05 oder 0,01 usw.). Allerdings wächst mit der Reduzierung des Fehlers erster Art derjenige zweiter Art, und zwar in einem unbekannten Ausmaß. Deshalb ist ein solches Modell nur in Situationen sinnvoll, in denen Fehlentscheidungen zweiter Art vergleichsweise unbedeutend sind. In der klinischen Diagnostik dürften solche Fehler aber gravierendere Ausmaße aufweisen als diejenigen erster Art (weil die Vorenthaltung einer Behandlung im Zweifelsfall die Gefahr größerer Fehlentwicklungen beinhaltet als die Vornahme einer überflüssigen Behandlung und die damit möglicherweise einhergehende Stigmatisierung).

Minimax

- Nach dem **Minimax-Kriterium** wird der maximale Zuordnungsfehler (betrachtet in allen Klassen) möglichst klein gehalten. Der Betrag des größten Zuordnungsfehlers aller Klassen/Kategorien/Gruppen ist am geringsten.

Minimum-Loss

- Das **Minimum-Loss-Kriterium** minimiert die Zuordnungsfehler über alle Klassen hinweg. Dies kann im Vergleich zum Minimax-Kriterium bedeuten, dass eine Konstellation gewählt wird, bei der ein Zuordnungsfehler einer Kategorie/Klasse/Gruppe im Vergleich zu allen anderen relativ hoch ist.

Je nach diagnostischer Fragestellung ist einer der vorgenannten Regeln der Vorzug zu geben.

Zuordnungsmethoden

Die Analyse von Zuordnungsfehlern setzt voraus, dass zuvor eine Zuordnung bereits stattgefunden hat. Diese kann sich verschiedener Methoden bedienen:

- **Zugehörigkeitswahrscheinlichkeiten:** Auf der Basis von Wahrscheinlichkeitstafeln, wie sie Taylor und Russell (1939) erarbeitet haben, erfolgt die Zuordnung zu derjenigen Klasse, der das Individuum nach Maßgabe der Ausprägung im Prädiktor mit der größten Wahrscheinlichkeit angehört. Dafür wird der Likelihood-Quotient herangezogen:

$$L(\underline{x}_i) = \frac{p(\underline{x}_i / K_{A+})}{p(\underline{x}_i / K_{A-})} > c \tag{6.1}$$

$\underline{x}_i$ = Vektor aller Prädiktoren eines Individuums i

6.5 · Festsetzung von Testtrennwerten

Wird c = 1 gesetzt, ergibt sich die Zuordnung nach dem Prinzip der maximalen Gruppenzugehörigkeitswahrscheinlichkeit. Durch Einsetzen anderer Werte für c lässt sich die Sensitivität zu Lasten der Spezifität und vice versa beeinflussen. Desgleichen können Multiplikatoren von c herangezogen werden, um Kosten-Nutzen-Überlegungen mit einzubinden.

Bei einer Berücksichtigung der Grundraten muss der Likelihood-Quotient anhand der empirischen Wahrscheinlichkeiten errechnet werden. **Likelihood-Quotient**

- **Regressionstechniken:** Durch Einsetzen der individuellen Prädiktionswerte in die für das anstehende Problem ermittelte Regressionsgleichung werden individuelle Kriteriumswerte ermittelt. Die Zuordnung zu den Kategorien erfolgt durch Differenzbildung mit kritischen Kriteriumswerten.
- **Diskriminanzanalyse:** Das Verfahren ist demjenigen der multiplen Regression vergleichbar, nur noch einfacher. Denn durch Einsetzen der individuellen Testwerte in die Diskriminanzfunktion resultiert ein Wert, der entweder größer, gleich oder kleiner ist als der kritische Diskriminationswert, der die Klassen voneinander trennt. Entsprechend kann anhand des individuellen Diskriminationswertes unmittelbar die Zuordnung zu einer der Gruppen vorgenommen werden.
- **Ähnlichkeits- bzw. Distanzmaße:** Häufig wird ein individuelles Testwerteprofil mit dem durchschnittlichen Profil verschiedener Gruppen von Personen (z. B. Schülern des sprachlichen oder mathematischen Zweiges; Angehörigen verschiedener Berufe; erfolgreichen und nichterfolgreichen Stelleninhabern usw.) verglichen. Dafür stehen verschiedene Maße zur Verfügung, z. B. das Ähnlichkeitsmaß (Euklidische Distanz) von Osgood und Suci (1952):

$$D = \sqrt{\sum d_j^2} \qquad (6.2)$$

Euklidische Distanz

d_j = Profildifferenz von zwei Probanden (oder Gruppen von Merkmalsträgern) in einem Test

Desgleichen ist die von Lienert (1989) adaptierte Cattell'sche Formel gebräuchlich:

$$r_i = \frac{2 \cdot \chi_{0,5(k)^2} \sigma^2 - D^2}{2 \cdot \chi_{0,5(k)^2} \sigma^2 - D^2} \qquad (6.3)$$

Cattell'sche Formel

k = Anzahl der Freiheitsgrade
σ = Standardabweichung der Profilnormen

Je nachdem, zu welchem der Gruppenvergleichsprofile die größere Ähnlichkeit bzw. geringere Distanz besteht, geschieht die Zuordnung des Einzelfalles.

Allerdings setzt die Berechnung der Distanz D die Unabhängigkeit der Prädiktoren voraus, die nur in den wenigsten Fällen vorliegen dürfte. Die **Mahalanobis**-Distanz als Verallgemeinerung der Euklidischen Distanz verlangt diese Voraussetzung nicht (zu den Details und Einschränkungen s. Kallus & Janke, 1992).

6.5 Festsetzung von Testtrennwerten

Aus der Beschäftigung mit den positiven **Prädiktions-** oder **Vorhersagewerten** bzw. dem **selektiven Eignungsquotienten** im vorangegangenen Abschnitt ist bekannt, dass sich diese Größen durch Verschiebung des Trennwertes vergleichsweise einfach verändern lassen: Je weiter der kritische Cutoff in Richtung auf das zu identifizierende Merkmal (z. B. Krankheit oder Eignung) hin angehoben wird, um so höher fallen die besagten Quotienten aus. Allerdings wird damit nur der Fehler einer falsch posi-

ROC-Kurve: unabhängige Bestimmung von Spezifität und Sensitivität

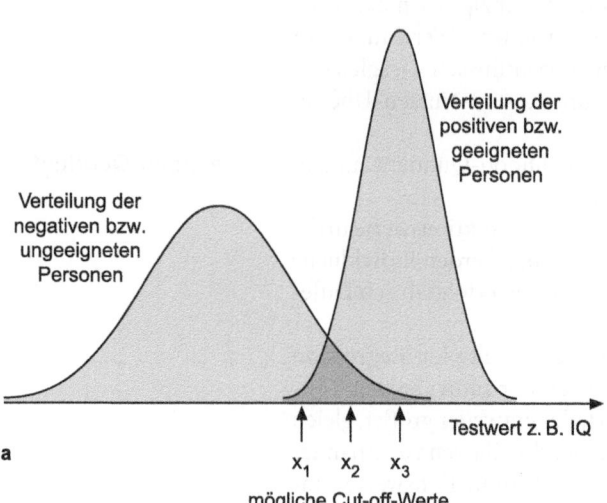
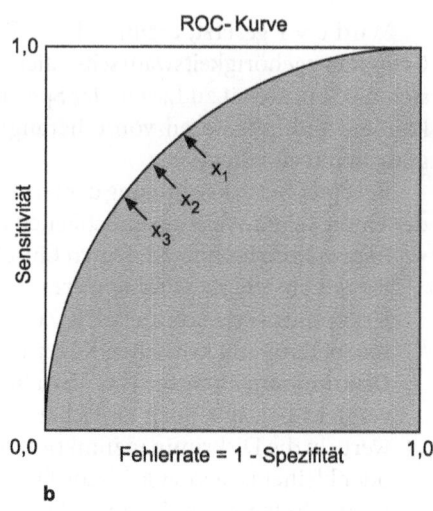

Abb. 6.10 Verteilungen von zwei Gruppen unterschiedlicher Eignung (a) für die eingetragenen Optionen möglicher Trennwerte (b) und ROC-Kurve. (Aus Noack & Petermann, 1992, S. 300. © 1988 Beltz Psychologie in der Verlagsgruppe Beltz, Weinheim/Basel)

tiven Entscheidung (FP, ◘ Abb. 6.9) ins Kalkül gezogen, nicht aber derjenige der falsch negativen. Zudem sind für die Festlegung des Testtrennwertes die Grundrate bzw. der natürliche Eignungsquotient von Bedeutung. Mithilfe der sog. **ROC-Kurve** (von **R**eceiver-**O**perating **C**haracteristic aus der Signal-Entdeckungs-Theorie; s. Schäfer, 1989) lassen sich simultan Spezifität und Sensitivität unabhängig von den Basisraten für verschiedene Testtrennwerte bestimmen, sofern aufgrund empirischer Untersuchungen die Verteilungskennwerte der unterschiedlichen Gruppen ermittelt werden konnten. In ◘ Abbildung 6.10a und b ist dafür ein Beispiel gegeben. Auf der Abszisse ist nicht die Spezifität, sondern die Rate Falsch-Positiver (=1-Spezifität) abgetragen.

komplementäre Veränderung der Fehler

Wie ersichtlich, geht mit der Heraufsetzung des Testtrennwertes von X_1 über X_2 nach X_3 ein Rückgang der Fehlerrate vom Typ 1, FP (d. h. eine Zunahme an Spezifität) sowie eine Zunahme der Fehler vom Typ 2, FN (d. h. eine Abnahme der Sensitivität) einher.

zusätzliche Bewertung der möglichen Ausgänge

Damit sind die betreffenden Kennwerte zwar »unter einen Hut gebracht«, doch bedarf es auch in solchen Fällen einer zusätzlichen Bewertung der einzelnen Ausgänge und Fehlermöglichkeiten, die völlig unabhängig von methodischen Zugängen ist. Wieczerkowski und Oeveste (1982, S. 929) zitieren ein Beispiel aus der Literatur zum Zusammenhang zwischen einem Prädiktor und dem Erfolg im Studium. Zwingen etwa die Kosten für die Ausbildung und knappe öffentliche Gelder dazu, das Risiko des Scheiterns möglichst niedrig zu halten, würden nur Bewerber zugelassen, bei denen die Wahrscheinlichkeit für Erfolg bei – sagen wir – 75 % liegt; das hätte einen Trennwert von 112 zur Folge. Sprächen aber gesellschaftliche Werte und pädagogisch relevante Gründe dafür, den Schülern eine möglichst große Wahlfreiheit einzuräumen, könnte man sich auch mit einer nur ca. 25 %igen Erfolgsaussicht zufrieden geben, was einem Trennwert von 82 entspräche. Im ersten Entscheidungsfall würde die Zahl fälschlich zugelassener Schüler verringert, aber der Anteil fälschlich abgewiesener erhöht, im zweiten der Anteil fälschlich abgewiesener vermindert und die größere Rate fälschlich zugelassener in Kauf genommen.

»Die Festsetzung kritischer Trennwerte stellt somit ein Problem dar, für das es eine eindeutige Lösung nicht gibt, weil sie zugleich ein Werturteil erfordert, das nicht allein wissenschaftlich begründbar ist, sondern stets auch auf persönlichen, sozialen und ökonomischen Werten sowie auf praktischen Erwägungen beruht« (Wieczerkowski & Oeveste, 1982, S. 929 f.).

Kritische Trennwerte beinhalten Werturteile

Die engen Beziehungen zur Fairness-Problematik liegen auf der Hand (► Kap. 2.3.6).

6.6 Nutzenerwägungen

Institutionelle und individuelle Entscheidungen werden getroffen, weil sich die jeweiligen Organisationen bzw. Personen im Fall richtiger Entscheidungen etwas davon versprechen, nicht zuletzt positive ökonomische Auswirkungen, also Gewinne, während bei falschen Entscheidungen die Gefahr von Verlusten droht. So mögen sich für ein Unternehmen die erheblichen Investitionen für das Auffinden, Abwerben und Einstellen einer fähigen Führungskraft um ein Vielfaches wieder auszahlen, wenn es die richtige Wahl war. Umgekehrt kann eine krasse Fehlbesetzung an wichtiger Stelle den Konzern an den Rand des Ruins bringen, wie viele Beispiele aus der Gegenwart anschaulich vor Augen führen. Auch individuelle Entscheidungen für Ausbildung und Beruf können sich in »Euro und Cent« bemerkbar machen, weil bei richtigen Entscheidungen unter sonst gleichen Voraussetzungen ein vergleichsweise höherer Erfolg als bei falschen zu erwarten ist.

Gewinne bei richtigen Entscheidungen

Cronbach und Gleser (1965) haben diese ökonomische Dimension bei institutionellen Entscheidungen formalisiert und **Nutzenfunktionen** entwickelt, mit deren Hilfe sich der Gesamtnutzen einer Entscheidungsstrategie bestimmen lässt.

Nutzenfunktionen

Dafür ist eine sog. **Strategiematrix** unabdingbare Voraussetzung. In ihr sind die Regeln festgehalten, nach denen auf der Basis von diagnostischen Informationen Entscheidungen getroffen werden sollen. Die Werte einer solchen Matrix geben die Wahrscheinlichkeit an, mit der ein Proband, von dem die Information x_r vorliegt, der Behandlung t zugeführt wird: $p(t|x_r)$. In ◘ Tabelle 6.3 ist ein Beispiel für eine solche Strategiematrix wiedergegeben.

Strategiematrix

◘ **Tab. 6.3** Strategiematrix für zwei unterschiedliche Informationsquellen und dichotome bzw. kontinuierlich abgestufte Entscheidungswahrscheinlichkeiten

Informations-quelle	Informations-klassen r	Entscheidungen t					
		alternativ			probabilistisch		
		+[b]	−[c]	![d]	+	−	!
Schulnoten[a]	> 2,5	1	0	0	.80	.10	.10
	≤ 2,5	0	0	1	.00	.20	.80
Intelligenz-quotient	> x_{IT}[e]	1	0	0	.90	.05	.05
	≤ x_{IT}	0	1	0	.05	.95	.00

Anmerkung.
[a] Hohe Schulnoten stehen hier für gute Leistungen
+[b] = Akzeptieren (terminal)
−[c] = Ablehnen (terminal)
![d] = Weitere Informationen einholen (investigatorisch)
x_{IT}[e] = Testtrennwert

Tab. 6.4 Beispiel einer Validitätsmatrix für die Behandlung t_A (Annahme), zwei Informations- und drei Kriteriumsklassen. In den Feldern der Matrix bedingte Wahrscheinlichkeiten für das Eintreten der Ereignisse

Informationsklassen	Kriteriumsklassen C						Summe
Testwerte	erfolgreich (1)		weniger erfolgreich (2)		nicht erfolgreich (3)		
$> x_{IT}$	p(1/1t)	.25	p(2/1t)	.20	p(3/1t)	.05	.50
$\leq x_{IT}$	p(1/2t)	.10	p(2/2t)	.15	p(3/2t)	.25	.50
		.35		.35		.30	1.00

Validitätsmatrix

Wie ersichtlich, verlangt die Strategie in der diskreten Formulierung, dass bei überdurchschnittlichen Schulnoten der Proband akzeptiert, bei unterdurchschnittlichen dagegen weiter untersucht wird. Im Fall der IQ-Testung ist eine solche investigatorische Entscheidung nicht vorgesehen. Anstelle der imperativen 0/1-Regel sind auch probabilistische Verknüpfungen möglich, wie sie im rechten Teil der Tabelle angegeben sind.

Darüber hinaus bedarf es einer Verknüpfung zwischen den vorgenommenen Behandlungen und deren Ergebnis, gleichsam dem Erfolg im Kriterium. Diese Verknüpfung wird festgehalten in der sog. **Validitätsmatrix**. Deren Einträge geben die Wahrscheinlichkeit dafür an, dass ein Proband mit x_r und der Behandlung t den Kriteriumswert c_r erlangt: $p(c|x_{r,t})$. Die Kriteriumswerte können im einfachsten Fall dichotome Kategorien (erfolgreich/nicht erfolgreich; gesund/krank) bilden; möglich sind auch kontinuierliche Abstufungen. ◨ Tabelle 6.4 gibt ein Beispiel für eine Validitätsmatrix.

Analoge Matrizen müssten auch für die beiden anderen Behandlungen in ◨ Tabelle 6.3 angefertigt werden. (Daraus werden bereits die empirischen Schwierigkeiten deutlich, denn die Abgelehnten kommen möglicherweise auf einem anderen Weg, z. B. in einer anderen Schule, doch zum Erfolg.)

Vektoren für Nutzen und Kosten

Schließlich ist es erforderlich, jeder Kriteriumsklasse C einen **Nutzenvektor** e_c und jeder Informationsklasse einen **Kostenvektor** c_c zuzuordnen. Der Nutzen ist der Wert, der sich bei jeder Stufe des Kriteriums für die auslesende Institution ergibt; die Kosten gelten den Aufwendungen, die zur Gewinnung der jeweiligen Information notwendig sind. Eine erfolgreiche Führungskraft, eingestellt im Alter von 45 Jahren, kann dem Unternehmen vielleicht 500.000 € wert sein (jährliches Gehalt von 100.000 € mal 20 absehbare Berufsjahre). Vermutlich stellt dieser Ansatz jedoch eine Unterschätzung dar, weil der Mitarbeiter angeworben wurde, um den Profit des Unternehmens zu mehren; er ist also »mehr wert« als es seinem Gehalt entspricht, eine mäßig erfolgreiche Kraft ist vielleicht nur die Hälfte wert, und ein Versager schlägt mit einem Minusbetrag von angenommen 500.000 € zu Buche.

Voraussetzungen: Intervall-Skalen-Niveau

Wichtig ist, dass Nutzen und Kosten auf derselben Skala abgetragen sein und mindestens Intervallniveau aufweisen müssen. Für monetäre Einheiten, also Geld, sind diese Erfordernisse erfüllt.

Gestützt auf die Eintragungen in der Strategiematrix und den Validitätsmatrizen sowie auf die Werte des Nutzen- und Kostenvektors lässt sich die folgende nichtparametrische Nutzenfunktion aufstellen (nach Cronbach & Gleser, 1965, S. 24):

$$U = N\overbrace{\sum_r p(x_r) \underbrace{\sum_t p(t|x_r) \underbrace{\sum_c p(c|x_{r,t}) e_c}_{I}}_{II}}^{III} - N\underbrace{\sum_r p(x_r) \cdot c_r}_{IV} \qquad (6.4)$$

6.6 · Nutzenerwägungen

U = Utility
e_c = Nutzen der Kriteriumsleistung c
$p(c|x_{r,t})$ = Wert aus der Validitätsmatrix für die Behandlung t
$p(t|x_r)$ = Wert aus der Strategiematrix
$p(x_r)$ = Wahrscheinlichkeit der Informationsklasse r
c_r = Kosten für die Einholung der Information r
N = Anzahl der Probanden, auf die die Strategie angewendet wird
I = erwarteter Nutzen eines Individuums im Kriterium, wenn es sich in Informationsklasse r befindet und es der Behandlung t zugeführt wird
II = erwarteter Nutzen eines Individuums in der Informationsklasse r
III = erwarteter Nutzen eines Individuums (= Mittelwert über Kriteriumsklassen, Behandlungen und Informationsklassen)
IV = erwartete Kosten zur Informationseinholung über einen Probanden

Wenn Nutzen und Kosten mit der Zahl der untersuchten Probanden multipliziert werden, so ergibt die Formel den erwarteten **Nettonutzen einer Strategie**, insoweit diese auf eine Gruppe von N Individuen angewendet wird.

Nettonutzen einer Strategie

Werden für die Informations- und Kriteriumskategorien **Kontinuitäts**annahmen gemacht, konstante Kosten für alle Probanden unterstellt und eine lineare Beziehung zwischen Testwerten und Nutzen angenommen, dann geht das Modell in dasjenige von Brogden (1949) über. Dessen zentrale Formel lautet:

$$U = N \cdot s_e \cdot r_{xe} V_{(xiT)} + N \cdot \phi_{(xiT)} e_{t(A)} - NC_x \qquad (6.5)$$

$e_{t(A)}$ = durchschnittlicher Nutzen, den ein Proband bei Treatment A (Annahme) der Institution bringt
s_e = Streuung der erwarteten Nutzenwerte
r_{xe} = Korrelation zwischen Prädiktor und (Nutzenunterschieden im) Kriterium; $e_{t(A)}$, s_e, r_{xe} müssen vor der Testanwendung in der Grundgesamtheit bestimmt werden
$V_{(xiT)}$ = Ordinate der Standardnormalverteilung im (standardisierten) Testtrennwert x_iT
$\phi_{(xiT)}$ = Selektionsrate beim Trennwert x_iT
C = Kosten

Nutzenmodell von Brogden

Der A-priori-Nutzen ist jener, der daraus resultiert, wenn $N \cdot \phi_{(xiT)}$ Personen aus der Grundgesamtheit durch Zufall ausgewählt werden:

A-priori-Nutzen

$$U_o = N \phi_{(xiT)} e_{t(A)} \qquad (6.6)$$

Der Nutzen durch Anwendung des Tests (Nettonutzen) an N Probanden bemisst sich deshalb als

Nettonutzen

$$U - U_o = N \cdot s_e \cdot r_{xe} \cdot V_{(xiT)} - NC_x \qquad (6.7)$$

Geteilt durch die Zahl der getesteten Probanden, erhält man den Nettonutzen »per man tested« (Cronbach & Gleser, 1965, S. 308), also pro untersuchte Person.

Wie aus den Gleichungen hervorgeht, spielen die Validität des Tests, die Variabilität der Nutzen und die Selektionsquote für den Nutzen eine Rolle; wenn beispielsweise die Selektionsquote extrem hoch oder niedrig ist, kann auch der Einsatz eines hochvaliden Tests keinen Nutzen bringen.

Zwischenzeitlich sind die geschilderten Modelle unter anderem durch die Berücksichtigung des Zeitfaktors und des Kalkulationszinsfußes sowie den Einfluss der Gewinnsteuern und die Diskontierung für sofort anfallende Kosten präzisiert worden

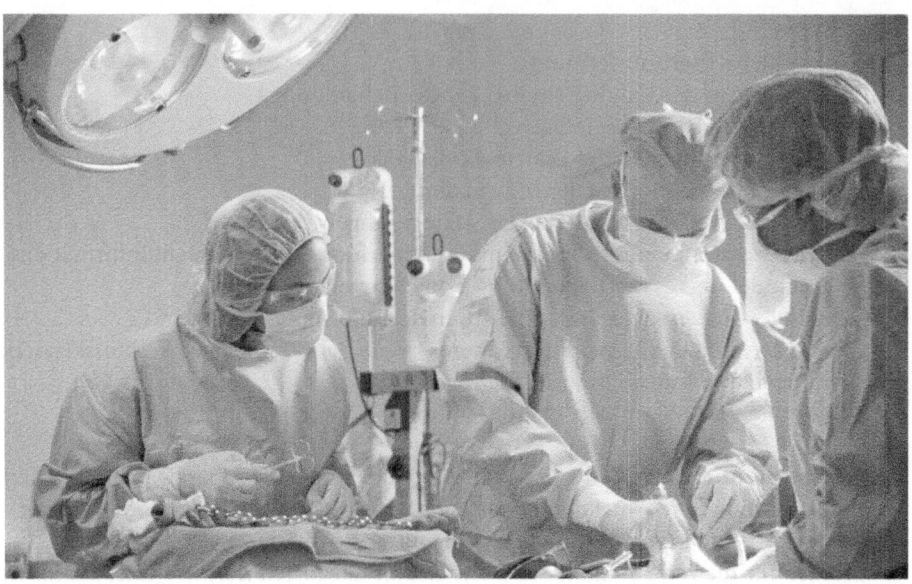

Abb. 6.11 Die praktischen und finanziellen Konsequenzen einer »Fehlbesetzung« von verantwortungsvollen Positionen können beträchtlich sein. (Foto: © Still Representation – Fotolia.com)

Linearität des Zusammenhangs

Bestimmung der Geldwertäquivalente

(s. die Übersicht bei Boudreau, 1991). Auch sind wesentliche Fortschritte erzielt worden bei der Methodik zur Bestimmung der Leistungsstreuung.

Die Voraussetzung des **linearen** Zusammenhanges zwischen Prädiktor und Nutzen wird vielfach nicht erfüllt sein. So ist etwa denkbar, dass an Probanden gewisse Mindestanforderungen gestellt werden müssen, d. h. erst ab einem bestimmten Testwert steigt die Regressionsgerade sprunghaft an. Auch sind Gegebenheiten leicht vorstellbar, bei denen eine umgekehrt U-förmige Regressionslinie besteht, weil vielleicht die im Test besonders leistungsfähigen Probanden durch die auszuführende Tätigkeit unterfordert werden und deshalb mäßigere Kriteriumsleistungen erbringen. Abgesehen von diesen spezifischen Gesichtspunkten bereitet es größte Schwierigkeiten, die Werte für die Validitätsmatrizen zu erhalten, denn es darf für deren Bestimmung keine vorherige Selektion gemäß der Entscheidungsstrategie vorgenommen worden sein, oder mit anderen Worten: Die in Betracht kommenden Personen hätten (nach Zufall) auf die vorhandenen Treatments aufgeteilt und längsschnittlich begleitet werden müssen, um die Erfolgsraten adäquat ermitteln zu können.

Neben diesem Grundsatzproblem stellt sich die Bestimmung der Geldwertäquivalente als vergleichsweise einfach dar. Zumindest die Kosten scheinen hier auf den ersten Blick in den Griff zu bekommen sein (◘ Abb. 6.11), weil leicht zu eruieren ist, was man für den Test selbst sowie für dessen Administration und Auswertung bezahlen muss. Korrekterweise müssten allerdings auch die Aufwendungen für die Entwicklung eines Verfahrens und die Ausbildung des Diagnostikers umgelegt werden. Schwerer zu beziffern ist dagegen der Verlust, der bei (richtiger oder fälschlicher) Abweisung entsteht. Cronbach und Gleser (1965, S. 36 f.) stellen im Hinblick darauf lapidar fest:

»Die Entscheidung, einen Bewerber zurückzuweisen, bedeutet meist, dass er keinen weiteren Kontakt mit der Institution hat. Wir können daher das Ergebnis einer solchen Entscheidung so betrachten, als habe es einen Wert von Null.«

Dies ist ein sehr einfacher Ansatz, der der bisherigen Praxis in Institutionen allerdings wohl noch am besten gerecht wird. Betriebswirtschaftlich müsste man von **Opportunitätskosten** sprechen im Sinne eines dadurch **entgangenen Gewinns**, wenn ein geeigneter Bewerber fälschlicherweise nicht angenommen worden ist (◘ Abb. 6.11).

6.6 · Nutzenerwägungen

Für den **Bildungsbereich** und auch für **therapeutische Zwecke** ist eine direkte Übertragung eines solchen Ansatzes, der die institutionelle Perspektive verfolgt, nicht prinzipiell ausgeschlossen, selbst wenn weiterhin eine angemessene Berücksichtigung auch der **individuellen** Kosten und Nutzen in den Modellen nicht geleistet wird. In gewissen Grenzen müssen zudem individuelle Verluste als **gesellschaftliche** Kosten verstanden werden, weil in einem Sozialstaat der Einzelne nicht einfach seinem Schicksal überlassen bleibt, auch wenn er von einer oder mehreren Institutionen abgewiesen wurde. In einem solchen Sinne und unter Heranziehung von Anhaltspunkten über die Effektivität eines Trainings bzw. die relative Wirksamkeit einer Behandlung konnte gezeigt werden, dass sich durch psychotherapeutische Intervention bei Alkoholismus, bei Asthma bronchiale, Angst- und Panikattacken sowie psychosomatischen Störungen die Kosten, die anderenfalls durch Inanspruchnahme von stationären medizinischen Diensten, Arbeitsunfähigkeit und Frühberentung entstanden wären, in ganz erheblicher Weise senken ließen (s. die Übersicht bei Amelang, 1999).

individuelle und gesellschaftliche Kosten und Nutzen

Die Kalkulation der Nutzenwerte ist bei elementaren Leistungen (wie z. B. Stückzahlen im Akkord oder am Fließband) noch vergleichsweise einfach, bereitet aber auch bei komplexeren Tätigkeiten keine unüberwindlichen Schwierigkeiten. So war in der Studie von Brandstätter (1970) die durchschnittliche Gesamtleistung der nach Schulzeugnis und psychologischen Tests ausgewählten Rechtspfleger um ca. 16.000 DM nützlicher als die Durchschnittsleistung der nur nach dem Schulzeugnis ausgewählten Bewerber; allerdings orientierte sich die Untersuchung am Erfolg in der Ausbildung und nicht am Erfolg in der beruflichen Praxis. Gösslbauer (1981) beziffert den Nutzen der Auswahl für Studienplätze auf den negativen Betrag von U = –115.700.000 DM. Demgegenüber erzielte ein biografischer Fragebogen, der zur Auswahl von Mitarbeitern einer Versicherungsgesellschaft benutzt wurde und eine inkrementelle Validität von nur r = .18 im Vergleich zu den Daten aus den Bewerbungsunterlagen und Erstgesprächen aufwies, für drei Anwendungsperioden und vier Jahre Wirkung einer Anwendung einen Netto-Barwert-Nutzen von nicht weniger als einer halben Million DM; das Verhältnis von Kosten zu Erträgen lag bei 1:5 (s. Barthel & Schuler, 1989). Für ein neues Auswahlverfahren in Forschung und Entwicklung ermittelten Schuler et al. (1995) selbst unter der Annahme ungünstigster Bedingungen (Durchführung nur eines Assessment Centers pro Jahr mit zehn Bewerbern, von denen die Hälfte angenommen würde; inkrementelle Validität r = .20) noch einen Gewinn von nahezu 100.000 DM für das Unternehmen. Weitere Anwendungsbeispiele finden sich bei Weinstein und Fineberg (1980) sowie Amelang (1999). Hunter und Schmidt (1992) haben die beträchtlichen Auswirkungen auf die Produktivität einer ganzen Nation herausgestellt, wenn die Arbeitsplätze auf den unterschiedlichen Ebenen der Beschäftigungshierarchien nach Gesichtspunkten einer optimierten Platzierung vergeben werden.

Kalkulation der Nutzenwerte

Ein anderer Ansatz zur Schätzung des Nutzens bezieht sich nicht auf die Parameter der Cronbach- und Gleser-Gleichungen, sondern geht von einer durchschnittlichen volkswirtschaftlichen Wertschöpfung jedes unselbstständig Beschäftigten von ca. 60.000 DM aus (s. Wottawa, 1997). Nimmt man nur eine Leistungssteigerung von 5 % durch den Einsatz psychologischer Diagnostik an (eine Marge, die unschwer zu erreichen sein dürfte), so ergibt sich daraus ein Nutzen von 3.000 DM pro Besetzungsentscheidung und Jahr oder – für den Fall einer zehnjährigen Verweildauer auf der neuen Position – von 30.000 DM für jeden psychodiagnostisch ausgewählten Mitarbeiter. Davon müssen zwar die Investitionen und die Kapitalverzinsung eines Unternehmens für die Anstellung eines Psychologen sowie die für dessen Arbeit notwendigen zusätzlichen Ressourcen abgezogen werden, doch verbleibt immer noch ein Netto-Überschuss in zweistelliger Milliardenhöhe für die Volkswirtschaft durch psychodiagnostische Eignungsauswahl.

erwiesener Nutzen von psychodiagnostischer Eignungsauswahl für Volkswirtschaft

Fazit

Insgesamt handelt es sich bei den Nutzenfunktionen um einen eminent wichtigen Beitrag, der die psychologische Diagnostik um die ökonomische Dimension erweitert. Sie wird in einer Zeit zunehmenden Wettbewerbs in allen Bereichen menschlichen Handelns eine weiter wachsende Bedeutung erfahren. So überzeugend die vorgetragenen Überlegungen und Modelle auch sind, wirft die konkrete Ermittlung der relevanten Parameter doch schwierige Fragen auf. Deren Beantwortung geschieht in weitem Maße auf höchst unsicherer Grundlage, so dass es sich bei dem Gewinn an Präzision durch Anwendung der Formeln partiell um eine nur scheinbare Genauigkeit handelt. Davon abgesehen lenken die Modelle von Cronbach und Gleser (1965) den Blick auf die Notwendigkeit, dass sich psychologische Diagnostik im weitesten Sinne auch »rechnen« lassen muss. Dabei ist es aber dringend geboten, die institutionelle Perspektive durch die individuelle zu ergänzen.

6.7 Abschließende Bemerkungen

Entscheidungstheoretische Prinzipien bisher kaum angewandt

Entscheidungstheoretische Prinzipien haben in der psychologischen Praxis bislang keine breite Anwendung erfahren. Das liegt unter anderem daran, dass beispielsweise im klinisch-therapeutischen Alltag, z. T. aber auch im Bildungswesen – abgesehen von Grobkategorien wie Gesprächs- oder Verhaltenstherapie, ambulant oder stationär vorgenommene Behandlungen usw. – keine klar abgrenzbaren Treatments vorliegen. Die einzelnen Behandlungen können zudem in der Interaktion von Therapeut und Klient individuell abgewandelt werden, so dass es eine unüberschaubare Zahl von Interventionsmöglichkeiten gibt, für die die Erfolgschancen im Einzelnen unmöglich ermittelt werden können. Gleiches gilt für die noch vorgeordnete Problematik einer Quantifizierung bedingter Wahrscheinlichkeiten für die Zugehörigkeit zu einzelnen Klassen. Angesichts dieser grundsätzlichen Probleme verlassen sich viele Praktiker bei der Bewältigung der einzelnen Fälle auf ihre »Erfahrung« und verschreiben sich somit mehr den sog. klinischen als den statistischen Verfahrensweisen.

MAUT-Technik

Ein Ansatz, dabei wenigstens Nutzenerwägungen praktisch umsetzen zu können, besteht in der sog. **MAUT-Technik** (Multi-Attributive Utility-Technique; s. Slovic et al., 1977). Dabei werden alle bedeutsam erscheinenden Aspekte von Nutzen (und nicht nur der ökonomische) zunächst generiert und im Hinblick auf ihre Wichtigkeit eingeschätzt. Das Produkt aus relativer Wichtigkeit eines Aspekts und aus dem Nutzen der Alternativen für diesen Aspekt wird für jede Behandlungsalternative errechnet. Der höchste Wert gibt den Ausschlag dafür, welche Intervention angewendet wird.

? Übungsfragen
Kap. 6
1. Was wird im Rahmen von diagnostischen Entscheidungen unter solchen von institutioneller und individueller Art verstanden?
2. Was zeichnet kompensatorische und konjunktive Entscheidungsstrategien aus?
3. Welche (zwei) ein- und (drei) mehrstufigen Entscheidungsstrategien unterscheidet man in der diagnostischen Praxis?
4. Worin besteht das Neyman-Pearson-Kriterium?
5. Wozu dient die »ROC-Kurve«?

Probleme und Differenzierungen von Prognosen

7.1 Kontextuale Faktoren und technische Verbesserungen – 430
7.1.1 Verhaltensvariabilität – 430
7.1.2 Aktuelle Selbstaufmerksamkeit – 433
7.1.3 Aggregation von Maßen – 434
7.1.4 Validität ohne Stabilität – 435

7.2 Moderation: Identifikation von Personengruppen mit einer besonders hohen Vorhersagbarkeit – 436

7.3 Bindung von kriteriumsirrelevanter Prädiktorenvarianz: Suppression – 441

7.1 Kontextuale Faktoren und technische Verbesserungen

7.1.1 Verhaltensvariabilität

Situativer Druck führt zu Verhaltenskonformität

Bestimmte Situationen engen den Verhaltensspielraum in einem solchen Maße ein, dass interindividuelle Unterschiede nahezu verschwinden. Damit aber droht der Ansatz sinnfrei zu werden, auf der Basis von Eigenschaftsmaßen Vorhersagen und Varianzaufklärung vorzunehmen. So stellt z. B. Rotlicht bei Verkehrsampeln für alle Kraftfahrer einen »starken« Stimulus mit hohem Uniformitätsdruck dar. Ähnlich verhält es sich mit dem Erscheinen des Pfarrers in der Kirche oder dem Heben des Taktstocks durch den Dirigenten, was meist alle Unterhaltungen binnen kurzem verstummen lässt. Diese Erwartung **konformer Verhaltensweisen** kann zum Konzept der prototypischen Situationen verallgemeinert werden (s. Schutte et al., 1985), die ganz spezifische Verhaltensmuster nahelegen bzw. mit unterschiedlich starkem Nachdruck auffordern (◘ Abb. 7.1 a–c). Wenn dabei allerdings der **situative Druck** so weit geht, dass er »trait«-geleitete Unterschiede in Handlungstendenzen obsolet macht (Stagner, 1977), schwindet die individuelle Variabilität und damit die Aussicht, diese durch Testmaße aufklären zu können. Vielmehr verlangt der eigenschaftstheoretische Ansatz außerhalb des Leistungsbereiches zwingend solche Situationen, die eher schwach oder uneindeutig strukturiert sind und für verschiedene Individuen eine unterschiedliche Bedeutung aufweisen. Diese Forderung gilt gleichermaßen für die Erhebung von Prädiktor- wie von Kriteriumsmaßen.

> ❗ Besteht in einer gegebenen Situation ein hoher Druck, ein bestimmtes Verhalten zu zeigen, schwinden »trait«-geleitete individuelle Verhaltensunterschiede.

projektive Tests: individuelles Verhalten anregen

Bei **projektiven Tests** wie dem Rorschach-Test oder etwa dem Thematischen Apperzeptionstest (▶ Kap. 3.4), sind bereits die Wahrnehmungsvorlagen unbestimmt oder unscharf, um den Probanden auf diese Weise einen höchstmöglichen Spielraum für ihre persönlichkeitseigene »Deutung« einzuräumen.

Auslesesituation: konformes Verhalten anregen

Umgekehrt üben **Konkurrenz- und Auswahlsituationen** für die Beantwortung von Persönlichkeitsfragebögen offenkundig einen so massiven Druck im Hinblick auf die Abgabe sozial erwünschter Antworten aus, dass die Validität der Testwerte für die ins Auge gefassten Ziele gefährdet sein mag. (In dieser Hinsicht sind Leistungstests den Persönlichkeitsfragebögen grundsätzlich überlegen: Man kann darin nicht »nach oben« schwindeln, d. h. einen fähigeren Eindruck erwecken als es aufgrund der individuellen Kompetenzen möglich ist.)

Beispiel: extravertiertes Verhalten unter hohem vs. niedrigem situativem Druck

Monson et al. (1982) sind diesem Aspekt gezielt nachgegangen. In zwei experimentell realisierten Bedingungen bestand für die Versuchspersonen ein hoher situativer Druck in Richtung auf extravertiertes bzw. introvertiertes Verhalten; eine dritte Situation war diesbezüglich neutral. Mit der von unabhängigen Beurteilern eingeschätzten Gesprächigkeit der Versuchspersonen während der experimentellen Aufgabe korrelierten die präexperimentell (also unter diagnostischen Standardbedingungen) erhobenen Extraversionswerte numerisch nur unter jener Situation befriedigend und signifikant (r =.56 gegenüber .18 und .38), die für die Versuchspersonen unbestimmt und mehrdeutig war. Dieser Effekt war, wie nicht anders zu erwarten, hauptsächlich durch die zwangsbedingt verminderte Streuung der Kriteriumswerte verursacht. In einer zweiten Studie der Autoren fungierten insgesamt vier Papier-und-Bleistift-Szenarien als Kriterien, zu denen die Versuchspersonen ihre wahrscheinlichste Verhaltensweise angeben mussten. So sollten sich die Probanden vorstellen, dass an ihrer Universität, an der sie gerade neu eingeschrieben seien, eine »get acquainted party« für den Samstagabend anberaumt worden sei. Sie hätten bis dahin noch kaum eine Gelegenheit gehabt, die Bekanntschaft anderer Leute zu machen, und diese Veranstaltung böte die Chance, gleich viele auf einmal kennenzulernen. Druck in Richtung auf extra- und introvertier-

7.1 · Kontextuale Faktoren und technische Verbesserungen

Abb. 7.1 a–c Intraindividuelle Variabilität erklärt sich häufig als Folge veränderter situativer Anforderungen (a, b). Mitunter verlangt der situative Kontext interindividuelle Uniformität des Verhaltens (c). (Foto 7.1c: © Getty Images)

tes Verhalten wurde dadurch erzeugt, dass Zusatzinformationen gegeben wurden wie: Die meisten anderen Kommilitonen würden einen ermutigt haben, zur Party zu gehen, der nach wie vor begehrte Ex-Partner würde die Veranstaltung ebenfalls besuchen bzw. dass der Besuch der Party mit den Verpflichtungen des Studiums kollidieren oder die Wahrnehmung eines Teilzeitjobs unmöglich machen würde.

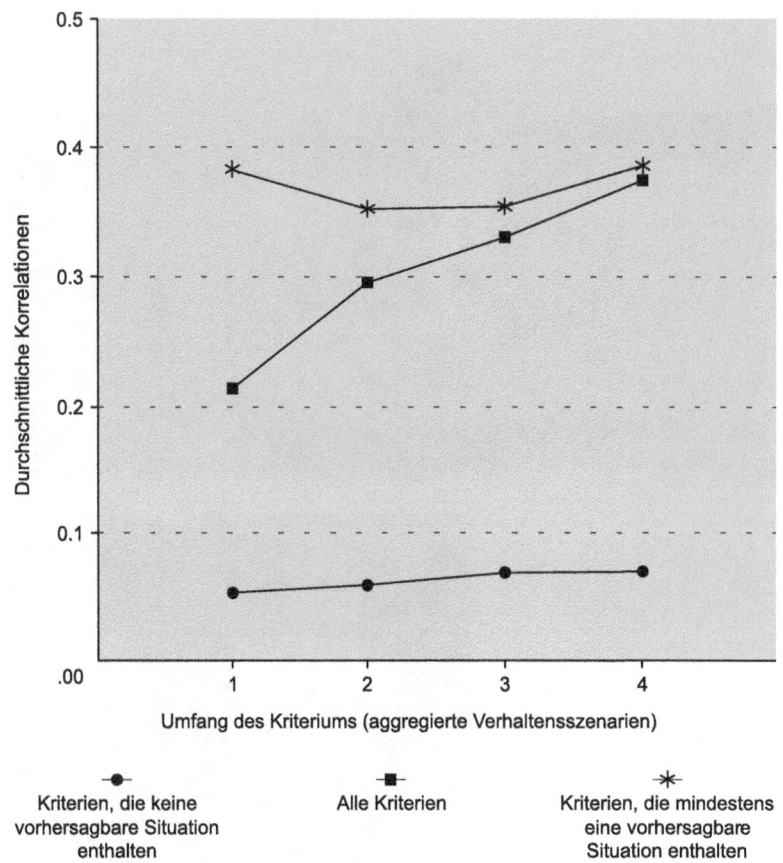

Abb. 7.2 Mittlere Korrelationen zwischen einem Punktwert im Verhaltensprätest und (selbstberichteten) »Kriteriumsmaßen« als Funktion des Kriteriumsumfangs (1, 2, 3 oder 4 Szenarien) und der Wahrscheinlichkeit, eine vorhersagbare (nicht durch Druck gekennzeichnete) Situation zu enthalten

Im Mittel der vier Szenarien korrelierten die unbeeinflusst erhobenen Extraversionstestwerte mit dem Verhalten unter schwachem Druck zu r = .42, mit dem unter starkem Druck geäußerten (Kriteriums-)Verhalten zu r = .12, was insofern die früheren Resultate bestätigte bzw. weiter differenzierte. Zusätzlich bedeutsam war die Frage, wie die Kombination der Szenarien zu unterschiedlich großen »Aggregaten« (▶ Kap. 7.1.3) die Validität beeinflussen würde. Die Resultate sind in ◘ Abbildung 7.2 zusammengestellt.

Einfluss des Kriteriumsumfangs auf die Validität von Verhaltenstests

Wie die Resultate zeigen, beeinflusst die Zahl der situativen Zusatzinformationen mit den jeweils gewählten Verhaltensweisen, die in ein Kriterium eingehen, nicht wesentlich die Korrelation (»Validität«), wenn die Wahrscheinlichkeit konstant gehalten wird, dass im Kriterium eine vorhersagbare und damit nicht durch Druck gekennzeichnete Situation enthalten ist. Sofern die Wahrscheinlichkeit für das Vorhandensein einer vorhersagbaren Situation 1.0 beträgt (s. obere Linie in ◘ Abb. 7.2), verändert sich die Korrelation nicht bedeutsam mit einer Zunahme im Umfang des Kriteriums. Gleiches gilt, wenn die besagte Wahrscheinlichkeit .00 beträgt (untere Linie), das Verhalten also in allen Szenarien durch hohen situativen Druck beeinflusst wird. Variiert jedoch die Wahrscheinlichkeit für vorhersagbare Situationen, stellt sich die typische Beziehung zwischen Höhe der Korrelation und Umfang des Kriteriums ein.

Aber auch stark einengende Situationsfaktoren mögen individuell verschieden aufgenommen und interpretiert werden. Deshalb ist eine Berücksichtigung der als **Mediatoren** zwischen Persönlichkeitseigenschaften und konkreten Verhaltensweisen fungierenden **individuellen Perzeptionen** und **Kognitionen** zweckmäßig. Mischel (1977) hat vorgeschlagen, das individuelle Kategorisierungsverhalten von Situationen festzuhalten, ferner die Erwartungen, die durch bestimmte Situationen geweckt und im

7.1 · Kontextuale Faktoren und technische Verbesserungen

Hinblick auf antizipierte Handlungsfolgen gehegt werden. Soweit hier allgemeinere Strategien für Klassen von Situationen ausfindig gemacht werden könnten, ist eine Operationalisierung vergleichbar mit derjenigen zu den generalisierten Erwartungen Rotters (1954) naheliegend (internale vs. externale Bekräftigungsüberzeugung, zwischenmenschliches Vertrauen).

Berücksichtigung individueller Perzeptionen und Kognitionen

> **Σ Fazit**
> Sofern es nicht um Leistungen geht, müssen die kontextualen Rahmenbedingungen sowohl bei der Erhebung der Prädiktorwerte als auch bei der Erhebung der Kriterienwerte von einer Art sein, die individuelle Unterschiede in der Häufigkeit, der Intensität und dem Stil des Verhaltens hervortreten lässt. Nur unter diesen Voraussetzungen ist es sinnvoll, mithilfe des eigenschaftstheoretischen Ansatzes Varianzaufklärung bzw. Verhaltensvorhersagen vornehmen zu wollen. Hilfreich ist die zusätzliche Erfassung der subjektiven Besonderheiten bei der Wahrnehmung und Verarbeitung der Informationen über die Anforderungsmerkmale einer Situation.

7.1.2 Aktuelle Selbstaufmerksamkeit

In einer zwischenzeitlich sehr bekannt gewordenen Untersuchung haben Pryor et al. (1977) das Ausmaß von **selbstzentrierter Aufmerksamkeit** dadurch erhöht, dass ein Teil der Probanden beim Ausfüllen von inhaltsvaliden Tests zur Soziabilität einen Spiegel vor sich auf dem Tisch stehen hatte (◘ Abb. 7.3). Gegenüber einem wenige Tage später erhobenen Verhaltensmaß zur Soziabilität (Kombination aus Fremdeinschätzung und Zahl von Worten in einer Wartesituation) korrelierten die unter den üblichen Bedingungen gelieferten Fragebogenpunktwerte nur gering ($r = .16$). Hingegen war die Korrelation für diejenigen Probanden hoch ($r = .62$; Differenz signifikant), die während der ersten Sitzung mit einem Spiegel konfrontiert waren. »Die Induktion selbstzentrierter Aufmerksamkeit scheint also bei einem inhaltsvaliden Messverfahren

Selbstaufmerksamkeit erhöht Validität von Selbstberichten

◘ Abb. 7.3 Eine erhöhte Selbstaufmerksamkeit kann die Validität von Selbstbeschreibungen erhöhen

ein Instrument zu sein, die Vorhersagevalidität eines Selbstberichtes zu erhöhen« (Wicklund, 1977, S. 402).

Bedenkzeit bei Fragebögen ist durchaus sinnvoll

Weitere Experimente haben entsprechende Resultate auch zu anderen Eigenschaftsdimensionen erbracht (u. a. Wicklund, 1982). Solche Befunde nähren den Verdacht, dass die üblicherweise für Fragebögen gegebene **Instruktion**, bei der Beantwortung »nicht lange nachzudenken«, einen folgeschweren Missgriff darstellt. Damit hoffen Testautoren implizit, Überlegungen auf Seiten der Probanden, welche Antwort sie in einem günstigeren Licht erscheinen lassen würde, abzukürzen. Aber vieles spricht dafür, dass gerade Antworten im Sinne sozialer Erwünschtheit sehr rasch gegeben werden können, so dass im Zweifelsfall durch die Tempobetonung eher reflektive Gedanken über die eigene Persönlichkeit unterbunden werden, was die Validität der Selbstbeschreibung beeinträchtigen müsste.

Auch wenn bislang bei einer Variation der Instruktion »spontanes Antworten« vs. »genaues Überlegen« nur Mittelwertsunterschiede, aber keine Validitätsdifferenzen gefunden wurden (s. Krämer & Schneider, 1987, deren Stichprobenumfänge allerdings für die zufallskritische Absicherung von Korrelationsunterschieden viel zu klein waren), kann für die psychodiagnostische Praxis eine sinnvolle Empfehlung nur darin bestehen, durch geeignete Maßnahmen wie z. B. ein einführendes Gespräch oder eine ausführlichere Exploration, situative Rahmenbedingungen dafür zu schaffen, dass die Testperson sich selbst in möglichst adäquater Weise beschreiben kann.

> ❗ Die Validität von Selbstbeschreibungen kann durch Induktion erhöhter Selbstaufmerksamkeit während der Testsituation gesteigert werden.

7.1.3 Aggregation von Maßen

Reliabilitätsverbesserung auf Prädiktorenseite

Die Prinzipien der **Reliabilitätsverbesserung** durch Verlängerung von Skalen sind seit Spearman-Brown (▶ Kap. 2.1.2.2) allgemein bekannt. Sie wurden auf die verschiedensten Prädiktoren ganz selbstverständlich immer wieder angewendet.

Aggregation von Kriteriumsverhalten

Es bedurfte jedoch des Beitrages von Epstein (1979), um deren Effektivität auch auf der Seite der Kriterien drastisch vor Augen zu führen: Wurde die Stabilität des vorherzusagenden Verhaltens durch **Aggregation** (d. h. durch Mittelung prinzipiell ein und desselben Verhaltens über mehrere Beobachtungszeitpunkte) auf ein akzeptables Niveau gehoben, stellten sich bei einigen Skalen Test-Kriteriums-Korrelationen um r_{tc} = .40 bis .50 ein – aber nur unter eben den besagten Bedingungen (= Reliabilitätserhöhung durch Aggregation über »occasions« mit indirekten Auswirkungen auf die Validität).

Validitätserhöhung durch multipel repräsentierte »trait«-Dimensionen

Eine substanzielle Erhöhung der Validität lässt sich auch erzielen, wenn auf Seiten der Prädiktoren und/oder Kriterien über »modes« aggregiert wird. So fasste beispielsweise Moskowitz (1982) Verhaltensweisen wie Kommandieren, Nahelegen, Drohen u. Ä. zu »multiple referents« für Dominanz als der einen Dimension und Hilfesuchen, Berühren, Aufmerksamkeit heischen etc. für Abhängigkeit als einer anderen Dimension zusammen. Mit diesen durch mehrere Indikatoren repräsentierten »trait«-Maßen korrelierten die Einzelindizes wesentlich höher als paarweise untereinander. Im Grunde entspricht das einer Berechnung von Trennschärfekoeffizienten bzw. Iteminterkorrelationen.

Erhöhung von Reliabilität, Heterogenität und inhaltlicher Breite

Dabei ist im vorliegenden Fall die für Persönlichkeitsfragebögen (also: selbstberichtetes Verhalten) wiederkehrend angestellte Beobachtung auch auf fremdbeobachtetes Verhalten übertragbar: Sog. »single acts« in Form einzelner Verhaltensweisen, selbst- oder fremdeingeschätzt, korrelieren infolge ihrer geringen Stabilität und hohen Spezifität nur relativ niedrig miteinander, hingegen vergleichsweise hoch mit dem »Aggregat« oder »Konglomerat« anderer für das Konstrukt einschlägiger Verhaltensweisen. Die Summierung über verschiedene Verhaltensweisen bewirkt nicht nur eine Erhöhung der Reliabilität, sondern auch eine solche der Heterogenität und der inhaltlichen Breite, mit der Folge höherer Validitäten und transsituativer Verhaltenskonsistenzen. Diese Regeln standen auch bei der Entwicklung der Multiple Act Criteria (Fishbein & Ajzen, 1974) sowie einer Multiple Act Criterion Scale (Jaccard, 1974) Pate.

Schließlich kommt noch die Aggregation über **Situationen** in Betracht. Bei einer Klumpung von Verhaltensstichproben aus verschiedenen Situationen konnte Moskowitz (1982) die transsituative Konsistenz der Maße für Dominanz beträchtlich erhöhen. »The strategy used in this study (provided) average predictions of moderate accuracy for many people«, bemerkt Moskowitz (1982, S. 765) in Abwandlung des bekannten Titels der Arbeit von Bem und Allen (1974): »On predicting some of the people some of the time.«[1]

Aggregation über Situationen

Wie Schwenkmezger (1984) allerdings feststellt, ist die Aggregation über Situationen nur sinnvoll, wenn das Durchschnittsverhalten in einer Klasse von ähnlichen Situationen interessiert; hier kann durch Reduktion des Messfehlers die Vorhersagegenauigkeit erhöht werden. Steht hingegen die Reaktion von Individuen in ganz spezifischen Situationen im Vordergrund des Interesses, verdeckt eine solche Aggregation eher die situationsspezifischen Varianzanteile.

❗ Reliabilitätserhöhungen durch Aggregation über Beobachtungszeitpunkte, Verhaltensweisen und Situationen können zu einer substanziellen Erhöhung der Validität führen.

7.1.4 Validität ohne Stabilität

Ein durchgängiger Argumentationsstrang der bisherigen Ausführungen ging dahin, dass durch Erhöhung der Reliabilität im Prädiktor und/oder Kriterium im Regelfall auch Validitätsgewinne zu erwarten sind, und zwar unbeschadet der Prinzipien des sog. »**Verdünnungsparadoxons**« (zur Wechselbeziehung zwischen Reliabilität und Validität ▶ Kap. 2.1.2.2). Nun sind aber Fälle denkbar, für die hohe Reliabilitätsanforderungen im Sinne von Retest-Stabilitäten dysfunktional oder abwegig sind, weil diese dem spezifischen Anspruch, sensitiv auf **Änderungen** anzusprechen, entgegenstehen. Dies trifft auf die Verfahren zur Erfassung von **States** zu. Gerade weil sich die aktuellen Zustände durch eine gewisse Flüchtigkeit, also Instabilität auszeichnen, kann hier die Re-Testung kein angemessener Zugang zur Abschätzung der Stabilität sein. Generell gilt das für alle Fälle, in denen der wahre Wert nennenswerte Oszillationen aufweist, wie es z. B. auch für Schwankungen der Aufmerksamkeit unterstellt werden kann. Wottawa und Hossiep (1987) haben dies, wie es in ◻ Abbildung 7.4 zu sehen ist, veranschaulicht.

Änderungssensitivität bei der Erfassung von States

Das Beispiel ist so gewählt, dass die vier Probanden zwar denselben Mittelwert aufweisen, aber mit unterschiedlicher Wellenlänge um das mittlere Niveau oszillieren. Es ergibt sich eine Nullstabilität, wenn zwei beliebige Zeitpunkte herausgegriffen und miteinander in korrelative Beziehung gesetzt werden, obwohl die Muster der Schwankungen für sich idealtypisch stabil sind. In solchen Fällen, in denen also die herkömm-

andere Indizes zur Reliabilitätsbestimmung

---

[1] Geleitet von verschiedenen Techniken der Validitätserhöhung und der dabei erzielten Erfolge sind noch folgende Wendungen in der Literatur gebraucht worden: »Predicting more of the people more of the time« (Bem & Funder, 1978), »On predicting most of the people much of the time« (Epstein, 1979), »Vorhersagen für einige Personen in vielen Merkmalen« (Amelang & Borkenau, 1981a) und »Vorhersagen für einige Personen in einigen Dimensionen« (Borkenau & Amelang, 1983), doch ein Beitrag etwa des Inhalts »Predicting all of the people all of the time« ist noch in Vorbereitung (Bem & Funder, 1978).

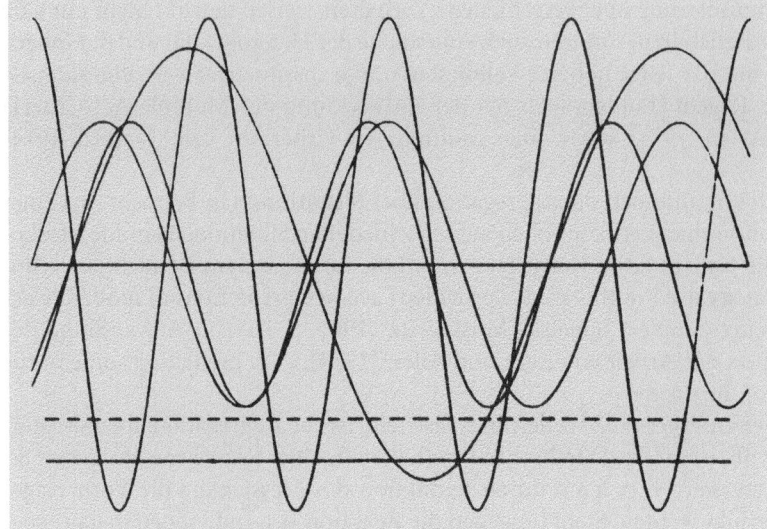

Abb. 7.4 Schwankungen der Messwerte von vier hypothetischen Probanden um einen gemeinsamen Mittelwert. ----/—— denkbare Schwellen (Aus Wottawa & Hossiep, 1987, S. 14. Mit freundlicher Genehmigung des Hogrefe-Verlags.)

lichen Reliabilitätsschätzungen als Anteil der wahren an der Messwertevarianz versagen, müssen andere Indizes gewählt werden. Einfach wäre es, für das in der Abbildung gewählte Beispiel die jeweils höchste Amplitude während eines längeren Beobachtungsausschnittes zu wählen (was zu zwei unterschiedlichen Scores führt) und zwei derartige Messstrecken miteinander zu vergleichen. Aufwändiger sind Verfahren wie die Fourier-Analysen, bei denen die beobachtbaren Schwankungen spektralanalytisch, d. h. in Anteile von Frequenzbändern zerlegt werden, was in der EEG-Forschung eine der Standardtechniken darstellt. Eine Übersicht der Kennwerte zur Charakterisierung derartiger Modelle gibt u. a. Sammer (1994).

> **Σ Fazit**
>
> Die referierten Untersuchungen belegen an inhaltlichen Beispielen die Prinzipien, die bereits in allgemeiner Form unter den methodischen Gesichtspunkten (s.o. die Ausführungen zur Reliabilität) behandelt wurden. Sie zeigen, dass für eine Reliabilitätserhöhung primär eine Aggregation von (ein und demselben) Verhalten über verschiedene Zeitpunkte ein probates Mittel darstellt. Teils als Konsequenz davon, teils durch die zusätzliche Aufnahme anderer Verhaltensweisen im Prädiktor sowie im Kriterium bietet die Aggregation über Modes die Aussicht auf eine zusätzliche Steigerung der Validität. Erfolgt zudem eine Aggregation über Situationen, so wird dieses die Validität gegenüber einem breiten Spektrum möglicher Kontextbedingungen allgemein positiv beeinflussen, und zwar zu Lasten von einzelnen (im Vergleich zu vielen und verschiedenen) Kriterien.

7.2 Moderation: Identifikation von Personengruppen mit einer besonders hohen Vorhersagbarkeit

Erstmals ist es Ghiselli (1963) gelungen, ein gesondertes Testverfahren zu konstruieren, nach dessen Punktwert entschieden werden konnte, für welche Probanden in einer Stichprobe von Taxifahrern (aus deren Punktwerten in Leistungstests) Vorhersagen über das Ausmaß der allgemeinen Fahrtauglichkeit möglich waren und für welche nicht. Der fragliche Teil war damit ein **Test zur individuellen Prognostizier-**

barkeit, weil er mit der **Differenz** zwischen den jeweils standardisierten Leistungspunktwerten und den Kriteriumswerten für Fahreignung (oder, was dasselbe ist: mit dem **Zusammenhang** zwischen diesen beiden Messwertreihen) korrelierte.

Seitdem hat es an Bemühungen zum Auffinden solcher **Moderator**skalen, die **mit der Validität korrelieren**, nicht gefehlt. Häufig waren die Befunde jedoch nicht replizierbar, was u. a. daran liegt, dass teils die Suche nach Moderatoren vorwiegend »blindanalytisch« vor sich ging und teils einige methodische Probleme bei der Verwendung von Moderatorvariablen außer Acht gelassen wurden (s. Zedeck, 1971). Einiges spricht dafür, dass positive Resultate dann zu erwarten sind, wenn theoriegeleitet geforscht wird (▶ Beispiel).

Moderatorvariablen: Einfluss auf die Validität

> **Beispiel**
>
> **Die Vorhersage des Schulerfolges bei rigiden und flexiblen Schülern**
> Frederiksen und Melville (1954) hatten herausgefunden, dass sich relativ zwanghafte Studenten in allen Lehrfächern nahezu gleichmäßig einsetzten, und zwar ungeachtet ihrer jeweiligen Interessensschwerpunkte, während sich nichtzwanghafte Personen nur gemäß ihrer Neigungen engagierten. Das legt die Hypothese nahe, dass sich akademische Leistungen nichtzwanghafter Studenten aus Interessentests viel besser vorhersagen lassen als diejenigen ihrer zwanghaften Kommilitonen – was auch der Fall war.
>
> An dieser Beobachtung knüpft Todt (1966) an. Seinen Erhebungen zufolge war die mittlere Schulnote von Schülern ein Jahr vor dem Abitur aus ganz unterschiedlichen Prädiktorenkombinationen vorhersagbar, je nachdem, ob es sich um Besucher des sprachlichen oder naturwissenschaftlichen Zweiges handelte. Bei den Sprachlern ergab die optimale Gewichtung von sechs Skalen des Differentiellen Interessentests mit einer Subskala aus dem Differentiellen Kenntnistest und dem Intelligenztest von Wilde (s. Jäger & Todt, 1964) eine multiple Korrelation von $R = .44$; hingegen bestand die optimale Prädiktorenkombination bei den Naturwissenschaftlern aus drei Intelligenz- und vier Kenntnissubskalen, die zu $R = .38$ mit dem Kriterium korrelierten. Daraus ließ sich unter Bezugnahme auf die Befunde aus den USA die Hypothese ableiten, dass Zwanghaftigkeit nur bei den Sprachlern die Validität der Prognosebatterie (die fast nur aus Interessentests bestand) moderieren würde, nicht aber bei den Naturwissenschaftlern, weil deren Interessen für die Vorhersage des Schulerfolges praktisch ohne Belang waren. Als Diagnostikum der Zwanghaftigkeit stand die Skala Rigidität von Brengelmann und Brengelmann (1960) zur Verfügung.
>
> In der Tat errechnete sich für die relativ rigiden Schüler aus dem sprachlichen Zweig ein $R = .11$, hingegen für die relativ flexiblen ein $R = .63$. In der Gruppe der Naturwissenschaftler lauteten die Koeffizienten $R = .44$ bzw. .51 – was die Hypothese in überzeugender Weise bestätigte. Innerhalb der Sprachler wiesen somit zwar Interessen den besten Vorhersagewert auf, und zwar im deutlichen Unterschied zu den Naturwissenschaftlern, doch waren diese für flexible Schüler von wesentlich größerer Bedeutung als für rigide.
>
> Diese Studie belegt nachdrücklich, dass es innerhalb von größeren Personengruppen Substichproben mit ganz unterschiedlicher Vorhersagbarkeit gibt. Sie wirft aber auch die Frage auf, welche Instrumente bei den nur mäßig prognostizierbaren Personen erfolgreich angewendet werden können.

Die einfachste und deshalb in der Literatur am häufigsten verwendete Methode bei der Suche nach Moderatorfunktionen besteht darin, die Gesamtstichprobe nach Maßgabe einer theoretisch belangvollen Variablen in (meist zwei bis drei) homogene Subgruppen aufzuteilen und für jede dieser Untergruppen getrennt die Test-Krite-

Suche nach Moderatoreffekten

riums-Korrelationen zu ermitteln. Unterscheiden sich diese Validitätskoeffizienten signifikant voneinander, so übt die Teilungsvariable einen bedeutsamen **Moderatoreffekt** aus. Im Falle der Untersuchung von Todt (1966; s. Beispiel) trifft dies auf die Differenz R = .11 und R = .63 zu, die auf dem 5 %-Niveau signifikant ist. Dementsprechend stellt die Rigiditätsskala eine Moderatorvariable dar.

Fraktionierung von Stichproben

Die Methode einer solchen **Fraktionierung** von Gruppen ist immer dann angemessen, wenn die auf ihre potenzielle Moderatorfunktion geprüfte Variable **alternativ** (z. B. Geschlecht: männlich/weiblich) oder **mehrklassig diskret** ist (z. B. ethnische Herkunft: kaukasoid/negroid/mongolid; Körperbau: pyknisch/leptosom/athletisch).

Handelt es sich bei der Unterteilungsvariablen aber um eine Skala mit kontinuierlich-quantitativen Abstufungen (so z. B. der Rigiditätstest in der Todt'schen Studie), weist die Fraktionierungsmethode einige Nachteile auf. Vorrangig ist diesbezüglich die Vergrößerung des Stichprobenfehlers zu nennen, die es nach Halbierung oder Drittelung der Gesamtstichprobe erschwert, Unterschiede zwischen den dann relativ kleinen Substichproben zufallskritisch abzusichern. Zudem erfolgt die Trennung am Median bzw. an Perzentilwerten in gewisser Weise willkürlich, jedenfalls nicht nach psychologisch plausiblen Ableitungen. Es kann nämlich kaum davon ausgegangen werden, dass sich mit der Überschreitung beispielsweise des Medians in einer Verteilung kontinuierlich abgestufter Werte die zugrundeliegenden Prozesse in einem qualitativen Sprung ändern. Darüber hinaus hängt der jeweilige Trennungspunkt davon ab, welche Probanden mit welchen Merkmalsausprägungen jeweils Eingang in die Untersuchungsstichprobe gefunden haben. Ferner erlaubt eine Zwei- oder Dreiteilung nicht die Beschreibung der Moderatorfunktion in Art einer mathematischen Funktion, ganz abgesehen von den Problemen, die sich daraus ergeben mögen, dass die potenzielle Moderatorvariable vielleicht selbst mit dem Kriterium und/oder den Prädiktoren korreliert.

❗ Zur Identifikation einer Moderatorvariablen ist die Fraktionierung einer Stichprobe dann sinnvoll, wenn die zu prüfende Variable alternativ oder mehrklassig diskret ist. Ist die Variable kontinuierlich-quantitativ abgestuft, ist ein regressionsanalytisches Modell besser geeignet.

regressionsanalytisches Modell

Saunders (1956) hat deshalb ein Modell vorgeschlagen, mit dem die eben geschilderten Unzulänglichkeiten regressionsanalytisch umgangen werden. Zentral darin ist der Gedanke, die Steigung der einfachen linearen Regression eines Kriteriums auf einen Prädiktor mithilfe einer weiteren Variablen, dem Moderator, zu beschreiben. Das Modell ist für diesen einfachsten Fall in ▶ Abbildung 7.5 grafisch veranschaulicht.

lineare Moderatorfunktion

Die Steigungskoeffizienten der Regressionsgeraden AB, CD, EF usw. bis MN stellen eine lineare Funktion von Z dar (aus Bartussek, 1970, S. 59). Für die Prüfung der Frage, ob in Gestalt der Variablen Z ein potenzieller Moderator vorliegt (d. h. eine Variable, von der der Steigungskoeffizient b_{yx} linear abhängt), sind folgende Erwägungen bzw. Ableitungen anzustellen:

lineare Regressionsgleichung

Die lineare Form einer Regression von Y auf X lautet bekanntlich (▶ S. 57):

$$\hat{Y} = a + bX \tag{7.1}$$

Die Steigung b dieser Regressionsgeraden soll nun eine lineare Funktion des Moderators Z sein, so dass sich auf jeder Stufe von Z eine andere Steigung $_zb$ ergibt:

$$_zb = d + fZ \tag{7.2}$$

f = Ausmaß der Änderung von $_zb$ mit Z, d = $_zb$ für Z = 0

Eine Änderung des b in (7.2) aufgrund der linearen Abhängigkeit von Z hat eine Änderung von a in (7.1) zur Folge, da sich durch die Drehung der Regressionslinie für

7.2 · Moderation: Identifikation von Personengruppen mit einer besonders hohen Vorhersagbarkeit

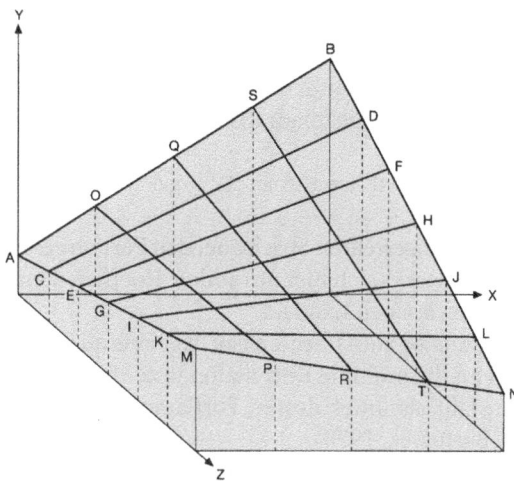

Abb. 7.5 Räumliche Darstellung einer moderierten Regression des Kriteriums Y auf den Prädiktor X bei linearer Moderatorfunktion der Variablen Z: Die Steigungskoeffizienten der Regressionsgeraden AB, CD, EF, GH, IJ, KL und MN stellen eine lineare Funktion von Z dar. (Aus Bartussek, 1970, S. 59. Mit freundlicher Genehmigung des Hogrefe-Verlags.)

jeden Z-Wert andere Schnittpunkte der Regressionsgeraden mit Y ergeben müssen. Auf diese Weise entspricht jedem $_Zb$ ein bestimmtes $_Za$, so dass gilt:

$$_Za = d + eZ \qquad (7.3)$$

Die Formel (7.3) beschreibt die unterschiedlichen Schnittstellen der Regressionen Y auf Z mit der Regressionsfläche Y auf X (die Geraden AM, OP, QR, ST und BN in ◘ Abb. 7.5).

Setzt man (7.2) für b und (7.3) für a in (7.1) ein, so ergibt sich:

$$\hat{Y} = (c + eZ) + (d + fZ) X \qquad (7.4)$$

Nach Auflösen der Klammern und Umstellen der Formel erhält man

$$\hat{Y} = c + dX + eZ + fXZ \qquad (7.5)$$

Die Formel (7.5) entspricht einer herkömmlichen Regressionsgleichung für die Vorhersage des Kriteriums Y auf der Basis von drei Prädiktoren. Neben X und Z sind die individuellen Kreuzprodukte zwischen X und Z als dritter Prädiktor hinzugekommen. Durch die Multiplikation der X- und Z-Werte trägt dieser Prädiktor jenen Anteil zur Vorhersage des Kriteriums bei, der sich analog zu den varianzanalytischen Wechselwirkungen experimenteller Versuchspläne interpretieren lässt. Sofern die multiple Korrelation zur Vorhersage des Kriteriums Y aus X und Z durch Hinzunahme des Terms XZ signifikant ansteigt, liegt mit der Skala Z ein bedeutsamer Moderator vor.

Vorhersage mit Prädiktor- und Moderatorvariablen

Bartussek (1970) hat dieses Modell auf die Prüfung quadratischer (also U- bzw. umgekehrt U-förmiger) Moderatorfunktionen erweitert. Inhaltlich bedeutet das die Hypothese einer unterschiedlichen Prognostizierbarkeit der Probanden, die auf der Moderatorvariablen extrem niedrig oder hoch scoren im Vergleich zu denjenigen im Mittelbereich. Solche Gegebenheiten liegen etwa im Fall des Antwortstils »Akquieszenz« bei der Bearbeitung von Fragebögen vor: Die ausgeprägten »Ja-Sager« sind den notorischen »Nein-Sagern« (»Yeah-« vs. »Nay-Sayer«) insofern ähnlich, als sie vom Iteminhalt offenkundig keine rechte Notiz nehmen und stattdessen in stereotyper Weise nur mit einer individuell präferierten Antwortkategorie reagieren. Von daher wäre für beide Extremgruppen eine verminderte Prognostizierbarkeit im Vergleich zu Probanden mit mittleren Akquieszenz-Punktwerten zu erwarten. Bestätigende Be-

Prüfung quadratischer Moderatorfunktionen

funde dazu liegen aus einer Studie vor, in der die Prädiktoren aus den Extraversions- sowie Neurotizismusskalen und das Kriterium aus Fremdeinschätzungen dieser Dimensionen bestanden (s. Amelang & Borkenau, 1981b).

Für derartige quadratische Funktionen gilt die Gleichung

$$\hat{Y} = c' + d'X + e'Z + f'XZ + gZ^2 + hXZ^2 \qquad (7.6)$$

Die hochgestellten Striche bei den Partialregressionskoeffizienten sollen deutlich machen, dass es sich hier um andere Koeffizienten als den in den Gleichungen (7.1)–(7.5) ausgewiesenen handelt.

Vorliegen einer quadratischen Moderatorfunktion

Analog zum linearen Fall liegt eine quadratische Moderatorfunktion also dann vor, wenn die multiple Korrelation unter Einschluss des Prädiktors XZ^2 signifikant höher ausfällt als unter dessen Fortlassung (zu den Prinzipien der Signifikanzprüfungen s. Bartussek, 1970).

empirische Befunde zu Moderatoreffekten

Aus naheliegenden Gründen hat sich die Forschung bislang sehr viel stärker mit linearen als mit quadratischen Moderatorvariablen beschäftigt. Aus den bearbeiteten Fragestellungen sind für die psychologische Diagnostik u. a. die folgenden **Befunde** von Bedeutung:

- Die schulischen Leistungen sind aus Intelligenztests besser für solche Schüler vorhersagbar, die eine hohe Konformität an den schulischen Betrieb und eine gute Betragensnote aufweisen (s. Amelang & Vagt, 1970).
- Die Validität von Selbst- gegenüber Fremdeinschätzungen ist höher für solche Personen, die ihr eigenschaftsrelevantes Verhalten als relativ gut beobachtbar bezeichnen (Amelang & Borkenau, 1986, S. 20) und die bestimmte Traits als angemessen zur Beschreibung ihrer Persönlichkeit erachten (Borkenau & Amelang, 1985) oder von einer besonderen Zentralität der Eigenschaften für ihre Persönlichkeit ausgehen (Zuckerman et al., 1988).
- Für Personen mit hohen (im Vergleich zu mittleren und niedrigen) Punktwerten in »Lügenskalen« kann von einer geringeren Validität ihrer Fragebogenbeantwortungen ausgegangen werden (Amelang & Borkenau, 1981b).
- Für die Konsistenz und damit die Prognostizierbarkeit spielt darüber hinaus u. a. das Ausmaß an Selbstkontrolle und Selbstbewusstheit eine bedeutsame Rolle (s. die ausführliche Zusammenstellung bei Schmitt, 1992, und die dabei gegebenen psychologischen Interpretationen).
- Auch das Ausmaß an selbsteingeschätzter transsituativer Konsistenz vs. Variabilität im Sinne von Bem und Allen (1974) scheint für die Prognostizierbarkeit ein bedeutsamer Moderator zu sein, allerdings nur dann, wenn dessen Erfassung mit hinreichender Reliabilität geschieht, d. h. nicht nur auf der Basis eines einzigen Items (s. Amelang, 1987).

Insgesamt sprechen diese und weitere Beobachtungen (s. Brody, 1988, S. 109–115) dafür, dass, unbeschadet der Notwendigkeit von Replikationen, der Moderatoransatz eine Möglichkeit zur Identifizierung solcher Personengruppen darstellt, die in den Kategorien von Eigenschaftsdimensionen recht gut beschrieben und vorhergesagt werden können. Bei den anderen müssten dagegen für eine Prädiktion eher die Gegebenheiten oder die Wahrnehmung der jeweiligen Situation herangezogen werden. An diagnostischen Verfahren, die gerade das Letztere leisten, ist bislang allerdings ein empfindlicher Mangel zu beklagen.

7.3 Bindung von kriteriumsirrelevanter Prädiktorenvarianz: Suppression

Die Kombination von verschiedenen Prädiktoren führt bekanntlich dann zu besonders markanten Zuwächsen an Validität, wenn jede einzelne der herangezogenen Skalen bereits für sich selbst möglichst hoch mit dem Kriterium und möglichst niedrig mit den anderen Prädiktoren korreliert. In einem solchen Fall deckt jeder Prädiktor einen anderen Aspekt des Kriteriums ab, was sich für die Validität der Testbatterie als Ganzes sehr positiv auswirkt.

Ähnliche Konsequenzen ergeben sich aber auch dann, wenn die Rahmenbedingungen gegenteiliger Art sind, nämlich wenn Variablen in eine Testbatterie zusätzlich aufgenommen werden, die mit dem Kriterium niedrig, aber möglichst hoch mit den anderen Prädiktoren korrelieren. Weil die Validitätserhöhung in einer derartigen Konstellation trotz (oder, wie noch zu zeigen sein wird, gerade wegen) der Nullkorrelation mit dem Kriterium auftritt, handelt es sich gleichsam um eine paradoxe Qualität.

Sie kommt dadurch zustande, dass aufgrund der hohen Korrelation einer oder mehrerer zusätzlicher Variablen mit den übrigen Prädiktoren deren kriteriumsirrelevante Varianzanteile gebunden oder unterdrückt werden; dementsprechend heißt die Bezeichnung für dieses Phänomen der Validitätssteigerung »**Suppression**«.

Validitätsverbesserung durch mehrere Prädiktoren

paradoxe Qualität von Prädiktoren

Suppression

> **Beispiel**
>
> **Validitätsgewinn durch Unterdrückung irrelevanter Prädiktorenvarianz**
> Eines der ersten empirischen Beispiele für Suppression berichtet Horst (1966) aus den Versuchen, im Zweiten Weltkrieg den Erfolg von Ausbildungsprogrammen für Piloten vorherzusagen. In einer dieser Studien bestand die Testbatterie aus
> - Mechanical ability (M),
> - Numerical ability (N),
> - Spatial ability (S) und
> - Verbal ability (V).
>
> Die ersten drei Faktoren korrelierten positiv mit dem Kriterium. Verbales Geschick stand mit dem Kriterium nicht in Beziehung, korrelierte aber mit den anderen Skalen. Trotz der Nullkorrelation zwischen verbalen Leistungen und dem Trainingserfolg verbesserte die Hinzunahme von Verbal ability die Validität der Batterie erheblich.
>
> Horst interpretierte diesen Effekt **psychologisch**, indem er feststellte, dass die verbalen Fähigkeiten zwar mit dem Ergebnis des Flugtrainings nichts zu tun haben mochten, wohl aber eine hohe Ausprägung in V den Erhalt hoher Punktwerte in den übrigen Prädiktoren begünstigte, und zwar vermutlich über das bessere Verständnis der Testinstruktion und der allgemeinen Prinzipien zum Lösen der Aufgaben. Von daher kam es darauf an, eben jene durch V »verursachten« Varianzanteile zu eliminieren bzw. von der sonstigen Prädiktionsvarianz abzuziehen. Denn für den Flugtrainingserfolg war es wichtig, hohe Punktwerte in erster Linie in den Skalen M, N und S zu erzielen, weil damit Komponenten abgedeckt werden, die für die Steuerung eines Flugzeuges unabdingbar sind. Hingegen war es eher irrelevant für die Vorhersage, wenn Probanden hohe Punktwerte in der Batterie hauptsächlich durch ihre verbalen Fähigkeiten erreichten. In der Tat führte der Abzug der Varianz zu Lasten von V, d. h. ein negatives β-Gewicht in der Linearkombination der Prädiktoren, zu einer bedeutsamen Validitätsverbesserung der Gesamtbatterie.

Das Zustandekommen von Suppressionseffekten kann auf **methodische** Weise mithilfe eines Scheibchendiagramms und durch Rückgriff auf die Interpretation von Kor-

methodische Veranschaulichung des Suppressoreffekts

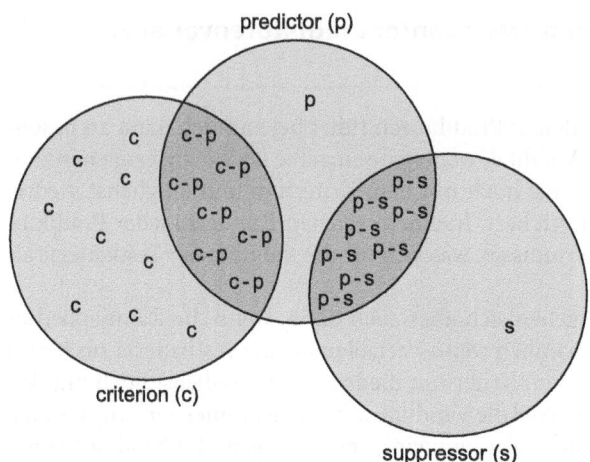

Abb. 7.6 Veranschaulichung der Korrelation zwischen je einer Prädiktor-, Suppressor- und Kriteriumsvariablen als Folge gemeinsamer Elemente. (Aus Conger & Jackson, 1972, S. 582. © Sage. Reprinted with the permission of SAGE Publications.)

Common-elements-Korrelation

relationen als Folge gemeinsamer Elemente (McNemar, 1962) veranschaulicht werden (Abb. 7.6).

Die allgemeine Formel für die »Common-elements-Korrelation« lautet:

$$r_{xy} = \frac{n_c}{\sqrt{n_x + n_c} \cdot \sqrt{n_y + n_c}} \tag{7.7}$$

n_x = Zahl der Elemente spezifisch für x
n_y = Zahl der Elemente spezifisch für y
n_c = Schnittmenge der Elemente aus x und y

Im Beispiel von Abbildung 7.6 besteht das Kriterium c aus insgesamt 16 Elementen, von denen sieben mit dem Prädiktor gemeinsam sind (c–p). Der Prädiktor setzt sich gleichfalls aus 16 Elementen zusammen, von denen neun für das Kriterium irrelevant sind (8×(p–s) + 1p).

Prädiktor-Kriterium

Gemäß (7.7) errechnet sich daraus die Korrelation

$$r_{pc} = \frac{7}{\sqrt{9+7} \cdot \sqrt{9+7}} = .44.$$

Prädiktor-Suppressor

Wenn acht der neun für die Vorhersage des Kriteriums durch p irrelevanten Elemente durch den Suppressor erklärt werden (p–s), der für sich selbst keinerlei Überlappung mit dem Kriterium aufweist, lautet die Korrelation wie folgt:

$$r_{ps} = \frac{8}{\sqrt{8+8} \cdot \sqrt{1+8}} = .67.$$

Suppressor-Kriterium

Weil es bei der Korrelation zwischen s und c keine gemeinsamen Elemente gibt, steht im Zähler der Common-elements-Korrelation zwischen Suppressor- und Kriteriumsvariablen null, deshalb: $r_{sc} = 0{,}00$.

erhöhte Validität durch Suppressoreffekt

Nun lässt die Betrachtung von Abbildung 7.6 erkennen, dass es trotz der Irrelevanz von s für c nützlich ist, die »frei schwebenden« Elemente in p, d. h. jene, die keine Kommunalität mit c zeigen, durch s zu »binden«. In einem solchen Fall weist p

7.3 · Bindung von kriteriumsirrelevanter Prädiktorenvarianz: Suppression

nur noch acht andere Elemente auf (1p sowie 7c–p), und die Prädiktor-Kriteriums-Korrelation beläuft sich dann auf

$$r_{pc} = \frac{7}{\sqrt{1+7} \cdot \sqrt{9+7}} = .62.$$

Bei der Ermittlung der Regressionsgleichung auf der Basis der bivariaten Korrelationen zeigen die Vorzeichen der Regressionsgewichte (0,66p–0,50s), dass die gewichtete s-Variable von den Prädiktorwerten abgezogen werden muss, um die kriteriumsirrelevante Varianz zu entfernen. Das stellt den »klassischen Fall« des Suppressionsparadigmas dar.

klassischer Fall: Suppressorvariable wird abgezogen

Eine Quelle möglicher Konfusionen tut sich aber auf, wenn alle Variablen mit negativen β-Gewichten in Prädiktionskombinationen als »negative Suppressoren« bezeichnet werden. Lubin (1957) und Darlington (1968) verfahren so und belegen mit diesem Begriff solche Variablen, die positiv mit dem Kriterium, aber negativ mit anderen Prädiktoren korrelieren. Das mag deshalb zu Missverständnissen führen, weil zahlreiche Dimensionen außerhalb des Leistungsbereiches bipolarer Art sind, wie an Skalen zur Erfassung von Einstellungen, Persönlichkeitsmerkmalen oder kognitiven Stilen zu erkennen ist, deren Scorungsrichtung und positive Bewertung innerhalb gewisser Grenzen von willkürlichen Festlegungen abhängt. Auf diese Weise aber könnte ein Prädiktor (wie z. B. Extraversion oder Flexibilität) durch einfache Reflektion zu einem Suppressor (Introversion bzw. Rigidität) konvertiert werden. Zur Vermeidung solcher konzeptueller Unschärfen soll hier an der restriktiven Definition eines Suppressors festgehalten werden, in der die Nullkorrelation mit dem Kriterium eine entscheidende Rolle einnimmt.

> **Beispiel**
>
> **Zur Beziehung der Suppression zu Part- und Partialkorrelation**
> Wie Conger und Jackson (1972) deutlich gemacht haben, bestehen enge Beziehungen zwischen dem Suppressionskonzept und der Part- bzw. Partialkorrelation: Wird nämlich der Einfluss **einer** Variablen von **einer** anderen eliminiert und mit einer dritten Variablen korreliert, liegt eine Konstellation vor, in der eine Partkorrelation angemessen ist (◘ Abb. 7.7). Genau das ist auch das Rationale für Suppressoreffekte.
>
> Die Formel für die **Partkorrelation** lautet:
>
> $$r_{c(p \cdot s)} = \frac{r_{cp} - r_{cs}r_{ps}}{\sqrt{1-r_{ps}^2}} \qquad (7.8)$$
>
> c = Kriterium
> p = Prädiktor
> s = Suppressor (oder Variable, die eine kleinere Korrelation mit c aufweist als p)
>
> Falls die Korrelation zwischen s und c null beträgt (= ideale Suppressorvoraussetzung), vereinfacht sich (7.8) zu
>
> $$r_{c(p \cdot s)} = \frac{r_{cp}}{\sqrt{1-r_{ps}^2}} \qquad (7.9)$$
>
> Die Formel (7.9) besagt, dass der Partkoeffizient immer dann höher als r_{cp} (= die Validität) ausfällt, wenn r_{ps} ungleich null ist.
> ▼

Partkorrelation

Abb. 7.7 Konstellation für eine Partkorrelation sowie einen Suppressoreffekt. P = Prädiktor, C = Kriterium, S = Suppressor

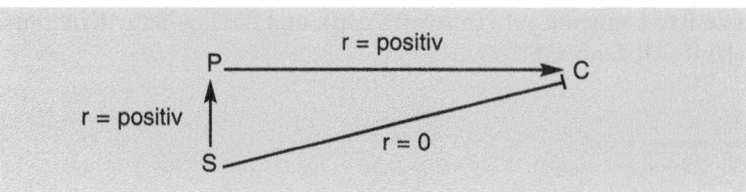

Partialkorrelation

Soll der Einfluss einer Drittvariablen aus zwei anderen Variablen herausgezogen werden (z. B. der Suppressor gleichermaßen aus dem Prädiktor und dem Kriterium), ist die Partialkorrelation angemessen, also

$$r_{c(p \cdot s)} = \frac{r_{cp} - r_{cs}r_{ps}}{\sqrt{1-r_{ps}^2}\sqrt{1-r_{cs}^2}} \quad (7.10)$$

Unter idealen Suppressorbedingungen vereinfacht sich (7.10) ebenfalls zu (7.9). Bei suboptimalen Gegebenheiten muss der resultierende Koeffizient etwas höher ausfallen als (7.8), weil im Vergleich zum Partkoeffizienten im Nenner r_{cs} zusätzlich berücksichtigt wird.

mulitiple Korrelation

Bei Verletzung der idealen Suppressorbedingungen liefert, wie bei einem Vergleich der beiden Formeln deutlich wird, die **multiple Korrelation** den höheren Validitätskoeffizienten:

$$R = r_{c(p \cdot s)} = \frac{\sqrt{r_{cp}^2 + r_{cs}^2 - 2r_{cp}r_{cs}r_{ps}}}{\sqrt{1-r_{ps}^2}} \quad (7.11)$$

Ausmaß der Validitätssteigerung

Das Ausmaß der möglichen Validitätssteigerung durch einen Suppressor hängt nicht nur von der Enge der Korrelation zu den anderen Prädiktoren der Batterie ab, sondern auch von der originalen Prädiktor-Kriteriums-Validität. Die dafür maßgeblichen Funktionen sind aus ◘ Abbildung 7.8 ersichtlich.

Wenn die Validität beispielsweise mit r_{cp} = .40 gleich hoch ist wie die Interkorrelation r_{ps}, bedeutet das einen Zugewinn um rund 0,04 Einheiten oder ca. 10 %. Erst bei sehr hohen Werten für r_{ps} fallen die Validitätszunahmen ernsthaft ins Gewicht.

Beispiel: Testangst und Testmotivation als Suppressoren

Eben diese Voraussetzung aber war in den bislang durchgeführten empirischen Untersuchungen nicht erfüllt (s. die Zusammenstellung bei Holling, 1981), weshalb die Resultate insgesamt höchst unbefriedigend ausgefallen sind. Um dafür ein Beispiel zu geben: In einer äußerst aufwändigen Studie prüfte Vagt (1974) die Hypothese, ob Aspekte der Testangst und Testmotivation als Suppressoren wirken. Zusätzlich zu vorliegenden Skalen entwickelte er eigens Fragebogen u. a. zur Erfassung von Angst vor der Testsituation und den Testkonsequenzen, vor Psychologen und unangenehmer Selbsterkenntnis bzw. Tests zur Feststellung der Wichtigkeit von Psychologie für das Bedürfnis nach Selbsterkenntnis und des Vertrauens in die Gültigkeit von Prüfungen etc. Diese Skalen wurden zusammen mit Intelligenztests in einer Situation vorgegeben, deren ernster, bedrohlicher Charakter durch verschiedene Maßnahmen betont wurde. Das Kriterium bestand aus einem Maß für sprachliche Ausdrucksfähigkeit, das aus zwei Aufsätzen gewonnen wurde, die freiwillig und in einer entspannten Atmosphäre geschrieben worden waren. Die Validität des Intelligenztests für dieses Kriterium betrug an 253 Schülern r_{cp}=.66. Die Korrelationen zwischen einer der Suppressorskalen und dem Kriterium lagen ganz überwiegend bei null (höchste Koeffizienten: r_{cs} = −.25, .14 und .12). Allerdings korrelierten die Suppressorvariablen auch mit dem Prädiktor bestenfalls zu r_{ps} = −.25 (Angst vor Psychologen und der Psychologie) und r_{ps} = .23

7.3 · Bindung von kriteriumsirrelevanter Prädiktorenvarianz: Suppression

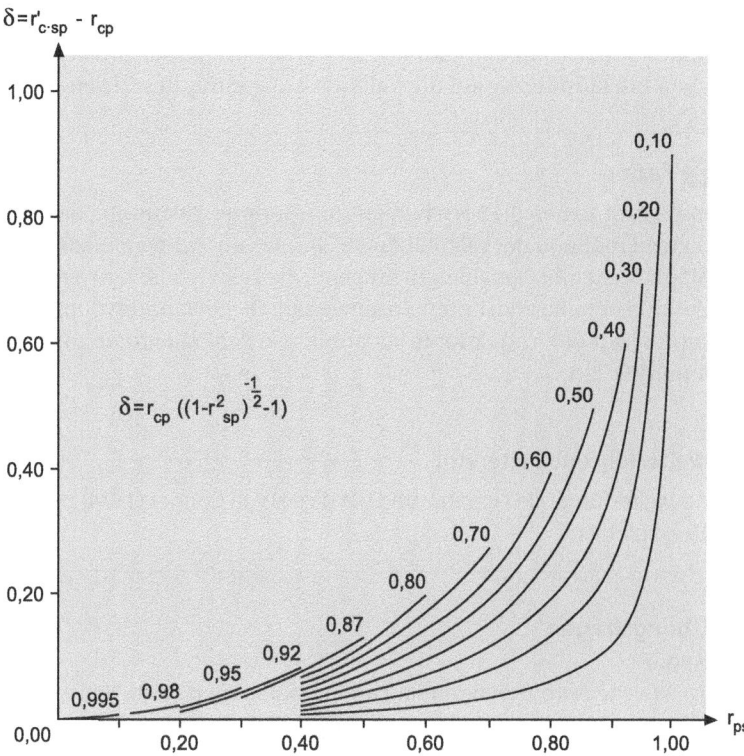

○ **Abb. 7.8** Zunahmen an Validität (Ordinate) als Funktion der Korrelationen zwischen Suppressor und Prädiktor (r_{ps}; Abszisse) sowie der originalen Test-Kriteriums-Validitäten (Linienschwarm)

(Leistungsmotivation), so dass von daher kaum Aussicht auf einen nennenswerten Validitätsgewinn durch Suppression bestand. Die einzige signifikante Erhöhung der Validität war im Falle der Wichtigkeit von Psychologie mit $r_{cs} = .12$ und $r_{ps} = .04$ weniger eine Folge von Suppression als vielmehr eine Folge der Hinzunahme eines weiteren unabhängigen Prädiktors.

Desgleichen mussten die Bemühungen von Goldberg et al. (1970), verschiedene Antwortstilskalen auf ihre Suppressionseffekte gegenüber dem California Psychological Inventory zu untersuchen, schon im Ansatz als aussichtslos angesehen werden, weil Antwortstile mit den inhaltlichen Skalen nicht in einem Ausmaß korrelieren, das für eine substanzielle Validitätserhöhung Voraussetzung ist.

Beispiel: Antwortstil als Suppressor

Um aber die bestechende Brillanz des Suppressionskonzeptes praktisch nutzen zu können, bedarf es auch einer hohen Korrelation r_{ps} mit den Prädiktoren, die im Regelfall leichter zu erzielen ist als eine entsprechende Validität (r_{cp}).

Allerdings gibt es einen Grund, warum entsprechende Bemühungen nicht mit dem zu erwartenden Nachdruck entfaltet wurden: Im Vergleich zu dem Validitätsgewinn durch einen Suppressor, wie er sich in ○ Abbildung 7.6 als Formel für δ eingetragen findet, beträgt der Zugewinn im Falle eines weiteren Prädiktors

Validitätsgewinn durch zusätzlichen Prädiktor

$$\delta_p = r_{c \cdot pq} - r_{cp} \cdot \sqrt{r_{cp}^2 + r_{cq}^2} - r_{cp} \tag{7.12}$$

p = 1. Prädiktor
q = 2. Prädiktor (und potenzieller Suppressor)

Werden die Zuwächse miteinander gleichgesetzt, so gilt:

$$r_{ps}^2 = \frac{r_{cq}^2}{r_{cp}^2 + r_{cq}^2} \tag{7.13}$$

weiterer Prädiktor effektiver als Suppressor

Das bedeutet nichts anderes, als dass die Suppressorvarianz viermal soviel Varianz im Prädiktor wie der zweite Prädiktor an Varianz im Kriterium erklären muss, um den gleichen Effekt in Bezug auf die Validitätssteigerung zu erzielen.

> **Σ Fazit**
>
> Insgesamt zeigen die Forschungen zum Suppressorkonzept, dass es neben der direkten Erhöhung der Validität durch Einsatz von weiteren Prädiktoren auch die Möglichkeit gibt, Variablen zu erheben, die keinen oder einen nur sehr geringen Zusammenhang zum Kriterium aufweisen. Die Brillanz des Suppressionskonzeptes liegt darin, irrelevante Varianzanteile der Prädiktoren zu binden oder zu unterdrücken.

Weiterführende Literatur

Als weiterführende Literatur sind die Werke von Conger (1974) und Holling (1981) zu empfehlen.

? Übungsfragen
Kap. 7
1. Welche Anforderungen sind an Testsituationen zu stellen, wenn mithilfe des eigenschaftstheoretischen Ansatzes Verhaltensvorhersagen gemacht werden sollen?
2. Wodurch wurde in der Untersuchung von Pryor et al. (1977) selbstzentrierte Aufmerksamkeit erzeugt, und welche Auswirkungen hatte sie auf die Vorhersagevalidität?
3. Wann ist die Aggregation von Verhaltensweisen über Situationen zur Erhöhung der Validität sinnvoll?
4. Welches ist die einfachste Methode bei der Suche nach Moderatorfunktionen, wenn die auf die Moderatorfunktion geprüfte Variable alternativ oder mehrklassig diskret ist?
5. Welches ist der zentrale Gedanke in Saunders' Modell (1956) für Skalen mit kontinuierlich-quantitativen Abstufungen?
6. Was bezeichnet der Begriff der Suppression?

Diagnostik und Intervention in der Arbeits-, Betriebs- und Organisations-(ABO-)Psychologie

8.1 Organisationsdiagnostik – 448

8.2 Eignungsbeurteilung – 450
8.2.1 Eignungsdiagnostische Verfahren – 457
8.2.2 Exkurs: Assessment Center – 462

8.3 Leistungsbeurteilung – 473

8.4 Tätigkeitsbezogene Diagnostik: Arbeits- und Anforderungsanalyse – 477
8.4.1 Verfahren der Arbeitsanalyse – 477
8.4.2 Verfahren der Anforderungsanalyse – 481

auf praktische Bedürfnisse bezogen

Von Anfang an war die Diagnostik in der Arbeits- und Organisationspsychologie sehr eng auf die praktischen Bedürfnisse von Organisationen (und zwar vor allem im industriellen Bereich) bezogen. Zu ihren Anwendungsfeldern zählen auf einer abstrakteren Ebene die Diagnostik und Entwicklung von Organisationen, und auf etwas konkreterem Niveau einerseits die am Individuum ausgerichtete Beurteilung und Entwicklung von Personal sowie andererseits die an den Arbeitsbedingungen ansetzende Analyse und psychologische Gestaltung der Arbeit. Das Teilgebiet der Arbeits- und Organisationspsychologie, welches sich mit dem Individuum und nicht mit Organisationen oder der Arbeitsgestaltung befasst, wird heute auch **Personalpsychologie** genannt.

8.1 Organisationsdiagnostik

Verhalten und Erleben der Organisationsmitglieder

Organisationen wie Betriebe, Behörden, Schulen, Universitäten, Krankenhäuser etc. können aus betriebswirtschaftlicher, organisationssoziologischer, verwaltungswissenschaftlicher und eben auch aus psychologischer Perspektive beschrieben und analysiert werden. Die psychologisch ausgerichtete Organisationsdiagnostik befasst sich mit dem Verhalten und Erleben der Mitglieder in Organisationen:

> **Definition**
>
> »Die [psychologische] O-Diagnose dient dazu, die psychologischen Aspekte des Erlebens und Verhaltens von Mitgliedern in Organisationen zu diagnostizieren, um Regelhaftigkeiten im Erleben, im Verhalten und in den Interaktionen zu beschreiben, zu erklären und zu prognostizieren« (Büssing, 2007, S. 558).

psychologische Organisationsdiagnostik noch nicht weit entwickelt

Die psychologische Organisationsdiagnostik ist jedoch bei Weitem nicht so stark ausgearbeitet wie etwa die Leistungs- oder die Persönlichkeitsdiagnostik. Die oben aufgeführte Definition steht eher für eine programmatische Sichtweise; ein etabliertes Methodeninventar existiert (noch) nicht. »Die in der O-Diagnose eingesetzten Erhebungsverfahren stammen aus ganz unterschiedlichen Disziplinen, vor allem aus der Arbeits- und Organisationspsychologie, der Betriebswirtschafts- und Managementlehre sowie der Organisationssoziologie« (Büssing, 2007, S. 580). Unter den von Büssing genannten Datenquellen (s.u.) lassen sich Nr. 3 bis 7 mithilfe von standardisierten psychologischen Verfahren wie diagnostischen Interviews oder Fragebögen erschließen. Die in ▶ Kapitel 3.8.3 genannten Verfahren zur Teamdiagnostik können zur Befragung von Mitarbeitern eingesetzt werden.

Datenquellen

Datenquellen in der Organisationsdiagnostik (nach Büssing, 2007, Tab. 3, S. 574):
- Analyse von Dokumenten (z. B. Organigramme)
- Organisations- und betriebswirtschaftliche Statistiken (z. B. Fluktuation)
- Befragung von Schlüsselpersonen und Experten
- Befragung von Mitarbeitern
- Beobachtungen am Arbeitsplatz
- Gruppengespräche
- Analyse von Interaktionen (z. B. Soziometrie)

Allgemein lassen sich drei grundlegende Ansätze zur Beschreibung von Organisationen unterscheiden, nämlich die **Struktur-**, die **Prozess-** und die **integrative Diagnostik** (vgl. Büssing, 2007).

◘ Abb. 8.1 Strukturelle Veränderungen in einem Unternehmen können sich auf die Arbeitsleistung und die Arbeitszufriedenheit auswirken. (Foto: © Franz Pfluegl – Fotolia.com)

- Die **Strukturdiagnostik** befasst sich, wie der Name vermuten lässt, mit der Diagnose der Strukturen einer Organisation; sie nimmt im Vergleich zu den anderen Ansätzen eine dominierende Stellung ein. Im Vordergrund stehen die »Ziele von Organisationen und ihre Umsetzung in Regeln und Ordnungen zur Ausrichtung der Organisationsmitglieder auf diese Ziele hin« (Büssing, 2007, S. 566). Psychologische Fragestellungen ergeben sich erst, wenn die Auswirkung von Strukturen auf das Verhalten und Erleben von Mitarbeitern erfasst werden soll (◘ Abb. 8.1).

  Strukturdiagnostik

- Die **Prozessdiagnostik** geht demgegenüber davon aus, dass sich Organisationen verändern und diese Veränderungen durch Erhebungen an mehreren Messzeitpunkten erfasst werden können. Die Messungen können sich nach Büssing auf folgende Aspekte beziehen:
  - Organisationale Sachverhalte und deren Auswirkung auf menschliches Verhalten (z. B. Arbeitsleistung) und Erleben (z. B. Arbeitszufriedenheit)
  - Soziale Interaktion und Kommunikation innerhalb von Organisationen
  - Wechselwirkungen zwischen Strukturmerkmalen, situativen Faktoren und dem Erleben/Verhalten in Organisationen

  Prozessdiagnostik

- Die **integrative Diagnostik** verbindet die Diagnosen auf verschiedenen Ebenen in einer Organisation. Ebenen können die Individual-, Gruppen-, Abteilungs- und die Gesamtorganisationsebene sein. So integriert die »Ganzheitliche Betriebsanalyse unter Berücksichtigung von Mensch, Technik, Organisation (MTO-Analyse)« von Strohm und Ulich (1999, zit. in Büssing, 2007) Verfahren, die sich auf unterschiedliche Organisationsebenen beziehen. Ein weiteres Beispiel stellt das »Organisationsanalyseinstrumentarium OAI« dar (van de Ven & Ferry, 1980; zit. in Büssing, 2007). Fünf verschiedene Module, zu denen jeweils Fragebögen vorliegen, sollen das organisatorische Geschehen aus verschiedenen Perspektiven beschreiben:

  integrative Diagnostik

- **Macroorganizational module:** Das Modul der Messung der Gesamtstruktur der Organisation; dazu gehören etwa die Anzahl der Hierarchieebenen und der Vorgesetzten/Untergebenen-Quotient.

  fünf Module zur Beschreibung der Organisation

- **Interunit relations module:** Mit diesem Modul werden beispielsweise die Einflussmöglichkeiten erfasst, die eine Abteilung auf die internen Vorgänge einer anderen Abteilung hat.
- **Organizational unit module:** Ein Vorgesetztenfragebogen erfasst z. B., wie oft die Untergebenen in den vergangenen drei Monaten ihre Arbeitstätigkeiten untereinander gewechselt haben.
- **Job design module:** Mit diesem Modul sollen Merkmale einzelner Arbeitsplätze einschließlich ihrer strukturellen Anforderungen sowie Einstellung und Zufrie-

denheit der Arbeitenden erfasst werden. Ein Item des Vorgesetztenfragebogens betrifft beispielsweise die Anzahl der schriftlichen Anweisungen und Verfahrensweisen für die Hauptarbeitsaufgabe.
- **Performance module:** In einem Fragebogen für Vorgesetze wird beispielsweise erhoben, wie oft die Vorgesetzten schriftliche Berichte und Zahlen über die Leistung der Abteilung erhalten.

noch eher theoretische Fiktion

Die Organisationsdiagnostik stellt noch immer eher eine theoretische Fiktion als ein konkretes Diagnostikinstrumentarium dar. So sind zwar einzelne Beiträge in Fachzeitschriften zur Entwicklung von deutschsprachigen Skalen zu finden – bei Testverlagen sucht man jedoch vergeblich nach Instrumenten zur Erfassung des Organisationsklimas, der Arbeitszufriedenheit oder des Betriebsklimas. Für Forschungsfragen lassen sich eventuell geeignete Instrumente finden, für die Praxis ist diese Situation aber unbefriedigend.

8.2 Eignungsbeurteilung

Gründe für eignungsdiagnostische Untersuchung

Die Eignungsdiagnostik bezieht sich explizit auf das Individuum. Die Frage, welche Merkmale und Verhaltensweisen erfasst werden sollen, setzt jedoch eine Analyse des Arbeitsplatzes oder des Berufsfelds voraus. Eignungsbeurteilungen finden meist vor dem Eintritt in eine Ausbildung oder einen Beruf statt, in bestimmten Fällen aber auch während der Ausübung eines Berufs. Mögliche Gründe für eine eignungsdiagnostische Untersuchung können sein (Reimann, 2009):

- Bei einer **Berufsfeldentscheidung** möchte eine Person wissen, zu welchem Berufsfeld oder welchen beruflichen Anforderungen sie aufgrund ihrer Fähigkeiten, Fertigkeiten, Interessen und weiterer Merkmalen am besten passt. Rat und Unterstützung findet sie beispielsweise bei der Bundesagentur für Arbeit (s. dazu das Interview mit Prof. Hilke).
- Bei der **Bewerberauswahl** will eine Organisation herausfinden, welcher Kandidat am besten auf eine zu besetzende Stelle passt.
- Eine **Wiedereingliederungsentscheidung** steht an, wenn eine Person nach einer längeren Berufspause, bedingt etwa durch Kindererziehung oder Krankheit, wieder in ihrem alten Beruf tätig sein möchte. Sowohl die Person als auch die beruflichen Anforderungen können sich verändert haben; deshalb wird geprüft, ob die Person den aktuellen Anforderungen gewachsen ist, und eventuell werden Personalentwicklungsmaßnahmen vorgeschlagen.
- **Karriereentscheidungen** werden getroffen, wenn die Person bereits berufstätig ist. Zur Planung der weiteren Karriere können sowohl die bisher erbrachte Arbeitsleistung beurteilt als auch das Potenzial gemessen werden (»Potenzialanalyse«). Von den Ergebnissen hängt ab, ob die Person in ihrer bisherigen Funktion verbleibt, ob zunächst Personalentwicklungsmaßnahmen erfolgen oder ob ihr unmittelbar neue Aufgaben übertragen werden.

> **Definition**
> »Berufseignungsdiagnostik bezeichnet die Methodologie der Entwicklung, Prüfung und Anwendung psychologischer Verfahren zum Zwecke eignungsbezogener Erfolgsprognosen und Entscheidungshilfen im beruflichen Kontext« (Schuler & Höft, 2007, S. 102).

Schlüssel-Schloss-Prinzip

Von der **Berufseignungsdiagnostik** kann die Beurteilung der Leistung durch Führungskräfte (Leistungs-, Personal- oder Mitarbeiterbeurteilung) unterschieden wer-

8.2 · Eignungsbeurteilung

◘ Abb. 8.2 Die Eignungsdiagnostik, hier im Rahmen eines Bewerbungsgesprächs, dient dazu, die Passung zwischen Person und Stelle zu analysieren. (Foto: © Peter Atkins – Fotolia.com)

den (s.u.). Die wesentliche Aufgabe der Berufseignungsdiagnostik besteht darin, die »Passung zwischen der beruflichen Tätigkeit einerseits und der Person des Berufstätigen andererseits« (Schuler & Höft, 2007, S. 291) zu überprüfen oder festzustellen. Die Passung zwischen Person und beruflicher Tätigkeit bzw. der Stelle oder des Berufs kann bildhaft als Verhältnis von Schlüssel und Schloss verstanden werden.

Dabei muss man sich vergegenwärtigen, dass zwei Partner zueinander finden – oder auch nicht: Das Unternehmen, welches eine Stelle zu besetzen hat, sucht den passenden »Schlüssel«. Unter den Bewerbern soll derjenige gefunden werden, welcher am besten in das »Schloss« passt, also den Anforderungen möglichst gerecht wird. Menschen, die eine Stelle suchen, verhalten sich keineswegs passiv, indem sie sich aussuchen lassen. Sie haben auch eigene Bedürfnisse und suchen daher ein für sie passendes »Schloss«. Unternehmen und Stellensuchende können unterschiedliche Vorstellungen davon haben, was eine gute **Passung** ausmacht (◘ Abb. 8.2). Beide streben nach »Erfolg«, können den Erfolg aber an unterschiedlichen Kriterien festmachen bzw. die einzelnen Kriterien unterschiedlich stark gewichten. Schuler und Höft (2007) nennen u. a. folgende Kriterien:

- Leistung
- Sinnerleben
- Gesellschaftlicher Status
- Zufriedenheit
- Psychische und physische Gesundheit

Kriterien der Passung

Nicht nur das Unternehmen wählt aus, auch die Bewerber prüfen, ob das Unternehmen zu ihnen passt. Unternehmen informieren deshalb in Stellenausschreibungen und in ihrem Internetauftritt über sich selbst. Im Rahmen von Einstellungsgesprächen werden häufig realistische Informationen über die Stelle gegeben (s. die Ausführungen zum Multimodalen Interview in ▶ Kap. 3.7.1), und Bewerber fragen meist selbst nach den Arbeitsbedingungen, die für sie persönlich relevant sind. Deshalb wird auch nicht jeder Bewerber, der aus Sicht des Arbeitgebers gut auf die Stelle passt, das Stellenangebot annehmen.

Auch der Bewerber wählt aus

Auch aus Sicht des Unternehmens ist es wünschenswert, wenn eine Selbstselektion der Bewerber nach deren eigenen Kriterien stattfindet. Anderenfalls bestünde die Gefahr, dass der eingestellte Mitarbeiter unzufrieden ist und infolgedessen eine schlechte Arbeitsleistung zeigt oder bald kündigt. Selektion findet also nicht nur seitens des Unternehmens statt!

Selbstselektion

Prof. Dr. Reinhard Hilke, ehem. Leiter des Psychologischen Dienstes der Bundesagentur für Arbeit

> **Interview mit Prof. Dr. Reinhard Hilke zum Thema »Anwendung diagnostischer Verfahren bei Berufseignungsuntersuchungen«**

Wie viele Berufseignungsuntersuchungen führt die Bundesagentur für Arbeit (BA) jedes Jahr durch, und zu welchem Zweck wird von der BA Diagnostik betrieben?

Eignungsurteile werden im Rahmen jeder beruflichen Beratung und bei jeder Vermittlung durch eine Vermittlungs- und Beratungsfachkraft der BA abgegeben. Es sind im Jahr etwa 240.000 solcher Untersuchungen. Wir unterscheiden fünf Arten von Begutachtungen; das Spektrum reicht von der »Begutachtung nach Aktenlage« über die »Standardisierte Eignungsuntersuchung« mit dem Berufswahltest (BWT) bis zur »Psychologischen Begutachtung von hochgradig Sinnesbeeinträchtigten«. Es geht dabei immer um Fragen der beruflichen Eignung, aber zumeist nicht um Fragen der Eignung alleine. Zum Psychologischen Dienst (PD) kommen Menschen im Alter von 14 bis über 50 Jahren, Menschen jedes Bildungsniveaus, geistig behinderte Menschen ebenso wie Akademiker und Menschen mit Behinderungen, deren berufliche Eingliederung der Agentur-Psychologe unterstützt. Er muss Eignungsaussagen zu etwa 800 Berufen machen.

Worin unterscheiden sich die Tests, die vom Psychologischen Dienst der BA verwendet werden, von den Tests, die von den Testverlagen zum Kauf angeboten werden?

Wir müssen im Rahmen von psychologischen Begutachtungen auch Aussagen machen, auf die Entscheidungen über finanzielle Leistungen der BA gestützt werden können. Wir müssen deshalb auf den Testschutz besonderen Wert legen. Dies ist der zentrale Grund für die Entwicklung BA-eigener Testverfahren. Wir haben allerdings den nicht zu unterschätzenden Vorteil, Auswahl bzw. Konstruktion der Einzeltests stärker populations- und fragestellungsbezogen vornehmen zu können als ein Testautor, der für den Markt produziert. Für die im Rahmen der Entwicklung der Tests notwendigen empirischen Studien können wir in der Regel auf relativ große Stichproben zurückgreifen und haben damit eine gute »empirische Basis« für unsere Verfahren.

Wie viele Psychologen arbeiten bei der BA, welche Anforderungen müssen sie bei ihrer Einstellung erfüllen, und wie werden sie weiter für ihre Tätigkeit qualifiziert?

Insgesamt arbeiten im PD der BA 443 Psychologinnen und Psychologen: 410 in den Agenturen, 20 in den Regionaldirektionen und 13 im BA-Servicehaus und der Zentrale. Bei der Auswahl der Bewerber legen wir Wert auf gute Kenntnisse und Fertigkeiten auf sehr verschiedenen Gebieten der Psychologie. Zudem muss man mit Ratsuchenden rasch ein Arbeitsbündnis herstellen können und über die Fähigkeit verfügen, zügig die persönliche und berufliche Situation eines Menschen zu analysieren und das weitere fachliche Vorgehen zu planen. Neu eingestellte Kolleginnen und Kollegen werden neun Monate praxisnah eingearbeitet. Nach etwa eineinhalb Jahren schließt sich berufsbegleitend eine fachliche Vertiefung an, in der der Schwerpunkt auf der psychologischen Beratung liegt, die auch für die Begutachtungsarbeit von wesentlicher Bedeutung ist.

Schildern Sie uns bitte den Ablauf einer Begutachtung, wie er sich aus der Sicht eines Rehabilitanden darstellt, der aus gesundheitlichen Gründen nicht in seinem erlernten Beruf verbleiben kann.

Es kommt gar nicht so selten vor, dass Menschen den ausgeübten Beruf aus gesundheitlichen Gründen aufgeben müssen und gezwungen sind, sich im Rahmen der beruflichen Rehabilitation gänzlich neu zu orientieren. Die Beurteilung, für welche Berufe diese Personen trotz ihrer Krankheit bzw. Behinderung geeignet sind, kann von der Vermittlungs- und Beratungsfachkraft in der Regel nicht anhand der vorhandenen

▼

beruflichen Kompetenzen beurteilt werden. In dieser Situation muss auf Fähigkeiten und andere psychologische Personenmerkmale zurückgegriffen werden, die basalen Charakter haben und die aus diesem Grund auch gute berufliche Prognosen erlauben. Die Vermittlungs- und Beratungsfachkraft, die den Rehabilitanden betreut, beauftragt den PD, eine psychologische Begutachtung durchzuführen und Aussagen dazu zu machen, für welche der in die engere Wahl gezogenen Berufe der Rehabilitand geeignet ist. Im PD führt der Psychologe mit dem Rehabilitanden zunächst ein Gespräch. Er thematisiert die Fragestellung der Vermittlungs- und Beratungsfachkraft, verständigt sich mit dem Rehabilitanden über dessen Anliegen und bespricht nach genauer Analyse der ihm nun vorliegenden Daten das weitere Vorgehen. Danach bearbeitet der Rehabilitand an einem der Testplätze im Untersuchungsraum die vom Psychologen festgelegten psychologischen Testverfahren. Die Untersuchungsergebnisse, die vom IT-System DELTA sofort nach der Untersuchung zur Verfügung gestellt werden, kann der Psychologe an seinem Bildschirmarbeitsplatz einsehen und sofort zur Vorbereitung auf das zweite Gespräch mit dem Rehabilitanden fachlich interpretieren. Dieses hat sowohl diagnostischen als auch beratenden Charakter. In dem Gutachten für die Vermittlungs- und Beratungsfachkraft stellt der Psychologe sein Vorgehen in der Begutachtung, deren Ergebnisse sowie die Folgerungen für den weiteren Vermittlungs- und Beratungsprozess schriftlich dar.

Können bei der Ergebnisrückmeldung nicht auch Missverständnisse entstehen? Psychologe, Vermittlungs- und Beratungsfachkraft und Klient verwenden Begriffe wie Intelligenz oder Persönlichkeit möglicherweise unterschiedlich. Wie stellen Sie sicher, dass die Kommunikation klappt?
Der Psychologe muss sich von der ersten Minute des Kontaktes an auf die Sprachkompetenz des jeweiligen Ratsuchenden einstellen, damit er Sinn und Zweck der Begutachtung vermitteln, diagnostisch verwertbare Daten erheben und den Ratsuchenden auch angemessen beraten kann. Der Vermittlungs- und Beratungsfachkraft, die in einem Fachhochschulstudium auf ihre Aufgabe vorbereitet wird, stellt der Psychologe die Ergebnisse bezogen auf ihre Fragestellung so verhaltensnah wie möglich dar. Der Psychologe steht auch immer zu einer Fallbesprechung zur Verfügung, wenn Fragen zur Interpretation der im Gutachten gemachten Aussagen auftreten.

Anmerkung. Das Interview stammt aus dem Jahr 2005 und wurde leicht gekürzt. ◄

- **DIN 33430 zu berufsbezogenen Eignungsbeurteilungen: Anforderungen an Verfahren und deren Einsatz bei berufsbezogenen Eignungsbeurteilungen**

Zur Feststellung der berufsbezogenen Eignung wurden in der Vergangenheit häufig Verfahren mit fraglicher Validität herangezogen. In der beruflichen Praxis ist die Akzeptanz für einige nachweislich hoch valide Verfahren gering (◘ Tab. 8.2). Aus der Unzufriedenheit mit der Praxis der beruflichen Eignungsdiagnostik entwickelte sich eine Initiative zur Etablierung eines Standards für eine wissenschaftlich fundierte Vorgehensweise. Der Berufsverband Deutscher Psychologinnen und Psychologen (BDP) stellte 1995 beim Deutschen Institut für Normierung e.V. (DIN e.V.) den formalen Antrag, eine **Norm zur beruflichen Eignungsdiagnostik** zu erarbeiten. Unterstützung fand der BDP durch die Deutsche Gesellschaft für Psychologie (DGPs). Am 09.06.1997 nahm ein Ausschuss des Deutschen Instituts für Normung, der mit Vertretern aus Wissenschaft und Praxis, Unternehmen, Behörden, Verbänden und Verlagen besetzt war, unter Vorsitz von Prof. Hornke die Arbeit auf (s. auch Interview mit Prof. Hornke). Das Ergebnis dieser Arbeit ist letztlich ein Konsens, der auch von den Interessen der Beteiligten geprägt ist. Im Jahr 2002 erfolgte die Veröffentlichung der »Anforderungen an Verfahren und deren Einsatz bei berufsbezogenen Eignungsbeurteilungen: DIN 33430« (Beuth-Verlag, Berlin). Der Text ist auch bei Reimann (2009) abgedruckt.

Qualität durch DIN-Norm

nicht rechtsverbindlich

Auf 15 Seiten Text (der durch sieben Seiten Glossar ergänzt wird) werden Qualitätsstandards sowohl für die Personen, die als Auftragnehmer oder Mitwirkende die Eignungsbeurteilung durchführen, als auch für die dabei eingesetzten Verfahren definiert. Personalverantwortliche können auch mithilfe von Checklisten prüfen, ob die von ihnen eingesetzten Verfahren sowie der gesamte Prozess der Eignungsbeurteilung mit der DIN 33430 konform sind. Entsprechende Checklisten haben Kersting (2006) und Reimann (2009) vorgelegt. Die DIN 33430 ist nicht rechtsverbindlich (s. Reimann, 2010): Das Deutsche Institut für Normung ist ein privater Verein, der auf Antrag Dritter den Normerstellungsprozess koordiniert. Es steht potenziellen Anwendern frei, sich künftig nach der Norm zu richten. Allerdings darf die Norm nicht beliebig zu Werbezwecken benutzt werden; bei Missbrauch droht eine Abmahnung. Denkbar ist, dass sich Gerichte künftig bei Klagen von abgewiesenen Bewerbern an der DIN 33430 orientieren.

Funktionen der DIN 33430

> **Zweck der DIN 33430**
> - Für die Anbieter entsprechender Dienstleistungen (»Auftragnehmer«): Leitfaden für die Planung und Durchführung von Eignungsbeurteilungen
> - Für die Personen und Institutionen, die Eignungsbeurteilungen durchführen lassen (»Auftraggeber«): Maßstab für die Bewertung von externen Angeboten
> - Für die Personalverantwortlichen: Qualitätssicherung und -optimierung von Personalentscheidungen
> - Für die Personen, deren Eignung beurteilt wird: Schutz vor unsachgemäßer oder missbräuchlicher Anwendung von Verfahren

Leitsätze zum Vorgehen

In den sog. »**Leitsätzen**« werden allgemeine Empfehlungen zum Vorgehen formuliert. Beispielsweise sollte zur Aufklärung über die Untersuchungssituation gehören, dass die Kandidaten erfahren, welche Personen an der Untersuchung mitwirken, welche Folgen mangelnde Kooperation haben kann und wer von den Ergebnissen der Untersuchung erfährt.

> **Leitsätze für die Vorgehensweise bei berufsbezogenen Eignungsbeurteilungen**
> - Anforderungsbezug
> - Kandidaten vorab möglichst Informationen über den Arbeitsplatz geben
> - Vorgehensweise der Vorauswahl und Auswahlkriterien vorab festlegen
> - Gesetzliche Vorgaben (u. a. Schweigepflicht, Datenschutz) beachten
> - Kandidaten vorab über die Untersuchungssituation aufklären und diese angemessen gestalten

Auftraggeber, Auftragnehmer und Mitwirkende

Bei den Personen, die an der Eignungsuntersuchung **beteiligt** sind, wird zwischen Auftraggeber, Auftragnehmer und »Mitwirkenden« unterschieden, die einzelne Verfahren durchführen und auswerten können. Auftraggeber kann z. B. ein Unternehmen sein, das freie Stellen besetzen möchte. Der eignungsdiagnostische Prozess kann von Mitarbeitern des Unternehmens in Eigenregie durchgeführt werden, es können aber auch externe Experten beauftragt werden. In beiden Fällen wären diese Personen Auftragnehmer. Der Auftragnehmer ist hauptverantwortlich für den gesamten Prozess, der von der Planung und Durchführung der Untersuchung über die Auswertung und Interpretation der Ergebnisse bis zum Bericht an den Auftraggeber reicht. Er muss die zur Verfügung stehenden Verfahren und Prozesse kennen. Dazu gehören auch

Kenntnisse über die Konstrukte (z. B. Intelligenz) und über die Qualität und Einsatzvoraussetzungen der Verfahren. Bestimmte Teilprozesse, insbesondere die Durchführung und Auswertung einzelner Verfahren, kann er an »Mitwirkende« delegieren.

Von den Verfahren wird verlangt, dass sie grundsätzlich einen Bezug zu den Anforderungen aufweisen. Ein Verfahren, das bei einer Fragestellung passend ist, kann bei einer anderen völlig unangemessen sein. Es werden jedoch auch allgemeingültige **Auswahlkriterien** genannt. So sollen in den Unterlagen zu einem Verfahren die Handhabung erklärt und für eine kritische Bewertung nötige Angaben gemacht werden. Konkrete Anforderungen werden an die Objektivität, Zuverlässigkeit, Gültigkeit und die Normen gestellt. In einem Anhang der DIN-Norm finden sich detaillierte Forderungen zu den Informationen, die über ein Verfahren verfügbar sein sollten (z. B. Zielsetzung, theoretische Grundlage, bestimmte Aspekte der Reliabilität).

Anforderungen an diagnostische Verfahren

Grundsätzlich gibt es zwei Möglichkeiten, die **Konformität** mit der DIN 33430 festzustellen und auch zu dokumentieren: Personen können eine Lizenz erwerben, und Unternehmen können den bei sich etablierten Prozess der Eignungsbeurteilung und das damit verbundene Qualitätsmanagement zertifizieren lassen (s. Kersting, 2008; Reimann, 2009). Die Prüfungen zur Personenlizenzierung werden von der Deutschen Psychologenakademie (DPA) durchgeführt, einer Bildungseinrichtung des BDP, die auch ein öffentlich zugängliches Register lizenzierter Personen führt. Für die Zulassung zur Prüfung ist kein bestimmter Berufs- oder Studienabschluss erforderlich, wohl aber ein Nachweis angeleiteter Praxiserfahrung.

Lizenz für Personen

Informationen zur DIN-Prüfung, aber auch weitere aktuelle Informationen zur DIN 33430 finden sich auf der Homepage des BDP (▶ http://www.bdp-verband.org/bdp/politik/din.shtml). Das Grundwissen zur DIN 33430, das zugleich auch für den Lizenzerwerb nach DIN 33430 prüfungsrelevant ist, liegt in einem von Westhoff et al. (2010) herausgegebenen Band vor. Die Zertifizierung einer Organisation kann ein speziell dazu qualifiziertes Zertifizierungsinstitut vornehmen (s. Reimann, 2009).

Zertifizierung von Organisationen

> **Interview mit Prof. Dr. Lutz F. Hornke zum Thema »DIN 33430: Norm zur beruflichen Eignungsdiagnostik«**
> **Im Juni 2002 wurde die DIN 33430 veröffentlicht. Wer braucht eine Norm zur Durchführung beruflicher Eignungsbeurteilung und warum?**
> Alle, die an der Beurteilung von Menschen beteiligt sind, wenn es um den Berufseintritt oder eine neue Position in einem Unternehmen geht.
>
> **Vom Antrag zur Erarbeitung der Norm bis zu deren Veröffentlichung vergingen sieben Jahre. Warum hat die Arbeit so lange gedauert?**
> Nun, es waren sehr verschiedene Perspektiven zu erörtern und dann in einen Text zu fassen. Wie immer, wenn 20 Personen aus ihrer je spezifischen beruflichen Sicht an einer normativen Stellungnahme arbeiten, geht der Argumentationsprozess spiralförmig vonstatten. Insgesamt gab es 18 Ausschusssitzungen, mehrere Vorlagen des Vorsitzenden und daneben noch Kleingruppensitzungen, die Details erarbeiteten.
>
> Etwa in der Mitte der Zeit wurde ein Gelbdruck (Normentwurf) veröffentlicht, den weitere interessierte Kreise zur Kenntnis genommen haben, um entsprechende Einreden zu formulieren. Dieser Entwurf war in einigen Aussagen defizitär, so dass entsprechend nachgearbeitet werden musste. Da rechtliche Formulierungen beibehalten werden mussten, liest die DIN 33430 sich naturgemäß nicht leicht. Die DIN 33430 ist keine Schutznorm für Psychologen, stattdessen beansprucht sie Geltung für alle Berufsgruppen, die an der beruflichen Eignungsbeurteilung mitwirken. Herb war natürlich die blanke Ablehnung der Bundesvereinigung der Deutschen Arbeitgeberverbände, die sich auf die »bewährte Praxis« in Unternehmen zurückzog; über ein derartiges Beharren auf manchmal fragwürdiger Praktiken war der Ausschuss entsetzt.

Prof. Dr. Lutz F. Hornke, Obmann des DIN-33430-Normungsausschusses

▼

Zu gegebener Zeit wird der Ausschuss wieder zusammentreten, um die zwischenzeitlichen Erfahrungen zu überdenken und ggf. Änderungen vorzunehmen.

Wie war denn bisher die Resonanz bei den Betroffenen, also beispielsweise bei Betriebspsychologen, Unternehmern und Bewerbern?
Die Resonanz bezog sich sehr oft auf einen »Bürokratievorwurf«. Zwar sehen viele ein, dass es normative Festlegungen bei Papierformaten (A4), Schrauben u. Ä. geben muss, damit die Dinge zusammenpassen, aber nur die mit Qualitätssicherung Befassten sind sich bewusst, dass normative Festlegungen auch für Dienstleistungen nötig sind.

In diesem Sinne ist es schade, dass der Nutzen aus einem geordneten Vorgehen mit dem Aufruf zur Evaluation nicht als Chance gesehen wird, berufliche Eignungsbeurteilung so zu verbessern, dass die Fehler einer fälschlichen Einstellung minimiert werden: Dies betrifft das Unternehmen, das letztlich Nichtgeeignete lange ertragen muss, aber auch Arbeitnehmer, die nicht entsprechend ihrer Fähigkeiten und Neigungen eingesetzt werden.

Kann nun jeder Laie, den Text wie ein Kochbuch in der Hand haltend, berufliche Eignungsdiagnostik durchführen?
Mit dem Text der DIN 33430 in der Hand wird man kaum eine gute Eignungsbeurteilung machen können. Wenn man die Inhalte als »Aufgaben zum Nachdenken und Regeln« der Eignungsbeurteilungspraxis ansieht, dann wird ein Schuh daraus. Deshalb wurde von Hornke und Kersting (2004) auch eine Checkliste erstellt, die den Normtext in Denk- und Handlungsanweisungen für den Praktiker umsetzt. Deshalb wurde auch eine Fortbildungsserie für in der Eignungsbeurteilung Tätige entwickelt (▶ http://www.dpa-bdp.de/willkommen__21.html). Deshalb wurde auch eine Lizenzprüfung konzipiert und zwischenzeitlich schon über 40-mal durchgeführt. Deshalb wurde ein öffentliches Register erstellt, in das sich – auch psychologiefremde – Personen nach erfolgreicher Lizenzprüfung eintragen lassen können. Deshalb wird weiter für die DIN 33430 geworben, damit aus der Normungsidee eine normierte, gute Praxis wird, bei der nicht einfach Schritte weggelassen oder vergessen werden, die für die so entscheidende Beurteilung der Eignung von Personal wesentlich sind.

Was bedeutet DIN 33430 für Absolventen eines Psychologiestudiums, die in ihrem angestrebten Beruf berufliche Eignungsdiagnostik betreiben wollen?
Zunächst bedeutet es, dass Absolventen der Psychologie sich auf Augenhöhe mit den Angehörigen anderer Berufsgruppen messen müssen, wenn es um Mitarbeit in der beruflichen Eignungsbeurteilung geht. Sie alle haben über solides Wissen zu verfügen und auftragsangemessen zu planen sowie eignungsbezogene Informationen zu erheben.

Woran kann beispielsweise ein Bewerber erkennen, dass seine berufliche Eignung professionell nach den DIN-Standards beurteilt wird?
Zunächst einmal daran, dass die Rückmeldung, die jemand nach der Eignungsbeurteilung erhält, die eigenen Leistungen und Neigungen angemessen widerspiegelt. Problematisch wird das naturgemäß dann, wenn Bewerber sich anders sehen als sie von Eignungsbeurteilern erlebt werden. Aber die DIN 33430 will da ja gerade helfen, Willkür in der Eignungsbeurteilung abzustellen.

Wird in Zukunft eine einheitliche internationale Norm angestrebt?
Eigentlich sollte dies so sein, da ja betriebliche Personalarbeit nicht mehr nur national erfolgt, sondern deutlich ein internationales Gepräge bekommt, wenn nicht schon hat, weil Unternehmen international operieren. So kommen zwei ISO-Standards (ISO = International Organisation for Standardization; eine internationale Vereinigung von

▼

8.2 · Eignungsbeurteilung

Normungsorganisationen; ISO 10667) »Assessment service delivery – Procedures and methods to assess people in work and organizational settings« hinzu, die Anforderungen an den Auftraggeber (Client) bzw. an Auftragnehmer (Service Provider) spezifizieren und damit eine »gute Praxis« begründen helfen; diese Rollen werden in der DIN 33430 u.a. auch angesprochen.

Die DIN 33430 weiter auf europäischem Parkett zu präsentieren und dort durch Weiterbildungen, Lizenzen und öffentliche Register zu etablieren, ist eine sinnvolle und folgerichtige Idee. In Österreich hat man zwischenzeitlich die DIN 33430 in eine ÖNorm übernommen. Beide Normwerke betonen den gesamten Prozess der Eignungsbeurteilungsarbeit. Das ist weit mehr als bloßes Testanwenden! Im engeren Sinne sind hierfür die Vorstellungen der British Psychological Society, die A-, B-, C-Lizenzen für Testanwender vorbildlich. Auch EFPA und EAWOP streben vereinheitlichte Standards an.

8.2.1 Eignungsdiagnostische Verfahren

Multimethodales Vorgehen Zur Feststellung der Eignung für eine bestimmte Tätigkeit ist grundsätzlich ein multimethodaler Ansatz vorteilhaft. Jede Methode (gemeint sind damit Arten von diagnostischen Verfahren) hat Vor- und Nachteile. Werden mit mehreren Methoden Informationen erhoben, kommt eine umfassendere Beurteilung der Eignung einer Person zustande als wenn man sich auf eine Methode (z. B. Interview) verlässt. Multimethodales Vorgehen bedeutet, dass verschiedene Arten von Verfahren zum Einsatz kommen. Ein Persönlichkeitsfragebogen sollte also nicht durch einen weiteren Persönlichkeitsfragebogen zur Erfassung des gleichen Merkmals ergänzt werden, sondern beispielsweise durch ein Interview oder ein Fremdbeurteilungsverfahren (z. B. ein Persönlichkeitsfragebogen, der von einer Bezugsperson bearbeitet wird).

Verfahren sollen einander ergänzen

Schuler und Höft (2007) haben mit dem sog. trimodalen Ansatz vorgeschlagen, drei Kategorien von Anforderungen zu unterscheiden, die ein Stellenbewerber erfüllen soll: Aufgaben und Ergebnisse, Verhalten sowie Eigenschaften. Um festzustellen, ob oder wie gut eine Person diese Anforderungen erfüllt, stehen drei Gruppen von Verfahren zur Verfügung, die als **biografie-, simulations- und eigenschaftsorientiert** bezeichnet werden (◘ Abb. 8.3). Biografieorientierte Verfahren sind grundsätzlich geeignet, alle drei Arten von Anforderungen zu überprüfen. Ein typisches biografieorientiertes Verfahren ist das Interview. Simulationsorientierte Verfahren wie computerbasierte Planspiele sollen grundsätzlich verhaltens- sowie aufgaben- und ergebnisbezogene Anfor-

trimodaler Ansatz

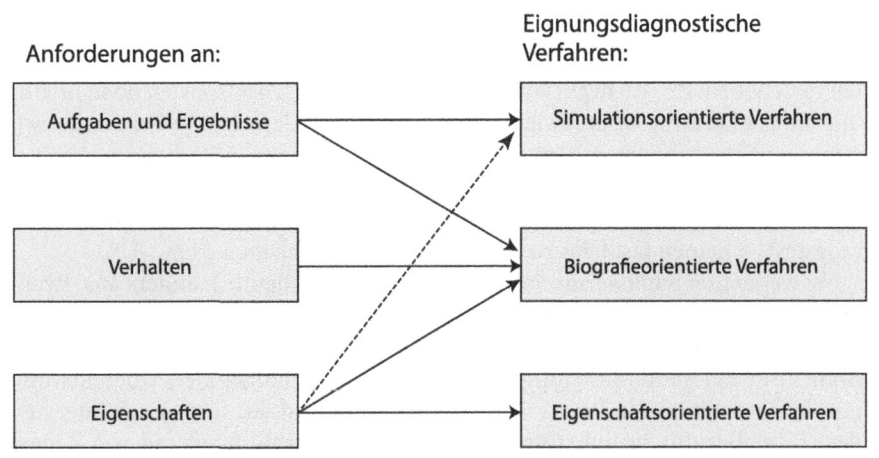

◘ Abb. 8.3 Eignungsdiagnostische Verfahren zur Überprüfung unterschiedlicher beruflicher Anforderungen (nach Schuler & Höft, 2007; der Pfad von Eigenschaften auf simulationsorientierte Verfahren ist bei Schuler und Höft nicht vorgesehen)

Tab. 8.1 Kategorien eignungsdiagnostischer Verfahren

Verfahrensgruppe	Konkrete eignungsdiagnostische Verfahren
Simulationsorientierte Verfahren	Assessment Center, Computersimulationen, Arbeitsproben
Biografieorientierte Verfahren	Interview, Kenntnisprüfungen, Analyse der Bewerbungsunterlagen (Nachweis fachlicher Qualifikationen durch Zeugnisse, Bescheinigungen über bestandene Ausbildungen und Fortbildungen, Zertifikate, Arbeitszeugnisse etc.), biografische Fragebögen
Eigenschaftsorientierte Verfahren	Intelligenztests, andere Leistungstests, Persönlichkeitsfragebögen

derungen messen. Zur Erfassung von Eigenschaften stehen vor allem explizit eigenschaftsorientierte Verfahren wie Intelligenztests und Persönlichkeitsfragebögen zur Verfügung. Ob diese Verfahrensgruppen gleichermaßen geeignet sind, die Berufseignung zu erfassen, ist eine empirische Frage, die weiter unten behandelt wird.

Art der Anforderung bestimmt Verfahren

Folgt man der Logik dieses Ansatzes, sind also nicht alle diagnostischen Verfahren frei kombinierbar, wenn eine bestimmte Anforderung überprüft werden soll. Wird von einem Mitarbeiter beispielsweise erwartet, dass er Verhandlungen gut führen kann (eine Verhaltensanforderung), könnte man diese Anforderung mittels biografie- und simulationsorientierter Verfahren überprüfen. Konkret könnte dies bedeuten, dass man im Interview nach seiner Erfahrung im Führen von Verhandlungen fragt und in entsprechend konzipierten Assessment Center-Übungen das Verhandeln beobachtet.

simulations-, biografie- und eigenschaftsbezogene Verfahren

Welche diagnostischen Verfahren zu den in ◘ Abbildung 8.3 genannten Kategorien gehören, lässt sich ◘ Tabelle 8.1 entnehmen. Die Zuordnung ist allerdings nicht immer eindeutig. So werden in einem Assessment Center meist auch Eigenschaftsbeurteilungen vorgenommen; die Beobachter geben etwa Urteile über die Teamfähigkeit oder das Durchsetzungsvermögen der Teilnehmer ab. Leistungstests können Subtests oder Module enthalten, die eher Kenntnisse als Eigenschaften messen. Dennoch ist diese grobe Einteilung hilfreich: Sie macht deutlich, dass Eignung immer mehrere Facetten hat, die jeweils eigene Methoden zu ihrer Messung verlangen.

Einsatzhäufigkeit und Validität Wie viele Unternehmen die einzelnen Verfahren einsetzen, ist aus Befragungen bekannt. Schuler et al. (2007) haben zahlreiche Unternehmen in Deutschland befragt; die Ergebnisse sind in ◘ Tabelle 8.2 aufgeführt. Das **Interview** stellt das mit Abstand am häufigsten verwendete diagnostische Verfahren dar. Gegenüber einer früheren Befragung (Schuler et al., 1993) hat sich das Verhältnis von strukturierten zu unstrukturierten Interviews deutlich zugunsten der strukturierten verschoben. Zur Auswahl von Auszubildenden finden ansonsten noch Intelligenz- und andere Leistungstests sowie Assessment Center relativ häufig Verwendung (Nennungshäufigkeit zwischen 20 und 30 %). Zur Auswahl von Facharbeitern, Angestellten und Führungskräften kommen außer dem (strukturierten) Interview nur selten Verfahren zum Einsatz, die psychologische Expertise verlangen. Intelligenz- und Leistungstests scheinen fast tabu zu sein (Nennungshäufigkeiten 2 bzw. 3 %).

Das Interview ist das am häufigsten verwendete Verfahren

Befragungsergebnisse aus anderen Ländern fallen deutlich anders aus. Ryan et al. (1999) befragten fast 1.000 Unternehmen in 20 Ländern über die Verfahren, die sie zur Personalauswahl einsetzten. In ◘ Abbildung 8.4 sind ausgewählte Verfahren geordnet nach ihrer Verwendungshäufigkeit in Deutschland aufgeführt. Übereinstimmend mit der internationalen Praxis werden in Deutschland fast immer ein Interview mit dem Bewerber durchgeführt und seine Berufsqualifikation anhand von Zeugnissen

8.2 · Eignungsbeurteilung

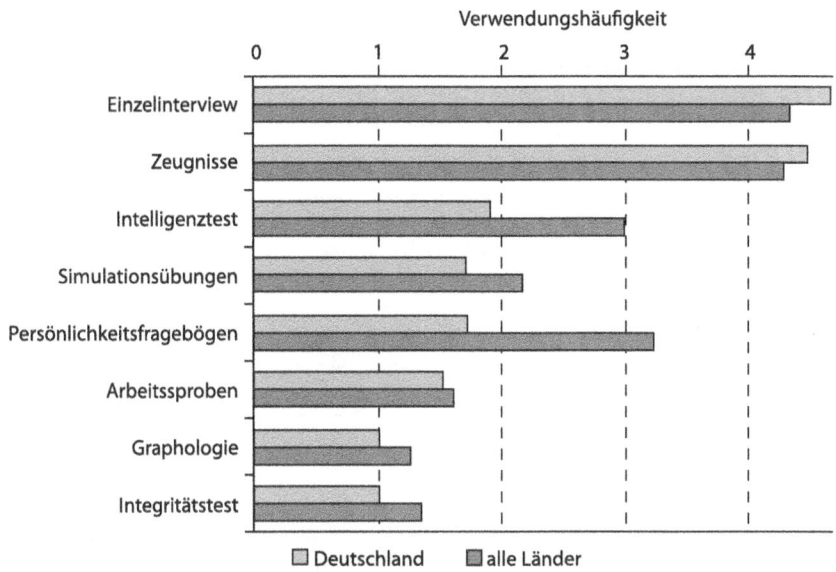

◘ Abb. 8.4 Verwendungshäufigkeit verschiedener Verfahren zur Personalauswahl im internationalen Vergleich (nach Ryan et al., 1999). Antwortskala: 1 = nie, 2 = selten (1–20 %), 3 = gelegentlich (21–50 %), 4 = oft (51–80 %), immer oder 5 = fast immer (81–100 %)

etc. festgestellt. Graphologie und Integritätstests spielen in Deutschland praktisch keine Rolle; diese Verfahren werden auch in anderen Ländern selten verwendet. Arbeitsproben werden in Deutschland wie auch in anderen Ländern eher selten durchgeführt. Bei den drei übrigen Verfahren sind zum Teil erhebliche Unterschiede festzustellen: Intelligenztests, Simulationen (gemeint sind wohl Assessment Center-Übungen) und Persönlichkeitsfragebögen finden in Deutschland seltener Verwendung als in anderen Ländern.

Eine interessante Frage ist, ob die häufig eingesetzten Verfahren auch besonders gut geeignet sind, den Ausbildungs- bzw. Berufserfolg vorherzusagen, und ob die selten verwendeten Verfahren wenig valide sind. Tatsächlich spiegelt die Anwendungshäufigkeit nicht die Validität der Verfahren wider. Alleine der häufige Einsatz strukturierter Interviews wird durch Metaanalysen zur Validität gerechtfertigt. Gemessen an ihrer Validität führen Intelligenztests, andere Leistungstests und Arbeitsproben ein Schattendasein. Nur die Meidung graphologischer Gutachten korrespondiert mit deren nicht vorhandener Validität. Persönlichkeitsfragebögen werden selten verwendet, haben ◘ Tabelle 8.2 zufolge aber immerhin eine moderate Validität. Allerdings gilt diese Aussage nicht für alle Persönlichkeitsdimensionen; lediglich Fragebögen zur Gewissenhaftigkeit erreichen die in der Tabelle genannten Validitätskoeffizienten (► Kap. 2.3.4.1).

Eine spezielle Variante von Persönlichkeitstests findet in Deutschland kaum Verwendung: die **Integritätstests**. Diese Verfahren wurden entwickelt, um kontraproduktives Verhalten im Unternehmen (Diebstahl, Alkohol- oder Drogenkonsum, Beschädigung oder Zerstörung von Sachen etc.) vorherzusagen. Integritätstests weisen nicht nur eine beachtliche Validität auf (.38 für Ausbildungs- und .41 für Berufserfolg), sie haben zudem eine inkrementelle Validität gegenüber der Intelligenz (Schmidt & Hunter, 1998). Morgeson et al. (2007) merken allerdings kritisch an, dass Validitätsstudien zu Integritätstests meist von Unternehmen stammen, die mit diesen Tests Geld verdienen. Sie befürchten deshalb, dass negative Ergebnisse seltener publiziert werden als positive und dass das Gesamtbild dadurch vermutlich verzerrt wird. In Deutschland liegt mit dem Inventar berufsbezogener Einstellungen und Selbsteinschätzungen (IBES) lediglich ein publiziertes Verfahren vor (s. Marcus, 2007), das zudem noch nicht hinreichend validiert ist.

Die in ◘ Tabelle 8.2 aufgeführten Validitätskoeffizienten stammen aus zahlreichen Metaanalysen, die von Schmidt und Hunter (1998) zusammengeführt wurden. Da es

Je valider, desto beliebter?

Integritätstests

Kognitive Leistungstests sind sehr valide

Tab. 8.2 Einsatzhäufigkeit und Prognosegüte ausgewählter Verfahren zur Vorhersage von Ausbildungs- und Berufserfolg

Verfahren	Ausbildungserfolg		Berufserfolg	
	Einsatzhäufigkeit (%)[a]	Prognosegüte[c]	Einsatzhäufigkeit (%)[b]	Prognosegüte[c]
Kognitive Leistungstests	27	.56	2	.51
Arbeitsproben	17	–	11	.54
Leistungstests	35	–	3	.48
Interview, strukturiert	67	.35	70	.51
Interview, unstrukturiert	15	.35	19	.38
Persönlichkeitsfragebögen	6	.30	6	.31
Assessment Center	26	–	11	.37
Biografische Fragebögen	1	.30	2	.35
Referenzen	1	.23	29	.26
Graphologie	0	–	1	.02

Anmerkungen. Modifiziert nach Schmidt-Atzert (2010, S. 207). Weitere Erläuterungen im Text.
[a] Einsatzhäufigkeit in deutschen Unternehmen nach Schuler et al. (2007); prozentualer Anteil der Unternehmen, die das Verfahren zur externen Personalauswahl bei Auszubildenden (technische und kaufmännische hier gemittelt) einsetzen.
[b] Prozentualer Anteil der Unternehmen, die das Verfahren zur externen Personalauswahl bei Facharbeitern, Angestellten ohne Führungsaufgaben und Führungskräften einsetzen (Nennungshäufigkeit über diese Gruppen gemittelt; nach Schuler et al., 2007).
[c] Nach Schmidt und Hunter (1998).

sich zum Großteil um amerikanische Studien älteren Datums handelt, ist die Frage nach der Generalisierbarkeit der Ergebnisse auf europäische und speziell deutsche Verhältnisse berechtigt. Die hohe Validität kognitiver Leistungstests zur Vorhersage von Ausbildungs- und von Berufserfolg konnte in Metaanalysen europäischer (Salgado et al., 2003, Tab. 6) und deutscher Studien (Kramer, 2009) bestätigt werden (▶ Kap. 2.3.4.1). Morgeson et al. (2007) plädieren für Korrekturen, die sich auf Varianzeinschränkung und Kriteriumsreliabilität beschränken; eine Korrektur für Prädiktorreliabilität lehnen sie ab. Nach Auswertung von 13 Metaanalysen schätzen sie die korrigierte Validität von kognitiven Leistungstests zur Vorhersage von Berufserfolg auf .40 und für Ausbildungserfolg auf .62.

Persönlichkeitstests werden kontrovers diskutiert

Die Bedeutung von Persönlichkeitsfragebögen wird kontrovers diskutiert; die Einschätzung ihrer Validität hängt von den vorgenommenen Korrekturen ab. Morgeson et al. (2007) schätzen die (für Varianzeinschränkung und Kriteriumsreliabilität korrigierte) Kriteriumsvalidität von Persönlichkeitsfragebögen auf .18 (Berufserfolg) bzw. .23 (Ausbildungserfolg). Dennoch sind Persönlichkeitsmerkmale vermutlich besser zur Vorhersage von Berufserfolg geeignet, als die Metaanalysen vermuten lassen:
1. Einzelne Facetten von Gewissenhaftigkeit sind offenbar besser zur Vorhersage bestimmter Berufserfolgskriterien geeignet als eine globale Skala.
2. Fremdbeurteilungsmaße zur Persönlichkeit sind Selbstbeurteilungen überlegen.
3. Berufsinteressen haben möglicherweise eine gute prädiktive Validität.

Facetten statt Globalfaktoren

Ad 1: Die Metaanalysen zur Vorhersage von Berufserfolg durch Persönlichkeitsfragebögen haben gezeigt, dass **Gewissenhaftigkeit** die höchste Kriteriumsvalidität aufweist; die anderen großen Persönlichkeitsfaktoren sind im Vergleich dazu eher unbedeutend. Gewissenhaftigkeit ist jedoch ein breites Konstrukt, das sich in mehrere Facetten unterteilen lässt. In einer Metaanalyse (Dudley et al., 2006) wurde gezielt der Frage nachgegangen, ob vielleicht einzelne Facetten besser zur Vorhersage von Berufserfolg geeignet sind als die globale Gewissenhaftigkeit. Die Ergebnisse sind ermutigend; allerdings ließ sich keine einzelne Facette finden, die dem Globalmaß generell überlegen war. Ein differenziertes Bild ergibt sich, wenn man unterschiedliche Kriterien für Berufserfolg betrachtet und die Art des Berufes berücksichtigt. So erwiesen sich Leistungsstreben und Unabhängigkeit als relativ gute Prädiktoren für die Hingabe, mit der ein Beruf ausgeübt wird (r = .39 und .46). Unabhängigkeit stand zudem in einem deutlichen negativen Zusammenhang mit unproduktivem Verhalten (r = –.34). Ordnungsliebe wies bei der Vorhersage der Leistung von Managern eine negative Validität auf (r = –.13), war dagegen aber zur Vorhersage der Leistung von gelernten und angelernten Arbeitern geeignet (r = .34). Auch Besonnenheit hatte bei den Managern eine negative (r = –.10) und bei den Arbeitern eine positive Validität (r = .20). Obwohl bei der Metaanalyse sehr viele Daten aggregiert wurden, besteht bei der Betrachtung solcher spezieller Zusammenhänge die Gefahr, Zufallsvarianz auszubeuten.

Ad 2: Connelly und Ones (2010) haben Studien gesucht, in denen Fremdbeurteilungen der Persönlichkeit mit Berufserfolg korreliert wurden. Ihre metaanalytischen Ergebnisse haben sie mit denen der Metaanalyse von Barrick et al. (2001) verglichen. Bei allen Persönlichkeitsmerkmalen waren die **Fremdbeurteilungen** gleich gute oder bessere Prädiktoren von Berufserfolg. Gewissenhaftigkeit hatte erwartungsgemäß die höchste Validität; Fremdbeurteilung wies eine nur für Unreliabilität des Kriteriums korrigierte Validität von .29 auf – Selbstbeurteilungen dagegen nur von .20. Wurde zusätzlich für die Reliabilität der Persönlichkeitsmaße korrigiert, betrugen die Validitäten sogar .55 und .23. Demnach scheinen zumindest bestimmte Persönlichkeitsmerkmale für den Berufserfolg relevant zu sein; es kommt jedoch darauf an, wie sie gemessen werden.

Ad 3: Berufsinteressen wurden bisher in der Forschung als Prädiktor für Ausbildungs- oder Berufserfolg stark vernachlässigt. Van Iddekinge et al. (2011) berichteten über einige wenige ältere Untersuchungen und legten eine aktuelle Studie zum Zusammenhang zwischen Berufsinteressen nach dem Holland-Modell (s. dazu die Ausführungen zum Interessenstest EXPLORIX in ▶ Kap. 3.3.5) und verschiedenen Kriterien des Berufserfolgs von über 400 amerikanischen Soldaten vor. Am besten konnte technisches Wissen, das die Soldaten in ihrer Ausbildung erworben hatten, durch die sechs Interessenskomponenten erklärt werden; die multiple Korrelation betrug .46 (korrigiert für Varianzeinschränkung im Prädiktor und Reliabilität des Kriteriums). Aber auch die Leistungsbeurteilung durch die Vorgesetzten konnte mit einer (korrigierten) multiplen Korrelation von R = .27 erklärt werden. Bemerkenswert ist, dass bestimmte Interessen durch niedrige Werte zur Vorhersage beitragen; soziale und konventionelle Interessen (ordnend/verwaltend) korrelierten negativ mit dem technischen Wissen. Ausgeprägte Interessen in einigen und niedrige Interessen in anderen Bereichen ergeben zusammen ein Interessensprofil, das den Berufserfolg partiell erklärt. Ein weiterer, sehr bedeutsamer Befund ist, dass die Interessen bei allen Kriterien des Berufserfolgs eine inkrementelle Validität gegenüber der kognitiven Leistungsfähigkeit und Persönlichkeitsmerkmalen aufwiesen. Die zusätzliche Varianzaufklärung durch Berufsinteressen betrug zwischen fünf und neun Prozent! Die Ergebnisse dieser Untersuchung sollten dazu ermutigen, Berufsinteressen künftig stärker in der Eignungsbeurteilung zu berücksichtigen. Besonders in der Beratung bei Berufsfeldentscheidungen besteht kaum die Gefahr der Verfälschung, so dass den Ergebnissen eines Interessenstests in der Regel vertraut werden kann. Wie hoch die Validität von Interessenstests in Auslesesituationen ist, muss empirisch geklärt werden; Van Iddekinge et al. hatten den Interessensfragebogen eingesetzt, nachdem die Soldaten bereits rekrutiert waren.

Fremd- statt Selbstbeurteilungen

Berufsinteressen als Prädiktoren für Berufserfolg

Selbstbeurteilungsverfahren verfälschbar

> **Fazit**
>
> Welches Fazit kann aus den klassischen Metaanalysen sowie diesen weiteren Studien zur Vorhersage von Ausbildungs- und Berufserfolg gezogen werden? Erstens ist die herausragende Bedeutung kognitiver Leistungstests gut abgesichert. Zweitens wurde bereits oben klar herausgestellt, dass strukturierte Interviews ein valides Verfahren darstellen, speziell zur Vorhersage von Berufserfolg. Drittens versprechen richtig ausgewählte Persönlichkeits- und Interessenstests einen kleinen Zuwachs an Validität und stellen damit eine sinnvolle Ergänzung zu kognitiven Leistungstests dar. Selbstbeurteilungsverfahren sind allerdings verfälschbar und werden in Auswahlsituationen wohl auch verfälscht. Ob ihre Validität darunter leidet, ist jedoch strittig (Morgeson et al., 2007).

8.2.2 Exkurs: Assessment Center

Verhaltensbeobachtung und -beurteilung

Das Assessment Center (häufig auch nur AC genannt) ist ein Verfahren, das praktisch nur in der Personalpsychologie angewandt wird und deshalb an dieser Stelle eine ausführliche Darstellung erfährt. Es dient der Eignungsbeurteilung von Bewerbern und von Stelleninhabern, für die Personalentwicklungsmaßnahmen infrage kommen. Es verwendet die Verhaltensbeobachtung und -beurteilung als Messmethode, wendet diese aber nur im Kontext eigens konzipierter »Übungen« an. Ein wesentlicher Bestandteil der Entwicklung eines ACs ist die Auswahl und Gestaltung dieser Übungen bzw. Fallstudien.

1920 in Deutschland für das Militär entwickelt

Die Methode des ACs wurde 1920 im Auftrag des Reichswehrministeriums von Prof. Riefert an der Universität Berlin zur Auswahl von Offiziersanwärtern entwickelt. Ein wesentliches Prinzip bestand darin, unterschiedliche Verfahren einzusetzen und die Bewerber dabei von mehreren Personen beurteilen zu lassen. Ausländische Militärattachés sorgten dafür, dass die Methode außerhalb Deutschlands bekannt wurde. Während des Zweiten Weltkriegs setzten die britische Armee und der US-amerikanische Geheimdienst OSS (der Vorläufer der CIA) AC ein. Ehemalige OSS-Mitarbeiter machten nach dem Krieg das AC in der Wirtschaft bekannt. Besondere Aufmerksamkeit erfuhr die Methode durch eine Langzeitstudie, die 1956–1966 bei der amerikanischen Telefongesellschaft AT&T durchgeführt wurde. Selbst drei Jahre nach Abschluss dieser Studie setzten in den USA jedoch erst zwölf Organisationen AC ein (Jeserich, 1990). Heute ist die Methode weit verbreitet. Im Sommer 2007 wurden große Organisationen im deutschsprachigen Raum zum Einsatz von AC befragt (Höft & Obermann, 2010). Von den 233 kontaktierten Unternehmen gaben 171 an, AC zu verwenden. Die meisten Organisationen stammten aus dem Bereich Banken und Finanzdienstleister, gefolgt vom öffentlichen Dienst und der Automobilindustrie. 59 Prozent gaben an, dass die Einsatzhäufigkeit in letzter Zeit zugenommen hat.

Merkmale eines ACs

> **Definition**
>
> Ein Assessment Center (AC) ist
> - ein ein- bis dreitägiges Seminar
> - mit acht bis zwölf Mitarbeitern oder Bewerbern,
> - die von Führungskräften und Personalfachleuten
> - in Rollenübungen und Fallstudien
> - beobachtet und beurteilt werden.
> - Diese Rollenübungen und Fallstudien
> ▼

- sind charakteristisch für
- bestehende oder zukünftige
- Arbeitssituationen und Aufgabenfelder.
(Obermann, 2009, S. 8)

Manchmal findet man auch Definitionen, in denen der Begriff stark ausgeweitet wird. Neben den genannten Übungen und Fallstudien werden auch Leistungstests und Persönlichkeitsfragebögen als Bestandteile eines ACs angesehen. So definieren Paschen et al. (2005, S. 16): »Ein Assessment Center ist ein Beurteilungsverfahren, in dem durch die Beobachtung der Leistung und des Verhaltens der Teilnehmer in Simulationen, Rollenspielen, Tests und Fallstudien Rückschlüsse auf Kompetenzen, Persönlichkeitseigenschaften und Potenziale gezogen werden.«

Höft und Obermann (2010) zufolge setzten 2007 bereits 32 Prozent der befragten Unternehmen Intelligenz- und 29 Prozent Persönlichkeitstests im Rahmen ihrer AC ein. Dass zur Eignungsbeurteilung auch Intelligenztests eingesetzt werden, ist angesichts ihrer hohen Validität sehr sinnvoll. Dies kann selbstverständlich auch im Rahmen eines ACs geschehen. Allerdings sollte der Begriff »Assessment Center« auf die bei Obermann (2009) aufgeführten »klassischen« Verfahren beschränkt bleiben. Ansonsten entsteht beispielsweise Verwirrung bei der Beurteilung der Validität von AC.

Diagnostische Zielsetzungen und Prinzipien Ein AC dient dazu – meist zusammen mit weiteren Verfahren wie Interviews, Analysen der Bewerbungsunterlagen, Leistungs- und Persönlichkeitstests –, die **Eignung** von Bewerbern festzustellen. Im Rahmen von **Potenzial**analysen wird es eingesetzt, um Stärken und Schwächen von bereits eingestellten Personen zu analysieren. Das AC liefert in diesem Fall Hinweise auf Personalentwicklungsbedarf und künftige Einsatzmöglichkeiten.

Fünf Prinzipien sind grundlegend für das AC (vgl. Obermann, 2009, S. 10):
- **Anforderungsbezug:** Mit dem AC sollen die Merkmale oder Verhaltensweisen erfasst werden, die für die zu besetzende Stelle bzw. für mögliche künftige Aufgaben relevant sind. Eine Anforderungsanalyse (▶ Abschn. 8.4) ist nicht spezifisch für das AC, sondern sollte grundsätzlich immer der Auswahl von Verfahren zur Eignungsbeurteilung vorausgehen. Für das AC impliziert der Anforderungsbezug, dass die Übungen und Fallstudien so ausgewählt oder neu entwickelt werden, dass sie sich genau auf die Anforderungsmerkmale beziehen.
- **Simulation:** Die Übungen und Fallstudien werden so konzipiert, dass sie dem später erwarteten Arbeitsverhalten möglichst ähnlich sind. Es handelt sich aber nicht um Arbeitsproben (Stichproben von Tätigkeiten, die in dem Beruf verlangt werden), sondern um Aufgaben, die ähnliche oder auch die gleichen Anforderungen an die Teilnehmer stellen, wie sie für die Stelle erforderlich sind. In der konkreten Ausgestaltung können deutliche Unterschiede zwischen einer AC-Übung und der Tätigkeit im Beruf bestehen. Beispielsweise könnten Bewerber, die später Autos verkaufen sollen, in einer AC-Übung Zeitschriften »verkaufen«.
- **Methodenvielfalt:** In einem AC wird jedes Anforderungsmerkmal in verschiedenen Übungen bzw. Fallstudien erfasst. Das Verhalten in einer einzelnen Übung kann durch Vorerfahrungen, besondere Kompetenzen oder auch Defizite determiniert sein. Beispielsweise zeigt jemand optimales Verhalten in einer Übung zum Zeitungsverkauf, weil er früher einmal im Zeitschriftenvertrieb tätig war. Durch die Aggregation der Beurteilungen über mehrere Messgelegenheiten gleichen sich Vor- und Nachteile einzelner Übungen für einen Teilnehmer aus. Zusätzlich erhöht sich die Reliabilität durch die Aggregation.

mehrere Beobachter einsetzen	— **Einsatz mehrerer Beobachter:** Jeder Teilnehmer wird von mehreren Personen beobachtet und beurteilt. Diese können aus der Fach- und der Personalabteilung des Unternehmens stammen, es können aber auch Mitarbeiter einer Unternehmensberatung mitwirken. Beobachtungs- und Urteilsfehler einer einzelnen Person sollen damit kompensiert werden. In einer meist vorgesehenen Beobachterkonferenz können sich die Beobachter austauschen und sich gegenseitig über Dinge informieren, die sie beobachtet haben (und die den anderen vielleicht entgangen sind). Auch die Bedeutung, die ein Beobachter einem Ereignis beimisst, kann zur Diskussion gestellt werden. Andere Beobachter interpretieren das gleiche Verhalten vielleicht anders oder messen ihm eine andere Bedeutung bei. Vor dem AC werden die Beobachter für ihre Aufgabe geschult.
Transparenz für Teilnehmer	— **Transparenz:** Die Teilnehmer werden vor dem AC (bzw. zu Beginn) über die Übungen und die Anforderungskriterien informiert. Dies gebietet nicht nur das Prinzip der informierten Einwilligung (▶ Kap. 4.1); speziell für ein AC dient eine solche Aufklärung auch der Standardisierung der Durchführung. Jeder Teilnehmer wird versuchen, sich während des ACs optimal darzustellen. Falsche Vermutungen über das, was gemessen werden soll, können zu inadäquatem Verhalten führen: So wird beispielsweise ein Teilnehmer negativ bewertet, weil er eine Anforderung nicht erfüllt hat; tatsächlich hat er jedoch versucht, eine ganz andere Anforderung (auf die es seiner Meinung nach in der Übung ankam) zu erfüllen. Schließlich dient die Aufklärung auch dazu, die Teilnehmer über die Anforderungen zu informieren, die mit der Stelle verbunden sind. Nach dem AC werden die Teilnehmer in der Regel über das Ergebnis informiert. Insgesamt trägt eine große Transparenz auch dazu bei, dass das Verfahren bei den Bewerbern akzeptiert wird. Selbst abgelehnte Bewerber fühlen sich im Idealfall nachträglich fair behandelt.
Übersicht über Verfahren (Methoden)	**Aufbau** Welche Verfahren in einem AC zum Einsatz kommen, hat eine Befragung gezeigt, über die Höft und Obermann (2010) berichten. Sehr häufig (Nennungshäufigkeit über 60 %) werden Präsentationen, Zweiergespräch/Rollenspiel, Fallstudien, Interviews und Gruppendiskussionen eingesetzt, dicht gefolgt von Postkorbübungen (ca. 55 %; ◘ Abb. 8.5).

◘ Abb. 8.5 Bei einer Postkorbübung müssen die Teilnehmer mehrere Vorgänge unter Zeitdruck erledigen

8.2 · Eignungsbeurteilung

Übung	Kurzbeschreibung
Präsentation	Ein Teilnehmer stellt sich den Mitkandidaten nach kurzer Vorbereitung vor (Selbstpräsentation). Es kann auch ein bestimmtes Thema (z. B. Ergebnisse einer zuvor durchgeführten Fallstudie oder einer Gruppendiskussion) vorgegeben werden; für die Präsentation stehen Präsentationsmedien zur Verfügung. Die Vorbereitungszeit variiert dabei in Abhängigkeit von der vorgegebenen Präsentationszeit.
Rollenspiel	Ein Teilnehmer soll beispielsweise ein Verkaufsgespräch oder ein Gespräch mit einem Mitarbeiter führen, der schlechte Leistungen gezeigt hat. Dazu erhält er vorab Informationen (z. B. über das Produkt und den Kunden), die er verwenden soll. Zur Standardisierung übernimmt meist einer der Beobachter die Rolle des Gesprächspartners.
Fallstudie	Die Teilnehmer bearbeiten konkrete Aufgaben entweder alleine oder zusammen mit anderen Teilnehmern (dann werden feste Rollen zugewiesen). Sie erhalten dazu umfangreiches Informationsmaterial. Thema kann beispielsweise die Einführung eines neuen Produktes oder die Optimierung von Abläufen in einem bestimmten Geschäftsbereich sein.
Interview	Anhand eines Leitfadens werden den Teilnehmern einzeln bestimmte Fragen gestellt – ähnlich wie in einem Vorstellungsgespräch.
Gruppendiskussion	Ein Thema, das kontrovers diskutiert werden kann, wird vorgegeben oder von den Teilnehmern selbst festgelegt. Eventuell gibt es Anweisungen an einzelne Teilnehmer, einen bestimmten Standpunkt zu vertreten. Die Diskussion wird mit dem Ziel geführt, eine gemeinsame Lösung zu finden. Bei geführten Gruppendiskussionen übernimmt jeder Teilnehmer einmal die Aufgabe des Gruppenleiters. Die Gruppe soll jeweils ein vorher festgelegtes Thema diskutieren.
Postkorb	Die Teilnehmer müssen unter Zeitdruck Entscheidungen treffen. Sie werden in der Rolle eines Mitarbeiter oder einer Führungskraft mit Briefen, Geschäftsberichten, E-Mails, Telefonnotizen, Rechnungen etc., eventuell auch mit Nachrichten aus dem Privatbereich (Frau ist krank, Kind muss aus der Schule abgeholt werden) eingedeckt (◘ Abb. 8.5).

Durchführung Die Durchführung dieser Übungen wird so weit wie möglich standardisiert. Den Teilnehmern werden je nach Übung unterschiedliche Materialien zur Verfügung gestellt; für ein Interview müssen Fragen ausgearbeitet werden. Die Vorbereitung eines ACs ist daher sehr zeitaufwändig.

aufwändige Vorbereitung

Beurteilerdimensionen Die Beobachter sollen bei diesen und anderen Übungen bestimmte Merkmale der Teilnehmer beurteilen. ◘ Abbildung 8.6 zeigt, welche Anforderungsmerkmale häufig erfasst werden sollen.

Welche Merkmale werden erfasst?

In der Fachliteratur wird über sehr viele Beurteilungsdimensionen – oder vielleicht besser: Bezeichnungen für Beurteilungsdimensionen – berichtet; Arthur et al. (2003) fanden insgesamt 168 Bezeichnungen, die von Experten zu sieben **globalen Dimensionen** zusammengefasst werden konnten (die Obergriffe wurden bewusst nicht wörtlich übersetzt, sondern anhand der Erläuterungen der Autoren teilweise umbenannt; in Klammern die Bezeichnungen der Autoren):

- Kommunikationsfähigkeit (»communication«)
- Bewusstsein für die Bedürfnisse und Gefühle anderer und Rücksichtnahme (»consideration/awareness«)
- Aktivität und Motivation (»drive«)
- Führungskompetenz und Durchsetzungsfähigkeit (»influencing others«)
- Organisations- und Planungsfähigkeit (»organizing and planning«)

Einteilung der Merkmale in sieben Dimensionen

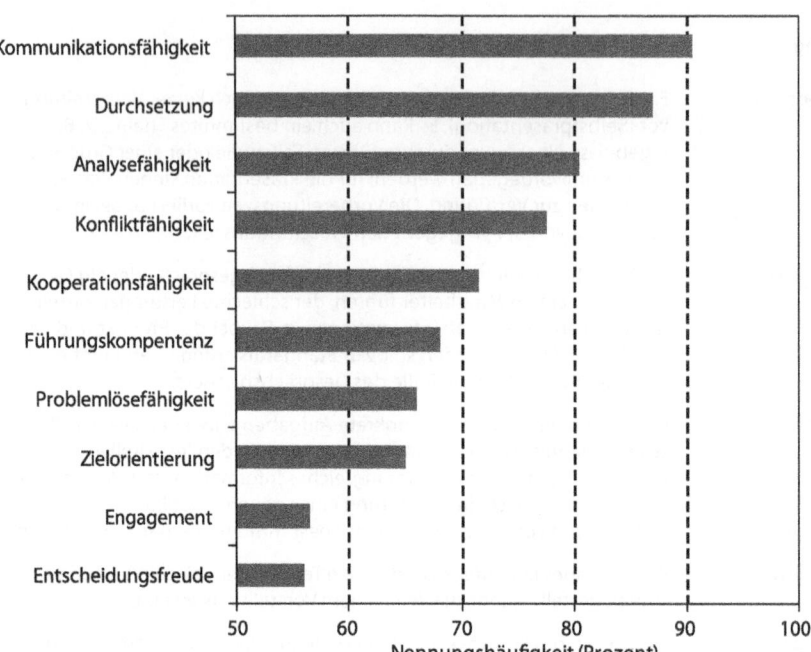

Abb. 8.6 Anforderungsmerkmale im AC. Die Grafik zeigt, wie viele der befragten Unternehmen diese Anforderungen erfassen (Angaben in Prozent; Höft & Obermann, 2010; mit freundlicher Genehmigung von Pabst Publishers)

- Problemlösefähigkeit (»problem solving«)
- Belastbarkeit (»tolerance for stress/uncertainty«)

Die meisten der in der Befragung von Unternehmen genannten Dimensionen (Abb. 8.6) lassen sich relativ gut den Dimensionen von Arthur et al. (2003) zuordnen.

Trennung von Beobachtung und Beurteilung

Auswertung Für die Auswertung gilt, dass eine strikte Trennung in die zwei Abschnitte von Beobachtung einerseits und Beurteilung andererseits stattfinden sollte. In der ersten Phase werden lediglich Daten gesammelt, in der zweiten werden diese den Beurteilungskriterien zugeordnet. Die Beurteilung erfolgt oft in einer Beurteilerkonferenz, in der sich die Beobachter austauschen. Zur Beurteilung finden meist verhaltensverankerte Skalen Verwendung. Die Beurteiler, meist Führungskräfte, Mitarbeiter der Personalabteilung, oft auch Externe (Mitarbeiter von Unternehmensberatungen), manchmal auch Mitbestimmungsvertreter (s. Höft & Obermann, 2010) werden vorher im Gebrauch der Skalen unterwiesen und für ihre Aufgabe geschult.

Höhe der Beurteilerübereinstimmung unklar

Reliabilität Die meisten Befunde liegen zur Übereinstimmung zwischen den Beurteilern vor (eigentlich Auswertungsobjektivität). In den meist älteren Studien wurde eine große Bandbreite an Übereinstimmungskoeffizienten gefunden. Obermann (2009, S. 278) weist auf eine ältere Übersichtsarbeit von Howard (1974) hin, der zufolge die Spanne von .60 bis .98 reicht – bei einem Median von .75. Beobachtertrainings verbessern offenbar die Beobachterübereinstimmung, während die Erfahrung (Anzahl in der Vergangenheit bewerteter Teilnehmer) keinen Einfluss auf die Übereinstimmung hat. Zur Retest-Reliabilität berichtet Obermann nur drei Studien mit jeweils wenigen Teilnehmern. Angesichts der hohen Kosten eines ACs sind Wiederholungsstudien offenbar sehr selten.

Die Angaben zur Kriteriumsvalidität variieren

Validität Die Angaben zur **Kriteriumsvalidität** von AC fallen sehr unterschiedlich aus. Auf den ersten Blick wirken die Ergebnisse verwirrend; die Validität scheint von Faktoren wie Alter der Studien, Einbezug von Intelligenztests, durchgeführter Korrektur und dem Kennwert für die Beurteilung im AC abzuhängen. In der berühmten

AT&T-Studie von Bray et al. (1974) betrug die Validität nach einem Vorhersageintervall von acht Jahren immerhin (unkorrigiert!) .46. Kriterium war die Beförderung innerhalb der acht Jahre (die Vorgesetzten kannten die AC-Ergebnisse nicht). Gaugler et al. (1987) legten die erste große Metaanalyse vor; die Autoren ermittelten eine für Varianzeinschränkung und Kriteriumsreliabilität korrigierte Validität von .37. Hardison und Sackett (2007) analysierten nur Studien, die in den darauffolgenden 20 Jahren erschienen waren und fanden nur noch eine korrigierte Validität von .26. Die Höhe der Validität korrelierte mit dem Alter der Studie (r = −.25); je neuer die Studien waren, desto niedriger fiel deren Validität aus. Holzenkamp et al. (2010) bzw. Becker et al. (2011) werteten nur im deutschsprachigen Raum durchgeführte Validitätsstudien aus. Dabei wurden allerdings auch Studien aufgenommen, in denen ein Intelligenztest Bestandteil des ACs war. In diesen Studien war die Validität höher als bei den anderen; Becker et al. machen nähere Angaben: Der Mittelwert der korrigierten Validitätskoeffizienten über alle Studien ohne Intelligenztest betrug .25. Nicht in dieser Metaanalyse enthalten ist eine Untersuchung an 451 Schweizer Offizieren, für die jährliche Beurteilungen durch ihre Vorgesetzten vorlagen (Melchers & Annen, 2010). Die AC-Beurteilung und spätere Beurteilung durch die Vorgesetzten korrelierten (unkorrigiert) .32 (.31 bei Studienleistungen als Kriterium). Arthur et al. (2003) fanden in einer Metaanalyse für die Gesamtbeurteilung eine (korrigierte) Validität von .36, was dem Ergebnis von Gaugler et al. (1987) entspricht. Allerdings fielen die Validitätskoeffizienten für die einzelnen Beurteilungsdimensionen (s.o.; Belastbarkeit wurde nicht analysiert) sehr unterschiedlich aus; sie reichten von .25 (Bewusstsein für die Bedürfnisse und Gefühle anderer und Rücksichtnahme) bis .39 (Problemlösefähigkeit). Es liegt nahe, dass bei einer optimalen Gewichtung der einzelnen Dimensionen eine höhere Kriteriumsvalidität als mit einem einfachen Gesamtmaß erreicht wird. In einer schrittweisen multiplen Regression schätzten Arthur et al. eine Validität von R = .45. Als Prädiktoren wurden dabei nur Problemlösefähigkeit, Führungskompetenz und Durchsetzungsfähigkeit, Organisations- und Planungsfähigkeit sowie Kommunikationsfähigkeit mit signifikanten Beiträgen zur Varianzaufklärung aufgenommen.

Meriac et al. (2008) befassten sich mit der inkrementellen Validität von AC. Sie analysierten 38 Studien, die zwischen 1969 und 2006 erschienen waren und Angaben zu den sieben Assessment Center-Dimensionen nach Arthur et al. (2003) enthielten (s.o.). Die einzelnen Dimensionen korrelierten (korrigiert) zwischen .16 (Aktivität und Motivation) und .35 (Organisations- und Planungsfähigkeit) mit Berufserfolg. In einer hierarchischen Regression setzten sie die sieben Dimensionen zusammen nach der Intelligenz (Schritt 1) und den großen fünf Persönlichkeitsmerkmalen (Schritt 2) als Prädiktor für Berufserfolg ein. Die zusätzliche Varianzaufklärung betrug 9,7 Prozent. Mit einzelnen Dimensionen konnten sie im Vergleich dazu zwischen drei und 13 Prozent zusätzliche Kriteriumsvarianz aufklären. Auch in der Untersuchung von Melchers und Annen (2010) erwies sich die Gesamtbeurteilung im AC als wichtige zusätzliche Information zur Vorhersage des militärischen Erfolges der Offiziere. Die über die Intelligenz hinaus erzielte Varianzaufklärung betrug hier 15 Prozent (bei den Studienleistungen als Kriterium sieben Prozent). Die Ergebnisse der oben genannten Metaanalysen sind noch einmal in ◻ Tabelle 8.3 zusammenfassend dargestellt.

inkrementelle Validität belegt

> **Σ Fazit**
> Als Fazit kann man festhalten, dass AC zwar nicht die Validität von strukturierten Interviews oder Intelligenztests erreichen, aber im Durchschnitt eine Kriteriumsvalidität von deutlich über .30 aufweisen. Auffällig sind Unterschiede zwischen
> ▼

Tab. 8.3 Ergebnisse von Metaanalysen zur Kriteriumsvalidität von Assessment Centern

Autor(en)	r	ρ	Anmerkungen
Gaugler et al. (1987)	.29	.37	
Arthur et al. (2003)	.28 (.20–.30)	.36 (.25–.39)	In Klammern Angaben zu einzelnen AC-Dimensionen
Hardison & Sackett (2007)	.22	.26	Nur Studien aus den letzen 20 Jahren
Meriac et al. (2008)	.13–.28	.16–.35	Nur Angaben zu einzelnen AC-Dimensionen (z. B. Organisieren und Planen)
Becker et al. (2011)	.21	.25	Nur Studien aus dem deutschen Sprachraum; hier nur AC ohne Intelligenztest

Anmerkung. ρ = korrigierte Validität (weitere Erläuterungen im Text).

den Metaanalysen – der von Hardison und Sackett (2007) beobachtete Abfall der Validität ist besorgniserregend – sowie die große Streubreite der Validiätskoeffizienten in den einzelnen Metaanalysen (bei Gaugler et al. immerhin –.25 bis .78). Großes Potenzial scheint die Verwendung der für die Fragestellung »richtigen« Beurteilerdimensionen und deren optimale Gewichtung zu haben. Schließlich ist die Erkenntnis, dass AC weitgehend etwas anderes erfassen als Intelligenztests und daher eine inkrementelle Validität besitzen, für die Praxis von herausragender Bedeutung: Beide Verfahren sollten (am besten mit weiteren Verfahren wie dem Interview) kombiniert werden.

niedrige Korrelation der AC-Dimensionen mit Persönlichkeit und Intelligenz

Zur **Konstruktvalidität** ist festzustellen, dass die Studie von Arthur et al. (2003) eine klare Beurteilung der internen Struktur ermöglicht: Es lassen sich sieben gut voneinander abgrenzbare Dimensionen benennen, die vielen AC zugrunde liegen. Meriac et al. (2008) haben in einer Metaanalyse zahlreiche Befunde zur Korrelation der Beurteilungen in AC auf diesen Dimensionen mit Persönlichkeitsmerkmalen und Intelligenz zusammengetragen (Tab. 8.4). Die positive Botschaft dieser Zahlen ist, dass mit den AC-Dimensionen offenbar etwas anderes gemessen wird als Persönlichkeitsmerkmale und Intelligenz; die maximale Korrelation beträgt .29. Mit dem AC steht folglich ein von diesen Merkmalen weitgehend unabhängiger Prädiktor für Berufserfolg zur Verfügung. Die negative Erkenntnis ist, dass die Korrelationen nicht gerade einen Beleg für die konvergente Validität der sieben Dimensionen darstellen. Für Belastbarkeit (AC) und Neurotizismus (Fragebogen) wäre eine moderate negative Korrelation zu erwarten (festgestellt: –.07), und Bewusstsein/Rücksichtnahme sollte deutlich mit Offenheit und Verträglichkeit korrelieren (festgestellt: .06 und .05). Allein der Zusammenhang zwischen Aktivität/Motivation und Extraversion mit .21 entspricht etwa den Erwartungen. Problemlösefähigkeit korreliert zwar zu .28 mit Intelligenz, aber andere Dimensionen weisen ähnlich hohe Korrelationen mit Intelligenz auf. Weiterhin stellten Meriac et al. fest, dass die sieben AC-Dimensionen mit .27 bis .54 relativ hoch miteinander korrelieren – eigentlich sollten sie aber unabhängige Merkmale oder Verhaltensweisen messen. Insgesamt sprechen diese Befunde also nicht für die Konstruktvalidität von AC.

8.2 · Eignungsbeurteilung

Tab. 8.4 Korrelation der Beurteilungsdimensionen in AC mit Persönlichkeit und Intelligenz

AC Dimension	Persönlichkeitsmerkmal					Intelligenz
	Neurotizismus	Extraversion	Offenheit	Verträglichkeit	Gewissenhaftigkeit	
Kommunikationsfähigkeit	−.08	.11	.12	.09	.09	.28
Bewusstsein und Rücksichtnahme	−.07	.07	.06	.05	.09	.17
Aktivität und Motivation	−.04	.21	.06	.09	.10	.21
Führungskompetenz und Durchsetzungsfähigkeit	.01	.15	.08	.08	.09	.22
Organisations- und Planungsfähigkeit	−.07	.09	.09	.02	.05	.29
Problemlösefähigkeit	−.07	.08	.11	.06	.13	.28
Belastbarkeit	−.07	.12	.11	.06	.12	.22

Anmerkung. Aus Meriac et al. (2008, Tab. 1). Unkorrigierte Korrelationen; N pro Zelle zwischen 310 (Gewissenhaftigkeit und Belastbarkeit) und 12.599 (Intelligenz und Problemlösefähigkeit).

Die Einstufungen auf den AC-Dimensionen sollten über mehrere Übungen hinweg deutlich miteinander korrelieren, da schließlich in jeder Übung mit einer bestimmten Dimension das Gleiche erfasst werden soll. Eine Person, der etwa in einer Präsentation sehr gute Kommunikationsfähigkeit bescheinigt wird, sollte in einer Gruppendiskussion auch eine hohe Kommunikationsfähigkeit zeigen. Diese Korrelationen sollten ferner deutlich höher ausfallen als die Korrelationen zwischen den Dimensionen, da diese für weitgehend unabhängige Merkmale stehen. Eine Multitrait-Multimethod-Analyse (▶ Kap. 2.3.4.1) sollte Aufschluss geben, ob dies so ist. Bowler und Woehr (2006) haben dazu eine Metaanalyse durchgeführt. Wurde das gleiche Merkmal (»monotrait«) in unterschiedlichen Situationen (Übungen; = »heteromethod«) gemessen, betrug die durchschnittliche Korrelation .25. Die unterschiedlichen Dimensionen (»heterotrait«) korrelierten im Vergleich dazu innerhalb einer Übung (»monomethod«) mit durchschnittlich .53.

Melchers et al. (2007) kamen anhand anderer metaanalytischer Daten zu der gleichen Erkenntnis: Die »monotrait-heteromethod«-Korrelationen lagen im Durchschnitt bei .33, während die »heterotrait-monomethod«-Korrelationen durchschnittlich .62 betrugen. Die Beurteiler differenzieren also sehr schlecht zwischen den Merkmalen, die sie beurteilen sollen. Vielleicht sind sie Opfer eines Halo-Effekts, lassen sich also von ihrem positiven oder negativen Gesamteindruck der Person zu sehr beeinflussen.

Insgesamt sind die Befunde zur Konstruktvalidität von AC also völlig unbefriedigend. Im Grunde weiß man nicht genau, was im AC gemessen wird – aber die Methode funktioniert trotzdem (s. Kriteriumsvalidität).

Anbieter von AC und Organisationen, die ein AC als Dienstleistung kaufen, brauchen Kriterien, nach denen sie die Qualität eines ACs beurteilen können. Im deutschen Sprachraum bemüht sich ein »Arbeitskreis Assessment Center« um die Qualität und die Weiterentwicklung von AC (▶ www.arbeitskreis-ac.de). Dieser Arbeitskreis hat in 2004 neun Standards der Qualitätssicherung formuliert und erläutert (s. Neubauer & Höft, 2006); die Standards sind auch über die Homepage des Arbeitskreises abrufbar. **Tabelle 8.5** informiert in knapper Form über die Standards. In der Origi-

Die Dimensionen korrelieren über die Übungen hinweg zu niedrig ...

... und innerhalb der Übungen zu hoch

Konstruktvalidität unklar

Qualitätsstandards für AC

Tab. 8.5 Standards des »Arbeitskreises Assessment Center«

Standard	Erläuterungen
1. Auftragsklärung und Vernetzung	Klärung der Ziele und Rahmenbedingungen des Auftrags und der Konsequenzen für die Teilnehmer.
2. Arbeits- und Anforderungsanalyse	Zunächst muss eine Arbeits- und Anforderungsanalyse durchgeführt werden, die auch Grundlage für die Konstruktion des ACs ist.
3. Übungskonstruktion	Die Übungen sollen die Aufgaben und Arbeitssituationen des Arbeitsalltags so realistisch wie möglich simulieren.
4. Beobachtung und Bewertung	Das Verhalten der Teilnehmer in den Übungen muss anforderungsbezogen beobachtet und protokolliert werden. Jede Anforderung muss von mindestens zwei Beobachtern und in mindestens zwei Übungen erfasst werden. Die Beurteilung erfolgt direkt nach jeder Übung. Die Urteile werden in einer standardisierten Weise integriert.
5. Beobachterauswahl und -vorbereitung	Die Beobachtergruppe soll das Unternehmen angemessen repräsentieren. Die Beobachter werden auf ihre Aufgabe vorbereitet.
6. Vorauswahl und Vorbereitung der potenziellen Teilnehmer	Die potenziellen Teilnehmer müssen über das Grundziel, den Ablauf und die Chancen/Risiken des ACs aufgeklärt werden, damit sie sich ggf. auch gegen eine Teilnahme entscheiden können. Es sollen Informationen zu den Übungen und zu sinnvollen Vorbereitungsstrategien gegeben werden, um unterschiedliche Vorerfahrung zu kompensieren.
7. Vorbereitung und Durchführung	Das AC muss sorgfältig vorbereitet werden (Auswahl der Räume, Störungen vermeiden etc.). Die Teilnehmer werden zu Beginn über den Ablauf informiert. Ein Moderator sorgt für einen reibungslosen Ablauf und für die Einhaltung der Standards.
8. Feedback und Folgemaßnahmen	Jeder AC-Teilnehmer hat ein Recht auf individuelles Feedback. Durch das Feedback soll die Kompetenz- und Persönlichkeitsentwicklung der Teilnehmer gefördert werden. Die Transparenz soll auch helfen, die Akzeptanz des ACs sicherzustellen.
9. Evaluation	Durch Qualitätskontrollen, die sich auch auf die interne Struktur des ACs (z. B. ausreichenden Beitrag der einzelnen Übungen und Dimensionen für das Gesamturteil) und die Prognosegüte beziehen, soll sichergestellt werden, dass die mit dem AC angestrebten Ziele erreicht werden.

nalfassung finden sich jeweils konkrete Hinweise zur Umsetzung sowie zu möglichen Fehlern.

gezielte Vorbereitung

Spezielle Probleme Neben den bereits thematisierten Problemen mit der Kriteriumsvalidität sind einige weitere kritische Punkte zu erwähnen. Wer zu einem AC eingeladen wird, versucht sich darauf vorzubereiten. Es gibt bereits analog zu »Testknackern« spezielle Literatur zur Vorbereitung (z. B. Püttjer & Schniedra, 2007), mit praktischen Tipps, wie man sich in bestimmten Übungen am besten verhält. Mit einer Internetrecherche findet man in Foren u. U. sehr detaillierte Angaben zum Ablauf des ACs bei einem bestimmten Unternehmen (zu dem man eingeladen wurde). Somit besteht grundsätzlich die Gefahr, dass einzelne Teilnehmer sich nicht so verhalten, wie es ihren Fähigkeiten, Kompetenzen und ihrer Persönlichkeit entspricht. Ob das aufgrund von irgendwelchen Empfehlungen gezeigte Verhalten den Anforderungen optimal entspricht, sei dahingestellt: Entweder führt die Vorbereitung dazu, dass ungeeignete Personen im AC positiv beurteilt werden, oder sie führt dazu, dass geeignete negativ beurteilt werden. Jedenfalls ist die gezielte, teils professionelle Vorbereitung der Validität des ACs abträglich, da nicht alle Teilnehmer sie in Anspruch nehmen und – wenn sie es tun – nicht gleich stark davon profitieren.

Ein weiterer Störfaktor ist die Erfahrung. Bewerber, die bereits an einem AC teilgenommen haben, können von einem Übungseffekt profitieren. Kelbetz und Schuler (2002) verglichen die AC-Beurteilungen von 47 Teilnehmern, die nach durchschnittlich zwei Jahren erneut an einem AC zur Potenzialanalyse teilnahmen, mit ihrer Beurteilung im ersten AC. Die Beobachter wussten nicht, dass diese Personen zum zweiten Mal teilnahmen. Die durchschnittliche Beurteilung fiel zum zweiten Zeitpunkt deutlich besser aus als zum ersten. Die gefundene Effektstärke von .97 besagt, dass sich die Teilnehmer bei Standardwerten von 100 auf 110 verbessert hätten. Allerdings kann man hier nicht ausschließen, dass sie sich in der Zeit zwischen beiden Messungen weiterentwickelt haben. In einer zweiten Studie verglichen die Autoren die AC-Beurteilungen von AC-erfahrenen und unerfahrenen Teilnehmern. Die Effektstärke fiel nun mit d = .29 kleiner aus, weist aber dennoch auf einen Einfluss der Vorerfahrung auf das Verhalten und damit auch auf die Beurteilung im AC hin.

unterschiedliche Erfahrung der Teilnehmer

Ein AC ist kein standardisiertes diagnostisches Instrument wie Leistungs- und Persönlichkeitstests. Ähnlich wie beim Interview konstruiert sich jeder Anwender das Instrument selbst. Ein Ergebnis der oben erwähnten Befragung (Höft & Obermann, 2010) war, dass die meisten Unternehmen (63 %) das von ihnen verwendete AC vollständig selbst entwickelt hatten, weitere 34 Prozent hatten ein vorhandenes AC für ihre Bedürfnisse angepasst. Wenn Praktikanten oder Mitarbeiter der Personalabteilung, die nicht dazu ausgebildet sind, ein AC konstruieren, kann es zu schweren Fehlentwicklungen kommen; Schuler (2007) spricht in diesem Zusammenhang von einer »Spielwiese für Laien«.

professionell konstruieren

> **Interview mit Prof. Dr. Christian Dries zum Thema »Assessment Center in der Praxis: Managementberatung«**
Aus welchen Gründen entscheiden sich Unternehmen dafür, Ihre Dienste in Anspruch zu nehmen? Vielleicht können Sie das an einem Beispiel erläutern.
Die Antwort ist vielfältig. Zum einen ist es die größere Expertise, die ein auf psychologische Fragestellungen spezialisiertes Beratungsinstitut mitbringt. Täglich mehrere Assessment Center mit über 5.000 Teilnehmern pro Jahr, durchgeführt von studierten Psychologinnen und Psychologen, begründen unseren Sachverstand. Daneben ist es aber auch die Unabhängigkeit des externen Beratungspartners, die eine objektiviertere Beurteilung der Organisationsteilnehmer verspricht. Ein letzter, eher pragmatischer Grund, liegt dann noch in der guten Verfügbarkeit und Flexibilität unseres Instituts. Mit unserer Größe und Mitarbeiteranzahl können wir Anfragen nach Assessments unabhängig vom Umfang des Auftrages innerhalb kürzester Zeit konzipieren und durchführen. So haben wir im letzten Jahr ein Großprojekt für einen Kunden mit über 500 AC-Teilnehmern innerhalb von sechs Wochen in 105 Verfahren durchgeführt.

Prof. Dr. Christian Dries, Geschäftsführer des Kölner Instituts für Managementberatung

Wie läuft ein Potenzial-Assessment bei Ihnen ab?
Die Anfrage eines Kunden wird zunächst beantwortet mit der Frage nach einem Kompetenz-/Anforderungsprofil. Ist dies nicht vorhanden, so wird ein solches zunächst ermittelt. Anhand dieser Fragestellung werden die diagnostischen Kriterien und die passenden Instrumente ausgewählt und zu einer Untersuchungseinheit zusammengestellt. Dabei ist die Verhaltensdiagnostik (i. S. eines Assessment Centers)

▼

meist im Vordergrund, es werden aber immer stärker auch testdiagnostische Verfahren und biografische Elemente eingesetzt. Das Ergebnis wird in Form eines Ergebnisberichts (»Gutachten«) dem Kunden zurückgemeldet, und in besonderen Fällen steht der Diagnostiker für weitere Entwicklungsplanungen (z. B. Coaching-Gespräche) zur Verfügung.

Sie kombinieren also »klassische« Assessment Center mit klassischen Tests. Welche Rolle spielen Persönlichkeits- und Leistungstests für Sie generell im Personalmanagement?
Meiner Beobachtung nach entwickelt sich auch hier der Markt deutlich: Immer stärker halten Testverfahren Einzug in das Personalmanagement. So entwickeln wir spezielle Verfahren für Kunden, die kriterienspezifisch sind und sich durch eine hohe »face validity« auszeichnen, darunter auch Situational Judgement Tests. Auswirkungen des aktuellen Allgemeinen Gleichbehandlungsgesetzes (AGG; i. S: der Antidiskriminierung) führen zu einer größeren Nachfrage nach objektiven diagnostischen Instrumenten auf Seiten der verantwortlichen Personaler.

Worin unterscheidet sich Ihre Arbeit von der eines Betriebspsychologen, der in einem Unternehmen fest angestellt ist?
Im Prinzipiellen sollte es keine großen Unterschiede geben. Der Unterschied liegt eher im Systemischen. Der externe Psychologe als Berater ist unabhängiger (bzw. besitzt eine andere Abhängigkeit) als der interne Psychologe. So dürfte z. B. bei Reorganisationsprozessen, die einen Personalabbau notwendig machen, die Durchführungsobjektivität der diagnostischen Maßnahmen größer sein. Schließlich verfügt der externe Psychologe über Erfahrungen, die über das Unternehmen hinausgehen, so dass ihm Vergleichsprozesse (Benchmarks) möglich sind.

Was halten Sie von der DIN 33430? Sind darin Selbstverständlichkeiten formuliert, die Sie ohnehin beachten? Oder wird hier ein Ideal beschrieben, das niemand erreichen kann?
Weder noch: Bei der DIN-Norm handelt es sich meiner Ansicht nach um erstrebenswerte Qualitätsstandards, die zu erreichen sind und auch angestrebt werden müssen. Als formuliertes, qualitatives Grundverständnis eines ausgebildeten Diagnostikers wird der Erfolg der Norm davon abhängen, wie es gelingt, sowohl Psychologen als auch Nicht-Psychologen für die Qualitätsanforderungen zu begeistern. Das bedeutet u. a.: Keine unnatürlichen Prüfungshürden sowie transparente Testkriterien und nicht abgefragtes Wissen einer Diplomprüfung in Diagnostik. Es sollte unserer Erfahrung nach dringend über die Vermittlung der Norm und die Formulierung der Prüfungsfragen nachgedacht werden. Wenn z. B. Fragen der probabilistischen Testtheorie eine Rolle spielen sollten, sollten diese anwendungsorientiert sein und nicht an Vorlesungen der multivariaten Statistik erinnern.

Mit 13 bestandenen Lizenzprüfungen stellen wir die zahlmäßig stärkste Organisation bei den dokumentierten 104 Prüfungen, in NRW stellen wir sogar über 30 % aller bestandenen Prüfungen (Stand Mai 2011). Wir sind von der DIN absolut überzeugt und bilden auch weiterhin unsere Berater dahingehend aus. Insbesondere für BA-Absolventen bietet die DIN-Ausbildung eine gute Einstiegsqualifikation.

Welche diagnostischen Kompetenzen sind in Ihrem Beruf besonders gefordert? Was sollte ein Universitätsabsolvent mitbringen, der als Unternehmensberater mit Schwerpunkt Eignungsdiagnostik tätig sein will?
Hier kann man sich getrost an der DIN-Norm orientieren. Sie bzw. er sollten sich in Fragen der Anforderungsprofilerstellung, der Methodenkompetenz und Evaluation

▼

zurechtfinden. Aber darüber hinaus erwarten wir auch noch ein Verständnis und das Interesse für wirtschaftliche Zusammenhänge. Erfolgreiche Eignungsdiagnostik im betrieblichen Kontext ist nie losgelöst vom ökonomischen Umfeld. So gesehen warnen wir vor einseitiger Spezialisierung. Und nicht zuletzt kommt auch der persönliche Erfahrungshorizont wie Praktika oder Berufsausbildungen dazu.◖

Anmerkung. Das kölner institut für managementberatung (ki.m) ist eine Unternehmensberatung, die sich auf die Kompetenzfelder Personalmanagement und Organisationsberatung spezialisiert hat. Das ki.m wurde 1999 gegründet; die Anzahl der festangestellten Mitarbeiter beträgt inzwischen 30, hinzu kommen freie Mitarbeiter. Die Unternehmensphilosophie »Qualität durch Wissenschaftlichkeit« äußert sich u. a. darin, dass die Mitarbeiter eine wissenschaftlich-psychologische Ausbildung haben und das ki.m eng mit verschiedenen Hochschulen zusammenarbeitet. Insbesondere im AC-Bereich gehört das ki.m zu den führenden Anbietern in Deutschland. Das Unternehmen führt aber auch kundenspezifische Testentwicklungen durch und bietet IT- Dienstleistungen zur Organisationsdiagnostik an wie z. B. Befragungen und online assessments.

8.3 Leistungsbeurteilung

Viele Unternehmen nehmen regelmäßig, meist einmal im Jahr, eine Personal- oder Mitarbeiterbeurteilung vor. Anlass für eine Mitarbeiterbeurteilung können auch der Ablauf der Probezeit eines Mitarbeiters oder der Weggang einer Führungskraft sein. Da meist die Beurteilung der Leistung im Vordergrund steht, wird dafür häufig auch der Begriff »Leistungsbeurteilung« verwendet. Die Beurteilung kann schriftlich in Form eines Zwischenzeugnisses oder in einem Gespräch erfolgen. Einem Mitarbeitergespräch liegt meist eine standardisierte Leistungsbeurteilung (s.u.) zugrunde. Häufig basieren solche Gespräche auf **Zielvereinbarungen:** Die Führungskraft beurteilt, in welchem Maße der Mitarbeiter die beim letzten Gespräch vereinbarten Ziele erreicht hat, analysiert Gründe für eventuelle Abweichungen, ermittelt den Entwicklungsbedarf, vereinbart mit dem Mitarbeiter Entwicklungsmaßnahmen, eventuell auch eine Verbesserung der Arbeitsbedingungen, und bespricht schließlich mit ihm Ziele für den kommenden Beurteilungszeitraum (Fiege et al., 2006).

unterschiedliche Varianten der Mitarbeiterbeurteilungen

Beurteilungen der Leistung sind nicht nur in Unternehmen fest etabliert, sondern finden u. a. im Schulunterricht oder im Leistungssport regelmäßig statt. Dort sind sie allerdings, anders als in Unternehmen, mit formalen Prüfungen verbunden. Im Betrieb kann die Arbeitsleistung meist nicht objektiviert werden; selbst wenn objektive Maße wie erzielter Umsatz oder die Anzahl erledigter Vorgänge verfügbar sind, stellen diese nicht die einzige Quelle der Beurteilung dar. Deshalb sind spezielle Methoden der Verhaltensbeurteilung nützlich, um eine Standardisierung der Leistungsbeurteilung zu ermöglichen.

Verhaltensbeurteilung und nicht Prüfung

Leistungs- und Personalbeurteilungen werden meist nicht von Psychologen, sondern von den direkten Vorgesetzten der Mitarbeiter vorgenommen. Psychologen können jedoch diagnostische Verfahren zur Beurteilung beisteuern und die Vorgesetzten in deren Gebrauch schulen. In der Praxis funktionieren Leistungsbeurteilungssysteme oft nicht gut: Führungskräfte vermeiden oft schlechte Beurteilungen, vergeben Gefälligkeitsbeurteilungen oder stehen nicht hinter ihren Beurteilungen. Kosel und Weissenrieder (2010) geben **Empfehlungen** zur Entwicklung und Gestaltung (Punkte 1–5) sowie zur Einführung in der Organisation (Punkte 5–10):

Empfehlungen zur Gestaltung und Einführung

- Führungskräfte von Anfang an in die Gestaltung einbeziehen
- Beurteilungssystem so einfach wie möglich halten
- Leistungskriterien durch beobachtbares Verhalten konkretisieren

- Die Bewertungsstufen positiv beschreiben
- Beurteilungssystem anhand von Rückmeldungen weiterentwickeln
- Integrationsrunden einrichten, in denen Führungskräfte ihre Beurteilungsergebnisse vorstellen und miteinander vergleichen
- Beurteilungsgespräch in ein Mitarbeiterjahresgespräch integrieren
- Führungskräfte gut vorbereiten
- Mitarbeiter vor Einführung eines Beurteilungssystems informieren
- Den Führungskräften hilfreiche Instrumente an die Hand geben (z. B. Datenverarbeitungstools mit praktischer Benutzeroberfläche)

problematischer Skalengebrauch

Ein Problem, das bereits angesprochen wurde, ist das Vermeiden schlechter Beurteilungen. Als wenig brauchbare Lösung wurde vorgeschlagen, feste Quoten für Skalenstufen vorzuschreiben. Auf diese Weise kann man beispielsweise eine Normalverteilung der Urteile erzwingen. Frintrup und Schuler (2010) weisen zurecht darauf hin, dass sich Leistungen in der Realität anders verteilen können und dass letztlich ein Nullsummenspiel betrieben wird: Wird ein Mitarbeiter eine Stufe besser beurteilt, muss dafür ein anderer zurückgestuft werden. Die Akzeptanz dieser Quotenregelung ist daher bei Vorgesetzten und Mitarbeitern gering.

verhaltensverankerte Skalen

Es stellt sich die Frage, wie man eine gerechte und allgemein akzeptierte Differenzierung der Mitarbeiter nach ihrer Leistung erreichen kann. Frintrup und Schuler (2010) sehen in der Verwendung **verhaltensverankerter Skalen** und **sequentieller Prozentrangskalen** die beste Lösung. Bei verhaltensverankerten Skalen wird jede Stufe oder jeder Bereich durch konkrete Verhaltensbeispiele erläutert (s.u. Beispiel »Außendarstellung«). Alternativ dazu kann man die Leistung bzw. den Verhaltensbereich durch mehrere Verhaltensweisen operationalisieren und diese nach ihrer Häufigkeit einstufen lassen; die einzelnen Urteile werden anschließend zu einem Gesamtwert aggregiert (s.u. Beispiel »Kooperation und Teamfähigkeit«). Das erste Beispiel stammt von Kanning et al. (2011) und zeigt einen Ausschnitt aus einem Instrument, das für eine Kreisverwaltung sowie eine Handwerkskammer entwickelt wurde. Über die Entwicklung eines Einstufungsverfahren für einen Finanzdienstleister berichten Schuler et al. (2003), denen auch das zweite Beispiel entnommen ist.

> **Beispiel**
>
> **Beispiele für verhaltensbezogene Beurteilungen**
> **Außendarstellung (Kanning et al., 2011, S. 33)**
> Die Außendarstellung bezieht sich darauf, wie eine Führungskraft die Organisation in der Öffentlichkeit vertritt. Eine positive Außendarstellung ist dadurch gekennzeichnet, dass die Person souverän auftritt und ein einheitliches Bild der Organisation vermittelt
>
> | 1 | 2 | 3 | 4 | 5 |
> |---|---|---|---|---|
> | Tritt in der Öffentlichkeit nicht in angemessener Weise auf (z. B. unvorbereitet, unangemessene Kleidung), geringe Präsentationsfähigkeit (z. B. Rhetorik) | | Tritt in der Öffentlichkeit im Allgemeinen überzeugend auf, unterstützt eine positive Darstellung der Organisation | | Tritt in der Öffentlichkeit stets überzeugend und eloquent auf, sorgt aktiv für eine positive Darstellung der Organisation |
> | O | O | O | O | O |
>
> Anmerkung. Das Instrument enthält zwei weitere Skalen.
>
> ▼

Kooperation und Teamfähigkeit (Schuler et al., 2003, S. 32)

Bietet seine Hilfe an, wenn ein Kollege unter Zeitdruck einen Arbeitsvorgang durchführen muss.

| fast nie | ① | ② | ③ | ④ | ⑤ | fast immer |

Schlägt alternative Verhaltensmöglichkeiten vor, wenn er Kritik an Kollegen/Mitarbeitern übt.

| fast nie | ① | ② | ③ | ④ | ⑤ | fast immer |

Bei einer sequentiellen Prozentrangskala werden die Leistungsbereiche durch Prozentrangangaben spezifiziert. Frintrup und Schuler (2010) stellen ein Beispiel vor, bei dem die Bereiche bewusst asymmetrisch sind, um »Beschönigungstendenzen« auszugleichen. Die Autoren gehen also davon aus, dass die Beurteiler mehr positive als negative Urteile abgeben; die vorgegebenen Prozentrangbereiche sind so gewählt, dass am Ende eine Annäherung an die Normalverteilung stattfindet.

sequentielle Prozentrangskala

Beispiel

Beispiel für eine asymmetrische Prozentrangskala
(leicht modifiziert nach Frintrup & Schuler, 2010)
Über gute Fachkenntnisse verfügt, wer umfangreiches Wissen auf seinem Gebiet besitzt, praktische Erfahrung hat und seine Kenntnisse erfolgreich anwenden kann.

- ☐ Erfüllt, was seine Fachkenntnisse betrifft, nicht die Anforderungen, die an ihn gerichtet sind.
- ☐ Seine Fachkenntnisse liegen über den Mindestanforderungen (trifft auf etwa 90 Prozent der Mitarbeiter an vergleichbaren Arbeitsplätzen zu).
- ☐ Hat mindestens ebenso gute Fachkenntnisse wie etwa 55 Prozent der anderen Mitarbeiter an vergleichbaren Arbeitsplätzen.
- ☐ Hat mindestens ebenso gute Fachkenntnisse wie etwa 25 Prozent der anderen Mitarbeiter an vergleichbaren Arbeitsplätzen.
- ☐ Hat mindestens ebenso gute Fachkenntnisse wie nur 10 Prozent der anderen Mitarbeiter an vergleichbaren Arbeitsplätzen.
- ☐ Hat mindestens ebenso gute Fachkenntnisse wie nur 5 Prozent der anderen Mitarbeiter an vergleichbaren Arbeitsplätzen.

Über weitere Einstufungs-, Rangordnungs-, Auswahl- und Kennzeichnungsverfahren sowie am Grad der Zielerreichung orientierte Verfahren zur Leistungsbeurteilung informieren Marcus und Schuler (2006). Die Autoren diskutieren Vor- und Nachteile der einzelnen Verfahren und weisen explizit auf die Anfälligkeit der Beurteilungsverfahren für diverse Urteilsfehler hin (▶ Kap. 3.6.4).

weitere Funktionen der Leistungsbeurteilung

Leistungsbeurteilungen dienen nicht nur dem Feedback für Mitarbeiter, sondern können viele weitere **Funktionen** haben (Cleveland et al., 1989; nach Marcus & Schuler, 2006, S. 442):

- Interpersonale Entscheidungen (Entgeltfindung, Beförderung, Kündigung etc.)
- Intrapersonale Entscheidungen (Feedback, Beratung, Personalentwicklungsmaßnahmen etc.)
- Erhaltung des (Organisations-)Systems (Personalplanung, Evaluation der Personalpolitik etc.)

— Dokumentation (z. B. für Validierungsstudien oder aus tariflichen bzw. rechtlichen Gründen)

verschiedene Arten von Arbeitszeugnissen

Arbeitszeugnisse Auch wenn ein Mitarbeiter beim Ausscheiden um ein Arbeitszeugnis bittet, erfolgt eine Personalbeurteilung. Es gibt verschiedene Varianten von Arbeitszeugnissen: Arbeitsbescheinigung, einfaches Zeugnis, Zwischenzeugnis, qualifiziertes Zeugnis, Berufsausbildungszeugnis sowie Ferien-, Aushilfs- und Nebenjobzeugnis (Hesse & Schrader, 2008). Arbeitszeugnisse werden auf Geschäftspapier mit vollständiger Adresse des Arbeitgebers geschrieben, haben eine Überschrift (z. B. »Arbeitszeugnis«) und enthalten die persönlichen Daten des Beurteilten (vor allem Vor- und Zuname und Geburtsdatum). Ein qualifiziertes Arbeitszeugnis enthält darüber hinaus eine Beurteilung sowie weitere Angaben (► Überblick).

qualifiziertes Arbeitszeugnis

Angaben in einem qualifizierten Arbeitszeugnis
- Genaue Beschäftigungsdauer
- Tätigkeitsbeschreibung
- Fertigkeiten, (Spezial-)Kenntnisse und Erfahrungen sowie Beurteilung der Leistung
- Eventuell Teilnahme an Fortbildungsmaßnahmen
- Beurteilung der Führung und des Sozialverhaltens
- Eventuell Beurteilung der Mitarbeiterführungskompetenz
- Gründe für die Auflösung des Arbeitsverhältnisses
- Schlussformel (Bedauern über Ausscheiden, Dank für Geleistetes, Wünsche für die Zukunft)
- Ausstellungsort und -datum, Unterschrift (mit Funktion des Ausstellers)

(Quelle: Hesse & Schrader, 2008)

Bestimmte Angaben sind rechtlich nicht zulässig

Informationen über schlechte Leistungen sind verborgen

Aus rechtlichen Gründen darf ein Arbeitszeugnis bestimmte Angaben nicht enthalten, es sei denn, dass ein Arbeitnehmer dies explizit wünscht. Dazu gehören u. a. der Kündigungsgrund, Erkrankungen, erhöhter Alkoholkonsum außerhalb der Dienstzeiten sowie Gewerkschafts- und Betriebsratszugehörigkeit.

Auf den ersten Blick wirken selbst **ungünstige Arbeitszeugnisse** positiv. Informationen über schlechte Leistungen des Arbeitnehmers verbergen sich gerade in Weglassungen, der besonderen Betonung von Selbstverständlichkeiten und fehlenden stilistischen Übertreibungen. Zusätze wie »stets«, »jederzeit« oder »in jeder Hinsicht« sprechen für eine gute oder sehr gute Beurteilung. So ist die Verhaltensbeurteilung »Sein Verhalten gegenüber Vorgesetzten, Kollegen und Kunden war stets vorbildlich« als sehr gut zu werten, während »Sein Verhalten gegenüber Kollegen war vorbildlich« eine kaum noch ausreichende Beurteilung darstellt (nur »vorbildlich« – nicht »stets vorbildlich«; Vorgesetzte und Kunden werden nicht erwähnt!). Die Aussage »Seine Position erforderte ein hohes Maß an Einsatzbereitschaft« stellt eine mangelhafte Beurteilung der Arbeitsbereitschaft dar – eine hohe Einsatzbereitschaft wurde erwartet, aber nicht erbracht. Ausführliche Hinweise zur Abfassung von Arbeitszeugnissen und deren Interpretation finden sich bei Hesse und Schrader (2008), von denen auch die Beispiele übernommen wurden.

8.4 Tätigkeitsbezogene Diagnostik: Arbeits- und Anforderungsanalyse

8.4.1 Verfahren der Arbeitsanalyse

Die Eignungsdiagnostik befasst sich mit den Menschen, die bestimmte Aufgaben oder Arbeitstätigkeiten übernehmen sollen. Angestrebt wird eine Passung von Mensch und Arbeitsaufgaben. Um also einen geeigneten Bewerber zu finden oder um festzustellen, ob ein Mitarbeiter für bestimmte künftige Aufgaben geeignet ist, benötigt man daher eine genaue Kenntnis der Aufgaben. An dieser Stelle setzt die Arbeits- und Anforderungsanalyse ein. Obwohl diese beiden Begriffe manchmal wie Synonyme verwendet werden, soll hier differenziert werden (die Anforderungsanalyse wird weiter unten behandelt).

Unterscheidung Arbeits- und Anforderungsanalyse

> **Definition**
> »Mit Arbeitsanalyse wird ganz allgemein die systematische Erfassung und Bewertung von Informationen über die Interaktion von Mensch und Arbeitsbedingungen bezeichnet (…). In der psychologischen Arbeitsanalyse geht es um die Analyse und Bewertung der Arbeitsaufgabe(n) und der Arbeitsbedingungen« (Dunckel & Resch, 2010, S. 1111 und 1112).

Analyse der Arbeitsbedingungen

Die Arbeitsanalyse hat viele unterschiedliche Funktionen. Sie kann dazu dienen, etwa einen Arbeitsplatz umzugestalten (besser an den Menschen anzupassen), eine angemessene Entlohnung für den Stelleninhaber zu finden oder um festzustellen, ob und welche Vorschriften (z. B. zum Arbeits- oder Gesundheitsschutz) nötig sind. Die im Rahmen einer Arbeitsanalyse anfallenden Informationen können aber auch dazu verwendet werden, die Anforderungen an einen Stelleninhaber zu ermitteln, um einen eventuellen Bedarf an Personalentwicklungsmaßnahmen festzustellen oder um Mitarbeiter zu platzieren.

viele Funktionen der Arbeitsanalyse

> **Beispiel**
> Die Stelle einer Verwaltungsangestellten soll neu besetzt werden. Für den Ausschreibungstext wird eine treffende Beschreibung der Aufgaben benötigt, die wie folgt lautet:
> »Zu den Aufgaben gehören selbstständige Erledigung von Aufgaben bei der Vor- und Nachbereitung der Sitzungen des Fachbereichsrats, Erarbeitung von Vorlagen sowie Protokollführung bei den Sitzungen. Das Aufgabengebiet umfasst weiterhin Koordination der Tätigkeit des Dekanats mit der Arbeit der Fachgebiete und der zentralen Gremien der Universität, Unterstützung des Dekanats bei der Klärung von Struktur- und Rechtsproblemen, Bearbeitung der Promotions-, Habilitations- und Berufungsverfahren, Führen des Personal-, Struktur- und Frauenförderplans, Abwicklung der Besetzung des Landesstellenpersonals, Abwicklung von Lehraufträgen, Mitwirken beim Überwachen der Lehrverpflichtungsverordnung sowie allgemeine Verwaltungsaufgaben.«
> Diese Beschreibung ist das Ergebnis einer Arbeitsanalyse. Die Personalabteilung prüft anhand dieser Beschreibung, wie die Eingruppierung in Gehaltsgruppen erfolgt. Für die Bewerberauswahl werden nun die Anforderungsmerkmale benötigt, die zur erfolgreichen Bewältigung dieser Aufgaben erforderlich sind. Dazu dient die Anforderungsanalyse. Deren Ergebnis ist Bestandteil der Ausschreibung und dient darüber hinaus dem Auswahlgremium zur Beurteilung
> ▼

> der Qualifikation der Bewerberinnen und Bewerber: »Vorausgesetzt werden eine abgeschlossene Ausbildung als Verwaltungsfachangestellte/r oder eine vergleichbare Ausbildung, Verwaltungserfahrung im universitären Bereich, organisatorische Fähigkeiten und Selbstständigkeit, logisches Denken, Durchsetzungskraft und sicheres Auftreten sowie Teamfähigkeit. Sehr gute EDV-Kenntnisse (MS-Office, Internet, E-Mail) werden erwartet. Gute Rechtschreib- und Englischkenntnisse sowie Grundkenntnisse in SAP und EBP sind erwünscht.« (Hier wird also zwischen unabdingbaren und zusätzlich »erwünschten« Merkmalen unterschieden.)

Anforderungsanalyse verlangt Kenntnis der Arbeitsbedingungen

Der Unterschied zwischen der Beschreibung der Aufgaben und den dazu erforderlichen Kenntnissen und Fähigkeiten wird anhand dieses Beispiels deutlich: Die Arbeitsanalyse bezieht sich auf die Arbeit bzw. Tätigkeiten; die Anforderungsanalyse leitet aus der Kenntnis der Tätigkeiten ab, welche Merkmale der Mensch aufweisen soll, damit er diese Tätigkeiten erfolgreich erledigen kann.

Die Verfahren zur Arbeitsanalyse lassen sich verschiedenen theoretischen Grundlagen zuordnen, die zugleich auch mit einem bestimmten Menschenbild verbunden sind (vgl. Dunckel & Resch, 2010; Schüpbach & Zölch, 2007):

funktions- bzw. verhaltensorientierte Ansätze

- **Funktions- oder verhaltensorientierte Ansätze:** Diese Ansätze gehen auf den amerikanischen Ingenieur Taylor (»Taylorismus«) zurück, der zu Beginn des 19. Jahrhunderts Arbeitsabläufe mit wissenschaftlichen Methoden optimierte. Im Fokus stehen einfache Handlungsabläufe, die typischerweise bei Fließbandarbeiten anfallen und die es zwecks Zeitersparnis zu optimieren gilt. Der Mensch nimmt darin nur eine ganz untergeordnete Rolle ein; sein Verhalten ist hoch eingeübt, und seine Motivation oder seine Bedürfnisse bleiben außer Betracht. Daher ist dieser Ansatz auch nur auf einfache Tätigkeiten anwendbar. Der »Fragebogen zur Arbeitsanalyse FAA« (s.u.) kann diesem Denkansatz zugeordnet werden.

Handlungsregulationsansätze

- **Handlungsregulations- bzw. tätigkeitstheoretische Ansätze:** Die mit einer Aufgabe oder Tätigkeit verbundenen Handlungsanforderungen werden als Anforderungen an den arbeitenden Menschen verstanden. Der Mensch verfolgt bewusst bestimmte Ziele, zum Teil in Abstimmung mit anderen Menschen. Das Handeln am Arbeitsplatz wird also sowohl von der Aufgabe als auch vom Individuum gesteuert; der Mensch hat dabei eine gewisse Autonomie.

soziotechnische Systemansätze

- **Soziotechnische Systemansätze:** Die Arbeit wird durch technische und soziale Systeme bestimmt. Zum technischen System gehören beispielsweise Anlagen, Arbeitsmaterialien und -instrumente; das soziale System sind die Beschäftigten mit ihren Qualifikationen, Bedürfnissen und auch Ansprüchen an die Arbeit. Beide Systeme stehen in Wechselwirkung. Bei einer Arbeitsanalyse, die diesem Ansatz verpflichtet ist, sind nicht nur die Produktionsmittel und -abläufe, sondern auch die soziale Organisationsstruktur und die Wahrnehmung der Arbeitsaufgaben durch die Mitarbeiter zu erfassen.

Erhebungsmethoden

Arbeitsanalytische Verfahren unterscheiden sich darin, ob sie die Bedingungen der Arbeit oder die Personen (mit ihrer subjektiven Wahrnehmung der Arbeitstätigkeit) zum Gegenstand machen. Sie können weiterhin dadurch charakterisiert werden, welcher Erhebungsmethoden sie sich bedienen. Folgende Methoden kommen infrage (Dunckel & Resch, 2010):

- Analyse betrieblicher Daten und Dokumente (z. B. Arbeitsplatzbeschreibungen, Ausbildungsberichte)
- Befragung mittels Fragebögen
- Beobachtung

8.4 · Tätigkeitsbezogene Diagnostik: Arbeits- und Anforderungsanalyse

◘ Abb. 8.7 Methoden der Arbeitsanalyse dienen der Beschreibung von Arbeitsbedingungen. (Foto: © Glen Jones – Fotolia.com)

- Beobachtungsinterview (Interview im Anschluss an die Beobachtung von Arbeitsabläufen)
- physikalische Methoden (z. B. Messung von Lärm oder Beleuchtung)
- physiologische Methoden (zur Messung von Beanspruchung/Stress)

Der in Deutschland weit verbreitete »Fragebogen zur Arbeitsanalyse FAA« von Frieling und Hoyos (1978), der aus dem im angloamerikanischen Raum gebräuchlichen »Position Analysis Questionnaire PAQ« (McCormick et al., 1969) hervorgegangen ist, umfasst annähernd 200 Items. Die Items beziehen sich auf Variablengruppen wie kognitive Prozesse (u. a. Informationsaufnahme), den Arbeits-Output, die Beziehung zu anderen Personen oder die Arbeitsumgebung (◘ Abb. 8.7). Der FAA soll explizit die Bedingungen der Arbeit erfassen (s.u.). Die Beantwortung der Items geschieht teilweise durch Befragungen, teilweise durch Beobachtungen. Das Verfahren kann relativ breit eingesetzt werden, also etwa zur Beschreibung und Bewertung manueller Tätigkeiten in der Produktion wie auch geistiger Arbeit bei Bürotätigkeiten oder Verwaltungsaufgaben. Der Fragebogen wird hauptsächlich zur Klassifikation und zum Vergleich von Arbeitstätigkeiten eingesetzt.

Fragebogen zur Arbeitsanalyse

Fragebogen zur Arbeitsanalyse (FAA)
Instruktion und Beispielitems für die Bereiche

Informationsaufnahme und Gefährdungsarten
»Stufen Sie die Arbeitselemente danach ein, wie häufig sie als Informationsquellen vom Stelleninhaber benutzt werden, um die Aufgaben erfolgreich erledigen zu können. Die Häufigkeit soll dabei auf die Gesamtheit aller am Arbeitsplatz auftretenden Arbeitsprozesse bezogen werden.«
   Schlüssel zur Häufigkeitseinstufung: 0 = trifft nicht zu, 1 = sehr selten, 2 = selten, 3 = mittel, 4 = häufig, 5 = sehr häufig
▼

> **Optische Quellen der Arbeitsinformation**
> »Wie häufig dient gedrucktes, maschinengeschriebenes oder in Druckschrift geschriebenes Material (z. B. Bücher, Zeitschriften, Zeitungen, Berichte, Dienstschreiben, Texte oder Briefe) als Quelle der Arbeitsinformation?«
> »Wie häufig dient handgeschriebenes Material (z. B. Entwürfe für Briefe, Notizen, handschriftliche Anweisungen oder Stenogramme) als Quelle der Arbeitsinformation?«
> »Wie häufig dient Zahlenmaterial (Material, das aus Zahlen oder Beträgen besteht; z. B. numerische Angaben, Rechnungen, technische Daten oder Zahlentabellen) als Quelle der Arbeitsinformation?«
>
> **Gefährdungsarten**
> Gefährdung durch Werkzeuggebrauch (Der Stelleninhaber benutzt unfallträchtige Werkzeuge; z. B. Schnitt- und Stechwerkzeuge, Sägen oder Skalpelle)
> Gefährdung durch sich bewegende oder fallende Objekte (Der Stelleninhaber steuert oder bedient Fahrzeuge und/oder Transportgeräte, oder er arbeitet an Transporteinrichtungen, Hebezeugen oder Hochregalen; z. B. Anschläger, Gabelstaplerfahrer, Kranführer oder Lagerist)
> Gefährdung durch »Arbeit an erhöhten Plätzen« (Der Stelleninhaber arbeitet auf Leitern, Gerüsten, Dächern, Kaminen usw. Berücksichtigen Sie bei der Einstufung, dass die Unfallgefährdung durch Wettereinflüsse noch gesteigert werden kann)
> Gefährdung durch Hitze bzw. Feuer (Der Stelleninhaber ist bei seiner Arbeit der Gefahr von Verbrennungen ausgesetzt; z. B. beim Schweißen, beim Kochen oder beim Löschen von Bränden)

Tätigkeitsbewertungssystem

Ein dem handlungsregulations- bzw. tätigkeitstheoretischen Ansatz verpflichtetes Verfahren ist das **Tätigkeitsbewertungssystem TBS** (Hacker et al., 1995). Es wird vor allem zur Arbeitsgestaltung eingesetzt und ist für verschiedene Bereiche wie Produktion oder Büro und Verwaltung geeignet. Die 52 Skalen (Items) sollen fünf Merkmalsbereiche erfassen:
- Organisatorische und technische Bedingungen, welche die Vollständigkeit bzw. Unvollständigkeit von Tätigkeiten determinieren (z. B. körperliche Abwechslung)
- Kooperation und Kommunikation
- Verantwortung, die aus dem Arbeitsauftrag folgt
- Erforderliche geistige (kognitive) Leistungen
- Qualifikations- und Lernerfordernisse

Subjektive Arbeitsanalyse

Als Beispiel für ein personenbezogenes Verfahren kann die »Subjektive Arbeitsanalyse SAA« von Udris und Alioth (1980) genannt werden, deren 50 Items sich auf die folgenden Bereiche richten:
- Handlungsspielraum (z. B. Autonomie)
- Transparenz (z. B. im sozialen Bereich)
- Verantwortung (z. B. für eine gemeinsame Aufgabe)
- Qualifikation (Anforderung, Einsatz, Chance)
- Soziale Struktur (z. B. Unterstützung durch Kollegen)
- Arbeitsbelastung

Bei der SAA handelt es sich um einen Fragebogen, der die subjektive Wahrnehmung der Arbeitssituation durch den Mitarbeiter erfassen soll. Das Verfahren kann universell eingesetzt werden.

8.4 · Tätigkeitsbezogene Diagnostik: Arbeits- und Anforderungsanalyse

Über weitere Verfahren informieren Dunckel und Resch (2010) sowie Schüpbach und Zölch (2007) in tabellarischer Form.

8.4.2 Verfahren der Anforderungsanalyse

Aus den Ausführungen zur Arbeitsanalyse wird deutlich, dass sie keineswegs automatisch Erkenntnisse darüber liefert, welche Merkmale die Personen aufweisen müssen, die eine bestimmte Arbeit erledigen. Selbst wenn sie solche Erkenntnisse liefert, sind diese nicht unbedingt brauchbar. Eine »sehr detaillierte Beschreibung der Arbeitstätigkeit [führt] leicht zu einer Überdifferenzierung für eignungsdiagnostische Zwecke« (Schuler, 2006a, S. 48 f.). Überhaupt stellt der oben beschriebene arbeitsplatzanalytische Ansatz nur eine von mehreren Möglichkeiten dar, die für eine eignungsdiagnostische Untersuchung erforderlichen Anforderungen in Erfahrung zu bringen.

Arbeitsanalyse ist nur eine Methode für Anforderungsanalyse

Definition

»Die Anforderungsanalyse sollte die Merkmale eines Arbeitsplatzes, einer Ausbildung bzw. eines Studiums, eines Berufs oder einer beruflichen Tätigkeit ermitteln, die für den beruflichen Erfolg oder die berufliche Zufriedenheit bedeutsam sind. Aus der Anforderungsanalyse sollten diejenigen Eignungsmerkmale ... mitsamt ihren Ausprägungen abgeleitet werden, die zur Erfüllung der Anforderungen nötig sind« (DIN 33430; in Reimann, 2009, S. 99).

Welche Eignungsmerkmale werden benötigt?

Anforderungsanalysen können nach mehreren Aspekten näher charakterisiert werden: Wer liefert die Informationen über eine Stelle (»Stelle« wird im Folgenden stellvertretend auch für Beruf, Studienplatz, Arbeits- oder Ausbildungsplatz verwendet)? Welche Methode wird zur Erhebung der Informationen angewandt? Welche Art von Merkmalen wird erhoben?

Die Frage nach dem »Wer« lässt sich am einfachsten beantworten: Meist sind es die Stelleninhaber selbst oder deren Vorgesetzte, manchmal aber auch Experten (Arbeitsanalytiker). Die Anforderungsmerkmale kann man mit Schuler (2006a) als aufgaben-, verhaltens- oder eigenschaftsbezogen klassifizieren. Reimann (2010) unterscheidet pragmatisch:
- Fachkompetenz (z. B. Art der Ausbildung, spezielle Kenntnisse)
- Methodenkompetenz (Fähigkeiten in Bezug auf die Anwendung der Fachkenntnisse)
- Sozialkompetenz (z. B. Teamfähigkeit)
- Persönlichkeitskompetenz (z. B. Intelligenz, Kreativität, Lernfähigkeit)
- Unternehmenskompetenz (Identifikation mit der Unternehmenskultur etc.)

aufgaben-, verhaltens- oder eigenschaftsbezogene Eignungsmerkmale

unterschiedliche Kompetenzen

Auch eine Unterteilung in bildungsbiografische (z. B. Ausbildung, Berufserfahrung), psychische (z. B. Intelligenz, Leistungsmotivation) und körperliche Merkmale (z. B. Gesundheitszustand, Kraft) kommt Reimann zufolge vor.

Bezüglich der Methoden zur Bestimmung der Anforderungen unterscheidet Schuler (2006a, S. 48 f.)
- die erfahrungsgeleitet-intuitive,
- die personenbezogen-empirische und
- die arbeitsplatzanalytisch-empirische Methode.

Methoden zur Ermittlung der Anforderungen

Unter der **erfahrungsgeleitet-intuitiven Methode** versteht man die freie, nicht formalisierte Beurteilung der Anforderungen an einen Beruf oder eine Stelle. Sie verlangt gründliche Kenntnisse der Stelle und ihrer organisatorischen Einbettung. Beispiels-

erfahrungsgeleitet-intuitive Methode

weise könnte ein Meister in einer Maschinenbaufirma genau erklären, worauf es bei einem Zerspanungsmechaniker ankommt, der eine CNC-Werkzeugmaschine in der Fertigung bedienen soll. Er weiß, welche Berufsausbildung dafür qualifiziert, welche Kenntnisse zur Bedienung der vorhandenen Maschine erforderlich sind und dass Eigenschaften wie große Sorgfalt, gutes räumliches Vorstellungsvermögen und feinmotorische Geschicklichkeit wichtig sind. Der Meister wird auch sagen können, wie wichtig die einzelnen Anforderungsmerkmale sind. Besonders bei kleinen Firmen und Handwerksbetrieben werden die Stellenanforderungen durch Vorgesetzte oder Stelleninhaber informell erhoben.

personenbezogen-empirische Methode

Die **personenbezogen-empirische Methode** nutzt empirisch ermittelte Zusammenhänge zwischen Personenmerkmalen wie Intelligenz oder Persönlichkeitsmerkmalen mit Kriterien des Ausbildungs- oder Berufserfolgs. Idealerweise stammen die Validitätsbefunde aus dem eigenen Unternehmen. Da die eingestellten Bewerber in der Regel nach den erhobenen Merkmalen ausgewählt wurden, ist die Streuung der Prädiktoren eingeschränkt. Für eine angemessene Bewertung der Korrelationen muss unbedingt die Varianzeinschränkung rechnerisch korrigiert werden (▶ Kap. 2.3.4.1). Auch die metaanalytisch aufbereiteten Ergebnisse der (internationalen) Forschung oder Befunde aus Einzelstudien mit vergleichbaren Berufsgruppen und/oder ähnlichen Erfolgskriterien wie in der eigenen Organisation können für eine Anforderungsanalyse genutzt werden. Relevant für die Eignungsuntersuchung sind die Personenmerkmale, für die ein möglichst hoher Zusammenhang mit Ausbildungs- oder Berufserfolg nachgewiesen wurde.

arbeitsplatzanalytisch-empirische Methode

Bei der **arbeitsplatzanalytisch-empirischen Methode** werden mithilfe von standardisierten Verfahren Informationen über die Stelle erhoben. Auf der Verhaltensebene setzt der Fragebogen zur Arbeitsanalyse (FAA; s.o.) an, der bei vielen Berufen anwendbar ist. Eine auf fast alle Stellen anwendbare Methode ist die Critical Incident Technique.

Critical Incident Technique

Die Critical Incident Technique (CIT)

Die von Flanagan (1954) entwickelte Methode verlangt von den Führungskräften, dass sie Verhaltensweisen ihrer Mitarbeiter beschreiben, die zu Erfolg oder Misserfolg geführt haben, beispielsweise zu einer Erhöhung oder einer Verringerung der Produktion. Die Instruktion kann lauten:

»Denken Sie an ein Beispiel für das Arbeitsverhalten eines Mitarbeiters, das besonders effektive oder besonders ineffektive Verhaltensweisen veranschaulicht. Beschreiben Sie die Situation und das fragliche Verhalten möglichst konkret. Stellen Sie sich dazu die folgenden Fragen:
- Was waren die Umstände oder Hintergrundbedingungen, die zu einem Verhalten führten?
- Beschreiben Sie das konkrete Verhalten des Mitarbeiters. Was war besonders effektiv oder ineffektiv an diesem Verhalten?
- Was waren die Konsequenzen dieses Verhaltens?« (Schuler, 2006a, S. 55)

Diese Fragen können mündlich oder schriftlich gestellt werden. Die Antworten werden anschließend gruppiert; ähnliche Verhaltensweisen bilden eine Kategorie. Erfolgreiche und nicht erfolgreiche Studierende könnten sich beispielsweise in der Anfertigung von Mitschriften zu Vorlesungen, im Zusammenschluss zu Lerngruppen, in Problemen beim Verstehen von Tabellen und Abbildungen, in der Fertigkeit, englischsprachige Fachtexte sinnverstehend zu lesen etc. unterscheiden. Die Häufigkeit, mit der bestimmte Verhaltensweisen genannt werden, liefert nur einen Hinweis auf deren Bedeutsamkeit. Es ist daher sinnvoll, die »Ereignisse«

▼

8.4 · Tätigkeitsbezogene Diagnostik: Arbeits- und Anforderungsanalyse

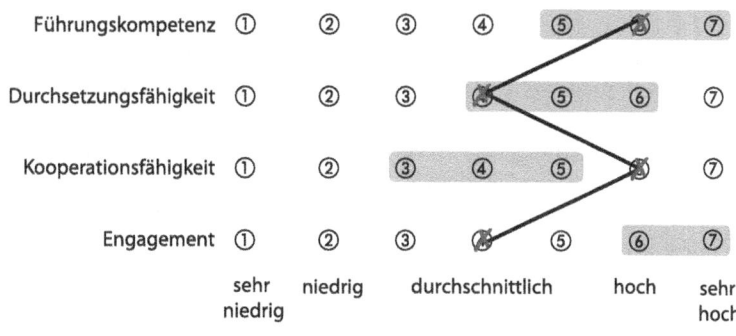

Abb. 8.8 Anforderungsprofil (Ausschnitt)

> von Vorgesetzten oder Stelleninhabern (oder im Beispiel von Studierenden) nach ihrer Wichtigkeit einstufen zu lassen. Einige kritische Verhaltensweisen können nach Antritt der Stelle bzw. nach Beginn des Studiums erworben werden, andere sollten vorher vorhanden sein. Diese zweite Gruppe von Anforderungen ist für die Planung der Eignungsuntersuchung relevant.
>
> Die Critical Incident Technique kann in unterschiedlichen Varianten durchgeführt werden; sie ist nicht als eine starre Methode zu verstehen. Ihre Ergebnisse können nicht nur zur Personalauswahl genutzt werden, sondern beispielsweise auch, um Trainingsbedarf festzustellen, um Studieninteressierte über die mit einem bestimmten Studium verbundenen Anforderungen informieren zu können oder um AC-Übungen zu konstruieren. Als Beispiel für die Anwendung der Critical Incident Technique kann eine Studie von Hell et al. (2007) genannt werden; die Autoren nutzten diese Technik, um die Anforderungen an ein Studium der Wirtschaftswissenschaften systematisch zu erfassen.

Unabhängig vom methodischen Vorgehen liefert eine Anforderungsanalyse in der Regel mehrere Anforderungen. Durch Befragung von Stelleninhabern oder deren Vorgesetzte lässt sich feststellen, welche Ausprägung jedes einzelnen Anforderungsmerkmals erwünscht oder optimal ist. Nicht immer ist die höchste Ausprägung erforderlich oder gar erwünscht; beispielsweise kann eine mindestens durchschnittliche Sorgfalt beim Arbeiten erwünscht sein, eine sehr hohe Sorgfalt wäre aber ein Zuviel des Guten. Stellt man die Anforderungsmerkmale untereinander auf, versieht sie mit einer Skala zur Ausprägung und kennzeichnet auf jeder Skala den optimalen Bereich, erhält man ein **Anforderungsprofil** (◘ Abb. 8.8). In dieses Anforderungsprofil können die in einer Eignungsuntersuchung festgestellten Merkmalsausprägungen eines Bewerbers eingetragen werden. Man erkennt auf einen Blick, wie gut ein Bewerber die Anforderungen erfüllt.

Anforderungsprofil

Weiterführende Literatur

Zur **Organisationsdiagnostik** ist der Buchbeitrag von Büssing (2007) zu empfehlen. Zur **beruflichen Eignungsbeurteilung** sowie zur **Leistungsbeurteilung** finden sich mehrere Beiträge in dem von Schuler (2006b) herausgegebenen Lehrbuch der Personalpsychologie. Der Buchbeitrag von Schuler und Höft (2007) informiert in etwas kürzerer Form zu beiden Themen. Das Grundwissen zur beruflichen Eignungsbeurteilung bei Anwendung der **DIN 33430** wird in dem von Westhoff et al. (2010) herausgegebenen Buch vermittelt. Von den zahlreichen Büchern zum Thema **Assessment Center** ragt das von Obermann (2009) heraus, da es sowohl wissenschaft-

▼

lichen Ansprüchen gerecht wird, als auch praxisnah geschrieben ist. Als Nachschlagewerk zu einzelnen **eignungsdiagnostischen Testverfahren** bietet sich das von Sarges und Wottawa (2004) herausgegebene umfangreiche Buch an. Über den Einsatz von Leistungstests im Personalmanagement informiert das Buch von Krumm und Schmidt-Atzert (2009); das in der gleichen Buchserie erschienene Werk von Hossiep und Mühlhaus (2005) befasst sich dem Einsatz von Persönlichkeitstests. Zum Thema **Arbeitsanalyse** eignen sich die Beiträge von Dunckel und Resch (2010) sowie Schüpbach und Zölch (2007). Fallbeispiele zu personal- und arbeitspsychologischen Fragestellungen finden sich bei Kubinger und Ortner (2010).

❓ Übungsfragen

Kap. 8.1
1. Welche grundlegenden diagnostischen Ansätze zur Beschreibung von Organisationen gibt es, und wodurch zeichnen sie sich aus?
2. Welche Datenquellen werden zur Organisationsdiagnostik genutzt?

Kap. 8.2
3. Welche Rolle spielt die Selbstselektion bei der Berufseignungsdiagnostik?
4. Welchen Zweck erfüllt die DIN 33430 für die verschiedenen Beteiligten?
5. Welche drei Kategorien von Anforderungen und welche drei Verfahrensgruppen unterscheiden Schuler und Höft im sog. trimodalen Ansatz (2007)? Nennen Sie je ein diagnostisches Verfahren für jede Verfahrensgruppe.
6. Welche fünf Prinzipien bilden die Grundlage eines Assessment Centers?
7. Welche sieben globale Beurteilungsdimensionen für Assessment Center berichten Arthur et al. (2003)?
8. Welche Probleme bezüglich der Konstruktvalidität von Assessment Centern zeigen sich bei Untersuchungen?

Kap. 8.3
9. Mit welchen Mitteln lässt sich der positive Beurteilungsbias bei Leistungsbeurteilungen vermeiden?

Kap. 8.4
10. Wozu dient die Arbeitsanalyse?
11. Welche drei theoretischen Ansätze lassen sich bei der Arbeitsanalyse unterscheiden?
12. Welche drei Methoden können bei der Erstellung einer Anforderungsanalyse verwendet werden?

Diagnostik in der Pädagogischen Psychologie

9.1 Diagnostik zur Schullaufbahnberatung – 486
9.1.1 Schuleingangsdiagnostik – 486
9.1.2 Diagnostik zur Feststellung von Sonderschulbedürftigkeit – 488
9.1.3 Diagnostik beim Übertritt in den tertiären Bildungsbereich – 491

9.2 Diagnostik bei Schulschwierigkeiten – 492
9.2.1 Diagnostik bei Lernschwierigkeiten – 492
9.2.2 Diagnostik von Teilleistungsstörungen – 493

9.3 Hochbegabtendiagnostik – 495

© Springer-Verlag GmbH Deutschland 2012
L. Schmidt-Atzert (et al.), *Psychologische Diagnostik*, Springer-Lehrbuch,
https://doi.org/10.1007/978-3-642-17001-0_9

9.1 Diagnostik zur Schullaufbahnberatung

Diagnostik auch bei Wechsel innerhalb der Regelschule

Der Einsatz diagnostischer Verfahren bei der Schullaufbahnberatung wird begründet durch den Wunsch nach Optimierung der Passung zwischen Lernvoraussetzungen beim Schüler und schulischen Anforderungen. Damit sollen auch frustrierende Erfahrungen durch schulische Überforderungen vermieden werden. Pädagogisch-psychologische Diagnostik ist vor allem beim Eintritt in die Schule, bei der Wahl der passenden Schulform und beim Übergang von der Schule zur Hochschule gefordert. Bei der Wahl der passenden Schulform beschränken wir uns hier auf die Frage, ob einem Schüler der Besuch einer Sonderschule anzuraten ist.

Auch für Schüler, die innerhalb der Regelschule einen Wechsel beispielsweise von der Grundschule auf ein Gymnasium in Erwägung ziehen, kann im Einzelfall Diagnostik zur Schullaufbahn hilfreich sein.

Lernstand und kognitive Leistungsfähigkeit wichtig

Wenn Zweifel an der Eignung für eine bestimmte Schulform bestehen, können je nach Anlass für diese Zweifel Hypothesen formuliert und überprüft werden. So kann etwa der aktuelle Leistungsstand in einzelnen Schulfächern mithilfe von gut normierten Schulleistungstests (▶ Kap. 3.2.6) objektiviert werden, wenn eine Einschätzung unabhängig von der Beurteilung durch die Lehrer erwünscht ist. Für eine Prognose künftiger Schulleistungen ist neben dem Vorwissen (Lernstand) die kognitive Leistungsfähigkeit und hier insbesondere die Intelligenz relevant. Die Zweifel an der Eignung für die momentan besuchte oder die in Erwägung gezogene Schule können jedoch auch spezielle Merkmale im kognitiven Bereich sowie emotionale, motivationale und soziale Bedingungsfaktoren betreffen. Als Beispiele für kognitive Merkmale sind die Konzentrationsfähigkeit, sprachliche Kompetenzen und Lernstrategien zu nennen. Bei den emotionalen Faktoren sind besonders die Schul- und die Leistungsangst zu erwähnen. Im motivationalen Bereich kann etwa die Leistungsmotivation zu überprüfen sein. Beispiele für soziale Faktoren sind die Unterstützung durch die Eltern oder Geschwister, die Beziehung zu Mitschülern und das Verhältnis zu den Lehrern. Die auf einer gründlichen Diagnostik aufbauende Beratung muss nicht zwangsläufig zu einer Empfehlung für einen Wechsel der Schule oder Schulform führen; manche Probleme können auch anders als durch einen Schulwechsel gelöst werden.

9.1.1 Schuleingangsdiagnostik

»Schulreife kommt von selbst, nur der Zeitpunkt variiert«

Die Beobachtung, dass Schüler, die den Anforderungen der ersten Schulklasse nicht gewachsen waren, ein Jahr später dem Unterricht folgen konnten, ließ Kern (1951) vermuten, der Schulerfolg sei eine Funktion der **Schulreife**, die sich bei verschiedenen Schülern zu unterschiedlichen Zeitpunkten von selbst einstelle. Das Reifekonzept hat eine lange Tradition und besagt, dass die Kinder in die Schule eintreten können, wenn sie alt genug sind und die erwartete Reife erreicht haben (Snow, 2006). Das vorrangige Ziel besteht nach dieser Vorstellung darin, das richtige Einschulungsalter zu finden. International schwankt dieses zwischen fünf und acht Jahren. In Deutschland werden Kinder mit sechs Jahren schulpflichtig bzw. wenn sie bis zum 30. Juni des Einschulungsjahres das sechste Lebensjahr erreicht haben (Kammermeyer, 2010). Da die Schulreife interindividuell variiert, können Kinder sowohl vorzeitig als auch später eingeschult werden. Internationalen Studien zufolge werden 4 % der Kinder vor und 17 % nach Erreichen des jeweiligen offiziellen Einschulungsalters eingeschult (Kammermeyer, 2010).

mit Schulreifetests zu frühe Einschulung verhindern

Durch den Einsatz geeigneter **Schulreifetests** (▶ Kap. 3.2.6) wollte man verhindern, dass noch nicht schulreife Kinder zu früh eingeschult würden. Der von Kern für diese Zwecke vorgeschlagene Grundleistungstest konnte die Aufgabe jedoch nur sehr unvollkommen erfüllen. Immerhin sank die Sitzenbleiberquote, nachdem Kinder aufgrund von Testergebnissen zurückgestellt wurden (Kammermeyer, 2010).

9.1 · Diagnostik zur Schullaufbahnberatung

Eine entscheidende Frage ist, wie viele Kinder, die in der Grundschule versagen würden, mithilfe von Schulreifetests erkannt werden können. Die prognostische Validität dieser Tests kann einer Metaanalyse (La Paro & Pianta, 2000) zufolge mit .51 angenommen werden (Vorhersage der Schulleistung in der 1. oder 2. Klasse durch kognitive Tests vor der Einschulung). Im Primarschulbereich bleiben in Deutschland 1,2 % der Schüler sitzen (Roßbach & Tietze, 2010); den Anteil der Erfolgreichen nehmen wir daher mit 98,8 % an. Werden alle Kinder mit einem Standardwert über 80 als »schulreif« klassifiziert, resultiert eine Selektionsrate von 97,7 % (2,3 % der Altersgruppe würden also aufgrund ihres Testergebnisses zurückgestellt). Mithilfe der Taylor-Russell Tafeln (▶ Kap. 6.4) errechnet sich eine Trefferquote von 99,0 %; die Sitzenbleiberquote würde also von 1,2 auf 1,0 % sinken. Bei 716.900 Schulanfängern im Schuljahr 2010/11 (Statistisches Bundesamt, Pressemitteilung Nr. 413 vom 12.11.2010) handelt es sich immerhin um 1.434 Kinder, die aufgrund des Tests vor dem Sitzenbleiben bewahrt würden (0,2 % der 716.900 Kinder). Um dies zu erreichen, müssten nicht nur diese 1.434 Kinder zurückgestellt werden, sondern insgesamt 16.489 (2,3 % der Kinder einer Altersgruppe). Insgesamt erscheint die Bilanz nicht sehr befriedigend: Die Sitzenbleiberquote würde nur leicht von 1,2 auf 1,0 % gesenkt, und dafür müssten 2,3 % der Kinder ein Jahr zurückgestellt werden. Alternative Strategien, die zu einem insgesamt besseren Ergebnis führen, sind wünschenswert.

Trefferquote gering

Eine solche Alternative wäre, auf Schuleingangstests ganz zu verzichten und das Ergebnis der schulischen Bewährung abzuwarten. Die mit einem schulischen Versagen verbundenen traumatisierenden Lernerfahrungen lassen es jedoch geboten erscheinen, einem noch nicht schulfähigen Kind möglichst bald die ständigen Überforderungserlebnisse zu ersparen. Hier können bei gegebenem Verdacht auf Schulunreife eingesetzte Schuleingangstests Hinweise geben (◘ Abb. 9.1). Die Nachteile einer Zurückstellung haben sich verringert, seit Vorklassen zurückgestellten Schulanfängern eine angemessene Lernumwelt bereitstellen. Will man diese Nachteile weiter reduzieren, müssen die Befunde von Schulreifetests durch den Einsatz weiterer Entwicklungstests abgesichert werden. Empfehlungen für einen Verbleib in der Schule sollten sich jedoch nicht nur auf die genannten Verfahren stützen, sondern auch eine Diagnose des erreichten Kenntnisstandes einbeziehen und detaillierte Ratschläge für eine gezielte Förderung enthalten.

Schulreifetests nur bei Verdacht auf mangelnde Schulreife

Schulreife ist ein mehrdimensionales Konstrukt (Snow, 2006). Eine weitere Alternative besteht deshalb darin, einzelne Bereiche zu betrachten, um spezifische Defizite zu erkennen und diese durch eine entsprechende Intervention so früh wie möglich noch vor der Einschulung oder zu Beginn der Schulzeit zu beseitigen. Kindertagesstätten und Schulen haben bereits geeignete Trainingsprogramme aufgenommen (Kammermeyer, 2010).

Schulreife ist mehrdimensional

◘ Abb. 9.1 Die Ergebnisse von Schuleingangstests helfen bei der Beantwortung der Frage, ob ein Kind jetzt oder besser ein Jahr später eingeschult werden sollte. (Foto: © lu-photo – Fotolia.com)

bestimmte Merkmale für späteren Schulerfolg relevant

Kammermeyer zufolge sind drei Merkmale oder Merkmalsbereiche besonders wichtig für den späteren Schulerfolg: die phonologische Bewusstheit, mengen- und zahlenbezogenes Vorwissen sowie bereichsübergreifende Fähigkeiten. Für den Schriftspracherwerb ist die **phonologische Bewusstheit** von großer Bedeutung. Darunter versteht man die Einsicht in die Lautstruktur der Sprache (reimen, Silben segmentieren, Anlaute erkennen etc.). **Mengen- und zahlenbezogenes Vorwissen** stellt eine bedeutsame Voraussetzung für das Mathematiklernen dar. Zu den **bereichsübergreifenden Fähigkeiten** gehören die Selbstdisziplin und die Fähigkeit, soziale Informationen angemessen zu verarbeiten.

9.1.2 Diagnostik zur Feststellung von Sonderschulbedürftigkeit

Definition

Sonderpädagogischer Förderbedarf besteht, wenn Kinder und Jugendliche »in ihren Bildungs-, Entwicklungs- und Lernmöglichkeiten so beeinträchtigt sind, dass sie im Unterricht der allgemeinen Schule ohne sonderpädagogische Unterstützung nicht hinreichend gefördert werden können« (Kultusministerkonferenz, 1994, S. 5; zit. nach Witt-Brummermann, 2010).

zehn Sonderschulformen

In Deutschland existieren zehn verschiedene **Sonderschulformen** (Witt-Brummermann, 2010):
- Schule für Blinde
- Schule für Sehbehinderte
- Schule für Gehörlose
- Schule für Schwerhörige
- Schule für Sprachbehinderte (Schule mit Förderschwerpunkt »Sprache«)
- Schule für Körperbehinderte (Schule mit Förderschwerpunkt »motorische Entwicklung«)
- Schule für Verhaltensgestörte (Schule mit Förderschwerpunkt »sozial-emotionale Entwicklung«)
- Schule für Lernbehinderte (Förderschule/Schule mit Förderschwerpunkt »Lernen«)
- Schule für geistig Behinderte (Schule mit Förderschwerpunkt »ganzheitliche Entwicklung«)
- Schule für Kranke (für Kinder, die längere Zeit in Krankenhäusern etc. untergebracht sind)

Sonderpädagogischer Förderbedarf ist oft schon vor der Einschulung absehbar

Die Vermutung, dass bei einem Kind sonderpädagogischer Förderbedarf vorliegt, kommt meist schon vor der Einschulung auf. Liegt eine Sinnes-, Körper- oder eine geistige Behinderung vor, so ist dies den Eltern meist schon lange vorher bekannt, und sie haben daher in der Regel bereits Kontakt mit einer vorschulischen Frühfördereinrichtung. Dennoch kann der Wunsch bestehen, das Kind in die Regelschule zu schicken, weil dort eine bessere Förderung und/oder soziale Integration erwartet wird. Der Verdacht, dass eine Lern-, eine Sprachbehinderung oder eine Verhaltensstörung vorliegt, kann sich auch erst während der Schulzeit entwickeln. Am Beispiel des Hessischen Schulgesetzes wird in Anlehnung an Witt-Brummermann (2010) im Folgenden das **Überprüfungsverfahren** beschrieben.

meist Sonderschullehrer zuständig

Die Eltern oder die Schule (eventuell auch ein volljähriger Schüler) können beim Staatlichen Schulamt beantragen, dass festgestellt wird, ob sonderpädagogischer Förderbedarf vorliegt. Der Antrag einer allgemeinen Schule muss den Förderbedarf begründen und die bisherigen vorbeugenden Maßnahmen darstellen. Das Staatliche

9.1 · Diagnostik zur Schullaufbahnberatung

Schulamt beauftragt meist einen Sonderschullehrer mit der Feststellung von sonderpädagogischem Förderbedarf. Bei medizinischen Fragen wird eine schulärztliche Untersuchung durchgeführt. Ein Schulpsychologe wird nur in Zweifelsfällen eingeschaltet. Der Sonderschullehrer bzw. Schulpsychologe führt eine diagnostische Untersuchung durch und erstellt daraufhin ein Gutachten.

Das Staatliche Schulamt entscheidet aufgrund dieses Gutachtens (und eventuell weiterer Gutachten) über Art, Umfang und voraussichtliche Dauer des sonderpädagogischen Förderbedarfs. Es teilt dies den Eltern mit einer Begründung schriftlich mit und erstellt einen Förderplan. Grundsätzlich kann vorgeschlagen werden, dass die Förderung im gemeinsamen Unterricht in einer allgemeinen Schule oder aber in einer Sonderschule erfolgt. »Die Eltern entscheiden darüber, ob ihr Kind die allgemeine Schule oder die Förderschule besucht. Ihr Wahlrecht umfasst für Schülerinnen und Schüler mit praktischer Bildbarkeit oder Lernhilfebedarf auch die Wahl zwischen integrativen, teilintegrativen oder kooperativen Angeboten im Rahmen des regionalen Schulangebots« (§ 54 des Hessischen Schulgesetzes in der Fassung vom 14.06.2005, zuletzt geändert durch Gesetz vom 14.07.2009). Nach § 54 (3) ist weiterhin geregelt: »Der Wahl einer allgemeinen Schule muss das Staatliche Schulamt widersprechen, wenn an ihr die räumlichen und personellen Voraussetzungen für die notwendige sonderpädagogische Förderung nicht gegeben sind oder die erforderlichen apparativen Hilfsmittel oder die besonderen Lehr- und Lernmittel nicht zur Verfügung stehen. Es kann der Entscheidung widersprechen, wenn auf Grund der allgemeinen pädagogischen Rahmenbedingungen erhebliche Zweifel bestehen, ob die Schülerin oder der Schüler in der allgemeinen Schule angemessen gefördert werden kann. Halten die Eltern an ihrer Wahl fest, entscheidet das Staatliche Schulamt unter Abwägung der von den Eltern dargelegten Gründe und auf der Grundlage einer Empfehlung des Förderausschusses ... endgültig. Kann nicht allen Entscheidungen für den Besuch einer allgemeinen Schule stattgegeben werden, sollen vorrangig Kinder berücksichtigt werden, die in eine Vorklasse aufgenommen werden können oder die in das erste oder zweite Schulbesuchsjahr eintreten.« Die Eltern haben also ein weitreichendes Mitbestimmungsrecht bei der Wahl der Schulform. Eine sorgfältige und kompetente Diagnostik hilft ihnen, die richtige Entscheidung für ihr Kind zu treffen.

Eine Überweisung von Schülern in die **Schule für Lernbehinderte** ist folgenreich, weil sie mit dem Verlust von sozialem Status und späteren Berufs- und Lebenschancen verbunden ist. Lernbehinderung wird nicht einheitlich oder sogar überhaupt nicht definiert. Der Begriff wurde in den 60er-Jahren des 20. Jahrhunderts in die Fach- und Amtssprache in Deutschland eingeführt; im internationalen Sprachgebrauch existiert kein entsprechender Begriff, und auch die Klassifikationssysteme für psychische Störungen kennen keine »Lernbehinderung« (Grünke, 2004). Das Hessische Kultusministerium regelt in seiner »Verordnung über die sonderpädagogische Förderung vom 17.06.2006 (Gült. Verz. Nr. 720)« zwar, wie der sonderpädagogische Förderbedarf festgestellt werden soll, macht aber keine Aussage darüber, welches die Kriterien der »erheblichen und lang andauernden Lernbeeinträchtigung« (§ 14 (3)) sind, die eine sonderpädagogische Förderung rechtfertigen. In einem einschlägigen Handbuchbeitrag (Souvignier, 2008) werden die Probleme bei der Begriffsbestimmung ausführlich behandelt, zu einer eigenen oder einer für gut befundenen Definition für Lernbehinderung kann sich der Verfasser jedoch nicht durchringen. Das Definitionsproblem wird durch die Verwendung einiger ähnlicher Begriffe in der Literatur wie Lernschwierigkeiten, Lernschwäche, Lernstörung, Lernbeeinträchtigung, Schulversagen und Leistungsversagen verschärft. Eine begriffliche Abgrenzung (oder Erklärung zum Synonym) ist dringend nötig. Fehlt eine klare Definition, hat dies Folgen für die diagnostischen Kriterien und damit für die Diagnose einer Lernbehinderung. Angesichts der schon lange bestehenden begrifflichen Unklarheit ist es nicht verwunderlich, dass die Zahl der Lernbehinderten variiert. Anfang der 80er-Jahre waren in der BRD 3,75 %

Überprüfungsverfahren – Beispiel Hessen

»Lernbehinderung« nicht klar definiert

der Schüler lernbehindert, in der DDR dagegen nur 2,0 %. Zu Beginn der 90er-Jahre (nach der Wiedervereinigung) galten in den alten Bundesländern nur noch 2,1 % als lernbehindert, während die Quote in den neuen Bundesländern nun 3,1 % betrug (Langfeldt & Tent, 1999).

»erhebliche und lang andauernde Lernbeeinträchtigung«

Sehr allgemein gehalten ist die Formulierung in der »Verordnung über die sonderpädagogische Förderung« (s.o.), der zufolge Kinder und Jugendliche, »die auf Grund einer erheblichen und lang andauernden Lernbeeinträchtigung sonderpädagogischer Förderung bedürfen«, eventuell eine Schule für Lernhilfe besuchen können. Daraus ergibt sich die Frage, was unter einer »erheblichen und lang andauernden Lernbeeinträchtigung« zu verstehen ist. Eine Lernbeeinträchtigung kann man über schlechte Schulleistungen operationalisieren: Alle Schüler einer Klasse erhalten das gleiche Angebot an Lernmöglichkeiten; wer davon nicht hinreichend profitiert, ist in seinem Lernen beeinträchtigt. Der Zusatz »lang andauernd« schützt davor, vorübergehende Leistungsdefizite, die etwa durch viele krankheitsbedingte Fehltage bedingt sein können, als Ausdruck einer Lernbehinderung einzustufen. Das Attribut »erheblich« weist auf eine schwere und umfassende Beeinträchtigung hin. In Abgrenzung dazu kann eine Teilleistungsstörung (z. B. Legasthenie) zwar auch schwer sein, aber sie betrifft nur einen Bereich des schulischen Lernens.

Für lang andauernd schlechte Schulleistungen kommen verschiedene Gründe infrage. In einer Definition müsste geklärt werden, ob die Ursachen für die Feststellung einer Lernbehinderung maßgeblich sind oder nicht. Offenbar ist es üblich, zur Diagnostik von Lernbehinderung die Intelligenz zu messen (Souvignier, 2008). Eine niedrige Intelligenz dient quasi als Erklärung dafür, dass die Lernfähigkeit eingeschränkt und die Ursache der schlechten Schulleistung beim Schüler und nicht etwa bei der Schule zu suchen ist. Eine Lernbeeinträchtigung kann jedoch auch andere Gründe haben, beispielsweise eine Sinnesbeeinträchtigung oder Sprachprobleme im Kontext eines Migrationshintergrundes. Sollen diese Schüler als lernbehindert klassifiziert werden?

niedrige Intelligenz als ein Kriterium

Grünke (2004) schlägt folgende Kriterien für eine **Lernbehinderung** vor:
- Rückstand im Bildungssystem umfasst zwei bis drei Schuljahre
- Mehrere Unterrichtsfächer betroffen (v. a. Deutsch und Mathematik)
- Besteht bereits über mehrere Jahre
- Nicht Folge eines unzureichenden Lernangebots, sondern IQ zwischen 55 und 85
- Sinnesbehinderung nicht die Ursache

»Rückstand im Bildungssystem« ist erst nach längerem Schulbesuch erkennbar

In der Praxis scheinen diese Kriterien jedoch nicht generell beachtet zu werden. Vor der Einschulung und auch in den ersten Schuljahren kann bei Beachtung aller Kriterien keine Lernbehinderung festgestellt werden, weil der Rückstand im Bildungssystem erst offensichtlich werden muss, und das über mehrere Jahre. Es werden jedoch auch Kinder ohne den »Umweg« über die Regelschule direkt in die Schule für Lernhilfe eingeschult. Das Kriterium der niedrigen Intelligenz (IQ 55–85) wird Grünke zufolge nur von 15,7 % aller lernbehinderten Schüler erfüllt.

Solange nicht feststeht, was unter einer Lernbehinderung zu verstehen ist, kann keine klare Strategie zur Diagnostik aufgezeigt werden. Letztlich sind die Gesetze und Verordnungen des Bundeslandes heranzuziehen, in dem der Schüler in die für ihn passende Schulform eingegliedert werden soll. Grundsätzlich kann jedoch festgestellt werden, dass Schulleistungen nicht nur über Beurteilungen und Noten von Lehrern operationalisiert werden sollen; Schulleistungstests (▶ Kap. 3.2.6) bieten eine hervorragende Möglichkeit, die Leistung eines Schülers mit den Leistungen von Schülern der gleichen Klassenstufe im gleichen Bundesland zu vergleichen und den Abstand zum Durchschnitt genau zu quantifizieren. Wenn niedrige Intelligenz als Kriterium festgelegt wird, kann auf breite Intelligenztests mit aktuellen und möglichst repräsentativen Normen zurückgegriffen werden.

9.1.3 Diagnostik beim Übertritt in den tertiären Bildungsbereich

In der Bundesrepublik Deutschland übertrifft seit geraumer Zeit die Nachfrage nach Studienplätzen das von den Universitäten bereitgehaltene Angebot. Es steht zu befürchten, dass auch in Zukunft eine Beschränkung von Zulassungen unausweichlich ist, was die Frage aufwirft, nach welchen Gesichtspunkten das vergleichsweise rare Gut »Studienplätze« vergeben werden soll. Dieser Frage kommt eine besondere Aktualität deshalb zu, weil den Hochschulen eine stärkere Autonomie eingeräumt werden soll, in deren Rahmen es ihnen dann auch freisteht, zumindest einen Teil »ihrer« Studierenden selbst auszuwählen. Das Hochschulrahmengesetz (HRG), genauer die siebte Änderung von 2004, schreibt vor, nach welchen Kriterien die Hochschulen ihre Studierenden auswählen dürfen. Dieses Rahmengesetz wurde mit minimalen Variationen in die Landesgesetze übertragen, die für die Hochschulen des jeweiligen Bundeslandes verbindlich sind. **Auswahlkriterien** nach HRG, §32, Abs. 3 sind:

zulässige Auswahlkriterien nach dem HRG

- Abitur
  - Durchschnitt oder
  - gewichtete Einzelnoten
- Fachspezifischer Studierfähigkeitstest
- Art der Berufsausbildung oder Berufstätigkeit
- Auswahlgespräch
- Eine Kombination der o.g. Kriterien

Wie gut Studierfähigkeitstests, die Abiturnote und das Interview (»Auswahlgespräche«) geeignet sind, den Studienerfolg vorherzusagen, wurde vielfach untersucht. Die Ergebnisse sind in mehreren Metaanalysen zusammenfassend analysiert worden. Zu Beginn ist jedoch zu klären, was vorhergesagt werden soll: Studienleistung (Noten), Studiendauer, Studienabbruch, Studienzufriedenheit oder gar Berufserfolg. Der Berufserfolg ist, mit Ausnahme weniger Studienfächer (z. B. Lehramt), kein geeignetes Kriterium, weil sich nach dem Studium sehr verschiedene Beschäftigungsmöglichkeiten ergeben, die jeweils mit speziellen Anforderungen verbunden sind. Beispielsweise sind die Anforderungen an einen Chirurgen, einen Psychiater und einen Röntgenfacharzt sehr verschieden.

Robbins et al. (2004) haben die Vorhersage von Noten und Studiendauer analysiert und festgestellt, dass jeweils andere Prädiktoren bedeutsam sind: Die Studienleistungen werden gut durch Studierfähigkeitstests und Schulnoten vorhergesagt, die Studiendauer dagegen eher durch psychosoziale Faktoren wie die Zufriedenheit mit der Institution und akademische Fertigkeiten (Kommunikationsfähigkeit, Zeitmanagement etc.). Am gründlichsten wurde die Vorhersage der Studienleistungen erforscht. Die Ergebnisse sind in ◘ Tabelle 9.1 zusammenfassend dargestellt.

Die Studiendauer wird hauptsächlich durch psychosoziale Faktoren vorhergesagt

◘ Tabelle 9.1 lässt sich entnehmen, dass Schulnoten der beste **Prädiktor für Studienerfolg** sind, dicht gefolgt von Studierfähigkeitstests. Fachspezifische Schulnoten (z. B. Mathematiknote bei Mathematikstudium) fallen deutlich gegenüber der Gesamtnote ab. Interviews haben eine sehr niedrige Validität.

Schulnoten und Studierfähigkeitstest sind gute Prädiktoren für Studienerfolg

In Deutschland war für das Fach Medizin ein **fachspezifischer Studierfähigkeitstest** (Test für Medizinische Studiengänge, TMS) entwickelt worden. Allerdings wurde beschlossen, ihn 1997 letztmalig einzusetzen, weil durch die Beschränkung der Niederlassungsfreiheit für Ärzte nunmehr weniger Studienbewerber in das Fach drängten, was den Aufwand nicht mehr rechtfertigen würde. Inzwischen kommt ein Nachfolgetest an einigen Universitäten in Deutschland sowie in Österreich und der Schweiz (unter dem Namen EMS) wieder zum Einsatz. Publizierte Validitätsbefunde sind in der Metaanalyse von Hell et al. (◘ Tab. 9.1) eingeschlossen. Auch für das Studienfach Psychologie wurde ein Konzept für die Auswahl von Studierenden entwickelt, das den Einsatz eines fachspezifischen Studierfähigkeitstests vorsieht (s. Schmidt-

fachspezifische Studierfähigkeitstests für Medizin und andere Fächer

Tab. 9.1 Ergebnisse von Metaanalysen zur Vorhersage von Studienerfolg

Prädiktor	ρ	Anmerkungen und Quelle
Schulnoten Gesamtwert	.52 .45	Europäischer Raum (Trapmann et al., 2007) Überwiegend USA (Robbins et al., 2004)
Schulnoten studienfachbezogen	.36	Europäischer Raum (Trapmann et al., 2007)
Studierfähigkeitstests allgemein	.39	Überwiegend USA (Robbins et al., 2004)
Studierfähigkeitstests fachspezifisch	.48	Deutschsprachiger Raum (Hell et al., 2007)
Interview strukturiert	.21	Weltweit (Hell et al., 2007)
Interview unstrukturiert	.11	Weltweit (Hell et al., 2007)

Anmerkungen. ρ = Validität, korrigiert für Reliabilität des Kriteriums und für Varianzeinschränkung; bei Robbins et al. (2004) nur für Reliabilität des Kriteriums.

Atzert, 2008). Inzwischen setzen verschiedene Hochschulen für diverse Fächer fachspezifische Studierfähigkeitstests ein.

Self-Assessments

Eine Alternative oder auch Ergänzung zu Studierfähigkeitstests sind sog. **Self-Assessments** (über verschiedene Ansätze im deutschsprachigen Raum informieren Rudinger & Hörsch, 2009). Das Prinzip besteht darin, dass Studieninteressierte selbst mithilfe eines internetbasierten Studierfähigkeitstests feststellen können, ob oder wie gut sie für einen bestimmten Studiengang an einer Universität oder Fachhochschule geeignet sind. Anders als bei Auswahlverfahren kann man bei Self-Assessments auch Fragebögen etwa zu Interessen einsetzen, ohne eine Verfälschung befürchten zu müssen. Die Ergebnisse werden nur den Testpersonen, aber nicht der Hochschule mitgeteilt. Die Hochschule verbindet mit dem Einsatz von Self-Assessments die Hoffnung, dass eine Selbstselektion stattfindet; es werden sich überwiegend die Studieninteressierten für einen Studiengang bewerben, die aufgrund ihres Testergebnisses dafür geeignet sind.

9.2 Diagnostik bei Schulschwierigkeiten

9.2.1 Diagnostik bei Lernschwierigkeiten

Lernschwierigkeiten multifaktoriell bedingt

Die häufigsten Anlässe für Diagnose und Intervention im Aufgabenbereich der Pädagogischen Psychologie sind **individuelle Lernschwierigkeiten**. Sie äußern sich in negativen Abweichungen der Schülerleistungen von klassenbezogenen Normen oder individuellen Erwartungen. Für die Beurteilung einer konkreten Schülerleistung bildet in der Regel die Durchschnittsleistung der Klasse den Bezugsrahmen. Wird sie deutlich und nicht nur vorübergehend unterschritten, ist Anlass für diagnostische Maßnahmen gegeben, ohne die keine zielgerichteten Interventionen ergriffen werden können. Aber auch ein Nachlassen der Leistungen eines bislang guten Schülers kann diagnostische Maßnahmen initiieren, wenn seine Leistungen dauerhaft hinter den individuellen Erwartungen zurückzubleiben drohen. Da Lernschwierigkeiten nach übereinstimmender Auffassung als multifaktoriell bedingt angesehen werden, stellt sich die Frage, an welchem Punkt diagnostische Maßnahmen sinnvollerweise anzusetzen sind.

9.2 · Diagnostik bei Schulschwierigkeiten

Orthmann Bless (2010) zufolge können die Ursachen für bestehende Lernschwierigkeiten bei der Person des Schülers und/oder der Lernsituation sowie in der Interaktion von Person und Situation gesucht werden. **Personenmerkmale** werden grob unterteilt in kognitive Persönlichkeitsmerkmale (z. B. Intelligenz, Lernstrategien) und nichtkognitive Persönlichkeitsmerkmale (z. B. Motivation, Leistungsängstlichkeit). Innerhalb beider Merkmalsgruppen kann noch einmal danach unterschieden werden, ob ein Merkmal übergreifend ist (z. B. allgemeine Schulunlust) oder fach- bzw. bereichsspezifisch (z. B. bereichsspezifisches Wissen). Der personenbezogene Erklärungsansatz bezieht auch jene Faktoren ein, die zu der Entwicklung eines Merkmals beitragen, also beispielsweise familiäre und schulische Bedingungen, eventuell auch organisch-biologische Voraussetzungen. Lernschwierigkeiten werden auf eine zu geringe Ausprägung der Personenmerkmale zurückgeführt, die zur Bewältigung schulischer Anforderungen benötigt werden bzw. auf das Vorliegen von Merkmalen, die diese Bewältigung stören. Ein Beispiel für ein Merkmal, das benötigt wird, ist Intelligenz, während beispielsweise Schulunlust störend sein kann.

Situationsmerkmale, die eventuell als Ursache für Lernschwierigkeiten infrage kommen, sind etwa das Schul- oder Klassenklima, die Unterrichtsqualität oder die Art der Leistungsbeurteilung. Personen- und Situationsmerkmale können auch interagieren; eine Leistungsbeurteilung anhand vieler benoteter Prüfungen wird besonders bei leistungsschwachen Schülern mit hohem Anspruchsniveau oder mit ausgeprägter Prüfungsangst zu Problemen führen.

Lernschwierigkeiten werden teilweise von Ärzten und Psychologen pathologisiert, also als psychische Störung betrachtet. Nach ICD-10 kommen dafür die Diagnosen F81.3 »Kombinierte Störungen schulischer Fertigkeiten« (s. dazu Lauth, 2004) und F81.9 »Entwicklungsstörung schulischer Fertigkeiten, nicht näher bezeichnet« (s. dazu Castello et al., 2004) infrage.

9.2.2 Diagnostik von Teilleistungsstörungen

Unter Teilleistungsstörungen versteht man Leistungsdefizite, die anders als eine Lernstörung oder Lernbehinderung auf einen bestimmten Bereich schulischer Fertigkeiten beschränkt sind. Es können die Fertigkeiten zum Lesen, Schreiben und Rechnen betroffen sein. Nach ICD-10 werden Teilleistungsstörungen als »umschriebene Entwicklungsstörungen« eingeordnet, wobei zwischen folgenden Störungen differenziert wird:
- F81.0 Lese- und Rechtschreibstörung
- F81.1 Isolierte Rechtschreibstörung
- F81.2 Rechenstörung

Mit diesen Störungen befassen sich nicht nur Schulpsychologen, sondern auch klinische Psychologen und Neuropsychologen. Kinder mit entsprechenden Problemen fallen in der Regel damit in der Schule auf. Die Lese- und Rechtschreibstörung wird oft auch »Legasthenie« genannt, und für die Rechenstörung hat sich auch der Begriff »Dyskalkulie« etabliert. In der Fachliteratur finden sich außerhalb der ICD-Diagnostik verschiedene Definitionen für jede dieser Störungen, und es werden dementsprechend auch unterschiedliche diagnostische Kriterien genannt. Als Folge davon schwanken die Angaben zur Auftretenshäufigkeit erheblich.

■ Dyskalkulie

Exemplarisch wird nun die Diagnostik einer Rechenstörung in Anlehnung an Jacobs und Petermann (2007) beschrieben. Alle Zitate beziehen sich auf diese Publikation. Da Rechnen erst in der Schule verlangt wird, werden Rechenstörungen erst in der

Grundschule, manchmal auch erst später in der weiterführenden Schule erkannt. Für betroffene Kinder stellt die Erweiterung des Zahlenraums über 100 sowie der Verzicht auf Hilfsstrategien wie Abzählen mit den Fingern eine große Herausforderung dar. Einige Kinder können ihr Defizit anfangs durch Auswendiglernen, ein gutes Arbeitsgedächtnis etc. kompensieren, aber ihre Mathematikleistungen fallen dann irgendwann doch gegenüber dem Klassendurchschnitt ab. Die Auftretenshäufigkeit (Prävalenz) wird im deutschen Sprachraum auf 4,4 bis 6,6 % geschätzt; berücksichtigt man internationale Studien, schwanken die Angaben zwischen 3,6 und 10,9 %.

Hauptkriterien für eine Dyskalkulie

Für die Diagnostik nach ICD-10 sind vor allem drei Kriterien maßgeblich:
- Die Rechenleistung, gemessen mit einem standardisierten Rechentest, liegt mindestens zwei Standardabweichungen unter der Leistung, die aufgrund des Alters und der Intelligenz des Kindes zu erwarten wäre.
- Die Störung behindert eine Schulausbildung oder alltägliche Tätigkeiten, die Rechnen erfordern.
- Die Probleme dürfen nicht auf eine unzureichende Beschulung zurückzuführen sein.

Kriterien für Abgrenzung gegenüber anderen Störungen

Zusätzlich ist eine Abgrenzung gegenüber anderen Störungen nötig, die eventuell auch die Rechenprobleme erklären könnten. Deshalb wird verlangt, dass die Rechenschwierigkeiten seit den Anfängen des Rechenlernens bestehen. Damit wird eine Abgrenzung zu einer später erworbenen Rechenstörung (Akalkulie) erreicht. Schließlich ist es denkbar, dass eine Lese- und Rechtschreibstörung beteiligt ist. Deshalb darf in der Vorgeschichte keine ausgeprägte Lese- oder Rechtschreibschwäche vorliegen. Auch ein IQ unter 70 in einem standardisierten nichtsprachlichen Intelligenztest gilt als Ausschlussgrund.

Komorbidität

Eine Rechenstörung tritt oft zusammen mit einer anderen Störung auf. Diese kann Mitursache der Rechenstörung sein oder sie verstärken. Die Komorbidität mit einer Lese- und/oder Rechtschreibstörung ist besonders hoch; 50–60 % der Kinder mit einer Dyskalkulie sind davon betroffen, obwohl nach den Empfehlungen von Jacobs und Petermann (2007) in der Regel eine solche Kombinationsdiagnose nicht möglich sein sollte.

Jacobs und Petermann schlagen folgendes Vorgehen bei der Diagnostik vor:

Vorgehen bei der Diagnostik einer Dyskalkulie nach Jacobs und Petermann (2007)

auch nach anderen Störungen fragen

1. Anamnese und Exploration
Die Autoren geben detaillierte Hinweise, worauf zu achten ist, und bieten zudem im Anhang Gesprächsleitfäden an. Die Eltern sollen die letzten drei Zeugnisse, Vorbefunde und eventuell weitere Unterlagen mitbringen. Wegen der besonderen Bedeutung komorbider Störungen soll immer auch die Lese- und Rechtschreibleistung erfragt werden. Durch weitere Fragen soll geklärt werden, ob Hinweise auf eine Lern- und Merkfähigkeitsstörung, eine Aufmerksamkeitsstörung, eine visuell-räumliche Wahrnehmungsstörung oder eine Sprachstörung vorliegen.

2. Psychometrische Basisdiagnostik
Die Intelligenz soll durch einen »breiten« Intelligenztest wie den HAWIK-IV und/oder einen sprachfreien Intelligenztest wie den CFT-20 geprüft werden. Zur Erhebung der Rechenfertigkeit soll ein standardisierter Rechentest durchgeführt werden. Besteht Verdacht auf eine Lese- und/oder Rechtschreibstörung, soll ein standardisierter Rechtschreibtest und gegebenenfalls auch ein Lesetest zum Einsatz

▼

kommen. Die Autoren empfehlen, den Kindern sowie den Eltern und Lehrern Fragebögen auszuhändigen, die in Ergänzung zur Anamnese Informationen über eventuell vorliegende weitere psychische Störungen liefern.

Für eine Dyskalkulie müssen nun folgende Kriterien erfüllt sein:
- Das Ergebnis im Rechentest darf maximal einem Prozentrang von 10 entsprechen.
- Der IQ darf nicht unter 70 liegen.
- Das Rechentestergebnis muss mindestens 1,5 Standardabweichungen unter dem des Intelligenztests liegen (nach ICD-10 werden mindestens zwei Standardabweichungen gefordert, s.o.).
- Ausschlusskriterien wie erworbene Rechenschwäche, unangemessene Unterrichtung und primäre neurologische oder neuropsychiatrische Erkrankungen liegen nicht vor.

große Diskrepanz zwischen Ergebnis in Rechen- und Intelligenztests

3. Differenzialdiagnostik

Um die Diagnose »Dyskalkulie« stellen zu können, müssen die oben genannten Ursachen für die Rechenprobleme ausgeschlossen werden. Liegen Hinweise auf komorbide Störungen vor, sollen diese durch den Einsatz entsprechender Verfahren abgeklärt werden.

4. Abschlussgespräch

Darin sollen die Ergebnisse der Untersuchung und notwendige Therapiemaßnahmen verständlich erläutert werden.

5. Verlaufskontrolle

Der Erfolg der Therapie soll nach jeder Therapieeinheit oder spätestens nach sechs Monaten überprüft werden. Die Ergebnisse sind für den Therapeuten wichtig und dienen auch der Rückmeldung an das Kind und dessen Eltern.

9.3 Hochbegabtendiagnostik

Definitionsprobleme Ein wesentliches Problem bei der Diagnostik von **Hochbegabung** liegt bereits in der Begriffsbestimmung von Hochbegabung. Vor allem die inhaltliche Breite des Konzepts ist strittig. Über die verschiedenen Hochbegabungskonzepte und -modelle informieren Holling und Kanning (1999) sowie Rost et al. (2006). Einige Autoren präferieren eine Hochbegabtendiagnostik ausschließlich anhand der Allgemeinen Intelligenz, andere schließen auch andere Fähigkeitsbereiche wie Soziale Intelligenz oder Kreativität mit ein. Dementsprechend wird je nach Begriffsverständnis das Urteil, ob eine Hochbegabung vorliegt, unterschiedlich ausfallen. Vor allem reduziert sich bei einem mehrdimensionalen Definitionsansatz die Zahl der Hochbegabten.

Der Aufwand, um einen Hochbegabten zu entdecken, nimmt mit jedem weiteren Kriterium immens zu. Hanses und Rost (1998) haben berechnet, wie viele Personen in Abhängigkeit von der Anzahl der geforderten Kriterien (bei einem festgelegten Cutoff-Wert) untersucht werden müssten, um 50 Hochbegabte zu finden. Daraus lässt sich ablesen, wie hoch der Anteil der Hochbegabten in der Population sein muss. Verlangt man, dass ein Hochbegabter in **einem** Kriterium (z. B. Intelligenz) zu den oberen 2 % der Verteilung gehört, sind 2.500 Personen zu untersuchen. Schon bei zwei Kriterien (Annahme: sie korrelieren zu .30) erhöht sich die Zahl auf 30.048. Die Hinzunahme eines zweiten Kriteriums führt dazu, dass jetzt nicht mehr 2 % der Popula-

Durch Kombination von Kriterien wird Hochbegabung wegdefiniert

tion als hochbegabt gelten, sondern nur noch 0,17 %. Bei drei Kriterien (die ebenfalls .30 miteinander korrelieren) verringert sich der Anteil der Hochbegabten bereits auf 0,03 %. Diese Modellrechnung macht deutlich, dass die Vorannahmen über das Konzept der Hochbegabung enorme praktische Konsequenzen haben. Durch die Forderung nach immer weiteren Kriterien lässt sich die Hochbegabung schlicht wegdefinieren. Außerdem wird mit jedem weiteren Kriterium konzeptuell unklarer, was die Kombination von Multitalenten inhaltlich bedeutet.

Allgemeine Intelligenz als Kriterium

Gut begründbar und auch weitgehend konsensfähig sind die Festlegung auf **ein** Kriterium, und zwar das der **Allgemeinen Intelligenz**, und die Festsetzung der unteren Grenze für Hochbegabung bei zwei Standardabweichungen über dem Populationsmittelwert (vgl. Holling & Kanning, 1999; Rost et. al., 2006). Diese Konzeption ist vor allem auch für die Praxis nützlich, da sie eine klare diagnostische Entscheidung ermöglicht.

> **Definition**
>
> »Die Feststellung einer intellektuellen Hochbegabung orientiert sich als Richtwert an einem Intelligenzquotienten (IQ) von 130 bzw. einem Prozentrang (PR) von 98« (Amtsblatt des Hessischen Kultusministeriums, 2001, S. 518; zit. nach Rost et al., 2006).

Begabung und Leistung Unter Intelligenz wird das **Potenzial** einer Person verstanden, kognitive Leistungen zu erbringen. Eine hoch intelligente Person kann gute Leistungen in der Schule oder etwa im Beruf zeigen, muss dies aber nicht tun. Motivationale Gründe oder ungünstige Arbeitsbedingungen können dazu führen, dass die Person nicht die Leistungen zeigt, zu der sie eigentlich fähig wäre.

Hochbegabte können auch »Underachiever« sein

Die strikte Unterscheidung zwischen Fähigkeit (Potenzial) und Performanz führt dazu, dass – bei einer kategorialen Betrachtung – zwei Typen von Hochbegabten resultieren: **Underachiever** (die Leistungen sind niedriger als nach dem Potenzial zu erwarten wäre) und **Achiever** (Hochbegabte, deren Leistungen ihren Fähigkeiten entsprechen). Dass es auch Hochbegabte geben kann, deren Leistungen über ihrem Potenzial liegen, ist hier unerheblich. Wird zunächst nur auf eine außergewöhnliche Performanz (z. B. sehr gute Leistungen in der Schule) geachtet, fallen die beiden Typen von Hochbegabten nicht gleichermaßen auf: Hochbegabte Underachiever sind benachteiligt. Eine diagnostische Entscheidung wird durch Einsatz eines Intelligenztests herbeigeführt. In der Gruppe der diagnostizierten Hochbegabten werden bei dieser Vorselektion (s. »Hochbegabtendiagnostik durch Lehrer«) viele hochbegabte Underachiever fehlen. Mit anderen Worten: Es gibt noch unentdeckte Hochbegabte. Am Rande sei angemerkt, dass sich messfehlerbedingt unter den diagnostizierten Hochbegabten auch Personen mit einem wahren IQ von etwas weniger als 130 befinden werden. Es sind normal begabte **Overachiever**, die durch herausragende Leistungen aufgefallen sind und in der diagnostischen Untersuchung die magische IQ-Grenze von 130 erreicht haben.

Intelligenztest: breite, aktuelle und repräsentative Normen, differenziert im oberen Bereich

Anforderungen an den Intelligenztest Welche Anforderungen sind an einen Intelligenztest zur Feststellung von Hochbegabung zu stellen? Erstens sollte der Test ein breites g-Maß darstellen, die Intelligenz also über mehrere Teilbereiche prüfen. Werden beispielsweise nur numerische Testaufgaben verwendet, kann der Testwert (z. B. bedingt durch besondere schulische Förderung in Mathematik) im Vergleich zu anderen Begabungsbereichen erhöht sein und zu einer Überschätzung der Intelligenz führen. Umgekehrt können eine Teilleistungsschwäche oder eine mangelnde schulische Förderung dazu führen, dass die Allgemeine Intelligenz unterschätzt wird. Anstelle eines einzigen breiten Tests kann auch eine Kombination mehrerer Intelligenztests verwendet werden, wobei darauf zu achten ist, dass damit unterschiedliche Intelligenzkomponenten abgedeckt werden. Zweitens sind aktuelle Normen zu fordern. Durch die beobachtete Zunahme der Intelligenztestleistungen im Laufe der Zeit (Flynn-Effekt) führt die Verwendung überalterter Normen zwangsläufig dazu, dass zu viele Personen als hochbegabt diagnostiziert werden. Drittens muss der Test im oberen Leistungsbereich gut differenzieren. Dazu sollten die Normen weit über einen IQ von 130 hinausgehen. Selbstverständlich ist zu fordern, dass die Eichstichprobe repräsentativ für die jeweilige Altersgruppe (also beispielsweise keine Übergewichtung von Gymnasiasten) und hinreichend groß ist.

Hochbegabtendiagnostik durch Lehrer Die Schule ist der Ort, an dem Hochbegabte vor allem auffallen sollten. Können Lehrer aber eine herausragende intellektuelle Begabung ohne Zuhilfenahme von Tests erkennen?

Wild (1993) hat in einer groß angelegten Studie an Drittklässlern die Übereinstimmung zwischen Lehrerurteilen und Intelligenztestergebnissen überprüft. Die Lehrerstichprobe umfasste 388 Lehrkräfte, die insgesamt über 7.000 Schüler beurteilten. Die Intelligenz wurde mit drei Tests gemessen: Grundintelligenztest – Skala 2 (CFT 20), Zahlen-Verbindungs-Test (ZVT) und Sprachliche Analogien 3/4 (SPA). Die Lehrer stuften die Intelligenz ihrer Schüler auf siebenstufigen Rating-Skalen von »extrem schwach« bis »exzellent« ein. Sie erhielten Informationen über Inhalt (auch Itembeispiele) und Aufbau der Intelligenztests, an denen ihr Urteil später überprüft werden sollte. Pro Schüler gaben sie für jeden der drei Tests eine Prognose ab. Weiterhin nominierten sie einige ihrer Schüler als voraussichtlich hochbegabt. Dazu diente eine Liste von 15 begabungsrelevanten Merkmalen (z. B. formal-logisches Denken, Merkfähigkeit; solche Checklisten finden z. T. in der Hochbegabungsdiagnostik Verwendung). Pro Item durften die Lehrer maximal drei Schüler mit hoher Merkmalsausprägung benennen.

Lehrer beurteilten die Begabung ihrer Schüler

Die Korrelationen zwischen den Testleistungen und Ratings sowie den Nominierungen variierten sehr stark zwischen den Klassen. Einige Lehrer schätzten die Intelligenz ihrer Schüler also recht gut ein, andere erwiesen sich als schlechte Diagnostiker. Über alle Klassen hinweg korrelierte die Intelligenztestleistung (aggregiert über die drei Tests) mit den ebenfalls gemittelten Lehrereinschätzungen immerhin zu .59. Für die Nomination fiel die vergleichbare Korrelation mit .47 etwas niedriger aus.

relativ hohe Korrelation mit IQ

Von großer praktischer Bedeutung sind die Trefferquoten, die mit einem Intelligenz-Rating und einem Nominationsverfahren erzielt werden. Als Kriterium für Hochbegabung wird eine Gesamttestleistung von mindestens zwei Standardabweichungen über dem Mittelwert festgesetzt, was einem IQ über 130 entspricht. Von den Schülern, die nach dem Lehrerurteil »exzellent« begabt sind, erwiesen sich – gemäß den Intelligenztests – 35,1 % als tatsächlich hochbegabt. Der Rest hatte zu niedrige Intelligenztestergebnisse. Man kann auch umgekehrt fragen, wie viele der tatsächlich hochbegabten Schüler (IQ>130) durch eine Lehrerbeurteilung entdeckt wurden: Es sind lediglich 16,4 %! Insgesamt belegt diese Untersuchung eindrucksvoll, dass Lehrerurteile wenig brauchbar sind, um Hochbegabte zu entdecken.

im Extrembereich (IQ über 130) Übereinstimmung gering

Lehrerurteile lassen sich aus pragmatischen Gründen für eine Vorselektion verwenden. Damit möglichst viele wirklich Hochbegabte gefunden werden, muss man den Ergebnissen dieser Studie zufolge all jene Schüler einer gründlichen Intelligenzdiagnostik unterziehen, die von den Lehrern mindestens als »gut« begabt (dritte Stufe auf der siebenstufigen Skala) beurteilt werden. Bei einer derart groben Vorauswahl würden lediglich 1,5 % der Hochbegabten nicht entdeckt.

Lehrerurteil als Screening

Außer den Lehrern können auch andere Personen zur Entdeckung von Hochbegabten beitragen. Neben den Eltern sind hier Peers (Mitschüler, Freunde) und auch die Hochbegabten selbst zu nennen. Die Güte dieser Quellen ist allerdings als kritisch zu beurteilen (s. Rost et al., 2006).

Spezialbegabung ist nicht Hochbegabung

Spezialbegabungen Menschen können – neben der Intelligenz – auch in anderen Bereichen besonders begabt sein. Beispiele sind Mathematik, Kunst, Sport und Musik. Diese Begabungen oder Talente sollten nicht zum Begriff der Hochbegabung zählen, der für eine sehr hohe Allgemeine Intelligenz reserviert bleiben sollte. Im Einzelfall stellt sich aber die Frage, ob eine Spezialbegabung nicht Ausdruck einer außergewöhnlich hohen Intelligenz ist. Kognitive Fähigkeiten sind positiv korreliert. Herausragende Leistungen in der Mathematik werden meist mit einer sehr hohen Intelligenz einhergehen. Für eine explizit nicht intellektuelle Spitzenbegabung sollte der Begriff »**Talent**« verwendet werden (Rost, 2001).

Aufklärung über Hochbegabung nötig

Bedeutung der Diagnose »Hochbegabung« Nach der Diagnose »Hochbegabung« fragen sich die Betroffenen, meist sind es die Eltern eines Kindes und dessen Lehrer, was nun zu tun ist. Zunächst einmal ist festzustellen, dass Hochbegabung nicht mit einer Benachteiligung in anderen Merkmalsbereichen »bezahlt« wird. Es ist ein Mythos, der von einigen Elternvereinigungen mit Hinweis auf Einzelfälle genährt wird, dass hochbegabte Kinder im sozialen oder emotionalen Bereich als Folge ihrer Hochbegabung leiden. Im Gegenteil: »Hochbegabte Kinder gehen beispielsweise stärker aus sich heraus, sind warmherziger, emotional stabiler, ruhiger, fröhlicher, enthusiastischer, natürlicher als Schüler mittlerer oder unterer Intelligenz« (Rost, 2001, S. 180). Da eine Begabung nicht automatisch zu entsprechenden Leistungen führt, liegt es nahe, über Fördermaßnahmen nachzudenken, die Hochbegabten hilft, ihr Potenzial zu entfalten. Im Einzelfall ist unter Berücksichtigung der individuellen Lern- und Lebensbedingungen zu erwägen, ob eine Fördermaßnahme (z. B. Überspringen einer Klasse) überhaupt angebracht ist, und wenn ja, welche.

Prof. Dr. Detlef H. Rost, Prof. für Entwicklungspsychologie und Pädagogische Psychologie, Philipps-Universität Marburg, Leiter des Marburger Hochbegabtenprojekts und der Begabungsdiagnostischen Beratungsstelle BRAIN

▶ **Interview mit Prof. Dr. Detlef H. Rost zum Thema »Hochbegabung: Begabungsdiagnostische Beratung«**

Wenn man Hochbegabung als IQ über 130 definiert, müssen bei einer Normalverteilung der Intelligenz rund 2 % der Menschen hochbegabt sein. In Deutschland gibt es demnach etwa 1,6 Millionen Hochbegabte. Wie viele davon wissen Ihrer Einschätzung nach, dass sie zu dieser Gruppe gehören?

Viele ältere Hochbegabte haben im Laufe ihres Lebensvollzugs schon, wie es ein Betroffener einmal ausdrückte, gemerkt, dass sie »nicht dumm« sind. Hochbegabte Schüler, insbesondere Grundschüler, sind sich im Regelfall nicht bewusst, dass sie zur Gruppe der Hochbegabten gehören – und das ist pädagogisch-psychologisch auch gut so, und es gibt keinerlei Änderungsbedarf. Einen genauen Prozentsatz kann ich nicht nennen, es dürften meiner Schätzung nach weniger als 10 % der Hochbegabten sein. Es gibt einen speziellen Klub, MENSA, exklusiv für Personen mit einem IQ>130. Diese Personen meinen, sie seien wegen ihrer hohen kognitiven Leistungsfähigkeit etwas Besonderes.

Sie leiten die einzige begabungsdiagnostische Beratungsstelle (BRAIN), die das Land Hessen eingerichtet hat. Warum finanziert das Land immerhin vier halbe Mitarbeiterstellen, wo doch jeder Psychologe mithilfe eines Intelligenztests feststellen kann, ob ein Mensch hochbegabt ist?

Unsere Erfahrung zeigt leider, dass sich nicht wenige Diplom-Psychologen/Diplom-Psychologinnen mit einer soliden (d. h. guten, psychodiagnostischen Standards genügenden) Diagnostik kognitiver Leistungsfähigkeit und einer differenzierten Gutachtenerstellung ausgesprochen schwer tun – von den vielen Pädagogen und (Kinder-) Ärzten, die trotz fehlender fachlicher Kompetenz Begabungsdiagnostik betreiben, einmal ganz abgesehen. Nicht selten werden veraltete Tests eingesetzt, mit dem Resultat, dass wegen hochgradig veralteter Normen Kinder und Jugendliche als hochbegabt

▼

diagnostiziert werden, die deutlich von einer Hochbegabung entfernt sind (»falsch positive« Diagnose als Auswirkung des »Flynn-Effekts«).

In der Diagnostikausbildung lernen die Studierenden, dass nicht der beobachtete Messwert alleine zählt. Der wahre Wert, die tatsächliche Intelligenz also, liege in einem Konfidenzintervall. Also kann beispielsweise auch jemand mit einem IQ von 125 hochbegabt sein und ein Mensch mit einem IQ von 136 ist möglicherweise fälschlicherweise als hochbegabt eingestuft worden. Wie gehen Sie mit diesem Problem um?
Unser allgemeines Beratungsziel ist u. a., Ratsuchenden, welche sich an BRAIN wenden, zu einer realistischen Sichtweise der kognitiven Leistungsfähigkeit zu verhelfen. Dabei ist die Angabe eines bestimmten IQ-Wertes (z. B. 132) manchmal nicht erforderlich. Wenn wir konkrete Zahlen nennen, geben wir stets die Bandbreite (z. B. 127<IQ<137) an und erläutern den Betroffenen (zumeist den Eltern) im Beratungsgespräch verständlich anhand von Alltagsbeispielen – z. B. Wahlumfragen –, dass der »wahre« Wert mit einer bestimmbaren Wahrscheinlichkeit in definierten, d. h. bekannten Grenzen liegt, und dies wird auch im Gutachten thematisiert.

Wer kommt zu Ihnen in die Beratungsstelle und warum?
Aus vielen Gründen wie Plastizität der kognitiven Entwicklung, fehlender Förderangebote und unzureichender Prognosegüte nehmen wir in der Regel keine Kinder unter fünf Jahren an. Die Altersverteilung der fast 6.000 Familien, die bislang mit BRAIN Kontakt aufgenommen haben, sieht wie folgt aus: 6 % sind jünger als sechs Jahre. Der größte Teil, nämlich 80 %, ist zwischen sechs und zwölf Jahren alt (6–7: 30,0 %, 8–10: 36 %, 11–12: 14 %). Zwischen 13 und 15 Jahren befinden sich 11 %, und nur wenige, nämlich 3 %, sind 16 Jahre alt oder älter.

Diagnostik ist kein Selbstzweck – das IQ-Feststellen reicht nicht aus. In fast allen Fällen liegen bei BRAIN über die eigentliche Begabungsdiagnostik hinausgehende spezielle Beratungsanliegen vor. Bei diesen (Mehrfachnennungen möglich) ergibt sich folgende Rangordnung: Schullaufbahnberatung, einschließlich Überspringen und vorzeitige Einschulung, ist zu 33 % gefragt, 29 % suchen (außerschulische) Fördermöglichkeiten; schulische Langeweile in Verbindung mit Unterforderung wird ebenfalls von 29 % genannt. Verhaltensauffälligkeiten werden zu 25 % thematisiert. Schulische Leistungsprobleme (16 %) und Interaktionsschwierigkeiten mit den Peers (11 %) werden dagegen zu einem deutlich geringeren Anteil angesprochen. Rein »präventive« Anfragen liegen zu 18 % vor. Andere Gründe machen jeweils 4 % oder weniger aus. (Probleme mit Lehrkräften: 4 %, allgemeine Erziehungsprobleme: 4 %, Absicherung einer Vordiagnose: 4 %, Überforderung der Eltern: 3 %). In die Sammelkategorie »Rest« fallen 9 %.

Wie gehen Sie diagnostisch vor, um eine Hochbegabung festzustellen, und wie setzten Sie Ihre Befunde in eine Beratung um?
Nur telefonische Anmeldungen sind möglich, da in der ersten ausführlichen fernmündlichen Beratung durch die speziell ausgebildeten Diplom-Psychologen/Diplom-Psychologinnen geklärt wird, ob eine Diagnostik überhaupt angezeigt ist und ob BRAIN für den betreffenden Fall überhaupt die richtige Anlaufstelle ist. Zur Diagnostik der intellektuellen Leistungsfähigkeit setzen wir stets mehrere Tests ein, darunter in der Regel mindestens ein Breitbandverfahren zur Erfassung der Allgemeinen Intelligenz und mindestens einen spezifischeren Test. Da wir stets mehr als einen IQ-Test einsetzen und die Ergebnisse im Gutachten integrieren, versuchen wir so, den Messfehler gering zu halten. Dabei wäre es ein Fehler, einfach den Mittelwert aus den er-

▼

zielten IQ-Tests zu bilden, da man dann in der Regel die kognitive Leistungsfähigkeit unterschätzen würde. Es wäre noch fehlerbehafteter, zu fordern, in jedem einzelnen Tests müsste das gesetzte Kriterium für Hochbegabung erreicht werden. Beide Male wäre man zu streng und würde zu viele »falsch negative« Diagnosen fällen, besonders im letzteren Fall. Wenn erforderlich, setzen wir deshalb eine von uns entwickelte, auf wahrscheinlichkeitstheoretischen Überlegungen basierende statistische Methode ein, die unter Berücksichtigung der Interkorrelationen der eingesetzten Tests eine zutreffende Schätzung des »Integrations-IQs« erlaubt.

Je nach Problemlage kommen ergänzend Persönlichkeits- und Interessenfragebögen, Tests zur Erfassung der Peer- und Familienbeziehungen, zum Lern- und Arbeitsverhalten, zum Klassenklima etc. hinzu. Eine ausführliche problembezogene Anamnese und Exploration sowie Verhaltensbeobachtung bei der Test- und Fragebogenbearbeitung sind integraler Diagnostikbestandteil.

Bei schwierigeren Fällen werden die Ergebnisse und Beratungsempfehlungen in den wöchentlichen Teamsitzungen vorbesprochen. Im ausführlichen Beratungsgespräch (meistens zwei bis drei Stunden dauernd) erläutert der Berater/die Beraterin sehr verständlich die Resultate der Diagnostik und die Empfehlungen anhand des detaillierten Gutachtens, und gemeinsam mit den Betroffenen (zumeist Eltern) werden realistische Veränderungsmöglichkeiten erarbeitet. Niemand verlässt BRAIN, ohne das Gutachten voll verstanden zu haben.

Noch zwei für die Beratungspraxis nicht unwichtige Argumente: Eine mit staatlicher Autorität ausgestattete begabungsdiagnostische Beratungsstelle kann in manchen Fällen eher Veränderungen anstoßen als frei praktizierende Psychologen. Da BRAIN keine Rechnung stellt, können zudem auch weniger Betuchte eine kompetente Beratung bekommen.

Es gibt Elternvereinigungen, die hochbegabte Kinder als bedauernswerte Geschöpfe darstellen, die in der Schule unter der Mittelmäßigkeit ihrer Mitschüler und der mangelnden Förderung durch ihre Lehrer leiden müssen. Wie stehen Sie dazu?
Dies ist ein weitverbreitetes Vorurteil. Im Marburger Hochbegabtenprojekt, einem seit 1987 laufenden Längsschnittprojekt, konnten wir anhand einer nicht durch Lehrkräfte etc. vorausgelesenen Gruppe von Hochbegabten zeigen, dass – verglichen mit durchschnittlich Begabten – Hochbegabte in der Regel gut mit sich selbst, ihren Klassenkameraden und ihren Lehrkräften auskommen; jedenfalls haben sie nicht mehr Probleme als ihre nicht-hochbegabten Peers.

Der Eindruck, es gäbe viele Hochbegabte mit massiveren Problemen, entspricht dem gängigen »Genie-Wahnsinn«-Vorurteil und wird in zahlreichen Elternratgebern auch heute noch gern gepflegt. Solche Ratgeberbücher sind oft von psychologischen Laien (z. B. betroffene Eltern oder Lehrkräfte) verfasst worden, die die vielfältigen nationalen wie internationalen Forschungsergebnisse zum Thema nicht hinreichend kennen oder, wenn überhaupt, nur selektiv zur Kenntnis nehmen. Zudem werden in diesen Broschüren (und in den Medien) gern interessante – d. h. plakativ-abweichende – Einzelfälle vorgestellt, von denen unzulässig auf »die« Hochbegabten geschlossen wird. Ähnliche Aussagen wurden und werden immer noch von einschlägigen Elternvereinen in die Welt gesetzt. Warum? Die Antwort liegt auf der Hand: In solchen Vereinigungen sammeln sich mehrheitlich Problemfälle: Selbsthilfegruppen für das pflegeleichte Sonnenscheinkind sind mir nicht bekannt.

Langeweile im Unterricht ist kein Indikator für Hochbegabung, sondern lediglich ein Kennzeichen schlechten Unterrichts und nicht selten auch von Überforderung. Viele Lehrkräfte, vor allem im Grundschulbereich, haben sich in den letzten Jahren der differenziellen Begabungsförderung geöffnet und versuchen, einen anregungsreichen

▼

9.3 · Hochbegabtendiagnostik

und individualisierenden Unterricht zu realisieren. Solch ein flexibler Unterricht nützt allen – den »normalen« wie den »hochbegabten« – Kindern und Jugendlichen. Hochbegabte Kinder und Jugendliche sind in erster Linie Kinder und Jugendliche wie alle anderen auch, mit ähnlichen Problemen, mit ähnlichen Vorzügen. Es wird Zeit, das Klischee vom Hochbegabten als einem eigenbrötlerischen, egoistischen, sozial isolierten, lern- und verhaltensgestörten Sonderling, der mit sich, seinen Klassenkameraden, der Schule und der Welt nicht zurechtkommt, zu beerdigen. Hochbegabung ist kein Risikofaktor. ◀

Weiterführende Literatur

Die seit 2000 von Hasselhorn, Schneider und Marx herausgegebene Serie »*Tests und Trends*« informiert über die Diagnostik (und teilweise auch Förderung) in bestimmten schulisch relevanten Themenbereichen. Bisher sind Themenbände zur Diagnostik von Lese-Rechtschreib-Schwierigkeiten, Motivation und Selbstkonzept, Konzentration und Aufmerksamkeit, Mathematikleistungen, Rechtschreibleistungen und -kompetenz, Leseverständnis, Hochbegabung sowie zur Frühprognose schulischer Kompetenzen erschienen.

Fallbeispiele zu schulpsychologischen Fragestellungen finden sich in dem von Kubinger und Ortner (2010) herausgegebenen Buch.

Einen immer noch lesenswerten Überblick über angewandte Fragen der pädagogisch-psychologischen Diagnostik geben Langfeldt und Tent (1999). Zu einzelnen Themen, die für bestimmte diagnostische Fragen relevant sein können (z. B. Determinanten der Schulleistung, intrinsische und extrinsische Motivation, Leistungsängstlichkeit) finden sich in dem von Rost (2010) herausgegebenen Werk Informationen in kompakter Form.

❓ **Übungsfragen**
Kap. 9
1. Warum können mit Schulreifetests nur relativ wenige Kinder identifiziert werden, die später sitzen bleiben?
2. Welche drei im Vorschulalter messbaren Fähigkeiten sind für den späteren Schulerfolg besonders relevant?
3. Nennen Sie wenigstens drei Sonderschularten in Deutschland!
4. Welche Auswahlkriterien sind nach der siebten Änderung des Hochschulrahmengesetzes (HRG) von 2004 zur Auswahl von Studierenden durch die Hochschulen zulässig, und wie ist deren prognostische Validität zu beurteilen?
5. Auf welche allgemeinen Faktoren werden Lernschwierigkeiten in der Schule zurückgeführt? Nennen Sie auch Beispiele!
6. Nennen Sie drei Teilleistungsstörungen!
7. Welches sind die drei Hauptkriterien für eine Dyskalkulie?
8. Wie wird Hochbegabung definiert, und warum ist eine Definition über mehrere Begabungsmerkmale problematisch?
9. Wie gut können Lehrer einer Studie von Wild zufolge die Begabung ihrer Schüler beurteilen, und wie gut erkennen sie Hochbegabung?

Diagnostik in der Klinischen Psychologie

Thomas Fydrich

10.1 Aufgaben der klinisch-psychologischen Diagnostik – 504
10.1.1 Rahmenbedingungen für klinisch-psychologische Diagnostik und Intervention – 506
10.1.2 Das diagnostische Gespräch – 507

10.2 Psychische Störungen und ihre Klassifikation – 509
10.2.1 Klassifikation psychischer Störungen – 510

10.3 Psychometrische Verfahren – 516
10.3.1 Verhaltenstheoretisch und kognitiv orientierte Fragebogenverfahren – 516
10.3.2 Beobachtungsmethoden – 517
10.3.3 Problem-, Verhaltens- und Plananalyse als Ansatz der kognitiv-verhaltenstherapeutischen Diagnostik – 521
10.3.4 Persönlichkeitstests in der Klinischen Psychologie und Psychotherapie – 524
10.3.5 Verfahren und Ansätze auf klientenzentrierter, psychodynamischer, systemischer und interpersoneller Grundlage – 525

10.4 Verbindung von Diagnostik und Intervention: Die Indikation – 528

10.5 Erfolgskontrolle als Teil der Qualitätssicherung – 530
10.5.1 Kriterium der klinisch bedeutsamen Verbesserung – 531

© Springer-Verlag GmbH Deutschland 2012
L. Schmidt-Atzert (et al.), *Psychologische Diagnostik*, Springer-Lehrbuch,
https://doi.org/10.1007/978-3-642-17001-0_10

10.1 Aufgaben der klinisch-psychologischen Diagnostik

> **Definition**
>
> Gegenstand der Klinischen Psychologie ist die Erforschung von Entstehung und Aufrechterhaltung psychischer Störungen sowie auch körperlicher Störungen, bei denen psychische Faktoren eine bedeutsame Rolle spielen. Zur Klinischen Psychologie gehören die Diagnostik der entsprechenden Erkrankungen und Probleme sowie die Entwicklung und Überprüfung psychologischer bzw. psychotherapeutischer Behandlungen. Dabei werden Erkenntnisse und Forschungsmethoden aus den Grundlagenfächern der wissenschaftlichen Psychologie genutzt.

Störungswissen

Zu den wichtigsten Aufgaben der Klinischen Psychologie gehört zum einen die Forschung über die Entstehung von psychischen Störungen, zum anderen die Überprüfung von Modellen darüber, wie psychische Störungen aufrechterhalten werden, wie sie »funktionieren«. Dieses »**Störungswissen**« stellt die Voraussetzung für angemessene klinisch-psychologische Interventionen (meist als psychologische Beratung oder **Psychotherapie**) dar.

Veränderungswissen

Ziel der Intervention ist dabei, die vorhandene Störung entweder zu beseitigen oder zumindest zu lindern und die mit der Problematik verbundenen Einschränkungen zu reduzieren. Um dieses Ziel erreichen zu können, ist es notwendig, Kenntnisse darüber zu haben, wie eine Behandlung durchgeführt werden sollte, damit sich mit hoher Wahrscheinlichkeit der gewünschte Erfolg einstellt (»**Veränderungswissen**«).

Notwendige Voraussetzung für eine erfolgreiche Anwendung des Störungs- und Veränderungswissens ist die Berücksichtigung **individueller Besonderheiten** in einem gegebenen Fall. Die zentrale Zielstellung der Diagnostik besteht in der Beantwortung der Frage, welche Intervention für welche Person mit welchem Problem zu welcher Zeit durch welchen Therapeuten am ehesten zu den gewünschten Veränderungen führt (▶ Abschn. 10.3).

Ist- und Soll-Zustand feststellen

Um der Antwort auf diese Frage so nahe wie möglich zu kommen, müssen sowohl der **Ist-Zustand** (d. h. die Beschwerden bzw. die Symptomatik, sowie die Bedingungen, unter denen sie auftreten) als auch der **Soll-Zustand** (das Ziel oder zumindest die Richtung der Veränderung) festgestellt werden. Dies ist die zentrale Aufgabe der klinisch-psychologischen Diagnostik. Wird diese Aufgabe nicht in angemessener Weise gelöst, kann keine ethisch vertretbare und professionell begründete Intervention stattfinden.

Aufgaben der Diagnostik

Zu den wichtigsten Aufgaben der klinisch-psychologischen Diagnostik gehören daher die in der ▶ Übersicht dargestellten fünf Punkte (vgl. auch Fydrich, 2011; Perrez & Baumann, 2005; Wittchen & Hoyer, 2011).

Die wichtigsten Aufgaben der klinisch-psychologischen Diagnostik

Beschreibung
- **Qualitative und quantitative Beschreibung der vorliegenden (psychischen) Problematik**
    - Hierzu gehören die Erhebung der Symptome selbst sowie zentrale Aspekte der Problematik, zu denen die Häufigkeit, Intensität und Dauer der Symptomatik gehören. Darüber hinaus werden Bedingungen und Faktoren erhoben, unter denen die Probleme auftreten, sich verstärken oder verringern.

Klassifikation
- **Klassifikation der psychischen Störung**
    - Die Klassifikation von (psychischen) Störungen hat einerseits zum Ziel, die Information über die vorhandene Problematik so zu reduzieren, dass ein

▼

10.1 · Aufgaben der klinisch-psychologischen Diagnostik

professioneller Informationsaustausch möglich wird. Klassifikationssysteme sind für die Feststellung notwendig, ob Probleme bzw. Störungen mit Krankheitswert vorliegen. Weiterhin geben sie notwendige Hinweise für Indikation und Differentialindikation hinsichtlich der Behandlung.
- **Exploration von besonderen lebensgeschichtlichen Bedingungen bei der Entstehung und dem bisherigen Verlauf der Störung**
  - Diese Informationen sind für die individuelle Planung der Behandlung von Bedeutung und haben einen wichtigen Stellenwert hinsichtlich der Exploration von Faktoren, die bei der Entstehung der Problematik eine Rolle gespielt haben.
- **Beobachtung des Verlaufs der Intervention und der Veränderung der Symptomatik (adaptive Diagnostik, Verlaufsdiagnostik)**
  - Es kann nicht davon ausgegangen werden, dass nach der Feststellung des »Ist-Zustands« zu Beginn der Therapie ein einmal erstellter Therapieplan bis zum Abschluss der Therapie unverändert Gültigkeit bewahrt. Vielmehr gehört es zur Routine der klinisch-psychologischen Intervention, den Prozess der Veränderung zu beobachten und die Therapieschritte entsprechend anzupassen.
- **Überprüfung des Therapieerfolgs (Sicherung der Ergebnisqualität)**
  - Das Ergebnis von Behandlung muss anhand zuverlässiger und valider Kriterien möglichst objektiv geprüft werden können.

lebensgeschichtliche Exploration

Veränderungen beobachten

Evaluation

Um den genannten Aufgaben der klinisch-psychologischen Diagnostik gerecht zu werden, wurde eine Vielzahl diagnostischer Ansätze und Methoden entwickelt. Zur Orientierung lassen sich die Verfahren in zweifacher Weise gruppieren:
- Nach dem »**System**«, **welches sie beobachten**. Hierbei ist es sinnvoll, sich an zentralen und allgemeinen Aspekten des menschlichen Erlebens und Verhaltens zu orientieren. Zu diesen Ebenen des Erlebens und Verhaltens gehören:
  - körperliche Aspekte (z. B. physiologische Erregung)
  - Gedanken und Gefühle (kognitiv-emotionale Ebene; z. B. Hoffnungslosigkeit, Angst)
  - Verhalten (motorisch und sprachlich; z. B. Vermeiden einer Situation, die Angst macht)
  - situative Faktoren und Verhalten der Umwelt (z. B. der Familienmitglieder)
- Nach der **eingesetzten diagnostischen Methode**. Hierzu können gezählt werden:
  - das (offene) diagnostische Gespräch
  - strukturierte und standardisierte klinisch-psychologische Interviews (z. B. zur objektiven Erhebung diagnostischer Informationen, die für eine Klassifikation der Störung notwendig sind)
  - Fragebogen- und Testverfahren (z. B. zur Erhebung personenbezogener Informationen; zum standardisierten Erfassen der Symptomatik und von Persönlichkeitsvariablen)
  - Beobachtungsmethoden (z. B. die Erhebung, wie oft ein bestimmtes, Leid bringendes Verhalten auftritt)
  - psychophysiologische und biologische Verfahren (z. B. das Messen von Muskelspannungen bei einer Person, die unter Spannungskopfschmerzen leidet)

diagnostische Ansätze und Methoden

Die im Folgenden dargestellten Verfahren gehen von unterschiedlichen theoretischen **Modellvorstellungen** über die Entstehung und die »Funktion« psychischer Störungen aus. Im vorliegenden Text werden eher solche Verfahren dargestellt, die dem **verhal-**

unterschiedliche Störungsmodelle

tenstheoretischen (lerntheoretisch fundierten) Störungsparadigma nahestehen. Einige Abschnitte sind jedoch auch spezifischen diagnostischen Verfahren gewidmet, die sich an psychodynamischen, humanistisch-klientenzentrierten oder systemischen Störungsmodellen orientieren (zur Darstellung unterschiedlicher Störungs- und Interventionsmodelle s. Perrez & Baumann, 2005). Dabei wird weitgehend auf die Diagnostik bei Erwachsenen eingegangen. Für den Bereich Kinder- und Jugendlichenpsychotherapie wird auf Esser (2008), Schneider und Margraf (2009) oder Steinhausen und von Aster (1999) verwiesen.

10.1.1 Rahmenbedingungen für klinisch-psychologische Diagnostik und Intervention

Rahmenbedingungen

Klinisch-psychologische Diagnostik findet immer in einem professionellen Rahmen statt. Dieser Rahmen ist in den meisten Fällen durch
- institutionelle Bedingungen,
- die vorherrschenden Probleme bzw. die psychische Störung,
- die Motivation der Hilfesuchenden,
- Therapeutenvariablen

gekennzeichnet.

In Abhängigkeit verschiedener Rahmenbedingungen können sowohl der Inhalt als auch die Aufgabe und das Ziel der klinisch-psychologischen Diagnostik und Intervention beträchtlich variieren.

Beispiele für institutionelle Rahmenbedingungen

> **Beispiel**
>
> **Beispiele für institutionelle Rahmenbedingungen und damit zusammenhängende spezifische Aufgaben der klinisch-psychologischen Diagnostik und Intervention**
> - Private Praxis (niedergelassene Psychologische oder Ärztliche Psychotherapeuten): Diagnostik und klinisch-psychologische Intervention; primär Einzel- oder Gruppenpsychotherapie; klassifikatorische und dimensionale Diagnostik psychischer Störungen und Erkrankungen
> - Psychiatrische Klinik: meist Kombination von pharmakologischen, psychotherapeutischen und weiteren Therapiemaßnahmen bei meist schweren psychischen Störungen, die einen stationären Aufenthalt notwendig machen
> - Psychosomatische Kliniken: stationäre, meist psychotherapeutische Behandlung und Rehabilitation bei psychischen Störungen und körperlichen Erkrankungen, bei denen psychische Faktoren eine bedeutsame Rolle spielen
> - Beratungsstellen: Beratung z. B. von Alkohol- und Drogenabhängigen; Beratungsstellen für Paare, Familien, Erziehungsfragen, Studierende. Indikationsstellung für umfassendere medizinische und/oder psychotherapeutische, ambulante oder stationäre Behandlung und entsprechende Vermittlung
> - Berufliche Rehabilitation: Diagnostik von Fähigkeiten und Fertigkeiten, die die Wiedereingliederung in den alten Beruf oder die Umschulung in einen neuen Arbeitsbereich betreffen; Einsatz entsprechender therapeutischer Interventionen und Fördermaßnahmen
> - Allgemeinmedizinische Kliniken: psychologische Konsiliar- und Liaisondienste primär bei solchen körperlichen Erkrankungen, bei denen ein Einfluss psychologischer Faktoren auf Entstehung, Verlauf und möglicherweise auch auf die Genesung bekannt oder wahrscheinlich ist

10.1 · Aufgaben der klinisch-psychologischen Diagnostik

Die wichtigsten **Rahmenbedingungen seitens des Klienten** sind die vorherrschende Störung und die **Motivation**, die zum Aufsuchen professioneller Hilfe geführt hat. Grundsätzlich verschiedene Voraussetzungen bestehen beispielsweise dann, wenn ein Patient nach längerem Überlegen selbst zum Entschluss gekommen ist, eine psychotherapeutische Behandlung in Anspruch zu nehmen, oder wenn er beispielsweise von seinem Hausarzt zur Psychotherapie oder psychologischen Beratung gedrängt wird, nachdem dieser die schon sehr lange verabreichten Schmerzmedikamente für chronische Magenschmerzen ohne eine umfassende psychodiagnostische Klärung nicht mehr verschreiben möchte.

In Abhängigkeit von der Hauptproblematik und der Schwere der Erkrankung muss zu Beginn der Behandlung entschieden werden, ob (a) überhaupt eine psychotherapeutische oder psychiatrische Behandlung indiziert ist, (b) ob diese stationär erfolgen muss oder (c) eine ambulante Behandlung angemessen ist. Für diese Indikationsentscheidung ist eine Beratung oder ggf. auch eine ausführliche Diagnostik durch einen niedergelassenen ärztlichen oder psychologischen Psychotherapeuten oder einen Facharzt für Psychiatrie notwendig.

klientenbezogene Rahmenbedingungen

Auf Seiten des **Psychotherapeuten** haben vor allem dessen Ausbildung und damit auch die theoretische und praktische Orientierung weitreichende Konsequenzen für die Art der durchgeführten Diagnostik und die Schwerpunkte in der Methodik der therapeutischen Intervention. So sehen beispielsweise Therapeuten, die auf der Grundlage psychodynamischer Ansätze arbeiten, die klassifikatorische Diagnostik psychischer Störungen nach ICD-10 oder DSM-IV eher als wenig hilfreich an, da diese kaum Berührungspunkte mit den psychodynamischen Theorievorstellungen aufweisen. In psychodynamisch orientierten Psychotherapien ist eher die Diagnostik aktueller (interpersoneller oder intrapsychischer) Konflikte sowie die der psychischen Struktur von Bedeutung. Verhaltenstheoretisch arbeitende klinische Psychologen und Psychotherapeuten betonen im Rahmen ihrer Problem- und Verhaltensanalyse dagegen in besonderer Weise die Symptomatik psychischer Störungen sowie die funktionellen Bedingungen, die dazu beitragen, dass die Problematik weiter besteht bzw. immer wieder neu auftritt.

therapeutenbezogene Rahmenbedingungen

10.1.2 Das diagnostische Gespräch

Zur Grundlage der Gesprächsführung in der klinisch-psychologischen Praxis gehört neben dem theoretischen Wissen über psychische Störungen und Problembereiche gleichermaßen auch eine Reihe wichtiger praktischer Fertigkeiten. Eine zentrale Voraussetzung für den Aufbau einer problem- und lösungsorientierten therapeutischen Arbeitsbeziehung ist, dass der Therapeut sich von Beginn des Kontakts an in die Lage und die Problematik der Ratsuchenden hineinversetzen kann.

therapeutische Kompetenzen

Entscheidend bei der ersten Kontaktaufnahme – dies betrifft auch einen möglichen telefonischen Erstkontakt – ist daher, dass eine Reihe von Bedingungen berücksichtigt werden muss, die auf der Seite des Patienten bzw. des Hilfesuchenden in der Regel gegeben sind. Hierzu gehören:
- Schwellenängste
- Hoffnung, die erwartete Hilfe zu bekommen
- Unsicherheit, an der richtigen Stelle/bei der richtigen Person zu sein
- Scham darüber, professionelle Hilfe in Anspruch nehmen zu müssen

Der Therapeut muss mit einer **empathischen Haltung** diese Faktoren berücksichtigen. Gleichzeitig muss er aber auch »professionell« sein. Das therapeutische oder professionelle therapeutische Gespräch von Psychotherapeuten und professionellen Beratern unterscheidet sich in einigen wesentlichen Punkten von unterstützenden Gesprächen im Freundes- oder Bekanntenkreis. Wichtigste formale Bestimmungs-

empathische Haltung

merkmale des therapeutischen Gesprächs sind die Nicht-Reziprozität der Beziehung, ein institutioneller, rechtlich und zeitlich geregelter Rahmen für die Gespräche, die Ausbildung des Therapeuten sowie die finanzielle Honorierung der Therapien im sozialrechtlichen System der Kranken- und Rentenversicherungen bzw. der Institution, in der der Therapeut arbeitet.

Interaktionskompetenz

Zu den wichtigsten zentralen Inhalten beim Erwerb der notwendigen Kompetenzen in der Ausbildung zum klinischen Psychologen bzw. Psychotherapeuten gehört erstens das Wissen über (psychische) Störungen inklusive der Kenntnisse und Fertigkeiten, um eine systematische Diagnostik durchführen zu können (Störungswissen). Weitere notwendige Kenntnisse betreffen zweitens die Indikationsstellung und das Kennen und Beherrschen konkreter Behandlungsmethoden und -techniken (Veränderungswissen). Drittens ist empathisches Verhalten und das »Sich-einstellen-Können« auf Personen mit unterschiedlichen Motiven und Persönlichkeitseigenschaften, verschiedenem Bildungshintergrund oder ethnischer Herkunft eine wichtige und notwendige Kompetenz von klinischen Psychologen und Psychotherapeuten (Interaktionswissen/Interaktionskompetenz).

Ziel der ersten diagnostischen Gespräche ist – neben der Erhebung störungsbezogener Informationen und der Vorgeschichte der Problematik – der Aufbau einer therapeutischen, problemorientierten Arbeitsbeziehung, die auf Seiten des Therapeuten durch Empathie, Parteilichkeit (für den Patienten) und Professionalität, auf Seiten der Patienten durch Vertrauen, Offenheit, Veränderungsmotivation und Angstfreiheit gekennzeichnet sein sollte (vgl. Kanfer et al., 2006).

Ziel des diagnostischen Gesprächs

❗ Das diagnostische Interview dient zur Erhebung problemrelevanter Informationen mit dem Ziel,
— das Problem genau zu beschreiben,
— zu verstehen, wie das Problem gegenwärtig aufrechterhalten wird und
— Hintergründe der Lebens-, Problem- und Behandlungsgeschichte zu erfassen.

Entsprechend können zwei Schwerpunkte bzw. Funktionen des klinisch-psychologischen Interviews unterschieden werden: Erstens die Exploration der aktuellen Problematik und zweitens die Erhebung des lebensgeschichtlichen Hintergrunds.

10.1.2.1 Exploration der aktuellen Problematik

Da die **Beschwerden** eines Patienten in der Regel die Hauptmotivation für das Aufsuchen einer Behandlung oder Beratung darstellen, sollten diese zu Beginn eines Kontakts im Zentrum des diagnostischen Gesprächs stehen. Hauptthemen der problemzentrierten Exploration sind dabei die **aktuelle Symptomatik** und das **gegenwärtige Problem**. Hierzu gehört in erster Linie die genaue Beschreibung des Problems; dabei sind die Faktoren Häufigkeit und Dauer des Auftretens, Intensität sowie Grad der Beeinträchtigung in verschiedenen Lebensbereichen von zentraler Wichtigkeit. Exploriert werden müssen neben problembezogenem Erleben die Gedanken und Gefühle des Patienten, die dazu gehörenden körperlichen Reaktionen und das verbale und motorische Verhalten. Erhoben werden müssen die Situationen, in denen die Problematik auftritt, sowie Reaktionen des sozialen Umfelds auf das Problem bzw. das problematische Verhalten eines Patienten.

Validierung

Die Exploration muss dabei in zweifacher Weise strukturiert werden. Erstens sollte die individuelle Problematik auf der Basis klinisch-psychologischer Modelle über Entstehung und Perpetuierung einer Störung sowohl für den Therapeuten als auch den betroffenen Patienten **verstehbar** werden. Zweitens muss die Erklärung der Problematik und des (therapeutischen) Erklärungsmodells mit den subjektiven Einschätzungen der Problematik durch die Ratsuchenden **abgestimmt** werden (Validierung).

Problemstrukturierung

Diese Abstimmung ist notwendig, damit Patienten oder Ratsuchende das vom Therapeuten dargestellte wissenschaftlich fundierte Modell der Störung bzw. der Problematik und den darauf fußenden Interventionsansatz verstehen und annehmen können. Die Abstimmung wissenschaftlich fundierter Störungsmodelle mit dem Erleben und Verhalten des Patienten stellt eine wichtige Voraussetzung für das Gelingen des therapeutischen Zusammenarbeitens dar und wird vor allem über ein transparentes Vorgehen des Therapeuten erreicht. Weiterhin helfen strukturierende Fragen sowie zusammenfassende Äußerungen dabei, eine therapeutische Arbeitsatmosphäre zu schaffen und Verständnis zu vermitteln.

10.1.2.2 Problemvorgeschichte und biografische Anamnese

Bei der Exploration der **Problemvorgeschichte** werden diejenigen Informationen gewonnen, die für die Entwicklung der Problematik bedeutsam waren. Um gezielt nach Entstehungsbedingungen zu fragen, die aus empirisch fundierten Störungsmodellen bekannt sind, sind entsprechende Störungskenntnisse des Therapeuten sehr wichtig. Zu den Variablen, die in diesem Zusammenhang zu erheben sind, gehören, **wann** das Problem zum ersten Mal auftrat, **welche Bedingungen** aus der Sicht des Patienten zum ersten Auftreten geführt haben oder damit in zeitlichem Zusammenhang standen sowie Informationen zu **anderen Problemen** bzw. **Symptomen** in der Vorgeschichte. Weiterhin müssen Vorbehandlungen und deren Verlauf sowie Art und Umfang bisheriger **eigener Lösungsversuche für das Problem** erfragt werden. Zu den wichtigen Daten der **Lebensgeschichte** zählen weiterhin Informationen zur Kindheit und Adoleszenz, zu Eltern und Elternhaus, Geschwistern, Erziehung, Entwicklung sozialer Kontakte zu Gleichaltrigen, Partnerschaften, zur sexuellen Entwicklung sowie schul- und berufsbezogene Informationen.

Auch bei der Exploration der Problemvorgeschichte gilt, dass die **subjektiven Vorstellungen** des Betroffenen über die Entstehung und Aufrechterhaltung der eigenen Problematik eine wichtige Bedeutung haben. Zwischen der individuellen Erklärung der Problematik in Hinblick auf die Entstehung und der Art, wie sie aufrechterhalten wird, besteht oft ein enger Zusammenhang.

Berücksichtigung subjektiver Vorstellungen wichtig

10.2 Psychische Störungen und ihre Klassifikation

Die Definition davon, was eigentlich eine psychische Störung ausmacht, ist sowohl für die Forschung als auch für sozialrechtliche Aspekte der psychotherapeutischen Versorgung und damit auch für das Versicherungswesen (v. a. Krankenversicherung und Rentenversicherung) von großer Wichtigkeit. Für die sozialrechtlich bedeutsame Frage, ob die Kosten für Behandlungen von Personen mit einer psychischen Störung übernommen werden, muss das Vorliegen einer Störung »**mit Krankheitswert**« festgestellt werden. Diese Bedingung ist sogar Teil der Definition von Psychotherapie, wie sie im Psychotherapeutengesetz formuliert wird. Dort heißt es: »Ausübung von Psychotherapie im Sinne dieses Gesetzes ist jede mittels wissenschaftlich anerkannter psychotherapeutischer Verfahren vorgenommene Tätigkeit zur Feststellung, Heilung oder Linderung von Störungen mit Krankheitswert« (§1, Abs. 3 PsychThG).

Störungen mit Krankheitswert

Definition

Zentrale Komponenten für die Definition psychischer Störungen sind (vgl. DSM-IV-TR; Wittchen & Hoyer, 2011):
- Das Erleben und Verhalten
    - stellt eine deutliche Abweichung von Normen (statistisch, gesellschaftlich, individuell) dar,

▼

> - geht mit einer verhaltensmäßigen, psychischen oder biologischen Funktionsstörung einher,
> - führt zu Beeinträchtigungen (Funktionseinschränkung) in wichtigen Lebensbereichen,
> - ist mit persönlich empfundenem Leid verbunden und
> - geht mit einer Selbst- oder Fremdgefährdung einher.

Abgrenzung klinischer Relevanz

In der Regel müssen mehrere, jedoch nicht alle Punkte dieser Komponenten zutreffen. Zusätzlich müssen die Kriterien für die Diagnose mindestens einer Störung nach DSM oder ICD erfüllt sein. Es ist jedoch auch wichtig, dass das Zutreffen einzelner der oben benannten Komponenten keineswegs Indikatoren für psychische Störungen sein müssen. So können beispielsweise Normabweichungen durchaus erwünscht und der Ausdruck besonderer Fähigkeiten sein. Normen sind zudem abhängig von der ethnischen und sozialen Herkunft. Weiterhin ist zu beachten, dass persönliches Empfinden von Leid dann *nicht* auftritt, wenn die Störung »ich-synton« ist, das heißt, wenn die damit verbundenen Erlebens- und Verhaltensweisen von der betroffenen Person als angemessen, richtig und »zu sich gehörig« erlebt werden. Dies kann beispielsweise bei einer Person mit einer paranoiden Persönlichkeitsstörung der Fall sein, die die Telefonate der eigenen Familienmitglieder abhört, um Beweise für deren feindselige Haltung zu erhalten. Schlaflosigkeit und Konzentrationsprobleme, die z. B. für einige Zeit nach einem Autounfall auftreten, müssen ebenso nicht unbedingt Indikatoren für eine psychische Störung sein. Umgekehrt kann beispielsweise eine starke Angst vorm Fliegen, die die Kriterien einer spezifischen Phobie erfüllt, mit keinen oder nur geringen Beeinträchtigungen einhergehen, wenn die Person nicht auf Flugreisen angewiesen ist.

10.2.1 Klassifikation psychischer Störungen

ICD-10 und DSM-IV

Die aktuell gültigen und in Wissenschaft und klinischer Praxis eingesetzten Klassifikationssysteme für psychische Störungen sind
- die **Internationale Klassifikation psychischer Störungen** in ihrer zehnten Revision (ICD-10; Kapitel V), die von der Weltgesundheitsorganisation (WHO) herausgegeben wird (Dilling et al., 2010), und
- das Klassifikationssystem der Amerikanischen Psychiatrischen Vereinigung (APA), das **Diagnostische und Statistische Manual Psychischer Störungen** in der vierten Revision in einer überarbeiteten Form (»text revision«) (**DSM-IV TR**; American Psychiatric Association, deutsch: Saß et al., 2003).

operationale und deskriptive Diagnostik

Für den europäischen Sprachraum und für das Gesundheitswesen in Deutschland ist die ICD-10 maßgeblich. Das DSM-IV wird in forschungsorientierten Einrichtungen häufig zusätzlich eingesetzt. Beide Systeme basieren auf dem Prinzip der **operational und deskriptiv definierten Diagnostik**. Es wird weitgehend auf die früher üblichen ätiologisch und nosologisch orientierten Ordnungskriterien verzichtet. Ätiologische Faktoren sind in beiden Systemen im Wesentlichen nur bei den organisch bedingten psychischen Störungen und bei den Anpassungsstörungen als Definitionskriterien enthalten. Durch die weitgehend deskriptive Charakteristik sind die Klassifikationssysteme für die unterschiedlichen klinisch-psychologischen und ätiologietheoretischen Ansätze und Psychotherapieverfahren akzeptabler geworden.

10.2.1.1 Internationale Klassifikation psychischer Störungen (ICD-10)

ICD steht für »**International Classification of Diseases**«. Dieses Klassifikationssystem gliedert Störungen und Erkrankungen aller Art in 21 Kapitel. Für den Bereich der psychischen Störungen ist das Kapitel V relevant, das seit dem Jahre 1991 als zehnte revidierte Fassung (ICD-10) verfügbar ist.

Aktuell ist in Deutschland die zehnte Revision der ICD in der Version GM (= German Modification) von 2011 gültig. Rechtsgrundlage für die Verpflichtung zur Klassifikation nach ICD-10 in der jeweils gültigen Fassung sind § 301 SGB V (stationäre Versorgung) und § 295 SGB V (ambulante Versorgung). Hierzu heißt es in den entsprechenden Paragraphen: »Die Diagnosen .... sind nach der Internationalen Klassifikation der Krankheiten in der jeweiligen vom Deutschen Institut für medizinische Dokumentation und Information im Auftrag des Bundesministeriums für Gesundheit und Soziale Sicherung herausgegebenen deutschen Fassung zu verschlüsseln.«

Aktuell gültige Versionen sowie Informationen über Änderungen sind kostenlos einsehbar über die Internetseite des DIMDI-Instituts (▶ www.dimdi.de).

Zehn Hauptgruppen

Die ICD-10-Klassifikation für psychische Störungen (Kapitel V; F-Kodierungen) umfasst zehn Hauptgruppen:
- F0: Organische, einschließlich symptomatische psychische Störungen
- F1: Psychische und Verhaltensstörungen durch psychotrope Substanzen
- F2: Schizophrenie, schizotype und wahnhafte Störungen
- F3: Affektive Störungen
- F4: Neurotische, Belastungs- und somatoforme Störungen
- F5: Verhaltensauffälligkeiten in Verbindung mit körperlichen Störungen und Faktoren
- F6: Persönlichkeits- und Verhaltensstörungen
- F7: Intelligenzminderung
- F8: Entwicklungsstörungen
- F9: Verhaltens- und emotionale Störungen mit Beginn in der Kindheit und Jugend

zehn Hauptgruppen der ICD-10

Jede dieser in der Übersicht genannten Hauptgruppen trägt den Kennbuchstaben »F« für das relevante Kapitel »psychische Störungen« sowie eine fortlaufende Nummerierung der Hauptgruppen. Die jeweils nächste Stelle der Verschlüsselung stellt die nächste, spezifischere Ebene der klassifikatorischen Einteilung dar. So gehört die »depressive Episode« (F32) zur Hauptkategorie der »Affektiven Störungen« (F3). Weitere Spezifizierungen der depressiven Episode sind in der ▶ Übersicht dargestellt (Dilling et al., 2010).

F32 depressive Episode
- F32.0: leichte depressive Episode
- F32.00: ohne somatische Symptome
- F32.01: mit somatischen Symptomen
- F32.1: mittelgradige depressive Episode
- F32.10: ohne somatische Symptome
- F32.11: mit somatischen Symptomen
- F32.2: schwere depressive Episode ohne psychotische Symptome
- F32.3: schwere depressive Episode mit psychotischen Symptomen

▼

Spezifizierungen der depressiven Episode

- F32.30: synthyme psychotische Symptome
- F32.31: parathyme psychotische Symptome
- F32.8: sonstige depressive Episode
- F32.9: nicht näher bezeichnete depressive Episode

10.2.1.2 Diagnostisches und Statistisches Manual Psychischer Störungen (DSM-IV TR)

multiaxiale Struktur

Eine Besonderheit des DSM-IV im Vergleich zur ICD-10 ist die multiaxiale Struktur des Systems (▶ Übersicht). Neben der Symptomstörung (Klinische Störung; Achse-I-Störung), die in der Regel die Problematik umfasst, wegen der der Patient eine Behandlung aufsucht, werden weitere diagnostisch und klinisch bedeutsame Aspekte des Erlebens und Verhaltens des Patienten explizit berücksichtigt.

Die fünf Achsen des DSM-IV

fünf Achsen

- **Achse I: Klinische Störungen.** Hierzu gehören alle psychischen Störungen (Symptomstörungen) mit Ausnahme der Persönlichkeitsstörungen und der geistigen Behinderungen, die auf Achse II kodiert werden. Zusätzlich sind hier auch »andere klinisch relevante Probleme« lokalisiert.
- **Achse II: Persönlichkeitsstörungen und geistige Behinderungen.**
- **Achse III: Medizinische Krankheitsfaktoren.** Hier werden solche medizinischen Faktoren oder Erkrankungen genannt, die im Zusammenhang mit der psychischen Problematik stehen.
- **Achse IV: Psychosoziale und umweltbedingte Probleme.** Sie werden nominal kodiert, d. h. dann genannt, wenn sie vorliegen und zum Verständnis der momentanen Symptomatik beitragen. Hierzu gehören vor allem Probleme in Familie und Partnerschaft, Ausbildungs- und Wohnungsprobleme, finanzielle sowie juristische Probleme.
- **Achse V: Globale Beurteilung des Funktionsniveaus** (»global assessment of functioning«, GAF). Auf einem Kontinuum zwischen 1 und 100 wird das vorliegende Funktionsniveau des Patienten in psychischen, sozialen und beruflichen Bereichen zusammenfassend vom Diagnostiker eingeschätzt. Dabei gibt es hohe Werte (im Bereich 90–100) für »psychische Gesundheit mit hervorragender Leistungsfähigkeit auf einem breiten Spektrum von Aktivitäten« oder niedrige Kodierungen (zwischen 1 und 10) bei »extremer psychischer Störung mit der ständigen Gefahr, sich oder andere schwer zu verletzen, sowie anderen schweren Funktionseinschränkungen«. Bei der Beurteilung des GAF wird zusätzlich angegeben, auf welchen Beobachtungszeitraum sich der Wert bezieht.

Ein Beispiel für eine multiaxiale Diagnose nach DSM-IV für eine Person mit einer Zwangsstörung und gleichzeitig vorliegendem Diabetes könnte demnach sein:

Beispiel

- Achse I: Zwangsstörung
- Achse II: Dependente Persönlichkeitsstörung
- Achse III: Diabetes
- Achse IV: Arbeitslosigkeit; Krebserkrankung der Mutter
- Achse V: GAF: 40 (Bezugszeitraum: die letzten sechs Monate)

10.2 · Psychische Störungen und ihre Klassifikation

Die 15 Hauptkategorien der Symptomstörungen (Achse-I-Störungen) nach DSM-IV sind:

- Störungen, die gewöhnlich zuerst im Kleinkindalter, in der Kindheit oder Adoleszenz diagnostiziert werden (außer geistigen Behinderungen)
- Delir, Demenz, amnestische und andere kognitive Störungen
- Psychische Störungen aufgrund eines medizinischen Krankheitsfaktors
- Störungen im Zusammenhang mit psychotropen Substanzen
- Schizophrenie und andere psychotische Störungen
- Affektive Störungen
- Angststörungen
- Somatoforme Störungen
- Vorgetäuschte Störungen
- Dissoziative Störungen
- Sexuelle und Geschlechtsidentitätsstörungen
- Essstörungen
- Schlafstörungen
- Störungen der Impulskontrolle, nicht andernorts klassifiziert
- Anpassungsstörungen

Achse I: 15 Hauptkategorien

Außerdem werden auf Achse I »andere klinisch relevante Probleme« kodiert, das sind in erster Linie psychologische Faktoren, die einen medizinischen Krankheitsfaktor beeinflussen, sowie sog. V-Kodierungen. Zu letzteren gehören vor allem zwischenmenschliche Probleme, Probleme im Zusammenhang mit Missbrauch oder Vernachlässigung, Eltern-Kind-Probleme, Partnerschaftsprobleme, Schulschwierigkeiten, Trauer und berufsbezogene Probleme.

Auf Achse II des DSM-IV werden folgende zehn Persönlichkeitsstörungen kodiert:

- Paranoide Persönlichkeitsstörung
- Schizoide Persönlichkeitsstörung
- Schizotypische Persönlichkeitsstörung
- Antisoziale Persönlichkeitsstörung
- Borderline Persönlichkeitsstörung
- Histrionische Persönlichkeitsstörung
- Narzisstische Persönlichkeitsstörung
- Vermeidend-selbstunsichere Persönlichkeitsstörung
- Dependente Persönlichkeitsstörung
- Zwanghafte Persönlichkeitsstörung

Achse II: Persönlichkeitsstörungen

Im Anhang des DSM werden als zu beforschende Diagnosen darüber hinaus die folgenden zwei Persönlichkeitsstörungen aufgeführt:

- Passiv-aggressive (negativistische) Persönlichkeitsstörung
- Depressive Persönlichkeitsstörung

Persönlichkeitsstörungen in der ICD-10 sind als Kodierungen unter der Hauptgruppe F6 zu finden. Dort werden jedoch lediglich sieben spezifische Persönlichkeitsstörungen genannt, die für die genannten weitgehend denen im DSM entsprechen. Zwei weitere Störungen (schizotypische, narzisstische) sind in der ICD-10 entweder in einer anderen diagnostischen Hauptgruppe oder unter »andere Persönlichkeitsstörungen« zu finden.

Aktuell werden beide Klassifikationssysteme auf der Basis wissenschaftlicher Befunde gründlich überarbeitet. Teilweise sind dabei deutliche Änderungen zu erwarten. Die Revision des DSM wird als DSM-V voraussichtlich im Jahre 2013 veröffentlicht werden; mit einer Neuauflage der ICD für den Bereich psychische Störungen ist etwa

DSM und ICD in Überarbeitung

im Jahre 2014 zu rechnen. Aktuelle Diskussionen und Informationen zu den Revisionsprozessen sind für beide Kompendien im Internet zu finden.

10.2.1.3 Vergleich und Bewertung der Klassifikationssysteme

Erhöhung von Reliabilität und Validität

Ein großer Vorteil der operationalen Definition psychischer Störungen besteht darin, dass die **Zuverlässigkeit** (Reliabilität) der Diagnosen und damit auch die **Validität** der klinischen Diagnostik psychischer Störungen im Vergleich zu früheren Klassifikationssystemen deutlich verbessert werden konnten. Die Abkehr vom Krankheitsbegriff zugunsten des Begriffs der psychischen Störung dokumentiert zudem eine tendenzielle **Abwendung vom organisch orientierten Krankheitsmodell** bei psychischen Störungen.

Diagnosen gut vergleichbar

Die Weltgesundheitsorganisation (WHO) und die Amerikanische Psychiatrische Vereinigung (APA) bemühen sich um eine möglichst weitgehende Abstimmung der beiden Klassifikationssysteme ICD-10 und DSM-IV. Wenngleich die Anzahl der Hauptgruppen in beiden Klassifikationssystemen unterschiedlich ist, so sind die einzelnen Diagnosen doch in wesentlichen Punkten **gut vergleichbar**. Querverweise über ICD-Diagnoseschlüssel im DSM-IV helfen, die korrespondierende Diagnose nach ICD-10 festzustellen. Eine gewisse Ausnahme stellt die Diagnostik von Persönlichkeitsstörungen dar, bei denen es sowohl hinsichtlich der Diagnosen selbst als auch der konkreten Operationalisierungen teilweise deutliche Unterschiede zwischen ICD und DSM gibt.

Komorbiditätsprinzip

Im Unterschied zum DSM sieht die ICD-10 keine multiaxiale Diagnostik vor. In vergleichbarer Weise gilt jedoch auch bei der ICD-10 das sog. »**Komorbiditätsprinzip**«, nach dem es – außer wenn bei einzelnen Diagnosen explizit aufgeführt – kein hierarchisches Vorgehen bei der Feststellung von Diagnosen gibt. Das heißt, wann immer die Kriterien für mehrere psychische Störungen erfüllt sind, sollen diese auch aufgeführt werden. Der Begriff der Komorbidität kommt aus dem Bereich der Organmedizin und bedeutet ursprünglich, dass bei einer Person zu einem gegebenen Zeitpunkt mehrere Krankheiten vorliegen. Bei der Verwendung des Begriffs im Bereich psychischer Störungen ist jedoch zu bedenken, dass zum einen psychische Störungen meist keine Krankheitseinheiten entsprechend des organmedizinischen Modells sind und zum anderen viele der Symptome in ähnlicher Form bei unterschiedlichen Diagnosen auftreten (Symptomüberlappung) und dadurch die »Komorbiditätsrate« artifiziell erhöht sein kann.

Für einen umfassenderen Überblick über die Kodiersysteme ICD-10 und DSM-IV sei auf Wittchen und Hoyer (2011) sowie das DSM-IV TR selbst (Saß et al., 2003) verwiesen. Die genauen Kriterien sowie die aktuelle Form der »German Modification« der ICD-10 finden sich bei Dilling et al. (2010).

10.2.1.4 Verfahren zur klassifikatorischen Diagnostik psychischer Störungen

Reliabilität strukturierter Diagnostik

Untersuchungen zur Reliabilität der klassifikatorischen Diagnostik zeigen, dass psychische Störungen mit strukturierten, halbstrukturierten oder standardisierten Interviews mit mindestens zufriedenstellender Zuverlässigkeit erhoben werden können (◘ Abb. 10.1). Zuverlässigkeitskennwerte gibt es jedoch nur für standardisierte oder strukturierte diagnostische Verfahren. Für die meisten der diagnostizierbaren Störungen werden Kappa-Werte für die Interrater- und/oder Test-Retest-Reliabilität zwischen .50 und .95 festgestellt (z. B. Fydrich et al., 1996; In-Albon et al., 2008). Dabei gibt es teilweise deutliche Unterschiede in der Zuverlässigkeit für die Diagnostik verschiedener Störungen. So ist – selbst beim Einsatz strukturierter oder standardisierter Diagnostik – die Reliabilität für die Diagnostik somatoformer Störungen geringer als für die meisten anderen Störungen und liegt in verschiedenen Studien oft unter einem Zuverlässigkeitswert (kappa) von .50. Zu den Faktoren, die die Zuverlässigkeit der

10.2 · Psychische Störungen und ihre Klassifikation

Abb. 10.1 Strukturierte klinische Interviews, auch solche, die sich an den Klassifikationskriterien von DSM oder ICD orientieren, finden im Einzelgespräch statt

Interviews beeinflussen, gehören Güte und Umfang der Ausbildung und des Trainings der Interviewer sowie die Methodik der Interviewverfahren selbst. Voll standardisierte Interviews (z. B. das Composite International Diagnostic Interview; CIDI; ein computerisiertes Verfahren, bei dem die Fragen und deren Reihenfolge vom Computer vorgegeben werden) haben eine höhere Reliabilität als Interviewverfahren (z. B. das Strukturierte Klinische Interview für DSM-Diagnosen, SKID), in denen vom Interviewer auch klinische Einschätzungen notwendig sind.

Der Einsatz standardisierter und strukturierter Diagnoseverfahren setzt in der Regel ein systematisches Training, meist auch klinische Erfahrungen voraus.

Im deutschsprachigen Raum stehen eine Reihe strukturierter und standardisierter Verfahren zur klassifikatorischen Diagnostik psychischer Störungen zur Verfügung. Am häufigsten werden eingesetzt:

- **für die Diagnostik von Symptomstörungen**
  - IDCL: Internationale Diagnose Checklisten für ICD-10 und DSM-IV (Hiller et al., 1997)
  - SKID-I: Strukturiertes Klinisches Interview für DSM-IV, Achse-I (Wittchen et al., 1997)
  - DIPS: Diagnostisches Interview für Psychische Störungen (Schneider & Margraf, 2006; als Kurzversion: Mini-DIPS; Margraf, 1994)
  - Kinder-DIPS: Diagnostisches Interview für Psychische Störungen bei Kindern und Jugendlichen (Schneider et al., 2008)
  - CIDI und DIA-X-CIDI: Composite International Diagnostic Interview (Wittchen et al., 1997); DIA-X bezeichnet die voll strukturierte und computerisierte Version dieses Interviews
- **für die Diagnostik von Persönlichkeitsstörungen**
  - IDCL-P: Internationale Diagnose Checklisten für Persönlichkeitsstörungen (Bronisch et al., 1995)
  - SKID-II: Strukturiertes Klinisches Interview für DSM-IV, Achse II, Persönlichkeitsstörungen (Fydrich et al., 1997)
  - IPDE: International Personality Disorder Examination (ICD-10-Modul; Mombour et al., 1996)

am häufigsten eingesetzte Verfahren

Der Vergleich dieser Verfahren zeigt, dass Checklistenverfahren (IDCL und IDCL-P) den geringsten Durchführungsaufwand erfordern und daher im klinischen Alltag

ökonomische Checklistenverfahren

vergleichsweise ökonomisch eingesetzt werden können. Allerdings können damit meist nur konfirmatorische Diagnosen gefällt werden. Das bedeutet, dass Verdachtsdiagnosen zwar bestätigt, aber mögliche andere oder zusätzliche (»komorbide«) Störungen übersehen werden können.

zuverlässige strukturierte Inverviews

Die Strukturierten Klinischen Interviews (SKID-I und -II; DIPS) sowie das CIDI sind die vergleichsweise zuverlässigsten Verfahren zur umfassenden kategorialen Diagnostik psychischer Störungen. Sie werden im klinischen Alltag wegen des vergleichsweise hohen Zeitaufwands von zwei oder mehr Stunden aus Zeit- und Kostengründen oft nicht eingesetzt. Zur Vereinfachung wird daher im klinischen Kontext den strukturierten Verfahren oft ein Screening-Interview oder ein Screening-Fragebogen vorgeschaltet, so dass im Anschluss nur relevante Teile des Interviews durchgeführt werden müssen.

hohe Sensibilität und geringe Spezifität beim CIDI

Das CIDI als voll computerisierte Interviewversion kann nach Empfehlung der Autoren auch von trainierten Interviewern ohne umfassendes klinisches Training durchgeführt werden, da die Antworten der Probanden bzw. Patienten nicht klinisch beurteilt werden müssen. Dies führt zur Besonderheit, dass das CIDI eine besonders hohe Sensibilität hat (Störungen werden schon bei geringer Symptomausprägung als vorhanden eingestuft); leider geht jedoch damit für einige diagnostische Bereiche eine geringe Spezifität einher, was zu einer Verringerung der diskriminanten Validität führt. Mit dem CIDI ergeben sich daher in epidemiologischen, aber auch klinischen Studien (z. B. Bundesgesundheitssurvey des Robert-Koch-Instituts) oft relativ hohe Prävalenz- und Komorbiditätsraten für die erhobenen Störungen.

Zusätzlich zur strukturierten oder standardisierten Klassifikation psychischer Störungen wird vor allem im psychiatrischen Bereich zur systematischen Erhebung des psychopathologischen Befunds ein weiteres Beurteilungssystem, erarbeitet von der »Arbeitsgemeinschaft für Methodik und Dokumentation in der Psychiatrie«, eingesetzt (AMDP, 2007). Damit werden durch den Diagnostiker bzw. Kliniker (als Fremdeinschätzung) 100 ggf. vorliegende psychische und 40 somatische Symptome beurteilt, aus denen Informationen über neun Syndrome sowie drei übergeordnete Syndromkomplexe (paranoid-halluzinatorische, depressive und psychoorganische Symptomatik) gewonnen werden. Informationsquellen sind hierbei entweder der Patient selbst und/oder Dritte (z. B. Verwandte, Pflegepersonal).

10.3 Psychometrische Verfahren

10.3.1 Verhaltenstheoretisch und kognitiv orientierte Fragebogenverfahren

kategoriale und dimensionale Diagnostik

Standardisierte und strukturierte diagnostische Verfahren entsprechend der Kriterien der ICD oder des DSM führen zu kategorialen Urteilen über das Vorliegen psychischer Störungen. Dem gegenüber werden mit Fragebögen in der Regel dimensionale Befunde über den Ausprägungsgrad der Problematik bzw. Symptomatik erfasst. Beispielsweise kann die Prüfung vorliegender Symptomatik auf Basis der IDC-10-Kriterien zu einer Diagnose einer »Depressiven Episode« führen, und der Einsatz des Beck-Depressionsinventars (Testverfahren zur Erfassung depressiver Symptome) führt zu Informationen über die Stärke der Depressivität (◘ Abb. 10.2). Wichtig ist, dass in der Regel mit einem psychometrischen Testverfahren keine Aussage über das Vorliegen einer psychischen Störung gemacht werden kann!

Vorteile von Fragebogenverfahren

Ein Vorteil der Verwendung von **Fragebogenverfahren** in der Klinischen Psychologie und der Psychotherapie liegt darin, dass sie vergleichsweise kostengünstig und zeitsparend eingesetzt werden können. Weiterhin werden sie meist den methodischen Anforderungen nach Objektivität, Reliabilität und Validität weitgehend gerecht. Im Folgenden werden einige wichtige Verfahren genannt.

10.3 · Psychometrische Verfahren

◘ **Abb. 10.2** Strukturierte Interviews und Fragebogenverfahren werden zur klassifikatorischen Diagnostik sowie zur Diagnostik verschiedener Aspekte psychischer Störungen eingesetzt

Nähere Details sind den Empfehlungen von Fydrich (2011) zur Diagnostik im Bereich der Psychotherapie im Erwachsenen- sowie im Kinder- und Jugendlichenbereich zu entnehmen (◘ Tab. 10.1, 10.2).

10.3.2 Beobachtungsmethoden

Systematische Beobachtungen sind vor allem im Bereich der Diagnostik von Verhaltensweisen bei Kindern und Jugendlichen von Bedeutung. Sie finden aber auch systematische Anwendung in der Forschung sowie bei der Selbst- oder Fremdbeobachtung

Tab. 10.1 Psychodiagnostische Verfahren für die Psychotherapie bei Erwachsenen (Auswahl)

Störungsübergreifende Diagnostik; Lebensqualität

BSI: Brief Symptom Inventory zur Erfassung subjektiver Beeinträchtigung durch körperliche und psychische Symptome (Kurzform der SCL-90R; Franke, 2000)
BSS: Beeinträchtigungs-Schwere-Score. Instrument zur Bestimmung der Schwere einer psychogenen Erkrankung (Schepank, 1995)
ISR: ICD-10 Symptomrating (Tritt et al., 2010)
SCL-90-R: Symptom-Checkliste von Derogatis, dt. Vers. (Franke, 2002)
SF36 (SF12): Fragebogen zum Gesundheitszustand (Bullinger & Kirchberger, 1998)

Interaktions- und Beziehungsdiagnostik; Persönlichkeitsdiagnostik

HAQ: Health Alliance Questionnaire (dt: Bassler et al., 1995)
IIP-D: Inventar zur Erfassung interpersonaler Probleme (Horowitz et al., 2000)
PSSI: Persönlichkeits-Stil-und-Störungs-Inventar (Kuhl & Kazén, 1997)
TPF: Trierer Persönlichkeitsfragebogen (Becker, 1989)

Störungsspezifische Diagnostik

Alkoholabhängigkeit/ -missbrauch	LAST: Lübecker Alkoholabhängigkeits- und -missbrauchs-Screening (Rumpf et al., 1997) SESA: Skala zur Erfassung der Schwere der Alkoholabhängigkeit (John et al., 2001) FFT: Fragebogen zum funktionalen Trinken (Belitz-Weihmann & Metzler, 1997)
Ängste und Phobien	AKV: Fragebogen zu körperbezogenen Ängsten, Kognitionen und Vermeidung (Ehlers et al., 2001) BAI: Beck-Angst-Inventar (Margraf & Ehlers, 2007) PAS: Panik- und Agoraphobie-Skala (Bandelow, 1997) SPAI: Soziale-Phobie- und Angst-Inventar (dt: Fydrich, 2002) SIAS: Social Interaction Anxiety Scale (dt: Stangier & Heidenreich, 2002a) SPS: Social Phobia Scale (dt: Stangier & Heidenreich, 2002b) PSWQ: Penn State Worry Questionnaire (dt: Stöber, 1995) IES-R: Impact of Event Scale (rev. Form, dt: Maercker & Schützwohl, 1998) PSS: PTSD Symptom Scale (Foa et al., 1993)
Depressivität	ADS: Allgemeine Depressions-Skala. (Hautzinger & Bailer, 1993) BDI: Beck Depressions Inventar (Hautzinger et al., 2000) HAMD: Hamilton Depressionsskala (Fremdrating; Hamilton, 1986)
Essstörungen	FEV: Fragebogen zum Essverhalten (Pudel & Westenhöfer, 1989) IEG: Inventar zum Essverhalten und Gewichtsproblemen (Diehl & Staufenbiel, 1999) SIAB-S: Strukturiertes Inventar für Anorektische und Bulimische Essstörungen Fragebogen zur Selbstbeurteilung (Fichter & Quadflieg, 1999)
Somatoforme Störungen/ Schmerz	SOMS: Screening für Somatoforme Störungen (Rief et al., 1997) KSI: Kieler Schmerz-Inventar (Hasenbring, 1994) SES: Schmerzempfindungs-Skala (Geissner, 1996) MASK: Multiaxiale Schmerzklassifikation (Klinger et al., 2000)
Zwangsstörungen	HZI-K: Hamburger Zwangsinventar, Kurzform (Klepsch et al., 1993) Y-BOCS: Yale-Brown Obsessive Compulsive Scale (Goodman et al., 1989) OCI-R: Obsessive-Compulsive Inventory (rev. Fass.; Gönner et al., 2007)
Borderlinestörung und Dissoziation	BSL: Borderline Symptomliste (Bohus et al., 2001) FGG: Fragebogen zu Gedanken und Gefühlen (Renneberg & Seehausen, 2010) FDS: Fragebogen zu Dissoziativen Symptomen (Freyberger et al., 1999) SKID-D: Strukturiertes Klinisches Interview für Dissoziative Störungen (Gast & Rodewald, 2004)

10.3 · Psychometrische Verfahren

Tab. 10.2 Psychodiagnostische Verfahren für die Psychotherapie bei Kindern und Jugendlichen (Auswahl)

Breitband- und Screeningverfahren

CASCAP-D: Psychopathologisches Befundsystem für Kinder und Jugendliche (Döpfner et al., 1999)
DISYPS-II: Diagnostik-System für psychische Störungen nach ICD-10 und DSM-IV für Kinder und Jugendliche-II
CBCL: Child Behavior Checklist (als Versionen für Eltern von Kindern im Alter von 18 Monaten bis 5 Jahren; bzw. für 4–18-Jährige; und als Version YSR; für 11–18-Jährige als Fragebogen sowie als TRF = Teacher's Report Form für Lehrer; Arbeitsgruppe Deutsche CBCL, 2000)
Mannheimer Elterninventar (Interviewverfahren; Esser et al., 1989)
VBV 3-6: Verhaltensbeurteilungsbogen für Vorschulkinder (Döpfner et al., 2001)
ILK: Inventar zur Erfassung der Lebensqualität bei Kindern und Jugendlichen (Mattejat & Remschmidt, 2003)
SDQ: Fragebogen zu Stärken und Schwächen (The Strengths and Difficulties Questionnaire; Goodman, 1997)

Störungsspezifische Verfahren

Aufmerksamkeitsdefizit-/Hyperaktivitätsstörungen und oppositionelle Verhaltensstörungen	DISYPS-II: Spezielle Skalen aus dem Diagnostik-System zur Erfassung psychischer Störungen bei Kindern und Jugendlichen (Döpfner et al., 2008) EL–PF: Elterninterview über Problemsituationen in der Familie (Döpfner et al., 2005)
Angststörungen	SPAI-K: Soziale-Phobie- und Angst-Inventar – Kinder (Melfsen et al., 2001) KAT-II: Kinder-Angst-Test (Thurner & Thewes, 2000) DAI: Differentielles Leistungsangst Inventar (Rost & Schermer, 1997) AFS: Angstfragebogen für Schüler (Wieczerkowski et al., 1998) DISYPS-II: Spezielle Skalen aus dem Diagnostik-System zur Erfassung psychischer Störungen bei Kindern und Jugendlichen (Döpfner et al., 2008)
Zwangsstörungen	CY-BOCS: Children's Yale-Brown Obsessive Compulsive Scale (dt: Döpfner, 1999) HZI –K: Hamburger Zwangsinventar (Kurzversion; ab 16 J.; Klepsch et al., 1993) LOI-K: Leyton Obsessive Compulsive Inventory (dt: Döpfner, 1999) DISYPS-II: Spezielle Skalen aus dem Diagnostik-System zur Erfassung psychischer Störungen bei Kindern und Jugendlichen (Döpfner et al., 2008)
Störungen des Sozialverhaltens	STAXI: State-Trait-Ärgerausdrucks-Inventar (Schwenkmezger et al., 1992) EAS: Erfassungsbogen für aggressives Verhalten in konkreten Situationen (Petermann & Petermann, 2000) DISYPS-II: Spezielle Skalen aus dem Diagnostik-System zur Erfassung psychischer Störungen bei Kindern und Jugendlichen (Döpfner et al., 2008) BAV: Beobachtungsbogen für 3–6-jährige Kinder (Frey et al., 2008)
Depressive Störungen	DTK: Depressionstest für Kinder (Rossmann, 1993) DIKJ: Depressionsinventar für Kinder und Jugendliche (Stiensmeier-Pelster et al., 2000) BDI: Beck Depressionsinventar (ab 16 Jahre; Hautzinger et al., 1995) ADS: Allgemeine Depressionsskala (ab 16 Jahre; Hautzinger & Bailer, 1993) DISYPS-II: Spezielle Skalen aus dem Diagnostik-System zur Erfassung psychischer Störungen bei Kindern und Jugendlichen (Döpfner et al., 2008)

◘ Tab. 10.2 (Fortsetzung)

Essstörungen	ANIS: Anorexia-Nervosa-Inventar zur Selbstbeurteilung (Fichter & Keeser, 1980) Eating Disorder Inventory II (Thiel et al., 1997) SIAB: Strukturiertes Inventar für anorektische und bulimische Essstörungen (Fichter & Quadflieg, 1999) EAT: Eating Attitude Test (dt: Steinhausen & v. Aster, 1999)
Somatisierungs-störungen	GBB-KJ: Giessener Beschwerdebogen für Kinder und Jugendliche
Tic-Störungen	Yale-Tourette-Syndrom-Symptomliste (Steinhausen & v. Aster, 1999)

Anmerkungen. Vgl. auch Übersichten in Ahle et al., 2006; Fydrich, 2011; Horn, 2006; Schneider & Margraf, 2009. Ein guter Überblick über weitere diagnostischen Verfahren, die für einen Einsatz in der Psychotherapie geeignet sind, findet sich bei Brähler et al. (2002).

von Personen in störungsrelevanten Situationen (z. B. in Angst auslösenden Situationen). Folgende Aspekte der Kategorisierung von Beobachtungsmethoden können unterschieden werden:
- In-vivo-Beobachtung (in der natürlichen Umgebung)
- Strukturierte Beobachtung (meist im Labor oder in einer »künstlichen« Umgebung)
- Selbstbeobachtung
- Verhaltenstests

In-vivo-Beobachtungen finden meist in natürlichen Umgebungen statt. Anwendungsbeispiele sind etwa die Beobachtung aggressiven Verhaltens von Kindern im Kindergarten oder in der Schule oder – bei Erziehungsproblemen – die Beobachtung der Interaktionen von Eltern und Kindern in ihrer Wohnung.

strukturierte Beobachtungen

Bei **strukturierten Beobachtungen** kann den Probanden gezielt eine Aufgabe gestellt werden. Beispielsweise werden Paare instruiert, sich über ein konflikthaftes Thema auseinanderzusetzen, Personen mit sozialen Ängsten können im Rahmen diagnostischer Rollenspiele aufgefordert werden, mit einer ihnen unbekannten Person ein Gespräch zu beginnen und weiterzuführen, und Personen mit phobischen Ängsten können beobachtet werden, wie sie sich einer gefürchteten Situation nähern und welche Reaktionen dabei auftreten. Die Verhaltensbeobachtungen folgen dabei meist konkreten Beobachtungsrichtlinien und Kriterien. Als abhängige Variablen können beispielsweise die Häufigkeit, Dauer und Intensität einer Aktivität erhoben werden. Möglich ist auch eine Auswertung und Beurteilung beispielsweise der beobachtbaren sozialen Kompetenz (Fydrich & Bürgener, 2005).

Selbstbeobachtung: eigenes Verhalten

Verfahren zur **Selbstbeobachtung** eignen sich besonders gut, um im klinischen Kontext problematische Verhaltensweisen, Kognitionen, Gefühle und körperliche Reaktionen in der alltäglichen Umwelt systematisch zu beobachten und zu protokollieren. So werden beispielsweise in gesundheitspsychologischen Programmen zur Raucherentwöhnung die Teilnehmer instruiert, jeweils die Situation, in der geraucht wurde, sowie die vorausgegangenen und begleitenden Gedanken zu notieren. Bei der Behandlung von Patienten mit (chronischen) Schmerzen können sog. Schmerztagebücher dabei helfen, einen Zusammenhang zwischen körperlichen oder psychischen Belastungen und Schmerzhäufigkeit und -intensität herauszufinden. Mit Schmerztagebüchern wird die Stärke und Frequenz von Schmerzen sowie der Zusammenhang mit Aktivitäten, Gedanken und Situationen über den Tag hinweg von den Patienten protokolliert. Ein weiteres Beispiel für Selbstbeobachtung ist, dass in der kognitiven Therapie bei Depressionen betroffene Personen »dysfunk-

10.3 · Psychometrische Verfahren

tionale« Gedanken und die Situationen, in denen sie auftreten, beobachten und protokollieren.

Eine Kombination von (durch den Therapeuten) strukturierter Beobachtungssituation und Selbstbeobachtung im natürlichen Umfeld stellen sog. **Verhaltenstests** dar. So kann beispielsweise eine Person, die unter einer Agoraphobie leidet, aufgefordert werden, den gefürchteten Supermarkt nahe der eigenen Wohnung aufzusuchen. Dabei soll sie die Intensität der erlebten Angst auf einer Skala von 0–100 einstufen. Wenn derartige Verhaltenstests zu Beginn, am Ende und eventuell auch zu einem Nachuntersuchungstermin eingesetzt werden, eignen sie sich auch gut zur verhaltensorientierten Erfassung des Therapieerfolgs.

Kombination: Verhaltenstests

Nachteile der Beobachtungsverfahren sind eine häufig unzureichende Reliabilität (z. B. durch Verzerrung der Einschätzung durch Vorinformation oder Halo-Effekte) und die nicht bekannte oder geringe Validität (Repräsentativität der Beobachtungssituation und der beobachteten Verhaltensanteile). Dies liegt u. a. an der Reaktivität des Beobachtungsprozesses: Das zu beobachtende Verhalten, die Gedanken oder andere Reaktionen werden allein schon durch die Beobachtung (d. h. ohne weitere Intervention) häufig verändert. Dieses Problem kann dadurch etwas entschärft werden, dass statt partizipierender Beobachtung Videoaufzeichnungen vorgenommen werden, die später von Beobachtern beurteilt werden. Leichter sind solche Vorkehrungen in entsprechend eingerichteten Räumen (Beratungsstelle, Labor) zu realisieren, wo Beobachtungen ggf. auch durch Einwegscheiben möglich sind.

Nachteile

Während die Reaktivität von Verhaltensbeobachtungen einerseits im Hinblick auf die Validität der Beobachtung problematisch sein kann, ist sie andererseits in manchen anderen Bereichen klinisch wünschenswert. So hat die Anleitung zur Selbstbeobachtung in einem Programm zur Raucherentwöhnung durchaus zum Ziel, schon dadurch das Rauchen zu reduzieren.

10.3.3 Problem-, Verhaltens- und Plananalyse als Ansatz der kognitiv-verhaltenstherapeutischen Diagnostik

Im Mittelpunkt der Analyse von Verhalten, Kognitionen, Emotionen und körperlichen Reaktionen innerhalb des kognitiv-verhaltenstherapeutischen Ansatzes steht die Diagnostik von **funktionalen Zusammenhängen** zwischen dem sog. »**problematischen Verhalten**« einerseits sowie **antezedenten** und **konsequenten Bedingungen** und Ereignissen andererseits. Ziel dieser Form der Diagnostik ist in erster Linie, diejenigen Bedingungen festzustellen, die die Aufrechterhaltung der Probleme erklären können.

Diagnostik funktionaler Zusammenhänge

Auf diese Analyse bauen im Weiteren die Bestimmung von **therapeutischen Zielen** sowie die Indikationsstellung für **bestimmte therapeutische Interventionen** auf. Die psychische Störung wird als Problem betrachtet, welches sowohl **beobachtbares Verhalten** als auch **persönliches Erleben** (Emotion, Denken) und **körperliche Zustände und Reaktionen** (z. B. Unwohlsein, Antriebslosigkeit, Schmerzen oder Herzrasen) umfasst. Antezedente und konsequente Bedingungen bzw. Ereignisse des »problematischen Verhaltens« können sowohl externer als auch interner Art sein. Hierzu gehören z. B. bei Personen mit starken Ängsten vor engen Räumen bestimmte Räume und deren Beschaffenheit (z. B. kein Tageslicht, viele andere Menschen als externe Bedingungen), aber auch eigene Gedanken (z. B. der Gedanke daran, nicht schnell genug aus einem Raum herauszukommen), oder die Wahrnehmung von Körperempfindungen (z. B. Herzklopfen oder Schwindelgefühl) als interne auslösende Bedingungen.

Elemente der Verhaltensanalyse

Die **Problemanalyse** (z. B. Bartling et al., 2005; Kanfer et al., 2006) beginnt dabei auf der Ebene des »**Verhaltens in Situationen**« (ViS). Zentraler Schritt ist dabei zu-

drei Ebenen

nächst die genaue Exploration und Beschreibung des Problems bzw. der Symptomatik auf den drei zentralen Ebenen:
- Physiologie (Welche körperlichen Vorgänge treten auf?)
- Kognition und Emotion (Welche Gedanken und Gefühle gehören zur Symptomatik bzw. gehen mit ihr einher?)
- Verhalten (Was tut die Person?)

Die genannten drei Modalitäten des Problems bzw. der Symptomatik folgen nicht unbedingt sukzessiv aufeinander, sondern sind weitgehend simultan ablaufende und auftretende Anteile des Erlebens und Verhaltens.

Mit dem Ziel, ein funktionales Bedingungsmodell als psychologische Erklärung des Problems bzw. der Symptomatik zu erstellen, werden weiterhin die inneren und äußeren situativen Komponenten analysiert, unter denen das Problem auftritt. Dabei wird darauf geachtet, welche internen und/oder externen Bedingungen mit einer Variation wichtiger Aspekte des Problems (Häufigkeit, Intensität, Dauer) einhergehen. Neben den vorausgehenden (antezendenten) situativen Bedingungen sind auch die nachfolgenden (konsequenten) Bedingungen oder Ereignisse von großer Bedeutung.

Verhaltensanalyse

Die durch eine **Verhaltensanalyse** explorierten Zusammenhänge werden als funktionales Bedingungsmodell nach den Paradigmen des **klassischen** und des **operanten Lernens** dargestellt. Überträgt man das Modell des klassischen Konditionierens (respondentes Lernen) auf den Bereich psychischer Störungen und Probleme, so können Situationen, die zunächst »neutral« sind und in denen unangenehme (u. a. physiologische) Erlebnisse oder Reaktionen aufgetreten sind, zu Situationen werden, in denen diese Reaktionen dann häufig »automatisch« stattfinden. Mit dem Modell des operanten Konditionierens wird erklärt, dass dem Verhalten nachfolgende Bedingungen oder Ereignisse eine Verstärkerfunktion für die betroffene Person und damit für das »problematische Verhalten« haben können, so dass dieses mit größerer Wahrscheinlichkeit in den entsprechenden Situationen erneut auftritt.

> **Beispiel**
>
> Ein klinisch-psychologisches Beispiel für eine respondente Reaktion ist das starke, plötzlich auftretende Herzklopfen von Frau A., welches von Gefühlen der Unsicherheit und Ängstlichkeit begleitet wird. Es tritt immer dann auf, wenn bei ihr das Telefon klingelt. Hintergrund dieser Symptomatik ist bei ihr, dass in der Vergangenheit ihr früherer Partner häufig angerufen hat und ihr in aggressiver Weise wiederholt Vorwürfe über die Art der von ihr durchgesetzten Trennung machte.
>
> Ein weiteres Beispiel für eine mit dem Modell der klassischen Konditionierung erklärbaren Reaktion ist die starke Angst von Herrn I., während er sich mit seinem Auto auf dem Weg zu seiner Arbeitsstelle einer großen Brücke nähert. Auf dieser Brücke hatte er vor kurzem einen heftigen Panikanfall, bei dem er glaubte, die Kontrolle über sich und das Auto zu verlieren. Operant erklärbar ist, dass Herr I. seit der erlebten Panikattacke vermeidet, über die Brücke zu fahren. Er fährt einen großen Umweg zur Arbeitsstelle. Dadurch treten die Ängste kaum noch auf. Das Vermeidungsverhalten kann durch negative Verstärkung (Reduktion der stark aversiven Angst) erklärt werden.

Hypothesenprüfung

Die auf dieser Grundlage entwickelte Problem- und Verhaltensanalyse kann vor allem als ein Modell für die Erklärung von aktuell auftretenden Problemen (Symptomen) im Sinne der **Aufrechterhaltung** von Problemen verstanden werden. Die explorierten Zusammenhänge sind dabei in einem konkreten Fall als diagnostische und therapeutische **Hypothesen** zu verstehen, die im Verlauf der Therapie immer wieder an den aktuellen Informationsstand adaptiert werden müssen.

10.3 · Psychometrische Verfahren

Kern des funktionalen Bedingungsmodells ist die sog. **Verhaltensgleichung**, in der das Verhalten selbst (R = Reaktion) sowie die auslösenden Bedingungen (S = Situation) und die nachfolgenden, meist verstärkenden Bedingungen (C = Konsequenz) in ihren funktionalen Zusammenhängen beschrieben werden. Die Verhaltensgleichung nach dem respondenten Modell enthält nur zwei Aspekte (S-R), die nach dem operanten Modell in der ursprünglichen Form drei Komponenten (S-R-C).

In der Folge dieser »klassischen« S-R-C-Darstellung wurden von verschiedenen Autoren zusätzliche Faktoren in die Gleichung eingeführt, um die Bedeutung anderer Variablen bei der Entstehung und Aufrechterhaltung problematischer Verhaltensweisen und Symptome zu betonen. Bekannt wurde vor allem die Verhaltensgleichung von Kanfer und Saslow (1976), die zwischen die S- und R-Komponente zusätzlich eine »O« (Organismus)-Variable einfügten, um bei der funktionalen Erklärung der Problematik körperliche Aspekte (z. B. Alkohol, Müdigkeit, Behinderung, Krankheit) mit zu berücksichtigen. Weiterhin enthielt die Kanfersche Gleichung noch den Aspekt »K« (Kontingenz), womit die aus den Lerntheorien bekannte Bedeutsamkeit der Häufigkeit, Intensität, Dauer und Aufeinanderfolge der Konsequenzen betont wurde. Von anderen Autoren wurden zusätzlich kognitive Aspekte im Rahmen des funktionalen Bedingungsmodells betont und als »E« (Erwartung) mit in die Gleichung aufgenommen. Ähnlich kann das neuere Modell von Bartling et al. (2005) gesehen werden. Die Autoren differenzieren auf der Ebene des Verhaltens als kognitiven Aspekt den Wahrnehmungsprozess (WP) und die innere Verarbeitung (IV). Sowohl auf der Ebene der Situation als auch der Konsequenzen (bei Bartling et al. mit »K« symbolisiert) werden externe und interne Aspekte unterschieden (S_e, S_i und K_e, K_i).

Mit der sog. »kognitiven Wende« wurden in der Verhaltenstherapie wesentlich stärker als in der klassischen Verhaltensanalyse die **Rolle von Kognitionen, Einstellungen, Erwartungen, persönlichen Zielen oder Intentionen** bei der Problemanalyse und der Diagnostik psychischer Störungen berücksichtigt. In unterschiedlichen Störungstheorien und nachfolgend auch im Bereich der kognitiv-verhaltenstherapeutischen Diagnostik spielen beispielsweise kognitive Schemata (z. B. Beck et al., 1996), »beliefs« (Ellis & Grieger, 1995) oder Handlungspläne und persönliche Ziele eine zentrale Rolle bei der Erklärung von klinisch relevantem Verhalten und Erleben. Im Unterschied zur Problem- und Verhaltensanalyse, bei der vor allem das Verhalten in Situationen (ViS) beschrieben wird, dient die Exploration komplexer Handlungsziele und -pläne der Diagnostik von individuell bedeutsamen, das konkrete Handeln leitenden Regeln, Plänen und Kognitionen. Diese werden daher auch als »**handlungsleitende Kognitionen**« bezeichnet. Den entsprechenden Teil der Exploration und Beschreibung nennt man »**vertikale Verhaltensanalyse**« (oder **Plananalyse**) im Unterschied zur »**horizontalen Verhaltensanalyse**«, bei der das »Verhalten in Situationen« primär auf einer Zeitachse abgebildet wird (Bartling et al., 2005; Caspar, 2008).

Zu den Verfahren und Methoden, die bei der Problem-, Verhaltens- und Plananalyse hilfreich sein können, gehören **Verhaltensbeobachtungen**, (diagnostische) **Rollenspiele** sowie **Beschreibungen** von Verhalten durch Dritte (◘ Abb. 10.3; ▶ Abschn. 10.3.2). Auch kann es zu den ersten Aufgaben und Übungen der Klienten gehören, ihr Verhalten und Denken zu beobachten und zu protokollieren (z. B. »Drei-Spalten-Technik«, bei der die Situation, das Verhalten und auftretende Gedanken notiert werden; vgl. z. B. Linden & Hautzinger, 2008). Die in ▶ Abschnitt 10.3.1 genannten störungsspezifischen Verfahren, beispielsweise das Mobilitätsinventar von Ehlers et al. (2001), sind ein anschauliches Beispiel dafür, dass die Erhebung von Intensität und Häufigkeit problematischen Verhaltens (hier die Vermeidung von angstauslösenden Situationen) und die Verhaltensanalyse sich gut ergänzen. In diesem Inventar werden spezifische Situationen (Stimuli) erfragt, die vom Patienten unter den Bedingungen »allein« oder »mit jemandem zusammen« gemieden werden. Die Liste angenehmer

---

Marginalien:

Verhaltensgleichung

kognitive Komponenten

horizontale und vertikale Verhaltensanalyse/Plananalyse

störungsspezifische psychometrische Verfahren

◘ Abb. 10.3 Im Rahmen der Verhaltensanalyse werden individuell bedeutsame Situationen (hier eine Party-Situation) genau erfasst, zu denen z. B. ein gemeinsames Essen gehört

Ereignisse (s. Hautzinger, 2003) ist ein Beispiel für das Erfassen von Konsequenzen und Aktivitäten, die im Sinne einer Verstärkung von Bedeutung sein können.

Spezifische Techniken und Verfahren zur Diagnostik störungs- und therapierelevanter Kognitionen werden ausführlicher von Bastine und Tuschen (1996) dargestellt und diskutiert. Hierzu gehören z. B. die Strategie der »Als-ob«-Methode, bei der Patienten die entsprechende problematische Situation nachspielen oder sich innerlich vorstellen und die dabei auftretenden Gedanken exploriert werden; außerdem die Technik des Gedankenauflistens (»thought listing«), das stichprobenmäßige Erfassen von Gedanken (»thought sampling«), die Methode des lauten Denkens sowie der oben schon erwähnte Einsatz von Tagebüchern bei der Selbstbeobachtung.

10.3.4 Persönlichkeitstests in der Klinischen Psychologie und Psychotherapie

Trait-Konzept und Psychotherapieevaluation

Persönlichkeitstests liegt in der Regel das Konzept zugrunde, dass die damit erfassten Merkmale relativ zeitstabile Erlebens- und Verhaltensweisen sind (Trait-Konzept). Daher werden in der Klinischen Psychologie und Psychotherapie bei einigen Fragestellungen solche Persönlichkeitsmerkmale erhoben, die sich empirisch als Prädiktoren für den Verlauf psychotherapeutischer Behandlungen als bedeutsam erwiesen haben. Weiterhin kann die Kenntnis hoher Ausprägung einzelner Persönlichkeitsmerkmale (z. B. geringe Offenheit) hilfreich sein, um die therapeutische Beziehung zum Patienten zu gestalten. Teilweise wird auch davon ausgegangen, dass im Rahmen von Therapien ungünstige Ausprägungen von Persönlichkeitsmerkmalen (z. B. »Neurotizismus«) verändert werden können. Daher werden Persönlichkeitstests gelegentlich auch im Bereich der **Psychotherapieevaluation** angewendet, indem sie vor und zum Ende der Behandlung oder zu katamnestischen Zeitpunkten eingesetzt werden.

Oft stehen dabei einzelne Skalen von Persönlichkeitstests im Vordergrund des Interesses, die neben dem Persönlichkeitsaspekt auch klinisch-psychologische Relevanz haben. Persönlichkeitstests, die vergleichsweise häufig im Rahmen der klinisch-psychologischen Diagnostik eingesetzt werden, sind (▶ auch Kap. 3.3.3)
- das Minnesota Multiphasic Personality Inventory (MMPI),
- das Freiburger Persönlichkeitsinventar (FPI-R),
- das Trierer Integrierte Persönlichkeitsinventar (TIPI) und
- das Neo-Fünf-Faktoren-Inventar (NEO-FFI).

10.3.5 Verfahren und Ansätze auf klientenzentrierter, psychodynamischer, systemischer und interpersoneller Grundlage

Da Persönlichkeitstests in ihrem Ansatz so konzipiert sind, dass sie psychologische Konstrukte möglichst stabil erfassen, muss dies bei der Beurteilung von Veränderungen durch klinisch-psychologische Intervention berücksichtigt werden. Die Größe der Veränderungen wird nach den mit Persönlichkeitstests erfassten Maßen *geringer* ausfallen als bei Verwendung symptomorientierter Messverfahren.

Persönlichkeitstests in der Verlaufsdiagnostik

Zum Konzept einiger therapeutischer Ansätze gehört es, durch die Therapie auch eine Veränderung von Persönlichkeitsmerkmalen anzustreben, die vor der Therapie dysfunktional ausgeprägt waren. Naheliegende Beispiele hierfür sind einzelne **Skalen** aus den genannten Fragebogen: Depression und Psychasthenie (MMPI), Lebenszufriedenheit, Aggressivität, körperliche Beschwerden und Emotionalität (FPI-R), Neurotizismus (NEO-FFI) oder Faktoren der seelischen Gesundheit (z. B. Fröhlichkeit, Tatendrang, Selbstvertrauen), wie sie mit dem TIPI erfasst werden.

therapierelevante Persönlichkeitsmerkmale

Fazit

Zur Bewertung mehrdimensionaler Persönlichkeitstests in der klinisch-psychologischen Diagnostik soll betont werden, dass sie im Sinne von Screeninginstrumenten wichtige Informationen für die Eingangsdiagnostik sowie für die Gestaltung der therapeutischen Beziehung liefern können. Mit solchen Verfahren können klinisch relevante Persönlichkeitsaspekte erfasst werden, die im Kontext der Behandlung für manche Diagnostiker von Interesse sind. Zum Einsatz bei der Kontrolle von Therapieverlauf und -erfolg sind Persönlichkeitstests jedoch wegen des zugrundeliegenden Trait-Konzepts weniger gut geeignet.

10.3.5 Verfahren und Ansätze auf klientenzentrierter, psychodynamischer, systemischer und interpersoneller Grundlage

10.3.5.1 Verfahren auf der Grundlage der klientenzentrierten Gesprächspsychotherapie

Leitsatz der klientenzentrierten Gesprächspsychotherapie ist die Überzeugung, dass der Klient selbst am besten über sich und sein Problem im Bilde ist und daher die Richtung und den Verlauf des therapeutischen Gesprächs bestimmen sollte. Der Einsatz formalisierter diagnostischer Verfahren spielt aus diesem Grund eine eher untergeordnete Rolle und dient allenfalls zur Ergänzung der Gesprächsmethode. Einige Verfahren wurden jedoch speziell zur Unterstützung gesprächsdiagnostischer Maßnahmen konstruiert. Ihr Ziel liegt v.a. darin, die Perspektive des Klienten abzubilden. So werden eher ideografische Methoden genutzt, die sich nicht an einer allgemeinen statistischen Norm orientieren (vgl. Eckert et al., 2006).

Ein Beispiel hierfür ist die sog. **Q-Sort-Technik**. Hierbei sortiert der Proband auf Karten vorgegebene Aussagen nach dem Grad, wie sie auf ihn zutreffen. Neben dem auf diese Art erfassten (realen) Selbstkonzept können die Karten auch entsprechend eines idealen Selbstkonzepts sortiert werden. Da in der klientenzentrierten Gesprächspsychotherapie eine Annäherung von realem und idealem Selbstbild angestrebt wird, kann dieses Verfahren zur Kontrolle des Therapieverlaufs und -erfolgs im Rahmen der Gesprächspsychotherapie eingesetzt werden.

Q-Sort-Technik

Fragebogenverfahren, die im Kontext des gesprächspsychotherapeutischen Ansatzes entwickelt wurden, sind u. a.
- die **Berger-Skala zur Erfassung der Selbstakzeptanz** (Bergemann & Johann, 1993).
- die **Skala zur Erfassung der Selbstakzeptierung SESA** (Sorembe & Westhoff, 1985).

Fragebogenverfahren in der Gesprächspsychotherapie

- der **Veränderungsfragebogen des Erlebens und Verhaltens VEV** (Zielke & Kopf-Mehnert, 1978). In diesem Verfahren sollen die Klienten nach Abschluss der Behandlung 42 Aussagen der Art »Ich habe mehr Selbstvertrauen« im Vergleich zum Beginn der Therapie beurteilen.
- Die **Kieler Änderungssensitive Symptomliste KASSL** (Zielke, 1979) erfasst mit 50 Fragebogenitems eine Reihe von Beschwerden. Auf faktorenanalytischer Basis wurden die Skalen sozialer Kontakt, Stimmung, Beruf sowie Leistung und Konzentration etabliert. Zusätzlich kann ein Gesamtwert zur Symptombelastung gebildet werden (▶ auch Abschn. 10.3).

Weitere Beispiele für eine Vielzahl diagnostischer Verfahren, die sich auf den Therapieprozess und -verlauf beziehen und die im Rahmen der klientenzentrierten Gesprächspsychotherapie entwickelt wurden, finden sich bei Eckert et al. (2006).

10.3.5.2 Psychodynamisch orientierte Verfahren

ZBKT

Neben der Entwicklung psychodynamisch orientierter Interviewkonzepte, die klassischerweise zu den wichtigsten diagnostischen Methoden der Psychoanalyse gehören, gibt es auch eine Reihe von strukturierten oder standardisierten Interview- und Testverfahren, denen explizit ein psychodynamisches bzw. psychoanalytisches Konzept zugrunde liegt. Exemplarisch erwähnt sei hier der Ansatz des **Zentralen Beziehungskonfliktthemas ZBKT** (Luborsky, 1984), eine formalisierte psychodynamische Diagnostik, die in Form eines standardisierten Interviews subjektiv bedeutsame Beziehungsepisoden erhebt. Ausgewertet werden die Interaktionsmuster der Probanden anhand der eigenen Wünsche, der Reaktionen anderer und der darauf folgenden Reaktionen des Interviewten.

OPD

Umfassende Aktivitäten gibt es seit über zehn Jahren im Rahmen der **Operationalisierten Psychodynamischen Diagnostik OPD** (Arbeitskreis OPD, 2009). Ziel dieses Ansatzes ist, diagnostische Konzepte der psychodynamischen Theorie und Psychotherapie mit möglichst großer Zuverlässigkeit (Reliabilität) zu erfassen. Über nichtformalisierte oder standardisierte diagnostische Gespräche werden theoretisch relevante Bereiche auf fünf Achsen abgebildet. Operationalisiert werden dabei die folgenden Ebenen:
- das Krankheitserleben und die Behandlungsvoraussetzungen
- die Beziehungsebene
- zeitlich überdauernde Konflikte
- die psychische Struktur
- die Symptom- und Syndromebene, die auch die klassifikatorische Diagnostik nach ICD-10 berücksichtigt

PSKB

Mit dem **Psychischen und Sozial-Kommunikativen Befund PSKB** (Rudolf, 1993) stufen Therapeuten auf der Basis des anamnestischen Gesprächs einerseits psychische Störungen hinsichtlich ihrer Symptomatik (psychischer Befund) ein, andererseits das Ich-Erleben, die soziale Bewältigung sowie Reaktionen auf belastende Lebensereignisse. Das Verfahren kann auch als Fragebogen eingesetzt werden (Rudolf, 1991).

Gießen-Test

Weit verbreitet und auch außerhalb psychodynamischer Settings häufig eingesetzt wird der **Gießen-Test (GT)** (Beckmann et al., 1991; ▶ Kap. 3.3.3). Der GT ist ein Fragebogenverfahren mit 40 Items, die insgesamt sechs Skalen zugeordnet werden. Im Gegensatz zu projektiven Verfahren zeichnet sich der GT durch bessere Objektivität, Reliabilität und Ökonomie aus. Anders als bei vielen Persönlichkeitsinventaren werden in besonderer Weise soziale Einstellungen und soziales Verhalten berücksichtigt. Es soll erfasst werden, wie Personen in psychodynamisch relevanten Kategorien sich selbst in Beziehung zu anderen darstellen. Theoretischer Hintergrund des Inventars sind psychoanalytische, rollentheoretische und interaktionistische Gesichtspunkte.

10.3 · Psychometrische Verfahren

Es ist möglich, mit dem GT neben dem Selbstbild (wie die Person sich selbst sieht) auch das Fremdbild (wie andere die Person sehen) und das Idealbild (wie die Person idealerweise sein möchte) zu erfassen. Der GT eignet sich daher auch zur Paardiagnostik auf psychodynamischem Hintergrund. Diskrepanzen zwischen Selbst- und Fremdbild können relevante Hinweise zur Beratung und Therapie geben. Die mit dem GT erfassten sechs Dimensionen sind **soziale Resonanz, Dominanz, Kontrolle** (unter- vs. überkontrolliert), **Grundstimmung** (hypomanisch vs. depressiv), **Durchlässigkeit** (durchlässig vs. retentiv) und **soziale Potenz**. Trotz einer Reihe von konzeptuellen und methodischen Problemen, des psychodynamischen theoretischen Hintergrunds und der ungewöhnlichen Benennung liegen die Skalen im Raum der sonst etablierten Persönlichkeitsdimensionen. Dies bedeutet, dass sie kaum Anspruch auf einen Validitätsbereich erheben können, der nicht durch herkömmliche (nicht psychodynamisch orientierte) Skalen abgedeckt würde. Als Vorzüge des Verfahrens bleiben die umfangreichen **Erfahrungen** im klinischen Bereich und die Einsatzmöglichkeit in der **Paardiagnostik**.

sechs Dimensionen des GT

10.3.5.3 Systemische Therapie und interpersonale Diagnostik

Bei den **systemischen Ansätzen** liegt der Fokus der Diagnostik und Behandlung nicht in erster Linie auf der »gestörten« Person, die professionelle Hilfe sucht; vielmehr werden psychische Probleme in funktionalem Zusammenhang mit den aktuellen Lebensumständen gesehen. Dabei spielen nahe Bezugspersonen und die Familie eine zentrale Rolle. Die Person, die in Behandlung kommt, wird als »Indexpatient« betrachtet. Als »gestört« bzw. dysfunktional gilt entsprechend das soziale Bezugssystem, das den »Problemträger« braucht, um in einer eingespielten Homöostase bleiben zu können. In der systemischen Therapie ist es aus diesen Gründen weitgehend unwichtig, welcher Kategorie psychischer Störungen die Symptomatik des »Indexpatienten« zuzuordnen ist. Ziel der Diagnostik ist vielmehr das **Erkennen der pathogenen Muster** in den Beziehungen zu den Familienmitgliedern und zu anderen wichtigen Personen.

pathogene Muster erkennen

Hieraus resultieren einige Besonderheiten des diagnostischen Vorgehens bei der Problemexploration und der Therapie. Mit der **Methode des zirkulären Fragens** werden Familienmitglieder (bzw. Mitglieder des untersuchten »Systems«) nacheinander über persönliche Sichtweisen und Mutmaßungen über die jeweils anderen Beteiligten befragt. Dadurch erhalten alle Beteiligten gleichzeitig Informationen zu den unterschiedlichen Sichtweisen der Einzelnen auf die jeweiligen Beziehungen und zu den interaktionellen Motiven.

zirkuläres Fragen

Informationen über Familien oder soziale Systeme werden im Rahmen der systemischen Therapie auch häufig mittels eines **Genogramms** erhoben. Hierbei werden Aussagen, beispielsweise zu Mitgliedern einer Familie, meist einschließlich der Berücksichtigung zurückliegender Generationen und weiterer wichtiger dazugehöriger Personen hinsichtlich ihrer Beziehungen und biografischen Besonderheiten erhoben und grafisch dargestellt. Mit dem **Organigramm** können Organisationen und Verbände in ihrer hierarchischen Struktur und den wechselseitigen formellen und informellen Abhängigkeiten von Stellen bzw. Personen grafisch dargestellt werden (ausführlich dazu v. Schlippe & Schweitzer, 2007).

Genogramm und Organigramm

In der **interpersonalen Diagnostik** ist die **Strukturelle Analyse Sozialer Beziehungen SASB** (Structural Analysis of Social Behavior; Benjamin, 1974; deutsch: Tress, 2003) ein bekanntes und – vor allem in der Forschung – vielfach genutztes System. Mit der SASB können drei unterschiedliche Aspekte des interpersonellen Verhaltens und Erlebens erfasst werden: Der Fokus auf andere, der Fokus auf das Selbst und das Umgehen mit sich selbst (Introjekt). Das sehr komplexe System kann als Beobachtungsverfahren nur nach einem ausführlichen Training mit ausreichender Zuverlässigkeit eingesetzt werden.

SASB

IIP — Mit dem **Inventar für Interpersonelle Probleme IIP** (Horowitz et al., 2000) werden Schwierigkeiten in sozialen Beziehungen auf mehreren Ebenen erfasst: Intimität, Aggressivität, Assertivität, Unabhängigkeit und Gesellligkeit.

F-SozU — Im Sinne der Diagnostik von interpersonalen Kompetenzen und Ressourcen spielt die Erfassung von sozialer Unterstützung im sozialen Netz eine wichtige Rolle innerhalb der klinisch-psychologischen Diagnostik. Fydrich und Sommer (2003) gehen von drei zentralen Aspekten sozialer Unterstützung aus: praktische Unterstützung, emotionale Unterstützung und soziale Integration. Der **Fragebogen zur sozialen Unterstützung (F-SozU)** (Fydrich et al., 2007) erfasst in seiner ausführlichen Form (54 Items) neben diesen drei Merkmalen zusätzlich auch mögliche Belastungen durch das soziale Netz und konkrete Personen, die als sozial unterstützend oder belastend erlebt werden. Kurzformen mit 22 und 14 Items ergeben reliable und valide Maße für allgemeine soziale Unterstützung.

10.4 Verbindung von Diagnostik und Intervention: Die Indikation

selektive und adaptive Indikation — Der **praktische Wert** diagnostischer Prozeduren und Ergebnisse misst sich daran, in welchem Umfang diagnostische Ergebnisse Handlungsanweisungen für bestimmte therapeutische Entscheidungen und den Einsatz von spezifischen Interventionsverfahren geben. Es geht darum, wie gut bestimmte Patienten mit konkreten Problemen bzw. psychischen Störungen den verfügbaren therapeutischen Einrichtungen oder Settings (Einzel-, Paar-, Gruppentherapie) und Therapeuten zugeordnet werden können. Entsprechend der unterschiedlichen Zielrichtung der Diagnostik kann auch zwischen der **selektiven Indikation** (Zuordnungsproblem, Selektionsstrategie) und der **adaptiven Indikation** (Anpassung der therapeutischen Intervention an den Einzelfall und an den therapeutischen Prozess, prozessuale Indikation, Modifikationsstrategie, vgl. Stieglitz et al., 2001) unterschieden werden.

Aufgaben der Indikationsstellung — Die Indikationsfrage wird häufig als eines der wichtigsten Probleme der psychotherapeutischen Praxis und damit auch der klinisch-psychologischen Forschung erachtet. Die **Aufgaben der Indikationsstellung** in der Psychotherapie bestehen in einer hierarchischen Entscheidung über folgende drei Fragen:

- **Psychotherapie-Indikation:** Ist im konkreten Fall überhaupt eine Psychotherapie angezeigt?
- **Behandlungsbezogene Indikation:** Welche psychotherapeutischen Maßnahmen sind angebracht? Bezieht sich diese Frage auf die Entscheidung, welches Therapieverfahren für einen Patienten am ehesten geeignet ist, handelt es sich um eine Fragestellung der differentiellen Indikation.
- **Adaptive oder prozessuale Indikation:** Wie können die Maßnahmen an den Einzelfall bzw. den Verlauf der Behandlung angepasst werden?

differentielle Indikation — Die zentrale Frage der **differentiellen Indikation** lautet nach Paul (1967, S. 111): »Welches ist für dieses Individuum mit diesem spezifischen Problem die effektivste Behandlung, durch wen und unter welchen Umständen?« Um auf diese sehr komplexe Frage eine empirisch begründete Antwort zu finden, wäre die Untersuchung einer Vielzahl von Faktoren in einem multifaktoriellen Versuchsplan nötig. Dies übersteigt jedoch die Möglichkeiten der empirischen Psychotherapieforschung. Damit dennoch eine angemessene Indikation gestellt werden kann, sollten die bekannten Ergebnisse aus Therapiestudien mit Blick auf den konkreten Fall genutzt werden.

störungsspezifische Behandlungsansätze — Schwerpunkt der **Forschung in der Klinischen Psychologie und Psychotherapie waren und sind** sowohl die Weiterentwicklung störungsbezogenen Grundlagenwissens als auch die Entwicklung und Überprüfung von psychotherapeutischen Interventionen, die aus dieser Grundlagenforschung abgeleitet wurden. So konnten mittlerweile zahlreiche spezifische Behandlungsverfahren entwickelt werden, die auf bestimmte Störungsbilder zugeschnitten sind und sich in der Anwendung als besonders wirksam erwiesen haben. Auch zeigen zahlreiche Metaanalysen zur Psychotherapie, in denen die Ergebnisse einer Vielzahl von Psychotherapiestudien zusammengefasst wurden, dass im Bereich der Psychotherapie keinesfalls von einer Uniformität ausgegangen werden kann, nach der alle Psychotherapien und alle Psychotherapeuten unabhängig von ihrer theoretischen Orientierung mit ihrer Arbeit etwa gleich gute Erfolge erzielen.

Mit dem selektiv-indikativen Entscheidungsprozess, bei dem spezifischen Störungen bestimmte Behandlungsverfahren zugeordnet werden, wird deutlich, dass die klassifikatorische Diagnostik einen besonders hohen Stellenwert für therapierelevante Entscheidungen hat. Die Diagnostik auf der Grundlage der verfügbaren Klassifikationskompendien (ICD-10 oder DSM-IV) kann – in Kombination mit den verfügbaren Befunden aus der Grundlagen- und Interventionsforschung – zuverlässige Hinweise auf eine differentielle Therapieindikation geben.

Bedeutung der klassifikatorischen Diagnostik

So sind sowohl das Erscheinungsbild als auch die Modelle zur Entstehung und Aufrechterhaltung beispielsweise von Depressionen von denen bei Phobien oder Essstörungen deutlich verschieden. Entsprechend wurden spezifische Behandlungsmethoden entwickelt, die die Spezifität der Störung berücksichtigen. In den letzten Jahrzehnten wurden die Befunde zur Effektivität von Behandlungsmethoden in Metaanalysen zusammengefasst. Eine wichtige Rolle spielten dabei die fortlaufenden Zusammenfassungen der »Empirically Supported Therapies« (Chambless & Hollon, 1998; Chambless & Ollendick, 2001). Weiterhin finden die störungsspezifische Indikation und Behandlung ihren Niederschlag in der seit etwa zehn Jahren zunehmenden Entwicklung von **Behandlungsleitlinien** auch in der Psychotherapie. Dies sind systematisch entwickelte, wissenschaftlich begründete und praxisorientierte Hilfen zur Entscheidungsfindung über die angemessene therapeutische Vorgehensweise bei speziellen gesundheitlichen Problemen. Hauptzweck ist die Darstellung des fachlichen Entwicklungsstandes zu einer Erkrankung oder zu einem Problembereich, mit denen den Angehörigen des Berufs eine evidenzbasierte Orientierung im Sinne von Entscheidungshilfen und Handlungsempfehlungen gegeben wird (► http://awmf.org). Auch die Überblicksarbeiten der Cochrane Collaboration sind störungsspezifisch organisiert (► www.cochrane.de).

evidenzbasierte Behandlungsleitlinien

Neben der Zuordnung zentraler Probleme bzw. psychischer Störungen zu spezifischen Behandlungsansätzen ist auch die Frage nach einer möglichst optimalen Zuordnung bzw. **Passung** von Therapeuten und Patienten von Bedeutung. Hierzu liegen jedoch deutlich weniger und zudem sehr widersprüchliche Ergebnisse vor.

Passung von Therapeuten und Patienten

Beutler et al. (2004) fassen zusammen, dass beispielsweise gleichgeschlechtliche Therapeut-Klient-Dyaden etwas erfolgreicher sind als gegengeschlechtliche. Weiterhin gehen offensichtlich auch eine größere Ähnlichkeit von Interessen und eine ähnliche Schichtzugehörigkeit mit etwas besseren Behandlungsergebnissen einher. Andere Befunde weisen darauf hin, dass Patienten, die sich als sehr hilfebedürftig schildern, eher von einem direktiven, strukturierten Umgang profitieren, während solche mit hoher internaler Kontrolle und hohem Autonomiebedürfnis eher in Therapien Erfolg haben, die einem nondirektiven Ansatz folgen. In der klinisch-psychologischen Praxis ist zudem aus organisatorischen Gründen die Zuordnung von Therapeuten mit bestimmten persönlichen Merkmalen zu Klienten mit ihren Persönlichkeitsmerkmalen meist nicht möglich und – wenn überhaupt – deutlich schwieriger zu realisieren als eine Zuordnung von Störungsbildern zu spezifischen therapeutischen Ansätzen.

10.5 Erfolgskontrolle als Teil der Qualitätssicherung

direkte und indirekte Veränderungsmessung

Zur Sicherung der Ergebnisqualität klinisch-psychologischer Intervention ist es notwendig, den Verlauf und den Erfolg der Behandlung zu evaluieren. Zur möglichst objektiven Beurteilung des Therapieerfolgs bieten sich verschiedene Strategien und Methoden an. Bei der **indirekten Veränderungsmessung** werden die relevanten (meist symptomorientierten) Verfahren, die zu Beginn der Therapie eingesetzt wurden, am Ende der Behandlung erneut vorgegeben. Eine **direkte Veränderungsmessung** erfolgt in Form einer Einmalerhebung z. B. mittels VEV oder VLB (▶ Übersicht sowie Abschn. 10.3.1). Mit der Zielerreichungsbeurteilung (»goal attainment scaling«) kann eingestuft werden, inwieweit die zu Beginn oder im Verlauf der Therapie gesetzten Ziele tatsächlich realisiert werden konnten. Zur Überprüfung der Stabilität des Therapieerfolgs sind katamnestische Untersuchungen unerlässlich, wobei zumindest eine Nachuntersuchung zwölf Monate nach Abschluss der Behandlung zu empfehlen ist.

Therapieverlaufs- und Veränderungsdiagnostik
- GAS: Goal Attainment Scaling (Bolm, 1994; Kiresuk et al., 1994)
- KASSL: Kieler Änderungssensitive Symptomliste (Zielke, 1979)
- SB-K: Stundenbogen-Klient (Schindler et al., 1990)
- SB-T: Stundenbogen-Therapeut (Schindler et al., 1990)
- VEV: Veränderungsfragebogen des Erlebens und Verhaltens (Zielke & Kopf-Mehnert, 1978)
- VLB: Veränderungsfragebogen für Lebensbereiche (Grawe, 2002)

Aus den in der vorstehenden Übersicht aufgelisteten Instrumenten soll nachfolgend ein Verfahren exemplarisch dargestellt werden, in dem für die Psychotherapie spezifische Konstruktions- und Evaluationsschritte umgesetzt werden.

Veränderungsfragebogen des Erlebens und Verhaltens (VEV)

Gültigkeitsanspruch und Konstruktionsprinzipien

Überprüfung von Veränderungen in der Psychotherapie

Der Fragebogen wurde im Kontext der Psychotherapieforschung im Bereich der klientenzentrierten Gesprächspsychotherapie entwickelt, wird aber auch zur Überprüfung der Veränderungen in anderen Psychotherapieverfahren eingesetzt. Das Besondere an diesem Verfahren ist, dass zum Ende der Therapie die von den Klienten berichteten Veränderungen durch Items retrospektiv eingeschätzt werden, mit denen der Patient einen Vergleich mit dem Zustand zu Beginn der Therapie vornimmt. Die Items liegen in Aussageform vor, die sowohl positive als auch negative Äußerungen über Veränderungen in einem bestimmten Zeitraum beinhalten. Itembeispiele sind etwa:
- »Ich fühle mich ruhiger und ausgeglichener.«
- »Meine Schwierigkeiten im Umgang mit Menschen haben zugenommen.«

Grenzen der direkten Veränderungsmessung

Probleme mit dieser Form der Diagnostik bestehen vor allem darin, dass bei einer Ein-Punkt-Erhebung am Ende einer Behandlung die soziale Erwünschtheit von Antwortverhalten sowie die subjektive Bewertung des (therapeutischen) Aufwands eine wichtige Rolle spielen. Zudem können besonders bei längeren Therapien Erinnerungseinflüsse die Angaben verfälschen und damit zu einer Verzer-

▼

10.5 · Erfolgskontrolle als Teil der Qualitätssicherung

> rung und Verfälschung der Erfolgseinschätzung führen. Untersuchungen der Autoren zeigen, dass – entgegen der Erwartung – Verbesserungen und Verschlechterungen in unspezifischer Weise sowohl bei behandelten Klienten als auch in nicht behandelten klinischen (Warte-) Kontrollgruppen auftreten können (Zielke & Kopf-Mehnert, 1978, S. 42). Dies weist darauf hin, dass trotz der methodisch gut begründeten Itemselektion die Ergebnisse des VEV in der Praxis hinsichtlich ihrer Validität kritisch eingeschätzt werden müssen und die Anwendung dieses Verfahrens durch andere Verfahren ergänzt oder ersetzt werden sollte.
>
> Insgesamt ist daher der Einsatz des VEV zur Überprüfung des Therapieverlaufs und -erfolgs nur in Kombination mit anderen Verfahren zu empfehlen oder als »kleine Lösung«, wenn keine symptom- oder prozessbezogenen Daten zu Beginn oder im Verlauf der Therapie erhoben wurden.

10.5.1 Kriterium der klinisch bedeutsamen Verbesserung

Bei der Beurteilung der Wirksamkeit klinisch-psychologischer Interventionen gibt es grundsätzlich zwei unterschiedliche Ansätze bzw. Aufgaben. Im Bereich der **nomothetischen Evaluationsforschung** geht es darum, festzustellen, ob der Einsatz einer definierten Behandlung oder Intervention im Vergleich zu einer oder mehreren Kontroll- bzw. Vergleichsgruppen zu den erwarteten behandlungsbezogenen Veränderungen führt. Solche Untersuchungsdesigns folgen einem **gruppenstatistischen Paradigma**. Die wissenschaftlich größte Bedeutung haben dabei randomisiert kontrollierte Studien oder Untersuchungen mit parallelisierten Gruppen, da nur solche den Schluss auf einen kausalen Zusammenhang von psychologischer Intervention und Therapieverlauf bzw. -erfolg erlauben.

randomisiert-kontrollierte Studien

Die Ergebnisse werden in der Regel mittels statistischer Vergleiche hinsichtlich der Veränderungen innerhalb der Gruppen bzw. zwischen den beobachteten Gruppen ausgewertet und entsprechend interpretiert. Häufig werden die Befunde auch als Effektstärken dargestellt. Derartige gruppenstatistische Auswertungen und Aussagen darüber, ob Effekte für die gesamte Gruppe statistisch bedeutsam, d. h. signifikant sind, hängen jedoch unter Umständen von Faktoren ab, die klinisch-psychologisch keine oder nur geringe Relevanz haben. So ist beispielsweise die statistische Signifikanz stark durch die Stichprobengröße und die Streuung der Messwerte beeinflusst. Mit steigender Anzahl von untersuchten Personen können sehr kleine Unterschiede in den Messvariablen zwar statistisch signifikant sein, jedoch ist dies nicht gleichbedeutend damit, dass die Unterschiede im klinischen Sinne auch bedeutsam sind.

Für die Kontrolle der Effekte durchgeführter Behandlungen ist es sowohl bei der Untersuchung von Gruppen als auch im Einzelfall notwendig, eine Aussage über die Bedeutsamkeit einer beobachteten Veränderung treffen zu können. Die **klinische Relevanz einer Veränderung** bezieht sich somit auf die Beurteilung von Standards und Zielen, die neben der statistischen Beurteilung von Veränderungen auch von gruppenbezogenen Normen und darüber hinaus auch von den Betroffenen selbst und von der Einschätzung der Therapeuten oder sozialrechtlich begründeten Normen des Gesundheitssystems (z. B. Begründungen von Krankschreibungen und Berentung) abhängen kann.

klinische Relevanz einer Veränderung

Eine Arbeitsgruppe um **Jacobson** hat zum Thema der Einschätzung der klinischen Bedeutsamkeit von Veränderungen durch klinisch-psychologische Intervention bzw. Psychotherapie einen methodischen Vorschlag ausgearbeitet, der sowohl in der Psychotherapieforschung als auch bei der Einschätzung von Veränderungen im Einzelfall ein Standard in der Erfolgsbeurteilung von Therapien ist (Jacobson et al., 1984; Jacob-

klinisch bedeutsame Symptomreduktion wichtig

son & Revenstorf, 1988; Jacobson & Truax, 1991). Wichtigster Kerngedanke dieses Ansatzes ist, dass klinisch bedeutsame Verbesserung für die betroffene Person bestenfalls Symptomfreiheit (»Heilung«) oder Problemlösung bedeutet; zumindest aber eine merkliche **Symptom- bzw. Problemreduktion darstellen muss.** Während Patienten vor der Behandlung zur Population von Personen gehören, bei denen eine Problemausprägung »mit Krankheitswert« vorliegt, sollten die Personen nach der Behandlung mit hoher Wahrscheinlichkeit der Population angehören, die diese Problematik nicht aufweist.

Operationalisierung von Therapieerfolg

Jacobson und Truax (1991) schlagen drei Möglichkeiten vor, wie diese Veränderungen operationalisiert werden können:

- Das Ausmaß der Symptomatik sollte nach der Behandlung **mindestens zwei Standardabweichungen** unter dem Mittelwert der Population liegen, bei der die entsprechende Störung vorliegt,
- die Symptomatik einer behandelten Person sollte nach der Therapie in ihrem Ausmaß **innerhalb von zwei Standardabweichungen** einer **nicht gestörten** Population liegen,
- die Ausprägung der Symptomatik muss nach einer Behandlung **näher am Mittelwert der nicht gestörten** Population als am Mittelwert der gestörten Population liegen.

Um eine Beurteilung nach dem Kriterium a) oder c) vorzunehmen, braucht man neben dem Wert für die Symptomatik des Patienten nach der Behandlung auch den Mittelwert und die Streuung für die entsprechend beeinträchtigte Population. Solche Normen sind meist vorhanden. Seltener verfügbar sind Informationen über Mittelwert und Streuung für nicht klinische (»gesunde«) Stichproben, die für die Beurteilung der klinischen Bedeutsamkeit nach Kriterium b) oder c) benötigt werden. Für die Einschätzung nach Kriterium c) müssen die Mittelwerte für beide Stichproben bekannt sein.

Wie das folgende Beispiel (verändert nach Jacobson & Truax, 1991) zeigt, kann die Einschätzung der klinischen Bedeutsamkeit sehr unterschiedlich ausfallen, je nachdem, welches der drei Kriterien zugrunde gelegt wird.

> **Beispiel**
>
> Die Untersuchung einer Gruppe von Personen mit Depressionen und einer nichtklinischen Vergleichsgruppe zeigen hypothetisch folgende Werte für die Ausprägung der Depressivität:
>
> $\bar{x}_0$ Mittelwert der nichtdepressiven Gruppe: 40
> s_1 Standardabweichung der nichtdepressiven Gruppe: 7,5
> $\bar{X}_1$ Mittelwert der depressiven Gruppe: 60
> s_1 Standardabweichung der depressiven Gruppe: 7,5
> r_{tt} Test-Retest-Reliabilität des Depressionstests: .80
> $\bar{x}_1$ Depressionsmaß einer Person X zu Beginn der Therapie: 67,5
> $\bar{x}_2$ Depressionsmaß der Person nach Abschluss der Therapie: 47,5
>
> In der Darstellung der Messwertverteilungen nach ◘ Abbildung 10.4 wird davon ausgegangen, dass die Streuungen für die klinisch beeinträchtigte und die nichtklinische Stichprobe gleich sind. Die Ausführungen gelten nur unter der Annahme, dass das untersuchte Merkmal (Depressivität) in beiden Stichproben normalverteilt ist. Die Verteilungen des Merkmals in beiden Gruppen zeigen in unserem Beispiel eine deutliche Überlappung. ◘ Abbildung 10.4 macht deutlich, dass es nach den drei Berechnungsmodi auch drei unterschiedliche Kriterien (Schwellen-
> ▼

10.5 · Erfolgskontrolle als Teil der Qualitätssicherung

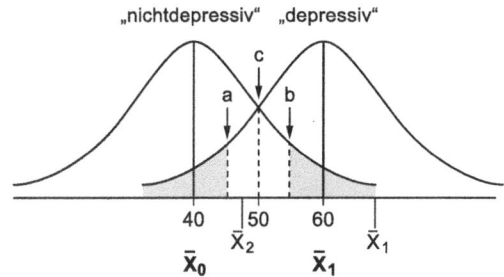

◘ **Abb. 10.4** Beispiel der Verteilungen von Messwerten einer »depressiven« und einer »nicht depressiven« Stichprobe mit den Mittelwerten $\bar{x}_1$ und $\bar{x}_0$ sowie den Messwerten einer Person vor und nach der Behandlung ($\bar{x}_1, \bar{x}_2$) und den drei Kriterien für Therapieerfolg (a, b, c)

werte) für die Einschätzung der klinisch bedeutsamen Verbesserung gibt. Am »strengsten« ist in unserem Beispiel das Kriterium **a** (zwei Standardabweichungen der dysfunktionalen Gruppe in Richtung der nichtgestörten Gruppe = 45). Nach diesem Kriterium wäre Patient X noch nicht klinisch bedeutsam gebessert. Weniger streng ist Kriterium **c** (Mitte zwischen den Mittelwerten der funktionalen und der depressiven Gruppe = 50), und Kriterium **b** (innerhalb von zwei Standardabweichungen um den Mittelwert der nicht gestörten Gruppe = 55) ist in diesem Falle vergleichsweise »weich«. Nach Umrechnung in einen Prozentrang entspricht schon ein vergleichsweise großer Teil der dysfunktionalen Gruppe, nämlich 25 % ($Z = (45 - 40)/7{,}5 = .67$) diesem Wert auch ohne Behandlung.

Diese Modellrechnung zeigt, dass es bei der Einschätzung der Kriterien für eine klinisch bedeutsame Verbesserung sehr darauf ankommt, welches Kriterium als Schwellenwert eingesetzt wird. In Anlehnung an Jacobson und Truax (1991) wird für die Entscheidung über die Auswahl des Schwellenwerts Folgendes vorgeschlagen:

- Wenn Normwerte für eine nichtklinische Population nicht verfügbar sind, so ist als einziges Kriterium a berechenbar.
- Wenn Normwerte für die nichtklinische (funktionale) Population und die klinische Population vorhanden sind und beide Verteilungen nur so weit überlappen, dass Kriterium b näher am Mittelwert der funktionalen Gruppe liegt als Kriterium c, so ist b das bessere (weil strengere) Kriterium.
- Bei größerer Überlappung der beiden Verteilungen (Kriterium b liegt weiter vom Mittelwert der funktionalen Stichprobe entfernt als c) sollte auch hier das strengere Kriterium (in diesem Fall c) gewählt werden.

Auswahl des Kriteriums

Bisher haben wir das Kriterium der klinisch bedeutsamen Veränderung betrachtet. Eine weitere bedeutsame Frage ist, ob einzelne (oder in einer Gruppenstudie: wie viele) Patienten sich nach einer Intervention in dem relevanten Merkmal tatsächlich verbessert haben und – wenn ja – wie groß diese Veränderung ausfällt. Diese Frage ist umso bedeutsamer, je mehr sich die beiden Gruppen (die klinische und die nichtklinische) überlappen. Jacobson et al. (1984) sowie Christensen und Mendoza (1986) schlagen dazu die Berechnung eines **Veränderungsindex** (»reliable change index«, RC) vor. In diesen gehen die Differenz der Werte vor und nach der Behandlung und der Standardmessfehler der Differenzen der Referenzstichprobe (dysfunktionale Population) ein.

Veränderungsindex

$$RC = \frac{x_2 - x_1}{s_{\text{diff}}} \qquad (10.1)$$

Der Standardfehler der Differenzen zwischen den beiden Testwerten kann direkt über den Standardfehler des Messinstruments berechnet werden:

Standardfehler der Differenzen

$$s_{diff} = \sqrt{2(s_E)^2} \qquad (10.2)$$

Standardfehler des Messinstruments

Dieser wiederum ist berechenbar über die Streuung der dysfunktionalen Stichprobe (s_1) und die Test-Retest-Reliabilität des Messinstruments:

$$s_E = s_1\sqrt{1-r_{tt}} \qquad (10.3)$$

> **Beispiel**
>
> Für unseren Beispieldatensatz berechnet sich danach der Veränderungsindex RC wie folgt:
>
> $s_E = s_1\sqrt{1-r_{tt}} = 7.5\sqrt{1-.80} = 3{,}35$
>
> $s_{diff} = \sqrt{2(s_E)^2}$
> $\quad\;\; = \sqrt{2(3{,}35)^2}$
> $\quad\;\; = 4{,}75$
>
> $RC = \dfrac{x_2 - x_1}{s_{diff}}$
> $\quad\;\, = \dfrac{(67{,}5 - 47{,}5)}{4{,}74} = 4{,}22$

Dieser Wert entspricht einem Z-Wert, der größer ist als 1,96 (für $p < .05$). Damit ist die Wahrscheinlichkeit, dass diese Differenz durch Zufall entstanden ist oder auf Messfehler zurückgeführt werden kann, deutlich kleiner als 5 %.

> **Σ Fazit**
>
> Insgesamt ist nach diesem Prinzip eine klinisch bedeutsame Verbesserung dann gegeben, wenn zwei Kriterien erfüllt werden:
> — Der Veränderungsindex RC muss größer sein als 1,96 und
> — die Ausprägung der Symptomatik nach der Therapie (oder zum Zeitpunkt einer Katamnese) muss einen bestimmten Schwellenwert in Richtung des Mittelwerts der nichtklinischen Population unterschreiten.
>
> Es kommt daher in Evaluationsuntersuchungen zu klinisch-psychologischen Interventionsprogrammen durchaus vor, dass Personen sich zwar in ihren Symptomausprägungen signifikant verbessern, sie aber nicht als »**symptomfrei**« oder »**geheilt**« betrachtet werden können.

? Übungsfragen

Kap. 10

1. Welches sind die fünf zentralen Aufgaben der klinisch-psychologischen Diagnostik?
2. Welches sind die drei Bereiche des individuellen Erlebens und Verhaltens, die im Fokus der klinisch-psychologischen Diagnostik stehen?
3. Welche fünf Gruppen diagnostischer Methoden werden in der klinisch-psychologischen Diagnostik unterschieden?
4. Nennen Sie einige Versorgungseinrichtungen, in denen klinisch-psychologische Diagnostik ein wichtiger Teil der professionellen Arbeit darstellt.
5. Welches sind die drei wesentlichen Kompetenzbereiche, die zur Ausübung einer klinisch-psychologischen bzw. psychotherapeutischen Tätigkeit notwendig sind?

10.5 · Erfolgskontrolle als Teil der Qualitätssicherung

6. Nennen Sie zentrale Themen der biografischen Anamnese.
7. Welches sind die zentralen Faktoren für die Definition einer psychischen Störung?
8. Welches sind die fünf Achsen des DSM?
9. Was ist der Unterschied zwischen kategorialer und dimensionaler Diagnostik in der Klinischen Psychologie?
10. Wann ist der Einsatz von Verhaltensbeobachtungen angemessen?
11. Was bedeuten die Buchstaben S, R und C in der klassischen Verhaltensgleichung?
12. Welches sind die fünf Achsen der Operationalisierten Psychodynamischen Diagnostik?
13. Was ist der Unterschied zwischen statistisch und klinisch bedeutsamer Veränderung klinisch relevanter Symptomatik?

Diagnostik und Intervention in weiteren Anwendungsfeldern

11.1 Neuropsychologische Diagnostik – 538

11.2 Rechtspsychologische Diagnostik – 549

11.3 Verkehrspsychologische Diagnostik – 562
11.3.1 Spezielle Probleme der verkehrspsychologischen Diagnostik – 570

© Springer-Verlag GmbH Deutschland 2012
L. Schmidt-Atzert (et al.), *Psychologische Diagnostik*, Springer-Lehrbuch,
https://doi.org/10.1007/978-3-642-17001-0_11

11.1 Neuropsychologische Diagnostik

Störungen aufgrund von Defekten im Zentralnervensystem

Gegenstand neuropsychologischer Diagnostik Die neuropsychologische Diagnostik befasst sich mit Störungen, die auf (angeborene oder erworbene) Defekte im Zentralnervensystem zurückzuführen sind. »Ziel der neuropsychologischen Diagnostik ist die Erfassung und Objektivierung von kognitiven und affektiven Funktionsstörungen nach einer Hirnfunktionsstörung oder Hirnschädigung und ggf. der emotionalen Reaktionen des Patienten auf diese Störungen« (Gesellschaft für Neuropsychologie et al., 2005, S. 185).

organische Ursache manchmal unklar

Das menschliche Gehirn kann durch vielfältige Einflüsse geschädigt werden. Die Einwirkung auf das Gehirn kann spezifisch sein und nur eine kleine Region betreffen, wie bei einem Hirntumor oder einem Schlaganfall. In anderen Fällen kann die Schädigung eher unspezifisch sein, wenn große Teile des Gehirns betroffen sind. Dazu gehören degenerative Erkrankungen wie Alzheimer, Gewalteinwirkung auf das gesamte Gehirn durch einen Unfall oder eine Sauerstoffunterversorgung bei einem schweren Herzinfarkt. Die Schädigung kann durch mechanische Einwirkungen (z. B. Schädelhirnverletzung), durch chemische Stoffe (Aufnahme neurotoxische Stoffe durch die Atemluft oder die Nahrung), durch Bakterien (z. B. Neuroborreliose, ausgelöst durch Zeckenbiss), durch Viren (z. B. viral bedingte Hirnhautentzündung) oder etwa durch Sauerstoffmangel hervorgerufen werden. Bei manchen Erkrankungen des Gehirns kennt man die genaue Ursache (noch) nicht, obwohl sicher ist, dass das Zentralnervensystem betroffen ist (z. B. Alzheimer Erkrankung). Neuropsychologen befassen sich zum Teil aber auch mit Störungen, bei denen eine organische Ursache im Gehirn lediglich angenommen wird, die neuroanatomischen und neurophysiologischen Grundlagen jedoch noch nicht hinreichend geklärt sind. Dazu gehören Aufmerksamkeitsstörungen (ADHS), Legasthenie, Dyskalkulie (Rechenschwäche) und Entwicklungsstörungen, etwa im Bereich der Sprache. Die Frage, ob diese Störungen (partiell) genetisch bedingt oder erworben sind, ist für die Diagnostik von untergeordneter Bedeutung. In ◘ Tabelle 11.1 sind einige relativ häufige neurologische Erkrankungen aufgeführt.

Arbeitsplatz Klinik, Reha-Einrichtung, freie Praxis

Arbeitsgebiete von Neuropsychologen Neuropsychologen arbeiten überwiegend in neurologischen Kliniken, in rehabilitativen Einrichtungen, in psychiatrischen Kliniken und zunehmend auch in freien psychologischen Praxen. Die Gesellschaft für Neuropsychologie (▶ http://www.gnp-de), die die fachlichen und beruflichen Interessen von Psychologen im Bereich der Neuropsychologie vertritt, verzeichnet etwa 1.500 Mitglieder (▶ http://www.gnp-de; März 2011). Die Zahl der praktizierenden Neuropsychologen ist größer, da nicht alle Mitglied in dieser Gesellschaft sind.

neuropsychologische Diagnostik auch in anderen Praxisfeldern

Neuropsychologische Diagnostik kann gelegentlich auch in anderen Praxisfeldern notwendig werden, wenn sich ein Verdacht auf eine neuropsychologische Ursache der vorliegenden Problematik ergibt. Beispiele sind die pädagogische und die klinische Diagnostik sowie die berufliche Eignungsdiagnostik. So kann beispielsweise die zunehmende Überforderung im Beruf auf eine einsetzende Demenz zurückzuführen sein, oder nach der Rehabilitation wird für einen weitgehend genesenen Patienten eine Berufstätigkeit gesucht, die den verbliebenen Einschränkungen gerecht wird.

Defizite in verschiedenen Funktionsbereichen Je nach Art, Umfang und Verlaufsstadium einer hirnorganischen Störung können sich Defizite in unterschiedlichen Funktions- oder Teilleistungsbereichen zeigen.

Defizite nach Art und Schwere beschreiben

Die neuropsychologische Diagnostik dient dazu, Defizite in diesen Funktionsbereichen nach ihrer Art und Schwere zu beschreiben. Innerhalb der Funktionsbereiche sind weitere **Differenzierungen** vorzunehmen. Beispielsweise wird bei Störungen im

Tab. 11.1 Ausgewählte neurologische Erkrankungen

Erkrankung	Neurologische Symptome	(Mögliche) Ursache	Häufigkeit[a]
Akute zerebrale Zirkulationsstörung (»Schlaganfall«)	Ausfall der Funktion der Gehirnteile, die nicht mehr (hinreichend) mit Blut versorgt werden (z. B. **Aphasie, Neglect**)	Trombus (Blutgerinnsel)	200.000 (Neuerkrankungen pro Jahr)
Spontane intrakranielle Blutung	Bewusstseinstrübung	Gefäßmissbildung	Keine Angabe
Schädel-Hirn-Trauma	Leichte Bewusstseinsstörung bis Koma, u.a. auch Aufmerksamkeitsstörung	Verkehrsunfall mit Kopfverletzung	200.000 (Neuerkrankungen pro Jahr)
Gehirntumore (Krebs)	z. B. Kopfschmerz, epileptische Anfälle	Wie bei anderen Tumoren	Keine Angabe
Bakterielle und virale Entzündungen des Gehirns oder der Gehirnhäute	z. B. Kopfschmerz, Überempfindlichkeit gegen Licht und Geräusche, Bewusstseinsstörung	Bakterien (z. B. Staphylokokken) dringen über den Blutkreislauf ein, HIV-Infektion	Keine Angabe
Epilepsien (zerebral bedingte Krampfanfälle)	Verschiedene Formen von Anfällen, auch solche mit neuropsychologischen Symptomen	Tumor, Narbe	400.000 Erkrankte
Morbus Parkinson	Ruhetremor, der unter mentaler Belastung zunimmt, **Rigor, Akinese**	Degeneration dopaminerger Neurone in der Substantia nigra	200.000 Erkrankte
Multiple Sklerose	**Ataxie**	Autoimmunerkrankung des Zentralnervensystems	Jeder 1.000ste Mensch
Demenzen, u. a. vom Alzheimer-Typ	Gedächtnisstörungen, Wortfindungsstörungen	Alzheimer: Degeneration von Nervenzellen	Über 500.000 Erkrankte

Anmerkungen. Auswahl, zusammengestellt nach Wallesch und Herrmann (2000). Die neurologischen Symptome sind unvollständig aufgeführt. **Akinese** = verminderte Spontanmotorik (aber keine Lähmung); **Aphasie** = erworbene Sprachstörung, Ataxie = Koordinationsstörung mit unter- und überschießenden Bewegungen; **Neglect** = Wahrnehmungs- oder Aufmerksamkeitsstörung, bei der Objekte auf einer Körperseite nicht erkannt werden; **Rigor** = anhaltende Erhöhung der Muskelspannung.
[a] Ungefähre Anzahl der Erkrankten bzw. der Neuerkrankungen pro Jahr in Deutschland.

Bereich der Sprache zwischen verschiedenen Formen der Aphasie unterschieden: Schwierigkeiten beim Verstehen und bei der Produktion von gesprochener vs. geschriebener Sprache. Möglicherweise ist auch die Motorik der Sprechwerkzeuge beeinträchtigt mit Auswirkungen auf die Artikulation, den Klang der Stimme und die Melodie der Sprache. Manchmal wird ein Defizit auch erst im Rahmen einer diagnostischen Untersuchung entdeckt.

betroffene Funktionsbereiche	**Wichtige Funktionsbereiche, die bei einer Hirnschädigung betroffen sein können (Gesellschaft für Neuropsychologie et al., 2005, S. 185)** — Basale und höhere Wahrnehmungsleistungen — Aufmerksamkeitsleistungen — Gedächtnisfunktionen — Planungs- und Kontrollfunktionen (»exekutive Funktionen«) — Sprache — Sensomotorische Leistungen und motorische Planung — Räumlich-perzeptive, räumlich-kognitive und räumlich-konstruktive Leistungen — Zahlenverarbeitung und Rechenleistungen — Intellektuelles Niveau und Leistungsprofil (aggregierte Kompetenz) — Berufsabhängige Fertigkeiten und domänenspezifisches Wissen — Affektivität und Persönlichkeit
Erklärung und Prognose	Auch wenn die Beschreibung und Klassifikation einer Störungen die häufigste Aufgabe ist, kann in manchen Fällen auch eine Erklärung für eine Schädigung gesucht werden (so kann nach einem Unfall die Frage zu beantworten sein, ob die nun beobachteten Defizite ganz oder vielleicht nur teilweise unfallbedingt sind). Schließlich sind oft auch Prognosen über den weiteren Verlauf erforderlich; Patienten und deren Angehörige wollen wissen, ob eine Wiederaufnahme des alten Berufes möglich ist, ob eine Umschulung erfolgreich in einen anderen Beruf führen kann oder ob und wie gut es dem Patient gelingen wird, im Alltag zurecht zu kommen.
medizinische Diagnostik im Vorfeld	In den meisten Fällen, besonders in neurologischen Kliniken und Rehabilitationseinrichtungen, geht der neuropsychologischen Diagnostik eine umfangreiche medizinische Diagnostik voraus. Mithilfe von bildgebenden Verfahren wie Positionen-Emissions-Tomografie (PET), funktioneller Kernspinntomografie (fMRT) und Magnetresonanztomografie (MRT) (s. Weiler, 2000) können viele pathologische Veränderungen des Gehirns erkannt und genau lokalisiert werden. Solche medizinischen Befunde sind für die Planung einer neuropsychologischen Untersuchung wichtig (s. dazu auch das Interview mit Grieshaber).
hypothesengeleitetes Vorgehen	Wenn eine Schädigung durch die medizinische Diagnostik lokalisiert ist, kann der Bereich möglicher funktioneller Ausfälle oft gut eingegrenzt werden, da bekannt ist, zu welchen funktionalen Ausfällen bestimmte Schädigungen des Gehirns führen können. Die psychologische Diagnostik erfolgt nun hypothesengeleitet. Aber auch Berichte von Logopäden oder Ergotherapeuten, die bereits mit dem Patienten gearbeitet haben, liefern weitere Hinweise auf die Art und den Umfang bestimmter Beeinträchtigungen. Die neuropsychologische Diagnostik dient unter diesen Voraussetzungen nicht dazu, eine medizinische Diagnose zu überprüfen, sondern soll vielmehr die bereits bekannten Funktionsbeeinträchtigungen objektivieren, d. h. quantitativ genau bestimmen. Diese Quantifizierung erfüllt, je nach Fragestellung, unterschiedliche Aufgaben (s. u.).

11.1 · Neuropsychologische Diagnostik

> **Zweck der Quantifizierung von Funktionsbeeinträchtigungen**
> - Therapieindikation
> - Krankheitsverlauf dokumentieren (Evaluation von Therapiemaßnahmen, Notwendigkeit weiterer Therapiemaßnahmen erkennen, »natürlichen« Krankheitsverlauf verfolgen)
> - Auswirkung der Erkrankung auf die berufliche Wiedereingliederung und die private Lebensgestaltung abschätzen
> - Klärung von Versicherungsfragen

Zweck neuropsychologischer Diagnostik Am Anfang steht meist die Frage der Therapieindikation. Je nach Schwere der Beeinträchtigungen kommen unterschiedliche Maßnahmen infrage. Je genauer eine Beeinträchtigung diagnostiziert wird, desto spezifischer und damit individueller können die Trainingsmaßnahmen sein.

Verlaufsuntersuchungen dienen dazu, die Genesung genau zu verfolgen. So lässt sich zuverlässig erkennen, ob und wie gut der Patient von den Therapiemaßnahmen profitiert. Manche Erkrankungen zeichnen sich durch einen charakteristischen Eigenverlauf aus, der durch therapeutische Maßnahmen nur wenig beeinflusst werden kann. Schubweise Verschlechterungen können sich mit stabilen Phasen abwechseln, oder es tritt eine kontinuierliche Verbesserung oder Verschlimmerung des Zustandes ein. In diesem Fall wird der »natürliche« Krankheitsverlauf abgebildet. Nach Abschluss der Rehabilitationsmaßnahmen bleiben manchmal noch Beeinträchtigungen bestehen, mit denen sich der Patient arrangieren muss. Die Diagnostik hilft in diesem Fall, die Defekte sowie ihre Auswirkungen auf eine berufliche Tätigkeit und die private Lebensgestaltung genau zu beschreiben. Es gilt, Kompensationsmöglichkeiten zu entdecken. Die Diagnostik wird dementsprechend breit angelegt sein und auch intakte Funktionsbereiche einbeziehen: Stärken wie auch weitere Schwächen, die vielleicht schon vor der Erkrankung bzw. Verletzung vorgelegen haben, sollen erkannt werden. Die Gesellschaft für Neuropsychologie rät in ihren Leitlinien zur Diagnostik und Therapie von einer reinen Defizitorientierung ab und empfiehlt, auch die Ressourcen des Patienten zu berücksichtigen (Gesellschaft für Neuropsychologie et al., 2005).

Für viele neurologische Patienten führt ihre Erkrankung zu gravierenden Veränderungen in der Lebensführung. Deshalb werden im Rahmen der neuropsychologischen Diagnostik oft auch die psychischen Folgen der Hirnschädigung, die Krankheitsbewältigung und die emotionale Belastbarkeit des Patienten untersucht.

Schließlich dient neuropsychologische Diagnostik auch dazu, für Behörden und Versicherungen diverse Fragen zu klären. In ◘ Tabelle 11.2 sind die wichtigsten **Begutachtungsanlässe** aufgeführt (ausführlich bei Hartje, 2004; Neumann-Zielke et al., 2009).

Neuropsychologische Untersuchung In einer neuropsychologischen Untersuchung hat das **diagnostische Interview** (Anamnese und, je nach Fragestellung, Exploration der selbst wahrgenommenen Funktionseinschränkungen, der sozialen und beruflichen Situation, der früheren Leistungsfähigkeit etc.) einen hohen Stellenwert.

Zur Quantifizierung der Funktionsbeeinträchtigungen finden zahlreiche **Leistungstests** Verwendung, die zum Teil speziell für die Neuropsychologie konstruiert wurden. Einige Tests, etwa Intelligenztests, wurden primär für andere Zwecke entwickelt, finden aber auch bei neuropsychologischen Fragestellungen Verwendung. Früher wurden neuropsychologische Tests häufig auch eingesetzt, um den Verdacht auf eine hirnorganische Störung zu verifizieren oder um eine hirnorganische Störung zu entdecken. Heute übernimmt die medizinische Diagnostik meist diese Aufgabe.

Das klassische Beispiel für einen Tests zur Feststellung einer hirnorganischen Störung ist der Benton-Test (Benton-Sivan & Spreen, 1996), dessen Erstveröffentlichung

---
Therapieindikation

Verlauf beobachten

Auswirkungen auf Lebensführung beschreiben

Versicherungsfragen klären

diagnostisches Interview

neuropsychologische und andere Tests

Benton-Test als Klassiker

viele Begutachtungsanlässe

Tab. 11.2 Neuropsychologische Begutachtung

Auftraggeber	Mögliche Fragestellungen
Gesetzliche Sozialversicherungen	
Unfall (z. B. Berufsgenossenschaft)	Wie stark wurde die erwerbsbezogene Leistungsfähigkeit als Folge des Berufsunfalls oder der Berufskrankheit gemindert?
Rente (Deutsche Rentenversicherung)	Ist die Erwerbsfähigkeit teilweise oder voll gemindert?
Private Versicherungen	
Unfallversicherung	Grad der Invalidität: Was ist als Folge des Unfalls an Leistungsfähigkeit verloren gegangen?
Haftpflichtversicherung	Wie wirkt sich die Schädigung auf die berufliche und private Lebensführung aus?
Berufsunfähigkeitsversicherung	Welche Fähigkeiten zur Berufsausführung sind verloren gegangen?
Behörden und Gerichte	
Versorgungsamt	Welche Auswirkung hat eine Behinderung auf alle Lebensbereiche? (Behörde stellt Grad der Behinderung fest)
Zivil- oder Strafgericht	Ist die Einsichtsfähigkeit oder die freie Willensbestimmung eingeschränkt oder aufgehoben? (Gericht will Verhandlungsfähigkeit oder Schuldfähigkeit feststellen)
Straßenverkehrsbehörde	Ist die Person zum Führen eines Kraftfahrzeugs geeignet?
Anmerkung. Nach Neumann-Zielke et al. (2009, S. 331 f.) und Hartje (2004).	

bereits 1946 erfolgte. Mit dem Test sollen Probleme in der visuellen Merkfähigkeit festgestellt werden, die auf eine hirnorganische Schädigung hinweisen können. Die Aufgabe besteht in der am häufigsten verwendeten Form A darin, eine bis drei einfache geometrische Figuren zehn Sekunden lang anzuschauen und sie dann aus dem Gedächtnis nachzuzeichnen. Wenn der Patient motorisch beeinträchtigt ist, kann die Wahlform verwendet werden, bei der lediglich ein Wiedererkennen der gezeigten Vorlage verlangt wird. ◘ Tabelle 11.3 gibt einen Überblick über einige häufig bei neuropsychologischen Fragestellungen eingesetzte Tests.

Intelligenz, Aufmerksamkeit und Konzentration

Messgegenstand von Tests Zur Intelligenzdiagnostik finden die gleichen Verfahren wie in anderen Praxisbereichen Verwendung (▶ Abschn. 3.2.3). Auch die meisten Aufmerksamkeits- und Konzentrationstests (▶ Abschn. 3.2.2) wurden nicht speziell für die Neuropsychologie entwickelt. Lediglich bei der Testbatterie zur Aufmerksamkeitsprüfung (TAP) handelt es sich um ein Verfahren, das speziell für die neuropsychologische Diagnostik konstruiert wurde.

Gedächtnis

Für **Gedächtnistests** besteht speziell in der Neuropsychologie ein großer Bedarf, weil viele Patienten unter Gedächtnisstörungen leiden. Zu diesem Bereich liegen zahlreiche Testentwicklungen aus der Neuropsychologie vor. Das Lernmaterial kann visuell oder (bei Zahlen und sprachlichem Material) auch akustisch vorgegeben werden. Es handelt sich beispielsweise um einfache geometrische Figuren beim Benton-Test, um abstrakte Muster bei der WMS-R, um figural-räumliche Reize wie einen Stadtplan beim Lern- und Gedächtnistest LGT3 (Bäumler, 1974b), um Wortpaare wie »Metall-Eisen« (WMS-R) oder um Zahlen (WMS-R). Die Reproduktion erfolgt unmittelbar

11.1 · Neuropsychologische Diagnostik

Tab. 11.3 Ausgewählte neuropsychologische Testverfahren

Test	Messgegenstand
WIE und HAWIK-IV (▶ Abschn. 3.2.3, auch zu weiteren Tests)	Intelligenz
Wechsler Gedächtnis Test (WMS-R) (Härting et al., 2000)	Kurz- und mittelfristiges Behalten von visuellen und verbalen Reizen, Konzentration
Benton-Test (Benton-Sivan & Spreen, 1996)	Unmittelbares Behalten von visuellen Reizen
Visueller und Verbaler Merkfähigkeitstest (VVM) (Schellig & Schächtele, 2001)	Kurz- und längerfristiges Behalten von figural-räumlichem und verbalem Material
Testbatterie zur Aufmerksamkeitsprüfung TAP (▶ Abschn. 3.2.2, auch zu weiteren Aufmerksamkeits- und Konzentrationstests)	Aufmerksamkeit, verschiedene Teilaspekte
Aachener Aphasietest (AAT) (Huber et al., 1983)	Spontansprache, Sprachproduktion (Nachsprechen, Lesen, Schreiben, Benennen), Sprachverständnis; Bestimmung des Schweregrads
Turm von London (Tucha & Lange, 2004)	Komplexe Planungsprozesse, Problemlösen
Neglect-Test (NET) (Fels & Geissner, 1997)	Diagnose und Quantifizierung visueller »Vernachlässigungs«-Phänomene

Tests für unterschiedliche Fragestellungen

nach der Darbietung (z. B. Benton-Test) bis hin zu einem Tag später (z. B. Visueller und Verbaler Merkfähigkeitstest VVM). Die Beispiele zeigen, dass eine große Variation an Lernmaterialen, Darbietungs- und Reproduktionsbedingungen besteht.

Aphasien sind eine weitere Domäne der Neuropsychologie mit entsprechenden (aber wenigen) Testentwicklungen. Planung und Kontrolle von Verhalten (exekutive Funktionen) werden ebenfalls besonders in der Neuropsychologie thematisiert. Allerdings liegen dazu nur wenige Tests vor. Zur Messung der Reaktionsfähigkeit sowie verschiedener Aspekte der (Psycho-)Motorik, der Affektivität und der Persönlichkeit kann auf bewährte Tests zurückgegriffen werden, die nicht speziell für neuropsychologische Fragestellungen entwickelt wurden.

Psychomotorik, Affektivität und Persönlichkeit

Neglect – »Vernachlässigung« einer Seite der Umwelt Ein Phänomen, das vielen Laien rätselhaft erscheint, ist der Neglect. Patienten mit dieser Störung vernachlässigen Reize, die auf einer Seite des Wahrnehmungsfeldes dargeboten werden. Sie reagieren nicht auf entsprechende Reize und stoßen beispielsweise mit der Schulter am Türrahmen an. ◘ Abbildung 11.1a,b zeigt, wie ein Neglect-Patient eine Blume wahrnimmt und abzeichnet (die Vorlage stammt aus der deutschen Version des »Behavioural Inattention Test«, dem Neglect-Test, ◘ Tab. 11.3). Die Störung kann neben dem visuellen Bereich auch andere Sinnesmodalitäten betreffen. Als Erklärung für dieses Defizit wird eine Störung der Aufmerksamkeit, der mentalen Repräsentation der Umwelt und des neuronalen Raumkoordinatensystems diskutiert (Karnath, 2009).

Neglect: eine Seite des Wahrnehmungsfeldes »ausgeschaltet«

Spezielle Probleme der neuropsychologischen Diagnostik Bei einer neuropsychologischen Untersuchung kann sich der Diagnostiker mit einer Reihe von Problemen konfrontiert sehen (s. a. Hartje, 2004). Der Mensch ist als ein komplexes System zu verstehen; eine hirnorganische Störung macht sich daher u. U. im Verhalten nicht

Mensch als komplexes System

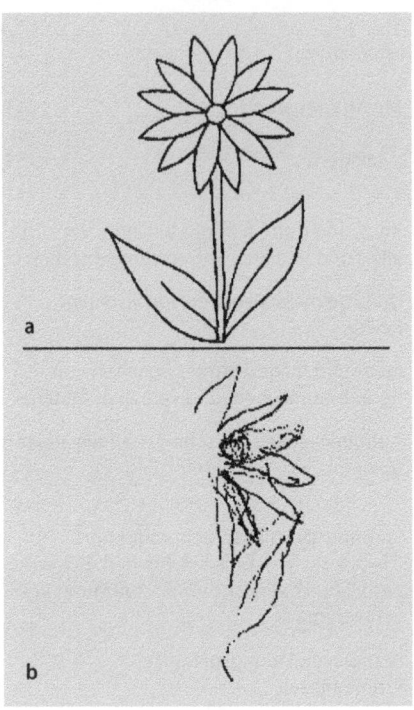

Abb. 11.1 **a** Aufgabe aus dem Neglect-Test (Fels & Geissner, 1997), **b** Nachzeichnung eines Neglect-Patienten. Mit freundlicher Genehmigung von Dipl.-Psych. R. Momtazi

deutlich bemerkbar, weil das Defizit kompensiert werden kann. Umgekehrt kann ein beobachtetes Leistungsdefizit eventuell nicht eindeutig einer Störung zugeordnet werden, weil eine psychische Störung und/oder Medikamente sich ebenfalls auf die momentane Leistung auswirken.

Komorbidität

Leistungseinbußen etwa in der Aufmerksamkeit, der Konzentration oder dem Gedächtnis sind manchmal auf eine Depression zurückzuführen, die sich auch als Folge der mit der Hirnschädigung verbundenen veränderten Lebensumstände eingestellt haben kann. Depressive können Gedächtnisstörungen entwickeln, die an eine Demenz erinnern (»Pseudodemenz«). Der Nachweis einer Depression reicht jedoch nicht aus, um eine Demenz auszuschließen, denn Demenz und Depression schließen einander nicht aus (Komorbidität). Deshalb ist eine sehr sorgfältige Diagnostik angemessen, die manchmal nicht nur die naheliegenden Hypothesen prüft, sondern auch alternative Erklärungsmöglichkeiten in Erwägung zieht.

Zwei Probleme werden nun ausführlicher erörtert: die Einschätzung der prämorbiden Leistungsfähigkeit und die Verfälschung.

prämorbide Leistungsfähigkeit schätzen

Die **Leistungsfähigkeit vor einer Erkrankung** oder einer Verletzung ist vor allem bei Versicherungsfragen von großer Bedeutung. Aber auch wenn man einschätzen will, wie weit eine degenerative Erkrankung fortgeschritten oder wie schwer sie ist, muss man wissen, wie groß die Leistungsfähigkeit früher war.

drei Möglichkeiten der Schätzung

Alle untersuchten Funktionen weisen auch ohne Schädigung eine große Variation auf. Eine schlechte Aufmerksamkeitsleistung kann bereits vor der vermeintlichen Schädigung vorgelegen haben, und eine heute durchschnittliche Gedächtnisleistung kann das Relikt einer früher exzellenten Merkfähigkeit sein. In ähnlicher Weise stellt sich das Problem der früheren Leistungsfähigkeit bei der Unterscheidung von normalen und pathologischen Veränderungen im Alter. Ist eine reduzierte Gedächtnisleistung Ausdruck eines pathologischen Prozesses, oder liegt sie angesichts der früheren Fähigkeiten im Bereich des normalen Altersabbaus? Wenn keine früheren Testbefunde vorliegen – was in der Regel so sein wird – kann der Ausgangszustand nur indirekt beurteilt werden. Grundsätzlich gibt es dazu drei Möglichkeiten:

11.1 · Neuropsychologische Diagnostik

- Der Diagnostiker kann Informationen über den früheren Zustand des Patienten erheben und über eine »klinische Urteilsbildung« zu einer Einschätzung kommen. Wichtig können Angaben über den ausgeübten Beruf, frühere Schul- und Studienleistungen, Hobbys sowie Leistungseinschätzungen durch Angehörige oder den Patienten selbst sein.
- Der Diagnostiker kann auf die »statistische Urteilsbildung« vertrauen und eine Schätzformel wie die »Barona demographic regression equation« oder die »Oklahoma premorbid intelligence estimate-3« verwenden, die sich auf biografische Daten stützen (s. dazu McCaffrey & Vanderslice-Barr, 2010).
- Es können spezielle Tests zur Schätzung der prämorbiden Intelligenz eingesetzt werden. Diesen Tests liegt die Überlegung zugrunde, dass sich bestimmte Intelligenzkomponenten wenig ändern, wenn das Gehirn geschädigt wird. Es handelt sich meist um Lesetests, von denen man weiß, dass sie hoch mit Intelligenztests und niedrig mit Tests zu anderen Merkmalen korrelieren. Der National Adult Reading Test (NART) besteht aus 50 Wörtern, die ungewöhnlich ausgesprochen werden (irreguläre Grahem-Phonem-Übereinstimmung). Die Probanden lesen die Wörter vor, und jedes richtig ausgesprochene Wort ergibt einen Punkt. Beim Cambridge Contextual Reading Test (CCRT) sind die Wörter in einen Satz eingebunden (McCaffrey & Vanderslice-Barr, 2010).

klinische Urteilsbildung auf Basis von u.a. Beruf

statistische Urteilsbildung auf Basis biografischer Daten

Lesetests zur Schätzung der prämorbiden Intelligenz

Ein großes Problem ist die **Verfälschung**. Befragungen von praktizierenden Neuropsychologen und systematische Untersuchungen zeigen, dass häufig mit Simulation zu rechnen ist. In einer Studie wurde geschätzt, dass etwa 40 Prozent der Patienten, die auf eine Entschädigung hoffen, simulieren (Slick et al., 2011). In Nordamerika setzen etwa 50 Prozent der Neuropsychologen spezielle Tests ein, mit denen das Vortäuschen einer niedrigen Leistung erkannt werden soll (Slick et al., 2011). In vielen Fällen sind mit dem Ergebnis einer neuropsychologischen Begutachtung erhebliche finanzielle Konsequenzen für den Patienten verbunden. Beispielsweise erstattet die Unfall- oder die Haftpflichtversicherung des Schadenverursachers erhebliche Kosten, oder die Feststellung einer vollen Erwerbsminderung führt zu einer vorzeitigen Berentung. Deshalb ist damit zu rechnen, dass der Patient eine Beeinträchtigung simuliert bzw. tatsächlich vorhandene Symptome übertreibt.

häufig Simulation bei Hoffnung auf Entschädigung

Mit dem Begriff »Simulation« wird das absichtliche Vortäuschen einer Störung oder Beeinträchtigung bezeichnet; unter »Dissimulation« versteht man das absichtliche Verbergen einer Störung oder Beeinträchtigung. Der Patient will sowohl mit Simulation als auch mit Dissimulation etwas Erwünschtes erreichen oder etwas Unerwünschtes abwenden. Die Begriffe suggerieren, dass es sich um ein Alles oder Nichts handelt – jemand täuscht oder ist ehrlich. Es ist aber angebracht, von einem Kontinuum auszugehen (Iverson, 2010): Patienten, die ihre Symptome unter- oder übertreiben, tun dies mehr oder weniger stark. Bei einer Übertreibung von Symptomen spricht man auch von »Aggravation«.

Simulation, Dissimulation und Aggravation

Die amerikanische National Academy of Neuropsychology (NAN) hat 2005 erklärt, dass es unerlässlich ist, die Gültigkeit der Angaben von Patienten zu überprüfen, damit man Vertrauen in die Ergebnisse von kognitiven- und Persönlichkeitsmaßen und die sich daraus abgeleiteten Diagnosen und Empfehlungen haben kann. »Clinical neuropsychologists are responsible for making determinations about the validity of the information and test data obtained during neuropsychological evaluations« (Bush et al., 2005, S. 419).

Gültigkeit der Angaben unbedingt überprüfen

Wenn damit zu rechnen ist, dass durch Vortäuschen oder Übertreibung von Symptomen ein Vorteil entsteht, oder wenn der Neuropsychologe den Verdacht hat, dass sich ein Patient bei Tests nicht genügend anstrengt bzw. unrichtige oder unvollständige Angaben macht, kann und muss er Symptomvalidierungstests (s. u.) und andere Verfahren einsetzen, um die Gültigkeit der Angaben und Testergebnisse zu beurteilen – so die Empfehlung der NAN.

mangelnde Anstrengung bei Leistungstests erkennen

> Ein neunjähriges Kind war nach einem Autounfall in einen Rechtsstreit verwickelt. Es zeigte in unterschiedlichen Situationen (Schule, Rehabilitationszentrum, diagnostische Untersuchung) diskrepante Leistungen, das Muster der Ergebnisse in kognitiven Leistungstests war untypisch für die Verletzung, und es fiel bei mehreren Symptomvalidierungstests (s. u.) mit kritischen Werten auf. Der Verdacht auf Simulation wurde weiterhin durch zweifelhafte Angaben der Eltern zu den Veränderungen des Kindes seit dem Unfall genährt. Es bestand der Verdacht, dass seine Eltern und die Anwälte das Kind dazu gebracht hatten, Symptome einer Kopfverletzung zu simulieren (Slick et al., 2011, S. 461).

Diskrepanzen zwischen Datenquellen

Wie kann man Verfälschung erkennen? Anhaltspunkte können Diskrepanzen zwischen Selbst- und Fremdberichten oder Dokumenten sowie zwischen berichteten Beschwerden und beobachtbarem Verhalten sein, aber auch Beschwerden oder Testergebnisse, die nicht zum neurologischen Status passen (Hartje, 2004; Iverson, 2010; Sturm, 2000). Bei verschiedenen Tests finden die Patienten, die eine kognitive Beeinträchtigung vortäuschen wollen, nicht das richtige Maß und produzieren daher unglaubwürdig niedrige Leistungen.

Kontrollskalen für Verfälschung

Besteht der Verdacht auf Simulation (oder Dissimulation), können zur Überprüfung zwei Arten von Tests eingesetzt werden: Erstens gibt es Tests und Fragebögen, die zusätzlich zu den Informationen über den eigentlichen Messgegenstand auch Kennwerte zur Verfälschung liefern. Ein bekanntes Beispiel ist der MMPI-2 (▶ Kap. 3.3.3), der mehrere Kontrollskalen hat, die zudem sehr gut erforscht sind (s. Iverson, 2010, S. 102–104). Wie mithilfe des Tests d2 Simulation zu erkennen ist, wurde in ▶ Kapitel 3.2.2 bereits erläutert.

»symptom validity tests«

Daneben stehen einige spezielle Verfahren zur Verfügung (s. a. Littmann, 2000). Es handelt sich um Leistungstests, bei denen Simulanten die Testleistungen tatsächlich hirnorganisch gestörter Patienten nicht richtig einschätzen können und daher auffällig schlechte Leistungen erzielen. Diese Tests werden im Englischen »symptom validity tests« genannt; einige sehr bekannte Verfahren sind in ◘ Tabelle 11.4 aufgeführt.

Untersuchung zum Erkennen von Simulation

Blaskewitz et al. (2008) untersuchten in Deutschland, wie gut mit drei der oben genannten Tests Simulanten entdeckt werden können. In dieser Studie wurden Kinder (Durchschnittsalter: neun Jahre) entweder instruiert, sich bei den Tests anzustrengen oder sich als schlecht darzustellen. Die zweite Gruppe sollte sich vorstellen, dass ein Zauberer kommt, um Kinder für seine Zauberschule zu suchen. Da er selbst nicht sehr gescheit sei, würde er keine Kinder mögen, die ihm überlegen sind. Allerdings sollten die Kinder nicht zu viele Fehler machen, weil der Zauberer auch keine dummen Kinder brauchen könne. Die »Simulanten« zeigten im MVST, TOMM und FIT (Kurzbeschreibung in ◘ Tab. 11.4) schlechtere Leistungen als die Kontrollgruppe. Kein Kind in der Kontrollgruppe wurde mit einem der drei Verfahren als Simulant eingestuft. Mit dem MVST gelang es, 90 und mit dem TOMM 68 Prozent der »Simulanten« zu entdecken. Der FIT erwies sich als wenig geeignet; nur zehn Prozent der »Simulanten« fielen auf.

Tests für Entwicklungs- und Teilleistungsstörungen

Kinder und Senioren als spezielle Zielgruppen Zwei Altersgruppen verdienen eine gesonderte Erwähnung: Kinder und Jugendliche sowie Senioren. In jeder dieser Gruppen können altersspezifische Störungen vorkommen, und die Diagnostik dieser Klienten verlangt nach Testverfahren, die für den jeweiligen Altersbereich adäquat normiert sind. Im Kindes- und Jugendalter können insbesondere Entwicklungsstörungen des Sprechens und der Sprache, Lernstörungen, Teilleistungsstörungen (Lese-Rechtschreib-Störung, Rechenstörung) und hyperkinetische Störungen Anlass für eine neuropsychologische Diagnostik sein (s. Melchers & Lehmkuhl, 2000).

Tab. 11.4 Tests zum Erkennen von Simulation (»symptom validity tests«)

Test	Kurzbeschreibung
Word Memory Test (WMT)	20 Wortpaare (semantisch verwandte Begriffe wie Katze – Hund), werden nacheinander auf dem Bildschirm dargeboten. Zwei Durchgänge. Dann sofort Wiedererkennenstest mit 40 neuen Wortpaaren, die ein gelerntes Wort mit einem neuen kombinieren (z. B. Hund – Hase). Der Proband soll angeben, wenn ein Wort (hier: Hund) in der Lernliste war. Zweiter Wiedererkennenstest nach 30 Minuten; 40 neue Wortpaare (z. B. Hund – Ratte). Kennwerte: Leistung in Test 1 und in Test 2, Konsistenz der Antworten in Test 1 und 2.
Medical Symptom Validity Test (MSVT)	Vereinfachte Version des WMT mit zehn Wortpaaren. Zweiter Wiedererkennungstest nach zehn Minuten, hier wird aber ein Wort vorgegeben, und das fehlende muss ergänzt werden. Zusätzlicher Durchgang mit freier Erinnerung.
Test of Memory Malingering (TOMM)	50 Bilder bekannter Objekte werden nacheinander auf dem Bildschirm gezeigt. Sofort danach Wiedererkennungstest mit jeweils zwei Antwortmöglichkeiten: Welches der zwei Bilder wurde zuvor gezeigt? Wiederholung von Lern- und Testdurchgang. Optional folgt nach 30 Minuten noch ein Wiedererkennungstest.
Computerized Assessment of Response Bias (CARB)	Jeweils eine fünfstellige Zahl wird auf dem Bildschirm gezeigt, danach Wiedererkennungstest mit zwei Antwortmöglichkeiten. Scheinbare Variation der Schwierigkeit durch Zeitintervall von bis zu 15 Sekunden zwischen Darbietung und Test.
Fifteen Item Test nach Rey[a] (FIT)	Auf einer Karte sind in fünf Zeilen je drei Items (Buchstaben, Zahlen, Figuren) aufgeführt. Diese sind nach zehn Sekunden Darbietung nachzuzeichnen. Die Aufgabe ist trotz der vielen Items tatsächlich sehr leicht (bei den Buchstaben handelt es sich z. B. um A, B, C und a, b, c).

Anmerkung. Testbeschreibungen nach Slick et al. (2011, S. 465–467).
[a] Für den Test sind auch andere Bezeichnungen gebräuchlich: Rey Memory Test, Rey 15-Item Memory Test, Rey's 15-Item Visual Memory Test, Memory for Fifteen Items Test MFIT.

Demenzdiagnostik bei älteren Menschen

Im höheren Alter lassen die meisten kognitiven Funktionen nach. Am häufigsten klagen ältere Menschen über Gedächtnisprobleme. In manchen Fällen handelt es sich um Anzeichen einer beginnenden Demenz. Bei den Demenzen sind verschiedene Formen zu unterscheiden, die sich unterschiedlich in verschiedenen Funktionsbereichen (Gedächtnis, Sprache, Aufmerksamkeit und Konzentration, exekutiven Funktionen, Orientierung und Affekt) bemerkbar machen (s. Kessler & Kalbe, 2009).

Nürnberger Altersinventar

Eine Testbatterie, die speziell für ältere Menschen entwickelt und normiert wurde, ist das Nürnberger-Alters-Inventar (NAI; Oswald & Fleischmann, 1997). Es handelt sich um eine Auswahl altersgerechter Leistungstests zur kognitiven Schnelligkeit (u. a. ein Zahlen-Symbol-Test) und zum Gedächtnis sowie Skalen zur Selbst- und Fremdbeurteilung. Die abgestuften Altersnormen (55–69, 70–79 und 80–96 Jahre) erlauben einen Vergleich mit weitgehend gleich alten Menschen. Fleischmann (2000) gibt einen Überblick über weitere neuropsychologische Testverfahren, für die geeignete Altersnormen vorliegen.

Dipl.-Psych. Edmund Grieshaber, Leiter der Abteilung für Neuropsychologie der Neurologischen Klinik GmbH Bad Neustadt/Saale seit 1988, Zertifizierung zum klinischen Neuropsychologen GNP, Psychologischer Psychotherapeut, Weiterbildungsermächtigung für Klinische Neuropsychologie und Supervisor GNP

> **Interview mit Dipl.-Psych. Edmund Grieshaber zum Thema »Psychodiagnostische Verfahren in der Neurologie**

Aus welchen Gründen kommen Patienten in die neurologische Klinik, in der Sie tätig sind?

Die meisten Patienten kommen wegen eines Apoplektischen Insultes [Schlaganfall], eines raumfordernden Prozesses [Tumor] oder nach einem Schädel-Hirn-Trauma.

Welche Bedeutung hat die Diagnostik für Ihre Arbeit mit den Patienten?

Nur durch eine hypothesengeleitete Diagnostik wird es möglich, die Einschränkungen höherer Hirnleistungsfunktionen, die erkrankungs- oder verletzungsbedingt entstanden sind, zu objektivieren und sie qualitativ und quantitativ zu erfassen. Dieser Prozess ist für die Festlegung der therapeutischen Interventionen von Bedeutung. Nur über die Erfassung der Störungsfelder in ihrer Intensität wird es möglich, die therapeutischen Anforderungen gezielt am momentanen Vermögen des Patienten zu orientieren. Dadurch ist Förderung möglich, und es wird sichergestellt, dass der Patient in den einzelnen Therapiesitzungen auch Erfolge realisieren kann.

Spätestens gegen Ende des Aufenthaltes wird erneut eine neuropsychologische Diagnostik durchgeführt. Es sollen Veränderungen (hoffentlich Verbesserungen) erfasst und dokumentiert werden; damit wird festgestellt, ob und wo noch weiter Therapie erforderlich ist. Es muss geprüft werden, wie die berufliche Wiedereingliederung durchgeführt werden soll und was dabei zu beachten ist. Auch die Frage, ob eine Umschulung, innerbetriebliche Umsetzung oder Berentung erforderlich wird, kann Gegenstand der abschließenden Diagnostik sein. Ca. 60 % der täglichen Arbeit dienen der Diagnostik (Aktenstudium, Anamnesegespräch, Planung der Untersuchung, Untersuchung, Auswertung, Interpretation, Befunderstellung, Empfehlung).

Machen die modernen bildgebenden Verfahren die psychologische Diagnostik in Zukunft nicht überflüssig? Wozu braucht man in einer apparativ gut ausgestatten neurologischen Klinik noch psychologische Diagnostik?

Bildgebende Verfahren sind eine Hilfe in der hypothesengeleiteten Diagnostik. Die Kenntnis über Interaktion und Kommunikation der Hirnstrukturen ist aber bei Weitem noch nicht so präzise, um immer exakt beurteilen zu können, ob und in welcher Intensität Einschränkungen entstanden sind. Qualifizierung und Quantifizierung der Störungsfelder und natürlich auch der Nachweis der Wirksamkeit neuropsychologischer Therapie erfordert gezielte neuropsychologische Diagnostik. Die apparativen medizinischen Verfahren wie CT, MRT u. Ä. leisten diese Aufgabe nicht. Teilweise sind auch neuropsychologische Einschränkungen zu objektivieren, obwohl bildgebende Verfahren keine Auffälligkeiten zeigen. In der Forschung wird das PET eingesetzt, um das Gehirn in Aktion abzubilden, sowie jene Hirnareale, die bei spezifischen kognitiven Aktivitäten besonders angesprochen sind. Auch dieses bildgebende Verfahren wird aus Kostengründen für die neuropsychologische Praxis momentan noch selten eingesetzt.

Welche diagnostischen Verfahren setzen Sie besonders häufig ein, und zu welchem Zweck?

Die Testbatterie zur Aufmerksamkeitsprüfung ist Standard, obwohl zu Recht auch viel Kritik an diesem Verfahren geübt wird. Im Bereich der Diagnostik von Gedächtnisstörungen kommen vorwiegend der VVM [Visueller und Verbaler Merkfähigkeitstest] und der VLMT [Verbaler Lern- und Merkfähigkeitstest] zum Einsatz. Da wir auch viele ältere Patienten haben, setzen wir auch oft das NAI [Nürnberger-Alters-Inventar] ein. Es hat den großen Vorteil, dass die Normen bis in den Altersbereich über 80 reichen. Wir verwenden es zur Messung von Gedächtnis- und konzentrativen Leistungen.

▼

Haben Sie einen Wunsch an die Testentwickler und Testverlage, was die Verbesserung und Neuentwicklung von diagnostischen Verfahren angeht?
Ein erheblicher Teil unserer Patienten sind ältere und alte Menschen. Daher sind Normierungen an dieser Gruppe erforderlich; die Normen der jüngeren sind nicht einfach linear interpolierbar. Die Entwicklung im Gesundheitswesen erfordert auch bei uns, möglichst ökonomisch zu Resultaten zu gelangen. Der Untersuchung in Kleingruppen wird zunehmend mehr Bedeutung zukommen. Ein in der Gruppe einsetzbarer Test zur Prüfung mnestischer Leistungen wäre z. B. sehr hilfreich. Auch die Schriftgröße, insbesondere bei Konzentrationstests, sollte so gestaltet sein, dass die Zeichen problemlos erkannt werden.

Wenn Sie eine Psychologenstelle in Ihrem Team zu besetzten haben, welche Qualifikationsmerkmale sind aus Ihrer Sicht wichtig?
Aus der Wahl der Studienschwerpunkte sollte Interesse an diagnostischen Fragestellungen deutlich werden. Einschlägige, mehrmonatige Praktika in einer Einrichtung, die sich mit der Diagnostik und Therapie neuropsychologischer Fragen beschäftigt, sollten das Interesse dokumentieren. Auch Bereitschaft zu psychotherapeutischer Arbeit und zur Hilfestellung bei der Krankheitsverarbeitung und Entwicklung tragfähiger Zukunftsperspektiven für den Betroffenen und seine Familienangehörigen sind wichtig. Dem Mitfühlen, ohne durch eine Überidentifikation handlungsunfähig zu werden, kommt eine wichtige Bedeutung zu, ebenso wie eigenständigem und strukturiertem Arbeiten im interdisziplinären Team.

Das Arbeitsfeld muss deutlich sein: Schwerkranke Menschen, denen dieses Leiden häufig sehr anzusehen ist. ◄

11.2 Rechtspsychologische Diagnostik

Klassische diagnostische Aufgaben in der Rechtspsychologie sind die Erstellung von Gerichtsgutachten zu Fragen der Schuldfähigkeit von Straftätern, der Glaubhaftigkeit von Zeugenaussagen oder etwa des Sorgerechts in Scheidungsverfahren sowie die Untersuchung von Straftätern, die bereits überführt sind und sich nun in einer Haftanstalt befinden. Damit soll eine fundierte Auswahl von Behandlungsmaßnahmen gewährleistet und gegebenenfalls gegen Ende des Strafvollzugs eine Rückfallprognose erstellt werden.

Aufgaben und Fragestellungen

Diagnostische Fragestellungen in der Rechtspsychologie

- **In Strafverfahren:**
  - Glaubhaftigkeit einer Zeugenaussage
  - Schuldfähigkeit eines Täters
  - Strafrechtliche Verantwortlichkeit bei jugendlichen Tätern
- **Im Strafvollzug:**
  - Erstellen eines Vollzugsplans
  - Vollzugslockerung
  - Kriminalprognose (vorzeitige Entlassung, Sicherheitsverwahrung)
- **In Zivilverfahren:**
  - Entzug der Geschäftsfähigkeit
  - Umgangs- und Sorgerecht für ein Kind nach Scheidung der Eltern
  - Entzug der elterlichen Sorge

▼

Diagnostik für Gerichtsverfahren

> **In Sozialgerichtsverfahren:**
> – Arbeits- und Erwerbsfähigkeit
> – Voraussetzungen für eine Umschulungsmaßnahme
> – Berufsunfähigkeit

Die Fragestellungen sind so heterogen, dass ein einheitliches Vorgehen völlig abwegig wäre. Deshalb wird exemplarisch auf vier Bereiche eingegangen, die in der Praxis eine große Bedeutung haben: auf die Beurteilung der Glaubhaftigkeit von Zeugenaussagen, auf die Schuldfähigkeit von Straftätern, auf die Kriminalprognose und auf Sorgerechtsentscheidungen. Zur Beantwortung der oben genannten Fragestellungen in Sozialgerichtsverfahren kann auf eignungsdiagnostische Ansätze und Methoden zurückgegriffen werden (► Kap. 8.2); wenn eine Hirnschädigung vorliegt, kommen auch neuropsychologische Methoden zum Einsatz (► Kap. 11.1).

Aussageglaubhaftigkeit vs. Aussagetüchtigkeit

Glaubhaftigkeit von Zeugenaussagen In Strafverfahren kommt der Aussage von Zeugen oft eine große Bedeutung zu. Wenn es stimmt, was der Zeuge berichtet, wird der Beschuldigte verurteilt – oder auch nicht, wenn es sich um eine entlastende Zeugenaussage handelt. Manchmal sind jedoch Zweifel an der Zeugenaussage angebracht. In diesem Fall kann das Gericht eine Begutachtung veranlassen. Grundsätzlich ist zwischen der Glaubhaftigkeit der Aussage und der »Aussagetüchtigkeit« der Person des Zeugen zu unterscheiden (Volbert & Dahle, 2010b). Es geht also darum, was jemand gesagt hat, und wer diese Aussage gemacht hat.

Beobachtungen decken sich oft nicht mit den Fakten

Auch wenn ein Zeuge sich um eine korrekte Aussage bemüht, können ihm Fehler unterlaufen. Beobachtungen (und Aussagen darüber) decken sich oft nicht mit den Fakten, die beobachtet werden. Vielen Menschen unterlaufen teilweise gravierende Beobachtungsfehler, wie in empirischen Untersuchungen mit gestellten oder im Film gezeigten Ereignissen eindrucksvoll demonstriert wurde (z. B. Loftus, 1979). Inzwischen konnten zahlreiche Faktoren, die sich auf die Identifikation durch Augenzeugen auswirken, durch experimentelle Untersuchungen identifiziert werden (für eine Übersicht s. Wells & Olsen, 2003).

situative Bedingungen der Aussage beachten

Insgesamt belegen diese Untersuchungen, wie trügerisch es sein kann, sich auf menschliche Beobachtungen zu verlassen. Bei der Begutachtung von Zeugenaussagen werden aus diesen Gründen die situativen Bedingungen, unter denen die Aussage zustande gekommen ist, analysiert. Dabei spielen die Wahrnehmungsbedingungen (z. B. Beobachtungsdauer, mögliche Ablenkung der Aufmerksamkeit, sensorische Wahrnehmungsbedingungen), die Komplexität des Ereignisses und der zeitliche Abstand zwischen Ereignis und Bericht ebenso eine Rolle wie die Bedingungen, unter denen die Aussage aufgenommen wurde. Besonders bei Kindern kann sich eine (ungewollt) suggestive Befragung auf die Aussagen auswirken (Volbert, 2000). Günstig sind Aufforderungen, zu einem Thema zu erzählen (»Beschreibe doch einmal, wie der Mann aussah«) und offene Fragen (»Was hat der Mann zu dir gesagt?«).

Suggestivfragen

> **Beispiele für eine suggestive Befragung**
> – »Hat der Mann gesagt, du sollst mitkommen?« (der Sachverhalt, dass der Mann das gesagt hat, wird unterstellt)
> – »Könnte es sein, dass das Messer schon am Tatort lag?« (Aufforderung zu einer Spekulation, implizite Erwartung)
> ▼

11.2 · Rechtspsychologische Diagnostik

> — Verstärkung von Antworten (Nicken, »ahja«, »gut beobachtet«), die ins Konzept des Interviewers passen (der Zeuge erfährt, welche Antworten erwünscht sind)
> — Wiederholung einer Frage im Verlauf des Interviews (erzeugt Druck, nun endlich die »richtige« Antwort zu geben)

Die vorliegende **Aussage** wird danach analysiert, ob sie wahr ist. Im Grunde gibt es drei Möglichkeiten, die auch als Hypothesen formuliert werden können:
- Die Aussage ist wahr.
- Es handelt sich um eine absichtliche Falschaussage (Lüge).
- Die Aussage ist subjektiv wahr, objektiv jedoch unwahr (Pseudoerinnerungen aufgrund von Suggestion).

hypothesengeleitetes Vorgehen

Diese Hypothesen werden geprüft; die Leitfrage lautet dabei: Kann »die Aussage anders als durch einen tatsächlichen Erlebnishintergrund zustande gekommen sein«? (Volbert & Dahle, 2010b, S. 31).

Leitfrage

Für eine absichtliche **Falschaussage** muss der Zeuge eine entsprechende Motivation haben. Mögliche Motive sind u. a. Rache (der Zeuge will, dass der vermeintliche Täter bestraft wird), Angst vor negativen Konsequenzen (der Zeuge wird bedroht), Mitleid (das Kind will nicht, dass sein Vater ins Gefängnis kommt), Vorteile durch eine Verurteilung erlangen (das Sorgerecht für das Kind erhalten), oder auch Verdecken von eigenem Fehlverhalten (der Zeuge hätte die Tat verhindern können). Zur Beurteilung der Motivation für eine mögliche Falschaussage wird die Beziehung zwischen Beschuldigtem und Zeugen analysiert. Auch wenn ein Zeuge ein Motiv für eine Falschaussage hat, bedeutet dies nicht zwangsläufig, dass er eine Falschaussage macht. Zur Prüfung der Hypothese, dass die Aussage durch Suggestion zustande gekommen sein kann, müssen die Umstände und die Art der Befragung eruiert werden.

Motive für eine Falschaussage

Die Aussage selbst kann inhaltsanalytisch untersucht werden. Der Gutachter sucht dabei nach sog. »**Realkennzeichen**« (vgl. Steller & Volbert, 1997). Diese Realkennzeichen (s.u.) differenzieren zwischen Aussagen, die auf selbst erlebten Ereignissen versus erfundenen beruhen. Das Vorliegen vieler Realkennzeichen in einer Aussage spricht dafür, dass der Zeuge das Ereignis selbst erlebt hat und keine »Erfindungen« präsentiert. Ein Problem besteht darin, dass es keine verbindlichen Standards (Normen) dafür gibt, wie viele Realkennzeichen vorliegen müssen, damit eine Aussage als sehr wahrscheinlich authentisch eingestuft werden kann. Es bleibt somit dem Gutachter überlassen, die Zahl der vorgefundenen Realkennzeichen richtig zu bewerten. Interpretationsobjektivität ist also nicht gegeben.

Aussagen inhaltsanalytisch untersuchen

> **Beispiele für Realkennzeichen (das Vorliegen spricht für eine glaubwürdige Aussage)**
> — Logische Konsistenz
> — Schilderungen von Komplikationen im Handlungsverlauf
> — Schilderung ausgefallener Einzelheiten
> — Schilderung eigener psychischer Vorgänge
> — Eingeständnis von Erinnerungslücken

Realkennzeichen

Schließlich richtet sich die Aufmerksamkeit auf die Fähigkeit des Zeugen, grundsätzlich zu dem Sachverhalt eine gültige Aussage zu machen. Eine niedrige Intelligenz, fehlender Erfahrungshintergrund, bestimmte psychische Störungen oder Alkohol- bzw. Drogenkonsum können Zweifel an dem Urteilsvermögen begründen.

Fähigkeitsmerkmale des Zeugen

> **Beispiel**
>
> **Antje F.** (20 Jahre) sagt in einem Strafverfahren gegen Herrn S. aus. Der Zuhälter habe sie in der Wohnung eingeschlossen, ihr Rauschgift verkauft und sie zur Prostitution gezwungen. Nach zehn bis elf Monaten wurde sie »seelisch und körperlich heruntergekommen« vom Zuhälter in die Klinik gebracht. Ihre Glaubwürdigkeit als Zeugin wird dadurch erschüttert, dass ihr Erinnerungsvermögen möglicherweise durch mehrjährigen Heroingebrauch beeinträchtigt ist. Es liegt langjähriger Alkohol- und Drogenkonsum vor; bereits mit etwa 17 Jahren hat sie auch Heroin (ca. 3 g pro Tag) konsumiert. Drogengebrauch über längere Zeit kann die Persönlichkeit, die Konzentrationsfähigkeit, die Gedächtnisleistung etc. negativ verändern. Die Untersuchung ergibt, dass ihre Aussagen als glaubhaft erscheinen, da Kriterien wie Detailfülle, folgerichtige Handlungsverkettungen, teils widersprüchliche, aber geklärte Aussagen und Selbstbezichtigung erfüllt sind. In Tests zur Messung der Intelligenz, der Konzentrationsfähigkeit und der Merkfähigkeit erreicht sie durchschnittliche bis leicht überdurchschnittliche Werte. Der Gutachter kommt zu dem Schluss, dass keine Verschlechterung der intellektuellen Leistungsfähigkeit (hierzu stellt er einen Vergleich mit den früheren Schulleistungen an) erkennbar ist, keine Hinweise auf zerebral-pathologische Abbauprozesse vorliegen und die Erinnerungsfähigkeit nicht eingeschränkt ist. Er bejaht die **Glaubwürdigkeit** der Zeugin und die **Glaubhaftigkeit** ihrer Aussagen. Das Gericht hatte keine Zweifel an ihren Aussagen. Angesichts dieser Situation ließ sich der Angeklagte auf die wesentlichen Punkte der Anklageschrift ein (Reichert, 1997).

Informationsquellen für Begutachtung

Für die Begutachtung der Person des Zeugen finden Akteninformationen (Gerichtsakten) Verwendung, weitere Informationen werden im diagnostischen Interview mit dem Zeugen, eventuell auch mit dritten Personen (z. B. Eltern, Erzieher) gewonnen. Wenn sich die Frage nach einer psychischen Störung stellt, bieten sich dazu ein strukturiertes klinisches Interview sowie bestimmte klinische Fragebögen an. Je nach Sachlage kommen auch Testverfahren (Intelligenztests, Konzentrationstests, Gedächtnistests etc.) zum Einsatz.

§ 20 und § 21 StGB

Schuldunfähigkeit und verminderte Schuldfähigkeit eines Täters In § 20 des deutschen Strafgesetzbuchs wird festgelegt: »Ohne Schuld handelt, wer bei Begehung der Tat wegen einer krankhaften seelischen Störung, wegen einer tiefgreifenden Bewusstseinsstörung oder wegen Schwachsinns oder einer schweren anderen seelischen Abartigkeit unfähig ist, das Unrecht der Tat einzusehen oder nach dieser Einsicht zu handeln«. Eine verminderte Schuldfähigkeit liegt nach § 21 StGB vor, wenn »die Fähigkeit des Täters, das Unrecht der Tat einzusehen oder nach dieser Einsicht zu handeln, aus einem der in § 20 bezeichneten Gründe bei Begehung der Tat erheblich vermindert« ist. In diesem Fall kann die Strafe gemildert werden.

Einschränkung des Unrechtsbewusstseins bzw. der Steuerungsfähigkeit

Die Begutachtung der Schuldfähigkeit bzw. einer verminderten Schuldfähigkeit setzt an den in § 20 StGB genannten möglichen Bedingungen an. Es genügt jedoch nicht, dass eines dieser Kriterien vorliegt. Vielmehr muss daraus eine Aufhebung oder Einschränkung des Unrechtsbewusstsein oder der Steuerungsfähigkeit bei der Tat herrühren.

geistige Behinderung

Die juristischen Begriffe können nicht eins zu eins in psychologische oder auch psychiatrische Kategorien übersetzt werden. Am einfachsten ist aus psychologischer Sicht mit dem Begriff des Schwachsinns umzugehen, der als intellektuelle Minderbegabung bzw. geistige Behinderung aufzufassen ist. Zur Feststellung sind Intelligenztests geeignet. Eine wichtige Informationsquelle stellen auch biografische Daten wie Art und Dauer des Schulbesuchs, die Beschäftigung oder die Unterbringung in einem Heim für geistig behinderte Menschen dar. Bezugspersonen können im Inter-

11.2 · Rechtspsychologische Diagnostik

view nach Kompetenzen des Täters zur Bewältigung alltäglicher Probleme befragt werden.

Die Feststellung einer krankhaften seelischen Störung oder einer schweren anderen seelischen Abartigkeit fällt in die klinische Diagnostik (▶ Kap. 10.2), denn hier geht es um psychiatrische Diagnosen. Zu den krankhaften seelischen Störungen zählen »organische, psychische und Verhaltensstörungen durch psychotrope Substanzen, Schizophrenien, wahnhafte und psychotische Störungen, verschiedene affektive Störungen und zu den genannten Diagnosegruppen analoge Symptomatiken sowie Anfallserkrankungen« (Scholz & Schmidt, 2008, S. 403). Die anderen schweren seelischen Abartigkeiten sind überwiegend im Bereich gravierender Persönlichkeitsstörungen und bei den abnormen Gewohnheiten und Störungen der Impulskontrolle zu suchen. Aus der letztgenannten Kategorie sind insbesondere die Pathologische Brandstiftung (Pyromanie, F63.1 nach ICD-10) und das Pathologische Stehlen (Kleptomanie, F63.2) in der Praxis relevant.

krankhafte seelische Störungen

Eine tiefgreifende Bewusstseinsstörung muss nicht krankhaft sein; auch ein psychisch gesunder Täter kann sich bei der Tat in einer hochgradigen affektiven Erregung befunden haben (weitere Informationen dazu bei Scholz & Schmidt, 2008). Bei der Begutachtung kommen daher der Analyse des Tatablaufs und der Vorgeschichte, die zur Tat geführt hat, eine besondere Bedeutung zu. Weitere Faktoren sind etwa die Persönlichkeit des Täters, seine Beziehung zum Opfer und Erinnerungsstörungen nach der Tat. Die nötigen Informationen erhält der Gutachter durch Auswertung der gerichtlichen Akten, durch ein Interview mit dem Täter, aber auch anhand von Persönlichkeitsfragebögen oder projektiven Verfahren.

tiefgreifende Bewusstseinsstörung auch bei psychisch Gesunden

Kriminalprognose Die Prognose des zukünftigen Verhaltens eines Straftäters hat eine erhebliche Bedeutung für die Auswahl und Bemessung der Strafe bzw. anderer Maßnahmen (z. B. Sicherheitsverwahrung), die Ausgestaltung des Strafvollzugs und für dessen Beendigung (Dahle, 1997, 2000, 2009). Eine Rückfallprognose wird benötigt, wenn ein Straftäter einen Großteil seiner Strafe verbüßt hat und nun eine Entscheidung über eine vorzeitige Haftentlassung auf Bewährung ansteht. In bestimmten Fällen wird geprüft, ob die Notwendigkeit einer Sicherungsverwahrung besteht.

Rückfallprognose

Prognosen über künftiges delinquentes Verhalten sind schwer zu stellen, da gleich mehrere ungünstige Bedingungen zusammentreffen (vgl. Dahle, 2000):
- Das vorherzusagende Verhalten tritt (zumindest bei zahlreichen Delikten) selten auf. Viele Gewalttäter und gewalttätige Sexualstraftäter bleiben Jahre oder gar Jahrzehnte lang unauffällig, um dann plötzlich wieder einschlägige Straftaten zu begehen.
- Verhalten wird immer auch durch die Situation determiniert. In welche Situationen der Straftäter einmal kommen wird, die ihn wieder in Versuchung bringen, ist ungewiss. Auch ungünstige Lebensumstände wie Arbeitslosigkeit oder das Zerbrechen einer Beziehung oder Ehe sind schwer vorherzusehen. Günstige Randbedingungen, die anfangs vorhanden sind und bei der Begutachtung berücksichtigt wurden (z. B. Alkoholabstinenz), können später wegfallen.
- Der Geltungszeitraum der Prognose ist gerade bei jungen Straftätern sehr lang.

schwierige Randbedingungen für Prognose

Deshalb sind grundsätzlich nur Wahrscheinlichkeitsaussagen möglich (»es ist zu erwarten, dass…«). Die Folgen einer Fehleinschätzung des Rückfallrisikos sind schwerwiegend, und zwar im einen Fall für die Opfer, und im anderen Fall für den Straftäter, wenn ihm unbegründet die Freiheit vorenthalten wird.

nur Wahrscheinlichkeitsaussagen

Nomothetische Prognose Bei der Begutachtung können statistische Erkenntnisse über Rückfallrisiken in vergleichbaren Fällen genutzt werden. In diesem Fall spricht man von einer nomothetischen Prognose (Volbert & Dahle, 2010a, S. 71 f.). Die statis-

Rückfallrisiko mit beobachteten »Gesetzmäßigkeiten« abschätzen

tische Vorhersage muss sich auf Merkmale der Tat und des Delinquenten konzentrieren, die allgemein verfügbar sind. Kriminalprognosetafeln enthalten daher Merkmale wie die Art der Straftat, Alter, Geschlecht und (in den USA) die Hautfarbe des Delinquenten. Sie helfen, das Risiko abzuschätzen, können aber nicht erklären, warum ein Straftäter rückfällig wird. Die Hautfarbe hat in den USA eine hohe Priorität; eine schwarze Hautfarbe kann jedoch nicht direkt kausal dafür verantwortlich sein, dass jemand wieder eine Straftat begeht. Eine schwarze Hautfarbe geht normalerweise mit vielen anderen Merkmalen einher. Durch gründliche Forschung kann manchmal aufgedeckt werden, dass andere, hinter dem leicht erfassbaren Merkmal stehende Faktoren für die Kriminalprognose entscheidend sind. Der Faktor Hautfarbe verliert bei der Prognose von künftigen Gewalttaten seine Vorhersagekraft, wenn die Kriminalität in der Nachbarschaft, in die sich der ehemalige Straftäter nach seiner Entlassung begibt, berücksichtigt wird (Monahan, 2003; ▶ Kap. 5.2). Die statistische Prognose vernachlässigt zwangsläufig die seltenen, nicht bei allen Personen vorhandenen Risikofaktoren.

Individuelle Besonderheiten bleiben unberücksichtigt

Gretenkord (2002) hat einen treffenden Vergleich für die Nutzung statistischer Vorhersagen gefunden: Beim Verkauf eines Autos kann der Verkäufer von einem Programm nach Eingabe von Typ, Baujahr und Kilometerleistung einen Listenpreis suchen lassen. Dieser Preis ist jedoch nur ein grober Anhaltspunkt; beim Verkauf sind Besonderheiten des Autos wie etwa eine kleine Beule oder die wenig gefragte Wagenfarbe zu berücksichtigen. Genauso beachtet der Gutachter die statistischen »Gesetzmäßigkeiten« von Prognosetafeln und stellt vielleicht fest, dass der Proband aufgrund seines Alters, seiner Vorstrafen etc. ein hohes Rückfallrisiko von 30 % hat. Bis dahin hat sich der Gutachter nicht der Gefahr von Urteilsfehlern (z. B. Ignorieren von Basisraten; ▶ Kap. 5.2) ausgesetzt.

Beispiel für Prognosetafel

◨ Tabelle 11.5 zeigt ein Beispiel für eine **Prognosetafel**. Zu deren Erstellung hatte Gretenkord (2002) 188 Straftäter, die im Durchschnitt acht Jahre lang in einer Klinik für gerichtliche Psychiatrie untergebracht waren, nach Variablen klassifiziert, die der internationalen Forschung zufolge (46 Studien) zur Vorhersage des Rückfallrisikos gut geeignet sind: Vorliegen einer Persönlichkeitsstörung (meist Psychopathie), früheres Gewaltdelikt, Gewalttätigkeit während der Unterbringung und Alter. Er überprüfte, ob die Patienten in einem Zeitraum von durchschnittlich acht Jahren nach ihrer Entlassung einen Eintrag im Bundeszentralregister erhalten hatten, also wieder straffällig geworden waren.

Rückfallrisiko aus Tabelle ablesen

◨ Tabelle 11.5 lässt sich entnehmen, dass das Rückfallrisiko deutlich mit dem Alter abnimmt. Prognostisch ungünstig sind eine Persönlichkeitsstörung, Vorstra-fen we-

◨ **Tab. 11.5** Beispiel für eine Prognosetafel zur Rückfallwahrscheinlichkeit von männlichen Straftätern nach Entlassung aus dem Maßregelvollzug (nach Gretenkord, 2002)

Risikofaktor			Entlassungsalter		
Persönlichkeitsstörung	Vorstrafe mit Gewaltdelikt	Mind. 2 x gewalttätig	20 Jahre	40 Jahre	60 Jahre
Nein	Nein	Nein	6 %	2 %	1 %
		Ja	17 %	6 %	2 %
	Ja	Nein	15 %	6 %	2 %
		Ja	37 %	16 %	6 %
Ja	Nein	Nein	16 %	6 %	2 %
		Ja	39 %	18 %	7 %
	Ja	Nein	36 %	16 %	6 %
		Ja	65 %	38 %	17 %

gen eines Gewaltdeliktes und Gewalttätigkeit während des Maßregelvollzugs. Das höchste Risiko (Rückfallwahrscheinlichkeit von 65 %) haben Patienten, die jung sind (Altersgruppe 20 Jahre) und drei weitere Risikomerkmale aufweisen. Am unwahrscheinlichsten ist ein Rückfall bei älteren Patienten (Altersgruppe 60 Jahre), die weder eine Persönlichkeitsstörung noch eine Vorstrafe wegen eines Gewaltdelikts haben oder trotz einschlägiger Vorstrafe während ihres Klinikaufenthaltes nicht gewalttätig geworden sind oder eine Persönlichkeitsstörung haben, aber weder aufgrund ihrer Vorstrafen noch durch ihr Verhalten während des Maßregelvollzugs als gewalttätig gelten. Die Rückfallwahrscheinlichkeit liegt hier nur bei 1 oder 2 %.

Eine Alternative zu Prognosetafeln ist die Vorhersage eines Rückfalls mittels Regressionsgleichung. Aus Großbritannien stammt die »Offender Group Reoffending Scale – Version 3« (s. Volbert & Dahle, 2010a, S. 77 f.), in die inzwischen die Daten von etwa 79.000 ehemaligen Strafgefangenen eingehen. Die Gleichung basiert auf sechs Prädiktoren: Geschlecht, Alter bei der letzten einschlägigen Tat, aktuelles Alter, Anzahl früherer Verurteilungen, Alter bei der ersten Verurteilung und Art des Anlassdeliktes (dazu liegt eine gesonderte Tabelle vor). In Deutschland wurden damit Validitäten zwischen .32 und .37 bei der Vorhersage erneuter rechtskräftiger Neuverurteilungen erzielt (Volbert & Dahle, 2010a).

Regressionsgleichungen für Rückfallrisiko

Zur **Vorhersage** bestimmter Delikte (z. B. Gewaltdelikte, Sexualdelikte) sowie für bestimmte Delinquentengruppen liegen mehrere Instrumente vor. Einer Übersicht von Dahle et al. (2007) ist zu entnehmen, dass zwei Instrumente eine hohe Validität aufweisen, die zudem auch in deutschen Studien bestätigt werden konnte.

spezielle Instrumente

Eines dieser Verfahren ist die Checkliste HCR-20 (Historical, Clinical, and Risk Managment-20 von Webster et al., 1997), von der auch eine deutsche Fassung von Müller-Isberner et al. (1998) vorliegt. Sie soll zukünftiges gewalttätiges Verhalten vorhersagen. Ein Beurteiler stuft 20 Risikofaktoren (= Items) auf einer dreistufigen Skala (0 = Item trifft definitiv nicht zu; 1 = Item trifft möglicherweise/teilweise zu; 2 = Item trifft sicher zu) ein. Er soll dabei auf alle denkbaren Informationsquellen wie Berichte von Behörden, Ämtern, Polizei und Staatsanwaltschaft oder auf Stellungnahmen von Psychologen, Psychiatern, Sozialarbeitern und Krankenpflegepersonal zurückgreifen; auch ein Interview ist möglich. Die Beurteilungen zu jedem Risiko werden zu bereichsspezifischen Skalenwerten sowie zu einem Gesamtwert addiert, der bei 20 Items und maximal drei Punkten pro Item einen Wert von 60 erreichen kann.

HCR-20

Aufbau der HCR-20

(H) Historische Items (Risikofaktoren aus der Vorgeschichte)
- H1 Frühere Gewaltanwendung
- H2 Geringes Alter bei erster Gewalttat
- H2a Geringes Alter bei Erstdelinquenz
- H3 Instabile Beziehungen
- H4 Probleme im Arbeitsbereich
- H5 Substanzmissbrauch
- H6 (Gravierende) seelische Störung (mit DSM-IV oder ICD-10 erheben)
- H7 Psychopathie (mit Hare Psychopathy Checklist-Revised PCL erheben)
- H8 Frühe Fehlanpassung
- H8a Inadäquater Erziehungsstil
- H8b Fehlverhalten in Kindheit und Jugend
- H9 Persönlichkeitsstörung (mit DSM-IV oder ICD-10 erheben)
- H10 Frühere Verstöße gegen Auflagen

> **(C) Klinische Items (gegenwärtige Risikofaktoren)**
> - C1 Mangel an Einsicht
> - C2 Negative Einstellungen
> - C3 Aktive Symptome (mit DSM-IV oder ICD-10 erheben)
> - C4 Impulsivität (z. B. mit Impulsivitäts-Checkliste ICD-20 erheben)
> - C5 Fehlender Behandlungserfolg
>
> **(R) Risiko-Management (Vorhersage des zukünftigen Verhaltens unter den zu erwartenden äußeren Umständen)**
> - R1 Fehlen realisierbarer Pläne
> - R2 Destabilisierende Einflüsse
> - R3 Mangel an Unterstützung
> - R4 Fehlende Compliance
> - R5 Stressoren
> (nach Müller-Isberner et al., 1998)

Itembeispiel HCR-20

Anhand eines Itembeispiels kann das Messprinzip veranschaulicht werden: Bei H1(Frühere Gewaltanwendung) gibt es folgende Antwortmöglichkeiten:
- Keine frühere Gewalttätigkeit
- Mögliche oder weniger gravierende frühere gewalttätige Handlungen (ein oder zwei mäßig gewalttätige Handlungen)
- Fortgesetzte oder schwerwiegende frühere Gewaltanwendung (drei oder mehr Handlungen, die als mäßig gewalttätig zu bezeichnen sind) oder jede Art von schwerer oder erheblicher früherer Gewalttätigkeit

Studie zur Anwendung der HCR-20

In der Schweiz haben Rossegger et al. (2010) die HCR-Werte von allen Gewalt- und Sexualstraftätern, die zwischen 1994 und 1999 in einer großen Strafvollzugseinrichtung für erwachsene Männer entlassen wurden, mit ihrem Status nach sieben Jahren in Beziehung gesetzt. Anhand von Strafregisterauszügen konnte festgestellt werden, ob ein Entlassener für das gleiche oder ein anderes Delikt wieder verurteilt worden war. Die allgemeine Rückfallquote lag bei 60 Prozent, die für das gleiche Delikt bei neun Prozent. Für den Gesamtwert konnte eine hohe Validität (AUC-Werte; Area Under Curve) von .76 bzw. .79 (spezifisches Delikt) ermittelt werden.

Vorgehen zur Überprüfung der Validität von Prognoseinstrumenten

Weltweit wurden viele ähnliche Studien zur Rückfallprognose durchgeführt. Die zur Vorhersage eingesetzten Verfahren variieren, ebenso die Tätergruppen, die bei einem Rückfall begangenen Straftaten und der Beobachtungszeitraum nach der Entlassung. Das Kriterium ist jedoch immer das Gleiche, nämlich ob ein aus der Haft entlassener Mensch innerhalb eines bestimmten Zeitraums wieder straffällig wird oder nicht. Diese Information kann von Forschern (je nach Staat) in Datenbanken der Justiz oder der Polizei abgerufen werden. Es handelt sich also um ein objektives Kriterium, das jedoch zwei Probleme aufweist: Jemand kann zu Unrecht verurteilt worden sein (ein geringes Risiko), und jemand kann eine Straftat begangen haben, wurde aber nicht als Täter ermittelt und überführt (in Deutschland lag die Aufklärungsquote über alle Straftaten 2009 bei 55,6 % laut Pressemitteilung des Bundesministeriums des Inneren vom 18.05.2010). Begeht jemand eine Straftat ohne überführt zu werden, zählt er in diesen Studien automatisch zur Gruppe der Nichtrückfälligen. Dadurch wird die prognostische Validität der Verfahren sehr wahrscheinlich erheblich unterschätzt.

Metaanalyse zur Rückfallprogose bei Sexualstraftätern

In einer Metaanalyse (Hanson & Morton-Bourgon, 2009) wurden Studien über Sexualstraftäter aus 16 Staaten ausgewertet. Die Gesamtzahl der entlassenen Strafgefangenen, deren Kriminalgeschichte im Durchschnitt knapp sechs Jahre lang über Datenbanken verfolgt wurde, betrug über 45.000. Die Rückfallquote lag bei 11,5 % (Sexual-

11.2 · Rechtspsychologische Diagnostik

◘ Tab. 11.6 Vorhersage von erneuten Straftaten ehemaliger Sexualstraftäter nach ihrer Haftentlassung

Art der Risikoschätzung	Kriterium		
	Sexualdelikt	Gewaltdelikt	Irgendeine Straftat
Verfahren zur Vorhersage von Sexualdelikten			
Empirisch aktuarisch	.67	.51	.52
Mechanisch	.66	.40	.37
Strukturiertes Expertenurteil	.46	.31	.26
Verfahren zur Vorhersage von Gewaltdelikten			
Empirisch aktuarisch	.39	.78	.74
Mechanisch	.33	.31	–
Verfahren zur Vorhersage von Delikten generell			
Empirisch aktuarisch	.62	.79	.97
Unstrukturiertes Expertenurteil	.42	.22	.11

Anmerkungen.
Empirisch aktuarische Vorhersage = die Items werden nach einer vorher festgelegten Regel verrechnet, die empirisch ermittelt wurde (auch die Items wurden nach empirischen Befunden ausgewählt)
Mechanisch = die Items werden nach einer vorher festgelegten Regel verrechnet, die theoretisch oder anhand der Literatur begründet wird
Strukturiertes Expertenurteil = den Beurteiler stehen strukturierte Listen mit Risiken des Delinquenten zur Verfügung, sie sind frei in der Kombination dieser Daten
Unstrukturiertes Expertenurteil = weder Risikofaktoren (Items) noch Verrechnung vorher festgelegt (nach Hanson & Morton-Bourgon, 2009, Tab. 1)

straftat), 19,5 % (Sexual oder Gewaltstraftat) bzw. 33,2 % (irgendeine Straftat). Die Ergebnisse sind in ◘ Tabelle 11.6 aufgeführt. Drei Befunde sind besonders erwähnenswert:
Der empirisch aktuarische Ansatz (Erläuterung in den Anmerkungen zu ◘ Tab. 11.6) ist den anderen Ansätzen überlegen, führt also zu den besten Vorhersagen.

aktuarischer Ansatz am besten

— Die Verfahren sind besonders gut für den Bereich geeignet, für den sie konstruiert wurden. Verfahren zur Vorhersage erneuter Sexualdelikte sagen Sexualdelikte besser voraus als Gewaltdelikte oder andere Straftaten etc.
— Die Effektstärken und damit die Validitäten sind relativ groß. Die Effektstärke von Verfahren zur Vorhersage von Sexualdelikten sagen Sexualdelikte mit d = .67 vorher (entspricht r = .32); für Gewaltdelikte beträgt die entsprechende Effektstärke .78 (r = .36) und für Delikte aller Art .97 (r = .44). Diese Werte sind nicht durch irgendwelche Korrekturen nach oben gerechnet worden. Es handelt sich zudem um sehr konservative Schätzungen, weil die Gruppe der »nicht rückfälligen« Täter auch solche einschließt, die unerkannt rückfällig geworden sind (s.o.).

Ideografische Prognose Fehlen geeignete Instrumente, die auf einer statistischen Vorhersage basieren, oder entscheidet sich der Diagnostiker aus grundsätzlichen Überlegungen gegen »starre« statistische Erklärungsansätze, kann mithilfe des ideografischen Ansatzes (Volbert & Dahle, 2010a, S. 72 f.) eine Prognose erstellt werden. Ziel dieses Ansatzes ist es, ein individuelles Erklärungsmodel für den Probanden auszuarbeiten, um damit zu einer Prognose zu gelangen. Gutachter, die sich diesem Ansatz verpflichtet fühlen, werden etwa folgende Fragen stellen (s. auch Dahle, 2007):

individuelles Erklärungsmodell für Straftäter

- Unter welchen Bedingungen wurde die Straftat begangen?
- Wie kann die Entstehung der damaligen Straftat erklärt werden?
- Wie hat sich die Persönlichkeit des Delinquenten in der Haft verändert?
- Welche therapeutischen Maßnahmen wurden mit welchem Erfolg durchgeführt?
- Wie ist der »soziale Empfangsraum« nach der möglichen Entlassung (Arbeitsplatz, Unterkunft, soziale Beziehungen)?
- Welche Lebensperspektiven (berufliche Möglichkeiten, Partnerschaft, Familie etc.) hat der Delinquent?
- Wie hoch ist die Wahrscheinlichkeit, dass kritische Umstände auftreten, unter denen bei dieser Person die Gefahr einer erneuten Straftat groß ist?

Informationen aus Akten sowie eigener Untersuchung

Die dazu benötigten Informationen finden sich in den Akten über die früheren Straftaten, in früher erstellten Gutachten, in der Dokumentation des Haftverlaufs, in Interviews mit dem Täter und eventuell auch mit wichtigen Bezugspersonen (z. B. der Ehefrau). Zur Beurteilung der Persönlichkeit können auch Persönlichkeitsfragebögen oder projektive Verfahren herangezogen werden. Je nach Fragestellung kann auch ein Intelligenztest oder ein anderer Leistungstest eingesetzt werden.

Der nomothetische Ansatz ist dem ideografischen überlegen

Ist der ideografische Ansatz dem nomothetischen überlegen? Die Forschung zum Vergleich von statistischer und klinischer Urteilsbildung hat ergeben, dass die statistische Urteilsbildung und damit **nomothetische** Prognosen generell besser sind (▶ Kap. 5.2). Speziell für Vorhersage von erneuten Straftaten von entlassenen Sexualstraftätern erlaubt die oben beschriebene Metaanalyse (Hanson & Morton-Bourgon, 2009) eine Einschätzung. Für die Gruppe der Verfahren, die zur Vorhersage von nicht näher spezifizierten Delikten entwickelt wurden, kann ein direkter Vergleich zwischen der nomothetischen und der ideografischen Methode angestellt werden. Die empirisch aktuarische (nur auf empirisch gesicherten Zusammenhängen gründende) Vorhersage war dem unstrukturierten Expertenurteil weit überlegen. Die entsprechenden Effektstärken betrugen .97 versus .11 bei der Vorhersage von Straftaten aller Art.

Kombination von nomothetischem und ideografischem Ansatz problematisch

Liegen Prognosetafeln oder andere empirisch begründete Modelle vor, kann der Gutachter überlegen, ob es gute Gründe gibt, die statistische Vorhersage zu korrigieren. Dazu befasst er sich mit den Besonderheiten des Delinquenten und bezieht sie in sein Urteil ein. Beispielsweise versichert der Proband, dass er sich während der Haft grundlegend geändert hat. Es wäre zu erwarten, dass diese Kombination von nomothetischer und ideografischer Prognose zu besseren Vorhersagen führt als wenn der Diagnostiker starr der Formel vertraut. In drei Studien wurde dies geprüft (Hanson & Morton-Bourgon, 2009). Die rein statistische Vorhersage hatte eine Effektstärke von $d = .87$, die von Experten korrigierten statistischen Vorhersagen waren in den fünf Einzelvergleichen immer schlechter; die mittlere Effektstärke betrug .64. Damit muss das intuitiv »vernünftige« Konzept, nicht blind auf statistische Vorhersagen zu vertrauen und stattdessen die Weisheit der Formel mit der Weisheit des menschlichen Experten zu kombinieren, zumindest bei der Kriminalprognose von Sexualstraftätern infrage gestellt werden.

Begutachtungsanlässe

> **Familiengericht: Sorgerechtsentscheidungen**
>
> Im Rahmen von familiengerichtlichen Verfahren können psychologische Gutachten zu sehr unterschiedlichen Fragestellungen angefordert werden (Salzgeber, 2005). Fragestellungen, die z. B. selten vorkommen, sind
> - die Beurteilung der Ehemündigkeit von heiratswilligen Minderjährigen,
> - die Frage, ob eine Minderjährige die Folgen und die Tragweite eines Schwangerschaftsabbruchs einschätzen kann oder
> - die Frage, ob die Aufrechterhaltung einer Ehe eine besondere Härte darstellt.

11.2 · Rechtspsychologische Diagnostik

Viele Begutachtungen ergeben sich durch Scheidungsverfahren, von denen minderjährige Kinder betroffen sind. Laut Statistischem Bundesamt (► www.destatis.de/jetspeed/portal/cms/Sites/destatis/Internet/DE/Content/Statistiken/Bevoelkerung/EheschliessungenScheidungen/Tabellen/Content7; 25.03.2011) wurden 2009 in Deutschland insgesamt 185.817 Ehen geschieden; betroffen davon waren insgesamt 145.656 minderjährige Kinder.

Hauptanlass Scheidungsverfahren

Elterliche Sorge Die elterliche Sorge gilt von der Geburt bis zur Volljährigkeit des Kindes und umfasst die Personen- und die Vermögensfürsorge (s. Salzgeber, 2005, auch für die weiteren Ausführungen zum Sorgerecht). Zur Personenfürsorge gehören die Fürsorge für das körperliche Wohl des Kindes, die Erziehung, Aufenthaltsbestimmung, Aufsichtspflicht und die Umgangsbestimmung. Die Vermögensfürsorge betrifft die Vertretung des Kindes in finanziellen Angelegenheiten. Die Ausübung der elterlichen Fürsorge ist nicht nur ein Recht, sondern auch eine Pflicht. Kein Elternteil kann darauf verzichten. Es ist allerdings möglich, die Fürsorge dem anderen Elternteil oder einer dritten Person zu überlassen; dies ist jederzeit widerrufbar. In einem Scheidungs- oder Trennungsverfahren müssen die Eltern angeben, ob gemeinsame minderjährige Kinder betroffen sind. Legen sie eine einvernehmliche Regelung zur elterlichen Sorge und zum Umgang mit den Kindern vor, besteht seitens des Gerichts normalerweise kein Handlungsbedarf. Der gemeinsame Elternvorschlag steht sogar über dem Kindeswohl, sofern dieses nicht erkennbar beeinträchtigt ist.

keine einvernehmliche Regelung der elterlichen Sorge

Streit um das Sorgerecht Kommt es dagegen zu einem Streit der Eltern um das Sorgerecht für die Kinder, führt das Familiengericht eine Entscheidung herbei, wobei das Gericht auf eine einvernehmliche Regelung der Betroffenen hinwirken sollte. Bevor es jedoch zu einer gerichtlichen Entscheidung kommt, müssen Schlichtungs- und Vermittlungsversuche unternommen werden. Wird ein psychologischer Sachverständiger vom Gericht hinzugezogen, gilt dieser Grundsatz auch für ihn. Diagnostik und Intervention (Hinwirken auf eine Einigung, Vermittlung, Beratungsangebot etc.) sind in diesem Fall eng verzahnt.

Diagnostik und Intervention sind verzahnt

Kindeswohl und Kindeswille Bei der Suche nach einer Lösung der Sorgerechtsfrage hat das Gericht wie auch ein hinzugezogener Sachverständiger aufgrund gesetzlicher Vorgaben das Kindeswohl und bei über 14-jährigen Kindern auch den Willen des Kindes zu beachten. Das Kindeswohl umfasst das leibliche und das geistig/seelische Wohl des Kindes. Der Begriff ist juristisch nicht definiert; zur Beurteilung des Kindeswohls sind vor allem sozialwissenschaftliche Erkenntnisse anzuwenden. Das Kindeswohl hat in einem Sorgerechtsverfahren eine zentrale Bedeutung. Kommt das Gericht, etwa aufgrund eines psychologischen Gutachtens, zu der Erkenntnis, dass das Kindeswohl gefährdet ist, kann es weitreichende Maßnahmen beschließen. So kann es die Wohnung ausschließlich einem der Elternteile zuweisen, einem Elternteil oder einem Dritten den Zutritt zum Haus bzw. der Wohnung verbieten oder vorschreiben, das Stadtgebiet nicht mehr zu betreten. Es kann sogar einem Elternteil oder auch beiden Eltern das Sorgerecht entziehen. Bei der Sorgerechtsentscheidung ist ferner der Kindeswille zu berücksichtigen. Ein über 14-jähriges Kind darf selbst einen Vorschlag zum Sorgerecht machen. Wenn das Kind einem gemeinsamen Elternvorschlag zur Regelung des Sorgerechts explizit nicht zustimmt, trifft das Gericht eine Entscheidung, die sich am Kindeswohl orientiert.

Beurteilung des Kindeswohls wichtig

Psychologischer Sachverständiger In familiengerichtlichen Verfahren, die ein Kind betreffen, hat der Familienrichter eine Ermittlungspflicht. Es steht im Ermessen des Familienrichters, ein Sachverständigengutachten einzuholen. Die erforderliche fachliche Kompetenz findet das Gericht nicht nur bei Psychologen, sondern, je nach Fragestellung, auch manchmal bei Ärzten für Kinder- und Jugendpsychiatrie, selten auch

Auswahlkriterien für Sachverständige

bei Kinderärzten oder Diplompädagogen. Wen der Richter im Einzelfall beauftragt, steht ihm frei. In Bayern gibt es öffentlich bestellte und beeidigte Sachverständige, die nach der Zivilprozessordnung anderen Sachverständigen vorgezogen werden sollen. Bei der Auswahl des Sachverständigen spielen sicherlich auch Kriterien wie wissenschaftliche Reputation, Prozesserfahrung, Ansehen bei Rechtsanwälten und Bewährung in Prozessen eine wesentliche Rolle. Formal betrachtet steht der Sachverständige dem Richter in der Rolle des Gehilfen oder Helfers gegenüber.

meist gemeinsame elterliche Sorge

Fragestellungen Die gemeinsame elterliche Sorge stellt den Regelfall dar; in über 90 % der Scheidungen mit minderjährigen Kindern einigen sich die Eltern darauf. Dass dieser Entscheidung Vermittlungsbemühungen vorausgegangen sein können, wurde bereits oben erwähnt. In strittigen Fällen kann der Antrag eines Elternteils jedoch auch anders lauten. In der Übersicht sind einige Entscheidungsmöglichkeiten in Sorgerechtsverfahren aufgeführt, die oft nicht die Zustimmung eines Elternteils oder die eines über 14-jährigen Kindes finden, und die zur Hinzuziehung eines Sachverständigen führen können.

Mögliche Entscheidungen bei und nach Trennung oder Scheidung der Eltern

- Alleinige elterliche Sorge (einem Elternteil wird die Sorge übertragen)
- Aufteilung der Sorge (ein Elternteil ist z. B. zuständig für die schulische Erziehung etc.)
- Aufhebung der gemeinsamen Sorge (die gemeinsame Sorge wird in eine alleinige umgewandelt)
- Entzug der elterlichen Sorge oder Teilen der elterlichen Sorge (evtl. auch Übertragung auf eine dritte Person)
- Rückführung eines Kindes nach dem Haager Übereinkommen (das Kind lebt bei einem Elternteil in einem anderen Staat)
- Regelung des Umgangs des Kindes mit seinen Eltern (das Kind lebt bei einem Elternteil, hat aber auch Umgang mit dem anderen Elternteil oder weiteren Personen)

Umgangsregelung eventuell kompliziert

Gerade der letzte Punkt, die Umgangsregelung, kann sich im Detail als schwierig und strittig erweisen. Ziel der Regelung des Umgangs des Kindes mit seinen Eltern ist es, eine harmonische Eltern-Kind-Beziehung mit beiden Elternteilen auch nach deren Trennung zu ermöglichen. Wenn sich ein Elternteil als problematisch erweist, kann das Gericht beispielsweise einen beaufsichtigten Umgang anordnen oder den Kontakt zum Kind für eine bestimmte Zeit untersagen. Auch der Umgang mit weiteren Personen (z. B. neuer Partner eines Elternteils, Großeltern, Stiefeltern) kann Gegenstand einer Umgangsregelung sein.

psychologische Fragen aus Vorinformationen und Rechtsprechung herleiten

Diagnostisches Vorgehen Bei den in der folgenden Übersicht aufgeführten Fragestellungen handelt es sich um juristische Fragen, aus denen zunächst psychologische Fragen abgeleitet werden. Familienrichter werden in der Regel nur dann einen psychologischen Sachverständigen hinzuziehen, wenn sie Fragestellungen sehen, die sie nicht selbst beantworten können. Für die Ableitung der psychologischen Fragen sind nicht nur Vorinformationen über den individuellen Fall erforderlich, sondern auch Kenntnisse der einschlägigen Gesetze und der Rechtssprechung. Welche konkreten psychologischen Fragen gestellt werden, ergibt sich oft erst nach einem Aktenstudium oder einem ersten Gespräch mit den Eltern. Ein Richter kann aber auch die Fragestellung von Anfang an auf eine oder mehrere Teilfragen eingengen.

11.2 · Rechtspsychologische Diagnostik

Beispiele für psychologische Fragen in Sorgerechtsentscheidungen
- Ist die Erziehungsfähigkeit durch eine Erkrankung eingeschränkt?
- Liegt sexueller Missbrauch vor?
- Ist die Bereitschaft vorhanden, elterliche Verantwortung zu übernehmen?
- Sind die Betreuungs- und Versorgungsmöglichkeiten ausreichend?
- Wie stark ist die Bindung des Kindes an einen Elternteil?
- Was ist der Kindeswille?
- Wie groß ist die Förderkompetenz des Elternteils?
- Liegt ein Mangel an erzieherischer Kompetenz vor?
- Wendet ein Elternteil unzulässige Erziehungsmaßnahmen an?

Diagnostische Verfahren Auf die psychologischen Fragen sucht der Diagnostiker mithilfe von Aktenanalysen, diagnostischen Interviews, Verhaltensbeobachtungen, Persönlichkeitsfragebögen, Leistungstests oder auch projektiven Verfahren eine Antwort. Die Auswahl der Verfahren richtet sich stark nach der spezifischen Fragestellung. Beispielsweise kann sich die Frage stellen, ob die Erziehungsfähigkeit durch eine (dem Gutachter bekannte) hirnorganische Erkrankung eingeschränkt ist. In diesem Fall wird der Gutachter mithilfe von neuropsychologischen Tests (▶ Abschn. 11.1) versuchen, die Schwere der Funktionsbeeinträchtigungen abzuschätzen.

In einem anderen Sorgerechtsverfahren ist vielleicht der Verdacht aufgekommen, dass ein Elternteil das alleinige Sorgerecht anstrebt, um Unterhaltsforderungen stellen zu können oder um den Partner dafür zu »bestrafen«, dass er die Ehe zerstört hat. Hier ist die Bereitschaft zu hinterfragen, elterliche Verantwortung zu übernehmen. Durch ein diagnostisches Interview kann der Gutachter eruieren, welche konkreten Zukunftspläne bezüglich Kindesbetreuung, Freizeitgestaltung und Umgang mit anstehenden Problemen ein Elternteil hat und wie dieser in der Vergangenheit seine Elternrolle ausgefüllt hat. Zur Beurteilung der Bindung des Kindes an einen Elternteil bietet sich bei Kleinkindern die Verhaltensbeobachtung der Eltern-Kind-Interaktion bei einem Hausbesuch an. Ferner können die Eltern befragt werden. Bei älteren Kindern kommen auch ein diagnostisches Interview mit dem Kind sowie projektive Tests wie der Familien-Beziehungs-Test (Howells & Lickorish, 2003) infrage.

Erziehungsfähigkeit eingeschränkt?

Bindung des Kindes an einen Elternteil

▶ **Interview mit Dr. Ulrike Schmidt-Aßmann zum Thema »Psychologische Gutachten in der Rechtssprechung«**

Wie häufig ziehen Sie Psychologen zu Rate?
Ein- bis höchstens zweimal jährlich.

In welcher Art von Fällen nehmen Sie die spezifische Kompetenz von Psychologen in Anspruch?
Sorge- und Umgangsrechtsstreitigkeiten zwischen getrennt lebenden Eltern, selten zwischen Eltern und Pflegeeltern.

Sind die dabei erstellten Gutachten von Psychologen für Sie nachvollziehbar und schlüssig? Inwiefern helfen Sie Ihnen?
Nachvollziehbar und schlüssig: ja. Normalerweise sind die psychologischen Gutachten in einen Anamnese- und Beobachtungs- sowie einen Diagnostikteil gegliedert. Die angewendeten Testverfahren sind bekannt bzw. werden erläutert. Die eingeholten Gutachten helfen mir. Nicht immer bringen sie für mich »neue« Erkenntnisse. Aber es ist einerseits hilfreich, wenn die eigene Meinung »fundiert« bestätigt wird, andererseits lässt sich durch Übersendung bzw. Erläuterung des Gutachtens an die Parteien oft ein

Dr. Ulrike Schmidt-Aßmann, seit 1979 Familienrichterin am Amtsgericht Heidelberg, ausgebildete Familienmediatorin (BAFM), vielfältig in der Aus- und Weiterbildung tätig

▼

Ergebnis besser vermitteln, wodurch die Akzeptanz für eine zutreffende Entscheidung erhöht bzw. im besten Falle eine Entscheidung sogar entbehrlich wird, weil die Eltern auf der Grundlage des Gutachtens eine eigenverantwortliche Lösung treffen.

Welche Art von psychodiagnostischen Verfahren fehlt in Ihrem Arbeitsbereich am meisten?
Die Arbeit einer Familienrichterin sollte weniger rückwärtsgewandt/aufklärend als lösungsorientiert sein. Wichtig wären also Tests, mit deren Hilfe zukünftiges Verhalten/Einstellungen prognostiziert bzw. beeinflusst werden könnten.

Inwieweit befürchten Sie, dass die Klienten bei familienrechtlichen Gutachtenfällen durch persönliche Verstellung das Ergebnis des Gutachtens in Ihrem Sinne beeinflussen können?
Selbstverständlich wollen die Klienten sich gegenüber dem/der Gutachter/in besonders gut darstellen. Ich sehe keine Gefahr darin, dass dadurch Ergebnis und Qualität des Gutachtens beeinflusst werden. Es ist ein bekanntes Phänomen. Wichtig ist die Art der Fragestellung an den Gutachter. Je weniger es um eine klassische Diagnostik mit Beschreibung eines »Ist-Zustandes« und je mehr es um lösungsorientierte Hilfestellung geht, umso weniger groß ist die Beeinflussung durch persönliche Verstellung.

Wie ist es um Rückmeldungen über die Treffsicherheit der Gutachterempfehlungen in Ihrem Arbeitsbereich bestellt?
Die Frage scheint mir nicht richtig formuliert. Nicht der Gutachter hat zu entscheiden, also »treffsicher« zu sein, sondern ich als Richterin. Dafür benötige ich die Hilfe des Gutachters. Habe ich Zweifel am Gutachten, werde ich mir das Gutachten mündlich erläutern lassen. Natürlich gibt es unterschiedliche Einschätzungen.

Haben die psychologischen Gutachten erfahrungsgemäß eher einen geringen oder großen Einfluss bei der Entscheidungsfindung?
Wenn schon ein Gutachten eingeholt wird, hat es auch eher einen erheblichen Einfluss auf die Entscheidungsfindung. ◂

11.3 Verkehrspsychologische Diagnostik

Der »Idiotentest« ist emotional besetzt

Im Volksmund gibt es das böse Wort »Idiotentest« für die diagnostische Untersuchung, der sich viele Kraftfahrer nach dem Verlust des Führerscheins unterziehen müssen. Dass die Betroffenen überwiegend ablehnend reagieren, ist zumindest nachvollziehbar. Schwer zu verstehen ist hingegen, dass sich verkehrsunauffällige Kraftfahrer mit denen solidarisieren, die stark alkoholisiert am Steuer gesessen haben oder etwa durch aggressives Fahrverhalten Leben und Gesundheit ihrer Mitmenschen gefährdet haben.

Fahrerlaubnisverordnung Die rechtliche Grundlage für eine Begutachtung der Fahreignung stellt die »Verordnung über die Zulassung von Personen zum Straßenverkehr« (kurz Fahrerlaubnisverordnung) vom 18.08.1998 (BGBl. I, S. 2214) in der Fassung des Inkrafttretens vom 01.01.2011 dar (▸ www.verkehrsportal.de/fev/fev.php).

häufig Alkoholproblematik Anlass für Begutachtung

Untersuchungsanlässe Für eine medizinisch-psychologische Begutachtung kommen verschiedene Anlässe infrage. Eine Statistik der Bundesanstalt für Straßenwesen gibt Aufschluss über die Art und Häufigkeit der einzelnen Untersuchungsanlässe sowie über das Ergebnis der Begutachtung (◨ Tab. 11.7). In über der Hälfte aller Begutachtungen sind Eignungszweifel aufgrund einer Alkoholproblematik der Anlass zur Untersuchung (s.u.). Neben einem positiven oder negativen Ergebnis besteht für die

11.3 · Verkehrspsychologische Diagnostik

Tab. 11.7 Begutachtungen bei den Medizinisch-Psychologischen Untersuchungsstellen 2009

Untersuchungsanlass	Anzahl	Anteil	Ergebnis der Begutachtung		
			Positiv	Schulung	Negativ
Verkehrsauffälligkeiten	13.975	13,2 %	49 %	23 %	28 %
Sonstige strafrechtliche Auffälligkeiten	3.920	3,7 %	54 %	14 %	32 %
Alkoholauffälligkeit, erstmalig	31.620	29,8 %	48 %	14 %	38 %
Alkoholauffälligkeit, wiederholt	18.088	17,1 %	42 %	12 %	46 %
Betäubungsmittel- u. Medikamentenauffällige	15.536	14,7 %	58 %	10 %	32 %
Alkohol- u. verkehrs- oder strafrechtliche Auffälligkeit	7.892	7,4 %	41 %	13 %	46 %
FeV §10: Abweichung vom Mindestalter	5.659	5,3 %	93 %	–	7 %
Übrige Anlässe (s. Anm.)	8.829	8,2 %	–	–	–
Gesamt	**106.082**	**100 %**	**51 %**	**13 %**	**36 %**

Anmerkungen. Quelle: Bundesanstalt für Straßenwesen, Oktober 2010. Es sind nur Untersuchungsanlässe mit mindestens 1.000 Fällen pro Jahr aufgeführt. Übrige Anlässe: Alkohol + Medikamente/Drogen (2 %), Verkehrsauffälligkeit + strafrechtliche Auffälligkeit (2 %), Verkehrsauffälligkeit + Medikamente/Drogen (1,5 %), Sonstige Mehrfachfragestellungen (1,5 %), Sonstige Anlässe (1,2 %).

Statistik der Bundesanstalt für Straßenwesen

Gutachter in den meisten Fällen auch die Möglichkeit, eine Nachschulung vorzuschlagen und gegebenenfalls festzustellen, ob der Proband nachschulungsfähig ist.

FeV § 13 Klärung von Eignungszweifeln bei Alkoholproblematik

Zur Vorbereitung von Entscheidungen über die Erteilung oder Verlängerung der Fahrerlaubnis oder über die Anordnung von Beschränkungen oder Auflagen ordnet die Fahrerlaubnisbehörde an, dass
- ein ärztliches Gutachten (§ 11 Abs. 2 Satz 3) beizubringen ist, wenn Tatsachen die Annahme von Alkoholabhängigkeit begründen oder
- ein medizinisch-psychologisches Gutachten beizubringen ist, wenn
    - nach dem ärztlichen Gutachten zwar keine Alkoholabhängigkeit, jedoch Anzeichen für Alkoholmissbrauch vorliegen oder sonst Tatsachen die Annahme von Alkoholmissbrauch begründen,
    - wiederholt Zuwiderhandlungen im Straßenverkehr unter Alkoholeinfluss begangen wurden,
    - ein Fahrzeug im Straßenverkehr bei einer Blutalkoholkonzentration von 1,6 Promille oder einer Atemalkoholkonzentration von 0,8 mg/l oder mehr geführt wurde,
    - die Fahrerlaubnis aus einem der unter Buchstabe a bis c genannten Gründe entzogen war oder

sonst zu klären ist, ob Alkoholmissbrauch oder Alkoholabhängigkeit nicht mehr besteht.

»Geistige Anforderungen« erfüllt?	Viele andere Fragestellungen ergeben sich aus der Anwendung von § 11 der FeV, der sich auf die Eignung der Führerscheininhaber, speziell auf die »notwendigen körperlichen und geistigen Anforderungen« bezieht. Eine Begutachtung ist u.a. vorgesehen »bei einem erheblichen Verstoß oder wiederholten Verstößen gegen verkehrsrechtliche Vorschriften« (§ 11, Abs. 3;4) oder »bei einer erheblichen Straftat, die im Zusammenhang mit dem Straßenverkehr steht oder bei Straftaten, die im Zusammenhang mit dem Straßenverkehr stehen« (§ 11, Abs. 3;5). Wer eine Fahrerlaubnis zur Fahrgastbeförderung anstrebt, also beispielsweise als Krankenwagen-, Taxi- oder als Busfahrer tätig sein will, braucht dazu eine spezielle Fahrerlaubnis. Damit diese erteilt wird, muss der Fahrer »seine geistige und körperliche Eignung gemäß § 11 Abs. 9 in Verbindung mit Anlage 5« (§ 48, Abs. 4;3) nachweisen. In Anlage 5 der Fahrerlaubnisverordnung werden folgende Anforderungen spezifiziert: Belastbarkeit, Orientierungsleistung, Konzentrationsleistung, Aufmerksamkeitsleistung, Reaktionsfähigkeit.
Aspekte der Fahreignung	**Psychologische Fragen und diagnostisches Vorgehen** Die **Fahreignungsdiagnostik** befasst sich mit unterschiedlichen Aspekten der Fahreignung. Je nach Begutachtungsanlass und Fragestellung liegt der Schwerpunkt etwa auf Verhaltensgewohnheiten im Umgang mit Alkohol, der Persönlichkeit des Fahrers oder auf bestimmten Merkmalen der Leistungsfähigkeit. Im Fall der Fahrerlaubnis zur Fahrgastbeförderung oder bei Zweifeln an der psychischen Leistungsfähigkeit stehen eindeutig kognitive Leistungsmerkmale im Vordergrund. Bei Straftaten, die im Zusammenhang mit der Kraftfahreignung oder der Teilnahme am Straßenverkehr stehen, können das Aggressionspotenzial, die Neigung zu rücksichtsloser Durchsetzung eigener Anliegen oder die Bereitschaft zu ausgeprägt impulsivem Verhalten begutachtungsrelevant sein. Damit kommt wieder das diagnostische Interview (»Exploration«) als Methode infrage, eventuell auch Fragebögen zur Erfassung von Persönlichkeitsmerkmalen (z. B. Aggressivität), die jedoch verfälschbar sind.
modifizierbares Verhalten statt Dispositionen relevant	In den letzten Jahrzehnten fand in der verkehrspsychologischen Eignungsdiagnostik ein Paradigmenwechsel statt. Früher spielte die Annahme stabiler Dispositionen (Persönlichkeitsmerkmale, Leistungsdefizite) eine wichtige Rolle, heute hat sich die Ansicht durchgesetzt, dass das Verhalten wichtig ist und dass Verhalten auch modifizierbar ist. Dem wird mit dem Konzept der Nachschulung Rechnung getragen (Wittkowski & Seitz, 2004).
Erfahrungen aus der Praxis und wissenschaftliche Erkenntnisse genutzt	**Begutachtungsleitlinien** Für die Begutachtung stellen heute »Begutachtungsleitlinien zur Kraftfahrereignung« ein wichtiges Hilfsmittel dar, zu denen ausführliche Kommentare vorliegen (Schubert et al., 2005). Die Leitlinien wurden vom Paritätischen Ausschuss unter der Leitung des Bundesministeriums für Verkehr, Bau- und Wohnungswesen erstellt. Sie führen die Begutachtungsleitlinien »Krankheit und Kraftverkehr« mit dem »Psychologischen Gutachten Kraftfahreignung« zusammen. Aktuelle Stellungnahmen der relevanten medizinischen und psychologischen Fachgesellschaften und gutachtliche Erfahrungen fanden Berücksichtigung. So verbinden die Leitlinien Erfahrungen aus der Praxis der Begutachtung mit einschlägigen wissenschaftlichen Erkenntnissen.
allgemeiner Teil der Leitlinien: u. a. Anforderungen an psychische Leistungsfähigkeit	Die Leitlinien gehen in einem allgemeinen Teil auf Themen wie Anforderungen an die psychische Leistungsfähigkeit und auf organisatorische und rechtliche Bedingungen der Begutachtung (z. B. rechtliche Stellung des Gutachters) ein.
spezieller Teil der Leitlinien: konkrete Eignungsmängel	Im speziellen Teil werden einzelne eignungsausschließende und -einschränkende körperlich-geistige (psychische) und charakterliche Mängel beim Fahrerlaubnisbewerber und Fahrerlaubnisinhaber behandelt. Einige sind rein medizinischer Art (z. B. verschiedene Herz- und Gefäßkrankheiten), andere fallen in den Kompetenzbereich von Medizinern und Psychologen (z. B. psychische Störungen, Alkoholmissbrauch),

11.3 · Verkehrspsychologische Diagnostik

und ein kleiner Teil (z. B. intellektuelle Leistungseinschränkungen, Fahrgastbeförderung) wird am ehesten von einem Psychologen begutachtet werden.

Für die Begutachtungspraxis erfüllen die Leitlinien vor allem zwei wichtige Funktionen:
- Zusammenstellung aller wichtigen eignungsausschließenden und -einschränkenden Merkmale
- Argumentationshilfe: Der Gutachter kann sich im Einzelfall auf die Begutachtungsleitlinien beziehen und muss nicht jede gutachterliche Schlussfolgerung eingehend erläutern

Ergänzend zu den Leitlinien liegt mit den »Beurteilungskriterien« (Schubert & Mattern, 2009) ein Buch vor, das Gutachtern konkrete Empfehlungen für ein hypothesengeleitetes Vorgehen bei einzelnen Fragestellung gibt. Selbstverständlich ersetzen die Leitlinien und Beurteilungskriterien nicht eine individuelle Begutachtung und Begründung des Gutachtens. Sie zeigen Beurteilungsgrundsätze und Begründungen auf und dienen als Entscheidungshilfe.

»Beurteilungskriterien« mit Empfehlungen zu hypothesengeleitetem Vorgehen

Beispiel Alkoholproblematik Am Beispiel der Alkoholproblematik sollen die Begutachtungsgrundsätze in knapper Form erläutert werden. In den Leitlinien wird zwischen Alkoholmissbrauch und Alkoholabhängigkeit unterschieden. Die Diagnostik einer Alkoholabhängigkeit erfolgt nach den üblichen ICD-10-Kriterien (▶ Kap. 10.2.1.1). Menschen, die alkoholabhängig sind, dürfen kein Kraftfahrzeug führen. Für die Feststellung, dass keine Abhängigkeit mehr vorliegt, wird der Nachweis verlangt, dass eine stabile Abstinenz besteht. In der Regel sind eine erfolgreiche Entwöhnungsbehandlung und eine einjährige Abstinenz nach der Entgiftungs- und Entwöhnungszeit nachzuweisen. Außerdem dürfen keine sonstigen eignungsrelevanten Mängel vorliegen.

Alkoholabhängigkeit nach ICD-Kriterien

Auch Alkoholmissbrauch (nach ICD-10 »schädlicher Gebrauch«) ist unvereinbar mit dem Führen eines Kraftfahrzeugs. Missbrauch liegt vor, wenn der Proband, ohne bereits alkoholabhängig zu sein, vor der Teilnahme am Straßenverkehr nicht zuverlässig auf Alkoholkonsum verzichtet, der die Fahrsicherheit beeinträchtigt (◘ Abb. 11.2). Ein sicherer diagnostischer Hinweis ist, wenn der Proband wiederholt ein Fahrzeug unter unzulässig hoher Alkoholwirkung geführt hat. Als starker Hinweis auf Alkoholmissbrauch gilt auch, wenn er nur einmal mit hoher Alkoholkonzentration gefahren ist, ohne dass dabei weitere Anzeichen einer Alkoholwirkung (Ausfallserscheinungen) erkennbar waren. In diesem Fall ist eine extreme Gift-/Trinkfestigkeit anzunehmen.

Alkoholmissbrauch = schädlicher Gebrauch nach ICD-10

Dass ein Alkoholmissbrauch abgestellt wurde, kann u.a. anhand folgender Kriterien beurteilt werden:
- Das Alkoholtrinkverhalten wurde ausreichend geändert.
- Die vollzogene Änderung im Umgang mit Alkohol ist stabil und motivational gefestigt.
- Verkehrsrelevante Leistungs- oder Funktionsbeeinträchtigungen als Folgen früheren Alkoholmissbrauchs fehlen.

Kriterien für Beendigung von Alkoholmissbrauch

Für jedes dieser (und weiterer) Kriterien finden sich in den Leitlinien Hinweise zur Operationalisierung. So ist eine stabile und motivational gefestigte Änderung des Trinkverhaltens u.a. daran zu erkennen, dass der Änderungsprozess aus einem angemessenen Problembewusstsein heraus erfolgte und die mit der Verhaltensänderung erzielten Wirkungen positiv erlebt werden.

Kriterien für stabile und motivational gefestigte Änderung des Trinkverhaltens

Die Beurteilungsgesichtspunkte lassen bereits erkennen, welche diagnostischen Verfahren bei Annahme einer Alkoholproblematik naheliegen. Zur Feststellung von Alkoholmissbrauch oder -abhängigkeit kommt dem diagnostischen Interview eine zentrale Bedeutung zu. Nur dieses Verfahren kann die nötigen Informationen über Trink- und Verhaltensgewohnheiten sowie über Problembewusstsein, eingeleitete

diagnostisches Interview nach Auswertung der Akten

◘ Abb. 11.2 Alkoholprobleme sind ein häufiger Anlass für eine verkehrseignungsdiagnostische Untersuchung. (Foto: © Magdalena Żurawska – Fotolia.com)

Therapiemaßnahmen etc. liefern. Der Gutachter kann schriftliche Belege über Therapiemaßnahmen verlangen. Dem Interview geht eine Auswertung der Akten voraus. Wichtige Informationen sind die Höhe des Blutalkoholspiegels, das Verhalten unter Alkoholeinfluss (unauffälliges Verhalten spricht für eine hohe Alkoholtoleranz), eventuelle Vorgutachten, medizinische Befunde zu alkoholbedingten Schädigungen, Laborwerte etc. Leistungs- oder Funktionsbeeinträchtigungen nach einer überwundenen Alkoholabhängigkeit werden mit Leistungstests überprüft.

Dr. Wolfgang Schubert, Dipl.-Psych., Leiter des Fachbereichs Verkehrspsychologie der DEKRA Automobil GmbH, 1. Vorsitzender des Vorstands der Deutschen Gesellschaft für Verkehrspsychologie e.V.

> **Interview mit Dr. Wolfgang Schubert zum Thema »Psychologische Diagnostik in der Verkehrspsychologie«**
> **Für welche Aufgabenbereiche innerhalb der Verkehrspsychologie sehen Sie einen besonderen Nutzen der Psychologischen Diagnostik?**
> Bei der medizinisch-psychologischen Begutachtung spielen diagnostische Verfahren aus verschiedenen Fachgebieten der Psychologie, z. B. Explorationstechniken, Erfassung psychofunktionaler Leistungsvoraussetzungen (v. a. Konzentration, Orientierung, Belastbarkeit, Reaktion, Aufmerksamkeit) und Persönlichkeitsmerkmale (v. a. Eigenkritikfähigkeit und Selbstkontrolle, Perspektivenübernahme, Reflektionsvermögen, Kontrollüberzeugungen und erhöhtes Aggressionspotenzial) sowie intellektuelle Leistungsvoraussetzungen eine besondere Rolle. Hinzu kommen verschiedene Befunde aus der Medizin (z. B. Laborparameter, klinische und somatische Befunde), sozialanamnestische und soziodemografische Daten. Einen besonderen Nutzen sehe ich im Einsatz leistungsdiagnostischer Testverfahren bei der Fahreignungsdiagnostik. Hier werden modernste Verfahren eingesetzt, die sich mehr als in der Vergangenheit am Grundlagenwissen der Psychologie orientieren und nach neuen Technologien und aktuellen Theorien entwickelt und theoriegeleitet validiert werden (z. B. nach dem Konstituentenansatz über die Aufgabenschwierigkeit). Ihre Relevanz für die Beantwortung von diagnostischen Fragestellungen an die Fahreignungsbegutachtung, z. B. nach dem Vorliegen alkohol-, drogen-, oder altersbedingter Leistungsbeeinträchtigungen, ist durch empirische Untersuchungen belegt. Die verwendeten Verfahren sind kein Ersatz für Fahrverhaltensbeobachtungen, sondern erlauben es, Leistungsbesonderheiten herauszuarbeiten und Hinweise für zielgerichtete Interventionen sowie therapeutische Maßnahmen abzuleiten, z. B. bei der Rehabilitation von Alkoholabhängigen und der Bewertung der Abstinenzangaben. Die diagnostische Besonderheit dieses Begutachtungsprozesses besteht darin, dass die im Einzelnen erhobenen Befunde aus beiden Fachgebieten, der Psychologie, der Medizin und ggf. aus den Inge-
▼

nieurwissenschaften (z. B. bei notwendigen Umbauten am Fahrzeug) widerspruchsfrei zu integrieren und interpretieren sind, um so die von der Fahrerlaubnisbehörde oder vom Gericht veranlasste/n Fragestellung/en zu beantworten.

Der Nutzen der Anwendung Psychologischer Diagnostik in der Fahreignungsbegutachtung besteht darin, einen Beitrag zur entlastungs- und ressourcenorientierten Diagnostik zu leisten, um z. B. bei vorhandenen spezifischen Defiziten mithilfe von Auflagen und Beschränkungen dem Betroffenen doch noch die Möglichkeit einzuräumen, ihre automotive Mobilität zu erhalten bzw. wiederzuerlangen. Damit wird durch die Psychologie auch unter Wahrung des Verhältnismäßigkeitsgrundsatzes ein Beitrag zur Rechtsgleichheit und Rechtssicherheit in der Begutachtung der Fahreignung als z. T. gemeinsames Produkt (z. B. Medizinisch-Psychologische Gutachten) mit den Medizinern geleistet.

Welche Entwicklungsnotwendigkeiten sehen Sie in der verkehrspsychologischen Diagnostik?
In der Verkehrspsychologie sind Entwicklungen im Bereich der theoretischen Dimensionen notwendig. Das Arbeitsgedächtnis hat schon heute sowohl als eigenständiges kognitives Leistungsgebiet als auch als integrativer Bestandteil komplexer Aufmerksamkeitsfunktionen eine große Bedeutung und wird zukünftig in der Fahreignungsbegutachtung mehr Beachtung finden müssen. Die derzeit geforderte Dimension »Belastbarkeit« ist zu umfassend und lässt sich nur schwer operationalisieren, so dass man darauf zukünftig verzichten kann. Zudem verlangt der demografische Wandel in den Industrienationen eine stärkere Beschäftigung mit dem kraftfahrrelevanten Leistungsvermögen im höheren Alter. Es bietet sich an, Maßnahmen zu treffen, um in diesem Falle die automotive Mobilität der älteren Fahrer zu sichern und gleichzeitig ihre fahrrelevanten Leistungen auf freiwilliger Basis – unter Einbeziehung von Belohnungssystemen – präventiv zu untersuchen, um Maßnahmen zu deren Erhaltung ableiten zu können.

Auf der anwendungsbezogenen Ebene werden Testverfahren benötigt, die gerade im unteren Skalenbereich besonders gut differenzieren, da für das Führen eines Kraftfahrzeugs Mindestvoraussetzungen erfüllt sein müssen, die für den Betroffenen eine gefahrlose Teilnahme am Straßenverkehr unter Wahrung der Verkehrssicherheit für die Allgemeinheit gewährleisten. Durch eine bessere Eingrenzung dieser unteren Leistungsbereiche z. B. durch antwortabhängige Testdesigns (adaptives oder sequentielles Testen) ist nicht nur eine Ökonomisierung, sondern auch eine Verbesserung der Testfairness und der Einzelfallgerechtigkeit erreichbar.

Die Teilnahme am Straßenverkehr ist keine Eliteveranstaltung; man muss z. B. nicht höchsttalentiert oder besonders intelligent sein, um ein Kraftfahrzeug sicher führen zu können. Dieser Umstand spiegelt sich in der Tatsache wider, dass die intellektuelle Mindestanforderung zum Führen eines Kraftfahrzeuges der Gruppe 1 (PKW) lediglich einen IQ von 70 – mit all den damit in Zusammenhang stehenden schwierigen klinischen und fachlichen Problemen – erfordert.

Weitere wichtige technische Entwicklungserfordernisse bestehen in der Evaluierung von Fahrerassistenzsystemen (z. B. auch Alcolock) im Bereich des Mensch-Maschine-Systems sowie in der Weiterentwicklung der psychologischen Fahrverhaltensbeobachtung als diagnostisches Instrument.

Psychologen könnten dazu beitragen, die Reliabilität und Validität der theoretischen sowie der praktischen Führerscheinprüfung zu verbessern. Haben Psychologen an der Entwicklung und Evaluierung dieser Prüfungen mitgewirkt, und wenn ja, mit welchem Erfolg?
Zum gegenwärtigen Zeitpunkt werden die theoretische und praktische Führerscheinprüfung inhaltlich und methodisch überarbeitet. Hier ist insbesondere auch die psy-

▼

chologische Expertise für die theoretische Fundierung beider Prüfungsarten erforderlich. Schon seit den 1970er-Jahren besteht die Forderung, bei den o. g. Prüfungen nicht nur vorhandenes Regelwissen nachzuweisen, sondern nach Möglichkeit unter Verwendung audiovisueller Medien auch die konkrete Anwendung des Wissens im simulierten Verkehrsverhalten zu erfassen. Die Möglichkeit einer optimierten Aufgabengestaltung, z. B. bei der computergestützten theoretischen Fahrerlaubnisprüfung, wird unter Nutzung und in Anlehnung an ein Modell von Crick und Dodge (1994) zur Informationsverarbeitung in Verkehrssituationen gesehen. Dabei werden auch die sozial-kognitiven Anforderungen an Verkehrsteilnehmer bei der Bewältigung von Verkehrssituationen berücksichtigt. Der Fokus der Fahrschulausbildung und -prüfung wird dadurch stärker auf die Verringerung des Gefährdungsrisikos bei den Fahranfängern gelenkt. An dem Gesamtprojekt der Entwicklung entsprechender Prüfungsverfahren sind Psychologen beteiligt. Die Evaluierung dieser Maßnahmen ist den nächsten Schritten vorbehalten.

Die PC-gestützte Prüfung wird seit dem 01.01.2010 in allen Bundesländern erfolgreich angewendet. Zurzeit wird darüber hinaus daran gearbeitet, nicht nur statische, sondern auch dynamische Bilder (neue »Formate«) für die Prüfungsfragen, insbesondere beim Erkennen von Gefahrensituation, zu verwenden. Im Gegensatz zu den Prüfungsfragebögen aus den 70er-Jahren, die nie psychometrisch untersucht wurden, evaluiert heute ein interdisziplinäres Team aus Wissenschaftlern und Praktikern (Psychologen, Ingenieure, Pädagogen, Fahrlehrer und Germanisten/Linguisten) jede einzelne Prüfungsfrage und das dazu gehörige visuelle Material.

Welchen Qualitätskriterien unterliegen Gutachten zur Kraftfahreignung?
Um als Träger von Begutachtungsstellen anerkannt zu werden, bedarf es der Erfüllung umfangreicher Voraussetzungen nach Anlage 14 (zu § 66 Abs. 2) FeV (z. B. fachliche, finanzielle, organisatorische, materiell-technische und personelle Voraussetzungen, bundesweiter Erfahrungsaustausch unter Leitung der BASt, Unabhängigkeit der Gutachter, Aus-, Weiter- und Fortbildung, Erfüllung der Voraussetzungen zur persönlichen Zuverlässigkeit). Zudem ist eine amtliche Anerkennung der Träger durch die jeweils zuständige oberste Landesbehörde erforderlich.

Die periodische Überwachung der Träger durch die BASt in Form von System- und Produktaudits überprüfen die Umsetzung der QM-Handbücher der Träger. Die Sicherung der Qualität beim Träger selbst erfolgt durch interne Produkt- und Systemaudits, Korrektur- und Vorbeugemaßnahmen, die Einhaltung der Aus- und Weiterbildungsanforderungen, Supervision etc.

Des Weiteren erfolgt die Überprüfung der Medizinisch-Psychologischen Gutachten durch die FE-Behörde unter Beachtung der Grundsätze nach Anlage 15 (zu § 11 Abs. 5, § 66) FeV (z. B. Nachvollziehbarkeit, Nachprüfbarkeit, Vollständigkeit, allgemein verständliche Sprache).

Auch die wissenschaftlichen Grundlagen des Begutachtungsverfahrens und die fachlichen Kriterien sind inzwischen bekannt gemacht worden und werden auf jährlich von den zuständigen Fachgesellschaften durchgeführten Symposien öffentlich diskutiert.

Zudem gibt es die seit Jahren veröffentlichten Begutachtungsleitlinien[1], den Kommentar zu den Begutachtungsleitlinien[2] sowie die Beurteilungskriterien[3] der zuständigen wissenschaftlichen Fachgesellschaften Deutsche Gesellschaft für Verkehrspsychologie e. V. (DGVP) und Deutsche Gesellschaft für Verkehrsmedizin e. V. (DGVM),
▼

---
[1] Begutachtungsleitlinien zur Kraftfahrereignung, Berichte der BASt, Heft 115
[2] Schubert, W., Schneider, W., Eisenmenger, W. & Stephan, E. (2005). Begutachtungs-Leitlinien zur Kraftfahrereignung – Kommentar (2. Aufl.). Bonn: Kirschbaum
[3] Schubert, W. & Mattern, R. (2009). Urteilsbildung in der Medizinisch-Psychologischen Fahreignungsdiagnostik – Beurteilungskriterien (2. Aufl.). Bonn: Kirschbaum

11.3 · Verkehrspsychologische Diagnostik

in denen die von Wittkowski und Seitz als fehlend bemängelten Anforderungsprofile und Regeln einer entscheidungsorientierten Diagnostik im Detail in beispielhafter Weise u. a. für das Anwendungsfeld der Psychologischen Diagnostik dargestellt sind. Die fachlich-inhaltlichen Anforderungen an MPU-Gutachten sowie die Grundsätze für die Durchführung der Untersuchungen und die Erstellung der Gutachten sind durch öffentlich-rechtliche Rechtssätze des Verordnungsgebers nach Anlage 15 (zu § 11 Abs. 5, § 66) FeV[4] definiert. In der Evaluationsstudie »Evaluation von medizinisch-psychologischen Fahreignungsgutachten – EVAGUT«[5] und einer weiteren, in diesem Jahr abgeschlossenen Evaluationsstudie wurde die Anwendung der »Beurteilungskriterien« bestätigt, da die Entscheidungskriterien mit dem vorhergesagten Verhalten zusammenhängen.

Unter Beachtung des außerordentlich hohen normativen wissenschaftlich unterlegten Standards und der für deren Wahrung bereits installierten internen und externen Kontrollmechanismen ist für die Begutachtungsstellen und deren Träger eine sehr effiziente Kontrolldichte erreicht.

Dadurch ist eine engmaschige fachliche sowie verwaltungs- und zivilrechtliche Kontrolle bzw. Überprüfung der Medizinisch-Psychologischen Gutachten bis hin zur Überprüfung einzelner eingesetzter medizinischer bzw. psychologischer Methoden abgesichert.

Wittkowski und Seitz (2004) haben Kritik an der Qualität von Gutachten zur Kraftfahreignung geäußert (s.u.). Ist diese Kritik berechtigt?
Die angesprochene Untersuchung von Wittkowski und Seitz stützte sich auf eine Sammlung von Medizinisch-Psychologischen Gutachten aus dem vorletzten Jahrzehnt, konkret aus den Jahren 1996–1998. An diesen Beispielen sollte vor allem das explorative Vorgehen bei der Datensammlung und der Gutachtenerstellung kritisch bewertet werden. Sie wollen auf der Basis einer Sammlung von Gutachten aus dem genannten Zeitraum die Unzulänglichkeit des explorativen Vorgehens bei der Gutachtenerarbeitung kritisieren. Es wird nicht bestritten, dass unter etwa 120.000 Gutachten, die im Erhebungszeitraum jährlich zum Thema »Neuerteilung einer Fahrerlaubnis nach deren Entziehung wegen einer oder mehrerer Trunkenheitsfahrten« erstellt wurden, Gutachten zu finden sind, an deren Inhalt zunächst die Auftraggeber des Gutachtens und dann deren Rechtsbeistände Anstoß nehmen. Dass dann auch zwei Hochschullehrer an einem Teil dieser Negativauswahl Mängel fanden, verwundert nicht.

Die 120 Gutachten wurden den Autoren von Rechtsanwälten und verkehrspsychologischen Therapeuten zur Verfügung gestellt. Zur Einhaltung datenschutzrechtlicher Vorschriften werden keine Angaben gemacht. Auch die Autoren räumen von sich aus ein, dass es sich um eine stark mit Selektionseffekten behaftete Stichprobe handelt, da nur solche Medizinisch-Psychologischen Gutachten zur Verfügung gestellt wurden, die aus der Sicht der Einreicher (keine ausgebildeten Gutachter bzw. diagnostische Experten) als besonders »unqualifiziert« bewertet worden waren. Die Auswertung der Gutachten erfolgte nicht durch psychologische Sachverständige, sondern durch eingewiesene studentische Hilfskräfte. Die vom Gesetzes- und Verordnungsgeber formaljuristisch vorgegebenen und von der Bundesanstalt für Straßenwesen (BASt) und den Fachgesellschaften erarbeiteten »Regelwerke« sind Grundlage und Maßstab einer fachlichen Diskussion und Bewertung der Gutachtenqualität – nicht ein privater Konsens zwischen Wittkowski und Seitz bzgl. einer fachlich fundierten Diagnostik.

▼

---

[4] Fahrerlaubnis-Verordnung (FeV), zuletzt geändert am 17.12.2010, verkündet im Bundesgesetzblatt 2010 Teil I Nr. 67
[5] Jacobshagen, W., Nickel, W.-R. & Winkler, W. (1987). Evaluation von Medizinisch-Psychologischen Fahreignungsbegutachtungen – EVAGUT (Unveröffentlichter Forschungsbericht Nr. 178 des VdTÜV – Teilprojekt A)

Aus einer auf diese Art und Weise zusammengestellten Stichprobe können grundsätzlich keine Generalisierungen abgeleitet werden. Selbst bei Unterstellung der Repräsentativität der in der Studie berücksichtigten Gutachten lässt die gewählte Methodik der Betrachtung keine Bewertung anhand der zu beachtenden Kriterien bezüglich der Gutachtenergebnisse zu.

Insbesondere bleibt unverständlich, wie Wittkowski und Seitz übersehen konnten, dass zum Zeitpunkt der Veröffentlichung ihrer Ergebnisse zentrale Forderungen, etwa die nach einer externen Qualitätssicherung, schon seit Jahren – mit Einführung der Fahrerlaubnisverordnung 1999 – in der Bundesrepublik in geltendem Recht verankert und somit umgesetzt waren. Als Beitrag zur »Praxis der verkehrspsychologischen Eignungsbegutachtung« (ausgewertet wurden aber medizinisch-psychologische Fahreignungsgutachten) war die Veröffentlichung schon im Jahr 2004 überholt. Die Interdisziplinarität des Vorgehens und der Bewertung der Befunde wird von den Autoren verkannt.

Die von den Autoren bereits in Regensburg im Jahr 2002 bei einer Fachtagung vorgetragenen und mit vielen kritischen Beiträgen diskutierten Sachverhalte haben Wittkowski und Seitz in ihrer späteren Veröffentlichung nicht erwähnt, geschweige denn verarbeitet.

Die Kritik an den MPU-Gutachten stützt sich in entscheidendem Maße auf eine eingeschränkte Kenntnis der einschlägigen Fachliteratur und Rechtsvorschriften, die zum Zeitpunkt der Veröffentlichung bereits galten. Es wird von den Autoren darüber hinaus mehr als nur angedeutet, dass man die fachlichen Regeln auch gar nicht zur Kenntnis nehmen müsse, da sie im Wesentlichen ein »Parteivortrag« seien und nicht von unabhängigen Autoren verfasst wurden, was angesichts der eingebundenen Wissenschaftler aus verschiedenen Fachdisziplinen (Medizin, Psychologie, Toxikologie) und deren Reputation widerlegt wird.

Da mutet ein Beitrag auf der Datenbasis von Gutachten aus den Jahren 1996–1998 schon – wie Herr Prof. Schneider, Vorsitzender der Sektion Verkehrspsychologie des Berufsverbandes Deutscher Psychologen in der *Zeitschrift für Verkehrssicherheit*, Heft 3/2004, mit einer Anmerkung ausführt – »wie eine Exhumierung« an. ◄

11.3.1 Spezielle Probleme der verkehrspsychologischen Diagnostik

Klienten wollen einen guten Eindruck machen

Verfälschung Die Klienten werden bestrebt sein, einen »guten« Eindruck zu hinterlassen, um den Führerschein (wieder) zu erlangen. Das diagnostische Interview hat bei vielen Fragestellungen einen hohen Stellenwert. Die Fragen müssen daher so ausgewählt werden, dass diagnostisch relevante Fakten von beschönigenden Darstellungen unterschieden werden können.

eigenes Fehlverhalten erkennen und ändern

Was sollte der Betroffene sagen, um ein positives Gutachten zu bekommen? Unter dieser Überschrift gibt ein Rechtsanwalt folgenden Rat: »Ganz allgemein kann aber gesagt werden, dass von dem Betroffenen eine kritische Auseinandersetzung mit dem eigenen Verhalten verlangt wird. Es wird verlangt, dass der Betroffene sein früheres Fehlverhalten erkannt hat und sich damit intensiv auseinandergesetzt hat, um dann zu einer in Hinsicht auf die Kraftfahreignung ›besseren‹ Lebensweise zu kommen. (…) Wer im Rahmen einer MPU angibt, er habe einfach Pech gehabt, weil andere ja auch ständig gegen Verkehrsvorschriften verstoßen, ohne dabei erwischt zu werden, hat keine Aussicht auf ein positives Gutachten. Auch mit dem Hinweis, man habe ja schließlich z. B. zu schnell fahren müssen, weil der Chef einen ständig unter Druck setzte, ist das negative Gutachten in der Praxis schon vorprogrammiert. Bei einer solchen Haltung wird nämlich gerade nicht deutlich, dass man sein eigenes Fehlverhalten als solches erkannt hat und auf Grund einer Aufarbeitung des eigenen Fehlverhaltens eine Verhaltensänderung herbeigeführt hat. Es ist zu empfehlen, die Veränderung der eigenen Verhaltensweise im Vergleich zwischen früher und heute glaubhaft

11.3 · Verkehrspsychologische Diagnostik

und nachvollziehbar mit den entsprechenden Beweggründen darzustellen« (▶ www.verkehrsportal.de/verkehrsrecht/mpu_05.php; 22.03.2011).

In Foren und auf Webseiten von Medien findet man viele Tipps, was man im Gespräch mit dem Psychologen am besten sagt, um den Führerschein wiederzubekommen. Es gibt sogar Anbieter von Vorbereitungskursen. Es ist kaum möglich, authentische Antworten von einstudierten zu unterscheiden. Diskrepanzen zwischen verschiedenen Aussagen, zwischen verbalen Angaben und Verhalten (manche Klienten kommen alkoholisiert zur Untersuchung!) oder Akteninformationen sprechen für Verfälschung.

Tipps und Vorbereitungskurse

Qualität von Gutachten Für die Erstellung von Gutachten zur Kraftfahrereignung gelten die gleichen Anforderungen wie für andere Gutachten (▶ Kap. 5.3). Gerade in der verkehrspsychologischen Diagnostik sind große Anstrengungen zu erkennen, die Qualität der Gutachten zu sichern. In Anlage 15 der Fahrerlaubnisverordnung werden Grundsätze genannt, die bei der Begutachtung zu beachten sind. Einer dieser Grundsätze (1c) lautet: »Die Untersuchung darf nur nach anerkannten wissenschaftlichen Grundsätzen vorgenommen werden.« Schubert und Mattern (2009) geben eine klare Anleitung zum methodischen Vorgehen bei einer Begutachtung und zur Erstellung von Gutachten. Die Träger von Begutachtungsstellen müssen von der Bundesanstalt für Straßenwesen (BASt) akkreditiert sein. Die BASt überwacht die Träger und überprüft im Rahmen dieses Auftrags auch stichprobenartig die Gutachten.

Grundsätze zur Begutachtung in Anlage der Fahrerlaubnisverordnung

Dennoch beschweren sich negativ Begutachtete immer wieder über »ihr« Gutachten. Es stellt sich die Frage, ob es wirklich Qualitätsmängel gibt, oder ob die Betroffenen nur ihr Problem auf die Gutachten verlagern. Wittkowski und Seitz (2004) haben insgesamt 122 Gutachten aus 39 medizinisch-psychologischen Begutachtungsstellen analysiert. Anlass war immer das Fahren unter Alkoholeinfluss. Die Beurteiler überprüften jedes Gutachten anhand einer umfangreichen Merkmalsliste. Mit diesem inhaltsanalytischen Vorgehen konnten sie zahlreiche Stärken und Schwächen der Gutachten aufdecken. Die Ergebnisse sind zu umfangreich, um hier wiedergegeben zu werden. Exemplarisch sind im Folgenden einige Bewertungsaspekte aufgeführt (in Klammern der Anteil von Gutachten mit Mängeln):

Inhaltsanalytische Auswertung von Gutachten
- Gutachtenauftrag wörtlich wiedergegeben (81 %)
- Quellen zur Feststellung des bisherigen Sachverhalts benannt (23 %)
- Fragestellungen in konkrete Untersuchungsvariablen überführt (39 %)
- Vollständige Angaben zur Art der Informationsquellen wie Akten, Testverfahren etc. (25 %)
- Im Ergebnisbericht Trennung von Informationen und deren Interpretation (2 %)
- Ergebnisse für den Leser klar und eindeutig formuliert (61 %)
- Integrative Befunde (sofern vorhanden) durch Mehrfachbelege gestützt (52 %)
- Fragestellung klar und unmissverständlich beantwortet (97 %)
- Vollständiges Literaturverzeichnis am Ende des Gutachtens (80 %)

Insgesamt unterstreicht diese Untersuchung, dass die abgelieferten Gutachten in vielen Fällen (zumindest damals) nicht den Standards entsprachen.

viele Gutachten mit Mängeln

Auf dem 48. Deutschen Verkehrsgerichtstag im Januar 2010 befasste sich einer von acht Arbeitskreisen mit der medizinisch-psychologischen Untersuchung. Der provakante Titel des Arbeitskreises lautete »›Idiotentest‹ auf dem Prüfstand«. Alle Referenten stellten klar, dass die Begutachtungen grundsätzlich geeignet sind, die Fahreig-

»Aufzeichnungen« von Exploration vorgeschrieben

nung festzustellen und einen wichtigen Beitrag zur Verkehrssicherheit darstellen. Eine rege Diskussion entwickelte sich zu der Frage, ob und gegebenenfalls wie die Inhalte der Exploration dokumentiert werden sollen. In Anlage 15 (zu § 11 Abs. 5 der Fahrerlaubnisverordnung) steht unter Nummer 1e: »Über die Untersuchung sind Aufzeichnungen anzufertigen.« Strittig war, ob eine Ton- oder sogar Videoaufnahme zu fordern ist.

Ton- und Videoaufzeichnungen kontrovers diskutiert

> **Soll das diagnostische Interview (»Exploration«) aufgezeichnet werden?**
>
> Betroffene, die aufgrund eines negativen Gutachtens ihren Führerschein nicht wiederbekommen, argumentieren manchmal: Was im Gutachten steht, habe ich in der Untersuchung so nicht gesagt. Die Schlussfolgerungen des Gutachters sind deshalb falsch. Rechtsanwälte und Richter, die sich mit dem Fall beschäftigen, wissen nicht, ob der Gutachter oder der Kläger die richtige Aussage macht.
>
> Geiger (2010), Präsident des Verwaltungsgerichts München, argumentiert, dass es Sinn der Regelung sei, im Zweifelsfall nachweisen zu können, wie sich der Betroffene genau geäußert hat. »Das beste Beweismittel – jedenfalls was eine mündliche Exploration angeht – ist eine Tonaufnahme« (S. 212).
>
> Hillmann (2010), Fachanwalt für Verkehrsrecht, stellt fest, dass gegenwärtig nur die Gutachten durch die BASt überprüft werden, nicht aber die Begutachtung. »Trotz festgelegter Standards bei medizinisch-psychologischen Untersuchungen ist der Untersuchungsablauf nur mangelhaft nachprüfbar, weil das Gespräch nicht als Video- oder Tonbandprotokoll aufgezeichnet wird« (S. 22). »Zur besseren Nachvollziehbarkeit des Explorationsgespräches, aber auch zum Schutz der Prüfer vor unberechtigten Vorwürfen der Probanden sollte daher ohne jede Ausnahme ein Tonband- und/oder Videomitschnitt erfolgen« (S. 222). Der Mitschnitt solle mindestens sechs Monate aufbewahrt werden, damit er bei Bedarf auch vom Anwalt angefordert werden kann; eine Abschrift sei nicht nötig. Manche Prozesse würden vermieden, wenn der Anwalt feststellt, dass die Aussagen im Gutachten korrekt wiedergegeben wurden.
>
> Schubert (2010), DEKRA Automobil GmbH, weist darauf hin, dass schon jetzt z. B. bei der DEKRA das Gespräch auf Wunsch des Probanden (gegen Bezahlung) aufgezeichnet werde. In diesem Fall würde das Gespräch vollständig transkribiert, und die Abschrift würde in das Gutachten integriert. Hillmann meint dazu, dass der Proband zu Beginn der Untersuchung nicht wisse, ob er positiv oder negativ beurteilt werde. Die Notwendigkeit einer Überprüfung ergebe sich aber nur bei einem negativen Gutachten. Schubert spricht von einem von Vertrauen getragenen Arbeitsbündnis zwischen Gutachter und Proband. »Das Untersuchungsgespräch ist von daher äußeren Einflüssen gegenüber hoch sensibel, weshalb hier dem Vier-Augen-Prinzip absoluter Vorrang zu geben ist« (S. 242). Im Übrigen lasse der Verordnungsgeber in der Fahrerlaubnisverordnung Anlage 15 Nr. 1e (s.o.) die »Auswahl der anzuwendenden Methoden bewusst und fachlich gerechtfertigt offen« (S. 243).
>
> Schmidt-Atzert (2010) erinnert daran, dass die Beurteilerübereinstimmung selbst bei hoch standardisierten Interviews nicht perfekt ist. Die Möglichkeiten, die Objektivität der halbstandardisierten Exploration durch Schulung der Interviewer zu erhöhen, seien sehr begrenzt. »Durch eine gute *Dokumentation* des Interviews kann die Angemessenheit der Durchführung, Auswertung und Interpretation jedoch einer nachträglichen Überprüfung zugänglich gemacht werden. Dies ist vermutlich die einzige konstruktive Lösung für den Umgang mit der begrenzten Objektivität« (S. 260).
> ▼

11.3 · Verkehrspsychologische Diagnostik

> In der endgültigen Abstimmung, an der viele Psychologen aus medizinisch-psychologischen Untersuchungsstellen teilnahmen, wurde eine Empfehlung an den Gesetzgeber, die Aufzeichnung der Gespräche vorzuschreiben, mehrheitlich abgelehnt.

Weiterführende Literatur

Über die **neuropsychologische Diagnostik** sowie über Störungen, mit denen sich die psychologische Diagnostik zu befassen hat, informieren mehrere Beiträge in dem von Sturm et al. (2009) herausgegebene Lehrbuch. Zu Fragen der neuropsychologischen Begutachtung sei auf Hartje (2004) sowie Neumann-Zielke et al. (2009) verwiesen, die auch auf juristische Rahmenbedingungen eingehen. Über neuropsychologische Tests zu bestimmten Störungsgruppen informieren Schelling et al. (2009). Leitlinien zur neuropsychologischen Begutachtung haben die Gesellschaft für Neuropsychologie et al. (2009) publiziert. Fallbeispiele präsentieren Hartje (2004) sowie Kubinger und Ortner (2010).

Zur **Diagnostik in Strafverfahren** bietet das Buch von Volbert und Dahle (2010a) in kompakter Form einen guten Überblick. Darüber hinaus finden sich in den von Kröber und Steller (2000) sowie Volbert und Steller (2009) herausgegebenen Büchern informative Beiträge. Einschlägige Fallbeispiele werden bei Kubinger und Ortner (2010) dargestellt; für Fallbeispiele aus der Forensischen Psychiatrie wird auf Nedopil und Krupinski (2001) verwiesen.

Zur Begutachtung bei **familiengerichtlichen Fragen**, auch zu den juristischen Randbedingungen, finden sich bei Salzgeber (2005) ausführliche Informationen.

Die Praxis der **verkehrspsychologischen Begutachtung** von alkoholauffälligen Fahrern wird von Wittkowski und Seitz (2004) beschrieben. Die Autoren berichten über ihre Auswertung von Gutachten, die sie mit vielen Zitaten aus den Gutachten erläutern. Wie die Begutachtung ablaufen soll (normativer Ansatz!) wird sehr klar von Schubert und Mattern (2009) dargestellt.

❓ Übungsfragen

Kap. 11.1
1. Welche Funktionsbereiche können bei einer Hirnschädigung betroffen sein?
2. Wozu dient die Quantifizierung von neuropsychologischen Funktionsbeeinträchtigungen?
3. Wie lässt sich Verfälschung bei einer neuropsychologischen Untersuchung erkennen?

Kap. 11.2
4. Wozu dienen Realkennzeichen? Nennen Sie drei Beispiele für Realkennzeichen!
5. Wie lauten nach §20 StGB die Kriterien für Schuldunfähigkeit?
6. Wann liegt verminderte Schuldfähigkeit vor?
7. Warum sind Prognosen über künftiges delinquentes Verhalten schwer zu stellen?
8. Welche zwei Ansätze werden bei der Kriminalprognose verwendet, und was zeichnet diese Ansätze aus?
9. Nennen Sie fünf mögliche psychologische Fragestellungen in Sorgerechtsentscheidungen!

Kap. 11.3
10. Welche geistigen Anforderungen werden für eine Fahrerlaubnis zur Fahrgastbeförderung verlangt?

11. Anhand welcher Kriterien kann nach den Begutachtungsleitlinien zur Kraftfahrereignung beurteilt werden, dass ein Alkoholmissbrauch abgestellt wurde?
12. Warum ist in der verkehrspsychologischen Diagnostik oft mit Verfälschung zu rechenen, und wie kann man damit umgehen?
13. Warum soll eine Aufzeichnung der Exploration im Rahmen einer medinzinisch-psychologischen Untersuchung angefertigt werden, und welche Argumente sprechen für und gegen eine Tonaufnahme?

Anhang

Varianzanalytische Bestimmung der Konsistenz – 576

Ableitungen – 577
Axiome der KTT und Reliabilität – 577
Standardmessfehler – 579
Minderungskorrekturen und Reliabilitätsindex – 579
Reliabilität und Testverlängerung – 580

© Springer-Verlag GmbH Deutschland 2012
L. Schmidt-Atzert (et al.), *Psychologische Diagnostik*, Springer-Lehrbuch,
https://doi.org/10.1007/978-3-642-17001-0

Varianzanalytische Bestimmung der Konsistenz

Die Überlegungen sind einfach: Bei vollständiger Konsistenz eines Tests bzw. seiner Beantwortung durch Probanden müsste für jede Person pro Item dieselbe Antwort auftreten. Abweichungen davon, also jegliche Varianz **innerhalb** jedes einzelnen der Probanden, können in einer ersten Näherung als Fehler aufgefasst werden:

$$s_{inn}^2 = s_e^2 .$$

Die Varianz zwischen den Probanden setzt sich zusammen aus Komponenten zu Lasten der wahren Merkmalsunterschiede und zu Lasten von Fehlereinflüssen:

$$s_{zwi\,Prb}^2 = s_\infty^2 + s_e^2$$

(Anm.: $s_\infty^2 = s_{wt}^2$)

Durch Umstellen und Einsetzen erhält man:

$$s_\infty^2 = s_{zwi\,Prb}^2 - s_e^2 ,$$
$$s_\infty^2 = s_{zwi\,Prb}^2 - s_{inn}^2 \text{ (da } s_e^2 = s_{inn}^2\text{)}$$

$$r_{tt} = \frac{s_\infty^2}{s_\infty^2 + s_e^2},$$

$$r_{tt} = \frac{s_{zwi\,Prb}^2 - s_{inn}^2}{s_{zwi\,Prb}^2 - s_{inn}^2 + s_{inn}^2},$$

$$r_{tt} = 1 - \frac{s_{inn}^2}{s_{zwi\,Prb}^2}$$

Nun erzeugen selbst die einzelnen Items aufgrund ihrer selbst bei hoher Konsistenz immer etwas variierenden spezifischen Anforderungen eine Varianz. Diese Varianz zwischen den Items stellt insofern keine Fehlerkomponente dar und muss von der Varianz innerhalb der Personen abgezogen werden, um einen »bereinigten« Term für eine »**Restvarianz**« zu erhalten:

$$s_{rest}^2 = s_{inn}^2 - s_{zwi\,Items}^2 ,$$
$$s_{rest}^2 = s_e^2 .$$

Auf diese Weise gilt schließlich

$$r_{tt} = 1 - \frac{s_{rest}^2}{s_{zwi\,Prb}^2}$$

Eine wesentliche Voraussetzung für diese varianzanalytische Prüfung besteht allerdings darin, dass die Itembeantwortung auf kontinuierlich-quantitativ abgestuften Skalen erfolgt. Das trifft häufiger bei Persönlichkeits- und Einstellungstests zu, ist aber auch bei Leistungstests der Fall, wenn dort je nach Zeitbedarf oder Richtigkeit der Lösung abgestufte Punkte vergeben werden.

Ableitungen

Axiome der KTT und Reliabilität

[1] $X_i = T_i + E_i$
X = beobachteter Wert
T = wahrer Wert
E = Messfehler
I = Person
Ew = Erwartungswert
[2] $T_i = Ew(X_i)$

[2a] $\sum_{i=1}^{\infty} E_i = 0$ [2b] $\sum_{t=1}^{\infty} E_i = 0$; t = Test/-durchführung

[2a] Bei einer Durchführung des Tests an »unendlich« vielen Personen mitteln sich die Messfehler zu null.
[2b] Bei einer »unendlich« häufigen Durchführung des Tests an einer Person mitteln sich die Messfehler zu null.
[3] $Corr(E, T) = 0$
Messfehler und wahrer Wert sind unabhängig voneinander.
[3a] $Corr(E_{tA}, T_{tA}) = 0$
$Corr(E_{tA}, T_{tB}) = 0$
$Corr(E_{tA}, E_{tB}) = 0$

Die Korrelationen zwischen Messfehler und wahrem Wert in Test A, zwischen Messfehler in Test A und wahrem Wert in Test B, zwischen dem Messfehler in Test A und demjenigen in Test B sind jeweils null.
tA = Test A
tB = Test B
[3b] $Cov(E_{tA}, T_{tA}) = 0$
$Cov(E_{tA}, T_{tB}) = 0$
$Cov(E_{tA}, E_{tB}) = 0$

Die Covarianzen zwischen Messfehler und wahrem Wert in Test A, zwischen Messfehler in Test A und wahrem Wert in Test B, zwischen dem Messfehler in Test A und demjenigen in Test B sind jeweils null.

[4] $Cov(X,Y) = \dfrac{\sum xy}{N}$

X = Messwert in Variable X
Y = Messwert in Variable Y
x und y = Abweichungswerte
x = X − Mx
y = Y − My
N = Zahl der Messungen
[5a] Weil eine Korrelation der standardisierten Covarianz entspricht, gilt:

$Corr(X,Y) = \dfrac{\sum xy}{SD(X) \cdot SD(Y) \cdot N}$ oder $r_{x,y} = \dfrac{\sum xy}{s_x \cdot s_y \cdot N}$

SD = s = Standardabweichung in einer Variable

oder

[5b] $r_{x,y} = \dfrac{Cov(X,Y)}{s_x \cdot s_y}$

[6] $Cov(X, Y) = r_{xy} \cdot s_x \cdot x_y$

In Analogie zu [1] gilt:

[7a] $Var(X) = Var(T) + Var(E)$

Die Varianz der Messwerte (in einem Test) bemisst sich als die Summe der Varianzen von wahren und Fehler-Werten.

$Var = s^2 = Varianz$

oder

[7b] $s_x^2 = s_T^2 + s_E^2$

Annahme: Ein Test t werde unter (fiktiv!) identischen Bedingungen ein zweites Mal durchgeführt; dieser Test sei t'.

Dabei lässt sich die Covarianz zwischen den Messwerten X_t und $X_{t'}$ konzeptuell in vier Anteile zerlegen:

[8] $Cov(X_t, X_{t'}) = Cov(T_t, T_{t'}) + Cov(T_t, E_{t'}) + Cov(T_{t'}, E_t) + Cov(E_t, E_{t'})$.

Da die Fehlerwerte weder miteinander noch mit den wahren Werten korrelieren, werden alle Ausdrücke, in denen E enthalten ist, null. Deshalb reduziert sich [8] zu:

[9a] $Cov(X_t, X_{t'}) = Cov(T_t, T_{t'})$

Die Covarianz der beobachteten Messwerte ist identisch mit der Covarianz der wahren Werte.

Wegen [6] gilt dann:

[9b] $Cov(T_t, T_{t'}) = Corr(X_t, X_{t'}) \cdot SD(X_t) \cdot SD(X_{t'})$

oder

$Cov(T_t, T_{t'}) = r_{t,t'} \cdot s_t \cdot s_{t'}$

Weil $T_t = T_{t'}$ ist und $r_{t,t'} = 1$, gilt

[10] $Cov(T_t, T_{t'}) = Var(T)$

$Cov(T_t, T_{t'}) = s_T^2$

und

$Cov(X_t, X_{t'}) = Var(T)$

$Cov(X_t, X_{t'}) = s_T^2$

[11] Die Korrelation zwischen den Messwerten X_t und $X_{t'}$ (also der wiederholten Durchführung eines Tests) bemisst sich nach [5b] als

$Corr(X_t, X_{t'}) = \dfrac{Cov(T_t, T_{t'})}{SD(X_t) \cdot SD(X_{t'})}$

oder

$r_{t,t'} = \dfrac{Cov(T_t, T_{t'})}{s_{xt} \cdot s_{xt'}}$

Weil gemäß [10] $Cov(T_t, T_{t'}) = s_T^2$ und $s_t = s_{t'}$ sind, gilt:

[12] $r_{tt} = \dfrac{s_T^2}{s_t^2}$ oder nach [7b] $\dfrac{s_T^2}{s_x^2}$

Die Reliabilität eines Tests ist der Anteil der wahren Werte an der Varianz der beobachteten Werte.

Ableitungen

Standardmessfehler

Für [12] kann auch geschrieben werden:

[12a] $r_{tt} = \dfrac{s_x^2 - s_E^2}{s_x^2} = 1 - \dfrac{s_E^2}{s_x^2}$

oder

[12b] $s_T^2 = r_{tt} \cdot s_x^2$

Das Produkt [12b] in [7b] eingesetzt ergibt

$s_x^2 = r_{tt} \cdot s_x^2 + s_E^2$
$s_E^2 = s_x^2 - (s_x^2 \cdot r_{tt})$
$s_E^2 = s_x^2 - (1 - r_{tt})$

nach Radizieren

[13] $s_E = s_x \sqrt{1 - r_{tt}}$ Standardmessfehler

Minderungskorrekturen und Reliabilitätsindex

Für die Korrelation zwischen den wahren Werten zweier Tests A und B gilt gemäß [5b]

[14] $r_{TATB} = \dfrac{Cov(T_A, T_B)}{s_{TA} \cdot s_{TB}}$

Wegen [9a] gilt:
$Cov(X_t, X_{t'}) = Cov(T_t, T_{t'})$
Für t und t' nunmehr A und B indizieren.
Durch Radizieren und Umstellen von [12] lässt sich schreiben:
$s_T = s_x \sqrt{r_{tt}}$
Bezogen auf die Tests A und B gilt entsprechend
$s_{TA} = s_{xA} \sqrt{r_{AA}}$ und $s_{TB} = s_{xB} \sqrt{r_{BB}}$
oder
$SD(T_A) = SD(X_A)\sqrt{r_{AA}}$ und $SD(T_B) = SD(X_B)\sqrt{r_{BB}}$
r_{AA} Korrelation von Test A mit sich selbst
r_{BB} Korrelation von Test B mit sich selbst (= Retest-Reliabilität)
Daraus folgt:

[15] $r_{TATB} = \dfrac{Cov(T_A, T_B)}{SD(X_A)\sqrt{r_{AA}} \cdot SD(X_B)\sqrt{r_{BB}}}$

Weil gemäß [5a] die Korrelation der standardisierten Covarianz entspricht, kann auch geschrieben werden:

[16] $r_{TATB} = \dfrac{r_{XAXB}}{\sqrt{r_{AA}} \cdot \sqrt{r_{BB}}}$ »Minderungskorrektur«

Schätzung für die Korrelation zwischen den wahren Werten zweier Tests A und B auf der Basis ihrer Reliabilitäten
Durch Umstellen ergibt sich:

[17] $r_{XAXB} = r_{TATB} \cdot \sqrt{r_{AA}} \cdot \sqrt{r_{BB}}$

Die Korrelation zwischen den Messwerten zweier Tests A und B kann nicht größer sein als das geometrische Mittel der beiden Reliabilitäten (weil r_{TATB} max. 1,0 sein kann).

Für die Korrelation zwischen den Werten eines Tests mit denjenigen eines Kriteriums c (Criterion) ändern sich die Notationen von [16] wie folgt:

[18] $_{t+c}\text{corr } r_{tc} = \dfrac{r_{tc}}{\sqrt{r_{tt}} \cdot \sqrt{r_{cc}}}$ »Doppelte Minderungskorrektur«

Empirische Test-Kriteriumskorrelation korrigiert für die unzureichende Reliabilität des Tests und des Kriteriums
Korrelation der Messwerte mit den wahren Werten:
In Abwandlung von [5b] gilt

[19] $\text{Corr}(X, T) = \dfrac{\text{Cov}(X,T)}{\text{SD}(X) \cdot \text{SD}(T)}$

Von den konzeptuellen Teilkomponenten der Kovarianz in [8] bleibt nur $\text{Cov}(T_t, T_{t'})$, da alle Terme mit E_t null sind. Gemäß [10] ist diese gleichbedeutend mit s_T^2.
Demgemäß gilt:

[20] $r_{xT} = \dfrac{s_T^2}{s_x \cdot s_T} = \dfrac{s_T}{s_x}$

[21] $r_{xT} = \sqrt{r_{tt}}$ »Reliabilitätsindex«

Reliabilität und Testverlängerung

Allgemeine Formel für die Varianz von Messwerten

[22] $s_x^2 = \dfrac{\sum x^2}{N}$

$x = X - M_x$

[23] $s_{(x_1 + x_2)}^2 = \dfrac{\sum(x_1 + x_2)^2}{N}$

Varianz von Werten, die sich aus zwei Messwertreihen x_1 und x_2 zusammensetzen.

$= s_{x_1}^2 + s_{x_2}^2 + 2 r_{x_1 x_2} \cdot s_{x_1} \cdot s_{x_2}$
$= 2 s_x^2 + 2 s_x^2 + r_{x_1 x_2}$
Annahme: $s_{x_1}^2 = s_{x_2}^2$
Gemäß [12a] gilt bei Verdoppelung eines Tests:

[24] $\text{corr } r_{tt} = \dfrac{s_{(x_1+x_2)}^2 - s_{(E_1+E_2)}^2}{s_{(x_1+x_2)}^2}$

Gemäß [23] lässt sich schreiben:

$= \dfrac{s_{x_1}^2 + s_{x_2}^2 + 2 r_{x_1 x_2} \cdot s_{x_1} \cdot s_{x_2} - (s_{E_1}^2 + s_{E_2}^2 + 2 r_{E_1 E_2} \cdot s_{E_1} \cdot s_{E_2})}{s_{x_1}^2 + s_{x_2}^2 + 2 r_{x_1 x_2} \cdot s_{x_1} \cdot s_{x_2}}$

Unter den Annahmen, dass
$s_{x_1}^2 = s_{x_2}^2$ und
$s_{E_1}^2 = s_{E_2}^2$

$= \dfrac{2 s_{x^2} + 2 r_{x_1 x_2} \cdot s_{x^2} - 2 s_{E^2} - 2 r_{E_1 E_2} \cdot s_{E^2}}{2 s_{x_1}^2 + 2 r_{x_1 x_2} \cdot s_{x^2}}$

$= \dfrac{2 s_x^2 (1 + r_{x_1 x_2} - 1 + r_{x_1 x_2})}{2 s_x^2 (1 + r_{x_1 x_2})}$

Ableitungen

[25] $\text{corr } r_{tt} = \dfrac{2\, r_{x_1 x_2}}{1 + r_{x_1 x_2}}$

In allgemeiner Form

[26] $\text{corr } r_{tt} = \dfrac{k \cdot r_{tt}}{1 + (k-1) r_{tt}}$ »Spearman-Brown«-Formel

k = Faktor, um den ein Test verlängert wird.

Literaturverzeichnis

Abels, D. (1974). Konzentrations-Verlaufs-Test KVT. Göttingen: Hogrefe.

Ackerman, P. L. & Kanfer, R. (2009). Test length and cognitive fatigue: An empirical examination of effects on performance and test-taker reactions. Journal of Experimental Psychology: Applied, 15(2), 163-181.

Ægisdottir, S., White, M. J., Spengler, P. M., Maugherman, A. S., Anderson, L. A., Cook, R. S. et al. (2006). The meta-analysis of clinical judgment project: Fifty-six years of accumulated research on clinical versus statistical prediction. Counseling Psychologist, 34(3), 341-382.

Aguinis, H., Culpepper, S. A. & Pierce, C. A. (2010). Revival of test bias research in preemployment testing. Journal of Applied Psychology, 95(4), 648-680.

Ahle, M. E., Döpfner, M., Könning, J., Mattejat, F. Müller, U. Walter, D. & Zumpf, H. (2006). Qualitätssicherung bei Therapien mit Kindern und Jugendlichen. In F. Mattejat (Hrsg.) Lehrbuch der Psychotherpie (Bd. 4, S. 197-206). München: CIP Medien.

AMDP (2007). Das AMDP-System. Manual zur Dokumentation psychiatrischer Befunde (8. Aufl.). Göttingen: Hogrefe.

Amelang, M. (1987). Fragebogen-Tests und experimentalpsychologische Variablen als Korrelate der Persönlichkeitsdimensionen Extraversion/Introversion (E/I) und Neurotizismus (N). In M. Amelang (Hrsg.), Bericht über den 35. Kongress der Deutschen Gesellschaft für Psychologie in Heidelberg 1986 (Bd. 2, S. 403-416). Göttingen: Hogrefe.

Amelang, M. (1999). Zur Lage der Psychologie: Einzelaspekte von Ausbildung und Beruf unter besonderer Berücksichtigung der ökonomischen Implikationen psychologischen Handelns. Psychologische Rundschau, 50, 2-13.

Amelang, M. (2009). Differentielle Psychologie und Persönlichkeitspsychologie. In G. Krampen (Hrsg.), Psychologie: Zeitzeugen als Experten (S. 77-92). Göttingen: Hogrefe.

Amelang, M. & Borkenau, P. (1981). Untersuchungen zur Validität von Kontroll-Skalen für Soziale Erwünschtheit und Akquieszenz. Diagnostica, 27, 295-312.

Amelang, M. & Borkenau, P. (1986). Zur faktorenanalytischen Kontrolle sozialer Erwünschtheitstendenzen. Eine Untersuchung anhand des Freiburger Persönlichkeitsinventars. Zeitschrift für Differentielle und Diagnostische Psychologie, 7, 17-28.

Amelang, M., Gold, A. & Külbel, E. (1984). Über einige Erfahrungen mit einer deutschsprachigen Skala zur Erfassung des zwischenmenschlichen Vertrauens (Interpersonal Trust). Diagnostica, 30, 198-215.

Amelang, M., Herboth, G. & Oefner, J. (1991). A prototype strategy for construction of a creativity scale. European Journal of Personality, 5, 261-285.

Amelang, M., Schäfer, A. & Yousfi, S. (2002). Comparing verbal and nonverbal personality scales: Psychometric properties, the influence of social desirability, and the effects of fake good instruction. Psychologische Beiträge, 44, 24-41.

Amelang, M. & Schmidt-Atzert, L. (2006). Psychologische Diagnostik und Intervention (4. Aufl.). Heidelberg: Springer.

Amelang, M., Schwarz, G. & Wegemund, A. (1989). Soziale Intelligenz als Trait-Konstrukt und Testkonzept bei der Analyse von Verhaltensauffälligkeiten. Zeitschrift für Differentielle und Diagnostische Psychologie, 10, 37-57.

Amelang, M. & Vagt, G. (1970). Warum sind die Schulnoten von Mädchen durch Leistungstests besser vorherzusagen als diejenigen von Jungen? Zeitschrift für Entwicklungspsychologie und Pädagogische Psychologie, 2, 210-220.

Amthauer, R. (1970). I-S-T 70: Intelligenz-Struktur-Test. Göttingen: Hogrefe.

Amthauer, R. (1972). Test zur Untersuchung des praktisch-technischen Verständnisses PTV. Göttingen: Hogrefe.

Amthauer, R., Brocke, B., Liepmann, D. & Beauducel, A. (2001). Intelligenz-Struktur-Test 2000 (IST 2000). Göttingen: Hogrefe.

Andersen, E. B. (1973). A goodness of fit test for the Rasch model. Psychometrika, 38, 123-140.

Andersen, E. B. (1980). Discrete statistical models with social science applications. Amsterdam: North Holland.

Andersen, E. B. (1995). Polytomous Rasch models and their estimation. In G. H. Fischer & I. W. Molenaar (Eds.), Rasch models: Foundations, recent developments, and applications (pp. 271-291). New York: Springer.

Anderson, N. R. & West, M. A. (1994). The Team Climate Inventory. Windsor: Berks ASE.

Andresen, B. & Beauducel, A. (2008). TBS-TK Rezension: NEO-Persönlichkeitsinventar nach Costa und McCrae, revidierte Fassung (NEO-PI-R). Report Psychologie, 33(11/12), 543-544.

Andrich, D. (1978). A rating formulation for ordered response categories. Psychometrika, 43, 561-573.

Arbeitsgruppe Deutsche CBCL (2000). Elternfragebogen für Klein- und Vorschulkinder (CBCL 1,5-5). Köln: Arbeitsgruppe Kinder- Jugend und Familiendiagnostik (KJFD).

Arbeitskreis zur Operationalisierung Psychodynamischer Diagnostik (Hrsg.) (2009). Operationalisierte Psychodynamische Diagnostik OPD-2 (2. Aufl.). Göttingen: Hogrefe.

Literaturverzeichnis

Arthur, W. J., Day, E. A., McNelly, T. L. & Edens, P. S. (2003). A meta-analysis of the criterion-related validity of assessment center dimensions. Personnel Psychology, 56(1), 125-154.
Aster, M. v., Neubauer, A. & Horn, R. (2006). WIE: Wechsler Intelligenztest für Erwachsene. Frankfurt: Harcourt.
Bain, S. K. & Gray, R. (2008). Test reviews: Kaufman Assessment Battery for Children. Journal of Psychoeducational Assessment, 26(1), 92-101.
Bales, R. F. (1975). Die Interaktionsprozessanalyse: Ein Beobachtungsverfahren zur Untersuchung kleiner Gruppen. In R. König (Hrsg.), Beobachtung und Experiment in der Sozialforschung (8. Aufl., S. 148-167). Köln: Kiepenheuer & Witsch.
Bandelow, B. (1997). Panik- und Agoraphobieskala (PAS). Göttingen: Hogrefe.
Barrick, M. R., Mount, M. K. & Judge, T. A. (2001). Personality and performance at the beginning of the new millenium: What do we know and where do we go next? International Journal of Selection and Assessment, 9, 9-30.
Barrick, M. R., Shaffer, J. A. & DeGrassi, S. W. (2009). What you see may not be what you get: Relationships among self-presentation tactics and ratings of interview and job performance. Journal of Applied Psychology, 94(6), 1394-1411.
Bartenwerfer, H. (1964). Allgemeine Leistungstests. In R. Heiss (Hrsg.), Handbuch der Psychologie, Bd. 6: Psychologische Diagnostik (S. 385-410). Göttingen: Hogrefe.
Barthel, D. & Schuler, H. (1989). Nutzenkalkulationen eignungsdiagnostischer Verfahren am Beispiel eines biographischen Fragebogens. Zeitschrift für Arbeits- und Organisationspsychologie, 33, 73-83.
Bartling, G., Echelmeyer, L., Engberding, M. & Krause, R. (2005). Problemanalyse im therapeutischen Prozess (5. Aufl.). Stuttgart: Kohlhammer.
Bartussek, D. (1970). Eine Methode zur Bestimmung von Moderatoreffekten. Diagnostica, 16, 57-76.
Bassler, M., Potratz, B. & Krauthauser, H. (1995). Der »Helping Alliance Questionnaire« (HAQ) von Luborsky. Psychotherapeut, 40, 23-32.
Bastine, R. & Tuschen, B. (1996). Klinisch-psychologische Diagnostik. In A. Ehlers & K. Hahlweg (Hrsg.), Psychologische und biologische Grundlagen der Klinischen Psychologie. Enzyklopädie der Psychologie: Themengebiet D, Serie 2, Klinische Psychologie (Bd. 1, S. 195-268). Göttingen: Hogrefe.
Bäumler, G. (1974). Lern- und Gedächtnistest LGT 3. Göttingen: Hogrefe.
Bäumler, G. (1985). Farb-Wort-Interferenztest FWIT. Göttingen: Hogrefe.
Beck, A. T., Rush, A. J., Shaw, B. F. & Emery, G. (1996). Kognitive Therapie der Depression (5. Aufl., 1. Aufl. 1992). Weinheim: Psychologie Verlags Union.
Becker, N., Höft, S., Holzenkamp, M. & Spinath, F. M. (2011). The predictive validity of assessment centers in German-speaking regions: A meta-analysis. Journal of Personnel Psychology, 10(2), 61-69.
Becker, P. (1988). Ein Strukturmodell der emotionalen Befindlichkeit. Psychologische Beiträge, 30, 514-536.
Becker, P. (1989). Der Trierer Persönlichkeitsfragebogen TPF. Handanweisung. Göttingen: Hogrefe.
Becker, P. (2003). Trierer Integriertes Persönlichkeitsinventar TIPI. Göttingen: Hogrefe.
Beckmann, D., Brähler, E. & Richter, H.-E. (1991). Der Gießen-Test GT. Ein Test für die Individual- und Gruppendiagnostik. Handbuch (4. Aufl., 1. Aufl. 1972). Bern: Huber.
Belitz-Weihmann, E. & Metzler, P. (1997). Fragebogen zum Funktionalen Trinken (FFT) Manual. Frankfurt: Sweets Test Services.
Bem, D. J. & Allen, A. (1974). On predicting some of the people some of the time: The search for cross-situational consistencies in behavior. Psychological Review, 81, 506-520.
Benjamin, L. S. (1974). Structural Analysis of Social Behavior. Psychological Review, 81, 392-425.
Benton-Sivan, A. B. & Spreen, O. (1996). Der Benton Test (7. Aufl.). Göttingen: Hogrefe.
Bereiter, C. (1963). Some persisting dilemmas in the measurement of change. In C. W. Harris (Ed.), Problems in measuring change (pp. 3-20). Madison: University of Wisconsin Press.
Bergeman, N. & Johann, G. K. (1993). Berger-Skala zur Erfassung der Selbstakzeptanz. Göttingen: Hogrefe.
Beutel, M. E. & Brähler, E. (2004). Stressverarbeitungsfragebogen (SVF 120) von Wilhelm Janke und Gisela Erdmann (unter Mitwirkung von Markus Ising) (1997). SVF 78 - Kurzform des Stressverarbeitungsfragebogens SVF 120 von Wilhelm Janke und Gisela Erdmann (2002). Diagnostica, 50(3), 165-167.
Beutler, L., Malik, M., Alinobamed, S. Harwood, T. M., Talebi, H., Noble, S. & Wong, E. (2004). Therapist variables. In M. Lambert (Ed.), Bergin and Garfield's handbook of psychotherapy and behavior change (4th ed., pp. 227-306). New York: Wiley.
Birnbaum, A. (1968). Some latent trait models. In F. M. Lord & M. R. Novick (Eds.), Statistical theories of mental test scores (pp. 395-479). Reading, MA: Addison-Wesley.

Blaskewitz, N., Merten, T. & Kathmann, N. (2008). Performance of children on symptom validity tests: TOMM, MSVT, and FIT. Archives of Clinical Neuropsychology, 23(4), 379-391.

Bleidorn, W., Kandler, C., Riemann, R., Angleitner, A. & Spinath, F. M. (2009). Patterns and sources of adult personality development: Growth curve analyses of the NEO PI-R scales in a longitudinal twin study. Journal of Personality and Social Psychology, 97(1), 142-155.

Bohus, M., Limberger, M. F., Frank, U., Sender, I., Gratwohl, T. & Stieglitz, R. (2001). Entwicklung der Borderline-Symptom-Liste. Psychotherapie, Psychosomatik, medizinische Psychologie, 51, 201-211.

Bolm, W. (1994). Goal Attainment Scaling: Gütemaß und praktische Erfahrungen bei 397 psychiatrischen Behandlungsverläufen. Zeitschrift für Klinische Psychologie, Psychopathologie und Psychotherapie, 42, 128-138.

Bölte, S., Adam-Schwebe, S., Englert, E., Schmeck, K. & Poustka, F. (2000). Zur Praxis der psychologischen Testdiagnostik in der deutschen Kinder- und Jugendpsychiatrie: Ergebnisse einer Umfrage. Zeitschrift für Kinder- und Jugendpsychiatrie und Psychotherapie, 28 (3), 151-161.

Borkenau, P. & Amelang, M. (1985). Individuelle Angemessenheit von Eigenschaftskonstrukten als Moderatorvariable für die Übereinstimmung zwischen Selbst- und Bekannten-Ratings. Diagnostica, 31, 105-118.

Borkenau, P. & Ostendorf, F. (1993). NEO-Fünf-Faktoren Inventar (NEO-FFI) nach Costa & McCrae. Göttingen: Hogrefe.

Borkenau, P. & Ostendorf, F. (2008). NEO-FFI: NEO-Fünf-Faktoren-Inventar (2. Aufl.). Göttingen: Hogrefe.

Bös, K. (Hrsg.). (2001). Handbuch Motorische Tests: Sportmotorische Tests, Fragebogen zur körperlich-sportlichen Aktivität und sportpsychologische Diagnoseverfahren (2. Aufl.). Göttingen: Hogrefe.

Boudreau, J. W. (1991). Utility Analysis for decisions in human resource management. In N. I. Dunnette & L. N. Lough (Eds.), Handbook of industrial and organisational psychology (Vol. 2, pp. 621-745). Palo Alto, CA: Consulting Psychologists Press.

Bowler, M. C. & Woehr, D. J. (2006). A meta-analytic evaluation of the impact of dimension and exercise factors on assessment center ratings. Journal of Applied Psychology, 91(5), 1114-1124.

Brackmann, A. (2000). Zur Konvergenz verbaler und nonverbaler Erfassungstechniken von Persönlichkeitsmerkmalen. Unveröffentlichte Diplomarbeit am Psychologischen Institut, Universität Heidelberg.

Brähler, E. & Beckmann D. (1981). Stabilität der Gießen-Test-Skalen. Diagnostica, 27, 110-126.

Brähler, E. & Brähler, C. (1993). Paardiagnostik mit dem Gießen-Test. Bern: Huber.

Brähler, E., Holling, H., Leutner, D. & Petermann, F. (Hrsg.) (2002). Brickenkamp Handbuch psychologischer und pädagogischer Tests (3. Aufl.). Göttingen: Hogrefe.

Brähler, E., Schumacher, J. & Strauß, B. (Hrsg.) (2002). Diagnostische Verfahren in der Psychotherapie, Bd. 1: Diagnostik für Klinik und Praxis. Göttingen: Hogrefe.

Brandstätter, H. (1970). Leistungsprognose und Erfolgskontrolle. Bern: Huber.

Brandstätter, V. (2005). Der objektive Leistungsmotivations-Test OLMT von L. Schmidt-Atzert. Rezension. Zeitschrift für Personalpsychologie, 4, 132-137.

Brandt, I. & Sticker, E. J. (2001). GES: Griffiths Entwicklungsskalen zur Beurteilung der Entwicklung in den ersten beiden Jahren (2. Aufl.). Göttingen: Beltz.

Bray, D. W. Campbell, R. J. & Grant, D. L. (1974). Formative years in business: A longterm AT and T study of managerial lives. New York: Wiley.

Brem-Gräser, L. (2001). Familie in Tieren: Die Familiensituation im Spiegel der Kinderzeichnung. Entwicklung eines Testverfahrens (8. Aufl.). München: Reinhardt.

Brengelmann, J. C. & Brengelmann, L. (1960). Deutsche Validierung von Fragebogen der Extraversion, neurotischen Tendenz und Rigidität. Zeitschrift für Experimentelle und Angewandte Psychologie, 7, 291-331.

Brickenkamp, R. (2002). Test d2: Aufmerksamkeits-Belastungs-Test (9. Aufl.). Göttingen: Hogrefe.

Brickenkamp, R., Merten T. & Hänsgen, K.-D. (1997). d2-C Computersystem Hogrefe Testsystem. Göttingen: Hogrefe.

Brickenkamp, R., Schmidt-Atzert, L. & Liepmann, D. (2010). Test d2 - Revision: Aufmerksamkeits- und Konzentrationstest. Göttingen: Hogrefe.

Brickenkamp, R. & Zillmer, E. (1998). The d2 Test of Attention. Seattle: Hogrefe & Huber.

Brodbeck, F., Anderson, N. & West, M. (2001). Teamklima-Inventar TKI. Göttingen: Hogrefe.

Brody, N. (1988). Personality: In search of individuality. San Diego: Academic Press.

Brogden, H. E. (1949). When testing pays off. Personnel Psychology, 2, 171-185.

Bronisch, T., Hiller, W., Zaudig, M. & Mombour, W. (1995). IDCL-P Internationale Diagnose Checklisten für Persönlichkeitsstörungen nach ICD-10 und DMS-IV. Bern: Huber.

Broughton, R. (1984). A prototype strategy for construction of personality scales. Journal of Personality and Social Psychology, 47, 1334-1346.

Literaturverzeichnis

Brunstein, J. C. (2003). Implizite Motive und motivationale Selbstbilder: Zwei Prädiktoren mit unterschiedlichen Gültigkeitsbereichen. In J. Stiensmeier-Pelster & F. Rheinberg (Hrsg.), Diagnostik von Motivation und Selbstkonzept (S. 59-88). Göttingen: Hogrefe.
Brunswik, E. (1952). The conceptual framework of psychology. Chicago: University of Chicago Press.
Bühner, M. (2006). Einführung in die Test- und Fragebogenkonstruktion (2. Aufl.). München: Pearson.
Bühner, M. (2010). Einführung in die Test- und Fragebogenkonstruktion (3. Aufl.). München: Pearson.
Bühner, M. & Schmidt-Atzert, L. (2004). Überprüfung der Äquivalenz einer Test d2-Version für ältere Probanden. Zeitschrift für Neuropsychologie, 15, 7-13.
Bühner, M., Schmidt-Atzert, L., Grieshaber, E. & Lux, A. (2001). Faktorenstruktur verschiedener neuropsychologischer Tests. Zeitschrift für Neuropsychologie, 12, 181-187.
Bullinger, M. & Kirchberger, I. (1998). SF-36 Fragebogen zum Gesundheitszustand: Handanweisung. Göttingen: Hogrefe.
Burisch, M. (1984). Approaches to personality inventory construction: A comparison of merits. American Psychologist, 39, 214-227.
Buse, L. & Pawlik, K. (1984). Inter-Setting-Korrelationen und Setting-Persönlichkeit-Wechselwirkungen. Zeitschrift für Sozialpsychologie, 15, 44-59.
Bush, S. S., Ruff, R. M., Tröster, A. I., Barth, J. T., Koffler, S. P., Pliskin, N. H. et al. (2005). Symptom validity assessment: Practice issues and medical necessity: NAN Policy & Planning Committee. Archives of Clinical Neuropsychology, 20(4), 419-426.
Buss, D. M. & Craik, K. H. (1980). The frequency concept of dispostion: Dominance and prototypically dominant acts. Journal of Personality, 48, 379-392.
Buss, D. M. & Craik, K. H. (1984). Acts, dispositions, and personality. In B. A. Maher & W. B. Maher (Eds.), Progress in experimental personality research (Vol. 13, pp. 241-301). New York: Academic Press.
Büssing, A. (2007). Organisationsdiagnose. In H. Schuler (Hrsg.), Lehrbuch Organisationspsychologie (4. Aufl., S. 557-599). Bern: Huber.
Büttner, G. & Schmidt-Atzert, L. (Hrsg.). (2004). Diagnostik von Konzentration und Aufmerksamkeit. Göttingen: Hogrefe.
Campbell, G. T. & Fiske, D. W. (1959). Convergent and discriminant validation by the multitrait-multimethod matrix. Psychological Bulletin, 56, 81-105.
Canivez, G. L. & Watkins, M. W. (2001). Long-term stability of the Wechsler Intelligence Scale for Children – Third edition among students with disabilities. School Psychology Review, 30(3), 438-453.
Cantor, N. & Mischel, W. (1979). Prototypes in person perception. In L. Berkowitz (Ed.), Advances in experimental social psychology (Vol. 12, pp. 3-52). New York: Academic Press.
Carroll, J. B. (1993). Human cognitive abilities: A survey of factor-analytic studies. New York: Cambridge University Press.
Carroll, J. B. (1996). A three-stratum theory of intelligence: Spearman's contribution. In I. Dennis, & P. Tapsfield (Eds.), Human abilities: Their nature and measurement (pp. 1-17). Mahwah, N.J.: Erlbaum.
Carstensen, C. H., Frey, A., Walter, O. & Knoll, S. (2007). Technische Grundlagen des dritten internationalen Vergleichs. In M. Prenzel, C. Artelt, J. Baumert, W. Blum, M. Hammann, E. Klieme & R. Pekrun (Hrsg.), PISA 2006: Die Ergebnisse der dritten internationalen Vergleichsstudie (S. 367-390). Münster: Waxmann.
Caspar, F. (2008). Plananalyse. In B. Röhrle, F. Caspar, & P. Schlottke (Hrsg.), Lehrbuch der klinisch-psychologischen Diagnostik (S. 149-166). Stuttgart: Kohlhammer.
Castello, A., Grünke, M. & Beelmann, A. (2004). Lernschwächen bei Entwicklungsretardierungen. In G. W. Lauth, M. Grünke & J. C. Brunstein (Hrsg.), Interventionen bei Lernstörungen: Förderung, Training und Therapie in der Praxis (S. 78-89). Göttingen: Hogrefe.
Cattell, R. B. (1940). A culture-free intelligence test. Journal of Educational Psychology, 31(3), 161-179.
Chambless, D. L. & Hollon, S. D. (1998). Defining empirically supported therapies. Journal of Consulting and Clinical Psychology, 66, 7-18.
Chambless, D. L. & Ollendick, T. H. (2001). Empirically supported psychological interventions: Controversies and evidence. Annual Review of Psychology, 52, 685-716.
Charter, R. A. (2003). A breakdown of reliability coefficients by test type and reliability method, and the clinical implications of low reliability. Journal of General Psychology, 130(3), 290-304.
Christensen, L. & Mendoza, J. L. (1986). A method of assessing change in a single subject: An alteration of the RC Index. Behavior Therapy, 17, 305-308.
Christiansen, N. D., Rozek, R. F. & Burns, G. (2010). Effects of social desirability scores on hiring judgments. Journal of Personnel Psychology, 9(1), 27-39.

Cierpka, M. (Hrsg.). (2008). Handbuch der Familiendiagnostik (3. Aufl.). Berlin: Springer.

Cierpka, M. & Frevert, G. (1994). FB: Familienbögen. Göttingen: Hogrefe.

Cleary, T. A. (1968). Testbias: Prediction of grades of negro and white students in integrated colleges. Journal of Educational Measurement, 5, 115-124.

Cleveland, J. N., Murphy, K. R. & Williams, R. E. (1989). Multiple uses of performance appraisal: Prevalence and correlates. Journal of Applied Psychology, 74(1), 130-135.

Cohen, J. (1988). Statistical power analysis for the behavioral sciences (2nd ed.). Hillsdale, NJ: Erlbaum.

Cohen, R. J. & Swerdlik, M. E. (2010). Psychological testing and assessment: An introduction to tests and measurement (7th ed.). New York: McGraw-Hill.

Cole, N. S. (1973). Bias in selection. Journal of Educational Measurement, 10, 237-255.

Colvin, C. R. & Funder, D. C. (1991). Predicting personality and behavior: A boundary on the acquaintanceship effect. Journal of Personality and Social Psychology, 60, 884-894.

Conger, A. J. (1974). A revised definition for suppressor variables. Educational and Psychological Measurement, 34, 35-46.

Conger, A. J. & Jackson, D. N. (1972). Suppressor variables, prediction, and the interpretation of psychological relationships. Educational and Psychological Measurement, 32, 579-599.

Connelly, B. S. & Ones, D. S. (2010). An other perspective on personality: Meta-analytic integration of observers' accuracy and predictive validity. Psychological Bulletin, 136(6), 1092-1122.

Connolly, J. J., Kavanagh, E. J. & Viswesvaran, C. (2007). The convergent validity between self and observer ratings of personality: A meta-analytic review. International Journal of Selection and Assessment, 15(1), 110-117.

Conrad, W., Baumann, E. & Mohr, V. (1980). Mannheimer Test zur Erfassung des physikalisch-technischen Problemlösens MTP. Göttingen: Hogrefe.

Crick, N. R. & Dodge, K. A. (1994). A review and reformulation of social information-processing mechanisms in children's social adjustment. Psychological Bulletin, 115, 74-101.

Cronbach, L. J. (1951). Coefficient alpha and the internal structure of tests. Psychometrika, 16(3), 297-334.

Cronbach, L. J. & Gleser, G. C. (1965). Psychological tests and personnel decisions (2. ed.). Urbana, JL: University of Illinois Press.

Cronbach, L. J. & Meehl, P. E. (1955). Construct validity in psychological tests. Psychological Bulletin, 52(4), 281-302.

Dahle, K.-P. (1997). Kriminalprognosen im Strafrecht: Psychologische Aspekte individueller Verhaltensvorhersagen. In M. Steller & R. Volbert (Hrsg.), Psychologie im Strafverfahren: Ein Handbuch (S. 119-140). Bern: Huber.

Dahle, K. P. (2000). Psychologische Begutachtung zur Kriminalprognose. In H.-L. Kröber & M. Steller (Hrsg.), Psychologische Begutachtung im Strafverfahren: Indikationen, Methoden und Qualitätsstandards (S. 77-111). Darmstadt: Steinkopff.

Dahle, K.-P. (2007). Methodische Grundlagen der Kriminalprognose. Forensische Psychiatrie, Psychologie, Kriminologie, 1(2), 101-110.

Dahle, K.-P. (2009). Kriminal(rückfall)prognose. In R. Volbert & M. Steller (Hrsg.), Handbuch der Rechtspsychologie (S. 444-452). Göttingen: Hogrefe.

Dahle, K.-P., Schneider, V. & Ziethen, F. (2007). Standardisierte Instrumente zur Kriminalprognose. Forensische Psychiatrie, Psychologie, Kriminologie, 1(1), 15-26.

Darlington, R. B. (1968). Multiple regression in psychological research and practice. Psychological Bulletin, 69, 161-182.

Daumenlang, K., Müskens, W. & Harder, U. (2004). FEO: Fragebogen zur Erfassung des Organisationsklimas. Göttingen: Hogrefe.

Davier, M. v. (2001). WINMIRA (Version 2001) [Computer Software]. University Ave, St. Paul: Assessment Systems Corporation.

Deary, I. J., Strand, S., Smith, P. & Fernandes, C. (2007). Intelligence and educational achievement. Intelligence, 35(1), 13-21.

Deary, I. J., Whalley, L. J., Lemmon, H., Crawford, J. R. & Starr, J. M. (2000). The stability of individual differences in mental ability from childhood to old age: Follow-up of the 1932 Scottish Mental Survey. Intelligence, 28(1), 49-55.

Deimann, P. & Kastner-Koller, U. (2008). HAWIK-IV. Hamburg-Wechsler-Intelligenztest für Kinder IV. Bern: Huber (Testbesprechung). Zeitschrift für Entwicklungspsychologie und Pädagogische Psychologie, 40(3), 161-165.

Deimann, P., Kastner-Koller, U., Esser, G. & Hänsch, S. (2010). TBS-TK Rezension: FRANKIS Fragebogen zur frühkindlichen Sprachentwicklung. FRANKIS (Standardform) und FRANKIS-K (Kurzform). Psychologische Rundschau, 61(3), 169-171.

De Meijer, L. A. L., Born, M. P., van Zielst, J. & van der Molen, H. T. (2010). Construct-driven development of a video-based situational judgment test for integrity: A study in a multi-ethnic police setting. European Psychologist, 15(3), 229-236.

Literaturverzeichnis

Diehl, J. M. & Staufenbiel, T. (1999). Inventar zum Essverhalten und Gewichtsproblemen (IEG) (2. Aufl.). Eschborn: Klotz.

Digman, J. M. (1990). Personality structure: Emergence of the five-factor model. Annual Review of Psychology, 41(1), 417-440.

Dilling, H., Freyberger, H. J. & Cooper, J. E. (Hrsg.) (2010). Taschenführer zur ICD-10-Klassifikation psychischer Störungen (5. Aufl.). Bern: Huber.

Döpfner, M. (1999). Zwangsstörungen. In H.-C. Steinhausen & M. von Aster (Hrsg.), Verhaltenstherapie und Verhaltensmedizin bei Kindern und Jugendlichen (2. Aufl., S. 271–326). Weinheim: Beltz, Psychologie Verlags Union.

Döpfner, M., Berner, W., Flechtner, H., Lehmkuhl, G. & Steinhausen, H.-C. (1999). Psychopathologisches Befund-System für Kinder und Jugendliche (CASCAP-D). Göttingen: Hogrefe.

Döpfner, M., Berner, W., Fleischmann, T. & Schmidt, M. H. (2001). Verhaltensbeurteilungsbogen für Vorschulkinder (VBV). Weinheim: Beltz Test.

Döpfner, M., Dietmair, I., Mersmann, H., Simon, K. & Trost-Brinkhues, G. (2005). S-ENS: Screening des Entwicklungsstandes bei Einschulungsuntersuchungen. Göttingen: Hogrefe.

Döpfner, M., Görtz-Dorten, A. & Lehmkuhl, G. (2008). DISYPS-II: Diagnostik-System für psychische Störungen nach ICD-10 und DSM-IV für Kinder und Jugendliche-II. Bern: Huber.

Drunen, P. v. (1993). Von der Psychotechnik zur Psychodiagnostik. In H. E. Lück & R. Miller (Hrsg.), Illustrierte Geschichte der Psychologie (S. 254-256). München: Quintessenz.

Dudley, N. M., Orvis, K. A., Lebiecki, J. E. & Cortina, J. M. (2006). A meta-analytic investigation of conscientiousness in the prediction of job performance: Examining the intercorrelations and the incremental validity of narrow traits. Journal of Applied Psychology, 91(1), 40-57.

Düker, H. & Lienert, G. A. (1965). Konzentrations-Leistungs-Test KLT. Göttingen: Hogrefe.

Düker, H., Lienert, G. A., Lukesch, H. & Mayrhofer, S. (2001). KLT-R: Konzentrations-Leistungs-Test (revidierte Fassung). Göttingen: Hogrefe.

Dunckel, H. & Resch, M. G. (2010). Arbeitsanalyse. In U. Kleinbeck & K.-H. Schmidt (Hrsg.), Arbeitspsychologie. Enzyklopädie der Psychologie, Serie Wirtschafts-, Organisations- und Arbeitspsychologie (Bd. 1, S. 1111-1158). Göttingen: Hogrefe.

Ebel, O. & Lienert, G. A. (1960). Ein Index zur numerischen Bestimmung der Niveau-Eigenschaften eines psychologischen Tests. Metrica. Zeitschrift für theoretische und angewandte Statistik, 3, 117-123.

Ebenrett, H. J., Hansen, D. & Puzicha, K. J. (2003). Verlust von Humankapital in Regionen mit hoher Arbeitslosigkeit. Politik und Zeitgeschichte, B 6-7, 25-31.

Eckert, J., Biermann-Ratjen, E. & Höger, D. (Hrsg.) (2006). Gesprächspsychotherapie: Lehrbuch für die Praxis. Berlin: Springer.

Eggert, D. (1974). Lincoln-Oseretzky-Skala LOS KF 18 (2. Aufl., 1. Aufl. 1971). Weinheim: Beltz-Test.

Ehlers, A., Margraf, J. & Chambless, D. (2001). Fragebogen zu körperbezogenen Ängsten, Kognitionen und Vermeidung AKV (2. Aufl.). Weinheim: Beltz.

Eid, M., Nussbeck, F. W. & Lischetzke, T. (2006). Multitrait-Multimethod-Analyse. In M. Eid & F. Petermann (Hrsg.), Handbuch der Psychologischen Diagnostik (S. 332-345). Göttingen: Hogrefe.

Eid, M. & Petermann, F. (2006). Aufgaben, Zielsetzungen und Strategien der Psychologischen Diagnostik. In F. Petermann & M. Eid (Hrsg.), Handbuch der Psychologischen Diagnostik (S. 15-25). Göttingen: Hogrefe.

Ellis, A. & Grieger, R. (1995). Praxis der rational-emotiven Therapie (2. Aufl., 1. Aufl. 1979). Weinheim: Psychologie Verlags Union.

Endler, N. S. & Magnusson, D. (1976). Toward an interactional psychology of personality. Psychological Bulletin, 83(5), 956-974.

Entwisle, D. R. (1972). To dispel fantasies about fantasy-based measures of achievement motivation. Psychological Bulletin, 77(6), 377-391.

Epstein, S. (1979). The stability of behavior: I. On predicting most of the people much of the time. Journal of Personality and Social Psychology, 37, 1097-1126.

Epstein, S. (2010). The big five model: Grandiose ideas about surface traits as the foundation of a general theory of personality. Psychological Inquiry, 21(1), 34-39.

Erdmann, G. & Janke, W. (2008). SVF: Stressverarbeitungsfragebogen. Stress, Stressverarbeitung und ihre Erfassung durch ein mehrdimensionales Testsystem (4. Aufl.). Göttingen: Hogrefe.

Esser, G. (Hrsg.) (2008). Lehrbuch der Klinischen Psychologie und Psychotherapie bei Kindern und Jugendlichen: Ein Lehrbuch (3. Aufl.). Stuttgart: Thieme.

Esser, G. & Petermann, F. (2010). Entwicklungsdiagnostik. Göttingen: Hogrefe.

Esser, G., Blanz, B., Geisel, B. & Laucht, M. (1989). Mannheimer Elterninventar (MEI). Weinheim: Beltz.

Exner, J. E. Jr. (2003). The Rorschach: A comprehensive system (4th ed.). New York: Wiley.

Exner, J. E., Jr. (2010). Rorschach-Arbeitsbuch für das Comprehensive System (Deutschsprachige Fassung von A Rorschach Workbook for the Comprehensive System – fifth ed.). Göttingen: Hogrefe.

Eyde, L. D., Robertson, G. J. & Krug, S. E. (2010). Responsible test use: Case studies for assessing human behavior (2nd ed.). Washington, DC: American Psychological Association.
Fahrenberg, J. (1987). Multimodale Diagnostik - eine Einleitung. Diagnostica, 33, 185-187.
Fahrenberg, J. (1994). Ambulantes Assessment. Diagnostica, 40, 195-216.
Fahrenberg, J. (1994). Freiburger Beschwerden-Liste. Göttingen: Hogrefe.
Fahrenberg, J., Hampel, R. & Selg, H. (2010). FPI-R: Freiburger Persönlichkeitsinventar (8. Aufl.). Göttingen: Hogrefe.
Fahrenberg, J., Leonhart, R. & Foerster, F. (2002). Alltagsnahe Psychologie: Datenerhebung im Feld mit hand-held PC und physiologischem Mess-System. Bern: Huber.
Fahrenberg, J., Myrtek, M., Pawlik, K. & Perrez, M. (2007). Ambulantes Assessment: Verhalten im Alltagskontext erfassen. Psychologische Rundschau, 58, 12-23.
Faßnacht, G. (1995). Systematische Verhaltensbeobachtung: Eine Einführung in die Methodologie und Praxis (2. Aufl.). München: Reinhardt.
Fay, E. (Hrsg.) (2001). Tests unter der Lupe III. Lengerich: Pabst.
Fay, E. (2003). Bochumer Matrizentest (BOMAT – advanced – short version). In E. Fay (Hrsg.), Tests unter der Lupe 4: Aktuelle psychologische Testverfahren – kritisch betrachtet (S. 24-35). Göttingen: Vandenhoeck & Ruprecht.
Fay, E. (Hrsg.). (2003). Tests unter der Lupe 4. Aktuelle psychologische Testverfahren – kritisch betrachtet. Göttingen: Vandenhoeck & Ruprecht.
Fay, E. (Hrsg.). (2006). Tests unter der Lupe 5. Aktuelle psychologische Testverfahren – kritisch betrachtet. Göttingen: Vandenhoeck & Ruprecht.
Fels, M. & Geissner, E. (1997). Neglect-Test (NET). Göttingen: Hogrefe.
Fichter, M. & Keeser, W. (1980). Das Anorexia nervosa-Inventar zur Selbstbeurteilung (ANIS). Archiv für Psychiatrie und Nervenkrankheiten, 288, 67-89.
Fichter, M. & Quadflieg, N. (1999). Strukturiertes Inventar für Anorektische und Bulimische Essstörungen (SIAB). Fragebogen (SIAB-S) und Interview (SIAB-EX) nach DSM-IV und ICD-10. Handanweisung. Göttingen: Hogrefe.
Fiedler, P. (2001). Persönlichkeitsstörungen (5. Aufl.). Weinheim: Beltz, Psychologie Verlags Union.
Fiege, R., Muck, P. M. & Schuler, H. (2006). Mitarbeitergespräche. In H. Schuler (Hrsg.), Lehrbuch der Personalpsychologie (2. Aufl., S. 471-522). Göttingen: Hogrefe.
Fineman, S. (1977). The achievement motive construct and its measurement: Where are we now? British Journal of Psychology, 68(1), 1-22.
Fischer, G. H. (1974). Einführung in die Theorie psychologischer Tests. Bern: Huber.
Fischer, G. H. (1978). Probabilistic test models and their application. The German Journal of Psychology, 2, 298-319.
Fischer, G. H. (1983). Neuere Testtheorie. In J. Bredenkamp & H. Feger (Hrsg.), Messen und Testen (S. 604-692). Göttingen: Hogrefe.
Fischer, G. H. (1995a). Linear logistic models for change. In G. H. Fischer & I. W. Molenaar (Eds.), Rasch models: Foundations, recent developments, and applications (pp. 157-180). New York: Springer.
Fischer, G. H. (1995b). The linear logistic test model. In G. H. Fischer & I. W. Molenaar (Eds.), Rasch models: Foundations, recent developments, and applications (pp. 131-155). New York: Springer.
Fischer, G. H. (1996). IRT-Modelle als Forschungsinstrumente der Differentiellen Psychologie. In K. Pawlik (Hrsg.), Grundlagen und Methoden der Differentiellen Psychologie (S. 673-729). Göttingen: Hogrefe.
Fischer, G. H. & Molenaar, I. W. (Eds.) (1995). Rasch models: Foundations, recent developments, and applications. New York: Springer.
Fischer, G. H. & Parzer, P. (1991). An extension of the rating scale model with an application to the measurement of treatment effects. Psychometrika, 56, 637-651.
Fischer, G. H. & Ponocny, I. (1995). Extended rating scale and partial credit models for assessing change. In G. H. Fischer & I. W. Molenaar (Eds.). Rasch models: Foundations, recent developments, and applications (pp. 353-370). New York: Springer.
Fischer, G. H. & Spada, H. (1973). Die psychometrischen Grundlagen des Rorschachtests und der Holtzman Inkblot Technique. Bern: Huber.
Fishbein, M. & Ajzen, I. (1974). Attitudes towards objects as predictors of single and multiple behavioral criteria. Psychological Review, 81, 59-74.
Fisseni, H. J. (1990). Lehrbuch der psychologischen Diagnostik. Göttingen: Hogrefe.
Fisseni, H.-J. (2004). Lehrbuch der psychologischen Diagnostik (3. Aufl.). Göttingen: Hogrefe.
Flanagan, J. (1954). The critical incident technique. Psychological Bulletin, 51, 327-358.
Fleeson, W. & Gallagher, P. (2009). The implications of Big Five standing for the distribution of trait manifestation in behavior: Fifteen experience-sampling studies and a meta-analysis. Journal of Personality and Social Psychology, 97(6), 1097-1114.

Literaturverzeichnis

Fleischmann, U. M. (2000). Gerontoneuropsychologie - Diagnostik, Therapie und Intervention. In W. Sturm, M. Herrmann & C.-W. Wallesch (Hrsg.), Lehrbuch der Klinischen Neuropsychologie (S. 663-673). Lisse, NL: Swets & Zeitlinger.

Fleishman, E. A. & Hempel, W. P. (1955). The relation between abilities and improvement with practice in a visual discrimination reaction task. Journal of Experimental Psychology, 49, 301-312.

Foa, E. B., Riggs, D. S., Dancu, C. V. & Rothbaum, B. O. (1993). Reliability and validity of a brief instrument for assessing post-traumatic stress disorder. Journal of Traumatic Stress Disorder, 6, 459-473.

Föderation Deutscher Psychologenvereinigungen (Hrsg.) (1988, 1994). Richtlinien für die Erstellung Psychologischer Gutachten. Bonn: Deutscher Psychologen Verlag.

Formann, A. K. (1984). Die Latent-Class-Analyse. Weinheim: Beltz.

Formann, A. K. (1993). Some simple latent class models for attitudinal scaling in the presence of polytomous items. Methodika, 7, 62-78.

Franke, G. H. (2000). Brief Symptom Inventory von Derogatis (BSI). Göttingen: Hogrefe.

Franke, G. H. (2002). SCL-90-R. Die Symptom-Checkliste von Derogatis – Deutsche Version. Göttingen: Beltz Test.

Frederiksen, N. & Melville, S. D. (1954). Differential predictability in the use of test scores. Educational and Psychological Measurement, 14, 647-656.

Frey, A. (2007). Adaptives Testen. In H. Moosbrugger & A. Kelava (Hrsg.), Testtheorie und Fragebogenkonstruktion (S. 261-278). Heidelberg: Springer.

Frey, A., Duhm, E., Althaus, D., Heinz, P. & Mengelkamp, C. (2008). BBK 3-6: Beobachtungsbogen für 3- bis 6-jährige Kinder. Göttingen: Hogrefe.

Freyberger, H. J., Spitzer, C. & Stieglitz, R.-D. (1999). Fragebogen zu Dissoziativen Symptomen (FDS). Testmanual. Bern: Huber.

Fricke, R. (1972). Testgütekriterien bei lehrzielorientierten Tests. Zeitschrift für erziehungswissenschaftliche Forschung, 6, 150-175.

Frieling, E. & Hoyos, C. Graf (1978). Fragebogen zur Arbeitsanalyse (FAA). Deutsche Bearbeitung des PAQ. Bern: Huber.

Frintrup, A. & Schuler, H. (2010). Wenn zu gute Beurteilungen zum Problem werden: Systeme zur Leistungsbeurteilung. Personalführung, 43(1), 48-53.

Fruhner, R., Schuler, H., Funke, U. & Moser, K. (1991). Einige Determinanten der Bewertung von Personalauswahlverfahren. Zeitschrift für Arbeits- und Organisationspsychologie, 35, 170-178.

Funder, D. C. & West, S. G. (1993). Consensus, self-other agreement, and accuracy in personality judgment: An introduction. Journal of Personality, 61, 457-476.

Fydrich, T. (2002). SPAI – Soziale Phobie und Angst Inventar. In E. Brähler, J. Schumacher & B. Strauß (Hrsg.), Diagnostische Verfahren in der Psychotherapie (S. 335-338). Göttingen: Hogrefe.

Fydrich, T. (2011). Klinisch-psychologische Diagnostik. In L. F. Hornke, M. Amelang & M. Kersting (Hrsg.) Enzyklopädie der Psychologie. Grundfragen und Anwendungsfelder psychologischer Diagnostik (S. 343-382). Göttingen: Hogrefe.

Fydrich, T. & Bürgener, F. (2005). Ratingskalen für soziale Kompetenz. In N. Vriends & J. Margraf (Hrsg.), Soziale Kompetenz – Soziale Unsicherheit – Soziale Phobie (3. Aufl., S. 81-96). Baltmannsweiler: Schneider-Verlag Hohengehren.

Fydrich, T., Laireiter, A. R., Saile, H. & Engberding, M. (1996). Diagnostik und Evaluation in der Psychotherapie. Zeitschrift für Klinische Psychologie, 25, 161-168.

Fydrich, T., Renneberg, B., Schmitz, B. & Wittchen, H.-U. (1997). SKID-P. Strukturiertes Klinisches Interview für DSM-IV, Achse II (Persönlichkeitsstörungen). Göttingen: Hogrefe.

Fydrich, T. & Sommer, G. (2003). Diagnostik sozialer Unterstützung. In M. Jerusalem & H. Weber (Hrsg.), Psychologische Gesundheitsförderung (S. 79-104). Göttingen: Hogrefe.

Fydrich, T., Sommer, G. & Brähler, E. (2007). Fragebogen zur sozialen Unterstützung (F-SozU). Göttingen: Hogrefe.

Gast U. & Rodewald, F. (2004) Das Strukturierte Klinische Interview für Dissoziative Störungen (SKID-D). In A. Eckhardt-Henn & S. O. Hoffmann (Hrsg.), Diagnostik und Behandlung Dissoziativer Störungen (S. 321-327). Stuttgart: Schattauer.

Gaugler, B. B., Rosenthal, D. B., Thornton, G. C. & Bentson, C. (1987). Meta-analysis of assessment center validity. Journal of Applied Psychology, 72(3), 493-511.

Gehring, T. M. (1998). FAST: Familiensystemtest (2. Aufl.). Göttingen: Beltz.

Geiger, H. (2010). Die medizinisch-psychologische Untersuchung: Untersuchungsanlässe, inhaltliche Anforderungen, Reformansätze. In Deutsche Akademie für Verkehrswissenschaft (Hrsg.), Tagungsband zum 48. Deutschen Verkehrsgerichtstag 2010 (S. 203-214). Köln: Luchterhand.

Geissner, E. (1996). Die Schmerzempfindungsskala (SES). Göttingen: Hogrefe.

Gesellschaft für Neuropsychologie, Gauggel, S. & Sturm, W. (2005). Leitlinien der Gesellschaft für Neuropsychologie (GNP) für neuropsychologische Diagnostik und Therapie; Stand: November 2005. Zeitschrift für Neuropsychologie, 16(4), 175-199.

Gesellschaft für Neuropsychologie, Neumann-Zielke, L., Riepe, J., Roschmann, R., Schötzau-Fürwentsches, P. & Wilhelm, H. (2009). Leitlinie »Neuropsychologische Begutachtung«. Zeitschrift für Neuropsychologie, 20(1), 69-83.

Ghiselli, E. E. (1963). Moderating effects and differential reliability and validity. Journal of Applied Psychology, 47, 81-86.

Gittler, G. (1990). Dreidimensionaler Würfeltest (3DW). Ein Rasch-skalierter Test zur Messung des räumlichen Vorstellungsvermögens. Weinheim: Beltz.

Gittler, G. & Wild, B. (1988). Der Einsatz des LLTM bei der Konstruktion eines Itempools für das adaptive Testen. In K. D. Kubinger (Hrsg.), Moderne Testtheorie (S. 115-139). Weinheim: Psychologie Verlags Union.

Glas, C. A. W. & Verhelst, N. D. (1989). Extensions of the partial credit model. Psychometrika, 54, 635-659.

Gnambs, T., Bartinic, B. & Hertel, G. (2011). Internetbasierte psychologische Diagnostik. In L. F. Hornke, M. Amelang & M. Kersting (Hrsg.), Verfahren zur Leistungs-, Intelligenz- und Verhaltensdiagnostik. Enzyklodädie der Psychologie, Themenbereich B, Methodologie und Methoden. Serie II, Psychologische Diagnostik (Bd. 3, S. 448-498). Göttingen: Hogrefe.

Goldberg, L. R. (1965). Diagnosticians vs. diagnostic signs: The diagnosis of psychosis vs. neurosis from the MMPI. Psychological Monographs: General and Applied, 79 (9, whole No. 602).

Goldberg, L. R., Rorer, L. G. & Green, M. M. (1970). The usefulness of stylistic scales as potential suppressors or moderator variables in prediction from the CPI. Research Bulletin, 10. Eugene, OR: Research Institute.

Gölitz, D., Roick, T. & Hasselhorn, M. (2006). DEMAT 4: Deutscher Mathematiktest für vierte Klassen. Göttingen: Hogrefe.

Gollwitzer, M. (2007). Latent-Class-Analysis. In H. Moosbrugger & A. Kelava (Hrsg.), Testtheorie und Fragebogenkonstruktion (S. 279-306). Heidelberg: Springer.

Gönner, S., Leonhart, R. & Ecker, W (2007). Das Zwangsinventar OCI-R – die deutsche Version des Obsessive Compulsive Inventory-Revised. Ein kurzes Selbstbeurteilungsinstrument zur mehrdimensionalen Messung von Zwangssymptomen. PPmP, 57, 395-404.

Goodman, L. A. (1974). Exploratory latent structure analysis using both identifiable and unidentifiable models. Biometrika, 61, 215-231.

Goodman, R. (1997). SDQ -– The strengths and difficulties questionnaire: A research note. Journal of Child Psychology and Psychiatry, 38, 581-586.

Goodman, W. K., Price, L. H., Rasmussen, S. A., Mazure, C. et al. (1989). The Yale-Brown Obsessive Compulsive Scale: I. Development, use, and reliability. Archives of General Psychiatry, 46, 1006-1011.

Gösslbauer, J. P. (1981). Grundprinzipien der Entscheidungstheorie in der Psychologischen Diagnostik. In E. G. Wehner (Hrsg.), Psychodiagnostik in Theorie und Praxis (S. 214-258). Bern: Lang.

Gough, H. G. (1969). Manual for the California Psychological Inventory. Palo Alto, CA: Consulting Psychologists Press.

Gough, H. G. & Heilbrun, A. B. (1980). Adjective Check List manual. Palo Alto, CA: Consulting Psychologists Press.

Grabski, B. & Krüger, L. (2009). Analysen zur Qualität und Qualitätsmanagement von Software und Dienstleistungen (No. FIN-015-2009). Magdeburg: Otto-von-Guericke-Universität Magdeburg, Fakultät für Informatik.

Grawe, K. (1991). Über den Umgang mit Zahlen. In K. Grawe, R. Hänni, N. Semmer & F. Tschan (Hrsg.), Über die richtige Art, Psychologie zu betreiben (S. 89-105). Hogrefe: Göttingen.

Grawe, K. (2002). VLB – Veränderungsfragebogen für Lebensbereiche. In E. Brähler, J. Schumacher & B. Strauß (Hrsg.), Diagnostische Verfahren in der Psychotherapie. Göttingen: Hogrefe.

Gregory, R. J. (1992). Psychological testing: History, principles, and applications. Boston: Allyn and Bacon.

Gregory, R. J. (2004). Psychological testing: History, principles, and applications (4th ed.). Boston: Pearson.

Gretenkord, L. (2002). Prognose im Maßregelvollzug (§ 63 StGB) – wie lassen sich die Ergebnisse von Rückfallstudien nutzen? In T. Fabian, G. Jacobs, S. Nowara & I. Rode (Hrsg.), Qualitätssicherung in der Rechtspsychologie (S. 347-360). Münster: LIT-Verlag.

Griffith, R. M. (1951). The test-retest similarities of the Rorschachs of patients without retention, Korsakoff. Journal of Projective Techniques, 15, 516-525.

Grove, W. M. & Lloyd, M. (2006). Meehl's contribution to clinical versus statistical prediction. Journal of Abnormal Psychology, 115(2), 192-194.

Grove, W. M., Zald, D. H., Lebow, B. S., Snitz, B. E. & Nelson, C. (2000). Clinical versus mechanical prediction: A meta-analysis. Psychological Assessment, 12, 19-30.

Grünke, M. (2004). Lernbehinderung. In G. W. Lauth, M. Grünke & J. C. Brunstein (Hrsg.), Interventionen bei Lernstörungen: Förderung, Training und Therapie in der Praxis (S. 65-77). Göttingen: Hogrefe.

Literaturverzeichnis

Guilford, J. P. (1976). Apitude for creative thinking: One or many? Journal of Creative Behavior, 10, 165-169.
Gulliksen, H. (1950). Theory of mental tests. New York: Wiley.
Gutachtenausschuss im Berufsverband Deutscher Psychologen und Psychologinnen (1985). Psychologische Gutachten: Empfehlungen und Kriterien zur Erstellung Psychologischer Gutachten vom Gutachten-Ausschuss im BDP, verabschiedet auf der Delegiertenkonferenz 1/85 am 27./28.04. in Frankfurt. Report Psychologie, 10(5), 4-6.
Guttmann, G. & Bauer, H. (2004). RISIKO - Riskowahlverhalten. Mödling: Schuhfried.
Guttmann, G. & Ettlinger, S. C. (1991). Susceptibility to stress and anxiety in relation to performance, emotion, and personality: The ergopsychometric approach. In C. D. Spielberger, I. G. Sarason, J. Strelau & J. M. T. Brebner (Eds.), Stress and anxiety, (Vol. 13, pp. 23-52). New York: Hemisphere Publishing Corporation.
Guttman, L. (1950). The basis for scalogram analysis. In S. A. Stouffer (Ed.), The American soldier. Studies in social psychology in World War II. Princeton: Princeton University Press.
Häcker, H., Leutner, D. & Amelang, M. (Hrsg.). (1998). Standards für pädagogisches und psychologisches Testen. Diagnostica und Zeitschrift für Differentielle und Diagnostische Psychologie, Supplementum. Göttigen: Hogrefe; Bern: Huber.
Häcker, H., Schmidt, L. R., Schwenkmezger, P. & Utz, H. E. (1975). OATB 75 Objektive Testbatterie, Manual. Weinheim: Beltz.
Häcker, H., Schwenkmezger, P. & Utz, H. E. (1979). Über die Verfälschbarkeit von Persönlichkeitsfragebogen und Objektiven Persönlichkeitstests unter SD-Instruktion und in einer Auslesesituation. Diagnostica, 25, 7-23.
Hacker, W., Fritsche, B., Richter, P. & Iwanowa, A. (1995). Tätigkeitsbewertungssystem (TBS): Verfahren zur Analyse, Bewertung und Gestaltung von Arbeitstätigkeiten. Zürich: vdf.
Hahlweg, K. (1996). Fragebogen zur Partnerschaftsdiagnostik (FPD), Handanweisung. Göttingen: Hogrefe.
Hake, A. (2000). Aggregatbezogene statistische Kennwerte bei der Einzelfallanalyse. Dissertation in der Fakultät für Sozial- und Verhaltenswissenschaften, Universität Heidelberg.
Hambleton, R. K. & Swaminathan, H. (1985). Item response theory. Principles and applications. Boston: Kluwer-Nijhoff Publishing.
Hamilton, M. (1986). The Hamilton rating scale for depression. In N. Sartorius & T. A. Ban (Eds.), Assessment of depression (pp. 278-296). Berlin: Springer.
Hanses, P. & Rost, D. H. (1998). Das »Drama« der hochbegabten Underarchiever – »Gewöhnliche« oder »außergewöhnliche« Underarchiever? Zeitschrift für Pädagogische Psychologie, 21, 53-71.
Hanson, R. K. & Morton-Bourgon, K. E. (2009). The accuracy of recidivism risk assessments for sexual offenders: A meta-analysis of 118 prediction studies. Psychological Assessment, 21(1), 1-21.
Hardison, C. M. & Sackett, P. R. (2007). Kriteriumsbezogene Validität des Assessment Centers: Lebendig und wohlauf? In H. Schuler (Hrsg.), Assessment Center zur Potenzialanalyse (S. 192-202). Göttingen: Hogrefe.
Hartig, J. (2008). Psychometric models for the assessment of competencies. In J. Hartig, E. Klieme & D. Leutner (Eds.), Assessment of competencies in educational contexts (pp. 69-90). Göttingen: Hogrefe.
Hartig, J., Klieme, E. & Leutner, D. (2008). Assessment of competencies in educational contexts. Göttingen: Hogrefe.
Härting, C., Markowitsch, H. J., Neufeld, H., Calabrese, P. & Deisinger, K. (2000). Wechsler Gedächtnis Test – revidierte Fassung (WSM-R). Deutsche Adaptation der revidierten Fassung der Wechsler-Memory-Scale. Göttingen: Hogrefe.
Hartje, W. (2004). Neuropsychologische Begutachtung. Göttingen: Hogrefe.
Hasemann, K. (1983). Verhaltensbeobachtung und Ratingverfahren. In K. J. Groffmann & L. Michel (Hrsg.), Enzyklopädie der Psychologie, Serie Diagnostik (Bd. 4, S. 434-488). Göttingen: Hogrefe.
Hasenbring, M. (1994). Kieler Schmerz-Inventar. Bern: Huber.
Hasselhorn, M., Marx, H. & Schneider, W. (Hrsg.). (2005). Diagnostik von Mathematikleistungen. Göttingen: Hogrefe.
Hasselhorn, M., Schneider, W. & Marx, H. (Hrsg.). (2000). Diagnostik von Lese-Rechtschreibschwierigkeiten. Göttingen: Hogrefe.
Hathaway, S. R., McKinley, J. C. & Engel, R. R. (2000). MMPI-2: Minnesota Multiphasic Personality Inventory 2. Bern: Huber.
Hausknecht, J. P., Halpert, J. A., Di Paolo, N. T. & Gerrard, M. M. O. (2007). Retesting in selection: A meta-analysis of coaching and practice effects for tests of cognitive ability. Journal of Applied Psychology, 92(2), 373-385.
Häusler, J. (2004). HKSD: HKS Diagnostikum. Mödling: Schuhfried.

Häusler, J. & Sommer, M. (2006). Neuronale Netze: Nichtlineare Methoden der statistischen Urteilsbildung in der psychologischen Eignungsdiagnostik. Zeitschrift für Personalpsychologie, 5, 4-15.
Hautzinger, M. (2003). Kognitive Verhaltenstherapie bei Depressionen: Behandlungsleitungen und Materialien (6. Aufl.). Weinheim: Beltz.
Hautzinger, M. & Bailer, M. (1993). Allgemeine Depressions-Skala ADS. Weinheim: Beltz.
Hautzinger, M., Bailer, M. & Keller, F. (1995). Beck-Depressions-Inventar BDI (2. Aufl.). Bern: Huber.
Hautzinger, M., Bailer, M., Worrall, H. & Keller, F. (2000). Beck-Depressionsinventar BDI. Testhandbuch (3. Aufl.). Bern: Huber.
Hautzinger, M., Keller, F. & Kühner, C. (2006). Das Beck Depressionsinventar II: Deutsche Bearbeitung und Handbuch zum BDI II. Frankfurt a. M.: Harcourt Test Services.
Heckhausen, H. (1963). Hoffnung und Furcht in der Leistungsmotivation. Meisenheim: Hain.
Hell, B., Ptok, C. & Schuler, H. (2007). Methodik zur Ermittlung und Validierung von Anforderungen an Studierende (MEVAS). Anforderungsanalyse für das Fach Wirtschaftswissenschaften. Zeitschrift für Arbeits- und Organisationspsychologie, 51(2), 88-95.
Hell, B., Trapmann, S. & Schuler, H. (2007). Eine Metaanalyse der Validität von fachspezifischen Studierfähigkeitstests im deutschsprachigen Raum. Empirische Pädagogik, 21(3), 251-270.
Hell, B., Trapmann, S., Weigand, S. & Schuler, H. (2007). Die Validität von Auswahlgesprächen im Rahmen der Hochschulzulassung – eine Metaanalyse. Psychologische Rundschau, 58(2), 93-102.
Hembree, R. (1988). Correlates, causes, effects, and treatment of test anxiety. Review of Educational Research, 58(1), 47-77.
Hemphill, J. F. (2003). Interpreting the magnitudes of correlation coefficients. American Psychologist, 58(1), 78-80.
Hergovich, A. & Bognar, B. (2003). WRBT: Der Wiener Risikobereitschaftstest. Mödling: Schuhfried.
Hergovich, A., Bognar, B., Arendasy, M. & Sommer, M. (2005). WRBTV: Wiener Risikobereitschaftstest Verkehr [Test & Manual]. Mödling: Schuhfried.
Hermans, H. (1976). Leistungsmotivationstest für Jugendliche LMT-J (deutsche Fassung von Udo Undeutsch). Amsterdam: Swets.
Hermans, H., Petermann, F. & Zielinski, W. (1978). Leistungs-Motivations-Test LMT. Amsterdam: Swets & Zeitlinger.
Herzberg, P. Y., Heinrichs, N. & Goldschmidt, S. (2008). TBS-TK Rezension: Beck Depressions-Inventar (BDI-II). Revision. Report Psychologie, 33(6), 301-302.
Hesse, J. & Schrader, H. C. (2008). Arbeitszeugnisse: Professionell erstellen, interpretieren, verhandeln. Frankfurt: Eichborn.
Heubrock, D. (2001). Aufmerksamkeitsdiagnostik. Göttingen: Hogrefe.
Heyde, G. (1995). Inventar komplexer Aufmerksamkeit (INKA). Frankfurt: Swets Test Services.
Heyde, G. (2004). INKA - Inventar Komplexer Aufmerksamkeit. In G. Büttner & L. Schmidt-Atzert (Hrsg.), Diagnostik von Konzentration und Aufmerksamkeit (S. 133-142). Göttingen: Hogrefe.
Hiller, J. B., Rosenthal, R., Bornstein, R. F., Berry, D. T. R. & Brunell-Neuleib, S. (1999). A comparative meta-analysis of Rorschach and MMPI validity. Psychological Assessment, 11(3), 278-296.
Hiller, W., Zaudig, M. & Mombour, W. (1997). IDCL Internationale Diagnosen Checklisten für DSM-IV und ICD-10. Göttingen: Hogrefe.
Hillmann, F.-R. (2010). »Idiotentest« auf dem Prüfstand. In Deutsche Akademie für Verkehrswissenschaft (Hrsg.), Tagungsband zum 48. Deutschen Verkehrsgerichtstag 2010 (S. 215-224). Köln: Luchterhand.
Höft, S. & Obermann, C. (2010). Der Praxiseinsatz von Assessment Centern im deutschsprachigen Raum: Eine zeitliche Verlaufsanalyse basierend auf den Anwenderbefragungen des Arbeitskreises Assessment Center e. V. von 2001 und 2008. Wirtschaftspsychologie, 12(2), 5-16.
Hogan, J. & Holland, B. (2003). Using theory to evaluate personality and job-performance relations: A socioanalytic perspective. Journal of Applied Psychology, 88(1), 100-112.
Höger, D. & Buschkämper, S. (2002). Der Bielefelder Fragebogen zu Partnerschaftserwartungen: Ein alternativer Vorschlag zur Operationalisierung von Bindungsmustern mittels Fragebögen. Zeitschrift für Differentielle und Diagnostische Psychologie, 23(1), 83-98.
Holden, R. R., Wood, L. L. & Tomashewski, L. (2001). Do response time limitations counteract the effect of faking on personality inventory validity? Journal of Personality and Social Psychology, 81, 160-169.
Holling, H. (1981). Das Suppressor Konzept. Eine systematische Analyse und Neudefinition. Zeitschrift für Differentielle und Diagnostische Psychologie, 2, 123-150.
Holling, H. & Kanning, U. P. (1999). Hochbegabung: Forschungsergebnisse und Fördermöglichkeiten. Göttingen: Hogrefe.
Holling, H., Preckel, F. & Vock, M. (2005). Intelligenzdiagnostik. Göttingen: Hogrefe.
Holmes, D. S. (1974). The conscious control of thematic projection. Journal of Consulting and Clinical Psychology, 42(3), 323-329.

Literaturverzeichnis

Holzenkamp, M., Spinath, F. M. & Höft, S. (2010). Wie valide sind Assessment Center im deutschsprachigen Raum? Eine Überblicksstudie mit Empfehlungen für die AC-Praxis. Wirtschaftspsychologie, 12(2), 17-25.

Holzkamp, K. (1966). Begutachtung als Kommunikation. In A. O. Jäger & F. Merz (Hrsg.), Prognose und Bewährung in der psychologischen Diagnostik (S. 19-40). Göttingen: Hogrefe.

Hörmann, H. (1971). Theoretische Grundlagen der projektiven Tests. In R. Heiss, K. J. Groffmann & L. Michel (Hrsg.), Psychologische Diagnostik (Bd. 6, 3. Aufl., S. 71-112). Göttingen: Hogrefe.

Hörmann, H. (1982). Theoretische Grundlagen der projektiven Verfahren. In K. J. Groffmann & L. Michel (Hrsg.), Enzyklopädie der Psychologie, Serie II: Psychologische Diagnostik (Bd. 3, S. 173-247). Göttingen: Hogrefe.

Horn, J. L. & Cattell, R. B. (1966). Refinement and test of theory of fluid and crystallized intelligence. Journal of Educational Psychology, 57, 253-270.

Horn, R. (2003). Eine kritische Anmerkung zum K-ABC. Report Psychologie, 28, 189.

Horn, W. (1969). Prüfsystem für Schul- und Bildungsberatung PSB. Göttingen: Hogrefe.

Horn, W. (1983). Leistungs-Prüf-System LPS (2. Aufl., 1. Aufl. 1962). Göttingen: Hogrefe.

Horn, W., Lukesch, H., Kormann, A. & Mayrhofer, S. (2002). PSB-R 4-6: Prüfsystem für Schul- und Bildungsberatung für 4. bis 6. Klassen – revidierte Fassung. Göttingen: Hogrefe.

Horn, W., Lukesch, H., Mayrhofer, S. & Kormann, A. (2003). PSB-R 6-13: Prüfsystem für Schul- und Bildungsberatung für 6. bis 13. Klassen – revidierte Fassung. Göttingen: Hogrefe.

Horn, H. (2006). Dokumentation und Evaluation in der Psychotherapie von Kindern und Jugendlichen. In H. Hopf & E. Windaus. Lehrbuch der Psychotherapie (Bd. 5, S. 83-96). München: CIP Medien.

Hornke, L. F. & Kersting, M. (2004). Checkliste zur DIN 33430. In L. F. Hornke & U. Winterfeld (Hrsg.), Eignungsbeurteilungen auf dem Prüfstand: DIN 33430 zur Qualitätssicherung (S. 273-324). Heidelberg: Spektrum Akademischer Verlag.

Horowitz, L. M., Strauß, B. & Kordy, H. (2000). Inventar zur Erfassung interpersonaler Probleme (IIP-D) (2. Aufl.). Weinheim: Beltz.

Horst, P. (1966). Psychological measurement and prediction. Belmont, CA: Wadsworth.

Hossiep, R. & Hasella, M. (2010). BOMAT – Standard: Bochumer Matrizentest Standard. Göttingen: Hogrefe.

Hossiep, R. & Mühlhaus, O. (2005). Personalauswahl und -entwickung mit Persönlichkeitstests. Göttingen: Hogrefe.

Hossiep, R., Paschen, M. & Mühlhaus, O. (2003). Bochumer Inventar zur berufsbezogenen Persönlichkeitsbeschreibung (2. Aufl.). Göttingen: Hogrefe.

Hossiep, R., Turck, D. & Hasella, M. (1999). BOMAT – advanced: Bochumer Matrizentest. Göttingen: Hogrefe.

Hossiep, R., Turck, D. & Hasella, M. (2001). BOMAT – advanced – short version: Bochumer Matrizentest. Göttingen: Hogrefe.

Howard, A. (1974). An assessment of Assessment-Centers. Academy of Management Journal, 17, 115-134.

Howells, J. G. & Lickorish, J. R. (2003). Familien-Beziehungs-Test (FBT) (6. Aufl.). München: Ernst Reinhardt.

Hoyer, J., Margraf, J. & Schneider, S. (2009). Fragebogen, Ratingskalen und Tagebücher für die verhaltenstherapeutische Praxis. In J. Margraf & S. Schneider (Hrsg.), Lehrbuch der Verhaltenstherapie (Bd. 1, 3. Aufl., S. 409-433). Berlin: Springer.

Hoyer, J., Schneider, S. & Margraf, J. (2009). Fragebogen, Ratingskalen und Tagebücher für die verhaltenstherapeutische Praxis. In J. Margraf & S. Schneider (Hrsg.), Lehrbuch der Verhaltenstherapie (Bd 1, S. 377-389). Heidelberg: Springer.

Hoyningen-Huene, G. von (1997). Der psychologische Test im Betrieb: Rechtsfragen für die Praxis. Heidelberg: Sauer.

Huber, W., Poeck, K., Weniger, D. & Willmes, K. (1983). Aachener Aphasietest AAT. Göttingen: Hogrefe.

Huffcutt, A. I., Conway, J. M., Roth, P. L. & Klehe, U. C. (2004). The impact of job complexity and study design on situational and behavior description interview validity. International Journal of Selection and Assessment, 12, 262-273.

Hunsley, J. & Meyer, G. J. (2003). The incremental validity of psychological testing and assessment: Conceptual, methodological, and statistical issues. Psychological Assessment, 15(4), 446–455.

Hunter, J. E. & Schmidt, F. L. (1992). Fitting people to jobs: The impact of personnel selection on national productivity. In E. A. Fleishman & M. D. Dunnette (Ed.), Human performance and productivity: Vol. 1, Human capability assessment. Hillsdale, N.J: Erlbaum.

Hüppe, M., Uhlig, T., Heinze, J., Vogelsang, H. & Schmucker, P. (2000). Verfahren und methodische Ansätze zur Erfassung emotionaler Zustände in der Anästhesiologie. Anästhesiologie, Intensivmedizin, Notfallmedizin und Schmerztherapie, 35, 3-11.

In-Albon, T., Suppiger, A., Schlup, B., Wendler, S., Margraf, J. & Schneider, S. (2008). Validität des Diagnostischen Interviews bei psychischen Störungen (DIPS für DSM-IV-TR). Zeitschrift für Klinische Psychologie und Psychotherapie, 37, 33-42.

International Test Commission (2001). Internationale Richtlinien für die Testanwendung (Version 2000): Deutsche Fassung der International Guidelines for Test Use, verfügbar unter: http://www.zpid.de/index.php?wahl=products&uwahl=printed&uu [02.02.2011].

International Test Commission (ITC) (2005). International Guidelines on Computer-based and Internet Delivered Testing (Version 2005), verfügbar unter: www.intestcom.org/Downloads/ITC Guidelines on Computer - version 2005 approved.pdf [11. 04. 2011].

Irle, M. & Allehoff, W. (1984). Berufs-Interessen-Test II (BIT II). Göttingen: Hogrefe.

Iverson, G. L. (2010). Detecting exaggeration, poor effort, and malingering in neuropsychology. In A. M. Horton, Jr. & L. C. Hartlage (Eds.), Handbook of forensic neuropsychology (2nd ed., pp. 91-135). New York: Springer.

Jaccard, J. J. (1974). Predicting social behavior from personality traits. Journal of Research in Personality, 1, 358-367.

Jacobs, C. & Petermann, F. (2007). Rechenstörungen (Serie Leitfaden Kinder- und Jugendpsychotherapie, Bd. 9). Göttingen: Hogrefe.

Jacobson, N. S, Folette, W. C. & Revenstorf, D. (1984). Psychotherapy outcome research: Methods for reporting variability and evaluating clinical significance. Behavior Therapy, 15, 336-352.

Jacobson, N. S. & Revenstorf, D. (1988). Statistics for assessing the clinical significance of psychotherapy techniques: Issues, problems, and new developments. Behavioral Assessment, 10, 133-145.

Jacobson, N. S. & Truax, P. (1991). Clinical significance: A statistical approach to defining meaningful change in psychotherapy research. Journal of Consulting and Clinical Psychology, 59, 12-19.

Jäger, A. O. & Althoff, K. (1994). Wilde-Intelligenztest WIT (1. Aufl. 1983). Göttingen: Hogrefe.

Jäger, A. O., Holling, H., Preckel, F., Schulze, R., Vock, M., Süß, H.-M. et al. (2006). BIS-HB: Berliner Intelligenzstrukturtest für Jugendliche: Begabungs- und Hochbegabungsdiagnostik Göttingen: Hogrefe.

Jäger, A. O, Süß, H.-M. & Beauducel, A. (1997). Berliner Intelligenzstruktur-Test (Form 4; BIS-4). Göttingen: Hogrefe.

Jäger, A. O. & Todt, E. (1964). Zur Faktorenstruktur des WIT bei 17-Jährigen; Faktorenanalyse der WIT-Langformen. Diagnostica, 10, 3-14.

Jäger, R. S. (1982). Diagnostische Urteilsbildung. In K. J. Groffmann & L. Michel (Hrsg.). Enzyklopädie der Psychologie, Serie II: Psychologische Diagnostik (Bd. 1, S. 295-375). Göttingen: Hogrefe.

Janke, W. & Debus, G. (1978). Die Eigenschaftswörterliste EWL. Göttingen: Hogrefe.

Jeserich, W. (1990). Mitarbeiter auswählen und fördern: Assessment-Center-Verfahren. München: Hanser.

Jetter, W. (2008). Effiziente Personalauswahl: Durch strukturierte Einstellungsgespräche die richtigen Mitarbeiter finden (3. Aufl.). Stuttgart: Schäffer-Poeschel.

Joerin-Fux, S. & Stoll, F. (2006). EXPLOJOB - Das Werkzeug zur Beschreibung von Berufsanforderungen und -tätigkeiten (Deutschsprachige Adaptation und Weiterentwicklung des Position Classification Inventory (PCI) nach Garry D. Gottfredson und John L. Holland). Bern: Huber.

Joerin-Fux, S., Stoll, F., Bergmann, C., Eder, F. & BfA Bundesagentur für Arbeit. (2003). EXPLORIX - Das Werkzeug zur Berufswahl und Laufbahnplanung: Deutschsprachige Adaptation und Weiterentwicklung des Self-Directed Search (SDS) nach John Holland. Bern: Huber.

John, U., Hapke, U. & Rumpf, H.-J. (2001). Die Skala zur Erfassung der Schwere der Alkoholabhängigkeit (SESA). Göttingen: Hogrefe.

Joussen, J. (2004). Berufs- und Arbeitsrecht für Diplom-Psychologen. Göttingen: Hogrefe.

Kallus, K. W. & Janke, W. (1992). Klassenzuordnung. In R. S. Jäger & F. Petermann (Hrsg.), Psychologische Diagnostik (S. 170-186). Weinheim: Psychologie Verlags Union.

Kammermeyer. (2010). Schulreife und Schulfähigkeit. In D. H. Rost (Hrsg.), Handwörterbuch Pädagogische Psychologie (4. Aufl., S. 718-728). Weinheim: Beltz.

Kanfer, F. H., Reinecker, H. & Schmelzer, D. (2006). Selbstmanagement-Therapie (4. Aufl.). Berlin: Springer.

Kanfer, F. H. & Saslow, G. (1976). Verhaltenstheoretische Diagnostik. In D. Schulte (Hrsg.), Diagnostik in der Verhaltenstherapie (2. Aufl., 1. Aufl. 1974; S. 24-59). München: Urban & Schwarzenberg.

Kanning, U. P. (2003). Sieben Anmerkungen zum Problem der Selbstdarstellung in der Personalauswahl. Zeitschrift für Personalpsychologie, 2, 193-195.

Kanning, U. P., Rustige, J., Möller, J. H. & Kolev, N. (2011). Entwicklung und Evaluation von Leistungsbeurteilungssystemen: Mit vertretbarem Aufwand zu aussagekräftigen Skalen der Leistungsbeurteilung. Personalführung, 44(2), 30-36.

Karnath, H.-O. (2009). Vernachlässigung - Neglect. In W. Sturm, M. Herrmann & T. F. Münte (Hrsg.), Lehrbuch der Klinischen Neuropsychologie (2. Aufl., S. 444-452). Heidelberg: Spektrum.

Literaturverzeichnis

Kastner-Koller, U. & Deimann, P. (2002). WET: Wiener Entwicklungstest (2. Aufl.). Göttingen: Hogrefe.
Kauffeld, S. (2004). FAT: Fragebogen zur Arbeit im Team. Göttingen: Hogrefe.
Kaufman, A. S., Kaufman, N. L., Melchers, P. & Preuß, U. (2001). Kaufman Assessment Battery for Children, dt. Vers. (6. Aufl.). Göttingen: Hogrefe.
Kelbetz, G. & Schuler, H. (2002). Verbessert Vorerfahrung die Leistung im Assessment Center? Zeitschrift für Personalpsychologie, 1(1), 4-18.
Kern, A. (1951). Sitzenbleiberelend und Schulreife. Freiburg: Herder.
Kersting, M. (1995). Der Einsatz »westdeutscher« Tests zur Personalauswahl in den Neuen Bundesländern und die Fairneßfrage. Report Psychologie, 20, 32-41.
Kersting, M. (2006). Zur Beurteilung der Qualität von Tests: Resümee und Neubeginn. Psychologische Rundschau, 57(4), 243-253.
Kersting, M. (2006). DIN Screen: Leitfaden zur Kontrolle und Optimierung der Qualität von Verfahren und deren Einsatz bei beruflichen Eignungsbeurteilungen. Lengerich: Pabst.
Kersting, M. (2008). Qualität in der Diagnostik und Personalauswahl - der DIN Ansatz. Göttingen: Hogrefe.
Kersting, M. (2010). Qualitätsstandards. In K. Westhoff, Hagemeister, C., Kersting, M., Lang, F., Moosbrugger, H., Reimann, G. & Stemmler, G. (Hrsg.), Grundwissen für die berufsbezogene Eignungsbeurteilung nach DIN 33430 (3. Aufl., S. 22-36). Lengerich: Pabst.
Kersting, M., Althoff, K. & Jäger, A. O. (2008). WIT-2: Wilde-Intelligenz-Test 2. Göttingen: Hogrefe.
Keßler, B. H. (1988). Daten aus dem Interview. In R. S. Jäger (Hrsg.), Psychologische Diagnostik – ein Lehrbuch (S. 363-372). München: Psychologie Verlags Union.
Kessler, J. & Kalbe, E. (2009). Gerontoneuropsychologie - Grundlagen und Pathologie. In W. Sturm, M. Herrmann & T. F. Münte (Hrsg.), Lehrbuch der Klinischen Neuropsychologie (2. Aufl., S. 789-819). Heidelberg: Spektrum.
Kici, G. & Westhoff, K. (2000). Anforderungen an psychologisch-diagnostische Interviews in der Praxis. Report Psychologie, 25, 428-436.
Kiresuk, T., Smith, A. & Cardillo, J. E. (Eds.). (1994). Goal attainment scaling: Applications, theory, and measurement. Hillsdale: Lawrence Erlbaum Associates.
Kisser, R. (1992). Adaptive Strategien. In R. S. Jäger & F. Petermann (Hrsg.), Psychologische Diagnostik (2. Aufl., S. 161-170). Weinheim: Psychologie Verlags Union.
Klauer, K. C. (1991). An exact and optimal standardized person fit test for assessing consistency with the Rasch model. Psychometrika, 56, 213-228.
Klauer, K. C. (1995). The assessment of person fit. In G. H. Fischer & I. W. Molenaar (Eds.), Rasch models: Foundations, recent developments, and applications (pp. 97-110). New York: Springer.
Klauer, K. J. (1972). Zur Theorie und Praxis des binomialen Modells lehrzielorientierter Tests. In K. J. Klauer, R. Fricke, M. Herbig, H. Rupprecht & F. Schott (Hrsg.), Lehrzielorientierte Tests (S. 161-201). Düsseldorf: Schwann.
Klauer, K. J. (1987). Kriteriumsorientierte Tests. Göttingen: Hogrefe.
Kleber, E. W. (1979). Tests in der Schule. München: Reinhardt.
Klepsch, R., Zaworka, W., Hand, I., Lünenschloß, K. & Jauernig, G. (1993). Hamburger Zwangsinventar-Kurzform HZI-K. Weinheim: Beltz.
Klinck, D. (2002). Computergestützte Diagnostik: Beeinflusst das Medium der Testverarbeitung die Testcharakteristika, die Testfairness oder das Erleben der Testsituation? Göttingen: Hogrefe.
Klinger, R., Hasenbring, M., Pfingsten, M., Hürter, A., Maier, C. & Hildebrandt, J. (2000). Die Multiaxiale Schmerzklassifikation. MASK-P (Bd.1). Hamburg: Deutscher Schmerz-Verlag.
Köller, O. (1993). Die Identifikation von Ratern bei Leistungstests mit Hilfe des Mixed-Rasch-Modells. Vortrag auf der 1. Tagung der Fachgruppe Methoden der Deutschen Gesellschaft für Psychologie in Kiel. Empirische Pädagogik (o. A.).
Komar, S., Komar, J. A., Robie, C. & Taggar, S. (2010). Speeding personality measures to reduce faking: A self-regulatory model. Journal of Personnel Psychology, 9(3), 126-137.
Kosel, M. & Weissenrieder, J. (2010). Beurteilungssysteme richtig gestalten und einführen. Betriebliche Leistungsbeurteilung. Personalführung, 43(7), 55-59.
Krajewski, K., Küspert, P., Schneider, W. & Visé, M. (2002). DEMAT 1+: Deutscher Mathematiktest für erste Klassen. Göttingen: Beltz.
Krämer, H.-J. & Schneider, J. F. (1987). Validität von Fragebogendaten in Abhängigkeit von Antwort-Zeit-Instruktionen und der intraindividuellen Variabilität der Probanden. Psychologische Beiträge, 29, 458-468.
Kramer, J. (2009). Allgemeine Intelligenz und beruflicher Erfolg in Deutschland: Vertiefende und weiterführende Metaanalysen. Psychologische Rundschau, 60(2), 82-98.
Krauth, J. (1996). Klassische Testtheorie. In K. Pawlik (Hrsg.), Enzyklopädie der Psychologie, Themenbereich C, Theorie und Forschung, Serie VIII, Differentielle Psychologie und Persönlichkeitsforschung (Bd. 1, S. 647-671). Göttingen: Hogrefe.

Kretschmer, E. (1977). Körperbau und Charakter (26. Aufl.; 1. Aufl. 1921). Berlin: Springer.
Kröber, H.-L. & Steller, M. (Hrsg.). (2000). Psychologische Begutachtung im Strafverfahren: Indikationen, Methoden und Qualitätsstandards. Darmstadt: Steinkopff.
Krüger, C. & Amelang, M. (1995). Bereitschaft zu riskantem Verhalten als Trait-Konstrukt und Test-Konzept. Zur Entwicklung eines Fragebogens auf der Basis des Handlungs-Häufigkeits-Ansatzes. Diagnostica, 41, 1-18.
Krumm, S. & Schmidt-Atzert, L. (2009). Leistungstests im Personalmanagement. Göttingen: Hogrefe.
Krumm, S., Schmidt-Atzert, L. & Eschert, S. (2008). Investigating the structure of attention: How do test characteristics of paper-pencil sustained attention tests influence their relationship with other attention tests? European Journal of Psychological Assessment, 24(2), 108-116.
Kubinger, K. D. (1987). Adaptives Testen. In R. Horn, K. Ingenkamp & R. S. Jäger (Hrsg.), Tests und Trends – 6. Jahrbuch der Pädagogischen Diagnostik (S. 103-127). München: Psychologie Verlags Union.
Kubinger, K. D. (1988). Aktueller Stand und kritische Würdigung der probabilistischen Testtheorie. In K. D. Kubinger (Hrsg.), Moderne Testtheorie (S. 19-83). Weinheim: Beltz.
Kubinger, K. D. (1992). Testtheorie: Probabilistische Modelle. In R. S. Jäger & F. Petermann (Hrsg.), Psychologische Diagnostik (2. Aufl., S. 322-334). Weinheim: Psychologie Verlags Union.
Kubinger, K. D. (1996). Methoden der psychologischen Diagnostik. In E. Erdfelder, R. Mausfeld, T. Meiser & G. Rudinger (Hrsg.), Handbuch Quantitative Methoden (S. 567-576). Weinheim: Psychologie Verlags Union.
Kubinger, K. D. (2006). Ein Update der Definition von Objektiven Persönlichkeitstests: Experimentalsychologische Verhaltensdiagnostik. In T. M. Ortner, R. T. Proyer & K. D. Kubinger (Hrsg.), Objektive Tests in der Persönlichkeitsforschung (S. 38-52). Bern: Huber.
Kubinger, K. D. (2009). Psychologische Diagnostik: Theorie und Praxis psychologischen Diagnostizierens (2. Aufl.). Göttingen: Hogrefe.
Kubinger, K. D. & Ebenhöh, J. (1996). Arbeitshaltungen – Kurze Testbatterie: Anspruchsniveau, Frustrationstoleranz, Leistungsmotivation, Impulsivität/Reflexivität. Frankfurt/M.: Swets.
Kubinger, K. & Ortner, T. (Hrsg.) (2010). Psychologische Diagnostik in Fallbeispielen. Göttingen: Hogrefe.
Kubinger, K. D., Wagner, M. & Alexandrowicz, R. (1998). Zur Interpretation der Paardiagnostik mit dem Gießen-Test. Psychotherapie, Psychosomatik und Medizinische Psychologie, 49, 249-253.
Kubinger, K. D. & Wurst, E. (2000). AID 2: Adaptives Intelligenz Diagnostikum 2. Göttingen: Hogrefe.
Kuder, G. F. & Richardson, W. (1937). The theory of the estimation of test reliability. Psychometrika, 2, 151-160.
Kuhl, J. & Kazén, M. (1997). Persönlichkeits-Stil-und-Störungs-Inventar (PSSI). Göttingen: Hogrefe.
Kurth, E. & Büttner, G. (1999). TPK: Testreihe zur Prüfung der Konzentrationsfähigkeit (2. Aufl.). Göttingen: Hogrefe.
Kurth, E. & Büttner, G. (2004). Testreihe zur Prüfung der Konzentrationsfähigkeit (TPK). In G. Büttner & L. Schmidt-Atzert (Hrsg.), Diagnostik von Konzentration und Aufmerksamkeit (S. 143-159). Göttingen: Hogrefe.
Lamberti, G. (Hrsg.). (2006). Intelligenz auf dem Prüfstand: 100 Jahre Psychometrie. Göttingen: Vandenberg & Ruprecht.
Lamiell, J. T. (1987). The psychology of personality: An epistemological inquiry. New York: Columbia University Press.
Langan-Fox, J. & Grant, S. (2006). The Thematic Apperception Test: Toward a standard measure of the big three motives. Journal of Personality Assessment, 87(3), 277-291.
Langfeldt, H.-P. & Tent, L. (1999). Pädagogisch-psychologische Diagnostik (Bd. 2). Göttingen: Hogrefe.
La Paro, K. M. & Pianta, R. C. (2000). Predicting children's competence in the early school years: A meta-analytic review. Review of Educational Research, 70(4), 443-484.
Larsen, L., Hartmann, P. & Nyborgc, H. (2008). The stability of general intelligence from early adulthood to middle-age. Intelligence, 36(1), 29-34
Lauth, G. W. (2004). Allgemeine Lernschwäche (Kombinierte Schulleistungsstörung nach ICD-10). In G. W. Lauth, M. Grünke & J. C. Brunstein (Hrsg.), Interventionen bei Lernstörungen: Förderung, Training und Therapie in der Praxis (S. 55-64). Göttingen: Hogrefe.
Laux, L., Glanzmann, P., Schaffner, P. & Spielberger, C. D. (1981). State-Trait-Angst-Inventar STAI. Weinheim: Beltz.
Lazarsfeld, P. F. & Henry, N. W. (1968). Latent structure analysis. Boston: Houghton Mifflin.
Lee, K. & Ashton, M. C. (2004). Psychometric properties of the HEXACO Personality Inventory. Multivariate Behavioral Research, 39(2), 329-358.
Lehrl, S. & Gallwitz, A. (1977). Erlanger Depressions-Skala EDS. Göttingen: Hogrefe.
Lehrl, S., Merz, J., Erzigkeit, H. & Galster, V. (1974). MWT-A: Mehrfachwahl-Wortschatz-Test, Form A. Balingen: Spitta.

Literaturverzeichnis

Lenhard, W. & Schneider, W. (Hrsg.). (2009). Diagnostik und Förderung des Leseverständnisses. Göttingen: Hogrefe.

Levashina, J. & Campion, M. A. (2007). Measuring faking in the employment interview: Development and validation of an interview faking behavior scale. Journal of Applied Psychology, 92(6), 1638-1656.

Lienert, G. A. (1958). Mechanisch-Technischer Verständnistest M-T-V-T. Göttingen: Hogrefe.

Lienert, G. A. (1961). Die Drahtbiegeprobe als standardisierter Test. Göttingen: Hogrefe.

Lienert, G. A. (1989). Testaufbau und Testanalyse (4. Aufl.). München: Psychologie Verlags Union.

Lienert, G. A. & Raatz, U. (1998). Testaufbau und Testanalyse (6. Aufl.). Weinheim: Beltz.

Lienert, G. A. & Schuler, H. (1994). Revidierter Allgemeiner Büro-Arbeitstest ABAT-R (3. Aufl., 1. Aufl. 1967). Göttingen: Hogrefe.

Liepmann, D., Beauducel, A., Brocke, B. & Amthauer, R. (2007). Intelligenz-Struktur-Test 2000 R (2. Aufl.). Göttingen: Hogrefe.

Lievens, F., Buyse, T. & Sackett, P. R. (2005). Retest effects in operational selection settings: Development and test of a framework. Personnel Psychology, 58(4), 981-1007.

Lievens, F., Reeve, C. L. & Heggestad, E. D. (2007). An examination of psychometric bias due to retesting on cognitive ability tests in selection settings. Journal of Applied Psychology, 92(6), 1672-1682.

Lievens, F. & Sackett, P. R. (2006). Video-based versus written situational judgment tests: A comparison in terms of predictive validity. Journal of Applied Psychology, 91(5), 1181-1188.

Lilienfeld, S. O., Wood, J. M. & Garb, H. N. (2000). The scientific status of projective techniques. Psychological Science in the Public Interest, 1, 27-66.

Linden, M. & Hautzinger, M. (2008). Verhaltenstherapiemanual (5. Aufl.). Berlin: Springer.

Linden, W. J. van der & Glas, C. A. W. (2000). Capitalization on item calibration error in adaptive testing. Applied Measurement in Education, 13, 35-53.

Linden, W. J. van der & Hambleton, R. K. (Eds.) (1996). Handbook of modern item response theory. New York: Springer.

Lindzey, G. (1959). On the classification of projective techniques. Psychological Bulletin, 56(2), 158-168.

Linn, R. L. (1973). Fair test use in selection. Review of Educational Research, 43, 139-161.

Littmann, E. (2000). Forensische Neuropsychologie – Aufgaben, Anwendungsfelder und Methoden. In H.-L. Kröber & M. Steller (Hrsg.), Psychologische Gutachten im Strafverfahren: Indikationen, Methoden und Qualitätsstandards (S. 57-75). Darmstadt: Steinkopff.

Loftus, E. F. (1979). Eyewitness testimony. Cambridge, MA: Harvard University Press.

Lord, F. M. (1980). Applications of item response theory to practical testing problems. Hillsdale: Erlbaum.

Lord, F. M. & Novick, M. R. (1968). Statistical theories of mental test scores. Reading, Mass.: Addison-Wesley.

Lubin, A. (1957). Some formulae for use with suppressor variables. Educational and Psychological Measurement, 17, 286-296.

Luborsky, L. (1984). Principles of psychoanalytical psychotherapy. New York: Basic Books.

Lück, H. E. & Miller, R. (Hrsg.). (1993). Illustrierte Geschichte der Psychologie. München: Quintessenz.

Lück, H. E. & Timaeus, E. (1969). Skalen zur Messung Manifester Angst (MAS) und sozialer Wünschbarkeit (SDS-E und SDS-MC). Diagnostica, 15, 134-141.

Maercker, A. & Schützwohl, M. (1998). Erfassung von psychischen Belastungsfolgen: Die Impact of Event Skala – revidierte Version. Diagnostica, 44, 130-141.

Malloy, T. E., Agatstein, F., Yarlas, A. & Albright, L. (1997). Effects of communication, information overlap, and behavioural consistency on consensus in social perception. Journal of Personality and Social Psychology, 73, 270-280.

Manns, M., Schultze, J., Herrmann, C. & Westmeyer, H. (1987). Beobachtungsverfahren in der Verhaltensdiagnostik. Salzburg: Müller.

Marchese, M. C. & Muchinski, P. M. (1993). The validity of the employment interview: A meta-analysis. International Journal of Selection and Assessment, 1, 18-26.

Marcus, B. (2003). Das Wunder sozialer Erwünschtheit in der Personalauswahl. Zeitschrift für Personalauswahl, 2, 129-132.

Marcus, B. (2004). Rezension der 2. Auflage des Bochumer Inventars zur berufsbezogenen Persönlichkeitsbeschreibung (BIP) von R. Hossiep und M. Paschen. Zeitschrift für Arbeits- und Organisationspsychologie, 48(2), 79-86.

Marcus, B. (2007). Neuere Erkenntnisse zum Inventar berufsbezogener Einstellungen und Selbsteinschätzungen (IBES). Zeitschrift für Personalpsychologie, 6(3), 129-132.

Marcus, B. & Schuler, H. (2006). Leistungsbeurteilung. In H. Schuler (Hrsg.), Lehrbuch der Personalpsychologie (2. Aufl., S. 433-469). Göttingen: Hogrefe.

Margraf, J. (1994). Mini-DIPS. Diagnostisches Kurz-Interview bei psychischen Störungen. Berlin: Springer.
Margraf, J. & Ehlers, A. (2007). Beck Angst-Inventar – deutsche Bearbeitung. Frankfurt a. Main: Harcourt Test Services.
Margraf, J., Schneider, S. & Ehlers, A. (1994). Diagnostisches Interview bei psychischen Störungen DIPS. Berlin: Springer.
Mariacher, H. & Neubauer, A. (2005). PAI30: Test zur Praktischen Alltagsintelligenz. Göttingen: Hogrefe.
Marschner, G. (1972). Revisions-Test (Rev.T.) nach Dr. Berthold Stender: Ein allgemeiner Leistungstest zur Untersuchung anhaltender Konzentration bei geistiger Tempoarbeit. Göttingen: Hogrefe.
Martin, B. A., Bowen, C. C. & Hunt, S. T. (2002). How effective are people at faking on personality questionnaires? Personality and Individual Differences, 32, 247-256.
Masters, G. N. (1982). A Rasch model for partial credit scoring. Psychometrika, 47, 149-174.
Masters, G. N. & Wright B. D. (1984). The essential process in a family of measurement models. Psychometrika, 49, 529-544.
Mattejat, F. & Remschmidt, H. (2003). Inventar zur Erfassung der Lebensqualität bei Kindern und Jugendlichen. In J. Schumacher, A. Klaiberg & E. Brähler (Hrsg.) Diagnostische Verfahren zu Lebensqualität und Wohlbefinden (S. 176-179). Göttingen: Hogrefe
Mattlar, C.-E. (2004). The Rorschach Comprehensive System is reliable, valid, and cost-effective. Rorschachiana, 26, 158-186.
McCaffrey, R. J. & Vanderslice-Barr, J. L. (2010). Estimation of premorbid IQ. In A. M. Horton, Jr. & L. C. Hartlage (Eds.), Handbook of forensic neuropsychology (2nd. ed., pp. 365-379). New York: Springer.
McCormick, E. J., Jeanneret, P. R. & Mecham, R. C. (1969). The development and background of the Position Analysis Questionnaire (PAQ). Purdue University: Occupational Research Center.
McCrae, R. R. & Costa, P. T. (1997). Personality trait structure as a human universal. American Psychologist, 52 (5), 509-516.
McCrae, R. R., Costa, P. T. J. & Martin, T. A. (2005). The NEO-PI-3: A more readable revised NEO Personality Inventory. Journal of Personality Assessment, 84(3), 261-270.
McDaniel, M. A., Whetzel, D. L., Schmitt, F. L. & Maurer, S. D. (1994). The validity of employment interviews: A comprehensive review and meta-analysis. Journal of Applied Psychology, 79, 599-616.
McGrew, K. S. (2005). The Cattell-Horn-Carroll Theory of cognitive abilities. In D. P. Flanagan & P. L. Harrison (Eds.), Contempory intellectual assessment: Theories, tests, and issues (2nd ed., pp. 136-181). New York: Guilford Press.
McNemar, J. (1962). Psychological statistics. New York: Wiley.
Mead, A. D. & Drasgow, F. (1993). Equivalence of computerized and paper-and-pencil cognitive ability tests: A meta-analysis. Psychological Bulletin, 114, 449-458.
Meehl, P. E. (1954). Clinical vs. statistical prediction. Minneapolis: University of Minnesota Press.
Melchers, K. G. & Annen, H. (2010). Officer selection for the Swiss armed forces: An evaluation of validity and fairness issues. Swiss Journal of Psychology, 69(2), 105-115.
Melchers, K. G., Henggeler, C. & Kleinmann, M. (2007). Do within-dimension ratings in assessment centers really lead to improved construct validity? A meta-analytic reassessment. Zeitschrift für Personalpsychologie, 6(4), 141-149.
Melchers, P. & Lehmkuhl, G. (2000). Neuropsychologie des Kindes- und Jugendalters. In W. Sturm, M. Herrmann & C.-W. Wallesch (Hrsg.), Lehrbuch der Klinischen Neuropsychologie (S. 613-647). Lisse, NL: Swets & Zeitlinger.
Melfsen, S., Florin, I., Warnke, A. (2001). Das Sozialphobie und -angstinventar für Kinder (SPAIK). Göttingen: Hogrefe.
Meriac, J. P., Hoffman, B. J., Woehr, D. J. & Fleisher, M. S. (2008). Further evidence for the validity of assessment center dimensions: A meta-analysis of the incremental criterion-related validity of dimension ratings. Journal of Applied Psychology, 93(5), 1042-1052.
Merten, T. (2000). Die Computerversion d2 und die Frage der Transferäquivalenz. Psychologische Beiträge, 42(4), 572-589.
Meyer, G. J., Finn, S. E., Eyde, L. D., Kay, G. G., Moreland, K. L., Dies, R. R. et al. (2001). Psychological testing and psychological assessment: A review of evidence and issues. American Psychologist, 56(2), 128-165.
Michel, L. & Conrad, W. (1982). Theoretische Grundlagen psychometrischer Tests. In K. J. Groffmann & L. Michel (Hrsg.), Enzyklopädie der Psychologie, Serie II: Psychologische Diagnostik (Bd. 1, S. 1-129). Göttingen: Hogrefe.
Mischel, W. (1968). Personality and assessment. New York: Wiley.
Mischel, W. (1977). The interaction of person and situation. In D. Magnusson & N. S. Endler (Eds.), Personality at the crossroads: Current issues in interactional psychology (pp. 333-352). Hillsdale: Erlbaum.

Literaturverzeichnis

Mittring, G. & Rost, D. H. (2008). Die verflixten Distraktoren. Über den Nutzen einer theoretischen Distraktorenanalyse bei Matrizentests (für besser Begabte und Hochbegabte). Diagnostica, 54(4), 193-201.

Molenaar, I. W. (1995). Estimation of item parameters. In G. H. Fischer & I. W. Molenaar (Eds.), Rasch models: Foundations, recent developments, and applications (pp. 39-51). Berlin: Springer.

Molenaar, I. W. & Hoijtink, H. (1990). The many null distributions of person fit indices. Psychometrika, 55, 75-106.

Mombour, W., Zaudig, M., Berger, P., Gutierrez, K., Berner, W., Berger, K., von Cranach, M., Giglhuber, O. & von Bose, M. (1996). International Personality Disorder Examination (IPDE), ICD-10-Modul von A.W. Loranger. Bern: Huber.

Monahan, J. (2003). Violence risk assessment. In A. M. Goldstein & I. B. Weiner (Eds.), Handbook of psychology: Forensic psychology (Vol. 11, pp. 527-540). New York: Wiley.

Monson, Th. C., Hesley, J. W. & Chernick, L. (1982). Specifying when personality traits can and cannot predict behavior: An alternative to abandoning the attempt to predict single-act criteria. Journal of Personality and Social Psychology, 43, 385-399.

Moos, R. H. (1974a). Family environment scale (FES). Preliminary manual. Palo Alto: Stanford University, Social ecology laboratory Department of Psychiatry.

Moos, R. H. (1974b). The Social Climate Scale: An Overview. Palo Alto, CA: Annual Reviews.

Moosbrugger, H. (1984). Konzeptuelle Probleme und praktische Brauchbarkeit von Modellen zur Erfassung von Persönlichkeitsmerkmalen. In M. Amelang & H. J. Ahrens (Hrsg.), Brennpunkte der Persönlichkeitsforschung (S. 67-86). Göttingen: Hogrefe.

Moosbrugger, H. (1990). Testtheorie und Testkonstruktion. Arbeiten aus dem Institut für Psychologie der Johann Wolfgang Goethe Universität, Heft 1.

Moosbrugger, H. (2007). Klassische Testtheorie (KTT). In H. Moosbrugger, & A. Kelava (Hrsg.), Testtheorie und Fragebogenkonstruktion (S. 99-112). Heidelberg: Springer.

Moosbrugger, H. & Frank, D. (1992). Clusteranalytische Methoden in der Persönlichkeitsforschung. Bern: Huber.

Moosbrugger, H. & Frank, D. (1995). Clusteranalytische Verfahren zur typologischen Analyse. In K. Pawlik & M. Amelang (Hrsg.), Enzyklopädie der Psychologie: Serie VIII: Differentielle Psychologie (Bd. 1, S. 731-774). Göttingen: Hogrefe.

Moosbrugger, H. & Goldhammer, F. (2005). Computerprogramm zur computergestützten Testauswertung des Frankfurter Aufmerksamkeits-Inventar FAIR (2. Aufl.). Göttingen: Apparatezentrum.

Moosbrugger, H. & Goldhammer, F. (2007). FAKT-II: Frankfurter Adaptiver Konzentrationsleistungs-Test II (grundlegend neu bearbeitete und neu normierte 2. Aufl. des FAKT von Moosbrugger und Heyden, 1997). Bern: Huber.

Moosbrugger, H. & Heyden, M. (1996). FAKT. Frankfurter Adaptiver Konzentrationsleistungs-Test. Testmanual, Version 1.5. Arbeiten aus dem Institut für Psychologie der Johann-Wolfgang-Goethe Universität Frankfurt/M., Heft 1.

Moosbrugger, H. & Kelava, A. (2007). Testtheorie und Fragebogenkonstruktion. Heidelberg: Springer.

Moosbrugger, H. & Oehlschlägel, J. (1996). FAIR: Frankfurter Aufmerksamkeits-Inventar. Bern: Huber.

Moosbrugger, H. & Zistler, R. (1993). Wie befreit man die Item-Trennschärfe von den Zwängen der Item-Schwierigkeit? Das SPS-Verfahren. Diagnostica, 39, 22-43.

Morgeson, F. P., Campion, M. A., Dipboye, R. L., Hollenbeck, J. R., Murphy, K. & Schmitt, N. (2007). Reconsidering the use of personality tests in personnel selection contexts. Personnel Psychology, 60(3), 683-729.

Morrison, J. (1995). The first interview. New York: Guilford Press.

Morrison, J. (2008). The first interview (3rd ed.). New York: Guilford Press.

Möseneder, D. & Ebenhöh, J. (1996). ILICA: Simulationstest zur Erfassung des Entscheidungsverhaltens [Manual und Computerprogramm]. Frankfurt: Swets.

Moskowitz, D. S. (1982). Coherence and cross-situational generality in personality: A new analysis of old problems. Journal of Personality and Social Psychology, 43, 754-768.

Müller, H. (1999). Probabilistische Testmodelle für diskrete und kontinuierliche Ratingskalen. Bern: Huber.

Müller-Isberner, R., Jöckel, D. & Gonzalez-Cabeza, S. (1998). HCR-20: Die Vorhersage von Gewalttaten mit dem HCR 20 (Version 2 - D 1). Haina: Institut für Forensische Psychiatrie.

Mummendey, H. D. & Grau, I. (2008). Die Fragebogen-Methode: Grundlagen und Anwendung in Persönlichkeits-, Einstellungs- und Selbstkonzeptforschung (5. Aufl.). Göttingen: Hogrefe.

Murray, H. A. (1938). Explorations in personality. New York: Oxford University Press.

Murray, H. A. (1991). TAT: Thematic Apperception Test (3. Aufl.) Göttingen: Hogrefe.

Nauels, H.-U. & Klieme, E. (1994). Wie hat sich das »besondere Auswahlverfahren« bewährt? Prüfungsleistungen und Erfolgsraten von Medizinstudenten, die nach verschiedenen Kriterien zugelassen worden sind. In G. Trost (Hrsg.), Tests für Medizinische Studiengänge (TMS): Studien zur Evaluation (18. Arbeitsbericht, S. 138-152). Bonn: Institut für Test- und Begabungsforschung.

Nedopil, N. & Krupinski, M. (2001). Beispiel-Gutachten aus der Forensischen Psychiatrie. Stuttgart: Thieme.

Nell, V. (2003). Konzentrations-Leistungs-Test, revidierte Fassung (KLT-R). In E. Fay (Hrsg.), Tests unter der Lupe 4: Aktuelle psychologische Testverfahren – kritisch betrachtet (S. 59-75). Göttingen: Vandenhoeck & Ruprecht.

Nell, V., Bretz, J. & Sniehotta, F. F. (2004). KT 3-4 R: Konzentrationstest für 3. und 4. Klassen, rev. Fassung. Göttingen: Hogrefe.

Neubauer, R. & Höft, S. (2006). Standards der Assessment-Center-Technik – Version 2004, Überblick und Hintergrundinformationen. Wirtschaftspsychologie, 4, 77-82.

Neumann-Zielke, L., Roschmann, R. & Wilhelm, H. (2009). Neuropsychologische Begutachtung. In W. Sturm, M. Herrmann & T. F. Münte (Hrsg.), Lehrbuch der Klinischen Neuropsychologie (S. 329-340). Heidelberg: Spektrum.

Noack, H. & Petermann, F. (1992). Entscheidungstheorie. In R. S. Jäger & F. Petermann (Hrsg.), Psychologische Diagnostik (S. 295-310). Weinheim: Psychologie Verlags Union.

Norman, E. (2010). »The unconscious« in current psychology. European Psychologist, 15(3), 193-201.

Obermann, C. (2009). Assessment-Center: Entwicklung, Durchführung, Trends. Mit originalen AC-Übungen (4. Aufl.). Wiesbaden: Gabler.

Oden, M. H. (1968). The fulfillment of promise: 40-year follow-up of the Terman gifted group. Genetic Psychology Monographs, 77, 3-93.

Ollendick, T. H., Alvarez, H. K. & Greene, R. W. (2004). Behavioral assessment: History of underlying concepts and methods. In S. N. Haynes & E. M. Heiby (Eds.), Comprehensive handbook of psychological assessment (Vol. 3, pp. 19-34). Hoboken, NJ: Wiley.

Ones, D. S., Viswesvaran, C. & Reiss, A. D. (1996). Role of social desirability in personality testing for personnel selection: The red herring. Journal of Applied Psychology, 81, 660-679.

Orthmann Bless, D. (2010). Lernschwierigkeiten. In D. H. Rost (Hrsg.), Handwörterbuch Pädagogische Psychologie (4. Aufl., S. 471-479). Weinheim: Beltz.

Ortner, T. M., Kubinger, K. D., Schrott, A., Radinger, R. & Litzenberger, M. (2007). BAcO-D: Belastbarkeits-Assessment: Computerisierte Objektive Persönlichkeits-Testbatterie. Frankfurt: Harcourt.

Ortner, T. M., Proyer, R. T. & Kubinger, K. D. (2006). Theorie und Praxis Objektiver Persönlichkeitstests. Bern: Huber.

Osgood, C. E. & Suci, G. J. (1952). A measure of relation determined by both mean differences and profile information. Psychological Bulletin, 49, 251-262.

Ostendorf, F. & Angleitner, A. (2004). NEO-PI-R: NEO-Persönlichkeitsinventar nach Costa und McCrae, revidierte Fassung. Göttingen: Hogrefe.

Oswald, W. D. & Fleischmann, U. M. (1997). Nürnberger Alters-Inventar (NAI). Göttingen: Hogrefe.

Oswald, W. D. & Hagen, B. (1997). Test d2: Aufmerksamkeits-Belastungs-Test (Rezension). Zeitschrift für Differentielle und Diagnostische Psychologie, 18(1/2), 87-89.

Oswald, W. D. & Roth, E. (1997). Der Zahlen-Verbindungs-Test (ZVT) (2. Aufl.). Göttingen: Hogrefe.

Otto, J. H., Euler, H. A. & Mandl, H. (2000). Begriffsbestimmungen. In J. H. Otto, H. A. Euler & H. Mandl (Hrsg.), Emotionspsychologie: Ein Handbuch (S. 11-18). Weinheim: Psychologie Verlags Union.

Paschen, M., Weidemann, A., Turck, D. & Stöwe, C. (2005). Assessment Center professionell: Worauf es ankommt und wie Sie vorgehen (Bd. 2). Göttingen: Hogrefe.

Paul, G. L. (1967). Strategy of outcome research in psychotherapy. Journal of Consulting Psychology, 31, 109-118.

Paulhus, D. L. (1984). Two-component models of socially desirable responding. Journal of Personality and Social Psychology, 46, 598-609.

Paulhus, D. L. (1986). Self-deception and impression management in test responses. In A. Angleitner & J. S. Wiggins (Eds.), Personality assessment via questionnaire: Current issues in theory and measurement (pp. 144-165). Berlin: Springer.

Paulhus, D. L. (1991). Measurement and control of response bias. In J. R. Robinson, P. R. Shaver & L. S. Wrightsman (Eds.), Measures of personality and social psychological attitudes (pp. 17-19). San Diego, CA: Academic Press.

Pauls, C. A. & Crost, N. W. (2004). Effects of faking on self-deception and impression management scales. Personality and Individual Differences, 37, 1137-1151.

Paunonen, S. V., Ashton, M. C. & Jackson, D. N. (2001). Nonverbal assessment of the Big Five personality factors. European Journal of Personality, 15(1), 3-18.

Paunonen, S. V. & Jackson, D. N. (1986). Idiothetic inquiry and the toil of sisyphus. Journal of Personality, 54, 470-477.

Paunonen, S. V., Jackson, D. N. & Keinonen, M. (1990). The structured nonverbal assessment of personality. Journal of Personality, 58, 481-502.

Literaturverzeichnis

Pawlik, K. (Hrsg.). (2006). Handbuch Psychologie: Wissenschaft - Anwendung - Berufsfelder. Heidelberg: Springer.

Pawlik, K. & Buse, L. (1992). Felduntersuchungen zur transsituativen Konsistenz individueller Unterschiede im Erleben und Verhalten. In K. Pawlik & K.-H. Stapf (Hrsg.), Umwelt und Verhalten (S. 25-69). Bern: Huber.

Perrez, M. & Baumann, U. (2005). Lehrbuch Klinische Psychologie - Psychotherapie. Bern: Huber.

Petermann, F. & Daseking, M. (Hrsg.) (2009). Fallbuch HAWIK-IV. Göttingen: Hogrefe.

Petermann, F., Metz, D. & Fröhlich, L. P. (2010). SET 5-10: Sprachstandserhebungstest für Kinder im Alter zwischen 5 und 10 Jahren. Göttingen: Hogrefe.

Petermann, F. & Petermann, U. (2000). Erfassungsbogen für aggressives Verhalten in konkreten Situationen (EAS) (4. Vers.). Göttingen: Hogrefe.

Petermann, F. & Petermann, U. (2007). HAWIK-IV: Hamburg-Wechsler-Intelligenztest für Kinder - IV. Übersetzung und Adaptation der WISC-IV von David Wechsler. Bern: Huber.

Petermann, U. & Petermann, F. (2006). Diagnostik sonderpädagogischen Förderbedarfs. Göttingen: Hogrefe.

Poddig, T. & Sidorovitch, I. (2001). Künstliche Neuronale Netze: Überblick, Einsatzmöglichkeiten und Anwendungsprobleme. In H. Hippner, U. Küsters, M. Meyer & K. Wilde (Hrsg.), Handbuch Data Mining im Marketing: Knowledge discovery in marketing databases (S. 363-402). Braunschweig: Vieweg.

Poropat, A. E. (2009). A meta-analysis of the five-factor model of personality and academic performance. Psychological Bulletin, 135(2), 322-338.

Pospeschill, M. & Spinath, F. M. (2009). Psychologische Diagnostik. Stuttgart: UTB.

Post, A., Gilljam, H., Bremberg, S. & Galanti, M. R. (2008). Maternal smoking during pregnancy: A comparison between concurrent and retrospective self-reports. Paediatric and Perinatal Epidemiology, 22(2), 155-161.

Powers, D. E. (1986). Relations of test item characteristics to test preparation/test practice effects: A quantitative summary. Psychological Bulletin, 100, 67-77.

Preckel, F., Schneider, W. & Holling, H. (Hrsg.). (2010). Diagnostik von Hochbegabung. Göttingen: Hogrefe.

Preusche, I. & Leiss, U. (2003). Intelligenztests für Kinder: HAWIK-III, AID 2 und K-ABC im Vergleich. Report Psychologie, 28, 12-26.

Proyer, R. T. & Häusler, J. (2008). MOI: Multimethodische Objektive Interessentestbatterie. Mödling: Schuhfried.

Proyer, R. T. & Ortner, T. M. (2010). Praxis der Psychologischen Gutachtenerstellung: Schritte vom Deckblatt bis zum Anhang. Bern: Huber.

Pryor, J. B., Gibbons, F. X., Wicklund, R. A., Fazio, R. H. & Hood, R. (1977). Self-focused attention and self-report validity. Journal of Personality, 45, 513-527.

Pudel, V. & Westhöfer, J. (1989). Fragebogen zum Eßverhalten FEV. Göttingen: Hogrefe.

Püttjer, C. & Schniedra, U. (2007). Trainingsmappe Assessment-Center: Die häufigsten Aufgaben, die besten Lösungen. Frankfurt: Campus.

Querido, J., Eyberg, S., Kanfer, R. & Krahn, G. (2001). The process of the clinical child assessment interview. In C. E. Walker & M. C. Roberts (Eds.), Handbook of clinical child psychology (3rd ed., pp. 75-89). New York: Wiley.

Rasch, G. (1960). Probabilistic models for some intelligence and attainment tests. Kopenhagen: The Danish Institute for Educational Research.

Rasch, G. (1961). On general laws and the meaning of measurement in psychology. In J. Neyman (Ed.), Proceedings of the Fourth Berkeley Symposium on Mathematical Statistics and Probability (Vol. 4, pp. 321-333). Berkeley, CA: University of California Press.

Rauch, D. & Hartig, J. (2007). Interpretation von Testwerten in der IRT. In H. Moosbrugger & A. Kelava (Hrsg.), Testtheorie und Fragebogenkonstruktion (S. 240-250). Heidelberg: Springer.

Rauchfleisch, U. (2006). Projektive Tests. In F. Petermann & M. Eid (Hrsg.), Handbuch der Psychologischen Diagnostik (S. 127-134). Göttingen: Hogrefe.

Raven, J. C., Bulheller, S. & Häcker, H. (2002). CPM: Coloured Progressive Matrices (3. Aufl.). Göttingen: Hogrefe.

Reichert, J. (1997). Begutachtung des Erinnerungsvermögens einer Zeugin mit mehrjährigem Drogenmissbrauch – Antje F., 20 Jahre. In K. D. Kubinger & H. Teichmann (Hrsg.), Psychologische Diagnostik und Intervention in Fallbeispielen (S. 121 ff.). Weinheim: Psychologie Verlags Union.

Reimann, G. (2009). Moderne Eingungsbeurteilung mit der DIN 33430. Wiesbaden: VS Verlag für Sozialwissenschaften.

Reimann, G. (2010). Arbeits- und Anforderungsanalyse. In K. Westhoff, C. Hagemeister, M. Kersting, F. Lang, H. Moosbrugger, G. Reimann & G. Stemmler (Hrsg.), Grundwissen für die berufsbezogene Eignungsbeurteilung nach DIN 33430 (3. Aufl., S. 102-116). Lengerich: Pabst.

Renneberg, B. & Seehausen, A. (2010). Fragebogen zu Gedanken und Gefühlen (FGG): Ein Screening Instrument für Borderline-spezifisches Denken. Zeitschrift für Klinische Psychologie und Psychotherapie, 39, 170-178.

Reuschenbach, B. (2006). »Ecological momentary assessment« (EMA). Angewandte Pflegeforschung, 9, 487-496.

Revers, W. J. (1958). Der thematische Apperzeptionstest. Bern: Huber.

Rheinberg, F. (2004). Motivationsdiagnostik. Göttingen: Hogrefe.

Rief, W., Hiller, W. & Heuser, J. (1997). SOMS – Das Screening für Somatoforme Störungen. Manual. Bern: Huber.

Robbins, S. B., Lauver, K., Le, H., Davis, D., Langley, R. & Carlstrom, A. (2004). Do psychosocial and study skill factors predict college outcomes? A meta-analysis. Psychological Bulletin, 130(2), 261-288.

Roberts, B. W. & DelVecchio, W. F. (2000). The rank-order consistency of personality traits from childhood to old age: A quantitative review of longitudinal studies. Psychological Bulletin, 126(1), 3-25.

Rorschach, H. (1949). Psychodiagnostik. Methodik und Ergebnisse eines wahrnehmungsdiagnostischen Experiments (4. Aufl.). Bern: Huber.

Roßbach, H.-G. & Tietze, W. (2010). Sitzenbleiben. In D. H. Rost (Hrsg.), Handwörterbuch Pädagogische Psychologie (4. Aufl., S. 781-788). Weinheim: Beltz.

Rosch, E. (1975). Cognitive representations of sematic categories. Journal of Experimental Psychology, General, 104, 192-233.

Rosenthal, R., Hiller, J. B., Bornstein, R. F., Berry, D. T. R. & Brunell-Neuleib, S. (2001). Meta-analytic methods, the Rorschach, and the MMPI. Psychological Assessment, 13(4), 449-451.

Roskam, E. E. (1996). Latent-Trait-Modelle. In E. Erdfelder, R. Mausfeld, T. Meiser & G. Rudinger (Hrsg.), Handbuch Quantitative Methoden (S. 431-458). Weinheim: Psychologie Verlags Union.

Ross, M. (1989). Relation of implicit theories to the construction of personal histories. Psychological Review, 96, 341-357.

Rossegger, A., Urbaniok, F., Elbert, T., Friesa, D. & Endrass, J. (2010). Rückfälligkeit nach Entlassung aus dem Strafvollzug in der Schweiz: Die Validität des HCR-20. Schweizer Archiv für Neurologie und Psychiatrie, 1(7), 254-259.

Rossier, J., Meyer de Stadelhofen, F. & Berthoud, S. (2004). The hierarchical structures of the NEO PI-R and the 16 PF 5. European Journal of Psychological Assessment, 20(1), 27-38.

Rossmann, P. (1993). Depressionstest für Kinder (DTK). Bern: Huber.

Rost, D. H. (2001). Hochbegabung. In D. H. Rost (Hrsg.), Handwörterbuch Pädagogische Psychologie (2. Aufl., S. 239-248). Weinheim: Beltz, PVU.

Rost, D. H. (Hrsg.) (2010). Handwörterbuch Pädagogische Psychologie (4. Aufl.). Weinheim: Beltz.

Rost, D. H. & Schermer, F. J. (1997). Differentielles Leistungsangst Inventar (DAI). Frankfurt am Main: Swets Test Service.

Rost, D. H., Sparfeldt, J. R. & Schilling, S. R. (2006). Hochbegabung. In K. Schweizer (Hrsg.), Leistung und Leistungsdiagnostik (S. 187-222). Berlin: Springer.

Rost, J. (1988). Quantitative und qualitative probabilistische Testtheorie. Bern: Huber.

Rost, J. (1990). Rasch models in latent classes: An integration of two approaches to item analysis. Applied Psychological Measurement, 14, 271-282.

Rost, J. (1996). Lehrbuch Testtheorie – Testkonstruktion. Bern: Huber.

Rost, J. (2004). Lehrbuch Testtheorie – Testkonstruktion (2. Aufl.). Bern: Huber.

Rost, J. (2006). Item-Response-Theorie. In F. Petermann & M. Eid (Hrsg.), Handbuch der Psychologischen Diagnostik (S. 261-274). Göttingen: Hogrefe.

Rost, J. & Langenheine, R. (Eds.) (1996). Applications of latent trait and latent class models in the social sciences. Münster: Waxmann.

Rost, J. & Spada, H. (1983). Die Quantifizierung von Lerneffekten anhand von Testdaten. Zeitschrift für Differentielle und Diagnostische Psychologie, 4, 29-49.

Rost, J. & Strauß, B. (1992). Review: Recent developments in psychometrics and test-theory. The German Journal of Psychology, 16, 2, 91-119.

Roth, M. & Herzberg, P. Y. (2008). Psychodiagnostik in der Praxis: State of the Art? Klinische Diagnostik und Evaluation, 1(1), 5-18.

Rotter, J. B. (1954). Social learning and clinical psychology. Englewood Cliffs, NY: Prentice Hall.

Rudinger, G. & Hörsch, K. (Hrsg.). (2009). Self-Assessment an Hochschulen: Von der Studienfachwahl zur Profilbildung. Göttingen: V & R unipress.

Rudolf, G. (1991). PSKB-Se – Ein psychoanalytisch fundiertes Instrument zur Patienten-Selbsteinschätzung. Zeitschrift für Psychosomatische Medizin und Psychoanalyse, 37, 350-360.

Rudolf, G. (1993). Psychischer und Sozial-Kommunikativer Befund (PSKB). Ein Instrument zur standardisierten Erfassung neurotischer Befunde. Göttingen: Hogrefe.

Rumpf, H. J., Hapke, U., Hill, A. & John, U. (1997). Development of a screening questionnaire for the general hospital and general practices. Alcoholism: Clinical and Experimental Research, 21, 894-898.

Literaturverzeichnis

Ryan, A. M., McFarland, L., Baron, H. & Page, R. (1999). An international look at selection practices: Nation and culture as explanations for variablity in practice. Personnel Psychology, 52(2), 359-391.

Salgado, J., Anderson, N., Moscoso, S., Bertua, C., de Fruyt, F. & Rolland, J. P. (2003). A meta-analytic study of general mental ability validity for different occupations in the european community. Journal of Applied Psychology, 88(6), 1068-1081.

Salgado, J. F. & Moscoso, S. (2002). Comprehensive meta-analysis of the construct validity of the employment interview. European Journal of Work and Organizational Psychology, 11, 299-324.

Salzgeber, J. (2005). Familienpsychologische Gutachten: Rechtliche Vorgaben und sachverständiges Vorgehen (4. Aufl.). München: Beck.

Sammer, G. (1994). Nichtlineare Dynamik im EEG: Ein weiterführender Ansatz zur Psychophysiologischen Untersuchung individueller Unterschiede? In D. Bartussek & M. Amelang (Hrsg.), Fortschritte der Differentiellen Psychologie und Psychologischen Diagnostik (S. 131-145). Göttingen: Hogrefe.

Sarges, W. & Wottawa, H. (Hrsg.). (2004). Handbuch wirtschaftpsychologischer Testverfahren (Bd. 1, 2. Aufl.). Lengerich: Pabst.

Saß, H., Wittchen, H. U., Zaudig, M. & Houben, I. (1998). Diagnostische Kriterien des Diagnostischen und Statistischen Manuals Psychischer Störungen (DSM-IV). Göttingen: Hogrefe.

Saß, H., Wittchen, H.-U. & Zaudig, M. & Houben, I. (2003). Diagnostisches und statistisches Manual psychischer Störungen – Textrevision (DSM-IV-TR). Göttingen: Hogrefe.

Saunders, D. R. (1956). Moderator variables in prediction. Educational and Psychological Measurement, 16, 209-222.

Schäfer, H. (1989). Constructing a cut-off point for a quantitative diagnostic test. Statistics in Medicine, 8, 1381-1391.

Schahn, J. & Amelang, M. (1992). Mittelwertsunterschiede zwischen Selbst- und Fremdbeurteilungen: Eine vernachlässigte Größe? Diagnostica, 38(3), 187-208.

Scheiblechner, H. (1972). Das Lernen und Lösen komplexer Denkaufgaben. Zeitschrift für experimentelle und angewandte Psychologie, 19, 476-506.

Scheiblechner, H. (1996). Item-Response-Theorie: Prozeßmodelle. In E. Erdfelder, R. Mausfeld, T. Meiser & G. Rudinger (Hrsg.), Handbuch Quantitative Methoden (S. 459-466). Weinheim: Psychologie Verlags Union.

Scheier, M. F. & Carver, C. S. (1985). Optimism, coping, and health: Assessment and implications of generalized outcome expectancies. Health Psychology, 4, 219-247.

Schellig, D., Drechsler, R., Heinemann, D. & Sturm, W. (Hrsg.). (2009). Handbuch neuropsychologischer Testverfahren (Bd. 1). Göttingen: Hogrefe.

Schellig, D. & Schächtele, B. (2001). Visueller und Verbaler Merkfähigkeitstest (VVM). Göttingen: Hogrefe.

Schepank, H. (1995). BSS: Der Beeinträchtigung-Schwere-Score. Ein Instrument zur Bestimmung der Schwere einer psychogenen Erkrankung. Manual und Testmappe. Göttingen: Beltz Test.

Schermelleh-Engel, K., Moosbrugger, H. & Müller, H. (2003). Evaluating the fit of structural equation models: Tests of significance and descriptive goodness-of-fit measures. Methods of Psychological Research-Online, 8(2), 23–74. http://www.mpr-online.de.

Schindler, L., Hohenberger-Sieber, E. & Halweg, K. (1990). Stundenbeurteilungsbogen für Klienten und Therapeuten (SB-K, SB-T). In G. Hank, K. Hahlweg & N. Klann (Hrsg.), Diagnostische Verfahren für Berater. Materialien zur Diagnostik und Therapie in Ehe, Familien- und Lebensberatung (S. 331-339). Göttingen: Beltz-Test.

Schlippe, A. von & Schweitzer, J. (2007). Lehrbuch der systemischen Therapie und Beratung (10. Aufl.). Göttingen: Vandenhoeck & Ruprecht.

Schmalt, H. D., Sokolowski, K. & Langens, T. A. (2000). Das Multi-Motiv-Gitter für Anschluss, Leistung und Macht MMG. Frankfurt: Swets.

Schmidt, F. L. (1992). What do data really mean? Research findings, meta-analysis, and cumulative knowledge in psychology. American Psychologist, 47(10), 1173-1181.

Schmidt, F. L. & Hunter, J. E. (1998). The validity and utility of selection methods in personnel psychology. Psychological Bulletin, 124, 262-274.

Schmidt, F. L. & Hunter, J. (2004). General mental ability in the world of work: Occupational attainment and job performance. Journal of Personality and Social Psychology, 86(1), 162-173.

Schmidt, J. U. & König, F. (1986). Untersuchungen zur Validität der revidierten Form des Freiburger Persönlichkeitsinventars (FPI-R). Diagnostica, 3, 197-208.

Schmidt, L. R. (1975). Objektive Persönlichkeitsmessung in Diagnostischer und Klinischer Psychologie. Weinheim: Beltz.

Schmidt, L. R. (2006). Objektive Persönlichkeitstests in der Tradition Cattells: Forschungslinien und Relativierungen. In T. M. Ortner, R. T. Proyer & K. D. Kubinger (Hrsg.), Theorie und Praxis Objektiver Persönlichkeitstests (S. 24-37). Bern: Huber.

Schmidt, L. R., Häcker, H. & Schwenkmezger, P. (1985). Differentialdiagnostische Untersuchungen mit objektiven Persönlichkeitstests und Fragebogen im psychiatrischen Bereich. Diagnostica, 31, 22-37.

Schmidt-Atzert, L. (2001). Rezension des »Leistungsmotivationsinventar (LMI)« von H. Schuler und M. Prochaska. Zeitschrift für Arbeits- und Organisationspsychologie, 45, 142-145.

Schmidt-Atzert, L. (2004). Test d2: Aufmerksamkeits-Belastungs-Test. In G. Büttner & L. Schmidt Atzert (Hrsg.), Diagnostik von Aufmerksamkeit und Konzentration (S. 87-101). Göttingen: Hogrefe.

Schmidt-Atzert, L. (2005). Prädiktion von Studienerfolg bei Psychologiestudenten. Psychologische Rundschau, 56, 131-133.

Schmidt-Atzert, L. (2007). Objektiver Leistungsmotivations Test OLMT (unter Mitarbeit von Markus Sommer, Markus Bühner und Astrid Jurecka) [Software und Manual] (2., überarbeitete Auflage). Mödling: Schuhfried.

Schmidt-Atzert, L. (2008). Studierendenauswahl im Fach Psychologie: Ein bundesweit anwendbares Konzept. In H. Schuler & B. Hell (Hrsg.), Studierendenauswahl und Studienentscheidung (S. 181-191). Göttingen: Hogrefe.

Schmidt-Atzert, L. (2009). Gefühle als Emotionsmonitor. In G. Stemmler (Hrsg.), Psychologie der Emotion. Enzyklopädie der Psychologie, Themenbereich C, Theorie und Forschung, Serie IV, Motivation und Emotion (Bd. 3, S. 339-386). Göttingen: Hogrefe.

Schmidt-Atzert, L. (2010). Die medizinisch-psychologische Untersuchung aus Sicht der wissenschaftlich fundierten Psychologischen Diagnostik. Blutalkohol, 47, 114-124.

Schmidt-Atzert, L. (2010). Ergebnisse einschlägiger Evaluationsstudien. In K. Westhoff, C. Hagemeister, M. Kersting, F. Lang, H. Moosbrugger, G. Reimann & G. Stemmler (Hrsg.), Grundwissen für die berufsbezogene Eignungsbeurteilung nach DIN 33430 (3. Aufl., S. 206-210). Lengerich: Pabst.

Schmidt-Atzert, L. & Bühner, M. (1998). Fehlertypen im Aufmerksamkeits-Belastungs-Test d2. Diagnostica, 44(3), 142-152.

Schmidt-Atzert, L., Bühner, M. & Enders, P. (2006). Messen Konzentrationstests Konzentration? Eine Analyse von Konzentrationstestleistungen. Diagnostica, 52(1), 33-44.

Schmidt-Atzert, L., Bühner, M., Rischen, S. & Warkentin, V. (2004). Erkennen von Simulation und Dissimulation im Test d2. Diagnostica, 50, 124-133.

Schmidt-Atzert, L., Büttner, G. & Bühner, M. (2004). Theoretische Aspekte von Aufmerksamkeits-/Konzentrationsdiagnostik. In G. Büttner & L. Schmidt-Atzert (Hrsg.), Diagnostik von Konzentration und Aufmerksamkeit (S. 3-22). Göttingen: Hogrefe.

Schmidt-Atzert, L. & Deter, B. (1993). Intelligenz und Ausbildungserfolg: Eine Untersuchung zur prognostischen Validität des I-S-T 70. Zeitschrift für Arbeits- und Organisationspsychologie, 37, 52-63.

Schmidt-Atzert, L., Hommers, W. & Heß, M. (1995). Der IST 70: Eine Analyse und Neubewertung. Diagnostica, 41, 108-130.

Schmidt-Atzert, L. & Krumm, S. (2007). Diagnostische Urteilsbildung und Begutachtung. Rehabilitation, 46(1), 9-15.

Schmidt-Atzert, L., Krumm, S. & Bühner, M. (2008). Aufmerksamkeitsdiagnostik: Ableitung eines Strukturmodells und systematische Einordnung von Tests. Zeitschrift für Neuropsychologie, 19(2), 59-82.

Schmidt-Atzert, L., Krumm, S. & Lubbe, D. (2011). Toward stable predictions of apprentices' training success: Can artificial neural networks outperform linear predictions? Journal of Personnel Psychology, 10(1), 34-42.

Schmidt-Atzert, L. & Rauch, W. (2008). TBS-TK Rezension: »Intelligenz-Struktur-Test 2000 R (I-S-T 2000 R) 2., erweiterte und überarbeitete Auflage«. Report Psychologie, 33(6), 303-304.

Schmidt-Rathjens, C., Amelang, M. & Czemmel, J. (1997). Persönlichkeit, Krebs und koronare Herzerkrankungen: Weitere empirische Evidenzen aus dem Heidelberg-Projekt. Zeitschrift für Gesundheitspsychologie, 5, 1-16.

Schmidt-Rathjens, C., Benz, D., van Damme, D., Feldt, K. & Amelang, M. (1997). Über zwiespältige Erfahrungen mit Fragebögen zum Kohärenzsinn sensu Antonovsky. Diagnostica, 43, 327-346.

Schmitt, M. (1992). Interindividuelle Konsistenzunterschiede als Herausforderung für die Differentielle Psychologie. Psychologische Rundschau, 43, 30-45.

Schneewind, K. A. (1987a). Die Familienklimaskalen (FKS). In M. Cierpka (Hrsg.), Familiendiagnostik (S. 232-255). Berlin: Springer.

Schneewind, K. A. (1987b). Das Familiendiagnostische Testsystem (FDTS): Ein Fragebogeninventar zur Erfassung familiärer Beziehungsaspekte auf unterschiedlichen Systemebenen. In M. Cierpka (Hrsg.), Familiendiagnostik (S. 320-342). Berlin: Springer.

Schneewind, K. A. (2008). Fundamente für zufrieden stellende Partnerschaften. Lebendiges Zeugnis, 63, 197-206.

Literaturverzeichnis

Schneewind, K. A. (2010). Familienpsychologie (3. Aufl.). Stuttgart: Kohlhammer
Schneewind, K. A. & Graf J. (1998). Der 16-Persönlichkeits-Faktoren-Test, revidierte Fassung 16 PF-R. Testmanual. Bern: Huber.
Schneider, S., In-Albon, T. & Margraf, J. (2006). DIPS: Diagnostisches Interview bei psychischen Störungen (3. Aufl.). Berlin: Springer.
Schneider, S. & Margraf, J. (Hrsg.) (2006). Diagnostisches Interview bei psychischen Störungen (DIPS für DSM-IV-TR) (3. Aufl.). Berlin: Springer.
Schneider, S. & Margraf, J. (Hrsg.) (2009). Lehrbuch der Verhaltenstherapie (Bd. 3). Berlin: Springer.
Schneider, S., Unnewehr, S. & Margraf, J. (Hrsg.) (2008). Kinder-DIPS für DSM-IV-TR. Diagnostisches Interview bei psychischen Störungen im Kindes- und Jugendalter (2. Aufl.). Berlin: Springer.
Schneider, W. & Hasselhorn, M. (Hrsg.) (2008). Diagnostik von Rechtschreibleistungen und -kompetenz. Göttingen: Hogrefe.
Scholz, O. B. & Schmidt, A. F. (2008). Schuldfähigkeit. In R. Volbert & M. Steller (Hrsg.), Handbuch der Rechtspsychologie (S. 401-411). Göttingen: Hogrefe.
Schorr, A. (1995). Stand und Perspektiven diagnostischer Verfahren in der Praxis. Ergebnisse einer repräsentativen Befragung westdeutscher Psychologen. Diagnostica, 41, 3-20.
Schubert, W. (2010). »Die Medizinisch-Psychologische Untersuchung« auf dem Prüfstand. In Deutsche Akademie für Verkehrswissenschaft (Hrsg.). Tagungsband zum 48. Deutschen Verkehrsgerichtstag 2010 (S. 225-257). Köln: Luchterhand.
Schubert, W. & Mattern, R. (Hrsg.) (2009). Urteilsbildung in der Medizinisch-Psychologischen Fahreignungsdiagnostik: Beurteilungskriterien (2. Aufl.). Bonn: Kirschbaum.
Schubert, W., Schneider, W., Eisenmenger, W. & Stephan, E. (Hrsg.) (2005). Begutachtungs-Leitlinien zur Kraftfahrereignung: Kommentar (2. Aufl.). Bonn: Kirschbaum.
Schuerger, J. M. & Witt, A. C. (1989). The temporal stability of individually tested intelligence. Journal of Clinical Psychology, 45(2), 294-302.
Schuerger, J. M., Zarrella, K. L. & Hotz, A. S. (1989). Factors that influence the temporal stability of personality by questionnaire. Journal of Personality and Social Psychology, 56, 777-783.
Schuhfried, G. (2008). Wiener Testsystem. Mödling: Schuhfried.
Schuler, H. (1992). Das Multimodale Einstellungsinterview. Diagnostica, 38, 281-300.
Schuler, H. (2006a). Arbeits- und Anforderungsanalyse. In H. Schuler (Hrsg.), Lehrbuch der Personalpsychologie (2. Aufl., S. 45-68). Göttingen: Hogrefe.
Schuler, H. (Hrsg.) (2006b). Lehrbuch der Personalpsychologie (2. Aufl.). Göttingen: Hogrefe.
Schuler, H. (2007). Spielwiese für Laien? Weshalb das Assessment-Center seinem Ruf nicht mehr gerecht wird. Wirtschaftspsychologie aktuell, 14(2), 27-30.
Schuler, H., Frier, D. & Kauffmann, M. (1993). Personalauswahl im Europäischen Vergleich. Göttingen: Verlag für Angewandte Psychologie.
Schuler, H., Funke, U., Moser, K. & Donat, M. (1995). Personalauswahl in Forschung und Entwicklung. Göttingen: Hogrefe.
Schuler, H., Hell, B., Muck, P., Becker, K. & Diemand, A. (2003). Konzeption und Prüfung eines multimodalen Systems der Leistungsbeurteilung: Individualmodul. Zeitschrift für Personalpsychologie, 2(1), 29-39.
Schuler, H., Hell, B., Trapmann, S., Schaar, H. & Boramir, I. (2007). Die Nutzung psychologischer Verfahren der externen Personalauswahl in deutschen Unternehmen. Ein Vergleich über 20 Jahre. Zeitschrift für Personalpsychologie, 6(2), 60-70.
Schuler, H. & Höft, S. (2007). Diagnose beruflicher Eignung und Leistung. In H. Schuler (Hrsg.), Lehrbuch Organisationspsychologie (4. Aufl., S. 289-343). Bern: Huber
Schuler, H. & Moser, K. (1995). Die Validität des Multimodalen Interviews. Zeitschrift für Arbeits- und Organisatonspsychologie, 39(1), 2-12.
Schuler, H. & Prochaska, M. (2001). LMI: Leistungsmotivationsinventar. Göttingen: Hogrefe.
Schulte, D. (1976). Diagnostik in der Verhaltenstherapie. München: Urban & Schwarzenberg.
Schüpbach, H. & Zölch, M. (2007). Analyse und Bewertung von Arbeitsthemen und Arbeitstätigkeiten. In H. Schuler (Hrsg.), Lehrbuch der Organisationspsychologie (4. Aufl., S. 197-220). Bern: Huber.
Schutte, N. S., Kenrick, D. T. & Sadalla, E. K. (1985). The search for predictable settings: situational prototypes, constraint, and behavioral variation. Journal of Personality and Social Psychology, 49, 121-128.
Schwartz, J. E. & Stone, A. A. (1998). Strategies for analyzing ecological momentary assessment data. Health Psychology, 17, 6-16.
Schwarz, N. & Sudman, S. (1994). Autobiographical memory and the validity of retrospective reports. New York, NY: Springer.
Schwenkmezger, P. (1984). Kann durch das Prinzip der Aggregation von Daten die Konsistenzannahme von Eigenschaften beibehalten werden? Zeitschrift für Differentielle und Diagnostische Psychologie, 5, 251-272.

Schwenkmezger, P., Hodapp, V. & Spielberger, C. D. (1992). Das State-Trait-Ärgerausdrucks-Inventar (STAXI). Bern: Huber.

Segal, D. L., Hersen, M. & Van-Hasselt, V. B. (1994). Reliability of the Structured Clinical Interview for DSM-III-R: An evaluative review. Comprehensive Psychiatry, 35, 316-327.

Segall, D. O. (2005). Computerized Adaptive Testing. In K. Kempf-Leonard (Ed.), Encyclopedia of Social Measurement. Amsterdam: Elsevier.

Seitz, W. & Rausche, A. (2004). PFK 9-14: Persönlichkeitsfragebogen für Kinder zwischen 9 und 14 Jahren (4. Aufl.). Göttingen: Hogrefe.

Shiffman, S. (Ed.) (2000). The science of self-report. Mahwah, NJ: Erlbaum.

Slick, D. C., Tan, J. T., Sherman, E. M. S. & Strauss, E. (2011). Malingering and related conditions in pediatric populations. In A. S. Davis (Ed.), The handbook of pediatric neuropsychology (pp. 457-470). New York: Springer.

Slovic, P., Fishhoff, B. & Lichtenstein, S. (1977). Behavioral decision theory. Annual Review of Psychology, 28, 1-39.

Snow, K. L. (2006). Measuring school readiness: Conceptual and practical considerations. Early Education and Development, 17(1), 7-41.

Sommers-Flanagan, J. & Sommers-Flanagan, R. (2009). Clinical interviewing (4th ed.). Hoboken, NJ: Wiley.

Sorembe, V. & Westhoff, K. (1985). Skala zur Erfassung der Selbstakzeptierung SESA. Göttingen: Hogrefe.

Souvignier, E. (2008). Lernbehinderung. In W. Schneider & M. Hasselhorn (Hrsg.), Handbuch Pädagogische Psychologie (S. 663-671). Göttingen: Hogrefe.

Spangler, W. D. (1992). Validity of questionnaire and TAT measures of need for achievement: Two meta-analyses. Psychological Bulletin, 112, 140-154.

Sperka, M. & Rózsa, J. (2007). KOMMINO: Fragebogen zur Erfassung der Kommunikation in Organisationen. Göttingen: Hogrefe.

Spielberger, C. D., Gorsuch, R. L. & Lushene, R. E. (1970). Manual for the State-Trait-Anxiety-Inventory. Palo Alto, CA: Consulting Psychologists Press.

Spinath, B., Stiensmeier-Pelster, J., Schöne, C. & Dickhäuser, O. (2002). SELLMO: Skalen zur Erfassung der Lern- und Leistungsmotivation. Göttingen: Hogrefe.

Spinath, F. M. (1999). Validität von Fremdbeurteilungen: Einflussfaktoren auf die Konvergenz von Selbst- und Fremdbeurteilungen in Persönlichkeitseinschätzungen. Lengerich: Pabst.

Spitznagel, A. (1982a). Die diagnostische Situation. In K. J. Groffmann & L. Michel (Hrsg.), Enzyklopädie der Psychologie, Serie II: Psychologische Diagnostik (Bd. 1, S. 248-294). Göttingen: Hogrefe.

Spitznagel, A. (1982b). Grundlagen, Ergebnisse und Probleme von Formdeuteverfahren. In K. J. Groffmann & L. Michel (Hrsg.), Enzyklopädie der Psychologie, Serie II: Psychologische Diagnostik (Bd. 3, S. 186-257). Göttingen: Hogrefe.

Spreen, O. (1963). MMPI Saarbrücken. Handbuch. Bern: Huber.

Stagner, R. (1977). On the reality and relevance of traits. The Journal of General Psychology, 96, 185-207.

Stangier, U. & Heidenreich, T. (2002a). SIAS – Soziale Interaktions-Angst-Skala. In E. Brähler, J. Schumacher & B. Strauß (Hrsg.), Diagnostische Verfahren in der Psychotherapie (S. 321-325). Göttingen: Hogrefe.

Stangier, U. & Heidenreich, T. (2002b). SPS – Soziale Phobie-Skala. In E. Brähler, J. Schumacher & B. Strauß (Hrsg.), Diagnostische Verfahren in der Psychotherapie (S. 339-342). Göttingen: Hogrefe.

Steck, P. (1996). Die Prüfung der Dauerkonzentration mit einer Apparateversion des Pauli-Tests. Diagnostica, 42, 332-351.

Steck, P. (1997). Psychologische Testverfahren in der Praxis: Ergebnisse einer Umfrage unter Testanwendern. Diagnostica, 43, 267-284.

Steinhausen, H. C. & von Aster, M. (Hrsg.). (1999). Verhaltenstherapie und Verhaltensmedizin bei Kindern und Jugendlichen (2. Aufl.). Weinheim: Psychologie Verlags Union.

Steinmayr, R. & Amelang, M. (2006). Erste Untersuchungen zur Kriteriums-Validität des I-S-T 2000 R an Erwachsenen beiderlei Geschlechts. Diagnostica, 52(4), 181-188.

Steller, M. & Volbert, R. (1997). Glaubwürdigkeitsbegutachtung. In M. Steller & R. Volbert (Hrsg.), Psychologie im Strafverfahren: Ein Handbuch (S. 12-39). Bern: Huber.

Stelzl, I. (1993). Testtheoretische Modelle. In L. Tent & I. Stelzl., Pädagogisch-Psychologische Diagnostik, Bd. 1: Theoretische und methodische Grundlagen (S. 39-202). Göttingen: Hogrefe.

Stemmler, G., Hagemann, D., Amelang, M. & Bartussek, D. (2010). Differentielle Psychologie und Persönlichkeitsforschung (7. Aufl.). Stuttgart: Kohlhammer.

Steyer, R. & Eid, M. (1993). Messen und Testen. Berlin: Springer.

Stieglitz, R.-D. (2003). Janke, W., Erdmann, G. & Kallus, K.W. (2002). Stressverarbeitungsfragebogen (SVF mit SVF 120 und SVF 78) (3. Aufl.) (Testrezension). Zeitschrift für Klinische Psychologie und Psychotherapie, 32(1), 66-67.

Literaturverzeichnis

Stieglitz, R.-D., Baumann, U. & Freyberger, H. J. (Hrsg.) (2001). Psychodiagnostik in Klinischer Psychologie, Psychiatrie, Psychotherapie. Stuttgart: Thieme.

Stiensmeier-Pelster, J. & Rheinberg, F. (Hrsg.) (2003). Diagnostik von Motivation und Selbstkonzept. Göttingen: Hogrefe.

Stiensmeier-Pelster, J., Schürmann, M. & Duda, K. (2000). Depressionsinventar für Kinder und Jugendliche (DIKJ). Göttingen: Hogrefe.

Stöber, J. (1995). Besorgnis: Ein Vergleich dreier Inventare zur Erfassung allgemeiner Sorgen. Zeitschrift für Differentielle und Diagnostische Psychologie, 16, 50-63.

Stone, A. A. & Shiffman, S. (1994). Ecological Momentary Assessment (EMA) in behavioral medicine. Annals of Behavioral Medicine, 16, 199-202.

Strauß, B., Köller, O. & Möller, J. (1996). Geschlechtsrollentypologien – eine empirische Prüfung des additiven und des balancierten Modells. Zeitschrift für Differentielle und Diagnostische Psychologie, 17, 67-83.

Strauß, B. & Schuhmacher, J. (Hrsg.) (2005). Klinische Interviews und Ratingskalen. Göttingen: Hogrefe.

Streiner, D. L. (2003). Starting at the beginning: An introduction to coefficient alpha and internal consistency. Journal of Personality Assessment, 80(1), 99-103.

Strenze, T. (2007). Intelligence and socioeconomic success: A meta-analytic review of longitudinal research. Intelligence, 35(5), 401-426.

Stumpf, H., Angleitner, A., Wieck T., Jackson, D. N. & Beloch-Till, H. (1985). German Personality Research Form (PRF). Göttingen: Hogrefe.

Sturm, W. (2000). Aufgaben und Stratgien neuropsychologischer Diagnostik. In W. Sturm, M. Herrmann & C. W. Wallesch (Hrsg.), Lehrbuch der Klinischen Neuropsychologie (S. 265-276). Lisse, NL: Swets & Zeitlinger.

Sturm, W., Herrmann, M. & Münte, T. F. (2009). Lehrbuch der Klinischen Neuropsychologie (2. Aufl.). Heidelberg: Spektrum.

Sturm, W., Willmes, K. & Horn, W. (1993). Leistungsprüfsystem 50+ LPS 50+. Göttingen: Hogrefe.

Suen, H. K. & Rzasa, S. E. (2004). Psychometric foundations of behavioral assessment. In S. N. Haynes & E. M. Heiby (Eds.), Comprehensive handbook of psychological assessment (Vol. 3, pp. 37-56). Hoboken, NJ: Wiley.

Sutherland, S. (1992). Irrationality: Why we don't think straight! New Brunswick, NJ: Rutgers University Press.

Szagun, G., Stumper, B. & Schramm, S. A. (2009). FRAKIS: Fragebogen zur frühkindlichen Sprachentwicklung. Frankfurt: Pearson.

Tarnai, C. & Rost, J. (1990). Identifying aberrant response patterns in the Rasch model. The Q Index. Sozialwissenschaftliche Forschungsdokumentation. Münster: Institut für sozialwissenschaftliche Forschung e.V.

Taylor, H. C. & Russell, J. T. (1939). The relationship of validity coefficients to the practical effectiveness of tests in selection: Discussion and tables. Journal of Applied Psychology, 23, 565-585.

Taylor, J. A. (1953). A personality scale of manifest anxiety. Journal of Abnormal and Social Psychology, 48, 285-290.

Taylor, P. J. & Small, B. (2002). Asking applicants what they would do versus what they did do: A meta-analytic comparison of situational and past behaviour employment interview questions. Journal of Occupational and Organizational Psychology, 75(3), 277-294.

Teasdale, J. D. & Fogarty, S. J. (1979). Differential effects of induced mood on retrieval of pleasant and unpleasant events from episodic memory. Journal of Abnormal Psychology, 88, 248-257.

Tent, L. & Stelzl, I. (1993). Pädagogisch-psychologische Diagnostik, Bd. 1: Theoretische und methodische Grundlagen. Göttingen: Hogrefe.

Testkuratorium. (2006). TBS-TK: Testbeurteilungssystem des Testkuratoriums der Föderation Deutscher Psychologenvereinigungen. Report Psychologie, 31, 492-500.

Testkuratorium. (2010). TBS-TK. Testbeurteilungssystem des Testkuratoriums der Föderation Deutscher Psychologenvereinigungen, rev. Fassung vom 09.09.2009. Psychologische Rundschau, 61(1), 52-56.

Tewes, U., Rossmann, P. & Schallberger, U. (1999). HAWIK-III: Hamburg-Wechsler-Intelligenztest für Kinder (3. Aufl.). Bern: Huber.

Thiel, A., Jacobi, C., Horstmann, S., Paul, T., Nutzinger, D. O. & Schussler, G. (1997). Eine deutschsprachige Version des Eating Disorder Inventory (EDI-2). Psychotherapie, Psychosomatik und Medizinische Psychologie, 47, 365-376.

Thorndike, R. L. (1971). Concepts of culture-fairness. Journal of Educational Measurement, 8, 63-70.

Thurner, E. & Tewes, U. (2000). Der Kinder-Angst-Test II (KAT-II). Göttingen: Hogrefe.

Thurstone, L. L. & Thurstone, T. G. (1941). Factorial studies of intelligence. Chicago, IL: University of Chicago Press.

Todt, E. (1966). Untersuchungen zur Vorhersage von Schulnoten. Psychologische Forschung, 29, 32-51.

Todt, E. (1971). Differentieller Interessentest (DIT) (2. Aufl.). Bern: Huber.

Toggweiler, S., Jungo, D. & Stoll, F. (2004). Der Foto-Interessentest Serie FIT 2003: Zur Erfassung von Berufsinteressen mittels fotografischer Stimuli. Zeitschrift für Personalpsychologie, 3, 34-42.

Tourangeau, R. & Yan, T. (2007). Sensitive questions in surveys. Psychological Bulletin, 133(5), 859-883.

Trapmann, S., Hell, B., Weigand, S. & Schuler, H. (2007). Die Validität von Schulnoten zur Vorhersage des Studienerfolgs – eine Metaanalyse. Zeitschrift für Pädagogische Psychologie, 21(2), 132-151.

Tress, W. (Hrsg.) (2003). SASB – Die Strukturale Analyse sozialen Verhaltens. München: CIP-Medien.

Tritt, K., Heymann, F. von, Zaudig, M., Loew. T., Sollner, W., Fischer, F. & Buhner, M. (2010). Das ICD-10-Symptom-Rating (ISR): Zusammenhänge mit der SCL-90-R. Klinische Diagnostik und Evaluation, 3, 22-37.

Trost, G. (1996). Interview. In K. Pawlik (Hrsg.), Grundlagen und Methoden der Differentiellen Psychologie. Enzyklopädie der Psychologie, Themenbereich C, Theorie und Forschung, Serie VIII, Differentielle Psychologie und Persönlichkeitsforschung (Bd. 1, S. 463-505). Göttingen: Hogrefe.

Trost, G. & v. Hayn, S. (2001). Auswahlgespräche mit Studienbewerbern. Handreichung für die Hochschulen. Bonn: ITB Consulting.

Truxillo, D. M., Bodner, T. E., Bertolino, M., Bauer, T. N. & Yonce, C. A. (2009). Effects of explanations on applicant reactions: A meta-analytic review. International Journal of Selection and Assessment, 17(4), 346-361.

Tucha, O. & Lange, K. W. (2004). Turm von London – Deutsche Version (TL-D). Göttingen: Hogrefe.

Tucker, L., Damarin, F. & Messick, S. (1966). A base-free measure of change. Psychometrika, 31, 457-473.

Tuschen-Caffier, B. & Gemmeren, B. v. (2009). Problem- und Verhaltensanalyse. In J. Margraf & S. Schneider (Hrsg.), Lehrbuch der Verhaltenstherapie (Bd. 1, S. 361-375). Heidelberg: Springer.

Udris, J. & Alioth, A. (1980). Fragebogen zur Subjektiven Arbeitsanalyse (SAA). In E. Martin, J. Udris, U. Ackermann & K. Oegerli (Hrsg.), Monotonie in der Industrie (S. 61-68). Bern: Huber.

Unnewehr, S., Schneider, S. & Margraf, J. (1994). Kinder-DIPS: Diagnostisches Interview bei psychischen Störungen im Kindes- und Jugendalter. Berlin: Springer.

Vagt, G. (1974). Suppressor- und Moderator-Effekte verschiedener Testeinstellungs-Variablen bei Tests zur sprachlichen Ausdrucksfähigkeit. Dissertation, Universität Hamburg.

Van Dick, R. & West, M. A. (2005). Teamwork, Teamdiagnose, Teamentwicklung. Göttingen: Hogrefe.

Van Iddekinge, C. H., Putka, D. J. & Campbell, J. P. (2011). Reconsidering vocational interests for personnel selection: The validity of an interest-based selection test in relation to job knowledge, job performance, and continuance intentions. Journal of Applied Psychology, 96(1), 13-33.

Volbert, R. (2000). Standards der psychologischen Glaubhaftigkeitsdiagnostik. In H.-L. Kröber & M. Steller (Hrsg.), Psychologische Begutachtung im Strafverfahren - Indikationen und Qualitätsstandards (S. 113-145). Darmstadt: Steinkopff.

Volbert, R. & Dahle, K.-P. (2010). Forensisch-psychologische Diagnostik im Strafverfahren. Göttingen: Hogrefe.

Volbert, R. & Steller, M. (Hrsg.) (2009). Handbuch der Rechtspsychologie. Göttingen: Hogrefe.

Vrieze, S. I. & Grove, W. M. (2009). Survey on the use of clinical and mechanical prediction methods in clinical psychology. Professional Psychology: Research and Practice, 40(5), 525-531.

Wallesch, C.-W. & Herrmann, M. (2000). Klinische Neurologie. In W. Sturm, M. Herrmann & C.-W. Wallesch (Hrsg.), Lehrbuch der Klinischen Neuropsychologie (S. 96-125). Lisse, NL: Swets & Zeitlinger.

Wang, Z.-M. (1993). Psychology in China: A review dedicated to Li Chen. Annual Review of Psychology, 44, 87-116.

Webster, C. D., Douglas, K. S., Eaves, D. & Hart, S. D. (1997). Assessing risk of violence to others. In C. D. Webster & M. A. Jackson (Eds.), Impulsivity: Theory, assessment, and treatment (pp. 251-277). New York, NY: Guilford Press.

Wechsler, D. (1958). The measurement and appraisal for adult intelligence. Baltimore: Williams & Wilkins.

Weijters, B., Geuens, M. & Schillewaert, N. (2010). The stability of individual response styles. Psychological Methods, 15(1), 96-110.

Weiler, C. (2000). Bildgebende Verfahren – Aktivierungsstudien mit PET und FMRT. In W. Sturm, M. Herrmann & C. W. Wallesch (Hrsg.), Lehrbuch der Klinischen Neuropsychologie (S. 204-218). Lisse, NL: Swets & Zeitlinger.

Weinstein, M. C. & Fineberg, H. V. (1980). Clinical decision analysis. Philadelphia: Saunders.

Weiß, R. H. (1997). Replik zur Rezension des CFT 20. Zeitschrift für Differentielle und Diagnostische Psychologie, 18, 56-61.

Weiß, R. H. (2008). CFT 20-R mit WS/ZF-R: Grundintelligenztest Skala 2 - Revision (CFT 20-R) mit Wortschatztest und Zahlenfolgentest - Revision (WS/ZF-R). Göttingen: Hogrefe.

Literaturverzeichnis

Weiss, D. J. & Davison, M. L. (1981). Test theory and methods. Annual Review of Psychology, 32, 629-658.

Wells, G. L. & Olsen, E. A. (2003). Eyewitness testimony. Annual Review of Psychology, 54, 277-295.

Weltgesundheitsorganisation, Dilling, H., Mombour, W., Schmidt, M. H. & Schulte-Markwort, E. (2006). Internationale Klassifikation psychischer Störungen. ICD-10 Kapitel V (F). Diagnostische Kriterien für Forschung und Praxis (4. Aufl.). Bern: Huber.

Westhoff, K. (1995). Aufmerksamkeit und Konzentration. In M. Amelang (Hrsg.), Verhaltens- und Leistungsunterschiede. Enzyklopädie der Psychologie (Bd. C, VIII 2, S. 375-402). Göttingen: Hogrefe.

Westhoff, K. (Hrsg.) (2009). Das Entscheidungsorientierte Gespräch (EOG) als Eignungsinterview. Lengerich: Pabst.

Westhoff, K. & Dewald, D. (1990). Effekte der Übung in der Bearbeitung von Konzentrationstests. Diagnostica, 36(1), 1-15.

Westhoff, K. & Hagemeister, C. (2005). Konzentrationsdiagnostik. Lengerich: Pabst.

Westhoff, K., Hagemeister, C., Kersting, M., Lang, F., Moosbrugger, H., Reimann, G. & Stemmler, G. (Hrsg.) (2010). Grundwissen für die berufsbezogene Eignungsbeurteilung nach DIN 33430 (3., überarb. Aufl.). Lengerich: Pabst.

Westhoff, K. & Kluck, M. L. (2008). Psychologische Gutachten schreiben und beurteilen (5., vollst. überarb. u. erw. Aufl.). Berlin: Springer.

Wicklund, R. A. (1977). Selbstzentrierte Aufmerksamkeit, Selbstkonsistenz und Moralität. In L. Montada (Hrsg.), Brennpunkte der Entwicklungspsychologie (S. 399-407). Stuttgart: Kohlhammer.

Wicklund, R. A. (1982). Self-focused attention and the validity of self-reports. In M. P. Zanna, E. T. Higgins & C. P. Herman (Eds.), Consistency in social behavior: The Ontario Symposion (Vol. 2). Hillsdale: Erlbaum.

Wieczerkowski, W. & Oeveste, H. Z. (1982). Zuordnungs- und Entscheidungsstrategien. In K. J. Klauer (Hrsg.), Handbuch der Pädagogischen Diagnostik (Bd. 2, S. 919-951). Düsseldorf: Schwann.

Wieczerkowski, W., Nickel, H., Janowski, A., Fittkau, B. & Rauer, W. (1998). Angstfragebogen für Schüler (AFS). Göttingen: Hogrefe.

Wild, K.-P. (1993). Hochbegabtendiagnostik durch Lehrer. In: D. H. Rost (Hrsg.), Lebensumweltanalyse hochbegabter Kinder (S. 236-261). Göttingen: Hogrefe.

Wilde, K. (1950). Die Wunschprobe. Psychologische Rundschau, 1, 213-224

Wildman, R. W. & Wildman, R. W. I. (1975). An investigation into the comparative validity of several diagnostic tests and test batteries. Journal of Clinical Psychology, 31(3), 455-458.

Wilson, M. & De Boeck, P. (2004). Descriptive and explanatory item response models. In P. De Boeck & M. Wilson (Eds.), Explanatory item response models: A generalized linear and nonlinear approach (pp. 43-74). New York: Springer.

Wirtz, M. & Caspar, F. (2002). Beurteilerübereinstimmung und Beurteilerreliabilität. Göttingen: Hogrefe.

Witt-Brummermann, M. (2010). Sonderschulbedürftigkeit. In D. H. Rost (Hrsg.), Handwörterbuch Pädagogische Psychologie (4. Aufl., S. 788-792). Weinheim: Beltz.

Wittchen, H. U. & Hoyer, J. (Hrsg.) (2011). Klinische Psychologie & Psychotherapie. (2. Aufl.). Berlin: Springer.

Wittchen, H.-U., Pfister, H. & Garczynski, E. (1997). Composite International Diagnostic Interview (CIDI) nach ICD-10 und DSM-IV. Göttingen: Hogrefe.

Wittchen, H.-U., Wunderlich, U., Gruschwitz, S. & Zaudig, M. (1997). Strukturiertes Klinisches Interview für DSM-IV, Achse-I (SKID). Göttingen: Hogrefe.

Wittchen, H.-U., Zaudig, M. & Fydrich, T. (1997). SKID-I und SKID-II. Strukturiertes Klinisches Interview für DSM-IV. Achse I: Psychische Störungen/Achse II: Persönlichkeitsstörungen. Göttingen: Hogrefe.

Wittkowski, J. & Seitz, W. (2004). Praxis der verkehrspsychologischen Eignungsbegutachtung: Eine Bestandsaufnahme unter besonderer Berücksichtigung alkoholauffälliger Kraftfahrer. Stuttgart: Kohlhammer.

Wittmann, A. J. & Holling, H. (2001). Hochbegabtenberatung in der Praxis. Göttingen: Hogrefe.

Wittmann, W. W. (1988). Multivariate reliability theory: Principles of symmetry and successful validation strategies. In J. R. Nesselroade & R. B. Cattell (Eds.), Handbook of multivariate experimental psychology (2nd ed., pp. 505-560). New York: Plenum Press.

Wollenberg, A. L. van den (1988). Testing a latent trait model. In R. Langeheine & J. Rost (Eds.), Latent trait and latent class models (pp. 31-50). New York: Plenum.

Wood, J. M., Lilienfeld, S. O., Nezworski, M. T., Garb, H. N., Allen, K. H. & Wildermuth, J. L. (2010). Validity of Rorschach Inkblot scores for discriminating psychopaths from nonpsychopaths in forensic populations: A meta-analysis. Psychological Assessment, 22(2), 336-349.

Woodworth, R. S. (1918). Personal data sheet. Chicago: Stoelting.

Wottawa, H. (1997). Ökonomische Dimensionen psychodiagnostischen Arbeitens. Bochum: Persönliche Mitteilung.
Wottawa, H. & Hossiep, R. (1987). Grundlagen psychologischer Diagnostik. Göttingen: Hogrefe.
Wright, B. D. & Masters, G. N. (1982). Rating scale analysis. Chicago: MESA Press.
Yoder, P. & Symons, F. (2010). Observational meassurement of behavior. New York: Springer.
Yousfi, S. (2005). Mythen und Paradoxien der klassischen Testtheorie (I) - Testlänge und Gütekriterien. Diagnostica, 51(1), 1-11.
Zedeck, S. (1971). Problems with the use of moderator variables. Psychological Bulletin, 76, 295-310.
Ziegler, M. & Bühner, M. (2009). Modeling socially desirable responding and its effects. Educational and Psychological Measurement, 69, 548-565.
Ziegler, M., Schmidt-Atzert, L., Bühner, M. & Krumm, S. (2007). Fakability of different measurement methods for achievement motivation: Questionnaire, semi-projective, and objective. Psychology Science, 49(4), 291-307.
Zielke, M. (1979). Kieler Änderungssensitive Symptomliste KASSL. Weinheim: Beltz.
Zielke, M. & Kopf-Mehnert, C. (1978). Veränderungsfragebogen des Erlebens und Verhaltens VEV. Weinheim: Beltz.
Zier, J. (2002). Recht für Diplom-Psychologen: Eine Einführung. Stuttgart: Kohlhammer.
Zimmermann, P. & Fimm, B. (1993). Testbatterie zur Aufmerksamkeitsprüfung (TAP). Würselen: Vera Fimm Psychologische Testsysteme.
Zuckerman, M., Koestner, R., DeBoy, T., Garcia, T., Maresca, B. C. & Satoris, J. M. (1988). To predict some of the people some of the time: A reexamination of the moderator variable approach in personality theory. Journal of Personality and Social Psychology, 54, 1006-1019.
Zuschlag, B. (2006). Richtlinien für die Erstellung psychologischer Gutachten (2. Aufl.) Bonn: Deutscher Psychologen Verlag.

Quellenverzeichnis

Abbildungen

Seite	Abb.-Nr.	Quelle

Kapitel 1

Seite	Abb.-Nr.	Quelle
26	1.2	Aus Drunen, P. v. (1993). Von der Psychotechnik zur Psychodiagnostik. In H. E. Lück & R. Miller (Hrsg.), Illustrierte Geschichte der Psychologie (S. 256). München: Quintessenz.
26	1.3	Aus Lück, H. E. & Miller, R. (Hrsg.). (1993). Illustrierte Geschichte der Psychologie (S. 281). München: Quintessenz.
27	1.4	Aus Pawlik, K. (2006). Handbuch Psychologie: Wissenschaft - Anwendung - Berufsfelder (S. 25). Heidelberg: Springer.

Kapitel 2

Seite	Abb.-Nr.	Quelle
61	2.3	Nach Grawe, K. (1991). Über den Umgang mit Zahlen. In K. Grawe, R. Hänni, N. Semmer & F. Tschan (Hrsg.), Über die richtige Art, Psychologie zu betreiben (S. 96). Hogrefe: Göttingen
61	2.4	Nach Grawe, K. (1991). Über den Umgang mit Zahlen. In K. Grawe, R. Hänni, N. Semmer & F. Tschan (Hrsg.), Über die richtige Art, Psychologie zu betreiben (S. 97). Hogrefe: Göttingen
67	2.5	Nach Stelzl, I. (1993). Testtheoretische Modelle. In L. Tent & I. Stelzl., Pädagogisch-Psychologische Diagnostik, Bd. 1: Theoretische und methodische Grundlagen (S. 39-202). Göttingen: Hogrefe.
69	2.7	Nach Stelzl, I. (1993). Testtheoretische Modelle. In L. Tent & I. Stelzl., Pädagogisch-Psychologische Diagnostik, Bd. 1: Theoretische und methodische Grundlagen (S. 146). Göttingen: Hogrefe.
75	2.8	Aus Kubinger, K. D. (1995). Einführung in die Psychologische Diagnostik, S. 77. Weinheim: Psychologie Verlags Union. © 1995 Beltz Psychologie in der Verlagsgruppe Beltz, Weinheim/Basel. Mit freundlicher Genehmigung.
76	2.9	www.photos.com
76	2.10	Aus Steyer, R. & Eid, M. (2001). Messen und Testen. Berlin: Springer.
77	2.11	Aus Steyer, R. & Eid, M. (2001). Messen und Testen. Berlin, Heidelberg New York: Springer.
80	2.13	Aus Rost, J. (2004). Lehrbuch Testtheorie – Testkonstruktion (2. Aufl.), S. 197 d. VA. Bern: Huber. Mit freundlicher Genehmigung.
81	2.14	Aus Rost, J. (2004). Lehrbuch Testtheorie – Testkonstruktion (2. Aufl.), S. 84 d. VA. Bern: Huber. Mit freundlicher Genehmigung.
94	2.16	Aus Duhm, E. & Hansen, J. (1957). Der Rosenzweig P-F-Test. Deutsche Bearbeitung der Rosenzweig Picture Frustration Study. Form für Kinder. Göttingen: Hogrefe. Mit freundlicher Genehmigung.
95	2.17	Nach Raven, J. G. (1965). Standard Progressive Matrices. Cambridge: University Press.
126	2.24	Aus Jäger, A. O. & Althoff, K. (1994). Wilde-Intelligenztest WIT (1. Aufl. 1983). Göttingen: Hogrefe. Mit freundlicher Genehmigung.
161	2.33	Aus Schmidt, F. L. (1992). What do data really mean? Research findings, meta-analysis, and cumulative knowledge in psychology. American Psychologist, 47(10), 1173-1181. Mit freundlicher Genehmigung.

Kapitel 3

Seite	Abb.-Nr.	Quelle
187	3.1	Aus Schmidt-Atzert, L., Büttner, G. & Bühner, M. (2004). TheoretischeAspekte von Aufmerksamkeits-/Konzentrationsdiagnostik. In G. Büttner & L. Schmidt Atzert (Hrsg.), Diagnostik von Konzentration und Aufmerksamkeit (S. 3-22). Göttingen: Hogrefe. Mit freundlicher Genehmigung.
193	3.2	Aus Brickenkamp, R. (1994). Test d2 (8. Aufl., 1. Aufl. 1962). Göttingen: Hogrefe. Mit freundlicher Genehmigung.
198	3.3	Touch Panel für das Hogrefe Testsystem, Göttingen. Mit freundlicher Genehmigung.
199	3.4	H. Moosbrugger, J. Oehlschlägel, M. Steinwascher (2011). Frankfurter Aufmerksamkeits-Inventar 2 (FAIR-2; Abb. 3.1, S. 26). Bern: Huber. Mit freundlicher Genehmigung.
208	3.7	New York University
208	3.8	Hamburg-Wechsler Intelligenztest fur Kinder, Revised (HAWIK-R). Copyright © 1983 NCS Pearson, Inc. Reproduced with permission. All rights reserved. Mit freundlicher Genehmigung.
214	3.10	Aus Kubinger, K. D. & Wurst, E. (2000). AID 2: Adaptives Intelligenz Diagnostikum 2. Göttingen: Hogrefe. Mit freundlicher Genehmigung.

Quellenverzeichnis

Seite	Abb.-Nr.	Quelle
216	3.11	Aus Amthauer, R., Brocke, B., Liepmann, D. & Beauducel, A. (2001). Intelligenz-Struktur-Test 2000 (IST 2000), S. 13. Göttingen: Hogrefe. Mit freundlicher Genehmigung.
223	3.13	Aus Jäger, A. O, Süß, H.-M. & Beauducel, A. (1997). Berliner Intelligenzstruktur-Test (Form 4; BIS-4). Göttingen: Hogrefe. Mit freundlicher Genehmigung.
227	3.15	Aus Schuhfried, G. (o. J.). Wiener Testsystem. Mödling: Schuhfried. www.schuhfried.co.at. Mit freundlicher Genehmigung.
256	3.17	Aus Fahrenberg, J., Hampel, R. & Selg, H. (2010). FPI-R: Freiburger Persönlichkeitsinventar (8. Aufl.), S. 99. Göttingen: Hogrefe. Mit freundlicher Genehmigung.
260	3.18	Aus Schneewind, K. A. & Graf J. (1998). Der 16-Persönlichkeits-Faktoren-Test, revidierte Fassung 16 PF-R. Testmanual, S. 7. Bern: Huber. Mit freundlicher Genehmigung.
268	3.19	Aus Becker, P. (1989). Trierer Integriertes Persönlichkeitsinventar (TIPI). Göttingen: Hogrefe. Mit freundlicher Genehmigung.
290	3.21	Aus Paunonen, S. V., Ashton, M. C. & Jackson, D. N. (2001). Nonverbal assessment of the Big Five personality factors. European Journal of Personality, 15(1), 3-18. Mit freundlicher Genehmigung.
301	3.23	Aus Schmalt, H. D., Sokolowski, K. & Langens, T. A. (2000). Das Multi-Motiv-Gitter für Anschluss, Leistung und Macht MMG. © 2011, 2., unveränderter Nachdruck Pearson Assessment & Information GmbH, Frankfurt/M. Mit freundlicher Genehmigung.
303	3.24	Aus Pawlik, K. (Hrsg.). (2006). Handbuch Psychologie: Wissenschaft – Anwendung – Berufsfelder, S. 593. Heidelberg: Springer.
303	3.25	Hermann Rorschach, Psychodiagnostik. Der Rorschach®-Test (Tafel I). © Verlag Hans Huber, Hogrefe AG, Bern/Switzerland. Mit freundlicher Genehmigung.
305	3.26	Aus Murray, H. (1936). Thematic apperception test. New York: Grune & Stratton.
317	3.30	Nach Bales, R. F. (1975). Die Interaktionsprozessanalyse: Ein Beobachtungsverfahren zur Untersuchung kleiner Gruppen. In R. König (Hrsg.), Beobachtung und Experiment in der Sozialforschung (8. Aufl., S. 148-167). Köln: Kiepenheuer & Witsch.
325	3.33	Aus Keßler, B.H. (1999). Daten aus dem Interview. In R.S. Jäger & F. Petermann (Hrsg.), Psychologische Diagnostik (4. Aufl., S. 429-439). Weinheim: Beltz PVU. © 1988 Beltz Psychologie in der Verlagsgruppe Beltz, Weinheim/Basel. Mit freundlicher Genehmigung.
334	3.35	© FOTO-RAMMINGER - Fotolia.com
346	3.36	Nach Brähler, E. & Brähler, Ch. (1993). Paardiagnostik mit dem Gießen-Test, S. 154. Bern: Huber.
351	3.37	© Sergey Rusakov - Fotolia.com
355	3.38	Nach Brodbeck, F., Anderson, N. & West M. (2000). Teamklima-Inventar TKI, S. 9. Göttingen: Hogrefe.
Kapitel 4		
382	4.4	Nach Lievens, F., Buyse, T. & Sackett, P. R. (2005). Retest effects in operational selection settings: Development and test of a framework, tab. 4. Personnel Psychology, 58(4), 981-1007.
Kapitel 5		
389	5.2	Nach Schmidt-Atzert, L. & Krumm, S. (2007). Diagnostische Urteilsbildung und Begutachtung. Rehabilitation, 46(1), 9-15.
391	5.3	Nach Christiansen, N. D., Rozek, R. F. & Burns, G. (2010). Effects of social desirability scores on hiring judgments, tab. 1. Journal of Personnel Psychology, 9(1), 27-39.
392	5.4	Nach Christiansen, N. D., Rozek, R. F. & Burns, G. (2010). Effects of social desirability scores on hiring judgments, tab. 3. Journal of Personnel Psychology, 9(1), 27-39.
397	5.6	Nach Schmidt-Atzert, L., Krumm, S. & Lubbe, D. (2011). Toward stable predictions of apprentices' training success: Can artificial neural networks outperform linear predictions?, tab. 2 Journal of Personnel Psychology, 10(1), 34-42.
Kapitel 6		
411	6.1	Nach Cronbach, L. J. & Gleser, G. C. (1965). Psychological tests and personnel decisions (2. ed., p. 13). Urbana, JL: University of Illinois Press. Mit freundlicher Genehmigung.
412	6.2	© Carlos Santa Maria - Fotolia.com

Seite	Abb.-Nr.	Quelle
416	6.7	Nach Cronbach, L. J. & Gleser, G. C. (1965). Psychological tests and personnel decisions (2. ed., p. 73). Urbana, JL: University of Illinois Press. Mit freundlicher Genehmigung.
417	6.8	© Martinan - Fotolia.com
422	6.10	Aus Noack, H. & Petermann, F. (1999). Entscheidungstheorie. In R.S. Jäger & F. Petermann (Hrsg.), Psychologische Diagnostik (4. Aufl., S. 295-310).Weinheim: Beltz PVU. © 1988 Beltz Psychologie in der Verlagsgruppe Beltz, Weinheim/Basel. Mit freundlicher Genehmigung.
426	6.11	© Still Representation - Fotolia.com
Kapitel 7		
436	7.4	Aus Wottawa, H. & Hossiep, R. (1987). Grundlagen psychologischer Diagnostik. S. 14. Göttingen: Hogrefe. Mit freundlicher Genehmigung.
439	7.5	Aus Bartussek, D. (1970). Eine Methode zur Bestimmung von Moderatoreffekten, S. 59. Diagnostica, 16, 57-76. Mit freundlicher Genehmigung.
442	7.6	Aus Conger, A. J. & Jackson, D. N. (1972). Suppressor variables, prediction, and the interpretation of psychological relationships, p. 582. Educational and Psychological Measurement, 32, 579-599. ©Sage. Reprinted with the permission of SAGE Publications. Mit freundlicher Genehmigung.
Kapitel 8		
449	8.1	© Franz Pfluegl - Fotolia.com
457	8.3	Nach Schuler, H. & Höft, S. (2007). Diagnose beruflicher Eignung und Leistung. In H. Schuler (Hrsg.), Lehrbuch Organisationspsychologie (4. Aufl., S. 289 343). Bern: Huber
466	8.6	Aus Höft, S. & Obermann, C. (2010). Der Praxiseinsatz von Assessment Centern im deutschsprachigen Raum: Eine zeitliche Verlaufsanalyse basierend auf den Anwenderbefragungen des Arbeitskreises Assessment Center e. V. von 2001 und 2008. Wirtschaftspsychologie, 12(2), 5-16. Mit freundlicher Genehmigung.
479	8.7	© Glen Jones - Fotolia.com
Kapitel 9		
487	9.1	© lu-photo - Fotolia.com
Kapitel 11		
544	11.1a	Nach Fels, M. & Geissner, E. (1997). Neglect-Test (NET). (2., korrigierte Aufl.). Göttingen: Hogrefe.
566	11.2	© Magdalena Żurawska - Fotolia.com

Tabellen

Seite	Tab.-Nr.	Quellenverzeichnis
Kapitel 1		
5	001.01	Aus Roth, M. & Herzberg, P. Y. (2008). Psychodiagnostik in der Praxis: State of the Art? (Tab. 1). Klinische Diagnostik und Evaluation, 1(1), 5-18.
22	001.05	Aus Meyer, G. J., Finn, S. E., Eyde, L. D., Kay, G. G., Moreland, K. L., Dies, R. R. et al. (2001). Psychological testing and psychological assessment: A review of evidence and issues. American Psychologist, 56(2), 128-165.
Kapitel 2		
70	002.07	Aus Höger, D. & Buschkämper, S. (2002). Der Bielefelder Fragebogen zu Partnerschaftserwartungen: Ein alternativer Vorschlag zur Operationalisierung von Bindungsmustern mittels Fragebögen. Zeitschrift für Differentielle und Diagnostische Psychologie, 23(1), 83-98. Mit freundlicher Genehmigung.
107	002.10	Aus Amelang, M., Gold, A. & Külbel, E. (1984). Über einige Erfahrungen mit einer deutschsprachigen Skala zur Erfassung des zwischenmenschlichen Vertrauens (Interpersonal Trust), S. 205. Diagnostica, 30, 198-215. Mit freundlicher Genehmigung.

Quellenverzeichnis

Seite	TabNr.	Quellenverzeichnis
138	002.16	Nach Charter, R. A. (2003). A breakdown of reliability coefficients by test type and reliability method, and the clinical implications of low reliability, tab. 3. Journal of General Psychology, 130(3), 290-304.
138	002.17	Nach Roberts, B. W. & DelVecchio, W. F. (2000). The rank-order consistency of personality traits from childhood to old age: A quantitative review of longitudinal studies. Psychological Bulletin, 126(1), 3-25.
172	002.25	Nach Kersting, M. (1995). Der Einsatz „westdeutscher" Tests zur Personalauswahl in den Neuen Bundesländern und die Fairneßfrage, S. 37. Report Psychologie, 20, 32-41.
Kapitel 3		
184	003.02	Nach Brähler, E., Holling, H., Leutner, D. & Petermann, F. (Hrsg.) (2002). Brickenkamp Handbuch psychologischer und pädagogischer Tests (3. Aufl.). Göttingen: Hogrefe.
253	003.15	Aus Hathaway, S. R., McKinley, J. C. & Engel, R. R. (2000). MMPI-2: Minnesota Multiphasic Personality Inventory 2, p. 24-26. Bern: Huber.
258	003.16	Aus Borkenau, P. & Ostendorf, F. (1993). NEO-Fünf-Faktoren Inventar (NEO-FFI) nach Costa & McCrae, S. 19. Göttingen: Hogrefe. Mit freundlicher Genehmigung.
290	003.24	Nach Paunonen, S. V., Ashton, M. C. & Jackson, D. N. (2001). Nonverbal assessment of the Big Five personality factors. European Journal of Personality, 5(1), 3-18.
333	003.29	Nach Salgado, J. F. & Moscoso, S. (2002). Comprehensive meta-analysis of the construct validity of the employment interview. European Journal of Work and Organizational Psychology, 11, 299-324.
335	003.30	Aus Barrick, M. R., Shaffer, J. A. & DeGrassi, S. W. (2009). What you see may not be what you get: Relationships among self-presentation tactics and ratings of interview and job performance. Journal of Applied Psychology, 94(6), 1394-1411.
Kapitel 6		
410	006.01	Nach Cronbach, L. J. & Gleser, G. C. (1965). Psychological tests and personnel decisions (2. ed., p. 16). Urbana, JL: University of Illinois Press.
418	006.02	Nach Kallus, K. W. & Janke, W. (1992). Klassenzuordnung. In R. S. Jäger & F. Petermann (Hrsg.), Psychologische Diagnostik (S. 175, 178). Weinheim: Psychologie Verlags Union.
Kapitel 8		
468	008.03	Nach Schmidt-Atzert, L. (2010). Die medizinisch-psychologische Untersuchung aus Sicht der wissenschaftlich fundierten Psychologischen Diagnostik, S. 270. Blutalkohol, 47, 114-124.
469	008.04	Aus Meriac, J. P., Hoffman, B. J., Woehr, D. J. & Fleisher, M. S. (2008). Further evidence for the validity of assessment center dimensions: A meta-analysis of the incremental criterion-related validity of dimension ratings, Tab 1. Journal of Applied Psychology, 93(5), 1042-1052.
Kapitel 11		
539	011.01	Nach Wallesch, C.-W. & Herrmann, M. (2000). Klinische Neurologie. In W. Sturm, M. Herrmann & C.-W. Wallesch (Hrsg.), Lehrbuch der Klinischen Neuropsychologie (S. 96-125). Lisse, NL: Swets & Zeitlinger.
547	011.04	Nach Slick, D. C., Tan, J. T., Sherman, E. M. S. & Strauss, E. (2011). Malingering and related conditions in pediatric populations. In A. S. Davis (Ed.), The handbook of pediatric neuropsychology (pp. 457-470). New York: Springer.
554	011.05	Nach Gretenkord, L. (2002). Prognose im Maßregelvollzug (§ 63 StGB) – wie lassen sich die Ergebnisse von Rückfallstudien nutzen? In T. Fabian, G. Jacobs, S. Nowara & I. Rode (Hrsg.), Qualitätssicherung in der Rechtspsychologie (S. 347-360). Münster: LIT-Verlag.

Stichwortverzeichnis

© Springer-Verlag GmbH Deutschland 2012
L. Schmidt-Atzert (et al.), *Psychologische Diagnostik*, Springer-Lehrbuch,
https://doi.org/10.1007/978-3-642-17001-0

A

adaptives Testen 78
Aggregation 434
aktives Zuhören 340
aktuelle Zustände 277
Akzeptanz 91, 169
Alertness 187
Alkoholabhängigkeit 563
allgemeine Intelligenz 40, 203, 496
ältere Menschen 547
Altersvergleich 165
ambulantes Assessment 313
änderungssensitive Verfahren 377
Anforderungen 401
Anforderungsanalyse 40, 479
Anforderungsprofil 401
Angst 279
Ängstlichkeit 280
Annahmequoten 410
Anspruchsniveau 296
Antwortformat 91
Antwortmöglichkeit 92
Antwortverhalten 66
Antwortzeit 246
Anwendungsbereich 39, 91
Arbeits- und Organisationspsychologie 7, 448
Arbeitsanalyse 475
Arbeitsbedingungen 371
Arbeitsdefinition 90
Arbeitshaltungen 293
Arbeitstempo 189, 192
Arbeitszeugnisse 474
Assessment Center 38, 462
Aufklärung 371
Aufmerksamkeit 186
Aufmerksamkeitstests 187
Aufwärmphase 372
Augenscheinvalidität 169
Auslassungsfehler 192
Auswahlrichtlinien 31
Auswertung 44
Axiome 41

B

Basisparameter 82
Bearbeitungsstile 74
Befinden 280
Befundbogen 403
Begutachtungsleitlinien 564
Behandlungsleitlinien 529
Behaviorismus 14
Belastungstest 193
Beobachtbarkeit 244
Beobachterdrift 320
beobachteter Wert 41
Beobachtungsmethoden 517
Berliner Intelligenzstrukturmodell 223
berufsbezogene Leistungsmotivation 286
Berufseignungsdiagnostik 450
Berufsinteressen 461
Berufswahl 282, 283
Betriebsverfassungsgesetz 30
Beurteilungsgrundsätze 31
Beurteilungskriterien 565
Big Five 239
Bindungstheorie 101
Birnbaum-Modell 68

C

C (Centil)-Werte 166
CFT 20-R mit WS/ZF-R 224
computerbasierte Tests 205
Conditional-Maximum-Likelihood-Methode (CML-Methode) 73
Critical Incident Technique (CIT) 480
Cronbachs Alpha 49
Cut-off-Werte 85

D

Daueraufmerksamkeit 188
deduktive Methode 97
deterministische Modelle 66
diagnostisches Gespräch 507
diagnostisches Interview 176, 323
diagnostischer Prozess 386
diagnostische Urteilsbildung 390
Dichotomes Rasch-Modell 69
dimensionales Modell 101
DIN 33430 361, 453
Diskriminationsparameter 68
doppelte Minderungskorrektur 53
DSM-IV TR 510
Durchführungsobjektivität 133
Durchführungszeit 92
Durchstreichtests 189
Dyskalkulie 493

E

Ehequalität 348
Eichstichprobe 168
Eigenschaft 11, 101
Eignungsbeurteilung 450
Eignungsdiagnostik 330
eignungsdiagnostisches Verfahren 457
einfache Minderungskorrektur 54
Eingangsdiagnostik 18
Einparameter-Logistisches Modell (1PL-Modell) 68
Einstellungsinterview 330
Einzelversuch 39
empathische Haltung 507
empirische Modellkontrollen 74
Entscheidungen 410
Entscheidungsfehler 417, 419
Entscheidungsregeln 420
Entscheidungsstrategien 411
Entwicklungsalter 165

Entwicklungsdiagnostik 8
Entwicklungsprofil 233
Entwicklungsrückstände 235
Entwicklungstests 230, 235
Erfolgskontrolle 19, 530
Erinnerungseffekte 47
erschöpfende (suffiziente) Statistik 70
Erwartungswert 43
ethische Prinzipien 399
ethische Richtlinien 31
experimentalpsychologische Verhaltensdiagnostik 292
Expertise 92
Exploration 508
explorative Faktorenanalyse 106
externale Konstruktion 103, 104
Extraversion 239

F

Fähigkeit 183
Fähigkeitsparameter 68
Fähigkeitstests 227
Fahreignungsdiagnostik 564
Fairness 169
Familie 352
Familiendiagnostik 349
Fear Survey Schedule (FSS) 15
fehlende Beantwortung 117
Fehler 135, 192, 417, 550
Fehleranalyse 195
Fehlerwert 42
Fertigkeit 183
fluide Intelligenz 40, 216, 224, 228
Forced-choice-Antworten 240, 246
forensische Psychologie 7
Fragebogenmethode 240
Fragebogenverfahren 516
Fragestellung 386
Fraktionierung 438
Fremdbeurteilung 249, 461
Fremdbild 345
Fremdeinschätzung 242
funktionale Verhaltensanalyse 15

G

Gedächtnis 228
Gedächtnistests 542
Geheimnisse 29
Geltungsbereich 91
Genauigkeit 192
Gerontopsychologie 8
Geschwindigkeitstest 117
Gesprächsführung 339, 507
Gesundheitspsychologie 6
geteilte Aufmerksamkeit 188
Gewissenhaftigkeit 239, 460
Goldberg-Index 392
grafischer Modelltest 74
Griffiths Entwicklungsskalen 231

Grundintelligenztest Skala 2 – Revision 224
Gruppendiagnostik 343, 357
Gruppentestungen 48
Gruppenuntersuchungen 39
Gutachten 31, 398
Gütekriterien 129, 130, 248, 319, 328, 331
Guttman-Modell 67

H

Halo-Effekt 160, 320
Hamburg-Wechsler-Intelligenztest für Kinder IV 209
Handheld-Computer 312
Heterogenität 125
Hilfsbereitschaft 98
Hochbegabung 495
Homogenität 125
hypothesengeleitetes Vorgehen 388

I

IC-Funktion 67
ICD-10 510
Idealbild 345
impression management 245
Indikation 528
Indikatoren 65
induktive Konstruktion 106
Informationsfunktion 76
informierte Einwilligung 361, 371
inhaltliche Passung 121
Inhaltsvalidität 145
Instruktion 112, 434
integrative Diagnostik 449
Integritätstests 459
Intelligenz 9, 97, 202, 496
Intelligenz-Struktur-Test 2000 – Revision 215
Intelligenzalter 165
Intelligenzmodell 97
Intelligenzstrukturmodell 222
Intelligenztest 139, 163, 202, 496
Interaktionismus 16
Interessen 282
Interferenzneigung 190
interne Konsistenz 49
interpersonale Diagnostik 527
Interpretation 403
Interpretationsobjektivität 136
Intervallskala 73
Interview 323
- internetbasiert 368
- klinisches 326
- standardisiertes 235
Inventar komplexer Aufmerksamkeit (INKA) 189
Item-Response-Theorie (IRT) 62
Itemanalyse 113
Itemcharakteristische Funktion (IC-Funktion) 66
Itemdiskriminationsparameter 68

Itemformat 92
Itemgewinnung 97
Itemhomogenität 63
Iteminformationsfunktion 77
Iteminvertierung 120
Itemparameter 66
Itemreihenfolge 117
Itemstreuung 122
Itemvalidität 126

J

Jugendliche 546

K

K-Korrektur 253
Kategoriensysteme 316
Kinder 546
Kindeswille 559
Kindeswohl 559
Klassifikation 17, 510
klassische Testtheorie (KTT) 40
klinische Psychologie 6
klinische Relevanz 531
klinische Urteilsbildung 392
kognitive Schnelligkeit 228
Kohärenz 99
Konfidenzintervall 51
konform 430
Konformität 440
Konstrukte 148
Konstruktionsprinzipien 39
Kontrollskalen 246
Konzentrations-Leistungs-Test Revidierte Fassung 200
Konzentrationsfähigkeit 186
Konzentrationsleistungswert 195
Konzentrationstests 189
Konzentrationstest für 3. und 4. Klassen – Revision (KT 3-4 R) 199
konzentrierte Aufmerksamkeit 188
konzeptuelle Einengung 90
konzeptuelle Erweiterung 90
Körperbautypen 101
Kovarianz 45
kristallisierte (kristalline) Intelligenz 40, 216, 224, 228
kriteriumsorientierte Tests 84
Kriteriumsvalidität 146
Künstliche Neuronale Netze 396

L

L-(Lügen-)Skala 253
Latent-Class-Analyse (LCA) 80
Latent-Class-Modelle 65, 80
Latent-Trait-Modelle 66
latente Variablen 63
Laufbahnplanung 283

Leistung 99, 306
Leistungsbeurteilung 471, 473
Leistungsmotivation 285, 295
Leistungsprüfsystem (LPS) 220
Leistungstests 181
Lernbehinderung 490
Lernen 228
Lernschwierigkeiten 492
Likelihood-Quotienten-Test 74
Likelihoodfunktion 71
linear-logistische Modelle 82
linear-logistischen Testmodell (LLTM) 83
Lizenz 361
logische Fehler 320
logistische Funktion 68
lokale stochastische Unabhängigkeit 63

M

manifeste Variablen 63
mechanische Urteilsbildung 392
mehrstufige Antworten 118
mentale Repräsentationen 245
Messfehler 41
Messgegenstand 39, 90
Messgenauigkeit 137
Methode des zirkulären Fragens 527
Mildefehler 321
Minderungskorrekturen 53
Mixed-Rasch-Modelle 82
Modellkonformität 73, 74
Moderatoreffekt 438
Modifikation 19
momentanes Befinden 278
Monitoring 313
Motivation 183, 285
Motorik 228
Multiple-Choice-Aufgaben 94
Multimodales Einstellungsinterview 330
Multi-Motiv-Gitter 301
Multitrait-Multimethod-Analyse 151

N

Nebengütekriterien 169
Neuropsychologie 8
neuropsychologische Diagnostik 538
Neurotizismus 239
nichtsprachliche Persönlichkeitstests 289
nichtteilnehmende Verhaltensbeobachtung 311
Niveautest 118
nomologisches Netzwerk 148
Normierung 164
Nutzenerwägungen 423
Nützlichkeit 173

O

objektive Testbatterie OA-TB75 292
objektive Persönlichkeitstests 291
Objektivität 133
Odd-even-Methode 48
Offenbarungspflicht 30
Offenheit für Erfahrung 239
Ökonomie 173
Organisationsdiagnostik 448, 449
other-deception 90

P

Paardiagnostik 344
pädagogische Psychologie 6
Papier-und-Bleistift-Test 92
Paralleltest 47, 139, 369
Paralleltestreliabilität 47, 139
Parameter 66
Parameterschätzung 70
Part-whole-Korrektur 120
Partnerschaftsdiagnostik 347
Passung 451, 475, 486, 529
person-fit-indices 75
Personalfragebogen 31
Personalpsychologie 448
Personenlizenzierung 455
Personenparameter 66
Personenselektion 74
Persönlichkeit 97, 239
Persönlichkeitsfragebögen 162, 239, 240, 524
Persönlichkeitstests 289
Plananalyse 523
Platzierung 410
polytomes Rasch-Modell 79
Power-Tests 118, 226
Präzisierung 90
Primacy-Effekt 320
probabilistische Modelle 66
probabilistische Testtheorie 62
Problemanalyse 521
Profilauswertung 254
Prognose 18, 55
Prognostizierbarkeit 437
Projektion 299
projektive Tests (Verfahren) 299, 430
Prototypenansatz 109
Prozessdiagnostik 19, 449
Pseudo-Paralleltests 47, 369
psychische Störungen 509, 511, 513, 515
Psychodiagnostik 2
psychodynamisch orientierte Verfahren 526
psycholexikalischer Ansatz 101, 239
psychologische Diagnostik (Definition) 2
Psycho-Motorik 228
Psychotechnik 25
Psychotherapeut 507
Psychotherapieevaluation 524
punkt-biseriale Korrelation 120

Q

Q-Sort-Technik 525
Qualität 129
Qualitätssicherung 530
Qualitätsstandards 129

R

Randwahrscheinlichkeit 64
Rasch-Homogenität 74
Rasch-Modell 68, 126
Ratekorrektur 116
Raten 115
Ratewahrscheinlichkeit 115
Rating-Skalenmodell 80
rationale Konstruktion 97
Reaktionsschnelligkeit 187
Reaktionstest 187
Reaktionszeit 192
Reaktivität 311, 320
Recency-Effekt 320
Recht 27
rechtspsychologische Diagnostik 549
Regressionsgleichung 57
Regressionsrechnung 55
Regression zur Mitte 381
Reliabilität 45, 137
Reliabilitäts-Validitäts-Dilemma 379
Reliabilitätsschätzung 46
Reliabilitätstheorie 41
Retest-Reliabilität 46, 137
Richtlinien 133
Rigidität 437
Rückfallprognose 556
Rückfragen 113

S

S-O-R-K-C-Verhaltensgleichung 15
Scheidungsverfahren 559
Schnelligkeit 192
Schuldfähigkeit 552
Schuleingangsdiagnostik 486
Schuleingangstests 236, 487
Schullaufbahnberatung 486
Schulleistungstests 145, 236
Schulreife 486
Schulreifetests 236, 486
Schultests 235
Schweigepflicht 29
Schwierigkeitsparameter 68
Screening des Entwicklungstandes die Einschulungsuntersuchungen (S-ENS) 236
Segmentierung 314
Selbstaufmerksamkeit 433
Selbstbeobachtung 312
Selbstbericht 243, 434
Selbstbeschreibung 249
Selbstbild 345
Selbsteinschätzung 242
Selbstselektion 492
Selbsttäuschung 245
Selektion 19
Selektionskennwert 122
Self-Assessment 367, 492
self-deception 90
semiprojektive Verfahren 301
Sensitivität 417
Sicherheitswahrscheinlichkeit 52
Simulation 365, 545
Situational Judgment Tests 289
situativer Druck 430
Skalierung 168
Skalogramm-Modell 66
Sonderschulbedürftigkeit 488
Sorgerecht 559
Soziale Erwünschtheit 247
Spearman-Brown-Formel 48
Speed-Tests 117, 140
Spezialbegabungen 498
spezifische Objektivität 76
Spezifität 418
Split-half-Reliabilität 48, 140
sprachfrei 224
Sprachverstehen 289
Standardisierung 133
Standardmessfehler 50
Standardnormalverteilung 51
Standardschätzfehler 57
Stanine-Werte 166
state 12, 243, 277
statistischen Urteilsbildung 393
Statusdiagnostik 16
Stellungnahme 404
Stichprobenabhängigkeit 119
Stichprobenunabhängigkeit 73
Störungswissen 504
Straftäter 549
Strategiematrix 423
Strengefehler 321
Stressverarbeitung 274
Streuung der Testwerte 122
Struktur 90
Strukturdiagnostik 449
Strukturiertes Klinisches Interview (SKID) 327, 328
Studieneignung 333
Studienerfolg 491
Studierfähigkeitstest 491, 492
Suchaufgaben 198
Suppression 441
Symmetrie 155
Symptome 103
Systemische Therapie 527

T

Talent 498
Teamdiagnostik 354
technisches Verständnis 228
Teilleistungsstörungen 493
Tendenz zu Extremurteilen 321

Test 36, 130
Test- oder Prüfungsangst 372
Test d2 – Revision 193
Testentwurf 112
Testhalbierung 48
Testhalbierungsreliabilität 140
Testinformation 184
Testkonstruktion 43, 89, 130
Testleistung 183
Testreihe zur Prüfung der Aufmerksamkeit (TPK) 190
Testtrennwerte 421
Testwerte 41, 55
Testwiederholung 46, 137
Test zur Praktischen Alltagsintelligenz (PAI 30) 229
Trainingseffekte 184
trait 11, 66, 243, 277
Trennschärfe 119
Trennwerte 86
trimodaler Ansatz 457
typologische Ansätze 101
typologisierende Tests 101

U

Übereinstimmung 319
Übung 183
Übungseffekt 19, 46, 184, 364, 378, 471
Umgangsregelung 560
Untersuchungsberichte 31
Untersuchungsergebnisse 402
Untersuchungsmethoden 402
Unverfälschbarkeit 169
Urteilsfehler 334, 394

V

Validierung 99
Validität 142, 184, 362
Validitätsmatrix 424
Veränderungsmessung 19, 48, 83, 530
Veränderungswissen 504
Verfälschbarkeit 293, 297
Verfälschung 289, 545, 570
Verhaltensbeobachtung 176, 309, 311, 314
Verhaltensbeurteilung 309, 317
Verhaltensgleichung 401, 523
verhaltenstheoretischer Ansatz 14
Verhaltenstheorie 14
Verhaltensvariabilität 430
Verkehrspsychologie 8
verkehrspsychologische Diagnostik 562
Verständlichkeit 91
Verteilungsform 121
Verträglichkeit 239
Vertraulichkeit 372
Verwechslungsfehler 192
Vorbereitung 183
Vorselektion 367
Vorstellungsgespräch 330

W

Wachheit 187
wahrer Wert 41
Wechsler-Tests 206
Widerstand 340
Wiener Entwicklungstest (WET) 233
Wissen 183
Wortschatztest und Zahlenfolgentest – Revision 224

Z

z-Wert 51, 166
Zeichensysteme 315
Zeitbegrenzung 117
zentrale Tendenz 321
Zeugenaussagen 550
Zielgruppe 39, 90
Zielvereinbarungen 471
Zufallskorrektur 116
Zumutbarkeit 168
Zuordnungsfehler 417
Zustand (▶ a. state) 12
Zweiparameter-Logistisches Modell (2PL-Modell) 68

The manufacturer's authorised representative in the EU is Springer Nature Customer Service Centre GmbH, Europaplatz 3, 69115 Heidelberg, Germany. If you have any concerns regarding our products, please contact ProductSafety@springernature.com

Printed and bound by CPI Group (UK) Ltd, Croydon, CR0 4YY
23/03/2026
02076687-0002